司徒博文◎编著

全面揭示历史事件的来龙去脉 上

历史大事

全知道

当代世界出版社

**图书在版编目（CIP）数据**

历史大事全知道／司徒博文编著．—北京：当代世界
出版社，2010.7

ISBN 978 - 7 - 5090 - 0656 - 6

Ⅰ．①历… Ⅱ．①司… Ⅲ．①历史事件—世界—普及
读物 Ⅳ．①K109

中国版本图书馆 CIP 数据核字（2010）第 103944 号

编　　著：司徒博文

责任编辑：张　勇

出版发行：当代世界出版社

地　　址：北京市复兴路 4 号（100860）

网　　址：http：//www.worldpress.com.cn

编务电话：(010) 83908400

发行电话：(010) 83908410（传真）

　　　　　(010) 83908408

　　　　　(010) 83908409

经　　销：全国新华书店

印　　刷：北京市兆成印刷有限责任公司

开　　本：787×1092 毫米　1/16

印　　张：44

字　　数：1100 千字

版　　次：2010 年 8 月第 1 版

印　　次：2010 年 8 月第 1 次

书　　号：ISBN 978 - 7 - 5090 - 0656 - 6

定　　价：68.00 元（上下册）

# 前　言

人们常说，人生最关键处就那几步，这几步走得好坏，将决定人的一生。人类历史也是一样，那些重大事件对历史的影响，非同一般，它们改变了历史长河的走向，使这条大河曲折向前，却又富有韵律；它们是历史长河中的浪花，使这条大河变化多姿，生气勃勃，而不是一潭死水。

重大历史事件往往具有里程碑意义，它是一个时代开启或结束的标志，值得我们多花一些精力去探索。

举个例子，中华民族的主体民族——汉族，得名于一个强大的朝代——汉朝，而汉朝对后世影响最大的，莫过于汉武帝在位时的两件大事——独尊儒术和抗击匈奴。这两件大事对中华民族的影响是极其深远的。

始于隋朝的科举制度，是中国选官制度的一大改革，它以考试定优劣，公平选拔人才，使下层平民有进入统治阶层的机会，因此被沿用一千多年，有效地维护了社会的稳定，促进了文化的普及。科举制度甚至使欧洲人获得了启发，发明了文官制度。

再如古希腊城邦的民主制，开西方民主制度的先河，这是一种迥然不同于东方的政治文明。中国古代政治是"家天下"，而西方很早就开始投票表决。了解古希腊民主，有利于加深我们对西方世界的理解。

希波战争是大家都知道的，这场战争以希腊的胜利而告终，在世界历史上影响深远。此后，世界文明发展的格局便逐渐形成东西方并立共存之势，一直延续至今。打开地图你会发现，今天的东西方界线大体没变，仍是当年希腊波斯逐鹿之地。

再如基督教的传播，使整个欧洲摆脱了蒙昧和杀戮，统一在新的秩序和信仰之下。历史上欧洲虽然小国林立，四分五裂，但他们内心深处的信仰是同一的，他们都属于基督教世界。为什么欧洲能走向一体化，而亚洲不能？思考一下文明传播与政治版图的关系，不是很有趣吗？

解读历史上的重大事件，就等于提纲挈领地学习世界历史，把握历史的主要脉络和宏观走向。学历史不要仅满足于读几个历史故事，看个热闹，那只是浅阅读。我们应该学习大历史，培养大智慧，开阔胸襟，从历史中感悟人类文明的走向，把握当今世界发展的趋势。

本书包括两部分内容：中国历史100个重大事件，世界历史100个重大事件。对每个事件的来龙去脉，我们都做了详述，最后用一段话概括它的影响，起到画龙点睛的作用。200件大事，相当于人类文明之路上的200个里程碑，承前启后，指引读者去追溯探源；200件大事，如同200颗明珠，闪耀着历史之美，等待你去采撷珍藏。

# 目 录

## 上篇 中国部分

# 下篇 世界部分

目　录

# 上 篇

## 中 国 部 分

# 黄帝大战蚩尤
## ——华夏民族的形成

　　大约在五千年以前，在我国黄河、长江流域生活着许多部落。以轩辕氏黄帝为首的部落最初兴起于今陕西北部，后来沿着洛水南下，东渡黄河，定居于河北涿鹿附近，从游牧生活转为农耕定居生活。

　　关于黄帝的出生，很有神话色彩。他的母亲叫附宝，有一天到野外去，突然看见天上有闪电绕过北斗星，吓了一跳，身上感到有点震动，于是就怀孕了，怀了24个月才分娩。因为生在号称"轩辕"的土丘上，所以叫"轩辕氏"。轩辕，原意是马车上的辕木。

　　这孩子长得容貌堂堂，前额隆起，像太阳悬空，眉骨也是高高的，一看就觉得是个非常精明能干的人。他出生只有两个多月就能说话，几岁的时候就才华出众，长于辩论。到20岁，他已经很有教养，对人宽厚友爱，考虑问题周到细致，能明确地判断是非。

　　由于黄帝的才能和威望，他被推选为华族一个部落的领袖。当时，部落联盟的首领已经去世，继承者平庸无能，没有威信，各部落之间经常发生掠夺性的战争而无法制止。在这种形势下，黄帝积极学习行军布阵的方法，加强军事方面的准备和训练，征伐那些破坏部落联盟规章制度的部落首领，使它们服服帖帖。但是，有个部落的首领蚩尤最厉害，又残暴，从来没有人能够战胜他。还有一个黄帝的近亲部落，首领是炎帝，也经常掠夺和欺侮邻居。因此，远近的部落都来归附轩辕。黄帝的势力范围扩大了，他积极地改革内政，整顿军队，制定历法，发展农业生产，安定和提高人民的生活，安抚四方前来归顺的人。他还训练了熊、罴、虎、豹等猛兽，作为战争中的新式武器；炎帝侵略扩张的意图受到黄帝力量的阻挠，矛盾激化，于是，这两个近亲部落在阪泉（河北保安东）爆发了一场战争。经过三个战役的较量，炎帝失败了。炎帝认输，与黄帝结成联盟。可是蚩尤还是我行我素，继续到处抢掠，黄帝虽然想了很多办法去争取他，始终无济于事。黄帝没有其他的选择了，只好诉诸武力，于是，与蚩尤在涿鹿（河北涿鹿）进行了一场大战。

　　这次战争打得非常激烈，规模也很大。蚩尤有兄弟81人，个个都是猛兽身躯，铜头铁额，威风凛凛，勇猛异常。他们吃的是砂石，可以连续作战，不必起火做饭。他们的武器精良。当时，他们就掌握了炼铜的技术，造了很多铜制兵器，这比石刀石斧当然厉害得多了。黄帝也了解蚩尤的凶狠，他调集了各个部落的军队，组成了几个由他统一指挥的大兵团，命令大将应龙作先锋首先出阵。双方一交手，就打得难分难解、天昏地暗、鬼哭神嚎，喊杀之声，响彻山野。逐渐，黄帝支持不住了，于是他拿出秘密武器，放出那久经驯养的猛兽部队。只见那虎豹熊罴，步伐整齐，进退自如，张牙舞爪，咆哮怒吼，一齐扑了上去，见人就咬。蚩尤的士兵被这突如

黄帝像

## 历史大事全知道

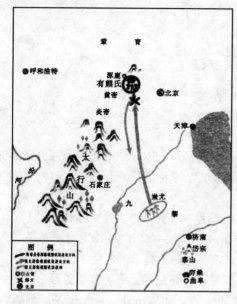

涿鹿之战示意图

其来的打击吓得魂飞魄散，乱作一团，自相践踏。蚩尤一看不妙，马上到天上请来了风伯和雨师帮忙。刹那间，天色昏暗，云雾迷蒙，狂风大作，急雨倾盆而下，对面不见人影。战场形势急转直下。黄帝在这危急关头，也到天上请来名叫"魃"的仙女。她有一种神奇的本领：她一到哪里，哪里就炎热难耐，所有的水分都蒸发殆尽。果然，魃一上场，暴风骤雨立即停止。她冲到蚩尤军中，那边顿时烈日当空。蚩尤大军被暴晒得浑身乏力，一个个昏死过去。很快，蚩尤在阪泉全军覆没，向西南方逃去。蚩尤逃到冀州中部——现在的山西南部地区，被黄帝抓住了。黄帝命令将蚩尤就地处决。蚩尤被砍下脑袋，尸首分解——后来这块地方就叫"解州"。直到如今，晋南的解州还有一个方圆120里的咸水湖，叫做盐池。盐池盛产盐卤，传说那是蚩尤的血化成的。另外在汉代时，冀州地区曾经有人挖出过像铜铁一样坚硬的骷髅，还有两尺来长的牙齿，坚不可摧，据说那就是蚩尤骨和蚩尤齿。

剔除这些传说中的神话成分，至少印证了历史上长江流域部落联盟与黄河流域联盟，南上北下所发生的冲突，说明生产力的发展已经逐渐打破氏族和地域的界限，历史开始进入民族大融合的时期。

通过这次战争，黄帝的威望达到空前的高度，各部落对他佩服得五体投地，一致拥戴他为部落联盟的首领。

部落联盟的活动范围扩大了，中央的事务也自然增多。黄帝在涿鹿山下的一块平地上建起都城，设置一些官员分管各项工作。他命人制定了天文历法，以指导生产。任用风后、力牧、常先、大鸿四人为他的助手。这四个人都德才兼备，关心人民疾苦。为了提高人民的生活，黄帝指导人民按四时不同季节播种谷物和栽种草木，指导人民饲养牲畜和利用自然资源，指导人民修建房屋和制作衣裳。由于他对人民做出了杰出的贡献，所以后来人民一直怀念他，尊敬他。

在涿鹿之战中，黄帝的一个重要同盟者是他的近亲炎帝。这次战争以后，以黄帝和炎帝为首的华夏族就成为不断融合中原各地众多部落的核心力量，炎黄也就在这样的情况下被尊崇为不断扩大的华夏族的祖先。今天，我们中国人都认为是炎黄子孙，并以此而感到自豪。

 简　评

凡是中华儿女，都把黄帝当成自己的祖先，比如鲁迅先生就把黄帝作为伟大的民族象征。他在一首诗中说"我以我血荐轩辕"，就是说要用自己的鲜血来保卫中华民族。近年来，每逢清明节，我国人民纷纷来到黄帝陵，以崇敬的心情，拜谒这位民族之祖。台湾同胞和海外侨胞来到大陆，差不多也都要到这里来寻根，表示后代对祖先的敬意。人们都把黄帝作为中华民族的象征。悠悠五千年过去了，黄帝的形象一直激励着中华民族奋发图强，为人类做出更多的贡献。

# 大禹治水

## ——民族精神的象征

据古文记载，大约在四五千年前，我国发生了一次特大的洪水灾害。当时正处于原始社会末期，生产力极端低下，生活非常困难。面对到处是茫茫一片的洪水，人们只得逃到山上去躲避。渐渐地，能充饥的野果越吃越少，而毒虫猛兽却越来越多，百姓们生活在水深火热之中。

当时的部落联盟首领尧目睹此情此景，为了解除水患，召开了部落联盟会议，推举了鲧去完成这个任务。鲧毫不退缩，勇敢地承担了这个重任。

鲧治水用的是"堙"、"障"等堵塞围截的方法，就是用石头和泥土垒成堤坝把洪水拦住，这是夏后氏祖传的治水方法。由于过去夏后氏住在黄土高原上，这方法挺管用。如今地处中游地带，黄河两岸的地势比高原低，三尺五尺的堤坝根本不中用。可是鲧想得仍很简单：五尺不行，就垒一丈。于是堤坝越垒越长，越垒越高，然而洪水像猛兽一样奔腾咆哮，用石块泥土垒成的堤坝，怎禁得住洪水的冲击？一排洪峰压来，堤坝被冲破了，洪水便排山倒海般向外扑来，淹没田地，冲垮房屋，许多人葬身鱼腹。鲧治水9年，十分顽强，但由于他固执己见，坚持"水来土挡"的老办法，结果劳民伤财，洪水越治越大。

尧死后，大家推举舜当了部落联盟的首领。舜巡视治水情况，看到鲧对洪水束手无策，耽误了大事，就将鲧治罪，处死在羽山。部落联盟又推举鲧的儿子禹。禹是个精明能干、大公无私的人。当时，禹还年轻，接到帝舜的任命，深感肩上担子不轻。可是他自小就有一股倔强脾气，他决心完成父亲未竟的事业，用自己的成功来洗刷父亲蒙受的耻辱。当时他刚刚和涂山氏的一个姑娘结婚才4天，说实在的很是舍不得别离爱妻，别人也劝他迟几天赴任，可是意志坚强的大禹，看到群众受到水害的情景，想到自己肩负的重大任务，便毅然决然地

禹王治水

告别妻子，来到治水的工地。

禹离开了家，四处奔走，找来了父亲的老帮手们，虚心听取治水失败的原因。

禹的父亲鲧虽然没能治好洪水，但为了治水献出了自己的生命，人们非常怀念他，并把他当成一位了不起的英雄。如今见禹继续治水，大家都深受鼓舞，你一言我一语地畅所欲言起来。

一个中年大汉对禹说道："你父亲用石头和泥土垒成堤坝堵截洪水，刚开始还是有效的，后来洪水猛涨，堤坝就被冲垮了。"

大禹陵，在今浙江会稽。

"不管怎么说，造堤坝总算是个办法。只是洪水实在太大，而且总是不退，哪有什么办法呢？唉……"一个老汉边说边叹气。

"那我们能不能想办法让洪水小下去呢？"禹一边听着，一边问道。

"说起来容易！这茫茫洪水已经涨到半山腰了，水面上到处是漩涡，就是不见它流走，我看，也许大海都被填满了。"那老汉愁眉不展，悲观极了。

"大海被填满是不可能的，我觉得主要是河道不通畅，洪水流不出去，才导致水势长久不退。"中年大汉很有把握地说道。

"说得好！"禹拍着大腿叫了起来，"我们就疏通河道，把洪水引入大海！"

大家一听，都惊呆了。这疏通河道的事儿，简直像登天一样难啊！

半晌，那中年大汉说道："这主意我也曾经向你父亲提出过，他老人家对我说，疏通河道，谈何容易，你给我指出河道在哪儿？望着翻滚着的一片汪洋，我回答不出来了。"

禹接着说："水当然要往低处流。我们只要探明地势高低，就能摸清水的流向，河道在哪儿，也就能知道个差不多了。

"可是这实在是太难的事啊，谁能跑遍整个天下呢？"老汉捋着胡须，不无忧虑地说道。

"难，并不可怕！"禹语调沉稳地说道，"我还年轻，靠着各位的帮助，豁出这一辈子我也要把水治好！"

禹说着站起身来，有力地挥动着双手，两眼放射出炯炯的神采。

大伙儿望着禹，不由得想起了去世的鲧，心中顿时升腾起一团热火。他们决心跟着禹，彻底治服洪水。

当下，禹和大家商定了治水的办法：一是继续加固和修建堤坝，二是探明天下各地的地形和水道，设法疏导洪水。

禹带着一群勇士出发了。荒山野岭踏遍了他们的足迹，急流险滩活跃着他们的身影。遇到浊浪翻滚的大河，他们砍下树木扎成木排渡过去；遇到腥臭陷人的泥沼，他们把木板铺在上面爬过去。他们逢山开路，遇涧搭桥，走了几万里路，用了几年时间，终于探明了各处的地形和水道。

大规模的治水工程开始了。

禹把天下划分成九个大州，规定每州都派民工参加治水。禹亲自握着木锸，和人们一起开山挖河。他的手上长满了硬茧，脚底磨出了厚厚的脚垫；吃的是野果粗粮，穿的是破衣烂衫；夜晚经常露宿野外，铺点树叶作为床铺。由于长年浸泡在水里，他的脚指甲都掉光了，腿上的汗毛也都脱光了。百姓们见了，一个个都感动得掉下泪来。

这期间，禹曾经多次路过自己的家门，他多么想进屋去看望自己的爱妻，哪怕只见上一面，他也会感到莫大的满足。可是，他想到自己肩负的重任，只能把爱深藏在心底，一次也没进过家门。

第一次正当禹路过家门时，屋里传来了孩子的哇哇啼哭，这是他妻子刚生下的儿子启的哭声。禹心中一阵激动，他真想一头扎进屋去，抱一抱、亲一亲可爱的孩子。可是他没有留步，匆匆离家而去。

随从们见了，都劝禹进去看一看。禹摆摆手，平静地说道："是啊，我何尝不想看看妻儿呢？可是，治理洪水是千万人的大事，多少人也是撇下了娇妻爱子来治水的呀！我怎能因私废公，回家看望妻儿，以后怎能开口劝诫别人呢？"

禹第二次经过家门时，妻子抱着儿子站在家门口，儿子挥动着小手，使劲喊着"爸爸"。禹远远地望着，满怀深情地向妻儿挥了挥手，匆匆地走了。当他第三次路过家门口时，儿子已经长到十多岁了，他扑到爸爸怀里，使劲把他往家里拉。禹疼爱地抚摸着儿子的额头，让他告诉妈妈，治水的事很忙，没空回家。

禹不辞艰辛，跋涉万里，直累得颧骨高耸，眼窝深陷。他那本来挺直的腰有些弯了，硬朗的背有些驼了，两条腿患了风湿病，走起路来显得不灵便了。然而，他的精神鼓舞了千百万人，大家心往一处想，劲往一处使，拧成一股回天之力。

治水工程进展得越来越快。

按照原定方案，禹先把九条大河疏通，将洪水引入大海，然后再开通各处的支流沟洫，将原野上的积水排除。渐渐地，洪水退下去了。

于是，禹又决定帮助百姓重建家园，让他们安居乐业。征得帝舜的同意，他让伯益和弃做了自己的助手。

洪水刚落，人们的生活没有着落，伯益就让大家到山林中捕捉野兽，从积水中打捞鱼虾。他还到各部族中推广凿井的办法，让大家喝上了清凉的井水，免得喝浑浊的积水生病。弃是个种庄稼的能手，他把农耕种植的经验传授给人们，所到之处，农业便扎下了根。渐渐地，黄河两岸的大地上桑麻遍地，禾谷飘香，人们再也不愁吃穿了。

在大禹领导下，广大群众经过10多年的艰苦劳动，终于疏通了9条大河，使洪水沿着新开的河道，服服帖帖地流入大海。他们又回过头来，继续疏通各地的支流沟洫，排除原野上的积水深潭，让它流入支流。从而制服了灾害，完成了流芳千古的伟大业绩。

在治水的同时，大禹和治水大军还大力帮助老百姓重建家园，修整土地，恢复生产，使大家过上了安居乐业的生活。对于大禹的功绩，广大人民歌颂他，感谢他，怀念他，当时人们把整个中国叫"禹域"（意为大禹治理过的地方）。

相传黄河上游的龙门山上的禹门口（今陕西韩城与西河津之间），为大禹所凿。龙门山口，口宽80步，河水由此而下，奔腾咆哮，声如巨雷。集中在龙门水下的大鲤鱼为急流所迫，随之而下，向下不断跳跃，即民间流传的吉祥之兆——"鲤鱼跳龙门"的故事。

位于山西省芮城县东南5公里的黄河岸边的神柏峪，相传是大禹勘察水情、并在河边的柏树上拴马歇脚的地方。后人在此处河边修建了一座禹王庙，以示纪念。

在浙江省绍兴市的会稽山下，人们还修建了大禹的陵墓——禹陵，以纪念他的丰功伟绩。

# 历史大事全知道

　　大禹治水是发生在几千年前我国古代国家刚刚形成时的影响极其深远的一件事。它反映了在原始社会末期生产力水平低下的条件下，人们齐心协力，发挥聪明智慧，抗击自然灾害的事迹。大禹治水的精神，永远是中国人民的宝贵的精神财富。

　　大禹死后，其子启继位，建立了夏朝，从此之后，父死子继、兄终弟及的王位继承制度固定了下来，标志着"家天下"的开始。古书把夏启继承父位，当作由"天下为公"的"大同"之世，进入"天下为家"的"小康"之世的开始。我国的历史从此时起，进入了阶级社会。

# 商汤灭夏

## ——奴隶制王朝的发展

大禹的儿子启废除了传统的禅让制，建立了王位由家族内父子世袭的制度，标志着夏族建立了我国历史上第一个"家天下"的奴隶制王朝——夏朝。夏朝统治了中国400多年，到了公元前17世纪，夏王朝内部产生了严重的社会危机。

那时，夏王朝是最后一个国王夏桀统治着。桀是我国历史上著名的暴君。他生活十分奢侈，饭菜稍微不合口味，他就会杀掉厨师。他又嗜酒如命，常常喝得酩酊大醉。桀又在洛阳建造新的王宫，动用了几十万民工，用了7年的时间方才造好。成千上万的奴隶在建王宫时死去。桀还杀掉了劝谏他改过自新的关龙逄，结果大臣们都不敢再上谏了。而奸臣则投其所好，对桀阿谀奉承；其中有个叫干莘的，更是坏得透顶，专门为非作歹，谗害忠臣。由于桀的昏庸和残暴，朝野上下怨声载道，夏王朝的统治已是摇摇欲坠。《史记·夏本纪》说："桀不务德，而武伤百姓，百姓弗堪。"也就是说，他对人民不实行德政，而用暴力来压迫剥削人民，人民忍受不下去了。他搜刮人民的财富，大建宫室台榭，"作倾宫，饰瑶台，作琼室，立玉门"（《竹书纪年》）。他残暴地征发民力，为他服无穷无尽的劳役，以致人民"率怠弗协"，用怠工的方式来反抗他，高喊着"时日曷丧，予及汝偕亡"（《史记·殷本纪》），希望桀灭亡的时日早日来到，宁愿与他同归于尽！

这个时期，东方的商族崛起了。商是我国古代一个古老的部族。关于商族的祖先，流传着一个动人的传说。据说商的祖先是契，契的母亲简狄是有娀氏的女儿。有一天她和本族的两个青年女子外出游览洗澡时忽然天上飞来了玄鸟（燕子），生下了鸟卵（蛋），简狄拣取了玄鸟生下的蛋吞食下肚，以后身体内产生了异样的感觉，便怀孕而生下了契。这一传说反映了两件我们值得注意的史实。第一，是商族以鸟作为氏族的图腾，也就是说把鸟作为自己神化想象中的祖先神，这是我国古代起源于东方的部族的一个共同的信仰。第二，始祖契是男性，其母简狄吞鸟卵而生契，说明对其父不甚清楚，于是假托到图腾神鸟上了。我国古代在父系氏族公社建立前，是一个"民知其母，不知其父"，实行母系血统继承制的群婚制时期。商族这一古老传说反映了从契开始，才确立了父系继承制的父系氏族公社。他被"封于商，赐姓子氏"（《史记·夏本纪》）。商族的历史进入了一个新的发展阶段。

**四羊方尊 商代**

巨大的方形口，长颈，折肩，浅腰腹，高足，四面都有脊。它将器物的造型设计与艺术装饰高度完美地结合在一起。

契的时代，约和夏启同时。以后商族传到了契的孙儿相土当王时，传说"相土烈烈，海外有截"（《诗经·商颂·长发》），他的势力扩大到渤海、莆海沿岸各地。到了契的六代孙冥统治时，发生了洪水之灾，冥领导人民与洪水斗争，最后为治水而死，商族人民特别怀念这位为治水而牺牲的英雄，把他看做是地位仅次于契的祖宗。冥的儿子王亥继位后，他领导商民，驯服了牛，使牛成为生产中的劳力和运载货物的交通工具；与此同时，商人又驯服了马，也用于交通和生产。这样商族的生产力有了较大的发展。有一次，王亥赶着大批牛群，运载了很多物资，向河北进发，准备进行商业交换时，竟为有易氏所杀，牛群和物资也被夺走。王亥之子上甲微率军队战胜了有易，杀死了有易之君绵臣，使商族的势力又得到了一次较大的发展。

上甲微以后传六代，就到了汤。这时，商族已建立了一个新兴的奴隶制国家。在夏王朝日益衰朽，夏民反抗夏桀的斗争日益发展的时候，商族的杰出领袖汤积极从事灭夏的准备。

这时，夏朝在桀的残暴统治下，国内矛盾尖锐，四周的方国也起来反抗夏朝的攻伐。而汤在商国却行仁政，对商民实行发展生产、减轻剥削、安定民生的宽容政策。对四周的方国，汤也采取团结联合的政策，当时瑶伯不服从商的统治，汤便送了牛给瑶伯做祭祀时的牺牲，瑶伯便投靠了商汤；有洛氏大修宫室园囿，劳民伤财，使人民不能从事生产而发生了饥荒，商汤便出兵讨伐了这个暴君。于是，商汤大得民心，"天下皆一心归之"。夏桀害怕商汤的势力大起来，曾一度囚禁了商汤；由于商汤得到诸侯方国的拥戴，迫使夏桀不得不放了他。

商汤像

商汤为进一步发展势力，便任用贤人伊尹为相。伊尹原名伊挚，因其母住在伊水之滨，便以伊为姓。当商汤娶有莘氏之女为妃时，伊挚便充当了有莘氏的媵臣。媵是财产之意，媵臣就是出嫁时充当奴仆使用的陪嫁奴隶。伊挚来到汤身边后，便以他烹调做饭菜的特长接近了汤，汤逐渐发现了他的才华，便征询了灭夏建国的大计。伊挚的计谋得到了汤的赏识，被任命为"尹"，也就是汤手下的最高级的大官，从此人们习称他为伊尹。伊尹受汤派遣出使夏朝，调查了解到夏桀的统治更加昏暗残暴的情况，报告了汤。于是汤在伊尹等贤人的辅佐下，加速了灭夏的准备工作。

汤安定了自己的国家，联合了诸侯各国的力量，便起兵伐夏。汤首先消灭了葛国。葛在商国的西边，介于商和夏之间，是商通往夏的必经之路。汤曾想争取葛的归服，多次送给葛国粮食、种子和牲畜，并派人去葛国协助耕作，但葛国的君主葛伯自恃势强，一概拒绝汤的帮助，还倒行逆施地派人去抢商族老弱妇孺给协助葛种地的人送去的饭菜，并把一个送饭的商族儿童也杀死了，引起了商族人民的愤慨。汤便乘势起兵，一举灭亡了葛国。接着汤便展开了大规模的灭夏战争。这时，暴君夏桀为了转移国内人民对他的反抗情绪，又大肆征伐方国，他起兵灭掉了反对他的有缗氏，又出兵去讨伐岷山，不仅劳民伤财，使人民遭受了更大的苦难，而且得罪了更多的诸侯方国。商汤伐夏，得到各地诸侯方国以至夏民的热烈欢迎。人民盼望商汤军队，有如大旱之年的人民盼望云雨一样的迫切；商汤的军队先打了东边，西边的人有意见；先打了北边，南面的人埋怨起来，各地的人民都说：为什么不先打到我们这里来啊？汤的军队处处受到人民的欢迎，所到之处，节节胜利，以至"十一征而无敌于天下"。汤的军队在消灭夏桀的最后三个盟国——韦、顾、昆吾以后，大军直逼夏的国都。商汤在决战以前，发表了被称为《汤誓》的誓师词。他在《汤誓》中慷慨激昂地声讨了桀的罪行，表明了自己灭夏战争的正义性。他说：夏桀大兴徭役，残酷掠夺，把夏民的钱财消耗完了，把夏朝的都邑割剥尽了。

夏民对夏桀离心离德，极其不满，一致咒骂他，要与他同归于尽！夏桀罪孽深重，我代夏是上天的意志；我不能违反上天的旨意，不敢不去讨伐夏桀！你们拥护伐夏的大军，我会大大赏赐你们；如果谁不服从我，我就要严惩你们，决不宽赦！商汤伐夏，本已得到各地人民的欢迎，而他在誓师词中又借用了上天的旨意，更使他的义师披上了当时人们非常相信的神权的外衣，结果在有娀之墟的决战中，夏桀大败，退到鸣条，又被打败。商汤灭了夏朝，把桀放逐而死。我国历史上第二个奴隶制王朝——商朝正式建立。商朝定都于亳（在今河南偃师县），接受了3000诸侯的朝贺。

 简　评

　　商汤灭夏，是3700多年前我国一个新兴的奴隶制政权灭亡暴虐无道、阻碍了生产力发展的腐朽的奴隶制政权的军事斗争。这一场斗争得到了当时各地人民的热烈拥护，有利于中国历史的进步。商汤灭夏以后建立的商朝，是当时世界上声名显赫的奴隶制大国，立国600多年，创造了我国奴隶社会较高度发展的政治、经济和文化，尤其是商代的天文、历法以及青铜器、甲骨文，达到了古代世界科学技术和文化的高峰。商汤灭夏推动了奴隶制王朝的发展。

# 春秋五霸

## ——诸侯势力的崛起

公元前11世纪，周武王灭商以后建立了周王朝。周族兴起于西边的渭水流域，姬姓，原来人口不很多，经济发展也落后于商。周王朝建立后，在杰出的政治家、军事家、思想家周公姬旦的治理下，平定东方，制礼作乐，敬天保民，社会矛盾缓和，生产力有了恢复和发展，出现了"成康之治"的良好政治局面。周武王和周公旦还制定了宗法分封制度，即利用周族的氏族宗法血缘组织，扩大为国家统治机构，周王自称天子（即天之子，代表天来统治臣民），在宗法上是天下之大宗，政治上是天下的共主；周王分封同姓子侄到各地去建立封国，封国的国君称诸侯，是一国之大宗，但对周王来讲是小宗，政治上要受周王的号令和统治；封国的国君又分封同姓子侄到封国的各地去建立封邑，封邑内的统治者称卿、大夫，是封邑内的大宗，但对国君来讲是小宗，政治上要受国君的号令和统治；卿、大夫又在封邑内分封了一批子侄等人为士，士对卿、大夫来讲是小宗，政治上要为卿大夫指挥打仗或管理封邑。这样，周王朝建立了宗法制度和政治制度完全结合在一起的政治统治，周王作为天下之大宗和天下共主，通过宝塔式的等级制度，牢牢巩固了对全国的统治，诸侯和卿、大夫借亲亲尊尊的观念和血缘亲属的关系，拥护和辅佐了周王对全国的统治。

春秋争霸示意图

这一森严有序的宗法统治维持了几百年后，到春秋初年却逐渐被破坏了，其基本原因一方面是周王朝的力量日益衰朽，如周宣王几十年穷兵黩武的打仗消耗了国力，周幽王荒淫无道的统治失去了诸侯的信任，犬戎入侵镐京对周王室造成了极大的破坏，所以公元前770年在洛阳建立起来的东周王朝，失去了号令诸侯的力量；另一方面是地方诸侯经过几百年的发展，政治、军事、经济力量大大加强，纷纷想取周天子的地位而代之。

但是由于周代宗法统治的秩序和观念根深蒂固，诸侯要想完全打倒周天子，自己当周王，势必会遭到其他诸侯的反对，于是在"尊王攘夷"口号下出现了诸侯争霸的局面。

首先想称霸的诸侯是郑庄公。郑国是周的同姓国，郑庄公曾是周王的卿士。郑庄公势力强大后采取了公开和周王对抗的态度，曾派军队偷割属于周王土地里的庄稼，还和周王打仗并射伤了周王。郑国是个小国，郑庄公采取公开反对周王的做得不到其他诸侯的声援，随着郑庄公的去世，郑国霸业中衰了。

首创霸业的是历史上赫赫有名的齐桓公。齐的始祖是周文王、周武王的军师姜尚。姜尚被分封到齐后，姜姓和姬姓结成了世代的婚姻之好，成为周王的至亲。公元前685年，齐国发生内乱，公子小白在鲍叔牙的辅佐下，夺得了君位，即齐桓公。齐桓公杀掉了与之争位的公子纠，在鲍叔牙的劝告下，却重用了曾经帮助公子纠夺位，并用箭射过自己的贤才管仲，拜管仲为相。管仲协助齐桓公首先改革内政，推行"相地而衰征"的平均农业赋税的政策，又"制国以为二十一乡，工商之乡六，士农之乡十五"（《管子·小匡》），使工商住在同一地区，不负担徭役兵役，安心从事工商；作战的武士和农民住在同一地区，农忙时务农，作战时一起打仗。这样齐国的农业发展了，渔、盐、铁器、丝织业的生产发达了，军队加强了。于是齐桓公举起了"尊王攘夷"的旗帜，首先协助燕国打败了山戎的侵犯，恢复了燕国的统治；接着击败入侵中原烧杀破坏的狄人，恢复了一度被狄人灭亡的邢国和卫国，帮助邢国修好了城墙，帮助卫国重建了新的国都。齐桓公的军事行动得到了诸侯的拥护，于是齐桓公在葵丘之会上大会诸侯，诸侯共尊他为盟主，参加盟会的诸侯公订了尊重周王、互相救助、驱逐戎狄的盟约。周王特派使节送祭肉赐给自己的"伯舅"齐桓公，赞扬他尊王攘夷的功劳。孔子曾说："桓公九合诸侯，一匡天下"，"微（没有）管仲，吾其被发左衽矣！"赞扬了齐桓公和管仲安定社会秩序，抗击戎狄侵犯，捍卫华夏先进文化的业绩。

齐桓公死后齐国长期内乱，霸业中衰。宋襄公试图称霸。但宋国力量弱小，而且宋襄公不务实而侈谈"仁义之师"，妄图依靠他的"仁义"取得霸主地位，结果诸侯对他离心离德。在公元前638年的泓之战中，楚成王的军队把宋军打得大败，宋襄公受了重伤，不久死去，霸业未成。

晋文公是春秋霸主中的一位传奇式的人物。原来他的父亲晋献公宠爱妃子骊姬，立骊姬之子伯服为太子，并对太子申生以及重耳、夷吾等弟兄进行迫害。重耳即后来的晋文公，他先避居到自己的母家狄国。后来申生为骊姬所杀，夷吾回国当了国君，派人要谋杀重耳。于是重耳在狐偃、赵衰等贤人的协助下，逃亡到齐、卫、曹、宋、郑、楚、秦等各国，历尽了艰险坎坷。他到楚国时，楚成王以优厚的礼节来接待他，但楚国离晋太远，无法帮他复国。最后重耳到了秦国，受到秦穆公的热情招待。秦国派军队护送重耳打进晋国。重耳流亡了整整19年，他回晋国时已是60多岁的老人了。

阅历丰富的重耳成为晋文公后，立即在晋国改革内政，重用贤才，黜退坏人，整顿秩序，发展生产，训练军队，晋国恢复了强国的地位。这时楚国势力北上，威胁了周王朝和中原诸侯的安全。于是晋文公在公元前632年的城濮之战中，采取了"退避三舍"、诱敌深入、设伏夹击等战术，大败楚军，晋文公成为中原诸侯承认的霸主，并得到周王的称颂和表彰。

秦国是西周晚期崛起于渭水流域的诸侯国家。春秋前期，贤明的君主秦穆公登位后，改

晋文公复国图卷

革政治，发展生产，训练军队，任用了百里奚、蹇叔等贤才当相。秦穆公一心想成为中原的霸主。赢姓的秦国和姬姓的晋国世代通婚，结成了"秦晋之好"。秦穆公多次帮助晋国安定政局，发展生产。他曾帮助公子夷吾、公子重耳夺得了晋国的君位，但他东进称霸的道路却为强大的晋国所阻。公元前628年晋文公死后，秦穆公派军队偷袭郑国，结果在崤山下中了晋军的埋伏而全军覆没。后来，秦穆公向西边发展，灭掉了20个西边小国，称霸于西方。

楚国是江汉流域的大国，它一向想争霸中原。春秋中期出现了一位霸主楚庄王，他立下壮志要观兵中原。刚登位时他无所作为，尽声色娱乐之好，暗中却时时察访，了解民生国情，寻求治国之方。过了几年，他便雷厉风行地实行改革，任用贤才孙叔敖为相，斥退坏人，兴修水利，发展生产，训练了一支强大的军队。他不忘过去楚成王曾优待过晋文公，却被晋文公在城濮之战中打败的教训，决心夺取晋国的霸主地位。公元前597年，楚庄王指挥的大军北上中原，在邲之战中把晋国等北方诸侯军队打得大败，成就了他"一鸣惊人"的霸业。

东南方吴国和越国的争霸是春秋霸业的尾声。定都于今苏州的吴王阖闾，任用贤才伍子胥为相、军事家孙武为将，率大军沿淮水，入汉江，五战五胜，一度灭亡了楚国，但阖闾在和南方越国的战争中受伤而死。其子夫差即位后，大败了越国，越王勾践及其从臣范蠡到吴国当了奴隶。吴王夫差进入中原，在公元前482年的黄池之会上大会诸侯，迫使晋君把盟主的地位让给了自己。但夫差称霸后却听不进忠臣伍子胥的劝告，听信了奸臣伯嚭的谗言，放松了对自己的世敌越国重新振兴的警惕。他放回了勾践和范蠡。勾践回国后"卧薪尝胆"，"十年生聚，十年教训"，团结人民，奖励生育，发展生产，训练军队，又向吴王夫差贡献美女西施、郑旦，使夫差整日陶醉于声色玩乐之中。公元前473年，越军攻吴，吴国灭亡，夫差被俘后自尽而死。勾践称霸后同样挥军与北方诸侯逐鹿，并迁都于今山东东南海边的琅琊，成为最后一位霸主，直到战国中期为楚国所灭亡。

 简　评

春秋时的诸侯争霸，是周代宗法统治秩序瓦解、地方政治经济势力崛起的产物。正所谓一句话："春秋无义战"，这时的战争是地方诸侯势力为了争夺土地、财富、人口以及霸权而展开的，从而使得整个国家兵连祸接，没有宁日，给生活在水深火热中的人民带来了更加深重的灾难。但是从客观效果上来看，诸侯争霸战争破坏了旧制度，抵御了游牧民族的入侵，有利于新兴势力的成长，并一定程度上促进了民族的大融合，从这一角度来说，它对推动中国历史的进步还是有一定积极意义的。

# 三家分晋

## ——封建社会的开端

公元前453年，韩、赵、魏三家灭智氏，三分其地。从此，晋国为韩、赵、魏三家所瓜分。公元前403年，周天子正式承认三家为诸侯，标志着战国时代开始。

三家分晋是春秋后期"公室"与"私家"之间展开的激烈斗争的结果。在西周宗法制下，周天子分封诸侯，诸侯在自己的统治范围内再分封卿、大夫。卿、大夫领有自己的封邑，拥有基本上是独立的政治、经济、军事力量，他们通过贵族宗族组织来统治自己的封邑。这样，在诸侯国内部就有了"公室"和"私家"之别。公室指诸侯国君，私家指卿、大夫之家。在西周时期和春秋早期，卿、大夫的封邑没有得到发展。在春秋时期，西周以来的社会政治秩序遭到破坏，在诸侯国势力扩张的同时，诸侯国内部卿、大夫的势力也有了很大的发展。他们统治的封邑，在诸侯国内也形成了一个个割据独立的小国，并且也在互相兼并。有些势力强大的卿、大夫，还操纵了诸侯国的政治，诸侯国的政权由公室向私家转移。这些卿、大夫比较能顺应社会经济发展的要求，是新兴的进步势力；以国君为代表的公室则主张维护旧的制度，是一批顽固的守旧贵族。

早在春秋初期，晋公族内部嫡系与旁支之间就展开了激烈的争斗，晋献公继位之初，就发生过骊姬之乱，鉴于此，晋献公于是大批屠杀公族内的群公子。从此之后晋国不立公子、公孙为贵族，是谓"晋无公族"。献公死后，他自己的儿子之间又发生争夺皇位的斗争，直到晋文公即位才结束。晋公室的力量被削弱了。到春秋中叶，旧公族只剩下栾氏、羊舌氏和祁氏等几家，而晋国的卿大夫之家即私家力量却逐渐壮大起来，不断与晋国的公族展开斗争。

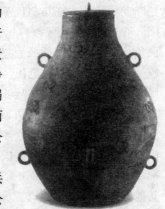

镶嵌龙纹壶　战国
魏国铜器精品

晋厉公时，把私家看成最大的威胁。公元前574年，他举兵杀了三郤（郤至、郤犨、郤锜），结果很不得人心。次年，厉公被杀。晋朝中期以后，晋国的卿位一直由19个卿大夫之家所占据，居卿位的同时又是统率军队的将领。这十几个卿大夫家族在晋国政治、经济和军事方面的势力，一天天膨胀起来，到春秋晚期，他们互相吞并的结果，只剩下韩氏、赵氏、范氏、魏氏、中行氏、智氏六家最大的卿大夫家族，就是所谓的六卿。

六卿与晋国旧贵族之间进行了持续不断的斗争。公元前550年，以范氏为首的新兴势力联合起来攻打当权的大夫栾盈。栾盈逃到楚国，不久又到达齐国。齐国将他偷偷送回到他在晋国的私邑曲沃。栾盈以曲沃为据点，发兵进攻晋国的绛都。新兴势力迅速占领固宫（晋襄公庙），在战斗中，奴隶斐豹提出以解放自身作为效忠的条件，新兴势力当即烧掉了斐豹沦为官奴的丹书（卖身契）。斐豹杀死了栾氏的力士督戎。范氏为了战胜栾氏，发布命令说：自文公以来，有功于国家而子孙没有得到官职者，可以做官和受赏。这样激励了士气，提高了军队战斗力，结果，大败栾氏，栾盈及其党羽全部被诛。此后，新兴势力继续与旧贵族斗争，栾氏、郤氏、胥氏、原氏、狐氏、续氏、庆氏、伯氏等旧贵族继续受到打击，被降为奴隶和平民。晋的公族被消灭，晋国的政治完全被卿大夫之家所把持。新兴势力又灭掉了祁氏、羊舌氏，把祁氏领地分为 7 县，羊舌氏领地分为 3 县，任命韩、赵、魏等族的子弟和有才能的人去做县大夫。公室与私家的斗争，是旧贵族与新兴势力的斗争，旧贵族被消灭对晋国社会的发展是有好处的。

金器　战国前期

在与旧贵族斗争的同时，新兴势力内部也进行了激烈的斗争。当时新兴势力都实行了一些有利于生产发展的革新措施，但实行的程度和方式各家都有比较大的差别。在亩制上，六卿都突破了"百步为亩"的旧规，而范氏、中行氏的亩制没有韩、赵、魏的亩制大，范氏、中行氏的亩制为一亩 160 步，智氏为 180 步，而韩、赵、魏为 200 步。由于当时劳动者耕种地亩面积有一定的标准，亩制大就是实耕面积大，亩制小实耕面积小，扩大亩制有利于生产的发展。范氏、中行氏在亩制改革上很不彻底，而且保留了较多的奴隶制痕迹，对依附农民剥削很重，在政治上也独断专行，所以在与赵氏等的斗争中处于不利地位。赵简子注意争取民众，如他派尹铎到晋阳（今山西太原市西南）去做地方官，尹铎到任后，就遵照赵简子的指示，调整和减少农民负担，后来晋阳便成为赵氏可靠的根据地。赵简子还采取奖励军功、以功释放奴隶的措施。公元前 493 年，范氏、中行氏与郑国等联合起来，与韩、赵、魏发生战斗，赵简子在誓师时发布命令，许诺在战斗中立军功的人，上大夫赏赐给县，下大夫赏赐给郡，士赏田 10 万亩，庶人及工商业者可以上升为士，奴隶可以被释放。所以军队士气很高，终于大获全胜。赵简子还注意选拔人才，鼓励臣下指出自己的过错。赵简子争取了人心，而范氏、中行氏则失去了人心，这是赵氏能够取胜的重要原因。赵联合韩、魏与范氏、中行氏交战，每次都取得胜利。公元前 490 年，范氏、中行氏失败后，逃出了晋国。赵简子把邯郸据为己有，其他地方为晋公室所有。公元前 485 年，智、韩、赵、魏四家联合起来要瓜分原先属于范氏、中行氏的土地，晋出公不肯，四家就赶跑了晋出公，智伯另立晋哀公，自己控制了政权，又占领了范氏、中行氏的土地。智、韩、赵、魏四家成为晋国最强大的势力。

当时四家的当权者分别是智伯瑶、赵襄子毋邮、韩康子虎、魏桓子驹。其中，智伯最为强大，晋国的政事都是智伯说了算。他想独吞晋国，但由于时机不成熟，便采取削弱其他几家的办法。他以奉晋君之命，准备攻打越国为名，要每家拿出 100 里的土地和户口来给晋室，其实是要归他自己，韩康子和魏桓子都如数交出了土地和户口，而赵襄子则拒绝了智伯的要求。于是智伯就联合韩、魏两家一起出兵攻打赵氏，并答应灭了赵家后，把赵家的所有土地和户口由三家来平分。

公元前 455 年，智伯瑶率领中军，韩氏的军队为右路，魏氏的军队为左路，三队人马直奔赵家。赵襄子知道寡不敌众，就跑到晋阳去，以晋阳为根据地与三家对抗。晋阳是赵氏原有的领地，又经过尹铎等人的治理经营，民心归附，对赵襄子很有利。魏、韩三家的兵马，把晋阳围住，而赵氏的军队士气旺盛，坚守城池，使敌方难以攻下，双方相持了近两年时间。到了第三年，即公元前453年，智伯引晋水淹晋阳城，几天后，晋水淹到离城头约两米的地方，城内一片泽国，灶膛内蛙虫滋生，百姓只得把锅吊起来做饭，一些没有粮食的百姓甚至易子而食。臣僚们也出现了离心倾向，礼节怠慢，形势很危急。赵襄子就派相国张孟乘黑夜出城，分化三家的联盟。张孟对韩康子和魏桓子说：唇亡齿寒，赵亡之后，灭亡的命运就要轮到你们了。韩、魏参战本来是不情愿的，又见智伯专横跋扈，也担心智伯灭赵后将矛头对准自己。为了自己利益，他们决定背叛智伯，与赵襄子联合。一天晚上，韩、赵、魏三家用水反攻智伯，淹没了智伯的军营，智伯驾小船逃跑，被赵襄子抓住杀掉。于是赵襄子灭掉了智氏一族，韩、赵、魏三家平分了智氏的土地和户口，各自建立了独立的政权。

公元前438年，晋哀公死，晋幽公即位。这时晋国完全衰弱，畏惧权臣，反向韩、赵、魏三家行朝拜礼。韩、赵、魏于是就瓜分了晋国的土地，只把绛城和曲沃两地留给晋幽公。此后，韩、赵、魏就称为三晋。公元前403年，周威烈王正式册命韩、赵、魏为诸侯。到公元前376年，韩哀侯、赵敬侯、魏武侯联合灭了晋国，瓜分了晋国的全部土地，把晋当时的国君静公废为百姓，晋完全为韩、赵、魏三家所取代。晋国这个名字也就消失了。

到了这个时候，"春秋"后期的十几个大国，经过激烈的战争和兼并，一些国家灭亡了，一些国家强大了，只剩下齐、楚、燕、赵、韩、魏、秦七个大国和几个小国。这七个大国被称为"战国七雄"。为了保存和扩展自己的势力，他们都想方设法去侵占别国的土地，削弱别国的实力，相互之间勾心斗角，不断发生战争；战争规模也越来越大。由于这个时期战争连绵不断，所以后来历史书上称它为"战国"。

 简　评

三家分晋扼制了晋国国势的下降趋势，使晋国获得了新生。战国初期，韩、赵、魏三国率先改革，尤其以魏国的社会变革最有成效。魏国的变革主持者是魏文侯，主要实施者是李悝，参与者包括了各方面具有真才实学的人才，如思想家卜子夏、军事家吴起、政治家西门豹。进入战国中期；法家人物申不害在韩国变法，使韩国保持了长期的安定，影响了战国中后期的天下形势。而赵武灵王"胡服骑射"的改革，一度使赵国大有统一天下的气象。另外，"三家分晋"标志着战国时代的开始，标志着中国历史进入了一个全新的时期，中国的许多历史学者都把三家分晋看作是中国封建社会的开始。

# 百家争鸣

## ——中国的轴心时代

　　春秋战国时期是我国古代社会大变革的时期。随着生产力的发展和封建生产关系的出现，地方诸侯、卿、大夫的势力崛起了，周代的宗法等级统治秩序瓦解了，社会下层的庶民等通过生产、读书、经商、游说、经营等途径，有的成为新兴富人，有的进身仕途，有的开门授徒、著书立说，出现文化下移的现象。各个不同阶级、阶层的代表人物，在这个大动荡、大变革的时代，都发表了自己对历史、社会、政治、文化、世界、宇宙的不同的看法和主张，形成了我国古代历史上空前活跃的思想解放的局面，出现了学术思想文化领域内百家争鸣的现象。

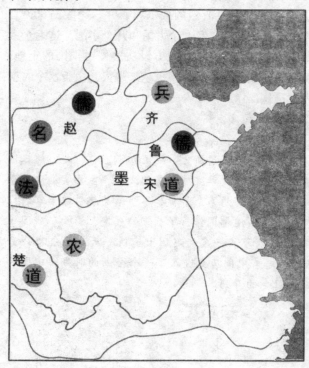

百家争鸣示意图

　　首先著书立说的是儒家的创始人孔子（前551一前479）。孔子名丘，出身于鲁国没落贵族家庭，自幼贫而贱，接近和同情人民的疾苦。他倡导"仁"和"礼"的学说。所谓仁，是讲人际关系，要求"爱人"，"己所不欲，勿施于人"，"温、良、恭、俭、让"，是提倡人与人之间和谐、团结、互助、友爱、恭敬、克己、为人的一种人道主义、群体主义进步思想。所谓礼，是仁的外部表现，是典章制度和道德规范。孔子是我国首创"有教无类"、"因材施教"、"仕而优则学，学而优则仕"等进步教育主张并在实践中取得了成效的教育大师。他首创私学，把文化科学知识传布到下层人民；他主张对不同的教育对象要实行不同的教育方法，废止了机械式的教育法；他主张官员要从学习优秀有才干的人中选拔，当了官后还要利用业余时间继续学习，从而否定了宗法性的血统论和世袭制。言论集《论语》一书集中了他思想的精华。孔子的学说影响了中国社会2500年，受到全人类的尊崇。他已被国际学术界定为世界十大文化名人之首。

　　在孔子之后约150年的战国中期，出现了儒家的第二位大师孟子。孟子也是鲁国人，是孔子的孙子子思一派的后学。孟子名轲，他毕生崇拜孔子。他主张恢复井田制，目的是使有五口之家、百亩之田的个体农民少受剥削，发展生产，不受水旱之灾的威胁，过上小康的生活。农民生活生产搞得好了，国家就太平，统治者就可以王天下了。这就是孟子仁政、王道的思想专制主义，反对战争和暴君污吏，他说："民为贵，社稷次之，君为轻。"民贵君轻这种光辉的民主思想的提出，正是战国时期庶民阶层社会地位提高的表现。孟子在封建社会被统治者尊为"亚圣"，地位仅次于孔子，在社会上有重大影响。

战国晚期儒家的另一大师是荀况。荀子为赵国人，他既受孔子思想的影响，又受战国晚期"天下争于气力"、重农、重战、重法思想的影响，所以他的思想既博又杂，既主张礼治、法先王，又主张法治、法后王。他的学生韩非、李斯成为著名的法家代表不是偶然的。荀子是杰出的唯物主义思想家，他提出"人定胜天"的光辉思想，呼吁人们与其去崇拜天，求天的恩赐，不如去征服天，向天索取；他提出"青出于蓝而胜于蓝"的著名论点，认为后来人一定会超过前辈，这是历史发展的规律，所以他特别强调学习知识的重要。荀子的这些思想，反映了新兴地主阶级在其上升时期生气勃勃的进取精神。

在孔子创立儒家学说后不久，春秋战国之际出身于手工业工人而通过勤劳致富有了文化科学知识的墨翟，通过著书立说，开门授徒，创立了墨家学说。在《韩非子》一书中，把儒、墨并成为当时的显学，可见墨家当时的地位。墨子的主要学说是兼爱、非攻、尚贤、尚同。兼爱是社会所有阶层的人都要"兼相爱，交相利"。人人都兼爱，都得了利，社会就可以避免大量杀人、破坏战争，所以他反对战争，主张非攻。要实现兼爱和非攻，就要尚贤，选拔贤人来治政；其中推举一位最贤能的人来管理国家，国家就能实现统一，就是尚同。墨子还主张节用，反对丧葬浪费，反对娱乐生活，认为这也是浪费。墨子认为天有意志，鬼神是有的，如果贵族们为非

孔子像

作歹，杀人作恶，天和鬼就会出来惩罚他们。墨子批判了孔子的学说，儒墨之争开创了百家争鸣的风气。墨子的思想反映了已经致富但还未参与政治生活的手工业者的要求。

战国中期涌现了几位探求社会治乱与天地万物起源关系的思想家，其中最著名的一位是因著述了《道德经》而著名的老子。老子是谁，什么时代人，学者至今有争议，但从《道德经》来看，其作者应为战国中晚期人，其学说也被后人定为道家。《道德经》创造了一个客观唯心主义的哲学体系，它认为宇宙万物起源于道，道生一，一生二，二生三，三生万物，而道也可称大，就是无，是一个空虚缥缈、恍恍惚惚、看不见摸不着嗅不到的精神体，而正是这种精神体的演变，产生了世界的万事万物。老子的客观唯心主义哲学体系中，也有事物矛盾对立面互相转化的观念，如认为高下、大小、祸福等一定条件可以互相转化，这有利于人们在不利的环境下总结经验去争取胜利。老子的这一理论，目的是要以柔弱胜刚强，达到恢复旧贵族统治地位的目的。

与老子同时的道家人物是庄周。庄子创造了一套完全消极颓废的主观唯心主义理论。他认为世界上的一切事物都是相对的，没有本质的区别，无所谓好恶、高下、大小、祸福、是非、生死之别。有人为生老病死而担忧，庄子却认为人生的一切吉凶祸福都不必放在心上，有了祸就是福，人死了还是活着，人死了就变成其他生物，活得可能更自由自在。他曾经做梦变成一只蝴蝶，在花丛中自由自在地飞翔，醒来后自己分不清是蝴蝶变成了庄子呢还是庄子变成了蝴蝶。这就是他主观唯心论加上绝对的相对论的错误观点。庄子的唯心主义理论抹杀了事物的本质区别，使人对人生和世界产生极端悲观和颓废的态度，反映了没落奴隶主阶

级的情绪。

战国时的重要学派是法家。前期法家的代表人物是商鞅、李悝、吴起、申不害、慎到等人，他们主要是政治改革家，在各国的变法改革中起了主要作用，尤以商鞅变法成就最大。他们在改革中建立了自己的学说，主要强调以法治国，奖励垦荒，反对世官制，奖励农战，重视战争的作用等等。后期法家的代表人物是韩非。韩非是理论家，是法家学说的集大成者。

韩非子像

韩非本为韩国的公子，他口吃而不善于政治活动，但思想敏锐，著述丰富。当他写的《五蠹（音 dù）》、《显学》等篇被秦王嬴政（即后来的秦始皇）看到后，高兴地说：我如果能见到此人，用他的理论来治国，就是死了也没有遗憾了。公元前233年，韩非到了秦国，和秦王日夜讨论政治，秦王完全采纳了韩非的法家学说。韩非的学说主要是宣扬在发展农业、加强军队、改革吏治的基础上，建立极端的君主专制主义，以实现国家的统一。他认为商鞅提出以法治国，申不害提出国君要用权术治国，慎到提出国君治国必须建立起威势，三者都有道理，但都偏于一端，应把法、术、势结合起来，国君既能以法治国，又有一定的权术和威望，能使臣下接受其统治，那么国君的专制主义统治就会巩固了。韩非强调勤劳生产，加强军队，以法治国，反对懒惰、游民和宗派、血统观念，反对复古，主张以今王为师，一定程度上适应了当时封建专制主义中央集权统一国家建立的需要，在历史上有一定的进步意义。但他把人民看成为国君奴役的对象，主张依靠严刑峻法来加强统治，势必会激化社会矛盾，影响生产力的发展。秦用韩非理论统一了中国，也因用韩非的理论而导致了秦末农民起义的发生，摧毁了秦王朝的统治。秦朝兴亡的历史，对韩非的学说做出了客观的评价。

除了以上几位最著名的人物，诸子百家还包括以下这些：

子思子：孔子学生，与墨子同时。

杨子：名杨朱。诸家记载不一，极难确定。应在墨子同时或稍后，而在孟子之前。冯友兰《中国哲学简史》认为杨朱所代表的一些隐者是道家的第一阶段，而老子无考，《老子》一书应在其后，故《老子》学说仅能称之为道家的第二阶段。

陈仲：墨翟之徒，齐人。

孙子（孙膑）：与孟子同时。

禽滑厘：鲁人，与孟子同时。

惠施：约生于公元前370年，卒于公元前318年，宋人，曾做过魏国的宰相，是合纵的实际组织者。与庄子同时，先庄子死。经常与庄子进行辩论。庄子"子非我"之论，即与惠施言之。庄子谓"惠施多方，其书五车，其道舛杂，其言也不中。"惠施的十个命题，散见于先秦诸子书中（主要是《庄子·天下篇》）：1. 至大无外，谓之大一；至小无内，谓之小一。2. 无厚不可积也，其大千里。3. 天与地卑，山与泽平。4. 日方中方睨（音逆，斜视、斜），物方生方死。5. 大同而与小同异，此之谓小同异；万物毕同毕异，此之谓大同异。6. 南方无穷而有穷。7. 今日适越而昔来。8. 连环可解也。9. 我知天下之中央，燕之北，越之南是也。10. 泛爱万物，天地一体也。

魏牟：魏公子，后于庄子，与公孙龙同时（钱穆《先秦诸子系年》）。

公孙龙：约生于公元前 320 年，卒于前 250 年，较惠施略迟，约与邹衍同时。字子秉，据说是赵国人，曾做过平原君的门客。《汉志》着录其书十四篇，六篇保存至今，其中五篇基本可信。"公孙龙析辩抗辞，别同异，离坚白。"（《淮南子·齐俗训》）

稷下学者淳于髡、慎到、环渊、接子、田骈、邹衍大部继承道家学说和儒墨两家思想，但又不同于各家，有自己的特点。

 简　评

春秋战国时期的百家争鸣，开拓了当时思想，活跃了当时的政治和学术风气，大大推动了我国学术思想文化的发展，堪称是我国古代学术文化的黄金时期，被誉为中国的"轴心时代"。在这个时期里，诞生了中国历史上影响最为深远的思想和学术派别。以后的朝代里，几乎不可能不受到这一时期百家争鸣思想的影响。儒家、墨家、道家、法家、纵横家、阴阳家、兵家、农家等等学派的思想，无一不对后代产生着影响。

# 战国七雄

## ——统一前的纷争

  战国初年，韩、赵、魏三家卿大夫势力在晋国日益强大，公元前453年三家灭了智氏，瓜分了智氏的土地。公元前376年韩、赵、魏瓜分了晋国，成为三个独立的国家，史称三晋。齐国的卿大夫田氏也同姜姓的公室进行了几百年的斗争，得到了人民的拥护。公元前386年，田氏夺取了齐国的君位，姜姓的齐国变成了田姓的齐国。韩、赵、魏、齐加上原有的秦、楚、燕三国，是战国时最强大的诸侯国家，史称战国七雄。在两百多年时间里，七国争雄，不断进行战争，谁都希望在争雄的斗争中统一中国。

  七国的争雄大体可分为四个阶段：魏国独霸中原时期；秦、齐对峙时期；秦、赵大战时期；秦统一时期。

  战国初年，魏国首先成为最强盛的国家。因为，三家分晋时，魏国占据了晋国原来经济最发达的东南部地区，加上魏文侯任用法家李悝实行变法，使魏国富强了起来。魏文侯兴修水利、发展生产、开凿鸿沟，并大会诸侯于逢泽。魏惠王即位后，又把国都迁到大梁（今开封），国力达到了全盛。这时齐威王想和魏国争霸。公元前354年，魏伐赵，赵都邯郸被

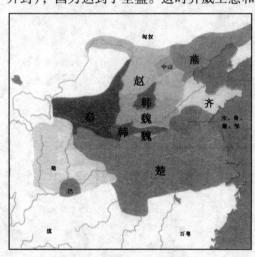

战国时期形势图

围，便求救于齐。齐威王决定让赵、魏两军打得精疲力尽时再出兵救赵，结果第二年魏军攻破了邯郸。这时，齐派田忌为主将，军事家孙膑为军师，率军8万救赵。齐军采用孙膑的计谋，大军直攻魏都大梁，魏军急忙从赵国回军，结果撤军到桂陵时为齐军打败。公元前342年，魏国攻打韩国，韩求救于齐。齐又派田忌为大将，孙膑为军师，率军救韩。魏派太子申和庞涓为将，率10万大军迎战。孙膑指挥齐军直攻魏都大梁，庞涓把主力从韩国撤回，追击齐军。他发现齐军驻扎过的地方的营灶数越来越少，便高兴地说：齐军胆小，才进入我国三天，兵士已逃亡过半了。于是他只率一小

部分军队追赶，追到山高路窄的马陵地方，被埋伏在此的齐军乱箭射死，魏军完全被齐军打垮，这就是孙膑"减灶诱敌"之计。接着，齐、秦、赵从东、西、北三面夹攻魏国。公元前340年秦相商鞅抓获了魏公子卯。魏国接连失败，丧失了自魏文侯开始的霸主地位，魏惠王不得不亲到齐国向齐威王屈膝约和。

  这时，经过商鞅变法后的秦国迅速富强起来，而齐国因接连获胜，齐威王大会诸侯，三晋的国王都到了齐国，形成了齐秦争霸局面。为了战胜对方，除了军事较量外，双方展开了外交斗争。齐国提倡合纵，即北连燕，中连三晋，南连楚，合众弱以攻一强，以阻止秦国的东进。公孙衍、苏秦是合纵说的鼓吹者。秦国提倡连横，即西连强秦，东连某一国，共同攻

打第三国，事一强以攻众弱。张仪是连横说的积极推行者。公元前319年，魏相公孙衍联合五国，合纵攻秦，实际参战的仅魏、赵、韩三国，却被秦军打得大败。以后齐、楚联盟，为秦国的张仪所破坏；楚怀王发兵攻秦，又被秦军击溃。公元前288年，秦昭王派穰侯魏冉使齐，约齐国与秦国同时称帝，秦为西帝，齐为东帝，标志着齐秦并立形势的形成。齐、秦的强大，引起诸侯的恐慌。于是在苏秦的劝告下，齐派王放弃了帝号，组织合纵，出现了齐、韩、赵、魏、燕五国联军伐秦之举。但是五国各有图谋，特别是齐国不仅不真心伐秦。而却乘机攻宋；秦国也把所占魏国、赵国的一些土地退还了一些，并也放弃了帝号，五国合纵就被瓦解了。以后，东方各国矛盾加深。发愤振兴国家的燕国，在公元前284年联合三晋等国，任命乐毅率军，大举伐齐，攻占了齐都临淄和齐国70多城。以后田单虽然复兴了齐国，逐走了燕军，但齐国元气大伤，再也当不成霸主了。

在齐国衰落时，三晋中的赵国却因赵武灵王实行"胡服骑射"的改革而崛起了。赵国地处今内蒙古中西部、山西北部、河北南部。赵武灵王（前325—前299在位）是位著名的政治家、军事家。当时赵国经常给秦、齐打败。赵国的北边是强悍善战、骑兵能奔驰如飞的游牧部落。赵武灵王游牧部落善于骑马打仗除了由其生产方式决定外，他们身穿短衣，使用了箭，轻巧灵便是重要的原因，而赵军是步兵、车兵混合编制，行动笨重缓慢，官兵穿宽袍大袖或笨重盔甲，结扎烦琐，而且行动不便。于是武灵王决心推行军制上的改革，"胡服骑射以教百姓"，军队采用胡人（北方的游牧部族）的短衣长裤，军种改用骑兵，武器主要采用能远距离迅速大量杀伤敌人的弓箭。他自己首先改穿胡服，并亲自教士兵骑马射箭，不到一年时间，就训练出了一支强大的骑兵，赵国强大起来了。于是秦国把东进的矛头指向了赵国，而赵国在赵惠文王统治时任用了名将廉颇和丞相蔺相如，将相两人在强敌威胁下能消除前怨，团结一心，互敬互让，生死与共，治理赵国，使秦国十年间不攻打赵国。然而秦国始终把赵国看成是自己统一中国的最大障碍，于是公元前262—前260年，终于爆发了我国先秦史上规模最大、最惨烈的秦赵长平之战。原来公元前262年秦军攻占韩国的野王，把韩国截为两段，使韩国北边的上党郡（今山西长治市一带）完全和本土隔绝。韩国拟向秦国献出上党郡，但上党郡守却要把上党献给赵国，以使秦的兵锋指向赵国，韩、赵可联合抗秦。于是赵使节接收了上党郡，而秦将王龁指挥的大军以优势兵力攻占上党，少量赵军退守长平。赵派老将廉颇率大军到长平，经验丰富的廉颇觉得秦强赵弱，秦军远来急于速战，采取了筑垒固守、以逸待劳的战略，两军相持3年。于是秦采用离间计，使赵王撤换了廉颇，任用了纸上谈兵、没有经验的赵括为大将。赵括急于求胜，率赵军40余万猛击秦军。秦起用名将白起为大将，以诱敌之计使赵军深入，派精兵包抄赵军后路，并以轻骑捣毁了赵军营垒，赵军被围于长平，赵括几次突围均未成功，自己被秦军射死。赵军士兵人自相食，乱成一团，投降了秦军。白起放回了赵军士兵中年幼的240人，把其余40多万降兵全部活埋，酿成了旷古未有的大惨案。赵国从此一蹶不振了。

长平之战后形成了秦国独霸的局面。公元前259年，秦军包围赵都邯郸，赵国军民英

银镶嵌有翼神兽 战国

## 历史大事全知道

勇抵抗。魏国信陵君窃符救赵，赵使臣毛遂到楚国，说服楚王派春申君领兵救赵，终于击退了秦军，解了邯郸之围。然而秦国东进的步伐并未减慢，公元前256年和前249年，秦先后灭了西周和东周（周王室在战国时分裂成东周、西周两个小国）。公元前238年，雄才大略的秦王嬴政亲政后，消灭了权势很大的丞相吕不韦的势力，任用有杰出治政才能的法家人物李斯和军事家尉缭等人，采用远交近攻、各个击破的战略，加紧了消灭六国、统一中国的步伐。公元前230年，秦军一举灭亡了韩国，把韩地置为颍川郡。公元前229年，秦将王翦攻赵，采用离间计使赵王杀死了名将李牧，次年秦军攻下邯郸，赵王献出赵地图降秦。这时燕国太子丹派侠士荆轲谋刺秦王，未成，秦王派李信攻燕，公元前226年攻下燕都蓟城，燕王逃辽东。公元前225年，秦军10万包围了魏都大梁，并决黄河、鸿沟水灌进大梁，大梁被攻破，魏国亡。公元前224年，秦老将王翦率60万大军攻楚，消灭了楚军的主力，次年占领楚都寿春，楚国灭亡。公元前222年，秦军在王贲指挥下直指辽东，俘燕王喜，燕国全部灭亡；秦军回攻代郡，俘赵代王嘉，消灭了赵国的残余势力。公元前221年，王贲指挥的秦军以不可阻挡之势攻进齐都临淄，齐王投降，齐国灭亡。秦国经过10年战争。消灭了六国，完成了统一中国的事业。

 简　评

　　战国时的七国争雄是和军事暴力结合在一起的。它虽然给人民生命财产和社会经济带来一定的破坏，然而在当时条件下离开了暴力要实现中国统一是不可能的。七国争雄的结果是封建制度的改革最彻底、政治和经济上最先进、军事上最强大的秦国获得最后胜利，建立了中国历史上第一个统一的多民族的中央集权的封建国家，从而对以后两千多年封建政治、经济、文化的发展产生了深远的影响。

# 商鞅变法

## ——秦国统一之本

　　秦国之所以能在七国争雄中越战越强而统一了中国，是和秦的封建生产关系和政治制度产生和确立得较早、较全面彻底有关的。这和公元前4世纪中期的商鞅变法有直接的关系。

　　战国初期，在战国七雄中，秦国的政治、经济、文化各方面都比中原各诸侯国落后，《史记·六国年表序》中就曾记载："诸夏宾之，比于戎狄"。此时，秦国的国家政权控制在旧贵族手里，很多土地没有开发，社会矛盾重重，战国诸子中，没有一个秦国人，反映了秦国文化的落后。但社会经济的发展使秦国也出现了封建化的因素。秦献公在公元前384年废止了奴隶主杀人殉葬的制度，制定了五家为一户的户籍制度，此后又建立市场，发展商品交换。公元前362年，秦孝公即位，感到"诸侯卑秦，丑莫大焉"，决心继承父亲献公的事业，进行变法改革，并下令求贤，宣布谁能出奇计强秦，就封给他高官，赐给他土地。于是，杰出的政治家商鞅从魏国来到了秦国。

　　商鞅（前390—前338），卫国人，姓公孙，名鞅，因后来在秦国变法有功，被封在商、於，史称商鞅。他自幼喜好刑名之学，尊崇李悝的法家学说。立下了革新政治的雄心壮志。他先去魏国，得不到重用。这时他听到秦孝公求贤的消息，便携带了李悝写的《法经》，于公元前361年到了秦都栎阳。秦孝公和他谈了三次话。前两次，商鞅为试探孝公，讲了一些儒家仁政、礼治、古法的理论，孝公听得毫无兴趣而打起瞌睡来了；第三次讲话时，商鞅大谈法家重农、强兵、富国之术，孝公听得神采飞扬，"语数日不厌"，决心任用商鞅变法。为了统一大臣的意见，孝公于公元前359年先就变法问题召集臣下讨论。但是守旧的大臣甘龙、杜挚等人反对变法。甘龙运用他掌握的一点不确切的古代知识，说"圣人不易民而教，知者不变法而治"。商鞅认为这是世俗之见，指出夏、商、周三代不同礼而王，春秋五霸不同法而霸，所以只有变革古制，才能成就霸业。杜挚说：利益不到百倍，不能变法；功效不到十倍，不改换器用，"法古无过，循礼无邪"。商鞅以事实痛斥了杜挚的谬论，说："前世不同教，何古之法？帝王不相复，何礼之循？"（《史记·商君列传》）认为商汤、周武王不遵循古礼而兴国，夏桀、殷纣王不改变旧制而亡国。这场论战使秦国君臣明确了变法改革的重要，在政治上思想上为变法改革扫清了道路。孝公坚决地支持商鞅推行变法。于是公元前359年商鞅推行了第一次变法令，主要内容如下：

　　一、废除世卿世禄的官僚制度。国君的宗室亲属没有军功便不能列入宗室属籍，人民立有军功的，按功劳大小赏赐，定爵位20级，战争中斩敌首一级赏爵一级，或给有50石俸禄的官做；没有军功的，虽富也

商鞅像

# 历史大事全知道

不能尊荣。奖励军功的规定，罢黜了旧贵族，提拔了立有军功的新官僚，促使了国家兵力的强大，同时也壮大了一批获得土地封赏的新兴封建地主贵族。

二、实行编户制和连坐法。秦国居民都登记在户籍册上，五家为伍，十家为什，互相监督，有一家犯法而别家不告发者，十家同罪连坐，知奸不告者腰斩，告发者和在前线斩敌者受同奖。这一措施加强了封建国家对地方的控制和管理，加强了中央集权，在摧毁反对变法的奴隶主贵族的反抗活动中也有积极意义。

商鞅方升

三、奖励耕织。凡努力从事农业生产，使粮食布帛超过一般产量的，免除本人的劳役和赋税；凡不安心务农而从事工商业或游手好闲而贫穷的，全家罚为官奴。招徕三晋人民到秦国垦荒，给以土地住宅，免除其三世的劳役和兵役。这一措施，大大促进了秦国农业生产的发展。

四、破坏宗法制大家庭。规定一户有两个儿子以上到成人年龄时必须分家，否则要交双倍的赋税。这个措施有利于个体小农经济的发展。

五、焚烧诗书，重视法令。它有利于从思想上、政治上巩固新法推行的成果。

公元前350年，秦国迁都咸阳。同年，商鞅推行第二次变法，主要内容是：

一、推行县制。全国设41县，县令、县丞由国君任免。这初步奠定了以后郡县制的基础，有利于加强中央集权和对地方的治理。

二、废井田，开阡陌。将过去井田制留存下来的封土疆界、纵横道路、灌溉渠道等统统平除，这就进一步破坏了井田制，从此井田制被从法律上彻底废除，有利于封建土地私有制的成长和发展。与此同时，商鞅下令奖励垦荒，承认土地私有，允许土地买卖，发展了封建地主经济。

三、统一度量衡。商鞅颁布了标准的度量衡器。现在存世的商鞅方升，就是当时的遗物，这促进了全国的商品交换和经济的发展。

四、制定秦律。按照李悝的《法经》制定秦国法律，下令全国遵守。秦律中规定了很多残酷的肉刑以及如腰斩、枭首（杀头）、车裂等残酷的死刑，它对镇压旧贵族的反抗、巩固新兴封建国家的统治是有利的，但也暴露了封建法典的残酷性。

商鞅变法取得了重大胜利，但斗争并没有结束。历史上任何一次变法维新，都不仅是一种治国方略的重新选择。而且是一种利益关系的重新调整，这也便是改革会遭到阻力的真正原因。由于商鞅废除井田、奖励耕战等改革措施触犯了贵族阶层对土地和官职所一向具有的垄断特权，因而便遭到了以太子为首的既得利益集团的强烈反对。但是商鞅并没有被这些有权有势的人所吓倒，他认为法律的制定，并不只是用来制裁老百姓的，自古"法之不行，自上犯之"，因而主张首先惩办那两位唆使太子违抗新法的老师。结果，公孙贾的脸上被刻上了墨字，公子虔则因屡教不改而被割掉了鼻子。商鞅此举，确实起到了"杀鸡给猴看"的作用。人们看到，就连太子的老师都逃脱不了法律的制裁，于是再也不敢抱有任何侥幸的心理了。经过商鞅的这番努力，新法"行之十年，秦民大悦。道不拾遗，山无盗贼，家给人足。民勇于公战，怯于私斗，乡邑大治"。

但是，任何社会实践都是要付出代价的，变法维新更是如此。变法之初，旧贵族的说客赵良便曾经去劝说过商鞅，要他放弃权位，废除新法，隐居起来，让旧贵族重新掌权，并威胁说如果他不接受，他的命运就会像朝露一样不长久，为商鞅断然拒绝。公元前338年，秦孝公去世，太子驷继承王位即秦惠文王。这时，八年闭门不出的公子虔立即破门而出，以颠倒黑白、弄虚作假的手段，诬告商鞅谋反。秦惠文王在旧贵族的煽动下，以谋反罪名派军队逮捕商鞅。商鞅逃回商邑，带他老母亲和少量卫兵逃到关下想找客舍住宿，但客宿主人却根据商鞅变法的条例，拒绝收留没有凭证的商鞅住宿。商鞅想逃往魏国，又因商鞅曾率秦军打败过魏国，魏的守将不接受他。于是商鞅只得率领封邑的少量兵丁抵抗秦军，终因众寡相差太大而失败。秦惠文王在彤（今陕西华县西南）的地方，用"五马分尸"的酷刑，残酷地杀害了为秦国的发展做出了重大贡献的商鞅，并杀害了商鞅全家。

商鞅为变法改革献出了自己的生命。然而商鞅变法的法令因对秦国发展有利而一直推行了下去，深入到了秦国人民的心中，连妇幼老弱均能"言商君之法"，新法已经不可动摇。商鞅变法的内容，顺应了历史的潮流，对发展和巩固新兴的封建制度，对秦国的富强起了重要的推动作用，在历史上有重大的进步意义。当然了，从今天的角度来看，商鞅"内行刀锯，外用甲兵"，迷信暴力而轻视教化等思想，也有其明显的历史局限。他用简单粗暴的政治手段来处理意识形态方面的问题，焚烧《诗》、《书》，实行愚民政策和文化专制主义，甚至推行连坐法而刑及无辜等等，都曾产生过一定程度的负面影响。总之，商鞅为变法改革所表现出来的无畏气概和坚定不移的精神，鼓舞了两千多年来历代的变法改革的志士。商鞅不愧为战国时期杰出的新兴地主阶级政治家。

 简 评

秦国本来僻处西边，无论政治、经济或文化都比中原各国落后，其由弱转强与商鞅变法有重要的关系。商鞅前后两次变法沉重打击了奴隶主贵族，壮大了新兴的封建经济和新兴地主阶级，加强了秦国的政治、经济、军事力量。商鞅变法是战国时各次变法中最彻底、全面而成功的一次变法。经过秦国人民的勤劳、开拓和创造，商鞅变法后的秦国结束了贫穷落后的局面，一跃而成为七国中最先进和富强的国家，从而为秦始皇统一中国奠定了基础。

秦始皇实行的许多重大政策正是从"商君法"发展而来。商鞅变法是战国时期最典型、最深刻、最彻底的一次政治改革，推动了社会生产力的发展，反映了历史发展的客观要求。

# 秦始皇统一中国

## ——大一统的开创者

　　秦始皇，中国统一的秦王朝的开国皇帝，姓嬴，名政，秦庄襄王之子。13 岁即王位，39 岁称帝。战国末年，秦国实力最强，已具备统一东方六国的条件。秦王政初即位时，国政为相国吕不韦所把持。公元前 238 年，他亲理国事，免除吕不韦的相职，并任用尉缭、李斯等人。自公元前 230 年至前 221 年，先后灭韩、魏、楚、燕、赵、齐六国，终于建立了中国历史上第一个统一的、多民族的、专制主义中央集权制国家——秦朝。

　　秦始皇建立中央集权，是他统一六国后采取的一项空前的措施。秦始皇统一中国以后，原封建割据的国家组织机构，已不能适应新形势的需要，于是，他采取了一系列调整、完善和加强中央集权统治的措施。

　　第一，改"王"为"皇帝"。春秋战国时期的最高统治者一般都称为"王"，但秦统一中国以后，秦始皇觉得自己是"德迈三皇，功过五帝"，"王"已不足以显示其尊贵，便令臣下议帝号，诸大臣博士商议的结果认为"古有天皇，有地皇，有泰皇，泰皇最贵"，因此上尊号为"泰皇"。然而秦始皇仍不满意，单取一个"皇"字，同时又采上古"帝"位号，号曰"皇帝"。自此"皇帝"就代替"王"而成为最高统治者的称谓，而秦始皇就成了中国历史上第一位皇帝。始皇又下令取消谥法，不准下一代皇帝给上一代皇帝起谥号，自称为"始皇帝"，并安排好自己死后儿孙继位，"后世以计数"，称为"二世"、"三世"，"至于万世，传之无穷"。

秦始皇像及秦始皇寿字虫鸟篆书（左上）

　　为显示皇帝的威尊和与众不同，从秦代开始规定了一套制度，如皇帝的命为"制"，令为"诏"，文字中不准提起皇帝名字。皇帝自称"朕"，印章称"玺"，而一般民众再不许使用"朕"、"玺"二字。此外，还制定了一套服饰制度。

　　第二，加强中央政权组织。秦王朝的中央政权是秦国原来的中央政权的延续和扩大，但官职的名称和权力有许多变化：最高统治者是皇帝，皇帝以外，中央最重要的官职是三公，即丞相、太尉、御史大夫。

　　丞相：战国时秦国原有相、相国，统一全国后，称作丞相，李斯为第一位丞相，乃百官之首。"金印紫绶，掌丞天子，助理万机。"

　　太尉：原称尉、国尉，统一全国后称太尉，"金印紫绶，掌武事"，"主五兵"，乃武官之长。

御史大夫：秦国原有御史，后置御史大夫"以贰于相"。御史大夫掌监察，"银印青绶，掌副丞相"，其位略次于丞相。

在"三公"之下，有所谓"九卿"，而实际之数并不止九个，大部分为秦原有，少数是统一后新设的：

奉常：掌宗庙礼仪，有丞。

郎中令：负责皇帝的保卫和传达，下属有大夫、郎中、谒者。

卫尉：掌皇宫的警卫部队，有丞。

太仆：掌皇室车马。

廷尉：掌刑罚，全国最高司法官，有正、左、右监。

典客：主管秦王朝统治下的少数民族。

宗正：掌宗室亲属事务，有两丞。

治粟内史：掌谷货，有两丞。

少府：负责供应皇室用之山海地泽之税，有六丞。

中尉：负责京师保卫，有两丞。

主爵中尉：掌列侯。

秦始皇统治时期，中央集权的重要特点是军政大权独揽于皇帝一人手中。为使大权不致旁落，使丞相、太尉、御史大夫分掌政、军和监察大权，互不统属。如丞相总领朝廷集议和上奏，协助皇帝处理日常事务，并收阅各地的"上计"。但统兵之权却属于太尉，而且御史大夫也有权复查大臣的上奏和地方的"上计"。太尉虽名为最高军事长官，但实际只有带兵权，而无调兵权。由于三公互不统属，所以最后决断只能归皇帝一人。

第三，调整地方政权组织。统一后的地方政权组织，主要是推行郡、县、乡、亭四级行政组织。

刚统一时，秦分天下为36郡，以后，随着边境的开发和郡治的调整，总郡数最多曾达46郡。郡置守、尉、监，守治民，尉典兵，监御史则负责监督百姓及官吏，职务类似于中央的御史大夫。郡守、郡尉和监御史明确分职，是与中央政权的"三公"明确分职的原则相一致的。

郡下为县，县的长官为县令（长），属官有丞。县以下以乡、亭为单位，"大率十里一亭，亭有长。十亭一乡，乡有三老，有秩、啬夫、游徼"。乡三老、啬夫、游徼的职责大致与郡的守、尉、监相仿，"三老掌教化；啬夫职听讼，收赋税；游徼徼循禁贼盗"。

乡以下为亭，亭为秦时重要的地方基层组织。亭有亭长、亭父、求盗各一人，任务是平时练习五兵，接待往来官吏，兼管为政府输送、采购、传递文书等。

秦王朝所推行的封建官僚制度，是中国政治制度史上的一大进步，它不仅改变了世袭制，而且取消了"食邑"、"食封"制，规定了每一个官吏俸禄，自丞相至下层官吏皆有定秩，由"二千石"至"斗食"不等。这种制度自秦统一后在全国实行，历封建社会2000年之久而基本未变。

第四，以"五德终始说"为加强统治的思想武器。秦统治者为了欺骗人民，为自己的一统天下寻找正当的理论根据，采用"五德终始说"，宣扬秦代周是水德代替火德。根据"五德"说，"更命河曰德水，以冬十月为年首，色上黑，度以六为名，音上大吕，事统上法"。"衣服旄旌节旗皆上黑"，"数以六为纪，符、法冠皆六寸，而舆六尺。六尺为步，乘六马"。将"六神"秘化并与"五德"说联系起来，使它渗透到政治措施、典章制度和文字

彩绘铜车马　秦

记述中去，成为统治人民的重要思想工具。

第五，颁布保护封建土地所有制的律令。秦始皇三十一年（前216年），发布"使黔首自实田"的律令，令占有土地的地主和自耕农，按当时实际占有的田数，向国家呈报，这就意味着秦王朝承认他们的私有权，并给予保护。又实行重农抑商政策，"上农除末"，打击非生产性活动，鼓励从事农业、手工业生产的政策。这一措施对保护封建土地所有制、发展封建经济起了重要作用。

第六，统一货币、度量衡和文字。秦统一前，货币很复杂，不但形状、大小、轻重不同，而且计算单位也不一致。大致有布钱、刀币、圆钱和郢爰四大系统。除郢爰流行于楚国外，布钱流通于韩、赵、魏，刀币流通于齐、燕、赵等国，圆钱流通于秦、东周、西周和魏、赵等国。秦统一后，秦始皇下令统一全国货币，以黄金为上币，镒为单位；以方孔有廓圆钱为下币，以半两为单位，称为"半两"钱。这种圆钱一直沿用了2000多年。

秦在统一全国前，度量衡方面的情况与货币也差不多，非常混乱。秦已于商鞅变法时就对度量衡的标准作过统一规定。全国统一后，秦政府即以秦国的制度为基础，下令统一度量衡，并把诏书铭刻在官府制作的度量衡器上，发至全国，作为标准器。

战国时代处于长期的分裂割据时代，言语异声，文字异形，东方六国文字难写、难认，偏旁组合、上下左右也无一定规律，严重阻碍文化交流。公元前221年，秦始皇下令对各国文字进行整理，规定以秦小篆为统一书体，令李斯作《仓颉篇》，赵高作《爰历篇》，胡母敬作《博学篇》，作为标准文字范本。文字的统一，使小篆和隶书成为全国通行字体，对我国文化、政治的发展有着深远的影响。

第七，修驰道堕壁垒。战国时期各诸侯国在各地修筑了不少关塞堡垒，同时各国间的道路宽窄也不一致，影响交通往来。秦始皇下令拆除阻碍交通的关塞、堡垒。公元前220年修建以首都咸阳为中心的驰道。前212年，秦始皇又下令修一条由咸阳直向北伸的"直道"，仅用2年多的时间即告完成。这些"驰道"、"直道"，再加上西南边疆的"五尺道"以及在今湖南、江西、广东、广西之间修筑的"新道"，构成了以咸阳为中心的四通八达的道路网。后又统一道路和车轨宽度，便利了交通往来。

第八，焚书坑儒。春秋战国之际，思想文化空前活跃，各种思想流派、学术团体都流行游动于世。仅从学派来讲，就有儒家、法家、道家、墨家、名家、阴阳家、纵横家、兵家、农家、杂家等所谓"九流十家"。从思想方面来讲，各家学派各抒己见，相互诘难，形成了中国历史上仅有的一次百家争鸣的局面，从而极大地推动了学术思想的繁荣昌盛，迎来了我国古代学术发展的黄金时代。但是，随着封建国家的统一，专制主义中央集权制成了当时社会的政治统治形式，趾高气扬的千古一帝秦始皇在强化他政治、经济上的专制权力的同时，也要开始推行文化思想上的专制统治了。于是，秦始皇便借方士求仙及博士淳于越提反对意见之机，实施了野蛮的"焚书"、"坑儒"，希望借此残酷的手段达到思想上的高度统一。焚书摧残了自春秋战国以来百家争鸣所形成的文化繁荣局面，使祖国文化宝库蒙受了灾难。坑儒则沉重地打击了儒家学派及广大知识分子，使法家学说完全官学化。

第九，抵御匈奴，修筑长城。秦始皇统一六国后，正在从事国内的各项改革，但北方匈奴贵族集团觊觎中原财富，经常南下侵扰。匈奴贵族趁着北方的燕国、赵国的衰落，一步步向中原侵犯，把黄河河套地区大片的土地夺了过去，给人民带来了莫大的痛苦，同时对秦国的首都咸阳也带来了严重的威胁。当时在群众中就流传着"亡秦者胡也"的说法，可见问题的严重性。秦王政三十二年（前215年），派大将蒙恬率兵30万讨伐匈奴，夺回河套以南地区。接着又夺回河套以北的阴山一带的大片国土，重新设置九原郡。匈奴贵族的进犯虽然被赶走，但它的实力并未受到彻底的打击，对秦国内地仍有很大的威胁，这就需要时刻防备匈奴人的再次进攻。于是秦始皇决定修筑起一条新的长城。秦王朝从民间征发大批的民工，同时命令大将蒙恬率士卒来修筑长城。这条长城以六国时的秦、赵、燕国北部的原为防御匈奴而修筑的旧长城为基础，修葺、增补，同时又建造不少新的城墙，将它们连接起来，使之屹立于秦王朝的北方。这条长城西起临洮，东至辽东，沿广阔的黄河流域，依峻峭的阴山山脉，行经内蒙古草原，蜿蜒曲折，全长约5000余公里，前后共用9年时间，终于修筑起这抵御外敌的屏障。

秦统一后采取的以上措施，对于消除封建割据、加强中央集权、巩固多民族国家的统一、发展封建经济和文化，具有重大而深远的影响。

简　评

秦始皇是中国历史上第一个皇帝，对中国历史的走向，毋庸讳言，起到了不可估量的作用。秦始皇结束了数百年的诸侯争霸，战国七雄的分裂混战局面，建立了中国历史上第一个中央集权的统一的封建国家。在统一以后，他在政治上创立了皇帝制度以及其他集权制的政治制度，对后代影响深远，在经济、文化上，为中国的统一和融合也做了很多事情，被誉为"千古一帝"。

# 大泽乡起义

## ——第一次农民大起义

秦始皇统一六国的辉煌事业，是在残酷剥削和压迫人民的条件下完成的。统一战争虽然有其进步的一面，但也给广大人民带来极其沉重的负担。秦始皇统一中国后，继续遵循法家的治国思想，残暴统治，穷兵黩武。他为抵抗匈奴，建造长城，发兵 30 万；征集民夫几十万；为了开发南方，动员了军民 30 万，为建造一座巨大豪华的阿房宫，又征用了囚犯 70 万。到了二世即位，残酷的统治比秦始皇有过之而无不及。他从各地征调了几十万囚犯和民夫，大规模修造秦始皇的陵墓。这座坟很大很深，据说把大量的铜熔化了灌下去铸地基，上面盖了石室、墓道和墓穴。二世又叫工匠在大坟里挖成江河湖海的样子，灌上了水银。然后把秦始皇葬在那里。秦始皇安葬后，为了防备将来有人盗墓，还叫工匠在墓穴里装了杀人的设备，最后竟残酷地把所有造墓的工匠全都埋在墓道里。秦始皇墓没完工，二世和赵高又继续建造阿房宫。那时候，全中国人口不过 2000 万，前前后后被征发去筑长城、开发岭南、修建阿房宫、造大坟等劳役合起来差不多有 200~300 万人，耗费了不知多少人力财力，逼得百姓怨声载道。关于秦朝严重的徭役和赋税，史称"力役三十倍于古，田租口赋盐铁之利二十倍于古"。繁重的役租赋，使广大农民日益贫困破产，农业生产无法正常进行，出现了"男子力耕，不足粮饷，女子纺织，不足衣服，竭天下之资财以奉其政"的局面。为了强化地主阶级的封建统治，秦朝又推行严刑峻法的政策，迫使广大人民就范。秦始皇还"使黔首自实田"，在全国范围内确立封建的土地私有权，大大加速了土地私有化的进程，鼓励了地主阶级的土地兼并活动。大量农民失去土地，在封建国家和地主阶级双重压迫下，过着牛马不如的生活，阶级矛盾日益激化。

沉重的赋敛征役负担、残苛的暴虐统治、尖锐的阶级对立，本来已为秦王朝的覆灭创造了条件，不幸的是在秦始皇去世之后，继位的秦二世更加荒淫腐朽，昏庸残暴，在他统治之下，朝政更加黑暗，赋敛更加沉重，徭役征发更加频繁，人民困苦达于极点，社会生产力的破坏达到空前严重的程度，大规模的农民起义已经到一触即发的地步了。

公元前 209 年，秦政府征发老百姓戍卒 900 人往渔阳（今北京密云）戍边。由于天下大雨，这支队伍阻留在蕲县大泽乡（今安徽宿州西南），不能如期赶到渔阳。依照秦朝的法律，"失期当斩"，900 戍卒将无一能生。为了死里逃生，他们在陈胜、吴广领导

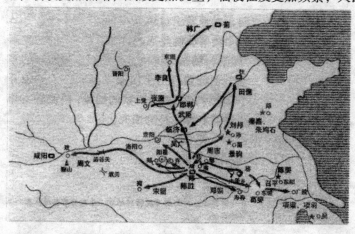

陈胜、吴广起义示意图

下，率先树起了反抗秦王朝残暴统治的旗帜。

陈胜，阳城（今河南登封）人，吴广，阳夏（今河南太康）人，二人都出身于贫苦农民，是这支戍卒队伍的屯长。

陈胜年轻时，就是个有志气的人。他跟别的长工一块给地主种田，心里常常想：我年轻力壮，为什么这样成年累月地给别人做牛做马呢？总有一天，我也要干点大事业出来。

有一次，他跟伙伴们在田边休息，对伙伴们说："如果我将来富贵了，不会忘了老朋友的！"

大伙听他这么一说，都禁不住笑了，有人对陈胜说：

"你现在给人家当雇农，穷得不得了，连锄头犁耙都不是自己的，哪来的富贵呀？"

陈胜长长地叹一口气说："燕雀安知鸿鹄之志哉！"从这些对话中可以看出陈胜的远大抱负。

眼看限期将近，陈胜偷偷跟吴广商量："这儿离渔阳还有几千里，怎么也赶不上限期了，难道我们就白白地去送死吗？"

吴广说："那怎么行，咱们开小差逃吧。"

陈胜说："如今要是逃走，抓回来是死；起来造反，夺天下，顶多也是死。与其这样等死，还不如为争夺天下而死呢！"

吴广问："怎么去争夺天下呢？"

陈胜说："天下的老百姓吃够了秦朝的苦头。听说二世是秦始皇的小儿子，按理不该他做皇帝，应当做皇帝的是他的大哥公子扶苏。扶苏常常劝他老子不要杀人，他老子一生气，就把他派到蒙恬那里去带兵守城了。如今听说二世已经无缘无故地杀了公子扶苏，老百姓只听说扶苏是个贤人，并不知道他被害的消息。还有，楚国的大将项燕，曾经立下汗马功劳，又很爱护士兵。有人说他已经死了，也有人说他在楚国灭亡的时候逃走了，咱们楚国人都很想念他。如今要是咱们假借公子扶苏和楚将项燕的名义，号召天下人，反对二世，一定会有许多人起来响应的。"两个人商量了一阵子，吴广认为陈胜说得有道理。

为号召群众，发动起义，陈胜、吴广在帛上书写"陈胜王"3字，藏于鱼腹中，戍卒买鱼得书，相互传为怪异。吴广又在深夜潜入驻地附近丛祠中，模仿狐狸之声，高呼"大楚兴，陈胜王"。接着，陈胜、吴广率领戍卒，杀死押送他们的将尉，"斩木为兵，揭竿为旗"，点燃了中国历史上第一次农民大起义的熊熊烈火。

大泽乡起义成功后，农民军迅速攻下蕲县。然后兵分豫路：一路由葛婴率领向东进发；另一路主力则由陈胜率领向西挺进。两路主力军以破竹之势，接连攻克安徽及河南的铚、苦、谯、柘诸县，所到之处，贫苦农民纷纷前来投奔，很快壮大为拥有兵车六七百乘、战马千余匹、战士数万人的队伍。之后，陈胜又率军攻下秦王朝的交通要道陈（今河南淮阳），在此召集各方人士会议，商讨反秦大计，确定了"伐无道，诛暴秦"的口号，并正式建立了农民政权，国号"张楚"，陈胜称王。

陈胜、吴广起义的胜利，鼓舞了全国人民的反抗斗争。他们纷纷行动起来，杀死郡县官吏，举起反秦义旗。秦嘉、董緤、朱鸡石起于淮北，项梁、项羽起于吴县（今江苏苏州），刘邦起于沛县（今江苏沛县东），其余"数千人为聚者，不可胜数"。各支起义队伍遍布于秦王朝统治的广大地区，很快形成以陈胜、吴广起义为主体的汹涌澎湃的反抗巨流。六国旧贵族和中小官吏见此情景，也纷纷加入起义队伍的行列，如魏国名士张耳、陈余，在陈县加入义军，山东儒生、孔子八世孙孔鲋也"持孔氏之礼器，往归陈王"。

为了迅速摧垮腐朽的秦政权，陈胜决定由陈县出发，分兵三路向秦王朝发起总攻。一路由假王吴广率领进攻荥阳，以打开通往咸阳的大道；一路由宋留率领，取道南阳叩武关；另一路由周文率领，进攻关中，直取秦朝的都城咸阳（今陕西西安）。与此同时，陈胜又派武臣、张耳、陈余北攻赵地，周市攻魏地，邓宗攻九江，召平取广陵（今江苏扬州）。这样，秦王朝陷入农民起义的汪洋大海之中。

陈胜、吴广大泽乡起义旧址

各路大军所向披靡，势如破竹，横扫中原广大地区。尤其是周文的大军，沿途得到广大农民的拥护与支持，不断吸收新的革命力量。当大军抵函谷关时，已发展为兵车千辆、战士几十万人的浩浩雄师。起义大军跃过函谷关，直插关中，"望屋而食，横行天下，秦人阻险不守，关梁不阖，长戟不刺，强弩不射"，闻风溃逃。直打到离咸阳只有几十里的戏（今陕西临潼县东），给秦都咸阳以严重威胁。

周文大军进逼咸阳的消息，使秦二世惊恐万状。他连忙采用少府章邯的建议，大赦天下，释放并武装骊山刑徒和奴隶，由章邯率领 30 万大军。向起义军猛扑过来。同时从北方调回防御匈奴的王离军队作为援军。在周文率军西进关中时，陈胜曾命令武臣派赵兵入关增援，但武臣等人却忙于在河北扩展自己的地盘，不以大局为重，拒不前去支援。吴广屯兵荥阳城下，也不分兵前往增援。周文孤军深入，后援不继，对秦军的反扑又无思想准备，几次激烈交战之后，终因势单力孤不能取胜，被迫退出函谷关转入河南。后在渑池与秦军决战，再度失败，周文自杀，西路军主力被击溃了。

章邯打败周文军后，紧接着率军向荥阳反扑，使围困荥阳的吴广陷于腹背受敌之境。在此危急关头，吴广部将假借陈胜的命令，杀害吴广，义军内部发生混乱，在敌军内外夹攻下很快失败了。

周文、吴广两支军队的溃败，使起义军遭受了严重挫折，张楚政权处在章邯大军的直接威胁之下，王离的边防军也向陈县扑来。这时的陈县一带只有很少兵力，魏、赵等地的军队又违抗陈胜的命令，拒不增援。陈胜虽率军奋勇抵抗，终因寡不敌众，不得不放弃陈县，且战且退。当退到下城父（今安徽亳州东南城父集）时，陈胜不幸被其车夫庄贾杀害。这一消息传到正在向西推进的宋留军中，立即军心动摇，丧失斗志，不久，宋留投降秦军，西攻秦朝的最后一支义军队伍也瓦解了。

陈胜、吴广领导的农民起义，在英勇奋斗 6 个月后失败了，但他们点燃的反秦斗争的革命烈火并没有熄灭。陈胜的部将吕臣率领的苍头军继续战斗，一度收复陈县，处死了叛徒庄贾，又与英布合军，在清波（今河南新蔡西接息县界）大败秦军。这支队伍后来与项羽领导的义军联合，继续开展反秦斗争。公元前 206 年，腐朽的秦王朝在农民起义的沉重打击下终于灭亡了。

**简　评**

陈胜、吴广起义是我国历史上第一次农民大起义，在中国历史上写下了辉煌的一页。陈胜、吴广"奋臂为天下倡始"的革命首创精神，"王侯将相，宁有种乎"的革命思想，起义军"斩木为兵，揭竿为旗"的英雄气概，千百年来一直鼓舞着广大农民反抗封建统治的斗争。大泽乡燃起的农民革命烽火，迅速形成了燎原之势，沉重的打击了秦王朝的腐朽统治，为推翻秦王朝奠定了基础。正如司马迁所说："陈胜虽已死，其所置侯王将相竟亡秦，由涉首事也！"可见其巨大的贡献。

# 楚汉之争
## ——两大军事集团的决战

　　陈胜、吴广发动农民起义以后，各地的百姓纷纷杀了官吏，响应起义。没有多久，农民起义的风暴席卷了大半个中国。陈胜、吴广牺牲后，秦末农民起义事业暂时受到挫折。但是各地人民坚持斗争，新的革命高潮又很快兴起，这就是项羽、刘邦等人领导的反秦斗争。

　　项羽，楚国著名大将项燕之孙。秦末随其叔父项梁从河南逃到江苏吴县（今江苏苏州）。项羽身材魁梧，又挺聪明，项梁亲自教他念书识字。可是项羽才学了几天，就不愿学下去。项梁又教他学剑，项羽学了一阵子，也扔下了。

　　项梁很生气，可项羽满不在乎地说："念书识字有什么用处？学会了，不过记忆自己的名字；剑学好了，也只能跟几个人对杀，没什么了不起。要学，就要学打大仗的本领。"

　　项梁听他的口气不小，就把祖传的兵书拿出来，给他学。项羽一听就懂，可是略略懂得个大意，又不肯深入钻下去了。

　　公元前209年9月，陈胜、吴广起义的消息传来。项梁、项羽备受鼓舞，杀死会稽郡守，举旗响应，得精兵8000人。项梁自为会稽郡守，项羽为裨将。他们尊陈胜为首领，统一在"张楚"旗号之下。公元前208年2月，项梁、项羽率8000江东子弟渡江而西，陈婴领导的2万起义军闻讯前来会合。大军很快渡过淮河，英布、蒲将军两支义军也来归附。项梁的军队迅速扩大到六七万人。

　　在项梁、项羽起兵的同时，逃亡在"芒砀"之间的刘邦，也起而响应陈胜、吴广起

项羽像　汉高祖刘邦像

义，在萧何、曹参等人配合下，杀死沛县县令，自立为沛公，聚集了两三千人。项梁渡江北上后，刘邦与吕臣一起率军前来归附。起义军队伍更加壮大了。

　　项梁义军一直是在陈胜"张楚"政权的旗帜下战斗的。公元前208年6月，项梁得知陈胜已死，便拥立楚怀王之孙为楚怀王，从此，各地义军便以楚怀王为共主，揭开了亡秦斗争的新的一幕。这年7月，项梁率军进攻东阿（今山东阳谷县东阿镇），大败秦章邯军，接着又转攻定陶，再获大捷。项羽和刘邦率领军队连破秦军于城阳（今河南范县境）、雍丘（今河南杞县）。在一连串胜利面前，项梁开始产生骄傲轻敌情绪。9月，章邯乘其不备，夜袭定陶，项梁仓促应战，不幸牺牲。

　　章邯击败项梁后，以为楚地的农民军主力已被消灭，便挥戈北上，向张耳、陈余所率领的赵军进攻。赵军根本不是章邯的对手，失败于邯郸，又被围于巨鹿，无奈何只好向楚怀王求救。楚怀王与义军首领商议，决定分兵两路：一路由宋义为上将军，项羽为次将，范增为

末将，率主力北上救赵；另一路由刘邦率领西攻咸阳，两路大军谁先进入关中，就立谁为关中王。

救赵的大军进至安阳（今山东曹县东南），宋义畏敌如虎，裹足不前。项羽主张急速进兵，连遭拒绝，乃一怒之下，杀死宋义。楚怀王即封项羽为上将军，并命英布和蒲将军所部归他指挥。项羽立即率军北上进击秦军。义军渡过漳河后，项羽命士卒"破釜沉舟"，每人只带三日口粮，以示与秦军血战到底、义无反顾的决心。起义军以迅雷不及掩耳之势，直奔巨鹿，与秦军接连激战，九战九捷，杀苏角、俘王离、焚涉间，摧毁了秦军主力，取得辉煌胜利。当时救赵的各诸侯军都在营壁上观看，无一敢与秦军交锋，见到项羽的士卒。无不"以一当十"，"呼声震天"，吓得他们提心吊胆，惊惧不已。战斗结束后，项羽召见各路诸侯，他们"无不膝行而前，莫敢仰视"，于是公推项羽为"诸侯上将军"。项羽从此成为反秦斗争中叱咤风云的英雄和领袖。不久之后，章邯率领20万秦军主力投降项羽，秦王朝的灭亡遂成定局。

正当项羽军在河北横扫秦军主力之际，刘邦的军队也一路势如破竹，于公元前207年冬攻占咸阳，结束了秦王朝的罪恶统治。刘邦入咸阳后，废除秦的苛法，并约法三章："杀人者死，伤人及盗抵罪"，深得秦人的拥护。

项羽听说刘邦先入了关中，也急忙率军西趋咸阳。他依靠强大的军力，暂时压服了刘邦，进入咸阳，大肆烧杀掠夺，然后发号施令，分割天下。他尊楚怀王为义帝，接着又暗杀义帝。他在诸王并立的既成局面下，调整诸王土地，徙置诸王于其原据地的边缘，而把自己的亲信分封于各王国的善地为王，前后封王共18个。项羽自称西楚霸王，占据梁、楚九郡，都于彭城（今江苏徐州），成为各诸侯国的霸主。

项羽的这些做法，不但不能稳定秩序，消除分裂，反而更加剧了分裂局面，分封的不均不公，更引起一些握有重兵的诸侯、将领的不满，其中尤以刘邦、田荣、彭越、陈余4人为最。按照当初的誓约，刘邦先入关中，当为关中王，项羽却把他赶到巴蜀僻远之地做了个汉王，而将关中三分于秦降将章邯等3人，使他们牵制刘邦的势力，这使刘邦极端不平。分封不久，握有重兵的田荣首先在齐地起兵反抗项羽，刘邦乘着项羽镇压田荣之机进兵关中，从此开始了长达4年之久的楚汉战争。

公元前206年夏，田荣率兵赶走被项羽封为临淄王的田都，杀掉胶东王田市，自立为齐王，并联合彭越攻

**广武涧**
曾是刘邦与项羽争霸对峙的地方

杀济北王田安，尽有三齐之地；次年冬 10 月，陈余在田荣的帮助下。赶走常山王张耳，迎回赵王歇，赵王又转立陈余为代王。整个东方陷入一片混乱之中。与此同时，刘邦也以韩信为大将，乘机暗度陈仓，自汉中攻入关中，在 3 个月内迅速消灭了项羽所封的三秦王，接着挥师东下，降河南王申阳、韩王郑昌、西魏王豹，俘殷王司马卬，为义帝发丧，公开宣布讨伐项羽。

东西方的叛乱，使项羽陷入顾此失彼的被动局面。他决定先平定东方，然后再回头对付刘邦。公元前 205 年冬，项羽在城阳大败田荣，兵掠齐地，所至毁城放火，"多所残灭"，激起了齐人的强烈反抗。田荣弟田横收集散兵，与项羽相持不下。正在此时，刘邦会集 50 万大军，攻入项羽的都城彭城。项羽不得不亲自率军回击，刘邦溃败，仅带领数十骑逃走。自此以后，楚、汉二军在荥阳、成皋（今河南巩县上街）一带形成对峙局面，"大战七十，小战四十"，项羽虽然在许多战役中取得胜利，一再重创汉军，但在战略上却完全失败。刘邦的大将韩信乘此时机率军北上，攻掠赵地，继而挥师平定三齐；同时刘邦又派人劝说九江王英布降汉，共击项羽；据守魏地的彭越也配合汉军，时出游兵断楚粮道。项羽逐渐腹背受敌，陷于极为不利的局面，而刘邦则有萧何治理关中，不断得到兵丁粮草的补充，使汉军虽屡屡败退，而能重整旗鼓，继续战斗。双方长久相持，项羽因后援不继，只好与汉讲和，约定中分天下，以鸿沟为界，其东属楚，其西属汉。约定之后，项羽罢兵东归。

项羽东归后，刘邦也欲引兵西退，而张良、陈平力劝他乘势进击，一举灭楚。刘邦听从了这个劝告，于公元前 202 年初，会同韩信、彭越诸军 40 万众，全力进攻，将项羽紧紧包围于垓下（今安徽灵璧县东南）。项羽浴血力战，无奈众寡悬殊，连连失利，粮尽援绝，眼看着大势已去，无可挽回。汉军四面重围，唱起楚歌，楚军闻之，以为楚地尽失，更无斗志。项羽只好率领 800 骑兵乘夜突围，逃到乌江，被汉军追及，项羽拔剑自刎，年仅 32 岁。

历时 4 年的楚汉战争结束了。在这场激烈争逐中，刘邦能够正确地运用战略策略，与项羽斗智不斗力，用计分化收买项羽的部下，分兵抄掠项羽后路；又善于用人，能把各地反对项羽的力量联合起来，做到守有贤相，谋有良臣，战有猛将；加之他有比较稳定的关中作后方，兵源粮草充足，可以东进而无后顾之忧，所以能够屡挫屡振，最终由弱变强。而项羽则自以为"力拔山兮气盖世"，迷信武力，缺乏远见，刚愎自用，不肯听从部下的意见，嫉贤妒能，以致许多有才能的人如陈平、韩信、英布等都离楚归汉，贤士不附，将帅离心，甚至连他惟一的谋士范增也被逼走，加之他又残暴好杀，后方不稳，虽然东征西战，赢得一时的胜利，最终却众叛亲离，日益孤弱，在刘邦联军的围攻之下，落得个四面楚歌的悲剧下场。

 简　评

楚汉战争是由秦末农民起义发展而来的，但这场战争发生在亡秦之后，却不再具备农民战争的性质，而成为刘邦、项羽争夺新的封建统治权的斗争。其结果是，刘邦打败项羽，于公元前 202 年建立了中国历史第二个统一的封建政权——西汉王朝。西汉王朝的建立，一定程度上废除了秦朝的苛捐杂税、严刑酷法，同时也结束了秦末以来战争频仍的局面，对社会生产的恢复期了积极的作用，普通老百姓的生活也有一定程度的改善。

# 文景之治

## ——封建社会的第一个盛世

秦末农民战争结束后，汉高祖刘邦又与项羽进行了长达4年的楚汉战争，终于建立了新的封建统一政权——西汉王朝。当时的社会经过秦的暴虐统治和长期战争之后，生产受到了严重破坏，人口锐减，土地荒芜，市井萧条，经济凋敝。广大农民背井离乡，饥寒交迫，不得不卖妻鬻子，沦为奴婢。西汉政权也是府库空虚，财政困难，"自天子不能具钧驷，而将相或乘牛车"。面对这种残破局面，以刘邦为首的统治者，不得不把恢复农业生产、稳定封建秩序作为自己的首要任务。刘邦和臣下总结秦朝灭亡的教训，认为只有清静无为，与民休息，才能迅速恢复生产，缓和人民的反抗，巩固封建统治。在这种无为思想指导下，刘邦君臣陆续采取组织士兵复员、招抚流亡、释放奴婢、重农抑商、约法省禁、轻徭薄赋等一系列措施，使广大人民有了比较安定的生活和生产环境，社会秩序很快稳定下来，经济也得到恢复和发展。刘邦君臣的这些统治思想和措施，被汉初的统治者继承下来，如惠帝、吕后时期，丞相曹参沿袭萧何的成规，"举事无所变更"。一切以安民为主，很少劳民兴役。惠帝曾几次征发农民修筑长安城，每次都在冬闲时进行，为期不过一个月。惠帝四年（前191年）又"省法令妨吏民者，除挟书律"。吕后元年（前187年）"除三族罪、妖言令"。到了文帝、景帝统治时期，继续推行无为政治，轻徭薄赋，与民休息，社会经济进一步发展，人民生活安定富庶，西汉王朝开始呈现出一派欣欣向荣局面，历史上便把这一时期称作"文景之治"。

文帝非常重视农业生产，提倡以农为本，多次下诏诫励官吏劝课农桑。为减轻农民负担，文帝、景帝继续采取轻徭薄赋政策，多次下诏把田租由汉初的十五税一减为三十税一，文帝前元十三年（前167年）还下诏尽免天下田租。三十税一的田赋标准，自此遂成为汉代定制。文帝又下令减免天下丁徭为"三年而一事"，算赋（即人头税）也由每年120钱减为40钱。景帝进一步缩短人民的服役年限，把开始服徭役的年龄由17岁提高到20岁。长期减免田租徭役，促进了农业的繁荣和发展，人民安居乐业，土地得到垦辟，户口迅速增加。史载汉初大侯封国不过万家，小的只有五六百户，到了文景之世，却是"流民既归，户口亦息，列侯大者至三四万户，小国自倍，富厚如之"了。

农业的发展，使粮价大大降低，文帝初年，每石粟才卖到10余钱。在农业的推动下，商业也活跃起来。为了便利行旅往来和商品流通，文帝取消了过关用传的制度。又下令"弛山泽之禁"，许百姓樵采耕种，促进了盐铁等工商业和农民副业的发展。

随着粮价的降低和商业的活跃，大商人的势力日益膨胀，他们拥有雄厚的资产，囤积居奇，侵蚀农民，使广大农民破产流亡。面对这种情况，文帝、景帝都曾重申商人不得为吏的禁令，抑制商人势力的发展。为了提高谷价，缓和谷贱伤农的现象，文帝又采纳晁错"入粟拜爵"的建议，准许富人买粟输边，按所输多少授予爵位。入粟拜爵办法的实行，不仅充实了边境的军粮储备，而且使农民的处境得到改善。

文帝还十分提倡节俭。在他统治期间，宫室苑囿，车骑服御，都无所增益。他所宠爱的慎夫人衣不曳地，帷帐不施文绣。有一次，文帝想造一座露台，听说要花费百金之资，相当于中等人户十家之产，连忙作罢。与秦始皇大修坟墓不同，文帝对生死有着朴素的理解，他说："盖天下万物之萌生，靡不有死。死者天地之理，物之自然。"因此他治霸陵"皆瓦器，不得以金银铜锡为器。因其山，不起坟"。这在历代封建帝王中也是少见的。景帝也一再下诏，反对雕文刻镂，要求各级官吏重农桑而轻黄金珠玉，并以法律的形式固定下来。统治者个人的品质虽然不是社会进步与倒退的决定性因素，但从自身做起，提倡勤俭的生活作风，对于整个社会风气的改善，节省民力和控制社会的奢侈浪费还是极为有益的。在皇帝的亲身率励之下，地主、商人、达官贵人之家的侈糜之风，多少有所收敛，国家财政开支也有所节制和缩减。这对于社会财富的积累、国家实力的强大无疑起到了积极作用。

镀金银玻璃镶嵌壶　西汉

在恢复社会经济的同时，文景时期，继续实施"约法省禁"的法律政策，对秦以来的严刑酷法也作了一些重大改革。秦律的烦苛与残暴致使"赭衣塞路，囹圄成市，天下愁怨，溃而叛之"。政治统治离不开法律，但严刑峻法只能导致社会人人自危，众叛亲离。文帝即位之初，就下令废止诽谤妖言之罪；又废除了汉律中沿袭秦律而来的收孥相坐律令，缩小了农民奴隶化的范围。文帝、景帝又相继废除了黥、劓等断残肢体的肉刑，并减轻笞刑。约法省禁政策是文景时期无为政治的一项重要内容，正是由于这一政策的施行，使得当时统治阶级内部形成了"论议务在宽厚"的风气，许多官吏断狱从轻，不求细苛，"刑罚大省"，以至有"刑轻于它时而犯法者寡"，"断狱数百，几致刑错"之说。这和秦时"断狱岁以千万数"的惨景形成鲜明对照，人民百姓所受的压迫大大减轻了，社会矛盾也进一步得到缓和。另外，文帝本人对法律十分尊重，他所任用的廷尉张释之不以君权的意志行事，敢于维护法律的尊严，提出"天子所与天下公共"的法律观，留下了许多动人的佳话。例如，一次文帝要对惊其御马的人处以极刑，而释之认为只能处以罚金，最后说动了文帝。还有一次文帝要对盗高祖庙前玉环的人判族刑。廷尉认为只能判罪犯本人死刑，文帝也不得不尊重廷尉的意见。汉初几十年轻刑慎罚，维护法律尊严的风气，给人民带来一个安宁的社会环境。

在与周边少数民族的关系方面，文景时期也继续推行汉高祖以来的和亲与安抚政策，竭力维持和平局面，避免对外战争的发生。吕氏时，南越王赵佗自立为帝，役属闽越、西瓯之地，又乘黄屋左纛，与汉朝分庭抗礼。文帝即位后，按照赵佗的要求，为赵佗修葺祖坟，尊宠赵氏昆弟，罢省边界戍军，主动改善与南越的关系，在此基础上，文帝又派陆贾再度出使南越，赐书赵佗，终于说服赵佗重新归附了汉朝。景帝时，东瓯王、闽越王都曾参与七国之乱，叛乱平定后，景帝对他们也没有追究。匈奴是当时北方最强大的少数民族，自汉高祖白登之败后，几十年来，屡屡南下侵扰，对汉王朝肆加凌辱。汉高祖曾与匈奴和亲，试图缓解双方的紧张局面。文景时期，继续推行和亲政策，并以厚礼馈赠匈奴。匈奴虽背约屡犯边境，文帝只是诏令边郡严加守备，来则御之，去则不追，以免引起大的战争，涂炭百姓。

另外，文景二帝都强调统一，反对分裂。汉初分封了大批异姓诸侯王，这些诸侯王很快就成为割据势力的代表。刘邦用其统一后的余生与之做斗争，终于剪灭异姓诸侯王。但他错误地总结了历史教训，又分封大批同姓诸侯王，他们占据了全国大部分富庶的土地与人口，也很快成为与中央抗争的地方分裂势力，严重威胁着刚刚建立不久的统一政权。景帝时以吴王刘濞为代表的分裂势力终于联合七国反叛，景帝采取果断措施，仅用三个月就平息了这场叛乱，使分裂势力受到重创。七国之乱之所以没有形成气候，与汉初以来社会稳定、人民安居乐业、厌恶战乱的心理密切相关，是休养生息政策产生了积极的政治效果。景帝抓住有利时机，进一步加强中央集权。第一，继续实行"众建诸侯而少其力"的方针，在原诸侯国的土地上分封更多的诸侯王，削弱其力量。第二，改革制度。王国官吏由诸侯自行任命改为由中央直接任命，并从名称上将中央官职与王国官职区别开，从而降低王国官吏的地位。第三，"令诸侯王不得复治国"，剥夺王国的统治权。通过这些措施，王国问题得到彻底解决，统一的中央集权局面才真正形成。

文景之治是汉初特定历史条件下的产物，是西汉统治者总结亡秦经验教训，奉行无为政治、与民休息的结果。由于汉初统治者一直坚持不懈地执行轻徭薄赋、约法省禁、和戎安边、节俭爱民等政策，使得秦末动荡混乱的社会秩序渐趋稳定，社会经济迅速恢复和发展，到了文帝、景帝统治的数十年间，终于彻底改变了建国之初的残破凋零局面，出现了田畴尽辟，户口繁息，商业发展，市井繁荣，民殷国富，政治清明，四海晏安，天下太平。这种太平盛世的到来，当然应该首先归功于文、景二帝，但却不是仅仅在文景统治期间就能做到的，它是汉高祖以来几代统治者励精图治和广大人民辛勤劳动所创造的共同成果。

当然，我们也不可过分美化文景之治。因为西汉初年的"休养生息"政策，归根到底是地主阶级的政策，其目的是为了稳定和巩固封建统治，一些看来对农民有利的政策，实际上对地主、商人则更为有利。如轻徭薄赋固然减轻了农民的负担，也使地主阶级获得更大利益，入粟拜爵则提高了商人的政治地位。因此，在文景之治时期，土地兼并也日益发展，文帝为求得政治上的安定，对同姓诸侯王的权势虽有所限制，基本上却是采取姑息政策，终于导致了景帝时的七国之乱。同时隐忍屈辱、以守为主的边防政策，并不能有效地抵御匈奴的侵扰，使汉朝的北方边境长期处在强大威胁之下。因之，当文景之治实现了发展经济、稳定统治，迎来了西汉王朝富庶繁荣局面之时，它所奉行的无为政治也已完成其历史使命，转而为汉武帝积极有为的统治政策所取代。

应当说，在汉代历史上，文景之治还不是强盛时期。但没有这个时期的历史积淀，就不可能有武帝时代的全面繁盛。文景之治局面的形成给予后世许多启发。第一：社会的进步与发展需要几代人持续不断的努力，需要统一的政治指导思想。第二，社会稳定是社会发展的最基本要求。第三，统治者要善于总结历史教训，不断根据社会现实调整方针政策，顺应客观历史发展的要求。正因为此，"文景之治"被历代有为的封建统治者奉为楷模，并从中汲取宝贵的历史经验。

# 平定七国之乱

## ——中央与地方之争

西汉时期，中央集权的封建政府与地方割据的诸侯王封国之间的较量持续了很长时间。平定吴楚七国之乱则是其间的重要事件。

西汉的封国起源于刘邦的封王。秦朝灭亡后，项羽自立为西楚霸王，封自己的亲信及在反秦战争中拥兵自重的割据势力 14 人为王。楚汉战争中，刘邦与之相对，也分封了 7 个诸侯王，他们是楚王韩信、淮南王英布、梁王彭越、赵王张敖、韩王信、燕王臧荼和长沙王吴芮。在当时，这一做法起到了争取同盟军、笼络有实力的将领、分化敌方、孤立乃至最后打败项羽的作用。可是，随着楚汉战争的结束和汉王朝的建立，这些立有战功、武略过人、重兵在握的诸侯王逐渐成了对中央集权政府的巨大威胁。西汉建立之初，地方行政制度采用郡国并行制，即既有由中央政府直接统辖的郡县，又有裂土封王的诸侯国。诸侯国统辖之郡县一如中央之制，诸侯王们既具有割据地方的势力，又多怀自危之心，随时准备反叛。这就导致了地方割据势力与中央集权之间不可避免的矛盾，二者之间的较量也随之展开。

汉高祖五年（前 202 年）七月，燕王臧荼举兵反叛。刘邦亲自率军讨伐，仅两个月时间叛乱即被平息，臧荼被俘，刘邦封自己的同乡卢绾为燕王。在此后的 7 年中，刘邦先后以谋反的罪名诛杀了韩信、彭越、英布，将自己的女婿赵王张敖贬秩撤封，而韩王信和卢绾则先后叛逃匈奴。所有的异姓诸侯王中只剩下远在南方地小力薄的长沙王吴芮了。

异姓诸侯王的剪除，是加强中央集权和巩固统一的大势所趋。但从刘邦的主观认识上讲，则是为了铲除异己势力。加之他又错误地认为是没有分封同姓子弟为王使秦王朝覆亡的。所以，在消灭异姓王的同时，刘邦又陆续分封了 10 个刘氏宗室子弟为诸侯王，他们是荆王刘贾、楚王刘交、吴王刘濞、齐王刘肥、赵王刘如意、燕王刘建、淮阳王刘友、淮南王刘长、梁王刘恢、代王刘恒。这些同姓

周亚夫像

王占据了全国大部分土地。当时全国有 54 个郡，各诸侯国就占了 39 个，仅齐一国就占有 7 郡。而归西汉中央政府管辖的则只有 15 个郡。刘邦以为刘氏子弟决不会背叛刘氏的政府，想要通过分封的办法，以血缘纽带来维护皇室巩固统治。殊不知权利的冲突，虽在骨肉至亲之间亦在所难免。他的分封实际是埋下了分裂割据的祸根。

刘邦在世之时，由于各诸侯王刚刚被封，羽翼未丰，或年龄尚幼，还没有对中央政府构成威胁。在吕后执政的 15 年间，采取了扬吕抑刘的政策，客观上起到了抑制刘姓诸侯王势

力增长的作用。公元前180年吕后去世，在周勃、陈平谋划和率领下，将执掌朝中军政大权的诸吕全部铲除，迎立刘邦之子代王刘恒入京为帝，是为汉文帝。由于文帝是由宗室大臣拥立上台的，在朝中缺乏根基，故不但不敢削夺已有的诸侯王位，而且为了笼络宗亲以固帝位，又陆续分封了许多诸侯王。此时各诸侯王业已长大，他们掌握着封国内的征收赋税、任免官吏、铸造钱币等政治经济大权。而且经过惠帝、吕后时的休养生息，各诸侯国经济恢复、人口繁衍，有了与中央抗衡的经济基础。又因为汉初的经济放任政策，商业发达，而汉法规定商贾子弟不得为官从政，所以商贾纷纷投到诸侯王门下，用钱财交结王侯以为靠山。这愈益增加了诸侯王的经济实力。为了增加劳动力，诸侯王争相招徕流民，容纳亡命之徒，甚至包庇罪犯，与中央争夺人口。他们擅改法令自置官属，各据一方，目无天子。而文帝则一味宽大优容，这就使诸侯王们更加有恃无恐，恣意妄为。中央集权与地方割据势力的矛盾日趋激化，终致酿成了济北王刘兴居和淮南王刘长的反叛。

刘兴居是齐王刘肥之子，因参与铲除诸吕迎立文帝被封。但所封不能满足其欲望，于文帝前元三年（前177年）五月趁匈奴南侵之机举兵叛乱，八月兵败被诛。刘长是刘邦的幼子，文帝时，刘邦子只剩他和文帝2人。故恃亲专横，从在封国内"数不奉法"、"自作法令"发展到准备勾结匈奴和闽越发兵反叛的地步。文帝发觉后废其王位，将其流放到蜀郡，刘长在途中绝食而死。济北、淮南之叛虽未造成严重后果，但预示着诸侯王国势力如继续发展，必然形成尾大不掉之势，威胁中央政府的安全。这引起了朝中一些有识之士的高度关注，他们纷纷献计献策，建议削弱诸侯王的势力。这些有识之士的代表人物之一就是贾谊。

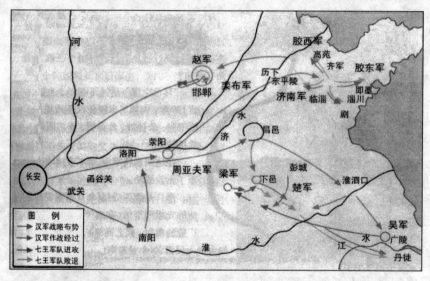

平定七国之乱示意图

贾谊是洛阳人，博学多才。30余岁被文帝召为博士，一年之间迁为太中大夫。他上《治安策》给文帝，指出当时王国势力过于强大，犹如一个人犯了肿病，一条腿肿得像腰那么粗，一个指头肿得像一条腿，应当赶快医治才好。贾谊精辟地分析了当时天下的形势，提出了"众建诸侯而少其力"的建议。即将各封国划分成几个小国，减弱其势力，便于中央控制。文帝接受了这个建议，于前元八年（前172年）分别将淮南王的4个儿子封为列侯；前元十六年（前164年）又将齐国一分为六，淮南国一分为三。但文帝的这个举措太谨小慎微，不能有力地阻止诸侯分裂割据势力的急剧膨胀。如吴王刘濞，在惠帝、吕后时就利用吴国的盐铁之利，招天下亡命者前来铸钱、煮盐牟取暴利。到文帝时，刘濞更加肆无忌惮，变本加厉，蓄谋夺取皇位。针对这种形势，身为太子家令的晁错提出用削夺诸侯封地的办法抑制其势力的发展，但未被文帝接受。

公元前157年文帝死，景帝即位。诸侯王欺其年少，更加骄横。这时晁错先后任内史、御史大夫。他再次提醒景帝注意吴王刘濞的动向，力主削夺诸侯王的封地。晁错的削藩主张是贾谊"众建诸侯而少其力"的发展，又与之有别。"众建诸侯而少其力"是分而治之，中央并不增加直辖地；削藩则把诸侯王的封地直接削归中央。景帝采纳了这一建议，于前元三年（前154年）以各种罪名先后削去了楚王戊、赵王遂和胶西王卬的部分封地。景帝的这一举措在朝野引起了很大震动，被削地的诸侯王心怀不满，未被削地的诸侯王惶惶不可终日。接下来景帝下令削夺吴国的会稽、豫章郡。吴王刘濞闻讯后串联楚、赵、胶西、胶东、菑川、济南等六国诸侯王公开反叛，共同发兵西攻长安。赵王刘遂还遣使请匈奴发兵支持。刘濞征发了封国内14岁至62岁的全部男子入伍，得兵20余万。又派人与闽越、东越贵族联系，使之起兵响应。七国用"请诛晁错，以清君侧"的名义举兵西向，开始了有名的"吴楚七国之乱"，中央集权与地方割据的较量达到空前激烈的程度。

由于刘濞早有预谋，所以七国军队在叛乱之初进展顺利，先攻梁，再围齐，一时之间东方半壁江山均入叛军之手。景帝见叛军来势凶猛，慌了手脚，听信了与晁错有矛盾的袁盎的谗言，诛晁错于东市，以图换得七国退兵。谁知七国非但没有退兵，反而认为景帝软弱无能，刘濞公然自称"东帝"。到这时景帝方知七国的目的是推翻中央政权，遂下定平叛决心。

汉兵分四路迎击叛军：以太尉周亚夫为主帅，领36位将军击吴；曲周侯郦寄击赵；将军栾布击齐；大将军窦婴驻于荥阳，随时策应各路汉军。

太尉周亚夫，是周勃的儿子，很善于用兵。他接受平乱的任务以后，对汉景帝说："楚国的军队很剽悍，跟他们正面作战很难取胜，应当断绝他们的粮道，才能制服他们。"汉景帝批准了周亚夫的作战计划，周亚夫领兵出发了。

军队来到霸上，有个叫赵涉的人拦住周亚夫的马车献计说："吴王刘濞占据的地方很富饶，他招兵买马，想要造反已经很久了，这次您出兵去征讨，他一定会在半路上山势险峻的地方设下埋伏，袭击您的队伍，所以您千万不要从老路行军；应当走蓝田，出武关，直奔洛阳，走这条路虽说远一些，路上要多花一两天时间，但是走这条路出于吴王他们的意料，他们一定没有防备，等到您突然出现在他们面前，他们一定会大吃一惊，以为您是从天而降。"周亚夫接受了赵涉的意见，大队人马从右路直奔洛阳。

赵涉的建议果然起到了出奇制胜的作用。周亚夫率领的大军很快截断了吴楚联军的粮道，使得联军的粮食供应发生很大困难，当时正值天寒地冻，叛军粮尽援绝，斗志锐减，终于自行溃退。周亚夫乘机发动猛烈进攻，把吴楚七国联军打得大败。楚王刘戊自杀，吴王刘濞带了几千人冲出重围，逃到长江南岸的丹徒（今江苏省丹徒县）。他想去联合东越兵卷土重来，可是周亚夫早已悬赏一千两金子购买他的脑袋，所以东越人不但不帮助他，反而乘机杀了他，把他的脑袋献给了周亚夫。随后其他各路叛军也相继被击败，纷纷投降。至此，历时约三个月的吴楚七国之乱，终于被平定下去了。

吴楚七国之乱表明，中央集权与地方割据势力之间的较量是针锋相对你死我活的较量，二者之间的矛盾是不可调和的。因此，叛乱被平息后，景帝下决心进一步削弱诸侯王的权力以加强中央集权。首先，他继续推行"众建诸侯而少其力"的计划，先后分封了13个皇子

## 历史大事全知道

为诸侯王，大国十余城，小国数城而已。其次，下令取消诸侯王任命封国官吏的权力，并不准他们干预封国内的军政事务。王国军政由中央任命的内史、相负责，诸侯王仅得享用封国之租税而已。再者，削减王国官属，降低王国官吏的级别。这就从制度上杜绝了地方势力坐大割据的可能性。自此以后，诸侯王国虽仍存在，但和一般郡一样，成为中央直接统辖的一级地方行政机构，再也无力与中央集权政府抗衡较量了。到汉武帝时期，又采用"推恩令"，诸侯王国势力进一步削弱，中央集权的封建统治大大巩固和加强了。

 简　评

　　平定吴楚七国之乱，是统一的中央集权制度战胜了地方封建割据势力。中央政府收回了叛国的土地，壮大了中央的实力。从此，汉朝才真正成为一个统一的封建帝国，社会才进一步得到安定，经济和文化的发展才有了可靠的保障。

# 汉武帝抗击匈奴

## ——积蓄后的爆发

匈奴是我国北方大草原上一个古老的游牧民族，商、周时称猃狁，战国时始称匈奴，并进入从原始社会向奴隶社会的过渡阶段。对财富和奴隶的贪欲，促使匈奴首领多次率骑兵南下抢劫牲畜财物，杀戮掳掠人口，并乘内地混战之机占领了河南地（今河套地区）。秦王朝建立后，对匈奴采取积极防御和攻势政策，匈奴首领头曼单于因不胜秦军攻击，放弃河南地及头曼城，向北退却350余公里。秦朝则修筑西起临洮、东至辽东的万里长城，防御匈奴卷土重来。

公元前209年，头曼单于的儿子冒顿射杀头曼，自立为"撑犁孤涂单于"，建立起匈奴奴隶主国家政权。秦朝覆亡，中原战乱，匈奴趁势发展，冒顿单于率大军东灭东胡，西破月氏，南服河套一带的楼烦、白羊诸部，北并浑庾、屈射、丁零、隔昆、新犁等部族，统一了长城以外的北方游牧区，其辖区东起辽东，西至西域，南括河套，北抵漠北。有控弦之士30万众，进入了匈奴国家的极盛时期。

冒顿单于在不断扩张领地的同时，多次带兵南下袭扰汉边。汉高祖六年（前201年），匈奴发兵进攻马邑（今山西朔县），迫降了韩王信。次年匈奴再次南下攻晋阳（今山西太

漠北之战 版画

原），高祖刘邦亲自率兵32万迎击。冒顿佯败，为诱兵之计。刘邦轻敌，领少数骑兵冒进追击，大队步兵没能跟上，结果被冒顿40万大军围困在平城（今山西大同）附近白登山上7日之久，几陷绝境，史称"白登之围"。后来刘邦采取陈平之计，派人厚贿阏氏（单于正妻），请阏氏劝单于退兵。加上韩王信的部队未能按时与匈奴军会师，冒顿遂解围一角，刘邦趁机突围而出与主力会合，方得脱险。

"白登之围"使刘邦认识到，在当时政权尚未巩固、经济亟待恢复的情况下，想要以武力征服匈奴，解决匈奴南下侵扰的问题是不现实的。因此只好采纳娄敬的建议，与匈奴缔结和亲盟约，把汉室公主嫁给匈奴单于，每年向匈奴奉送大量的丝绸、粮食和酒，并与匈奴结

为兄弟，相约互不侵犯，以减边患。这种和亲是汉政府处于被动地位而又无力反击情况下委曲求全的产物。此后七八十年间西汉政府对匈奴都采取这种和亲政策。这在一定程度上减少了匈奴对中原地区的骚扰抄掠，有助于中原社会经济的恢复，但并不能从根本上解决问题，匈奴对汉边地的骚扰仍不断。刘邦死后，冒顿单于竟派人送来国书，要吕后嫁给他。吕后虽然大怒，但因无实力与匈奴对抗，故忍辱求和，以宗室女为公主嫁给单于，仍用和亲的手段来维持暂时的安宁。西汉政府的委曲求全助长了匈奴的骄横。文帝即位后，匈奴的侵扰日益加剧，中原地区人民的生产和生活受到严重影响。文帝前元十四年（前166年），匈奴14万骑兵大举南下，前锋深入到雍（今陕西凤翔南）、甘泉（今陕西淳化西北）附近，距长安仅100公里，并烧毁回中宫，直接威胁西汉王朝的统治中心。文帝后元六年（前158年），匈奴数万骑兵大举进攻，杀掠甚众，长安城警报频传。景帝时，匈奴骑兵亦多次袭扰。

经过几十年的休养生息，到文帝统治后期，西汉王朝的综合国力得到恢复和加强。这时西汉政府一面继续对匈奴实行和亲政策，一面积极准备防御和反击。文帝采纳晁错的建议，改革戍边制度，用免税、赐爵、赎罪等办法吸引内地居民移居边地，增强了边防力量。为了发展骑兵，文帝还大力提倡和鼓励民间养马，并在西北及北部边境设立30个牧马场，用官奴婢3万人从事牧养。景帝时仍执行这一政策，并扩大官营养马规模，训练众多而精强的军马以满足军事需要。这些都为汉武帝时大规模反击匈奴准备了条件。

汉武帝即位后，中央集权大大加强，国家的经济实力空前雄厚，西汉政府已无内顾之忧，反击匈奴贵族的条件业已成熟。而武帝一即位，便着手进行反击匈奴的准备工作：建元元年（前140年）派博士公孙弘出使匈奴，以侦察敌情；建元三年（前138年）派张骞出使西域，联络大月氏对抗匈奴，以断匈奴右臂；将长期与匈奴作战、威名远扬的将军李广调任未央卫尉，把名将程不识调任长乐卫尉，以加强首都和宫廷的保卫，一旦需要可直接派遣他们率兵出征。元光二年（前133年），匈奴侵扰代郡、雁门一带，武帝采纳大行王恢的主张，采取派人诱匈奴军至马邑，以伏兵袭击一举歼灭匈奴主力的战略，但被匈奴单于发觉而未能成功。这次行动导致汉匈关系正式破裂，揭开了汉武帝时期西汉对匈奴长达43年之久的大规模战争的序幕。在43年中，双方先后十几次交锋，其中具有决定性的大规模战役有3次。

第一次战役发生在元朔二年（前127年）。这一年匈奴侵入上谷（今河北怀来东南）、渔阳（今北京密云西南），杀掠吏民千余人。汉武帝派车骑将军——卫青和将军李息率兵出云中（今内蒙古托克托），沿黄河北岸西进，采取避实击虚的战略，迂回到陇西，对河套及其以南的匈奴军发动突然袭击，匈奴楼烦王、白羊王仅率少数骑兵渡河逃走，汉军大胜，完全收复了河套地区。后来，西汉政府在这里设置朔方郡和五原郡，从内地迁徙10万人到这里定居，并修复了秦代蒙恬所筑的边塞和沿河的防御工事。这次战役是汉武帝对匈奴的第一次战略反击战，它的胜利不仅解除了长期以来匈奴对长安的威胁，使长安距西北部边境的距离增大至800余公里，而且为下一步向匈奴纵深进行战略进攻奠定了基础，使汉军有了一个可东可西出击匈奴的重要基地。故这次战役实际上是汉武帝向匈奴发动一系列战略进攻的奠基战。

第二次战役是在元狩二年（前121年）。西汉收复河套地区以后，匈奴仍凭借着河西走廊控制西域，不断骚扰上谷、代郡、雁门、定襄、上郡等地。元狩二年三月，汉武帝任年轻的霍去病为骠骑将军，率万余骑兵出陇西，越过焉支山（今甘肃山丹县境内）西进，入匈奴境千余里，与河西匈奴军主力接战。杀折兰王、卢胡王，俘虏浑邪王的儿子及相国、都尉等大小首领，还缴获了休屠王的两个祭天金人。当年夏天，霍去病第二次西征。越居延泽（今内蒙古居延海），攻到祁连山，大破匈奴军，俘3万多人。由于连遭失败，匈奴贵族内部分裂，浑邪王杀休屠王，率4万人降汉。汉政府把他们安置在陇西、北地、上郡、朔方、云中五郡，称为"五属国"。此后西汉政府又陆续在浑邪王、休屠王故地设立武威、张掖、酒泉、敦煌郡，史称"河西四郡"。第二次战役的胜利，使西汉政府完全控制了河西走廊地区，打开了通往西域的道路，切断了匈奴与羌人的联系，为日后向漠北的匈奴单于主力发动进攻创造了良好的条件。

第三次战役发生在元狩四年（前119年）。早在第一次战役结束后不久，匈奴就将其根据地迁往漠北。但为得到其所需要的物资、财富和奴隶，匈奴单于仍经常派骑兵南下。元狩三年（前120年）又攻掠右北平（今河北平泉一带）、定襄（今内蒙古和林格尔）二郡，掠去千余人。为了彻底击溃匈奴，汉武帝决定深入漠北反击。元

匈奴武士复原图

狩四年，汉武帝派大将军卫青和骠骑将军霍去病率骑兵、步兵和辎重运输部队共数十万人，分东西两路深入漠北，寻歼匈奴主力。卫青率领的西路军出定襄越沙漠，北进千余里，包围了匈奴单于的军队。双方激战至深夜，匈奴单于兵败，率数百名骑兵远逃，其主力全部被歼。霍去病率领的东路军自代郡、右北平出兵，深入1000多公里，越过大沙漠，与匈奴左贤王的军队接战，大败匈奴军，俘7万余人，左贤王率亲信弃军逃走。这次战役是西汉政府对匈奴最为沉重的一次打击，从此匈奴力量大大削弱，再也无力大举南侵了。西汉政府则在黄河以北从朔方向西到令居（今甘肃永登）一线筑塞、通渠，设置四官屯垦备守。终武帝之世，虽未彻底解除边患，但匈奴强势已衰，北方边境的状况有了明显的改善。

匈奴经数次大战，人口牲畜损失惨重。短时内再无力侵汉，一般来说，一个国家遭受外来打击而衰弱时，内乱也就接踵而至，因为对于怎样扭转不利局势，会有很多不同的意见。匈奴势力削弱，原来受其控制的其他民族也乘机独立，匈奴则发兵去镇压。丁零，乌孙，乌桓等国与汉联合，从各个方向围攻匈奴，匈奴死伤甚为惨重。汉昭帝时，发生五单于争立事件，经过一番争斗，匈奴分裂为南北两部。宣帝五凤四年，北单于郅支进攻单于庭，南匈奴不敌，乃南迁至汉朝边塞附近，要求与汉合作。甘露元年（前53年）南匈奴呼韩邪单于向汉称臣，入长安朝见天子。

汉武帝中期抗击匈奴战争所取得的胜利，是西汉王朝几十年经济发展、政治上专制主义中央集权制不断强化、军事实力不断提高的结果，也是人民群众在一定程度上给予支持的结果。因为它是为了制止匈奴贵族掠夺北方各族人民的战争，客观上符合当时各族人民的利益。同时也是与汉武帝本人的雄才大略和战略决策的正确分不开的。

## 历史大事全知道

简　评

　　汉朝对匈奴的战争是一场模较大、时间较长的一次国内民族战争。汉朝是这场战争的胜利者，不仅一雪了汉高祖"白登山之围"的耻辱，并且彻底解除了匈奴对中原农耕地区人民的侵扰，维护了边境人民的生命和财产安全。更重要的是，大汉军队那种雄壮坚韧的气魄。深深地影响着后代人民，汉朝，被中国人看作是一个值得骄傲的时代。

　　匈奴受到了沉重的打击，不得不向西发展，开始了史无前例的民族大迁移。这次迁徙对西方造成了更大的影响，从此西方世界上演了一场弱肉强食的地盘争夺战。原有的日耳曼、东哥特、西哥特等民族被迫离开自己的家园，往更西方向迁徙，从而引发了西方历史上的"蛮族大迁徙"运动，成为欧洲中世纪的开端。

# 罢黜百家，独尊儒术

## ——儒家统治地位的确立

秦汉之际，遭秦始皇焚书坑儒政策摧残的儒家逐渐抬头，陈胜、吴广起义后，有些儒生就参加了反秦斗争，如孔子后裔孔甲一度为陈胜的博士。西汉初年，著名儒生叔孙通被任为太常，协助汉高祖刘邦制定礼仪。西汉建立之后，统治者采取了较为开放的思想文化政策，惠帝四年（前191年）废除《挟书律》，吕后元年（前187年）"除妖言令"，进一步促使诸子学说复苏并流行起来。在当时的各家学说中，以儒、道两家势力最大。

汉初，由于社会经济遭到严重破坏，统治阶级所面临的主要任务是恢复生产、稳定封建统治秩序。因此，在政治上主张无为而治，经济上主张轻徭薄赋，思想上主张清静无为和刑名之学的道家黄老学说受到重视，成为西汉前期的统治思想。在黄老思想指导下形成的"无为政治"使人民得到了休养生息，对社会经济的恢复和发展起到了积极的作用，国家逐渐富裕起来。据史书上说，到汉武帝即位的时候，国家存钱和储粮的仓库都装得满满的，钱库里数以百万的钱长期存放，以致串钱的绳子都烂了；粮仓里的粮食一年一年往上堆积，都露到外面来，有些都已经霉烂了。西汉王朝的统治秩序逐渐巩固。但与此同时，黄老之学的无为政治也产生了消极的后果：商人豪强日甚一日地兼并土地；许多农民脱离户籍而逃避赋税；诸侯王割据势力急剧膨胀直至酿成"吴楚七国之乱"，公开反叛中央；对匈奴的侵扰一味妥协退让，致使边患日甚，加重了汉政府和边地百姓的损失。社会各种矛盾都呈现出一种发展激化的态势，越来越严重地影响到专制主义中央集权的政权和国家的统一。同时也表明黄老之学的那种顺应自然的"无为政治"已不能适应时代的需要和历史的发展，在社会经济恢复到一定阶段以后，统治者便需要大力加强封建专制主义中央集权。而强化中央政治的统治，推行中央集权的政策，必须有一个新的理论作为统治思想来取代过时的黄老学说。在当时的情况下，这个新的理论是非儒家学说而莫属了。

董仲舒像

儒家学说倡导积极入世、自强不息的精神，崇尚"礼乐"和"仁义"，提倡"忠恕"，讲求"中庸"，在思想上不走极端。既不主张无为而治，也不赞成严刑重罚的极权政治，而是主张"德治"、"仁政"，用礼教整顿社会，同时又不排斥刑名之学，即所谓的"文武并用"。这些思想因素对于长期维持政权和社会秩序、强化封建统治有着重要的作用。而且，与道家黄老之学在汉初达到极盛的同时，儒家也在寻找着自我发展的途径。一方面他们在政治上积极向皇权靠拢，大肆鼓吹君权神授，并从为帝王制仪、制礼、制法的角度，谋求最高统治者的支持；另一方面，他们在学术上不固守先秦儒家的教条，而是采取了一种兼收并蓄的开放的思想态度，积极向其他各家学习，注重从各家那里汲取合理的思想资料来充实儒家的思想体系，以适应新的社会形势。但是，作为统治思想，一种学说取代另一种学说并非轻易能够实现的。

公元前140年，16岁的汉武帝刘彻登上皇位。即位之初，雄心勃勃的武帝就深感时弊严重，决心实施有为政治，加强中央集权，巩固封建大一统，开创一个新的政治局面。他在即位的当年便颁布诏令，要求各级官吏推举贤良方正，鼓励天下吏民直接给皇帝上书，以便选拔人才。但在被推举的贤良方正和上书中，有诸子各家学说，内容非常繁乱。因此，丞相卫绾建议罢黜持申不害、商鞅、韩非、苏秦、张仪观点的贤良。武帝接受了这个建议，此后从中央到地方都以尊儒为标准来推举贤良。同时，武帝还着手组织以儒者为主的最高领导集团，先后任命儒者窦婴为丞相，田蚡为太尉，赵绾为御史大夫，王臧为郎中令。丞相、太尉和御史大夫是当时朝廷中分管行政、军事和监察的最高长官，郎中令是皇帝的顾问参议和宿卫侍从首领。这样一来，朝廷的最重要的官职都由儒者掌握了。同一年，汉武帝还派人把著名的儒学大师申公接到长安，作为自己的顾问。儒家大有取黄老而代之的势头。

然而，武帝继位时，他的祖母窦太后仍干预政事，凡朝中大事武帝均须向她禀报、请示。窦太后置身宫中数十年，亲见亲历了汉初无为政治带来的社会效益。在她看来，黄老之学是治国法宝，只要坚持黄老之学无为而治，刘汉天下就能江山永固。而儒者则是"文多质少"，不可信任和倚重。为了摆脱窦太后的控制，赵绾于建元二年（前139年）10月奏请武帝不要再向窦太后禀报朝中之事，以架空窦太后。窦太后得知后大怒，找机会将赵绾、王臧投入监狱，窦婴、田蚡也被免职。在其后的5年中，朝廷大权基本上控制在窦太后的手中，儒学取代黄老统治地位的进程受到阻碍。

建元五年（前136年）窦太后老病，汉武帝于是下令设立以学习《诗》、《书》、《礼》、《易》、《春秋》5部儒家经典为主要内容的"五经博士"和太学，为儒家在京师开辟了一块活动繁衍的阵地。建元六年（前135年）窦太后死去，武帝重新任用田蚡为相，再次下诏命举贤良文学，"黜黄老刑名百家之言"，儒家学派得以重新抬头。正是在这时，一代大儒董仲舒出场了。

董仲舒是广川（今河北枣强）人，从青少年时代开始博览先秦诸子著作，对《公羊春秋》和阴阳五行学说的钻研特别刻苦，很快声名大震，被汉景帝任命为博士，著有《春秋繁露》一书。元光元年（前134年），汉武帝诏令"贤良"对策，董仲舒上对策3篇，史称《天人三策》。在《天人三策》中，董仲舒继承和改造了孔子的"天命"思想和阴阳五行学说，提出"天人合一"和"天人感应"论。他把天说成是一位有绝对权威的至高无上的神，既主宰天上的诸神，也支配人间的帝王，为王权神授制造了理论根据。同时，为了使人君保持绝对的权力和威严，必须在政治上加强专制主义的集中统一，因此大一统是"天地之常经，古今之通谊也"。他还建议用儒家的纲常名教来维护封建统治。由于他隐隐觉察到不受限制的君主权力一旦为所欲为，也会给国家和社会带来意想不到的灾难，故又用天人谴告说告诫统治者要仁政德治，"宜民宜人"，才是顺应天理，才能长治久安。董仲舒的这套理论适应加强专制主义中央集权的需要，因而深受汉武帝的赏识，针对当时诸子并存、百家杂语造成全国上下思想混乱的情况，董仲舒提出只有儒家思想才是最正确最完备的学说，建议罢黜诸子百家之学，确立儒家思想的正统地位，以儒学实行学术上、思想上的大一统。汉武帝接受了这个建议，进一步大力提倡儒学，把儒学确立为国家的指导思想。这就是有名的

"罢黜百家，独尊儒术"。

董仲舒提出并推崇的儒学，不同于先秦的儒家学说。它兼融诸子博采众说，吸收了法家的君权至高无上的封建专制思想，提出了君为臣纲的理论，摈弃了以法为教以吏为师的一套，援法入儒，将礼治同法治结为一体，主张刑德相辅恩威并施；吸收了阴阳家的德运说，为君权神授说披上了一层神圣色彩，排除了其间某些神仙方术的江湖骗术；汲取了道家清静致治说衍化为轻徭薄赋思想，摈弃了它的无为思想，注入了法家的有为思想。

可见，董仲舒所提出的，是根据当时政治的需要，用儒家思想加以改造的新儒学，是一种融会贯通各家学说的比较完整的封建专制理论，因此得到了汉武帝的重视和采纳。

对于董仲舒的评价，历来就有争论。很多人将董仲舒当成罪人，把儒学迷信化、宗教化、封建化、专制化的导火线都往他的身上推。当然，也有不少学者试图为他解脱，从学术发展的趋向（诸子并立迈向学术融合）、儒学体系的完成（为儒学建立形上学的依据）甚至是政治现况（为汉政权寻求学理上的合法性）来看待董仲舒的学说。虽然如此，但无可避免的，当研究者遇上董仲舒的阴阳五行、天人感应学说时，大多就此摇了摇白旗。消极的就采回避策略，提过就算，把帐全算在邹衍身上；积极的，就立一"宇宙论"名目来安置，认为董氏完成了儒学的全盘架构。

**棂星门坊**

孔庙前院的第二座坊。棂星又名灵星、天田星，帝王祭天时要先祭棂星。古人认为此星"主和士之庆"。在封建时代，"独尊儒术"的政策使儒学成为取士的标准，决定着士人的前途和命运。

董仲舒为什么会提出阴阳五行、天人感应？这个问题是每个研究汉代思想的人的共同疑惑。一般认为，阴阳五行的提出，与邹衍的五德终始说、《吕氏春秋》的十二月纪、《淮南子》的"时令训"、《礼记》的"月令"脱不了干系，是一种思维在流行发展下的产物。姑且不论董氏这部分的学说源头是否真是如此，但此举对儒学的发展造成一个时代性的转化却是不争的事实。

元朔五年（前124年），汉武帝又接受丞相公孙弘的建议，为博士官置弟子员50人，完善太学制度。令郡国设立学官。规定每年进行一次考试，五经中能学通一经者即可被委以官职，成绩优异者则委以高官。这样就把儒学与当官参政联系起来，学习儒家学说成为入仕的主要途径。更重要的是，汉武帝在确定将儒家学说作为统治思想以后，将儒家的理论渗透到政治、法律、文化等各个领域，使之成为制定各项政策的理论依据。从此，儒学从民间的一个学派，百家中的一家，一变而为占统治地位的官方学说，作为统治思想在中国封建社会的历史上持续了近2000年，汉以后各个王朝的统治者又不断对儒学作了补充和发展，使它更适合于维护封建统治的需要。儒学后来甚至发展成为儒教，上至国家机构的统治政策，下至普通百姓的饮食起居，都深受其影响。

 **简　评**

　　汉武帝"罢黜百家，独尊儒术"有其时代特点。他推崇的儒术，已吸收了法家、道家、阴阳家等各种不同学派的一些思想，与孔孟为代表的先秦儒家思想有所不同。汉武帝把儒术与刑名法术相糅合，形成了"霸王道杂之"的统治手段，对后世影响颇为深远。从此，儒家思想成为我国封建统治阶级的正统思想，攻读四书五经成了求取功名的敲门砖，对我国的思想文化的发展产生了巨大的影响。

# 张骞通西域

## ——丝绸之路的开辟

明清以来的闭关自守政策似乎给人以一种印象，好像中国人历来是封闭、保守的。其实这完全是错误的，西汉时代的丝绸之路的开辟就是明显的反证，而开辟者张骞与哥伦布、麦哲伦等人相比也毫不逊色。

丝绸之路是古代从中国的黄河流域经过西域到西方的交通大道。因大量的中国丝和丝织品经此路西运，故称丝绸之路。中国是世界上最早种桑、养蚕、生产丝织品的国家。自商、周至战国时期，丝绸锦绣的生产技术已发展到相当高的水平，所产的丝绸已开始辗转贩运到中亚、印度、西亚乃至欧洲。西方人正是通过色彩艳丽的丝绸开始认识了文明古国——中国，所以古希腊人根据汉语"丝"的译音而称中国为"赛利斯"（Seres）。但是在相当长的时间里，东西方之间由于千山万水的阻隔而难以直接交往。直到汉代张骞通西域，才开始了丝绸之路的开辟。

汉代"西域"这一概念的地理范围原指玉门关（今甘肃敦煌西）、阳关（今甘肃敦煌西南）以西至葱岭（旧对帕米尔高原和昆仑山、喀喇昆仑山脉西部诸山的总称）之间的地区。后来范围不断扩大，葱岭以西，今中亚、西亚一带也统称之为西域。公元前 2 世纪左右，西域分布着 36 个国家：在塔里木盆地南缘的为南道诸国，包括楼兰、且末、于阗、莎车等国；在塔里木盆地北缘的为北道诸国，包括疏勒、龟兹、焉耆、车师等国；在准噶尔盆地东部散布着郁立师、卑陆、蒲类等一些小国。这些国家面积都不大，多是沙漠绿洲，也有山谷或盆地。人口多者几十万，少者数千人。大多以种植、畜牧为生。西汉初年，匈奴冒顿单于征服了西域，设置僮仆都尉，向各国征收繁重的赋税，并奴役、压迫人民。西域诸国由于力量分散，无法摆脱匈奴的控制和剥削。匈奴还以西域作为军事上的据点和经济上的后盾，向西汉进攻。

汉武帝即位之初，从匈奴投降者的口中得知：在敦煌祁连山一带原来居着月氏人，建立了大月氏国，后因受匈奴的攻击，他们被迫西迁到伊犁河流域。当初，匈奴冒顿单于打败大月氏国的时候，曾经很凶残地把月氏王的脑袋砍了下来，并用其人头骨做了一个大酒杯。大月氏人恨死了匈奴人，但他们力量小，没人帮助，只好向西逃走。因此大月氏对于匈奴可谓恨之入骨，时刻想回来报仇雪恨。汉武帝就想联络大月氏共同对付匈奴。当时西去大月氏的必经之路——河西走廊还处在匈奴的控制下，行程充满着危险。于是汉武帝就在全国公开招募能担当出使重任的人才。汉中（今陕西城固）人张骞毅然应募，领命出使。

建元三年（前 138 年），张骞率 100 多名随行人员出陇西，向西域进发。西行不久张骞等人就被匈奴捉住，被拘禁了 10 余年，并硬让他娶当地女子为妻，还生了孩子。但张骞不忘使命，始终保存着汉朝的特使符节。终于有一天，他们趁匈奴看守放松警惕的时候，偷了几匹骆驼和骏马，向西逃去。他们越过葱岭，经过大宛、康居，终于在妫水（今阿富汗北部阿姆河）一带找到了大月氏。但这时大月氏已征服了大夏。并在这块肥沃的土地上逐渐由游牧生活转变为农业定居，无意再东还与匈奴为敌了。张骞在大月氏停留了一年多，见无法说服大月氏，便取道塔里木盆地欲取道羌地回中原。结果再次被匈奴捉住扣留一年多，后

张骞出使西域图　初唐

此为敦煌壁画图，表现的是汉武帝群臣到长安城外，为出使西域的张骞送行的情景。

来趁匈奴内乱才与堂邑父一起逃出，于元朔三年（前126年）回到长安。

张骞这次出使西域历时13年，历尽千辛万苦，虽然没能达到联合大月氏的预期目的，但却沟通了西汉王朝与西域的联系，实地勘察了东西交通要道，了解到西域的一些山川地理、风土人情、物产、政治、军事等情况，从而大大开拓了汉人的地理视野。作为官方的正式使节，张骞亦成为汉代凿通西域、开辟丝绸之路的第一人。

从汉武帝元朔二年（前127年）起，汉王朝对匈奴进行了多次战争，取得了重大的军事胜利，不仅解除了匈奴对长安的威胁，而且收复了河套地区，控制了河西走廊，匈奴被迫退到漠北地区。为了彻底击败匈奴，张骞在元狩四年（前119年）向汉武帝建议联络伊犁河流域的乌孙，以"断匈奴右臂"。于是汉武帝任命张骞为中郎将，率300多随员，携带金币丝帛巨万，牛羊万头，第二次向西域进发。张骞此行比较顺利，很快就到达乌孙。乌孙王一看汉使带来了许多财宝，又把汉朝公主嫁给自己，当然非常高兴，不过他还想再了解一下汉朝的情况，于是派了使者和张骞来到长安，这是西域使者第一次来到长安。汉武帝热情地招待了他，乌孙使者看到汉朝兵强马壮，很繁荣，就回去报告了乌孙王。乌孙王于是下定决心，和汉朝建立了友好关系。同时，张骞还派出副使分别访问了大宛、康居、大月氏、大夏、安息等国，扩大了西汉王朝的政治影响，增强了相互间的了解。当汉使离开各国时，许多国家都派遣使节随他们到汉朝回访，有许多西域商队携带货物跟随汉使到中国进行贸易。元鼎二年（前115年），张骞顺利返回长安。

张骞两次出使西域，促进了中西经济文化的交流。此后，汉朝和西域各国经常互派使者，每次多者数百人，少者百余人。往来进行贸易的"商胡贩客"也相望于道，络绎不绝。天山南北成为中西交通的重要通道。但是，处于西域东端的楼兰、姑师（后称车师）仍在匈奴的控制之下。他们在匈奴的挑唆下经常出兵攻杀汉朝使者，劫掠商旅财物，成为中原通往西域的严重阻碍。为确保丝绸之路畅通无阻，元封三年（前108年），汉武帝派从骠侯赵破奴率军突袭楼兰，俘虏了楼兰王，随后又攻破了姑师。在酒泉至玉门关一线设立亭障，作为供应粮草的驿站和防守的哨所。为了打破匈奴对大宛的控制并获得大宛的汗血马，汉武帝又于太初元年（前104年）和太初三年（前102年）两次派贰师将军李广利西征大宛。击败大宛后，西域的交通更加畅通，西域各国和中原的政治、经济、文化交流更加频繁。于是汉政府把亭障延修至盐泽（今新疆罗布泊）一带，又在楼兰、渠犁（今新疆塔卑木河北）、轮台（今新疆库车县北）等地驻兵屯垦，置校尉。汉宣帝神爵二年（前60年），汉置西域都护，设都护府于乌垒城（今新疆轮台东），从此确立了汉王朝在西域的统治，使丝绸之路的畅通有了进一步的保障。

**波斯风格的银豆　西汉**

银豆本是古波斯贵族流行的器物，随着两国政府的友好交往和互馈赠礼物而传入汉朝。另配置的铜圈足和盖上的三个钮则具有明显的中原风格。

丝绸之路的主要路线，东起汉都长安，向西通过河西走廊，出玉门关或阳关，穿过白龙堆，先到楼兰。汉代西域有南北两道，楼兰是两道的分岔点。北道由此向西，经渠犁、乌垒、轮台、龟兹（今新疆库车）、姑墨（今新疆阿克苏）至疏勒（今新疆喀什），西行越过葱岭，经大宛、康居向西；南道经且末（今新疆且末南）、扞弥（今新疆于田）、于阗（今新疆和田）、莎车，向西翻越葱岭经大月氏西行。南北道两道会于木鹿城（今土库曼斯坦马里），然后向西经和椟城（今伊朗达姆甘附近）、阿蛮（今达姆甘）、斯宾（今巴格达东南）等地，可抵地中海东岸，转往罗马各地。亦可经古叙利亚的安条克，南下越西奈半岛达埃及的亚历山大城。

通过张骞通西域到丝绸之路的开辟，汉与欧、亚、非各国经济文化的交流达300年，影响十分深远。大量的中国丝和丝织品主要经此路运往西方，而大量的其他商品以及东西方各种经济和文化的交流也大都通过此道：西域的汗血马及繁殖、饲养牲畜的先进技术，核桃、葡萄、石榴、蚕豆、苜蓿等十几种植物及栽培技术传入中国，丰富了中国人民的物质生活。同时，这条道路虽然主要是商路，但中国和亚欧各国的政治往来、文化交流也都依赖这条信道。通过它，中亚和南亚的音乐、舞蹈、绘画、雕塑、建筑等艺术，天文、历算、医药等科技知识，佛教、祆教、摩尼教、景教等宗教先后传来中国，并在中国产生了很大的影响。中国的纺织、造纸以及一些工艺技术（如制作金银器、绘画等）也传到西方。唐代以后，海运逐渐发达，西北地区民族政权兴衰变化急剧。这条陆上信道的重要性与安全保障逐渐降低而趋于衰落。在元代，由于驿路畅通，又曾繁荣一时。

简　评

丝绸之路在古代中国，是联系中国与西域乃至西方世界的重要信道。通过丝绸之路，中国的丝绸等产品以及造纸术、火药等技术传播到了世界其他地区，促进了世界其他地方的社会经济发展；而西方的产品和社会思想、技术等，也通过这条丝绸之路来到中国，其中最重要的就是佛教的东传，对中国社会产生了重要的影响。

因此，丝绸之路的开辟，沟通了东西方经济文化的交流，对促进中国与西方各国经济文化的发展，对丰富中国与西方各国经济文化生活，都起了重大而又深远的影响作用。

# 司马迁写《史记》

## ——史家之绝唱，无韵之离骚

　　《史记》是我国历史上一部伟大的文学著作和史学著作，它开启了许多史学题材的先河。《史记》最初没有固定书名，或称"太史公书"，或称"太史公记"，也省称"太史公"。"史记"本来是古代史书的通称，从三国开始，"史记"由通称逐渐成为"太史公书"的专名。作者司马迁，字子长，左冯翊夏阳人。生于汉景帝中元五年，大约卒于汉武帝征和三年。

　　司马迁出生于一个书香门第的家庭里，其父司马谈是一个历史学家，在政府里担任太史令的官职。司马迁小的时候，父亲就对他充满期望，希望儿子能够继承父亲的事业，所以家教很严。司马迁10岁的时候，就能诵读《左传》、《国语》、《尚书》等古代流传下来的历史书，在历史学和文学两方面打下了坚实的基础。

司马迁像

　　司马迁读书，遇到疑难问题，总要反复思考，探究根底。他还喜欢寻访名胜古迹。从20岁那年起，司马迁到全国各地去游历，往南他到了江淮流域，最远到过会稽（今浙江绍兴市）。据传说他特意到留有禹穴的地方进行了考察。往北，司马迁渡过了汶水、泗水，到过春秋战国时代的齐国、鲁国的首都，实地考察了孔子、孟子当年给学生讲学练武的遗迹。每到一地，凡是古代历史记载或传说中出名的地方，司马迁都要亲自考察游览，访问当地的老年人。他听说战国时代秦国蜀郡太守李冰修建了都江堰，能防洪和灌溉，就特地跑到四川，爬上岷山眺望，到都江堰的离堆上去踏勘。他听说秦灭魏的时候，曾引黄河水去淹魏国首都大梁城，就特地跑到大梁，观察了城墙上当年被水淹过的痕迹，向老年人询问水淹大梁的惨状。他听说屈原怀才不遇，自沉汨罗江而死，就特地跑到长沙，在汨罗江畔凭吊了这位伟大的爱国诗人。经过这次大规模的游历和考察，司马迁开阔了眼界，增长了知识，锻炼了观察事物的能力，积累了大量的原始资料，为写《史记》打下了基础。

　　苏武出使匈奴的第二年，汉武帝派贰师将军李广利带兵3万，攻打匈奴，打了个大败仗，几乎全军覆没，李广利逃了回来。李广利的孙子李陵当时担任骑都尉，带着5000名步兵跟匈奴作战。当李陵准备收兵返回的时候，突然被匈奴单于率3万大军包围。李陵急忙以军为营，列队布阵，前边将士手持枪戟盾牌，后边弓箭手引弓待发。等敌人临近，李陵一声令下，弓弩齐发，匈奴兵立刻倒下一大片，其余的回头就跑。李陵又下令擂起战鼓，将士们一跃而起，奋勇追击，又杀死了几千名敌人。匈奴单于并不罢休，又召集了8万骑兵追堵李陵。李陵且战且走，又杀死了3000多名敌人。匈奴兵仗着人多，紧追不舍，到了一片长满芦苇的沼泽地中，匈奴兵四处放火，想烧死汉兵。李陵索性叫士兵先点燃芦苇，以阻止火势。就这样好不容易走出沼泽，进入南山中。单于也驱马赶来，率兵轮番攻打。李陵拼死再战，转战于树林间，又杀了几千名匈奴兵。

单于见汉兵精悍凶猛，以一当十，围追了这么多天，不能消灭他们，又见他们不南退，不由疑惑起来，以为他们是汉朝派的精兵，诱使他们到汉匈边界处一举歼灭。他想撤兵，却怕为人所轻视，堂堂一国君主，统帅 10 万军马，竟然对付不了几千汉兵，这叫他日后如何发号施令？正在左右为难之际，汉军出现了一个汉奸，意外地解脱了他。这个汉奸叫管敢，是个侦察敌情的探子，因为被上司责骂，怀恨在心，就投降了单于，说李陵死伤很多，后援无望，弓矢将尽，只要加紧攻击，肯定会把汉军全部消灭掉。单于大喜，打起精神，组织人马，轮番攻打李陵。李陵连日战斗，损失惨重，人马也剩下不多，且又多数带伤，弓箭全部用完了，在这种身陷绝境的情况下，李陵最终被匈奴逮住，投降了。李陵投降匈奴的消息震动了朝廷。汉武帝把李陵的母亲和妻儿都下了监狱，并且召集大臣，要他们议一议李陵的罪行。

大臣们都谴责李陵不该贪生怕死，向匈奴投降。汉武帝问太史令司马迁，听听他的意见。

司马迁说："李陵带去的步兵不满五千，他深入到敌人的腹地，打击了几万敌人。他虽然打了败仗，可是杀了这么多的敌人，也可以向天下人交代了。李陵不肯马上去死，准有他的主意。他一定还想将功赎罪来报答皇上。"

汉武帝听了，认为司马迁这样为李陵辩护，是有意贬低李广利（李广利是汉武帝宠妃的哥哥），勃然大怒，说："你这样替投降敌人的人强辩。不是存心反对朝廷吗？"他吆喝一声，就把司马迁下了监狱，交给廷尉审问。

审问下来，把司马迁定了罪，应该受腐刑（一种肉刑即宫刑）。司马迁拿不出钱赎罪，只好受了刑罚，关在监狱里。

司马迁祠

司马迁认为受腐刑是一件很丢脸的事，几乎想自杀。但他想到自己有一件极重要的工作没有完成，不应该死。因为当时他正在用全部精力写一部书，这就是我国古代最伟大的历史著作——《史记》。他痛苦地想：这是我自己的过错呀。现在受了刑，身子毁了，没有用了。但是他又想：从前周文王被关押，写了一部《周易》，孔子周游列国的路上被困在陈

## 历史大事全知道

蔡，后来编了一部《春秋》，屈原遭到放逐，写了《离骚》，左丘明眼睛瞎了，写了《左传》，孙膑被剜掉膝盖骨，写了《兵法》。还有《诗经》三百篇，大都是古人在心情忧愤的情况下写的。

这些有名的著作，都是作者心里有郁闷，或者理想行不通的时候，才写出来的。我为什么不利用这个时候把这部史书写好呢？于是，他把从传说中的黄帝时代开始，一直到汉武帝太初元年（公元前95年）为止的这段时期的历史，编写成130篇、52万字的巨大著作《史记》。

司马迁在他的《史记》中，对古代一些著名人物的事迹都作了详细的叙述。他对于农民起义的领袖陈胜、吴广，给予高度的评价，对被压迫的下层人物往往表示同情的态度。他还把古代文献中过于艰深的文字改写成当时比较浅近的文字。人物描写和情节描述，形象鲜明，语言生动活泼。因此，《史记》既是一部伟大的历史著作，又是一部杰出的文学著作。

司马迁出了监狱以后，担任中书令。后来，终于郁郁不乐地死去。但他和他的著作《史记》在我国的史学史、文学史上都享有很高的地位，故有"史家之绝唱，无韵之离骚"的评价。

《史记》是一部贯穿古今的通史，从传说中的黄帝开始，一直写到汉武帝太初元年，叙述了我国3000年左右的历史。据司马迁说，全书有本纪12篇，表10篇，书8篇，世家30篇，列传70篇，共130篇。班固在《汉书·司马迁传》中提到《史记》缺少10篇：三国魏张晏指出这10篇是《景帝本纪》、《武帝本纪》、《礼书》、《乐书》、《律书》、《汉兴以来将相年表》、《日者列传》、《三王世家》、《龟策列传》、《傅靳列传》。后人大多数不同意张晏的说法，但《史记》残缺是确凿无疑的。今本《史记》也是130篇，有少数篇章显然不是司马迁的手笔，汉元帝、成帝时的博士褚少孙补写过《史记》，今本《史记》中"褚先生曰"就是他的补作。

《史记》取材相当广泛。当时社会上流传的《世本》、《国语》、《国策》、《秦记》、《楚汉春秋》、诸子百家等著作和国家的文书档案，以及实地调查获取的材料，都是司马迁写作《史记》的重要材料来源。特别可贵的是，司马迁对搜集的材料做了认真的分析和选择，淘汰了一些无稽之谈。对一些不能弄清楚的问题，或者采取阙疑的态度，或者记载各种不同的说法。由于取材广泛。修史态度严肃认真，所以，《史记》记事翔实，内容丰富。

### 简 评

司马迁的《史记》开启了中国通史编纂的序幕，而且奠定了中国史学的精神，也就是据实记载，不畏强权，坚持真理，支持正义。《史记》成为政治家、史学家、思想家们必须阅读的作品，对后世产生了重要的影响。

# 佛教在中国的传播

## ——对中国思想的一次改造

在河南洛阳市东郊一片郁郁葱葱的长林古木之中，有一座被称为"中国第一古刹"的白马寺。这座 2000 多年前建造在邙山、洛水之间的寺院，以它那巍峨的殿阁和高峭的宝塔，吸引着一批又一批的游人。白马寺是佛教传入中国后由官方营造的第一座寺院。它的营建与我国佛教史上著名的"永平求法"紧密相连。相传汉明帝刘庄夜寝南宫，梦金神头放白光，飞绕殿庭。次日得知梦为佛，遂遣使臣蔡音、秦景等前往西域拜求佛法。蔡、秦等人在月氏（今阿富汗一带）遇上了在该地游化宣教的天竺（古印度）高僧迦什摩腾、竺法兰。蔡、秦等于是邀请佛僧到中国宣讲佛法，并用白马驮载佛经、佛像，跋山涉水，于永平十年（67年）来到京城洛阳。汉明帝敕令仿天竺式样修建寺院。为铭记白马驮经之功，遂将寺院取名"白马寺"。

中国的佛教来源于印度。佛教的创始人是乔达摩·悉达多，后被尊为"释迦牟尼"，意为"释迦"族的"圣人"。大约公元一世纪前后，佛教开始传入中国。东汉明帝曾派人去印度求佛法，抄回佛经 42 章。在洛阳城外修建白马寺安置西域僧人，成了中国内地第一座佛教寺院，在东汉桓、灵二帝时，西域僧人安世高等来洛阳翻译佛经，从此佛教各派经典开始被陆续翻译介绍到中国。

佛教刚传入中国时，人们只是把它看作神仙方术的一种，只有一些社会上层和少数贵族信奉它，社会影响不大，也没有汉人出家为僧的。外来僧人也常常依靠巫术、咒语等手段来传播佛教。三国时，有僧人康僧会来江南传播佛教，得吴地统治者孙权等人信奉，佛教由此开始在南方流传。

汉末、魏晋南北朝时期，中国社会陷入了连年不断的战祸之中。长期的兵甲相交，使民不聊生，百姓朝不保夕；连那些门阀士族也常常感到世事多变，日月无常。在这种情况下，渲染人生苦难、诸法无常的佛教教义，特别容易被人们接受。因此佛教在这一时期有了迅速的发展。魏晋时期玄学盛行，老庄思想在士大夫中十分流行。此时大乘佛教中的般若学，用玄学的语言，以老庄玄学思想来解释大乘佛教空宗学说，受到门阀士族和士大夫阶层的欢迎，于是玄学和佛学合流。佛教在社会上得到更加迅速的传播。

**佛陀坐像**

释迦牟尼经历了 5 次出游之后，决意离开年迈的父亲，娇美的妻子和天真的儿子，立志修道成佛。释迦牟尼的 5 次出游先后经历了弱肉强食、老、病、死和欲望等人生的苦痛。

## 历史大事全知道

东晋时，有僧人释道安，以当时流行的玄学的义理来解释佛教教义，并用他所理解的玄学化的佛教教义来指导佛学研究和佛经翻译，成为当时有名的佛教学者之一。他组织和领导了佛经翻译工作，提出了一些译经时应当遵循的原则；他对当时流行的汉译佛经作了初步整理，编纂了佛经目录，还为僧侣团体制订了共同生活的法规仪式，为后世的佛教徒所遵循。

释道安的弟子慧远长期住在庐山，聚集僧众，讲授佛学，著书立说。他极力调和佛学和传统名教之间的矛盾，努力协调佛教和封建统治者之间的关系。并提倡死后转生西方极乐世界的净土信仰，被后世尊为净土宗初祖。他所领导的庐山僧团成为当时中国南方的佛教中心。

佛陀降生　印度

公元401年，有西域僧人鸠摩罗什来长安译经。鸠摩罗什在长安草堂寺先后译出佛经35部300余卷。他所翻译的《般若经》、《法华经》、《大智度论》、《中论》等，对中国佛教的发展影响极大，当时的长安成了中国北方佛教的中心。东晋时，僧人法显西行印度取经，历时十几年，著《佛国记》。

南北朝时期，佛教由于得到统治者的支持和扶助，发展很快。此时印度佛教各派经典基本上都已传入了中国，中国僧人对佛经的研究也日益深入，他们各以所学及研究心得传授徒众，从而形成了以专门研究某部经论为主的学派，这些派别的形成和发展为隋唐佛教宗派的成立打下了基础。

南朝僧人竺道生不拘旧说，大胆提出。"一切众生，悉有佛性"，皆能成佛之说。认为一切众生在成佛问题上都是平等的，包括"一阐提人"（佛教指善根断绝，十恶不赦的人）也不例外。在宗教修行方面他还主张"顿悟成佛"的说法，在当时产生了很大的影响。

在北方，北魏太武帝由于崔浩、寇谦之的劝说，在公元446年下令灭佛。以表明自己是华夏正统。这是佛教在中国流传过程中遭到的第一次沉重打击。但此次灭佛并未彻底实行，太武帝去世不久，佛教又在北方恢复，并以更快的速度发展。

北朝佛教以修功德为主，花费了大量的人力物力，修造寺院，建立佛塔，开窟造像。闻名于世的中国三大石窟（敦煌、云冈、龙门），都是在这一时期前后开始雕凿的。

隋唐时期，是中国佛教发展的全盛时期。隋唐时期的政治、经济、文化都得到了空前发展。隋唐统治者都十分重视佛教的社会作用，希望以佛教去稳定民心，维护他们的统治秩序。隋文帝统一中国后，对佛教大力护持，曾多次下诏在全国建立寺塔，立寺度僧，组织翻译佛经。因此隋代30多年间，佛教在全国发展很快。

唐太宗虽然规定了道先佛后，但纵观唐代近三百年，实际上采取二教并重的政策。统一全国后，唐太宗下令在发生过战争的地方修建寺刹，建立道场。他还亲自撰写《圣教序》宣扬佛法。武则天为了利用佛教帮助她夺取政权，曾谕令使佛教地位在道教之上，还命令僧人开讲佛经，广建寺塔。佛教的发展，触犯了世俗地主和封建贵族的利益，迅速膨胀的寺院经济影响了国家的财政收入，破坏了封建国家的经济基础，因此唐武宗在会昌五年（845年）下令灭佛。时称"会昌法难"。佛教经这次沉重打击，从此一蹶不振。武宗死后，佛教重新恢复，但此时已是唐末，国势渐衰，佛教也远非昔日可比。

隋唐时期，中外经济、政治和文化交流十分广泛。在佛教方面的交流往来活动也十分频繁。唐太宗时，玄奘法师到印度学习佛经17年，回国后翻译经论75部。唐高宗时，义净法师赴印度取经，历时25年，回国后，翻译经、律56部。不少印度、西域、日本、朝鲜等国家的僧人来华传播和学习佛教，或中国的高僧前往他国传播佛教。唐玄宗时，高僧鉴真东渡日本传法。

唐代以后，佛教内部各派互相合流，同时，儒、释、道三教也进一步互相吸收和融合，出现了"三教合一"和"儒佛一致"的思想。宋

白马寺

白马寺有中国佛寺"祖庭"之称，始建于东汉永平十一年。因汉明帝"感梦求法"，遣命迎天竺僧人到洛阳而创建。

明理学是中国后期封建社会的正统思想。程、朱、陆、王等理学大师虽然大多有批评佛教的言论，但他们本身却吸收了不少佛教思想。他们提出的许多基本命题、观点和论证方法都受到了佛教的影响。因此后人评论理学，有人认为是"儒表佛里"。

元明以后，我国汉族地区的佛教日益衰落，在佛学义理方面几乎没有什么发展。整个佛教基本上处于停滞状态。清末民初，有些居士和佛教学者对佛学重新注意，并进行了一些整理、研究工作，使佛学在近代又略有复兴的趋势。

##  简 评

佛教依据一种神秘的神不灭论，以及建立在其上的因果报应、生死轮回说，把解脱现实世界痛苦的希望寄托在幻想的极乐世界。在哲学上，宣称诸法因缘和合而成，无常无我，皆是空的、不真实的幻象：认为人生充满着痛苦，由于因果的作用在六道中轮回。但人人具有不灭的灵魂，通过戒定慧的修炼可以超脱生死轮回，觉悟成佛。主张出世修行。作为古代哲学发展的重要环节，中国佛教哲学提高了传统哲学的思辨性和超越性，对后来哲学发展特别是宋明理学产生了极为深远的影响。

佛教藏经的大量翻译和刊刻印刷，大大促进了中国翻译工作与印刷术的发展。除了雕版印刷的佛经外，还有石刻的佛经。这些石经对研究中国古代社会政治、经济、佛教、书法、雕刻艺术等，都是极为宝贵的实物资料。

# 王莽改制

## ——一场变革闹剧

西汉王朝在汉武帝时期，达到了巅峰，到了元、成、哀、平四帝统治时期，开始日益走向衰亡的深渊。封建政治极端腐朽，豪强地主、官僚贵族疯狂兼并土地，社会矛盾空前激化，农民起义此起彼伏。在当时各种各样的社会弊病中，最为突出的是土地兼并和奴婢买卖问题。为了挽救穷途末路的汉政权，哀帝时，大臣师丹、孔光、何武即曾先后提出"限田"、"限奴婢"的建议，并制定了较为详尽的措施。可惜这些建议和措施触犯了豪强地主、官僚贵族阶级的利益，实际上根本未曾得到施行。

伴随着社会危机的加剧，各种各样的谶纬迷信也日益盛行。当时社会上到处传布着汉家历运衰竭，应当改朝换代的流言，表明腐朽的西汉王朝已日益失去人心。公元8年，出身于外戚世家的王莽经过一番筹划，终于篡夺汉政权，建立了大"新"王朝。

王莽像

关于王莽的身世，《汉书·王莽传》有相当详细的记载。初元四年（公元前45年）王莽出生在一个显赫的家庭，他的姑母王政君被元帝立为皇后。成帝（王政君之子）继位后，王家先后有9人封侯，5人担任大司马，是西汉一代中最显贵的家族。但王莽父亲早死，没有轮到封侯；哥哥也年纪轻轻就死了，留下了孤儿寡母。这却使王莽从小养成了与富贵的堂兄弟们不同的习惯，他谦恭好学，生活俭朴，与普通儒生无异。平时侍奉母亲和寡嫂，抚养侄儿，都规规矩矩。对待社会上的名流学者、家中各位叔伯，格外彬彬有礼。永始元年，王莽被封为新都侯，升任骑都尉光禄大夫侍中。王莽在宫中值勤时总是小心谨慎，官越升，越是谦虚。他广泛结交高中级官员，赡养救济名士，家里不留余财，连自己的军马衣服都拿来分发给宾客。在位的官员不断举荐他，在野人士纷纷传播他的佳话，王莽的名声逐渐超过了他的叔伯们。

王莽很快收罗、组织起一个得心应手的班底：王舜、王邑为心腹谋士，甄丰、甄邯负责决策，平晏掌管机密，刘歆撰写文告制造舆论，孙建当"爪牙"（上通下达兼打杂），甄丰之子甄寻、涿郡崔发、南阳陈崇等也因有各种本领而受到王莽的信用，大肆收买人心，以至于全国上下无不感谢王莽，但他认为做得还不够，又向太后进言："由于丁、傅两家外戚的奢侈挥霍，很多百姓还吃不饱饭，太后应该穿粗衣，降低饮食标准，作天下的榜样。"他自己上书，愿捐钱100万、田30顷，交给大司农救济贫民。此举一出，百官积极响应，纷纷仿效。连太后也省下自己的"汤沐邑"（供太后私人开支的封邑）10个县交给大司农管理。

一到发生自然灾害，王莽就吃素。元始二年全国大旱，并发蝗灾，受灾最严重的青州百姓流亡。在王莽带头下，230名官民献出土地住宅救济灾民。灾区普遍减收租税，灾民得到充分抚恤。皇家在安定郡的呼池苑被撤销，改为安民县，用以安置灾民。连长安城中也为灾民建了1000套住房。

为了复兴儒家传统制度，王莽奏请建立明堂、辟雍、灵台等礼仪建筑和市（市场）、常满仓（国家仓库），为学者建造1万套住宅，网罗天下学者和有特殊本领的几千人至长安。学生与百姓积极性很高，纷纷投入义务劳动，10万人突击，20天就全部建成。元始五年正月，公卿大夫、博士、列侯共902人联名上书，请求给王莽"加九锡"。当年秋，派往各地了解民情的8位风俗使者回到长安，带回各地歌颂王莽的民歌3万字。王莽奏请进一步制定条例，以便做到"市无二贾（市场上不讨价还价）、官无狱讼（衙门里没有打官司的）、邑无盗贼（城里没有盗贼）、野无饥民（农村中没有饥民）、道不拾遗、男女异路（男人女人分别走在路的两边）"，"犯者像刑"（犯法的人以画像示众，不必真的用刑），仿佛回到了上古太平盛世。很快，王莽就获得了皇帝的宝座。

王莽当政后，社会危机依然十分严重。王莽为了缓和阶级矛盾，维持"新"朝的统治，即位伊始便打出《周礼》的旗号，宣布实行改制。公元9年，他下诏历数西汉社会兼并之弊："强者规田以千数，弱者曾无立锥之居；又置奴婢之市，与牛马同栏，制于民臣，颛断其命。"针对这种情况，他宣布将全国土地改称"王田"，不许买卖，仿照古代的井田制，一家有男丁八口，可受田一井（900亩），不足八口而土地超过一井者，须将多余部分分给宗族邻里，原来没有土地者，也按此法受田。王莽又将奴婢改称"私属"，也不得买卖。如果有人敢于攻击井田制度，蓄意破坏法令，便将其流放到边境地区。这就是著名的"王田"、"私属"诏。

"王田"、"私属"制，是王莽针对当时最突出的土地和奴婢两大社会问题提出来的解决办法。王莽看到了农民失去土地是由于日益严重的土地兼并，而土地兼并的根本原因则在于土地买卖，因此，他试图通过土地国有、禁止私人买卖来解决农民失去土地而奴婢化的现象。但是地主官僚们却继续买卖土地和奴婢，以此获罪的不可胜数，因此他们强烈反对这个诏令。一部分人甚至举兵反抗。朝廷内部一些追随王莽的人见此情景，也提出异议劝阻王莽。在朝野一片反对声中，王莽不得不于公元11年宣布取消"王田"、"私属"制，解决当前最主要社会矛盾的尝试完全失败了。

公元10年，王莽下诏实行五均六筦，企图以此节制商人对农民的过度盘剥，制止高利贷者的猖獗活动，并使封建国家获得经济利益。五均是在长安以及洛阳、邯郸、临淄、宛、成都等大都市设立五均司市师，管理市场。每季的中月，司市官评定本地物价，叫做市平。物价高过市平，政府就控制的库存物资按平价出售，以平抑物价；物价低于市平，则听百姓自由买卖。五谷布帛丝绵等生活必需品滞销时，由司市官按本价收买。百姓因祭祀或丧葬需钱时，可向政府借贷，不取利息，欲经营工商业而无资金者，

新莽铜环权

也可低利借贷。六筦是由国家掌握盐、铁、酒、铸钱、五均赊贷等事业，不许私人经营，同时控制名山大泽，征收山泽产品税。王莽推行五均、六筦等措施，无论对减轻普通百姓的经济负担，还是对加强封建政府对经济生活的控制，进而加强中央集权，显然都是有利的，但是推行这些政策所依靠的大多是富商大贾，他们利用特权同官僚地主相勾结，肥己营私，囤积居奇，制造假账，弄法扰民，不仅使封建政府受到损失，而且给人民百姓带来更大的痛苦。

王莽还多次改革币制，先后使用货币多达28种，造成严重的金融混乱，导致物价飞涨，货币贬值，经济停滞，黎民百姓深受其害，有不少人甚至在市场上痛哭。

王莽又改革政治制度，把中央和地方的官名、官制、郡县名和行政区划都大肆变更，屡易其名。他迷信儒家经典，醉心于纸面上的文字游戏，整天同大臣们商讨理想的制度，议论改革的方案，以致日常政务、诉讼审判、官吏升迁补缺等都没时间去处理。上报公事者几年得不到批示无法回去。拘押在官者无人过问，碰到大赦才得出来，服兵役的期满不能交代。法令纷繁，前后矛盾，行政管理混乱不堪。他又根据古书的记载，恢复传说中的周代五等爵制，对官吏们滥加封赏，实际却俸禄无着，衣食无计，促使他们更加变本加厉地侵害百姓。

王莽改制所引起的混乱愈来愈大，达到不可收拾的地步，但他自己却刚愎自用，越来越妄自尊大，自欺欺人。他一面玩弄谶纬符命的把戏欺骗人民，一面又依照儒家经书"天无二日、土无二王"的原则，把汉王朝原来分封的少数民族首领由王都降为公侯，对他们采取歧视侮辱的政策，引起了少数民族对王莽政权的极大反感，汉族与周边少数民族关系日趋紧张。在这种情况下，王莽不是改变政策以缓和民族矛盾，反而虚张声势，主动挑起对匈奴、东北和西南边境各民族的不义战争，妄想以武力征服四夷。对外战争更加重了国内人民的赋役负担，使社会矛盾更加激化，统治危机进一步加深，终于导致了全国此起彼伏的暴动和起义，将新生的新莽王朝连同他复古改制的事业一并埋葬。

王莽称帝及其改制，是在特定历史条件下出现的特殊产物，是西汉末年以来各种社会政治、经济、思想矛盾的反映。作为封建地主阶级政治家的王莽，看到了西汉末年的社会弊端，试图通过改革来解决这些社会危机，维护自己的统治，他施行的一些政治、经济措施，包含有关心民间疾苦、正视现实问题的内容，其改革方案也具备一定的合理因素。然而千百年来，历代封建统治者都把他当做篡夺汉室的奸臣，对他的一切措施全盘否定，这显然是不公平的。当然，王莽改制的确存在食古不化、迂腐琐碎的毛病，有些问题，像土地兼并和奴婢买卖，是封建地主阶级政治家不可能彻底解决的，打击富商、资助贫民的五均、六筦政策，也是无法依靠封建官吏真正落实的，更不用说那些无补实际的方案，只会徒然增加混乱，一些掠夺人民的措施，当然更造成灾难。曾经在王莽的"新"朝任职的桓谭评论说，王莽的缺点在于不识大体：一是自以为是，不听臣下建议；二是任人唯亲，不知选择良将。由于这些原因，迷信古法的王莽改制，非但不能缓和社会矛盾，反而遭到社会各阶层的联合反对，他自己终于因此成为西汉王朝的替罪羊。

简　评

王莽改制没有挽救社会危机，相反，频繁的战争，沉重的赋役征发，残酷的刑法，使得百姓"力作所得，不足以给贡税。闭门自守，又坐邻伍铸钱挟铜。奸吏因以愁民，民穷，悉起为盗贼"。人民已无法生活，被迫起而反抗，最终导致了赤眉绿林起义的爆发。

# 赤眉绿林起义

## ——"绿林好汉"的由来

赤眉绿林起义是爆发于西汉末年的一次大规模农民起义。

西汉末年，土地兼并异常严重，广大农民丧失土地，或成为豪强地主的佃客，或成为转徙沟壑的流民，或沦为富贵之家的奴婢。阶级矛盾空前尖锐，封建统治动荡不安。王莽篡汉之后，企图推行改革，缓解社会危机，然而由于其改革措施严重脱离实际，既触动了豪强地主、富商大贾和一部分官僚贵族的既得利益，也给广大下层百姓带来极大的苦难，反而激起更加尖锐的社会矛盾。加之王莽法禁烦苛，滥用刑罚，妄兴兵戈，更是搞得民不聊生。无穷的人祸加剧了天灾的破坏力，从公元11年起，水旱蝗灾连年不断，人民百姓流离失所，反抗斗争此起彼伏，终于酿成了大规模的农民起义。

公元17年，南方荆州闹饥荒，老百姓不得不到沼泽地区挖野荸荠充饥。人多野荸荠少，引起了争夺。新市（今湖北京山东北）有两个有名望的人，一个叫王匡，一个叫王凤，出来给农民调解，受到农民的拥护。大家就公推他们当首领。王匡、王凤就把这批饥民组织起来起义，一下子就聚集了好几百人，还有一些逃亡的犯人也来投奔他们。王匡他们占领了绿林山（今湖北大洪山）作为根据地，攻占附近的乡村。不到几个月工夫，这支起义军发展到七八千人。他们劫富济贫，除霸安民，深受百姓拥护，被称为"绿林军"。绿林军队伍的迅速扩大，引起了王莽的重视。公元21年，王莽派官兵2万前往镇压，被绿林军打得大败。绿林军趁势攻下了几座县城，打开监狱，放出囚犯；把官家粮仓里的粮食，一部分分给当地穷人，大部分搬到绿林山。投奔绿林山的穷人越来越多，起义军增加到五万多。

公元22年，绿林山一带发生瘟疫，五万人差不多死了一半。还有一半只好离开绿林山，后来分作三路人马——新市兵、平林（在今湖北随县东北）兵和下江（长江在湖北西部以下叫下江）兵。其中，"新市兵"由王匡、王凤、马武率领，向北进入南阳郡"下江兵"由王常、成丹率领，向西南进入南郡。7月，新市兵进攻随县得到平林（今湖北随县东北）人陈牧、廖湛等人领导的"平林兵"的响应，平林兵与新市兵合兵一处，声势愈振。

正当绿林军纵横于湖北、河南一带时，北方也爆发了樊崇领导的赤眉军起义。公元18年，琅琊（今山东诸城东南）人樊崇率领100多人在莒县起义，他们以泰山为根据地，转战于黄河南北。樊崇的起义军很讲纪律，规定谁杀死老百姓就要被处死，谁伤害老百姓就要受罚，因此得到青、徐一带饥民的响应，很快在一年内发展到万余人。次年，东海人徐宣、谢禄、杨音等聚众数万人，一起归附樊崇，义军队伍更加壮大。起义军没有文书、旌旗、部曲、号令，只是以言语相约束，共同遵守"杀人者死，伤人及盗者抵罪"的纪律。起义军内部分为三级组织：最高首领称"三老"，其次为"从事"，再次称"卒吏"，彼此间互称"巨人"。公元21年，起义军在姑幕（今山东诸城西北）大败王莽军，歼敌1万余人。公元22年，王莽派太师王匡（和绿林军中的王匡是两个人）率10万大军再度征讨，于成昌（今山东东平西）与义军展开激战，由于王匡轻敌冒进，被义军打得大败，王匡仓皇逃走。这次会战中，为了避免起义兵士跟王莽的兵士混杂，樊崇叫他的部下都在自己的眉毛上涂上红

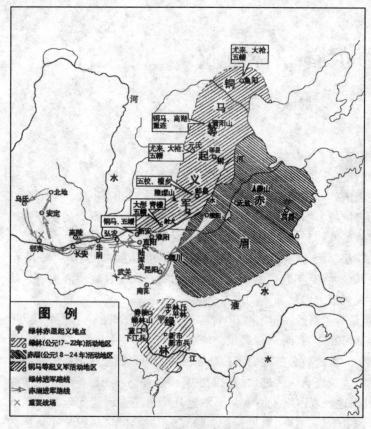

绿林、赤眉、铜马起义图

颜色，作为识别的记号。这样，樊崇的起义军得了一个别名，叫"赤眉军。"

农民起义的迅速发展，在社会各阶层中引起了极大的震动。豪强地主阶级本来就对王莽改制深为不满，轰轰烈烈的农民起义，促使封建统治集团内部发生分裂，不少人，尤其是西汉刘氏宗族纷纷打起反对王莽统治的旗号。在这些人中，南阳地区的刘縯、刘秀兄弟最为典型。

刘縯、刘秀兄弟抱着恢复刘氏天下的目的，联络南阳附近各县地主豪强，并且把宗族、宾客组成一支七八千人的军队，称为"舂陵军"。舂陵军与王莽军队接战不利，便与向北折回的下江兵约定"合纵"。这时绿林军连败王莽军，发展到10多万人，他们为了扩大影响，也想借助西汉宗室来增加号召力，便提出了拥立刘氏宗族，建立新政权的问题。舂陵兵想拥立刘縯，但是新市、平林和下江兵的大多数将领主张推举另一位没落的西汉宗室刘玄。公元23年，他们在南阳城外清水边列队大会，共立刘玄为皇帝，建元为更始元年。以刘氏宗族为代表的豪强地主势力的加入和更始政权的建立，使农民军内部的成分复杂化，农民起义的性质也开始发生变化。

王莽听说绿林军拥立刘玄做了皇帝，非常惊恐，便派遣大司空王邑、司徒王寻等征发各地精兵42万，企图扑灭更始政权。5月，王莽军前锋10多万人，围绿林军于昆阳（今河南叶县）。昆阳城内只有绿林军八九千人，由王凤、王常率领，坚守城池，刘秀则轻骑突围出城，征集援兵。王莽军列营百数，围城十重，向城内发起猛烈进攻。正在这万分危急之际，刘秀率领数千援军赶到，与城内守军里应外合，大败骄横轻敌的王莽军。这就是历史上著名的以少胜多的昆阳之战。这次战役从根本上摧毁了王莽军的主力，对绿林军入关和王莽覆灭，起了决定性的作用。

刘秀在昆阳之战中立了大功，他们兄弟的势力逐渐凌驾于农民军之上，刘縯与刘玄也开始产生矛盾，因此新市、平林诸将便劝刘玄杀了刘縯。接着，绿林军分兵两路进攻王莽。一路由王匡率领，攻克洛阳。更始帝进入洛阳，派刘秀到黄河以北发展势力，刘秀北上后，就逐步脱离了农民军的控制。另外一路由申屠建、李松率领，西入武关，直取长安，长安城内百姓乘机暴动，杀死王莽，配合绿林军攻占长安，新莽政权的统治至此结

绿林军进入长安后，迅速平定三辅地区，瓦解了关中一批豪强武装。公元24年初，更

始帝刘玄迁都长安，开始暴露出地主阶级的本性，日益沉醉在腐化的宫廷生活中，地主儒生又乘机大肆活动，起义军内部离心离德的现象逐渐滋长起来。与此同时，绿林军与赤眉军的关系也日益恶化，最终导致了更始政权的灭亡。公元23年，当刘玄迁都洛阳时，樊崇曾率领20余名赤眉军首领前来归附，刘玄仅授予他们一些没有实际国邑的列侯封号，对30万众的赤眉军则根本未做任何安置，这使樊崇等大失所望，广大赤眉军将士也更加不满，赤眉军遂脱离更始政权，在河南一带转战，并决定西攻长安。公元25年，赤眉军进至华阴，在地主和巫师的怂恿下，拥立当时在军中放牛的15岁少年刘盆子（也是西汉宗室）做皇帝，建立"建世政权"，与长安的更始政权相抗衡。而刘玄的更始政权则由于政策失误，在关中立足不稳，军事上接连败退，形势紧急。申屠建、张卬、廖湛等私议，打算放弃长安东归南阳，遭到刘玄坚决反对，绿林军内部发生分裂。刘玄先后设计杀死申屠建、陈牧、成丹等人，王匡、张卬联兵一处，在长安城内与刘玄军队展开长达一个多月的混战，最后出城投降了赤眉军。公元25年9月，赤眉军进入长安，绿林军将领大部分投降，刘玄逃到高陵后走投无路，也只好投降赤眉军，不久后即被杀掉。

刘玄的更始政权灭亡了，而刘秀在河北的势力却日益发展起来，他联合各地地主豪强武装，先后吞灭铜马、高湖、重连等部农民军，并于公元25年6月建立了东汉政权。当赤眉军进入关中时，刘秀野心勃勃，也开始向长安一带进发。长安附近的地主豪强仇视赤眉军，纷纷藏匿粮食，武装抵制。

赤眉军人长安后，颇得人民拥护，"百姓争还长安，市里且满"。但关中豪强地主隐匿粮食，组织武装，坚壁顽抗，使粮食供应断绝。在这种情况下，起义军拘守长安，没有采取其他措施。最后，"城中粮尽"，只得退出长安，转移到安定（甘肃固原）北地（甘肃环县）一带。赤眉军在西进中，逢大雪，"坑谷皆满，士多冻死"。又遭隗嚣的袭击，只得重返长安。这时"三辅大饥，人相食，城郭皆空，白骨蔽野"，二十万赤眉军粮食无着，终于被迫离开长安东归。公元27年润正月，赤眉军在崤山（河南渑池）被冯异打败，又在宜阳（河南宜阳）陷入刘秀设置的重围。这支始终保持着农民本色的最大的起义军，最后不幸失败，樊崇、逢安等义军领袖惨遭杀害，河北、河南、荆州地区的农民军，也先后被扑灭下去。

王剑珌 西汉

赤眉绿林起义沉重打击了封建统治，推翻了王莽政权，使西汉后期严重的社会危机得到了缓和。由于农民阶级自身的局限性，这次轰轰烈烈的农民起义的成果，最终还是无可避免地被刘秀篡夺。刘秀恢复了地主阶级的统治后，经过10年努力，终于削平各地封建割据势力，重建了统一的东汉王朝。

简　评

历时十年的绿林、赤眉大起义，席卷黄河、长江流域，用暴力推翻了新莽的反动统治，给这个腐朽、黑暗的统治集团以致命的打击。起义军所到之处，封建地方政权被摧毁，豪强地主受到惩罚，广大农民夺得了一部分土地，在豪强地主羁绊下的大量奴婢得到解放。这是继陈胜、吴广之后又一次全国规模的农民大起义，他们的斗争事迹将永垂青史！

# 王景治理黄河

## ——黄河治理的典范

黄河是中华民族的母亲河，但是也是一条给中华民族带来众多灾难的河流，她所带来的洪水灾害始终是中华民族的心腹之患。从一定意义上说，我国五千年文明史，也是一部中华民族治理黄河的历史。忽视水利，工程长期荒废，严重的水旱灾害之后，经济凋敝，民不聊生，灾逼民反，揭竿而起，即使没有外敌入侵，也酿成天下大乱。以致改朝换代。治水害，兴水利，历来是治国安邦的大事。王莽政权的覆灭、明末红巾军揭竿而起，推翻元朝统治等等事件，无不与治河联系在一起。

反过来，我国历史上出现的一些"盛世"局面无不得力于对水利的重视，得力于水利建设及其成效。水利兴而天下定，天下定而人心稳，人心稳就有生产积极性，社会有粮则百业兴，整个社会必然繁荣昌盛，外敌不敢入侵，天下太平。早在大禹治水的时候，这种情况就十分明显。大禹治水的成功促进了黄河流域农业的发展，从而为中国历史从原始社会到家天下的私有制社会的进步，奠定了基础，这就是中国历史上第一个国家夏朝的建立。

在众多的治理黄河的仁人志士当中，功绩最大、最值得一提的，就是东汉汉明帝时期的王景。

王景（约生于公元20年），字仲通，琅琊不其（今山东即墨西南）人。自幼"广窥众书"，学识渊博，掌握多种技艺，尤其热心于水利工程建设。有一年，浚仪（今河南开封）附近的浚仪渠（汴渠的一段）被黄河水冲毁，影响人们的生活安定和农业生产，朝廷下诏修复。根据司空（官名）的推荐，朝廷即派王景帮助王吴共修浚仪渠。王景建议王吴采用"堰流法"，很快修好了浚仪渠，以后一直没有再遭灾，受到百姓的赞扬。"堰流法"是王景的一大创造。所谓"堰流法"，就是在堤岸一侧设置侧向溢流堰，专门用来分泄洪水。这次治渠成功，使王景以"能理水"而闻名。

黄河金堤

王莽始建国三年（公元11年），黄河在魏郡决口形成第二次大改道后，王莽认为，河水东去，从此元城（今河北大名东）的祖坟可以不再受黄河之害。因此，他弃而不治，放任自流，导致黄河"侵毁济水"。东汉初年，河南郡境的黄河发生剧烈变化，由于河道大幅度向南摆动，造成黄河、济水、汴渠各支乱流的局面，航道淤塞，漕运中止，田园庐舍皆被吞没。其中兖州（今河南北部、山东西部、河北东南部）、豫州（今河南东部、南部，安徽西北部）受害尤重。后来，黄河以南淹没的范围竟达数十县之多。

明帝刘庄执政之后，情况更加恶化。"汴渠东侵，日月弥广，而水门故处，皆在河中"，就是说，汴渠遭到破坏后，又继续向东弥漫，连原来的引水水门都流入黄河中间去了。"兖、豫之人，多被水患"。但仍有人持不同意见，认为河水入汴，东南流，对幽州（今河北北部、辽宁南部和朝鲜半岛）、冀州（今河北中南部、山东西端及河南北端）有利。加强左堤就会伤害右堤，左右堤都加强，下游就要发生险情，不如任水自流，百姓迁居高处，既可避免灾害，又可免却修防费用。由于治理意见不统一，致使黄河第二次改道后，水患连绵60年得不到平息。

永平十二年（公元69年）的一天，明帝偶然听说王景在水利方面很有研究，随即派人把王景召来。王景禀奏道："河为汴害之源，汴为河害之表，河、汴分流，则运道无患，河、汴兼治，则得益无穷。"明帝很赞赏王景的治河见解，于是命他主持治水事宜。当年四月，王景和王吴等人率领数十万兵民，开始了大规模的治水工程。据史料记载，这次治水工程的主要内容是："筑堤，理渠，绝水，立水门，河、汴分流，复其旧迹。"

首先是"筑堤"，即修筑"自荥阳（今河南荥阳东北）东至千乘（今山东高青东北）海口千余里"的黄河大堤及汴渠的堤防。王景认识到，黄河泛滥加剧的原因，是下游河道由于常年坻沙淤积而形成地上悬河，河水高出堤外平地，洪水一来，便造成堤决漫溢。于是，王景"别有新道"，选择一条比较合理的引水入海的路线，并在两岸新筑和培修了大堤。这条新的入海路线比原河道缩短了距离，河床加大了很多，因而河水流速和输沙能力相应提高，河床淤积速度大大减缓。特

东汉陶水田与贮水池明器

别是这条新河线，改变了地上悬河的状况，使黄河主流低于地平面。从而减少了溃决的可能性。这次修筑大堤，固定了黄河第二次大改道后的新河床，是东汉以后黄河能够得到长期安流的主要措施之一。

其次是"理渠"，即治理汴渠。汴渠，联系黄河与淮河两大水系。是汉代，特别是东汉以后中原与东南地区漕运的骨干水道。经过认真反复"商度地势"后，王景为汴渠规划了一条"河、汴分流，复其旧迹"的新渠线。即从渠首开始，河、汴并行前进，然后主流行北济河故道，至长寿津转入黄河故道（又称王莽河道），以下又与黄河相分并行，直至千乘附近注入大海。在济河故道另分一部分水"复其旧迹"，即行原汴渠，专供漕运之用。为了实现这个规划，王景等人开展了"凿山阜，破砥绩，直截沟涧，防遏冲要，疏决壅积"和"绝水，立门"等大量的工作。取水口位置是个关键问题。如果位置选择不当。要么黄河北迁取不来水，要么黄河南徙，渠口被淹，河、汴混流，汴渠淤塞。王景根据这个客观情况，吸取历史上的教训，采取了"十里立一水门，令更相回注"的办法，就是在汴渠引黄段的百里范围内，约隔十里开凿一个引水1:3，实行多水1:3引水，并在每个水口修起水门（闸门），人工控制水量，交替引河水入汴。渠水小了，多开几个水门；渠水大了，关上几个水门，从而解决了在多泥沙善迁徙河流上的引水问题。这是王景在水利技术上的又一大创造。当时，荥阳以下黄河还有许多支流，如濮水、济水、汴水和蒗汤河等。王景将这些支流互相沟通，在黄河引水口与各支流相通处，同样设立水门。这样洪水来了。支流就起分流、分沙作用，以削减洪峰。分洪后，黄河主流虽然减少了挟沙能力，但支流却分走了大量泥沙，从

总体上看，还是减缓了河床的淤移速度。这是促使黄河长期安流的另一重要措施。"凿山阜，破砥绩，直截沟涧，防遏冲要，疏决壅积"，清除上游段中的险滩暗礁，堵塞汴渠附近被黄河洪水冲成的纵横沟涧，加强堤防险工段的防护和疏浚淤积不畅的渠段等，从而使渠水畅通，漕运便利。

王景这次主持的"筑堤，理渠"及其相应的工程设施，工程量是浩大的。黄河千余里，汴渠七八百里，合计约二千里的筑堤、疏浚工程，投资"百亿"钱。而施工期于次年四月结束，总共一年时间。数十年的黄水灾害得到平息，定陶（今山东定陶北）以北大面积土地涸出耕种，农业生产开始恢复起来。在当时生产力十分低下的情况下，实在是个奇迹。

永平十三年（公元70年）夏天，明帝刘庄决定亲自乘船沿河巡视，并叫王景陪同前往。明帝看着两岸整齐坚固的堤防，水上往来如梭的舟楫，对王景等人的功绩赞不绝口，随给王景属下治河官吏每人加官一级，特别给王景连升三级，封为侍御史。又封王景为河堤谒者（注：谒者：官名，东汉主持河防工程的官员）。不久，明帝写下诏书，饬令沿黄、汴各郡县，立即设置专管堤防的机构和人员，恢复西京（指西汉都城长安）时代一些有利于维护堤防的管理制度，常年进行维修养护。从而为黄河安流提供了保证。

王景治河的成效是卓见的。从东汉末年王景这次治河到唐代末年800年中，黄河决溢仅有40个年份，且都不大，主流一直处于稳定状态。后来，河患又逐渐多了起来，直至宋仁宗庆历八年（公元1048年）发生第三次大改道。因此，王景治河的办法和经验为历代治河者所推崇和效法。王景通过一次封建时代最大规模的治黄活动，使桀骜不驯的黄河安流800年。历史上对王景治河充满了赞扬之辞："王景治河，千载无患"。

 简　评

王景治理黄河对整个中国历史的影响是非常重大的，从王景治理黄河之后的东汉，经过三国、两晋、南北朝、隋、唐、五代等将近1000年的时间，黄河流域没有发生过重大的水灾。在这样漫长的时间里，刨去战乱的影响，黄河流域始终是一块最重要的农业地区。在封建时代，农业的发达，就代表着人口的繁盛，社会的繁荣。所以，在这八百年里，乱世之中，谁占据北方黄河流域，谁就是最强者，谁就有实力统一全国，最起码也可以称霸四方；在治世之中，黄河流域也是人口最多，各行各业最为发达的地区，虽然南方已经经过了长时间的开发，但是比起北方，仍然无法望其项背。

可以说。从东汉到魏晋南北朝，再到隋唐五代，王景治理黄河所带来的好处。都一直泽被着后代，对将近千年的中国历史发挥着重要的影响，是当之无愧的治水专家、对中国历史产生重要影响的重要历史人物。

# 造纸术的发明

## ——书写载体的伟大变革

要知道，在造纸术发明以前，人类用各种不同的材料来书写文字，记载历史和思想。印度人曾经用过树枝和棕榈树叶；巴比伦人和亚细亚人曾经用过泥板；小亚细亚人曾经用过羊皮，写一部《圣经》就需要300多张羊皮；罗马人用过蜡板。至于中国，早在商朝就有了非常成熟的文字，刻在龟甲和兽骨上，叫做甲骨文。到了春秋战国时期，竹片、木片代替龟甲和兽骨成了书写工具，被称为竹简和木简。与此同时，人们还用绢帛写字。

可是，以上所有书写材料都有或多或少的缺点。正是由于纸这种新介质的出现，才取代了以上所有这些书写材料，垄断了人类历史、文化和思想的记载近2000年。直到20世纪后期，随着计算机技术的发展和应用，人们发明了VCD、DVD等新的信息存贮介质，图书开始大规模被进行数字化处理，才打破了纸张这一存贮介质一统天下的局面。

通过对历史的纵横对比，我们可以说，蔡伦改进造纸术走出的这一小步，堪称人类文明史上划时代的一大步。

文字对于一个民族、一个文明而言，具有重要的意义，甚至是关系到这个民族、这种文明能否延续的生死大事。历史上曾经有过许多辉煌的古代文明，因为没有文字的记载，结果变得湮没无闻；然而有的文明，在当时的时代里，可能并不怎么引人注目，甚至是某些文明的边缘，但是仅仅是由于残存了一些记载文明的碎片，而在后代成为很多学者们追逐的对象和老百姓们津津乐道的事情，比如敦煌藏经洞。

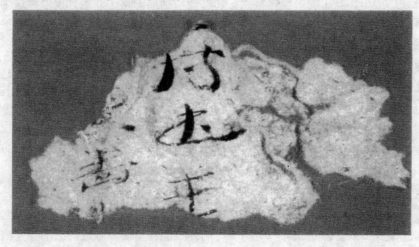

悬泉纸文书　西汉

有了文字之后，最重要的就是要有一个很好的载体。古代埃及人利用尼罗河的纸草来记述历史；在古代的欧洲，人们还长时间地利用动物的皮比如羊皮来书写文字；而中国，在造纸术发明以前，甲骨、竹简和绢帛是古代用来供书写、记载的材料。但是甲骨、竹简都比较笨重，秦始皇一天光阅读奏章，就要整整一车；绢帛虽然轻便，但是成本非常昂贵，也不适于书写。到了汉代，由于西汉的经济、文化迅速发展，甲骨和竹简已经不能满足发展的需求了，从而促使了书写工具的改进——纸被发明出来了。造纸是一项重要的化学工艺，纸的发明是中国在人类文化的传播和发展上，所做出的一项十分宝贵的贡献，是中国史上的一项重大的成就，对中国历史也产生了重要的影响。

很早的时候，人们就已开始应用小块的丝绵制成的纸，因为考古学家于1933年在新罗布淖尔发现了一张古纸，它是"麻物、白色，作方块薄片，四周不完整，长约40厘米，宽约100厘米，质甚粗糙，不匀净，纸面尚有麻筋，盖初做纸时所做，故不精细也"。由于古汉时的纸张是由麻缕和丝绵，加上制法粗糙，所以纸张的质量不太好。而麻缕和丝绵都有其本身的作用，如要把它们用作造纸的原料，就必然会受到很大的限制，而难以得到迅速的发展，来满足文化生活上对纸张的要求。因此，改进造纸术，已经成为一件十分迫切的事了。

谈起造纸术，人们总会把它跟一个东汉宦官的名字联系在一起。这个人就是太监蔡伦，他是我国历史上著名的造纸术改革家。

汉代造纸工艺流程图

蔡伦出身卑微，不知因何种原因，在公元75年左右进皇宫做了一名太监。他从一个地位最低微的宦官，最后当上了声威显赫的尚书令，负责管理皇宫内的手工作坊。

蔡伦很有才学，善于诗、书。在学习、写作过程中，他深深感到无纸的不方便。能不能发明一种便宜、实用、好用的书写材料呢？凡事爱动脑筋的蔡伦开始日夜思考这个问题。

有件事给蔡伦的启发很大。当时，人们把上好的蚕茧用来抽丝织绸，次等的蚕茧则用来做丝绵。做丝绵的工序是，先把蚕茧煮熟，再铺到席子上浸到河里去，然后用棍子把蚕茧捣烂成为丝绵。丝绵取下后，席子上还留有一层薄薄的纤维，把它轻轻剥下来晒干，就是造丝绵的副产品——可以写字的丝绵纸。

蔡伦想："这倒是一种造纸的好方法，可是哪里来那么多蚕茧呢？再说用它造的纸太贵了，一般人也用不起。能不能利用一些容易找到、价值低廉的原材料来造纸呢？"于是，他先想到了破布和废渔网，这类东西人们丢弃的很多，可以来个废物利用，把它们收集起来造纸。后来，他又由布想到了麻，又由麻想到了树皮……

说干就干，蔡伦组织手下的能工巧匠，按照他的设想开始了纤维纸的研制。他们把破布、树皮、麻头等东西收集起来，先泡在水里，洗去污垢，再放在石臼里捣烂成浆，然后压成片，这样就做成了纸。但是，有一些捣不烂的纤维混在里面，做成的纸不够光洁，还不太适宜写字。

为了把纤维捣得更烂，使造出来的纸更加细腻光洁，蔡伦又在原料中掺进了带腐蚀性的石灰等东西，一起放在石臼中捣。结果，不但原料捣得更烂了，而且还意外地出现了漂白的作用。捣成的纸浆变成了白色。可是用这样的纸浆直接压制的纸，仍然不能除掉那些粗纤维，并且由于放了石灰等东西，做成的纸又出现了许多细小的颗粒。

接下来继续做试验。他们把捣烂了的纸浆兑上水调稀，放在一个大木槽里，然后用细帘子去捞那浮在上面的较细的纸浆。等细帘子结了一层薄薄而又均匀的纸浆后，把它晾干，揭下来就成了一张洁白细腻的纸。

试验终于成功了！这种纸体轻质薄，价廉耐用，很快受到天下人的喜爱。

最为重要的是，造纸事业经过蔡伦的发明创造，才由自发的阶段转入独立自主的阶段。蔡伦以前，造纸只是纺织业中附带的一个小部分，并未形成一种独立行业。但是到了蔡伦时期，使造纸业从纺织业中独立出来。它有自己的目的和需要，于是就有了迅速的发展。

在蔡伦之后，纸张大大地推进了书籍抄写和文化传播的事业。在两晋南北朝的时候，由于书法和绘画的需要，纸张的要求慢慢提高，尤其在书法上，因为书法对纸和笔的要求都是十分高的，所以纸张的质量是有必要提高的。

但是由于南北两朝的文化和背景都各有不同，所以两地所用的造纸原料都各有不同。南朝的纸张以藤皮为主要原料，所做成的藤纸是一张质量优良的纸张，产地是剡溪。它是当时劳动人民根据蔡伦利用树皮造纸的经验，就地取材地制造出来的，藤纸的出现，适应了东晋偏安的地方形势，又符合于当时所谓"江左风流"的士族的需要。北朝的造纸原料却有所不同，主要以楮梭为主。

## 简　评

造纸术是中国古代的四大发明之一，是我国古代劳动人民智能的结晶。造纸术发明以后，大大改变了人们的生活环境——书写工具大大方便了，于是书籍得到飞跃发展，推动了教育和文化的发展。

中国古代四大发明首推造纸法，自汉代发明之后，很快就向邻近国家推广，如大约四世纪传至朝鲜，七世纪初传于日本。唐天宝十载（751年）恒逻斯一役后，由于一些中国造纸工匠被阿拉伯人所俘。中亚、西亚的撒马尔罕（751年后）、巴格达（约793年）、大马士革（约795年）等处，先后开设起造纸工场。及至宋代，中国的造纸法又经由阿拉伯人向非洲、欧洲传播。埃及的亚历山大里亚设立造纸场。大约在公元900年。1100年，北非摩洛哥的非斯（Fes）也已有造纸厂。1150年，西班牙出现了欧洲的第一家造纸工厂。

# 东汉党锢之祸

## ——士大夫的悲剧

外戚、宦官之争是东汉政治的一大特色，也是造成东汉迅速由盛入衰的一个重要原因。东汉开国皇帝刘秀建立政权后，为防大权旁落，对外戚的防范极严。所以，刘汉政权机制运转还属正常。章帝死后，其子继位为和帝时，年仅11岁，难以视政，只好由其母亲窦太后临朝听政。母后听政，必然要倚重其娘家亲属以为辅助，其兄弟窦宪等掌握实权。由此开始，外戚专政的局面。但是渐渐年长的和帝开始对其舅父窦宪等不满起来，于是，宦官郑众等趁机为和帝谋划，将窦宪党羽一举收捕。夺回致权，郑众等宦官因此得以封侯升官，宦官开始得势，这也是宦官与外戚的第一次交锋。此后，东汉政权就在外戚与宦官的争夺打斗中摇来晃去，皇帝就似任人摆弄的布娃娃，完全成了傀儡。章帝死后，和帝继位（88年—105年），从和帝至灵帝（167年—189年），即在东汉后期的大约一百年间，外戚、宦官交替专政，相互倾轧，使朝政陷入极端黑暗、混乱之中。

自和帝起，东汉有十个皇帝均系冲龄即位、短命而死。每次幼主登基，多由太后临朝听政。太后必然要重用自己的家族，造成外戚专权。通常是由太后的父兄担任大将军兼录尚书事，同时掌握了军权和尚书台的监察、行政权。外戚专政，削弱了皇权。君主一旦成人，要掌握实权，就必然寻求支持自己的政治力量。因在外戚当政下，朝臣多被其控制，皇帝只能依靠身边最亲近的宦官来剪除外戚。于是，宦官在支持皇帝反对外戚的斗争中，取得了皇帝的信任和重用，便发展为一种政治势力，形成宦官专政的局面。不久，皇帝死了，新的幼主即位，又是太后临朝、外戚专政、排斥宦官，然后是宦官剪除外戚、取代外戚专政，如此周而复始、循环不已。东汉后期就是在这种戚宦相互倾轧、交替专权的局势下度过的。

到了东汉末年，外戚与宦官交替把持朝政的情况更加严重，皇帝形同虚设。他们一方面大肆搜刮民脂民膏，强取豪夺；同时又把持官吏选拔大权，滥用亲朋，颠倒是非，混淆黑白，堵塞了一大批有品行、有学识的知识分子的仕途。当时民间流传着嘲讽官吏选拔制度的打油诗："举秀才，不知书；察孝廉，父别居；寒素清白浊如泥，高第良将怯如鸡。"可知在外戚宦官把持下选拔出来的官吏都是何等昏庸的人物。政治的黑暗，社会的动荡，国家命运和个人前途的渺茫，促使一部分官僚和知识分子对时政提出议论和尖锐的批评，贬抑篡权窃国的外戚宦官，褒扬不畏权势忧国忧民的清官廉吏，逐渐形成了所谓的"清议"，这种清议发展到后来，便酿成了中国历史上有名的党锢之祸。

外戚宦官主持朝政，有气节的士大夫必然退归田里，这是中国历史上的一个规律。早在顺帝时，士大夫就曾毁裂冠带，避祸深山。到桓帝时，政治更加黑暗，更多的知识分子逃入乡下或山林，或躬身耕稼，自食其力；或隐居讲学，苦身修节。表面看起来是与世无争，而透过其表象则可以清楚地看出他们对外戚宦官当朝的强烈不满。所以，当朝廷安车玄纁，到深山谷中征请他们入朝为官，替宦官政治歌功颂德

李膺像

时，他们宁死也不肯与宦官为伍，不但不应征，而且进而指斥时政。《后汉书·党锢列传》称桓帝、灵帝之间，"主荒政谬，国命委于阉寺，士子羞与为伍，故匹夫抗愤，处士横议，遂乃激扬名声，互相题拂，品覈公卿，裁量执政，鲠直之风，于斯行矣"。

与避居深山或山野的耆年渊德者相对应的，是居于太学年轻气盛的青年学生。东汉桓帝年间，太学生已达3万多人，他们有感于自己家世的零落和政治前途的暗淡，也对宦官当政感到怨恨。于是，以郭泰、贾彪等为首的一批学生领袖一方面在太学中进行反宦官政治的组织和宣传；另一方面，又吸收社会上有识有才能者入太学，以扩充自己阵容。因此，太学也成为当时又一政治活动中心，中国的年轻知识分子第一次出现在政治斗争的前线上。桓帝永兴元年（153年）朱穆任冀州（今河北中南部）刺史，惩除贪官污吏和权贵。他又以宦官赵忠葬父僭越规制为由，挖坟剖棺查实并逮

铜奔马 东汉
是中国古代雕塑史上的稀世之作，也是汉人心目中的骏马形象的最杰出艺术体现。

捕其家属治罪。桓帝闻讯大怒，反将朱穆判作苦役。因此，引发了历史上第一次大规模的学生请愿运动。太学生刘陶等数千人到宫廷向桓帝上书请愿，为朱穆喊冤。他们指责"中官近习，窃持国柄，手握王爵，口含天宪"，颠倒是非，滥用职权。朱穆忠心忧国，深谋远虑，是难得的贤臣，如非要判刑，则大家愿代他受刑服苦役。桓帝只好赦免了朱穆。第一次请愿算是结束了。桓帝延熹五年（162年），皇甫规平羌有功，因宦官徐璜、左悺向其敲榨索赂不遂，诬陷其侵没军饷，判其服刑苦役。于是，太学生张凤等300余人又发起第二次请愿运动，诣宫廷上书为皇甫规鸣冤，皇甫规又因而得以赦免。

处士的横议与太学生的抗愤，给一批中下级正直官吏在精神上和舆论上以极大鼓舞，他们也刚正执法，制裁宦官及其亲朋。河东太守刘祐的属县令长大半为宦官子弟，百姓患之。刘祐到任，黜其强权，平理冤狱。苑康为泰山太守时，郡内豪姓多不法，苑康奋威怒，施严令，再无敢犯者。南阳太守成瑨与功曹岑晊诛杀与宦官勾结的商人地主张泛。山阳太守翟超与督邮张俭籍没宦官侯览老家财产。太原太守刘瓆诛杀贪横放恣的小黄门赵津。东海相黄浮逮捕射杀太守李嵩之女婿下邳令徐宣一门老幼，并将徐宣弃市示众。

在野处士、在朝中下级官吏和太学生三股力量平行发展，交相呼应，遂形成了反宦官斗争的政治高潮。而这场斗争的首领人物就是出身中下的官吏、后官至太尉的陈蕃、司隶校尉李膺等。桓帝初，李膺为司隶校尉时，宦官张让的弟弟在其属下任县令，贪残暴虐，为躲惩治，逃到张让家里藏起来。李膺不畏宦官权势，亲自率吏车到张让家将其搜捕治法。张让诉冤桓帝，李膺据理驳斥，桓帝只好判李膺无罪。此后宦官一度收敛，李膺声望更高。当时人们若受到他的接待，则荣称作"登龙门"。

然而，宦官并没有在那里坐视对手宰割，他们总在伺机反扑。正好发生的张成事件，成为他们发动第一次党锢事件的借口。史载河内豪强张成善观天文星相，占卜吉凶。他结交宦官，连桓帝也曾向他请过教。他算准近期将要大赦，乃指使儿子杀人。李膺收捕其子欲治极刑，却真逢大赦当免。李膺愈怀愤疾，竟不顾大赦令而案杀之。于是怀恨已久的宦官侯览指

使张成的弟子上书，诬告李膺等"养大学游士，交结诸郡生徒，更相驱驰，共为部党，诽讪朝廷，疑乱风俗"。桓帝闻听大怒，即下诏逮捕党人，并向全国公布罪行，以求天下同声讨。其时为延熹九年（166年）。结果，李膺、范滂等200多人被捕，"有逃遁不获者，皆悬金购募。使者四出，相望于道"。

太尉陈蕃力谏桓帝，指出这种做法"杜塞天下之口，聋盲一世之人，与秦焚书坑儒何异"。桓帝听了更生气，竟找借口连陈蕃也罢免了。李膺等在狱中受审时，故意牵扯部分宦官子弟，使宦官惧怕牵连。窦皇后的父亲窦武不满宦官专权，同情太学生反宦官运动，太学生乃求助于窦武。窦武乃上疏切谏桓帝，赦免党人不要治罪，否则，将天下寒心，海内失望。于是，永康元年（167年）赦免党人200余人，将其全部罢官归家，并书名三府，终身禁锢不得为官。这就是第一次党锢之祸。

党人虽然被罢官归田，禁锢而不得为官，但他们却得到了比当官更为荣宠的社会敬仰。范滂出狱归乡，家乡人迎接他的车多达数千辆。名将皇甫规乃西部豪杰，也觉得自己未能列名党人是一种耻辱。天下士大夫皆高尚其道而污秽朝廷。他们共相标榜，指天下名士为称号，"上曰三君，次曰八俊，次曰八顾，次曰八及，次曰八厨"。以窦武、陈蕃等为三君，"君"指受世人共同崇敬。以李膺、王畅等为八俊，"俊"指人中英雄。以郭泰、范滂等为八顾，"顾"指品德高尚而及于人。以张俭、刘表等为八及，"及"指能引导人追行受崇者。以度尚、张邈等为八厨，"厨"指能以财富救助他人。这种相互的激励，使党人与朝廷权宦们的对立情绪更为强烈，不但没能使党人屈服，反而更激发了他们的斗志。

桓帝死后，灵帝立，宦官的权势更大，也愈加腐朽荒淫。侯览、曹节、王甫等人与灵帝乳母及诸女尚书，相互奸姘，秽乱宫廷，操弄国柄。太傅陈蕃、大将军窦武乃谋诛杀宦官，不幸事泄，反被诛杀。由此开始，宦官们有恃无恐，开始对党人大打出手，演出了第二次党锢之祸。建宁二年（169年）宦官侯览指使人诬告山阳郡东部督邮张俭结党，图危社稷。曹节趁机示意有关治狱部门将上次的党锢者也牵扯进去。灵帝昏庸，遂准其奏，于是，李膺、范滂等百余人被逮捕死于狱中，张俭外逃出境才得以幸免。但他外逃途中，曾得到过许多人的冒死掩护，官府沿途追查，因此成百人受牵累而家破人亡。这时候，仇人间也借机陷害对方，诬指与党人无关者。宦官又将天下豪杰及儒学有行义者皆指为党人，其死、徙、废、禁者，又六千人。事情至此并未结束，熹平五年（176年）永昌太守曹鸾上书为党人讼冤，认为党人者，或耆拥渊德，或衣冠英贤，皆宜殷肱王室。今乃被禁锢，辱在涂泥，所以灾异屡见，水旱并至。应该解除禁锢，以慰天命。曹鸾的上书本是好意，哪知皇上龙颜大怒，不但不听劝谏，反将曹鸾拘死于狱。又下诏州郡，更考党人门生故吏，父子兄弟在位者，全部免官禁锢，波及五属。这就是第二次党锢事件。这次事件打击面更宽，惩治也更残酷。自此以后，士人忌口，万马齐喑，有气节的知识分子几无遗类，社会陷入一片黑暗和混乱之中。

 简 评

东汉的党锢之祸是中国封建社会历史上第一次党锢事件。它不同于秦始皇的焚书坑儒只坑杀儒生，禁锢百家思想而独崇法家，也不同于后来的文字狱。它是擅政宦官假借皇帝名义而对朝野反对士人及年轻学生的全面打击。但这种倒行逆施，并不能挽救其行将灭亡的统治，当士人、学生的"文争"被镇压下去以后，接下来的，就是平民百姓们不堪压迫起而进行的"武斗"了。党锢后不久的黄巾大起义，给封建统治者以沉重打击，使汉灵帝意识到如不解决党锢问题，党人与起义军结合则后果不堪设想，于是，中平元年（184年）宣布大赦党人，流放者准许返回故里，并启用他们去镇压农民起义军。至此，党锢问题才算最后解决。

# 黄巾大起义

## ——敲响东汉王朝的丧钟

东汉时期，由于豪强地主势力的发展，土地高度集中，农民与地主阶级的对立非常严重。和帝、安帝以后，东汉统治集团日趋腐朽，轮流当政的宦官和外戚竞相压榨农民。从这时起直到东汉末年，水旱虫蝗风雹连年不断，地震、瘟疫也频繁发生。人祸加上天灾，使得本来就十分脆弱的小农经济纷纷破产，农民到处流亡。桓帝永兴元年（153年），各郡国流民竟达数十万户之多。饥饿的流民无以为生，只好铤而走险，四处暴动。从安帝到灵帝的80余年间，仅见于记载的农民暴动就有近百次，真可谓风起云涌。那时在农民中流传着一首豪迈的歌谣："小民发如韭，剪复生；头如鸡，割复鸣。吏不必可畏，小民从来不可轻。"极其生动地表现了当时农民前仆后继进行斗争的英雄气概。

这些农民暴动，最初还只是分散的、小规模的，也没有推翻东汉王朝的明确斗争目标，在东汉军队和豪强地主武装的镇压下一次又一次地失败了。但是继起的暴动越来越多，规模越来越大，且逐渐向着有目的、有组织、有准备的方向发展，终于形成了全国性的黄巾大起义。

灵帝时，道教的一支太平道，其教徒信奉中黄太一之神，以《太平清领书》作为他们的经典，宣传"黄天太平"思想，认为只有到了太平的时代，人们才能不愁吃穿，过无忧无虑的日子。巨鹿（今河北平乡）人张角是太平道的教主。他自称"大贤良师"，通过用符水给人治病的手段传播太平道，吸收了很多弟子，并派他们到各地去传教。由于东汉统治集团内部忙于争权夺利，对以治病为手段的太平道的看法也存在着分歧，有些人甚至认为太平道只是在"以善道教化天下"，因此太平道

东汉骑兵像

的发展实际上处于半公开状态。在短短的十几年间，太平道众便发展到数十万人，遍布青、徐、幽、冀、荆、扬、兖、豫八州。张角把这些道众按地域分为36方，大方有万余人，小方六七千人，各立首领，由张角统一指挥。张角还在道徒中广泛传播"苍天已死，黄天当立，岁在甲子，天下大吉"的谶语。"苍天"指东汉王朝，"黄天"则是指太平道教义中所宣传的美好社会。中平元年（184年）是甲子年，"岁在甲子，天下大吉"，是指在这一年东汉王朝即将灭亡，天下将得到太平。这一具有浓厚宗教色彩的预言，成为起义的号召和行

动的纲领。太平道徒们还在洛阳寺门和各州郡官府的门上用白土涂写"甲子"二字。为使起义准备工作更加扎实，张角又亲自到洛阳观察动静，并让大方首领马元义将荆、扬二州数万道众集中到邺城（今河北临漳县西南），联络洛阳的信徒，约定中平元年三月五日同时发动起义。在预定的起义日期前一个月，济南的起义军中出了一个名叫唐周的叛徒，他写信给政府告密。起义的消息泄露了。东汉政府逮捕了马元义，在洛阳当众把他杀害。在洛阳受牵连被害的有一千多人，起义者的鲜血染红了洛阳街头。东汉政府还下令搜捕张角。张角得知消息以后，连夜派人赶去通知各地的信徒，叫他们立即发动起义。

叛徒的告密虽然打乱了起义的日程，使得起义军牺牲了一个重要领袖和一千多名战士，但是并不能扑灭起义的烈火。各地的太平道信徒早已组织起来，有了充分的准备。接到张角的命令以后，三十六方立即同时发动起义。起义军用黄巾裹头，作为"黄天"的标志，因此被称为黄巾军。张角自己称为天公将军，他的两个弟弟张宝和张梁称为地公将军和人公将军。他们三个人共同指挥起义军的战斗。

势力强大的黄巾军，有如下几个部分：波才领导的颍川黄巾；张曼成、赵弘、韩忠、孙夏等相继领导的南阳黄巾；彭脱等人领导的汝南、陈国黄巾；卜已领导的东郡黄巾；张角、张宝、张梁兄弟领导的巨鹿黄巾；戴风等人领导的扬州黄巾等。起义军每打到一个地方，就焚烧当地官府衙门，攻打豪强地主的坞堡，捕杀为非作恶的官吏和地主，没收他们的财物，开仓赈济贫民。地方州郡的长官和大地主吓得纷纷逃窜。起义军作战英勇，在短时间内获得了巨大发展。

面对声势浩大的黄巾起义，东汉统治者急忙下令解除党锢，动员一切力量对付黄巾军。一时间各地豪强地主纷纷起兵，协助东汉政府围攻起义军。东汉政府派外戚何进为大将军，调集大军防守洛阳周围的 8 个要塞，以防起义军进攻洛阳；又派皇甫嵩、朱儁为左右中郎将，率主力镇压波才率领的对洛阳威胁最大的颍川黄巾军；卢植、董卓则率军镇压张角兄弟率领的巨鹿黄巾军。

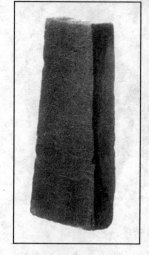

"苍天乃死"字砖　东汉
字砖中"苍天乃死"四字与黄巾起义的口号不谋而合，起义军因此广泛传布太平道，表达民众推翻汉朝的普遍心愿。

黄巾军在野蛮凶暴的敌人面前，英勇不屈，顽强作战，连续打了许多胜仗。四月，波才领导的颍川黄巾军，在围攻洛阳的战斗中，击败皇甫嵩和朱儁的 4 万多官军主力。六月，南阳黄巾军进攻宛城（今河南南阳市），赶走了新任太守秦颉。张角兄弟则率领巨鹿黄巾连续攻占广宗（今河北威县东）、下曲阳（今河北晋县西）等地，大败卢植、董卓的镇压军。但是由于缺乏军事斗争经验，各地黄巾军独立作战，未能互相配合，缺乏统一指挥，在对敌斗争中，逐渐失去了最初的优势，成为分散作战的孤军。波才的颍川黄巾军在与皇甫嵩对峙时，由于缺乏战斗经验，依草结营，受到汉军火攻而损失惨重，随后又被皇甫嵩、朱儁与曹操的援军追击于阳翟，陷于失败。南阳黄巾军在张曼成战死后，由赵弘、韩忠率领据守宛城数月，赵弘、韩忠也相继战死，最后宛城陷落，这支义军也失败了。巨鹿黄巾军在击败卢植、董卓的进攻后，东汉政府又派皇甫嵩前来镇压。正当起义军面临新的战斗之时，张角不幸病逝。但即便是在这种困难的形势下，义军在张梁、张宝率领下，仍坚持着同官军浴血奋战。在广宗一带，义军与汉军皇甫嵩部激烈交战，数次挫败敌人的进攻，迫使皇甫嵩"闭营休士，以观其变"。可是这时义军又犯了轻敌的错误，误以为敌人已停止进攻，以至于松懈了戒备。皇甫嵩瞅准机会，乘黑夜发起突然袭击，起义军仓促应战，惨遭败绩，张梁英勇捐躯，广宗失陷，是役，义军阵亡和投水自尽者达8万余人。而皇甫嵩在进剿广宗张梁部义军得手后，则迅速调转兵锋，于十一月攻打下曲阳。经过激烈交战，起义军战败，张宝牺牲，10余万起义军壮士惨遭屠杀，河北黄巾军也被扼杀于血泊之中。

官军攻陷下曲阳，标志着张角等人所领导的黄巾起义军主力，在东汉王朝的军队和各地豪强武装的武力镇压下，悲壮地失败了。然而农民起义的火焰并没有就此而熄灭，分散在各地的黄巾余部，仍在坚持斗争。中平五年（188年），黄巾军余部郭大在西河白波谷（山西襄汾）再次起事；益州黄巾军马相起于绵竹；青、徐等地黄巾军在张饶率领下，一度发展到100多万人，后被曹操打败，收编为"青州兵"。

黄巾起义爆发以后，河北、河南、山西等地的农民也纷纷起义响应，其中张飞燕联络太行山东西各郡义军，众至百万，号黑山军，势力最为强大。汉中地区爆发了张鲁领导的五斗米道起义，并建立了政教合一的农民政权。江南地区也屡见黄巾起义活动。他们前仆后继，百折不挠，给东汉王朝的统治以新的打击。这一斗争前后延续了20余年之久，给黄巾大起义添上了一个可歌可泣的尾声。

这一次大起义，虽然失败了，但在其后数十年间影响仍长期存在，各地不断有黄巾余部在活动。这一起义对于其后历史的发展有着很大的影响。东汉朝廷虽然成功的镇压了起义，但力量被严重削弱，为了镇压义军，朝廷不得不给予地方守牧更多的军事权力，为以后东汉的衰落，军阀割据战争的出现创造了条件。起义主力失败后，并且因此造成天下大乱："自黄巾贼后，复有黑山、黄龙、白波、左校、郭大贤、于氐根、青牛角、张白骑、刘石、左髭丈八、平汉、大计、司隶、掾哉、雷公、浮云、飞燕、白雀、杨凤、于毒、五鹿、李大目、白绕、畦固之徒，并起山谷间，不可胜数。"成为了东汉末及三国乱世的开端。

 简　评

黄巾起义是我国历史上第一次有组织、有准备、有目的的席卷全国的农民大起义，其发动的广泛、计划的周密，在我国历史上是空前的；黄巾起义中农民阶级与地主阶级的鲜明对立，也是前所未有的。这场规模空前的农民大起义，发生在地主阶级的封建割据倾向迅速发展的时代，豪强地主拥有强大的武装，与官军联合起来，处处阻截和镇压农民军，迫使农民军不能大规模集中力量发动进攻。所以黄巾军虽然表现了英勇顽强的战斗意志，取得过一些胜利，却不能给敌人以致命打击，最终在敌人的分割包围中被各个击破，先后失败了。虽然如此，这次起义以惊天动地之势、雷霆万钧之力，沉重地打击了腐朽封建统治，敲响了东汉王朝的丧钟，显示了农民阶级的伟大力量，推动了历史向前发展。东汉王朝在经过黄巾起义的风暴之后，不久便分崩离析，极端黑暗腐败的宦官、外戚集团，随着这一王朝的覆灭，也陆续从历史上消失了。

# 赤壁之战

## ——三国鼎立的形成

公元 3 世纪，中国正处在群雄割据时代。在中国大陆上，出现了大大小小数十个割据政权。北方群雄并起，先后有董卓、袁绍、吕布、曹操、刘备、公孙瓒、马腾等势力，南方孙坚、刘表、刘璋等各占一方。至公元 3 世纪初，比较小的割据势力已经退出历史舞台。赤壁之战就发生在曹操、孙权、刘备三个比较有力量的割据势力之间。

一代枭雄曹操，从官渡之战中崛起，历时约 8 年之久，成为北方霸主。期间征刘备所在的下邳，刘备不敌，南投刘表，为日后赤壁之战埋下伏笔；南征刘表时，曹操感到后方不稳，是时袁氏二子相争，于是曹操引军还邺，待到击破乌丸，北方平定，曹操的大军无所顾虑，正式南下。

江东孙权，于曹操袁绍官渡激战之时，接替死去的兄长孙策，为讨虏将军，领会稽太守，屯吴。在孙权掌权到曹操南下的八年间，孙权忙着稳定后方。孙权于建安八年、十二年、十三年三次讨伐死敌黄祖。并于建安十三年破其城，虏其男女数万。不幸的是，在江东刚刚稳固，父兄打下的势力刚刚平定之时，就传来了曹操南下，以及刘表死去的消息。

汉宗室之后的刘备，在赤壁之战前处境落魄。官渡之战即将展开的前夕，曹操东征刘备于下邳，虏其妻子，并擒关羽以归。刘备亡走青州袁绍。官渡之战后，曹操再次征讨刘备，刘备不得已南联刘表，屯于新野。几年下来，刘备在襄樊地区已经开始巩固势力，俨然有刘表继承人之势。此间，刘备还三顾茅庐请出了诸葛亮，更加如鱼得水，准备干一番事业，就在这时候，曹操开始南征荆州了。

此战乃必打之战。曹操平定袁氏故地，基本上统一了黄河流域后，必然要向南占据荆州——汉末战乱，关西、中原人口大量流入荆州，且荆州自古多奇士，土地肥沃，史书称"南接五岭，北据汉川，地方数千里，带甲十余万"，为四战之地，据有江陵、襄阳后，无论进、退都有余。而此时，据有会稽、吴郡、丹杨、豫章、庐陵等地的孙权对内完全接管了孙策留下的权力，对外击败了心腹之患黄祖，势头正盛，此时就算没有曹操南下，孙权也不会放过荆州——荆州占据长江上游，对他的威胁实在太大了，而且根据周瑜的"天下两分之策"，荆州也是他下一步的目标。当然，此时，荆州以西，益州的刘璋，汉中的张鲁还未降服；马超、韩遂还在关中，——曹操的后方并不像他想象的那么稳固——而刘备，当天下大势正日益清晰的时候，他还在颠沛流离，他还在等待。也许，他也没想到，这一战会给他带来怎样的机遇。

东汉斗舰复原图

建安十三年（公元208年）七月，曹操平定北方之后，率领十五六万军队，从邺出发，向荆州进军。此时，刘表病故，刘表的两个儿子在继承权上争执不断。刘琦虽是长子，但刘表在继室蔡氏的劝说下，偏爱次子刘琮，刘琦只好自荐去江夏作太守。刘表手下的部将也分为两派，以蔡瑁为首的部将支持刘琮，刘备则暗中与刘琦相结。刘表死后，手下部将拥立刘琮为荆州牧。九月，曹军到达新野。刘琮这时虽然有近10万人，但是在部下的劝说下，决定归降曹操。这时刘备正在驻守樊城，听到刘琮降曹，知道樊城已不可守，于是带领手下军民向刘表储藏物资的据点——江陵前进。曹操听说刘备撤向江陵，害怕刘备占据荆州的军用物资，于是率领精骑五千一日一夜飞奔三百里，终于在当阳长坂追上了一日只行十余里的刘备。刘备匆忙迎战，结果大败，只好取消原定前往江陵的计划，改道前往东面的夏口。

　　这时，地处江东的孙权听闻曹操大军南下的消息后，速派鲁肃前往荆州打探消息。刘备见到鲁肃，采纳了鲁肃结盟共同抗曹的建议，派诸葛亮随同鲁肃一同去见孙权。这时，曹操顺利地占领了江陵，基本控制了荆州，并获得了大量军用物资，收降了荆州大批军队。连续不断的胜利使曹操骄傲起来。他认为，乘胜追歼刘备，甚至沿江东下消灭孙权已不在话下。于是，在占领荆州之后，他便派使者送去一封信，声言要亲率大军80万与孙权"会猎"于江东，一试高低。面对曹操大军的南下，东吴内部也存在着不同意见。一派以张昭为首，认为曹操兵力强大，如今又占据荆州，挟天子以令诸侯，占有优势，同曹操对抗无疑自取灭亡。另一派则以少数武将和鲁肃为主，要求坚决同曹操作战，保卫江东。孙权处在两派之间还有所犹豫。这时诸葛亮随鲁肃来到，于是孙权决定先听听他的意见。

　　诸葛亮见到孙权后，首先分析了天下大势："全国现在一片混乱，将军在江东，我家主公在汉水南，集结部众，跟曹操争夺天下。如今，曹操大军所及已经打败了主要劲敌，更占领了荆州，声威震动四海。英雄豪杰已无用武之地。我家主公撤退南下，希望将军能够接纳。将军如果能够以江东的人力和曹操抗衡，就应该早一天和曹操断绝关系；如果不能，

赤壁之战遗址

还不如早如放下武器，向曹操投降。如今，将军表面上服从朝廷，内心却三心二意，到紧急时刻，却不果断，大祸将至啊。"孙权问道："依照你的说法，刘备怎么不向曹操投降呢？"诸葛亮说："田横是齐国的壮士，还能坚守大义，不肯屈辱，何况我家主公是皇家苗裔，盖世英才，许多能人志士都对他十分敬仰。如果大事不成，只能说是天意，怎么能当曹操的部属呢？"孙权听了说道："我不能以吴国的故土拱手奉送给曹操，去受他控制！我的决心已定。要抗击曹操，可是你家主公最近新败，能够抗击曹操吗？"诸葛亮说："我家主公虽在长坂战败，但仍有一定实力，现在收拢的部队和关羽的水军精兵尚有万余人，刘琦的部队也不下万人，如果与东吴的军队联合作战，实力相当可观。曹军号称八十万，实际上只有十五六万人，加之后方不稳，远征疲惫，不服水土，不习水战。只要善于利用曹军的这些弱点，

联合抗曹，定能取胜。"孙权因而坚定了抗曹的决心，即命周瑜、程普为左右督，鲁肃为赞军校尉，率领3万精锐水师，与刘备军会合约5万，进驻夏口。是年冬，曹操凭恃军威，骄纵轻敌，拒绝谋臣谏议，亲统大军水陆并进，直逼江南。孙刘联军自夏口溯江而上，与曹军相遇于赤壁。

以步骑为主的曹军，面临大江，立刻失去优势，又遭瘟疫流行，以致初战不利，退长江北乌林（今湖北洪湖境），与孙刘联军夹江对峙。从士兵数量上看，曹操占有绝对优势，但是曹军从北方远道而来，已经疲惫不堪，新收编的荆州军对曹操仍怀有戒心，其军心不稳，战斗力较弱。孙刘联军虽然数量较少，但是东吴的水师一向训练有素，战斗力较强，这次战争关系到孙刘两家的前途，其将士战斗意志坚决，弥补了数量上的劣势。由于水上风浪巨大，颠簸厉害，为减轻江上风急浪颠，曹操下令工匠用铁链连接战船，并在上面铺好木板，以减少风浪引起的摇晃，这样战船犹如城堡，步骑兵可在上驰骋，曹操对此十分得意。

周瑜部将黄盖，这位孙权父亲孙坚手下的老将，身经百战，具有丰富的实战经验，一向以忠勇智慧、善待士卒著称，每遇征战，帐下士卒无不争先恐后。黄盖须发染霜，独自抚剑立在江岸上，江风拂动着战袍的下摆，一双阅尽沧桑的目光扫视着北岸曹营。忽然，他看到敌军正用铁索把战船连在一起，首尾相接，左右并列。他不动声色地只在嘴角露出一丝嘲讽的笑意。黄盖立即返回营帐，报告周瑜："如今敌众我寡，不能硬碰硬地长久相持。敌军正串连舰船，可以用火攻战术，烧退曹军。"周瑜连声称妙，立即与黄盖磋商行动计划，准备火速执行。时值寒冬时节，西北风正紧，在江上放火很容易烧到联军自己的船只，曹操也是考虑到这点才敢放心大胆地用铁链把船连在一起。周瑜、诸葛亮等人经过反复研究，走访了当地土著，得知在冬至前后有可能出现东南风天气，那时执行火攻计划最合适。

为了实施火攻计划，周瑜让黄盖诈降，并且向外传出了黄盖与自己不和的消息。黄盖派自己的手下向曹操送去了投降书，书中称："孙权只重用他信任的人，周瑜又高傲自负，都不足以成大事，只有丞相是识才之人，我愿率部下前来投靠。"并且在信中约定了投降的时间和信号。而约定的时间正好是冬至前后的某一天。曹操看了信，仰天长笑，以为黄盖真的来降，统一天下的时刻即将到来，骄傲自满，疏于防范。

十一月一天夜晚，黄盖率蒙冲、斗舰10艘，满载易燃的枯草干柴，灌以油脂，外用布幕围住，上插与曹操约定的旗号。另备速度快的走轲，系于蒙冲、斗船之后，以便纵火后官兵换乘撤离。时值东南风大起，黄盖领战船扬帆直驶曹军水寨。曹军官兵见黄盖来降，"皆延颈观望，指言盖降"，毫无戒备。联军战船接近曹营时，曹军戒备松懈，皆争相观看黄盖来降。当距离曹营只有2里时，黄盖下令点燃柴草，同时发火，风助火势，火借风威，10艘战船简直是10条火龙一般飞驶入曹军船阵。曹操的战船由于都被铁链连在一起，无法躲避火船，纷纷起火，大火又延及岸上各营。霎时间，北半边长江一片火海，接着，岸上营寨和山峦林木也都劈劈啪啪熊熊燃烧起来，烈火冲天，浓烟蔽日。曹军人马有的溺水而亡。有的葬身火海，江面上浮尸满目，营内外尸横遍野。大败的曹军丢盔弃甲，鬼哭狼嚎，抱头鼠窜。在南岸的周瑜、诸葛亮等见状哈哈大笑，命手下的孙刘联军主力船队乘机擂鼓前进，横渡长江。曹军受到突如其来的火攻已经阵脚大乱，再加上孙刘联军精兵的掩杀，完全丧失了斗志，纷纷退却。接着，孙刘联军埋伏在江北的军队冲杀出来，与渡江的联军一起夹击曹军，曹军大败。曹操见败局已无法挽救，当即自焚余船，引军退走。联军迅疾追击。曹操经华容道（今湖北潜江南）逃脱，沿途泥泞不堪，路又阻塞，天际突然刮起狂风。曹操命老弱残兵身负野草铺路，骑兵部队才勉强通过。经过这次战役，曹操兵力损失不少，已经无力再继续和孙刘联军作战，于是他留曹仁、徐晃守江陵，乐进守襄阳，自己率军返回许昌。

## 简　评

　　赤壁之战是中国历史上以少胜多的著名战役，这次战役后曹操兵力损失不少，暂时无力再继续和孙刘联军作战，只好回到北方徐图发展。孙刘联军则取得了胜利。此役，曹孙刘三家都参加战斗，曹操本为夺取荆州而南下，此刻曹操大军北还，留下的荆州这个香饽饽，于是成为三方争夺的焦点。最终，曹操占据了以襄阳樊城为中心的荆州北部，消除了敌对势力对许昌的威胁；孙权占领了荆州东部的江夏等地，扩大了自己的地盘，巩固了江东；刘备在这次战役获利最多，以少量的兵力占有了荆州西部，取得了自己的地盘，并且作为进攻益州的根据地。

　　这次战争之后，曹操把注意力放在了西凉的割据势力上，开始进行统一北方的战争，暂时停止了对南方的进攻。孙权进攻北方受阻，转而把目光放到了整个荆州地区，不久便与刘备在荆州问题上产生了矛盾。最终吴蜀之间爆发了争夺荆州的战争，导致三分天下局面的形成。可以说，这次战役对三国新局面的出现起了决定性作用。

# 八王之乱

## ——祸起萧墙

　　历史一次次地重演，错误一次次地再犯。封建时代皇帝心中第一位的事情就是稳定自己的统治，费尽心思地想要千秋万世永保天下。秦始皇吸取周朝分封天下导致中央软弱无力、备受欺凌的教训，推行郡县制。却不知制度是死的，人是活的，制度虽好，秦朝却二世而亡。刘邦夺取天下后，认为秦二世而亡，根本原因在于秦始皇没有分封自己的儿子，结果天下大乱之时没有来自家族内部的支持。于是他就封了一批刘姓子弟为王，与异姓王相抗衡，谁想道却为自己的后代种下祸根，七国之乱险些断送了刘家江山。到司马炎建立晋朝，一统天下后，由分封诸侯所造成的战争再一次发生了。

　　晋朝建立之初，其统治者司马炎认为，自己能够从曹魏手中夺得政权，当上皇帝，是因为曹氏不分封同姓为诸侯王，皇室孤立无援，缺乏屏藩的缘故。于是，他便在公元 256 年，恢复了古代的分封制，大封皇族 27 人为王，并允许诸王自选本王国内的大小文武官吏。公元 277 年，又制定了王国置军的制度，将封国分为大、次、小三等。辖民户 2 万者为大国，可置上、中、下三军 5000 人；辖民户 1 万者为次国，可置上、下二军 3000 人；民户 5000 以下者为小国，置军 1500 人。武帝在分封同姓王的同时，又大封异姓士族为公、侯、伯、子、男等爵位，他们不仅领有封地，还可以和小王国一样置军。不少诸侯王还兼领中央或地方的军政大权。他们都是些贪婪残暴的野心家，趁机网罗党羽，扩充军队，各自拉拢一批士族官僚地主，相互倾轧，妄图夺取帝位。这样，诸侯王国就成为晋朝内部的强大割据势力，到了西晋惠帝时（291－306 年），在统治集团内部，即汝南王亮、楚王玮、赵王伦、齐王冏、长

沙王乂、成都王颖、河间王颙、东海王越等八个诸侯王之间，为争夺中央最高权力，发生了一连串的相互残杀和战争，历时 16 年之久，历史上称为"八王之乱"。

　　公元 290 年，晋武帝死，太子司马衷继位，是为晋惠帝。惠帝是个白痴，除了享乐以外，什么事也不懂。时值天下荒乱，百姓多饿死，他得知后竟说："为什么不吃肉粥？"这样糊涂的皇帝，自然无法掌管朝政，由他的外祖父杨

**车马出行图**

晋初辽东大族公孙氏墓壁画，绘有车 8 乘，骑从 24 人，其中有 7 乘车均为白盖轺车，中下位置一马拉行为轺车，此车后面另有一乘车驾三马，车后簇拥 5 人，为主车。此图反映了晋时士家大族出行的气势。

骏辅政，独揽了晋王朝中央大权。惠帝的皇后贾南风，是一个有政治野心和阴险毒辣的女人，她不满意中央大权落入杨氏手中。公元291年，贾后与宫中侍从官阴谋策划，秘召都督荆州的楚王司马玮带兵进京（今河南洛阳），挟惠帝下诏杀死杨骏、杨珧、杨济兄弟3人，其亲族和党羽被株连而死者达几千人。贾后又废黜杨太后为庶人，迫使她绝食而死。晋朝内部大乱就从这次宫廷政变开始了。

杨氏集团被消灭后，晋廷推举汝南王司马亮和元老卫瓘共执朝政，楚王司马玮因协助贾后政变有功，乃封为卫将军兼领北军（守卫京城北部的禁兵）中侯，在中央掌握兵权，亮、玮之间因而经常发生矛盾。贾后认为亮玮2人皆妨碍了自己专权，便又施展手段，先要惠帝下手诏给司马玮，令其率领北军，杀死南王亮和卫瓘，然后又否认惠帝下过这道诏书，反而以司马玮擅杀大臣的罪名，杀了楚王玮。这样贾后就完全掌握了晋王朝的大权。

贾后掌权后，大树自己的党羽，除了依靠族兄贾模、内侄贾谧，母舅郭彰这些亲党外，还起用当时的名士张华为司空，世族裴頠为尚书仆射，裴楷为中书令，王戎为司徒，令他们4人共管京城机要。由于这几个人都具有一定的统治经验，又和贾模等人能"同心辅政"，所以从公元291年至299年的七、八年间，贾后还能维持一个相对稳定的局面。

公元299年，贾后与太子司马遹的矛盾又爆发了。惠帝只有一个儿子，即太子司马遹，是后宫谢玫后生，他随着年龄的增长，对贾后一伙的擅权渐露不满之意，引起了贾后的关注，贾氏的亲党贾谧等人，又害怕太子得政之后，也像贾后杀杨骏、逼死杨太后一样来对付自己，所以竭力劝贾后废太子。于是贾后诬陷太子有杀害惠帝和她的企图，废太子为庶人，接着又把太子杀了。太子无罪被害，引起了诸王和一部分拥护太子的朝臣不满。就在太子遹死后一个月，即公元300年四月，在京师洛阳任车骑将军的赵王司马伦，借为太子报仇，利用自己掌握的宿卫禁兵，入宫杀掉了贾后和张华、裴頠等党羽，并重用嬖人孙秀，杀害异己。次年正月，司马伦又迁惠帝为太上皇，自立为皇帝，从此宫廷政变又转变为皇族争夺皇位的斗争。

赵王伦篡夺了帝位，马上激起了其他宗室诸王的反对，出镇许昌（今河南许昌市东）的齐王司马冏首先起兵讨伦，并得到成都王司马颖、河间王司马颙等的响应。三王联军与伦兵在洛阳附近战斗了两个多月。结果，赵王伦兵败被杀。同时，司马伦的亲信将领王舆也在京城内起兵反伦，迎惠帝复位。司马冏入京辅政。掌握了朝廷大权。

司马冏自辅政后，为了巩固自己的地位，久专朝廷大权，把本来可以立为皇太弟的司马颖和长沙王司马乂改立惠帝弟，清河王司马遐之子，年仅8岁的司马覃为皇太子。这一招，不但导致司马颖与司马冏关系的破裂，而且也引起司马乂的不满。公元302年十二月，司马乂联合西镇关中的河间王司马颙反对司马冏。司马颙出兵进攻洛阳，军抵新安（今河南渑池县东）。在洛阳的司马乂也举兵讨冏，双方军队在京城内展开激战。一时间，飞矢如雨，火光冲天，混战了3天

青釉镂空三兽足熏 西晋

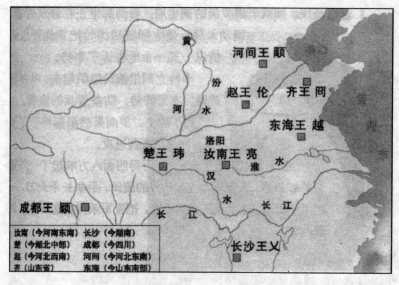

西晋时期八王封国略图

3 夜，困败，为父所杀。长沙王乂掌握了政权。

公元 303 年八月，司马颙又派大将张方率领精兵 7 万联合成都王司马颖的 20 多万大军，借口司马乂"论功不平"对京城发动进攻。由于双方兵力悬殊，洛阳城危在旦夕。这时城内的统治集团开始分裂。公元 304 年正月，东海王司马越勾结部分禁军。拘禁司马乂，向外兵求和，并把司马乂交给张方用火活活烤死了。司马颖进入洛阳，虽然当了丞相，但他仍然回到自己的根据地邺城（今河北临漳县西南），遥执朝政，废太子覃而自兼皇太弟，一时政治中心由洛阳移到邺城。

成都王司马颖在邺城遥执朝政期间，政治腐败，比以前司马冏，司马乂执政时还要坏，大失人心。因此，东海王司马越统率洛阳禁军，拥戴惠帝讨伐司马颖，结果在汤阴（今河南汤阴县西南）战败，惠帝被俘至邺城。司马越逃往自己的封国（今山东郯城县北）。河间王司马颙命部将张方率兵占领了洛阳，不久，幽州刺史王浚与并州都督司马腾联兵攻破邺城，战争进一步扩大。司马颖挟惠帝出奔洛阳，皆落入张方之手，又被迫前往长安（今陕西西安市西北）。

公元 305 年七月，司马越在山东再次起兵，西向进攻关中。次年攻入长安。司马颙和司马颖败走，相继被杀。越迎惠帝还洛阳，随后把惠帝毒死，另立惠帝的弟弟豫章王司马炽为帝，是为晋怀帝。晋朝大权最后落入司马越手中。至此，"八王之乱"才告结束。

## 简　评

"八王之乱"这场大恶斗给人民带来了无穷的灾难。生产遭到破坏，数十万人民丧失了生命，许多城市被洗劫和焚毁。在洛阳 13 岁以上的男子全部被迫服役，城内米价贵到一石万钱。不少人饥饿而死。人民又重新陷于苦难的深渊，掀起了大规模的流亡的浪潮。尤其是诸王利用少数民族的贵族参加这场混战，造成了严重的后果。如成都王颖引匈奴刘渊为外援，让其长驱入邺；东瀛公司马腾引乌桓羯人袭击司马颖。让其乘机入塞；幽州刺史王浚召辽西鲜卑攻邺，鲜卑则大掠妇女，被沉入易水者就有 8000 人。从此，大河南北就成为匈奴和鲜卑贵族统治的世界，加深了民族矛盾。因此，八王之乱不久就爆发了各族人民大起义，西晋王朝也就很快走向灭亡。

# 淝水之战

## ——草木皆兵，风声鹤唳

东晋十六国对峙的时期，北方出现了许多少数民族政权。后来，氐族建立的前秦强盛起来。公元357年，他的第三位皇帝苻坚自立为大秦天王。他即位后，重用汉族知识分子王猛治理朝政，推行一系列改革政治、发展经济和文化、加强军力的积极措施。在吏治整顿、人才擢用、学校建设、农桑种植、水利兴修、军队强化、族际关系调和方面均收到显著的成效，在一定程度上使前秦国实现了"兵强国富"的局面。

公元383年七月，前秦皇帝苻坚大举伐晋。他刚统一北方不久，长安附近的居民尚是五花八门，所谓"鲜卑羌羯布满畿甸"。晋朝虽偏安江左，但是仍能保持西部的防线，如今日之湖北西北汉水一带以及更西的四川。即在最接近的战场，也能在江翼寿阳附近发动攻势。从各种迹象看来，苻坚并没有在东线与晋人决一死战的决心，而是统率了很多杂牌部队，无法统御，只能以军事行动，维持他的组织。同时又过度自信数量上的优势，所谓"投鞭足以断流"。他总希望以凉州蜀汉幽冀之兵，号称87万的力量，"犹疾风之扫秋叶"，不怕晋人不投降。

太元八年（383年）七月，苻坚下令平民每10人出兵1人，富豪人家20岁以下的从军子弟，凡强健勇敢的，都任命为禁卫军军官。并扬言说："我们胜利了，可以用俘虏来的司马昌明（即晋孝武帝）做尚书左仆射，谢安做吏部尚书，桓冲做侍中。看情况，得胜还师指日可待。可提前替他们建好官邸。"志骄意满之态，溢于言表。

八月，苻坚亲率步兵60万，骑兵27万、羽林郎（禁卫军）3万，计90万大军，在东西长达几千公里的战线上，水陆并进，南下攻晋。东晋王朝在强敌压境、面临生死存亡的紧急关头，决意奋起抵抗。他们一方面缓解内部矛盾，另一方面积极部署兵力，制定正确的战略战术方针，以抗击前秦军队的进犯。

谢安像

晋孝武帝司马曜在谢安等人的强有力辅弼下任命桓冲为江州（今湖北东部和江西西部）刺史，控制长江中游，阻扼秦军由襄阳南下。任命谢石为征讨大都督，谢玄为前锋都督，统率经过7年训练，有较强战斗力的"北府兵"8万沿淮河西上，遏制秦军主力的进攻。又派遣胡彬率领水军5000增援战略要地寿阳（今安徽寿县），摆开了与前秦大军决战的态势。

同年十月十八日，苻融率领前秦军前锋攻占寿阳，生擒晋平虏将军徐元喜等人。与此同时，慕容垂部攻占了郧城（今湖北安陆县境）。晋军胡彬所部在增援的半道上得悉寿阳失陷的消息，便退守硖石（今安徽凤台县西南）。苻融又率军尾随而来，攻打硖石。苻融部将梁成率兵5万进抵洛涧（今安徽怀远县境内），并在洛口设置木栅，阻断淮河交通，遏制从东西增援的晋军。

胡彬困守硖石，粮草乏绝，难以支撑，便写信请求谢石驰援，可是此信却被前秦军所截获。苻融及时向苻坚报告了晋军兵力单薄、粮草缺乏的情况，建议前秦军迅速开进，以防晋军逃遁。苻坚得报，便把大部队留在项城，亲率骑兵8000驰抵寿阳，并派遣原东晋襄阳守将朱序到晋军中劝降。朱序原是东晋官员，被俘后被迫投降前秦，但他的内心仍然向着东晋。他到了晋军营阵后，不但没有劝降，反而向谢石等人密告了前秦军的情况，并建议谢石等人不要延误战机，坐待前秦百万大军全部抵达后束手就擒，而要乘着前秦军各路人马尚未集中的机会，主动出击。他指出只要打败前秦军的前锋，挫伤它的士气，前秦军的进攻就不难瓦解了。谢石起初对前秦军的嚣张气焰心存一定的惧意，打算以固守不战来消磨前秦军的锐气。听了朱序的情况介绍和作战建议后，便及时改变作战方针，决定转守为攻，争取主动。

重装甲马作战图　西晋
此图表现了北方战争的场面，再现了重装甲马和步兵作战的特征。

十一月，晋军前锋都督谢玄派猛将刘牢之率领精兵5000迅速奔赴洛涧。前秦将梁成在洛涧边上列阵迎击。刘牢之分兵一部迂回到前秦军阵后，断其归路；自己率兵强渡洛水，猛攻梁成的军队。前秦军腹背受敌，抵挡不住，主将梁成阵亡，步骑5万人土崩瓦解，争渡淮水逃命，1.5万多人丧生。晋军活捉了前秦扬州刺史王显等人，缴获了前秦军的大批辎重、粮草。洛涧遭遇战的胜利，挫抑了前秦军的兵锋，极大地鼓舞了晋军的士气。谢石乘机命诸军水陆并进，直逼前秦军。苻坚站在寿阳城上，看到晋军部阵严整，又望见淝水东面八公山上的草和树木，以为也是晋兵，心中顿生惧意，对苻融说："这明明是强敌，你怎么说他们弱不堪击呢？"

前秦军洛涧之战失利后，沿着淝水西岸布阵，企图从容与晋军交战。谢玄知己方兵力较弱，利于速决而不利于持久，于是便派遣使者激将苻融说："将军率领军队深入晋地，却沿着淝水布阵，这是想打持久战，不是速战速决的方法。如果您能让前秦兵稍稍后撤，空出一块地方，使晋军能够渡过淝水，两军一决胜负，这不是很好吗？"前秦军诸将都认为这是晋军的诡计，劝苻坚不可上当。但是苻坚却说："只引兵略微后退，待他们一半渡河，一半未渡之际，再用精锐骑兵冲杀，便可以取得胜利。"于是苻融便答应了谢玄的要求，指挥秦军后撤。前秦军本来就士气低落，内部不稳，阵势混乱，指挥不灵，这一撤更造成阵脚大乱。朱序乘机在前秦军阵后大喊："秦军败了！秦军败了！"前秦军听了信以为真，遂纷纷狂跑，争相逃命。东晋军队在谢玄等人指挥下，乘势抢渡淝水，展开猛烈的攻击。苻融眼见大势不妙，骑马飞驰巡视阵地，想整顿稳定退却的士兵，结果马倒在地，被追上的晋军手起刀落，一命呜呼。前秦军全线崩溃，完全丧失了战斗力，晋军乘胜追击，一直到达青冈（在今寿阳附近）。前秦军人马相踏而死者，满山遍野，堵塞大河。活着的人听到风声鹤唳，以为是晋兵追来，更没命地拔脚向北逃窜。是役，秦军被歼灭的十有八九，苻坚本人也中箭负伤，仓皇逃至淮北。

淝水之战的结果，是使得东晋王朝的统治得到了稳定，有效地遏制了北方少数民族贵族南下侵扰，为江南地区社会经济的恢复和发展提供了必要的契机，这场战争对于前秦政权和苻坚本人来说，则是促使北方地区暂时统一局面的解体。慕容垂、姚苌等氏族贵族重新蠕起，乘机肢解了前秦的统治，苻坚本人也很快遭到了身死国灭的悲惨下场。

 **简　评**

383 年谢安谢玄与苻坚苻融的对峙，再加上朱序的穿插，只确定了南北朝的长期分裂，这次战役却不是构成分裂的主因。以后的发展也证明中国的重新统一必待人口相次固定，胡汉种族的界线逐渐漠减，巨家大室的力量也被压制，才能成为事实。从此次战役到隋文帝彻底统一中国，中间已经 206 年了。人们还要在战乱分裂中生活 200 多年。

# 北魏孝文帝改革

## ——鲜卑的文明转折

　　征服者总是为被征服者的较高文明和文化所征服。北魏统一北方后，民族矛盾和阶级矛盾仍然尖锐，北魏统治集团与各族人民的阶级矛盾上升为主要矛盾。青、齐、洛、豫、冀、秦、雍、徐、兖等州相继发生起义，北方边镇一带反抗逃亡频繁。北魏统治集团与汉族地方豪强的矛盾以及北魏统治集团内部，封建中央集权与旧部落显贵的矛盾也十分尖锐。要解决这些矛盾必须进行政治、经济、文化全面的深入的改革。孝文帝就承担并且实施了这样的改革。

　　魏孝文帝是一个政治上有作为的人，他认为要巩固魏朝的统治，一定要吸收中原的文化，改革一些落后的风俗。为了这个，他决心把国都从平城（今山西大同市东北）迁到洛阳。

　　洛阳是两晋南北朝时期的政治和军事重镇。洛阳在东汉时已经成为首都及中原最大的商业中心。东汉末年，洛阳遭到了严重的破坏。公元220年曹丕称帝后。从河北等地迁居民数万以充实洛阳，并在汉宫的基础上重新建筑洛阳宫城和外城。随着北方地区的逐步统一，洛阳的经济也得到了恢复和发展。洛阳城中的丝织业、制盐业、冶铁业比较发达，商业已逐渐兴盛。全城有3个主要市场：金市、马市和羊市。西晋统一后，以洛阳为国都，人口有了显着增加，并成为全国贸易中心，全国各地的珍贵商品在洛阳市场上都有出售，从绢布、粮食、药材、器皿到生产工具，应有尽有。西晋八王之乱，使洛阳腹地经济受到很大破坏，公元310年，匈奴刘曜攻破洛阳，纵兵劫掠，洛阳再次毁于战火。永嘉之乱后，16国100余年间，几成废墟。

文官俑　北魏

　　他怕大臣们反对迁都的主张，先提出要大规模进攻南齐。有一次上朝，他把这个打算提了出来，大臣纷纷反对，最激烈的是任城王拓跋澄。孝文帝发火说："国家是我的国家，你想阻挠我用兵吗？"拓跋澄反驳说："国家虽然是陛下的，但我是国家的大臣，明知用兵危险，哪能不讲。"孝文帝想了一下，就宣布退朝，回到宫里，再单独召见拓跋澄，跟他说："老实告诉你，刚才我向你发火，是为了吓唬大家。我真正的意思是觉得平城是个用武的地方，不适宜改革政治。现在我要移风易俗，非得迁都不行。这回我出兵伐齐，实际上是想借这个机会，准备迁都。"拓跋澄恍然大悟，马上同意魏孝文帝的主张。

　　公元493年，魏孝文帝亲自率领步兵骑兵30多万南下，从平城出发，到了洛阳。正好碰到秋雨连绵，足足下了1个月，到处道路泥泞，行军发生困难。但是孝文帝仍旧戴盔披甲骑马出城，下令继续进军。大臣们本来不想出兵伐齐，趁着这场大雨，又出来阻拦。孝文帝严肃地说："这次我们兴师动众，如果半途而废，岂不是给后代人笑话。如果不能南进，就把国都迁到这里。诸位认为怎么样？"

　　大家听了，面面相觑，没有说话。孝文帝说："不能犹豫不决了。同意迁都的往左边站，不同意的站在右边。"一个贵族说："只要陛下同意停止南伐，那么迁都洛阳，我们也愿意。"许多文武官员虽然不赞成迁都，但是听说可以停止南伐，也都只好表示拥护迁都了。孝文帝把洛阳一头安排好了，又派任城王拓跋澄回到平城去，向那里的王公贵族，宣传迁都的好处。后来，他又亲自到平城，召集贵族老臣，讨论迁都的事。平城的贵族中反对的还不少。他们搬出一条条理由，都被孝文帝驳倒了。最后，那些人实在讲不出道理来，只好说："迁都是大事，到底是凶是吉，还是卜个卦吧。"孝文帝说："卜卦是为了解决疑难不决的事。迁都的事，已经没有疑问，还卜什么。要治理天下的，应该以四海为家，今天走南，明天闯北，哪有固定不变的道理。再说我们上代也迁过几次都，为什么我就不能迁呢？"贵族大臣被驳得哑口无言，迁都洛阳的事，就这样决定下来了。孝文帝把国都迁到洛阳以后，决定进一步改革旧的风俗习惯。有一次，他跟大臣们一起议论朝政。他说："你们看是移风易俗好，还是因循守旧好？"咸阳王拓跋禧说："当然是移风易俗好。"孝文帝说："那么我要宣布改革，大家可不能违背。"接着，孝文帝就宣布几条法令：改说汉语，30岁以上的人改口比较困难，可以暂缓，30岁以下、现在朝廷做官的，一律要改说汉语，违反这一条就降职或者撤职；规定官民改穿汉人的服装；鼓励鲜卑人跟汉族的士族通婚，改用汉人的姓。北魏皇室本来姓拓跋，从那时候开始改姓为元。魏孝文帝名元宏，就是用了汉人的姓。魏孝文帝大刀阔斧的改革，使北魏政治、经济有了较大的发展，也进一步促进了鲜卑族和汉族的融合。

孝文帝迁都洛阳以后，即开始第二期改革，改革的重点是改变鲜卑族内迁者原有的生活习俗，促进鲜卑族积极接受汉文化。改革的主要内容有以下几方面：一，易鲜卑服装为汉服。太和十九年（495年）十二月甲子，孝文帝在光极堂会见群臣时，"班赐冠服"，这是易鲜卑官服为汉官服的具体执行措施。二，规定官员在朝廷上使用汉语，禁用鲜卑语，并称鲜卑语为"北语"，汉语为"正音"。孝文帝曰："今欲断诸北语，一从正音。"30岁以上的鲜卑官吏，在朝廷上要逐步改说汉语，30岁以下的鲜卑官吏在朝廷上则要立即改说汉语。如有故意说鲜卑语者，降爵罢官。三，迁往洛阳的鲜卑人，要以洛阳为籍贯。死后不得归葬平城。四，改鲜卑贵族原有的姓氏为汉姓，并定门第等级。所改之汉姓，以音近于原鲜卑姓者为准。如拓跋氏为首姓，改姓元氏，是最高的门第等级；另丘穆陵氏改姓穆氏，步六孤氏改姓陆氏，贺赖氏改姓贺氏，独孤氏改姓刘氏，贺楼氏改姓楼氏，勿忸于氏改为于氏，纥奚氏改姓嵇氏，尉迟氏改姓尉氏。这八姓贵族的社会地位，相等同于北方最高门第崔、卢、郑、王四姓。

**鲜卑贵族元显隽的墓志**

孝文帝为了加强鲜卑族与汉族同化，规定鲜卑贵族改为汉姓，其中姓拓跋的，一律改姓元，又禁止迁洛的鲜卑人归葬平城。

其他等级稍低一些的鲜卑贵族姓氏亦改为汉姓，其等第与汉族一般士族相当。此外，孝文帝还积极鼓励鲜卑的皇族和贵族与汉族士族通婚，藉以建立政治联姻，由是加强汉族与鲜卑族的民族融和。

另外，孝文帝还颁布了一系列措施来移风易俗，主要有：

班俸制代替断禄制。北魏官吏原无俸禄，中央官吏按等级得到战争中获得的财物、隶户。地方官吏只要上缴额定的租调，就可以任意搜括、贪污，旧制户调：帛二匹、絮二斤、丝一斤、谷二十石。有的州县只产麻布，因此，又令每户出帛一匹二丈，存放州库，作为官府委托商人调换布帛之用。有的商人藉此渔利。公元 484 年魏孝文帝下诏："始班俸禄，罢诸商人，以简民事，户增调帛三匹，谷二斛九斗，以为官司之禄。均预调为二匹之赋，即兼商用。……禄行之后赃满一匹者死。"公元 485 年颁布均田令中规定："诸宰民之官各随地给公田，刺史十五顷，太守十顷，治中别驾各八顷，县令、郡丞六顷，更代相付。卖者坐如律。"使开国以来形成的贪污之风有所收敛。

以三长制代替宗主督护制。西晋末由于北方长期战乱，基层行政机构瓦解，出现以宗法关系为纽带，集军事、政治、经济为一体的坞堡。坞堡主管辖着前来依附的中小地主、众多的农民、部曲佃客。北魏初实行坞堡主任宗主督护制，所以民多隐冒，50、30 家方为一户。公元 486 年开始实行三长制，五家立一邻长，五邻立一里长，五里立一党长。负责督察户口，催督租赋，征发徭役和兵役，推行均田令，从而健全了县以下基层行政机构。使国家从中央到基层的行政体制得以完善。

实行均田制。北魏时由于豪强地主占有大量土地，而很多农民又得不到土地，农民或转入私门，成为豪强地主的隐户，或亡聚山泽起义反抗。隐户增多，使国家税、赋减少。农民的反抗，动摇着国家的统治。为了缓和这一社会矛盾，公元 485 年孝文帝颁布了均田令："诸男夫 15 以上，受露田 40 亩，妇人 20 亩，奴婢依良。丁牛一头受田 30 亩。限四牛。所授之田率倍之，三易之田再倍之，以供耕作及还受之盈缩……"均田令是北魏初期在旧都平城实行的计口授田、畿内课田制度的进一步发展和在全国范围内推广。均田令并没有触动封建地主土地所有制，其实质是在保障鲜卑贵族和汉族地主阶级利益的前提下，束缚农民于土地，强迫他们垦种土地，以增加封建国家的租调收入和徭役来源。均田令以法律形式肯定了自耕农对所耕土地的占有。一些无地或少地的农民也多少得到了一些荒田。从而稳定了社会秩序，促进了生产的发展。

北魏在实行三长制的同时，还颁了新的租调制，规定一夫一妇每年出帛一匹，粟二石；15 岁以上未婚的男女 4 人，从事耕织的奴婢 8 人，耕牛 20 头，其租调与一夫一妇数量相同。由于以一夫一妇为征收单位，这在一定程度上限制了宗主的营私舞弊，一般农户的负担略有减轻。流散的农民被强制定居，许多荫户户口脱离了宗主豪强。国家纳税户口及租调收入增加了。

北魏孝文帝的改革对于中国统一的多民族国家历史的发展做出了积极的贡献，有着极其深远的影响。鲜卑族作为一个民族虽然不存在了，但是已经和汉族融为一体，只不过改变了一个名称而已。

从长远历史观点看来：这段史迹只是北魏拓跋民族在中国活动的尾声，公元 220 年秦汉之"第一帝国"崩溃而隋唐宋之"第二帝国"尚未兴起时，这少数民族对中国的再度统一做了一段基本的工作。

汉亡之后 369 年，中国无法统一。当时人口总是由北向南，由西向东的移动，汉人的多数民族，不能与这自然所主持的力量抗衡。北方的少数民族虽擅长骑兵战术，却无法越渡淮水及汉水等处的水泽地区。并且游牧民族的生活方式也不能作为统一中国的表率。秦汉型的大帝国以官僚机构统治大量小自耕农，但分裂期间汉人的巨家大室和夷狄的首领都自起炉灶，妨碍政府向全民征兵抽税的职权。加上各民族语言之不同，更造成了统一的障碍。

拓跋氏打破了这种僵局。他们之所以能如此，不是文化程度高而是由于人文条件简单，可以从最基本的事业着手，并能以原始作风来解决问题，所以不期然的做了中国再统一的工具。

# 隋文帝统一南北

## ——中国的再次统一

南北朝末期，中国境内北周、突厥和陈三个政权并存。北周武帝死后，大权落入大臣杨坚之手。公元581年春，北周相国、隋王杨坚迫使自己的外孙、年仅9岁的周静帝禅位，在北周政权的基础上建立了隋朝。杨坚修筑大兴城（在今陕西西安东南一带）为国都，改元开皇。杨坚就是历史上著名的隋文帝。当时，隋朝共有211个州508个郡，并控制着建在江陵的傀儡政权后梁，统治着长江以北、三峡以西的广大地域。但是，在南方，陈朝政权还隔江与隋朝对峙；在辽西地区，原北齐残余势力在突厥的支持下，还占据着营州（治今辽宁朝阳）。

隋文帝出生在一个贵族家庭。他的父亲杨忠早在西魏时期便是权臣宇文泰手下一员得力干将。北周取代西魏后，杨忠又晋爵为隋国公。隋文帝早在15岁的时候，便由于杨忠的关系，被授予车骑大将军等头衔。他娶了权臣独孤信的女儿为妻，其女又成为北周宣帝的皇后，从而逐步控制了北周政权。他从小为人深沉，有远大的政治抱负。他利用北周末年政治腐败、阶级矛盾激化、统治集团分裂的时机，夺取政权，建立了自己的国家后，就立即着手部署反击不断南下侵掠的突厥和收复营州等事宜。

自从公元552年伊利可汗建立起突厥汗国后，突厥势力空前强盛，成为了一个控制着漠北和西域的强大政权。它利用北齐和北周对峙的局面。时而支持北周，时而支持北齐，每年都要从北齐和北周政权那里收取数十万计的岁贡。北齐和北周政权的皇帝实际上成了突厥的儿皇帝。北周攻灭北齐后，北齐的营州刺史高宝宁便投靠突厥，割据营州，成为突厥的傀儡政权。隋文帝即位后，决心脱离对突厥的藩属关系，改而奉行自立自强的政策，中止了对突厥的岁贡。为此，隋文帝暂时缓和了同南方陈朝的关系，积极加强边境防务，专力对付突厥。

开皇二年（582年），突厥沙钵略、巷罗、达头、阿波、贪汗五可汗率领五部40万人马分3路南下，大举侵隋。高宝宁也配合突厥行动，进攻平州（治今河北卢龙北）、幽州（治今北京）。隋军受到了沉重的打击，损失惨重。沙钵略可汗率领的中路军逼近了长安，达头可汗率领的西路军也连续攻陷了武威、天水、安定、金城等地。幸好这时突厥的西域和漠北属部发生叛乱和暴动，引起了突厥内部分裂，突厥才被迫撤军。

开皇三年，突厥沙钵略可汗再次征召突厥各部合兵南侵。但达头可汗却不愿出兵。隋文帝抓住这一有利时机，任命卫王杨爽为元帅，指挥河间王杨弘、上柱国豆卢勣左仆射高颖、

隋文帝像

## 历史大事全知道

右仆射虞庆则等人统率隋军，兵分三路，主动进攻突厥。隋军的西路军击败阿波可汗，中路军击败沙钵略可汗，东路军击败高宝宁，收复营州。至此，隋文帝完成了我国北方的统一。突厥遭到这场沉重打击后，内部严重分裂，隋朝的北部边境形势由此得到了缓和。

开皇七年，隋文帝废除了后梁傀儡政权，转而用兵南方。他采用尚书左仆射高颖的计谋，在陈国庄稼收获之时，不断调动军队发动小规模的进攻，进行扫荡作战，迫使陈国调集军队，布置防御。这样，既影响了陈国的农耕，削弱陈国经济力量，又迷惑了陈国的军队，使他们疏于防守，使隋军将来的进攻更具有了隐蔽性。同时，隋文帝还派遣大将杨素调集船工在永安（今重庆奉节）大造战船，做出将要顺流而下进攻陈国的姿态。

开皇八年三月，隋文帝用诏书的形式，一一列举了陈后主陈叔宝的 20 条罪恶，并抄写30 多万份，散发到江南各地，为进攻陈国做好了舆论准备。十月，隋文帝任命晋王杨广、秦王杨俊、清河公杨素为行军元帅，左仆射高领为晋王元帅长史，右仆射王韶为晋王元帅司马，发兵 52 万，兵分 8 路，由晋王杨广统一指挥，大举攻陈。十一月，杨广率军由六合（今江苏六合）、杨俊率军由襄阳（今湖北襄樊）、杨素率军由永安、刘仁恩率军由江陵、王世积率军由蕲春（今湖北蕲州）、韩擒虎率军由庐江（今安徽合肥）、贺若弼率军由广陵（今江苏扬州）、燕荣率军由东海（今江苏连云港）向陈国发起了全面进攻。杨素首先率领隋军水师开出长江三峡，在狼尾滩击败陈军将领戚昕的水军，与陈军的水军主力在长江中游一带对峙。

赵州桥 隋

工匠李春主持建筑，是世上现存最古老的单孔敞肩式石拱桥，经受了无数次
大地震的考验，被誉为"天下之雄胜"。

陈后主自小生长在宫廷中，根本不知道创业和守成的艰难，沉湎于酒色，从不关心政治，整天和身边的一些宠臣、嫔妃一起在临春、结绮、望仙这 3 座豪华无比的楼阁中饮酒赋诗，高唱《玉树后庭花》等歌曲，纵情享乐。因此，陈国国库空虚，百姓生活十分艰难。一些正直的朝臣上书劝谏后主要以国家为重，不能沉迷于酒色之中，但都遭到了陈后主的严厉惩处。

当陈后主得知隋军发动全面进攻的消息后，还不以为然，从容地对臣下说道："王气在我们这里。过去，齐国的军队 3 次来进犯，周国的军队再来进犯，都被挫败了。杨坚又能把我们怎么样呢!"陈国的都官尚书孔范也随声附和,声称:"长江天堑,自古以来就是南北的界限。如今,北方的军队难道还能飞渡不成?"

开皇九年正月初一,隋将贺若弼趁着漫天大雾发起偷袭,从广陵出发。在没有遇到任何抵抗的情况下,轻而易举便渡过了长江,并攻克了京口(今江苏镇江)。同时,隋将韩擒虎也率军渡江,在采石顺利登岸,攻克姑孰(今安徽当涂)。陈后主这才慌了手脚,匆匆任命骠骑将军萧摩诃、护军将军樊毅、中领军鲁广达为都督,司空司马消难、湘州刺史施文庆为大监军,率军组织抵抗。

贺若弼和韩擒虎率领隋军,兵分两路夹击建康(今江苏南京)。陈后主看到贺若弼率领的隋军兵临建康城下,吓得昼夜啼哭,无计可施。当时,建康城内还有甲兵10万。陈军都督萧摩诃向陈后主建议,说:"贺若弼孤军深入,立足未稳,出兵掩袭,一定可以获胜。"但遭到了拒绝。镇东大将军任忠反对出战,向陈后主建议一面固守建康,一面派遣精兵利用水军优势在长江上拦截隋军、进攻江北,等待长江上游的各路军队前来救援,但也遭到了拒绝。由于陈后主举棋不定,陈国的军队举止无措。等韩擒虎率领的隋军已经抵近建康时,陈后主又听从孔范的建议,下令陈军出城与隋军决战。

由于陈后主和萧摩诃的妻子私通,因此萧摩诃心中并不想真正为陈后主作战。陈军中奋勇作战的只有鲁广达所部。贺若弼率领的隋军曾4次被鲁广达指挥的陈军打退。贺若弼改变作战路线,领兵直冲孔范的陈军。孔范所部一触即溃,四处奔逃,把陈军的阵势搅得七零八落。陈军因此被隋军全面击败。隋军趁势一举攻入了建康城。

陈后主与张贵妃、孔贵嫔躲到景阳殿的深井中,被隋军搜出,当了俘虏。在长江中游一线与隋军相持的陈国水军也丧失了斗志,陆续放下武器,向隋军投降。到二月末,陈国全境的30个州、100个郡、400个县都被隋军平定。南北分裂的局面宣告结束,南北终于又成为一统江山。

开皇十年,由于南方的世家大族对隋朝中央委派地方官吏,剥夺世家大族的政治、经济特权感到不满,于是便散布流言,说隋朝要把士族地主迁徙入关,使江南各地人心惶惶。婺州(治今浙江金华)、越州(治今浙江绍兴)、苏州、饶州(治今江西波阳)、温州、泉州、杭州等地的士族和地方豪强便乘机起兵反隋,自称天子或大都督,设立百官;大者数万,小者数千;杀害隋朝官吏,攻占州县。隋文帝果断地派遣大将杨宝率军平叛。经过一系列的讨伐作战,叛乱被迅速平定,原南朝遗留下来的士族势力被进一步摧垮。中国历史上的第二次大统一遂告完成。

隋朝的统一,是中国历史上的重大事件。它的意义不仅在于结束了几百年来南北分治的局面,而且开始将南北文化融为一体,优势互补,从而为唐朝的文化繁荣以及宋明时期中国文化的再生创造了条件。即使仅从儒学的发展情况看,享国短暂的隋朝虽然并没有最终实现南北儒学的统一、儒释道三教的融汇与合一,但是,如果没有隋朝的短暂过渡及隋朝儒家学者的努力,恐怕唐初的儒学统一不可能那样快、那样彻底。故而从这个意义上说,隋朝历史虽然不长,但隋朝儒学则在儒学史上具有承前启后的重要意义。

# 科举制度形成

## ——选官制度的改革

　　在奴隶社会，主要官职都是世袭的。封建社会逐渐采取选拔官吏的办法。魏、晋、南北朝时，选拔官吏实行"九品中正制"，由地方政府进行。九品中正制的选官标准全凭门第出身，于是名门望族子弟被选为上品作高官，庶族寒门出身的人只能被选为下品小官，以至出现了"上品无寒门，下品无世族"的现象。

　　随着封建经济和农业生产的发展，庶族地主阶级的经济力量不断加强，人数不断增多，形成了一股重要的社会力量。他们要求在政治上得到相应的地位，而按门第高低选官的九品中正制，堵塞了他们进入仕途的道路。加上这种作法容易造成世家大族长期操纵地方政权，称霸一方的弊病，因而越来越不适应封建王朝的统治利益。在这种情况下，选官制度的改革已经势在必行，这就出现了隋唐时的科举制度。

　　科举制度始于隋朝。科举，就是由封建国家设立科目，定期举行统一考试，通过考试来选拔官吏，这种作法，也叫"开科取士"。隋朝建立后，隋文帝杨坚为了加强中央集权，扩大地主阶级的政权基础，正式废除了九品中正制，将选官权力收归中央。规定各州每年以文章华美为标准选拔三人，荐给朝廷。后又命令京官五品以上、地方官总管、刺史等以"志行修谨"（有德）、"清平干济"（有才）二科荐举人才。隋炀帝杨广即位后，又创置了进士科，国家用考试的方法以才取人，考取的就可以到中央或地方政府中做官，这就是我国科举制度的开始。

　　创置科举制度，是我国古代选官制度的一项重大改革。它适应了庶族地主阶级兴起的历史趋势，为地主阶级的各个阶层加入统治集团开辟了道路。隋朝实行的科举制度，一直为以后的封建朝代所沿用，并不断加以发展和完善，成为封建国家选官的基本制度。和隋朝以前的选官制度相比较，它有利于选拔人才，提高行政效率，对维护中央集权的封建统治起了重要作用。

科举考试图

　　科举制度始于隋，完备于唐、宋，终于清，在中国前后存在了 1300 多年，它的存废曾对中国社会产生过重大影响。科举制度有一定程度的平等竞争性，有益于社会各阶层的流动，有益于文化的统制和普及，更因为其有利于封建王朝统治的稳定和巩固而受到历代统治者的重视。但科举制度自身的弊端使其日益成为社会思想文化发展进步的滞碍。科举制度的废除，是中国教育史上带有革命性质的变革，但对当时的中国社会也带来了负面影响。

开科取士打破豪门垄断官选，自隋文帝开科取士以来，科举制度一直被当作国家的拔才大典受到历代封建统治者的高度重视。检阅历朝皇帝实录，几乎都设有专门的机构负责组织和主持考试事宜。为了保持科举考试的庄重性、严肃性及其正常顺利进行，还指定专门的机构对考试实行严格的监督，一旦发现舞弊行为，立即纠参，由皇帝颁发谕旨，饬派大臣查办。若所参属实，按律治罪，决不宽恕。在隋代考官因徇私舞弊、违犯科试条规，重则斩首，轻则流放、革职；至于考生，则革除名籍，永远开除士列。历代封建统治者之所以如此高度重视科举制度，是因为这一制度有利于王朝统治的稳定和巩固。隋唐以后，实行开科取士，打破了豪门士族垄断选官的局面，在一定程度上使中小地主乃至出身寒微的士人能在机会均等的条件下，通过严格的考试入选为官吏，跻身于统治阶级的行列，从而使科举选官成为巩固皇权的工具。皇权通过科举制度在民间创造了新的统治力量和赖以支撑的阶级基础——士绅阶层。随着科举制度的推行，这个阶层的人数就越多，队伍就越大，有力地巩固了封建统治。

科举制度有利于社会各阶层的流动。科举考试不再唯门第、财产是问，更多注重士人的知识才能，在一定的程度上具有相对平等的竞争性，从而为社会流动提供了一条有效的途径。"朝为田舍郎，暮登天子堂"不再是不可能实现的理想。由于科举考试程序的相对严密和应试对象的全民性，平民家庭出身的较之前者，其改变社会地位的愿望更为强烈，因而所下工夫往往更多。"十年寒窗苦，金榜题名时"，其获隽的机会相对较多。可以说，从唐至清，科举制度一直是促进社会下层士人向上层流动，导致社会结构变动的重要力量。不断的定期的开科取士，使得士人阶层不停地吐故（进入官僚队伍）纳新（接纳新的生员），从而在一定程度上保持了官僚队伍的新陈代谢。这样做的结果，一方面使饱学儒家经典的士子进入官僚队伍，可以实现其治国平天下的愿望；另一方面，由于他们来自社会下层，了解民间疾苦和吏治利弊得失，在施政时能给僵化的官僚体制增添生机，某种程度上有利于减轻腐化，抑制腐败；又因为他们受过系统的文化教育，掌握治理国家的有关理论知识，有较好的文化素养，也使官僚队伍保持较高的水准，有利于行政效率的提高。追溯封建社会漫漫绵延的历史原因，与科举制度所造成的官僚政治在社会中化解了很大一部分社会矛盾乃至对抗是不无关系的。

文官俑　隋

科举制度具有一定的文化统制与文化普及功能。但由于每次考试录取的名额有限，所以，清末这一阶层中除了小部分入仕从政、参加会流动外，而绝大多数仍滞留在社会下层，成为文化的传播者。

科举制度在中国绵延1300多年的史实，表明它作为一种选拔人才的方法不失其合理性。科举考试的组织、严格的考场纪律，试卷批阅中誊录、复审、磨勘、落卷的搜集等严密的程序，对于舞弊行为的严肃惩治等等，这些都是无可非议和不能否定的。由于每次中额人数有限，"非学而优"者不能入选，因而造成一种良好的社会风尚，凡经过科举考试获取功名的士子，毫无例外地受到社会的尊重。所以，尽管科举废除，科举功名的社会价值并未完全丧失，有功名的人仍然得到社会的垂青。科举制度本身并无太多的弊病，它所要革除的只是考试的内容、八股文体和为封建君主专制政治选才的宗旨。

科举制度的废除还造成社会道德风气的败坏。在科举制度下，与"读书做官"、"学而优则仕"相辅而行的，士绅还以"治国平天下"、天下兴亡为己任。他们重义轻利、求仁求智的行为举止在社会上具有示范作用。但科举废除后。随着近代民族资本主义的发展，"四民"之末的商人地位增高，资本主义制度下追逐私利日益为社会所承认，日渐成为当时社会个体行为取向的标准。士绅功名身份的失落虽有助于社会价值取向的转移，但传统的"贵义贱利"的价值观念日渐被"嗜利忘义"的风尚所取代，由此导致官场腐败的加剧，社会关系长期对立与无序，其影响至今还是显见的。

 简 评

科举制度曾为传统中国社会上、下层之间的社会流动提供了可能，虽然这种流动能力极为有限，但对民众的吸引力是巨大的，它使皇权与绅权处于相对平衡状态，中国社会也因此保持秩序的长期稳定。科举制度的废除，虽然摧毁了当时存在的社会等级制度，但由于士绅阶层的瓦解，使社会上层与下层、城镇与乡村之间的界限更加固定，对社会的整合功能造成长期的消极影响。科举制度废除后，社会没有适时地提供替代性的制度，以致社会上下层流动局面不复存在。举制度废除后的第六年，清朝就灭亡了。

# 京杭大运河的开凿

## ——沟通南北的大动脉

　　京杭大运河，是中国古代伟大的水利工程，在公元605—610年隋炀帝时开凿。它以洛阳为中心，北起北京，南达杭州，全长1794公里，是世界上最长的人工运河。流经北京、天津、河北、山东、江苏、浙江等省、市沟通了海河、黄河、淮河、长江、钱塘江5大水系。京杭运河是利用许多天然河流、湖泊开凿成的人工运河。是古代中国南北交通大动脉。大运河的开凿是中国古代劳动人民创造的一项伟大的水利建筑工程。不但具有防洪的作用，还具有重要的政治军事用途，在社会生活中也起到了重要的作用。

　　中国古代很早就有利用自然水源、修筑人工运河、灌溉农田和进行运输的历史。据记载，春秋时期，周敬王三十四年（前486年），春秋五霸之一的吴王夫差为了北上与齐、晋争霸中原，下令开凿连接长江和淮河的南北向运河。这条运河南起广陵（今江苏江都），引长江水东北行，一直到达射阳湖，再由射阳湖经末口（今江苏淮安的北神堰）进入淮河。这条运河建成后，吴国还把都城由姑苏（今江苏苏州）迁到了邗城（今江苏扬州）。由于这条运河流经邗城下，所以被称作"邗沟"。

　　战国时期，周显王七年（前362年），魏国迁都大梁（今河南开封）。为了便于调兵运粮，以抵御南方楚国的进攻，魏惠王不久便下令开凿了"鸿沟"（又称"大沟"，汉以后改称"狼汤渠"）。鸿沟由今河南荥阳北引黄河水，循汴水向东流经圃田泽（在今河南中牟西）至大梁，再折而向南，在今淮阳东南进入颍水，通达淮河。

江苏扬州古运河

高足金杯 隋

　　隋文帝开皇七年（587年），为了进攻江南的陈朝，隋文帝杨坚下令利用邗沟旧道，开凿了山阳渎。山阳渎北起山阳（今江苏淮安），引淮水南流，经江都（今江苏扬州）至扬子（在今江苏仪征东南）进入长江，沟通了长江和淮河水系。当时，由于射阳湖已经出现了相当程度的淤积，致使射阳湖一段的邗沟旧道因水浅而难以顺利通航，所以，隋朝在这一段邗沟旧道偏西的地方重新开挖了一段运河，把邗沟旧道截成了直道。因而，隋朝的山阳渎不再经由射阳湖。尽管当时河面还比较窄，工程质量也比较差，但山阳渎的开凿，对于隋朝统一中国以及加强对南方和东部地区的统治、转运江南富庶的物资都发挥了重要作用。

　　隋文帝时期，隋朝积累了大量的财富，而继位的隋炀帝杨广在政治上又具有勃勃野心，企图建立一个疆域空前的庞大帝国。在隋炀帝的这一计划中，建造一条贯通南北的大运河又处在核心的位置，其重要性有如秦朝的万里长城。因此，早在隋炀帝即位之前，他心中实际就已经酝酿好了大运河修建的粗略的方案。大业元年（605年）三月，刚即位才半年多的隋炀帝便在下令修建东都洛阳的同时，下令开凿新运河。

隋朝征发河南、淮北的100多万民工，利用鸿沟故道，加以疏浚、整修、改建，开凿了通济渠。通济渠从洛阳西苑引谷水（涧水）、洛水入黄河，又从板渚（旧治在今河南荥阳汜水镇东北，现已被黄河圮毁）引黄河水东行至汴州（今河南开封），再顺汴水到今商丘，然后折向东南接通蕲水，经今安徽宿州、泗洪等地，在今盱眙对岸进入淮水。因后来隋炀帝经通济渠巡游江南，所以通济渠又俗称"御河"。通济渠全长约500公里，河宽约40步，两岸都修筑了宽阔的"御道"，沿途榆柳夹道。由于大量利用了旧有河道，所以通济渠大约只用了半年的时间就竣工了。

同年，隋朝又征发淮南10多万民工，把山阳渎加以疏通和扩大，仿照通济渠的规格，把山阳渎也改造成了一条通航条件良好的运河。为了迎接隋炀帝的巡游，通济渠和山阳渎的沿途两岸还修建了许多座离宫。

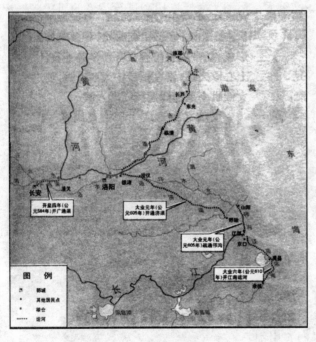

隋运河图

大业元年八月，兴致勃勃的隋炀帝率领他庞大的巡游船队沿通济渠和山阳渎南下江都。隋炀帝乘坐的龙舟高45尺，长200尺，镂金饰玉；共有四层，上层有正殿、内殿、东西朝堂。中间两层共有房间120套；下层则供内侍居住。皇后乘坐规模略小一些的"翔螭"舟，妃嫔分乘9艘"浮景"舟和36艘"漾彩"舟。这些船只由9000名身穿锦衣的挽船士分班牵引，日夜行进。随行的文武官员，五品以上乘坐楼船，九品以上乘坐"黄篾"船。各种随行的船只多达数千艘，舳舻相接，长达100多公里。刚刚竣工的通济渠和山阳渎能够承受如此庞大的船队，可见其修建质量是相当高的。

第二年十月，为了囤积经由通济渠和山阳渎源源不断运送到洛阳的江南漕粮，隋朝在巩县修建了洛口仓（也称兴洛仓），在洛阳北修建了回洛仓。洛口仓建有粮窖3000窖，每窖可容8000石粮食，总共能够容纳粮食2000余万石。回洛仓建有粮窖300窖，每窖可容8000石粮食，总共能够容纳粮食200余万石。从洛口仓和回洛仓的规模就可以看到通济渠和山阳渎漕运粮食的巨大能力。

大业四年（608年）正月，隋炀帝为了对高丽用兵，又下令由通济渠向北延伸，在黄河以北的地区再开凿一条永济渠。河北100多万男女民工被征发，参加了永济渠的开凿。永济渠南端在今河南武陟以南利用沁水下游河道，南引黄河入沁水。然后，凿渠使沁水与卫河相通。沿卫河经过今河南卫辉、滑县、内黄，山东德州，天津，再利用白河和永定河故道，通达涿郡（旧治在今北京西南）。永济渠长达1000多公里，工程极为浩大。

永济渠竣工后，隋炀帝于大业七年二月下诏进攻高丽，同时从扬州乘坐龙舟北上，经由山阳渎、通济渠到达涿郡，56 天便走完全程。这说明永济渠的通航性能非常优良。

大业六年（610 年）年底，为了更进一步漕运江南地区的粮食和物资，隋炀帝又下令在长江以南开凿江南河。江南河充分利用古代运河故道、天然河道，加以人工开凿和疏浚，从京口（今江苏镇江）引江水绕太湖之东，穿过太湖流域，直达钱塘江边的余杭（今浙江杭州），全长约 400 公里。大约在大业七年年底和大业八年年初竣工。

这样，前后用了 6 年左右的时间，包括通济渠、山阳渎、永济渠、江南河四段，长达四五千里的大运河全线工程便告完成。它是世界上三大人工运河中开凿得最早、流程最长的运河。由于工程浩大，这条大运河的开凿给隋朝人民带来了沉重的负担和巨大的灾难。因此，过去不少人都把这条大运河视为隋炀帝的暴政之一，认为它是引发隋末农民大起义、导致隋朝灭亡的直接原因。唐朝的胡曾在其《汴水》一诗中就曾咏叹道："千里长河一旦开，亡隋波浪九天来。锦帆未落干戈起，惆怅龙舟更不回。"然而，这种看法是片面的。唐朝末年的诗人皮日休在其《汴河怀古》一诗中便以正确的态度批评了这种看法。他写道："尽道隋亡为此河，至今千里赖通波。若无水殿龙舟事，共禹论功不较多！"

隋朝修建的大运河是世界上伟大的工程之一，在我国历史上可以与万里长城媲美。在大运河的修建过程中，它不仅凝聚着隋代人民的辛勤劳动，而且还成功地解决了地势起伏不平与河流交叉等许多工程难题，体现了我们祖先的高度智慧。大运河沟通了海河、黄河、淮河、长江、钱塘江五大河流以及许许多多的小河支流，以东都洛阳为中心，西通关中盆地、四川盆地，北抵华北平原，南达太湖流域，极大地扩展了我国古代的水上交通，改进了我国古代早先因地理条件和魏晋南北朝的长期分裂而造成的南北经济文化交流薄弱的旧貌，成为南北交通的大动脉。这条南北交通的大动脉，不仅是水上交通线，而且由于两岸建有宽阔的"御道"，从而也成为了重要的陆上交通线。

由于隋朝历史短促，隋代人民尽管为大运河的修建付出了极为艰辛的劳动，但却没有真正享受到大运河所带来的好处。然而，到了唐宋时期，大运河却随着经济中心的南移，在当时"北不如南、西不如东"的社会经济格局中产生了巨大的社会效益。沿着这条大运河，大量江南的粮食络绎不绝地运到北方，而北方的物资也源源不断地运往南方；洛阳、汴梁（今河南开封）、邺城（旧治在今河北大名东）、扬州、京口、杭州等大城市都因此得到了较大发展，繁华盛极一时。可以说，隋朝大运河对于我国古代南北经济文化的发展和国家的统一，起到了极其重要的作用。

# 隋末农民起义

## ——暴政的必然结果

隋统治集团在取得统一战争的胜利之后，其腐朽性便开始显露出来，他们利用政治上的特权，占有大量土地，残酷剥削人民。公元604年7月，开国皇帝隋文帝病死，隋炀帝杨广继位登基，这种情况更加严重。隋炀帝是中国历史上著名的暴君。他自恃才高，无比狂妄；他好大喜功，刚愎自用；他骄奢淫逸，挥霍无度；他野心勃勃，具有强烈的征服欲。他继位后，便不顾人民死活，大兴土木，营建东都洛阳，修建大运河，建造驰道，而且四处巡游，使农民饱受徭役折磨，田园荒芜，穷困破产。大业八年（612年）、大业九年、大业十年，他又3次发动对高丽（今朝鲜和韩国）的大规模战争。战争的失败，使士兵和民夫大量死亡，给人民造成了深重的苦难。隋炀帝无休止的横征暴敛和滥用民力引发了全国规模的农民起义。

河北的涿郡（今河北涿州）和山东的东莱（今山东莱州）是隋军进攻高丽的主要军事基地。这一带人民负担的兵役和徭役极其沉重，加以水旱灾荒不断发生，民不聊生，有些地区的民众只能靠吃树皮野菜充饥，甚至还出现了人吃人的悲惨情况。因此，农民起义首先便在山东和河北地区爆发了。

大业七年（611年），当隋炀帝下诏征调大量军队，准备第一次进攻高丽时，一个叫王薄的人自称"知世郎"，作了一首《无向辽东浪死歌》，号召农民反抗兵役，领导农民在长白山（今山东邹平东南）发动起义，揭开了隋末农民起义的序幕。同年，孙安祖、窦建德在高鸡泊（在今河北故城西南），高士达在清河（今河北清河），张金称在蓨县（今山东夏津），翟让、单雄信、徐世勣等人在瓦岗（在今河南滑县南）也先后高举义旗，反抗隋朝的残暴统治。

隋炀帝当时并未把这些农民起义军放在眼里。在第一次进攻高丽失败后，他又继续调集重兵进攻高丽。大业九年，不仅各地的农民起义军越来越多，而且连隋朝的礼部尚书杨玄感也在黎阳（今河南浚县）趁机起兵反隋。杨玄感是隋朝权臣杨素的儿子，有较强的号召力，因此他在六月起兵后，队伍在几天内便发展到了10多万人，并开始围攻隋朝的东都。隋炀帝闻讯，极为惊恐，立即下令进攻高丽的隋军班师，并派遣隋将宇文护、来护儿率军攻击杨玄感。八月，杨玄感由于在战略上犯了严重错误，被隋军击败。

尽管杨玄感起兵仅两月便遭到了失败，但由于他的起兵牵制了大量精锐的隋军，因而为其他农民起义军的迅速发展创造了有利的条件。农民起义军的活动地区开始由山东、河北发展到了淮南、江南、关中、岭南

石子河遗址
瓦岗军曾在此地大败隋虎贲郎将刘长恭部。

地区。局部地区的农民起义进而演变成为全国性的农民大起义。各地的农民起义军规模较大的有七八十处，全国参加起义的总人数达到了几百万人。他们纷纷攻占城地，夺取地主粮食，杀死贪官污吏和豪强地主。隋炀帝被声势浩大的农民起义吓得坐卧不安，从大业八年以后，他在睡梦中常常惊叫有贼，要几个妃子像拍抚婴孩那样拍抚着他，他才能入睡。

面对农民起义的风暴，隋炀帝采取了凶暴的镇压政策。他在613年以后，把大部分兵力用来镇压起义军，命令郡县、驿站、村庄都修城筑堡，强迫民众住到城堡里，还规定捕获起义者立即处死，并没收其全部家财。但是，这种残酷的镇压方式并不能遏止农民起义浪潮的继续高涨。各地的农民起义军在同强大隋军的战斗中，虽然屡遭挫折，但他们没有屈服。经过前仆后继的艰苦的斗争，在大业十二年后，各地分散的起义军逐渐汇合成了几个强大的政治集团。其中，以翟让、李密领导的河南瓦岗军，窦建德领导的河北起义军，杜伏威、辅公祏领导的江淮起义军力量最为强大。

翟让是东郡韦城（旧治在今河南滑县东南）人，早年曾担任过隋朝东郡法曹。他骁勇善战，率众起义后，队伍迅速发展到了上万人。李密出生于长安的一个贵族家庭，其父李宽为隋朝的上柱国、莆山公。李密曾参加杨玄感起兵反隋，兵败后投奔了瓦岗军。他为翟让献计献策，指挥瓦岗军攻克了荥阳东北的要塞金堤关，打下了荥阳和周围的好几座县城。隋炀帝任命骁将张须陀为荥阳通守，派他带领两万精兵前往镇压。瓦岗军在李密的指挥下，抓住张须陀狂妄轻敌的弱点，在荥阳大海寺一带设伏，大破隋军。张须陀当阵被斩，使隋军闻风丧胆。次年，瓦岗军又一举攻占了洛阳附近隋朝的重要粮仓兴洛仓（在今河南巩县境内），并打开粮仓，听任饥

唐高祖李渊像

民随意取粮。瓦岗军声威大振。隋朝镇守东都的越王杨侗派遣隋将刘长恭等人率领步骑2.5万，进攻瓦岗军。瓦岗军在石子河（今巩县东南）一带设伏，大败隋军。以翟让为首的瓦岗军将领随即推选李密为盟主，给李密加上"魏公"的封号，建元"永平"。赵魏以南、江淮以北广大地区的农民武装都群起响应李密，纷纷归附。瓦岗军于是成为各支起义军中力量最强的一支。不久李密杀死了翟让，独自控制了瓦岗军。

窦建德是清河漳南（旧治在今河北故城西北）人，曾担任隋朝的二百人长。他参加起义后，早年在高士达所部任司兵。大业十二年（616年），隋朝的涿郡通守郭绚率领万余兵马进攻河北起义军，结果被窦建德所指挥的人马击败，郭绚当阵被斩。高士达战死后，窦建德又收编了被隋将杨义臣击败的张金称和高士达起义军余部，势力大增，队伍发展到10余万人。第二年春，窦建德在长乐（今河北献县）建立政权，自称长乐王。同年七月，隋炀帝命令涿郡留守薛世雄带兵3万人驰援洛阳，进攻李密。窦建德得知后，立即在河间一带设伏，利用黎明的大雾，向薛世雄发起突然袭击，击败隋军，歼敌万人，俘获万余。薛世雄仅率数十骑狼狈逃回涿郡。这次战役之后，窦建德便控制了河北大部分地区。

江淮起义军的首领杜伏威是一位富有传奇色彩的人物。他是齐州章丘人。大业九年（613年），他与辅公祏率众起义，年仅16岁。他作战骁勇，冲锋在前，撤退在后，在江淮起义军中有很高的威望。大业十三年（617年），隋炀帝为了确保江都（今江苏扬州）的安

全，派大军前去镇压。起义军奋勇冲杀，把隋军杀得大败。杜伏威率领起义军乘胜攻破高邮，进占历阳（今安徽和县），自称总管，任命辅公祏为长史，并合并了不少小股起义军，从而控制了淮南和江北的许多地区。

隋王朝在各地起义军的沉重打击下，只能困守在长安、洛阳、江都等几个孤城里，处于土崩瓦解的境地。这时，一些隋朝的官员见隋朝即将灭亡，也开始拥兵自重，反隋自立，乘乱发展自己的势力。其中，势力最强的就是隋朝太原留守李渊的队伍。大业十三年十一月，李渊率军攻克长安，立代王杨侑为帝（隋恭帝），遥尊隋炀帝为太上皇，建立了自己的临时政权。次年三月，隋朝的禁军将领宇文化及等人在江都发动兵变，绞死隋炀帝，也建立了自己的政权。并率军北上，企图逐鹿中原。李渊闻讯后，立即废除了隋恭帝，建立了唐王朝，建元"武德"。原隋朝东都的文武官员得知隋炀帝死讯后，也奉越王杨侗为帝（皇泰帝），改元皇泰，死守洛阳。

至此，隋朝残暴的统治便在隋末农民起义的烈火中覆灭了。其后，随着唐朝势力和影响的逐步扩大，各农民起义政治集团的蜕变，隋末农民起义所造就的各种武装力量都先后在政权争夺中一一遭到了失败。

唐高祖武德元年（618年）六月，宇文化及率军北上，与李密交战；隋将王世充也率军从洛阳进逼瓦岗。李密为避免腹背受敌，被迫奉表向皇泰帝投降。为讨好皇泰帝，李密率军与宇文化及展开激战，在付出沉重代价后，将宇文化及击败。这时，王世充在洛阳发动政变，控制了皇泰帝。他趁李密久战疲惫之机，领兵2万攻打李密。李密战败，只好率领残部投降了唐朝。不久，李密又反叛唐朝，结果被杀。

杜伏威曾于618年奉表降隋，被皇泰帝封为楚王，任命为东道大总管。次年，他见唐朝的势力和影响越来越大，便又投降了唐朝。618年年底，窦建德改国号为"夏"，改元"五凤"。次年，窦建德率军进攻聊城，击败宇文化及，随即奉表向皇泰帝投降，被皇泰帝封为夏王。不久，王世充废掉皇泰帝，自立为帝。唐高祖武德四年（621年），李世民率领唐军进攻王世充。王世充向窦建德求援。窦建德认为唐军击败王世充后，必然会威胁到自己，于是率10万军队增援王世充。结果，窦建德的队伍在荥阳以北地区中了唐军埋伏，窦建德被俘后被杀。

## 简　评

以杨广为首的隋朝统治集团，是一个不可救药的腐朽势力。隋末农民战争一举粉碎了残暴腐朽的隋王朝，为社会经济的发展扫除了最大的障碍，这是不可磨灭的历史功绩。

隋末农民大起义还冲击了整个地主阶级，尤其是对贵族、官僚、门阀士族等特权阶层的打击更为沉重。地主阶级的田庄经济在农民革命风暴的冲击下，也大为削弱。如农民军对长安附近的大批地主田庄就曾"意存诛荡"，很多大田庄的命运是"通庄并溃"。这就使农民占有的土地有所增加，同时也使土地兼并缓和下来。土地占有情况的调整，使农民经济地位有所改善，提高了农民生产的积极性。

在农民战争当中，许多奴隶、部曲、佃客、杂户也获得了解放，他们随着身份、地位的上升，所受的剥削也有所减轻。隋以后，比较进步的契约租佃关系、定额租制，也逐渐发展起来。所有这些变化，都有利于生产力的发展。

# 贞观之治

## ——中国盛世的典型

　　唐高祖武德九年（626年）六月，唐高祖李渊的次子、秦王李世民发动宫廷政变，杀死太子李建成、齐王李元吉，迫使唐高祖将自己立为太子。同年八月，唐高祖退位，传位于李世民。李世民就是唐太宗。第二年正月，唐太宗改年号为"贞观"。

　　唐太宗是在起兵反隋、率军扫平隋朝残余势力、镇压农民起义、剪灭割据政权的长期战争中起家的。他亲眼目睹过隋炀帝的残暴奢侈、好大喜功、滥用民力以及波澜壮阔的隋末农民起义，亲身经历过艰苦的战争，因而在政治上有比较清醒的认识。他认为农民起义是由于国家赋役繁重、官吏贪酷、饥寒交迫引起的，只有实行节省开支，减轻赋税，澄清吏治，让百姓能活得下去，才能巩固封建国家的统治。为了避免重蹈隋朝的覆辙，他还把隋朝覆灭的教训作为一面镜子，随时儆戒自己和臣下。他经常告诫儿子说："君主好比是船，百姓就好比是水。水既能使船浮起，也能把船掀翻。"

　　唐太宗即位之初，由于多年战乱刚刚平息，社会经济十分凋敝。各地灾害频繁，土地大量荒芜，人民背井离乡，颠沛流离，人户离散，全国人口还不到300万户。为了医治战争创伤，恢复社会经济，唐太宗实行了"抚民以静"、"与民让利"政策，休养生息。为了解决有些地区人多地少的矛盾，使唐高祖时期颁布的均田令真正得到落实，唐太宗奖励垦荒，招抚流亡，并鼓励农民迁往荒地和空地较多的地区，规定在那些地区内占田逾额不作违反律令论处；移民垦荒者还可减免租税，免除赋役。对那些侵占逾额田地、阻碍均田制推行的官吏，唐太宗都加以严厉惩处。在发生严重灾荒的时候，唐太宗还拿出御府金帛，替百姓赎回因灾荒卖掉的子女。同时，他还改进了隋朝的仓储制度，在京师设立太仓，各州县建立社仓和常平仓，储粮备荒，使仓储制度更为完备，在赈恤救灾方面发挥了重要的作用。唐太宗还实行了奖励婚嫁生育、兴修水利工程等多项有利于农业生产的措施。经过多年努力，农业生产得以恢复。特别是在贞观六年（632年）和七年，由于雨顺风调，粮食连年丰收。粮价大跌，由过去的一斗米一匹绢，跌至一斗米二三钱。从而出现了被古代历史学家所赞誉的"海内康宁"、"国富民安"的繁盛局面。

唐太宗李世民像

　　唐太宗在政治上具有明确的目标和良好的判断力，认为使用隋炀帝独裁专断的办法是不能使国家长治久安的。因此，为实现天下大治，他始终把"兼听则明，偏信则暗"作为"明君"和"昏君"的分界线，要求大臣们注意选拔人才，做到"外不避仇，内不避亲"；并且能够广泛听取臣下的意见，择善而从。善于用人和纳谏是他突出的政治特色。

　　唐太宗用人能够摆脱门第、地域、亲疏关系的限制。为了打破魏晋南北朝以来山东士族的传统势力，唐太宗对山东士族过高的社会地位采取了压抑政策。他指派高士廉等人编修《氏族志》，把山东老牌士族崔氏定为第三等，同时在政治上采取兼用关陇、山东和江南士族的政策，并极力提拔寒门庶族出身的人担任要职。他的重要文武大臣，有许多人都出身寒微，如马周自布衣而为卿相，魏征少年时做过道士，而且还曾经是太子李建成政治集团中的人，尉迟敬德当过铁匠等。唐太宗这种用人的政策，在搜罗人才、稳定封建统治方面起到了重要作用。唐太宗用人还能够注意舍短取长，做到知人善任。大臣房玄龄不善于理狱而长于谋划，杜如晦不善于处理杂务而长于临机决断。唐太宗便根据他们的特长予以任用，使他们各得其所，各取所长，从而留下了"房谋杜断"的佳话。对于地方官员的品行和才能，唐太宗尤其重视。他不但亲自考核地方官，而且还把各地都督和刺史的姓名写在屏风上，随时记下他们的成绩和过失，以备提拔或贬降。

　　唐太宗不自以为是，积极鼓励臣下进谏，也能够择善而从，做到有则改之，无则加勉。魏征在唐太宗的群臣中，是以敢于直谏而闻名的。他经常提醒唐太宗要"居安思危"、"慎终如始"。有时，他的进谏太直，冒犯了唐太宗的皇帝的尊严，惹得唐太宗勃然大怒，可他仍敢据理力争，不留情面。唐太宗曾经一度在气头上发誓要杀了魏征，可怒气一消，也能够接受魏征的批评。魏征病死后，唐太宗大哭。他说："用铜来作镜子，可以端正衣帽；用历史来作镜子，可以看见兴亡；用人来作镜子，可以知道得失。魏征病死，我就丧失了一面镜子了！"他还因此颁布诏令，号召官员以魏征为榜样，做到直言不隐。

十八学士图　唐　佚名

　　唐太宗十分注重封建思想和文化建设。他认为南北朝以来各朝君王治理国家不过三代的原因之一就是因为他们不读书，不识礼教。为了提高孔子和儒学的地位，唐太宗规定长安专门设立孔子庙堂，以孔子为先圣，以颜回为先师。唐太宗重视图书的搜集与整理。即位后不久，太宗便在弘文殿收集了"经"、"史"、"子"、"集"四大类书籍20余万卷。为了统一经学，唐太宗又命国子祭酒孔颖达等人主编了《五经正义》。对于国外的文化和宗教，唐太宗也采取兼容并蓄、为我所用的政策。由于唐太宗的积极倡导，唐朝的绘画、雕刻、音乐、诗歌以及科学技术等领域都呈现出了一派繁荣昌盛的景象。

　　唐太宗还采取了一系列积极措施，如完善隋朝的三省六部制、严格官员的考核制度、健全科举制度，为有真才实学的人参政铺平道路；大量裁减唐高祖时代遗留下来的冗官冗员，节约财政开支，提高行政效率；废除前代的苛法酷刑，实行严格的死刑复核制度，在《武德律》的基础上制定《贞观律》，健全法制，严以执法，宽仁慎刑；改革府兵制度，加强军队的作战能力等，加强了唐朝的中央集权制度和军事力量。

唐太宗即位之初，周边少数民族政权，如东突厥、西突厥、吐谷浑、吐蕃等十分强大。特别是东突厥的屡次入侵，对唐王朝形成了极大的威胁。唐太宗一面根据魏征的意见，制定了"偃武修文，中国既安，四夷自服"的方针，采取措施，增强国力，一面加强军队训练，积极创造反击周边少数民族政权入侵的条件。他常常抽调几百名将官和士兵在显德殿操练，以示决心。贞观三年（629年）冬，由于东突厥发生雪灾和内乱，唐太宗于是命令李靖统一指挥10万唐军，分道4路进攻东突厥。第二年春，李靖亲自率领精锐骑兵奔袭颉利可汗的大帐，并与李世勣所部配合，在阴山一带大败突厥军队，生擒颉利可汗，攻灭了东突厥汗国。

贞观八年（634年）冬，吐谷浑袭扰凉州（治今甘肃武威），唐太宗任命李靖为西海道行军大总管，率军反击。次年夏，唐军经过连续苦战，深入无人之地2000余里，击败伏允可汗，迫使吐谷浑归降，打通了河西走廊。

贞观十三年（639年）冬，鉴于高昌王麴文泰经常勾结西突厥，攻伐邻国，拦劫商旅，阻断西域与唐朝的交通，唐太宗命令侯君集、薛万彻等人率军进攻高昌。次年八月，高昌王在唐军强大的进攻面前吓得病死，其子向唐军投降。唐太宗将高昌改名为西州，在交河城（故址在今新疆吐鲁番西10公里）设立了安西都护府，派兵镇守。后来，唐军又平定了焉耆之乱，统一了龟兹，并利用西突厥的内部分裂，派遣安西都护郭孝恪等人出兵击败乙毗咄陆可汗，册立乙毗射匮为可汗。贞观二十一年（647年），唐朝又在回纥设置了瀚海府等六府七州，册封回纥酋长吐迷度为怀化大将军兼瀚海都督。至此，唐朝基本上控制了西域和漠北地区。由于实行开明的民族政策，周边各部族纷纷前来归附，唐太宗也因此被他们尊为"天可汗"、"天至尊"。

吐蕃人是藏族的祖先。公元7世纪初，松赞干布统一了吐蕃各部，在逻些（今拉萨）建立了强大的吐蕃政权。贞观八年，松赞干布为了沟通与唐朝的关系，特地

房玄龄像

杜如晦像

魏征像

派遣使者到长安向唐太宗求婚。贞观十五年（641年），唐太宗派遣礼部尚书、江王李道宗护送文成公主入藏，与松赞干布完婚。汉族的农耕、纺织、建筑、造纸、制墨、制笔、酿酒、制陶、冶金及农具制造等技术也随着文成公主的入藏而在西藏传播开来，对西藏地区政治、经济、文化的发展，起了极大的促进作用。

唐太宗在中外交往上，也采取了比较积极和友好、开放的态度。随着国内民族和睦、经济文化的高度发达，中国与波斯（今伊朗）、大食（今阿拉伯地区）、拂菻（东罗马）等70多个亚非国家都有着频繁的经济文化交流。许多国家的使臣、商贾、学者、僧侣等，不断前来唐朝访问。京都长安从而成为了一座国际性大都会，成为当时世界的中心。

# 历史大事全知道

　　唐太宗一生只用过"贞观"这一个年号。在他统治的 23 年中，由于社会安定，政治清明，经济繁荣，文化昌盛，人民安居乐业，各民族团结和睦，中外交流频繁，出现了中国历史上罕见的太平盛世，所以历史上便把这一时期称为"贞观之治"。"贞观之治"也因此而成为了中国封建社会历史上最辉煌的一页，一定程度上奠定了古代中国在国际上的地位，这就是至今世界其他国家仍称中国人为"唐人"的原因所在。

# 文成公主入藏
## ——唐蕃友好的象征

吐蕃人是藏族的祖先，生活在青藏高原，有的以游牧为业，有的从事农耕，手工业有一定的发展，以纺织和冶铸业水平较高。7世纪前期，吐蕃杰出的首领松赞干布统一各部，建立了强大的奴隶制政权，都城在逻些。公元634年，吐蕃王朝已经是中国西部的一个统一而强大的王朝，这时中国中心部位的汉族王朝是强盛的唐朝，唐朝当时是世界上经济和文化最发达的国家之一。同一时代的两位天才政治家、军事家松赞干布和唐太宗李世民，都适时地掌握了客观需要，以蕃唐通婚的形式，建立了友好和平关系。

公元七世纪初，中原地区经过数年的战争，李渊（唐高宗）、李世民（唐太宗）父子于618年以长安为都城建立了中国历史上空前的大唐帝国，国势非常强盛，成为当时东亚地区文明的中心，对周边民族部落产生了强烈的影响，许多民族部落纷纷与唐朝修好，或称臣内附，或纳贡请封，促进了汉族与其他少数民族的交流。

而在这个时候，一代英主松赞干布也已称雄雪域高原，完成了对一些小国的兼并，定都逻些（今西藏自治区拉萨），建立了统一的吐蕃王朝，并积极谋求与唐朝建立密切关系。

松赞干布是藏族历史上著名的人物。他是吐蕃第三十二代赞普，统一了西藏各部并使吐蕃发展到极盛。松赞干布还建成了圣城拉萨，并迁都于此。在此之前，吐蕃的根基地是在距泽当30公里处的琼结，吐蕃诸部在此驻留达800余年。传说第一任聂赤赞普是在公元前237年的某天从天而降的，落脚的地方恰好就是雅砻河谷源处的雅拉香波神山。俊美伟岸并且聪慧不凡的聂赤赞普在被雅砻地方的人问及从何而来时，以手指天作答，遂被当地人认为是天神之子，从而拥立他为王。藏语中"聂"意为脖子，"赤"意为宝座，因发现他的人是以脖子为座迎他而归，故得名。

从公元634年始，松赞干布两次派能言善辩，聪明机智的大相禄东赞出使长安，向唐皇

步辇图　唐　阎立本
此图描绘了唐太宗见吐蕃赞普派来迎娶文成公主的使者禄东赞的情景

求亲。公元 641 年，唐太宗终于同意了松赞干布和亲的请求，答应把宗室女文成公主嫁给他。于是文成公主在唐蕃专使及众侍从的陪同下，踏上了漫漫的唐蕃古道。有关禄东赞出使长安的传说，以及他运用聪明才智，勘破了唐皇设的一道道难题，终于为松赞干布娶回了美丽善良的文成公主的故事，在藏族民间故事中有许多记载。

松赞干布多年的夙愿得以实现，十分高兴，亲自率军远行至柏海（今青海玛多县境）迎候。在离黄河源头不太远的扎陵湖和鄂陵湖畔，松赞干布建起"柏海行馆"，一对异族夫妇便在这美丽的地方，度过了他们的洞房花烛夜。

松赞干布像（左）和文成公主像（右）

松赞干布和文成公主至玉树（在今青海省）时，看到这里景色优美，气候宜人，而且长途跋涉，需要休息，两人便在一条山谷里住了一个月。文成公主闲暇时，拿出父皇送给她的谷物种子和菜籽与工匠一起向玉树人传授种植的方法和磨面、酿酒等技术。玉树人非常感激文成公主，当公主要离开继续向拉萨出发时，他们都依依不舍。当地的藏民还保留了她的帐房遗址，把她的足迹和相貌都刻在石头上，年年膜拜。公元 710 年，唐中宗时，唐室的又一名公主金城公主也远嫁藏王，路过这里时，为文成公主修了一座庙，赐名为"文成公主庙"。

文成公主安抵拉萨时，人们载歌载舞，欢腾雀跃，欢迎她的到来。当时，唐朝佛教盛行，而藏地无佛。文成公主是一位虔诚的佛教徒，她携带了佛塔、经书和佛像入蕃，决意建寺弘佛。她让山羊背土填卧塘，建成了"大昭寺"。大昭寺建成后，文成公主与松赞干布亲自到庙门外栽插柳树，成为后世著名的"唐柳"。著名的"甥舅同盟碑"，也称"长庆会盟碑"就立在唐柳旁。现在大昭寺大殿正中供奉着的一尊释迦牟尼塑像，也是文成公主当年从长安请来的。大殿两侧的配殿内，有松赞干布、文成公主的塑像，十分精美生动。只是他们脸上因布施献金的人太多，而绽开了金皮疙瘩。

后来，文成公主又修建了小昭寺。从此，佛教慢慢开始在西藏流传。文成公主还对拉萨四周的山分别以妙莲、宝伞、右施海螺、金刚、胜利幢、宝瓶、金鱼等八宝命名，这些山名一直沿用到现在。

文成公主一方面弘传佛教，为藏民祈福消灾，同时，还拿出五谷种子及菜籽，教人们种植。玉米、土豆、蚕豆、油菜能够适应高原气候，生长良好。而小麦却不断变种，最后长成藏族人喜欢的青稞。文成公主还带来了车舆、马、骡、骆驼以及有关生产技术和医学著作，促进了吐蕃的社会进步。

松赞干布非常喜欢贤淑多才的文成公主，专门为公主修筑的布达拉宫，共有 1000 间宫室，富丽壮观，但后来毁于雷电、战火。经过十七世纪的两次扩建，形成现在的规模。布达拉宫主楼13层，高117米，占地面积36万余平方米，气势磅礴。布达拉宫中保存有大量内容丰富的壁画，其中就有唐太宗五难吐蕃婚使噶尔禄东赞的故事，文成公主进藏一路遇到的艰难险阻，以及抵达拉萨时受到热烈欢迎的场面等。这些壁画构图精巧，人物栩栩如生，色彩鲜艳。布达拉宫的吐蕃遗址后面还有松赞干布当年修身静坐之室，四壁陈列着松赞干布、文成公主、禄东赞等的彩色塑像。

公元649年，唐太宗李世民去世，新君高宗李治继位后，遣使入蕃告哀，并授松赞干布"驸马都尉"，封他为"西海郡王"。松赞干布派专使往长安吊祭太宗，献金十五种供于昭陵（唐太宗墓），并上书唐高宗，表示对唐朝新君的祝贺和支持。唐高宗又晋封松赞干布为"王"，并刻了他的石像列在昭陵前，以示褒奖。

松赞干布迎娶文成公主后，中原与吐蕃之间关系极为友好，此后200多年间，很少有战事，使臣和商人频繁往来。松赞干布十分倾慕中原文化，他脱掉毡裘，改穿绢绮，并派吐蕃贵族子弟到长安国学读书。唐朝也不断派出各类工匠到吐蕃，传授各种技术。

文成公主知书达礼，不避艰险，远嫁吐蕃，为促进唐蕃间经济文化的交流，增进汉藏两族人民亲密、友好、合作的关系，做出了历史性的贡献。这一切不仅被载入史册，也深深铭刻在汉藏人民心中。

# 武则天当政

## ——中国历史上的惟一女皇帝

唐太宗是个精明能干的皇帝，但是他的儿子高宗却是个庸碌无能的人。唐高宗即位以后，自己不会处理朝政大事，一切靠他的舅父、宰相长孙无忌拿主意。后来，他立了皇后武则天，情况就发生了变化。武则天本来是唐太宗宫里的一个才人（一种妃嫔的称号），14岁那年，就服侍太宗。当时太宗的御厩里，有匹名马，叫"狮子骢"，长得肥壮可爱，但是性格暴躁，不好驾驭。有一次，唐太宗带着宫妃们去看那匹马，跟大家开玩笑说："你们当中有谁能制服它？"妃子们不敢接嘴，14岁的武则天勇敢地站了出来，说："陛下，我能！"太宗惊奇地看着她，问她有什么办法。武则天说："只要给我三件东西：第一件是铁鞭，第二件是铁锤，第三件是匕首。它要是调皮，我就用鞭子抽它；还不服，用铁锤敲它的头；如果再捣蛋，就用匕首砍断它的脖子。"唐太宗听了哈哈大笑。他虽然觉得武则天说的有点孩子气，但是也很欣赏她的泼辣性格。唐太宗死后，按照当时宫廷的规矩，武则天被送进尼姑庵。这当然是她很不情愿的。

太宗死后，高宗继位。高宗在他当太子的时候，就看中了武则天。即位两年后，他把武则天从尼姑庵里接出来，封她为昭仪（妃嫔的称号）。后来，又想废了原来的王皇后，立武则天做皇后。这件事遭到很多老臣的反对，特别是高宗的舅父长孙无忌，说什么也不同意。

武则天像

武则天私下拉拢一批大臣，在高宗面前支持武则天当皇后，有人对高宗说："这是陛下的家事，别人管不着。"唐高宗这才下了决心，把王皇后废了，让武则天当皇后。武则天当了皇后以后，就使出她那果断泼辣的手段，把那些反对她的老臣一个个降职、流放，连长孙无忌也被逼自杀。不多久，那个本来已经十分无能的高宗害了一场病，成天头昏眼花，有时候连眼睛都张不开。唐高宗看武则天能干，又懂得文墨，索性把朝政大事全交给她管了。

公元683年，高宗死了。武则天先后把两个儿子立为皇帝——中宗李显和睿宗李旦，都不中她的意。她把中宗废了，把睿宗软禁起来，自己以太后名义临朝执政。公元690年九月，武则天接受大家的请求，自称圣神皇帝，改国号为周。她就成了中国历史上惟一的女皇帝。

在武则天登基作皇帝之前，武则天进行了一系列的改革，来巩固自己的统治。第一是修改《氏族志》为《姓氏录》，从传统上和舆论上打击和削弱一贯反对自己的士族官僚集团，扶植和依靠新兴的庶族地主阶级。这样使士族官僚不再有人仕做官的优越条件，也不能因出身豪贵而为所欲为。而对庶族出身的官员，也不再因门第贫贱而受耻受辱于人。修成的《姓氏录》再也看不到士族贵族的特权，原来连《氏族志》都不能列入的武氏，在《姓氏录》中，却定为姓氏的第一等。再次，是变更官名，改东都洛阳为神都，为自己登位称帝，建立新秩序，迈出重要的一步，向举国表示自己大位一统至高无上的权方。

如果说，武则天在称帝前30余年参政执政的政治生涯中，已显示出惊人的政治谋略和手段。那么，在称帝之后的10余年中，则更充分地显示了她在用人、处事、治国等各个方面杰出的政治才能和政治家的气魄。

武则天称帝后，更重视人才的选拔和使用。她认为"九域之广，岂一人之强化，必仁才能，共成羽翼"。凡能"安邦国"、"定边疆"的人才，她不计门第，不拘资格，一律量才使用。为了广揽人才，她发展和完善了隋以来的科举制度，放手招贤，允许自举为官、试官，并设立员外官。此外，她还首创了殿试和武举制度，为更多更广地发现人才，搜罗人才创造了有利的条件。比如，中唐名将郭子仪，就是"自武举异等出"。这样，在她施政的年代里，始终有一批"文似仁杰"，"武类休武"的能臣干将为其效命，有力地维护着武周的政权。

对于农业生产，武则天也非常重视。她说："建国之本，必在务农"，"务农则田垦，田垦则粟多，粟多则人富"。她规定，能使"田畴垦辟，家有余粮"的地方官升任；"为政苛滥，户口流移"的"轻者贬官，甚至非时解替"。这样，在她执政的年代里，农业和手工业都得到较大的发展。人口不断增加。据当时统计，永徽时全国户数为380万户，到则天临终的神龙元年，渐增为615万户，几乎增长一倍。仅此一点即可看出这一时期的农业经济发展情况。

在抗击外来入侵，保护边境安宁，改善相邻各国的关系方面，武则天施政时期也做了很多努力。对吐蕃贵族的入侵和骚扰，武则天给予坚决的抵御和反击。长寿元年（692年），她派大将王孝杰击败吐蕃，收复安西四镇，复置安西都护府于龟兹。之后，又在庭州设置北庭都护府，巩固西北边防，打通了一度中断的通向中亚地区的"丝绸之路"。在她施政的年代里，坚持边军屯田的政策。天授年间，娄师德检校丰州都督"屯田积谷数百万，兵以饶给"。大足元年（701年），郭元振任凉州都督，坚持屯田五年，"军粮可支数十年"。武氏的这种大范围的长期屯田，对边区开发、减轻人民转输之劳，以及巩固边防都有着积极的作用。

当然，在武则天掌权近半个世纪的较长时期内，也有很多过失。她重用酷吏，奖励告密，使不少污吏横行一时。他们刑讯逼供，滥杀无辜，诬陷于人，使不少文臣武将蒙受不白之冤。这些虽然对武周政权的巩固起过一些作用，但是，搞得统治集团内部矛盾激化，人人自危，必然影响国家的治理和生产的发展。她放手选官，使官僚集团急剧增大，官僚机构膨胀，必然要加重人民的负担。她晚年好大喜功，生活奢糜，耗费大量财资和劳力。这都不同程度地影响和延缓了生产力的发展。不过，这些错误和过失，毕竟是武则天政治生涯中的支流。她作为中国历史上惟一的女皇帝，能够排除万难，在统治长达半个世纪的年代，形成强有力的中央集权，社会安定，经济发展，上承"贞观之治"，下启"开元盛世"，革除时弊，发展生产，完善科举，破除门阀观念，不拘一格任用贤才，顺应历史潮流与大刀阔斧改革的历史功绩相比，实难同日而语。她的历史功过，恰如她给自己立下的那块"无字碑"一样，只能由历史去做出评论和判断。

武则天是中国历史上惟一的女皇，前无古人，后无来者。她以一弱小女子，14岁为唐太宗才人，继为唐高宗昭仪、皇后，最后在男尊女卑的封建社会竟然坐上国家庙堂的第一把交椅，对文武大臣召来挥去，掌天下生杀予夺之权，使男人威风扫地，这实在是一件异乎寻常之事。究其原因，固然与武则天的个人因素有关：她有杰出的政治才能和强烈的统治欲望，既善搞阴谋诡计又会收拾人心，既有一定气度又心狠手辣。但是任何历史人物，无论有

武后步辇图 唐 张萱

多大能耐，离开历史条件，都将一无所为。为什么唐代能够出现一位女皇帝呢？

唐代，特别是唐前期，是一个开放型的封建社会，表现在民间习俗和社会风尚上，一方面由于唐朝是在经过了北朝的民族大融合后建立起来的，李唐皇室即有浓厚的胡化色彩，少数民族不重礼法的社会习俗，渗透并冲击了传统的伦理道德观念；另一方面，唐前期，讲究伦理纲常、禁锢妇女的理学尚未形成，而唐初统治者对讲究经学、礼教的山东旧族采取排斥、压抑政策，这样就使唐前期社会礼法束缚较轻，女子社会地位较高，婚姻关系较自由随便，武则天故能由唐太宗的才人变为唐高宗的皇后，得到君临天下的机会。加之唐代女子接触社会较多，具有雄健强悍性格，使武则天有气魄和胆略登上皇帝宝座。

唐代社会不仅造就了一个武则天，还造就了许多女中豪杰。像唐中宗朝中用事的韦皇后；状貌颇类武则天、计谋亦不在其母之下的太平公主；才华绝代的上官婉儿；女扮男装、替父从军的花木兰据传也是前唐人。以武则天为首的唐代女子在历史大舞台上的精彩表演，也算是五彩缤纷的大唐气象之一吧。只维持一世的武周王朝虽别具一格，但与整个唐代历史融为一体，更增添了盛唐社会的迷人风采。

简 评

武则天是中国历史上惟一的女皇帝，对历史产生重要影响，在她统治期间，由于出身寒微，所以大力扶持出身一般地主的官僚，发展科举制度，对原来的贵族社会进行了沉重打击，为开启中国平民社会的到来奠定了基础，并且大大提高了妇女的地位。

# 开元盛世

## ——唐代繁荣的顶峰

公元705年正月，宰相张柬之等人发动宫廷政变，迫使病重的武则天让位，拥立唐中宗李显复位。唐中宗景龙四年（710年）六月，专制朝政的韦后想做武则天第二，于是与女儿安乐公主合谋，毒死了懦弱的唐中宗。韦后立儿子李重茂为帝，自己临朝摄政。相王李旦的儿子李隆基与武则天的女儿太平公主合谋，起兵杀死了韦后和安乐公主，拥立李旦为帝。李旦就是唐睿宗。延和元年（712年）七月，睿宗让位给27岁的李隆基，自己做了太上皇。

李隆基即唐玄宗。即位之初，他的皇位并不牢固。太平公主野心勃勃，又是他的姑母，有着极大的权势。睿宗时期的7位宰相，有5位都是太平公主提名的。当时的文武大臣，也有一半多是太平公主的死党。唐玄宗先天二年（713年）七月，唐玄宗先发制人，起兵杀死了宰相窦怀贞、岑羲、萧至忠等人，逼迫太平公主自杀，并全面肃清了其党羽，从而真正控制了朝政。

唐玄宗为人胆大聪明，多才多艺，即位前曾亲身经历过不少宫廷斗争，有相当的政治经验，对武则天后期以来唐朝所面临的政治、经济、军事危机有比较清醒的认识。他认为协助他夺取皇位和铲平太平公主党羽的功臣郭元振、刘幽求等人都不足以辅助自己拨乱反正，于是便以种种借口，把他们相继贬逐到远方，任命曾在唐中宗时期一度倡导过政治改革的姚崇担任宰相，并在这年年底改元"开元"，以表示自己决心开辟一个新的时代。

为了解决唐朝从武则天以来宫廷政变连续不断、政局动荡不定的问题，唐玄宗首先将皇亲国戚包括自己的几个亲兄弟都变相逐出了政治核心，并严禁诸王与群臣交结。他还进一步削减了宰相班子的人数，只任命姚崇和卢怀慎担任宰相，以加强宰相的权力。唐玄宗在开元时期，励精图治，知人善任。他先后任命的宰相都各有特色，如姚崇讲究实际，宋璟重视法制，张嘉贞强调吏治，张说崇尚文化，卢怀慎、李元纮、杜暹以节俭著名，韩休、张九龄以正直著称，而唐玄宗则能用其所长。他尤其对姚崇和宋璟特别倚重，每当两人觐见时，他都要站起来迎接；两人走的时候，他都要把两人送

唐玄宗李隆基像

到门口。宋璟为人刚直，敢于犯颜直谏。唐玄宗对他又敬又怕。有时虽然他不同意宋璟的意见，但往往是曲从宋璟。

即位之初，唐玄宗针对社会上流行的奢侈浪费风气，下令把皇宫里的奢华的日用品及金银器玩全部交给有关部门销毁，重新铸造成有用的物品，捐赠给国家使用；把皇宫中的珠玉、锦绣全部在殿前公开焚毁。并规定后妃以下，都不准穿戴锦绣服装、佩带珠玉装饰；百

官的服饰以及酒器、马衔、马镫，三品以上可以用玉装饰，四品可以用金装饰，五品可以用银装饰，其余都不准装饰玉、金、银。他还下令撤销建在长安和洛阳两地专为皇宫生产织锦的织锦坊，禁止天下制造珠玉、纺织锦绣等物品。他对奢侈浪费的惩处很严。一次，他看到一个卫兵把吃剩的饭倒掉，顿时勃然大怒，差点把他杀掉。在唐玄宗的倡导下，奢靡的社会风气很快便被遏止，而节俭成为了时尚。宰相卢怀慎能力不足，人称"伴食宰相"，但他却清谨俭素。史书上说他"所得俸赐，随散亲旧，妻子不免饥寒，所居不蔽风雨"。唐玄宗特意任命他为宰相，并不是让他处理天下大事，而是让他给天下树立一个节俭的榜样。

姚崇在接受宰相任命时，曾向唐玄宗提出了抑制权贵、废除苛捐杂税、不接受礼品贡献、接受臣下谏诤等改革要求，唐玄宗都表示接受，并认真落实。他下令禁止新建佛寺和道观，禁止百官和僧、尼、道士往来，并下令清查天下僧尼，凡不合格者全部还俗。这次清查的结果，使3万余名僧尼还俗为民，打击了日益扩张的寺院势力。唐玄宗的弟弟薛王李业的舅父王仙童仗势欺压百姓，唐玄宗接受姚崇、卢怀慎的建议，严惩了王仙童，打击了大贵族的嚣张气焰。

唐中宗时期，韦后以及太平、安乐、长宁公主都仗势弄权，常常替行贿者或亲信"跑官"。她们不通过朝廷，而直接让中宗写好任命，斜封交付中书省授官。当时叫做"斜封官"。唐玄宗即位后，宰相姚崇、卢怀慎、宋璟等人都能坚持原则，杜绝这种不正常现象。申王李成义向唐玄宗请求，想把自己府中的录事阎楚硅提拔为参军，唐玄宗同意了。但姚崇、卢怀慎却坚决不同意，说这样会搞乱朝廷的纪纲。唐玄宗认为很有道理，也就取消了自己下达的命令。岐山县令王仁深是唐玄宗做藩王时的老部下，唐玄宗亲笔写了道任命给宰相宋璟，让他封王仁深一个五品官。宋璟认为这样做不合法，便说服唐玄宗取消了成命。宋璟自己也能以身作则。有一次吏部选人，他的远房叔父宋元超便向有关人员声明，说自己和宋璟有亲属关系，想得到个好差使。宋璟知道了，便通知吏部，不给宋元超任何官职。

唐玄宗对地方官员的素质十分重视，针对官员都愿意留在京城任职，而不愿到地方任职的弊病，他在开元二年（714年）下令选派有才识的京官到地方担任都督、刺史，并规定以后的京官都必须从地方官中选任。开元四年，他还在殿廷亲自复试吏部新任命的县令，把其中不合格的40余人斥退。唐玄宗鉴别地方官员的好坏有自己的一套办法。开元十三年（725年），他东封泰山，一路上他发现只有怀州（治今河南沁阳）刺史玉丘、魏州（旧治在今河北大名东北）刺史崔沔、济州（旧治在今山东茌平）刺史裴耀卿招待他不铺张浪费，于是他认为这3人老实本分，不劳人市恩，是优秀官员，便对3人进行了表彰，还提拔了他们。

唐玄宗即位之初，对自己个人的修养也极为注意。他重视农业生产，经常率领太子等子女在皇宫的后苑中种麦子，一方面想让他们知道种庄稼的艰难，另一方面也使自己获得一些农业的知识。唐玄宗也能够纳谏，他生性好玩，宰相韩休守正不阿，常常对他提出批评，因此他对韩休感到害怕。他在宫中宴乐或后苑游猎，只要稍稍觉得有些过分，便会向左右的人打听："韩休知道吗？"往往是他的话音刚落，韩休的谏疏就到了。他曾经为此对着镜子默然不乐。左右的人对他说："韩休做宰相后，陛下比过去更瘦了。为什么不把他赶走呢？"他长叹一声，说："我虽然瘦了，天下却必定会肥。宰相萧嵩不顶撞我，但他走后，我就睡不安稳。韩休常常和我激烈争辩，但他一走后，我却能睡个安稳觉。我用韩休，是为国家，不是为我个人。"

此外，唐玄宗还对军事制度、财政制度、漕运制度、法律制度作了一些改革。对周边少数民族政权，唐玄宗也能本着不穷兵黩武，但也不委曲求全的态度予以对待，使边境地区基

华清宫 唐

本上能够保持安宁。

唐玄宗的"开元"年号共用了29年（713—741年）。在姚崇、宋璟等人的尽心辅佐下，开元前期，唐玄宗所推行的有利于社会发展的政治经济措施逐渐收到了明显效果。社会生产有了较大的发展，赋役宽平，政治清明，百姓富庶，国力强盛，封建社会经济呈现出了空前的繁荣。开元二十年（732年），天下的户数达到了7861236户，人口达到了45431265人；开元二十八年（740年），户口增长到8412871户，人口增长到48143690人。唐王朝达到了全盛时期。当时，唐朝每年收入粮食1980多万斛、绢740万匹、布1035万端（每端为5丈）、钱200多万缗（每缗为1000文）。西京、东都的米价，每斛不到200文钱，每匹绢的价格与一斛米的价格差不多。史书上赞美当时的太平景象说："海内富安，行者虽万里不持寸兵。"诗人杜甫在《忆昔》这首诗中也描述道："忆昔开元全盛日，小邑犹藏万家室。稻米流脂粟米白，公私仓廪俱丰实。九州道路无豺虎，远行不劳吉日出。齐纨鲁缟车班班，男耕女桑不相失。"由此可以看出当时社会的繁荣昌盛景象。因此，历史上便把这一时期称之为"开元之治"。

"开元之治"确实是唐朝封建社会经济繁荣的顶点。但是，这只是显著表现在社会经济这个方面，而在政治、军事上，"开元之治"却不如"贞观之治"。在"开元之治"社会经济繁荣的深处，由于均田制、府兵制的破坏，兼并之风极其盛行；在"开元之治"政治清明的背后，统治集团内部的矛盾日趋激烈，阶级矛盾也日趋尖锐。到开元二十二年（734年）李林甫担任宰相后，唐玄宗也对政治感到了厌倦，生活日益奢侈腐化。唐朝严重的社会危机已经显露端倪，唐朝的政治实际上已经在走下坡路了。

 简 评

开元盛世是唐朝发展的顶峰，是盛唐的典型象征。伴随着国力的强盛，当时的许多国家纷纷和唐朝交往，中外之间的交流空前频繁，为相互之间的学习提供了便利，并使唐朝成为东亚的文明枢纽，对东亚乃至整个世界的发展做出了伟大贡献。

# 李白、杜甫的诗歌创作

## ——瑰丽的文化遗产

在中国文学史上，有"唐诗、宋词、元曲、明清小说"之说，这代表了各个时代文学发展的不同特点。

源远流长的中国古代文学，到隋唐五代时期，发展到了一个全面繁荣的新阶段，整个文坛出现了自战国以来所未有的百花齐放、万紫千红的局面。其中诗歌的发展，更达到了高度成熟的黄金时代。唐代不到300年的时间中，遗留下来的诗歌就将近5万首，比自西周到南北朝一千六、七百年中遗留下的诗篇数目多出两三倍以上。独具风格的著名诗人约有五六十个，也大大超过战国到南北朝著名诗人的总和。而李白、杜甫的成就，更是诗歌创作的高峰。

李白（701—762），字太白，祖籍陇西成纪（今甘肃省天水市），先世于隋末流徙中亚，他生于碎叶（今俄罗斯托克马克）。五岁随父迁居绵州的彰明县（今四川省江油县），25岁时"仗剑去国，辞亲远游，南穷苍梧，东涉溟海"。后来寓居安陆。以后的10年间，又北上太原，西入长安，东至鲁郡，结识了不少名人，写了不少诗文。据传他到长安时，贺知章一见，惊叹为"诗仙人"，称其诗可"泣鬼神"，顺而载誉京师。天宝元年，顺玉真公主的引见，被召入宫，供奉翰林，受玄宗李隆基的特殊礼遇。但翰林不过是个称号而已，并无实权。在李白看来，这仍是和"倡优同畜"，他一向所抱"辅弼天下"的愿望，当然无法实现。在宫里呆了两年，便被"赐金放还"。离开长安以后，李白便长期过着漂泊流浪的生活，足迹遍及梁宋齐鲁幽冀，他本想隐居庐山，却被永王邀请参加了幕府。至德二年，永王被肃王击败，李白被流放夜郎，行至巫山遇赦得还。61岁时，李光弼东镇临淮，李白闻讯前往请缨杀敌，希望垂暮之年，能为国杀敌，因病中途返回，次年病死于当涂县令唐代最著名的篆书家李阳冰处。

李白热爱祖国的大好河山，他以豪迈的情怀，奔放的诗句，赞美祖国的壮丽山河。奔腾咆哮的黄河，崎岖险阻的蜀道，落于九天的瀑布，无不给人以汪洋恣肆的描绘，再现大自然的雄伟的形象。他曾凭借想象，描绘幻想中的天姥山，展现了雄伟瑰丽的神仙世界，表现了自己对自由光明的渴望与追求。

李白在创作上却是一个十分刻苦向前人学习的诗人。他的文集中至今还保留着模拟前人诗赋的作品。他推崇《风》、《雅》，赞美建安，在他的诗歌里可以找到类似各代诗风的作品，特别是对乐府民歌的学习最为明显。所以在他的诗歌里形成了豪逸奔放雄奇真挚明朗的特色。

远古时代人民口头创作的神话传说，是我国文学史上浪漫主义的萌芽。到了战国时代，屈原吸取前代文学和文化的成就，在现实斗争中创造了一系列光辉的诗篇，以宏富博大的内容，奇情壮采的形式，"轩翥诗人之后，奋飞辞家之前"，为浪漫主义传统创造了第一个高峰。他之前的庄子在哲理散文中创造了许多幻想奇丽的寓言，也对浪漫主义传统有重要贡献。从两汉到唐初，浪漫主义传统在民间和进步文人创作中不断发展着，汉魏六朝乐府民歌中的《陌上桑》、《木兰辞》等等作品。曹植、阮籍、左思、陶渊明、鲍照的某些诗篇，以及六朝志怪小说中的优秀传说，都对浪漫主义传统有所丰富。到盛唐时代，更出现了以李白为代表的浪漫主义诗歌高潮。

李白对唐代诗歌的革新也有杰出的贡献。他继承了陈子昂诗歌革新的主张，在理论和实践上使诗歌革新取得了最后的成功。他在《古风》第一首中，回顾了整个诗歌发展的历史，指出"自从建安来，绮丽不足珍"。并以自豪的精神肯定了唐诗力挽颓风，恢复风雅传统的正确道路。在《古风》第三十五首中，又批评了当时残余的讲求模拟雕琢、忽视思想内容的形式主义诗风："一曲斐然子，雕虫丧天真。"在创作实践上，他也和陈子昂有相似之处，多写古体，少写律诗，但他在学习乐府民歌以及大力开拓七言诗上，成就却远远超

李白像

过陈子昂。他这些努力对诗歌革新任务的完成起了巨大作用。李阳冰在他死后为他编的诗集《草堂集》序中说："卢黄门云：'陈拾遗横制颓波，天下质文。翕然一变。'至今朝诗体，尚有梁陈宫掖之风，至公大变，扫地以尽。"这是对他革新诗歌功绩的正确评价。

李白诗歌对后代的影响也是极为深远的。他的诗名在当时已经广泛传扬，到贞元时期，他的没有定卷的诗集已"家家有之"。中唐韩愈、孟郊大力赞扬他的诗歌，并从他吸收经验，以创造自己的横放杰出的诗风。李贺浪漫主义的诗风更显然是受他更多启发的。宋代诗人苏舜钦、王令、苏轼、陆游，明清诗人高启、杨慎、黄景仁、龚自珍等也莫不从他的诗中吸收营养。此外，宋代以苏轼、辛弃疾为代表的豪放派的词，也受过他的影响。他那些"戏万乘若僚友"的事迹传说，被写入戏曲小说，流传民间，更表明酷爱自由的人民对他的热爱。

强烈的浪漫主义色彩，是李白作品的艺术特点，他是继屈原而后我国最伟大的浪漫主义诗人。他驰骋想象，运用神话的离奇境界，把自己强烈的情感注入到所描写的对象之中，以惊俗骇世的笔墨，恣意挥洒，描写了壮丽奇谲的世界。他的诗歌中强烈的爱憎之情和艺术魅力，是我国人民的精神财富中最可珍贵的瑰宝。

杜甫（712—770）字子美，诗中尝自称少陵野老。祖籍襄阳（今属湖北），自其曾祖时迁居巩县（今属河南）。杜审言之孙。自幼好学，知识渊博，颇有政治抱负。跟李白一样，是唐代最著名的大诗人之一。在文学史上，把他们合称"李杜"。杜甫生长在一个没落的官僚家庭，从小就下苦功读书，也游历了许多名山大川，写了不少优秀的诗歌。30几岁的时候，他在洛阳，遇见了李白。杜甫比李白小11岁。两个人性格不一样，但是，共同的志趣和爱好使他们成为亲密的好友。后来，他到长安参加进士考试，那时候正是奸相李林甫掌权的时候，李林甫最嫉恨读书人，怕这些来自下层的读书人当了官，议论起朝政来，对他不利，于是勾结考官，欺骗玄宗说这次应考的人考得很糟，没有一个够格的。唐玄宗正在奇怪，李林甫又上了一道祝贺的奏章，说这件事正说明皇帝圣明，有才能的人都已经得到任用，民间再没有遗留的贤才了。

杜甫像

## 历史大事全知道

　　那时候的读书人都把科举作为谋出路的途径，杜甫受到这样的挫折，懊丧的心情就不用说了。他在长安过着贫穷愁苦的生活，亲眼看到权贵的豪华奢侈和穷人受冻挨饿的凄惨情景，按捺不住心里的愤慨，就用诗歌控诉这种不平的现象。"朱门酒肉臭，路有冻死骨"就是他写下的不朽诗句。

**杜甫草堂**

　　唐代大诗人杜甫在成都的故居，他在此写下了《茅屋为秋风所破歌》，留下了"安得广厦千万间，大庇天下寒士俱欢颜"的千古名句。

　　杜甫在长安呆了10年，唐玄宗刚刚封他一个官职，安史之乱爆发了。长安一带的百姓纷纷逃难。杜甫的一家，也挤在难民的行列里吃尽了千辛万苦，好容易找到一个农村，把家安顿下来。正在这时候他听到唐肃宗在灵武即位的消息，就离开家投奔肃宗，哪想到在半路上碰到叛军，被抓到长安。

　　长安已经陷落在叛军手里，叛军到处烧杀抢掠，宫殿和民房在大火中熊熊燃烧。唐王朝的官员，有的投降了，有的被叛军解送到洛阳去。杜甫被抓到长安以后，叛军的头目看他不像什么大官，就把他放了。

　　第二年，杜甫从长安逃了出来，打听到唐肃宗已经到了凤翔（今陕西凤翔），就赶到凤翔去见肃宗。那个时候，杜甫已经穷得连一套像样的衣服都没有了，身上披的是一件露出手肘的破大褂，脚上穿的是一双旧麻鞋。唐肃宗对杜甫长途跋涉投奔朝廷，表示赞赏，派他一个左拾遗的官职。

　　左拾遗是个谏官。唐肃宗虽然给杜甫这个官职，可并没重用他的意思。杜甫却认真地办起事来。过了不久，宰相房琯被唐肃宗撤了，杜甫认为房琯很有才能，不该把他罢免，就上了奏章向肃宗进谏。这一来，得罪了肃宗，亏得有人在唐肃宗面前说了好话，才把他放回家去。

　　唐军收复长安以后，杜甫也跟着许多官员一起回到长安。唐肃宗把他派到华州（今陕西华县）做个管理祭祀、学校工作的小官。杜甫带着失意的心情，来到华州。那时候，长安、洛阳虽然被官军收复了，但是安史叛军还没消灭，战争还很激烈。唐军到处拉壮丁补充兵力，把百姓折腾得没法过活。有一天，杜甫经过石壕村（在今河南陕县东南），时间已经很晚了。他到一家穷苦人家去借宿，接待他的是老农夫妻俩。半夜里，他正翻来覆去睡不着觉的时候，忽然响起一阵急促的敲门声。杜甫在房里静静听着，只听到隔壁那个老人翻过后墙逃走了，老婆婆一面答应，一面去开门。进屋的是官府派来抓壮丁的差役，他们厉声吆喝着，问老婆婆说："你家男人到哪里去了？"老婆婆带着哭声说："我的三个孩子都上邺城打仗去了，前两天刚接着一个儿子来信，说两个兄弟都已经死在战场上。家里只有一个儿媳和吃奶的孙儿。你还要什么人？"

　　老婆婆讲了许多哀求的话，差役还是不肯罢休。老婆婆没有法子，只好自己被差役带走，到军营去给兵士做苦役。天亮了，杜甫离开那家的时候，送别的只有老农一个人了。

　　杜甫亲眼看到这种凄惨情景，心里很不平静，就把这件事写成诗歌，叫《石壕吏》。他在华州的时候，前后一共写过六首这样的诗，合起来叫做"三吏三别"（《石壕吏》、《潼关吏》、《新安吏》、《新婚别》、《垂老别》、《无家别》）。由于杜甫的诗歌大多是写安史之乱中人民的苦难，反映了唐王朝从兴盛到衰落的过程，所以，人们把他的诗篇称作"诗史"。

　　第二年，他辞去了华州的官职。接着，关中闹了一场大旱灾，杜甫在那里穷得过不下去，带了全家流亡到成都，依靠朋友的帮助，他在成都西郊的浣花溪边，造了一座草堂，在那里过了将近四年的隐居生活。后来，因为他的朋友死去，在成都没有依靠，又带了全家向东流亡。公元770年，竟因贫困和疾病，死在湘江的一条小船上。

　　他死后，人们为了纪念这位伟大诗人，把他在成都住过的地方保存起来，这就是有名的"杜甫草堂"。

　　李白和杜甫都是中国历史上最伟大的诗人，在中国文学乃至整个中国历史上居于重要地位。他们的才华，为中华文化发展做出了贡献，并且不断激发着后来的人热爱祖国，关心民生，为祖国和人民而奋斗。

# 安史之乱

## ——唐王朝由盛转衰

"安"指安禄山，"史"指史思明。安禄山在唐玄宗时任平卢、范阳、河东三镇节度使，史思明为安禄山手下的主要将领。长达八年之久的安史之乱主要就是由他们两人挑起的。

唐玄宗天宝元年（742年），府兵制度已经废弛。为了有效抵御和控制周边突厥、吐蕃、奚、契丹、靺鞨等少数民族，唐朝又在沿边地区增设了一些由节度使、经略使指挥的军区。这些节度使及其所统辖的军区，当时又称"方镇"或"藩镇"。当时，唐朝共有安西、北庭、河西、朔方、河东、范阳、平卢、陇右、剑南、岭南10个藩镇，共拥兵49万，而唐朝的中央禁军不过12万。为了使节度使能够有效地指挥所属部队，唐朝还采取了让节度使久任不换的政策。鉴于节度使久任对中央集权有着不利的因素，唐玄宗在宰相李林甫的建议下，大量任命少数民族出身的将领担任节度使。因为，唐玄宗始终认为这种节度使由于出身异族，只能在军事上有所作为，而不可能具有过分的政治野心。

**骑兵俑　唐三彩**

马匹上的骑士姿态各异，造型生动、栩栩如生，充分反映了唐代高超的陶瓷制作技艺。

担任平卢（治所在营州，即今辽宁朝阳）节度使的安禄山，其父是康国（在今乌兹别克斯坦境内）人，其母是突厥族人。他善于揣摩人心，具有强烈的政治野心；而且生性残忍，诡计多端。他贿赂朝廷官员，让他们替自己在唐玄宗面前说好话，从而逐渐取得唐玄宗的信任。天宝三年（744年），唐朝任命安禄山兼任范阳（治所在幽州，即今北京市）节度使。天宝十年（751年），又委任他兼任了河东（治所在太原，旧治在今山西太原西南）节度使。自此，安禄山一身兼三镇节度使，拥兵15万，势力雄厚。他常常向唐玄宗进贡，骗取玄宗的欢心，还几次到长安朝见唐玄宗，并被杨贵妃收为养子，深受唐玄宗宠爱。

唐玄宗在统治的后期，由于厌倦了政治而不大过问朝政，整日过着"春宵苦短日高起，从此君王不早朝"的淫逸生活，终日沉湎于《霓裳羽衣曲》的歌舞声中，权臣李林甫、杨贵妃的堂兄杨国忠相继担任宰相。

潼关失守后，唐玄宗采纳杨国忠的建议，于六月十三日放弃了长安，仓皇逃往四川。行至马嵬驿（在今陕西兴平西），将士鼓噪不前，杀死了杨国忠。并胁迫唐玄宗缢死了杨贵妃。太子李亨在征得唐玄宗同意后，率领 2000 士兵从马嵬驿北上，到达灵武（旧治在今宁夏灵武南）。七月十二日，李亨在灵武称帝，尊唐玄宗为太上皇。李亨就是唐肃宗。唐肃宗任命长子李俶为天下兵马元帅，拜郭子仪和李光弼为宰相，调整部署，并派遣使者向回纥及西域诸国求援，集结军队，开始反击叛军。

安禄山的叛军非常残暴。自起兵以来，他们每攻下一城，就掠夺财物，奸污妇女，屠杀老人和小孩，强迫壮年男子服苦役。攻占长安后，他们更是大肆杀戮，无恶不作。民众群起反抗叛军，民心日益思唐。唐肃宗至德二年（757 年）正月，由于叛军四面受到攻击，内部争权夺利加剧，患眼病的安禄山在洛阳被他的大儿子安庆绪及权臣严庄、宦官李猪儿合伙杀死。安庆绪即位称帝，而严庄则控制了朝政。

安禄山像

这时，叛军在史思明的指挥下，正在猛攻太原。安庆绪为了稳定后方，命令史思明率部回守范阳，只留下叛将蔡希德率军继续围攻太原。李光弼亲自率领固守太原的唐军乘机反击，大破蔡希德军，歼敌 7 万余人。与此同时，叛军为切断关中与江淮地区的经济联系，使江南的物资无法运往关中，任命叛将尹子奇为河南节度使，统兵 13 万进攻睢阳（旧治在今河南商丘南）。睢阳太守许远指挥睢阳军民与张巡的援兵一道，昼夜苦战，不断击退了叛军的进攻。在坚持了 10 个月后，由于断粮，寡不敌众，睢阳终于被叛军攻陷，张巡、许远慷慨就义。

杨玉环像

太原和睢阳保卫战为唐军的反攻争取了时间。至德二年九月，郭子仪等人指挥各路唐军进攻长安，与叛军在香积寺一带决战，将叛军击败，收复了长安。十月，郭子仪引兵出潼关东进，在张店（在今河南陕县西），在回纥骑兵配合下，大败严庄指挥的叛军，乘势攻克陕郡（治今河南陕县），收复了洛阳。安庆绪惊恐万分，星夜逃奔邺郡（治今河南安阳市）。

安禄山死后，安庆绪与史思明的矛盾日益加剧。安庆绪败退邺郡后，十二月，史思明囚禁了安庆绪派往范阳调兵的阿史那承庆，以所部 13 郡及兵马 8 万请降。唐肃宗封他为归义王、范阳节度使。然而，唐肃宗对史思明并不放心，他接受李光弼的建议，任命原史思明的亲信、劝说史思明投降的乌承恩为范阳节度副使，并让乌承恩设法除掉史思明。史思明发觉后，于唐肃宗乾元元年（158 年）六月，再度反叛。

同年九月，唐肃宗命令郭子仪、李光弼率领九节度使的军队，派遣宦官鱼朝恩为观军容使，将兵 20 万进攻邺郡，讨伐安庆绪。安庆绪用愿以帝位相让为条件向史思明求救，史思明于是率军南下，与固守邺郡的安庆绪配合，从外围频频攻击唐军。乾元二（759 年）年三月，史思明见唐军师老兵疲，便集中重兵与唐军决战。由于双方损失都很惨重，无力再战，唐军被迫撤围。史思明率军进入邺城后，设计杀了安庆绪，吞并了他的部队。其后，史思明留下其子史朝义守卫邺郡，自己率军北返。于四月在范阳自称大燕国皇帝，建元顺天，改范阳为燕京。

乾元二年九月，史思明兵分 4 路，率领叛军南下，再次攻陷了洛阳。唐肃宗上元元年（760 年）三月，史思明在击败李光弼等人指挥的唐军后，乘胜向西进攻，企图再次攻占长安。在陕州（治今河南陕县），史朝义所部被唐军击败。史思明原本就想立儿子史朝清为太子，于是借机打算以怯战的罪名杀掉史朝义。史朝义在部将怂恿下，杀了史思明，自立为帝。这引起了叛军集团内讧，唐军从而稳住了阵脚。

宝应元年（762 年）四月，唐肃宗病死，太子李豫即位。李豫就是唐代宗。十月，唐代宗任命雍王李适为兵马大元帅，仆固怀恩为副元帅，会合回纥兵反攻洛阳。唐军连败叛军，叛军 8 万余人被歼，史朝义仅率领数百名骑兵落荒而逃。十一月，唐军攻入河北，叛将薛嵩、张忠志等人纷纷投降。宝应二年（763 年）正月，史朝义被唐军困于莫州（治今河北任丘），屡战皆败，只好率领 5000 精骑突围而走。史朝义出城后，叛将田承嗣立即开城投降。这时，镇守范阳的叛将李怀仙也向唐军投降。史朝义走投无路，率数百胡骑北走，准备逃往奚、契丹境内。李怀仙派兵追击史朝义，史朝义见大势已去，便在树林中自缢而死。至此，持续了 8 年之久的安史之乱宣告结束。

## 简　评

安史之乱是唐朝由盛而衰的转折点。它历经唐玄宗、唐肃宗、唐代宗三朝，严重破坏了唐朝的社会经济，使经济文化发达的黄河流域变得人烟断绝，千里萧条，全国人口由乱前的 5000 多万锐减至不足 700 万；并导致藩镇割据的局面的出现，削弱了唐朝的中央集权政治。从此，唐朝一蹶不振，中央政府与地方藩镇之间不断争斗，持续了百余年，直到唐朝灭亡。

对于中国历史而言，这场战争也是一个转折点，从此以后，中国从封建社会的鼎盛阶段开始走向下坡路，那种非凡的气度一去而不返，从五代到宋，几百年中，没有出现一个全国性的强大帝国，宋朝非常弱小，只能算作一个地方政权。后来蒙古人入侵，是一个插曲，再到明朝，势力范围也只是限制在长城以内，嘉峪关以东，只有到了清朝，中华帝国的版图才又一次恢复到唐朝的规模，但是此时的中华帝国已经走在了世界的后面而不自知了。

# 藩镇割据

## ——五代十国的雏形

　　统一与分裂从来都是中国历史上的大问题，唐朝从盛转衰，伴随着一场全国的分裂，这就是藩镇割据。藩是保卫，镇指军镇。封建朝廷设置军镇，本为保卫自身安全，但发展的结果往往形成对抗中央的割据势力，这是封建统治者争权夺利的本性所造成的。

　　唐玄宗在位（712—756年）时期，为了防止周边各族的进犯，大力扩充防戍军镇，设立节度使，赋予军事统领、财政支配及监察管内州县的权力，一共设立了9个节度使和一个经略使。其中特别是北方诸道权力的集中更为显著，经常以一人兼任两三镇节度使，安禄山就是凭借身兼范阳、平卢、河东三镇节度使而发动叛乱的。安史之乱爆发后，为了抵御叛军进攻，军镇制度扩展到内地，最重要的州就设立节度使，指挥几个州的军事；较次要的州就设立防御使或团练使，以扼守军事要地。于是在今陕西、山西、河南、安徽、山东、江苏、湖北等地出现了不少的节度使、防御使、团练使等大小军镇。安史之乱结束后，由于唐朝中央政府的控制力严重萎缩，藩镇势力恶性膨胀，从而导致了唐朝后期延续100余年的藩镇割据局面出现。

　　当时，全国共有大小藩镇几十个。这些藩镇的力量悬殊较大。最小的藩镇只管辖两个州，兵力只有几千，而最大的藩镇却管辖10多个州，兵力达到10多万。不少大藩镇往往仗恃自己雄厚的兵力，不把朝廷放在眼里，自己任命辖区内的文武官员，不向朝廷上缴赋税。许多节度使不仅利用屯田的方式把封建国家的土地控制在手，而且自己也大肆兼并土地。他们还竭力扩充军队，选练精兵。不少藩镇还豢养有自己的"牙兵"。这种"牙兵"就是节度使的亲兵，也是藩镇武装的核心。他们骁勇善战，待遇优厚，也极为骄横。不少节度使都是"牙兵"推选出来的。而且，即便是节度使，只要他违背了"牙兵"的利益，往往也会被"牙兵"杀死或推翻。例如，在唐朝后期的150年里，"河朔三镇"的先后57任节度使，就有22人是被"牙兵"和部下杀死或赶走的。不少藩镇的节度使，有父死子继的、兄终弟继的、叔侄相承的，有"牙兵"和部下拥立的，朝廷只能承认，不能更改，否则他们便会用武力对抗朝廷。例如，在唐朝后期的150年里，"河朔三镇"先后更换了57个节度使，而真正由朝廷委任的却仅有4人。

　　"河朔三镇"是指幽州、成德、魏博（后改称天雄）这三大藩镇。它们是唐朝后期藩镇

**张潮仪将军出行图　唐**

　　此图描述了唐代将军级的官员出行时的场面。出行时有各种鼓乐及军乐相伴，仪队整齐，声势浩大。从侧面反映了唐代藩镇势力有所膨胀的史实。

## 历史大事全知道

割据的策源地，也是唐朝后期藩镇割据最为严重的地区。早在唐代宗即位之初，因无力肃清河北地区的安史残余势力，便先后将安史的降将李怀仙、李宝臣（原名张忠志）、薛嵩、田承嗣就地任命为幽州（兼领卢龙）节度使、成德节度使、相卫节度使、魏博都防御使（不久升节度使）。其中，幽州镇和平卢镇管辖幽（治今北京）、莫（治今河北任丘）、妫（治今河北怀来）、檀（治今北京密云）、平（治今河北卢龙）、蓟（治今天津蓟县）等州，成德镇管辖恒（治今河北正定）、定（治今河北定县）、赵（治今河北赵县）、深（治今河北深县）、易（治今河北易县）等州，相卫镇管辖相（治今河南安阳）、卫（治今河南汲县）、贝（治今山东清河）、邢（治今河北邢台）、洺（治今河北永年）等州，魏博镇管辖魏（旧治在今河北大名）、博（治今山东聊城）、德等州。

唐代宗大历三年（768 年），幽州兵马使朱希彩、经略副使朱泚及其弟朱滔发动兵变，杀死李怀仙，朱希彩自称节度留后。大历七年（772 年），朱希彩被部下所杀，朱泚趁机夺权，被朝廷任命为幽州（兼领卢龙）节度使。其后，朱泚进入朝廷任职，朱滔又接替了他的权力。大历十年（775 年）春，田承嗣又公然出兵，吞并了相卫镇。四月，唐代宗下令将田承嗣贬为永州刺史，命令河东、成德、幽州、淄青、淮西、永平、汴宋、河阳、泽潞诸镇发兵征讨。田承嗣在屡遭挫败的情况下，用计收买淄青节度使李正己，并挑唆成德节度使李宝臣进攻幽州，瓦解了联军的攻势，自己也上表悔过，并通过李正己说情，迫使朝廷不了了之。

田承嗣、李宝臣还和淄青镇（辖有淄州、青州等十余州）的李正己、山南东道（辖有襄阳等六州）的梁崇义相互勾结，商定好要把各自的领地传给子孙。大历十四年（779 年）田承嗣病死。在李宝臣的要挟下，唐代宗被迫同意魏博节度使一职由田承嗣之侄田悦继任。唐德宗建中二年（781 年）正月，李宝臣病死。其子李惟岳自称留后，田悦也屡次上表请求朝廷让李惟岳承袭父职。但唐德宗想要革除旧弊，坚决不同意。于是，田悦与李正己、梁崇义、李惟岳合谋，决定用武力对抗朝廷。不久，李正己病死，其子李纳也擅自承袭了父职。唐德宗命令淮西节度使李希烈率领诸镇讨伐梁崇义，河东节度使马燧、昭义节度使李抱真、神策军先锋都知兵马使李晟、范阳节度使朱滔、宣武节度使刘洽等人率军进攻田悦、李惟岳、李纳。同年八月，梁崇义战败，投井自杀。建中三年（782 年）正月，朱滔击败李惟岳。李惟岳不久被部将王武俊杀死。田悦和李纳也因屡遭失败，陷入山穷水尽的地步。然而就在这个关键时刻，由于朝廷赏功未能满足朱滔和王武俊的心愿，朱滔和王武俊随即于同年二月联合田悦、李纳反唐。他们分别自称冀王、赵王、魏王、

描金石刻武士俑　唐

齐王，奉朱滔为盟主。这年年底，李希烈也自称天下都元帅，联合朱滔等人，起兵反叛。

建中四年十月，泾原节度使姚令言率领所部 5000 人马赴前线增援唐军讨叛，路过长安时，因朝廷没有犒赏，只供给泾原军粗粮菜饼，从而激起兵变。叛兵打进皇宫，唐德宗带着王妃、太子、公主，在少量唐军的护送下，仓皇逃往奉天（今陕西乾县）。叛兵拥立朱滔之兄朱泚为大秦皇帝，建元应天，朱泚杀死在长安的唐朝宗室，并发兵围攻奉天、邠宁、朔方节度使李怀光和李晟、马燧等人闻讯后，急忙从河北前线回师救援。十一月，奉天解围，朱泚逃回长安。

兴元元年（784 年）正月，劫后余生的唐德宗发表制书，沉痛检讨自己的无能，取消了自己"圣神文武"的尊号，宣布赦免除朱泚之外的所有藩镇。王武俊、田悦、李纳由于军事上的失利，看到大赦令后，立即取消了"王"号。然而，朱泚、李希烈、朱滔却不买账。朱泚在长安改国号为"汉"，自称"汉元天皇"，改元天皇；李希烈则在汴州（治今河南开封）定国号为"大楚"，自称楚帝，建元武成。二月，李怀光又反叛，唐德宗逃奔梁州（治今陕西汉中）。经过一系列战斗，唐朝依靠李晟、马燧等将领的力量，于同年五月击败朱泚，收复长安。朱泚在逃往吐蕃的途中被部将所杀。贞元元年（785 年）六月，朱滔病死。八月，李怀光兵败自杀。贞元二年四月，李希烈被部将毒死。至此，这场前后持续了近 5 年的"四王二帝"藩镇割据叛乱才被平定。然而，藩镇跋扈割据的局面却丝毫没有改变。

唐德宗从此采取了在表面上姑息藩镇，在暗中积蓄力量的策略。唐宪宗即位后，由于中央政府的力量有所加强，唐宪宗先后任命主张对藩镇用兵的杜黄裳、李吉甫、武元衡、裴度等人为宰相，陆续讨平了剑南节度副使刘辟、镇海节度使李传、彰义节度使吴元济、淄青节度使李师道等叛乱的藩镇。受到这场沉重打击后，藩镇的嚣张气焰暂时有所收敛。即便是河朔三镇，也不得不表示归顺，开始向中央缴纳财赋，并献出了一些非法侵占的地盘。

然而，唐宪宗一死，河朔三镇又发生了动乱。唐穆宗长庆元年（821 年）七月，卢龙镇士兵哗变，杀死了节度使张弘靖，拥立朱克融为留后。随即，成德镇的都知兵马使王庭凑也杀死节度使田弘正，自称留后。次年正月，魏博镇的先锋兵马使史宪诚又策动暴乱，逼迫节度使田布自杀，控制了魏博镇。昭义节度使刘悟、武宁节度使王智兴随即也先后叛乱。六月，宣武镇也发生兵变，节度使李愿逃跑。朝廷出兵讨叛，经过长期战争，除获得唐武宗会昌四年（844 年）讨平泽潞镇等少数几次胜利外，并没有收到多少成效，只得承认现实，赦免叛将，将其加封为节度使了事。

广明元年（公元 880 年）十二月，黄巢率领起义军攻入长安后，唐朝廷已经完全没有能力控制局面了。藩镇割据愈演愈烈，藩镇之间互相攻战，混战连年。经过一段时间的侵吞兼并，获胜的藩镇逐步演变成为了各种分裂割据政权，形成了后来五代十国政治格局的雏形。

# 黄巢起义

## ——冲天香阵透长安

唐朝后期，由于宦官专权、藩镇割据的影响，封建国家政治日益腐败。由于封建统治者的横征暴敛和土地兼并的进一步加剧，大量农民失去了土地，被迫流亡他乡，从而导致了封建统治秩序的不断恶化，整个社会更加动荡不安。从唐宣宗时期（847—859）开始，在唐朝统治比较薄弱的四川和湖南地区，就先后发生了两起有相当规模的农民暴动。唐懿宗咸通元年（860年），浙东地区爆发了裘甫领导的农民起义。咸通九年，在徐州一带又爆发了庞勋领导的农民起义。这些暴动和起义尽管都被唐朝统治者镇压下去了，但它们却为黄巢起义铺垫了基础，是黄巢起义的前奏。

唐僖宗乾符元年年末（875年1月），私盐贩王仙芝聚众数千人，在长垣（今河南长垣东北）起义，自称"天补平均大将军兼海内诸豪都统"，并发布檄文，抨击唐朝官吏贪污、赋税繁重的黑暗政治。由于当时河南和山东地区连年大旱，小麦只有一半收成，秋粮几乎颗粒无收，而官府照常催租逼债，濒于死亡线上的农民于是群起响应，起义军迅速发展到了几万人。乾符二年（875年）六月，王仙芝、尚君长率众攻破了濮州（旧治在今山东鄄城北）、曹州（旧治在今山东曹县西北）。这时，黄巢与其弟黄揆等8人率众数千，参加了王仙芝的起义军。

黄巢是曹州冤句（山东菏泽）人，精通剑术和骑射，为人行侠仗义。他早年苦读诗书，但因多次参加科举考试失败，便转而走上了反抗唐朝统治的道路，与王仙芝等人一道贩卖私盐。盐税收入是唐朝的财政支柱，是唐朝严禁私卖的专卖品。贩卖私盐，如果被捕，往往要被处以极刑。因此，当时贩卖私盐的都是结帮成伙的集团，有严密的组织，并拥有相当的武装。黄巢贩卖私盐的生涯，锻炼了他的胆略和组织能力。

黄巢像

黄巢同王仙芝两军会合以后，采用流动作战的方式，转战于今山东、河南、湖北、安徽等地，避实击虚，打击唐军。乾符三年（876年）九月，起义军攻克汝州（治今河南临汝），俘虏了刺史王镣。洛阳大震。唐僖宗下诏，宣布赦免王仙芝、尚君长，并封官招降。年底，起义军转战千里，兵临蕲州（治今湖北蕲春）城下。降官王镣写信给唐朝的蕲州刺史裴偓，请裴偓出面诱降。裴偓邀请王仙芝等人入城，设宴款待，并上书朝廷，为王仙芝请求官爵。

宰相王铎也赞成招降，于是授予王仙芝为左神策军押牙兼监察御史。王仙芝打算接受招降，黄巢大怒，斥责他说："当初大家共同立下誓言，要横行天下，可如今你却要独自到左神策军去做官。你让这里剩下的5000多人怎么安身呢？"说着，黄巢还动手殴打王仙芝，将王仙芝的头部打伤。起义军将士也对王仙芝的行为感到激愤。王仙芝不敢再提投降，但起义军由此发生了分裂。黄巢率领一部分将士北返山东，王仙芝、尚君长率领另一部分将士进入河南。

乾符五年（878年）二月，王仙芝所部再次进入湖北，在黄梅一带被唐朝的招讨副使曾元裕所部击败，上万人被杀，上万人被俘，王仙芝也被杀死。王仙芝的余部由尚让率领北上，到亳州（治今安徽亳县）投奔了黄巢。黄巢被大家推举为王，号称"冲天大将军"，建立起政权班子，定年号为"王霸"。

由于长江以北地区藩镇林立，唐军的力量较强，而长江以南地区因长期没有战乱，各藩镇人马不多，战斗力极弱，所以黄巢做出了向江南发展的决策。他率领10多万起义军甩开唐军的追击，于同年夏季从和州（治今安徽和县）一带渡过长江，攻入皖南。随后，通过江西、浙江、福建，于次年六月进入岭南，攻克广州，生俘了唐朝的岭南东道节度使李迢。

经过一年的流动作战，起义军沿途扩充部队，这时已经发展到了50余万。黄巢在广州自称"义军百万都统兼韶、广等州观察处置等使"，向关中发布文告，抨击唐朝宦官专权、纪纲败坏、贿赂公行、选举不公等种种政治弊端，并警告各州刺史和各县县令不许自营资产、贪赃自肥，否则将受到灭族的惩处。

由于起义军将士不服水土，病死了许多人，因此黄巢决定北返中原。这年十月，黄巢率军由广州出发，攻克桂州（治今广西桂林），乘坐木筏，乘湘江水涨，迅速攻占了潭州（治今湖南长沙），进而攻占江陵，北攻襄阳（今湖北襄樊）。在荆门一带，被唐朝的山南东道节度使刘巨容、江西招讨使曹全晟击败。黄巢于是放弃江陵，率军沿长江东下。唐僖宗广明元年（880年）春，起义军连续攻克饶州（治今江西波阳）、婺州（治今浙江金华）、睦州（治今浙江建德）等地。唐朝淮南节度使高骈派遣部将张璘渡江，击败黄巢部将王重霸等，攻陷饶州。黄巢向高骈诈降，高骈上了当。五月，黄巢在信州（治今江西上饶）大败唐军，杀死张璘。起义军声势大振。

黄巢随即率领60万大军从采石（在今安徽马鞍山境内）渡过长江。高骈深沟壁垒，根本不敢出战。黄巢击败曹全晟，率军渡过淮河。黄巢自称"率土大将军"，公开向各藩镇宣称自己将东取洛阳，警告各藩镇不得阻挠。各藩镇被起义军的声威所震慑，都不敢贸然出

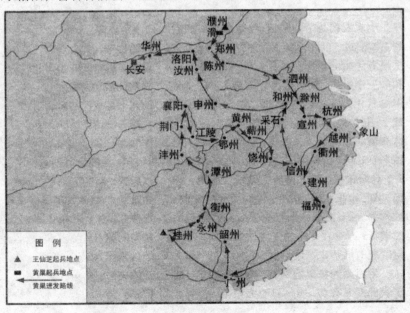

黄巢起义示意图

战。起义军如入无人之境，于十一月兵临洛阳。唐朝的东都留守刘允章率领百官投降。起义军乘胜西进，队伍严整，纪律严明，向潼关挺进。

广明元年十二月初二日，黄巢指挥大军进攻潼关，并派遣尚让、林吉率部从潼关左侧一条被称作"禁谷"、官军忘记设防的小道进入关内，里外夹攻，于次日攻克了潼关。消息传到长安，唐僖宗惊惶失措，于初五日狼狈地逃往成都。同日下午，起义军前锋部队进入长安。唐朝的金吾大将军张直方伪装投降，率领文武官员数十人迎接黄巢入城。起义军浩浩荡荡地开进长安城，市民夹道观看。尚让不断抚慰市民说："黄王起兵，本为百姓，并不像李家（指唐朝皇帝）那样不爱护你们。你们只管安居好啦！"将士们还竞相散发财物给路旁的穷苦百姓。

十二月十三日，黄巢在大明宫含元殿即皇帝位，国号"大齐"，建元"金统"，大赦天下。部下为他献上尊号，称"承天应运启圣睿文宣武皇帝"。黄巢封其妻曹氏为皇后，任命尚让、赵璋等4人为宰相，孟楷、盖洪为尚书左右仆射兼军容使，同时还任用了一批唐朝四品以下的降官。大齐政权严厉镇压唐朝皇亲和达官贵人，并没收官僚和富豪的财产。没有逃掉的唐朝宗室几乎全被处死。然而，志得意满的黄巢却没有乘胜派兵追击西逃的唐僖宗，也低估了长安地区以外的藩镇势力和中央禁军的战斗力，在军事上没有做出任何有效的部署。唐朝统治者就借此机会，重新集结力量，迅速向大齐政权展开了反攻。

唐僖宗广明二年（881年）春，唐朝任命同平章事、凤翔节度使郑畋为京城四面请军行营都统，指挥唐军反攻长安。郑畋纠集原分屯在关中各地的禁军，并联络各藩镇，击败尚让的大军。四月，黄巢率军撤出了长安，利用唐军的麻痹轻敌，突然发动反击，重创唐军，又夺回了长安。但是，黄巢由于错误地困守长安，却陷入了越来越被动的局面。各地藩镇在这种特殊的情况下，大多都聚集到了唐朝中央政府的旗帜下，发兵送粮，一起参与了对长安大齐政权的合围。在敌人四面围困封锁之下，几十万起义军发生了严重的粮荒，被迫吃树皮野草充饥。唐僖宗中和二年（882年）九月，大齐政权驻守同州（治今陕西大荔）的将领朱温，见前途不妙，便率部叛变，投降了唐朝。次年，唐朝又任命沙陀族首领李克用为雁门节度使，让他率领万余名骑兵，从山西北部南下参加进攻长安。这年4月，黄巢因屡遭挫败，被迫率军撤离长安，经蓝田退往河南。

由于在攻打陈州（治今河南淮阳）时，先锋孟楷战死，黄巢大怒，发誓要攻下陈州。围攻陈州的战斗进行了将近一年。唐朝利用这一时机，再次集结兵力，加封朱温为宣武节度使、东北面都招讨使，命令他率军攻击黄巢；又任命李克用为河东节度使，命令他再次率领沙陀骑兵南下。中和四年（884年）春，黄巢被迫撤去陈州之围，转而进攻汴州的朱温。六月，在中牟，大齐军被李克用击败。尚让、张归霸、葛从周等大将先后率部投降了唐军。黄巢率领余部退往山东，唐军穷追不舍。在泰山狼虎谷，黄巢见大势已去，自刎而死，农民起义失败。

 简　评

黄巢起义虽然失败了，但是10年间，他率部转战于黄河、淮河、长江、珠江流域的广大地区，是中国历史上一场空前宏伟壮烈的农民革命战争，在中国农民战争史上写下光辉的篇章。它沉重地打击了唐王朝的统治，表现了农民战争对封建社会的改造作用。同时，起义也削弱了藩镇割据势力，打破了原来中央与藩镇之间、藩镇相互之间的均势。这支农民军以"冲天"的革命思想，第一次提出"均平"的战斗口号，建立了革命政权，猛烈地冲击了封建制度。标志着农民战争发展到一个新阶段，给后世的农民斗争以重大的影响。

# 五代十国

## ——中国的再次分裂

公元 907 年至 960 年，是我国历史上的五代十国时期。在这一时期，我国的中原地区相继出现了后梁（907－923，定都汴梁，今开封）、后唐（923—936，定都洛阳）、后晋（936—946，定都汴梁，今开封）、后汉（947—950，定都汴梁，今开封）、后周（951—960，定都汴梁，今开封）五个王朝，历史上称作"五代"；同时，我国的南方地区前后分别出现了前蜀（903—925，定都成都）、吴（902—937，定都扬州）、闽（909—945，定都长乐，今福州）、吴越（907—978，定都杭州）、楚（907—951，定都潭州，今长沙）、南汉（917—971，定都广州）、荆南（907—963，定都荆州，今江陵）、后蜀（925—965，定都成都）、南唐（937—975，定都金陵，今南京）等 9 个王朝，加上北方的北汉（951—979，定都太原），历史上称作"十国"。

历史上把后梁的建立作为五代十国的开始。然而，五代十国分裂的格局早在唐昭宗时期（888—904）就已经基本形成了。当时，由于唐朝中央政府实际上已经完全丧失了控制能力，各藩镇之间毫无顾忌地激烈攻战、相互兼并，逐渐形成了割据黄河中下游地区的梁王朱温、割据河东地区的晋王李克用、割据江淮地区的吴王杨行密、割据两川地区的蜀王王建、割据湖南地区的武安节度使马殷、割据福建地区的威武节度使王潮、割据两广地区的清海节度使刘隐、割据关中地区的岐王李茂贞、割据江浙地区的镇海节度使钱镠等军事集团。其中，朱温的势力最为强大。

朱温原为黄巢的部将，因投降唐朝，参与镇压农民起义有功，做了唐朝宣武节度使，驻节汴州（今河南开封），并被封为梁王。经过 20 余年的发展，朱温先后击败了蔡州（治今河南汝南）节度使秦宗权、感化（治今江苏徐州）节度使时溥以及占据兖州、郓州的朱瑄、朱瑾兄弟，并控制了河朔三镇。黄河中下游的大部分地区都落人朱温的手中。唐昭宗天复四年（904 年），朱温击败凤翔节度使李茂贞后，把唐昭宗李晔挟持到了汴州。接着，朱温又派人杀死唐昭宗，立其幼子李祝为傀儡皇帝。907 年，朱温认为自己已经完全有能力控制天下，用不着挟天子以令诸侯了，便废掉唐哀帝李柷，自立为帝，建立了后梁政权。朱温就是梁太祖。

然而，朱温却始终无法号令天下。除了他亲封的荆南节度使、占据今湖北江陵一带的高季兴死心塌地地支持他以外，占据河东的李克用、占据西川的王建、占据凤翔的李茂贞、占据淮南的杨渥（杨行密之子）、占据幽州（治今北京）的刘仁恭和占据沧州的刘守文等人却拒不承认后梁政权。王建甚至在同年 9 月也公然称帝，定国号为"蜀"；而占据两浙的钱镠、占据湖南的马殷、占据福建的王审知

朱温像

（王潮之弟）、占据广东的刘隐等人尽管在表面上承认后梁政权，接受了后梁的王爵，但实际上却仍保持着割据的事实。

河东节度使、晋王李克用是后梁政权的死对头，与后梁连年交战，长期对峙。908年，李克用病死，他的儿子李存勖继位后，便在潞州（治今山西长治）大败梁军。910年，原先依附后梁的镇州王镕、定州的王处直联晋反梁，朱温派大将王景仁率军镇压。李存勖指挥晋军增援，在河北柏乡一举击败梁军主力，斩首2万余级，乘势把势力扩展到了河北。

山西平遥彩塑武官像　五代

武官头戴金盔，全身着甲，左手拄剑，右手握拳，一副威武刚猛的神态。

912年6月，朱温的儿子朱友珪发动政变，杀死了朱温。次年2月，后梁的均王朱友贞又杀死朱友珪，自立为帝（梁末帝）。李存勖利用这个机会，派大将周德威率军北上，攻灭了刘仁恭的燕国。915年，后梁的军事重镇——魏博镇发生兵变，叛军挟持节度使贺德伦依附了李存勖。自此，李存勖便控制了黄河以北的地区，与后梁夹河对峙。又经过8年苦战，923年，李存勖最终攻灭了后梁，在洛阳称帝，定国号为"唐"。

后唐建立后，凤翔节度使李茂贞立即归附称臣；后梁的荆南节度使高季兴也投降了后唐，被后唐封为南平王。925年，后唐又出兵攻灭了割据四川的前蜀政权。后唐由此成为五代十国时期统治地域最大的一个政权。然而，好景不长。由于后唐朝政紊乱，很快便发生了争夺帝位的内乱。933年，割据福建的王延钧（王审知之子）自立为帝，定国号为"闽"。934年，后唐的西川节度使、蜀王孟知祥利用后唐的政治混乱，公开叛唐，自立为帝，定国号为"蜀"（史称后蜀）。936年，后唐的河东节度使、45岁的石敬瑭勾结契丹，厚颜无耻地拜契丹皇帝、34岁的耶律德光为父，以割让幽（治今北京）、云（治今山西大同）等十六州土地给契丹，每年向契丹贡帛30万匹的条件，发动叛乱，在契丹军队的支持下，攻灭了后唐。石敬瑭接受契丹册封，定国号为"晋"。

在后晋政权建立后的第二年（937年），长期把持吴国政权的权臣徐知诰废除了吴国主杨溥，受禅即位，改国号为"大唐"（即南唐）。他自己也认唐玄宗之子李磷为远祖，改名为李昇。李昇费心经营，使南唐的国力大为增强。945年，南唐乘闽国内乱之机，出兵攻灭了闽国。951年，南唐出兵湖南，攻灭了楚政权。南唐由此而成为当时南方各割据政权中疆域最大、势力最强，足以同中原政权争锋的南方大国。

与南唐的情况正好相反，后晋高祖石敬瑭的倒行逆施激起了人们的普遍不满。石敬瑭死后，晋出帝石重贵不愿过分屈从于契丹，便在多数后晋官员的支持下，只对契丹称孙而不称臣。耶律德光闻讯大怒，便决定用武力消灭后晋。晋出帝开运元年（944年）和二年，耶律德光率领契丹大军，先后两次南侵，向后晋发起大规模的进攻，但都被后晋军队击退。次年，耶律德光发动第三次南侵，由于后晋大将杜重威的投降，契丹军队攻陷了东京开封，后晋因此灭亡。947年2月，耶律德光在东京身着汉族服装，举行了登基大典，定国号为"大辽"，表示自己正式成为了统治中原的皇帝。由于契丹的统治格外残暴，中原地区的人民于是纷纷起兵反抗。耶律德光在中原无法立足，于同年3月被迫北撤。在北撤途中，耶律德光染病而死。原后晋的河东节度使刘知远乘辽军北撤之机，于6月率军进入东京，自立为帝，建立了后汉政权。

后汉的统治极为脆弱，连历来依附中原各政权的南平（即荆南）政权这时也与后汉断绝了关系，转而依附于南唐。948年2月，刘知远病死，其侄刘承祐继位。950年，后汉的大将郭威利用后汉发生内乱的机会，又起兵攻入开封，杀死后汉皇帝，自立为帝，定国号为"周"。郭威就是周太祖。这时刘知远的弟弟、后汉的河东节度使刘旻也在太原称帝，建立了北汉。北汉依附于契丹，长期与后周政权对峙。

周太祖死后，其养子柴荣继位。柴荣就是周世宗。周太祖和周世宗都能够励精图治，先后在国内实行了较大规模的政治经济军事改革，使后周的经济和军事实力得以增强。而这时，南方各国的势力却逐渐衰落。显德二年（955年），周世宗出兵进攻后蜀，夺取了后蜀的秦州（旧治在今甘肃秦安西

| 五代十国兴亡表 | | | |
|---|---|---|---|
| 朝代和国名 | 创建人 | 公元年代 | 灭于何朝何国 |
| 后梁 | 朱温 | 907 – 923 | 后唐 |
| 后唐 | 李存勖 | 923 – 936 | 后晋 |
| 后晋 | 石敬瑭 | 936 – 947 | 契丹 |
| 后汉 | 刘知远 | 947 – 950 | 后周 |
| 后周 | 郭威 | 951 – 960 | 宋 |
| 吴 | 杨行密 | 902 – 937 | 南唐 |
| 南唐 | 徐知诰 | 937 – 975 | 宋 |
| 吴越 | 钱镠 | 907 – 978 | 宋 |
| 楚 | 马殷 | 927 – 951 | 南唐 |
| 闽 | 王审知 | 909 – 945 | 南唐 |
| 南汉 | 刘䶮 | 917 – 971 | 宋 |
| 前蜀 | 王建 | 907 – 925 | 后唐 |
| 后蜀 | 孟知祥 | 934 – 965 | 宋 |
| 南平 | 高季兴 | 924 – 963 | 宋 |
| 北汉 | 刘旻 | 951 – 979 | 宋 |

北）、凤州（旧治在今陕西凤县东）、阶州（旧治在今甘肃武都东）、质州（治今甘肃成县）。接着，后周又经过近3年的作战，击败南唐，夺取了南唐的淮南地区，与南唐隔长江对峙。显德六年（959年），周世宗又率军北伐，从契丹政权手中收复了部分原被后晋割让的土地。后周版图扩大、威望增强，从而在当时的各割据政权中明显处于优势地位，为后来北宋的统一打下了坚实的基础。分裂割据局面的结束、国家的重新统一，这时已经初露端倪。

 简 评

五代十国时期，中原政权更迭频繁、战乱不止，中原地区的社会经济遭到了严重破坏，所以旧史书多把这一时期称作"乱世"。然而，由于这一时期各割据政权基本上具有较为固定的地域，其战乱的激烈程度和对社会经济的破坏程度，与唐朝末年各藩镇之间的争战相比，已经相对减轻了。特别是南方地区的各割据政权，由于统治较为稳定，并大多奉行保境安民的政策，因而除少数政权、少数暴君统治时期之外，大多都呈现着经济繁荣、文化昌盛的政治局面。南方的经济文化在这一时期从而也明显开始超过了北方。因此，可以说五代十国时期既是一个分裂割据时期，但也是一个由唐末藩镇割据的大混乱逐步走向安定统一、在黑暗中透露出光明的时期。

# 石敬瑭割让燕云十六州

## ——儿皇帝的无耻之举

唐朝在唐末农民起义的打击下更加衰弱，907 年，朱温最后取代唐朝建立了后梁政权。唐朝后期以来的藩镇割据演化为五代十国的分裂混战局面。这一时期是中国历史上王朝更迭最频繁的一个时期，实行的是军阀强权政治。割据一方的藩镇拥有一定的军事实力，在时机成熟时，他们就推翻朝廷，取而代之，建立自己的王朝。同时在王朝内部，为争夺皇位而内讧。父子相杀、兄弟相杀的事件层出不穷。总之，五代时期就是这样一个无法无天的时代，军阀们为了皇位可以不择手段。石敬瑭就是这样一个靠出卖国土、认贼作父而取得契丹帮助，爬上帝位的无耻之徒。

石敬瑭像

石敬瑭出自西夷，他的父亲臬捩鸡，跟随沙陀贵族李国昌、李克用父子打仗，石敬瑭本人在年轻时得到了当时任代州刺史的李嗣源的赏识，成为李嗣源的女婿，李嗣源是李克用的养子，即后来的后唐明宗。

唐明宗死后，他的儿子李从厚继位，这就是闵帝。他仅在位 4 个月，皇位就被唐明宗的养子李从珂夺去了，李从珂就是末帝。末帝即位后，任石敬瑭为北京（太原）留守、太原节度使。李从珂夺得帝位，对石敬瑭是一个刺激。他也就积极筹划如何可以过一下皇帝瘾了。太原之地地形险固，粮食充足，石敬瑭又把在洛阳的钱财运到太原，准备以太原为根据地，勾引契丹为助，来夺取帝位。

契丹是居住在我国东北的少数民族，公元 907 年，阿保机在统一各部后，建立了政权。阿保机死后，耶律德光继立，改国号为辽。在阿保机建立政权日益强大时，就常常向南侵扰五代的北部边境。但当时阿保机建国不久，他还曾派使者向后梁王朝称臣，以求得册封，后梁册封契丹为甥舅之国。契丹不断南侵，也常遇到不小的阻力，所以尚不能长驱直入。

石敬瑭与他的部下桑维翰、刘知远共同筹划，引契丹为援，夺取后唐天下。石敬瑭让桑草拟给契丹的文书，表示称臣于契丹皇帝，并向契丹皇帝行父子之礼，答应在事情成功后割让卢龙一道及雁门关以北诸州的土地。刘知远也认为太过分，他向石敬瑭说：称臣就可以了，行父子之礼太过分；多给一些钱物就可让契丹出兵帮助，而割让土地，恐怕将来会成为中原的一大祸患，到那时，后悔也来不及了。但石敬瑭帝梦心切，根本听不进去。当时石敬瑭 45 岁，耶律德光 34 岁，石敬瑭此举可谓无耻之极。

石敬瑭叛唐后，唐末帝以张敬达为都部署讨伐，杨光远为副。张敬达在晋安乡（在晋阳南）筑长围以围困晋阳，石敬瑭领军坚守，但也面临着缺粮的问题。九月，耶律德光亲自率5万军队来援助石敬瑭，当天就打败唐兵并包围了晋安寨。末帝调集军队来解围。卢龙节度使赵德钧领兵来解围，但是他却以大量金帛送给耶律德光，并请求立自己为皇帝，他提出的条件是：自己率兵攻占洛阳，与契丹约为兄弟之国，答应让石敬瑭常镇河东。这个条件比石敬瑭的条件要差得多，但是尽管如此，因为耶律德光觉得自己孤军深入，赵德钧仍有很强的实力，自己也有被后唐军队切断退路的危险。所以耶律德光准备答应赵德钧的请求。石敬瑭听说这一消息，十分恐惧，派桑维翰到契丹军营，跪在耶律德光帐前，从早到晚哭哭啼啼阻止耶律德光答应赵德钧的请求，最后耶律德光才作罢。

十一月十二日，契丹耶律德光册封石敬瑭为晋帝，约定双方永为父子之邦。晋每年向契丹交纳帛30万匹，并把燕云十六州割让给契丹，这十六州是：幽（辽升为南京，亦称燕京，即今北京）、涿（河北涿州）、瀛（河北河间县）、莫（任丘）、檀（密云）、蓟（蓟县）、顺（顺义县）、蔚（蔚县）、新（河北原涿鹿县）、妫（怀来县）、儒（北京延庆县）、武（河北原宣化县）、朔（山西朔县）、云（大同市）、应（应县）、寰（朔县东）。

北人会宴图

闰十一月，杨光远杀掉张敬达，向契丹投降。耶律德光遂同石敬瑭一起向南进军，派高谟翰为先锋，与后唐降军一起南进，到团柏谷，赵德钧与其子延寿率先逃走，其他将领也相继逃跑，士卒大溃。赵德钧、延寿逃到潞州，耶律德光与石敬瑭到达潞州，赵德钧父子投降契丹。至此，耶律德光没有再继续南下，石敬瑭则继续向洛阳前进，后唐军队纷纷投向石敬瑭，末帝与曹太后、刘皇后等人携传国玺登上玄武楼自焚。当天晚上，石敬瑭进入洛阳。石敬瑭就是后晋太祖。

石敬瑭奉耶律德光为父皇帝，向契丹称臣，每次契丹使者到来，他都要拜受契丹诏敕。除每年输送的金帛之外，凡有吉凶庆吊，节日赠送，后晋向契丹进奉的珍奇礼品数量也很大，以至应天太后，元帅，太子，南北二王韩延徽、赵延寿等大臣都有礼品，稍有不如意，契丹就派使者来指责，石敬瑭每次都卑躬屈膝地道歉。后晋的使者到契丹，契丹都不把他们放在眼里，使者回来向朝廷汇报，无论朝中还是民间都认为这是莫大的耻辱，而石敬瑭却从来没有感到不耐烦，这个儿皇帝真是够毕恭毕敬的。

契丹从石敬瑭那里得到燕云十六州，但是一些地方的军民反抗，却使契丹统治者并不能轻易取得这些地区。如在云州，云州节度判官吴峦对部众说：我们有礼义之俗，怎么能向夷狄称臣呢？他被推举主持云州州事。在吴峦的率领下，云州军民闭门拒守，契丹兵不能攻克，只好绕城而走。

契丹取得燕云十六州后，分置南京道和西京道，以幽州为南京、云州为西京。石敬瑭割让十六州，将北边险要之地，拱手让与契丹，造成契丹统治者南扰的有利条件，从此中原王朝在与契丹的军事斗争中处于无险可守的被动地位。当时人桑维翰曾经谈到北边形势，指出契丹骑兵，利在坦途，中原步兵，利在险阻。割让十六州以后，燕蓟以南，千里平原，步兵与骑兵谁更有利，是十分明白的。

## 历史大事全知道

　　石敬瑭死后，侄儿石重贵继位。石重贵不向契丹称臣，在后晋朝臣中也有以景延广为首的强硬派。耶律德光怒不可遏，派使者质问。从开运元年（944年）起，耶律德光多次入侵河北、河东各州县，所到之处玉石俱焚。开运二年（945年），契丹军队攻掠邢（邢台）、沼（河北永年县东南）、磁（河北磁县）三州，到了安阳河。后晋为了抗击契丹。动员了全国兵力，阳城一战，契丹大败，耶律德光丢了车子，骑骆驼逃回幽州。

　　开运三年（946年），后晋将领杜重威、李守贞、张彦泽等相继投降契丹，契丹大军在耶律德光统率下长驱直入中原腹地。第二年年初，开封陷落，石重贵被俘。中原人民纷纷起来，奋勇抗击契丹统治者的骚扰。这时，原为石敬瑭部将，这时担任太原节度使的沙陀人刘知远在太原称帝，国号为汉。

 简　评

　　契丹据有燕云十六州，使它成为南侵的根据地。后周时，契丹又帮助北汉进扰中原，北汉也勾结契丹，想仿效石敬瑭。周世宗柴荣曾于显德六年（959年）进行北伐，收复了瀛、莫、宁（天津静海县南）三州和益津关（河北霸县）、瓦桥关（涿县南）、淤口关三关。因周世宗病逝，北伐中止。

　　北宋建立后，统一了内地，形成了宋辽对峙的局面。宋太宗曾两次大规模北伐，试图收复燕云故地，但都没有成功。由于北边险要地区的失去，北宋始终处于被动防守的地位，只好以兵为险，靠驻扎大军来守卫边防，这对北宋国家政治军事各方面都造成了严重的影响。宋朝虽然在经济上很富饶，但是却陷入了积贫积弱的地步，最终被元灭亡。

# 陈桥兵变与北宋统一

## ——统一才是主流

后周显德六年（959年），世宗柴荣突然一病而死，宰相范质受顾命扶助柴荣幼子柴宗训继立为恭帝。这时恭帝年仅7岁（一说5岁），后周出现了"主少国疑"的不稳定气氛，一个由殿前都点检、归德军节度使赵匡胤，与禁军高级将领石守信、王审琦等人策划的军事政变计划也在酝酿着。

翌年正月初一，正当周恭帝和大臣们欢度新春佳节之时，忽然传来北汉和契丹联合犯边的警报。后周执政大臣范质等人不辨真假，匆忙派遣赵匡胤统率诸军北上抵御。正月初三，赵匡胤统率大军离开都城，夜宿距开封东北20公里的陈桥驿（今河南封丘东南陈桥镇），兵变计划就付诸实践了。这天晚上，赵匡胤的一些亲信在将士中散布议论，说"今皇帝幼弱，不能亲政，我们为国效力破敌，有谁知晓；不若先拥立赵匡胤为皇帝，然后再出发北征"。将士的兵变情绪很快就被煽动起来，这时赵匡胤的弟弟赵匡义（后改名光义即宋太宗赵炅）和亲信赵普见时机成熟，便授意将士将一件事先准备好的皇帝登基的黄袍披在假装醉酒刚刚醒来的赵匡胤身上，并皆拜于庭下，呼喊"万岁"的声音几里外都能听到，遂拥立他为皇帝。赵匡胤却装出一副被迫的样子说："你们自贪富贵，立我为天子，能从我命则可，不然，我不能为若主矣。"拥立者们一齐表示"惟命是听"。赵匡胤就当众宣布，回开封后，对后周的太后和小皇帝不得惊犯，对后周的公卿不得侵凌，对朝市府库不得侵掠，服从命令者有赏，违反命令者族诛，诸将士都应声"诺"！于是赵匡胤率兵变的队伍回师开封。守备都城的主要禁军将领石守信、王审琦等人都是赵匡胤过去的"结社兄弟"，得悉兵变成功后便打开城门接应。当时在开封的后周禁军将领中，只有侍卫亲军马步军副都指挥使韩通在仓促间想率兵抵抗，但还没有召集军队，就被军校王彦升杀死。陈桥兵变的将士轻而易举就控制了后周的都城开封。

这时后周宰相范质等人才知道不辨军情真假就仓促遣将是上了大当，但已无可奈何，只得率百官听命，翰林学士陶谷拿出一篇事先准备好的禅代诏书，宣布周恭帝退位。赵匡胤遂正式登皇帝位，轻易地夺取了后周政权，改封恭帝柴宗训为郑王。由于赵匡胤在后周任归德军节度使的藩镇所在地是宋州（今河南商丘），遂以宋为国号，定都开封。历史上习惯把赵匡胤建立的赵宋王朝称作北宋，赵匡胤死后被尊为宋太祖。这就是历史上有名的"陈桥兵变、黄袍加身"故事的真相。

在北宋取代后周的过程中，因赵匡胤注意严肃军纪，一回开封就下令军队各归兵营，开封城中没

宋太祖赵匡胤像

有发生以往改朝换代时出现的那种烧杀抢掠的混乱局面，因而得到原后周大小官吏的支持。北宋建立伊始，后周一些带重兵在外执行巡边使命的将领，如慕容延钊、韩令坤，大都表示拥护宋太祖登皇帝位，只有盘踞潞州（今山西上党）的昭义军节度使李筠及在扬州的淮南节度使李重进先后起兵反抗，于是宋太祖亲率大军平叛，在不到半年的时间里先后击败李筠和李重进。李筠和李重进当时是后周境内两个力量较强的藩镇，他们的失败，使得一些势力较小又对赵匡胤代周不满的地方藩镇更感到无力与中央抗衡，也只得表示屈服。这样到建隆元年（960 年）末，北宋在原后周统治区已基本上稳定了局势。

"宋太祖黄袍加身处"碑，位于今河南封丘陈桥乡。

虽然，赵匡胤在不到一年的时间内，就稳定了内部政局，但是在宋的辖区外，北边有劲敌辽朝和在辽朝控制下的北汉，南方有吴越、南唐、荆南、南汉、后蜀等割据政权。这一客观形势，不能不使赵匡胤深深感觉到一榻之外，皆他人家也。因此，一当政局稳定之后，赵匡胤就开始考虑如何把周世宗统一中国的斗争继续进行下去。起初，他曾经想把北汉作为首要目标，但文武官员却不赞成先攻北汉，认为这样做有害无利，后来赵匡胤就放弃了先攻北汉的打算。在一个大雪纷飞的夜晚，赵匡胤和其弟赵光义走访赵普共商国策。赵普听了宋太祖试探他的话"欲收太原"之后，沉吟良久然后说，先打太原有害无利，为何不等到先削平南方诸国之后再攻打北汉，到那时"彼弹丸黑子之地，将何所逃"。这一分析正合宋太祖走访赵普的初衷，使他大为高兴。一个先消灭南方各个割据势力、后消灭北汉的统一战争的战略方针就这样确定了，也就是后人归纳的"先南后北"、"先易后难"的方略。北宋的统一战争基本是按照这个方略进行的，对辽和北汉，在削平南方割据势力前，基本上采取守势，只在边境适当显示武力，并对来犯之敌适当反击。同时与契丹互派使臣发展关系，力图保持北方战线的暂时安定。对南方各国则密切注视它们的政治动向，寻找时机，准备找到合适的突破口。

建隆三年（962 年）九月，割据湖南的武平节度使周行逢病死，其幼子周保权嗣位。盘踞衡州（今湖南衡阳）的张文表不服，发兵攻占潭州（今湖南长沙），企图取而代之。周保权为此一面派杨师璠率军抵挡，一面派人向宋求援，这就给北宋出兵消灭这个割据势力制造了一个好机会。宋太祖抓住战机，立即以慕容延钊为湖南道行营都部署，李处耘为都监，调兵以讨张文表为名从襄阳（今湖北襄樊）出兵湖南。当时北宋军队挺进湖南，要经过荆南节度使割据的地方，这时荆南节度使已由高保融之子高继冲嗣位。北宋早已清楚探明，高继冲只有军队 3 万人，且内困于暴政，外迫于诸强，其势日不暇给。于是赵匡胤制定了以援周保权讨伐张文表为名，"假道"荆南，一举削平荆南和湖南两个割据势力的方针。乾德元年（963 年），宋军兵临江陵府，要求假道过境，荆南主高继冲束手无策，被迫出迎宋军，荆南亡。接着宋军继续向湖南进发，击败抵御的守军，擒湖南主周保权，平定了湖南。

乾德二年（964 年）十月，宋太祖以后蜀主孟昶暗中与北汉勾结，企图夹击宋朝为借口，命王全斌为西川行营都部署，率兵 6 万分两路向后蜀进军。一路由王全斌、崔彦进率领自剑门（今四川剑阁北）入蜀，一路由刘光义、曹彬率领从归州（今湖北秭归）出发溯江而上，进入夔州（今重庆奉节县）。由于孟昶荒淫腐朽，不修军政，蜀军士气低落，抵挡不住宋军的凌厉攻势。宋军二路兵马连败后蜀军的反抗，迅速进逼成都，乾德三年正月，孟昶投降，后蜀亡。

继后蜀被消灭的割据政权是南汉。开宝三年（970年）十一月，宋太祖命潘美为桂州道行营都部署，大举攻南汉。南汉主刘鋹负隅顽抗，但由于南汉许多将领在统治集团内部的斗争中，被刘鋹残杀，掌握兵权的是几个宦官，军事设施皆毁坏失修，因而无法阻挡宋军的进攻，只好向宋军投降，南汉亡。

灭亡南汉，北宋就加紧备战消灭南方割据势力中比较强大的南唐。开宝七年（974年），宋太祖认为出兵南唐的准备工作已经就绪，为制造进攻南唐的借口，要南唐后主李煜亲自到开封朝拜，李煜惧怕被宋扣留未成行。因此，宋太祖就于这一年九月派曹彬率10万大军进攻南唐，战舰沿江而下，歼灭南唐军主力，包围江宁府（今江苏南京）。开宝八年十一月，李煜在被围困了近一年后才被迫出降，南唐亡。

在削平南方诸国其间，宋太祖曾两次发兵进攻北汉，均未获克捷。开宝九年（976年）十月，宋太祖突然死去，他的弟弟赵光义登基，是为宋太宗。太宗继承了他哥哥未竟的事业，使用政治压力，迫使吴越钱俶和割据福建漳、泉二州的陈洪进纳土归降，两浙、福建亦归入宋的版图。太平兴国四年（979年）初，宋太宗亲率大军北征，他采用了围城打援的战法，派潘美等率军四面合围太原，并击败了辽朝的援兵，北汉主刘继元被迫投降。

 简　评

在唐末五代之时，以兵变、政变夺取政权当上皇帝，就如家常便饭一般，早已是司空见惯了。赵匡胤在建立了新的朝代以后，使这种纷乱的政局得以稳定下来。至此，安史之乱以来200多年的封建军阀割据局面基本上结束了。北宋的统一，为南北经济、文化的发展，创造了有利的条件。

# 杯酒释兵权

## ——和平的权力移交

　　大凡皇帝都是猜忌心极重的人，他们称孤道寡，自诩为真龙天子。当官吏们的才干出众、功劳显赫时，皇帝往往会猜疑官吏怀有谋反之心；此时倘有人在皇帝耳边煽风点火，就正好为皇帝制造了合理的借口，那些奋不顾身立下汗马功劳的功臣就难逃一死了。正所谓伴君如伴虎，君王可与同贫贱而不可同富贵。深明此理的范蠡、张良功成身退，贪功爱爵的韩信则只有发出"狡兔尽，良弓藏"的哀叹。

　　赵匡胤发动兵变登上帝位，内心却是十分恐惧的。如果他的手下照此办理，到时成为刀下之鬼的就是他了。这时的赵匡胤着重考虑的问题有两个：一是如何重建中央集权的专制统治，使唐末以来长期存在的藩镇跋扈局面不再继续出现；二是如何使赵宋王朝长期巩固下去，不再成为五代之后的第六个短命王朝。建隆元年（960年）末，宋太祖平定李筠及李重进叛乱后的一天，召见赵普问道：为什么从唐末以来，数十年间帝王换了八姓十二君，争战无休无止？我要从此息灭天下之兵，建国家长久之计，有什么好的办法吗？赵普精通治道，对这些问题也早有所考虑，听了太祖的发问，他便说这个问题的症结，就在于方镇太重，君弱臣强而已，治理的办法也没有奇巧可施，只要削夺其权，制其钱谷，收其精兵，天下自然就安定了。赵普的话还没说完，宋太祖就连声说："你不用再说了，我全明白了。"于是一个重建中央集权专制制度的计划就这样酝酿出来，并逐步付诸实施了。

　　在北宋中央集权方面，最重要的是兵权，也是首先要解决的问题。范浚在《五代论》中指出："兵权所在，则随以兴，兵权所去，则随以亡。"这些话揭示了唐末五代以来，在政治局面变换中，兵权所起的决定性作用。从小军官到殿前都点检，又从殿前都点检跃上皇帝宝座的赵匡胤，十分懂得军事力量的重要作用。因此，宋朝一建立，他就吸取后周灭亡的教训，加强了对禁军的控制。于是赵匡胤采取果断措施，在他当上皇帝的第三年就演了一出"杯酒释兵权"的好戏。

　　建隆二年（961年），太祖鉴于当时已控制局势，就着手陆续采取了一些措施，把殿前都点检、镇宁军节度使慕容延钊罢为山南东道节度使，侍卫亲军都指挥使韩令坤罢为成德节度使。因为殿前都点检是宋太祖黄袍加身前担任过的职务，从此不

宋大曲壁画
出土于河南省禹县白沙镇宋墓。

再设置。由石守信接替韩令坤任侍卫马步军都指挥使。起初太祖以石守信等人都是自己的故友，并不介意，赵普就向他数次进言说："臣也不担心他们会背叛陛下，但是如果他们的部下贪图富贵，万一有作孽之人拥戴他们，他们能够自主吗？"这些话实际上是提醒宋太祖，要他记住陈桥兵变的事件，避免类似的事件重演。果然宋太祖采取措施要解除禁军高级将领的兵权。

建隆二年七月初九晚朝时，宋太祖把石守信、高怀德等禁军高级将领留下来喝酒，当酒兴正浓的时候，宋太祖突然屏退侍从叹了一口气，给他们讲了一番自己的苦衷，说："我若不是靠你们出力，是到不了这个地位的，为此我从内心念及你们的功德。但做皇帝也太艰难了，还不如做节度使快乐，我整个夜晚都不敢安枕而卧啊！"石守信等人惊骇地忙问其故，宋太祖继续说："这不难知道，我这个皇帝位谁不想要呢？"石守信等人听了知道这话中有话，连忙叩头说："陛下何出此言，现在天命已定，谁还敢有异心呢？"宋太祖说："不然，你们虽然无异心，然而你们部下想要富贵，一旦把黄袍加在你的身上，你即使不想当皇帝，到时也身不由己了。"一席话，软中带硬，使这些将领知道已经受到猜疑，弄不好还会引来杀身之祸，一时都惊恐地哭了起来，恳请宋太祖给他们指明一条"可生之途"。宋太祖缓缓

开封龙亭 北宋

龙亭所在的位置，宋、金时期是皇宫的故址，其后依然为开封城内重要建筑。

说道："人生在世，像白驹过隙那样短促，所以要得到富贵的人，不过是想多聚金钱，多多娱乐，使子孙后代免于贫乏而已。你们不如释去兵权，到地方去，多置良田美宅，为子孙立永远不可动的产业。同时多买些歌儿舞女，日夜饮酒相欢，以终天年，朕同你们再结为婚姻，君臣之间，两无猜疑，上下相安，这样不是很好吗？"石守信等人见宋太祖已把话讲得很明白，再无回旋余地，当时宋太祖已牢牢控制着中央禁军，几个将领别无他法，只得俯首听命，表示感谢太祖恩德。第二天，石守信、高怀德、王审琦、张令铎、赵彦徽等上表声称自己有病，纷纷要求解除兵权，宋太祖欣然同意，让他们罢去禁军职务，到地方任节度使，并废除了殿前都点检和侍卫亲军马步军都指挥司。禁军分别由殿前都指挥司、侍卫马军都指挥司和侍卫步军都指挥司，即所谓三行统领。在解除石守信等宿将的兵权后，太祖另选一些资历浅、个人威望不高、容易控制的人担任禁军将领。禁军领兵权析而为三，以名位较低的将领掌握三衙，这就意味着皇权对军队控制的加强，以后宋太祖还兑现了与禁军高级将领联姻的诺言，把守寡的妹妹嫁给高怀德，后来又把女儿嫁给石守信和王审琦的儿子。张令铎的女儿则嫁给太祖三弟赵光美。这就是历史上著名的"杯酒释兵权"。

"杯酒释兵权"只是宋太祖为加强皇权、巩固统治所采取的一系列政治军事改革措施的开始。其后在军事制度方面的改革主要有三项：

第一，建立不同于前朝的枢密院制度，长官为枢密使和枢密副使，主管调动全国军队，分掌军政大权。枢密院与三行统领各有所司。三行虽然掌握禁军，但却无调兵和发兵的权

力。枢密院有发兵、调兵之权，而不能直接掌握军队。调兵权与领兵权分离，各自独立，相互制约，有利于皇权的控制。

第二，内外相维政策。宋太祖把全部军队分为两半，一半屯驻在京城，一半戍守各地，使京城驻军足以制止外地可能发生的变乱，也使外地驻军合起来足以制止京城驻军可能发生的内变。内外军队互相制约，都不能发生变乱，而京城驻军又多于外地任何一个地方，这样皇帝也就可以保证牢牢控制全国的军队了。

第三，兵将分离政策。无论驻屯京城的禁军，还是驻在外地的禁军都必须定期调动。京城驻军要轮流到外地或边境戍守，有的则要到产粮的地方就粮，这种轮流驻防的办法称为"更戍法"。这种方法名义上是锻炼士兵吃苦耐劳，实际上是借着士兵的经常换防，造成兵不识将，将不识兵，兵无常帅，帅无常师。将官再也不能同士兵结合，在士兵中建立自己的声望，也就再也不能率兵同朝廷皇帝对抗了。

对地方藩镇采用强干弱枝之术，其措施主要有三项。

第一，削夺其权。为削弱节度使的行政权力，把节度使驻地以外兼领的州郡——支郡直属京师。同时由中央派遣文官出任知州、知县等地方官。3 年一更换，直接对中央负责，向朝廷奏事，不再听令于节度使。对于一些五代以来一直盘踞一方的节度使，宋太祖又故伎重演，拿出"杯酒释兵权"的办法将其逐一罢免。后来又设置通判以分知州之权，利用通判与知州之间的相互制约，使一州之权不致为知州把持，防止偏离中央政府的统治轨道。

第二，制其钱谷。宋初于各路设置转运使，将一路所属州县财赋，除留少量应付日常经费外，其余的钱帛都要送到京城上交中央政府，不得占留，这样地方的财权就完全收归中央了。

第三，收其精兵。乾德三年（965 年）八月，宋太祖下令各州长官把藩镇所辖军队中骁勇的人，都选送到京城补入禁军。又选强壮的士卒定为"兵样"送到各路。召募符合"兵样"标准的人加以训练，然后送到京城当禁军。这样中央禁军集中了全国精兵，而地方军队只剩下一些老弱病残，编成厢军，只供杂役，地方再也没有军事力量可以同中央抗衡了。通过这些措施，唐末五代的那种专制一方的藩镇，在宋初就逐渐消失了。

在官僚制度方面，侧重削弱宰相权力。军政大权归枢密院掌握，而财政大权则由三司使掌握，宰相所掌仅限于民政了。在军、财、民三权分立中，枢密使与宰相"对掌大政"号为二府。皇帝利用这两者间的异同发号施令，独断专行。宋初不仅以三权分立的办法削弱相权，而且设置参知政事、枢密副使和三司副使，作为宰相、枢密使和三司使的副手，与各部门长官发生制约的作用，以削弱各部门长官的权力。此外，宋初还在设官分职、科举制度等方面，也实行了有利于加强皇权的政策。

简　评

觥筹交错之间，赵匡胤解除了众将的兵权，去掉了心腹大患。这一杯酒释兵权与光武帝厚待云台二十八将实有异曲同工之妙，五代十国大将篡国的故事也到此终结。此后数百年间，宋国基本上没有出现武将拥兵自重、威胁中央的情况。另外，宋初的一系列改革措施，大大加强了宋专制主义中央集权制，造成了统一的政治局面，为经济、文化的高度发展，创造了良好条件，然而，所谓物极必反，赵匡胤为防武将谋反而夺其兵权，改以文臣掌管军权，却使宋国武治衰弱，不仅未能开疆拓土，反而积弱积贫、屡遭欺凌，影响深远。

# 澶渊之盟

## ——化干戈为玉帛

宋辽战争长达25年，其目的在于争夺燕云十六州。由于燕云十六州是一个先进的农业区，它的农业、手工业和其他文化活动都比契丹本部地区发达。因此契丹统治者对这一地区的重要性有着足够的重视，他们把燕云十六州中的幽州升为南京，改皇都为上京，把原先的南京（辽阳）改为东京，又在南京幽州建立了相应的许多官职，视为腹地，俨然以大国的姿态屹立于宋朝对峙的北方，成为大辽帝国。

从中原王朝来看，燕云十六州的得失，关系一代江山的安危。这十六州的幽、蓟、瀛、莫、涿、檀、顺七州在太行山北支的东南，称为"山前"，其余九州在山的西北，称为"山后"。今长城自居庸关以东向西南分出一支，绵亘于太行山脊，到朔州以西复与长城相合，这就是内长城。中原失"山后"，犹有内长城的雁门关塞可守，失"山前"则河北藩篱尽撤，契丹的骑兵就可沿着幽蓟以南的坦荡平原直冲河朔。所以中原王朝从后周柴荣起，就开始了与辽争夺燕云十六州的战争。柴荣病故的第二年，赵匡胤建立北宋政权，他鉴于北汉与契丹联盟一时难取，因而在进行统一南北的战争的时候，采取了"先南后北"的战略方针。但他念念不忘收复燕云，曾在内府库专置"封桩库"，准备以封桩库的钱来赎买燕云。开宝末年（976年），赵匡胤突然故去，其弟赵光义即位，他就是宋太宗。这时中原统一的形势已经奠定，漳泉、吴越又相继归降，于是中原剩下来的封建割据政权就只有一个称藩于辽的北汉。

太平兴国四年（979年），宋太宗乘灭北汉之势，移师辽南京幽州，企图一举收复燕云地区。宋军初战获胜，连下易（今河北易县）、球等州，由于辽军苦守待援，宋军不得不屯兵于坚城之下。宋太宗率军于高梁河（今北京西直门外）与辽援军展开激战，在辽军耶律休哥、耶律斜轸援军夹击之下，宋军大败，宋太宗中箭，急乘驴车逃走，从此不再亲临战场。

太平兴国七年（982年），辽圣宗即位，年方二十，母萧太后当政，宠臣韩德让掌握大权。宋太宗认为辽朝"主幼国疑"，正是可乘之机。雍熙三年（986年），宋军再次发动了大规模的攻势战，分东、西、中三路出兵。但由于东路军受阻，宋军败退。

寇准像

宋太宗两次伐辽失败，使统治集团中的一部分人有了严重的恐辽情绪，接着而来的王小波、李顺起义，李继迁联辽反宋，迫使宋太宗重新考虑其内外政策的调整。淳化二年（991年），宋太宗向大臣讲了这样一段话："国家若无内患，必有外忧。若无外忧，必有内患，外忧不过是边事，都可以预先防备，只是奸邪难以觉察。若为内患，深为可怕，帝王合当用心于此。"寥寥数语，却标志着北宋王朝军政方面的一个重大转折，它情愿把敌对的辽政权置之不顾，而把武装力量侧重使用在镇压境内的劳动人民方面了。可以说在宋太宗晚年，宋"守内虚外"政策的指导思想已经形成。宋太宗正是在这一思想指导下，对辽由攻到守，故放弃以武力收复燕云的打算，只在河北平原上疏浚沟通沿边河道，使西起沉运泊（今河北保定北）、东达泥沽海口（今天津塘沽南）的屈曲450公里之地，遍布塘泊、筑堤贮水，沉运泊以西则依靠种植榆柳林，设置寨铺，派兵戍守，以与辽朝相对峙。在宋取守势后，辽朝对宋却展开攻势，就在宋军第二次伐辽失利的冬天，辽圣宗和萧太后利用宋军溃散、士气低落的时机，率大军南下。东线辽兵主力在瀛州的君子馆歼灭宋军数万，乘宋河朔守军皆无斗志，长驱直入，攻陷了深州（今河北深县）、祁州（今河北安国）、易州，大肆纵火杀掠，然后满载金帛等战利品北还。自此，辽利用其骑兵优势，不时进扰宋的边区。咸平二年（999年）萧太后、辽圣宗率兵南下，宋将傅潜率大军驻定州，闭门自守，不敢出战，次年正月辽兵到瀛州，大败宋军，擒宋将康保裔。咸平六年1003年四月，辽兵入侵定州望都，宋将王继忠与王超、桑赞领兵前去迎敌，在望都附近的康村同辽兵遭遇。王超、桑赞临阵畏缩，率师先退。王继忠虽与部下赴敌力战，但被俘后也向辽投降，娶了萧太后所赐的妻子，做了辽朝的官，还表示要"为辽尽力"。宋真宗还以为他战死了，下诏赠官褒奖，令人啼笑皆非。

**龙珠纹鎏金银冠 辽**

北宋、辽、西夏战场图

景德元年（1004年）八月，萧太后、辽圣宗率大军以收复失地为名大举南侵。辽军采取避实就虚的策略，绕过许多宋军坚守的州县，直趋黄河边的澶州（今河南濮阳），大有直逼北宋都城开封之势。宋廷震恐，朝中大臣在如何对付辽朝进攻的问题上，发生了主张迁都逃跑与坚决抵抗两种对立意见。大臣王钦若主张迁都升州（今江苏南京），陈尧叟主张迁都益州（今四川成都）；宰相寇准则力请宋真宗亲征，宋真宗被迫北上。这时寇准倚重的将领是在抗辽战争中屡立战功的杨延朗（杨业之子，后改名延昭）等人。澶州城横跨黄河两岸，宋真宗到达南城后，因契丹兵势正盛，许多人又气馁了，主张他停下来观望形势，千万不可渡河到北岸。寇准说："陛下不过河，人心会更加涣散，敌人的气焰压不下去，怎么能取胜呢？"正好，寇准出行营遇见高琼，对他说："太尉受国家的厚恩，如今国家有难，就不思报答？"高琼说："我愿一死报国。"寇准马上带高琼返回见真宗，大声说："陛下如果认为我说的不是事实，请问问高琼吧！"高琼马上接着说："寇准的意见十分正确，说的都是事实。"寇准趁热打铁，说："形势紧急，机不可失，请陛下立刻起驾。"于是，宋真宗在文武大臣护卫下过了河，登上北城门楼。宋军将士看到真宗的黄龙大旗，士气

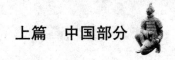

高涨，欢声雷动，声闻数十里。

两军相持十多天，契丹统军挞览亲自临阵督战，宋军伏弩齐发，挞览中箭丧命。辽军因损失大将，士气低落，就稍为退却。十一月二十六日，宋真宗到达澶州北城，使宋军士气大增。辽军的南侵，原是以掠夺财物和进行政治讹诈为目的，及侵入宋境后，因阵前受挫败，就表示愿与宋朝议和。宋真宗原就害怕同辽兵作战，这时见议和有希望，他只盼辽军能够尽快北撤，不惜代价，遂在十二月初与辽商定和议，交换誓书。和议约定：（1）宋朝每年交给辽朝绢 20 万匹、银 10 万两；（2）沿边州军各守疆界，两地人户不得交侵，不得收容对方逃亡"盗贼"；（3）双方不得创筑城堡，改移河道。此外，宋辽互称兄弟之国，辽圣宗耶律隆绪称宋真宗赵恒为兄，双方使者定期互访。这个宋辽双方在澶州城下达成的休战协议，历史上就称为"澶渊之盟"。

"澶渊之盟"不仅使辽兵得以安然从险境中脱身，还获得了战场上本来得不到的东西。对宋朝来说，"澶渊之盟"则是一个屈辱妥协的和约，它是宋朝推行"守内虚外"政策的副产品。不过，从中华民族的发展史看，"澶渊之盟"的订立，却结束了宋辽之间连续数十年的战争，使此后的宋辽边境长期处于相对和平稳定的状态，不仅双方边境大片地区得以发展生产，而且双方还通过"榷场"进行经济交流和商业活动，因而对南北经济文化的发展和提高是十分有利的。

简　评

蒋复璁曾说及宋辽澶渊之盟"影响了中国思想界及中国整个历史"。中国有"言和即是汉奸"的说法，对于历史上的和谈也一味支吾规避。在这种情形之下，更使我们不能忘记，直到西方势力东渐，中国历史的主题是多数民族与少数民族间的冲突。因战争即影响双方的财政与税收，又影响国家体制与社会状态。凡此也都可以自澶渊之盟谈起。

澶渊之盟是一种地缘政治的产物，表示着两种带竞争性的体制在地域上一度保持到力量的平衡。也只有在这种地缘政治的影响之下，我们今日仍感觉千年历史的阴影，仍不时出现于我们的脚跟后面。

# 活字印刷术的发明

## ——为文化传播带来一场革命

被誉为"文明之母"的印刷术，是中国古代四大发明之一。古代的印刷术分为雕版印刷术和活字印刷术两类。雕版印刷术先行出现，在公元前，中国已懂得印章捺印的方法，后来又会拓印碑石，至隋遂发明雕版印刷之技术。雕版印刷盛行于唐而完善于宋。直至上世纪初期，雕版印刷一直是中国文献和图籍的主要印刷方式。在这 1000 多年的历程中，雕版印刷术不断得到发展和完善。雕版的材料除了木板外，又有石板、铜板；印刷除单色外，又有彩色套印；印刷品则从初期的单页图文、小型书籍，进而发展到大型类书的印制。五代时期印刻《九经》等儒家典籍 130 册，花费时间 22 年。宋代刻印《大藏经》历时 12 年，刻板 13 万块。明清时期集佛、道二教典籍所刻印的《道藏》、《续道藏》亦是工程浩大的雕版印刷壮举。

雕版印刷事业，从唐代推广应用，到宋代得到普遍发展，大大地丰富了人民的文化生活，对于继承和发扬中国的学术传统，起了重要的推动作用。雕版印刷术比起以前的手写传抄手段不知要节省多少人力和时间，对于书籍的生产和知识的传播来说，确实是一个巨大的革命。但是，雕版印书必须一页一版，有了错字难以更正，如果刻一部大书，要花费很多时间和木材，不仅费用浩大，而且储存版片要占用很多地方，管理起来也有一定的困难。而在雕版的基础上发明的活字排版印刷术则可以解决这些矛盾，进一步提高印书效率。

活字印刷术就是预先制成单个活字，然后按照付印的稿件，捡出所需要的字，排成一版而施行印刷的方法。采用活字印刷，一书印完之后，版可拆散，单字仍可再用来排其他的书版。这个方法直到电脑排版之前，都是世界上生产书籍、报纸、杂志的主要方法。

活字印刷术在后来发展到高度机械化的地步，是现代文化的一根主要支柱。欧美国家的某些学者一般地都把活字印刷术的发明，说成是 15 世纪中叶（1440－1450 年）德国人谷腾堡的贡献，并且把活字印刷术和印刷术等同起来，因此得出谷腾堡是"印刷术的发明者"的结论，这显然是不符合事实的。首先，书籍印刷不能仅限于活字印刷术，雕版印刷术也是一种主要的方法。活字印刷是在雕版印刷的基础上出现的。而中国人民最早发明雕版印刷术已经是不争的事实。所以谷腾堡不是"印刷术的发明人"是毫无疑问的。其次，活字印刷术尽管对于欧洲人来说有更重大的意义，尽管谷腾堡是欧洲第一个应用这个方法的人，但是，确凿的事实告诉我们，活字印刷术是中国人首先发明的，而且由中国直接或间接地传到世界各地。我们完全有理由相信，谷腾堡（或者是别的人）是在这个影响之下，才创制出拉丁文字的活字印刷术的。

活字印刷术是在 11 世纪中期，中国北宋庆历年间（1041—1048 年）天才工人毕昇发明的，是先用木、后以泥为原料制成。这是世界上最早的活字，它比谷腾堡应用的活字早 400 多年。活字印刷技术最关键的问题之一是活字制作材料的选用及其制作的工艺方法。中国古代劳动人民曾经用粘土、木材、铜、锡、铅等原料进行过多种试验，都获得了成功。毕昇即首先成功地制作出以胶泥为原料的活字。中国古代的活字，以制作材料不同，可以分为两大类：第一是非金属活字，如泥、木、磁所制成的活字。第二是金属活字，如：锡活字、铜活字、铅活字等等。

早在宋代毕昇时期，已有人试验以木为原料制作活字，因木字遇水膨胀，效果不佳，而未成功，毕昇才改木为泥，发明用泥制作活字。然此后不久，木活字印刷研制成功并得以发展和推广，西夏文《吉祥遍至口和本续》等木活字本和维吾尔文木活字的出土为此提供了实物证据。元代农学家王祯制作木活字和转轮排字架获得成功，并于大德年间用木活字印刷了《旌德县志》，但是也已经失传。明代之后，木活字印刷逐渐发展起来。

公元 11 世纪的 40 年代，中国宋朝庆历年间（1041—1048 年）毕昇发明了泥活字印刷。关于这项发明，在宋代科学家沈括著《梦溪笔谈》卷十八"技艺"门里作了如下记载：

"板印书籍，唐人尚未盛为之，自冯瀛王始印五经，后世典籍皆为版本。庆历中有布衣毕昇又为活板。其法用胶泥刻字，薄如钱唇。每一字为一印，火烧令坚。先设一铁板，其上以松脂蜡和纸灰之类冒之。欲印，则以一铁范置铁板上，乃密布字印，满铁范为一板，持就火炀之药稍熔，则以一平板按其面，则字平如砥。若止印三二本，未为简易，若印数十百千本，则极为神速。常作二铁板。一板印刷，一板已自布字。此印者才毕，则第二板已具。更互用之，瞬息可

**毕昇像**
中国印刷博物馆内的毕昇像，毕昇，淮南人，刻版工匠。

就。每一字皆有数印，如'之'、'也'等字，每字有二十余印，以备一板内有重复者。不用则以纸贴之。每韵为一贴，木格贮之。有奇字素无备者，旋刻之，以草火烧，瞬息可成。不以木为之者，文理有疏密，沾水则高下不平，兼与药相粘，不可取，不若燔土，用讫再火，令药熔，以手拂之，其印自落，殊不沾污。昇死，其印为予群从所得，至今宝藏之。"

泥活字印刷是中国科学技术史上的一大发明。据《梦溪笔谈》所载，毕昇泥活字有以下几个特点：一是直接在泥坯上刻字，而不必先写在纸上反贴后再进行镌刻；二是泥字厚度薄如钱唇，这与现存翟氏泥活字实物及有关文献记载的木活字在外形上有较大差别；三是将活字排放在盛有松香、蜂蜡、纸灰等物的铁范中，然后将铁范放在平火上烘烤，使松香、蜂蜡、纸灰制成的粘合剂熔化，将泥活字粘牢在铁板上。

对上述的特点分析可知：其一，就印刷技艺而言，在雕版或活字坯上刊刻出已经反贴上版的字，最为简单，是一个刻工所应具备的起码条件。若能在雕版或活字坯上直接写出反体字，则功力已非同一般。若能直接用刀在雕版或活字坯上刻出反体阳文字来，则必须谙熟书、刻两种技艺。毕昇可以直接操刀在泥坯上刻出反体阳文字，当为一个印刷技巧十分谙熟的高手。其二，干燥的泥坯，性脆易崩，无论刻刀多么锋利，一下刀则泥粉四溅，字体边缘崩损得十分厉害，这种边缘呈锯齿状的字迹经烧制后，若作为一种篆刻艺术品欣赏也许颇有特色，但若将这种边缘残缺、笔画呈锯齿状的字印刷成书，则很难被读者接受。实验证明，当泥坯湿度在 30% 左右时，下刀不粘不涩，十分易于刻出笔画边缘整齐的字。所以，毕昇

**泥活字版模型**

　　活字版的发明是印刷史上的伟大创举，它为人类提供了一种更为快速排印书籍的技术。自北宋毕昇发明泥活字版后，又出现木活字、锡活字、铜活字等。

直接刊刻的是具有一定的湿度的泥字坯。其三，无论是湿泥还是干泥，在刊刻中都不能用印床等固定，否则泥坯或者变形或者破碎，只能放在桌面或平台上进行刊刻。为了使字坯保持稳定并便于刊刻，字坯外形当以扁平状为妥。文献中描述毕昇泥活字"薄如钱唇"，是对泥坯外形十分形象的描述，"钱唇"是指钱币平面上内缘较厚的那一部分，宽度约在4毫米左右。如此厚度的泥坯，刻制便利、干燥迅速、烧制时受热也易均匀。其四，用松香、蜂蜡、纸灰的共熔物作为粘合剂，将泥活字固定在铁范中用于印刷，似为毕昇首创。这种方法与后世王祯用界行及木销固定木活字的方法大不相同。

其原因估计是，毕昇泥活字呈扁平状，无法用界行、木销等挤压固定，采用粘合固定是最简便也是最实用的方法。

　　此后，西夏政权采用泥活字印刷佛经，并有实物流传至今；元代时有人继续用此方法印刷泥活字本，可惜没有实物留传，元时期的泥活字印刷书籍，已无从查考了；清代时，李瑶和翟金生两人分别采用毕昇方法自制泥活字印书获得成功，而且已留传至今。

　　元初，科学家王祯发明了木活字，并改进了活字印刷术。把每行字夹住，排满后再用木屑塞紧，省去了毕昇固定和取下字印之不便。为了减轻排字工人来回寻找单字的劳动，提高排字效率，王祯还匠心独运地发明了一种"转轮排字盘"。他把木活字按韵编号排列在两架木制的大转盘里，一架用来放选出的可用字，另一架放普通常用的字。排字工人只要坐着推动转盘，"左右俱可推转摘字"。

　　在中国古代活字印刷中，除泥活字、木活字外，还有锡、铜、铅等金属活字以及瓷活字，但大量应用的是木活字。1773年，清政府组织刻成253500余枚枣木活字，先后印行《武英殿聚珍板丛书》。138种，共2300多卷，是历史上最大规模的活字印刷活动。

 简　评

　　活字印刷不仅大大提高了工作效率，而且还有其他一些优点。如发现错字可随时更换，不必像雕版那样要从头开始，也不会产生雕版的虫蛀、变形及保管困难的问题。只要有了一套活字，便什么书都可印，大大节省了写刻雕版的费用，又缩短了出书时间。这种既经济又简便的印刷方法，是毕昇在世界印刷史上树立的一块具有划时代意义的丰碑。

　　有了活字印刷术，整个世界的文化、教育、沟通等等都发生变化了，就中国而言，中国突然进入了一个信息爆炸的时代，印刷的书籍比起前代成倍地增长，图书的普及带动了文化的传播，也推动了教育的发展，中国历史进入到一个新的时代。

# 王安石变法

## ——旨在富国强兵却中途夭折的改革

北宋王朝自建立到宋仁宗庆历年，已经统治了 80 余年，其间阶级矛盾和民族矛盾日趋尖锐，财政危机日益加深。宋初以来，大官僚大地主阶级竞相兼并土地，造成"势官富姓，占田无限"的严重局面。土地集中的过程，就是农民们倾家破产、流离失所的过程。同时，宋初一些强化专制主义中央集权的政策和措施，逐渐转化成为它的对立面，"冗官"、"冗兵"和"冗费"与日俱增，使宋封建王朝陷于积贫积弱的局势中。以范仲淹为首的一批有识之士对当时死气沉沉的官僚政治严重不满，提出了具体的改革弊政的主张，并通过宋仁宗得以具体实施，史称"庆历新政"。然而，新政由于触犯了许多达官权贵的既得利益，遭到了重重抵抗，并最终失败了。

庆历新政失败以后，宋朝严重的阶级矛盾和民族矛盾并未缓和，积贫积弱的局面仍在向前发展，统治集团感到危机四伏，因而要求改革的呼声在一度沉寂之后，很快又高涨起来，终于掀起一次更大的变法活动。

王安石（1021－1086），字介甫，江西临川（今江西抚州）人。其父王益做过几任州县长吏，王安石在青少年时期随父亲到过许多地方，对宋朝的社会问题有一些感性认识。庆历四年（1044 年）进士第四名及第，其后在扬州、鄞县（今浙江宁波）、舒州（今安徽潜山）、常州等地任地方官。多年的地方官经历，不仅使王安石深刻地认识到宋朝社会普遍性的贫困化，而且也使王安石认识到社会贫困化的根源在于兼并。由此王安石进一步认识到宋封建统治所面临的危机是：内则不能无以社稷为忧，外则不能无惧于夷狄。因此，嘉祐三年（1058 年）王安石在长达万言的《上仁宗皇帝言事书》中分析了宋朝内忧外患交织、财政日益困穷、风俗日益败坏的形势，提出了变更天下弊法及培养大批适应变法革新需要的人才的迫切性。要求宋仁宗以汉、唐两代王朝的覆亡为前车之鉴，果断实行变法。他还提出了因天下之力以生天下之财，取天下之财以供天下之费的理财思想。这封言事书受到了一般官僚士大夫的称赞，却没有从最高统治集团中得到任何反应。

治平四年（1067 年）正月，宋神宗赵顼即位。神宗立志革新，他向元老重臣富弼等人征询富国强兵和制胜辽与西夏之策，他们规劝神宗，在 20 年内不要提及用兵二字。宋神宗从此不再倚靠这班元老重臣。熙宁元年（1068 年）四月，召"负天下大名三十余年"的王安石入京，用为参知政事，要倚靠他来变法立制，富国强兵，改变积贫积弱的现状。当时王安石已成为众望所归的人物，士大夫们大都以为只要王安石登台执政，太平可立致，生民咸被其泽。为了推动变法，熙宁二年（1069 年）二月，王安石建立一个指导变法的新机构——制置三司条例司（后条例司废，变法事

王安石像

宜由户部司农寺主持），并与吕惠卿、曾布等人一道草拟新法，各路设提举常平官，督促州县推行新法。由此在中国历史上影响深远的王安石变法，便大张旗鼓地开展起来。从熙宁二年到熙宁九年（1076年）的8年内，围绕富国强兵这一目标，陆续实行了均输、青苗、农田水利、募役、市易、免行、方田均税、将兵、保甲、保马等新法。这些新法按照内容和作用大致可以分为几个方面。

荆川先生精选评点《史记》

一、供应国家需要和限制商人的政策，主要是均输法、市易法和免行法。

均输法。宋初以来，为了供应京城皇室、百官、军队的消费，在东南六路设置发运使，负责督运各地"上供"物质。发运司只照章办事，各路丰年物多价贱时不敢多办，歉年物少价贵时却又必须办足。物货运到京城后往往因不合需要而削价抛售，朝廷所需却又要另去搜刮。这些做法给富商大贾操纵物价、控制市场、囤积居奇提供了方便。熙宁二年七月，颁行淮、浙、江、湖六路均输法规定：总管东南六路赋入的发运使，掌握六路的财赋情况，斟酌六路每年应该上供和京城每年所需物资的品种、数额以及库存情况。然后按照"徙贵就贱，用近易远"的原则，"从便变易蓄买，以待上令"。这项新法意在省劳费、去重敛、宽农民，既保证朝廷所需物资的供给，又减少政府的财政支出和人民的负担。

市易法。熙宁五年（1072年）三月，颁行市易法。主要内容是在京城设市易务（后改为市易司），以100万贯作本，负责平价收购商人滞售的货物，赊货给商贩贩卖，也向商贩发放贷款。商贩赊货物及借款，需以财产作抵押，5人以上互保，每年纳息2分。市易法最初实行于京师，后来又推行到其他较重要的商业城市。

免行法。熙宁六年（1073年）七月正式颁行免行法。开封各行商铺原来承担供应官府所需物品的任务，经常被迫用高价收购货物供官，所以"每纠一人入行，辄诉讼不已"。免行法规定：各行商铺依据赢利的多寡向市易务（司）交纳免行钱，不再轮流以实物或人力供应官府。此后，宫廷买卖物品，都通过杂卖场、杂买务，并设置市司负责估定物价。

二、调整封建国家、地主和农民关系的政策以及发展农业生产的措施，有青苗法、募役法、方田均税法和农田水利法。

青苗法。熙宁二年九月制置三司条例司颁行青苗法。仁宗时陕西转运使李参在当地百姓缺少粮、钱时，让他们自己估计当年谷、麦产量，先向官府借钱，谷熟后还官，称"青苗钱"。王安石、吕惠卿等据此经验，制定青苗法。它规定把以往为备荒而设的常平仓、广惠仓的钱谷作为本钱。每年分两期，即在需要播种和夏秋未熟的正月和五月，按自愿原则，由农民向政府借贷钱物，收成后加息两成，随夏秋两税纳官。实行青苗法的目的，在于使农民在青黄不接时免受兼并势力的高利贷盘剥，并使官府获得一大笔"青苗息钱"的收入。

募役法。又称免役法。熙宁四年正月，司农寺拟定的募役法先在开封府界试行，同年十月颁布全国实施。免役法规定：废除原来按户等轮流充当衙前等州、县差役的办法，改由州县官府出钱雇人应役，各州县预计每年雇役所需经费，由民户按户等高下分摊。上三等户分八等交纳役钱，随夏秋两税交纳，称免役钱。原不负担差役的官户、女户、寺观，要按同等户的半数交纳钱，称助役钱。州县官府依当地吏役事务简繁，自定数额，供当地费用；定额

**木兰陵**

木兰陵位于福建莆田市，属于陂塘，是宋代著名的水利工程。它不仅抵御海潮，同时又截住永春、仙游等地的淡水河流，灌溉了大片农田。

之外另加2/10缴纳，称免役宽剩钱，由各地存留，以备荒年不征收役钱时雇役之用。此法的用意是要使原来轮充职役的农村居民回乡务农，原来享有免役特权的人户不得不交纳役钱，官府也因此增加了一宗收入。

方田均税法。熙宁五年八月司农寺制定《方田均税条约》颁行。此法分"方田"与"均税"两个部分。"方田"就是每年九月由县令负责丈量土地，按肥瘠定为五等，登记在账籍中。"均税"就是以"方田"的结果为依据均定税数。凡有诡名挟田、隐漏田税者，都要改正。这个法令是针对豪强隐漏田税，为增加政府的田赋收入而发布的。

农田水利法。熙宁二年十一月制置三司条例司颁布《农田水利利害条约》。条约奖励各地开垦荒田兴修水利，建立堤防，修筑圩埠，由受益人户按户等高下出资兴修。如果工程浩大，受利农户财力不足，可向官府借贷"青苗钱"，按借青苗钱的办法分两次或三次纳官，同时对修水利有成绩的官吏，按功绩大小给予升官奖励。凡能提出有益于水利建设的人，不论社会地位高低，均按功利大小酬奖。此法是王安石主张"治水土"以发展农业，增加社会财富的重要措施。

三、巩固封建统治秩序和整顿加强军队的措施，有将兵法、保甲法、保马法以及建立军器监等。

将兵法。作为强兵的措施，王安石一方面精简军队，裁汰老弱，合并车营；另一方面实行将兵法，自熙宁七年始，在北方各路陆续分设100多将，每将置正副将各1人，选派有武艺又有战斗经验的军官担任，专门负责本单位军队的训练，凡实行将兵法的地方，州县不得干预军政。将兵法的实行，使兵知其将，将练其兵，提高了军队的战斗素质。

## 历史大事全知道

保甲法。熙宁三年司农寺制定《畿县保甲条例颁行》。其主要内容是乡村住户，不论主客户，每十家（后改为五家）组成一保，五保为一大保，十大保为一都保。凡家有两丁以上的出一人为保丁，以住户中最有财力和才能的人担任保长、大保长和都保长，同保人户互相监察。农闲时集中训练武艺，夜间轮差巡查维持治安。王安石推行保甲法的目的主要是为了防范和镇压农民的反抗以及节省军费。

除以上几方面的措施外，王安石变法派还实行了改革科举制、整顿学校等措施。但是由于各项新法或多或少地触犯了中上级官员、皇室、豪强和高利贷者的利益，因此，在每一项新法的推行过程当中，遂无例外地都遭受到他们的阻挠和反对。到宋神宗逝世之后，哲宗继位，向太后垂帘听政，以司马光为首的守旧派掌握了政权，此前的新法便在元祐初期全被废罢。

王安石变法以"富国强兵"为目标，从新法次第实施到新法为守旧派所废罢，其间将近15年。在这15年中，每项新法在推行后，虽然都不免产生了或大或小的弊端，有的是因为变法派自己改变了初衷，有的是因执行新法出现偏差，但基本上都部分地收到了预期效果，使豪强兼并和高利贷者的活动受到了一些限制，使地主阶级的下层和自耕农民从事生产的条件获得一些保证，多少缓和了当时的阶级矛盾，稳定了北宋的统治。封建国家增加了财政收入，当时朝廷内外的仓库所积存的钱粟"无不充衍"，在一定程度上扭转了"积贫积弱"的局势。

# 靖康之变

## ——刻骨铭心的耻辱

宋王朝重文轻武、抑制武将的结果是文化繁荣、经济发达而军事衰弱，备受周围国家的欺凌。宋太祖赵匡胤杯酒释兵权，将军权收归中央，由文官指挥军队。同时沿用五代兵制，强干弱枝，拣选精锐组成中央禁军，而地方的厢军、乡兵很少参加军队训练，平常充作工匠和仆役，根本没有战斗力。在这一系列政策的作用下，宋朝地方势力根本无法与中央抗衡，皇帝的权势稳固了；国家却也因此无力抗敌，不得不赔款求和。这一局面持续到女真族所建的金国兴起以后，渐渐无法维持下去，因为金国所希望的是入主中原，一统天下。

到了12世纪最初的25年，这是宋徽宗统治的年代。宋徽宗是历史上有名的风流天子和昏君。他以蔡京为宰相，同蔡京、童贯、王黼、梁师成、朱勔、杨戬、李彦、高俅等人结成反动的统治集团，使北宋的政治进入最黑暗、最腐朽的时期。宣和元年(1119年)和宣和二年，先后爆发了宋江、方腊领导的两次大的农民起义。宋徽宗虽然镇压和瓦解了这两次农民起义，渡过农民革命带来的一场统治危机，但是东北地区女真族的兴起，却使北宋王朝面临覆灭的命运。

早在政和元年（1111年），宋徽宗就派大宦官童贯出使辽朝，了解辽朝的政治形势。童贯在这次出使过程中，遇到了燕人马植，向童贯献策取燕（今北京），深受童贯赏识，被童贯改名为李良嗣，带回开封。李良嗣向宋徽宗陈说辽天祚帝的荒淫和政治腐败，女真对辽恨之入骨，如能从登莱过海，与女真族结好，相约攻辽，则燕地可取。宋徽宗对此非常高兴，又赐李良嗣姓赵，开始了谋取燕京的一系列活动。

当辽朝在金兵的进攻下，处于岌岌可危之时，宋徽宗、蔡京等人以为联合女真夹击辽朝，进而收复燕云十六州的时机已成熟。于是，重和元年（1118年）宋廷以买马为名，遣使从登州（今山东蓬莱）渡海到辽东，同金朝商议共同伐辽的事宜。宣和二年（1120年）宋再遣赵良嗣等使金，遂与金订立"海上之盟"。双方约定：长城以南的燕云地区由宋军负责攻取，长城以北的州县由金军负责攻取；待夹攻胜利之后，燕云之地归于北宋，北宋则把前此每年送与辽朝的岁币，照数送与金朝。宋廷原以为据此便可轻易夺取燕云十六州，可是没料到辽军抵不住金兵的进攻，却不惧怕与腐朽不堪的宋军作战，结果宣和四年（1122年）北宋两次出兵攻

北海名石　北宋

这就是不远千里从江南运到京师的花石遗物。金灭北宋之后，许多花石连同卤簿大钟被掠往中都，装点都城。

# 历史大事全知道

打燕京，均被辽的燕京守兵打得大败。到这年年底金兵由居庸关进军，攻克燕京。这样金人就表示不再把燕云诸州交给北宋了。经过双方讨价还价，宋朝方面一再退让，最后金朝只答应把燕京及其所属的六州二十四县交给宋朝，却要宋朝每年除把原给辽朝的40万岁币交给金朝外，还要把这六州二十四县的赋税如数交给金朝。宋朝答应每年另交100万贯作为燕京六州的"代税钱"，金朝才答应从燕京撤军，而在撤军时，金兵却把燕京的金帛子女官绅富户席卷而去，只把几座空城交给宋朝。

辽朝灭亡后，金朝最高统治集团从北宋对辽作战的表现，以及交涉交割燕云的过程中，已经看透北宋政治的腐朽和军事的无能，遂即乘胜侵犯北宋。于宣和七年（1125年）十一月分兵两路南下，西路由完颜宗翰率领从云中府（今山西大同）进攻太原府。东路军由完颜宗望率领，由平州（今河北卢龙）进取燕山府。两路约定攻下太原、燕山府后，西路军进出潼关北上洛阳，与南渡黄河直向东京的东路军会师于开封城下。西路军在太原城遭到王禀领导的宋朝军民的顽强阻御，长期未能攻下，东路军到达燕山府，宋守将郭药师投降，金兵遂长驱直入，渡过黄河向东京进军。

卤簿大钟　北宋

宋徽宗听到金兵南下的消息后，不敢亲自担当领导抵抗敌人的责任，急忙传位给太子赵桓，企图南逃避难。赵桓即位，是为宋钦宗，改翌年（1126年）为靖康元年。这时朝野官民纷纷揭露蔡京、王黼、童贯、梁师成、李彦、朱勔"六贼"的罪恶，要求把他们处死，宋钦宗被迫陆续将蔡京等人贬官流放或处斩。

靖康元年正月，宋钦宗迫于形势起用主战派李纲为亲征行营使，部署京城的防御。李纲刚把京城守备设施布置就绪，完颜宗望所率金军就已兵临城下，向开封的宣泽门发起猛烈进攻。李纲组织开封军民坚守城池与金军展开激战，把攻城的金兵击退。完颜宗望见开封一时难以攻下，便施展"以和议佐攻战"的策略，宋钦宗原本就是一个畏葸惧战的昏君，便急忙派使者去金营议和。完颜宗望提出宋须交金500万两、银5000万两、牛马骡各1万头、驼1000头、杂色缎100万匹，割让太原、中山（今河北定县）、河间三镇，尊金帝为伯父，以宋亲王、宰相作人质，送金军北渡黄河，才许议和。宋钦宗竟不顾一切，全盘答应完颜宗望的苛刻要求，下令在开封全城刮借金银运送给金军。李纲坚决反对同金军议和，宋钦宗就以宋兵一次夜间出击金营失利一事，追究李纲的责任，下令罢免李纲，废掉李纲主持的亲征御营司，借以向金人表示议和的决心。

宋钦宗这一倒行逆施，激起了开封军民的愤慨。太学生陈东等在宣德门上书，要求复用李纲，罢免主张和议的李邦彦、张邦昌等人，几万人不约而同来到皇宫前，声援和支持陈东，要求宋钦宗接见，并砸碎登闻鼓，打死宦官几十人。宋钦宗不得已宣布再用李纲，为尚书右丞，让李纲主持京城四面的防御。这时宋朝各路勤王兵，约计20万人也已陆续赶到。面对这种形势，完颜宗望知道以6万兵马孤军深入是难以攻下开封了，于是在得到宋钦宗同意割让三镇后，于靖康元年（1126年）二月率军撤离开封北还。

完颜宗望北还，河北一线的战局虽暂时平静，而河东的战事却继续紧张进行着，从靖康元年二月至七月，宋军曾3次大规模入援太原，合计投入兵力40万人，均被金军击败，宋军主力耗折殆尽。

· 154 ·

河北暂趋平静和河东战事胶着的军事形势，只是金军更大规模入侵的间歇。然而，以宋钦宗为首的腐朽统治集团却以为太平无事了，罢了有声望的老将钟师道的兵权，各路赶来的勤王兵也全被遣还，宋廷又恢复了以往文恬武嬉的故态。主和派在朝廷重新占了上风。靖康元年六月，宋钦宗因为厌恶李纲屡言备边之策，借入援太原之际，派他为河东、河北宣抚使，强行把他赶出朝廷。八月，李纲因入援太原失利，又被罢去两河宣抚使之职。

靖康元年八月，金军在经过一个夏天的休整后，又以宋朝不如约割让太原、河间、中山三镇为口实，再次南侵。完颜宗翰和完颜宗望分东西两路进兵。这时宋将王禀坚守太原已8个多月，因粮尽援绝，九月初三被攻破。完颜宗翰乘胜南下，直逼黄河北岸的河阳（今河南孟县）。完颜宗望的东路军，也于十月初攻入河北重镇真定府（今河北正定）。金军的这次南侵已摆出了一举灭亡北宋的态势。宋钦宗却一心只想投降，以为可以继续用金帛赂使金军撤退，急忙派出一批批使者到金营乞和，在军事上不做认真的准备。而朝廷内部的主和派唐恪、耿南仲等人坚主割地，遣返各地再次聚集的勤王军，撤除京城的防御工事。金军渡过黄河，完颜宗翰向宋廷提出要划黄河为界，河东、河北地归金朝，宋钦宗一一答应，并且亲自下诏两路百姓，劝谕他们"归于大金"。

由于宋廷不在军事上做认真准备，两路金军未遇大的抵抗，便顺利向东京挺进。十一月金军前锋到达东京城外，闰十一月初金军东西两路会师开封城下，对开封展开攻势。开封城内兵力有限，士气不振，宋廷于危急之际，竟派郭京带领"六甲神兵"出战，大败溃散，东京城被攻破。

虽然东京城破，统治者依然决意投降，但开封军民不愿做亡国奴，抗敌情绪很高，要求参战的人达30万之多。金军见开封军民已准备展开巷战，不敢贸然进占全城，于是故伎重施，放出"和议"的空气，向宋王朝索取1000万匹绢、100万锭金、1000万锭银等钱帛。然而至此危在旦夕之时。宋钦宗仍不能醒悟，他派宰相何栗去金营乞和，完颜宗翰和宗望却要宋钦宗亲自到金营商议割地赔款之事，钦宗不得已进了金营求降，献上降表，并秉承金人的意旨，下令各路勤王兵停止向开封进发，对自发组织起来准备抵抗的民众进行镇压，然后金军大肆搜括宋朝宫廷内外的府库，以及官、民户的金银钱帛。当时正是严冬季节，大雪纷飞，被掳掠一空的开封人民遭受饥寒无情的袭击，冻死、饿死的人不计其数。宋朝腐朽统治者的投降政策，使开封人民遭受难以言状的灾难。

靖康二年（1127年）正月，金军先后把宋徽宗、宋钦宗拘留在金营，二月六日金主下诏废宋徽宗、宋钦宗为庶人，另立同金朝勾结的原宋朝宰相张邦昌为伪楚皇帝。四月初一金军俘虏徽、钦二帝和后妃、皇子、宗室、贵戚等3000多人北撤。宋朝皇室的宝玺、舆服、法物、札器、浑天仪等也被搜罗一空。北宋从此灭亡，这就是所谓的"靖康之变"。

## 简 评

金兵的强大虽然是北宋灭亡的外部原因，但北宋政治腐败才是其灭亡的主要原因：北宋统治腐朽，防备空虚，军队纪律松弛，缺乏战斗力；统治集团内的投降派一味求和，排挤李纲等主战大臣，破坏军民抗金斗争，结果招致灭亡。

"靖康之变"的惨痛结果给我们以深刻的教训：落后要挨打，是个带规律性的历史现象；腐败也要挨打，更是一条铁的历史定律。腐败往往导致落后，因腐败而落后以致挨打，近代中国就是如此。北宋晚期腐败尚未导致落后，照样挨打。北宋绝非落后挨打，实因腐败亡国。这对于当今的中国仍具有重要的影响。

# 指南针的发明

## ——地理大发现的前导

在古代，各民族的先民们面对茫茫海洋，虽然有探险探秘的愿望，但是由于技术的限制，总是无法如愿。即使是以航海著称的古希腊人，也不过是在相对比较风平浪静的地中海海域称雄。对于茫无边际的大洋，也只有"望洋兴叹"。其实，并非是由于造船技术限制了古人们的越洋交流，更主要的是由于在海上无法辨别方向，虽然有可以横渡大洋的船只，也会在海上迷路，葬身海底。因此，指南针的发明可以说是给海船装上了眼睛，为航海业的发展提供了最基本的技术条件。指南针是中国最早发明的，但它是经过漫长的岁月逐渐发展改进而成的。

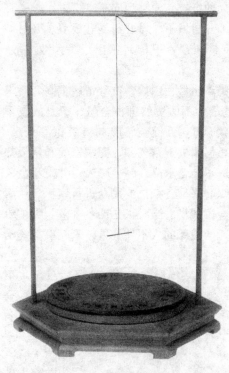

宋代指南针模型

对于在海上和陆地上定向的工具，中国的先民们有许多记载和传说。据说黄帝在与蚩尤交战时，曾经发明过"指南车"，可以在大雾弥漫的天气下准确辨别方向，不至于迷路。这可能是关于"指南针"的最早探索。但是，后人根据古书的记载，多次想重新制作"指南车"，却一直无法成功。因此，"指南车"之说是否确切，是可以存疑然而，利用磁铁的特性制造出的指南针，却是中国人的伟大发明。指南针的发明可以追溯到周代，距今已有2500~3000千年的历史。大约在春秋战国时代，中国人就已经发现了磁石和它的吸铁性。《韩非子·有度篇》里记载"先王立司南以端朝夕"，这里的"先王"是周王，"司南"就是指南针，"端朝夕"是正四方的意思，是指指南针的用途。在古代文献里还有记载郑人到远处采玉，要带上司南，以便不迷失方向。春秋时齐国著名政治家管仲在他所著的《管子》一书中有这样的记载："上有慈石者，下有铜金"。"慈石"就是磁石，"铜金"就是一种铁矿。可见至少在2600年前的管仲时期，已经知道磁石的存在，并已掌握了磁石能够吸铁这一性能了。

磁石有两个特性：一是吸铁性；二是指极性。也就是说磁石有两极，能够指示南北。磁石的吸铁特性中国战国时代的古人和古希腊的先民都已发现，而发现磁石的指极性则欧洲比中国晚得多。

磁石能指示南北的特性，不太容易被发现。因为一般情况下磁力小、摩擦力大，磁石两极不能自由旋转到南北向。中国在战国时代最早发现了磁石的指极性，并利用磁石能指示南方的性能，制作成指南工具——司南。"司"字意为掌管，现在仍有"司机"、"司炉"、

"司令"等词，这几个"司"字的本意都是相同的。

但是司南也有其局限性：用磁石制造司南，磁极不容易找准，而且在琢制勺的过程中，磁石因受震动而会失去部分磁性。再加上司南在使用时底盘必须放平，而且司南的体积也比较大，因此，古人在发明了司南之后，又不断改进指南工具。继司南之后，中国人的祖先又制成了一种新的指南工具——指南鱼。

按照现代科学的眼光来看，古人是将钢片在炉火中烧红的方法使铁磁质中的磁畴活动起来，由于地球有磁性，把烧红钢片沿着地球磁场的方向冷却，钢片在冷却时靠地球磁场的作用使磁畴有规律地排列，这条钢片鱼就有了极性，成了一条指南鱼。冷却时鱼尾向下倾，由于地球磁倾角的作用，可使磁性增强。

由于地磁场的强度不大，所以指南鱼的磁性也很弱，古人渐渐觉得指南鱼的指南效果仍不理想。能不能有一种更理想的指南工具来代替指南鱼呢？古人在继续不断地试制摸索。就在钢片指南鱼发明后不久，又有人发明了用钢针来指南，这种磁化的小钢针可算是世界上最早制成的真正的指南"针"了。

北宋著名科学家沈括（约公元1031—1095年）。在科学技术方面取得了杰出的成就，北宋时期中国许多重大的科学发明，例如活字印刷、指南针等应用技术，都是借助于沈括的记载而得以流传的。指南针能指南，但还必须为它创造一个可以自由转动的条件。沈括在他《梦溪笔谈》一书中，提到了指南针的几种用法。

**漂浮式指南针 北宋**

将磁针贯穿灯芯草，放入盛水的瓷碗内，借助浮力，使磁针浮于水面，指示南北。这种指南针实用性强，最先应用于航海导航。

一是水浮法，把指南针放在有水的碗里，使它浮在水面，指示南北方向。二是指甲旋定法，把磁针放在手指甲上轻轻转动后来定向。三是碗唇旋定法，把磁针放在光滑的碗边通过旋转磁针来定向。四是缕悬法，在磁针的中部涂一点点蜡，用一根细丝线沾上蜡后，悬挂于空中指南。这种悬挂式指南针，必须在无风处使用，但使用起来比较方便。

根据试验，沈括认为这四种方法中，要算缕悬法最好。因为指甲和碗边上很光滑，指南针容易掉下去。而使用水浮法时，水若振荡，针就难以静止下来了。

沈括在900年前提出的这四种方法，有的至今仍有实用价值，如现代的磁变仪、磁力仪的基本结构原理，就是采用了沈括所说的缕悬法原理。而航海中使用的重要仪表罗盘。也大多是根据水浮磁针这一原理设计而成的。

沈括还是世界上最早发现磁偏角的人。"磁偏角"是因为地球上的磁极和南极、北极稍微有一点偏差。指南针的南极和北极，沿磁子午线分别指向北磁极和南磁极，磁子午线和地理子午线是不一致的它们之间存在着一个夹角，科学上叫做"磁偏角"。世界各地的磁偏角是不同的，有的偏东，有的偏西。

沈括在《梦溪笔谈》第24卷中写道："方家以磁石磨针锋，则能指南，然常微偏东，不全南也。"这是世界上现存最早的磁偏角记录在西方，直到公元1492年哥伦布在横渡大西洋时才发现磁偏角这一现象，比沈括晚了400多年。

在宋代，特别是南宋，海外贸易空前发达。为了克服远渡重洋的困难，保证航船安全，

## 历史大事全知道

不但造船技术有显著的改进和提高，而且至迟在北宋末年已把指南针应用于航海。在南宋时，更出现了将指南针安装在刻有度数和方位的圆盘上的罗盘针，使海船上的舟师在白昼无太阳、黑夜无星月的情况下，也能凭借罗盘针辨认方向，安全正确地航行。中国是最早把指南针用于航海事业的国家。

 简　评

　　指南针发明后，很快用于航海，对社会发展起到了重要作用。从此，海船有了眼睛，再不会迷失方向，这样，就把航海事业推进到了一个新的时代，促进各国之间的经济贸易和文化交流。指南针传到世界各国以后，各国也都用指南针来帮助航海。正因为指南针起的作用很大，所以人们把它列为中国古代的四大发明之一。著名的科技史专家李约瑟指出："指南针的应用是原始航海时代的结束，预示着计量航海时代的来临。"有了指南针，促进了中国航海事业的发展，才可能有郑和七下西洋的壮举。

　　指南针技术传入欧洲后，推动了欧洲航海事业的发展。15 世纪末到 16 世纪初，欧洲各国航海家纷纷将指南针用于航海，他们不断探险，开辟新航路，发现了美洲，完成了环绕地球的航行。马克思曾这样说过："指南针打开了世界市场，并建立了殖民地。"

# 火药的发明

## ——热兵器时代的来临

　　在冷兵器时代，火器的运用无疑是一种革命性的进步。中国人很早就探究火器的应用，最早使用的火器是"火箭"。"火箭"最早出现在三国时代，蜀汉建兴七年（公元229年），诸葛亮率兵攻打陈仓（今陕西宝鸡市东）。魏国守将郝昭指挥士兵用"火箭"向架云梯攻城的蜀军怒射，云梯燃烧，蜀军受挫。不过，郝昭使用的火箭只是在箭杆上绑上易燃引火物，点燃后靠弩弓放射出去的，这还不是我们所说的火箭。我们所说的火箭，是靠自身携带的燃料燃烧产生的气体喷射的反作用力推进的。但是它跟火药的发明密切联系在一起。火药发明后，真正意义上的火器才正式出现。

　　火药是中国古代炼丹家在炼丹过程中发明的。人类最早使用的火药是黑色火药，它是我国劳动人民在一千多年前发明的。它的发明，闻名于世，被称为我国古代科技的四大发明之一，在化学史上占有重要的地位。

　　火药的发明要归功于中国古代的炼丹方士。炼丹术在中国起源甚早，据史书所载，至少在战国时期，即已有方士炼制不死之药，且自始即受统治阶级的支持与鼓励。因此，历代总有或多或少的所谓方士在进行炼制"长生不老"仙丹的实验，也累积了一些实际的经验与文字记录（如东汉魏伯阳撰的《周易参同契》即为一例）。三国以后，这些方士逐渐托身于应时而兴的道教行列，大批的道士开始学习与尝试炼丹的工作，于是炼丹术与新兴的道教结合了起来。随着道教的在我国日益盛行，炼丹术炼丹家始终认为：如果在适当条件配合下，一种物质经过若干程序处理后，若与另一种物质相结合，则可以自动的将其原有的特质转换到另一种物质身上，而凡人也有接受这种变化的可能。因此，他们利用烧炼的方法，企图将一些不易腐坏的物质，特别是如黄金、白银等矿石制造成易于吞食的丹丸，经由人吞食后，将其中"不腐不坏"的特质为人所吸取，以达到长生不死之效。上述理论今日看来显然是无稽之谈，然而自秦汉至隋唐之间的炼丹家却深信不疑，许多企盼长享荣华富贵的帝王贵族们亦颇以为是。在这种背景的推动下，烧炼矿石设法使其体积变小硬度变软，并去除其中原有的毒性，使其成为可吞食的丹丸，遂成为方士炼丹的主要内容。而矿石中的硫黄为炼丹家最常用的药物之一，因硫黄可改变其他矿石的形态外貌。

　　硝石（其成分为硝酸钾）则为古代制溶解金属溶液的主要原料之一。因此，在利用燃烧方式制造丹丸时，可能由于偶然不慎将硫黄与硝石同时掉到炭火上，引发了产生火焰甚至爆炸声响。炼丹家们从实际的经验或有意的实验中了解到，将适量的硫黄与硝石混合再加上木炭会着火甚至爆炸。晋代著名的道士葛洪在他撰写的《抱朴子·仙药篇》里有用雄黄、硝石、猪大肠油和松脂共炼丹药的记载。雄黄含有大量的硫，硝石是强化剂，猪大肠油和松脂含有炭。而硫、硝、炭是火药的基本成分，这实际上已经是一种火药了。

　　迄今为止，可以考证的最早的火药配方，保存在唐元和三年（公元808年）清虚子撰写的《铅汞甲庚至宝集成》卷二之中，称"伏火矾法"。其内容为："硫二两，硝二两。马兜铃（草药，烧即炭）三钱半。……入药于罐内与地平。将熟火一块、弹子大，下放里面，

**火箭模型**
宋代军队已经开始广泛地使用火器，火器的杀伤力比冷兵器大，可远距离攻击，在攻城作战中起到很大的作用。

烟渐起。"中唐时期的《真元妙道要略》一书里记载："以硫黄、雄黄合硝石并密烧之，焰火烧手面及烬屋舍者；……硝石……生者不可合三黄（即硫黄、雄黄和雌黄）等烧，立见祸事。"可见当时人们已经知道火药燃烧和爆炸的性能，中国人民至迟在公元9世纪已发明了火药。

虽然初唐以后的炼丹家已熟知火药配方，但是由于唐代帝王贵戚对成仙之事十分着迷。他们所支持的炼丹家们其主要的工作仍在烧炼仙丹，对于火药配方的使用大体仍限于改变硫黄与硝石的性质而已。

唐末五代时期天下大乱，兵烽四起，许多原先寄食于豪门贵族家中的方士流离失所，部分乃投身军旅而逐渐将火药配方引用至军事方面，相继出现了一系列火药武器，其中之一是"火箭"。它的构造是在一支普通箭杆上绑住一个火药筒，火药筒后部有根引火绳，火药燃烧产生气体，借助气体后喷的反作用力，箭飞向前方。这跟现代火箭发射的原理是相同的。

《宋史·太祖本纪》记载："开宝九年（公元976年）八月乙未朔，吴越国王进（呈）射火箭军士。"当时的"火箭"，据《武经总要》一书所载曰："……又有火箭，施火药于箭首，弓弩通用之具。"另外据记载，早在开宝三年（970），即已有官吏向太祖进献（火箭法）。故而可以断定，吴越国王所进呈之射火箭军士，其所射之火箭应已为配有火药的火箭。依此推之（吴越早于北宋五十余年已建国），五代的吴越政权时已将火药用于战事当为可信。公元975年，宋太祖灭南唐，就使用火箭作战。公元1000年，北宋神卫水军队长唐福曾因制造火箭等武器受到朝廷嘉奖。

火药武器的出现，受到军事家们的高度重视，发展很快。宋朝的火箭全是单发的，点燃一根火绳发射一支火箭，叫单发箭。到了明代就出现了多发火箭，点燃一根火绳，可以发射出几支、几十支，甚至上百支火箭。多发火箭种类很多，如五虎出穴箭（5支）、火弩流星箭（10支）、火龙箭（20支）、长蛇破敌箭（30支）、一窝蜂（32支）、群豹横奔箭（40支）、百虎齐奔箭（100支）、神火箭牌（100余支）等等。

16世纪中叶，人们又发明一种新式火箭，名叫"火龙出水"。关于"火龙出水"，在明代后期出版的《武备志》、《火龙经》等兵书中都有记载，并附有图样。

这种新式火箭采取龙的形象，其目的在于壮声势，惊敌人。据《武备志》介绍，它的制造方法：先截取一根五尺长的毛竹，去节，刮薄，作为龙身；再用木头雕成龙头、龙尾，分别安装在龙身前后，这样就成为一条龙。龙腹内装有几支单发式火箭，把它们的引火绳总连在一起，做成总引火绳，从龙头下面的孔洞中引出来。又在龙身的前、后两部，分别倾斜安装上两支大火药箭，把它们的引火绳也总连在一起。最后，把龙腹内引出的总引火绳连在前部两个火药筒的底部。这样，一个火龙出水的新式武器就完成了。

火龙出水用于水战，面对敌舰，点燃安装在龙身上的四支火箭，这是第一级火箭，它能推动火龙在水面上飞行二三里远；待第一级火箭燃烧完毕，就自动引燃龙腹内的火箭，这是第二级火箭，这时，从龙口里飞出的火箭射向敌人，焚烧敌舰。

以上这些利用火药制造的火器，主要是燃烧性的，后来爆炸性的火器也大量地制造和应用。到了南宋，更发明了管状火器，如1132年（绍兴二年）军事技术专家陈规守德安（湖北安陆）时创造了火枪，把火药装在竹筒内点火喷射，这是射击管状火器的鼻祖，1259年（开庆元年），宋军和蒙古军在淮河一线作战，寿春府（安徽寿县），军民创造了一种叫做"突火枪"的火器，在竹筒内放置火药后再安上子窠，用火药的力量把子窠射出去，予窠类似子弹性质，用石子、

猛火油柜（模型）北宋喷火兵器

铁块等制成。这是世界上最早的原始步枪。后来把竹筒改为铁管或铜管，叫做火铳。管状火器才是真正的火器，管状火器的出现，标志着火器制造史上一个划时代的进步，它使整个作战方法发生了重大的变革。

 简 评

火药在北宋时期已经广泛应用在军事上，后来火药兵器制造技术传入辽国。辽道宗时，已有"日阅火炮"的记载。南宋、金、蒙古三方先后掌握了火药武器制造技术，并大量生产已定型的火器和创制先进的新型火器。

后来，火药先是传播到阿拉伯，又从阿拉伯传到欧洲各国。文艺复兴之后，火药和火器的制造技术在欧洲有了很大发展。在欧洲各国的资产阶级革命时期，火药武器成为新兴资产阶级的重要武器，在反封建主的战争中发挥了巨大作用。马克思认为："火药把骑士阶层炸得粉碎"，充分肯定了火药武器在反封建战争中的巨大作用。

随着人类生产技术的发展，瑞典化学家诺贝尔对火药进行了改良，把黑色火药改进为黄色炸药。从此，火药、火器的用途也越来越扩大，它可以用于开山、筑路、采矿，也可以用于娱乐，如制造蠢竹、焰火等。可见火药、火器对于人类和平事业的贡献也是十分巨大的。在这中间，中国人的首创之功是不可埋没的。

# 蒙古西征

## ——席卷欧亚的狂飙

蒙古族是生活在中国北方的一个古老的少数民族。唐朝时候,蒙古族叫蒙兀室韦,原先在额尔古纳河上游,后来逐渐迁移到现在的蒙古草原上及草原的周围。他们过着游牧生活,白天在草原上放牧,晚上住在蒙古包(帐篷)里。随着生产力的发展,各部落内部开始贫富分化,出现了部落贵族和牧民、奴隶等阶级与阶层。大约到了12世纪后半叶,各部落之间为掠夺财富,开始进行无休止的战争,并逐渐结成势力强大的部落联盟,弱小的部落及其联盟不断被消灭和吞并,蒙古各部的统一就在这种残酷的战争中悄悄地进行着。

与此同时,在蒙古诸部之外,存在着一个强大的女真族政权——金朝。长期以来,金朝对蒙古族人民采取野蛮的统治政策,时常派兵到蒙古剿杀掳掠,给蒙古人民造成深重的灾难。为了反抗金朝的统治与压迫,蒙古人民也需要结束分裂局面,建立强大的统一政权。这一艰巨的历史使命,便落在了蒙古乞颜氏贵族首领成吉思汗的肩上。

成吉思汗(1162—1227),原名铁木真,是孛儿只斤部落乞颜族首领也速该的长子。他幼年时,父亲去世,部落中衰,与母亲及弟兄们一道,过着艰难的生活,时常受外族的攻掠与侵扰。家族的不幸与生活的坎坷,磨炼了成吉思汗铁一般的性格和机敏的头脑。他决心恢复和重建乞颜部的辉煌,迅速成长为一个能征惯战的贵族青年。为了达到自己的目的,铁木真首先找到父亲生前的好友——当时十分强大的克烈部首领王罕,求得他的支持,又与札答剌部首领札木合联合,先后打败塔塔儿、蔑儿乞等部。接着,又与王罕合兵击败札木合。在战争中,铁木真的势力日益壮大,他被部众推戴为汗,并建立了一支战斗力很强的侍卫军,被击败的蒙古部落大都投奔到他的麾下。在当时蒙古草原各部中,塔塔儿、蔑儿乞、克烈、乃蛮诸部最为强大。

铁木真击败塔塔儿、蔑儿乞后,便开始把统一战争的矛头指向克烈部与乃蛮部。1203年,他率军与克烈部首领王罕展开激战,一度惨败,旋而又起,终于征服这一雄踞蒙古草原中部的强大劲敌。王罕失败后,他的部众全部归降铁木真,这时铁木真的势力再次大幅度扩张,占有了辽阔的蒙古东部与中部,并开始向西部的强敌乃蛮部逼近。1204年,铁木真率军征服了乃蛮部,蒙古草原上最后一个劲敌消灭了。1206年,经过十几战艰苦奋战的铁木真终于彻底削平大草原各部,完成统一大业,在东起大兴安岭,西至阿尔泰山,南至大沙漠,北抵贝加尔湖的广大地区,建立起蒙古历史上第一个奴隶制军事国家,在斡难河源的大会上,蒙古各部落首领共推铁木真为全蒙古的大汗,尊称"成吉思汗"(意为强大的汗)。

成吉思汗像

　　为了巩固统一的蒙古国家，成吉思汗采取了一系列措施。他在蒙古地区建立了分封制度，把他所属的亲兵和归附的各部落首领分封为万户那颜、千户那颜和百户那颜，按等级赐给牧地和牧民。这是一套军政合一的统治机构，牧民除了向政府交纳羊、马及其他畜产品外，还担负军役和各种杂役，万户、千户、百户既是行政长官，又是军事首领，他们层层负责，共同听命于成吉思汗。成吉思汗又从万户、千户或自身人（一般牧民）的子弟中精选出骁勇善战者万人组成"怯薛"军，即护卫军。这是蒙军队中最精锐的部分，平时分四班轮流宿卫，战时随大汗出征。怯薛军的设置，加强了蒙古大汗的威力和中央对地方的控制。

　　成吉思汗还建立起一套司法制度，他颁行蒙古法典"大札撒"，即习惯法。又设置达鲁忽赤（断事官）一职，掌管民户分配和审断案件。成吉思汗又命令居留乃蛮部的维吾尔人塔塔统阿用维吾尔字母拼读蒙古语，从而创立了蒙古文字。

　　经过一系列政治、军事和文化、法律制度的建设，蒙古各部的统一得到了巩固和稳定。在此基础上，成吉思汗和他的子孙们开始了长达数十年之久的横扫欧亚大陆的军事征服活动。

　　在亚洲地区的中国境内，成吉思汗在1205年到1209年间，连续三次进攻西夏，扫除了进攻金朝的西顾之忧。从1211年起，他开始率军大举攻金。1213年蒙古军分兵3路，连破金朝90余城，1214年又围金中都（今北京），金朝统治者纳贡求和，蒙古军才撤军北归。1215年，成吉思汗再度攻讨，占领了中都和华北地区。接着，蒙古攻灭西夏。1234年，成吉思汗第三子窝阔台在位时，蒙古和南宋联军灭金。蒙古贵族的势力南扩到黄河流域，开始对南宋政权构成直接威胁。从1251年到1279年，蒙哥汗和忽必烈相继发起一系列侵宋战争，终于全部占领中国，建立了元朝。

　　在南下征服中国的同时，蒙古贵族又先后发动3次大规模的西征，第一次是1217年至1223年成吉思汗西征，第二次是1234年至1241年拔都西征；第三次是1253年至1258年旭烈兀西征。

　　第一次西征由成吉思汗及其儿子率领，主要目标是中亚地区的西辽、花剌子模国和俄罗斯。

　　公元1217年，成吉思汗把南下灭金的任务交给大将木华黎，亲自率兵直指西方，首先灭掉西辽。两年后，成吉思汗亲自率领其子术赤、察合台、窝阔台、托雷和大将速不台、哲别，会集畏兀儿、哈剌鲁、阿力麻里等部兵马攻打花剌子模。花剌子摩是当时亚洲的一个大国，疆域辽阔，国力雄厚。蒙古军进入后，花剌子模分兵据守各大城市，遂被蒙古军各个击破，终为蒙古所灭。蒙古军队越过高加索进入顿河流域，出兵欧洲。公元1223年在巡勒巡河决战，大败突厥与俄罗斯联军，俄罗斯诸王公几乎全部被杀，此后蒙古军队班师而回。

　　第二次西征主要由成吉思汗的孙子拔都率领，主要目标是东欧、波斯。

　　公元1234年，太宗窝阔台召开诸王大臣会议，决定继承成吉思汗的事业，继续西征。窝阔台派兵分别攻打波斯（今伊朗）和钦察、不里阿耳等部，基本上征服了波斯全境。公元1235年，由于进攻钦察的军队受阻，窝阔台决定派强大西征军增援，术赤之子拔都、察合台之子拜答儿、窝阔台之子贵由、托雷之子蒙哥以及诸王、那颜、公主驸马的长子参加这次远征，由拔都总领诸军。次年，诸军会师西征，进攻位于伏尔加河中游的不里阿尔，大将速不台征服不里阿尔。公元1237年，蒙古诸军进攻钦察，蒙哥斩杀其大将八赤蛮，里海以北地区被蒙古军队占领。拔都率军大举进攻俄罗斯，公元1237年底攻占梁赞、莫斯科等14城。公元1238年2月攻陷弗拉基米尔，次年又攻陷基辅。公元1240年，蒙古军队进攻李烈

**历史大事全知道**

儿（今波兰）、马扎尔（今匈牙利）。

1241年蒙古击败匈牙利是一场著名的战役。这一年，蒙古苏布台和拔都分率大军进攻东欧，强行越过喀尔巴阡山脉，准备于匈牙利平原会师，在两支部队遥远的侧翼还有两个小规模的骑兵部队，沿途横扫波兰、西里西亚和东普鲁士，掩护主力部队的战略意图。匈牙利国王贝拉在蒙古军队进抵佩斯城前，判明蒙古军的意图，立即组织了10万人的军队寻求与蒙古军队决战，蒙古近六万人的主力则避开匈军的攻击稍稍后撤。4月，双方最终在绍约河畔对峙。匈牙利判明对岸是蒙古主力后，迅速地抢占了一个巨大的桥头堡，又在河西岸用大量的马车连成坚固的兵营，等待蒙古军队的攻击。蒙古军在后续的工兵到达后，在黎明用威力巨大的抛石车和火箭向守卫桥头堡的匈牙利军队射击，守备部队在前所未见的攻击下瞬间溃败，蒙古骑兵迅速穿桥而过，向刚刚醒来的匈牙利军队主力发起攻击。

蒙古人攻城图　伊朗
守城士兵穿着盔甲，试图阻挡带着弓箭的蒙古人过河。

当匈牙利军队满怀信心地列队杀向数量处绝对劣势的蒙古军时，很快发现这并不是主力！蒙古军约三万人的主力在近百里远的南方早已乘夜渡过冰冷的河水，从背后杀向匈牙利军队，队形混乱的匈牙利军队立即撤回坚固的兵营死守。蒙古人的工兵遂向兵营里发射了密集的巨石、火箭、毒箭、燃烧油。这些攻击武器大多为西方军队首次见到，其内心恐慌可以想像。蒙古人采用了"围城必阙"的战术，匈牙利人迅速崩溃从缺口逃亡。但是，身着轻装的蒙古军队速度和耐力远远高于逃跑者，可以不停顿地换马四处截杀。绍约河战役，匈牙利军队阵亡七万余人。蒙古军迅速攻克佩斯城，杀死十万余人。

蒙古军队靠着部队的高度机动性，在欧洲消灭了大量盔甲坚固但行动笨拙的军队。欧洲军队在速度上的劣势，使得在战场上逃回来的人极少，很久以来，欧洲人始终认为蒙古军队的数量极为庞大。另外，因为欧洲军队主要依赖近距离的格斗杀伤，使得蒙古军队在机动作战时，只有少量的伤亡。现代的欧洲军事史学专家认为，欧洲军队和蒙古军队在战争中的伤亡比例，也许是冷兵器时代最悬殊的。

1241年年底，窝阔台死讯传到军中，拔都率军从巴尔干撤回伏尔加河流域。拔都率本部以撒莱为都城，在伏尔加河畔建立了钦察汗国。

第三次西征由成吉思汗另一个孙子旭烈兀率领，目的地为西亚各国。

公元1253年，托雷之子旭烈兀率军第三次远征，蒙古军队进军西亚，平定木剌夷国。

公元1257年3月，驻守阿塞拜疆的拜住来到军中，旭烈兀偕同拜住等继续西征，直指黑衣大食首都巴格达。当时阿巴斯王朝哈里发穆斯塔辛执政，既直接统治黑衣大食，又管辖整个伊斯兰教世界，是两河流域的强国。公元1257年冬，旭烈兀、拜住等率军三路围攻巴格达，第二年初，三军合围，向巴格达发动总攻，蒙古军队用炮石攻打巴格达城，城门被炮火击毁。2月，穆斯塔辛率众投降，旭烈兀攻陷巴格达，穆斯塔辛被处死，阿巴斯王朝灭亡。旭烈兀率军继续西进，兵进叙利亚，直抵大马士革，势力深入到西南亚。

由于蒙古军队被埃及军队打败，旭烈兀才被迫停止了西进，占据第比利斯，建立了伊利汗国。

在公元1219年至1258年的近半个世纪中，蒙古帝国通过三次西征，先后征服了今咸海以西里海以北的钦察、花剌子模和东起阿尔泰山西至阿姆河的西辽、畏兀儿，建立察合台汗国；鄂毕河上游以西至巴尔喀什湖的乃蛮旧地，建立窝阔台汗国；伏尔加河流域的梁赞、弗拉基米尔、莫斯科、基辅等公国，建立钦察汗国；两河流域的伊朗、阿富汗、叙利亚，建立伊利汗国；形成世界历史上前所未有的大帝国。四大汗国的汗本是蒙古帝国中央分封出去的四个最高军事首领，与中央保持有藩属关系，直接对大汗负责。后来，蒙古各统治集团为争夺大汗权位，彼此间矛盾激化，加上各汗国间缺乏必要和有利的经济联系，因而使大蒙古国这个复杂的政治混合体日趋瓦解。其中钦察和伊利两个汗国走上各自独立发展的道路。而窝阔台汗国，由于窝阔台和他的儿子相继被选为大汗，其领地一直归中央管辖，实际上没有形成单独的汗国。察合台汗国的汗庭设在伊犁河上，在地理上与中原腹地及蒙古高原连成一体，在政治上也与中央王朝保持着密切的从属联系。蒙哥大汗即位后，在察合台汗国的别失八里等地设置尚书省，管辖范围从畏兀儿至河中诸地。在察合台汗位的继承上也经常受到中央王朝的左右。显然，它和窝阔台汗国一样，是中国历史的一个组成部分。

## 简　评

蒙古大军在13世纪发动的以蒙古大汗为中心的军事行动，像一阵骤起的狂飙，迅速席卷了亚洲和东欧的广大地区。他们的铁骑所到之处，烧毁城市，杀掠人民，破坏农业生产和社会文明，给各地人民带来了巨大的灾难。但与此同时，蒙古西征也改变了整个亚欧地区的历史，促进了欧洲和近东的军事革命。在战争中，蒙古人运用从汉族那里学到的火器制造技术，给西征各国的军队造成了沉重打击。火器制造也从此传到西方，促进了那里的军事技术的发展。

蒙古建立了空前庞大的帝国，在这个帝国里，包括了亚洲、欧洲的许多民族。尽管这个帝国并不统一，但是帝国内部的各民族之间的交往，比各民族国家分裂时要频繁、密切得多。对于处于帝国中心地位的中国来说，这一时期与亚欧其他国家的科技文化交流大大加强。

在蒙古西征中，一些信仰伊斯兰教的人来到中国，有些人从此在中国定居下来。他们与汉族和其他民族同居共处，不断融合，逐渐在中国形成一个新的民族——回族。

# 红巾军起义

## ——风起云涌的反元斗争

　　元朝末年，吏治腐败，财政破产，军备废弛。大批蒙古贵族、官僚通过受赐、占夺等方式转变为大土地所有者，如权臣伯颜一次所受赐田即达5000顷之多。汉族地主也大肆兼并土地。官府则横征暴敛，苛捐杂税名目繁多，全国税额比元初增加20倍。广大农民在沉重的封建负担下日益丧失土地，破产流亡。而中原连年灾荒，更使得百姓无计为生。元政府还肆意推行严厉的民族压迫政策，妄图以此镇压以汉族为主体的反元斗争，伯颜甚至扬言要杀绝张、王、刘、李、赵5姓汉人，这些倒行逆施，更激起汉族人民的仇恨怒火。阶级矛盾和民族矛盾的日趋激化，使腐朽的元朝陷入全面的统治危机，终于导致了轰轰烈烈的元末农民大起义——红巾军起义。

　　这时各族人民反抗蒙古统治者的斗争，大多利用具有宗教性质的秘密会社。当时北方民间最流行的秘密宗教是白莲教。而韩山童的祖父，原来就是北方白莲教的一个领袖人物，曾因"以白莲会烧香惑众"，从河北栾城被"谪徙广平永年县"（河北邯郸东北）。到了韩山童时，白莲教在教义宣传、群众基础、政治斗争目标上都有了很大的发展。韩山童以白莲教主的身份宣称"盟王出世"即"弥勒佛下生"。"明王"、"弥勒"是当时人民幻想中的救世主，只要明王出世、弥勒下生，人民就可以翻身。这一通俗、简明的号召，有力的吸引了陷于贫困绝境的农民。于是"河南及江淮愚民皆翕然信之"。在这个广泛的群众基础上，涌现出一批有能力的领袖人物，如刘福通、杜遵道、罗文素、盛文郁、王显忠、韩咬儿等，他们都在群众中"倡言天下大乱"，把斗争目标直指元王朝。

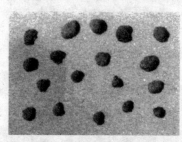

元末农民起义军用的石弹

　　1344年（至正四年）黄河的白茅堤（山东曹县境）决口，溢入运河，又淹了沿河的盐场。当时漕运和盐税是封建统治者的命根子，元政府几经磋商，于1351年（至正十一年）四月令贾鲁为工部尚书，总治河防使。征发汴（开封），大名（河北大名南）等黄河南北十三路十五万民工及姚（合肥）等地两万多军队到河上服役。河工们原来就是贫苦遇灾的饥民，被强征为河工后，又被迫在军队监视下劳动，越发产生不满的情况。加之监督修河的官吏贪污作弊，任意克扣民工"食钱"，致使民工挨饿受冻，因此群情激愤。活动在永年、颍州（安徽阜阳）一带的韩山童、刘福通等人决定利用这一个时机，发动起义。他们一方面宣传"弥勒佛下生"、"明王出世"，并赋予这个宗教传说以新的含义，另一方面又从民族主义的角度宣传"山童实宋徽宗八世孙，当为中国主"。同时散布一首民谣："休道石人一只眼，挑动黄河天下反"，并暗地里凿了一个独眼石人，在其背上刻了"莫道石人一只眼，此物一出天下反"几个字，埋在即将开工的黄陵冈（河南兰考东）河道上。当河工们掘出独眼石人后，奔走呼告，人心浮动。起义的条件日益成熟。

　　这年五月初，韩山童、刘福通等聚众3000人于颍州颍上，杀黑牛白马，誓告天地，准备起义。不幸谋泄，韩山童被捕牺牲。刘福通等仓促起兵，于五月初三一举攻克颍州（今安徽凤阳）。起义军头裹红巾为标志，故称红巾军。元朝统治者闻讯，忙派大军前来镇压，被红巾军打得大败，接着，红巾军乘胜连克亳州（今安徽亳县）、项城（今河南项城南）、朱皋（今河南固始北）、汝宁、光州（今河南潢川）、息州（今河南息县）等地，部众迅速发展至10余万人。他们所到之处，开仓散米，赈济贫民，深得群众拥护，给当地封建统治者以沉重打击。

刘福通颍州起义的成功，对正在江淮一带从事秘密活动的南方白莲教僧人彭莹玉及其门徒产生极大鼓舞。至正十一年（1351年）夏，彭莹玉起兵巢湖。八月，麻城铁工邹普胜、罗田、布贩徐寿辉等起兵蕲水（今湖北浠水），他们很快攻下蕲水、蕲州（今湖北蕲春南），推徐寿辉为首，建立天完政权。此后又分兵四出，先后攻占湖广、江西、福建的许多地区。由于这支起义军也以白莲教徒为主，头裹红巾，所以与刘福通领导的北方红巾军相对应，称作南方红巾军。两支红巾军相互响应，震撼了大江南北、黄河两岸，在其影响下，一时间"两淮、丰、沛、许、汝、荆、汉"各地义军蜂起，顿成燎原之势。在这些起义队伍中，以方国珍、张士诚两支最为强大，他们所领导的反元斗争，牵制了元朝的军力，壮大了红巾军的声势。

刘福通领导的红巾军在战斗中日益壮大。至正十五年（1355年），他奉韩山童之子韩林儿称帝于亳州，改元龙凤，国号大宋，中原各地义军都打着红巾军旗号，接受了大宋政权的领导。至正十七年（1357年），刘福通分兵出击，三路北伐，把红巾军的反元战争推向高潮。东路军由毛贵率领，由海道入山东，连克胶州（今山东胶县）、莱州（今山东掖县）、益都、滨州（今山东滨县西北）、莒州（今山东莒县）、济南等地，山东大部为义军所有。接着，毛贵又挥军北上，横扫河北各地，起义军势如破竹，直抵柳林、枣庄，离元朝首都大都（今北京）不过百余里。在大都的蒙古贵族惊惶失措，纷纷建议北逃。但起义军因孤军深入，在柳林遇到元朝援军的阻击，只好又退师山东。中路军由关先生、破头潘等率领，自至正十七年（1357年）九月始，越太行山，进入山西、河北界，折经大同，直趋塞北。至正十八年（1358年）十二月，这支义军攻占元上都（今内蒙

元末农民起义示意图

古多伦西北），放火烧毁了"富夸塞北"的蒙古宫阙，旋即转战辽东各地。西路军由李喜喜、白不信等率领，由荆、樊出武关，西攻长安（今陕西西安），连下兴元（今陕西南郑）、凤翔，又转战四川、甘肃、宁夏各地。三路大军节节胜利，声势浩大，如暴风急雨般扫荡着元王朝的统治。与此同时，刘福通也率军出击，于至正十八年（1358年）五月攻占汴梁，定为宋政权都城。北方红巾军至此达到全盛时期，腐朽的元王朝如风雨飘摇，危在旦夕。

为了解除红巾军的威胁，元朝政府赶忙下令免除南人、北人的界限，改变一概歧视汉人的政策，利用仇视红巾军的汉族地主势力来镇压红巾军。他们还采用爵赏利诱的办法，赐给

## 历史大事全知道

方国珍、张士诚龙衣、御酒和官号，从内部分化瓦解农民起义军。方国珍、张士诚等接受了元朝的官号，转而与红巾军为敌，替元朝统治者卖力。反动势力的联合战线逐渐强大起来。与此同时，南方红巾军内部又因矛盾而互相仇杀，势力大大削弱，在此情况下，刘福通领导的红巾军主力逐渐开始处于不利的形势。

北伐的3路大军在事前并无精密的部署，军令既不统一，彼此间又缺乏联系与配合，虽然在前期取得了辉煌的胜利，但是孤军深入，长期流动作战，没有巩固的根据地，因而许多地方得而复失，前方胜利，后方又遭到敌人的攻击。随着敌人势力的逐渐增强，北伐军日益陷入被动局面，最终被各个击破。北伐的失利，使汴梁的大宋政权陷入元军包围之中，至正十九年（1359年），汴梁城破，刘福通保护韩林儿突围出走，后被投降元朝的张士诚围攻，刘福通壮烈牺牲，中原地区的红巾军政权结束了，波澜壮阔的红巾军大起义至此也接近尾声。

刘福通等领导的红巾军起义虽然失败了，但是它首揭义帜，拉开了元末农民大起义的序幕；坚持斗争前后13年，"大小数百战"，成为这次农民战争的核心力量与中流砥柱；给予蒙古贵族和汉族官僚地主以致命打击，基本摧毁了蒙古族政权的黑暗统治。正是在红巾军起义的辉煌战果的基础上，朱元璋的南方起义军才能够异军突起，迅速灭亡元朝政权，建立起新的汉族统一政权——大明王朝。

# 郑和下西洋

## ——中国发现世界

　　郑和下西洋是明代航海家郑和出使"西洋"的壮举。按照明朝人的海洋观念，以婆罗洲为中心，婆罗洲以东称东洋，婆罗洲以西称西洋。"西洋"即是指今天南亚、东南亚诸国所在的太平洋、印度洋海域。

　　中国的造船业和海上航行，具有悠久的历史。唐宋以来，东南沿海地区手工业和商业的日益繁荣，罗盘针的发明，造船技术的提高，气象的测量，地图的绘制以及航路勘探等，都为中国海外贸易事业的发展创造了有利条件。明朝时期的中国，是亚洲地区一个富强繁荣的大国，它和亚洲各国之间，特别是与邻近的朝鲜、越南、日本、缅甸、柬埔寨、暹罗（泰国）、印度以及南洋诸国之间的经济文化联系与政治接触比以前更加频繁。明成祖时，为了宣扬国威，发展对外关系，扩大贸易往来，明政府先后7次派郑和率领庞大舰队出使西洋，在中外关系史上写下了壮丽的篇章。

　　郑和（1371—1435），原名马和，小字三宝，他的祖父、父亲都信奉伊斯兰教，还到麦加（伊斯兰教的主要圣地，在今沙特阿拉伯）去朝过圣。郑和小时候就从父亲那里听说过外国的一些情况。郑和11岁时在明太祖朱元璋发动的统一云南的战争中被俘进宫，后当朱元璋四子燕王朱棣的近侍。

　　1403年朱棣登基，史称明成祖。次年正月初一，朱棣念他有勇有谋，屡立奇功，便赐姓"郑"，改称郑和，并提拔为内宫太监，于永乐三年（1405年7月11日）率领庞大船队首次出使西洋。自1405年到1433年，漫长的28年间，郑和船队历经亚、非30余国，涉10万余里，7次英雄式的远航，遍及了中国海与印度洋，从台湾到波斯湾，并远及中国人心目中的黄金国——非洲。虽然中国从阿拉伯商人那里得知欧洲的存在，但并不想去那里。欧洲这个"远西"之地，所能提供的只有羊毛和酒，对郑和他们来说，缺乏吸引力。在这30年之中，外国的货品、药物与地理知识，以空前的速度输入中国；相对地，中国也在整个印度洋上伸展了政治空间和影响力。与各国建立了政治、经济、文化的联系，完成了七下西洋的伟大历史壮举。

　　1405年6月，郑和与副使宦官王景弘率众27800余人，分乘208艘海船，自苏州刘家河出发，开始了第一次远航。随行出使的人员除了水手外，有负责护航的将士，担任翻译的通事，对外交涉的行人，医疗保健的医官，商贸交易的买办、书算手，文化交流的教谕以及阴阳术士、军匠、民匠、伙夫等。最大的62艘船长44丈，宽18丈，每船可容千人。船上装备着当时世界上最先进的航海图、罗盘针等设备。船队首抵占城（今越南南部），又依次遍

郑和像

郑和下西洋海船复原图

郑和船队最大的海船长 44 丈 4 尺，宽 18 丈，立九桅，挂十二帆，是当时世界上最大的木帆船。短宽型船体的设计，体现了先进的造船技术，行驶起来平稳安全。船队航行中兼用天文与水罗盘导航。

历南洋诸国，历时两年三个月，于 1407 年 9 月返回南京。

此后，郑和又分别于 1407 年 9 月、1409 年 10 月、1413 年秋、1417 年秋、1421 年正月、1430 年 6 月 6 次率船队远航，扩大了中国的声威，加强了中国同各国的贸易往来。

郑和 7 次下西洋，前后历时 28 年，行踪遍及今东南亚、印度次大陆、中东和非洲东海岸等 30 多个国家和地区，是世界航海史上空前的壮举。据史书记载，郑和船队所到达过的国家和地区为：占城、真腊（柬埔寨）、暹罗（泰国）、渤尼（加里曼丹北部）、苏禄（菲律宾苏禄群岛）、满剌加（马六甲）、彭亨（马来西亚）、苏门答腊、旧港、爪哇、阿鲁南巫里（以上四地今属印尼）、榜葛剌（孟加拉）、古里、柯枝、琐里、加异勒（以上四地在今印度半岛）、锡兰山（斯里兰卡）、溜山（马尔代夫）、忽鲁谟斯（波斯湾口）、祖法儿（佐法儿）、阿丹（今也门亚丁）、美洛居（马鲁古群岛）、天方（麦加）、木骨都束、卜剌哇、竹步（以上三地今属索马里）、麻林（今肯尼亚马林迪）等。这里面的有些国家和地区，明以前的古代中国人闻所未闻，更没有去过。郑和的远航极大地拓展了明朝人的地野视野。随行出使的马欢、费信、巩珍等人，都把他们各自的海外见闻整理成书。马欢著《瀛涯胜览》，费信著《星槎胜览》，巩珍著《西洋番国志》。书中记载了他们所到诸国的情况，增进了中国人民对亚非许多国家和地区人民的生活、风俗习惯以及社会生产等各方面的了解，丰富了中国人民的世界知识。

郑和每次远航都带有大量的瓷器、茶叶、铁器、农具、丝绸、锦绮和金银器等各类商品，每到一处，首先向当地国王或酋长宣读明王朝的诏谕，邀请各国派遣使臣到中国"朝贡"，赏赐锦绮纱罗和金银货币等，并接受当地贡品，然后将船队所带的货物与当地人民进行互市贸易。船队回航时，满载所经各国的土特产品如香料、珍珠、宝石、象牙、珍禽异兽、金银器皿、红铜、硫磺、药品、棉花等。这些贸易活动，不仅极大地促进了中国与亚非各国的经济联系，对所经各地的经济发展也起到推动作用。如船队首次下西洋时，以满剌加为据点，修建仓库，停泊休整，后来每次出航，也一直以此作为船队休整和贸易的中间站，满剌加因此而成为当时东西亚的国际贸易中心。

郑和船队每到一地，都以友好的态度，交流所带货物，从事平等贸易。同时还了解当地的风俗习惯，尊重当地人民。如在古里，依照当地习惯，交易时在众人面前拍掌为定，"或贵或贱，再不悔改"，给那里民留下良好的印象。第三次出使到斯里兰卡时，还把大批金银供器、彩妆、织锦宝幡等，施舍给岛上的寺院，并建立石碑留念，所到之处，受到各国人民的欢迎。如婆罗洲人民，"凡见中国人去其国，甚为爱敬，有醉者则扶归家寝宿，以礼待之，如故旧"。直到今天，索马里、坦桑尼亚等国，还把当地出土的明代瓷器，作为同中国人民传统友谊的象征。在东南亚一些国家，如印度尼西亚的爪哇有地名叫三宝垄、三宝庙；

泰国有三宝庙和三宝塔（因郑和叫三宝太监而得名），印度的古里和柯枝都建有纪念碑。

在郑和远航的影响下，几乎船队到达时的所有国家和地区，都先后派遣使节与明朝修好通商。在永乐九年（1411年）至宣德五年（1430年）的19年中，满剌加的三位国王曾先后5次访问中国，渤尼、苏禄、古麻剌朗等

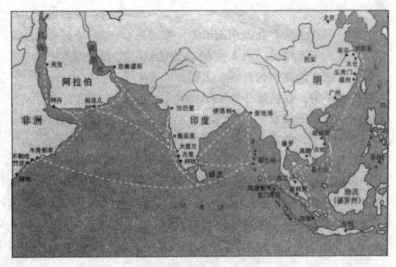

郑和下西洋路线图

国国王也亲来明朝朝贡。永乐二十一年（1423年），古里等十六国使臣和商人到南京的一次就达1200多人。中国与亚非各国的政治、经济、文化往来，比以前更加扩大、更加密切了。

郑和航海过程中，每经一处地方，均作了精密的航行记录，这就是著名的《郑和航海图》。在这部地图中，关于航行的方向、航程的远近、停泊处所以及沿途的暗礁险滩等，都有详细的记载。此外，在航行过程中，还积累了对于海上风向、气候和潮汐等自然变化的知识。通过这些远航实践，中国人民进一步扩大和丰富了对海洋的认识，掌握了自然规律，提高了航海技术，增强了征服自然的本领。

## 简　评

郑和下西洋，前后历时约30年，其时间之早，规模之大，航程之远，在世界航海史上都是空前的。郑和作为中国古代伟大的航海家，与他之后的哥伦布、麦哲伦等相比，毫不逊色。他的远航，比哥伦布发现新大陆早87年，比麦哲伦到达菲律宾早116年。郑和下西洋，大大加强了中国与南洋的联系，在他的影响下，中国人到南洋去的也日益增多。郑和下西洋，跨越了半个地球，创造了世界航海史上的奇迹，为以后世界航路的开辟，全球贸易的发展，建立了不可磨灭的功绩。

英国专家孟席斯在其著作《1421，中国发现世界》中考证，郑和七次航海回到中国之后，虽然大多数的纪录都已销毁，但由郑和船队绘制、逃过因时局动荡被毁厄运的一些航海路线图和星象图，却由意大利商人康蒂登在印度登上其中一艘中国帆船后，辗转带回威尼斯。孟席斯认为康蒂登在1428年途经葡萄牙时，葡国国王的大儿子得到了这些地图，并将地图上的资料编入新的世界地图内。此后，葡萄牙航海家达伽马、麦哲伦及英国航海家库克都曾使用这些地图的复印本，其中部分地图至今仍存放在世界各地的博物馆。如果此说能够被最后证实，则说明郑和下西洋对后世欧洲航海家的地理大发现起到了先驱的作用，堪称是改变世界历史的重要事件。

# 张居正改革

## ——赋税制度的重大变革

中国历史进入 16 世纪，华夏民族面临着历史的转折。一方面，明王朝统治的中国社会走过了封建主义的巅峰，已经不适应生产力的发展，各方面的矛盾日益激化；一方面，资本主义经济的某些特征开始出现萌芽。在历史的转折关头，一位伟大的政治家走到了历史舞台的前台，他就是张居正。张居正坚定地推行了一系列的政治经济改革，不仅缓和了社会矛盾，促进了经济的发展，也巩固了明王朝的封建统治，同时也顺应了资本主义经济萌芽的潮流。因而，他也成为西方资产阶级政治和经济理论家关注的"中国经济第一人"，载入了世界经济发展的史册。

《帝鉴图说》张居正 著

张居正改革发生在明朝万历元年至十年（1573—1582），这段时间正是国家多事之秋。

明朝是封建专制制度极度发展的一个王朝。它的统治体制，造成君主绝对权力的滥用和腐败的官僚政治。明代君主的权力高度膨胀，超过历代王朝。物极必反，由权力高度集中给皇亲贵戚带来更为骄奢淫逸的生活方式，销蚀了他们管理国家事务的起码能力，滋养出一代又一代昏聩的帝王。明中叶后，皇帝不临朝成为惯例。皇帝长期不理国务，政治重心自然就落到内阁身上，谁成为首辅，谁就能主政，实际上就握有最高的权势，这就必然招致统治阶级内部争夺内阁首辅的尖锐斗争。一个首辅倒了，牵连一批官员被贬谪，今朝得势的，来年就可能被赶下台。统治集团的腐败、混乱和失控非常严峻。

财政上的困难比政治危机还要紧迫。社会经济最棘手的是土地兼并问题，从明朝中期以后，贵族大地主兼并土地的情况相当严重。在江南，有的大地主占田 7 万顷。在朝廷，大学士徐阶一家就占了 24 万亩。全国纳税的土地，约有一半为大地主所隐占，拒不缴税，严重地影响了国家收入。隆庆五年，全年财政的总收入只有 250 万两，而支出达到 400 多万两，赤字超过三分之一。官员的贪污、浪费和浩大的军费更加重了财政的拮据，国穷财尽已到了触目惊心的地步。

而且，贵族大地主疯狂地掠夺土地，封建剥削的进一步加剧，激起了社会矛盾的尖锐化，接二连三地发生了邓茂七、刘通、蓝廷瑞以及刘六、刘七等农民起义。明王朝处于危机四伏的境地。

明政府在内患深重的同时，北方边境又受到蒙古贵族的军事威胁，东南沿海受到倭寇骚扰，边防大坏，军政废弛，面临着极其严重的外患。

为了缓和阶级矛盾，挽救危机四伏的明政权，早在世宗嘉靖初年，明政府内部一些有远见的人员便试图进行改革，曾先后实行减轻租银、整顿赋役以及抑制宦官、裁撤锦衣卫等措施，并勘查皇庄和勋戚庄田，把一部分土地退还农民。但是随着统治集团内部的矛盾日益尖锐，政治日益腐败，这些点滴改良又都成为泡影。到了明神宗万历初年张居正担任内阁首辅（宰相）期间，终于又掀起了一场大规模的改革自救运动，这就是"张居正改革"。

张居正（1525—1582），字叔大，号太岳，湖北江陵人。于穆宗隆庆元年（1567年）入内阁，神宗万历元年（1573年）出任首辅，是当时明朝统治集团中一个比较有才干的人。他当政时期，从军事、政治、经济等各方面对明王朝进行整顿，企图扭转明中叶以来政治腐败、边防松弛、民穷财竭的局面。这些改革措施包括：

一、内政方面，针对当时"纪纲不肃，法度不行，上下务为姑息，百事悉以委徇"的颓败局面，张居正认为其症结在于吏治腐败。为此，他于万历元年（1573年）颁布"考成法"，加强对各级官员的监督考察。所谓"考成法"，就是对官吏的定期逐级考察制度，其考察标准是"惟以安静宜民者为最，其沿袭旧套虚心矫饰者，虽浮誉素隆，亦列下考"。方式为逐级考核，"抚按以此核属官之贤否，吏部以此别抚按之品流，朝廷以此观吏部之藻鉴"。这种逐级负责、层层考察的制度，保证了朝廷政令的贯彻执行，澄清了吏治，提高了行政效率。

与此同时，张居正还大力精简机构，裁汰冗员，整顿邮传驿递制度，改革宗藩条例，控制贵族特权。在用人上，他不拘一格，惟才是举，"用舍进退，一以功实为准"。"尊主权，课吏职，行赏罚，一号令"和"强公室，杜私门"是他的为政方针。经过这一系列急风暴雨式的整顿，官吏贪懦玩法、朝廷政令废弛的局面一改而为纪纲肃然，号令必行。吏治的焕然一新，为其他领域改革措施的推行准备了人事基础。

南都繁会图 明

二、经济方面，针对当时土地兼并和赋役不均的严重情况，以及由此造成的国家财政困难和尖锐社会矛盾，张居正将其改革的重点放在丈量土地和赋役改革上。万历六年（1578年），他不顾豪强地主和勋戚的反对，下令清丈全国土地，包括勋戚的庄田和军屯地在内。经过多年努力，共丈出土地700余万顷，其中查出勋戚豪强和军官隐占的庄田、屯田即达80多万顷。

在丈量土地的基础上，张居正又于万历九年（1581年）下令在全国范围内推行"一条鞭法"。这是中国封建社会赋役制度的一次重大变革，其主要内容为："总括一县之赋役，量地计丁，一概征银，官为分解，雇役应付。"即把原来按照户丁派役的办法改为按丁、粮派役，或丁六粮四，或丁四粮六，或丁粮各半，并将差役与夏秋两税和其他杂税合编为一条，无论税粮或差役一律改为征银，差役俱由政府用银雇人充当。一条鞭法是张居正经济改革的核心内容，它的目的是为了均平赋役，通过按照丁、粮派役的办法，把原来按人分派的差役部分地转入地亩之中，使一部分无地或少地的农民减轻了丁役负担，赋税与差役合而为一，简化了赋役名目和征收的手续，对于抑制贪官污吏营私舞弊、敲榨勒索农民也有一定积极作用。但一条鞭法的深刻意义还不止于此，它规定让农民以银代役，由政府用银雇役，这种折银制度的确立和从此被稳定下来，使农民对封建国家的人身依附关系日益减弱，客观上适应了明中叶以后商品经济发展的需要，促进了商品货币关系的滋生和发展，标志新生产关系的萌芽正在封建社会母体内悄悄孕育。

三、军事方面，张居正也采取了有效的改革措施。他支持兵部尚书王崇古的建议，与蒙古俺答汗讲和修好，进行茶马互市，维持了北方边境的和平局面，并乘机恢复和发展北方农业生产，兴修屯田，加强边备。又任命戚继光守蓟门，李成梁镇辽东，在东起山海关、西至居庸关的长城上加修"敌台"3000余座。这些措施，使北方的边防愈加巩固，自此以后二三十年间，明朝和鞑靼没有发生过大的战争。

张居正的改革，尤其是其经济改革取得了较为显著的成效。在他当政的隆庆末至万历初约20年中，明王朝内忧外患的局面开始有所好转，政治上的一系列整顿，刷新了吏治，强化了中央集权，提高了封建官僚机构的行政效率；经济上，清丈土地和一条鞭法的推行，一定程度上打击了豪强权贵兼并土地、隐产漏税的行为，减轻了农民的赋役负担，从而使阶级矛盾有所缓和，国家财政收入明显增加，社会经济又有了相对的恢复和发展；军事上，加强了边备，巩固了边防，缓解了蒙古族政权的军事压力。

然而，由张居正个人主导的这场改革的成功，也预示身后隐伏的危机，这就是人在政在，人亡政息。张居正万万没有想到的是，正当他58岁精力犹旺之时，一场宿疾痔疮的复发，三个月即告病危。弥留之际，仓促接受司礼太监冯保的建议，保举原礼部尚书潘晟人阁，潘本是平庸之辈，还未上任即遭弹劾而辞职，继任者是一向受到张居正垂青的张四维，此人家资万贯，倜傥有才，但品行素来不端，极尽逢迎拍马之能事。他继任首辅后，拟旨宣布张居正"诬蔑亲藩"、"专权乱政"、"谋国不忠"等几大罪状。在他主政期间一切新政全都报废。张居正英明一世，却毁于偏好奉迎，没有洞察埋伏在身边的异己分子，以致祸发萧墙，改革毁于一旦。万历十年六月张居正病逝，同年十二月反对派开始发难，张居正满门查抄，家属饿死十多人，凡被认为与张结党的官员，统统被削职。至于他一腔心血建树的新政，更是付诸流水。

在君主专制的时代，皇帝是至高无上的权威。帝权和相权本是一组相依相克的矛盾，权高振主，遭到皇帝的嫉恨，往往成为宰相的悲剧，张居正也不例外。新政初期，神宗是个不甚解事的少年，张居正是他的老师，处处听从张的指点，对改革自无二议。随着年龄的增长，神宗对张居正规劝戒游宴，节赏赐，却珍玩和勤读书的说教已有所不满，这一裂隙早就被反对派窥视在心。张居正暴病身亡后，反对派的发难首先得到皇帝的支持，落井下石的，乘机报复的，群起而攻之，祸延所有支持改革的官员，不到一年改革派被清洗殆尽。张居正不惜摩顶放踵为之点燃的革新之火，为衰败的王朝赢得一度光华。但是由于改革的失败，在他身后迄于明亡的六十多年中，各种社会矛盾急剧地发展，一发不可收拾，再也没有一个能人志士力挽狂澜。明帝国终于被历史的巨浪冲击得分崩离析了。尽管如此，张居正的改革，并不能实际上也不可能挽救明王朝必然灭亡的历史命运，甚至连他自己的身后命运也无法把握。由于他执政时期排斥和打击过不少政敌，更由于他的改革在一定程度上触动了官僚权贵、豪强地主的利益，在他死后，他的反对派纷纷上台，疯狂地反攻倒算。他们攻击张居正改革是"务为烦碎"，清丈土地是"增税害民"，实行一条鞭法是乱了"祖制"等。于是张居正被追夺官爵，籍没家产，家属子女横遭迫害。从此以后，明王朝陷入更加严重的社会危机，其衰亡之势如江河日下，无可回转。

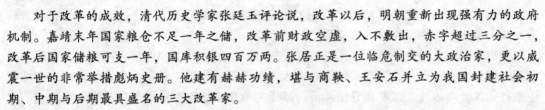

简　评

　　对于改革的成效，清代历史学家张廷玉评论说，改革以后，明朝重新出现强有力的政府机制。嘉靖末年国家粮仓不足一年之储，改革前财政空虚，入不敷出，赤字超过三分之一，改革后国家储粮可支一年，国库积银四百万两。张居正是一位临危制交的大政治家，更以威震一世的非常举措彪炳史册。他建有赫赫功绩，堪与商鞅、王安石并立为我国封建社会初期、中期与后期最具盛名的三大改革家。

# 西方传教士来华

## ——西方文化的东传

传教士来华曾经在中国明清以降的政治经济文化中都产生了重要的影响。在鸦片战争以前，西方传教士来华带来了比较先进的科学技术，也热心地将中国文明介绍到西方。鸦片战争以后，西方来华的传教士演变成为西方国家侵略中国的帮凶。在鸦片战争之前的西方传教士中，最为著名的要数利玛窦和汤若望了。

利玛窦是明末到中国的意大利耶稣会传教士，字西泰。21岁时加入耶稣会，在罗马学院受神职教育。1577年在里斯本科因布拉大学学习葡萄牙语，次年在葡萄牙保教权的庇护下前往印度果阿传教。1589年升任神甫。1581年奉耶稣会远东巡阅使范礼安之命到澳门学习中文。次年随另一意大利耶稣会士罗明坚前往广东肇庆定居。在内地建立了第一个传教会所。为了适应中国的社会风俗，他削发着僧衣，自称僧人，并给自己的居所取名为仙花寺。在肇庆期间，他延揽宾客参观其绘制的《山海舆地图》和仿制的地球仪、日晷等，为时人所重。《山海舆地图》遂于1584年刻印流传。同时，他还发展了约80名教徒。1589年移居韶州，延师讲授"四书章句"，自行意译成拉丁文，并加注解，1594年初完成。这是《四书》最早的外文译本。利玛窦在译本的序文中称颂儒家的伦理观念，把"四书"和罗马哲学家塞涅卡的名著相提并论。

利玛窦在广东居住10年，深感僧人的社会地位不及儒生，于是向范礼安建议，传教废僧名，留须蓄发，穿丝绸服装。1594年获准施行。次年，他衣儒服自韶州北上。定居江西

利玛窦像

南昌，结交儒士、官员、皇族、谈论天文、地理、哲学；作《交友论》，传述亚里士多德、西塞罗等哲学家关于交友之道的格言百则。完成第一部中文宗教论著《天学实义》初稿。利玛窦不但通晓中文，而且熟读五经，最擅长用儒家的经典来解释基督教教理。他将儒教与基督教相互结合，并以完美的理论、丰富的学识和无碍的辩才令士大夫们折服，争相拜访、宴请这位泰西大儒。利玛窦拥有一种让中国学者十分敬仰的本领——过目成诵、倒背如流。他惊人的记忆力使见过利玛窦表演的读书人对他佩服得五体投地。他还撰写了一本叫《西国记法》的小书，介绍他的那种局部记忆法。

1597年，范礼安任命利玛窦为耶稣会中国传教会长。同时，指令他以北京为永久驻地，并为他筹办了一批贡品。次年，他以进贡方物、协助修整历法为由，随进京复职的礼部尚书王忠铭北上。后因未获准在京居留，随即南返。1599年定居南京，与达官名人

相交往，结识李贽、徐光启等，名声益盛。1600年，利玛窦再度以进贡方物的名义北上。次年，获准向明神宗进贡天主图像、天主母像、天主经、珍珠镶十字架以及报时鸣钟、万国图志等。明朝廷因其天文、地理等方面的知识，授予官职。自此，他接受俸禄，为宫廷修理时钟，定居北京。当时与其交游同学的有徐光启、李之藻、冯应京、杨廷筠、叶向高、曹予汴等。他介绍的西方科学有地理、数学、天文等。利玛窦在肇庆绘制的《山海舆地图》经其本人校阅作序后重刻刊行，以后又以《坤舆万国全图》等名多次刊行。他在地图上添加了罗马教皇的注说："他是独身主义者，住在罗马，把自己的一切奉献给了天主教，全罗马帝国以及欧洲人都崇敬他。"以及中国人祭祖祭孔的风俗，"在孔子诞辰，及一年的某些季节，以极隆重的礼节，向他献死动物及其他食物，为感谢他在书中传下来的崇高学说……使这些人能得到功名和官职。"由利玛窦口述、徐光启翻译出版的数学著作有《几何原本》前6卷、《测量法仪》等；李之藻从利玛窦问学，撰《浑盖通宪图说》、《同文算指》等。他的《天学实义》援引儒家经典来论证基督教教义。自称："我太费心思，从那儒教先师孔子身上觅取我们的见解；我援引书中有意义不明的章句，作有利于我们的见解。"此外，还著有《畸人十篇》、《辨学遗牍》以及《中国札记》等。

利玛窦容忍尊孔祭祖等社会习俗的对华传教策略，在西方和在华传教士中颇多争议，以后并引发了中国礼仪之争。与天主教传统传教方法不同，利玛窦采取了一种离经叛道的方法。这种冒险在一个多世纪后结束了，"礼仪之争"的结果导致清朝的百年禁教，耶稣会也受到教皇克雷芒十一世的严厉斥责，耶稣会传教士最后被开除教籍。他要求派遣天文专家来华修订历法，以巩固传教士在华政治地位的建议，生前亦未被采纳。1610年在北京逝世。

利玛窦通过自己的重新诠释，使天主教披上了儒家的外衣，获得了在中国传教的权利。西方科学知识是他用以征服中国的手段，是为他的传教工作打前站的。但不论目的如何，这位远道而来的西方传教士，其贡献是应该予以肯定的。

另外一位著名传教士汤若望（J，A，Schall vonbell，1592－1666），出生在德国科隆一贵族家庭，1611年加入耶稣会。在1620年来到中国（澳门），天启二年（1622年）进入北京，不久又去西安传教。1631年回了北京，那时候钦天监教士邓玉函已死，他就顺理成章（顺当时传教士在中国活动之理）地继任下来，工作则是帮徐光启编修《崇祯历书》。他还会制造天文仪器，获得崇祯皇帝特赐"钦褒天学"匾额。另外据说还监造过20门大炮。

接下来就是战乱了，到了1644年，满清人入关；清兵进了北京城后，到处圈地、赶人。连汤若望所躲避的宣武门内天主堂（俗称南堂，北京最古老的天主教堂。明万历三十三年天主教耶稣会传教士、意大利人利玛窦在此地创建，多次被毁，现存建筑是清光绪三十年新建）都让人端了，不仅人被赶出来而且还被丘八爷们命令里头的东西也必须在三天之内搬出去，否则就要动家伙了！于是他只好上书恳请。理由是里头有未竣历书版片、天象仪器、书籍和教堂礼器等，三天根本搬不完，而且这教堂一旦损坏就很难修复了。可能是天主恩赐吧，居然让摄政王多尔衮看到了他的陈条，而多尔衮也大发善心，第二天就允许汤若望等人回天主堂住，还勒令士兵不得进入。这一来汤若望就和满清的上层搭上关系了，其后几次入宫讲解历法，同时献上了自己制作的天文仪器和世界地图。由于清廷当时很需要新的历法，所以他所制作的新历在实验成功后于顺治二年（1645）得以颁行施行；而汤本人也被任命为钦天监监正（五品官）。而这仅仅是他在北京城里走红的开始。

当时在中国的外国传教士除了传教和为朝廷研究天文学外还大多擅长医术，因为从吸纳信徒的角度讲治好一个病人比施舍一百个穷人更有效率。汤若望也精于此道，在贵族向他求助时，一方面悉心治病，一方面传播教义。这一手法果然奏效，到最后连皇太后博尔济吉特氏也成为他的信徒，拜他为教父（另一说义父），而年轻的顺治皇帝也对他极其崇拜，先后赐下"通政大夫"、"太常寺卿"、"通玄教师"等多种封号，还赏给他很多金银绸缎等财物并且称呼他为"玛法"（爷爷）！到后来甚至下诏允许他"随意出入朝中，凡有启奏，俱准迳入内庭，不循常例"。

南堂内景

万历三十三年，利玛窦获得神宗准许，在北京宣武门建立教学"南堂"。明末，李自成军退出北京城时，曾放火烧城，但南堂未遭损失。

汤的名望从那时起达到了古往今来所有传教士的顶峰，如果顺治的时代能够再延续上20年，他大概带着无上的荣耀去见天主。因为早在1654年顺治皇帝就按他的请求把靠近利玛窦墓地西部的一块地产赐予其作墓地。到了1660年。汤还在赐地上修建了一座圣母堂，堂前树碑，以满汉两种文字记载这个殊荣，表示在行弥撒时，要祈祷上帝保佑"吾君为尧舜，绵国祚于无疆"。

可惜顺治在24岁就得天花死了，临死还不忘问他的"玛法"到底应该立哪个儿子为新一任皇帝。汤若望禀着科学精神回答说应该传给出过天花的皇三子玄烨。因为天花在当时几乎无药可救，而且越大出越危险，玄烨既然出了，从概率上讲应该比其他未出过的皇子们更有希望长寿。顺治得到他所信赖的人的回答后立即同意了，不久，玄烨成为了清的第三任皇帝。

鸦片战争以后，很多西方传教士成为西方国家侵略中国的帮凶。特别应该指出的是引发了很多教案。教案并不是到近代才有，可以说自明末耶稣会士来华之后不久就有了民教冲突。儒生和僧道是反对天主教的主力，明万历年间（1616年）曾发生过南京教案。到清代康熙年间，天主教因反对中国教徒祭祖祭孔，兴起礼仪之争，雍正下诏禁教，驱逐外国传教士。此后乾隆、嘉庆两朝，中国官方对天主教的态度并没有改变，禁止西洋人入境传教被写进大清律法。但近代教案则是随着西方殖民主义侵略中国而发生的，与以前不同。

鸦片战争，中国惨败，被迫签订中英《南京条约》开放沿海五口通商，允许外国人居住；1844年中美《望厦条约》签订，第十七款规定，美国人可在贸易港口租地自行修建教堂；同年，中法《黄埔条约》第二十二款规定，如有中国人把法国教堂、坟地毁坏，地方官要照例严惩。这是允许外国人在华设堂传教最初的法律根据。同年，两广总督耆英在法国公使拉萼尼的要求下，奏请道光皇帝弛禁天主教。1846年道光帝正式颁布上谕，不但准免查禁天主教，还同意发还以前没收的天主堂。这是清廷对天主教政策的一个重大改变，从此，被查禁长达120年的基督教传布，从秘密非法转而成为公开合法。

此后通过各种条约，外国传教士不但可以进入各省传教，且因本身具有各国公民的身份，还同样享有领事裁判权和治外法权。依据条约，中国政府对基督教不但不能查禁，对于隶属中国的教民也不能依法处置。这可说是基督教在华传播史中千年未有的一大变局，外国传教士由非法变为中外条约保护下的合法，中国政府由主动变为被动。然而，外国传教士没有料到，由于当时中国人对西方和基督教的认识有限和早已有之的反教情绪，每项条约权利的实施都会招致无数错综复杂的问题，中外政府之间、官民与外国传教士之间、平民与教民之间都会发生无穷无尽的误解和纠纷。事实上，在《北京条约》实施后，教案一直是有增无减，在 1899 年之前的 40 年间，仅控诸官府而有文献可寻的教案就有 200 起以上。

外国传教士有很多人确实是抱着增进中国人幸福的良善动机来华布道，但其中良莠不齐，流品不一，固然有道德高尚、行为善良的君子，也有道德卑下的伪善之徒。有的外国传教士参与侵华战争，或参与不平等条约的制定，或干预民间诉讼。所以，连天主教内一些正直的传教士也极端不满于这种恶劣现象。早在 1848 年，泰噶哗神父（Joseph Gabei）出版《中国教会一览》，即已痛心疾首地指出："教会变成了外国机构，是敌人侵略应用的手段。教友在殖民主义压迫下成为不知目的的秘密组织分子。"

　　西方传教士来华是中国历史上的一件大事。这些传教士带来了一些比较先进的科学技术，对中国科技的发展有积极的意义。中国著名的科学巨匠徐光启，就是受到了他们的影响。西方传教士来华后，传播基督教，从而在中国社会上产生了很大的影响。后来的太平天国起义，就是受到了基督教的影响，在中国本土上生长出来的结果。义和团运动，也是直接和西方传教士的各种侵略活动有关。正是由于传教士的侵略，直接导致了义和团运动的爆发。

# 李自成起义

## ——"均田免粮"口号的提出

　　明末农民战争，是中国封建社会后期农民起义军与明清军队进行的一场战争，也是中国历史上历次农民战争的最高峰。这次战争从明天启七年（1627年）陕西王二起义开始，至清顺治十五年（1658年）失败，起义军与明军战斗17年，与清军战斗14年。覆盖了黄河南北、长江上下十几个省的辽阔地区。在中国历史上是一件重要的历史事件。

　　17世纪初，统治中国230多年的朱明王朝已经如同一座摇摇欲坠的危楼，处处散发着腐朽糜烂的气息。在政治上，以皇帝为首的统治集团一味醉心于"穷耳目之好"和"极声色之欲"，朝政腐败，纲纪废弛，党派林立。宦官专权，政治上一片混乱。在经济上，上至王公贵族，下至官僚地主，无不凭借着各种政治特权，疯狂地掠夺农民的土地，残酷地敲榨工商业者的脂膏。为满足统治集团骄奢淫逸的生活，维持日益膨胀的军政开支，明朝统治者千方百计地加重对农民和手工业者的盘剥。正税之外，各种加派名目繁多、层出不穷。其中最严重的"辽饷"（对辽东用兵的军事专款）、"剿饷"（镇压农民起义的军事专款）、"练饷"（训练军队的经费）3项加派，每年竟高达2000万两，超过正常税收的一倍以上，把本来就处在水深火热之中的农民进一步推向死亡的边缘，流亡破产者比比皆是。更为严重的是自万历到崇祯70多年间，全国各地自然灾害连年不断，特别是陕北地区，土地贫瘠、生产凋敝，崇祯时连续6年闹灾荒，庄稼颗粒不收，农民流转沟壑，冻饿而死者不计其数。在天灾人祸相煎逼下，自万历以来，各地人民反抗斗争此起彼伏，连续不断，预示着一场大规模的农民起义风暴即将到来。

　　天启七年（1627年）三月，陕西大旱，澄城知县张斗耀不顾饥民死活，仍然催逼赋税，敲骨吸髓地榨取农民。白水饥民王二聚集了数百个无法活命的农民进行斗争，他高声问大家："谁敢杀死知县?"大家异口同声地说："我敢杀。"于是王二率饥民冲进县城，杀死张斗耀，揭开了明末农民战争的序幕。

　　天启八年（1628年），陕西府谷王嘉胤、汉南王大梁、安塞高迎祥等领导饥民起义，张献忠也在延安米脂起义，李自成是今陕西米脂县人，在陕西饥民起义后投靠高迎祥，号称"闯将"，自率一军

李自成雕像

作战。陕北起义震惊了明朝统治者，崇祯皇帝准备利用剿抚兼施的策略尽快平息农民起义，三边总督杨鹤执行以抚为主，以剿为辅的政策，企图瓦解农民革命。在明军剿抚兼施进攻下，陕西战场义军除壮烈牺牲外，不少首领接受了朝廷招安，呈现出时降时叛的复杂局面。王自用联合高迎祥、张献忠、罗汝才各部，号称36营，在山西继续战斗，农民起义军由分散状态进入协同作战阶段。义军势力壮大，宣告了明朝招抚政策破产，主抚派杨鹤下台，洪承畴继任三边总督，集中力量围剿起义军。王自用在崇祯六年作战牺牲，起义军在高迎祥领导下与明军展开了激烈搏斗，损失较大。为保存实力，起义军从山西转入河南。崇祯六年（1633年）冬，高迎祥、张献忠、罗汝才、李自成等经渑池县突破黄河防线，转移到明军力量薄弱的豫西，展开了新的战斗。渑池突围的胜利，不但使义军未被消灭，而且变被动为主动，对后来起义军势力壮大意义重大。

起义军在豫楚川陕交界山区流动作战，与明军周旋，明军不得不分兵把守要隘，穷于追剿，陷入战线过长、兵力分散的困境。明将洪承畴为改变被动局面，以重兵包围起义中心地区，实施重点进攻，高迎祥义军接连败于确山、朱仙镇（今河南开封市西南）等地，连连受挫，被迫转入西部山区。公元1635年，农民起义军13家72营的首领在荥阳聚会，共商击破明军围剿的大计。李自成提出"分兵定向、四路攻战"的联合作战方案，得到各部首领的赞同。崇祯九年（1636年）夏，起义军被围困在丛山之中长达3个月。高迎祥率部从陕西汉中突围，遭到陕西巡抚孙传庭埋伏，被俘牺牲。李自成被推举为"闯王"。此后，起义军逐渐形成为两支劲旅，一支由张献忠领导，活动在湖北、安徽、河南一带；另一支由李自成领导，活动在甘肃、宁夏、陕西一

大顺通宝，永昌通宝

明崇祯十七年（公元1644年），张献忠在成都称帝，建国号"大西"，改元曰"大顺"，设立政府机构，并设铸钱局，铸"大顺通宝"通行于市。同年，李自成在西安称帝，建国号曰"大顺"，建元曰"永昌"，铸"永昌通宝"，中国历代开国时都要铸造本朝货币，确认自己的地位，李自成、张献忠也是如此。

带。崇祯十一年，明朝统治者对起义军采用剿抚并用，起义军又是各自为战，因而相继失利。李自成在陕西潼关南原惨败，仅率18骑逃脱，在陕南商洛丛山中隐伏，认真总结经验教训，准备东山再起。张献忠则接受了明朝的"招抚"，1643起义转入低潮。为保存起义军力量，李自成率部进入河南，于崇祯十四年（1641年）一月攻占洛阳，镇压了福王朱常洵。李自成针对明末土地高度集中，赋役繁重的社会矛盾，提出了"均田免粮"的斗争纲领，得到广大农民的拥护。当时的一首歌谣唱道："杀牛羊，备酒浆，开了城门迎闯王，闯王来了不纳粮。"开仓放粮，赈济饥民，队伍发展至百万。张献忠经过一年休整，于崇祯十二年（1639年）五月再次起兵，在罗侯山（今湖北竹山县东南）歼灭明军主力左良玉部，后转入四川，在达州战役中获得全胜，随即兵进湖北，于崇祯十四年（1641年）二月攻陷襄阳，镇压了襄王。洛阳、襄阳的失陷，宣告了明朝围剿政策的破产。

张献忠、李自成两支大军相互应援，分别在川陕和河南战场与明军作战。张献忠于崇祯十六年（1643年）五月攻下武昌，把楚王投入江中。张献忠在武昌称大西王，初步建立了政权。次年，张献忠带兵入川，八月攻陷成都，在成都称帝，改元大顺，建立大西政权。李自成从洛阳转入湖广作战，于崇祯十五年（1642年）攻下襄阳，称新顺王，初步建立了政权机构。此后连克承天府（今湖北钟祥县）、孝感、黄州（今湖北黄冈市）等地，基本上摧毁了明朝在河南的精兵，"据河洛取天下"。李自成攻占襄阳后，军事上改变过去流动作战

战术，派遣将领分守所克城邑，严密军事组织，建立各种军事制度，把军队分为骑兵和步兵两种，形成营队两组编制，战术上步骑配合，骑兵诱敌，步兵拒战，然后骑兵包抄合围。攻城时骑兵布围，步兵冲锋，昼夜三番轮攻。这表明起义军已由流动作战阶段进入阵地战阶段，已具备了推翻明朝的实力。李自成确定了先取关中，继取山西，后占北京的策略。崇祯十六年（1643年）十月，李自成大军攻克潼关，率10万大军围歼明三边总督孙传庭，十一月起义军不战而进入西安。崇祯十七年（1644年）一月，李自成建立大顺政权，势力进一步壮大，把西安作为攻打北京的基地。然后，李自成亲率大军渡黄河进入山西，攻克太原，沿大同、宣府（今河北宣化县），从北面包围了北京。另一路义军由左营制将军刘芳亮率领，渡黄河攻克山西上党（今山西长治市），分取真定（今河北正定县）、保定，从南面包围北京。三月十七日，李自成从昌平围攻北京，北京明军不攻自溃，十九日李自成率兵进城，崇祯帝在煤山自杀，明朝被推翻。

北京故宫武英殿

李自成率起义军攻克北京后，曾在这里处理日常政务。

李自成进京后，面临的形势是如何消灭明朝残余势力，其中力量最强的是盘踞在山海关的宁远总兵吴三桂，成为起义军的心腹之患。由于李自成未妥善处理与吴三桂的关系，吴三桂投降了清朝，与清军联合镇压起义军。四月，李自成亲率大军攻打吴三桂，在山海关激战。在满汉军队联合进攻下，李自成失败，撤回北京。二十九日匆忙称帝，建国大顺，次日退出北京。李自成撤出北京后，有计划地实施战略退却，经山西平阳、韩城进入西安。清军在清顺治元年（1644年）冬分兵两路进攻西安，次年二月潼关失守，李自成从西安经襄阳进入武昌，五月，李自成在湖北通山县南九宫山遭到地主武装袭击，壮烈牺牲。顺治三年（1646年），清军由陕南入川，攻打大西军，张献忠于次年七月撤离成都，北上与清军作战，十一月牺牲在凤凰山（今四川南溪县北）。李自成、张献忠牺牲后，农民军余部继续坚持战斗，大顺农民军分为两路，一路由郝摇旗、刘体纯等领导，活动在洞庭湖以东地区；另一路由李过、高一功领导，活动在洞庭湖以西地区。大西农民军在孙可望、李定国率领下转入川贵，坚持抗清斗争。清军集中兵力镇压义军，李过病逝，高一功、刘体纯、郝摇旗等战死，孙可望降清，李定国兵败。到顺治十五年（1658年），明末农民军余部完全失败。

简　评

　　明末农民大起义是我国农民战争史上规模最大的起义。以李自成为首的起义军经过20年的浴血奋战，推翻了腐朽没落的明王朝政权，扫除了中国社会发展道路上的一大障碍。起义军所到之处，将"均田免粮"思想付诸实施，在一定范围和一定程度上调整了当时封建生产关系，为17世纪后期和18世纪前期社会经济发展创造了条件。此外，"均田免粮"思想还成为近代太平天国革命运动中"天朝田亩制度"的先声，因而具有极其深远的影响。

# 吴三桂降清

## ——冲冠一怒为红颜

所谓"红颜祸水"，在中国古代，人们往往把过错推给女人，尤其是漂亮的女人，于是在中国历史上就出现了"烽火戏诸侯"、"妲己乱国"、"马嵬坡哗变"等等典故。这种思维到了明清之际，也未改变，典型例子便是——"冲冠一怒为红颜"，这是大家耳熟能详的一句诗，讲的是明末清初明军将领吴三桂引清军入关的原因，某种意义上也把过错推到了"红颜"——陈圆圆的身上。但是不管事实的真相如何，我们不得不承认吴三桂的这一举动对中国历史的走向发生了重要的影响。满族入关建立了清王朝，统治中国近300年。清军能够迅速入主中原，这和守卫山海关的吴三桂投降清军有重要的关系。吴三桂后来降而复叛，发动"三藩之乱"，也是影响中国历史的重要事件。

1616年，努尔哈赤统一女真各部，建立后金政权，与明廷分庭抗礼。努尔哈赤死后，皇太极继位，改"金"为"清"，建立清朝。此后，清军攻陷大凌河，招服明朝的盟友朝鲜与察哈尔蒙古，之后围攻锦州，打败前来解围的13万明军，使明廷苦心经营10多年的锦（州）宁（远）防线全部崩溃。在清军南下亡明的道路上只剩下山海关及其前哨孤城宁远了。

山海关位于从东北进入华北的陆路咽喉之地，可谓"一夫当关，万夫莫开"。在山海关失陷之前，清军入侵，只能绕道蒙古，越过长城，采取不断蚕食的策略，以为"取北京如伐大树，先从两边砍，则大树自仆；现在，明朝精兵已尽，我再四周纵掠，北京一定可得"。1643年，皇太极死于沈阳，其幼子——年仅6岁的福临即位，是为顺治帝。

值此危机迫在眉睫之际，没有等到清军大举入侵，明王朝就在农民起义的浪潮中奄奄一息了。爆发于1627年的陕北农民起义，经17年的起伏转战，1644年破居庸关，长驱直入，一举攻入北京。明崇祯帝自知大势已去，吊死在煤山（今景山）上，276年的明朝灭亡了。

以吴三桂得名的"定辽大将军"铜炮，是明清兴亡交替的一件实物见证。

在关内形势发生急速变化的时刻，清内秘书院大学士范文程认为，明亡只是时间问题，因此，现在清的主要敌人不再是明军而是农民军。他建议清军抓紧时机，火速进关，直取明都。摄政王多尔衮接受了他的建议，率14万大军进关争夺天下。清军过辽河时，才知道李自成的农民军已于上月攻占北京，明朝已亡。此时，多尔衮进退不决，征求对农民军颇为了解的明降将洪承畴的意见，洪承畴坚决主张攻打北京，表示清军与农民军大战必能获胜。多尔衮听后深受鼓舞，决定取道蒙古入关，准备攻打北京。

此时，驻扎在山海关的吴三桂，就成了农民起义军和清朝夺取天下必须争取的力量，至关重要。吴三桂祖籍江苏高邮县，靠驰骋沙场、英勇善战得以不断高升。当李自成的农民军向北京进发时，崇祯帝加封吴三桂为平西伯，命他放弃宁远入京"勤王"。吴三桂接到崇祯帝的命令后，带领关内外几十万军民西向，一路行动迟缓，犹豫不进。待得知京师陷落、帝后殉难后，吴三桂调转马头返回山海关。此刻，他深感夹在农民军与清军之间，要保存个人已有利益，不是归降农民军，就要投靠清军，反复权衡仍然举棋不定。

李自成进入北京后，意识到驻兵山海关的吴三桂之向背对局势的发展至关重要，而解决山海关问题，只有两种方案，一是武力夺取，彻底消灭吴部；二是招抚，避免流血战斗。以农民军入京后将领无心再战、士兵沉溺享受来看，招抚为上策。于是李自成派人马劝降吴三桂，携犒银四万两、黄金千两，另有敕书一通，封吴三桂为侯。此时，总管京师兵马的吴三桂的父亲吴襄已在北京被捕，李自成令他给儿子写信劝降。吴三桂无奈，决定正式接待来使，投降农民军。

但是当吴三桂准备率部进京谒见李自成，行至永平府（府治今河北省卢龙县）西沙河驿时，却突然调转马头，再次返回山海关。对于吴三桂降李又中途返回，一向有两种说法：一种认为，大顺农民军入京后，实行追赃助饷的政策，拷掠了吴三桂的父亲吴襄，导致吴三桂反悔；另一种说法认为：吴三桂因其爱妾陈圆圆为大顺军将领刘宗敏掠去而怒改初衷，即人们通常所说的"冲冠一怒为红颜"。

陈圆圆，明末苏州名妓，传言她"声甲于天下之声，色甲于天下之色"。清人笔记记载，吴三桂少年时就常去戏班为陈圆圆捧场，待官至辽东总兵后，吴三桂派人赏重金去赎买陈圆圆，不料却已被当朝天子宠妃的父亲田畹买走。崇祯的宠妃田氏为给崇祯解忧，谋于其父田畹，田畹遂将陈圆圆献给崇祯。陈圆圆扫眉而入，然而崇祯此时正值忧患关头，无心沉于声色，不久将陈圆圆遣返田府。当李自成的农民军步步逼近京城之时，田畹急于保住自身富贵，陈圆圆给他出谋道："现在天下将要大乱而大人却无所凭依，一旦有变，祸在不测。吴三桂不久就要出关领兵，大人何不缔交于吴将军，以便有所依靠?"

陈圆圆像

田畹苦无他策，只得亲自到吴府邀请吴三桂赴宴。宴席上，吴三桂毫不掩饰地说道："若能把圆圆赠予我，我将戮力破敌，公公不会有什么危险。"面对兵权在握的吴三桂，田畹只有答应。吴三桂欲带陈圆圆去山海关，但因父亲吴襄力阻而不成。李自成率农民军入京后，大将刘宗敏占据田畹府，索要陈圆圆，知在吴襄府上，便抓了吴襄严刑拷问，吴襄不交，刘宗敏怒洗吴府，搜出陈圆圆据为己有。

吴三桂重占山海关后，心中明白凭自己的军事实力根本不足以同农民军抗衡，为逃避降清负君之罪，并借他人之力达到复仇目的，吴三桂修书予多尔衮，意向清军"借兵"。多尔衮得书后虽惊喜交集，却不露声色，许诺援兵，同时提出条件：吴三桂率兵投降清朝。

当农民军迫近山海关时，吴三桂再次催促清军火速来援。多尔衮接信后，知道形势紧迫，为了防止农民军占领山海关，下令清军日夜兼程前进。当清军终于到达距关城10里的地方时，吴三桂已与农民军在激战中。至四月初，据守山海关北翼的吴军向农民军投降，吴三桂的军队已呈崩溃之势，而此时清军却一直止步不前。吴三桂多次派人前去敦请进兵，但多尔衮就是按兵不动，他要迫使吴三桂亲自出马，将"借兵助剿"改为"投降清朝"。吴三桂只得点齐将官精骑，出关突围，一口气驰至欢喜岭。1644 年 4 月 27 日，双方达成协定，吴三桂率将返回山海关，按约定率 5 万余人出战，同时下令开城迎清兵。山海关的东大门洞开，清军汹涌而入。而李自成对这一切都浑然不知。

时至中午，山海关战场在大风中飞沙走石，当吴军与农民军酣战之时，进入关城的多尔衮下令突击，清军如弦上之箭锐不可当。李自成立马于高岗之上，见一白旗军冲破农民军阵势，正惊异之际，一僧人跪在他的马前，说："为白旗的骑兵不是关宁兵（指吴军），必是满洲兵，大王赶快回避。"李自成一言不发，策马下岗西走，农民军也在一片"满兵来矣"的惊呼声中被冲过来的清军压向海边，以致"死尸相枕"。

李自成回北京后，在皇宫大殿里举行即位典礼，接受官员的朝见。第二天一清早就率领起义军，离开北京，向西安撤退。李自成离开北京的第三天，多尔衮带领清兵，耀武扬威地开进北京城。公元 1644 年十月，多尔衮接顺治帝从沈阳到北京，把北京作为清朝国都。打那时候起，清王朝就开始在中国建立了它的统治。

多尔衮组织人马隆重地迎接清世祖顺治帝入关，在北京建立了大清朝廷，准备全盘控制整个江山。为了表彰吴三桂开关请兵之功，清朝廷册封他为平西王，并赏银万两，吴三桂竟然也不加思索地接受了下来。这样一来，当初请兵相助的初衷完全变了质，不折不扣地成为开关延敌的民族叛徒。

崇祯帝自缢殉国后，福王朱由崧在南京重新组建了南明新朝廷。新朝廷深知吴三桂手握重兵，举足轻重，因而遣特使前往绛州，欲封吴三桂为蓟国公，并从海路运米 30 万担、银 5 万两犒劳吴军。不料吴三佳因已受封于清廷，不肯再接受南明皇朝的这一套，他已经决定彻底归附于满清手下了。后来吴三桂被封为平西王，世镇云南，兼辖贵州，于是骄横奢侈，企图吴家子孙永为藩王。康熙帝即位后，准备"撤藩"，吴三桂反叛，这就是"三藩之乱"。1681 年，清军攻入昆明，吴三桂的图谋失败。

简　评

　　山海关之战改变了清朝、农民军、吴三桂的各自命运。清军结束了农民军短暂的胜利，开辟了清朝的历史新纪元。在山海关之战结束后的第十天，多尔衮率清军入京。而吴三桂的命运便由此交给了大清朝。

# 郑成功收复台湾

## ——一位伟大的民族英雄

郑成功是中国历史上伟大的民族英雄，他收复台湾的举动，为中华民族的统一事业做出了巨大的贡献。台湾的光复，是中国历史上的一件大事，至今仍鼓励着国人为争取祖国的早日统一而努力奋斗。

台湾，位于中国大陆东南海中，距厦门 300 公里，南接东山、海南、南海诸岛，北连马祖、大陈、舟山群岛，被称为"七省之藩篱、东南之锁钥"，战略位置极为重要。南宋时台湾归福建泉州晋江县管辖，元朝设澎湖巡检司统管，明万历年间改称台湾。长期以来，高山族和汉族民众对开发台湾都做出了很大的贡献。

明天启二年（1622），荷兰殖民机构东印度公司（驻印度尼西亚）派军舰到台湾侦察港口。次年荷舰复至，并派兵 50 人在岛上筑堡，遭当地民众袭击退走。四年，荷军指挥官宋克率舰 13 艘，侵占台湾西南部。后来修筑了台湾城（荷称热兰遮城，今台南市西安平镇）与赤嵌城（荷称普罗文查城，今台南市）。崇祯十五年（1642），荷军击败侵占鸡笼（今基隆）、淡水等地的西班牙殖民军，又夺占台湾北部。荷兰殖民者在台湾实行军事镇压、政治分治、经济掠夺等政策，并以台湾为基地在沿海劫商掠货，俘获华人为奴。台湾人民不堪殖民统治，以各种形式进行反抗。清顺治九年（1652），台湾人郭怀一领导起义群众 1.6 万人奋起反抗。历时 15 天遭镇压，郭怀一及部众 1800 余人被荷军杀戮。殖民者的暴行，激起台湾人民更大的愤怒和反抗。

郑成功军用过的大刀

顺治十四年，郑芝龙旧部、充当荷兰翻译的何廷斌（又名何斌）从台湾到厦门，劝郑成功收复台湾。十六年，何廷斌向郑成功献台湾地图。郑军因忙于休整和抵御清军南下，未定进军台湾之事。十八年正月，郑成功在厦门召开军事会议，决计收复台湾作为抗清的根基之地。郑军抓紧检修战船，筹措军火军粮。并派人探测航道、侦察敌情，对外则封锁消息。郑成功命部将洪旭、黄廷等辅佐长子郑经留守金门、厦门。同时将渡海登陆官兵集结在船，严加管束，听令待发。

郑成功准备收复台湾的消息传到台湾后，荷兰侵略者为了阻止他的进攻，进行了一系列的战争准备。首先是由巴达维亚向台湾增兵 600 人，舰船 12 艘使荷兰侵略军在台湾的总兵力达到 2800 人，还拥有战舰"赫克托"号、"斯·格拉弗兰"号、"威因克"号、"马利亚"号以及小艇多艘。其次是增修和加固城堡与炮台。荷兰人又陆续建造了热堡、乌特利支堡、弗里辛根堡等，并不断进行增修和加固。同时，各城堡都储备了大量粮食、武器弹药及其他军需品，仅运进台湾城的火药就达 3 万磅，储存的木材足够 8—10 个月之用，以利长期固守。此外。还通过各种渠道，采取各种方式侦察郑军的动向。而且还加强对台湾人民的控制，不准渔民下海捕鱼，不准商船开往大陆，强迫台湾人民到城内居住，甚至把群众中有声望的人士加以拘禁，以防止台湾人民帮助和接应郑成功。顺治十七年（1660 年）十月，荷兰殖民主义者根据搜集到的情报判断，郑成功可能不久将进军台湾，于是宣布台湾处于戒备状态。为了阻止郑军登陆，荷军于年底将主要兵力配置在以下两个方向：一是台湾城及其附近的小岛和海面、江面，兵力约 1800 人，舰船多艘，由荷军头目揆一亲自指挥；二是在赤嵌楼驻军 500 人，由描难实叮率领。其他城堡和港口共以 500 人驻守。鹿耳门水浅滩多，不便通行，又用沉船堵塞了航道，故未派兵防守。揆一的防守意图是：用台湾城炮台的火力，居高临下，封锁海面，另派夹板船（长 30 丈，高 6 丈，厚 2 尺余，5 桅 3 层，装有照海镜、铜炮及 2 丈巨铁炮）防守大港海口，以阻止郑军的登陆。

顺治十八年三月二十三日，郑成功率征台大军 2.5 万人分乘 400 艘战船，从料罗湾启航，浩浩荡荡驶向台湾。次日，大军在澎湖为南风所阻，军粮告罄。三月三十日，郑成功毅然传令冒风雨进军。四月初二黎明，郑成功座船到达台江外沙线附近。天亮时，船队到达鹿耳门港外沙线，因水浅无法行舟，等候潮涨。午后，潮水大涨，将士们欣喜雀跃。郑成功亲自登上小哨船。指挥船队。在何廷斌的引导下，直入鹿耳门，鱼贯而进。将士们转舵扬帆。金鼓齐鸣，欢呼震海。郑军战船齐泊禾寮港，顺利登陆占据北线尾，迅速向赤嵌城推进，并形成分割包围荷军的有利态势。赤嵌居民看到祖国大军似天兵而降，喜出望外，数千汉人和土著人涌来欢迎，争先用牛车、扁担等运输工具，帮助搬运各种辎重上岸。

郑军顺利登陆后，荷兰侵略者的要塞赤嵌楼、台湾城以及一些战舰，便处于分隔被围状态，荷军官兵的战斗力也并不强。但荷兰侵略军却狂妄地宣称："二十五个中国人加在一起还抵不上一个荷兰士兵"。"只要放一阵排枪，打死其中几个人，他们便会吓得四散逃跑，全部瓦解"。荷兰侵略军企图凭借船坚炮利和城堡坚固。乘郑军立足未稳。实施反击。四月初二晚，郑成功见赤嵌楼之敌炮击郑军禾寮港营塞，引起街市起火，急派户部都事杨英持令箭，督饬部队救火，抢运仓库物资，保护居民住宅。与此同时，调整了兵力部署：令左虎卫王大雄、右虎卫陈蟒率铳船控制鹿耳门海口，以便接应第二梯队登陆；令宣毅前镇陈泽率兵防守北线尾一带，以保障主力侧后安全。并置台湾城荷军于腹背受敌的境地；另派兵一部进入台江，切断赤嵌楼与台湾城的联系。这样就为从海、陆两面打败荷军的反击作好了准备。

在海上，当荷军的 4 艘舰船企图阻击郑军时，郑成功以由陈广和陈冲指挥的 60 艘战船（每艘配有大炮 2 门），把荷舰包围起来，双方展开了激烈的炮战。荷军最大的"赫克托"号战舰首先开炮，其他荷舰也跟着开火。最大的军舰"赫克托"号，张牙舞爪地开过来，阻止郑军的船只。郑成功沉着镇定。指挥他的六十艘战船把"赫克托"号围住。郑军的战船小，行动灵活。郑成功号令一下，六十多只战船一齐发炮，把"赫克托"号打中并起火。大火熊熊燃烧，把海面照得通红。"赫克托"号渐渐沉没下去，顿时，安平港外，浓烟弥漫，炮声震天，激起无数巨大的水柱。还有三艘荷兰船一看形势不妙，吓得掉头就逃，又被郑军灵活的战船包围。郑军以 6 艘战船尾追"斯·格拉弗兰"号和"白鹭"号，很快追上敌舰。郑军士兵奋不顾身地同敌人展开了接舷战、肉搏战，同时又用火船去烧敌舰。郑军用铁链扣住"斯·格拉弗兰"号的船头斜桅，并登上甲板，与敌人进行白刃格斗。有的荷舰被熊熊烈火吞灭了，有的荷舰不敢再战而逃回台湾城边。敌通信船"马利亚"号在战斗失败后逃往巴达维亚。在这场海战中，击沉敌主力舰 1 艘，烧毁夹板船 2 艘，另 1 艘小艇逃回台湾城。

在陆战中，荷军也遭到惨重失败。战斗是在北线尾和赤嵌楼附近进行的。四月初三。郑军登陆北线尾后，荷兰舰长贝德尔率领 240 名士兵，乘船急驶北线尾，上岸后即分两路向郑军反击。北线尾是一个不到一平方公里的沙洲，南端对着台湾城，北端延伸到鹿耳门。贝德尔指挥荷军以 12 人为 1 排，成疏开战斗队形向前运动，逼近郑军。这时，郑军在北线尾的部队约有 4 千人，郑将陈泽以大部兵力正面迎击，以七八百人迂回到敌军侧后，进行前后夹击。荷军腹背受敌，手足无措，争相逃命。贝德尔上尉被击毙，荷军被歼 180 多人，其余的人逃回台湾城。荷兰侵略者承认，"假如没有那只停在海岸附近的领航船就近接应，必将全军覆没，没有一个人回来报告战斗经过。"

荷兰殖民者投降图

郑军初战大胜，乘胜占据各要地，将荷军围困在赤嵌和热兰遮两个孤立的据点里。荷兰人遭此惨败，要求停战数日，进行谈判。在谈判中，郑成功要求荷兰人立即交出城堡，否则将派精锐部队攻城。郑成功命令士兵每人备一束草把，准备乘胜火攻赤嵌楼，并切断了荷军水源。描难实叮被迫率部投降，受到郑军宽待，并派往台湾城劝降。揆一拒降，他派使者到郑军大营求和，说只要郑军肯退出台湾，他们宁愿献上十万两白银慰劳。郑成功扬起眉毛。威严地说："台湾本来是我国的领土，我们收回这地方。是理所当然的事。你们如果赖着不走。就把你们赶出去！"四月初七，郑成功除留一部分兵力扫清其他地方的荷军外，亲自督师，围攻台湾城。郑军粉碎了荷军的反击，在台湾沿海立住了脚。热兰遮城周方 277 丈 6 尺，高 3 丈多，分 3 层，下层深入地下 1 丈多。"城垣用粮水调灰垒砖，坚埒（相等）于石"。城四隅向外突出，置炮 20 尊；南北各置千斤巨炮 10 尊。荷军火炮密集，射程远，封锁了周围的每条道路，所以无论从哪一个方向接近，都要受到城上炮火的轰击。

郑成功拿下赤嵌楼后，立即组织主力部队开赴大员，同时派人给揆一送信，再次劝他交出城堡，荷军兵力只有 870 人，据城继续顽抗。于是，郑成功以 28 门大炮猛轰台湾城，摧毁了城上的大部胸墙，击伤许多荷军。荷军进行垂死挣扎。用火炮进行齐射，迫使郑军后退。郑军弹药告乏，部队伤亡较大。荷军乘势从城中冲出，妄图夺取郑军大炮，被郑军将领马信、刘国轩所率领的弓箭手击退。

郑成功鉴于台湾城池坚固，强攻一时难以奏效，为了减少部队伤亡，进一步做好准备，决定改取长围久困，且耕且战的方针。他一方面派提督马信率兵驻扎台湾街围困荷军，一方面把各镇兵分散到各地屯垦，以解决军粮不足的困难。郑军从五月初五到十二月十三日，围困了八九个月。荷兰东印度公司于六月下旬获悉郑成功大举攻台，立即派遣科布·卡乌率领战舰 10 艘、士兵 700 名，于六月初十出发援台。七月十八日，卡乌率舰队到达大员港外。城内荷人，喜极欲狂。闰七月二十三日，荷兰援军会合城内守军，分水陆两路反扑，并命令荷军在战斗中"决不饶恕船上任何人，见人就杀，不留一个"。郑成功令黄安抗击陆上进攻的荷军，亲统宣毅前镇陈泽及戎旗左右协水师陈继美、朱尧、罗蕴章等所率战船，在海上迎击荷舰。荷舰企图迂回郑成功水军侧后，焚烧郑军船只，却反被郑军包围。郑成功水军一部隐蔽在岸边，当敌舰闯入埋伏圈后，火炮齐发，经过 1 小时的激战，击毁、烧毁荷舰 2 艘，俘小艇 3 艘，使荷兰援军"损失了一个艇长、一个副官、一个军曹和一百二十八（一说四百八十）名士兵，另有一些人负伤"。陆上荷军曾一度出动袭击七鲲身，被郑军黄安部伏兵击退。从此，其余来援的荷舰逃往远海。再也不敢靠近台湾城。

郑军围困台湾城 8 个多月，并进行了充分准备之后，便开始发起总攻。主攻目标是乌特利支堡。该堡是台湾城周围的外堡之一，坐落在台湾城南侧一座小山上，位置险要。是控扼台湾城的锁钥。荷兰人认为，该堡一旦被占领，热兰遮城堡也必将失陷。十二月初六清晨，郑成功下令炮轰乌特利支堡。经两小时激战，在南部打开了一个缺口，当天占领了该堡。郑军立即将此堡改建成炮垒，居高临下地向台湾城猛烈轰击。荷军困守孤城，已是水陆援绝，力竭难守。揆一慌忙召集紧急会议。与会者惶惶无主，乱作一团，对当时形势已完全绝望。揆一见大势已去，决定由评议会出面同郑成功谈判，并签订了 18 款投降条约。根据条约规定。揆一于十二月十三日（1662 年 2 月 1 日）率部投降。至此，沦陷了 38 年的台湾重新回到祖国的怀抱，郑成功驱逐荷兰侵略者、收复台湾的伟大斗争，终于取得了胜利。

这次战役结束了荷兰侵略者对台湾人民的殖民统治。捍卫了中华民族的利益，显示了中国人民捍卫自己领土的决心，为中华民族抗击海外侵略者、维护祖国神圣领土的完整统一创造了光辉的典范。台湾的收复有力地维护了中国的统一，并表明台湾自古就是中国的领土，不论是历史、现实还是将来，一切企图将台湾从中国版图中分裂出去的图谋都必将面临失败的下场。在收复台湾中做出巨大贡献的郑成功因而成为受人景仰的伟大的民族英雄，直到现在，台湾各地都还存在着为了纪念郑成功收复台湾的遗址和各种庙宇，当地人民视郑成功为他们的英雄，并且形成了祭拜郑成功的习俗。

经过这次战役后，台湾成为郑成功反抗清军势力的一个基地，郑成功在台湾设立行政机构，开始了在台湾的统治，直到 1683 年康熙帝统一了台湾。这次战役后荷兰殖民者被赶出了台湾岛，从而失去了在东亚地区的落脚点，因此转而把注意力集中到对东南亚殖民地的占领和巩固上，印度尼西亚等地逐渐沦入荷兰殖民者的魔爪。在中国军事史上，此战是中国海战史上规模较大、距离较远的一次成功的登陆作战，创造了中国古代大规模渡海登岛作战的成功范例，在中国海战史上占有重要地位。

# 雅克萨之战

## ——中国东北版图的奠定

俄罗斯与中国本不接壤，是一个欧洲国家。16世纪初期，沙皇俄国开始把张的魔爪伸向东方。由于俄罗斯东面的地区大部分处于西伯利亚高原，当地的民族发展还比较落后，在沙俄的武力威胁下虽有抵抗，但都屈服了。于是沙俄一路向东，魔爪开始伸向了古老的东方帝国——中国的领土。

明崇祯五年（1632年），沙俄建立雅库次克城，作为南下侵略中国的主要基地。从此，它便不断地派遣武装人员入侵中国黑龙江流域。明崇祯十六年（1643年）夏，沙俄雅库次克长宫戈洛文派波雅科夫率兵132人沿勒拿河下游南侵，侵入中国领土。他们四处抢掠，灭绝人性地杀食达斡尔族人，被黑龙江地区人民称为"吃人恶魔"。次年夏初，精奇哩江解冻后，这伙匪徒闯入我国东北部最大的河流黑龙江，沿途遭到我国各族人民的抗击。

清顺治三年（1646年），波雅科夫逃回雅库次克，他回去后扬言，只要派兵300，修上3个堡寨，就能征服黑龙江。波雅科夫带回的有关黑龙江流域的情报和他提出的武力侵入黑龙江流域的打算，引起了沙俄当局的重视和赞许。顺治六年（1649年），雅库次克长官派哈巴罗夫率兵70名从雅库次克出发，于这年末侵入黑龙江，强占我国达斡尔头人拉夫凯的辖区，遭到当地人民的抵抗。哈巴罗夫将同伙交由斯捷潘诺夫率领，自己回雅库次克求援。次年夏末，哈巴罗夫率领138名亡命之徒，再次侵入黑龙江，强占雅克萨城，不断派人四处袭击达斡尔居民，捕捉人质，掳掠妇女，杀人放火。九月底，哈巴罗夫又率领侵略军200余人，侵入黑龙江下游乌扎拉河口我国赫哲人聚居的乌扎拉村，强占城寨，蹂躏当地居民。英勇的赫哲人民奋起抗击，并请求清政府予以支援。顺治九年（1652年）二月，清政府令宁古塔章京（官名）海包率所部进击，战于乌扎拉村，打死沙俄侵略者10人，打伤78人。清顺治十五年（1658年）六月，宁古塔都统沙尔瑚达率战舰40艘同侵略军激战于松花江下游，歼敌270人。顺治十七年（1660年）宁古塔将军巴海率水军破敌于古法坛村，斩首60余级，溺水死者甚众。经过中国军民的多次打击，侵入我国黑龙江流域的俄国侵略军一度被肃清。

虽然沙俄侵略军一度被中国军民肃清，但是沙俄政府并不甘心失败，他们以雅库次克和尼布楚作为继续向中国扩展的基地，准备卷土

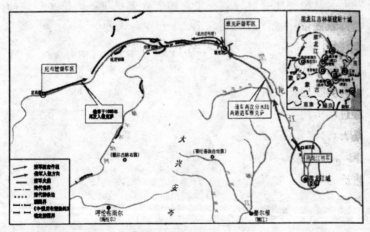

雅克萨抗俄之战示意图

重来。从1665年开始，一伙以罪犯为首的亡命徒又侵入黑龙江流域，对当地人民进行烧杀抢掠，激起了当地人民的强烈反抗。沙俄政府看到这群亡命徒有侵略中国的价值，竟然任命他们为雅克萨的守军，沙俄匪徒摇身一变成了俄国官兵。

从此，沙俄政府把雅克萨作为进一步扩大侵略的前哨阵地。1674年，雅克萨正式划入尼布楚辖区。沙俄侵略者向当地人民叫嚣道："沙皇已命令我们沿黑龙江和其他河流建立城镇，你们必须向我们纳贡，如若不然，我们就彻底消灭你们。"

沙俄在黑龙江流域的活动引起了清政府的注意，清政府虽多次警告，都无济于事。在同沙俄的长期交涉中，康熙帝看到，若"非创以兵威，则罔知惩畏"，于是决意征剿。同时也认识到，"昔发兵进讨，未获剪除"的原因，一是黑龙江一带没有驻兵，从宁古塔出兵反击，每次都因粮储不足而停止。二是沙俄侵略军虽为数不多。但由于"筑室散处，耕种自给"，加上尼布楚人与之贸易，故使其得以生存。于是造成我进彼退、我退彼进，"用兵不已，边民不安"的局面。针对这种情况，康熙采取恩威并用、剿抚兼施的方略，即发兵扼其来往之路，屯兵永戍黑龙江，建立城寨，与之对垒，进而取其田禾，使之自困。同时再辅以严正警告。如果侵略军仍执迷不悟，则坚决予以剪灭。为此，康熙采取了一系列措施，加强边防建设，准备剿灭沙俄侵略军：侦察地形敌情，派兵割掉侵略军在雅克萨附近种植的庄稼，又令蒙古车臣汗断绝与俄人的贸易，以困惫和封锁侵略者；屯戍要地，康熙二十一年（1682年）十二月，决定调乌喇（今吉林市北）、宁古塔兵1500人往黑龙江城一带，驻扎爱珲、呼玛尔（今呼玛南）。后鉴于两处距雅克萨路途遥远，令呼玛尔兵改驻额苏里（今俄斯沃特德内西南）。次年七月，宁古塔副都统萨布素率军进驻额苏里。九月，确定在爱辉筑城永戍，预备炮具、船舰。同时派乌喇、宁古塔兵五六百人、达呼尔（今黑龙江嫩江县境）兵四五百人，调往爱珲一带；修整战具，设置驿站，运储军需。这措施，适合当时东北边防斗争的需要和特点。

康熙二十二年（1683年）九月，清政府勒令盘踞在雅克萨等地的沙俄侵略军撤离大清领土。但是侵略军不仅不予理睬，反而率兵窜至爱珲等地进行劫掠，清将萨布素将其击败，并将黑龙江下游侵略军建立的据点均予焚毁，使雅克萨成为孤城。但是侵略军妄图凭借雅克萨城负隅顽抗。为了把沙俄侵略者彻底赶出黑龙江流域，康熙帝决定出动军队进攻雅克萨城。

《尼布楚条约》划定的中俄边界

康熙二十四年（1685年）正月二十三日，康熙命都统彭春赴爱珲，负责收复雅克萨。四月，清军约3000人在彭春统率下，携战舰、火炮和刀矛、盾牌等兵器。从爱珲出发，分水陆两路向雅克萨开进。五月二十二日抵达雅克萨城下，按照先礼后兵的原则，清军向俄军发出了用满、蒙、俄三种文字书写的通牒。托尔布津恃巢穴坚固，有兵450人，炮3门，鸟枪300支，拒不从命，清军于是包围了雅克萨城。五月二十三日，清军分水陆两路列营攻击。陆师布于城南，集战船于城东南，列炮于城北。二十五日黎明，清军发炮轰击，各方清军互相配合，火力密集，炮弹如雨，呼啸着飞向雅克萨城堡，炮火声震天动地，城内火光冲天，浓烟滚滚。在炮火的掩护下，藤甲兵一手持牌，一手持刀，奋力冲杀。居住在周边地区的当地人民也来助战。在中国军民的猛烈攻击下，城内俄军士气低落，乱作一团。被击毙者横七竖八，受伤者卧地呻吟，幸存者抱头鼠窜。

彭春观察了地形之后，在城南筑起土山，让士兵站在土山上往城里放箭。城里的俄军以为清兵要在城南进攻，就把兵力拉到城南。俄军哪儿知道清军在城北隐蔽地方放了火炮，乘城北敌人防守空虚，突然轰起炮来。炮弹在城头呼啸着飞向城里，敌人的城楼被炮弹击中了，熊熊燃烧起来。天色渐渐发白，清军又在城下堆起柴草，准备放火烧城。俄军头目这才吓慌了神，在城头上扯起白旗投降。按照康熙帝的事前嘱咐，彭春把投降的俄军全部释放，勒令他们撤回本土。俄军头目托尔布津哭丧着脸，发誓不再来犯，带着残兵败将走了。

经彭春同意后，俄军撤至尼布楚（今涅尔琴斯克）。清军平毁雅克萨城，即行回师，留部分兵力驻守爱珲，另派兵在爱珲、墨尔根（今黑龙江嫩江）屯田，加强黑龙江一带防务。由于清政府对于沙俄的侵略本质缺乏足够认识，不仅没有在雅克萨留兵驻守，就连康熙早在发布的"设斥堠于雅克萨"的指示，也没有认真实行。清军把雅克萨城焚毁后，急忙班师回爱珲。这是严重的失策，给沙俄侵略军卷土重来留下了可乘之机。

**神威无敌大将军炮　清**

此炮造于康熙十五年（公元1676年），御赐名为"神威无敌大将军"。该炮曾参加雅克萨之战，并发挥了巨大威力。

1685年7月10日，托尔布津带领残兵败将狼狈逃回尼布楚，由拜顿率领的援军也同时赶到。俄军力量在有所加强之后，又激起重占雅克萨的野心。1684年，沙皇任命弗拉索夫为尼布楚督军。他对清军收复雅克萨等地十分气恼，准备反扑。7月15日，他派出由"五十人长"贴利清带领的一只70人队伍，潜入雅克萨侦察。8月7日，侦察部队回到尼布楚报告说：雅克萨城堡已被焚毁，清军全部撤离，但地里的庄稼却完好无损。弗拉索夫认为，这是重占雅克萨的好机会，并立即派遣拜顿率领近二百名俄军前往。随后，曾在清军面前信誓旦旦保证不再入侵的托尔布津又重操旧业，率领后续部队三百多人再次侵入雅克萨，并且被任命为雅克萨督军。俄军重占雅克萨后，收割了田间庄稼，并着手在城堡故址重新筑城。新筑城堡十分坚固，四周环以高三俄丈的土墙；四面筑有四棱突出的炮垒；土墙外掘有环城壕沟；在面江的一侧，还竖起一道直抵江边的木栅。在城堡内修建了粮库、火药库和军需仓库，贮备了大量粮食、弹药和其他物资，妄图长期固守，永远霸占。

当地人民把俄军的行动通知了清军。俄军这一背信弃义的行为引起清政府的极大愤慨。次年初，康熙接到奏报，即下令反击。七月十八日，清军2000多人进抵雅克萨城下，俄军出战，清军重创俄军。俄军只好退守城堡，清军趁势将城围困起来，勒令沙俄侵略军投降。托尔布津妄图凭借先进的武器固守城堡，对清军的劝降置之不理。经过几天的激烈战斗，俄军被击毙一百一十多人，士气大减。清军在炮火弓箭的掩护下，在城堡四周掘沟、竖垒，俄军面临绝境，疯狂反扑。鏖战四昼夜，屡遭重创，连托尔布津也被炮火击中，身负重伤而死。

托尔布津死后，俄军不敢再战，只能龟缩在城里面，等待救援。而清军早就封锁了雅克萨通往外界的道路，几十个来救援的俄军士兵见状只好偷偷地返回尼布楚。严冬来临，清军不再强攻，而是加强了对俄军的围困。清军除了在城下东南北三面掘壕筑垒，还在壕沟外设置了木桩、鹿角，分兵把守；在城西对岸的古城岛上筑起指挥部和过冬营寨，炮位对准雅克萨，控制着江面；东西两岸驻扎水师，严防敌人由江上窜逃。在萨布素的严密部署下，被困俄军已成笼中之鸟，插翅难飞。

侵略军被围困近半年，俄军面临覆灭境地。他们不是被清军击毙，就是死于恶性坏血病，826 名侵略军，最后只剩 66 人。拜顿在给弗拉索夫的报告中哀号："目前，我和哥萨克们生活在恶臭的横尸之中，大人，没有你的恩准，没有你的命令，我绝不敢下葬，免得陷于罪孽。大人，现在即使你允许安葬，也已无人筹划此事，毫无办法做到。"雅克萨城旦夕可下，沙皇急忙向清请求撤围，遣使议定边界。清答应所请，准许侵略军残部撤往尼布楚。第二次雅克萨战役到此结束。

 **简　评**

这两次战役，清军都取得了胜利，挫败了沙俄妄图吞并我国黑龙江流域的野心，收复了被沙俄占领的雅克萨地区，解除了沙俄侵略者强加在各族人民身上的灾难。雅克萨战役结束后，经过平等协商，双方于康熙二十八年（1689 年）七月二十四日在尼布楚缔结了《中俄尼布楚条约》，条约规定外兴安岭以南，格尔必齐河和额尔古纳河以东至海的整个黑龙江流域、乌苏里江流域的土地均为清朝领土。

中国人民在辽阔的东北边界为保卫边疆而进行的雅克萨之战的胜利，是中国人民早期反抗殖民主义统治的重要组成部分。这一战役对维护国家的独立和完整，具有重大和深远的意义。并且，中俄第一次在平等的基础上签订了边界条约，用条约肯定了中国对黑龙江、乌苏里江流域的主权。此外，这次战役也有效地遏制了几十年来沙俄的侵略，使清东北边境在以后一个半世纪里基本上得到安宁，谱写了一曲反侵略斗争的凯歌。

# 平定三藩之乱

## ——分裂就是自取灭亡

　　17世纪70年代，清王朝一统南北的局面刚刚稳定，以吴三桂为首的"三藩"就迫不及待地发动了一场旨在制造分裂、破坏统一的叛乱。中国南部地区再一次弥漫着战争的硝烟。

　　"三藩"是指镇守云南的平西王吴三桂、镇守广东的平南王尚可喜之子尚之信、镇守福建的靖南王耿精忠。明清更迭之际，吴三桂、尚可喜和耿精忠的祖父耿仲明先后率部降清，充当过镇压农民起义军和各地抗清斗争的急先锋，因战功显赫被封王晋爵，世称三藩。

　　康熙初年，三藩势力日渐膨胀。政治上，三藩坐镇一方，各自为政，各行其是，俨然是3个独立王国。三藩之中，吴三桂功高权重，最为专横跋扈，他无视朝廷政令、法律，独揽辖区内一切军政权力，随意摆布云、贵总督和巡抚。为达到其长久割据称王的目的，吴三桂广泛收罗天下英才贤士，擅自任免将吏，甚至向全国各地选派官吏，称为"西选"，乃至出现"西选之官几满天下"的奇怪现象。军事上，三藩久握兵柄，分驻严疆，已成尾大不掉之势。三藩共有旗兵83佐领和若干绿旗营，达10万多人，对清政府是一种潜在的威胁。经济上，三藩在各自的势力范围内贪婪地扩充自己的经济实力。吴三桂在云南不仅把明朝贵族黔国公沐氏的田庄和邸府占为己有，还大肆圈占民田，广征关市，垄断盐井、金矿，大放高利贷，牟取暴利。其财经开销连户部也无权查核。尚可喜在广东指使部众私充盐商，贩卖食盐，并占据津口，私设总店，恣意盘剥。耿精忠在福建更是以横征暴敛而出名，光每年所征私税就得数百万银两。尽管如此，三藩巨额军费开支仍然全部由朝廷负担，据顺治十七年（1660年）户部统计，三藩军饷达2900多万银两，"天下财赋，半耗于三藩"，这无疑是清王朝一个沉重的包袱。

　　三藩势力的恶性发展，不仅给当地人民带来深重的灾难，而且与清朝统治者强化中央集权的愿望格格不入，甚至严重威胁清王朝的安全和统一。康熙帝亲政以来，清醒地认识到"三藩势焰日炽，不可不撤"，一直把三藩和河务、漕运视为亟待解决的大事，并对三藩采取了逐渐限制的措施，如令吴三桂缴还大将军印，解除吴三桂总管云贵和"西选"的特权等。但这些举措不但没有从根本上解决问题，相反却加深了三藩与清廷之间的矛盾。

　　康熙十二年（1673年）三月，尚可喜疏请归老辽东，由其子尚之信袭爵留镇。康熙帝览奏后喜出望外，立即同意尚可喜告老还乡，但不允许其子袭爵，令其尽撤藩兵回籍。康熙帝的强硬态度使吴三桂、耿精忠惶恐不安。为试探朝旨，吴三桂、耿精忠假意疏请撤藩。当时朝臣对撤藩之事各执一端，多数人慑于吴藩势力，反对撤藩，只有少数大臣主张撤藩。康熙帝洞穿吴、耿二藩的用意，认为吴三桂"蓄异志久，撤亦反，不撤亦反"，不如及早除之，以绝后患。八月六日，康熙帝力排众议，果断地下令三藩并撤，指派朝廷官员前往云南、广东和福建，料理各藩撤兵起行事宜。

　　吴三桂弄假成真，大失所望，继而恼羞成怒，狗急跳墙。十一月二十一日，吴三桂公开发动叛乱，杀死了云南巡抚朱国治，传檄四方，指斥清朝"窃我先朝神器，变我中国冠裳"，声称"共举大明之文物，悉还中夏之乾坤"。这个曾引清兵入关、捕杀明永历帝朱由椭的刽子手，居然恬不知耻地扯起"反清复明"的旗号，蛊惑民心。吴三桂自称"天下都招讨大元帅"，分兵两路，东掠贵州、湖南，北攻四川、陕西。叛军很快攻入湖南，占领沅州、常德、长沙、岳州、澧州、衡州等地，声势浩大，所向披靡。不久，广西将军孙延龄、提督王雄，四川巡抚罗森、提督郑蛟麟，贵州巡抚曹申吉、提督李本深，云南提督张国柱，福建耿精忠等为

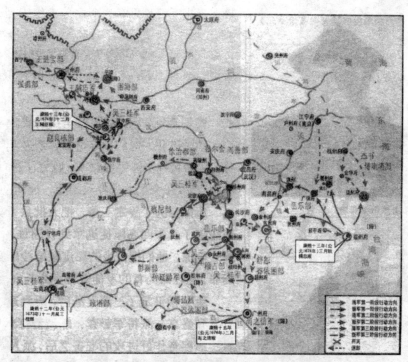

平定三藩叛乱要图

虎作伥，纷起响应。半年内，滇、黔、湘、桂、闽、川6省先后沦陷于叛军之手。

面对叛军的嚣张气焰，年轻的康熙帝镇定自若，措置有方。首先，剥夺吴三桂的王爵，将留在京师的吴三桂之子吴梦熊处死，暂时停撤平南、靖南二藩。其次，从全国各地调兵遣将，先后组成6路大军前往征讨：宁南靖寇大将军勒尔锦等率师由常德、澧州进取云贵；镇南将军尼雅翰、都统朱满、巴尔布等率师由武昌进取岳州、长沙，直入广西；安西将军赫业、西安将军瓦尔喀等率师由汉中进取四川；平南将军赖塔率师由浙江平定福建；定南将军希尔根率师由江西平定福建；平寇将军根特巴图鲁、席布等率师赴广东，会同尚可喜进剿。同时遣兵扼守各战略要地。

战争初期，清军暴露出许多自身的弱点，八旗劲旅入关30年来养尊处优，锐气大减，再也没有当初勇敢善战、凌厉无敌的气概，新一代满族将帅更是缺乏实际作战经验。因此，清军处处被动挨打，屡次失利。康熙十三年（1674年）底，陕西提督王辅臣叛于宁羌（今陕西宁强），次年，尚之信在广东挟父叛清。战火进一步延伸到陕西、甘肃和广东等省，形势对清军更加不利。

在这种严峻的战争形势下，康熙帝统筹全局，制定出一套卓有成效的政治和军事策略。在政治上，剿抚并用，分化瓦解叛军的阵营。对叛服不定的王辅臣，康熙帝不但不派兵征讨，反而派遣官员前往安抚，宽容地表示"往事一概不咎"；对参与叛乱的耿精忠、孙延龄、尚之信等部则软硬兼施。他一方面派他们住在北京的兄弟前往福建和广东进行劝说，一再表示对他们以前的行为不再追究；另一方面，又派八旗军去攻打他们，把他们逼得投降了。这软硬兼施的办法果然见效，不久，耿精忠和尚之信就投降了。三藩中平定两藩，只剩下了西南的吴三桂了。耿精忠和尚之信被降服，给吴三桂以很大打击。

为增强清军的战斗力，康熙帝大胆起用一批忠实可靠的汉族绿营将领，对张勇、赵良

靖南王章印及印文

栋、王进宝、孙思克、李之芳、傅宏烈、姚启圣等加以提拔，委以重任，使之成为平叛队伍中的中坚力量。在军事上，康熙帝重新调整军事部署，以福建、浙江、江西为东战场，四川、甘肃、陕西为西战场，湖南为中心战场，分兵平定，相互配合。

由于康熙帝措置得当，调度合理，至康熙十五年（1676年）夏，战场局势逐渐发生变化，清军开始由被动挨打转为主动进攻，陕西、江西、福建、广东等省先后光复，清军东西两翼侧击的计划大获成功，吴三桂在军事上陷入孤立。

康熙十七年（1678年），清军对湖南发动大规模的攻势。吴三桂自得湖南以来，踟蹰不前，既不乘胜渡江北上，也不顺流而下，控制江淮，绝南北粮道，更没有出巴蜀据关中以自守，而是株守湖南，企图与清廷息兵议和，划江而治。吴三桂的美梦很快被攻势迅猛的清军粉碎得一干二净。三月，清军收复浏阳、平江、湘潭、永兴、茶陵等地。吴三桂疆宇日蹙，粮尽财竭，为了作垂死挣扎，吴三桂撕下"复明"的面纱，在衡州称帝，国号大周，改元昭武，大肆封赏百官请将，企图用这种办法给他的部将们打气。然而，这样做并没有给他带来任何转机。八月，吴三桂在忧忿中病死，请将迎立其孙吴世璠继位，改元洪化，退居贵阳。

康熙十八年（1679年），清军收复岳州、常德、长沙、衡州等地，湖南尽复。不久，广西、四川也相继收复。为彻底铲除叛乱势力，康熙帝分兵3路，直捣云贵：彰泰一路由湖南进取贵州、云南；赖塔一路由南宁进讨云南；赵良栋一路由四川攻人云南。康熙二十年（1681年），3路大军在云南会师，进而围攻昆明。十月，昆明城破，吴世璠服毒自杀，云贵悉平。至此，历时八载、波及10余省的三藩之乱终于以玩火者自焚而告终。

 简　评

康熙帝平定三藩之乱，符合我国多民族国家统一的历史趋势。这次平叛的胜利，使我国免于再次出现南北分裂、对抗的格局，实现了清王朝对中国南部地区的真正统一，为清王朝强化中央集权铲除了一大障碍。平定三藩之后，清政府废除了三藩的种种暴政，减轻了广大人民的负担，不仅使云贵和东南沿海地区社会经济获得恢复和发展，而且加强了边疆与中原地区的经济文化交流，为我国多民族国家统一和发展做出了不可磨灭的贡献。

# 清政府加强对西藏的管理

## ——统一国家的巩固

西藏在中国的西南部。居住在这里的藏族先民，远在公元前就与生活在中原的汉族有联系。经过漫长的岁月，西藏高原上分散的众多部落逐渐统一起来，成为现在的藏族。到唐朝时期，藏、汉双方通过王室间的联姻、会盟，在政治上形成了团结友好的亲谊关系，在经济和文化上建立了密切的联系，为最终建立统一的国家奠定了深厚的基础。在西藏自治区首府拉萨的布达拉宫，至今一直供奉着公元641年唐朝嫁给藏族吐蕃王的文成公主的塑像。大昭寺前的广场上还矗立着公元823年为双方会盟建立的"唐蕃会盟碑"。

13世纪初，成吉思汗在中国北部建立蒙古汗国。1247年，西藏宗教界领袖萨迦班智达·贡嘎坚赞同蒙古皇子阔端在凉州议定了西藏归顺的条件，其中包括呈献图册，交纳贡物，接受派官设治。1629年成书的《萨迦世系史》记载着当时萨迦班智达写给西藏各地僧俗首领的信中关于必须归顺和接受所规定的地方行政制度的内容。

1271年，蒙古汗政权定国号为元，并于1279年统一了全中国，创建了继汉（公元前206—公元220年）、唐王朝之后中国版图内各地区、各民族大统一的中央政权，西藏成为中国元朝中央政府直接治理下的一个行政区域。自此之后，尽管中国经历了几代王朝的兴替，多次更换过中央政权，但西藏一直处于中央政权的管辖之下。

雍和宫金奔巴瓶 清

元朝皇帝设置了宣政院，直接管理西藏地区军政要务。这一机构的人员选用，由皇帝决定，它的报告直接送给皇帝。掌握宣政院实权的是"院使"，一般由中央政府总理全国政务的右丞相兼领。同时，元朝在西藏地区成立了地方军政机构"宣慰使司都元帅府"，隶属于宣政院。元朝在西藏驻有军队，并由一位王子及其后裔率军驻守西藏地区的东部边缘，逢西藏有事，即可就近入藏，以尽镇戍边疆的职责。元朝中央派官员入藏，按照户口多寡，地形险易，出产丰啬，设立大小驿站，联成交通线。还派官员在西藏进行人口调查，确定各万户属下可支应差役的人口数，决定沿驿路各地必须供给的力役、物资、运畜。

到了明朝，明政府继承了治理西藏的权力。明朝中央在今西藏中部和东部分别设立"乌思藏行都指挥使司"与"朵甘行都指挥使司"，隶属于陕西行都指挥使司，相当于行省级军区机构，兼理民政，西藏西部阿里另设置"俄力思军民元帅府"。这些机构的负责官员均由中央任命。

到了明成祖的时候，因为西藏佛教和政治合为一体，大小派别各踞一方，为有利于治理，给西藏各地宗教领袖封以"法王"、"王""灌顶国师"等名号。王位的继承必须经皇帝批准，遣使册封，新王才能即位。达赖喇嘛和班禅喇嘛两大活佛系统属于藏传佛教格鲁派。格鲁派在明代兴起，三世达赖喇嘛本是格鲁派的一个寺院的住持。明朝中央特别开例，准予他入贡，1587年封赐他以"朵儿只唱"名号。

## 历史大事全知道

到了清朝，政府对西藏地方强有力的统治，在许多方面都超过了明朝乃至元朝。清朝政府对西藏地方的管理采取了一系列措施。公元1652年，顺治帝邀请达赖五世入京，并特地修建了规模宏伟的黄寺，作为他在京的住所。达赖五世在北京受到清政府的隆重款待。第二年，顺治帝赐予达赖五世金册金印，封他为"西天大善自在佛、所领天下释教普通瓦赤喇恒喇达赖喇嘛"。公元1682年，五世达赖逝世，西藏上层就选定六世达赖，而在蒙、藏统治者之间展开了权力之争。康熙皇帝认为西藏事务不便命继承汗位的固始汗之重孙拉藏汗独理，便于公元1709年特派侍郎赫寿到西藏协同拉藏汗办理事务，这是清朝直接派人管理西藏事务的开端。公元1713年，康熙皇帝派使入藏，册封五世班禅罗桑益喜为"班禅额尔德尼"。康熙此举在于以班禅的宗教地位安定人心、稳定西藏局势，如果西藏一旦发生意外变故，除尚有争议的六世达赖外，还可由清朝政府正式册封的班禅来主持黄教的事务。从此，班禅的称号和宗教领袖的地位正式确定下来，历世班禅都必须经过中央政权的册封，遂成定制。

公元1717年，新疆地区最强大的一支蒙古军力量准噶尔部攻占西藏，摧毁佛教，西藏各大寺院的金银被搜抢一空，运往伊犁，西藏社会陷于混乱之中。清朝政府两次派军入藏，并于公元1720年驱逐了准噶尔军，册封并护送七世达赖喇嘛在布达拉宫举行了坐床典礼。公元1721年，清朝政府决定废除西藏地方政府中总揽大权的第巴一职，在地方政府中设置4名噶伦共同主管政务。然而，6年后噶伦内部发生分裂并导致自相残杀的战争，清朝雍正皇帝派军入藏平息内乱后，于公元1727年决定正式在西藏派遣驻藏大臣2人，任期3年；封平乱有功的颇罗鼐为贝子（清朝封的一种爵号），总理全藏政务；在前后藏留驻清军归驻藏大臣指挥。1729年，颇罗鼐又被封为郡王，他死后其子袭封郡王。但是，颇罗鼐之子执政后，遇事不同驻藏大臣协商，驻藏大臣遂将其处死。然其部下闻讯后，杀害了2位驻藏大臣。七世达赖即命令公班智达代理藏王，并逮捕杀害驻藏大臣的凶手，将叛乱经过报告清朝乾隆皇帝。

乾隆皇帝派兵入藏，平息了这场叛乱后，对西藏地方行政体制作了重大改革：废除世俗藏王、郡王、贝子掌政制度，由七世达赖格桑嘉措掌理西藏地方政权；正式建立噶厦，即西藏地方政府，设噶伦4驻藏大臣与达赖喇嘛共同处理西藏政务的平等地位。同时，黄教管理西藏的"政教合一"制度从此确立。

乾隆末年，今天尼泊尔地区的廓尔喀人两次入侵西藏。1791年的9月，廓尔喀人竟攻进了黄教圣地扎什伦布寺，将所有的财物、金银、器皿、粮食都抢走了。扎什伦布寺是历代班禅的主寺，竟蒙受了如此大的耻辱。

乾隆皇帝得报后，下决心要对廓尔喀大加讨伐，以便永绝边患。9月29日，由福康安率领的大军从北京启程，经过山西、青海，奔赴西藏。军情火急，福康安日夜兼程，11月26日到达西宁，稍事修整，12月1日出发直奔前藏。从西宁到前藏大约有4600多里路，西藏喇嘛平时行走，至少需要130天。而此时正是西藏的隆冬季节，冰雪铺地，山路崎岖，瘴气最大，高寒缺氧，行军的艰难程度常人难以想象。但因军务紧急，福康安率领清兵一路急行军，只花了39天就走完了全程。

福康安一到西藏，兵锋所指，势如破竹，经过半年血战，终于击败廓尔喀军队。

廓尔喀人全部驱除出境后，福康安回到拉萨，遵照乾隆皇帝的谕旨，进行了善后工作。1792年，福康安会同达赖、班禅及所属重要人员议定了《钦定西藏章程》29条，对于活佛转世、西藏货币、驻藏大臣的权限、官员任免等一系列重大问题都作了明确的规定。

章程规定达赖、班禅两大活佛转世时，必须将"灵童"的名字签牌，放在皇帝所赐的"金奔巴"（金瓶）内，并在驻藏大臣的监督下，抽签决定。假如寻找到的灵童只有一个人，也要将他的名字签牌与一个没有名字的签牌放进瓶内，如果抽出没有名字的签牌，就应当另找"灵童"。这就是著

布达拉宫红宫　清
为纪念一世达赖而建，内有贮藏五世达赖遗骸巨大灵塔。

名的"金瓶掣签"制度。同时，转世灵童的剃发、取法名、选定授戒的师傅和授经的师傅，也都须经过驻藏大臣奏报朝廷核准。当举行达赖喇嘛、班禅额尔德尼的坐床和亲政典礼时，中央派大员亲临监视。

驻藏大臣代表中央政府督办藏内事务，地位与达赖喇嘛、班禅额尔德尼平等。噶伦以下（包括噶伦）都是属员。对西藏文武官员确定品级、名额和升补手续。最高一级藏族官员有噶伦4名、代本6名，由中央任命。噶伦、代本的年俸由中央发给。

在西藏成立正规藏军，名额3000人，规定了军官等级、人数，军饷补给来源，武器配备，驻防地点。另外，从内地调驻西藏各地官兵1400多名。藏汉军队统由中央派驻的官员管辖，决定在西藏照内地之例，设立铸钱局，铸造官钱行使。银币正面背面分别用汉藏文字铸"乾隆宝藏"字样。达赖喇嘛、班禅额尔德尼每年的财务收支，由驻藏大臣稽查总核。西藏差役由全社会平均负担。贵族和大寺庙中实有劳绩可受优待免除差役者，须经过驻藏大臣及达赖喇嘛核准发给执照。对来西藏贸易的尼泊尔、克什米尔商人要进行登记，造具名册，呈报驻藏大臣备案，由负责官员签发路证。凡外人要求到拉萨者，须听候驻藏大臣衙门审批。藏人出境至尼泊尔等地，由驻藏大臣签发路证，规定往返日期。

西藏西南部与印度、尼泊尔等国的边界上若干地点，设立国界标志，驻藏大臣每年出巡各地，检查驻军防务及界碑情况。一切西藏涉外事宜均由驻藏大臣全权处理。噶伦不得与外方通信，达赖喇嘛、班禅额尔德尼接到外方信件、布施，俱报告驻藏大臣查验，并代为酌定回信。对犯罪者的处罚，都要经过驻藏大臣审批。从1727年始设驻藏大臣到清王朝覆灭的1912年，清中央政府先后派遣驻藏大臣达百余人。

清政府的一系列政治举措，大大加强了西藏和中央政府的联系，保卫了边疆的安全。为后来中央政府管理西藏提供了重要的经验。达赖、班禅册封制度的形成，是西藏和中央政府辖属关系的重要体现。

# 平定准噶尔叛乱

## ——西部边疆的巩固

明末清初，我国北方的蒙古族分为三大部：在今内蒙古地区的是漠南蒙古，在原外蒙古一带的是漠北喀尔喀蒙古，游牧于天山以北一带的是漠西厄鲁特蒙古。厄鲁特又称卫拉特，又分为四部，即和硕特（游牧于今新疆乌鲁木齐地区）、准噶尔（游牧于今伊犁河流域）、土尔扈特（游牧于今新疆塔城地区）、杜尔伯特（游牧于今额尔齐斯河流域）。四部中，准噶尔部势力最强，先后兼并了土尔扈特部及和硕部的牧地，迫使土尔扈特人转牧于额济勒河（今伏尔加河）流域，和硕特人迁居青海。这样，准噶尔部就逐步控制了天山南北，在西起巴尔喀什湖，北越阿尔泰山，东到吐鲁番，西南至吹河、塔拉斯河的中国西部边疆地区，建立了准噶尔贵族的封建统治。

准噶尔贵族统治厄鲁特蒙古各部后，与清政府仍保持着地方与中央的隶属关系。准噶尔首领巴图尔挥台吉、僧格等，每两年都要向清政府遣使"朝贡"。清政府也赐予大量财物给准噶尔，并经常遣使通报情况。

但是，在准噶尔贵族内部，也有一部分人坚持分裂主义立场。1670 年僧格死后，他的异母弟噶尔丹杀害了他的子嗣，夺得了准噶尔的统治权。噶尔丹是个野心勃勃的阴谋家和卖国贼，在他自任为准噶尔汗以后，1677 年用计袭杀了和清政府关系最密切的厄鲁特"丘尔干"（蒙语，即盟会）首领车臣汗鄂齐尔图，强占了河套和硕特部，并在该部强征兵丁，准备侵犯青海地区。1678 年，噶尔丹出兵南疆，占领天山南北广大地区，把广大维吾尔族人民置于其统治之下。

噶尔丹取得准噶尔的统治权后，一反其父兄抗击外来侵略、捍卫民族主权的立场，而逐渐走上与沙俄相勾结的道路。

噶尔丹在沙俄的挑唆和指使下，开始把注意力转向东方，把矛头指向喀尔喀蒙古地区。

1688 年，正当蒙古族人民英勇抗击戈洛文率领的沙俄侵略军，打得俄军丢盔弃甲、抱头鼠窜之时，噶尔丹竟丧心病狂地突然率兵越过杭爱山，大举进攻土谢图汗，从背后向喀尔喀蒙古军民施放暗箭，迫使喀尔喀蒙古诸部南迁。1690 年 6 月，噶尔丹以为有俄国的支持，有恃无恐，以追击喀尔喀为名，又向漠南喀尔喀蒙古进攻，俘掠人口，抢劫牲畜。他还公然向康熙帝提出"圣上君南方，我长北方"的分裂主义要求，妄图把中国北部置于他的农奴制统治之下。

清政府为了保卫边疆的安宁，反抗沙俄的侵略，对准噶尔部封建主噶尔丹进行了坚决的斗争。

清政府在外交上与沙俄侵略者展开针锋相对的斗争，同时在政治上和军事上也作了一系列准备。康熙帝认为，若听任噶尔丹荼毒塞外，将势成毒痈。要使边境得以安定，国家得以长治久安，不能贪图一时苟安之计，而必须顺其民心，消灭噶尔丹叛乱分子，才能保障国内安定。因此，康熙帝决计亲征。

1690 年 7 月 2 日，康熙帝组成以和硕裕亲王福全为抚远大将军和以和硕恭亲王常宁为安北大将军的左右两路大军，分别出古北口和喜峰口。7月14日，康熙帝也从北京启程，24日进驻博洛河屯（今河北隆化县），节制诸军，统筹全局，开始了康熙帝的第一次亲征。

8月1日，清军全线出击，大战于乌兰布通（今内蒙古克什克腾旗境内）。清军大败噶尔丹军于乌兰布通峰下，噶尔丹乘夜色昏暗偷渡西拉木伦河，向北溃逃。逃回科布多时，2万军队仅剩数千人。

噶尔丹自乌兰布通战败后，仍盘踞科布多地区，集合残部，休养生息，以期东山再起。他一面派人去沙俄活动，企图获取更多的军事支持；一面煽动内蒙古科尔沁等部作乱，并杀害清政府官员，不断骚扰边地安宁。

针对噶尔丹的骚扰滋事，清政府除加强军备外，主要是展开政治攻势，以期政治解决。

《北征督运图》之一　清

康熙亲征噶尔丹时，内阁学士范承烈受命督运军粮，他令人把自己的运粮经历、行军路、运粮车辆、驿站详细绘图，形成《北征督运图》。

1695年5月，在沙俄的怂恿和支持下，噶尔丹率骑兵3万向东进犯，到达巴颜乌兰一带，又点燃起叛乱的战火。

1696年2月，康熙帝发兵10万，分3路大举出击：东路由黑龙江将军萨布素率东三省军队越兴安岭出克鲁伦河进剿；西路由抚远大将军费扬古率陕西、甘肃兵勇由宁夏北越沙漠沿翁金河北上，以断敌军归路；中路为主力，由康熙帝亲率出独石口，直奔克鲁伦河，与东西两路协同夹击。

噶尔丹得知康熙皇帝亲自统率大军进抵克鲁伦河时，不敢迎战，尽弃庐帐、器械，乘夜西窜。清军进抵巴颜乌兰时，扑了个空。康熙帝为了捕捉噶尔丹叛军主力，一面命总兵岳异龙、马进、白斌等率精兵轻骑穷追噶尔丹叛军；一面密谕西路军统帅费扬古堵截噶尔丹叛军脱逃之路。5月13日，西路军在昭莫多（今蒙古乌兰巴托以南的宗莫德）与噶尔丹叛军相遇，双方展开了鏖战。在清军浴血奋战下，自午至暮，大败噶尔丹军，杀死叛军3000余人。噶尔丹的妻子阿奴也被炮弹击毙。昭莫多一战，基本上歼灭了噶尔丹的叛军力量，清军取得平叛战争的决定性胜利。

噶尔丹战败后，率残部流窜于塔米尔河流域，成为一股走投无路、日暮途穷的流匪。但他顽固到底，拒不接受清政府的招抚，继续坚持分裂祖国的叛乱，作最后的垂死挣扎。

为了彻底消灭噶尔丹势力，康熙帝认为必须乘其新败之后，捣其巢穴，以期"万年之计"。1697年2月，康熙帝举行第三次平叛的军事行动、命费扬古、马恩哈分别统率两路大军，共6000人，由宁夏出发，进剿噶尔丹残部。4月，康熙帝亲赴宁夏，指挥这次军事行动。

正当清军进发之时，噶尔丹集团内部分崩离析，众叛亲离，军队只剩下五六百人，噶尔丹成了孤家寡人。在清军征剿下，噶尔丹走投无路，遂"饮药自尽"。至此，沙俄支持下的噶尔丹的民族分裂叛乱被清政府平定下去。

噶尔丹败死后，他的侄子策妄阿拉布坦继续任准噶尔部台吉，准噶尔部又逐渐强大起来，和清政府发生矛盾冲突。

## 历史大事全知道

1715 年，策妄阿拉布坦在沙俄支持下，又发动叛乱，率兵 2000 人窜入哈密北境，侵掠五寨。后见哈密戒备森严，无法占据，又改为窜扰西藏。

清政府得知策妄阿拉布坦派兵往西藏，即令出兵围剿。1718 年，康熙帝命皇十四子允禵为抚远大将军，统帅大军，驻节西宁，指挥进藏平叛的各路清军。1720 年，清军两路从青海和四川出发，进军西藏，大败准噶尔军，大策凌敦多布狼狈而逃，率残部逃回伊犁。

康熙帝没有能彻底平定准噶尔贵族的叛乱就于 1722 年死了。他所制定的政策，由他的儿子雍正帝、孙子乾隆帝继续推行并得到贯彻。

1727 年，策妄阿拉布坦死，其子噶尔丹策零继为准噶尔领袖。他的内外政策基本上遵循其父的路线，对东边也没有放弃向喀尔喀扩展的意图。1729 年，雍正帝决定发兵征讨，命侍卫内大臣傅尔丹为靖边大将军，屯阿尔泰，出师北路；命川陕总督岳钟琪为宁远大将军，屯巴里坤，出师西路，分进合击。噶尔丹策零闻讯惊恐，忙遣使要求清廷缓兵一年。雍正帝恩准。在缓兵期间，准噶尔出兵 2 万突袭西路清军大营，清军损失很大，清政府与准噶尔贵族之间的关系进一步破裂。

乌兰布通古战场

康熙二十九年，清军与噶尔丹叛军在此激战，清军获胜，但噶尔丹因清军主帅
福全的失策而逃遁。

1731 年，噶尔丹策零又用诈骗计伏击博尔丹北路军于和通泊，使清军损失十分惨重。1732 年 6 月，噶尔丹策零又派兵进犯喀尔喀，在光显寺战役中惨败，只得求和。清政府与准噶尔部割据势力之间的矛盾，暂时得到缓和，维持了将近 20 年的和局。

1745 年，噶尔丹策零死去，策妄多尔济那木扎尔继位。1750 年，策妄多尔济那木扎尔被杀，其兄喇嘛达尔扎篡位。不久，喇嘛达尔扎的堂兄弟达瓦齐联合辉特部台吉阿睦尔撒纳杀死喇嘛达尔扎，自立为汗。接着，达瓦齐又与阿睦尔撒纳互相攻战。1754 年，阿睦尔撒纳被达瓦齐打败，率领 2 万余人投奔清朝。清政府认为统一西北地区的条件已经成熟，决定命将出师，消灭准噶尔贵族割据政权。

1754 年，清政府决定分兵两路远征伊犁，平定达瓦齐割据势力。北路以班第为定北将军，阿睦尔撒纳为定边左副将军；西路以陕甘总督永常为定西将军，萨拉尔为定边右副将军。1755 年春，清军 5 万人分西、北两路向伊犁进军。在准噶尔人民支持下，清军没有遇到抵抗，不到 100 天就到达伊犁。达瓦齐率兵 6000 人扼守伊犁西南的格登山（今新疆昭苏县境内），清军以 25 人夜袭达瓦齐大营，达瓦齐军惊溃，不战自降。达瓦齐仅带少数人仓皇南逃，为乌什城的阿奇木伯克霍集斯擒献清军。

在清军捉获达瓦齐、获得初步平叛胜利的时候，辉特部首领阿睦尔撒纳又叛变了。

阿睦尔撒纳因败于达瓦齐才归附了清政府，欲借清政府的军事力量消灭达瓦齐，以达到他谋取汗位的目的。1754 年，清政府任命他为定边左副将军，率北路先锋部队出征达瓦齐。1755 年，他在进军途中，广纳党羽，收纳降人，占据地盘，企图恢复和扩大自己的势力。乾隆帝识破了他的诡计，密谕西路军定边右副将军萨拉尔留心防范，并指示定北将军班第，凡事宜会同商办，切勿令其先行独办。阿睦尔撒纳在进驻伊犁之后，便公开要求清政府封他为厄鲁特四部总台吉。清政府拒绝了他的无理要求。阿睦尔撒纳就在蒙古各部进行煽动，并与沙俄暗中勾结，公开发动叛乱。

1756 年，清政府得知阿睦尔撒纳率众叛乱时，当机立断，命策楞为定西将军，玉保、富德、达勒当阿为参赞大臣，从巴里坤出兵进讨。但策楞和玉保中了阿睦尔撒纳的缓兵之计，没有穷追，让其逃入哈萨克。

1757 年初，清政府开始新的军事行动，命成衮扎布为定边将军，兆惠为定边右副将军，率清军 7000 人分两路推进。准噶尔叛军在清军的追剿下，全线溃败。阿睦尔撒纳乘夜带随身侍从 8 人投奔沙俄，不久因患天花病死异域。

至此，准噶尔部封建主的长期叛乱活动，终于被镇压下去。清政府设立伊犁将军、参赞大臣、领队大臣、都统等，率兵分驻伊犁、塔成等地，巩固了对天山北路的统治。对原来属于准噶尔的唐努乌梁海等地区，清朝也加强了管理。

简　评

清政府平定准噶尔贵族叛乱，消除了西部边疆的分裂割据状况，加强了对西部边疆地区的管理，进一步促进了全国的统一。平叛之后，废除了准噶尔游牧封建贵族所实行的农奴制统治，促进了西部边疆地区社会经济的发展。清政府平定准噶尔贵族叛乱的胜利，对侵略成性的沙俄也是一个沉重打击，客观上起到了维护国家统一和领土完整的积极作用。

# 康乾盛世

## ——最后一个封建盛世

康乾盛世是中国封建社会最后一个治世，它包括清朝的康熙、雍正、乾隆三朝，历时130多年。在此期间，由于统治者相继施行一系列缓和民族矛盾、阶级矛盾，维护统一的多民族国家的政治、经济措施，保证了相当长一段时间的社会安定，劳动人民得以安心生产，从而使社会经济迅速从明末清初的战争疮痍中恢复过来，并登上中国封建社会的巅峰。当时，清朝是世界上最强大的帝国之一，雄踞在世界东方。

**盛世原因**

清朝于顺治元年定鼎北京，历经18年，削平群雄，为清朝全面实现大治奠定了坚实的基础。康熙即位以后，特别是从康熙二十年以平定吴三桂的八年之乱为契机，乘胜收降郑氏台湾回归祖国。康熙二十三年，亲临治黄工地，标志着国家全面转入经济建设，大治天下，从而拉开了康乾盛世的序幕。这种盛世局面的形成，皆非偶然，造成盛世的直接原因有种种，但根本原因要看他们所施行的政策和具体做法是否得民心，顺民意。

康雍乾三朝仍把吏治摆在了治国的首位，三朝澄清吏治，一脉相承，不计地位与权势，如总督、巡抚一级的封疆大吏，朝中高官，连同皇亲国戚，只要犯赃，必予严惩。乾隆以贪污罪处决了其内弟、原任两淮盐政、后任内务府总管高恒，就是一个典型的事例。经数十年不断整顿，吏治改观，用"源清流洁"、政通人和来概括，还是恰如其分的。另一方面，他们吸取明朝灭亡的教训，以农业"为国之本"，大力发展经济，实施"裕民"之策，达到家给人足。这也是康雍乾盛世形成的原因。在这一思想的指导下，清朝开始实施大规模发展农业的计划：全面推行垦荒政策，至雍、乾时，垦荒向边疆地区发展。与此同时，指令各地特别是驻边疆地区的军队实行"军屯"。土地广为开垦，耕地逐步增长。水利是农业的命脉，康雍乾三帝深知此中的道理，不断减轻农民负担，改善其生活状况，保持农民的生产积极性，使农民及其他劳动者的生活获得安定，亦使社会得以安定。

康雍乾三朝坚持国家"大一统"并制定若干正确的民族政策，使边疆安宁，长治久安。康熙三十年（公元1691年），圣祖提出了废长城，"中外一视"的重要思想，突破了2000年来因长城而形成的内外之分、华夷之别的传统观念，把"大一统"的政治理想发展到了极限。然而。西北地区的准噶尔部抵制"大一统"，屡次兴兵作乱。康熙二

康熙帝像

乾隆帝像

十九年首战噶尔丹、再战策妄阿拉布坦；世宗时三战噶尔丹策零，高宗时先战达瓦齐，再战阿睦尔撒纳，三战新疆回部霍集占，皆以胜利告终。截止到乾隆二十四年（公元 1759 年），西北包括青海、新疆等地及西藏问题宣告解决。三代人共花去 7 余年，以重大代价赢得了最后胜利，维护了国家的统一。在西南地区，雍正朝实施体制改革，废土司，设流官，即"改土归流"，于乾隆初年全部完成。

在思想和文化方面，康雍乾三朝确立儒家思想为其统治思想，大力推进传统文化的进一步发展。这不仅为盛世增添了新的内容，还直接加速盛世的到来。而至乾隆时，已出现"文治之极盛"的鼎盛局面。

### 盛世表现

康乾盛世是清朝近 300 年历史中最兴盛的时期，也是中国封建社会最好的历史时期之一。农业，不论是当时的人口数量，还是耕地面积，都远远超过了以往的历史时期。据统计，康熙二十四年全国共有耕地 6 亿亩，到乾隆终年，全国耕地约为 10.5 亿亩，粮食产量则迅速增至 2040 亿斤。当时随马戛尔尼使团来中国的巴罗估计，中国的粮食收获率高出英国。"麦子的收获率为15∶1，而在欧洲居首位的英国为10∶1。"中国农作物的总产量占世界第一位。人口从 1700 年前后的约 1.5 亿增加到 1794 年的约 3.13 亿，占全世界 9 亿人口的 1/3。

中国的城市也有很大发展。到 19 世纪初，全世界有十个拥有 50 万以上居民的城市，中国就有六个，即北京、江宁、扬州、苏州、杭州、广州。城市以下的墟市集镇的数量也大大增加。如南京是著名的丝织品产地，有丝织工人数万人。法国启蒙学者伏尔泰称赞中国是"举世最优美、最古老、最广大、人口最多而治理最好的国家"。

对外贸易急剧增长。主要出口商品有茶、丝、土布，尤以茶叶占第一位。18 世纪末，英国东印度公司每年平均从中国购买茶叶值银 400 万两。而英国商人运到中国来销售的主要商品（毛织品、金属、棉花）的总值，尚不足以抵消从中国运出的茶叶一项。为了平衡贸易收支，英国商人必须运送大量白银到中国。康熙年间，清朝征收的关税正额有银 43000两，实际上关税收入大大超过"正额"。乾隆末，每年"盈余"（即超额部分）已达 85 万两，超过康熙年间所定关税正额的 20 多倍。正是为了平衡对华贸易逆差，英国把大量鸦片运进中国，并发动了罪恶的鸦片战争。

18 世纪初，在康熙帝主持下，清廷从事两项巨大的科学工程。一项是《律历渊源》，介绍了中国和西方音乐各种理论、乐器制造、天文历法以及西方的数学与中国的算学；另一项是用近代科学方法绘制了第一幅详细的中国地图。

法国《百科全书》的主编狄德罗在该书《中国》条目中，盛赞"中国民族，其历史之悠久，文化、艺术、智能、政治、哲学的趣味，无不在所有民族之上"。德国的莱布尼茨认为，"欧洲较之中国优越之处，在思维和思辨的科学……但一转到实践哲学，即生活、伦理、政治实践，欧洲人便难以和中国人相抗衡"。

康雍乾三朝开疆拓土，中国疆域再次扩大，甚至超过汉唐。清代中国版图，从西部喀尔巴什湖到东部海疆，乃至南沙群岛都达到了极限，为现在中国奠定了基础。盛世的文化全面发展，在教育、文学艺术、史学、哲学、地理、数学、天文、医学、军事等各个领域，人才辈出，异彩纷呈，各领风骚。盛世修文，大规模整理典籍，编纂图书，其中以康熙朝所修《古今图书集成》与乾隆朝所修《四库全书》为代表，被称为"文治之极隆而儒生之殊荣"。著名的考据学派，独树一帜，即形成于盛世时期。康乾盛世集中国传统文化之大成，并将其推上了顶峰。

**盛世背后的危机**

然而，当时的世界正发生着急剧的变化，清朝在经历着"康乾盛世"的背后，也酝酿着巨大的危机。在地球的另一端，尤其是在英国，挑战全球的工业革命正在酝酿；最终改造了整个旧世界的资产阶级革命正在进行；冲决中世纪封建神学桎梏束缚的思想启蒙运动正在蓬勃发展。由此以降仅100多年的历史，就彻底地改变了中国在世界格局中的地位，中国由一个洋洋自得的天朝大国急剧地坠入落后挨打的境地而一蹶不振。马克思指出："一个人口几乎占人类三分之一的大帝国，不顾时势，安于现状，人为地隔绝于世并因此竭力以天朝尽善尽美的幻想自欺。这样一个帝国注定最后要在一场殊死的决斗中被打垮：在这场决斗中，陈腐世界的代表是激于道义，而最现代的社会的代表却是为了获得贱买贵卖的特权——这真是一种任何诗人想也不敢想的一种奇异的对联式悲歌。"这真是一个悖论。

广州十三行油画

清乾隆时期实行闭关锁国政策，只开放广州十三行对外进行贸易。图为十三行贸易情景。

西方纺织工序的逐步机械化、焦炭炼钢、蒸汽机的应用、市场的兴旺、商人的活跃，航海的进展、殖民地的开拓、交通运输的改革等等，推动西方完成了工业化。跨进了"近代社会"。但是在变化了的世界面前，康雍乾三代英明君主却表现出惊人的麻木和极度的愚昧：特别是限制工商业、蔑视科学技术、闭关锁国、加强集权、禁锢思想的做法，愈加严重地制约着社会的进步。与西欧国家不遗余力地保护工商业发展的做法相反，清王朝对工商业控制、压抑、打击，把工商视为"末业"，认为兴商既不合祖宗成法，也对国家无利。在儒家思想的统治下，终清一朝，弥漫着轻视和蔑视科技之风，把科技知识视为"形而下"，把发明创造称为"奇技淫巧"。清初的戴梓发明火器"连珠铳"，一次可填发28发子弹，又造出蟠肠枪和威远将军炮，然而清统治者抱着"骑射乃满洲根本"，不仅不采用，反而听信谗言，将戴充军关外。闭关锁国、拒绝交流是清廷对外关系的基本政策。康乾时期，是人类历史从分散走向整体的时代，是经济国际化趋势日渐明显的时代。中国在对外关系上却采取了逆时代大潮的封闭国策。当西方竭力寻找新航线，拓展海外殖民地，大力发展海外贸易之际，清统治者正在为海岸线的不宁而焦躁不安。当人类由传统走向现代，最需要睁开眼睛看世界的时候，主导中国未来的传统意识形态和价值观念体系，却如一潭死水般的沉寂。在这种"沉寂"中，中国不可能不成为时代的落伍者。

简　评

康乾世盛以恢宏的气势，显示出中华民族的历史与文化的辉煌。中国此时居东方文明之颠，也是18世纪世界最强大的国家之一。但是与西方社会相比，没有出现具有世界影响的新发明；西方已进入近代社会，而中国尚处在封建社会的最后一个顶峰，这一切都显示着历史将出现一个变局。

# 清朝的文字狱

## ——知识分子的枷锁

　　文字狱，是统治者为了防止和镇压知识分子的反抗，故意从作品中寻摘字句，罗织罪名而构成的冤狱。文字狱中国自古就有，而以清朝最为严重。清王朝是满族贵族掌权，对占全国人口绝大多数的汉人防范、控制极严。尤其是清朝前期，只要是文人学士在文字中稍露不满，或是统治者疑神疑鬼，认为文字中有触犯皇权和妨碍自己的内容，必兴文字狱，动辄株连数十人乃至数百人。

### 中国文字狱的历史

　　古代中国一部历史，实际上就是因文触祸的文字狱史！为了加强皇权专制，中国的统治者对待读书人的手段极其残忍；从魏晋到明清，文字狱从诛一人逐渐发展为瓜蔓抄式的株连，动辄族诛、凌迟、分尸。而且，嗜血成性的皇帝们，像朱元璋，像雍正，像乾隆，不需要什么名正言顺的理由，就可以杀人。几千年的封建专制，密布之文网，无端之文祸，不知让多少知识分子成了刀下鬼！

《庄氏史案本末》内文

　　传统中国就是这样一个文祸之国。人们因思想、作品而犯罪，因良心、真理而受刑。它的直接后果就是思想、文化被摧残，知识分子的创造性、气节精神荡然无存，软骨病在中国人中蔓延开来。由此，社会形成了汰优择劣的机制，精英被杀，小人得志。读书人要么曲学阿世，要么钻到故纸堆里去。

　　最早的文字狱始于春秋时齐国之"崔杼杀太史"。公元前548年，齐庄公因与大夫崔杼的妻子私通而被崔杼杀害，史官记录"崔杼弑其君"，崔杼杀史官，史官之弟秉承兄业，又记之，亦被杀。

　　汉代元帝时就有"杨恽事件"。杨恽是司马迁的外孙，因事下狱，官府从其家中搜出一封家信，上书："田彼南山，荒秽不治，种一顷豆，落而为萁。人生行乐也，须富贵何时？是日也，拂衣而喜，奋袖低昂，顿足起舞。诚荒淫无度，不知其不可也。"宣帝极度厌恶，罗织罪名，说他以"荒秽"等词诽谤朝廷，最后下令处杨恽以腰斩，杨妻判流刑。

　　北宋，一代文豪苏轼因乌台诗案讥讽新党，差点丢脑袋，幸亏王安石等上疏"岂有圣世而杀才士者乎"，加上苏轼自己也逐一检讨所写诗句，深刻认罪，"入馆多年，未甚擢进，兼朝廷用人多是少年，所是与轼不同，以此撰作文字讥讽"，才被从宽放过，贬到黄州；苏辙、黄庭坚、司马光等人亦受株连。从此，文字狱成为中国封建社会党派之争、个人之争的工具，检讨、反省成为统治者驯服知识分子的手段。

　　自明太祖朱元璋起，文字狱迭出。朱元璋曾当过和尚，十分忌讳这段历史。因此当他在表章和诗词中看到"贼"、"僧"、"光"等字，就认为是对他的不敬，常不问青红皂白，将作者诛杀，以泄恨。这一来文人提心吊胆，不敢"随情谈世事，纵意写文章"，否则一不小心哪处不合上意，就会惹来杀身之祸。

在朱元璋统治时期，因猜忌而被诛杀的有：浙江府学教授林元亮、北平府学训导赵伯宁、福州府学训导林伯憬、桂林府学训导蒋质、德安府学训导吴宪、常州府学训导蒋镇、陈州府学训导周冕、怀庆府学训导吕睿、亳州府学训导林云……因诗被诛杀的有：一和尚写谢恩诗"金盘苏合来殊城，玉碗醍醐出上方。稠迭滥承天下赐，自惭无德颂陶唐"，朱元璋说"殊"为"歹朱"，杀之；一个叫一初的和尚写诗"见说炎州进翠衣，网罗一日遍东西。羽毛亦足为身累，那得秋林静处栖"，一个叫止庵的和尚写诗"新筑西园小草堂，热时无处可乘凉。池塘六月由来浅，林木三年未得长，欲净身心频扫地，爱开窗户不杀香。晚风只有溪南柳，又畏蝉声闹夕阳"都被朱元璋认为是在讽刺法网太密而丧生。一日，朱元璋见寺院墙壁上有咏布袋佛的诗"大千世界浩茫茫，收拾都将一袋藏。毕竟有收还有放，放宽些子也何妨"，朱氏恼怒，"尽诛寺僧"。诗人高启写诗："女奴扶醉踏苍苔，明月西园侍宴回。小犬隔墙空吠影，夜深宫禁有谁来？"朱元璋认为是在讽刺自己，借故把他杀了。张尚礼写诗"庭院沉沉昼漏清，闭门春草共愁生。梦中正得君王宠，却被黄鹂叫一声"，被"下蚕室死"。陈养浩有诗"城南有嫠妇，夜夜哭征夫"，被"投之于水"。

**清代的文字狱**

满人以少数民族入关建立一统天下的王朝，对于作为被征服者的汉人自然尤为敏感，在思想上实施的控制就愈发严紧，出现了更多更大的文字狱，康熙年间庄廷钺"明史"案、戴名世"南山集"案，雍正年间浙江查嗣庭"试题案"，乾隆年间胡中藻"坚磨生诗钞案"等就是其中影响较大的几个。清廷罗织罪名，对当事者或诛杀或革职或流放，沉重打击了大批文人学者及其亲属。

清朝最早的较大的文字狱，是康熙时的庄廷钺刊刻《明史》案。清初，明末遗民湖州定户庄廷钺从朱国桢的后人手中买到一本朱所著明朝史书，书内有《列朝诸臣传》等稿本。此时庄廷钺双目失明，他想效法春秋时期的左丘失明而著《国语》的事迹，将这一稿本与招集门客所补的崇祯历史编合在一起，然后用自己的名字加以刊刻。书中，称努尔哈赤为建州都督，并使用隆武、永历等南明年号。康熙二年（1663年），此事被人告发，报到京师，清廷立即严加追查。此时庄廷钺已因病去世，官府仍然没有放过他。庄廷钺被刨棺戮尸，一个弟弟以及为庄刻《明史》作序的李令哲连同李的几个儿子均被逮捕处斩。南浔富绅朱佑明原本与此毫无牵连，却被人诬告陷害。结果，朱佑明和他的5个儿子也被处以死刑。此外，凡是为书作序、校阅、刻字、印刷、卖书以及与此案有牵连的地方官吏等上百人，诛杀的诛杀，流放的流放，革职的革职，最后，共杀了73人。

康熙朝另一起的著名文字狱是《南山集》狱。方孝标曾到云南做吴三桂的官，后来及早投降清朝免死，著有《滇黔纪闻》等书。戴名世见其书，在所著《南山集》中加以引用，被认为有"大逆"语。其实二人著作并无什么诋毁清朝的"大逆"之语，只是方书说到南明永历政权未可称为伪朝，戴书提到南明弘光帝及其年号，又揭露了康熙帝杀掉明太子的真相。结果此狱也波及数百人，戴名世被斩首，方孝标已死被戮尸，两家男子16岁以上者均被杀，女眷等则被没收为奴婢，方氏同族人都被充军黑龙江。

雍正时文字狱更甚。例如，朝臣查嗣庭任江西主考，出题"维民所止"，被告发"维止"二字，影射"去雍正二字之首"。雍正帝大怒，将查嗣庭入狱。结果是查连惊带吓死于狱中，其尸被戮，查的亲属或处斩，或流放。有一次，翰林官徐骏在奏章里，把"陛下"

的"陛"字错写成"狴"字，雍正帝见了，马上把徐骏革职。后来再派人一查，在徐骏的诗集里找出了两句诗："清风不识字，何事乱翻书?"挑剔说这"清风"就是指清朝，这一来，徐骏犯了诽谤朝廷的罪，把性命也送掉了。雍正不仅发明了密折奏事制度，还开启了群众性批判运动的先河。儒生钱名世赠诗年羹尧"分陕旌旗同召伯（周朝之将军），从天鼓角汉将军（霍去病）"，年羹尧出事后，雍正命钱名世在家中悬挂"名教罪人"匾额，并让数百举人、进士撰写诗文，对他加以批判；诗文结集为《御制钱名世》，发给各学校以作警戒。还有，为治查嗣庭的罪，雍正命

雍正帝讲学图

雍正帝在位期间曾多次到国子监讲学，努力做到让文化为专制统治服务。

人从查氏日记中寻找罪证，从而挖罪证挖到了一个人的灵魂深处，以加强思想统治。

乾隆即位后，文网更加严密，文字狱更加频繁。翰林学士胡中藻有句诗曰"一把心肠论浊清"，乾隆帝看到后大发雷霆："加'浊'字于国号'清'字之上，是何肺腑?"胡中藻遂因一"浊"字被杀，并罪及师友。有个叫徐述夔的人，着有《一柱楼》诗集，其中"明朝期振翮，一举去清都"二句，被乾隆帝定为"大逆"，理由是借朝夕之"朝"读作朝代之"朝"，"要兴明朝而去我本朝"。结果不但把已死的徐述夔及其子戮尸，徐的孙子和为诗集校对的人也全都处死。凡此种种，举不胜举。清朝前期屡兴文字狱，总计有100多次，而且处刑极为严酷，搞得人人自危，无所措手足。在这种文化专制主义的统治下，许多知识分子不敢涉及政治，只能埋头考订古书。当时有个叫梁诗正的老臣，总结出这样一条处世经验："不以字迹与人交往，即偶有无用稿纸，亦必焚毁。"

简　评

清朝的文字狱，是封建专制主义空前强化的产物。其根本目的是要在思想文化领域内，树立君主专制和满族贵族统治的绝对权威。它禁锢了思想，堵塞了言路，影响了科学文化的发展，造成了万马齐喑的极其黑暗的政治局面。在这种情况下，大量的知识分子再也不敢过问世事，埋头于故纸堆研究考证，这就造成了乾嘉考据之学的兴盛，为中国古代资料的整理做出了贡献。

# 鸦片战争前的中英邦交

## ——如果历史可以假设……

乾隆（1711—1799）作为清朝入关，定鼎中原后的第四代皇帝，顺顺当当地继承了祖父、父亲为他奠定的稳固基业，他在位 60 年，可以说是国力强盛，四海升平，经济富庶，文化发达。他以强大的武功平定西北，保护西藏，加强了国家的统一，确立了中华的版图。即使到了乾隆晚期，各种社会矛盾已经相当激化，清政府还能全面控制内外的形势，维持强大的外貌，屹立于亚洲的东部。

但是，在这盛世的背后，也孕育着清朝的衰亡，特别是来自西洋各国的威胁，越来越严重了。然而，乾隆未能找到与西洋各国打交道的有效对策，在决定关系未来中国命运的战略决策上，暮年的乾隆越来越趋向僵化和保守了，特别反映在英国特使马戛尔尼访华这件事情的处理上。

万国来朝图　清

公元 1792 年的 9 月 26 日，英国皇家战舰"狮子号"、"印度斯坦号"等几艘船只正准备出发。这是乔治三世国王派遣庞大的访华使团的船队。为首的是乔治·马戛尔尼勋爵，副使是乔治·斯当东男爵，访华的成员共有八百多人。他们将远渡重洋，前往遥远古老的中国，参加当朝的乾隆皇帝 83 岁寿辰的典礼。

九个月后，英国使团船队终于在乾隆五十八年五月十四日到达中国，在澳门外万山群岛的珠克珠岛抛锚等候。

英国使团到达中国的消息，通过英国东印度公司董事长佛兰西斯·百灵的信件传递给两广总督，他请两广总督转奏乾隆。乾隆皇帝看了两广总督的奏折特别高兴，并批"即有旨"意思是对这个问题另外再发一道谕旨。他任命长芦盐政徵瑞、直隶总督梁肯堂为钦差大臣，专门负责接待英国使团。

### 中英通使的背景

在 19 世纪以前，中西没有邦交。此中的缘故是很复杂的。第一，中西相隔很远，交通也不方便。西洋到中国来的船只都是帆船。那时没有苏伊士运河，中西的交通须绕非洲最南端的好望角，从伦敦到广州最快需三个月，因此贸易量也不大。西洋人从中国买的货物不外丝茶及别的奢侈品。中国的经济是自给自足的，用不着任何西洋的出品。所以那时中国的国际贸易总有很大的出超。在这种情形之下，邦交原本是可有可无的，我们总把西方人当作琉球人、高丽人看待。他们不来，我们不勉强他们。他们如来，必尊中国为上国而以藩属自居。这个体统问题、仪式问题就成为邦交的大阻碍，"天朝"是绝不肯通融的。中国那时不感觉有联络外邦的必要，并且外夷岂不是蛮貊之邦，不知礼仪廉耻，与他们往来有什么好处呢？他们贪利而来，天朝施恩给他们，许他们做买卖，藉以羁縻与抚绥而已。假若他们不安分守己，天朝就要"剿夷"。那时中国不知道有外交，只知道"剿夷与抚夷"。政治家分派别，不过是因为有些主张剿，有些主张抚。

那时的通商制度也特别，西洋的商人都限于广州一口。在明末清初的时候，西洋人曾到过漳州、泉州、福州、厦门、宁波、定海各处。后来一则因为事实的不方便，二则因为清廷法令的禁止，就成立了所谓一口通商制度。在广州，外人也是不自由的，夏秋两季是买卖季，他们可以住在广州的十三行，买卖完了，他们必须到澳门去过冬。十三行是中国政府指定的十三家可以与外国人做买卖的。十三行的行总是十三行的领袖，也是政府的交涉员。所有广州官吏的命令都由行总传给外商；外商上给官吏的呈文也由行总转递。外商到广州照法令不能坐轿，事实上官吏很通融。他们在十三行住的时候，照法令不能随便出游，逢八（那就是初八，十八，二十八）可以由通事领导到河南的"花地"去游一次。他们不能带军器进广州。"夷妇"也不许进去，以防"盘踞之渐"。挺奇怪的禁令是外人不得买中国书，不得学中文。第一个耶稣教传教士马礼逊博士的中文教师，每次去授课的时候，身旁必须随带一只鞋子和一瓶毒药。鞋子表示他是去买鞋子的，不是去教书的，毒药是预备万一官府查出，可以自尽。

那时中国的海关是自主的，朝廷所定的海关税则原来很轻，平均不过4%，满清政府并不看重那笔海关收入。但是官吏所加的陋规极其繁重，大概连正税要收货价20%。中国法令规定税则应该公开；事实上，官吏绝守秘密，以便随意上下其手。外人每次纳税都经过一种讲价式的交涉，因此很不耐烦。

外人最初对于中国的通商制度虽不满意，然而觉得既是中国的定章，只好容忍。到了18世纪末年（乾隆末年，嘉庆初年），外人的态度就慢慢的变了。这时中国的海外贸易大部分在英国的东印度公司手里。在广州的外人之中，英国已占领了领袖地位。英国此时的工业革命已经起始，昔日的手工业都慢慢地变为机械制造。海外市场在英国的国计民生中一天比一天紧要，中国对通商的限制，英国认为最不利于英国的商业发展。同时英国在印度已战胜了法国，印度半岛全入了英国的掌握，以后再往东亚发展也就更容易了，因为有了印度作发展的根据地。

当时欧洲人把乾隆皇帝作为一个模范的开明君主看，英国人以为在华通商所遇着的困难都是广州地方官吏做出来的。倘若有法能使乾隆知道，他必愿意改革。1793年（乾隆五十七年）正是乾隆帝满83岁的一年，如果英国趁机派使来贺寿，那就能得着一个交涉和促进中、英友谊的机会。广州官吏知道乾隆的虚荣心，竭力怂恿英国派使祝寿。于是英国乃派马戛尔尼为全权特使来华。

### 马嘎尔尼受阻

马戛尔尼并非初出茅庐，他先后曾任驻俄国沙皇陛下处的公使、加勒比总督和马德拉斯总督。国王乔治三世派遣到中国的都是些杰出的官员。使团人员多达近百人，包括外交官，英国青年贵族、学者、医师、画家、乐师、技师、士兵和仆役，算上水手则有近700人，光是上船登记就花了几天的时间。

当时英法战争正在临近，但使团仍然出发去中国，这充分说明对于这次使命的重视。英国内阁知道自己将需要这些船只，也知道这三条船一旦出发就无法再召回来了。一位信使可以骑马赶上一支军队，但无法赶上一支舰队，船队一旦出发就只能听凭上帝的安排了。马戛尔尼还受命同远东各国的君主接触：日本天皇、安南皇帝、朝鲜国王，马尼拉、马鲁古群岛等。他还有权访问任何有助于他完成主要使命——为英国商业打开中国大门——的国家。大英帝国已是全球性的强国，它并不把全部赌注都押在一块大陆上。这是一个有长远规划的国家，它为未来而投资。

同一天，在世界的另一端，东印度公司的特派员4月份从伦敦出发，于9月20日抵达广州，他们要求广州安排他们与两广总督会面。他们要把公司董事长弗兰西斯·培林爵士的一封信交给总督。信中特别写到：英王陛下为了增进两个朝廷间的友好往来，为了发展于两国都有利的贸易关系，决定派遣马戛尔尼勋爵为全权特使赴北京访问，在平等的原则下进行交往。正值使团出发时，他们已把遣使的目的告诉了中国方面。

乾隆皇帝接见英使马戛尔尼

马戛尔尼使节的预备是很费苦心的。送乾隆的礼物都是英国上等的出品。用意不外要中国知道英国是个富强而且文明的国家。英政府给马戛尔尼的训令要他竭力迁就中国的礼俗，惟必须表示中、英的平等。交涉的目的有好几个：①准英商在舟山、宁波、天津等地贸易。②准英商在北京设货栈。③于舟山附近指定一小岛，为英商停泊、居留、存放货物之所，如同葡萄牙人在澳门一样。④在广州附近辟一地，准英商享有与上款相同的权利。⑤英商在澳门、广州内河运货得免税或减税。⑥粤海关除正税外悉免其他一切税收，中国应公布关税额例，以便遵行。在乾隆帝方面，他也十分高兴迎接英国的特使，但是乾隆把他当作一个藩属的贡使看待，要他行跪拜礼。马戛尔尼最初不答应，后来有条件的答应。他的条件是：将来中国派使到伦敦去的时候，也必须向英王行跪拜礼；或是中国派员向他所带来的英王的画像行跪拜答礼。他的目的不外要表示中英的平等。中国不接受他的条件，也就拒绝行跪拜礼。乾隆帝很不快乐，接见以后，就要他离京回国。至于马戛尔尼所提出的要求，中国都拒绝了。那次英国和平的交涉要算完全失败了。中国也因此错失了一次在近代世界局势发生根本性变化之前融入世界的机会。

### 阿美士德再次失败

在战胜了拿破仑后，英国内阁向北京宣告法兰西帝国的崩溃。他们得到的回答表明对方毫不在意："尔国远隔重洋……但尔国王能知大义，恭顺天朝，深堪嘉尚。"为了打破把马戛尔尼拒之门外的那种傲慢的孤立状态，英国决定再派一个新使团，由贵族院议员、蒙得利尔战役胜利者的侄子和继承人威廉·皮德·阿美士德率领。

1816年2月8日，阿美士德勋爵登上了一艘名叫"阿尔赛斯特"的战舰，他的旅程只有马戛尔尼的一半，于6月底到达中国海，在那里同斯当东及使团里的其他"广州人"会合。几天之后，向北直隶湾启航。

7月28日他们到达北直隶，马上就出现了叩头的问题。阿美士德勋爵并无成见、他的顾问却意见分歧。使团的第三把手埃利斯认为叩头只是无关大局的形式，副手斯当东则持相反的意见。英国的内阁则采取实用主义的态度：派人去北京是为了设法获得某种东西；叩不叩头则要看从中能得到什么好处。东印度公司的领导则建议到广州后再定：既然要让人更尊重英国的荣誉，那就不应该一开始就玷污它。阿美士德最后决定拒绝叩头，是因为他很快发觉他的使命是一场力量的较量。陪随使团的中国官员8月4日一上"阿尔赛斯特"号战舰就冷若冰霜。阿美士德紧抓住马戛尔尼的先例不放。而中国官员发誓说他们亲眼见到马戛尔尼行了叩头礼。嘉庆的一道诏书上也这样说："尔使臣行礼，悉跪叩如仪。"

在天津，一张供桌上铺着黄绸，点着香。中国人在前面跪下，阿美士德仍然站着，慢慢地脱帽鞠躬。这奇怪的礼节后举行宴请，英国人也得盘腿而坐。中国官员不加掩饰地表示蛮族不会这样坐：不能让他们带着野蛮的样子去见皇上。阿美士德和他的随从答应下跪，中国官员请他马上表演一番。他拒绝了。斯当东建议让当扈从的阿美士德德勋爵的侄子来表演。

过了天津，又从另一方面来施加压力：使臣的随从人员太多了，于是又提出了叩头的问题。中国官员说：皇上不容许任何违拒礼仪的行为。阿美士德又采取了马戛尔尼的办法，提出由一位同他级别一样的中国官员在英国摄政王的像前叩头，同时他也向嘉庆叩头；或者让未来准备派到英国的中国使节向摄政王陛下叩头，中国人怒不可遏。阿美士德勋爵最后回答他可以下跪三次，拒绝作进一步的让步。

在使团行进的路上，中国人又纠缠不休。有一次下起倾盆大雨，他们竟不让英国人坐轿子，说是"京城近在咫尺，坐轿子会损害皇上的尊严"。皇上最后把自己的皇舅国公和世泰派来伴同阿美士德。和世泰接见英使臣时态度冷淡，不请他坐下，并且气冲冲地说：三跪九叩礼一定要行全，否则使团将被赶出去，"嘉庆乃天下之君，世人皆应敬之"。

队伍在8月28至29日的夜里到达北京，一切都未事先商定，英国人又脏又累，困惑不解。中国官员让他们直接去紫禁城，几乎已是午夜了，英使要求把他们先带回住处。在这不适当的时间，高级官员和亲王身穿朝服都来了，戏剧性的情节出现："接见提前了；它将马上进行；只有使臣、两位专员和翻译马礼逊可进去。"那时发生了一场令人目瞪口呆的争吵，一群中国官员扑向来者，强把他们拉去见皇上。有人推他们；有人硬拽着他们的胳膊往前拉；到处喊成一片。阿美士德抵挡着，借口疲劳、衣冠不整、时间太晚，抗议对使节动武；他说他拒绝叩头，最后要求大家走开。他的抵抗被汇报上去，龙颜大怒，要他立刻离京。就在当夜，使团就不得不走上归途。

 简　评

48年以后，当乾隆皇帝的爱孙道光皇帝在位时，英国的军舰又驶向了广州，但这次他们不是朝拜中华帝国君主的和平使者，而是要用大炮轰开紧紧关闭的中国大门。马戛尔尼访华未能实现的目标，在半个世纪之后，经由战争实现了。在1840—1842年的第一次鸦片战争中，英国凭借坚船利炮，强行打开了中国的大门，天朝上国的权威，第一次遭到重大打击，中国的发展，从此烙上了世界的印记。中西的关系是特别的。在鸦片战争以前，我们不肯给外国平等待遇；在以后，他们不肯给我们平等待遇。

# 林则徐虎门销烟

## ——近代中国反抗外国侵略的开端

鸦片俗称"大烟"，是用罂粟汁制成的一种毒品，具有强烈的麻醉性。吸上以后，很容易上瘾，时间一长，人就会变得面黄肌瘦，精神萎靡不振；要是不吸，浑身瘫软，痛苦无比。中国近代的衰落，不得不从鸦片上说起。

### 鸦片的输入

从18世纪下半时开始，清朝的封建统治便走了下坡路，政治日益黑暗，国防空虚，财政拮据。而当时的英国被人称为"日不落帝国"，它的殖民地遍及全球。英国虽然是世界上最强大的资本主义国家，但同中国做买卖，却总是处于入超地位。比如，1827年以前，英国输入中国的主要是棉毛织品和金属制品（如刀和钟表），由中国输往英国的则以茶叶为大宗，其次是生丝、土布、陶瓷、糖、樟脑、大黄、水银等。由于中国社会经济中占统治地位的是小农业和家庭手工业相结合的自给自足的自然经济，对外来的商品有一种顽强的抵抗力，所以英国的纺织品在中国不能畅销。而英国却必须购买中国著名的茶叶、生丝和陶瓷。这样，中国对英贸易每年都保持出超二三百万两白银的优势。为了扭转这种局面，英国资产阶级出于其掠夺本性，竟用鸦片来冲击中国的贸易市场，获取一本万利的不义之财。英国资产阶级先把纺织品输往印度，然后再把印度的鸦片输往中国，再从中国把茶叶、生丝等输往英国，英国人在这种三角贸易中大获其利。除了英国大量向中国输入鸦片外，美国也从土耳其向中国输入鸦片，俄国则从中亚向中国北方输入鸦片。

由于鸦片输入的急剧增加，使中英两国的贸易地位完全改变。英国由原来的入超变为出超，中国却相反，造成白银大量外流。据统计，1820—1840年间，中国外流白银约在1亿两左右，相当于银币流通量的1/5。由鸦片大量输入而引起的白银不断外流，已开始扰乱清王朝的国库和货币的流通，使清朝的经济面临崩溃的边缘。更为严重的是鸦片的泛滥极大地摧残了吸食者的身心健康，如任其发展下去，必将使中华民族面临灭亡的危险。

### 弛禁与禁烟之争

鸦片泛滥，受害最深的是以农民为主体的广大劳动人民。因此，他们对鸦片走私极为愤慨，要求禁烟的呼声也越来越强烈。有爱国心的士大夫也要求禁烟。从1836年起，清朝统治阶级内部出现了一场禁烟与弛禁的激烈争论。

弛禁派以首席军机大臣穆彰阿和大学士、直隶总督琦善为代表，他们竭力反对禁烟。弛禁派的吹鼓手、太常寺卿许乃济甚至在1836年6月10日上奏道光皇帝，鼓吹鸦片无害论，说如果要禁也只须禁"文武员弁士子兵丁"，民间贩卖、吸食可以"一概勿论"。在清廷官员中，首先上书驳斥许乃济弛禁论的，是内阁学士兼礼部侍郎朱嶟和兵科给事中许球，他们主张对贩卖和吸食鸦片者要处以严刑。

1838年6月2日，力倡禁烟的鸿胪寺卿黄爵滋向道光皇帝上疏，提出一个"重治吸食"的严禁方案，主张吸鸦片的人，必须在1年内戒绝，过期不戒者，普通百姓则处以死刑，官吏则罪加一等，本人处死，其子孙不准参加科举考试。湖广总督林则徐、两江总督陶澍等支

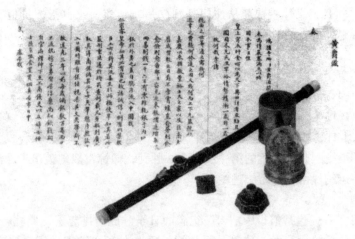

黄爵滋禁烟奏折（上）　　鸦片烟枪（下）

持黄爵滋的主张。林则徐从1838年7月至9月，3次复奏道光皇帝，赞成黄爵滋的主张。他尖锐地指出，如果不切实禁烟，长此下去，几十年后，军队就会衰弱，国库就会空虚，中原几无可以御敌之兵，国家无可以充饷之银。

兵和饷是清朝统治集团的命根子，林则徐的话击中了要害。道光皇帝从维护封建统治阶级的利益出发，从以前的不置可否暂时倾向于禁烟，决定采纳黄爵滋、林则徐严禁鸦片的主张，于1838年10月25日颁布谕旨，要各省"同心合意，不分畛域，上紧查拿，毋得稍行松劲"。同一天，道光皇帝将抽鸦片的庄亲王革去王爵，辅国公革去爵位，各罚应得养赡钱粮2年。过了3天，又将两年前提出弛禁论的许乃济降职惩儆。接着，召林则徐进京，商讨禁烟事宜。

1838年12月29日，林则徐奉旨从湖广总督任上来到北京。道光皇帝在8天之中连续召见林则徐8次，听取他对禁烟的具体意见和措施，并赏赐林则徐在紫禁城内骑马、乘肩舆，还授林则徐为钦差大臣，加兵部尚书衔，节制广东水师，前往广东厉行禁烟。

**广州禁烟**

林则徐于1839年1月8日在北风呼啸的严冬离开京城，踏上南下征途。3月10日到达禁烟斗争的最前哨广州。

林则徐到达广州后，立即与两广总督邓廷桢等合作，一面加紧暗访密查，严拿烟贩；一面同外国鸦片贩子展开坚决斗争。3月18日，即林则徐到达广州后的第八天，就毅然发出收缴外商鸦片的命令。林则徐会同两广总督邓廷桢和广东巡抚怡良，在钦差行辕越华书院传讯十三行洋商，当众表示："若鸦片一日未绝，本大臣一日不回，誓与此事相始终，断无中止之理。"并将缴烟谕帖交行商总头目伍绍荣转给外国烟贩，限3天之内将其趸船上所有鸦片全部交出，到期不缴，则封舱封港。还要他们出具甘结（保证书），保证"嗣后来船永不敢夹带鸦片，如有带来，一经查出，货尽没官，人即正法，情甘服罪"。

广州的广大人民群众看到林则徐有禁烟的决心和魄力，都积极行动起来，支持林则徐的缴烟命令。在商馆外面，昼夜都有群众巡视；渔民们也主动协助水师官兵，监视零丁洋上的鸦片趸船。

英国鸦片贩子不愿交出鸦片。他们操纵在广州的外商商会，破坏禁烟。3月22日，林则徐下令逮捕英国大鸦片贩子颠地。这一断然决定，震动了躲在澳门的英国政府代表、驻华商务监督义律。24 日，义律乘快船从澳门赶到广州，到商馆亲自指挥抗拒缴烟，并在珠江口外布置一艘军舰，进行战争恫吓。这天晚上，义律又指使颠地化装逃走，被商馆内的中国工人截回。

为了敦促洋商交出鸦片，林则徐下令停止中英贸易，并派兵严守商馆，断绝商馆与澳门的交通，撤退中国在商馆中的雇员，终于迫使义律同意缴烟。

林则徐、邓廷桢率领文武官员，勒令停泊在零丁洋的洋趸船上的英、美烟贩缴烟，从 4 月 12 日到 5 月 21 日，收缴了 2 万多箱鸦片（其中 1540 箱属于美国烟贩），共计 237.6 万多斤。这在清代禁烟史上是破天荒的第一次。这一胜利，像惊雷般地轰击了珠江口外零丁洋上的敌船，那些贩运鸦片的舰船纷纷逃窜。

## 虎门销烟

1839 年 6 月 3 日，这是值得中国人民纪念的日子。虎门搭起了一座礼台，挂起麒麟帐，铺着红色的盘毛毯。礼台前面，挂着一面黄绫长幡，上书"钦差大臣奉旨查办广东海口事务大臣节制水陆各营总督部堂林"，威武雄壮，迎风飘扬。这一天，雨后天晴，骄阳高挂，从四面八方来围观的群众，人山人海。午后 2 时，在林则徐的主持下，震惊中外的虎门销烟开始。镇口村码头旁海滩高地上挖掘两个长宽各 15 丈的方形大池，池底平铺石块，以免透漏。池岸四周每隔 9 英尺架上厚板，以保安全。池后通一水沟，销烟时，先由水沟车水入池，撒入食盐，溶成浓卤。然后，把 3 尺长、高宽各 1.5 尺的鸦片烟箱劈开，将过秤后的鸦片逐个切成 4 小瓣，投入卤中，浸泡半日成浆。再将烧透了的整块石灰抛入池中，顿时如汤沸腾，不烧自化，浓烟上涌，渣滓下沉。销烟工人或在池岸四周或站在伸入池中的跳板上，用锄、木耙往来翻搅，直到鸦片全部化尽。待海水退潮时，打开池前涵洞闸门，随浪送出大海，并用清水刷除池底，不留涓滴烟灰。一池化完，另一池开始，轮流替换销毁。到夕阳西下，当天共销毁 170 箱。从 4 月 22 日到 5 月 15 日（其中五月初五端午节停销一天），共销毁鸦片 19179 箱又 2119 袋，除去箱、袋皮重，共销毁鸦片 2376254 斤。在销烟的日子里，虎门附近沿海居民欢欣鼓舞，纷纷前往观看这一空前壮举。林则徐还根据道光帝谕旨，在五月初三发出告示，准许外国人到现场"共见共闻"。初五下午，美国奥立芬洋行股东经氏及"能解汉语且晓汉文"的夫人，《中国丛报》主编、美国基督教新公理会传教士裨治文（1801 — 1861），以及商船"马礼逊"号船长弁逊等 10 余人带着猜疑心理，乘船从澳门赶到虎门参观。初七上午，由广东水师船只从沙角带到镇口村海滩。林则徐允其走进栏栅，来到池前观看销烟全过程。后裨治文在《中国丛报》6 月号的《镇口销毁鸦片》参观记中写道："我们反复考察过销烟的每一个过程，他们在整个工作进行时细心和忠实的程度，远出于我们的臆想，我不能想象再有任何事情会比执行这一工作更忠实的了。"为了向外国人表明中国禁烟运动的决心和政策，林则徐还在销烟池旁边棚厂内

虎门销烟池纪念碑　清

接见了他们，坦率宣称："中国政府对今后走私鸦片，必予以最严厉的惩处，而对于从事正当贸易的外商，则将给以恩惠，并且，走私决不容牵累合法贸易。"这样，林则徐赢得了原先抱有怀疑态度的外国人的崇敬，甚至连他的对手和敌人也不能不承认他是一位伟人。当时在英国首都伦敦有一座专门陈列世界名人的蜡像馆，其中就塑有林则徐的蜡像。虎门销烟39年后，即光绪三年（1877），清政府派驻英国的第一任副使刘锡鸿陪同公使郭嵩焘专程前往参观。后刘锡鸿所撰《英轺纪行》记述说："文忠公前有一小案，摊书一卷，为禁鸦片烟条约。上华文，下洋文。"道光十九年五月二十五日，林则徐向道光帝上《虎门销化烟土一律完竣折》。六月十八日，道光帝阅后朱批道："可称大快人心一事。"中国人民禁烟斗争取得重大胜利的消息传到伦敦，英国资产阶级感到"鸦片贸易的末日似乎是到了"，觉得"天色昏暗悲惨"。禁烟运动是以反对英国侵略者利用鸦片毒害中国、侵略中国为主旨的一次伟大爱国运动。它揭开了近代中国人民反侵略斗争史的帷幕，也是国际禁烟史上的第一块丰碑。新中国成立后，矗立在天安门广场上的人民英雄纪念碑铭刻的第一幅巨型浮雕，就是"虎门销烟"的伟大形象，人们瞻仰这一宏伟场面，不能不想起中国近代史上的第一位民族英雄、伟大的爱国主义者林则徐。从6月3日到25日，除留下8箱作为样品送往京城外，200多万斤鸦片全部销毁了。

　　林则徐主持下的震惊世界的虎门销烟壮举，像海水冲刷烟膏那样，洗去了腐败无能的清政府强加给中华民族的耻辱，向全世界表明了中国人民决心禁烟和反抗外国侵略的坚强意志，谱写了近代史上中国人民反对外国侵略光辉篇章的第一页。

# 第一次鸦片战争

## ——中国近代史的开端

1839 年林则徐虎门销烟，向世界显示了中国人民禁烟的决心，但与此同时，也激怒了英国殖民主义者。虎门销烟后，英国商务监督查理·义律为了维持对华的鸦片贸易，请求英国政府对中国采取军事行动。英国政府响应义律及英国鸦片贩子的无理要求，向中国发出了挑战书。在这篇挑战书中，英国政府歪曲事实，编造侵华理由。1839 年 10 月，英国内阁决定发动侵华战争。1840 年 6 月，由近 50 艘舰船和 4000 名士兵组成的"东方远征军"侵入中国广东海域，封锁珠江口，正式挑起战争。

1840 年 6 月底，英国远征军司令义律率领由 40 余艘舰船编成的舰队从广东海面出发，进行第一次北犯。7 月初，驶抵福建海域，炮击厦门港。4 日，英舰队闯入浙江舟山群岛定海水域，6 日攻占定海城。月底，义律率部分舰船继续北上，于 8 月 9 日进逼天津大沽口，直接向清政府施加军事压力，并提交照会，要求中国政府惩办林则徐、赔礼道歉、偿付烟款和割让岛屿等。月底，中英官员在大沽口开始会谈。鉴于中国方面的态度和气候变化等原因，义律同意将谈判地点改在广东。并于 9 月 15 日离大沽南返。随后，清政府将林则徐等革职查办，改派直隶总督琦善为钦差大臣，赴广州继续议和。

琦善到达广州后，遣散了林则徐招募的数千丁勇，下令拔除珠江口横档一带的水底暗桩，又借口经费困难不准添造船炮，还以牛羊水米等慰劳英军。下属向他报告敌情，他竟然拒绝听取，说什么"我不似林总督，以天朝大吏，终日刺探外洋情势。"当时，魏源曾批评琦善："一切力反前任所为，谓可得外洋欢心。"随着谈判过程中双方分歧日益明显，义律气焰嚣张，琦善也感到有些不妙，因而在防务上不得不又作些布置。但是，由于琦善前时的倒行逆施，此刻军心已经瓦解，防御体系已经破坏，仓促应付已经起不了什么作用。

英国方面，尽管义律对广东交涉也曾经抱有很大的希望，但是并没有忽视武力威逼手段。交涉期间，他命令英舰停泊于距离虎门近在咫尺的穿鼻洋面，从未放松战备。当时，英舰经常驶往珠江口测量，其陆军在穿鼻洋小岛上也加紧训练。此外，英军还日夜增造舢板小船，召集烟贩的各种船只，此外，还大量制造了火箭竹梯等工具。

虎门位于珠江入海口，是广州的门户。虎门销烟后，清军对虎门的防守设防三重：虎门口端两侧的沙角炮台、大角炮台为第一重；上横档岛一线为第二重；东岸建有威远、靖远、镇远三炮台，西岸建有巩固炮台，岛上建有横档、永安两炮台，此外还有沙垒炮台，大虎山炮台为第三重。各炮台共配置大小火炮 400 门以上，驻扎丁勇近万人，由广东水师提督关天培指挥。此时虎门口外英军共有作战舰船 18 艘，载炮 462 门，陆军约 2000 人。

1841 年（清道光二十一年）1 月 7 日，英军为迫使清政府就范，向沙角、大角发动进攻。右纵队攻沙角，以战舰 3 艘（载炮 68 门）轰击沙角炮台

虎门海防大炮　清

正面；另以轮船 4 艘配以小船运送登陆部队约 1500 人在炮台后侧的穿鼻湾登陆。炮兵抢占制高点，构筑阵地，向清军炮击，步兵则直抄炮台后路。守军腹背受敌，顽强抵抗不支，守将陈连升阵亡，沙角炮台失陷。之后，英军左纵队以战舰 4 艘（载炮 110 门）猛烈轰击大角炮台（配炮 25 门），守军炮火不敌，炮台多处被轰塌。英军乘小船从炮台两侧登岸，攻占炮台。此外，英舰船还在沙角附近晏臣湾水域击毁清军水师船 11 艘。这次交战，清军将士291 人殉国，456 人受伤，10 人下落不明。英军的伤亡，中英双方的记载出入甚大，中方声称英军伤亡 600 余人，英方记载只有 38 人受伤。

自诩"抚夷"能手的琦善，面对英军的疯狂进犯，一筹莫展。交战前夕，他接到英船张挂红旗，准备开战的警报，却不加紧准备迎战，仍旧对英"加意羁縻"。危急时刻，关天培曾派李廷钰回省城"哭求增兵"，全省文武亦皆请求派兵增援，琦善生怕有妨"抚夷"，拒绝派兵，终致沙角、大角在半天之内相继失守。沙角、大角失陷后，琦善更加失去信心，认为此后"我是势必益形气馁"。显然，琦善仍然在坚持妥协路线。

大角、沙角炮台失守后，义律妄图用这两个炮台换取香港岛，并派英军趁机强占了香港岛，并与琦善在香港问题上僵持不下。道光皇帝获悉英军一系列的所作所为后，大为恼火，决定教训教训这个"蕞尔小国"。于是，道光帝下诏，调动各省兵马支援广州，并决定正式向英国宣战。

**广州海战图　清**

这幅英国版画中，一艘中国战船因被英国战舰"奈米西斯"号开炮击中而烧毁。此战发生于 1841 年 1 月，地点在珠江三角洲亚森海湾，在两个小时的作战中，11 艘中国战船被击沉，500 名船员全部牺牲，而英军只有几人受伤。像"奈米西斯"号——英国的第一艘铁甲战舰——这样的战舰是英国战胜落后的中国海军的关键。

清政府对英宣战的诏书于 2 月 9 日（正月十八日）传到广州。此时，琦善和义律的交涉也因香港问题而几乎破裂。义律在经历了一系列谈判后，断定难以通过谈判手段迫使琦善承认割让香港和答允其他要求；同时，他在澳门又得到清政府下诏宣战的情报。为此，义律决定先发制人，命令英军闯入珠江。

虎门本来有三道屏障，第一道是大角和沙角炮台，第二道是威远、镇远、靖远和南山炮台，第三道是大虎、巩固炮台和蕉门炮台。英军攻陷大角、沙角后，虎门也就失去了第一道屏障。而且，义律虽然和琦善一直在香港问题上交涉，但是从没有放松对清军的钳制。英军全力破坏了大角、沙角炮台，而且其附近海面一直被英海军封锁，因而虎门要塞仍然暴露在英舰的炮口之下。英军很早就在为进攻虎门做准备。2 月中旬，几名英军军官潜赴虎门一带侦察，英国"复仇神"号也以递送照会为名，连续几次侦察了横档、虎门和三门口以下海湾一带。就连义律本人，也曾经偷偷摸摸爬上横档岛，窥探清军设防情况。此时，中英双方都有困难，英国方面的困难是兵力不足：当时英军分驻于舟山群岛和广东两地，在舟山群岛驻有战舰 6 艘，陆战部队 1762 人，在广东的英军只有战舰 10 艘、轮船 3 艘、运兵船 1 艘、测量船 2 艘，陆战部队不足 2000 人。当时英军刚刚强占香港，急需稳住阵脚，如果再向珠江进犯，不能不深感兵力的不足。同英国相比，中国在兵力上比英国多，在虎门炮台有守军近万名，在地势上，各大炮台也大多建在扼要之处，江中航道都在射程之内。但是，琦善骨子里充满了失败情绪，四处宣扬"英军炮械之猛，技艺之精"，难于抵抗。在这种失败情绪下，军心瓦解，虎门炮台竟发生丁勇向关天培讹索银钱之事。因此，完全可以认为，正是琦善种下了广东之役惨败的祸根。2 月下旬，英军攻陷虎门炮台，水师提督、爱国将领关天培与守军数百人壮烈牺牲。这次战役后，由于虎门失守，广州直接暴露在敌人的炮火之下，清政府也就处在一个更加不利的地位。5 月，英军逼近广州城外，清军全部退入城内。下旬，新任靖逆将军奕山向英军乞和，与英国订立了可耻的城下之盟——《广州和约》，规定由清朝方面向英军交出广州赎城费 600 万元。

英国政府不满足义律从中国攫取的利益，改派璞鼎查为全权公使，增调援军，扩大侵华战争。1841 年 8 月下旬，璞鼎查率英舰自香港北犯，26 日攻陷厦门。9 月侵犯台湾。10 月攻陷定海、镇海、宁波。1842 年 5 月，英军继续北犯，6 月攻陷长江口的吴淞炮台，宝山、上海相继失陷。接着，英军溯江西上，8 月 5 日到达江宁（南京）江面。腐败无能的清朝政府命令盛京将军耆英赶到南京，于 29 日与璞鼎查在英国军舰上签订了中国近代史上第一个不平等条约——《南京条约》，第一次鸦片战争到此结束。

通过《南京条约》及其补充条约，英国侵略者从中国获取了许多特权，主要内容有：

一、强占香港。英国早就想在中国沿海占领岛屿一处。鸦片战争爆发前，查顿向帕麦斯顿献策，认为可以占香港。香港拥有非常安全、广阔的停泊港，给水充足，并且易于防守。《穿鼻草约》订立不久，英国即已霸占香港。《南京条约》规定，清政府将香港割让英国，"任便立法治理"。从此，香港建立起英国的殖民统治，成为侵略中国的重要基地。

二、勒索巨款。中国赔偿英国鸦片烟价 600 万元、商欠 300 万元、军费 1200 万元，共2100 万元（广州"赎城费" 600 万元不包括在内），分 4 年付清。这笔巨款，相当于那时清政府全年财政收入的约 1/3。

《南京条约》签字图

三、五口通商。《南京条约》规定，开放广州、福州、厦门、宁波、上海为通商口岸。英国在五口有权驻领事等官员，商人可以自由通商，不受只准清政府指定的"行商"进行贸易的限制。从此，中国东南沿海各省门户大开，资本主义商品汹涌而来。《虎门条约》还准许英国人在五口租地建屋，永久居住。之后，外国侵略者利用这一点，恣意引申，在中国各通商口岸划出一部分土地，作为直接管理的租界，并以租界为据点，在政治上、经济上加强对中国的控制和掠夺。

四、控制关税。所谓协定关税，规定英国商人"应纳进口出口货税、饷费，均宜秉公议定则例"。从此，中国丧失了关税自主权，只要英国不同意，中国就不能增减海关税率。《五口通商章程》更规定"值百抽五"的低税率，摧毁了关税壁垒应起的保护作用，从而大大便利了外国资本主义对中国的商品倾销和原料掠夺。

五、领事裁判权。《五日通商章程》规定，凡是英国人与中国人发生"交涉词讼"，或在中国领土上犯罪，其如何定罪，"由英国议定章程、法律，发给管事官（即领事官）照办"，中国官员无权依据中国法律进行判处。这种"领事裁判权"制度，严重破坏了中国司法主权，开创了外国人在中国犯罪而不受中国法律管束的恶例。

六、片面最惠国待遇。最惠国待遇应该是缔约国双方的对等权利。但在中英不平等条约里，却只规定了缔约外国能够片面享受最惠国待遇。《虎门条约》规定：中国将来如"有新恩施及各国，亦应准英人一体均沾"。就是说，以后不管中国给予其他国家任何特权，英国都应该同样享受。后来，中美、中法签订的不平等条约中，也都有同样规定。这样，各国侵略者利害相关，结成了共同侵华的伙伴关系。

鸦片问题在条约上虽然只字未提，但实际上达成了允许免税大量输入的默契。对于曾经为英国鸦片贸易和军事侵略效劳的一小撮民族败类，《南京条约》规定，中国政府必须"誊录天下，恩准全然免罪"，如被监禁，也必须"加恩释放"。这样做，不但粗暴地干涉了中国内政，而且保护和豢养了一批卖国求荣的外国代理人。

在《南京条约》及其附约中，英国利用中国清政府官员对国际事务的茫然无知，一半恐吓，一半欺骗，使清政府在糊里糊涂中任凭英国摆布。中国闭关自守的大门，从此被英国的大炮打开，再不能复合，从此之后，各国侵略者接踵而至。

 简 评

《中英南京条约》签订后，中国从此被迫打开了封闭多年的国门。政治上独立自主的中国，战后由于领土主权遭到破坏以及自给自足的自然经济解体，而逐渐成为世界资本主义的商品市场和原料供给地。从此，中国开始沦为半殖民地半封建社会。而整个东方也逐渐沦为西方资本主义国家的原料产地和产品倾销市场，西方资本主义国家则由此更加迅速地向前发展。

鸦片战争以后，中国的社会阶级结构和主要矛盾开始发生变化。战前，中国社会基本上只有两大对立阶级，即农民阶级和地主阶级。战后，出现了一批买办和买办商人；在外国企业中出现了第一批产业工人。中国社会的主要矛盾，除原有的封建地主阶级和人民大众的矛盾外，又出现了外国资本主义与中华民族的矛盾。从此，中国的革命进入了一个新的历史时期，即以反帝反封建为主要任务的资产阶级民主革命的时期。因此，鸦片战争是中国历史的转折点，是中国近代史的开端。

# 太平天国起义

## ——农民起义救不了中国

太平天国起义是 19 世纪中叶爆发的反封建反侵略的伟大的农民战争。鸦片战争以后，中国社会矛盾空前激化。战时军费 7000 万元和对外赔款 2000 多万元，清政府全部都加到了广大农民和其他生产者身上。又由于各级官吏的层层盘剥和地主阶级转嫁摊派，农民的实际负担数倍于明文规定的提税。再加上银价上涨及连年水旱灾害，大批人民衣食无着，陷于极端悲惨的境地。因此农民的反抗风起云涌，遍及全国，其中尤以两广和湖南斗争最为激烈。在这样的背景下，太平天国起义在广西爆发了。

太平天国运动的领袖是广东花县人洪秀全（1814—1864）。他青年时代，热衷于科举考试，结果屡试败北。扬名声、显父母、光以前、垂以后功名利禄欲望的破灭，使他对现实社会乃至"明君圣主"大为不满，鸦片战争的惨败，清政府的腐败无能，狭隘的民族意识，刺激他偏离清王朝的科举之路，羞耻与愤恨交煎的心理，终于驱使他走上了"反叛"的道路。

1843 年最后一次科场失利后，洪秀全苦闷至极，拿出 1837 年赴广州应试时所购基督教徒梁发编著的传道书《劝世良言》，潜心细读，竟然"大觉大悟"，决定利用宗教来发动农民起义。6 月他创立"拜上帝会"——宗教外衣包装的反抗清王朝的政治团体，与同窗冯云山踏上艰苦的"传教"之路。同时进行理论上的创造，1844 年底到 1846 年，洪秀全先

太平天国天王府石舫　清

后写出了《百正歌》、《原道救世歌》、《原道醒世训》、《原道觉世训》等文献，通过拜上帝教这个宗教的形式，阐发了旧式农民革命的平等（等贵贱）平均（均贫富）思想，提出要建立一个"天下一家，共享太平"的"新世界"，在这个新社会里，"天下多男人，尽是兄弟之辈，天下多女子，尽是姊妹之群"，灌输了政治、经济和男女平等的思想。这对广大贫苦民众不啻一个福音。经过几年的努力，起义的准备工作基本就绪。1850 年 7 月，洪秀全发布总动员令，号召各地拜上帝会员于 11 月 4 日到金田集中，预备洪秀全生日那天宣布起义。

　　　　近世烟氛大不同，知有天意启英雄，
　　　　神州被陷从难陷，上帝当崇毕竟崇。

> 明主敲诗曾咏菊，汉皇置酒尚歌风，
>
> 古来事业由人做，黑雾收残一鉴中。

这是洪秀全在起义前夕所作的一首时势诗，自喻明主汉皇。诗中，朱元璋胜利前夕敲诗咏菊"要与西风战一场"的豪迈，汉皇刘邦《大风歌》"威加海内"的磅礴以及洪秀全"收残黑雾"重现光明的信念浑然一体，表现出推翻清政府黑暗统治的决心。

1851 年 1 月 11 日，这一天是洪秀全 37 岁诞辰，起义爆发于广西桂平县金田村，建号太平天国。

金田起义后的第三天，太平军挥戈东进，攻占大湟江口，2 月 18 日、3 月 5 日在牛排岭、屈甲州大败广西提督向荣所部清军，进发武宣。23 日，洪秀全在武宣东乡称王，这一天就成为太平天国历史上的"登极节"。从 4 月到 9 月，太平军转战象州、桂平、平南等地，屡挫清军。9 月 25 日一举攻克永安州，在此休整，进行军政建设。12 月 17 日举行封王大典，封杨秀清为东王、萧朝贵为西王、冯云山为南王、韦昌辉为北王、石达开为翼王，所封各王，得受东王节制。"永安建制"初步奠定了太平天国建国的规模，保证了太平军的胜利进军。

1852 年 4 月，太平军从永安突围北上，6 月 3 日攻占全州，南王冯云山不幸中炮受伤，死于蓑衣渡。9 月围攻湖南省城长沙，西王萧朝贵中炮殉国。11 月 30 日撤长沙之围，12 月 3 日克益阳，13 日攻克"两湖咽喉"的岳州（岳阳），得民船 5000 余只，建立水营，同时得旧藏吴三桂大批军械炮位，改善了装备，声威大震。16 日，15 万太平军水陆并进，顺江而下，浩浩荡荡，披荆斩棘，所向无敌，连克汉阳、汉口、武昌、安庆，1853 年 3 月 19 日一举攻克虎踞龙蟠的金陵（今南京），定为首都，号"天京"。

定都天京后，太平天国为建设地上"天国"——"小天堂"，颁布了反映太平天国基本国策的《天朝田亩制度》，其核心内容就是平均分配土地，以求实现"有田同耕，有饭同食，有衣同穿，有钱同使，无处不均匀，无人不饱暖"的"天国"理想。当然，由于战争环境等因素，这种理想只能化为泡影。接着，派兵北伐、西征。1853 年 5 月 8 日，太平天国北伐军在林凤祥、李开芳的率领下，自扬州经仪征北上，师行间道，直捣北京，不到半年时间，由江苏而安徽、河南、山西、直隶，势如破竹。京师大震，咸丰皇帝一面调集重兵，堵击北伐军，一面准备逃离北京，潜往热河行宫。但因孤军深入以及战略上的失误，北伐军苦战两年，1855 年 5 月 31 日最终还是陷于失败。

与北伐同时，太平天国举行大规模的西征作战，夺取长江中上游阵地，巩固天京。1853 年 5 月 19 日，西征军在胡以晃、赖汉英等统率下，由和州溯江而上，一路奏凯，夺安庆，拔湖口，克武汉，攻入湖南，与劲敌曾国藩湘军相遇。从这年底到 1856 年，太平军与湘军在湖南、湖北、江西战场上拼厮搏杀，打得曾国藩几度投水自杀未遂，使太平天国运动进入新的高潮。可是，那场惨痛的内讧事件——杨韦事变，又使太平军得胜之局为之一变。

自定鼎金陵以后，洪秀全深居简出，不理朝政，军政大权悉由杨秀清主持。杨独断专行，居功自傲，居然要凌驾洪秀全之上。1856 年 7 月，杨秀清逼迫洪秀全封他"万岁"，洪当面应允，而暗调韦昌辉、石达开回京靖难。9 月 1 日，韦昌辉率精兵 3000 从江西秘密回京，对东王府发动突然袭击，诛杀了杨秀清及其家属，大肆屠杀杨秀清的部属达 2 万余众。10 月初，翼王石达开从湖北赶回天京，责备韦昌辉滥杀无辜，不料韦昌辉又欲诛石达开，石达开连夜出逃，家属全部罹难。韦的滥杀、专权，激起太平军将士的强烈不满，在此情况下，洪秀全下诏诛韦，结束了长达两个月的内讧恐怖时期。

杨韦事变是太平天国历史上最惨痛的一页，其后果极为严重，它不仅削弱了太平天国自身的力量，致使天京再度被围，湖北、江西战场节节败退，丧师失地，而且经此事变，洪秀全再也不"肯信外臣，专信同姓"，虽召深得军民爱戴的石达开回京辅政，但惟恐其成为杨或韦第二，为此特封长兄洪仁发为安王、次兄洪仁达为福王，加以钳制。安、福二王一意排挤石达开，甚至阴谋戕害，天京城上又一次笼罩着浓重的阴霾。石被迫无奈，为免遭杀身之祸，1857年5月逃出天京，招集旧部，率军远征，最后全军覆没于大渡河畔。

天京内讧后，太平天国元气大伤，好在洪秀全破格提拔了卓越的青年将领陈玉成为英王、李秀成为忠王，1859年族弟洪仁玕从香港辗转来到天京，被封为干王，总理朝政，颁布《资政新篇》，进行政治改革，使太平天国一度出现中兴的局面。

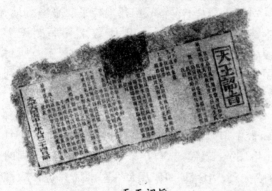

天王诏旨

1858年初，清军复建江南、江北大营，天京再度被围。为了解围，后军主将李秀成请命出京，与左军主将李世贤约定，共解京围。李秀成到江北后，与前军主将陈玉成在枞阳镇举行会议，确定了作战步骤。陈玉成部首先攻占庐州，然后率部南下，与李秀成部协同作战，于9月取得太平军二破江北大营的胜利，并一度占领扬州等地。

1860年初，江南大营清军又攻九别洲，合围天京。干王洪仁玕与忠王李秀成商定，采取"围魏救赵"之策，解救京围。5月2日，太平军发起总攻，清军至6日溃败，钦差大臣和春等逃往镇江，江南大营再次被摧毁。太平军二破江南大营后，决定东征。5月15日，李秀成率大军由天京出发，连占江苏句容、丹阳、常州，和春于溃逃中自杀。6月2日阻击，未能攻取。

太平军东攻上海之际，清两江总督曾国藩、湖北巡抚胡林翼乘机督率湘军水陆师5万余人东下，由道员曾国荃率陆师8000人，会同提督杨岳斌水师4000人，进围安庆；由副都统多隆阿、按察使李序宜率马步2万，驻扎桐城西南郊，担任打援任务。曾国藩、胡林翼分别坐镇祁门、太湖，调度指挥。

洪秀全增调兵力，直接进攻围困安庆之敌，于5月上旬、下旬及8月下旬组织三次强攻，均为湘军所败。1861年9月5日，安庆失陷。

安庆失守后，陈玉成退守庐州。1862年初，命陈得才、赖文光等率部赴河南、陕西招兵，身边兵力进一步削弱。5月，多隆阿率清军来攻，陈玉成弃城走寿州，为团练头子苗沛霖计擒，解送清营遇害，年仅26岁。太平天国的西部防线随之瓦解。

李秀成部太平军自湖北东返浙江，攻占杭州后，于1862年初再次进军上海。时第二次鸦片战争已经结束，英、法侵略者开始与清政府勾结起来对付太平军，太平军不仅未能攻克上海，反因在东线开辟新的战场，使天京处于东西两面夹击之中。面对东西线日益险恶的军事形势，以洪秀全为首的天京当局无所作为。而曾国藩则乘机调兵遣将，招募兵勇，做进攻天京的准备。1862年初夏，曾国藩调动湘淮军7万余人，兵分多路，对天京实施向心攻击。5月，曾国荃、彭玉麟率水陆师2万余人进扎雨花台，威逼天京。

与此同时，江苏巡抚李鸿章率所部淮军在"常胜军"支持下，由上海西进，于1863年

12 月攻陷苏州、无锡，兵锋直逼常州。浙江巡抚左宗棠率部自江西攻入浙江，于 1864 年 3 月攻陷杭州。曾国荃部湘军则逐一攻占天京城外各要点，行将合围天京。洪秀全决定死守天京。6 月 1 日天王"服毒而亡"，幼主洪天贵福即位，一切军政事务统归李秀成执掌。7 月 19 日中午，太平门东城墙被轰塌 10 余丈，大队湘军拥入城内，其他方向的湘军也缘城而人，天京遂为湘军占领。

天京的陷落，标志着太平天国农民战争的失败。

从 1851 年至 1864 年历时 14 年之久的太平天国运动，尽管被中外反动势力联合镇压了，但它奋战 14 年，横扫大半个中国，沉重地打击了清政府的反动统治，削弱了清政府封建统治基础，其规模和激烈程度，军事筹划和指挥水平，都达到了中国旧式农民战争的巅峰。它建立了农民政权，提出了系统的理论和纲领，达到了中国旧式农民战争的顶峰。它也打击了外国资本主义侵略势力，揭开了旧民主主义革命的序幕。它所表现出的不甘屈服于内外反动势力的顽强反抗精神，代表了近代中国进步的时代潮流，奠定了中国民主民族革命的基石，有着不可磨灭的历史贡献。

# 第二次鸦片战争

## ——万园之园的毁灭

1840 年第一次鸦片战争以后，西方资本主义各国强迫清朝政府签订了第一批不平等条约，从中国攫取了赔款、协定关税、开放五口通商、领事裁判权和片面最惠国待遇等许多特权。英国资产阶级以为通过这些不平等条约就可以把大量的商品倾销到中国。但事实并非如此，据有关资料记载，1850 年英国输入中国的商品比 1844 年还少了 75 万英镑。出现这种情况的原因，一是中国自给自足的自然经济顽强抵制着外国商品的侵入；二是英国增加鸦片贸易与发展合法贸易存在着矛盾。由于鸦片战争后英国等殖民主义者大量对华输入鸦片，中国的白银继续外流，使中国出口茶叶、生丝收入的大半被其抵消，无力再多购买英国的工业品，这当然对英国是很不利的。然而，英国资产阶级并未意识到这些，仅仅把问题简单归结为通商口岸太少，他们既要维护给它带来巨大利益的鸦片贸易，又要扩大对华的工业品销售。这样，它就要迫使清朝政府开放更多的商埠，进一步控制中国海关，加强对清政府的控制。为了进一步打开中国大门，英、法、美等西方国家便以修约为名，企图压迫清政府给其新的侵略权益。

圆明园九州清晏图　清

1853 年 5 月，英国首先向中国提出要求修改已订的《南京条约》的有关条款，美国和法国也接踵而来，均遭到清政府的拒绝。英、美、法等殖民主义者掀起的"修约"交涉未能得逞，就恼羞成怒，决定用发动新的侵华战争来实现其无理要求。

1856 年 10 月 8 日上午，停泊在广州海珠炮台附近码头的一艘"亚罗"号划艇正作启航准备。这时，有一艘清军的巡逻船急驶而来，广东水师官兵登上划艇，把全船 14 名水手挨个盘问身份，并把其中 12 人加以扣留，押到巡逻船上，带回广州。

"亚罗"号原是中国人苏亚成的一艘载重 100 吨的划艇，后来被海盗抢走，辗转属于中国方亚明所有，成了走私船。为了走私的便利，曾在香港当局领过执照，但已过期失效。中国水师搜查走私船，捕走中国水手，纯属中国内政。但英国驻广州领事巴夏礼却借口该船曾在香港注册，领有执照，硬说是英国船。他还无中生有地捏造说，中国水师上船后曾扯下船上的英国旗，侮辱了英国。因此，他向两广总督叶名琛发出强硬照会，无理要求立即送回被扣的全部人犯，还要向英国道歉和赔偿。

叶名琛被巴夏礼的最后通牒吓坏了，立即派人把 12 名罪犯送给了巴夏礼。巴夏礼本是寻事找茬，叶名琛的举动哪里能满足他？于是他又借口送人去的官员职位太低，是对英国不尊重，到 10 月 23 日，英国海军上将西马縻各里率领英国军舰突入内河，向广州进攻，挑起了第二次鸦片战争。

大敌当前，两广总督叶名琛一味妥协，下令不许还击。10 月 29 日，英军攻入广州城，叶名琛慌忙逃命。

1857 年春，"亚罗"号事件的消息传到伦敦，英国资产阶级掀起战争叫嚣，英国议会通过了扩大侵华战争的提案。3 月，英国政府任命前加拿大总督额尔金为全权专使，率领一支陆海军来中国；同时向法、美、俄等国发出照会，提议联合出兵，迫使清政府签订新的不平等条约。10 月，法国拿破仑第三（即路易·波拿巴）也借口"马神甫事件"（即"西林教案"）任命葛罗为全权公使，率领一支侵略军，打着为"保卫圣教而战"的幌子，继英军之后开到中国。美国和俄国也同意英国的提议，积极支持英、法发动新的侵华战争。这样，四个野心勃勃的侵略者，基于共同的利益，暂时结成了联合侵华阵线，进一步扩大由英国首先挑起的第二次鸦片战争。

10 月，额尔金和葛罗先后率领舰队到达香港。美国全权公使列卫廉和俄国公使普提雅廷纷纷赶到香港，与英、法合谋，研究侵华策略。

12 月，英、法组成联军，共 5600 多人。12 月 12 日，英、法代表分别向两广总督叶名琛发出照会，要求进入广州城谈判"修约"、"赔偿损失"，并限 10 天内答复，不然，则向广州进攻。

叶名琛既不理睬英、法照会，也不作任何战守准备。

12 月 28 日，英法联军炮击广州城，叶名琛逃跑，广州将军穆克德纳和广东巡抚柏贵无耻投降。30 日，广州又一次被英法联军占

圆明园鉴碧亭原址　清

领。占领广州并不是侵略者的最终目的。1858 年 4 月，英、法、美、俄等国军舰陆续北上来到大沽。5 月 20 日上午 8 时，英法联军照会清政府，限令清军在两小时内交出大沽炮台。清政府不予理会。两小时后，英法联军悍然以数十只小汽轮和舢板闯进大沽口，向大沽炮台发动猛烈攻击。守炮台的爱国官兵奋起反抗，给侵略者以迎头痛击。但终因防御薄弱，力量相差悬殊，大沽当天被占。26 日，英法联军到达天津城外，清政府急忙于 29 日派大学士桂良和吏部尚书花纱纳到天津，与英、法等国代表谈判，并于 6 月 26 日和 27 日分别签订了《天津条约》。《天津条约》除了赔款外，还答应外国公使进驻北京，增开南京、汉口、烟台、营口等 10 处为通商口岸，允许外国人到中国内地传教和通商，沙俄帝国更是掠夺了黑龙江以东大片的中国领土。这一个丧权辱国的条约立刻引起朝野一片哗然，老百姓更是强烈地反对。

按照咸丰六年（公元 1856 年）订约时候的规定，一年之后，双方将交换批准的条约文本。直到咸丰九年（公元 1859 年）五月，英法联军才派代表去北京换约。与此同时，2000 名英法海军开到大沽口外，不肯听从清政府的安排，强行冲进大沽口，炮击大沽炮台。在天

津的科尔沁亲王僧格林沁看不惯英法联军横蛮的态度，下令炮台士兵开炮还击，打沉敌军舰10艘，打死打伤侵略军400多人，英军舰队司令贺布也受了重伤。侵略军损失惨重，只得退出了天津的大沽口，回到了上海。

英法帝国主义怎肯罢休！第二年春，英、法军舰陆续开到中国，并于7月底再次集结大沽口外。8月1日，英法联军攻占北塘，14日攻占塘沽，21日又攻占大沽，24日进入天津。清政府急忙派桂良和恒福到天津求和。但侵略者存心要攻占北京，在谈判中漫天要价，不断节外生枝，使谈判失败，英法联军逼近北京。9月18日，英法联军攻陷张家湾和通州，21日攻下八里桥。咸丰皇帝吓破了胆。派他六弟恭亲王奕訢为钦差大臣，留守北京，主持和议。22日清晨，咸丰皇帝带着后妃、皇子、亲王和一批大臣，慌忙逃到热河行宫（今河北承德避暑山庄）。

10月5日，英法联军兵临北京城下。根据俄国外交官伊格纳提耶夫提供的情报：清朝守军集中在东城，北城是最薄弱的地方，应先攻取；并听说中国清朝皇帝正在西北郊的圆明园。于是，英法联军绕开安定门、德胜门，进犯圆明园，并将圆明园洗劫一空，制造了震惊中外的"火烧圆明园"事件。

圆明园位于北京西北郊，建于明朝。1709年，清朝康熙帝把该园赐给四子胤禛（后来的雍正帝），并赐名圆明园。经雍正、乾隆、嘉庆、道光、咸丰5位皇帝150多年的经营，集中了大批物力，役使了无数能工巧匠，倾注了千百万劳动人民的血汗，把它精心营造成一座规模宏伟、景色秀丽的离宫。清朝皇帝每到盛夏就来到这里避暑、听政，处理军政事务，因此也称"夏宫"。

圆明园周围连绵10公里，由圆明园、万春园、长春园组成，而以圆明园最大，故统称圆明园（亦称圆明三园）。此外，还有许多属园，分布在圆明园的东、西、南三面，其中有香山的静宜园、玉泉山的静明园、清漪园（后来的颐和园就是在此基础上建造起来的）等，全园面积合计5000多亩。

圆明园不仅汇集了江南若干名园胜景，还创造性地移植了西方园林建筑，集当时古今中外造园艺术之大成。园中有宏伟的宫殿，有轻巧玲珑的楼阁亭台；有象征热闹街市的"买卖街"，有象征农村景色的"山庄"；有仿照杭州西湖的平湖秋月、雷峰夕照，有依照苏州狮子林的风景名胜；还有依照古代诗人、画家的诗情画意建造的，如蓬莱瑶台、武陵春色等。可以说，圆明园是中国劳动人民智慧和血汗的结晶，也是中国人民建筑艺术和文化的典范。不仅如此，圆明园内还珍藏了无数的各种式样的无价之宝，极为罕见的历史典籍和丰富珍贵的历史文物，如历代书画、金银珠宝、宋元瓷器等，堪称人类文化的宝库之一，也可以这样说，它是世界上一座最大的博物馆。

被抢劫与焚毁后的圆明园大水法遗址

10月6日，英法联军闯进圆明园，立即疯狂地进行抢劫。首先闯入圆明园的是法国侵略军，他们见物就抢，每个法国士兵口袋里装进的珍品，价值三四万法郎。他们空手而进，满载而归。在法国军营里，堆积着珍奇的钟表、五光十色的绫罗绸缎，以及珍贵的艺术品，价值达 3000 万法郎。

英国侵略军虽然来迟了一步，但金银财宝也装满口袋。更可恶的是，对那些搬不走的大瓷器和珐琅瓶，他们打得粉碎。英法侵略军把圆明园抢劫一空之后，为了消赃灭迹，掩盖罪行，英国全权大臣额尔金在英国首相帕麦斯顿的支持下，竟下令烧毁圆明园。大规模的焚烧共两次，第一次是 10 月 7 日至 9 日，主要焚烧圆明园，大火连烧 3 昼夜，使这座世界名园化为一片焦土。这场浩劫，正如法国著名作家雨果所描绘和抨击的那样：有一天，两个强盗闯进了夏宫，一个进行抢劫，另一个放火焚烧。胜利原来可以成为强盗。

10 月 13 日，英法侵略军攻占了安定门，控制了北京城。10 月 18 日和 19 日，这伙强盗抢劫了万寿山、玉泉山和香山等几处属园中所藏的珍贵文物，并进行第二次大焚烧，烧毁了上述几处属园的殿阁建筑。

这时，逃到热河的咸丰皇帝竟下谕“只可委曲将就，以期保全大局”。奕訢秉承此旨意，全盘接受英、法提出的条件，于 10 月 24 日和 25 日分别与额尔金和葛罗在礼部大堂交换了《天津条约》，并签订了中英、中法《北京条约》，11 月 14 日又同俄国签订了中俄《北京条约》。《北京条约》作为《天津条约》的补充，续增的条款包括：开天津为商埠；割九龙司地方给英国；准许外国人在中国买卖人口；将已充公的天主教教堂财产发还，法国传教士可以在各省任意租买田地，建造教堂；对英、法两国赔款各增至 800 万两白银。

《北京条约》刚一签字，英、法、俄等公使就立即表示，只要清政府认真“履行条约”，就可以得到“任何援助”。1861 年 1 月，清政府设立“总理各国事务衙门”。1862 年 1 月，清政府确定了“借师助剿”的方针，从此中外反动势力勾结在一起，共同镇压中国人民的革命斗争。

## 简　评

这些丧权辱国的不平等条约，使中国的半殖民地程度进一步加深，也使中国人民的灾难更为深重了。资本主义列强通过战争征服了腐朽的清政府，获取了一系列的权益，认识到清政府的可利用价值；而清政府也在内忧外患的经验教训中发现，可以依靠列强维持自己的统治。于是，中外反动势力开始勾结起来，这就在政治上加深了中国的半殖民地化。一大批通商口岸的被迫开放、准许华工出国，使列强从更广、更深的范围进一步打开了中国市场，便于他们的经济侵略，使中国传统经济受到冲击，中国经济逐步被纳入资本主义的世界体系中，从而加深了中国经济的半殖民地半封建化。

# 辛酉政变

## ——政治权力的角逐

在中国历史上，登上皇位的女人只有一个，那就是武则天，但是掌握最高统治权的女人却并不少，比如西汉初期的吕后。在中国近代史上，也有一个这样的女人——那拉氏，即慈禧太后。1861年，慈禧夺得清王朝最高统治权力，以皇太后身份垂帘听政，连续操纵同治、光绪两朝政柄长达48年之久。

**背景**

1860年对于清王朝来说是一个多灾多难的一年，锐意要做出一番事业的咸丰皇帝面对着风起云涌的太平天国起义一筹莫展，清王朝处在风雨飘摇之中，象一个风烛残年的老人，奄奄一息。正在这个时候，第二次鸦片战争的战火却又烧到了清朝的首都北京。1860年9月，英法联军逼近北京，京城震动。咸丰皇帝急忙带着那拉氏和一班亲信，逃亡到热河去，由恭亲王奕訢留下来向侵略者求和。奕訢对侵略者有求必应，最后签订了屈辱的《北京条约》，因此得到侵略者的好感。

应该指出的是，这次政变有一个特殊的背景：咸丰皇帝和他的弟弟恭亲王奕訢的矛盾。早在咸丰皇帝即位之前，在皇位争夺中，奕訢就是他的主要竞争对手。到了即位以后，当然不会给奕訢什么好处，只有处处压制。这次咸丰皇帝逃到热河，却把奕訢留在京城和洋人议和，本身就是借刀杀人之计。但是他没有想到奕訢会这么好地处理了议和事宜，获得了洋人的好感。这个时候，咸丰皇帝最崇信的大臣是肃顺，而最宠爱的妃子是那拉氏，就是后来的慈禧太后。

那拉氏出身于一个潦倒的满洲旗人家庭，乳名兰儿。她父亲是个安徽的候补道台，官运不佳，家计颇为艰难。他的朋友吴棠看到兰儿长相俊俏，聪明伶俐，料定她将来是个贵人，时常予以接济。兰儿读书所用书籍笔墨，都由吴棠供应。17岁时，兰儿被宫廷选为秀女，派往皇后钮祜禄氏所住的坤宁宫当差。咸丰皇帝见到她后，颇为喜爱，宠为"贵人"；不久晋封为"懿嫔"；生下同治皇帝载淳后，晋级为"懿妃"。咸丰六年，她奉旨归宁省亲，并被加封为"懿贵妃"。

慈禧和奕訢对肃顺掌握大权都是很有意见，于是就有了接近的理由，他们的结盟就产生了将来政变的发动者。

31岁的咸丰帝出逃热河一年间，诸病缠身，每况愈下，迫使他不得不考虑皇权的交接问题。他思忖着，皇后慈安方26岁，懿贵妃仅27岁，皇子才6岁。如他一旦离去，留下的便是势孤力单的孤儿寡母。他必须设想一个万全之策，以使皇权不致旁落。

**明争暗斗**

结合历史经验，经苦思冥想，咸丰帝设立了一个8人庞大的顾问班子，以使他们互相牵制，免得大权旁落。顾命大臣如此之多，也是咸丰帝的一个创举。虽然如此，他感到仍不可靠，必须给予皇后和皇贵妃特别的权力，也使她们能够在关键时刻自保，并保护皇子。于是，他在临死前口授遗嘱，任命了8位顾命大臣"赞襄政务"，同时，赐给皇后一方"御赏"印；赐给小皇帝一方"同道堂"印，此印由懿贵妃（后来的慈禧太后）掌管。并申明，凡谕旨，起首处盖"御赏"印，即引起；结尾处盖"同道堂"印，即印讫。只有盖了这两方印，谕旨才生效。这两方印非同小可，它是皇权的象征。咸丰帝设计的权力分配格局，不是仓促之举，而是深思熟虑的结果。两位皇太后和幼帝为一方，8位大臣为一方，不突出任何一方，缺任何一方又不可。这既不是垂帘，又不是辅政，而是"垂帘辅政，兼而有之"。咸丰帝自以为谋算得天衣无缝，不会出什么问题，他可以放心地走了。但还是出了问题，而且出了大问题。

　　问题出在8位大臣欲想独揽皇权上。而他们的企图是从谕旨事件暴露出来的。咸丰帝设想得再周全，还是有漏洞。谕旨的事情，他就没有交代明白。关于谕旨的拟定、呈览、修改、颁发等，他就没有说一句话。这就为顾命大臣借此篡权提供了难得的机遇。他们明确地提出了自己的见解，其实是向两宫皇太后叫板。他们狂妄地提出："谕旨由大臣拟定，太后但钤印，弗得改易，章疏不呈内览。"这就是说，一是臣下的奏章一律不进呈皇太后阅看；二是皇帝的谕旨由顾命大臣拟定；三是皇太后只管钤印，没有权力更改谕旨的内

慈禧太后及其印玺

容。如若照此办理，两宫皇太后只不过是个木偶式的盖章工具而已。他们以为，年轻的寡妇和幼稚的小儿会有什么能耐，只能任其摆布，伏首就擒。其实，他们犯了一个战略性的错误，那就是完全低估了绝顶聪明的慈禧，虽然她只有27岁。慈禧哪肯善罢甘休，她当然要予以反击。

　　谕旨是皇权的重要象征。谁控握了谕旨的颁发权，谁就拥有了最高的皇权。这一点，双方心里都是十分清楚的。两宫皇太后坚决驳回了他们的奏章。并明确提出，关于谕旨，她们有授意权、审阅权、修改权、钤印权和否决权，即她们拥有皇帝的一切权力。这是一个不可退让的原则问题。双方僵持不下，"议四日"。最后，顾命大臣终于让步，两宫皇太后取得了第一个回合的胜利。这一争论，给她们留下了刻骨铭心的记忆。由此，她们也看透了顾命大臣觊觎皇权的野心。这就促使她们初步下决心，有朝一日一定要锄掉他们。

　　后来，御史董元醇上书皇太后，建议：第一，皇太后"暂时权理朝政，左右并不得干预"，即是说，皇太后亲掌皇权，任何人皆不得干预；第二，主张另选亲王辅政。这是说，在8位大臣中"掺沙子"，另派一、二位亲王加入其中。明眼人一看便知，这一奏章，是有来头的。后来得知，此奏章确实是得到了恭亲王奕訢一党的声援。两宫得此奏章，喜出望外，完全说到了她们的心里。顾命大臣得知有这么个奏章，于是便向两宫索要。后来两宫给

了他们。他们阅后，极为愤慨，便拟旨痛驳，然后将折旨一同交了上去。两宫看到他们草拟的痛驳董元醇的谕旨，十分气愤，便把谕旨压了下来，以期待回京再做处理。但顾命大臣不依不饶，甚至采用"搁车"即罢工的不顾后果的决绝手段，来要挟皇太后。皇太后看看无法，只得暂时容忍，同意了他们拟定的谕旨，照原样发下折旨。顾命大臣心满意足，"笑声彻远近"。甚至弹冠相庆，以为彻底击垮了年轻寡妇们的软弱的意志，从此可以天下太平了。

这一回合的斗争，显然是顾命大臣占了上风。但他们不知道，这是两宫皇太后的韬晦之计。她们暂时收缩起来，此时的蛰伏，是为了明日的再起。这一回合的斗争，表面上是顾命大臣胜利了，其实是为他们的倒台埋下了一颗重磅炸弹。如果说，只有前一回合的斗争，还使她们下不了搬倒对手的决心的话，那么，有了此一回合的斗争，就使她们毫不犹豫地下了铲除顾命大臣的最后的决心。因为，这一事件，使她们真切地看清了顾命大臣的庐山真面目。这场斗争，也就变得你死我活了。于是，两宫皇太后和恭亲王奕䜣联合起来，在回京的当天便发动了政变，这就是著名的辛酉政变，因为是辛酉年。又因改变祺祥年号而称"祺祥政变"，亦称"北京政变"。

**垂帘听政**

奕䜣身在北京，对避暑山庄的事情却了然在心。他到热河奔丧时，对肃顺等人处处表示谦让，暗中却敲定了政变的具体方案，然后又回到北京安排一应事宜。那拉氏借口护送灵柩是头等重要的大事，坚持要肃顺亲自承担这个任务，并布置奕䜣留守热河，相机行动。肃顺护送灵柩，走走歇歇，行动缓慢。那拉氏带着载淳抢先回到北京。奕䜣说动洋人，放出风来："只要怡亲王、郑亲王、肃顺继续掌政，我们就不认为中国已确实承认了《北京条约》。"

肃顺一行来到密云，住宿在行馆里。奕䜣接受那拉氏的密诏，从热河追赶上来，半夜

垂帘听政处

慈禧太后发动辛酉政变，从辅政八大臣手中夺取朝政大权，开始与慈安太后一起垂帘听政。此为养心殿东暖阁垂帘听政处。

中，以迅雷不及掩耳之势，包围行馆，逮捕肃顺。肃顺从被窝里被抓出来时，还咆哮着追问："凭什么抓我？"奕䜣回答："奉旨拿问。"肃顺说："我还是襄赞政务大臣，未曾革职，先要拿问，简直是奇闻！"奕䜣冷冷地驳斥道："既然有旨拿问，自然要革职，你不必多言！"

最后，咸丰任命的八位襄赞政务大臣，五个被革职，发往新疆效力赎罪。载垣、端华被赐令自尽。肃顺在宗人府被审问时还咄咄逼人地问道："新皇尚未登位，拿问我的谕旨盖的是何人大印？"主持审问的宗正回答道："用的是东、西两宫太后之印。"肃顺顿足叹息："罢！罢！好一个西太后！"在履行供词签字手续时，同时受审的载垣、端华迟疑着不愿落

笔，肃顺却痛痛快快地签了字。他对载垣、端华说道："承认也死，不承认也死，顾命大臣还想逃命吗？"宗人府判肃顺"凌迟处死"，那拉氏故作姿态，改为"斩立决"。

肃顺被锁进囚笼，拉往刑场处斩时，两旁观者如堵。一些人朝他扔瓦片石块。他当年曾主张减少八旗俸饷，那些锦衣玉食、好吃懒做的八旗子弟们，自然要对他恨之入骨。

政变之后采取何种体制，慈禧心中有数。她选择的是"垂帘听政"。慈安26岁，慈禧27岁，小皇帝才6岁。历史的经验提醒了她们。现实的教训又告诫了她们，皇权如不亲自掌握，自己就有可能奔赴黄泉。由皇权变黄泉，也只是一念之差，不可掉以轻心。因此，慈禧选中了垂帘听政。

在恭亲王奕訢的策划下，统带重兵的胜保和资深重臣贾桢等各上一奏折，吁请两宫皇太后垂帘听政。一外一内，一文一武，内外结合，文武兼备，造成中外大臣共同吁请皇太后垂帘听政之声势。水到渠成，顺理成章，用不着遮遮掩掩，乘上书之利势，借皇帝之名义，两宫皇太后发布谕旨，明令实行垂帘听政，让大臣们拟定垂帘听政章程，上呈。

但是，这里有一个祖制问题。清朝皇帝办事不敢轻易违背祖制。清朝列祖列宗从来没有垂帘听政的。如何垂帘，无祖制可循。大臣们的观念守旧，不敢突破祖制。大臣们虽绞尽脑汁，亦不得要领，根本拟定不出来垂帘听政章程。慈禧看他们迂直得可以，只得自己亲自出马，发布谕旨，点出垂帘听政章程要点。以此，大臣们方豁然开朗，事情才得以顺利进行。

咸丰十一年十一月初一日，举行了垂帘听政仪式，并废除了八大臣所拟的"祺祥"年号，改翌年为"同治"元年。一场凶险的争权大战至此以慈禧、奕訢的彻底胜利而告结束。

形势和机遇造就了一个有别于常人的慈禧太后。选择垂帘听政，对于她来说，是一个最佳选择。历史事实证明，在以后的48年中，确实没有再现皇权危机。但是这48年却是中国人民丧权辱国的48年，给中华民族带来了巨大的痛苦和耻辱。

# 洋务运动

## ——中国的富强之梦

　　19世纪中叶，英法联军发动了侵略中国的第二次鸦片战争。1860年侵略军打进北京、火烧圆明园，强迫清政府签订了丧权辱国的《北京条约》。面对内忧外患，清朝统治阶级内部意见分歧，出现了洋务派和顽固派。洋务派主张利用西方先进生产技术，维护清朝统治。顽固派因循守旧，盲目排外，仇视一切洋事物。

　　以大学士倭仁为首的顽固派，高唱"立国之道，尚礼义不尚权谋，根本之图，在人心不在技艺"主张"以忠信为甲胄，礼义为干橹"，抵御外侮。他们攻击洋务派学习西方先进生产技术是"陈义甚高，持论甚正"，然而"以礼义为干橹，以忠信为甲胄，无益于自强实际。二三十年来，中外臣僚正由于未得制敌之要，徒以空言塞责，以致酿成庚申之变"。洋务派与顽固派互相攻击，斗争十分激烈。总理衙门是推动洋务运动的中央机构。但洋务派势力主要不在清朝中央，而在掌握地方实权的总督和巡抚。慈禧明白，在内外交困的形势下，要保持清朝的统治地位，必须依靠拥有实力并得到外国侵略者赏识的洋务派。所以她暂采取了支持洋务派的策略。洋务派在中央以奕訢为代表，在地方以曾国藩、李鸿章、左宗棠、张之洞、沈葆桢、丁日昌为代表。从19世纪60年代到90年代，他们掀起一场"师夷长技以自强"的洋务运动。

轮船招商局　清

　　其实，向西方学习并非洋务派的创举，鸦片战争之前，林则徐就已经认识到了解西方的重要性；鸦片战争的失败又深深地刺激了有良心、有见识的士大夫们，他们沉痛地检讨了中国贫弱失败的原因，并大声疾呼要睁眼看世界，"知彼虚实，然后徐图制夷之策"。战后，中国出现了第一次学习西方的热潮。虽由于顽固守旧势力的极力阻挠，这股学西方的热潮慢慢冷却，但通过学习西方，他们认识到要救国就必须"师夷长技以制夷"这种思想是可贵的。值得一提的是魏源对"师夷长技以制夷"的认识远远超越同时代人。他所说的"长技"，并不是仅仅指西方精良的武器，而且指西方用以发展资本主义工商业的科技。这种思想影响深远。1860年前后中国社会出现的一股变革思潮就是这种"师夷长技以制夷"思想的继承与发展。洪仁玕、容闳、冯桂芬等都提出了发展近代工业的主张。而洋务运动的倡导者和推行者们只是第一次把这种主张付诸了实践。

　　1861年是洋务运动兴起的一年。这年初，恭亲王奕訢、大学士桂良和户部侍郎文祥联衔两次上奏。第一份上奏首先分析了当时清朝面临的国内外形势，认为太平天国是"心腹之害"，外国侵略者是"肢体之患"，从而确立了"灭发捻为先"和"外敦信睦"的大政方针，并提出了设立总理各国事务衙门和三口通商大臣等6项建议。一旬后的第二份上奏则强调指出："探源之策，在于自强，自强之术，必先练兵。"首次喊出了"自强"口号，确立了从制器练兵入手的洋务方略。接着，在京设立了负责经办洋务外交的中央机构——总理各国事务衙门，奕訢等人担任大臣。又在天津设立了三口通商大臣，崇厚充任此职。从此，在清廷中央统治集团中，便开始分化出了以奕沂为首的洋务派。

在地方官僚地主士绅中，也逐渐集结起一批洋务派。这批人大多数以镇压太平天国运动起家，逐渐成为掌握地方实权的人。他们以曾国藩、李鸿章、左宗棠、沈葆桢等人为代表。曾国藩提出"师夷智以造炮制船"，1861年设立了安庆军械所，开始用机器制造枪炮和轮船，成为最早发动洋务运动的地方官员，是首开风气者。

继曾国藩之后，李鸿章成为洋务运动的最重要首领。他担任直隶总督兼北洋大臣，经办洋务外交，竭力提倡办洋务。他提出了"外须和戎，内须变法"的洋务总纲，得到了多数洋务论者的认同。在洋务的召唤下，一批买办转而投身洋务企业，一些清流派人物也转化为洋务派，张之洞就是突出的例子。他担任湖广总督后，以"中体西用"作为办洋务的指导思想，在湖北办了一系列洋务企业，成为能与李鸿章相抗衡的后期洋务首领。综观30多年洋务运动的主要内容，可以归纳为四个方面。

一、制器练兵的军事方面。清政府对内、对外战争实践表明：旧式军队既不能镇压人民起义，更无力抵抗外国的侵略。这使洋务派感到讲求火器、训练新式军队为刻不容缓之事。1862年，奕訢就主持挑选京兵和绿营兵在天津接受西式训练，不久李鸿章也废弃了旧式武器而将淮军改为洋枪队。1865年，在曾国藩、李鸿章、丁日昌等人的积极筹划下，在上海办起了中国第一个大型军火工厂——江南制造总局，制造枪炮、子弹、火药和轮船等。次年，左宗棠在福建马尾创办了福州船政局，由法国人日意格和德克碑担任正副监督，由法国进口机器，雇用法国技师、工头数十名，开始制造舰船。至甲午战争前，先后制造大小舰船30余艘。1865年，李鸿章升任两江总督，将原苏州洋炮局的一个车间迁往南京，扩充为金陵机器制造局，以英人马格里为技师，重点制造弹药。1867年，三口通商大臣崇厚在天津设立了天津机器局，以英人密妥士为总管。1870年李鸿章接任直隶总督，接办了该局并加以扩充，使之成为当时最大的制造火药工厂。此外，其他一些省区也相继成立了军火工厂，如西安机器局、兰州机器局、广州机器局、山东机器局、四川机器局、湖北枪炮厂等。

二、振兴商务的经济方面。19世纪70年代以后，洋务派求强的内容扩展到经济方面，开始了以"振兴商务"为中心的"求富"活动，重点兴办工厂、矿山、水陆交通运输、电信等民用工业。其目的一方面为发展军事工业筹集资金；另一方面也为了挽回部分丧失的权利。1872年，李鸿章在上海创办了轮船招商局。这是洋务派创办的具有私人资本的第一个大型民用企业，采用官督商办的经营方式，开

梳棉机　清

局时只有轮船3艘，1877年购买了美国旗昌洋行的18艘轮船后，成为能与外国轮船公司相抗衡的大企业。1876年，李鸿章委派招商局总办唐廷枢赴开平勘查煤矿，发现该地煤质好，储量大，于1878年设立了开平矿务局，也采用官督商办形式。该局1881年开始出煤，同时修筑了唐山至胥各庄的我国第一条铁路。由于交通转运方便，该局产量逐年上升，

效益甚佳。1878 年，李鸿章在上海筹办机器织布局，几经周折而设立，郑观应任总办。1882 年奏准十年专利，1890 年投产。1880 年李鸿章在天津设立电报总局，奏请敷设天津至上海电线，以盛宣怀为总办，用招商集股形式敷设了东南沿海各省电线，1884 年总局迁往上海。80 年代末，张之洞调任湖广总督后，在武汉筹建了湖北织布官局和汉阳铁厂。布局采用官办形式，1893 年建成开车生产。铁厂设于汉阳大别山下，也为官办，至 1894 年建成投产，成为当时亚洲最大的钢铁厂。

三、造就人才的文教方面。要进行中国的近代化建设，需要大批的新型人才，正如洋务派所指出的："必求洞达时势之英才，研精算数之通才，练习水师之将才，联络中外之译才。"这种人才是旧式书院和封建科举制度无法培养造就的。因此，洋务派只好另辟蹊径，一方面创设新式外语科技学堂以培养新型人才；另一方面选派留学生出国深造。自 1862 年起，奕訢在京师创设了同文馆之后，沿海各省相继开办外语、科技学堂，至甲午战争时期，此类学堂已达 20 多所。与此同时，从 1872 年，中国派出首届留美幼童开始，陆续派出了留美和留欧学生，为我国培养了一批具有较高水平的外语科技专门人才。此外，洋务派还开始改造旧式书院，使之中西兼学，并建议变通科举考试制度，另开洋务进取一格。所有这些，都体现了文化教育向近代化迈进。

四、创设近代海军。自 1874 年日本侵台后，清政府即开始筹建近代海军，命李鸿章、沈葆桢分别筹办北洋和南洋海防事宜，并拨专款向英德订购军舰。1879 年沈葆桢死后，李鸿章重点建设了北洋海军。他在天津设立海军营务处和水师学堂，派员分赴英、法学习海军，并先后在旅顺、威海卫修筑军港。1888 年制定《北洋海军章程》，北洋海军编练成军，共有军舰 25 艘，官兵 4000 余人，由淮军将领丁汝昌担任提督。在甲午战争中，北洋海军与日本舰队几经交战，最后在威海卫战斗中全军覆没。

洋务运动是一批开明的封建官僚士大夫倡导发动的，以向西方学习、谋求富国强兵为主要内容的改革运动，也是中国早期近代化运动。它引进了西方先进生产力，在中国兴办了第一批资本主义性质的近代企业，创设了第一批近代学堂，派出了第一批留学生，修筑了第一条铁路和电线，迈开了中国走向近代化的步伐，为西方先进科学技术在中国的传播开辟了道路。它也促使中国阶级关系发生了变化，加速了中国资产阶级和无产阶级的诞生。然而，它是由封建官僚倡导的一场停留在经济层面上的改革运动，这种改革不仅受到了外国侵略者的干扰，也受到了清廷中央权力的制约。清廷中央始终没有把洋务政策上升为国策。同时由于阶级和时代的局限，洋务派一些决策人物思想上崇洋媚外和外交上的妥协求和。也是导致洋务运动失败的原因之一。洋务运动的实践表明，在半殖民地的旧中国，依靠封建官僚士大夫实行的枝节改革，是不可能把中国引向资本主义近代化的。

 简 评

洋务运动增强了清政府镇压太平天国运动的实力，也有抵制外国侵略的一面，但最终目的是维护清王朝的封建专制统治。从倾向性看，洋务派要求改变祖宗之法，反对顽固派盲目排外，主张学习西方先进科学技术，既顺应发展了"新思想"，又对后来的资产阶级维新思想产生了重要影响。从客观效果看，洋务运动虽然没有使中国走上富强道路，但对外国资本主义的经济侵略起了一定的抵制作用，对中国民族资本主义的产生起了诱导作用，建起中国第一批近代工业，是中国从传统手工生产发展到大机器生产的转折点，发展了中国近代的军事和教育，造就了一批具有资产阶级思想的知识分子，在整体上促进了中国民主革命和近代化的进程。

# 清末的边疆危机

## ——19 世纪的警钟

从 19 世纪 70 年代开始，世界各主要资本主义国家先后向帝国主义阶段过渡。日本和德国的崛起，扩大了资本主义国家的队伍。日本经过 1868 年的"明治维新"，迅速走上了资本主义发展道路。德国于 1870—1871 年的对法战争获胜，国内也实现了统一。日、德两国很快就扮演着与英、法、俄、美并驾齐驱的资本主义强国的角色。在此期间，资本主义列强为了扩大市场、倾销商品和争夺原料产地，加紧对外侵略扩张，开始了在全球范围内掀起夺取殖民地高潮，分割世界领土的斗争愈演愈烈，达到了极其尖锐的程度。

远东地区是资本主义列强角逐的焦点。中国及其邻国是西方列强攫取的主要对象。西方列强在继续对外侵略扩张的过程中，对中国的周边造成了日益严重的威胁。它们在把中国周围的邻国逐个攫取为殖民地或"保护国"之后，便明目张胆地向中国边疆地区大举进犯。日、美出兵侵略台湾，俄、英争夺新疆，英国窥视云南、西藏，造成了中国边疆地区的新危机，使中国的边疆烽火连天，危机四伏。

### 海疆危机

这次边疆危机，首先燃起报警烽火的是东南海疆，来犯者主要为美国和日本。

1847 年和 1849 年，美国海军曾两次派舰艇驶往台湾，勘察矿藏，1867 年，美国政府借口它的失事船只"罗佛"号的 7 名水手在台湾遇害，公然派出海军上将培尔率领的军舰两艘、陆战队 181 人，在台湾岛南部登陆，向当地的高山族人民进攻；美国驻厦门领事李仙得又以与高山族领袖谈判为名，亲赴台湾进行刺探情报，他先后对台湾岛的海岸、港口以及岛内政治、经济情况等搜集了大量资料。由于遭到台湾人民的有力抗击，美舰才不得不中止对台湾的侵略，李仙得也离开了台湾。

从 19 世纪 70 年代起，日本成了侵略台湾的最危险的敌人。它当时有强烈的向外侵略扩张的要求，目标是朝鲜和中国的台湾。日本在强迫琉球国王接受其"藩王"封号后，便于 1873 年 3 月利用 1871 年琉球船民几十人因船失事漂流到台湾遇难一事，派外务卿副岛种臣到北京，向清政府总理衙门提出交涉。1874 年初，日本决定向台湾进兵。4 月，日本设立"台湾藩地事务局"，任命大隈重信为局长，在长崎设立侵台的军事基地；又以陆军中将西乡从道为"台湾藩地事务都督"，负责指挥侵台军事。1875 年，日本出动陆、

左宗棠像

海军 3000 余人，在西乡从道率领下，悍然进攻台湾。5 月，日军在台湾南部登陆。

日本的这一军事行动，是得到美国支持的。1872 年，美国驻日公使德隆就曾怂恿日本侵略台湾，并推荐曾担任过美国驻厦门领事。1867 年美国侵犯台湾时参与其事的李仙得充当日本外务省顾问，成为日本侵台的有力谋士。美国支持日本侵台，目的是企图从中渔利。

日本侵略军于 1875 年 5 月登陆后，遭到当地高山族人民的英勇抗击。并先后打死打伤日军五六百人，迫使日军退踞龟山。

清政府得知日军侵台的消息后，一面向日本政府提出抗议，一面派福建船政大臣沈葆桢为"钦差办理台湾等处海防兼理各国事务大臣"，要他带领轮船、兵弁，以巡阅为名，前往台湾察看，又命福建布政使帮同办理。

在高山族人民的坚决抗击下，侵台日军伤亡不断增多，日军已经吃不消了。现在清军增援部队又开到台湾，日本要以武力霸占台湾更难以得逞。于是，日本便进行外交讹诈。日本政府在发动侵台战争后不久，便派柳原前光为驻华公使，随后又任命大久保利通为特使，来华交涉。英、美驻华公使也乘机出面"调停"，一起逼迫中国。清政府主持外交事务的李鸿章也力主与日本议和。10 月，清政府由奕䜣、李鸿章等为代表，与日本特使大久保利通在北京举行谈判。10 月 31 日，中日订立《台事专约》（又称《北京专约》）3 款，规定中国给日本"抚恤"、"偿银"50 万两，作为日本从台湾撤军的条件；专约还承认台湾高山族人民"曾将日本国属民等妄为加害"，日军侵台是"保民义举"。后来，日本以此为依据，硬说中国已承认琉球为日本的属国，乃于 1879 年正式吞并琉球，废除其国王，将琉球改为冲绳县。

### 陆疆危机

正当日本在中国东南沿海点燃侵略台湾的战火时，在西北边疆，野心勃勃的沙俄把魔爪伸入中国新疆。

1864 年 10 月，沙俄强迫清政府签订了中俄《勘分西北界约记》，割占了中国西部 44 万多平方公里领土。此后，沙俄妄图鲸吞整个新疆，进而南下与英国争霸南亚地区。

1864 年，新疆回民在陕甘回民反清斗争的影响下爆发了大规模的反清举事。这些武装暴动一开始就被反动封建主窃取了领导权，他们实行封建割据，有的甚至进行通敌叛国的罪恶活动。喀什噶尔的封建主金相印为了攻下汉城，竟向浩罕汗国乞师。浩罕的统治者派部将阿古柏于 1865 年乘机自中亚进入南疆，1867 年阿古柏宣布成立"哲德沙尔国"（意即七城国）。自立为汗。1870 年，阿古柏控制了南疆全部和北疆的一部分。阿古柏虽力图同时勾结英国和沙皇俄国。但俄国为了防止阿古柏势力的进一步扩张，并乘机侵略中国，竟借口"安定边境秩序"，于 1871 年 7 月悍然出兵强占中国新疆的伊犁地区，美其名曰"代为收复"，实际上却设官分治，占地垦殖，对当地中国居民征收重税，把伊犁地区置于阿拉木图的沙俄行政长官管辖之下。

英国见沙俄侵入新疆，也不甘落后，梦想以印度为基地，侵占西藏，插足新疆，以排挤沙俄侵略势力。1874 年，英国同阿古柏签订正式条约，承认阿古柏政权，并以提供枪支弹药为条件，取得了在阿古柏统治区通商、驻使、设领事馆等特权。

1876 年至 1878 年，清政府命左宗棠为钦差大臣，率军出关西征，在新疆人民的支持下，收复被侵占的地区。俄国拒绝退出伊犁，1881 年 2 月，逼迫清政府签订中俄《伊犁条约》，从中国夺去了霍尔果斯河以西 7 万多平方公里土地。

在西南边疆，中国也遇到了英法帝国主义的入侵。19 世纪六七十年代，法国先后用武力强占了中国邻邦越南。1883 年 12 月，法军突然进攻应越南国王之邀驻守中越边界的抗法清军。中法战争爆发后，虽然有刘永福黑旗军的英勇杀敌，但以慈禧太后为首的清朝统治者妥协求和。1884 年 5 月，在天津签订了《中法会议简明条款》。根据条约，清政府承认法国对越南的保护权，中国撤退驻越军队，并在中越边境开埠通商。

同年 6 月下旬，法军向驻守谅山的清军发起攻击，再次挑起战争。8 月 23 日，法军袭击马尾军港，福建水师全军覆没，马尾船厂毁于一旦。8 月 26 日，清政府对法宣战。1885 年 3 月 23 日，法军猛袭镇南关，冯子材身先士卒，杀入敌阵，经过激烈战斗，取得镇南关大捷，乘胜攻克凉山，整个形势对抗法斗争十分有利。但是，清政府却在胜利声中屈辱议和。6 月，签订《中法会订越南条约》。中国"不败而败"，法国"不胜而胜"，从此中国西南门户洞开。

英国，此时也在中国的西南边疆挑起了衅端，将侵略的触角伸到了中国的云南和西藏。1876 年，英国驻华公使威妥玛借口"马嘉理事件"对清政府大肆讹诈。

台湾新竹军民抗击日军图

"马嘉理事件"发生于 1875 年初的云南边境上，它有多年的历史背景，而根源在于英、法都想从边境外抢先侵入中国云南。1868 年，英国第一次派出所谓"探险队"从缅甸的八莫出发，闯入中国边境，妄图从腾越（今腾冲）进入大理，由于遭到控制这一地区的杜文秀回民起义军的阻挡，未能达到目的。法国不甘落后，1866 年组成"探测队"，从越南的西贡出发，探测从湄公河（澜沧江下游）通往中国的可能性，结果发现该河上游不能通航，于是把注意力移到北越，想从这里取得进入云南的通路。

1874 年，英国又成立一支由 193 人组成的武装"探路队"，由上校军官柏郎率领，从缅甸的曼德勒出发，北上探测滇缅陆路交通。英国驻华使馆向清政府谎称这是少数人的"探路队"，是来华"游历"的，还特地选派英国驻上海领事馆的翻译官马嘉理前往云南接应。1875 年 2 月，马嘉理带柏郎的武装"探路队"擅自越境，闯入云南的蛮允附近。2 月 21 日，马嘉理被当地人民盘问，他态度蛮横，并开枪行凶，愤怒的群众把他打死。柏郎被迫退回缅甸。"马嘉理事件"的是非曲直，明明白白，它是英国蓄谋侵犯中国边境引起的。英国驻华公使威妥玛却向清政府提出以断绝外交关系，增派军舰来华相威胁。1876 年 2 月，英国派出 4 艘军舰，由印度来华，为威妥玛的外交讹诈助威。在英国的多方威胁下，9 月 23 日李鸿章与威妥玛在烟台订立了中英《烟台条约》16 款，规定中国赔偿白银 20 万两，派专使赴

## 历史大事全知道

英赔礼道歉。另外，还议定了英国人入藏"探路"专条，规定英国可派"探路队"从北京出发，经甘肃、青海，或者由四川进入西藏，转赴印度；也可派员由印度进入西藏。英国侵略者通过中英《烟台条约》和"另议专条"，除攫取更大的通商、领事裁判权外，着重注视着中国的西南边疆，尤其是对西藏更是虎视眈眈。

资本主义列强的加紧侵略扩张，对中国的边境造成了日益严重的威胁。中国的边疆地区普遍受到外国资本主义侵略的压力，危机几乎同时出现，标志着中国边疆普遍危机的开始。

 简　评

19世纪末的边疆危机使得中国丧失了大量的领土，对中国后来的版图产生了重大的影响。很多后来的领土纠纷就是在这个时期埋下的伏笔。同时，边疆的危机激发了中国人民反对侵略、挽救国家民族的热情。另外，为了防止领土的丧失，清政府采取的一些措施，比如台湾和新疆建省等，基本上为后来所继承，有一定的积极意义。

# 甲午中日战争

## ——半殖民地的进一步加深

　　1868 年 1 月 3 日（日本庆应 3 年 12 月 9 日），东瀛之国——日本的明治天皇接受"大政奉还"，宣布"王政复古"，推行维新。从此，日本走上了资本主义发展的道路。

　　新政权建立初期，百废待兴。新政府成立不久就派了以岩仓具视为首的使节团出使欧美各国，希望与之商讨废除不平等条约的事宜，但是，使节团在废约方面四处碰壁，加之缺少外交经验，吃了不少苦头。使节团虽然在废约方面不成功，但是却见识到了西方的先进技术、强大的武器和肆意欺凌弱小国家的外交政策。使节团回到日本后。为了取得欧美列强的支持，决定保留以前签订的不平等条约。与此同时，日本又把扩张的目光投向了自己的近邻：朝鲜和中国。

　　日本新政权成立不久，即开始鼓噪"征韩论"，推行"征韩外交"。为了在东北亚国际关系上置朝鲜于"下位"，1871 年 7 月，通过与中国签订《修好规约》，日本取得了与中国对等的国际地位。1873 年，日本曾一度策划"征韩"。但是由于内部矛盾而作罢，转而发动了侵略台湾的战争。日本的侵台战争受到了中国军民的奋力反击，军事上的失利使日本政府一筹莫展，但是腐朽的清政府竟然以赔款 50 万两的代价使日本撤兵，使日本政府认识到了清政府的软弱无能，为以后的战争埋下了伏笔。

　　之后，日本一方面大力发展经济，一方面大力扩充军备，同时对东亚国家伸出了黑手。1876 年日本与朝鲜签订了《江华岛条约》，条约规定朝鲜为自主之邦，否定了清王朝对朝鲜的宗藩关系，为日本确立对朝鲜政治上的独占权提供了前提。该条约与随后签订的《通商章程》还规定：除釜山港外，另开两港与日本贸易。承认日本人在开放口岸有居住、经商、租借土地、营建家屋的权利，同时给予日本领事裁判权和无税贸易等特权。1879 年，日本将琉球改名为"冲绳"，

*李鸿章与伊藤博文等人会面图　清*

不久又出兵琉球，把琉球王押送东京，正式吞并了琉球。在这两起事件面前，清政府的反应都显得过于无力，不是拖延，就是不闻不问，这样更加刺激了日本的胃口，酝酿着更大一次的动作。

### 中日开战

　　1894 年 5 月，朝鲜爆发东学党起义，朝鲜国王请求清政府派兵协助镇压。当时负责朝鲜事务的是直隶总督兼北洋大臣李鸿章。6 月 5 日，李鸿章派直隶提督叶志超、太原镇总兵

聂士成率兵 1500 人渡海赴朝。日本探知消息，早于 6 月 2 日便开始向朝鲜派兵，6 月 5 日成立了战时大本营，同时派出一支七八千人的混成旅，火速运往朝鲜。6 月 8 日，日本侵略军先头部队在仁川登陆。6 月 10 日，从仁川到汉城一带战略要地，全被日军控制，并逐渐包围驻守牙山的清军。战争一触即发。

面对日本的侵略态势，李鸿章大为惊慌，既不敢抵抗，也不敢增援，进退失据。他建议两国同时撤兵，以求早日"收场"，但被日军拒绝。这时，国内的舆论强烈要求清政府增援备战。在清朝统治集团内部，却爆发了主战与主和的激烈斗争。以慈禧太后为首的后党极力主和。慈禧是个骄奢淫逸、贪婪成性的权欲狂，她这时虽然"还政"于光绪帝，但仍然攥住军政实权不放。这年正是她的 60 寿辰。为了举办盛大庆典，从年初开始就在北京大兴土木，从紫禁城到颐和园，沿路搭盖彩棚。她极力反战，因为一旦爆发战争，非但"万寿庆典"办不成，而且她的统治地位也有被削弱的危险。李鸿章正是她的依托和支柱。以光绪帝为首的帝党竭力主张整顿军旅，抵抗侵略。光绪帝的抗战主张，一方面体现了国内公众舆论的意向，另一方面也是为了摆脱慈禧的控制，争取他自己的权力、地位。因此，他多次谕令李鸿章"整军奋击"。李鸿章依恃慈禧做后台，对光绪帝阳奉阴违，仍极力推行"以夷制夷"政策，乞求俄、英等国调停，以达到避战自保的目的。然而列强各国都居心叵测，为了各自的利益，暗中怂恿日本发动侵略。李鸿章的"调停"希望破灭。

1894 年 7 月 24 日，李鸿章迫于光绪帝和主战派的压力，派卫汝贵、马玉昆、左宝贵、丰阿等四军，从辽东渡鸭绿江进军平壤，又雇用英国商船"高升"号运兵增援牙山，由北洋舰队的济远、广乙、扬威三舰护航。日本获悉情报，派遣联合舰队去进行截击。

7 月 25 日凌晨，济远、广乙二舰从牙山返航，行至牙山口外的丰岛海面，正与日本吉野、浪速、秋津洲三舰相遇。日舰立即向济远、广乙开火，日本侵略者不宣而战，正式挑起了侵华战争。这年农历是甲午，历史上称为甲午战争。北洋舰队被迫还击。战斗开始不久，广乙便中弹起火，管带林国祥命令南驶搁浅，然后将军舰炸毁。济远势孤，管带方伯谦贪生怕死，命令挂上白旗，向西逃跑。吉野紧追不舍。在紧急情况下，爱国水手王国成、李仕茂抗命发炮回击，连发 4 炮，3 发命中吉野，吉野受伤逃遁。济远驶往威海卫。正当日舰炮击济远时，高升号运载士兵由天津驶至。高升号被日舰包围。日舰逼迫高升号投降，遭到船上千余名中国将士拒绝，日舰接连开炮，高升号被击沉，船上官兵大部分壮烈殉国。

就在同一天，日军 4000 多人向牙山清军发起进攻。主将叶志超弃守牙山，逃往平壤。聂士成在成欢驿率部迎战，因众寡悬殊，也不得不撤回平壤。

8 月 1 日，中日两国同时正式宣战。

### 甲午海战

战争爆发后李鸿章在慈禧的支持下，仍然采取消极抵抗的战略方针，命令陆军可守则守，不可守则退；命令海军"保船制敌"，"但令游弋渤海内外，作猛虎在山之势"，不得与日舰拼击。这种妥协退让的政策，助长了日本侵略者的嚣张气焰，压抑和破坏了广大爱国将士的抗敌热情。

9 月 15 日，日本陆军分四路进攻平壤，中国军队奋勇还击。马玉昆部在平壤南门重创日军。左宝贵部坚守玄武门，也给敌人重大杀伤。但左宝贵不幸中炮牺牲，玄武门失守。这时，统帅叶志超贪生怕死，再次下令撤退，丢下大量军火物资，仓皇逃跑，一路狂奔 500 里，渡过鸭绿江，退到了凤凰城。

在海上，日本联合舰队寻求与北洋舰队决战。

9 月 16 日，海军提督丁汝昌率北洋舰队护送援军至大东沟，9 月 17 日从大东沟返航，上午 11 时，行至大东沟以南黄海海面，正与日本舰队相遇。日舰共 12 艘，以松岛为旗舰。北洋舰队是 10 艘，以定远号为旗舰。丁汝昌发现日舰后，即令各舰开火，以定远、镇远两艘铁甲舰居中，为"人"字阵列迎战。12 时 50 分，双方开始交火。北洋舰队远远地发出第一排炮弹，都没有命中。日本吉野等四舰，凭借它的快速，横越定远、镇远两铁甲舰，绕攻右翼超勇、扬威两小舰，超勇中弹起火，旋即沉没，扬威也中弹起火，驶出阵外救火，因搁浅而失去战斗力。与此同时，定远舰因施放大炮，船身猛簸，致使站在飞桥上督战的丁汝昌摔下受伤，于是由定远号管带刘步蟾代他指挥，丁汝昌仍坐在甲板上鼓励士气。定远等舰猛击日舰比睿、赤城，致使日舰遭受重大伤亡，退出了战列。

战斗进行到下午两点半钟，号称日本精锐的吉野等先锋队 4 舰由北洋舰队右翼向左回旋，驶至定远前方，并向中国旗舰逼进，企图施放鱼雷。这时，致远舰管带邓世昌见旗舰遭遇危险，为保护旗舰，下令开足机轮，疾驶至定远之前迎战日舰。致远受到日本吉野四舰围攻，在激战中多处受伤，舰身倾斜，而且弹药将尽。

下午 3 点钟前后，致远正与吉野相遇。邓世昌眼中射出怒火，对帮带大副都司陈金揆说："倭舰全靠吉野，如果把它击沉，足使倭奴丧气！"于是加大马力，朝吉野冲击，誓与它同归于尽。吉野急忙躲避，同时施放鱼雷，致远被鱼雷击中，机器锅炉迸裂，顷刻沉没。邓世昌以下将士 200 余名，除 20 多名获救，其余全部壮烈殉国。

邓世昌原名永昌，字正卿，广东番禺人。18 岁考入福州沿政学堂学习航海。1875 年任海东云炮舰管带，1880 年调到北洋舰队，任飞霆炮舰管带，1887 年，接收订购致远等四艘快舰，回国后担任致远管带，一直

中日甲午海战图 清

到黄海海战。邓世昌平时严格训练，军事业务熟练，同事们赞他使船如使马。邓世昌常说："人谁不死，但愿死得其所！"丰岛海战后，北洋广大将士齐感义愤，誓与日军决胜负于海上。邓世昌对部下将士说："设有不测，誓与敌舰同沉！"他与致远广大将士终于实践了自己的誓言。

除致远外，经远舰在管带林永升指挥下，与敌舰激战，林永升中弹阵亡，经远舰随之被击沉。全船将士 200 余人，仅 6 人获救，其余都壮烈牺牲。处在北洋舰队左翼的济远、广甲二舰，见致远沉没，竟可耻逃跑。管带方伯谦、吴敬荣成了民族千古罪人。

黄海之战，日本军舰重伤 5 艘，北洋舰队沉没 5 艘，北洋舰队的损失比日本舰队大。但是北洋舰队仍保持相当的战斗力。可是此后，李鸿章为了保住自己利益，再不敢要北洋舰队出战，竟把舰队深藏于威海卫，以致 1895 年 2 月被日本舰队覆灭。中国最终战败。

**《马关条约》**

由于中国的战败，被迫签订不平定条约。1895 年 4 月 17 日，和约签订，史称《马关条约》。《马关条约》正约十一款，附有"另约"和"议订专条"。其主要内容有：（1）中国承认朝鲜"完全独立"（实质是承认日本对朝鲜的控制）；（2）中国割让辽东半岛、台湾全岛及附属岛屿、澎湖列岛给日本；（3）赔偿日本军费二亿两，分八次在 7 年内交清。在交清第一次赔款后，余款按年加每百抽五的利息；（4）开放沙市、重庆、苏州、杭州为通商口岸，日船可以沿内河驶入上述各口搭客装货，日本可以在通商口岸任意设立工厂，其产品得免征各项杂税，日本货物均可设栈寄存。

《马关条约》是帝国主义压迫中国，把中国变为半殖民地和殖民地过程中的一个严重步骤。条约规定清政府承认日本控制朝鲜，使日本终于实现了 20 多年梦寐以求的扩张目标，并把朝鲜变成入侵中国的桥头堡。条约规定了巨额战争赔款，加上后来"赎还"辽东半岛的款项，总共 2.3 万两，相当于清政府全年财政收入的 3 倍。清政府除了进一步搜刮人民外，只得大借外债，而列强通过附有苛刻政治条件的贷款，进一步加强了对中国的控制和掠夺。条约允许日本在华直接设厂，西方列强援引"利益均沾"的特权，同样享有这项权利。甲午战争后，列强便争先恐后地到中国开设工矿企业或修筑铁路，直接掠夺中国的原料和劳动力，沉重打击了尚未成长的中国民族工商业，阻碍中国生产力的发展。四个新通商口岸的开放和内河航行特权的攫取，使各国得以深入长江流域广阔地区，直接掠夺那里丰富的资源和倾销商品，加深了中国经济的半殖民地化。

 简　评

甲午战争前，远东地区基本是俄、英争霸，中国和日本的情况虽有不同，但都受到不平等条约的制约。甲午战争的胜利，改变了帝国主义在东亚的格局，使日本一跃成为亚洲强国，完全摆脱了半殖民地的地位。而中国的国际地位则一落千丈，国势颓危。日本占领朝鲜、台湾后，在战略上对东北、华东构成了直接威胁，成为进攻中国大陆的跳板，给中国带来了无穷的后患。战后《马关条约》中割地的规定，成了中国被列强瓜分的危险信号。

# 百日维新

## ——维新变法也不能救中国

19世纪七八十年代以来，中国民族资本主义在帝国主义和封建主义的双重压迫下有了初步发展。少数先进知识分子目睹了清朝统治的极端腐败，痛感民族危机不断加深，又害怕各地此伏彼起的群众斗争风暴危及清王朝的统治，强烈地要求改变现状，主张学习西方资本主义，发愤图强，进行社会改革。在政治领域的代表人物是康有为、梁启超、谭嗣同、严复。

康有为是维新派的领袖人物，早年所学为传统儒学，后来读到了一些由中国人编写的介绍西方的书籍，对西方有所了解。他家居广东南海县，后又到香港游历，思想发生了变化，认为西方人治理国家很有法度，不能一概看成"夷敌"，立志讲求西学，进而又阅读了西方传教士在中国编写的《万国公报》、《环游地球新录》等。自己编写了《康子内外篇》，预言世界将发生三个变化：其一，君不专，臣不卑；其二，男女轻重同；其三，良贱齐。开始运用生吞活剥学来的自然科学知识解说人类社会，他说天地生人，根本平等。这些都成为他写《大同书》的草案，他还接受了廖平的"三世说"。作为维新变法的理论根据，他吸收了西汉儒学今文经学派与西学，其思想是以西方为营养哺育出来的学说，又披上了古老的西汉经学外衣。

第二个重要人物为梁启超，他是康有为的学生，是维新派出色的宣传鼓动家，他办刊、办报，扩大维新变法的影响。第三位是谭嗣同，他是激进的改良主义思想家，也是维新变法最突出的一位，其激进程度要比其他人高一筹。第四位是严复，他对西方的了解最全面、最深刻，他是跨出国门的留学生，翻译了《天演论》，宣扬"物竞天择，适者生存"的理论。他说：弄不好，有一天我们会被开除出地球。

1888年，康有为利用在北京参加顺天乡试的机会，第一次上书光绪帝，陈述了变法图强的必要性和紧迫性，指出：如果继续因

梁启超像

康有为像

循守旧，则"强邻四逼于外，奸民蓄乱于内，一旦有变，其何以支"？他要求皇帝赶紧"变成法，通下情，慎左右"（《康有为上清帝第一书》），以挽救国家的危亡。由于顽固派的阻挠，这封上书没有被递上去。于是，康有为于1891年回到广州，设立"万木草堂"学馆，招收学生讲学，培养维新骨干。其学生梁启超、陈千秋、麦孟华、徐勤等人成为后来变法维新运动的骨干。在此期间，康有为先后撰写了《新学伪经考》和《孔子改制考》。这两部著作的问世，对当时的思想界震动很大。康有为在这部著作中，用西方资产阶级的进化论和自

由平等学说作武器，有力地冲击了顽固守旧势力，奠定了资产阶级改良派进行变法维新的理论基础。同时，康有为在社会上也获得了一定的声誉。

1895 年中国在中日甲午战争中失败，被迫签订了《马关条约》。它震动了所有帝国主义国家，大大加速了它们争夺中国的步骤，强占"租借地"，划分"势力范围"，迅速掀起瓜分中国的狂潮，民族危机日益严重。全国人民痛心疾首，强烈反对签订卖国的《马关条约》。正在北京参加会试的康有为愤慨异常，发动了参加会试的 1300 多名举人，联名上书光绪皇帝，痛陈对日割地赔款，提出"拒和、迁都、变法"的主张。这次"公车上书"后，康有为一边接连不断地上书，反复强调必须赶紧变法的道理和变法的主张；一边在北京、上海组织强学会，发行《万国公报》（后改名《中外纪闻》）和《强学报》。梁启超、谭嗣同、唐才常、严复等先后在上海、湖南、天津等地创设《时务报》、《湘报》、《国闻报》，以"变法图强"为号召，掀起维新运动的高潮。康有为、梁启超等维新派人士的变法主张得到光绪帝及翁同龢等帝党官僚的支持，同时也给维新派带来了很大希望，这样在反对后党，实行变法中逐步联合起来，企图通过自上而下的政治和经济的改革，发展资本主义，达到救亡图强的目的。

1897 年冬，德国出兵强占胶州湾；沙俄舰队驶入旅顺湾，强租旅顺大连，帝国主义瓜分中国的危机日亟，康有为从广东赶到北京，在 12 月和第二年的 1、2 月间，连续 3 次上书（即第五至第七上皇帝书），除再次强调变法维新的紧迫性外，在 1 月 29 日所上《应诏统筹全局析》（第六书）中，提出变法的具体办法：（1）"大普群臣以定国是"；（2）"立对策所以征贤才"；（3）开"制度局"以定新制。制度局下分设法律、度支、学校、农局、工局、商局、铁路、邮政、矿务、游会、陆军、海军 12 局，分别推行各项新政。4 月，康有为等在北京组织保国会，仍以救亡图存相号召，提出"保国、保种、保教"三项宗旨，并决定在北京、上海各设总会，各省、府、县均设分会，以讲求变法、讲求内政外交和讲求经济实效，协助政府进行治理国家，实际企图建立至上而下的变法机构。

1898 年春夏之交，光绪与慈禧的争权斗争日趋激烈。光绪帝决定接受维新派的改革方案，以摆脱自己的傀儡地位。6 月 11 日（四月二十三日）他根据康有为所提出的变法措施，颁布了"明定国是"诏，宣布变法维新，引用维新人士，自此到 9 月 21 日（八月初六）的 103 天间，颁布了几十条维新法令，推行新政。主要包括：经济方面设立农工商总局，开垦荒地，提倡私人办实业，奖励新发明、新创造，凡著新书、创新法、制新器等各种有利生产发展者，即赏给官职或给予专利；设铁路、矿务总局，修筑铁路，开采矿产；设立全国邮政局，裁撤驿站；改革财政，编制国家预算；取消旗人的寄生特权，准其自谋生计。文教方面改革科举制度，废八股，改试策论；设立学堂，提倡西学，开办京师大学堂，下令各省、府、厅、州、县，将现有之大小书院，一律改为兼习中学西学的学堂；设立译书局，翻译外国新书；允许创立报馆、学会；派人出国留学、游历。政治方面删改则例，裁汰冗员，撤销闲散重叠机构，许大小臣民上书言事，严禁官吏阻格。军事方面力行保甲，实行团练，裁减旧军，重练海陆军等等。史称"百日维新"。在短短的 3 个多月中，光绪所颁布的诏令，虽然大部分是一纸空文，

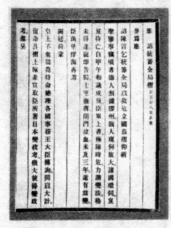

应诏统筹全局折

康有为指导戊戌变法的纲领性文件

没有贯彻执行，但在政治上争得了一定程度的言论、出版、结社的自由；经济上制定了一些有利于民族资本发展的政策；文教方面也采取了一些打击旧学、提倡新学的措施。这都有利于民族资本主义的发展和资产阶级文化思想的传播。

新政既然代表了资产阶级的利益，就必然遭到以慈禧为首的封建顽固势力反对。他们把持着中央和地方的实权，不仅拒不推行新政，而且从光绪颁布新政那一天起，慈禧便令荣禄等部署力量，准备发动政变。6 月 15 日，即"明定国是"诏书颁布后第四天，慈禧就迫使光绪下了三道命令，一是免去翁同龢军机大臣等一切职务，驱逐回籍。二是授任新职的二品以上大臣，须到皇太后面前谢恩。这两点，后党把人事大权抓到手，进一步孤立光绪，使新政无法推行。三是命后党荣禄署直隶总督，统帅董福祥（甘军）、聂士成（武毅军）、袁世凯（新建军）三军。同时，慈禧又广派亲信，把北京城内外和颐和园的警卫权统统抓到自己手里。这一切都使顽固派掌握了军政实权，为发动政变完成了准备工作。

面对后党的进攻，光绪也进行了反击。9 月 4 日，下令将阻挠礼部主事王照上书的礼部尚书怀塔布、许应骙，侍郎堃岫、徐会沣、曾广汉等全部革职。次日光绪帝赏谭嗣同、刘光第、杨锐、林旭等四品卿衔，在军机章京上行走，参预新政事宜。7 日，光绪又把阻挠新政的李鸿章等撵出总理衙门。后党则从容布置，伺机反扑。后党官僚怀塔布、杨崇伊等与荣禄密谋，预定 10 月底太后与皇帝同到天津阅兵时，举行政变，废黜光绪帝。光绪帝和维新派感到大祸临头。他们既没有广大人民的支持，又没有军权，在走投无路的情况下，维新派企图拉拢袁世凯，请他在阅兵时举兵救光绪帝，杀荣禄。光绪也先后两次召见袁世凯，赏以侍郎，专办练兵事宜。袁世凯表面表示对光绪"忠心"，内心早已看透光绪帝是一个无实权的傀儡皇帝。9 月 20 日，袁世凯以事机紧迫，须立即回天津部署为借口，连夜赶回天津，到总督衙门向荣禄告密。荣禄立即专车进京，到颐和园面告慈禧。21 日凌晨，慈禧从颐和园赶回紫禁城，直入光绪帝寝宫，拿走一切文件，幽禁光绪于中南海的瀛台，并借光绪帝名义，发布"请太后训政"的诏书，又一次临朝"训政"。随即捕杀维新派。28 日谭嗣同、杨锐、林旭、刘光第、康广仁、杨深秀 6 人被杀，史称"戊戌六君子"。康有为逃往香港，梁启超逃往日本。政变后，除京师大学堂被保留外，其余新政措施全部废除。戊戌变法失败。

戊戌变法的失败是有其必然原因的：资产阶级维新派由于缺乏反帝反封建斗争的勇气，只采取改良的办法，把希望完全寄托在没有任何实权的皇帝身上；在顽固势力的进攻面前，他们又寄希望于袁世凯和外国侵略者，脱离了广大人民群众。因此，维新运动如同昙花一现，很快归于失败。戊戌变法的失败证明，资产阶级改良道路在半殖民地半封建社会的中国是行不通的。

 简　评

戊戌变法是中国近代历史上一次重要的资产阶级改革，对中国社会产生了很大的影响，最终以失败而告终。但是戊戌变法对后来的清末新政和辛亥革命都产生了影响。它所提出的很多措施在短短几年之后就被走投无路的清政府不得不采用。戊戌变法还为中国建立了第一所近代意义上的大学——京师大学堂，也就是后来的北京大学，它在五四新文化运动中发挥了重要的作用。

# 义和团运动

## ——世纪之交的反帝爱国运动

1898 年，以救亡图存为宗旨的戊戌变法运动悲壮地失败后，中华民族危机继续加深。在帝国主义瓜分中国的狂风恶浪面前，广大下层民众出自朴素的爱国情感，掀起了一场反帝排外风潮，这就是义和团运动。

义和团运动是帝国主义加紧侵略中国所激起的浪花，也是近代中国人民反对外国教会势力侵略的总爆发。甲午战后帝国主义在华掀起瓜分狂潮，是义和团运动爆发的根本社会原因；外国教会势力侵略的深入是义和团运动爆发的直接导火线。在中国近代，西方基督教的传入与中国社会半殖民地半封建化同步进行。殖民主义者纷纷把宗教作为他们推行侵略政策的有力工具和开路者，用传教士来实现其军事、政治和经济侵略的目的。传教士在中国凭借着不平等条约所规定的特权的保障，已成为近代中国社会中一股特殊的势力。截至 1900 年，山东全省 108 个州县中，已有 72 个州县有基督教会的活动，设立总堂达 27 所。这样一支庞大的教会侵略势力，自然给中国人民带来无穷的灾难。外国传教士在山东各地的罪恶行径，触发了反洋教斗争的开展。

八国联军侵占廊坊后的纪念照

传教士在列强争夺中国势力范围的斗争中，起了极其恶劣的作用。天主教圣言会的传教士安治泰为德国占领胶州湾竭尽全力。他搜集情报、出谋划策、制造舆论、物色基地、挑选时机、制造借口等无所不为。天主教圣言会及安治泰的劣迹和德国借口巨野教案强占胶州湾，激起群众的无比愤慨，它们直接引发了义和团运动的兴起。传教士插手中国官场，干涉中国内政在 19 世纪末的中国已是司空见惯，在山东也不例外，甚至更为突出。安治泰甚至捞得二品顶戴，和督抚平起平坐，公然命令山东各级地方官服从教堂指示。圣言会的不少传教士经常挟持官府，欺压人民。许多教堂还建立反动武装。如武城十二里庄、禹城韩庄、平阴白云峪等教堂均拥有快枪百余杆，其中有的还私藏大炮。传教士还勾结和扶植地主恶霸势力，以便共同鱼肉人民。这些引起了广大下层民众深深的积愤。此外，世纪之交华北各地连年灾荒也成了义和团运动兴起的催化剂。

义和团是在义和拳的基础上发展起来的，它原是以民间秘密教门、拳会为核心的反清组织。其成员有的属白莲教系统，有的属大刀会等民间组织。随着民族矛盾的激化，它逐渐发展为反帝的组织。此外，民间练拳习武、保卫身家的组织也纷纷汇集到义和团的旗帜下。

义和拳首先在山东、直隶交界地区开展活动。1897 年春，山东冠县梨园屯发生传教士与天主教民勾结官府，强拆玉皇庙改建教堂事件，村民阎书勤率众抗争，并邀请直隶威县梅花拳首领赵三多前来护庙，于是赵三多率众在梨园屯亮拳设厂。1898 年 11 月，赵三多、阎书勤等在冠县蒋家庄（今河北威县）祭旗起义，打起"扶清灭洋"大旗，率众攻打红桃园教堂。山东清军前来围攻义和拳，赵三多、阎书勤分别率众在鲁直交界和直隶南部地区活动。

接着，山东茌平、禹城、平原一带义和拳在首领朱红灯和心诚和尚的带领下开始活动。1899 年秋，平原县杠子李庄教民欺压拳民，知县蒋楷袒教压民。朱红灯应邀前来相助，击退蒋楷马队，但在森罗殿附近被清军包围，死伤多人。新任山东巡抚的毓贤深知传教士、教民在乡里的胡作非为，使乡民积怨很深，曾建议对义和团采取"安抚"政策。但外国驻华公使迫使清政府撤换毓贤。毓贤虽然派兵逮捕并杀害了朱红灯和心诚和尚，但清政府还是将其撤换，改派袁世凯任山东巡抚。袁世凯率领武卫右军到山东后，不顾清政府"以晓谕解散为主，毋轻用兵"的方针，陆续派兵围剿镇压团民，致使群众死伤惨重，山东义和团的活动遂转入低潮。

直隶义和团在赵三多等人的带领下，由南部向中部地区发展，1899 年在正定大佛寺召开了各地首领会议，又攻打了朱家河天主教总堂。大名府一带、景州、献县、阜城、河间、盐山等地纷纷设坛习拳。直隶总督裕禄派提督梅东益四出镇压，在景州捕杀了义和团首领武修；在沧州屠杀团民 3000 余人。这更激起了义和团民的义愤。1900 年春夏之交，直隶中部地区保定、定兴、涞水、清苑、新城、深州、雄县、霸县、廊坊、静海等地遍设拳坛，使京、津、保一带成为义和团斗争的中心地区。

保定是直隶省府所在地。1900 年 4、5 月间，城中已设拳场数十处，乡野村庄无不有坛。保定城内的教堂悉被焚烧。保定周围义和团曾围攻清苑东闻村教堂和徐水的安家庄教堂。保定以北义和团在石亭村袭击了清军分统杨福同部，使杨及其部属数十人毙命。义和团还占领了涿州城，城门上树起了"兴清灭洋"的旗帜。他们破坏了芦保铁路北段和捣毁了涿州、琉璃河、长辛店等车站。

天津是华北最大的通商口岸，也是义和团运动的中心地区之一。首领张德成在独流镇聚众千余人，成立"天下第一团"，在杨柳青等地设坛 10 多处。另一首领曹福田在静海设坛习拳。1900 年夏天，直隶总督裕禄迫于义和团的声势，迎接张德成、曹福田进入天津，天津 5 万多群众踊跃参加义和团，城内神坛林立，毁教堂、烧洋行、焚洋货，弄得帝国主义闻风丧胆。

清王朝统治中心北京在 1900 年春就有义和团的坛口、揭帖出现，随之周围各州县义和团民陆续进入北京。慈禧太后对义和团剿抚两难，6 月派刚毅、赵舒翘前往涿州视察后，招抚义和团的态度逐渐明朗化。此时北京东南各属义和团民也乘机大量进入北京城。至 6 月下旬，北京全城已有坛 4000 余个，义和团众超过 10 万人，运动走向高潮。

义和团没有形成统一的组织和领导机构，各地义和团各自为政，他们在各地寺院、道观、庵堂、书院或其他公共场所分设坛口、拳场（厂）。各坛口、拳场大多都供奉着他们信仰的"神"的牌位，这些"神灵"大多是古代戏曲、小说、神话中的人物，如诸葛亮、孙悟空、玉皇大帝等。各坛口人数不一，首领一般称大师兄、二师兄，参加者以青少年男子为多，也有一些女青年组织，称"红灯照"。义和团的成员以农民为主，也有手工业者、水手、脚夫、筑路工人、社会游民、散兵游勇等，并有一些地主士绅、官吏、士兵等参加，到高潮时，人数达四五十万。他们提出的"扶清灭洋"口号，反映了当时帝国主义与中华民族的矛盾已发展成为中国社会的最主要的矛盾，表达了中国人民反对帝国主义侵略、挽救民

## 历史大事全知道

族危亡的强烈愿望，也便于组织反帝的民族战争。但这一口号并不科学，它没有将反帝反封建联系起来，以致被清朝统治者所利用。它也反映了当时多数中国人对帝国主义的认识还处于感性阶段。

义和团运动的发展沉重地打击了帝国主义，威胁到它们的在华利益，引起他们的极大恐慌、畏惧和仇视。所以，帝国主义列强不断向清政府施加压力，责令清政府镇压义和团，但这不见成效，于是直接出兵进行武装干涉。1900年6月10日，英、俄、德、法等八国侵略联军2000多人在英国海军上将西摩尔的率领下从天津向北京进犯。义和团和董福祥清军联合包围袭击了走到廊坊车站的侵略军，重挫侵略联军，迫使西摩尔联军仓皇逃回天津。这场阻击战，打死打伤侵略军200多人。6月17日侵略联军攻占大沽炮台前后，北京、天津的义和团已开始同侵略军展开了多次战斗。北京义和团与清军开始围攻西什库教堂和东交民巷使馆区。天津义和团英勇保卫武备学堂并开始攻击紫竹林租界。6月21日，清政府发布招团宣战的上谕，声称"与其苟且图存，贻羞万古，孰若大张挞伐，一决雌雄"。

清廷宣战上谕发布后，北部中国掀起了军民反帝斗争的新高潮。山东义和团复起并纷纷北上天津助战；东北义和团展开了驱逐俄国侵略军的斗争；山西、河南、内蒙古等地义和团的发展也如火如荼。直隶各地义和团纷纷拥入京津，参加了抗击八国联军的战斗。在天津，侵略联军焚毁武备学堂后，又进一步攻打天津机器局（即东局子），新城县义和团首领王德成也率部前往守护机器局。张德成、曹福田等义和团首领均率团众参加了保卫天津的战斗。在北京，清政府任命荣禄为总指挥，组织清军和团民继续围攻西什库教堂和东交民巷使馆区。但清政府并没有认真进行作战部署，以致一直没有攻下。8月14日，侵略军攻进北京，慈禧太后带着光绪帝和亲信臣仆仓皇逃出北京。

《辛丑条约》签字现场旧照

图为1901年9月7日《辛丑各国和约》（《辛丑条约》）在北京签订的情景，左起：荷、日、比、奥、西、俄、德、英、美等11国代表，右起：奕劻、李鸿章。

在北中国掀起反帝高潮的同时，两江总督刘坤一、湖广总督张之洞却联络东南督抚与帝国主义商议"东南互保"，这一行动表面上与清廷宣战相抵触，实际上同清廷对内镇压、对外妥协的方针相一致，也表明了他们抵制义和团运动向东南蔓延的意向。

慈禧太后在西逃途中下令剿杀义和团，还无耻地向帝国主义借师助剿。侵略联军也以北京为基地，派兵四出镇压义和团，并侵占保定、张家口等地。义和团运动终于在中外反动势力的联合绞杀下失败了。

1901年9月，清政府与英、法、德、意、日、俄、美、奥、西、比、荷（比利时、西班牙、荷兰三个国家在北京东交民巷的使馆被毁坏）11 国签订了屈辱的《辛丑条约》，其主要内容如下：

（1）清政府向各国赔款白银 4.5 亿两，加上年息 4 厘，分 39 年付清，本利共达 9.8 亿多两，还有各省地方赔款 2000 多万两，总数超过了 10 亿两。

（2）各国在北京东交民巷单独设立使馆区，可在使馆区内驻兵，中国人不准在此区域内居住。

（3）将大沽炮台和从大沽到北京的沿线炮台"一律削平"。在天津周围 10 公里内，不准驻扎中国军队；准许各国派兵驻扎在京榆铁路沿线的山海关、秦皇岛、昌黎、滦州、唐山、芦台、塘沽、军粮城、天津、杨村、廊坊、黄村 12 个战略要地。禁止军火和制造军火的原料运入中国，为期 2 年，还可延长禁运期。

（4）清政府惩办"首祸诸臣将"；在外国"人民遇害被虐之城镇，停止文武各等考试五年"。今后永远禁止中国人民成立或加入任何反帝组织，"违者皆斩"。清政府地方官吏所属境内"如复滋伤害诸国人民之事，或再有违约之行，必须立时弹压惩办"，否则"即行革职，永不叙用"。

（5）总理衙门改为外务部，"班列六部之前"，办理对外事宜。又规定"变通诸国钦差大臣觐见礼节"。

（6）德国公使克林德、日本公使馆书记生杉山彬，在义和团运动中被击毙。条约规定为克林德建立牌坊，对杉山彬"用优荣之典"，并派王公大臣赴德、日"谢罪"。

 **简　评**

义和团运动是一次自发反帝爱国的群众运动，它虽存有笼统排外和宗教迷信等局限性，但它代表了中国的民气，打乱了列强各国瓜分中国的计划，其历史功绩不容否定。而《辛丑条约》的签订，则给中国造成了巨大的危害：巨额的赔款，是强加在中国人民身上的新的沉重的负担；以海关等税收作担保，使列强控制了中国的经济命脉；清政府保证严禁人民参加反帝活动，使清政府成为帝国主义列强统治中国的工具；拆毁大沽炮台，允许帝国主义派兵驻扎北京到山海关铁路沿线要地和划定北京东交民巷为"使馆界"，允许各国驻兵保护，不准中国人居住的条款，使清完全置于帝国主义列强的武力控制之下。可见，清政府完全成为帝国主义统治中国的工具；中国完全陷入半殖民地半封建社会的深渊。

# 清末新政

## ——清政府的最后挣扎

　　《辛丑条约》签订后，帝国主义采取以华治华的策略，全面控制清政府，加紧和扩大对华的政治、经济、文化侵略。他们要求清政府不仅要成为俯首帖耳的奴仆，而且要成为其统治中国人民的有力工具。于是，帝国主义列强对清政府施加压力，要求它改变当时的无能状态。而清朝统治者也感到自己的统治地位已发生动摇，国家机器——政府和军队已不能完全应付当时的局势，财政也成千疮百孔之势。因此，修补国家机器已成为清王朝本身生存的重要课题。为了维护清王朝的统治，慈禧太后不得不从1901年起宣布实行"新政"。

　　1901年1月29日，慈禧太后利用光绪皇帝的名义颁布上谕，诏令军机大臣、大学士、六部九卿、驻外使臣、各省督抚在不触动封建君主专制制度及封建伦理纲常的前提下，就朝章国政、吏治民生、学校科举、军制财政等问题，参酌中西政略，各举所知，各抒所见，向朝廷提出改革建议。4月21日，又下令成立了以庆亲王奕劻为首的"督办政务处"，作为筹划推行"新政"的专门机构，任李鸿章、荣禄、崑冈、王文韶、鹿传霖为督办政务大臣，刘坤一、张之洞（后来增加袁世凯）为参预政务大臣，总揽一切"新政"事宜。

　　从此开始至光绪三十一年五大臣出洋考察宪政止，清政府依据内外臣僚特别是袁世凯提出的新政10条和刘坤一、张之洞会奏的"变法三折"，陆续颁布一系列上谕，推行"新政"。其主要内容有：

总理衙门

　　第一，筹饷练兵。编练"新军"是清政府"新政"的主要内容之一。清政府对此投入了巨大财力，花费了很大力气。1901年8月29日，清政府下谕全国停止武科科举考试；9月11日命令各省仿北洋、两江筹建武备学堂；9月12日下谕全国各省裁汰旧军，编练"常备军"。编练"新军"的工作在全国铺开。

　　对此最看重并全力以赴者是袁世凯和张之洞。李鸿章死后，袁世凯署理直隶总督兼北洋大臣，一上任即奏准在直隶编练"北洋常备军"，1902年夏练成一镇约1.25万余名新军。同年张之洞在湖北也编练新军7000余人。清廷以直隶、湖广两处为"典型"，命就近各省派人分别前往参观效法。为了在全国推行编练新军计划，1903年12月4日设立了练兵处，命庆亲王奕劻总理全国练兵事务，袁世凯为会办大臣，铁良（1863—1938）襄同办理，实权掌握在袁世凯手中；又命各省设立督练公所，负责各省的新军编练。1904年清政府划定新练军队为常备军、续备军和后备军三等，制定了招募应征条件、官制、训练、给养、奖罚、征调、退休、军器、运输等一些规章制度。1905年为了统一和扩充全国的军事编制，清廷计划在全国共编新军36镇（师），按各省的战略地位及人力物力状况进行分配（除近畿4镇、四川3

镇外，其他各省各编练 1—2 镇），限 2~5 年完成。但直至清朝覆亡，只编成 14 镇和 18 个混成协又 4 标及禁卫军 1 镇，约 167 万人。

同时，还创办了巡警。1902 年 5 月，清廷批准袁世凯的奏请，在保定创办警务学堂，训练巡警。同年 8 月，袁世凯根据八国联军退出天津时清政府与帝国主义议定的中国军队不得在天津周围 20 里以内驻扎的规定，将保定新军 3000 人改编为巡警，派驻天津，组成天津南北段巡警局 1905 年清廷成立巡警部，以徐世昌为尚书，毓朗、赵秉钧（1865 — 1914）为左右侍郎。同时制订了各种警务章程，普遍设立警务学堂，在全国大办警务。

清政府推行"新政"，编练"新军"，而练兵需要巨额款项，因而筹饷就成为清末统治者的又一"要政"。

为了筹饷，清政府不惜巧立名目，多方搜刮。从 1902 年起，在通商口岸征收印花税，在湖广征收房捐、铺捐；1903 年在吉林征收烧窑捐、车辆捐，在其他地方征收牛捐、马捐、盐商捐、绅富捐，还有户口税、丁税等。同时，还乱提税率，有由户部决定在全国公开加收的，也有由各地任意增加税率的，并允许地方官自筹税收，如此"筹饷"，使财税紊乱，贪污横行，给广大劳动人民造成了前所未有的灾难。

第二，振兴商务，奖励实业。1903 年 9 月 7 日，清政府设立商部，倡导官商创办工商企业。接着，颁布了一系列工商业规章和奖励实业办法，如钦定大清商法、商会章程、铁路简明章程、奖励华商公司章程、矿务章程、公司注册章程、试办银行章程等。这些章程规定，允许自由发展实业，奖励兴办工商企业，鼓励组织商会团体。这些章程和做法，都有利于民族工商业的发展，有利于社会经济的繁荣。

考察宪政大臣合影

第三，废科举，育才兴学。清政府推行"新政"的另一个重要内容是废科举，办学堂，派留学。1901 年 9 月 4 日，清政府命令各省城书院改成大学堂，各府及直隶州改设中学堂，各县改设小学堂，并多设蒙养学堂。12 月 5 日，颁布学堂科举奖励章程，规定学堂毕业生考试后可得进士、举人、贡生等出身。1902 年 2 月 13 日公布推广学堂办法。8 月 15 日颁布《钦定学堂章程》。1904 年 1 月 13 日又颁布《重订学堂章程》，详细规定了各级学堂章程及管理体制，以法令形式要求在全国推行。与普通学堂并行的还有专业教育，包括师范学堂及各类实业学堂，在学制上自成系统，一套完整的学校制度随之建立。

1905 年 9 月 2 日，光绪皇帝诏准袁世凯、张之洞奏请停止科举、兴办学堂的折子，下令

# 历史大事全知道

"立停科举以广学校"，使在中国历史上延续了1300多年的科举制度被最终废除，科举取士与学校教育实现了彻底的脱钩。12月6日，清廷下谕设立学部，为专管全国学堂事务的机构。

清政府在推行"新政"过程中，把"奖游学"与"改学堂，停科举"并提。要求各省筹集经费选派学生出洋学习，讲求专门学业。对毕业留学生，分别赏给进士、举人等出身。对自备旅费出洋留学的，与派出学生同等对待。为统一管理留学生工作，清政府分别在1902年10月31日和1906年10月2日派出总监督赴东洋和欧洲。

第四，改革官制，整顿吏治。改革官制是清政府"新政"的一项重要内容，其中包括"裁冗衙"、"裁吏役"、"停捐纳"，对统治机构作了一些改变。1901年7月24日，清政府撤销总理各国事务衙门，改设外务部，"班列六部之首"。1902年2月24日裁河东河道总督，其事务改归河南巡抚兼办。3月6日裁詹事府及通司。1903年9月7日设商部。1904年12月12日裁云南、湖北两省巡抚，由云贵总督、湖广总督兼管。1905年9月4日裁奉天府尹，由巡抚兼管；裁奉天府丞，改为东三省学政。10月8日设巡警部。12月6日设学部，裁国子监。

除裁并增设行政机构外，清政府还下令"停捐纳"、"裁陋规"、"定公费"。1901年9月19日，清政府宣布停止报捐买官。1905年7月18日宣布停止捐纳武职。

清政府推行"新政"，原想缓和国内矛盾，维持和巩固其封建统治，适应帝国主义的侵略要求，拉拢上层资产阶级分子。但实行的结果却适得其反。首先，由于举办"新政"，清政府允许地方自行筹款，每年要向各省摊派2300万两，这些都以捐税的名目直接或间接转嫁到广大人民群众身上，人民不胜负担，自发斗争更为广泛。有的地方由"抗洋捐"、"反赔款"发展到武装起义，使整个社会动荡不安。其次，"新政"虽然裁撤了一些中央和地方的衙门，裁汰了一些冗吏，但又出现了新旧机构重叠，如军机处和督办政务处、户部和财政处并存等。1905年7月的上谕也承认，实施新政"数年以来，规模虽具，而实效未彰"。再次，由于"新政"的目的与施行后出现的新生力量的发展要求背道而驰，引起了新旧势力之间以及旧势力内部对待新势力不同态度的派系之间的种种纷争。这就加剧了统治阶级和被统治阶级之间的矛盾，激化了统治阶级内部各政治派别之间的斗争。在"新政"推行期间，袁世凯抓住"练兵"、"筹饷"两项要政，奏请拨款100万两，编成北洋六镇。同时，还担任参预政务、督办关内铁路等要职，羽翼遍布朝廷内外，死党分据要津，成为声势显赫，左右朝政，继曾国藩、李鸿章而起的又一权臣。

但清末"新政"在政治上增设了一些适应近代化的机构，修改了《大清刑律》，废除酷刑峻法，注入了一些资产阶级人道主义的原则；在经济上，允许和奖励私人资本主义的自由发展，承担保护资本主义工商业的责任，提高民族资产阶级的政治和社会地位；在文化教育上，给西学以合法地位，允许学习和传播资本主义的自然科学和资产阶级的社会政治学说；在军事上，采用西方资本主义建军理论和原则，使古老的封建专制制度发生了一些变革，促进了中国社会近代化的进程。

 简　　评

总的来看，清末"新政"属于半殖民地半封建性质，当时民主革命的高潮已经到来，而清末"新政"的某些措施客观上具有积极的意义，比如"新政"奖励实业，客观上有利于民族资本主义发展，军事改革客观上有利于中国军队建设，派遣留学生客观上有利于民主革命思想和文化的传播，因而也有利于辛亥革命的到来，加速了清王朝的最终覆灭。

# 中国同盟会的成立
## ——资产阶级革命发展的必然

中国同盟会是中国资产阶级的革命政党，简称同盟会。由孙中山倡导，以兴中会和华兴会为基础，联络光复会及中国留日学生，于1905年8月20日在日本东京成立。

**背景**

中国同盟会的成立，是亚洲民族民主革命形势发展的需要。20世纪初，亚洲范围内掀起的伊朗和土耳其的革命运动，印度的反英斗争，菲律宾、越南、泰国、印度尼西亚的民族解放运动，以及朝鲜人民的反帝反封建斗争，与中国资产阶级的民族民主革命相互影响、支持和彼此呼应。中国的反帝反封建革命，已经不是一个民族、一个国家的事情，需要得到世界各民族首先是亚洲各民族和国家的相互配合与资助，必须掀起领域更为广阔的国际性合作，否则就有可能被强大的西方资本主义列强扼杀在萌芽状态的危险。因此，建立全国性乃至亚洲性政党的任务，就提上了中国资产阶级革命民主派的议事日程。

中国同盟会的成立，更是国内革命形势迅速发展的需要。义和团反帝爱国运动虽然以帝国主义逼签《辛丑条约》而宣告失败，但在20世纪初年，由于中国民族资本主义的初步发展，民族资产阶级力量的逐渐壮大，明确形成了独立的阶级意识和阶级要求。伴随着留学热潮的兴起，西方民主自由意识纷纷输入中国，使得资产阶级民主革命思想在全国范围内空前广泛地传播开来；民主革命思想的广泛传播，又促进许多小的革命团体先后出现。在这些革命小团体中，除了孙中山的兴中会于1894年早就成立之外，在1904年间成立的最主要的有湖南的华兴会、湖北的日知会、浙江的光复会。此外，还有安徽的岳王会、江西的自强会、贵州的科学会等。这些革命小团体虽然都把推翻清政府作为自己的斗争目标，但在如何推翻以及成功之后如何建设政权等问题上，彼此之间并不完全一致。而且，

1905年任中国同盟会总理时的孙中山像

在这些革命小团体所活动的地区，也都存在一定的局限性，即范围比较狭小，大都不出本省，其活动受诸多限制，远远适应不了形势发展的大联合的需要。正如冯自由指出：华兴会的长沙起事失败以后，"各派首领多避地日本，共谋卷土重来之计。顾以各派势均力敌，未能集中力量，合组一大团体，以与清政府抗衡，识者憾焉"。因此，组织一个全国性的革命大团体，成为了资产阶级革命派的当务之急。

**资产阶级革命团体**

在深重的民族危机的刺激和日益增长的民族觉醒的促使之下，许多知识分子在中国同

盟会成立之前，就已经逐步走上了联合的道路，并且对组织全国性的革命大团体的必要性有了明确的认识。《江苏》第1期曾指出，要合小群为大群，认为如果"各省竞以爱其省者爱中国，驯致齐心一致，以集注于爱国之一点"，中国问题就容易解决。《浙江潮》第3期载文指出"省界"危害性巨大，呼吁成立"中国本部统一会，集留东各省人，以共除省界为目的"。《湖北学生界》第5期在封底刊登了"大湖南北同盟会"的书刊广告。在1903年至1905年6月间，邹容在上海发起"中国学生同盟会"，打算首先在学生中组织一个"绝大合法团体"；安徽以学生为主体的爱国会，计划进一步创建"国民同盟会"，作为南方革命运动的中心；以宋教仁为首的一部分留日学生，在东京出版发行《二十世纪之支那》杂志，已经在打破地域界限和建立全国性革命中心方面迈出了第一步。这些情况表明，联合斗争是大势所趋，人心所向，建立一个作为革命中心的资产阶级政党已经是刻不容缓的事情了。

孙中山与同盟会骨干在上海议事旧照

一向重视革命团体联合斗争的孙中山，自1894年创立兴中会之后，一直为建立全国性的革命大团体奔走联络。1905年初，他渡过大西洋到达欧洲，在各地组织革命团体，吸收布鲁塞尔、柏林、巴黎等地60多人参加。6月，全国性反清斗争和反美爱国运动的高涨，吸引着孙中山加快了组织统一大政党的步伐。7月，他重返革命志士聚集地日本。他的伟大人格、学识和在革命势力中的影响、地位，使得他早已成为革命志士公认的领袖。从而，孙中山到日本的消息，在东京中国留学生中间引起了强烈的反响。进步青年们奔走相告，"欣喜若狂"，盼望革命政党早日建立。

**同盟会成立**

7月19日，经日本友人宫崎滔天介绍，孙中山与黄兴结识，共商组织革命大团体的必要性和具体方案。黄兴极力表示赞同。随后，孙中山又在《二十世纪之支那》杂志社会见了宋教仁和陈天华等华兴会重要骨干，再次阐述组织全国性革命大团体的重要性。然而，当时华兴会领导集团中成员之间对于是否参加新的革命团体的问题，意见并不一致。经过黄兴等人的多方疏通，全国有17个省的留日学生代表70余人，于是月30日在东京赤坂区桧町三番黑龙会内田良平住所举行建立同盟会的筹备会议。会议商定了会名、纲领、誓词、入会仪式和推定会章起草员等事宜，取得了圆满的结果。为了进一步扩大革命影响，由黄兴和宋教仁发起，于8月13日在东京曲町区富士见楼召开了中国留日学生欢迎孙中山的大会，参加者达1300余人。孙中山在会上作了有关中国革命前途、方式、方法等问题的演说，与会者深受鼓舞，革命热情迅速高涨。

经过一段时间的紧张筹备，中国同盟会于1905年8月20日在东京赤坂区坂本珍弥宅召开正式成立大会，与会代表约100人。大会首先由黄兴宣读章程草案30条，经过讨论修改后通过。章程明确规定："本会以驱除鞑虏，恢复中华，创立民国，平均地权为宗旨。"并且规定，凡其他革命团体宗旨相同而又"愿联为一体者，概认为同盟会会员"。这就表明，中国同盟会不仅鲜明地树立起了民主革命的旗帜，而且还自觉地担当起了作为全国革命运动中心的历史使命。大会由黄兴提议选举孙中山为中国同盟会总理。同盟会设本部于东京。根据资产阶级三权分立的原则，在总理之下设执行、评议、司法3部。执行部分设庶务、内务、外交、书记、会计、调查6科，直接由总理管辖，负责处理日常工作和组织革命的实际活动，成为本部中重要权力机关。评议部又称议事部，设有评议员与评议长；司法部设有判事长、判事和检察长。章程还规定，在国内外设立9个支部，均直接接受东京本部的统辖。国内设东、西、南、北、中5个支部，分别为：东部设于上海，辖江苏、浙江、安徽等省；西部设于重庆，辖甘肃、四川、西藏、新疆、贵州等省；南部设于香港，辖福建、广西、广东、云南等省；北部设于烟台，辖山东、山西、陕西、蒙古、直隶和东三省等；中部设于汉口，辖江西、湖南、湖北、河南等省。国外设立4个支部：南洋支部设于新加坡；欧洲支部设于布鲁塞尔；美洲支部设于旧金山；檀岛支部设于火奴鲁鲁。大会最后由黄兴提议，将《二十世纪之支那》杂志提交与会者决议作为同盟会机关报，后因日本政府的阻挠，改由《民报》作为机关报。

1905年11月，孙中山在《民报》发刊词中，第一次把中国同盟会的革命宗旨"驱除鞑虏，恢复中华，建立民国，平均地权"概括为"民族"、"民权"、"民生"三大主义。

此后，同盟会以《民报》为阵地，同以《新民丛报》为喉舌的保皇派展开了激烈的论战。论战的内容，涉及范围很广，但可以归纳为三个方面：是"保皇"还是革命？是维护清政府，实行君主立宪，还是推翻它，创立民主共和国？是维护还是改变封建土地所有制？革命派主张用革命的手段推翻清王朝，建立资产阶级共和国，并在政治革命胜利以后，进行改造封建土地社会经济制度的"社会革命"。改良派则千方百计要保住光绪皇帝，想用改良主义的方法实行君主立宪，并极力反对任何"社会革命"。经过长时间的辩论，革命派压倒了保皇派，并宣传了革命主张，使许多知识分子摆脱了改良主义的影响，站到了革命立场上来。

同时，还进行一次又一次的反清武装起义。如1906年的萍乡、浏阳、醴陵的矿工、会党和士兵大起义；1907年到1910年的潮州黄岗之役、惠州七女湖之役、钦州防城之役、镇南关之役、钦廉上思之役、云南河口之役以及广州新军之役等。

1911年4月27日，更爆发了英勇壮烈的黄花岗之役。这些起义虽然失败了，但在政治上和精神上给清政府以沉重打击，给革命人民以动员和鼓舞，为颠覆清朝统治创造了条件。

1911年夏天，为反对清政府把川汉、粤汉铁路出卖给帝国主义，四川等省人民掀起了保路运动。同盟

"三民主义"书影

1905年，孙中山提出"民族"、"民权"、"民生"三大主义。三民主义是资产阶级第一次正确提出"平均地权"的政治纲领。

会员龙鸣剑等发动武装起义，建立了以同盟会员吴玉章、王天杰为首的荣县军政府。这是在武昌起义之前建立起来的第一个地方革命政权，而保路运动也成为了辛亥革命的前奏曲。

总之，中国同盟会的成立，使中国的民族民主革命运动不仅有了统一的组织领导，而且有了完整深刻的革命理论作为指导，中国的革命运动朝着日益深入的反帝反封建斗争的阶段迈进。

中国同盟会是第一个全国性的资产阶级革命政党。尽管它的组织仍不很严密，但它的建立，使资产阶级革命派在政治路线、思想战线和军事战线等方面的斗争有了一个统一的领导核心，团结和发展了革命力量，不仅有力地增强了革命领导人的必胜信念，而且推动了全国革命运动的迅速发展。以同盟会建立为标志，中国资产阶级的民主革命运动进入到了一个崭新的阶段。

# 辛亥革命

## ——封建帝国的结束

1911 年，在中国大地上爆发了一次震惊中外的辛亥革命。这是以孙中山为首的资产阶级小资产阶级革命派领导的，广大工农群众参加的一次"比较明确的资产阶级民主革命"。这次革命冲垮了清王朝的封建专制统治，建立起资产阶级共和国。1911 年为旧历干支辛亥年，历史上就把孙中山领导的这次革命运动称为辛亥革命。

自从 1840 年鸦片战争以后，随着帝国主义各国侵略的进一步加深，中国沦为半殖民地半封建社会，帝国主义同中华民族的矛盾日益加剧；腐败的清朝统治者对外妥协投降，对内横征暴敛，促使阶级矛盾空前激化。各地群众奋起反抗，斗争风起云涌。但是这些斗争都是自发的，缺少组织和领导。以孙中山为首的资产阶级革命派宣传革命理论，组织革命政党，先后发动过 10 次武装起义，虽然这些起义都失败了，但每次起义都起到了宣传革命、振奋人心的作用，极大地振奋了全国人民，推动了革命形势的迅速发展，鼓舞了各地群众运动蓬勃高涨。

湖北位居长江腹地，武汉素称"九省通衢"，是水陆交通中心。帝国主义各国早就根据不平等条约在这里辟租界，开商埠，办工厂，掠夺原料，倾销商品，把侵略的魔爪伸向城乡各个角落。这就阻碍了民族工商业的发展，促使农村经济破产，人民被迫走上革命道路。1904 年 7 月，武昌出现了第一个革命团体——科学补习所，随后又陆续成立了日知会、文学社、共进会等秘密革命组织。湖北革命党人深入新军，宣传革命，在士兵中发展革命组织，进行长期艰苦的工作，逐渐控制了新军的领导权。到武昌起义前夕，新军中已有三分之一的士兵参加了革命组织，成为武昌起义的主力军。1911 年 4 月，广州黄花岗起义失败后，同盟会领导人决定把革命的中心转移到长江流域，在同盟会总部的推动下，实现了湖北地区革命组织的大联合。

同年夏天爆发了四川保路运动，成为辛亥革命的先声。5 月 9 日，清政府颁布了铁路干线"收归国有，定为政策"的上谕，20 日，又与英、美、法、德四国银行团签订了粤汉铁路和湖北省境内川汉铁路的借款合同，

1912 年 3 月 11 日，《中华民国临时约法》正式公布。

把鄂、湘、粤三省人民在 1905 年收回利权运动中从美国侵略者手中赎回来的粤汉铁路和湖北省境内的川汉铁路建筑权，又重新出卖给帝国主义。这就激起了波澜壮阔的保路运动。湖南人民首先起来，长沙各界举行了一万多人的群众大会，要求清政府"收回成命"，接着爆发了群众性的罢工罢课运动。保路运动最激烈的是四川省，全省有几十万人卷入运动，成立了保路同志会，掀起了广泛的抗捐抗税运动。清政府对保路运动进行残酷镇压，酿成有名的

## 历史大事全知道

"成都惨案"，激起群众的极大愤慨。于是，在四川同盟会的领导下，纷纷组织起保路同志军，发动武装起义，清政府急忙抽调湖北新军前往镇压。这就使湖北防务空虚，为武昌起义创造了条件。

1911年9月24日，文学社与共进会在武昌举行联席会议，共同组织了起义的领导机构——临时总司令部，设在武昌小朝街85号，推文学社领袖蒋翊武为临时总司令，共进会领袖孙武为参谋长，制定了起义计划。原定10月6日（旧历八月十五日，中秋节）起义，后因准备不足，起义日期推迟10天（即10月16日）。10月9日，孙武在汉口俄租界宝善里革命总机关赶制炸弹时不慎爆炸。俄国巡捕循声而至，搜去旗帜、符号、印信、文告等物，并转交清政府，机关暴露。蒋翊武得知此消息，立即召集紧急会议，决定当晚起义。但这命令还没有传达到基层，清政府已将起义总部及其他机关破坏，起义领导人大批被捕、个别逃走。当晚，湖广总督瑞澂杀害了被捕的起义领袖彭楚藩、刘复基、杨宏胜3人，同时下令紧闭城门，按名册继续搜捕革命党人，形势十分严重。在这紧急关头，新军中的革命党人自动联络，决心奋起反抗，死里求生。10日晚7点过后，武昌城内新军工程第八营革命党的总代表、后队正目（相当班长）熊秉坤领导该营首先发难，打响了辛亥革命的第一枪。他率领10多名革命士兵直奔楚望台军械库，守库的本营左队士兵鸣枪配合，顺利地占领了楚望台。各处闻声响应的起义士兵一齐拥向楚望台，当即决定进攻督署，捕杀瑞澂。但这时起义规模不断扩大，熊秉坤指挥不了，于是找了工程营左队队长（相当于连长）吴兆麟担任临时总指挥。在吴兆麟的指挥下，当天夜里11点左右，革命军以工程营为主力，分3路向督署发起猛攻，督署守兵1000余人以强大的火力阻击各路大军的进攻，未得手。午夜时分，革命军发起了第二次进攻，瑞澂听见炮声吓得惊魂丧胆，从督署后墙打开一个洞逃跑。11日凌晨2点，革命军再次发动进攻，终于在黎明前攻下督署，并于当天攻占武昌全城，武昌起义胜利了。

10月11日晚到12日凌晨，革命军先后占领汉阳、汉口，武汉三镇完全光复。这是以孙中山为首的资产阶级革命派领导起义以来第一次取得胜利。消息传出，全国和全世界都为之震动。

湖北军政府旧址

1911年10月12日，黎元洪就任都督，成立了湖北军政府。辛亥革命后从这里发出的《布告全国电》、《宣布满清罪状》等通电唤起全国的响应，把革命风暴推向了全国。

武昌起义胜利后，湖北军政府即于10月11日在武昌宣告成立。由于革命党人公认的领袖孙中山尚在美国，黄兴又在香港，这次起义前推举的领导人或被捕、被杀、受伤，或逃匿，群龙无首；加上革命党人没有认识到掌握领导权的重要性，他们认为只有社会上有"名望"的人才能号召组织政府。于是，由吴兆麟等提议，把新军第二十一混成协统（相当于旅长）黎元洪找来当湖北军政府都督，把原来湖北咨议局议长、立宪派首领汤化龙找来当总参议。黎元洪料想革命不会成功，便推托不肯上任。革命党人只好组织谋略处，担负起军政府的领导责任。5天后，黎元洪再也拖不下去了，他见清王朝大势已去，才宣誓就职。他上台后，谋略处即被撤销，军政府被改组，立宪派分子及反动官绅纷纷挤进军政府。革命党人虽然与之进行反复斗争，终究未能扭转以黎元洪为首的旧官僚、立宪党人控制湖北军政府的局面。

湖北军政府成立后，立即宣布废除清朝"宣统"年号，改国号为"中华民国"；公布了《中华民国鄂州约法》，规定主权属于人民，资产阶级共和国的理想在中国第一次用法律形式固定下来。此外，湖北军政府发布各种文告，号召各省起义，促进了革命的继续发展。在外交政策方面，湖北军政府宣布所有清政府与各国缔结的条约继续有效，赔款、外债照旧按期偿付，各国在华既得利益"一体保护"，表示革命"并无丝毫排外性质"，这是资产阶级软弱性和妥协性的表现。

武昌起义的胜利，引起了帝国主义和清王朝的极大震惊和恐慌。帝国主义各国迫于革命形势，不得不宣布"严守中立"，同时又派军舰集结在武汉江面，作武装干涉的准备。清政府则于10月12日派陆军大臣荫昌率北洋新军两镇南下进攻革命军，14日再度起用北洋军阀头子袁世凯，委为湖广总督，督办"剿抚"事宜。袁世凯想趁机攫取更大更高的权位，以"足疾未愈"为理由假意拒绝出任，直到清政府委他为钦差大臣，给他统率水陆各军的大权，他才从河南彰德老家"出山"南下。10月17日，清军不断向刘家庙增兵，于是爆发了阳（汉阳）夏（夏口，今汉口）战争。湖北革命军奋起保卫武汉，群众踊跃参军，几天之内，军政府扩军达4万人。新兵奋勇投入战斗，工农群众手持刀矛助战。10月19日，革命军大败清军于刘家庙，首战告捷，汉口全市张灯结彩庆祝。10月27日，袁世凯命第一军冯国璋部反攻，刘家庙复陷敌手。28日，革命军又退大智门。清军纵火劫市，大火延烧三昼夜，汉口繁华之区化为焦土。11月2日汉口失陷。3日，由上海赶来武昌不久的同盟会领袖黄兴受命为战时总司令。16日，黄兴率部偷渡汉水，反攻汉口，未克，17日退守汉阳。21日，清军进攻汉阳，黄兴率革命军英勇抵抗，终因寡不敌众，27日汉阳又告陷落。历时40天的阳夏战争结束。革命军维持住与清军隔长江对峙的局面。

武汉地区的军事遭到挫折，但武昌起义造成的革命形势是反动力量无法扭转的。武昌起义后，短短1个多月，全国24个省中就有14个先后宣告独立，成立了军政府。革命风暴席卷神州大地，最后终于推倒了清王朝的腐朽统治，结束了统治中国2000多年的封建专制制度，使民主共和思想深入人心。

 简 评

辛亥革命是震惊中外的一次伟大的政治事件，它在中国的土地上第一次树起民主共和国的旗帜，这是中国几千年文明史上的创举，也是整个东方文明史上的创举，在中国近代史上写下了光辉的一页。它敲响了清王朝封建统治的丧钟。革命军攻克总督府，占领武昌，消灭清军大批有生力量，在中国腹心地区打开一个缺口，成为对清王朝发动总攻击的突破口，

## 历史大事全知道

并在全国燃起燎原烈火，沉重打击了清政府，致使 1912 年 2 月清帝被迫退位，结束了二百多年清王朝封建统治和两千多年君主专制统治，虽然当时仅有"民国之名，而无民国之实"，但是它却广泛散播了民主共和的思想的种子，成为中国政治开始向现代化迈进的起点。以后封建帝制永远为中国广大人民所唾弃，无论怎样强大的反动势力，都没有办法在中国恢复帝制。另外，辛亥革命还吹响了共和国诞生的号角。武昌首义创建了湖北军政府，成为共和政权的雏形，并引发各省响应。不到两个月就诞生了中华民国，建立了以孙中山为首的南京临时政府。同时，辛亥革命作为一场反对帝国主义侵略和封建主义压迫的资产阶级民主革命，它的爆发立即在亚洲和世界激起巨大反响，迎来了 20 世纪世界各国被压迫民族解放运动的高涨。

# 袁世凯复辟

## ——多行不义必自毙

辛亥革命虽然推翻了清王朝的统治，但是却被一代枭雄袁世凯篡夺了胜利果实。袁世凯是一个有着帝王思想的顽固分子，一旦掌握权力，就开始着手推翻共和、复辟帝制。为了获得帝国主义国家的支持，他不惜签订《二十一条》，出卖国家主权。《二十一条》，对中国和中华民族带来了严重的创伤和耻辱，在近现代史上具有重要的影响。而袁世凯的皇帝梦也最终被护国战争的炮声所轧碎，共和的观念进一步深入人心。袁世凯复辟及其失败再一次证明了历史是向前发展的，倒行逆施者必自食其果。

袁世凯（1859—1916）字慰庭，又作慰廷或慰亭，号容庵，河南项城人。是淮系军阀袁甲三的侄孙，两次参加乡试都落榜，愤而从军。1881 年到山东投淮军吴长庆部，任营务处会办。次年随军入朝鲜，负责前敌营务处事务，协助朝鲜国王训练"新建亲军"，镇压汉城兵变。1885 年被李鸿章保荐为清"驻扎朝鲜总理交涉通商事宜"全权代表。1894 年电请清廷派兵入朝鲜镇压东学党起义。中日甲午战争爆发后负责办理清军前敌营务处兼筹转运事宜。战后，袁以浙江温处道留京听候差委。他命幕友译撰《兵法》12 卷，因缘层递荣禄，受到赏识。甲午战争后，清政府以湘淮军不足恃，有意改练新军，袁遂受到慈禧太后亲信荣禄的推荐，于 1895 年 12 月被派到天津小站接管"定武军"10 营。袁以此为基础，并增募人员，编练"新建陆军"7000 余人。1897 年，清廷以袁练兵有功，提升为直隶按察使，仍专管练兵事宜。

袁世凯像

1898 年 9 月，维新变法运动在光绪帝支持下达到高潮。慈禧太后、荣禄为首的顽固派密谋发动政变进行镇压。维新派鉴于袁参加过强学会，懂外交、掌握军队，光绪帝于 9 月 16 日召见他，特赏兵部侍郎，专办练兵事务。当局势危急之际，维新派要他"杀荣禄、除旧党"以助新政，他满口答应。但他回天津后，竟立即向荣禄告密，出卖维新派，从而把维新派投入血泊之中。为此，袁深得慈禧太后的信赖，从此官运亨通，飞黄腾达。

1899 年 6 月，袁被提升为工部右侍郎，12 月署理山东巡抚，率军在山东残酷镇压义和团。八国联军攻占北京时参加"东南互保"。1901 年 11 月，李鸿章病死，袁世凯实际上成为他的接班人，署理直隶总督兼北洋大臣（次年 6 月实授）。1902 年初，袁兼任政务处参预政务大臣、练兵大臣，并在保定创立北洋军政司（后改北洋督练公所），自兼督办，开始编练北洋常备军（简称北洋），且抓住了清朝京畿的警权。此后他又兼任督办商务大臣、电政大臣、铁路大臣等职。1905 年，袁练成北洋军六镇，实额共 6 万多人，除第一镇外，其余五镇全是他的嫡系。至此，以袁氏为首的北洋军阀集团的基本武力大体建成，成为后来袁世凯攫取中国最高权力的有力武器。但是袁的权势急剧膨胀引起了清朝贵族的猜忌，终于在 1907 年被清廷以明升暗降的办法调任为军机大臣兼外务部大臣，剥夺了他对北洋军的直接指挥权。1909 年被摄政王载沣罢免，回籍"养病"。

但是实际上袁世凯并没有失去对北洋军队的影响力，在"养病"期间，他密切注视着中国政局的变化，为自己东山再起做准备。同时，袁世凯也逐渐被革命领袖孙中山所关注。1908 年慈禧太后死后，孙中山认为，"命运之神是在做有利于袁世凯的事情，不久，他将成为我们国家命运的主宰"。对袁世凯寄予厚望。袁世凯就是利用这种情况，篡夺了辛亥革命的胜利成果。

武昌起义以后，清政府发觉已经指挥不动袁世凯训练的北洋军队，不得已再次请袁世凯出山，担任剿灭革命党人的责任。袁世凯利用这种机会，一面逼清廷授给军政大权，出任内阁总理大臣，一面诱逼革命党人承认其为整个局势的主宰者。在这种情况下，1912 年 2 月，袁采用军事威胁和谈判相结合的反革命两手，窃取了中华民国临时大总统职务。虽然清帝国也灭亡了，但是革命的果实却落在了以袁世凯为首的北洋军阀手中。

袁世凯篡夺辛亥革命果实以后，便开始实施其独裁统治。1913 年 3 月，派人在上海暗杀强硬的革命党人宋教仁，接着向帝国主义乞求借款，发动反革命内战，用不到两个月的时间，镇压了国民党人发动的"二次革命"。袁在镇压"二次革命"后，为复辟帝制积极做准备。袁世凯强迫国会改变先订宪法、后选总统的立法程序，1913 年 10 月 6 日进行正式大总统的选举。当天，被袁世凯所收买的便衣军警、地痞流氓数千人，打着"公民团"的旗帜包围了国会，高喊"今天不选出我们中意的大总统，你们就休想出院"，在会场外面捣乱。议员们从早上 8 时到晚上 10 时，忍饥挨饿，连选三次，最后屈服于袁世凯的武力，将袁世凯捧上正式大总统的宝座。

但是，袁世凯并不满足于大总统的位置，他一心想当上中华帝国的皇帝，其复辟活动开始于 1914 年前后，这时最主要的是争取各帝国主义的支持。在第一次世界大战爆发之前，袁世凯的长子袁克定受其父亲的指命，前往德国探听消息。德皇威廉二世当即表示支持袁世凯称帝，并致密函一封，表示在财政和军械上"给予大力支助"。随后，英国政府通过驻华公使朱尔典表达了希望中国实行君主立宪的意愿。美国政府则通过袁世凯的美籍顾问古德诺表示，支持中国政府成为一个披着立宪外衣的君主政府。日本政府更为阴险狡猾，趁第一次世界大战爆发后西方帝国主义无暇东顾之机，于 1915 年 1 月 18 日向袁世凯提出灭亡中国的"二十一条"，作为承认帝制的交换条件。当天，日本驻华公使日置益引诱袁世凯说："若开诚交涉，则日本希望贵大总统再高升一步。"此时，袁世凯已经到了利令智昏的程度。他不顾全国人民的激烈反对，竟于 5 月 9 日接受了除第五项以外

10 月 10 日，袁世凯在北京正式就任大总统后与各国使节合影。

的"二十一条"全部条件。

　　袁世凯在牺牲国家民族利权取得帝国主义的资助之后，就在1915年8月开始将帝制复辟活动公开化地进行。首先，他借助尊孔来大造帝制复辟舆论。1912年10月，康有为的门徒陈焕章曾在上海纠集一批前清遗老，发起组织"孔教会"，立即得到袁政府教育部的批准。次年9月，孔教会在山东曲阜召开第一次全国大会。会后，总会迁至北京，推康有为为总会长，陈焕章为主任干事。一时间，全国各地的孔社、孔道会、尊孔文社、宗圣会等尊孔团体纷纷出现。在这股尊孔复古逆流中，昔日维新志士康有为思想倒退到了极点，起了极坏的作用。他公然倡议说，要"定孔教为国教"、"以孔子配上帝"；胡诌什么中国"承数千年之帝制"，"民习于专制太久，而不能骤改也"，只有让"旧朝旧君"复辟，才能弭乱息争（参见《康有为政论集》，中华书局1981年版下册，第816页—817页）。与此同时，袁世凯从官方的角度积极支持配合康有为等人的尊孔言行。1913年6月，他向全国发布了《通令尊崇孔圣文》，叫嚷要用"礼义廉耻之防"来"正人心"，1914年2月，又通令全国一律举行祀孔典礼。并于是年9月28日，亲率文武官吏，在孔庙举行了辛亥革命后第一次声势赫赫的祀孔盛典。12月23日，他下令恢复前清的祭天制度，登天坛顶礼膜拜，重演封建时代"君权神授"，以"天意"压制"民意"的把戏。袁政府教育部还强迫全国各学校"尊孔读经"，"务以孔子之言为旨归"。很明显，袁世凯之所以大搞尊孔活动，其险恶目的就是借封建的纲常伦理、等级次序等观念毒害人民，使之驯顺服从，忠君尊上，任其帝制自为。

　　在大造尊孔复辟舆论之后，袁世凯的亲信杨度纠集了一些立宪党人和同盟会中的蜕化变质分子，于1915年8月23日发起组织成立了"筹安会"。该会作为袁世凯复辟帝制的御用团体，其主要骨干系杨度、严复、孙毓筠、刘师培、李燮和、胡瑛。他们在当天拍给各省将军、巡按使和商会的电报中宣称"以筹一国之治安"，认为共和国体，不适合中国国情，并于24日通电各省，请速派代表到京请愿，改变国体。在筹安会的极力鼓动之下。各省将军、巡按使、都统纷纷派代表入京参与"国体问题"的讨论，或发出赞同实行君主立宪的电报。袁世凯的宠臣梁士诒则组织"全国请愿联合团"做出榜样，一时间京城内涌现出诸如"商会请愿团"、"人力车夫请愿团"、"乞丐请愿团"、"妓女请愿团"等五花八门、无奇不有的团体，要求袁世凯立即当皇帝。袁的忠实走狗湖南将军汤芗铭电劝其早日复辟帝制，请求袁"俯从'民意'，速定一尊，申数年天泽分定之大义，慰亿万苍生一心一意之归诚"。袁的爱将段芝贵纠集14省将军密呈袁世凯，请"速正大位"。孔子的76世孙孔令贻接连发出电报，请袁世凯"早正帝位，统驭群伦"，"勉顺舆情，诞登大宝"。山东孔教会头目王锡蕃等呼请袁世凯"应天顺人，不日即正大位"。

　　袁世凯此时已被帝制美梦冲昏了头脑，见到全国"民意"如此盛扬，就立即下令参政院于10月间召开"国民代表大会"，议决是否改行"君主立宪"的问题。8日，袁世凯正式公布了由梁士诒等人草拟的《国民大会组织法》。随后，各省迅速选出"国民代表"，开始"国体投票"。事实上，这种所谓的"国体投票"，是在袁的走狗们严密控制下进行的。11月20日，各省投票结束后，参政院于12月11日汇综"全国民意"，宣布结果为各省代表1993人，赞同君主立宪的恰好1993票。更有甚者，各省"推戴书"都一字不差地写着："恭戴今大总统袁世凯为中华帝国皇帝，并以国家最上完全主权奉之于皇帝，承天建极，传之万世。"就在参政院宣布"民意"结果的当天，参政院两次上书劝进袁世凯早日登位。袁世凯看到时机已到，不必再装腔作势了，即在次日发表接受帝位申令，于13日在居仁堂接受百官朝贺，改国号为"中华帝国"，以1916年为"洪宪元年"，并定元旦举行"中华帝国皇帝"的登基大典。

## 历史大事全知道

1915年12月12日，袁世凯宣布承受帝位，改国号为"中华帝国"，以次年为"洪宪"元年。图为袁世凯（左三）称帝后在天坛祭天。

尽管袁世凯复辟帝制的目的暂时已经达到，但他对于真正的民意是什么这一点是胸中有数的。从而，他在接受朝贺的当天，就通令各省对于反对帝制者，必须"严密访查，毋稍疏忽"。对外，他继续以出卖国家民族利权来换取帝国主义对他的支持；对内，他先后颁布了《暂行新刑律》、《戒严法》、《治安警察条例》等，并下令恢复旧税，增收新税，清丈全国地亩，扩大搜括田赋范围，实行着残酷的政治压迫和经济剥削。然而，多行不义必自毙，一切逆历史潮流而动的人决不会有好下场，必定要遭到人民的反抗和斗争。

早在"二次革命"时被袁世凯镇压而逃亡日本的孙中山，于1914年7月在东京组织成立了中华革命党，号召革命党人"协力同心，共图三次革命"。当袁世凯正在做着皇帝美梦的同时，中华革命党中许多志士仁人纷纷潜回国内，组织力量利用各种方式与袁世凯势力做斗争。国内各省新军的中下级军官，对袁世凯的称帝也表示出愤激之情。在全国反袁怒潮高涨的基础上，蔡锷等人组织成立"护国军"，于1915年12月25日在云南宣布独立，拉开了武力反对袁世凯称帝的序幕。1916年1月，护国军分为3路向四川、贵州、广西进兵。尽管护国军力量不是很强大，自身也有弱点，但它符合全国广大人民的反袁愿望，从而很快得到各方势力的支持。不久，贵州、广西、广东和浙江等省先后响应，纷纷脱离袁政府的统治。

此时，狡猾的英、美等帝国主义国家，一反先前的态度，不再支持袁世凯称帝。驻北京的日本公使约集英、俄两国公使，向袁政府提出第一次联合警告，接着法、意两国驻京公使也分别提出同样的警告。12月15日，也就是袁世凯接受帝位以后的第三天，日本公使再度约集英、法、俄、意诸国公使向袁政府提出第二次联合警告，并扬言日本及其他国家"以后对于中国决定执监视之态度"。在中外一致反对声中，袁世凯只好自寻退路，于1916年2月25日被迫宣布延缓"登极"，但仍厚着脸皮自称总统。然而，北洋军阀内部也开始发生变化：袁的两员大将段祺瑞和冯国璋不再惟袁世凯之命是从，更不愿为帝制卖力，并联络江西将军李纯、山东将军靳云鹏等密电袁世凯，逼他取消帝制交出权力。这样，袁世凯不得不于1916年3月22日宣布撤销帝制，23日颁令废止"洪宪"年号。紧接着，19省公民联名发表宣言，坚持以武力逼袁下台，就连袁最亲信的四川将军陈宧、湖南将军汤芗铭等人也立即闻风易帜，倒戈相向。于是，袁世凯在众叛亲离的四面楚歌声中，一病不起，终于是年6月6日结束了可耻的一生。

简 评

袁世凯复辟的失败，又一次宣告了帝制在中国的彻底崩溃和消亡。历史证明：在共和观念深入人心之后，任何人，不论他有多大权势，意图复辟帝制，都注定是要失败的，君主专制统治已经一去不复返了。但是袁世凯的复辟，使中华民族蒙受了巨大的损失。袁世凯为了称帝，同日本签订了《二十一条》，为以后日本军国主义进一步侵略中国埋下了伏笔。而且袁世凯的倒台，使得北洋军阀分裂，中国历史进入军阀混战时期。

# 新文化运动

## ——民主与科学的追求

北洋军阀统治前期，军阀势力利用封建传统思想禁锢人们的头脑，推崇作为封建专制制度精神支柱的孔孟之道，借以维持自己的统治。严酷的现实引发当时先进分子的反思。他们认为，辛亥革命由于忽视了思想文化战线上反对封建主义的斗争，致使革命的成果遭到严重的破坏，因此，为了完成改造社会的历史使命，必须"冲决过去历史之网罗，破坏陈腐学说之图圉"。于是，作为五四运动的先导，标志中国人民新觉醒的新文化运动便应运而生了。

辛亥革命特别是第一次世界大战后，中国民族资本主义得到了迅速发展，出现了中国民族资本主义的黄金时代，致使中国民族资产阶级队伍有了较大的发展。从1911年到1913年全国共成立了实业团体72个，几乎遍及各个省区，民族工商业的从业人数迅速增加。成立于1914年的中华全国商会联合会，到1918年拥有会员16.2万多人；华侨商会的会员也有2.1万多人。

《青年杂志》与《新青年》

伴随着中国民族资本主义发展而来的，新的社会力量也生长和发展起来。新式学校的兴建，派遣留学生不断增多，西方科学技术的传入，中国出现了数十万受过新式教育的知识分子队伍和青年学生队伍，这是辛亥革命后迅速增长的新的社会力量。

中国民族资本主义的进一步发展和新的社会力量的成长，在经济上要求打破帝国主义、封建主义所代表的旧的生产关系的束缚；在政治上要求中国的进步和改革，改变帝国主义和封建主义的反动统治，这种要求反映在文化思想上，就产生了猛烈攻击封建主义旧文化思想的新文化运动。

袁世凯篡夺辛亥革命的成果后，在政治上封建专制复辟逆流日益嚣张，中国社会基本矛盾更加激化。与政治上的反动相适应，封建主义和帝国主义相勾结，在思想文化方面掀起了一股十分反动的尊孔复古的逆流。袁世凯政府通令全国"尊孔读经"，大搞祭天祀孔。帝国主义分子宣扬中国实行君主制较共和制为宜。保皇分子、封建余孽则公开攻击辛亥革命，诋毁民主共和，鼓吹君主复辟。一时间，社会上尊孔社团纷纷出现，形成了一股尊孔复辟逆流。与此同时，黄色小说、黑幕小说大肆泛滥，鬼神迷信极为流行。由辛亥革命所唤起的中国社会的希望，同民国初年中国社会黑暗之间形成一种巨大的落差。随着西方文化的不断传入和国内新的经济政治力量的发展，一部分资产阶级、小资产阶级激进民主主义知识分子，从辛亥革命失败的教训中认识到"社会文化是整套的，要拿旧心理运用新制度，决计不可能"。要防止君主复辟，实现名副其实的民主共和国，必须发动一场反封建的思想启蒙运动，来唤起人民的民主主义意识，扫除封建愚昧思想。

1915年9月，参加过辛亥革命的陈独秀在上海创办《青年》（后改名《新青年》）杂志（第二期改名为《新青年》），新文化运动由此发端。

陈独秀，字仲甫，安徽怀宁人。1915年以前他曾先后多次留学日本，接受了西方资产阶级思想文化，投身于反清的革命洪流中。1902年他在日本东京参加爱国团体——中国青年会，后编辑创办《安徽俗话报》、《国民日日报》、《甲寅》杂志等，主张实行民主革命，反对封建专制。辛亥革命后他任安徽都督柏文蔚的秘书长，1913年参加"二次革命"，反袁斗争失败后，逃亡日本。1915年9月回国，在上海创办《青年》杂志。此后，他以《新青年》为主要阵地，介绍西方资产阶级文化和思想，猛烈抨击中国封建的旧思想旧文化。在茫茫黑夜中点燃了思想启蒙运动的火炬，成为新文化运动的倡导者和主将，被称为"思想界的明星"。

1917年1月，蔡元培就任北京大学校长。他提倡在学术上兼容并蓄，聘请陈独秀为文科学长，延揽许多有新思想的学者来校任教。《新青年》编辑部也迁到北京，李大钊、鲁迅、胡适、钱玄同、刘半农、沈尹默、易白沙、吴虞等参加编辑部工作，并充当主要撰稿人。这样，北京大学和《新青年》编辑部就成了新文化运动的主要阵地。

新文化运动的主要内容是提倡民主和科学。民主指的是资产阶级民主政治。科学是指自然科学、社会科学和科学态度、科学方法。陈独秀在《青年》杂志创刊号上发表《敬告青年》一文，第一次提出了"人权"和"科学"的口号，树立起民主和科学两面大旗。陈独秀认为"民主和科学是近代欧洲之时代精神，近代欧洲所以优胜他族者，科学之兴，其功不在人权说下，若舟车之两轮焉"。中国要从专制和愚昧下求解放，摆脱落后状态，赶上资本主义强国，"当以科学与人权并重"。

新文化运动的倡导者们大力宣传民主思想，反对封建专制。陈独秀抨击君主专制的腐败，指出由专制政治趋于民主政治，是不可抗拒的历史潮流。中国欲求生存，必须"抛弃数千年相传的官僚的专制的个人统治，易以民主政治"。李大钊则指出："民与君不两立，自由与专制不并存，是故君主生则国民死，专制活则自由亡。"号召人民同反动复辟势力作坚决斗争。

在科学的旗帜下，新文化运动的倡导者们大力宣传科学思想，反对封建迷信和愚昧盲从。陈独秀提出："相信尊重自然科学，破除迷信妄想，是我们现在社会进化的必要条件。"《新青年》登载许多文章，介绍世界著名科学家发明创造的事迹和关于生物起源、医学、生理学、物

蔡元培任北京大学校长后，奉行"兼容并包，学术自由"的办法方针，"旧派"代表刘师培等与"新派"代表李大钊、鲁迅、胡适等同在课堂自由讲学。

理学、体育等科学知识，开展了对灵学和有鬼论的批判，大力破除封建迷信，反对愚昧和盲从。鲁迅也积极宣传科学思想，主张用科学这味药来医治思想上的迷信、愚昧和不改现状、不思变革的病。

提倡新道德，反对旧道德。激进的民主主义者针对当时甚嚣尘上的尊孔复古逆流，把批判锋芒指向历代专制帝王奉为偶像、经典的孔子和儒学，响亮地提出了"打倒孔家店"的口号。李大钊尖锐地指出，孔子是"数千年之残骸枯骨"，"历代帝王专制之护符"。陈独秀认为"主张尊孔，势必立君。主张立君，势必复辟"，从而揭露了鼓吹尊孔复古的实质是为了复辟。鲁迅、易白沙、吴虞、胡适等人向封建礼教、伦理纲常和家族制度发动了猛烈的攻击，论证了儒家三纲的伦理原则同资产阶级自由平等的伦理原则的原则区别和对立。

新文化运动的另一个重要内容是文学革

命。提倡新文学、反对旧文学；提倡白话文，反对文言文。1917 年 1 月，胡适发表《文学改良刍议》，主张用通俗易懂、"言之有物"的新文学，取代"摹仿古人"、"无病呻吟"的旧文学。同年 2 月，陈独秀发表《文学革命论》，反对"文以载道"、"代圣贤立言"的封建文学，主张用"国民文学"、"写实文学"代替"贵族文学"、"古典文学"，成为文学革命的纲领。在《新青年》的大力提倡和率先实践下，各种新出版物竞相效仿，形成了用白话文宣传新思想的一代新风。鲁迅 1918 年 4 月在《新青年》上发表了第一篇白话小说《狂人日记》，此外，还写了许多犀利的杂文，从各个方面对旧社会、旧礼教进行无情的揭露和深刻的批判，把反封建的革命的内容和白话文的表现形式很好地结合起来，树立了中国新文学的典范。

早期的新文化运动，是一批资产阶级、小资产阶级激进民主主义知识分子倡导和发动的思想启蒙运动。他们提倡民主和科学，是为了建设西洋式之新国家，即建设资产阶级共和国，发展资本主义。他们所使用的思想武器是西方资产阶级人文主义和民主主义。因此，新文化运动仍然是资产阶级民主主义性质的思想文化运动。

由于历史条件的局限和运动倡导者思想的局限，早期新文化运动带有严重的缺点。这主要表现为运动的参加者仍然局限于知识分子的范围和思想文化领域里，没有把广大工农群众动员起来。还没有从经济关系上剖析旧思想、旧文化的根源，触动整个封建制度。运动回避了反对军阀统治的斗争，也没有正面提出反对帝国主义的任务。早期新文化的倡导者不能用历史唯物主义的观点看待中国文化和西方文化，认为中国文化一切皆坏，西方文化一切皆好，这种形式主义看问题的方法在后来产生了不良影响。

"五四"以后的新文化运动，有了较大的改变，成为宣传马克思主义及各种社会主义流派的思想运动，使旧民主主义的文化运动，转变为由马克思主义理论指导的新民主主义的文化运动。在"五四"以后，全国各地的进步报刊和进步社团，如雨后春笋，脱颖而出。"五四"以前，倡导新文化的刊物，只有《新青年》、《每周评论》和《新潮》等少数几种。"五四"后的一年里，全国新出版的期刊猛增至 400 余种。其中影响较大的有：上海的《星期评论》、《建设》、《民国日报》副刊《觉悟》；北京的《少年中国》、《曙光》、《新社会》；天津的《天津学生联合会报》、《觉悟》；湖南的《湘江评论》；成都的《星期日》；武汉的《武汉星期评论》；浙江的《浙江新潮》，等等。"五四"前的进步社团较著名的有：北京的"少年中国学会"、"国民杂志社"、"新潮社"、"北京大学平民教育讲演团"；湖南的"新民学会"；湖北的"互助社"等。"五四"以后一年中出现的进步社团，约有三四百个，较著名的有：北京的"工读互助团"；湖南的"文化书社"、"俄罗斯研究会"；湖北的"利群书社"、"共存社"；广东的"新学生社"；天津的"觉悟社"，以及各地建立的马克思学说研究会。这些报刊和社团的活动，传播了马克思主义，促进了马克思主义同中国工人运动的结合，为中国共产党的成立创造了条件。新文化运动从内容到形式的深刻变化，是旧民主主义革命向新民主主义革命转变的重要标志之一。

## 简　评

尽管初期新文化运动有诸多缺点，但这并不妨碍它的伟大历史功绩。它沉重地打击了统治中国 2000 多年之久、享有绝对权威的封建思想文化，破除了传统的封建教条对人民的束缚，是我国历史上一次空前的思想解放运动。它初步介绍了西方哲学社会科学思潮和自然科学知识，开阔了人们的眼界，并为中国迅速接受十月革命影响和马克思列宁主义在中国的传播准备了条件。

# 五四运动

## ——新民主主义革命的开端

在新文化运动中，面对辛亥革命以后中国政治和社会的黑暗混乱状况，一些先进的知识分子开始怀疑资产阶级民主共和国的方案对中国是否适合，坚持不懈地继续探求救国救民的新出路。正当此时，俄国发生了震动世界的十月社会主义革命。十月革命的胜利有力地证明，不仅发达国家，就是不发达国家，也是可以走上社会主义道路而获得解放的。它使处于彷徨和苦闷的中国人民看到民族解放的新希望。中国的先进知识分子从十月革命和第一次世界大战后充分暴露的西方资本主义的社会危机中，敏锐地认识到世界历史潮流的深刻变化，开始考虑选择中国革命新的道路。在十月革命的影响下，马克思主义开始在中国传播。随之，在中国开始出现具有初步共产主义思想的知识分子。

五四运动时的纪念章

民族危机的深重和社会的黑暗，思想文化的启蒙和中国先进分子的新探索，这一切表明，一场新的爱国民主运动正在中国的大地上酝酿着，涌动着。它爆发的直接导火线，则是中国在巴黎和会上外交的失败。

1918年11月，打了4年多的第一次世界大战，以德奥等同盟国的失败而告结束。为处理战后的世界问题，1919年1月18日至6月28日，协约国集团在法国巴黎的凡尔赛宫召开"和平会议"。这次会议实际上是一个由英、美、法等国操纵的帝国主义分赃会议，整个会议由美国总统威尔逊、英国首相劳合·乔治、法国总理克里孟梭三巨头所把持。中国政府因战时参加协约国一方，也以战胜国的资格派出由陆征祥（北京政府外交总长首席代表）、顾维钧（驻美公使）、施肇基（驻英公使）、魏宸组（驻比公使）、王正廷（南方军政府代表）5人组成的代表团出席会议。代表团在国内舆论的推动下，向和会提出废除外国在中国的势力范围；撤退外国军队、巡警；裁撤外国邮局及有线无线电报机关；撤销领事裁判权；归还租界地；归还租界；关税自主七项希望和取消"二十一条"及换文的要求。但这两项提案一提出，就被和会最高会议所拒绝。这样就只有希望解决山东问题了。山东问题是在讨论处置德国在远东太平洋和非洲殖民地问题时列入议程的。和会在讨论这个问题时，日本代表蛮横无理地提出日本应无条件继承德国在太平洋上赤道以北的岛屿及在中国山东的一切权益。中国代表顾维钧据理抗争。但是帝国主义列强为了保持各自的既得利益，决定牺牲中国。4月30日，英、美、法三国在邀请日本代表参加、拒绝中国代表出席的最高会议上，决定将德国在山东的权益全部交给日本，并在《凡尔赛和约》的第156、157、158条中作了明文规定。战胜国之一的中国，竟和战败国一样受到惨痛宰割。中国代表团于5月1日密电北京政府，请示是否在和约上签字。北京政府屈服于帝国主义的压力，决定在和约上签字。

巴黎和会的无理决定，使中国人民对帝国主义强盗本质有了新的认识。中国北京政府在巴黎和会上的外交失败，进一步激化了阶级矛盾和民族矛盾。

巴黎和会上中国外交失败的消息，首先由 5 月 1 日上海的《大陆报》（英文版）向国内透露。接着京、津、沪等各大报纸纷纷刊登了这一报道。全国人民无不为之悲愤。北京的学界、商界、军界等分别举行集会，其中以青年学生界最为激进。

五四运动的发轫是北京大学。组织和发动五四游行的许多重要成员，大多数来自北大新文化运动时成立的各种进步组织和社团，如国民社、新潮社、平民教育讲习团等。这些社团大都程度不同地受到中国马列主义的先驱李大钊的影响和指导。

5 月 3 日，以北大进步组织和社团的成员为骨干，联合北京中等以上的学生代表在北大集会，决定 4 日齐集天安门举行学界大示威。

5 月 4 日下午 1 时许，北京大学、北京高师汇文大学、中国大学、高等工业学校等 13 所学校的学生 3000 多人，齐集天安门广场。他们手执写有"还我青岛"、"取消二十一条"、"拒绝在巴黎和会签字"等口号的旗帜，高呼"外争国权，内惩国贼"、"诛卖国贼曹汝霖、章宗祥、陆宗舆"等口号。集会讲演后即列队游行，向东交民巷使馆区进发，一路散发传单，痛切指出："山东大势一去，就是破坏中国领土！中国领土破坏，中国就亡了！"号召全国工商各界一律起来设法开国民大会，外争主权内除国贼。至东交民巷西口，被使馆巡捕和军阀政府军警阻拦，学生们义愤填膺，决定改道奔向赵家楼胡同曹汝霖住宅。曹汝霖当时任北京政府交通总长，1915 年任袁世凯的外交次长，是签订"二十一条"的代表之一。他和章宗祥（驻日公使）、陆宗舆（币制局总裁，订"二十一条"时任驻日公使）又是段祺瑞对日本借款和签订军事协定的经手人，因而成为当时最受舆论指责的 3 个卖国贼。浩浩荡荡的队伍到达赵家楼，曹宅紧闭大门。北京高师学生匡互生从曹宅临街的窗口率先跳入院内，随后打开了大门，愤怒的群众蜂拥而入。曹汝霖惊惶失措，仓促避入一个箱子间，未被学生发现。盛怒之下的群众痛打了刚从日本回国正在曹家的章宗祥，捣毁了曹宅器具，并放火烧了曹宅。这时，北京政府派军警前来镇压，将尚未离去的 32 名学生捕去。当晚北京各校学生开会，讨论如何营救被捕学生和继续进行斗争。5 日，北京各专科以上学校实行总罢课。6 日正式成立了北京中等以上学校学生联合会，学生们纷纷来到街头，举行爱国讲演，开展抵制日货提倡国货的宣传活动等。北京学生的爱国行动，得到社会各阶层人民的普遍同情和支持。天津、上海等地的学生和社会各界纷纷发出通电，坚决支持北京学生的爱国行动，强烈要求北京政府迅速释放被捕学生。以蔡元培为首的北京各大专院校校长团也积极参加营救被捕学生的活动。在全国各界人民的有力声援下，北京政府不得不于 7 日释放被捕学生。

被捕学生获释后，北京学生为实现爱国运动的斗争目标，抗议军阀政府对学生运动的镇压，继续坚持斗争。5 月 8 日，徐世昌下令严禁学生干政并将 4 日被捕学生"送交法庭依法办理"。而对被迫提出辞呈的卖国贼曹汝霖却指令慰留。与此同时，北京政府还对北大校长蔡元培施加压力。9 日，蔡元培被迫辞职出走。压迫愈强反抗愈烈，北京政府的倒行逆施，使矛盾进一步激化。11 日，北京各大专学校教职员联合会正式成立，和学生们一起进行爱国斗争。从 19 日起，北京学生再次实行总罢课。学生们组织了"救国十人团"，开展讲演活动和抵制日货运动，还组织了护鲁义勇队，进行军事操练，准备掀起更大的斗争。

学生爱国运动的发展，也引起了帝国主义的恐慌。在帝国主义的干涉下，北京政府变本加厉地镇压学生运动。5 月 23 日，北京政府训令京师警察厅，严格取缔排日风潮。25 日，下令各校学生 3 日内一律复课，并以提前放假、举办文官高等考试及外交司法官考试等手段

## 历史大事全知道

破坏学生运动。6月1日，北京政府连下两道命令：一是为曹、陆、章卖国贼辩护；二是再次严令取缔学生爱国运动，诬蔑学生爱国行动是"纵火伤人"，"举动越轨"，宣布查禁学生联合会、义勇队，并令学生即日复课，因此更加激起学生的愤怒。6月3日，北京20余校数百名学生走上街头进行爱国宣传，反动政府派出大批军警进行镇压逮捕学生178人。4日，各校学生出动人数较3日增加一倍，又被捕去近800人。学生不畏强暴，5日，5000多名学生走上街头进行爱国宣传，连警察厅门前也成了他们演讲的场所。讲演者"垂泪而道"，听众则"掩面而泣"，但又遭到军警马队的冲击。反动政府越是镇压，革命洪流越是奔腾向前。由北京学生点燃的反帝爱国运动的烈火，迅速燃遍了全国各大中城市。

五四运动（浮雕）

6月3日，北京学生联合会向全国发出通电，沉痛地报告了北京学生被捕的惨状。4日上海学联获此消息后，立即向全国发出"速起营救"的急电。在学生纷纷出动、"沿街跪求"、上海商人罢市之际，从6月5日起，上海工人自动举行声援学生的罢工。首先由日资的内外棉第三、四、五纱厂的工人举行罢工。日本纱厂、上海纱厂、商务印书馆和中华书局的工人也相继罢工，当日罢工工人约2万余人。之后，工人罢工规模不断扩大。继纺织、造船、机器制造、卷烟、造纸等行业工人罢工后，上海海员和沪宁、沪杭、淞沪铁路工人也开始大罢工。至6月10日，上海工人罢工达到高潮。工人明确提出"惟期格政府之心，救灭亡之祸"（《实事新报》1919年6月7日）。

在工人罢工斗争的影响和学生的动员下，上海"三罢"斗争实现了。为了统一领导上海人民的斗争，6月6日，商、学、工、报各团体召开联席会议，宣告成立"上海商学工报联合会"。它表明中国人民的觉悟和组织程度有了迅速的提高。

在上海工人阶级的带动下，"三罢"斗争如同燎原之火迅速席卷全国，扩展到22个省150多个城市。自此五四运动突破了知识分子狭小的范围，成了有工人阶级、小资产阶级和资产阶级参加的全国规模的革命运动。运动的中心由北京转移到上海，斗争的主力由学生逐渐转向工人。迫于人民群众的强大压力，北洋军阀不得不于6月10日释放被捕学生，并宣布罢免曹、章、陆，这是五四运动取得的第一个胜利成果。

遂后要求拒绝在和约上签字，便成为五四运动的中心内容。北洋政府慑于群众的威力，对在和约上签字不能不有所顾虑，可是这些帝国主义的走狗、奴才们"经详加筹虑"，认为不签字有很大"害处"。因此 6 月 17 日，电令出席巴黎和会的中国专使在和约上签字。北京政府的卖国行径再次激起全国人民的愤慨，于是全国各地又掀起拒签和约运动高潮。由于和约直接涉及山东问题，因此山东人民拒签和约运动开展得最为普遍和激烈。

6 月 28 日巴黎和会签字之日。全国各地的拒签电报像雪片一样飞向巴黎。据不完全统计，中国代表团接到拒签和约的通电 7000 多份。旅居法国的华工、留学生、华侨数百人包围了中国代表团的住所，不准他们赴会签字。在全国人民的强大压力下，中国代表终于没有出席巴黎和会的签字仪式。至此五四运动的直接目标实现了。

## 简　评

五四运动是中国革命史上具有划时代意义的事件，是中国旧民主主义革命到新民主主义革命的转折点。它促进了中国人民新的觉醒，先进青年更加清楚地看到国家命运，岌岌可危，更加感到腐败黑暗的社会现状难以忍受，他们以救国救民、改造社会为己任，积极探索拯救中国的道路。五四运动的杰出的历史意义，"在于它带着辛亥革命还不曾有的姿态，这就是彻底地不妥协地反对帝国主义和彻底地不妥协地反对封建主义"。"启导广大人民的觉悟，准备革命力量的团结，这是五四运动最伟大的功绩"。五四运动促进了马列主义和中国工人运动相结合，为中国共产党的成立，做了思想上、干部上的准备。

# 中国共产党的成立

## ——中国革命进入新阶段

共产党的诞生，是中国历史上最伟大的事件之一。从此以后，在共产党的领导下，曾经屡次受到列强欺凌的中国强大了起来，中华民族看到了复兴的曙光。中国现在所取得的成就，无一不和这个政党联系在一起。可以说，中国共产党改写了中国和世界的历史。

从 1840 年鸦片战争起，中国就遭到资本主义列强的侵略，逐渐沦为半殖民地半封建的社会。两次鸦片战争、中法战争、甲午中日战争、八国联军入侵中国，一次一次地将中华民族逼入屈辱和灾难之中。为了推翻帝国主义和封建主义的统治，实现国家的独立和人民的自由，中国人民进行了长期的斗争，这其中包括农民阶级发动的太平天国起义、开明官僚发动的洋务运动、资产阶级改良派发动的百日维新以及资产阶级改良派发动的辛亥革命，但因没有先进阶级及其政党的领导，这些改良和革命最终都遭到了失败。中国的先进分子在黑暗中继续探索着救国救民的道路。

1917 年列宁领导的俄国十月革命的胜利，给中国人民带来新曙光。从此，在俄国十月革命的影响下，经过五四运动，中国工人阶级以独立的姿态登上了政治舞台。一批具有初步共产主义思想的知识分子，如李大钊、陈独秀、毛泽东、李达、邓中夏、周恩来，认识到无产阶级力量的强大，到工人群众中宣传马克思主义并进行组织工作，开始把马克思主义和中国工人运动结合起来。

中共"一大"会址——上海法租界贝勒路树德里，后称望德里，后称望志路 106 号，今兴业路 76 号现景。

1919 年中国爆发了五四爱国运动，工人阶级举行了声势浩大的政治大罢工，开始作为独立的政治力量登上历史舞台。五四运动进一步促进了马克思主义的传播和工人运动的发展，为中国共产党的建立奠定了思想基础和阶级基础。1920 年春，共产国际派魏金斯基来华，了解五四运动后的中国革命形势。他分别在北京和上海会见了李大钊和陈独秀，同他们一起讨论了中国的建党问题。1920 年夏，上海共产主义小组（即中国共产党上海发起组）首先成立，由陈独秀任书记。将《新青年》作为上海共产主义小组机关刊物，并创办了理论刊物《共产党》月刊，在全国主要城市秘密发行，这是中国共产党历史上第一个党刊。新青年出版社还翻译出版了《共产党宣言》、《国家与革命》等马克思列宁主义经典著作，以及多种宣传马克思主义的通俗小册子。在上海共产主义小组的推动下，各地共产主义小组相继成立。有李大钊领导下的北京共产主义小组，以及武汉、长沙、广州、济南等地的共产主义小组。各地共产主义小组成立后，也创办了一批面向工人的通俗刊物，在上海有《劳动界》，北京有《劳动音》和《工人月刊》，济南有《济南劳动月刊》，广州有《劳动者》等，对工人进行阶级意识的启蒙教育。在此基础上，各地共产主义小组积极深入工人群众，举办工人夜校，建立工会组织。各地还建立了社会主义青年团，发展了一批团员，青年团成为党的有力助手和后备军。各地共产党早期组织的成立及其工作的开展，表明召开党的第一次全国代表大会的条件已成熟。

1921 年 7 月 23 日至 31 日，中国共产党在上海召开第一次全国代表大会。出席大会的有各地共产主义小组（当时，在法国的共产主义小组还没有和国内取得联系，所以没有派代表出席）。推举的代表共 12 人：湖南小组毛泽东、何叔衡，湖北小组董必武、陈潭秋，上海小组李达、李汉俊，北京小组刘仁静、张国焘，济南小组王尽美、邓恩铭，广州小组陈公博，日本东京小组周佛海。参加大会的还有陈独秀指派的代表包惠僧。他们代表全国 50 多名党员。共产国际代表马林出席了会议。这次会议将产生一个伟大的政党，一个改变历史的政党。

"一大"召开的地方是典型的 20 世纪 20 年代上海石库门民居风格，建于 1920 年秋，当时是上海代表李汉俊及其哥哥李书城的寓所。

1921 年 7 月 23 日，13 位"一大"代表及两位共产国际代表先后到达会场，也就是李汉俊寓所的楼下客厅，房屋的面积不大，陈设布置也很简朴。大会由张国焘主持，毛泽东、周佛海担任记录。

7 月 30 日晚，举行第六次会议。不料会议刚开始不久，一个穿长衫的陌生中年男子（后据有关人士回忆，此人系法租界巡捕房探长程子卿）突然闯入会场，朝室内东张西望。代表们问他干什么，他含含糊糊地回答："找各界联合会王会长。"后又说："对不起，找错了地方。"就匆忙退了出去。具有秘密工作经验的马林当机立断，建议会议立即停止，于是代表们分别从前后门迅速离开，只剩下李汉俊、陈公博两人。

大约一刻钟后，法租界巡捕 9 人包围了李汉俊的家，他们翻箱倒柜，足足搜查了 1 个多小时，除了查到一些介绍和宣传社会主义的书籍外，并没有发现其他可疑的东西。室内抽屉里放着一份党纲草案，幸好因为涂改很乱，字迹模糊，也未引起他们的注意。法租界巡捕警告盘问一通，就带人离开了，但在四周却布下了暗探。

中共"一大"会址遭到法租界巡捕的突然搜查，原因出在马林身上。1921 年 3 月，马林作为共产国际代表从欧洲来到上海，中途到达奥地利维也纳。这时他的行踪被当地政府察觉，遭到维也纳警察局拘捕，后在友人和律师的帮助下获释。但当地警察局仍然没放松对他的怀疑，警察局通过外事局，对他准备途经的各国通报了情况，马林自欧洲到上海，沿途受到严格检查，在上海受到租界巡捕房的严密监视，当他在李汉俊家参加会议时，就发生了法租界巡捕房搜查的事。"一大"会议被迫停会后，负责"一大"会务工作的王会悟（李达夫人）建议到浙江嘉兴南湖租一艘游船，以游湖为掩护，在船上继续开会。最后找到一艘雕花饰金的中型单夹弄丝网船（单夹弄指游船自前舱至后舱一侧有信道）。据称，这种船是清末南湖一带渔民专营水上旅游的游船，因船的装饰漂亮而被称为"画舫"。

第二天，代表们坐早班火车从上海出发，7 点 35 分开车，到达嘉兴是 10 点左右。王会悟已在车站迎候。一行人由王会悟带领来到东门狮子汇渡口坐摆渡船到湖心岛，登上烟雨楼察看好游船开会时停泊的位置后，便登上由王会悟预订的游船，把船撑到离烟雨楼东南方向

## 历史大事全知道

200 米左右僻静水域，用篙插住，就开起会来。王会悟坐在船头望风，遇有别的船划近了，王会悟就敲窗提醒大家。代表们还特意将带来的麻将牌倒在桌上作为掩护。会议从上午 11 点左右一直开到下午 6 点多，闭会时全体代表轻声地呼出了时代的最强音："共产党万岁、第三国际万岁、共产主义——人类的解放者万岁！"就这样，伟大的中国共产党诞生了。

这次大会鉴于当时党员的数量比较少，各地组织尚未健全的情况，决定暂不成立党的中央委员会，先组成中央局，负责党的领导工作。会议选举陈独秀、张国焘、李达 3 人组成中央局，陈独秀任书记，张国焘任组织主任，李达任宣传主任。中央局的设置，对健全党的组织，加强党的组织建设，加强中央对各地党组织的集中统一领导，发挥了重要作用。

这次会议的一个主要内容就是通过了《中国共产党纲领》，其具体内容为：

1921 年 7 月 20 日晚，中共"一大"会议因遭法租界巡捕的搜查被迫中断，代表们分散转移到浙江嘉兴南湖，在一艘游船上结束了最后一次会议，图为该船的复制品。

一、我们的党定名为"中国共产党"。

二、我们党的纲领如下：

1. 革命军队必须与无产阶级一起推翻资产阶级的政权，必须援助工人阶级，直到社会阶级区分消除的时候；

2. 直至阶级斗争结束为止，即直到社会的阶级区分消灭为止，承认无产阶级专政；

3. 消灭资本家私有制，没收机器、土地、厂房和半成品等生产资料；

4. 联合第三国际。

三、我们党承认苏维埃管理制度，要把工人、农民和士兵组织起来，并以社会革命为自己政策的主要目的。中国共产党彻底断绝与资产阶级的黄色知识分子及与其类似的其他党派的任何联系。

四、凡承认本党党纲和政策，并愿成为忠实的党员者，经党员一人介绍，不分性别，不分国籍，都可以接收为党员，成为我们的同志。但是在加入我们的队伍以前，必须与那些与我们的纲领背道而驰的党派和集团断绝一切联系。

五、接收新党员的手续如下，被介绍人必须接受其所在地的委员会的考察，考察期限至少为两个月。考察期满后，经大多数党员同意，始得成为党员，如果该地区有执行委员会，

· 276 ·

必须经执行委员会批准。

六、在党处于秘密状态时，党的重要主张和党员身分应保守秘密。

七、每个地方，凡是有党员五人以上时，必须成立委员会。

八、委员会的党员经以前所在地的委员会书记介绍，可以转到另一个地方的委员会。

九、凡是党员不超过十人的地方委员会，应设书记一人；超过十人的应设财务委员、组织委员和宣传委员各一人；超过三十人的，应由委员会的成员中选出一个执行委员会。关于执行委员会的规定下面将要说到。

十、工人、农民、士兵和学生等地方组织的人数很多时，可以派他们到其他地区去工作，但是一定要受当地执行委员会最严格的监督。

十一、（遗漏。陈独秀的稿本上没有第十一条，可能是他在打次页时遗漏了，也可能是由于他把第十条以后的号码排错了。）

十二、地方执行委员会的财政、活动和政策，必须受中央执行委员会的监督。

十三、委员会所管辖的党员超过五百人或同一地区有五个委员会时，必须成立执行委员会。全国代表会议应委派十人参加该执行委员会，如果这些要求不能实现，必须成立临时中央执行委员会。关于执行委员会的工作和组织，下面将要更加详细地阐述。

十四、党员如果不是由于法律的迫使和没有得到党的特别允许，不能担任政府委员或国会议员。士兵、警察和职员不在此例。

十五、本纲领须经三分之二全国代表大会同意，始得修改。

中国共产党的成立，是中国近代史上开天辟地的大事。从此，在中国出现了以马克思主义为指导思想的，以民主集中制为组织原则的，以共产主义为奋斗目标的统一的无产阶级政党。中国共产党成立后，中国革命的面貌焕然一新。

# 第一次国内革命战争

## ——国共合作的成果

　　第一次国内革命战争即北伐战争，是 1924 年至 1927 年中国人民在中国共产党和中国国民党合作领导下进行的反帝反封建的革命斗争。

　　辛亥革命失败后，孙中山一直坚持着资产阶级民主革命派的立场，继续奋斗。他把中华革命党改组为中国国民党。可是，中华革命党和中国国民党都脱离群众，孙中山领导的二次革命、护国运动、护法运动都失败了。正当孙中山为寻找革命出路而感到苦闷、彷徨的时候，俄国十月革命的胜利使他看到了希望。孙中山致电列宁和苏维埃政府，对俄国布尔什维克党的艰苦斗争，表示钦佩。五四运动取得巨大胜利，又使孙中山开始感到民众力量的伟大。1921 年刚刚成立的中国共产党发表对时局的主张，赞扬孙中山坚持民主革命的精神，同时向他说明，革命必须依靠人民的力量。这就为国共合作提供了条件。

黄埔军校旧址，位于今广州黄埔。

　　1922 年 4 月 22 日，孙中山从广西回到广州。共产国际代表马林来华参加将在广州举行的中国社会主义青年团第一次全国代表大会。孙中山趁机向马林表达了自己对苏俄的友好感情，并说明他打算与苏俄建立联系，深信中国革命的惟一实际的、真诚的朋友是苏俄。孙中山表示，允许与共产党合作的形式。

　　1923 年 6 月 12 日，中国共产党第三次全国代表大会在广州举行。这是历史上比较重要的一次代表大会，此次大会讨论并接受了共产国际关于国共合作以及共产党员以个人名义加入国民党的决议案，为随后到来的第一次国共合作打下了政治基础。

　　在此次会议上，年轻的中国共产党人意气风发地对中国革命、国内政局以及党的建设进行了热烈的讨论。代表们批评了张国焘等不同意国共合作的错误意见，同时对陈独秀提出的"一切工作归国民党"的右倾观点也进行了批评。经过讨论，大会通过了《关于国民运动及国民党问题的决议案》等文件，决定同孙中山领导的中国国民党合作，建立革命统一战线。共产党员可以个人身份加入国民党，把国民党改组成为工人、农民、小资产阶级和民族资产阶级的革命联盟。为了保持党在政治上的独立性，文件要求共产党员加入国民党后仍保存并努力扩大共产党的组织，严格执行党的纪律。党的三大还有一个值得关注的事件是毛泽东被选为 5 人组成的中央局，并担任秘书，同陈独秀一起负责党的日常工作。这是中国共产党成立以来毛泽东首次进入党的核心领导层。这也是他 1935 年遵义会议以前在党内担任过的最高职务。

　　在中国共产党和苏联提出的建立联合工农群众的政党和革命武装的建议下，孙中山决定改组国民党。1922 年，孙中山在上海召集有共产党员参加的会议，研究改组国民党的计划，起草改组国民党的宣言、党纲和党章。国共两党第一次实现合作。

1924年1月20日~30日，中国国民党第一次全国代表大会在广州举行，孙中山主持了大会。这次大会是在共产国际和中国共产党的帮助下召开的。到会的165名代表中，有共产党人李大钊、毛泽东、谭平山、瞿秋白、林伯渠等23人。大会通过了《中国国民党第一次代表大会宣言》，通过了国民党新的党纲、党章和改组的具体办法；重新解释了三民主义，把旧三民主义发展到新三民主义，实际上确定了联俄、联共、扶助农工的三大政策。大会通过的宣言，接受了共产党反帝反封建的主张。新三民主义的内容和中国共产党在民主革命阶段的纲领基本相同，是两党合作的共同政治基础。大会通过了《中国国民党章程》，改组了国民党，确认共产党员和社会主义青年团员可以以个人资格参加国民党，并变过去的个人集权制度为民主主义的集中制。大会选举了有李大钊、谭平山、毛泽东、林伯渠、瞿秋白、张国焘等10名共产党员参加的国民党中央执行委员会。这次大会完成了国民党的改组工作，改组后的国民党是工人、农民、小资产阶级和民族资产阶级的民主革命联盟，它是以共产党和国民党合作为基础的革命统一战线的组织形式。这次大会的召开标志着第一次国共合作的正式形成和第一次国内革命战争的正式开始。

1924年5月，在苏联和中国共产党的帮助下，孙中山在广州黄埔创办了陆军军官学校，培养军事干部。国民党左派廖仲恺任军校党代表，蒋介石任军校校长。廖仲恺同校长蒋介石、苏联顾问商量，决定请中国共产党推荐适当人选做军校政治部主任。1924年11月，中国共产党派遣周恩来任军校政治部主任，以后又派遣恽代英、萧楚女、聂荣臻等共产党员到军校工作。周恩来到军校后，首先建立和健全了共产党组织，成立了"中国黄埔军校特别支部"，积极发展党员，制订政治教育计划，加设社会发展史、帝国主义侵华史、各国革命史等课程。周恩来指出："军队政治工作，主要是进行政治教育。"他不但亲自讲课，作报告，还邀请毛泽东、张太雷、苏兆征等到军校演讲。军校内有棵大榕树，榕树下，就是周恩来经常同学员谈心的地方。黄埔军校的许多优秀生，大都是共产党员，如蒋先云、徐向前、陈赓、左权、周逸群、黄公略、陶铸、刘志丹等等。黄埔军校为第一次国内革命战争提供了很多人才，对以后革命的发展做出了重要贡献。

在中国共产党的领导、影响和推动下，在国共合作的条件下，中国掀起了反帝反封建的大革命。1925年的五卅运动标志着全国范围的革命高潮的到来，为举行讨伐北洋军阀的革命战争奠定了群众基础。

1926年2月，中国共产党向全国人民明确提出了出兵北伐推翻军阀统治的政治主张。1926年5月，国民革命军第七军一部和第四军叶挺独立团等作为先头部队，先行出兵湖南，援助正被吴佩孚部击败而退守湘南衡阳的第八军唐生智部。7月1日，广东国民政府发出《北伐宣言》，7月9日国民革命军的8个军约10万人，兵分三路，从广东正式出师北伐。共产党员李富春、朱克靖、廖乾吾、林伯渠分别担任二、三、四、六军的党代表。参加北伐军各级负责工作的共产党员还有陈毅、陈赓、蒋先云、张际春、包惠僧、叶挺、周士第等。7月12日至18日，共产党为了讨论党在北伐战争中的方针政策问题，在上海召开了四届中央第三次执行委员会扩大会议。会议通过了《中共中央第五次对于时局的主张》，号召全国民众积极推动和响应北伐，迅速扩大民众运动，巩固革命的联合战线，推翻国内军阀与打倒帝国主义。北伐战争打击的对象是占据中国广大地区、受帝国主义支持的北洋军阀吴佩孚、张作霖和孙传芳。在西路主攻方向上，国民革命军第四军、第七军主力同第八军会合后，在7月11日胜利进入长沙；8月22日，占领岳州；随后又攻克汀泗桥、贺胜桥，击溃吴佩孚的主力，直指武汉；9月6日、7日第八军主力占领了汉阳、汉口；10月10日，第四军主力和第八军一部攻克已被围困月余的武昌。共产党直接领导的叶挺独立团在湖南和湖北战场一些关键性的战役，如汀泗桥、贺胜桥和武昌战役中英勇搏杀，建立了重大功勋，因此，独立团所在的国民革命军第四军被誉为"铁军"。北伐军中路部队进展缓慢，蒋介石的嫡系一军一师在南昌附近屡遭挫折，溃不成军，不得不向武汉求援。第四军、第七军先后转入江西，于11月初在南浔铁路一带发动猛烈进攻，终于歼灭孙传芳部主力，占领九江、南昌。在东路福建战场，原来留驻粤闽边境的第一军两个师也乘势向福建发动进攻，于12月中旬进占福州。在北伐军攻占汉阳、汉口的同时，冯玉祥领导的国民军也在苏联顾问团和共产党员刘伯坚、邓小平等的帮助下，于1926年9月17日在五原誓师，绕道甘肃东进，参加北伐。北伐军在不到半年的时间里，打垮了吴佩孚，消灭了孙传芳主力，进占到长江流域和黄河流域部分地区，沉重地打击了帝国主义和封建军阀的反动统治。由中国共产党人领导的以两湖为中心的全国工农运动亦迅猛发展，有力地支援了北伐战争。北伐战争还得到苏联政府的援助，苏联政府不仅以大批武器弹药、军需物资装备北伐军，还派遣了大批军事干部担任顾问，参加作战指挥。

1924年1月20日，中国国民党第一次全国代表大会在广州召开。出席开幕式的代表165人，其中共产党员24人，苏联顾问鲍罗廷也出席了会议，这标志着第一次国共合作开始。

革命势力的猛烈发展，直接威胁到帝国主义的在华利益。1927年3月，帝国主义命令它们在下关的军舰对南京市内的北伐军和市民开炮轰击，制造了中国军民死伤2000余人的南京惨案。蒋介石为首的国民党右派同帝国主义和中国资产阶级右翼勾结起来，加紧反革命阴谋活动。4月12日，蒋介石公开发动了反革命政变，即"四一二"政变。蒋介石叛变后，以汪精卫为首的武汉政府也加紧反革命活动。这时，中国共产党内以陈独秀为代表的右倾投降主义在党的领导机关中占了统治地位，他们放弃革命领导权，压制工农运动，对国民党右派反革命活动采取妥协退让政策，拒绝党内的一切正确意见，对国民党不但不加戒备，反而还命令武汉工人纠察队将武器交给汪精卫的武汉政府。7月15日，汪精卫召开国民党中央常务委员会扩大会议，公开宣布与共产党决裂。随即对共产党员和革命群众实行大屠杀，还提出了"宁可枉杀千人，不可使一人漏网"的血腥口号。大批共产党员和工农群众遭到杀害（"七一五"政变）。至此，蒋汪反革命合流，第一次国内革命战争遭到失败。

大革命失败的原因是多方面的，首先，从客观上来讲，第一次大革命是在敌强我弱的阶级力量对比下进行的。帝国主义列强和中国的封建军阀、买办豪绅阶级互相勾结起来，他们无论在政治经验还是在经济实力上无疑都暂时远远大于革命力量。

其次，从主观上来讲，中国革命的主力军工农群众虽然有比较广泛的发动，但是动员和组织的程度还极不充分，力量发展也很不平衡。更为严重的是，作为革命中坚的中国共产党此时尚处于幼年时期，对中国革命的规律懂得不多，还不善于把马克思主义普遍真理同中国实际结合起来，找出一条适合中国国情、具有中国特色的革命之路。特别是在北伐战争后期，陈独秀的右倾投降主义逐渐在中央领导机关占了统治地位，放弃了对中国革命的领导权，在反革命向革命势力发动突然袭击的时候，无法及时组织有效的抵抗。导致革命遭受了重大的损失。

 简　评

　　在国共两党的合作下发动的国民革命，在短短的两三年中，以广东一隅之地，一举推翻了北洋军阀的统治，并给予帝国主义在华势力以重大打击。国民革命的兴起和失败也表明了发动和武装工农大众的必要性，昭示了在国共合作的统一战线内共产党人坚持自己独立性的必要性。中国共产党人必须时时刻刻在统一战线中注意保持革命大方向，实现对农民、小资产阶级尤其是革命武装的领导权，团结左派，争取中间派，打击右派，并时刻警惕和反击右派势力的突然袭击，保卫革命的胜利果实。

# 东北易帜

## ——民国形式上的统一

1928 年 12 月 29 日．在中国现代史上发生一件具有重大历史意义的事情，那就是"东北易帜"。

1912 年 1 月 1 日中华民国成立时，临时大总统孙中山主持制定的国旗，以红黄蓝白黑五色横条为图案，象征汉满蒙回藏五族共和（也就是代表中国各民族共和）。1917 年后孙中山在广州建立革命政府时，又将国旗图案改为青天白日满地红，象征皓日照耀着大地。但北洋政府统治的地区，仍以五色旗为国旗。国旗更换成为政权归属的标志。在中国近现代历史上，东北易帜是一个重要的历史事件，对于中华民族而言具有重要的意义。

以国共合作为基础的第一次国内革命战争，在 1927 年 4 月蒋介石发动的反革命政变中失败了，但是作为北伐战争的延续，国民革命军在蒋介石等人的领导下，各路大军直指北京。在这种情况下，作为名义上的北洋军阀政府首脑的张作霖发出通电，号称内战牵动外交，造成历年来全国人民饱尝内战之苦，考虑到百姓的疾苦，决定和平解决南北争端，宣布即日率部退出北京，政务交国务院摄行，军事由各军团长负责，此后政治问题，仍请国民公决。随后就准备撤回其根据地东北。

张作霖是日本帝国主义在华扶植的重要军阀，对日本具有重要意义。张作霖宣布退至关外，就违背了日本的利益，为了保住并不断扩大自己的利益，日本关东军决定除掉张作霖，扶植新的代理人。此时，张作霖对日本也产生了怀疑，担心受到日本的报复。为了保障安全，他打算乘汽车取道古北口出关，但是因公路坎坷不平，张作霖难以承受颠簸之苦，因此，张作霖决定仍乘火车回奉。在回去的路上，张作霖的重要亲信将领张作相保护由北京至榆关一段，沿途军队严密设防，以防万一。由榆关到沈阳一段的安全则由奉系大将吴俊升担保。

张作霖像

即使在这种情况下，张作霖还不放心，又布下疑阵，宣布 6 月 1 日出京，京奉路备有专车升火待发，但又改期于 2 日启程，而 2 日仍留在北京未走。3 日上午，他才人不知鬼不觉地上了火车，留杨宇霆、张学良在北京与阎锡山的代表接洽，等待晋军和平入城接收。

但是即使如此，张作霖还是没有能够逃脱日本关东军的暗杀。4 日 5 时半，当张作霖所乘专车行到距沈阳西北 6 里的皇姑屯站的时候，炸弹突然爆炸，南满路铁路桥被炸坍塌下来，张作霖的专车从 4 号到 7 号炸成粉碎，同车的吴俊升被炸得腹破肠出，脑浆迸流，登时气绝毙命。尽管张作霖受重伤未死，但是当他被人从破轮碎铁中抬出来，又被抱上汽车开回沈阳时，已经昏迷不醒了，当日 16 时身死。

皇姑屯事件发生后，日方采取一切措施掩盖炸车案真相。日本人炸死张作霖后，于当日夜晚将溥仪严密保护，携他由天津潜往大连，准备用他代替奉系军阀，使东三省脱离中国版图，而另建傀儡王国。

　　日本帝国主义原以为皇姑屯的爆炸声，会使张作霖一命归天，而东北政局也会立即陷于混乱，他们只需多少动用点军队，东北便唾手可得。谁知，出乎意料的是，虽然发生了炸车案，但东北安定如常，政治、经济和人们的生活没有什么大的波动。这其中一个重要的原因就是年轻的张学良。他很快便成为东三省的无可置疑的统帅。

　　张学良是张作霖长子，生于1901年。自幼在家乡学习"四书五经"，受过封建伦理教育。其后，进入洋学堂学习历史、地理和英语等知识，开始接受一些资本主义思想。1915年，其父升任27师师长驻沈阳，他亦随之赴沈。1916年同于凤至女士结婚。1919年3月，入东北武堂炮兵科学习，同年7月毕业，晋升炮兵上校。从此之后，他一直活动于东北军中。经历和参与了连绵不断的军阀战争，张学良出身于纨绔，青年时也沾染上鸦片嗜好，但在长期戎马生涯中，特别是在与挚友郭松龄相处的日子里，深受其影响，改掉了吸鸦片的恶习，并振作起来。

　　张学良返沈，并没有立即为其父举办丧事。为了掩人耳目，以张作霖名义发出"奉天省长公署令特派交涉员"电。电报发出后，使内外不知详情的人，都认为张作霖还没有死，就连日本特务机关、驻奉天总领事馆的人员也都摸不清底细，满腹狐疑，如坠五里雾中。

　　对于张作霖的继承人问题，奉系军阀的"老班底"和旧派军人都认为张学良过于年青，缺少统治经验，难以驾驭，因此，一致推举张作相为"东北王"；但是另外一派，新派军人，特别是留学日本的一些军官，都拥护野心早已锋芒毕露的杨宇霆接班。双方几争不下，最后还是素称稳健的张作相，看在过去同张作霖相处的面子上，认为继承张作霖的最合适人选是张学良。他说张学良少年英俊、干练有为，这样做可以以理服人，可以团结东北的各方面人士，以应付当前比较困难的内外局面。他坚决推辞了让他接任张作霖职务的请求，力推张学良承担重任，并表示愿意竭诚辅政。同时，他还主动说服了旧派军人同意自己的主张，使认为接替张作霖非自己莫属的杨宇霆，也只好对此表示赞同。于是，张学良在6月20日发出"张学良任奉天军务督办就职通电"后，于次日，由奉天省长刘尚清公布张作霖因伤重医治无效逝世的消息，并为张作霖发丧。

张学良将军像

　　7月3日，三省议会联合会推举张学良为东三省保安总司令兼奉省保安司令。当天，张学良在沈阳就任东三省保安总司令职。

　　在张作霖被炸死之后，北伐军中的冯玉祥、李宗仁等主张即刻挥师出关，乘胜追击，彻底解决奉军。但是蒋介石坚决不同意，他认为日本人久欲侵入东北，一旦战事爆发，必不可收拾。又认为张学良非张作霖，他早有厌恶战争、统一国家之思想，可以用和平手段解决东北问题。于是蒋介石派方本仁、白崇禧派何千里去沈阳，一是代表国民革命军吊唁张作霖之丧，借以表示同情张学良的处境，并表示无进军东北之意；二是谋求和平统一途径．即或一时因日本掣肘，暂难换旗，亦应使双方军队不致发生误会，引起冲突，并设法先行恢复平奉铁路交通；三是希望奉方让出热河地盘，由方振武去任该省主席。张学良接受了南京政府的条件。

就在方本仁、何千里去沈阳的同时，日本也派前驻英大使林权助去奉天，会同奉天总领事林久治郎，名为吊唁，实则设法对张学良施加压力，阻挠东北和南方谋和。张学良同他们谈话时说："我是中国人，所以我的想法当然是以中国为本位；我之所以愿与国民政府妥协，是要完成中国统一，实行分治合作，以实现东三省一般人民所渴望的事。我的决心，以东三省人民的意志为依归，我不能违背三省民心而有所为。"回头张学良把同日本谈话的情况及时告诉方本仁、何千里，并表示愤懑难堪之状。他激动地说："这不是人受的，我他妈的成了吊总司令了。"随之以手支额，泪潸潸而下。方、何亦为之动容，对张深表同情，并认为日本对东北的野心难测，易帜之事当然不能操之过急。张愤以拳击桌说："我没可说的。你们相信我张学良不会甘当亡国奴的。"日本政府拟拨款6000万元，借给张学良以整理奉票，试图以此为诱饵，拉拢张学良，反对东北易帜。张学良很气愤，他在大元帅府中愤恨地说："日方欺我甚，誓必易帜，即死于青白旗下，吾亦甘心"。

日本人的狂妄阴谋没能实现，但却贼心不死，紧接着又打起了东北独立的旗号，逼迫张学良实现其父生前对日所作的所谓保证与许诺，在东北享受更多的特权；同时也准备把他变为一个听凭他们摆布、对他们唯命是从的傀儡，如不顺从，将重新物色人选，取而代之。

当时的美国也未等闲视之。不过，他们采取的是两面派的外交手腕，这突出表现在他们一方面赞成国民党统一中国，敦促张学良换旗，可是暗地里却又支持日本抢走东北这块地盘。其目的在于这样做，既可使蒋介石投入它的怀抱，又可以"祸水北引"，使日本人便于向北扩张，进攻苏联，而他老美则不动声色，便将坐收渔人之利。

就在这时候，军阀张宗昌、褚玉璞与日本人勾结，他们率领的直鲁军于津浦线溃退后，张宗昌向张学良提出班师回奉、整顿军队的要求，并要求为他划出永久驻防区，企图强占东北。同时，他还伪称，要将部队开出关外，为张作霖报仇。张学良对张宗昌、褚玉璞等人早有防备。当张宗昌、褚玉璞于8月3日率部向东北军发起进攻时，东北军立即奋起反攻。经过几天的激烈战斗，消灭了张、褚所部的直鲁联军。张宗昌狼狈地乘飞机逃往大连。

10月28日，张学良在沈阳召开会议，研究易帜和裁军问题，决定以先不在东北设国民党党部为条件而易帜。张学良已把北伐战争中截获的客货列车200辆，车头10个交给国民政府。11月12日，平奉铁路开始通车。东北人民对于易帜一事表现出极大的热情，纷纷举行活动，强烈要求张学良早日实现易帜。

12月中旬，国民党政府派张群、吴铁城、李石曾，方本仁到沈阳，送来旗帜和任命状。12月29日，张学良举行易帜典礼，宣布易帜。1928年12月29日晨，东北三省同时废止五色旗，升起青天白日满地红旗，表示服从南京国民政府，将东北主权归于中央。张学良向全国发出"易帜通电"，说："自应仰承先大元帅遗志，力谋统一，贯彻和平，已于即日起宣布，遵守三民主义，服从国民政府，改易旗帜，伏祈诸公不遗在远，时赐明教，无任祷盼。"

12月30日，南京国民政府正式任命张学良为东北边防军司令长官，张作相、万福麟为副司令，任命翟文选为奉天省政府主席，张作相为吉林省政府主席，常荫槐为黑龙江省政府主席，汤玉麟为热河省政府主席。

简 评

　　东北易帜，是张学良出自爱国至诚，为反帝反侵略而采取的一大进步行动，对日本帝国主义的侵略政策是一个沉重的打击，起到了维护民族独立和促进国家统一的积极作用。对于张学良本人来说，则是他主政东北后作出的第一件有深远历史意义的重大事件，是他维护国家统一，抵御外侮的一件光辉范例。至此，北洋军阀在中国的统治历史宣告结束。全国表面的统一得以完成。

# 八一南昌起义

## ——武装反对国民党反动派的第一枪

　　中国人民解放军是一支伟大的力量，在中华民族的复兴中起到了重要的作用。从第二次国内革命战争、抗日战争，到解放战争、抗美援朝，一直到新中国成立后的50多年中，这支伟大的军队使中国人民站了起来，摆脱了半封建半殖民地的地位，并且在新中国进行社会主义现代化建设的过程中保驾护航，不愧是中华民族和中国人民的钢铁长城。这支人民的军队，诞生在1927年8月1日，这就是在中国共产党和中国革命史上占有重要地位的南昌起义。

　　中国共产党成立后，集中领导了第一次工人运动，在实践中认识到建立革命统一战线的必要性，在中国共产党的推动下，1924年实现了第一次国共两党的合作。国民革命运动蓬蓬勃勃地开展起来。在革命统一战线旗帜下，进行国民大革命。

再现南昌起义场景的油画

　　1926年，北伐战争开始。它的直接打击目标是受帝国主义支持的北洋军阀。北伐战争基本摧毁了北洋军阀势力，打击了帝国主义。但是，在北伐战争的胜利进行中，国民党右派在帝国主义和国内反动势力的支持下，向中国共产党发起了进攻，导致了第一次国共两党合作破裂。

　　1927年4月12日，蒋介石的党徒指使一批全副武装的流氓，冒充工人，袭击各区工人纠察队。随后，又借口"工人内讧"，派反动军队缴了工人纠察队的枪，打死打伤300多工人。当天下午，一批流氓占领上海总工会。第二天，总工会召开工人群众大会，提出发还枪支，肃清流氓反革命分子的要求。会后进行游行示威。当游行队伍走到宝山路的时候，蒋介石的反动军队用机枪向手无寸铁的工人群众扫射，宝山路血流成河。同时，总工会被查封，共产党员、工人领袖和革命群众被捕杀。仅3天之内。就有300多人被杀，500多人被捕，5000多人失踪。这就是骇人听闻的"四一二"反革命大屠杀。接着，蒋介石指使党徒在许多地方进行大屠杀。4月，军阀张作霖在北京杀害了共产党创始人李大钊。

　　与蒋介石相呼应，原来以左派面目示人的汪精卫不顾以宋庆龄为代表的国民党左派的反对，于7月14日夜间在武汉举行了"分共"会议。汪精卫在会上作了以"分共"为主旨的报告，煽动仇共反共，并提出对于参加国民党的共产党员"应有处置的方法，一党之内不能主义与主义冲突，政策与政策冲突，更不能有两个最高机关"，就是说国共应该"分家"了。会议最后通过了"分共"的有关决议和命令，其中宣称："中央党部应制裁一切违反本党主义政策之言论行动"，"凡名列本党之共产党员，在本党各级党部、各级政府及国民革命军中有职务者，应自即日起声明脱离共产党，否则一律停止职务"，"在国民革命时期内，共产党员不得有碍国民革命之活动，并不得以本党名义，作共产党之工作"。这次会议后，7月下旬起，汪精卫一伙由"和平分共"发展到"武力清党"，狂叫对付共产党"要用对付敌人的手段对付，捉一个杀一个……把他们一个个抓来枪毙"，开始了对共产党人和革命群众的大屠杀。

大革命的失败，有外部的原因，但是当时的中国共产党领导人陈独秀犯了右倾错误，对国民党右派的进攻采取了退让的政策，特别是对军队的领导权的重要性认识不够，这是国民革命运动失败的重要原因。

由于中共中央在第一次国内革命战争中，忽视掌握军队的极端重要性，使绝大部分军队都控制在国民党手中。中国共产党所能掌握或影响的武装力量主要集中在国民党人张发奎统率的国民革命军第四集团军第二方面军中，其中包括贺龙、叶挺等部队。面对大革命失败后的严重形势，1927年7月，中共中央在汉口召开了临时政治局常委会议，决定在张发奎的国民革命军第二方面军中发动军事暴动并成立前敌委员会，周恩来任书记。

蒋介石像

1927年7月下旬，周恩来秘密地从武汉来到南昌。他住在花园角2号朱德家里，着手起义准备工作。张国焘以"中央代表"身份来到南昌，反对起义。他说："起义须得张发奎的同意，否则不可动。"周恩来坚定地指出：我们必须立即行动，暴动不可推迟，更不可停止。对于暴动，我们应当站在独立领导地位，绝不可停靠军阀。他否定了张国焘的错误主张。贺龙年轻时就投身革命。1916年，他联合20多个穷兄弟用两把菜刀缴了税务局的枪支。1926年，贺龙参加北伐战争，任军长。蒋介石叛变革命以后，他从武汉到南昌，一路上收留了300多名共产党员。7月底，周恩来向他征求对武装暴动的意见。他说："我完全听党的话，党叫我怎样干，我就怎样干。"

当时，敌人在南昌方面的力量比较薄弱，只有朱培德第五方面军总指挥部及警卫团，第3，第6军各一部，总共三千多人。在南昌地区，我党掌握和影响的武装力量主要有：叶挺领导的第20军；朱德领导的第三军军官教育团和南昌公安局的两个保安队；由叶挺独立团为骨干编成的第25师；以及蔡廷锴的第10师等部。还有卢德铭领导的国民政府警卫团和陈毅领导的中央军政学校武汉分校等部，正由武汉向南昌集中。

7月27日，周恩来在南昌召开了有朱德、刘伯承、恽代英、彭湃、叶挺、聂荣臻以及江西党组织负责人参加的重要会议，成立了以刘伯承为参谋团长，周恩来、叶挺、贺龙为委员的参谋团，下设起义军总指挥部，由贺龙任总指挥，叶挺任前敌总指挥。前委会决定于7月30日举行起义。正在此时，张国焘由武汉赶到南昌，阻挠起义，以周恩来为首的前委经过激烈斗争，克服了张国焘的阻挠，毅然决定起义。

8月1日，周恩来、贺龙、叶挺、朱德、刘伯承等率领在中国共产党掌握和影响下的军队2万余人，在江西南昌宣布起义。经过4个多小时的激战，歼敌3000余人，缴获枪支5000余支，子弹100万余发，大炮数门，占领了南昌城。

8月2日，驻马回岭的第四军第二十五师主力，在前委派去的聂荣臻领导下，开到南昌和主力会合。起义胜利后，部队仍沿用国民革命军第二方面军的番号，贺龙任代总指挥，叶挺任代前敌总指挥，刘伯承任参谋团参谋长，郭沫若任总政治部主任。部队编为三个军：第二十军，军长贺龙兼，党代表廖乾吾，辖第一、第二、第三师以及军直教导团和特务营；第十一军，军长叶挺兼，党代表聂荣臻，辖第二十四、第二十五、第十师和军直炮兵营；第九军，军长韦杵（未到职），副军长朱德，党代表朱克靖，以原军官教育团为骨干，还有一些南昌的印刷和铁路工人参加，约一个团的兵力。

8月1日上午，前委召开了"国民党中央委员及各省、区、特别市和海外各党部代表联席会议"，讨论通过了《联席会议宣言》等文件，提出了"打倒帝国主义"、"打倒新旧军阀"、"实行耕者有其田"等革命口号和政纲。成立了以共产党员为领导核心，有国民党左派人士参加的中国国民党革命委员会。革命委员会由宋庆龄、邓演达、谭平山、周恩来、贺龙、叶挺、苏兆征、恽代英、李立三、张国焘、郭沫若、吴玉章、徐特立、林祖涵、彭湃、何香凝、彭泽民、张曙时等25人组成。这个带有政权性质的委员会，用中国国民党革命委员会的名义，目的是继承孙中山的"联俄、联共、扶助农工"三大政策，反对南京的蒋介石政府和武汉的汪精卫政府，实质上是一个无产阶级领导的代表工人、农民和城市小资产阶级，并联合国民党左派人士的民主革命政权。同日，由15名在国共合作时期担任国民党中央委员的共产党员和7名国民党左派人士共同署名，发表了国民党《中央委员会宣言》，义正辞严地揭露了蒋介石和汪精卫的叛变行为，强调反对帝国主义，扫除新旧军阀，要为解决土地问题而斗争。

南昌起义使国民党反动派大为震惊。汪精卫调朱培德的第三、第九两军主力向南昌急进，妄图包围南昌，消灭起义部队。面对这种形势，前委决定：起义军按原定计划南下广东，夺取海口，求得外援，重建广东根据地，再次举行北伐。

8月3日至6日，起义部队先后撤离南昌，取道临川、广昌南下。蔡廷锴的第十师到达进贤李家渡时叛变，率部开往浙江。武汉分校的干部和学员，乘船赶到九江被张发奎扣留，分校党代表陈毅化装南下，在临川追上起义军，被派到第二十五师第七十三团任党代表。这时，蒋介石急令留守两广的第八军总指挥李济深抽调八个师的兵力，分向江西、湖南南部前进，准备截击南下的起义军。起义部队在瑞金、会昌地区击破敌军黄绍竑、钱大钧等部的拦阻后，变更经寻邬（今寻乌）出梅县的原定路线，改由长汀、上杭进入广东的三河坝、潮州、汕头地区。朱德率第二十五师留守三河坝. 周逸群率第三师留守潮、汕。经两次分兵，主力仅剩6000人转兵西进，打算会合海丰、陆丰农军，相机夺取惠州。在汤坑地区，与敌军薛岳等部激战，打成对峙，撤至揭阳。10月3日，在流沙镇与从汕头撤出的部队和前委首脑机关会合。在撤离汕头之前，党中央派张太雷前来，向周恩来等传达了"八七会议"精神，并指示起义领导人离开部队。前委在流沙镇召开会议，周恩来总结了失败的经验教训，要求武装人员退往海丰、陆丰作长期斗争。当日下午，主力部队进至乌石山时，与敌军陈济棠、徐景唐部激战，遭受失败。第二十四师余部1300余人，在董朗、颜昌颐的率领下，转入海丰、陆丰地区同当时农军会合，改编为工农革命军第二师，继续革命斗争。另一部分由朱德、陈毅率领经赣南、粤北转入湘南，开展游击战争。1928年1月在湘南地方党组织和农民武装的配合下，在宜章举行了"年关起义"。由于遭到优势敌军的"协剿"，起义部队和农民武装撤出湘南，于同年 4 月到达井冈山与毛泽东率领的部队胜利会师，组成中国工农革命军第四军，后改称工农红军第四军，这就是著名的井冈山会师。

南昌起义，由于客观上敌人力量过于强大，主观指导上缺乏经验，没有和湘、鄂、赣地区的农民运动相结合，开展土地革命战争，而是孤军南下广东，企图打开海口，争取外援，重建革命根据地，再次举行北伐，加之两次分兵，不能集中兵力歼敌，成为敌人各个击破等原因，最后遭致失败。但这次起义的伟大历史功绩是不可磨灭的。它在全党和全国人民面前树立了一面鲜明的武装斗争旗帜，充分地表现了中国共产党和中国人民不畏强敌、前仆后继的革命精神。它以实际行动批评了陈独秀的右倾投降主义，沉重地打击了国民党反动派的嚣张气焰，极大地鼓舞了全国人民的革命斗志。它对创建伟大的人民军队做出了重大的贡献。

 简　评

南昌起义在中国革命史上具有重大而深远的意义。它打响了武装反对国民党反动派的第一枪，宣告了中国共产党人不畏强暴、继续坚持革命的坚强决心，标志着中国共产党独立领导人民革命战争和创建人民军队的伟大开端。南昌起义是第二次国内革命战争的起点，它保存下来的部队成为工农红军的骨干之一。"八一"南昌起义培育出众多的中国人民解放军的高级将领，1955 年授衔的十大元帅中，朱德、刘伯承、贺龙、陈毅、聂荣臻、叶剑英、林彪共七位元帅曾参与这次起义，十位大将中有张云逸、许光达、粟裕、徐海东、谭政、罗瑞卿等六位大将来自南昌起义的主要部队。1933 年 7 月 11 日，中华苏维埃共和国临时中央政府根据中央革命军事委员会 6 月 30 日的建议，决定 8 月 1 日为中国工农红军成立纪念日。从此，8 月 1 日成为中国工农红军和后来的中国人民解放军的建军节。

# 井冈山会师

## ——第一个革命根据地的巩固

　　1927 年 8 月 7 日，中共中央在汉口召开的紧急会议。出席会议的有中央委员 10 人，候补中央委员 3 人，中央监委、中央军委、共青团中央、湖南、湖北的代表 8 人。共产国际代表和中央秘书处负责人也参加了会议。瞿秋白主持会议。会议通过了《中国共产党中央委员会告全党党员书》、《最近农民运动的决议案》、《最近职工运动的决议案》及《党的组织决议案》。会议在中国革命的危急关头，总结了大革命失败的经验教训，就国共两党关系、土地革命、武装斗争等问题进行了讨论。会议坚决纠正了以陈独秀为代表的右倾投降主义，确定实行土地革命和武装反抗国民党反动派的总方针，并把发动农民举行秋收起义作为当前党的主要任务。八七会议是中国革命遭受第一次严重挫折后，中共中央召开的具有重大历史意义的会议，它总结了大革命失败的经验教训，反对了政治上的右倾投降主义，开始了党在农村领导武装暴动、开展土地革命的新的斗争。

　　在"八七会议"精神的指导下，9 月 9 日，秋收起义在湖南爆发。但是由于敌我力量悬殊，加之有的起义者的临时叛变，秋收起义很快失败。1927 年 9 月 30 日，毛泽东率领的秋收起义部队在进攻长沙失利后，来到了江西永新县三湾村，进行了著名的"三湾改编"。之后不久，起义军进驻宁冈县古城镇，召开了有重要影响的前委扩大会议，全面分析了面临的形势和所处的环境，决定在井冈山建立农村革命根据地。

　　井冈山几个县在大革命时期都建立了党的组织和农民自卫军，群众基础比较好；山上的茨坪、大小五井等地都有水田和村庄，周围各县农业经济可供部队筹措给养；这里离中心城市较远，交通不便，国民党统治力量薄弱；崇山峻岭，地势险要，森林茂密，只有几条狭窄的小路通往山内，进可攻，退可守。在敌我力量悬殊的条件下，这里确实是一块理想的落脚点。这里过去长期有"山大王"，这时有袁文才、王佐两支绿林式的农民武装，各有一百五六十人、六十支枪。王佐部驻在山上的茨坪和大小五井等处，袁文才部驻在井冈山北麓的宁冈茅坪，互相配合．互相呼应。

　　古城会议后，毛泽东从当地农民武装重义气、多猜疑的特点出发，只带几个随员到宁冈大仓村去会见袁文才，那是 10 月 6 日。袁文才原来还有些怕，预先在林家祠堂埋伏下 20 多人，20 多条枪。见到毛泽东只来几个人，他就比较放心了，埋伏的人始终没有出来。见面后，毛泽东说明是由江西省委介绍来找他们的，充分肯定他们"劫富济贫"的革命性，同时说到工农革命军目前的困难。双方谈得很投机。毛泽东当场宣布送给他们 100 支枪，这很出袁文才的意料，也使他很受感动。袁文才向毛泽东表示．一定要竭尽全力帮助工农革命军解决各种困难。随即回赠给工农革命军 600 块银元，并同意革命军在茅

朱德在井冈山指挥作战时用的望远镜

坪建立后方医院和留守处，答应上山做王佐的工作。

10 月 13 日，毛泽东率领工农革命军主力抵达酃县水口村，在这里发展了一批党员，开展社会调查。他从得到的报纸上看到南昌起义军在广东失败的消息，放弃了准备退往湘南的想法，坚定了在罗霄山脉中段建立革命根据地的主张。他同副连长张宗逊交谈说：中国革命离不开农民，武装斗争一定要与农民运动相结合，把农民武装起来。工农革命军在茅坪驻扎后不久，主动开到湖南酃县水口一带打游击，以消灭地方民团，开展土地革命，极大地提高了毛泽东和工农革命军在袁部及当地老百姓中的威信。就这样，毛泽东真正争取到了袁文才这个"绿林军"的信任。王佐信服袁文才，袁投身革命，这对王佐影响很大。1928 年初，工农革命军攻占遂川县城的胜利激励了王佐，他主动请求毛泽东派革命军干部到他那里去工作，王逐渐认识到共产党是真正为劳苦大众谋利益的，彻底抛弃了对工农革命军的重重疑虑，愿意接受共产党的领导。1928 年 2 月，前委根据袁王两人的表现和要求，将袁、王自卫军改编成工农革命军第一军第一师第二团，由袁文才任团长，王佐任副团长，"绿林军"走上了革命的道路。

工农革命军到了井冈山后的第一件事，就是抓军队和地方的建党工作。没有一个坚强有力的党组织形成核心，军队也好，根据地也好，都会松散无力，难以巩固和发展。所以，毛泽东把这件事看做一切的根本。

在三湾改编时，一个重要内容便是军队要在党的领导之下，并且确定了"支部建在连上"的原则。但那时时间匆促，许多措施还来不及落实。部队到酃县水口村后，10 月 15 日，毛泽东在叶家祠主持了 6 名新党员入党宣誓仪式，各连党代表都来参加。他详细地解释了入党誓词的意思，然后带着六名新党员举起右手宣读入党誓词："牺牲个人，努力革命，阶级斗争，服从组织，严守秘密，永不叛党。"遂川大汾镇，另一个连也举行了入党宣誓仪式。不久，各连的党支部都先后建立起来。支部一建立，连队立刻有了灵魂。支部布置党员要做好三件事：学习目前的形势；了解群众思想状况，帮助他们解除顾虑；培养和发展新党员。连里的政治空气逐渐浓厚，党员数量逐渐增多，秋收后各种工作迅速开展起来，显得十分活跃。

在军队内部建党的同时，毛泽东也抓紧地方党组织的恢复和发展。井冈山附近各县，在大革命时期都建立了党的组织。党组织负责人很多是外地回来的学生，也有当地农会的骨干分子。大革命失败后，多数党组织给打散了。但不少党员仍在坚持斗争。毛泽东采取军队的党帮助地方党发展的做法。工农革命军进驻茅坪的当天晚上，毛泽东就召集在井冈山"打埋伏"的永新、宁冈、莲花县部分党员开座谈会。11 月上旬，又在茅坪召开宁冈、永新、莲花等县原党组织负责人会议。第二年 1 月攻克遂川后，召开了前委和万安、遂川县委联席会议。在这些会议上，毛泽东分析形势，要求大家在斗争中重建和发展党的组织。他还从军队里抽调一批有政治工作经验的党员干部，到农村基层去开展建党工作。

另外，南昌起义失败后，一部分革命军队在朱德的带领之下，游击作战，且在湘南发动了大规模的农民暴动。得知朱德、陈毅、王尔琢率领的南昌起义军余部在发动声势浩大的湘南暴动取得巨大成功后遭到强大敌军追击，正向井冈山方向撤退后，毛泽东立刻派袁文才、何长工率第二团西进资兴，接应从郴县撤出的湘南农军；自己率第一团在桂东、汝城方向阻击国民党追击部队。4 月 20 日，他同团长张子清又指挥第一团占领酃县县城并在城西阻击追敌，掩护朱德部撤退。

4 月 24 日前后，毛泽东率第一团返回宁冈砻市，同先两天到达砻市的朱德、陈毅的部队会合。这时，朱德42岁，毛泽东34岁，从此开始了他们长时期密切合作的战斗生涯。毛泽东见到朱德时说："这次湘赣两省国民党军竟没有整倒你们！"朱德说："我们转移得快，也全靠你们的掩护。"接着，他们在龙江书院举行两部营以上干部会，确定将两部合编为工农革命军第四军的各项决定，由朱德任军长，毛泽东任党代表，陈毅任教导大队队长，共辖6个团。在中共第四军第一次党代表大会上，选举产生第四军军委，毛泽东当选为书记。在由湘南郴州、耒阳等县农民编成的第三十、三十三两个团开回湘南后把军以下的师的番号撤销，由军部直辖4个团，那就是：由南昌起义军全部组成的第二十八团，由湘南宜章农民军组成的第二十九团，由湘赣边界秋收起义部队组成的第三十一团，由袁、王部队组成的第三十二团，兵力从原来的1000多人增加到6000多人，其中的主力是第二十八团和第三十一团。

5月4日，山明水秀的砻市，山花烂漫，溪水碧透，青竹吐翠，显得更加美丽。在南面的广场上，用门板和毛竹搭起了主席台，周围飘扬着鲜艳的红旗，两侧挂着"庆祝两支革命部队胜利会师"、"打倒国民党反动派"的标语牌。清晨，会师部队和革命群众两万余人就陆续聚集到广场，顿时，广场成了沸腾的海洋。

十点钟，大会在嘹亮的军号声中开始。陈毅同志主持了大会，庄严宣布全体部队改编为中国红军第四军，毛泽东同志任党代表，朱德同志任军长。

毛泽东同志、朱德同志在会上作了重要讲话。

井冈山会师（油画）

毛泽东同志在讲话中阐述了两军会合的伟大历史意义，分析了红军的光明前途。他说，现在我们虽然在数量上、装备上不如敌人，但是我们有革命的思想，有群众的支持，不怕打不败敌人。我们要善于找敌人的弱点，然后集中兵力专打这一部分。十个指头有长有短，荷花出水有高低，敌人也是有弱有强。我们抓住敌人的弱点，狠狠地打一顿；打胜了，立刻分散到敌人背后去玩"捉迷藏"。这样，我们就能掌握主动权，把敌人放在我们手心里玩。

朱德同志在讲话中指出，我们党领导的两支革命武装的会合，意味着中国革命的新的高潮。我们的力量扩大了，又有了井冈山作为依托，我们就可以不断地打击敌人，不断地发展革命。

毛泽东同志和朱德同志的讲话，极大地鼓舞了广大红军战士和人民群众坚持井冈山斗争的胜利信心。

大会接着宣布了红四军的编制和干部名单，重申了毛泽东同志亲自制定的"三大任务"和"三大纪律，六项注意"，作为红军政治工作的重要内容和红军的行动准则。

朱毛红军的会师，是中国工农红军发展史上的一件大事。朱德率领的南昌起义军余部是以具有很强战斗力的北伐劲旅叶挺独立团为基础形成的，有两千多人、近千支枪，训练严格，装备齐整，作战有经验。他们的到来，大大增强了井冈山革命根据地的实力。

1928年12月，彭德怀率领平江起义的红五军一部开抵井冈山，同毛泽东、朱德领导的红四军会师。

进行革命斗争的同时，毛泽东领导了井冈山地区的土地革命，带来了一场轰轰烈烈的农村社会大变动。它推翻了几千年来的封建土地所有制，广大贫苦农民分得了祖祖辈辈梦寐以求的土地，连永新县有些出家多年的尼姑也下山嫁人分了地。广大贫苦农民从分得土地这个活生生的事实中，看清了红军确实是为他们的利益奋斗的，就从各方面全力支持红军和根据地发展。这是井冈山革命根据地存在和发展的社会基础。

井冈山两军会合和红四军的成立，在中国革命和中国人民解放军建军史上，具有重大的意义。这次会师壮大了井冈山的革命武装力量，对巩固扩大全国第一个农村革命根据地，有力地推动全国革命事业的发展产生了深远影响。

# 遵义会议

## ——中国革命的生死转折

"九·一八"事变后，日军于1932年1月28日进攻上海。沪、宁中枢告急，国民政府迁往洛阳。蒋介石为应付内忧外患的局势，3月5日同日本侵略者签订了《淞沪停战协议》，企图用对外的让步换取平定国内的时间和精力，这便是他们宣称的"攘外必先安内"国策。这一政策的基本内容是消灭共产党及其领导的工农红军和根据地，着力解决国民党内部的派系纷争及其地方实力派的对立。

中原大战结束后，蒋介石刚消灭了异己军阀，便调集军队向南方各革命根据地的红军发动反革命"围剿"。1930年10月，蒋介石纠集10万兵力，采取"长驱直入，分进合击"的战术，对中央革命根据地发动大规模的"围剿"。红一方面军4万人在毛泽东的领导下，采取"诱敌深入"的作战方针，共歼敌1.5万多人，胜利地粉碎了敌人的第一次"围剿"。1931年2月，国民党当局又调集20万军队，采取"稳扎稳打，步步为营"的战术，对中央革命根据地进行第二次"围剿"。红军3万人在毛泽东的指挥下，仍坚持"诱敌深入"的方针，集中兵力，各个歼灭。在5月中下旬，连续取得五场战斗的胜利，粉碎了敌人的第二次"围剿"。1931年7月，蒋介石亲自任总司令，随带英、日、德军事顾问，率兵30万人，依仗重兵，采用"长驱直入"战术，分三路进攻中央革命根据地。红军依然使用"诱敌深入"的战略方针，"避敌主力，打其虚弱"，前后3个月，歼敌3万人，胜利地粉碎了敌人的第三次"围剿"。此时，鄂豫皖、湘鄂西等革命根据地也取得了反"围剿"斗争的胜利，使红军和根据地得到了很大的发展。1932年7月，蒋介石调集30万军队，发动了对鄂豫皖根据地的进攻。由于张国焘的错误领导，红四方面军数战不利，被迫撤离根据地。与此同时，国民党10万军队还向湘鄂西根据地发动进攻。红三军团在夏曦等人的错误指挥下，伤亡惨重，被迫转移到黔东。1932年底，国民党调集30个师的兵力，分三路向中央革命根据地发动第四次"围剿"。红军在周恩来和朱德的指挥下，根据毛泽东积极防御的战略思想，采取声东击西，大兵团伏击，集中优势兵力，坚决围歼的作战方针，消灭敌人3个师，取得了第四次反"围剿"的胜利。

1933年10月，蒋介石调集100万兵力、200架飞机，向中央革命根据地及临近革命根据地进行第五次"围剿"，企图逐渐消耗红军，缩小根据地，最后寻求红军主力决战，消灭红军。这时，"左"倾领导人全面否定了毛泽东制定的战略方针和作战原则，错误地用阵地战代替游击战和运动战，用所谓"正规"战争代替人民战争。反"围剿"开始时，国民党军占领黎川。红军在博古、李德的错误指挥下，先是实行军事冒险主义，企图收复黎川，御敌于根据地之外，令红军北上迎敌，进攻黎川以北硝石、资溪桥等白区敌之坚固阵地，结果屡战不胜，丧失了主动权。1934年4月广昌一战，红军损失很大。国民党军队向根据地中心进攻，博古、李德又实行防御中的保守主义，六路分兵，全线抵御，以堡垒对堡垒，"短促出击"，大打阵地战，同敌人拼消耗，使红军东堵西截，完全陷于被动地位。这样，红军经过一年苦战，终于未能打破敌人的"围剿"。最后，博古、李德又实行逃跑主义，于1934

1935 年的遵义会议 国画

年 10 月，仓促决定中央领导机关和红军主力退出根据地，进行长征。

面对越来越严重的局势，毛泽东认为湘南地区党和群众基础比较好，有利于红军的机动作战，提议乘国民党各路军队正在调动，"追剿"军主力薛岳、周浑元两部还没有靠拢时，组织力量进行反击，寻歼国民党军一部，以扭转战局，变被动为主动。红三军团军团长彭德怀也向中央建议："在灵活机动中抓住战机消灭敌军小股，迫使蒋军改变部署，阻击、牵制敌人"；"否则，将被迫经过湘桂边之西延山脉，同桂军作战，其后果是不利的。"博古、李德拒绝了这些建议，消极避战，丧失了一次较好的战机。11 月 25 日，中央军委决定红军从广西全州、兴安间抢渡湘江，这是国民党军队的第四道封锁线。27 日，红军先头部队顺利控制了渡口。但因队伍携带的辎重过多，行动过缓，大部队还未过江，就遭受刚刚赶来的优势敌军的夹击。

中央红军主力突破湘江封锁线，跳出了包围圈，使蒋介石消灭红军于湘江东岸的计划失败，但红军自身却付出沉重的代价，由出发时的 8.6 万余人，锐减为 3 万多人。

博古感到自己责任重大，一筹莫展。李德一面唉声叹气，一面却诿过于人。他先拿红二十二师师长周子昆开刀。这个师在湘江岸边进行阻击，被打垮了，只有负伤的周子昆等 10 多人突围出来。李德指责周子昆临阵脱逃，粗暴地训斥道：你的部队呢？没有兵还有什么脸逃回来！命令警卫班将他捆起来，送军事法庭处置。警卫班战士一个也不肯动手，在场的博古默不作声。毛泽东便直接出来干预，说："周子昆交给我处理。"他同周子昆谈了话，鼓励他好好干，继续带兵打仗。李德知道后，气得暴跳如雷，攻击毛泽东"收容败将，笼络人心"。

过湘江遭到惨重损失后，指战员们开始思考，这一切究竟是怎么发生的！刘伯承回忆道："广大干部眼看反五次'围剿'以来，迭次失利，现在又几乎濒于绝境，与反四次'围剿'以前的情况对比之下，逐渐觉悟到这是排斥了以毛泽东同志为代表的正确路线，贯彻执行了错误的路线所致，部队中明显地增长了怀疑、不满和积极要求改变领导的情绪。这种情绪，随着我军的失利日益显著，湘江战役达到了顶点。"

这时，蒋介石已察觉红军的前进方向是要到湘西同红二、六军团会合，立刻调集重兵，准备将中央红军一网打尽。在这危急关头，中共中央接受毛泽东的正确主张，放弃与红二、六军团会合的计划，改向敌人力量薄弱的贵州前进。12 月 15 日，红军攻占了贵州黎平，18 日，中共中央在黎平召开政治局会议，正式通过决议，放弃向湘西前进的计划，改向黔北挺进。黎平会议是红军战略转变的开始。12 月底，红军进抵乌江南边的猴场（今草塘）。1935 年 1 月 1 日，中央政治局在猴场召开会议，做出《关于渡江后新的行动方针的决定》，提出首先在以遵义为中心的黔北地区、然后向川南创建川黔边新根据地的战略任务。会后，红军强渡乌江，把国民党的追剿军甩在乌江以东和以南地区，于 1935 年 1 月 7 日占领遵义城。

1935 年 1 月 15 日至 17 日，中共中央在贵州的遵义召开政治局扩大会议。这是一次带有紧迫性的政治局扩大会议。当时。因为被战事所分割，一部分政治局委员和候补委员不可能到会，但是到会的还是占多数。五中全会后的政治局委员，除顾作霖因病去世外，出席会议的有：博古、张闻天、周恩来、陈云、毛泽东、朱德 6 人，超过了半数，缺席的 5 人中，王明和康生在莫斯科，张国焘在四川，任弼时在湘鄂川黔，项英在江西坚持游击战争。政治局候补委员共五人，出席会议的有刘少奇、王稼祥、邓发、凯丰（何克全），只有关向应在湘鄂川黔，未能出席。中央的四位书记（或叫常委），除项英外，博古、张闻天、周恩来都出席。后来张国焘竟说，遵义会议他没有参加，不能算。这真是不讲理了。

遵义会议会址

1935 年 1 月，红军在贵州遵义召开政治局扩大会议。会议重新肯定了以毛泽东为代表的正确军事路线及其一整套作战原则。

参加扩大会议的红军总部和各军团负责人是：参谋长刘伯承；总政治部代主任李富春（主任是王稼祥，因为负伤，由李富春代理）；一军团的林彪、聂荣臻，三军团的彭德怀和杨尚昆；五军团的李卓然（九军团的罗炳辉和蔡树藩在遵义东北的循潭、兴隆一带负责警戒，八军团已经撤销，没有人参加）；还有担任《红星报》主编、中央军委秘书长的邓小平。共产国际的军事顾问李德和他的翻译伍修权也参加了会议。李德坐在靠会场进门的地方，椅子跨着门槛，门里头一半，门外头一半。他没有怎么说话，只是一个劲地抽烟。在检讨和总结第五次反"围剿"的经验教训时，博古首先作报告，他也承认了军事指挥上的一些错误，但在分析第五次反"围剿"失败的原因时，着重强调的是敌强我弱这个客观因素。他报告下来，大家都不满意。接着，周恩来作副报告，他与博古的态度截然不同．明确承认导致第五次反"围剿"失败的主要原因是战略战术的错误，并且主动地承担了责任。他也批评了博古，批评李德所提倡的"短促突击"和同强大敌人硬拼消耗的错误。他讲了以后，情况一下子就变了。周是"三人团"成员之一，但毕竟同博古、李德不一样，有丰富的实际经验，在实践中已经逐渐看清楚不能再照原来那样走下去了。这在黎平会议上已表现得很明显。他出以公心，不计较个人得失的这种正确态度，对扭转会议形势也起了关键性的作用。如果没有他站出来，会议要取得很大的成功是不容易的。

在博古和周恩来报告后，张闻天作了"反报告"，首先提出："博古同志的报告基本上是不正确的"，因为他"不认识与不承认""战略战术基本上错误的。"张闻天同志的"反报告"实际上代表了毛主席、王稼祥和他三个人的看法，而以毛主席的观点为主导。

接着毛泽东在会上作了重要的长篇发言，着重批评了"左"倾冒险主义在军事领导上所犯的一系列根本性的错误；并用反对敌人前四次"围剿"的事实，据理批驳了博古在总结报告中为第五次反"围剿"失败辩护的错误观点。随后是王稼祥、朱德和各军团的同志发言。除凯丰外，没有一个人站在博古这一边。

遵义会议在组织上作了几点重要决定：一是毛泽东被选为常委；二是取消三人团，由朱总司令和周恩来总政委为军事指挥者，而周为"军事指挥上下最后决心的负责者"。取消三人团，实际上就是取消博古领导全党工作和李德指挥军事的权力。决议决定以后"常委中再进行适当的分工"。以后，常委进一步明确分工：一是在行军到川黔滇交界一个叫鸡鸣三省的地方时，由张闻天代替博古负总责，时间大约在 1935 年 2 月 5 日。因为当时没有设总书记，所以称"负总责"。二是确定毛泽东为周恩来"军事指挥上的帮助者"，在渡乌江前又决定由周恩来、毛泽东、王稼祥组成负责全权指挥军事的三人团。

遵义会议在中国革命历史上起了关键的作用，在极端危急的情况下挽救了革命，挽救了党。它的最大的意义是在实际上确立了毛泽东在全党的领导地位。遵义会议后，全党的领导核心实际上已是毛泽东了。这次会议结束了左倾教条主义错误在中央的统治，它是中国共产党第一次独立自主地运用马克思列宁主义基本原理解决自己的路线、方针和政策方面问题的会议，使红军和党中央在极其危急的情况下得以保存下来。从此以后，红军转败为胜，转危为安，胜利地完成了二万五千里长征，并且最后赢得了革命的胜利。

# 西安事变

## ——统一抗日战线的形成

　　1936 年 12 月 12 日，震惊中外的西安事变发生了。由于蒋介石顽固坚持"攘外必先安内"的反动政策，不顾日寇大兵压境，反而逼迫国民党爱国将领张学良和杨虎城"围剿"陕北红军。出于民族大义，张、杨二将军在多次劝蒋团结抗日均无效下，毅然实行兵谏，扣押了蒋介石。如何处理西安事变，张、杨以极大的信任请来中共代表参与决策。中共党人高瞻远瞩地制定了和平解决方针。西安事变终于成为时局转换的枢纽，由此实现了全民族一致抗日的新局面。

　　张学良、杨虎城两位将军之所以果断发动西安事变，以促成全民族统一抗战，并非出于一时之勇，而是来自对国难日益深重、民心向往抗日的把握。

　　张学良同日本帝国主义有杀父之仇及失土之恨。东北易帜后，张学良曾积极支持蒋介石用武力统一中国，并在中原大战中给蒋以关键性的支援。然而正是这个蒋介石，在日寇大兵压境下，严令他对日不准抵抗，先失去东北三省，后又丢掉热河，还代蒋受过，被迫"下野"出国"考察"。1934 年回国后，蒋又命他率东北军先到鄂豫皖"剿共"，后又到陕甘"围剿"红军。两次"剿共"使张学良损失了几个师，蒋不仅不体恤，反而顺势取消了东北军两个师的编制。蒋用打内战来消灭异己使他愤恨不已。

西安事变前夕的张学良和杨虎城

　　在"剿共"中，张学良对共产党与红军有了新的认识。在鄂豫皖，他慨叹红军作战勇敢非凡，人民群众又不顾性命支援红军；"围剿"陕甘，东北军被红军一下子消灭了两个半师，被俘虏的就有几千人。然而使他感动的是，他的被俘官兵吃住比红军还好。红军给他们讲"中国人不打中国人，我们的共同敌人是日本帝国主义"的道理后，全部释放回来。被俘的 619 团团长高福源还自愿作中共和东北军沟通关系的信使。雄辩的事实说明，中共和红军是真心抗日的；要抗日，必须联合红军。张学良随即派高福源再去陕北向中共表示愿意联合红军抗日。

　　杨虎城也有着同张学良类似的经历。杨虎城早年曾参加过辛亥革命，是同盟会会员。在第一次国共合作中，就对高风亮节的共产党人有所了解。大革命失败后，他拒绝执行蒋介石的"清党"命令，安排共产党人在他的部队中担任要职。蒋介石发现后，逼他下野去日本"考察"。

　　1935 年，杨虎城被蒋逼迫先后派出 4 个旅与陕南红军交战，结果两个旅长被打死，一个旅被全歼。这时，中共派人给杨虎城送来了中共《八一宣言》。一向敬重共产党人的杨虎城，立即接受了中共"停止内战，一致抗日"的革命主张。

　　张、杨分别同中共的联系终于建立起来。1936 年 4 月 9 日，张学良与中共代表周恩来在东北军驻地肤施（延安）举行了秘密会谈，双方决定互不侵犯，互派代表，结成抗日联盟。此后不久，张学良即赠红军50万元作抗日经费。5月，杨虎城也同中共代表王世英达成互不侵犯，共同抗日的四项协议。为促进张学良的东北军同杨虎城的17路军的合作，消除他们之间的某些隔阂，中共还派出干部到张、杨处做工作，达成了张、杨两军之间的团结、交往。

1936年上半年，红军与东北军、17路军形成了"三位一体"的西北抗日同盟，西安成为全国抗日救亡的重要阵地。

张、杨同中共越来越密切的关系，尤其是西北抗日同盟的建立，使蒋介石大为吃惊与震怒。10月22日，蒋介石飞抵西安布置张、杨继续"剿共"，使洋溢着团结抗日气氛的西安又重布阴霾。

其实，蒋介石早在国民党五大上做出了对日的强硬姿态，并开始同中共秘密对话，而此次却为何仇视西北抗日同盟并执意坚持"剿共"呢？原因有四：

一是一贯睚眦必报、以人为壑的蒋介石见中共与张、杨结成了抗日统一战线，担心"这一事态的发展，如不加以设法制止，势必演成叛乱"；二是蒋得知红军三大主力即将会师，再加上与张、杨的联合，如虎添翼，会改变蒋氏一统格局；三是蒋之所以联共，意在取得苏联支援以牵制日本，但随着英美援助蒋府，使蒋降低了对苏的依赖；四是蒋介石采用分化瓦解及弹压妥协相结合的谋略，使两广军变以有利于他的统治而和平解决，从而消除了长期以来形成的广东陈济棠、广西李宗仁、白崇禧等半独立状态，使蒋如释重负。又露出"剿灭赤患"的本来面目。

10月22日，蒋介石在西安分别召见张学良和杨虎城，胁迫他们攻打红军。张、杨表示应联共抗日，即遭蒋呵斥。蒋还将嫡系部队约30个师调到以郑州为中心的平汉、陇海铁路沿线，随时准备进攻陕甘，挑起内战。10月27日，蒋在西安向军官训练团和东北军、17路军部分军官训话，说："我们最近的敌人是共产党，为害也最急；日本离我们很远，为害尚缓……不积极剿共而轻言抗日，便是是非不明，前后倒置，便不是革命。"在这之后又发生了蒋介石逮捕沈钧儒、章乃器等爱国人士的"七君子事件"。

蒋介石不顾民族危亡，顽固坚持"剿共"和打击抗日民主力量的恶劣行径，使张、杨两位将军痛心疾首。

12月4日，蒋介石又飞到西安，再次严令张、杨开赴陕北"剿共"，并由中央军在后督战。如他们不愿去，便将东北军调到福建，将17路军调往安徽，由中央军接替赴陕甘"剿共"。12月7日，张学良再次去说服蒋介石放弃"剿共"，团结抗战。回顾东北三省丢失，华北又在日寇虎视之下，张学良声泪俱下。然而蒋介石竟拍了桌子，说："现在你就是拿枪把我打死，我的剿共计划也不能改变！"蒋介石心里自有如意算盘，他以为红军三大主力虽已会师，充其量只有三万人，且经过长途跋涉，战斗力锐减。如蒋在日记中得意地写道："剿共已到了最后五分钟成功之阶段"。蒋不知中共早已深深植根于全国民众之心。中央红军到达陕北后，又经过2月的东征和5月的西征，开辟了由甘肃东部的曲子、环县、洪德及宁夏的盐池、豫旺、同心等地约400余里的新根据地，并与陕甘老根据地连成了一片；更不知靠拍桌子只能吓退凡夫懦子，而面对的张学良、杨虎城是久经沙场、爱国忧民的热血将军，岂能顾一人之好恶而偏废抗日伟业。

12月12日凌晨，张学良、杨虎城果断实行兵谏，软禁了蒋介石，并通电全国提出了以"停止一切内战"为中心的八项主张。张、杨表示："我们持有公理，决不后悔。我们惟一的希望，只是求这些政策的实现和对国家有所贡献。让全国的同胞来裁判我们的功罪！"

西安事变震惊了国内外，全国立刻出现了错综复杂的局面。

蒋被张、杨软禁后，南京政府内部以亲日派何应钦为首，陈立夫、陈果夫、戴季陶等极力主张武力解决。16日，国民党中央政治会议做出"讨逆"决议，由保应钦任"讨逆总司令"，任命刘峙、顾祝同为东西两路集团军总司令，兵发潼关；并派飞机先行轰炸了渭南、富平、三原等地，幸因西安天降大雪飞行不利，而未遭轰炸。何之用心意在杀蒋后取而代之，他还给在意大利养伤的亲日派头目汪精卫打电报让其"速归"。蒋一旦被杀，亲日派掌权，全国必然陷入战乱，日寇乘机大举侵华，民族灭顶之灾顷刻而至。相对于何应钦的武力讨伐，宋美龄、宋子文、孔祥熙、孙科等人，则主张和平解决西安事变，在南京奔走游说，为营救蒋介石积极活动。但由于何的控制，他们不能立即起往西安而枉自嗟叹。

1936年12月2日，蒋介石在洛阳与西北军政首脑合影，前排左起：杨虎城、蒋介石、宋美龄、杨虎城夫人、张学良、邵力子（陕西省主席）。

张、杨发动西安事变，事先并未通知中共。捉蒋几小时后，张才向中共中央正式致电通报，并恳请中共速派代表来西安"共商救国大计"。当日，中共中央电告张学良：建议由可靠部队守卫蒋介石，并全力作好部队的团结工作；拟派周恩来到西安，派红军立即南下向你们靠拢，以防各种事变。经辗转奔波，周恩来于17日赶到西安即与在公馆等候的张学良开始商谈。张学良介绍了发动西安事变的原因后表示，只要蒋同意停止内战，一致抗日，就送他回南京，还拥他作领袖。周恩来非常钦佩眼前这位青年将军，他为民族大义敢于挺身而出；没有个人野心，促蒋和放蒋都是出于抗日大局。周恩来赞扬了张、杨果敢的爱国行动，同意张学良对蒋的方针，并提出处理西安事变的看法：要说服蒋介石团结抗日，避免引发大规模内战，并预见蒋有被迫抗日的可能性。周于当晚即致电中共中央，提出"保蒋安全"的策略。18日，中共中央发出《关于西安事变致国民党中央电》，提议召集抗日救国大会，和平解决西安事变。次日又明确主张"放蒋"，与蒋谈判，促其停止内战，团结抗日。

周恩来到西安不足20个小时，就已同张、杨分别会谈，取得了和平解决西安事变的一致意见。张、杨对中共大公无私、诚心抗日非常佩服。当宋子文冲破何应钦的阻拦，于20日上午到达西安时，曾为周恩来先期到达西安而大惊失色说："周恩来一来，事情（指放蒋）就难办了"。他得知正是由于中共的及时参与，才奠定了和平解决事变的基础，也甚为赞叹。面见蒋介石，宋即回南京到处宣传蒋在西安非常安全，并赞美周恩来说："南京有谁能承担这样的风险营救蒋介石？"

12月23日至24日，张学良、杨虎城、周恩来同宋子文及后来参加的宋美龄经谈判达成了停止内战，停止"剿共"，一致抗日等六项协议。24日晚，蒋介石会见了周恩来，表示以人格保证接受六项协议，并邀请周恩来到南京就国共合作直接同他谈判。

西安事变终于以蒋介石被迫接受抗日主张而和平解决，成为转换时局的枢纽。国民党亲日派妄图扩大内战的阴谋遂告破产。

令人感叹的是，张学良见蒋介石全部接受谈判条件后，怕夜长梦多发生危及蒋性命的变故，便悄然于25日下午与杨虎城一道送蒋介石及宋氏兄妹到机场上了飞机，自己也驾机护送蒋回南京。张学良这一去便没能再回来。应该说张学良对此去南京凶多吉少早已料定，他把东北军的善后托付给杨虎城和幕僚于学忠，独自前往南京承受蒋的报复，为的是维护蒋介石的"形象"，敦促蒋

中共参与西安事变谈判的代表：秦邦宪、叶剑英、周恩来（左起）。

介石履行抗日的承诺，正如张学良将军被软禁在溪口时写给杨虎城的信所述："凡有利于国者，弟任何牺牲，在所不惜。盼勿专为我个人谋计。"而在若干年后遭到蒋介石杀害的杨虎城将军，在西安事变和平解决后，面对随时会遭不幸时也坦然地说：只要蒋改变安内攘外的政策，"那么我们个人就是牺牲了也值得！"

蒋介石对张学良进行了报复，对杨虎城等"撤职留任"，最终破坏了西安"三位一体"的抗日同盟局面，但他迫于形势毕竟没有背弃"停止内战，停止剿共，一致抗日"的诺言，使国共再次合作成为现实，而中国也由此实现了国内革命战争向抗日民族革命战争的历史性转折。

## 简　评

西安事变的和平解决是各种社会政治因素合力作用的结果。西安事变和平解决之后，内战在事实上大体停止下来了，国共关系得到迅速发展，从而开始了国内和平的新时期；西安事变的和平解决对国共两党的再次合作，团结抗日起了重大的推动作用，为抗日民族统一战线的建立准备了必要的前提，成为由国内战争走向抗日民族战争的转折点，成为时局转换的枢纽。

# 抗日战争

## ——近百年来第一次胜利反帝斗争

1937年7月至1945年9月，中国人民反抗日本帝国主义武装侵略的民族解放战争，是第二次世界大战的重要组成部分。

日本自明治维新以后，逐步推行对外侵略扩张政策。19世纪末到20世纪20年代中期，日本通过多次侵略战争或武力威胁，侵占中国台湾、澎湖列岛及其他领土，掠夺中国大量财富和资源，取得在中国的驻兵权及其他特权。1929年及以后数年间，西方资本主义国家发生严重经济危机，德国、意大利法西斯势力崛起，加紧向外扩张，与英、法等国矛盾加剧。日本更欲乘西方列强无暇东顾之机，发动侵华战争，把中国变为其独占的殖民地。

1931年9月18日，日本关东军向中国东北驻军发起进攻。执掌中国军政大权的国民党统治集团却正忙于剿共，对日本侵略者采取不抵抗政策，致使日军于4个月内占领辽宁、吉林、黑龙江三省。中国部分爱国军队和各界群众，出于民族义愤，自发进行了抵抗。这是中国局部抗战的开端。随后，日军于1932年进攻上海；1933年进攻并占领热河（今划归河北、辽宁省和内蒙古自治区），继而侵入河北；1935至1936年侵入察哈尔（今划归河北省和内蒙古自治区）、绥远（今属内蒙古自治区）等省，民族危机空前严重。各地中国驻军都曾进行英勇抵抗，抗日救亡运动更加高涨。早在"九一八事变"之后，中国共产党就号召全国人民抵抗侵略者，积极发动和领导各地的抗日救亡运动。1935至1936年，中共中央又提出抗日民族统一战线的新政策，要求国民党当局停止内战，一致对外。1936年12月12日，国民党爱国将领张学良、杨虎城两将军发动西安事变。中国共产党派出以周恩来为首的代表团，协助张、杨两将军说服蒋介石接受容纳各党各派共同抗日的主张，使事变得以和平解决，内战得以停止。此后，又经多次谈判，形成了以国共两党为基干，包括各族各界群众和海外侨胞在内的广泛的抗日民族统一战线，为抗日战争的发动和胜利奠定了政治基础。1937年7月7日，驻扎于华北的日本中国驻屯军寻衅向北平（今北京）西南卢沟桥中国军队发起进攻，中国驻军第29军奋起抗击。以此为起点，中国抗日战争全面展开。

中国抗日战争，从作战地域、战略地位与战略作用上分为两大战场：以国民党领导的部队为主担负的正面战场和以共产党领导的部队为主担负的敌后战场。两大战场在战略统一下相对独立又相互配合，构成抗日战争的总体。

1937年7月至1938年10月为日军战略进攻、中国军队战略防御时期。"七·七"事变

1938年，毛泽东在延安窑洞撰写《论持久战》的讲演稿，分析了中日双方的基本特点，指出抗日是一场持久战，最后的胜利必然属于中国。

后，日本政府和大本营向华北大举增兵，组成华北方面军；8月13日，又向上海进攻，组成上海派遣军，其侵华兵力达50万人以上，并有航空兵团和海军第三舰队相配合，企图凭借其优势军力和经济力，速战速决，灭亡中国。中国当时陆军兵力约170万人，但装备、训练、火力、机动力均远远落后于日军，空军仅有各种旧式飞机300多架，海军舰艇总吨位不足8万吨，且战斗力极弱。国民政府军事委员会决定采取持久战的指导方针，以空间换取时间，消耗削弱日军，逐步积蓄力量，夺取胜利。7月底，日军占领北平、天津后，即沿平绥（北平至归绥）、平汉（北平至汉口）、津浦（天津至浦口）铁路向华北各地进攻。中国军队节节抵抗。8月下旬，由中国工农红军改编的国民革命军第八路军，（简称八路军，又称第18集团军）由陕西开赴山西，加入华北作战，相继取得平型关、阳明堡等战斗的胜利。10月，中国军队在太原以北之忻口地区组织防御，给日军以重创。至12月底，日军先后占领保定、大同、归绥（今呼和浩特）、包头、石家庄、太原、济南；1938年1月占领青岛；2至3月占领临汾、运城、风陵渡。正面战场中国军队退守黄河及陇海路以北地区。与此同时中国共产党及其领导下的八路军等抗日武装，在毛泽东制定的"基本的是游击战，但不放松有利条件下的运动战"的方针指导下，深入日军占领区的后方，放手发动群众，武装群众，开展游击战争，打击日军，消耗其力量，切断其交通，并在山西、河北、察哈尔、绥远、山东、河南等省，广泛建立了抗日根据地，使游击战由山区发展到平原及河湖水网地区，箝制大量日军，在整个抗日战争中，具有极重要的战略地位。淞沪会战爆发后，苦战3个月，双方伤亡很大。11月初，日军又以三个师团组成第10军，在杭州湾登陆，威胁上海中国守军侧背，中国军队遂弃守上海后撤。12日，日军占领上海。继向当时中国首都南京进攻。国民政府迁往武汉、重庆。12月13日，日军占领南京，制造了惨绝人寰的"南京大屠杀"，被难中国军民30万人。

抗日战争 浮雕

1938年3月，华北日军与华中日军企图打通津浦路，沟通南北联系。中国军队在临沂、滕县等地顽强阻击，在徐州东北台儿庄歼灭孤立冒进之日军1万余人，史称台儿庄大捷。此后，日军调整部署，以8个师团的兵力南北会攻徐州。中国军队适时向西南方向撤退。5月

19 日，日军占领徐州，6 月 6 日占领开封。徐州失陷后，日本大本营决定攻取武汉，以 9 个师团以上的兵力，分路向武汉进攻。中国军队在外围节节抗击后，主动转移。10 月 25 日，日军占领武汉。与此同时，日军为封锁中国南部港口，阻止援华物资入境，于 5 月 10 日由海路攻占厦门。9 月又以 3 个师团组成第 21 军，10 月 12 日在广东大亚湾登陆，21 日攻占广州。

原在南方各省的中国工农红军和游击队于 1938 年初改编为国民革命军陆军新编第四军（简称新四军），自 4 月起向长江南北日军占领区后方挺进，在江苏、安徽、河南、湖北等省，发展游击战争，建立抗日根据地。在东北，抗日联军一直在坚持斗争，箝制与打击日本关东军及满洲国傀儡政权。在华南，广州沦陷后，中共地方组织也积极发动群众，建立武装，在广九铁路两侧、东江及珠江三角洲地区开展游击战争。这样，从东北、华北、华中到华南，凡在日军占领区内，到处都有中国共产党领导的抗日武装顽强战斗，形成了辽阔的敌后战场。

1938 年 10 月以后，为中日双方战略相持时期，其间以太平洋战争爆发为契机，又分为两个阶段。日军经一年多作战，并未达到速战速决的目的，其国小兵少、人力财力物力不足以支持大规模长期战争的根本弱点已显露出来。于是，日本政府和大本营被迫停止战略进攻，转为战略保守，暂时不再企求扩大其占领区，而力争确保其已占领区，在保持军事压力的基础上，施展政治谋略，通过中国内部的投降派、亲日派，对中国政府和军队进行诱降活动，破坏抗日统一战线，"以华制华，以战养战"，瓦解中国的抗战意志，迫使中国屈服。1939 年 2 月，华南日军攻占海南岛，6 月占汕头，11 月占南宁，进一步封锁中国南部海外通路，华中日军 3 月攻占南昌，5 月进行随枣作战，10 月进行第一次长沙会战。同年 9 月 12 日，日本设立中国派遣军总司令部于南京，统一指挥侵华日军，1940 年 5 至 6 月，日军进行了枣宜会战，占领宜昌；8 月对中国临时首都重庆实施大规模轰炸，9 月，与德国、意大利签订军事同盟条约，出兵法属远东殖民地越南，强迫英国封闭滇缅路，完全切断中国海外通路（英国于 3 个月后重开滇缅路），1941 年 4 至 5 月，在华北进行中条山作战，在东南沿海进行了封锁作战，9 月在华中进行第二次长沙会战。但以上作战对整个战局影响不大。

广州、武汉失陷后，正面战场中国军队主力大多退守平汉铁路以西、长江中游南北山岳地带。国民政府军事委员会针对日军战略变化，决定在坚持持久战的方针下，在正面战场发动有限攻势，在敌占区积极开展游击战，两者互为策应，积小胜为大胜，消耗与削弱日军，使其困于守备，缩小其占领区，打破其"以华制华，以战养战"之目的，同时争取外援，加强装备，整训部队，准备反攻。据此，正面战场部队除抗击日军进攻外，还曾于 1939 年冬至 1941 年，在湖北随县、枣阳，江西南昌、上高，广西昆仑关、南宁等战役中，对进攻的日军实施反攻。

在此期间，国民党当权者的反共倾向有所增强，制造了包括晋西皖南事变在内的多次摩擦事件。中共提出坚持抗战反对投降、坚持团结反对分裂、坚持进步反对倒退的口号，坚持打击叛国的汉奸汪精卫，继续争取与蒋介石集团坚持国共合作的抗日统一战线。

这一时期是敌后游击战争的大发展时期。游击战成为抗日战争的主要作战形式。八路军、新四军不仅以正规军从事游击战争，而且广泛发动群众，组织起数以百万千万计的民兵、自卫队从事游击战争，创造了地雷战、地道战等多种战法。东北抗日联军在继续战斗，华南（包括广东沿海和海南岛）游击战争渐趋活跃。致使日军陷入人民战争的汪洋大海之中。日军虽在其占领区内，构筑公路网，建立碉堡群，反复进行扫荡、讨伐、隔离游击队与群众之联系，给游击队的生存与活动造成极大困难，但敌后抗日游击战争仍不断发展。1940年8月，八路军发动百团大战，对华北境内的主要铁路、公路实施总破击，给日军以沉重打击。9月，日本与德（国）意（大利）签订军事同盟条约。

1941年6月，希特勒德国向苏联发动大规模进攻。日本消除了对苏联的顾虑，于是下定决心实行南进政策，即乘欧洲各国大战正酣、自顾不暇之际，向太平洋和东南亚侵略扩张，夺取殖民地和资源，对中国进一步孤立封锁，迫使中国投降。12月8日，日本海军联合舰队偷袭珍珠港，摧毁了美国太平洋海军基地及其舰队主力，日本南方军同时对东南亚发动进攻。美、英等国向日本宣战。9日，中国政府也向日本正式宣战。至1942年春夏，日军先后攻占泰国、马来亚、新加坡、菲律宾、印度尼西亚、缅甸等东南亚国家及香港并攻占太平洋上北自阿留申群岛、南迄所罗门群岛中的诸多岛屿。但日军陆军兵力的50%以上仍被箝制于中国。

1941年底至1943年，日军在中国正面战场进行了第三次长沙会战、浙赣战役和常德会战，而对华北、华中各抗日根据地，则实施大规模持续而残酷的扫荡，所到之处，实行惨绝人寰的"三光政策"（烧光、杀光、抢光），企图确保其占领区，成为其太平洋战场的可靠后方与兵站基地。各敌后抗日根据地军民在难以言状的困苦中，坚持战斗。

1942年初，美、英等国与中国共同组成中国战区，以蒋介石为中国战区最高统帅，负责中国、缅甸、泰国和越南北部之对日作战。为此，中国方面组织远征军，于1942年2月由云南进入缅甸，阻击日军，经两个多月激烈作战，日军占领缅北重镇密支那、腊戍。中国远征军一部退回滇西，沿怒江组织防御，与日军形成对峙；另一部退入印度利多，组成中国驻印军，接受美国装备，整训待命。

1945年9月9日，中国陆军总司令何应钦接受日本侵华军总参谋长小林浅三郎递交的投降书。

1942年6月，日军谋图攻取美国在中太平洋上之战略要点中途岛，反遭美军意外打击，日联合舰队损失惨重，战斗力大大下降；而美军却以此为转折，逐渐摆脱被动，取得主动。1943年，美、澳、新盟军在西南太平洋转入反攻，日军节节失利。日军大本营为挽救其在太平洋战场上的颓势，于1944年初发动"一号作战"，企图打通由朝鲜、中国直达东南亚的大陆交通线。至1944年12月，日军虽打通了平汉、粤汉、湘桂等铁路线的联系，但始终未能畅通。1943年10月，中国驻印军与英、美军协同，开始向缅北日军反攻。1944年3月攻占胡康河谷，6月占孟拱，8月占密支那。在云南边境沿怒江与日军对峙的中国远征军，于1944年5月转入反攻。1945年1月下旬，与驻印军会师于缅北芒友。

华北、华中、华南抗日根据地的游击战争，在渡过1941至1942年的极端困难后，从1943年起进入逐步恢复和再发展阶段。1944年，乘日军集中力量于打通大陆交通线之际，各根据地抗日武装普遍实施了局部反攻，并以主力一部转入外线作战。1945年春夏，盟军攻势更加猛烈，迅速向日本本土逼近。日军败局已定，仍作最后挣扎。中国正面战场部队乘日军收缩之机，于4至7月进行了桂柳、湘西反攻，敌后战场部队继续发展局部反攻。5

月，德国投降，日本更加孤立绝望。7月，中国与各盟国政府在德国波茨坦举行会议并发表宣言，敦促日本投降。8月6日和9日，美国分别在日本广岛、长崎投下原子弹。8月8日，苏联对日宣战，随即出兵中国东北。中国各抗日根据地军民立即发起反攻。10日，日本政府表示愿意投降，15日正式宣布无条件投降。9月2日，在停泊于东京湾的美国军舰密苏里号上，日本外相重光葵、参谋总长梅津美治郎向各同盟国代表呈交了投降书。9月9日在南京，侵华日军总司令冈村宁茨向中国政府代表呈交了投降书。中国抗日战争和第二次世界大战至此结束。

 简　评

　　抗日战争是近代中国最伟大的民族解放战争，是中华民族由衰而兴的重要转折点。自1840年鸦片战争以来，中国人民饱受帝国主义的侵略和奴役，抗日战争的胜利洗雪了民族的耻辱，第一次取得了反对帝国主义侵略战争的完全胜利。这一胜利振奋了中国人民的民族精神，促进了中国的进步，提高了中国的国际地位。

# 三大战役

## ——战略大决战

人民解放军经过两年的英勇作战，到 1948 年秋，敌我力量对比进一步出现了有利于革命而不利于反革命的变化。首先，敌我双方军事力量的对比发生了变化。这时，人民解放军已经增加到了 280 万人，第一线总兵力则超过了敌人。经过新式整兵运动，全军指战员的政治素质和战斗力也是大大加强了。此时，国民党军队的全面防御和分区防御都已经破产，为了避免各个被歼，蒋介石决定实行重点防御，实际上已经失去了完整的战线，缺少进行战略机动的兵力。因此，从军事上来说决战的时机已经成熟。其次，国民党在政治上已经空前孤立，不但国民党统治区的人民群众日益看清蒋介石反革命集团内战、独裁卖国的反革命本质，而且国民党内部也是矛盾重重，陷于分崩离析的困境之中，经济上，国民党统治区也是一片混乱，通货膨胀、物价飞涨，整个经济处于崩溃的边缘。而这时解放区的政治经济形势却是蒸蒸日上。当时各主要解放区已经连成一片，面积达到 235.5 万平方公里，占全国总面积的 24.5%，人口有 1.68 亿人，占全国总人口的 35.3%。而且经过土地改革，解放区农民的革命和生产的积极性空前高涨，解放军的后方进一步巩固。

这些情况表明，人民解放军同国民党军队进行战略决战的时机已经成熟。中共中央军委制定了关于第三年的军事计划，决定在东北、华北、西北、华东等地发起攻势，进行几次大的战役，把战争引向国民党统治区。

战略作战，需要贯彻分批歼敌的方针。中共中央决定把第一个歼击目标选择在东北战场。

当时，东北 97% 的土地面积和 86% 的人口已获解放。东北人民解放军总兵力已发展到100 余万人，装备改善，士气高涨。而东北国民党军由于连连受挫，损兵折将，55 万余人被分割在长春、沈阳、锦州三个互不相连的地区。长春、沈阳的陆上补给线全被截断。军心动摇，士气低落。力量对比，东北人民解放军无论是数量还是质量，都超过了国民党军，已经有实力争取一战而消灭全部敌军，解放全东北。

面对东北非常不利的形势，蒋介石为了保存力量，曾考虑放弃长春、沈阳、打通铁路交通线，把沈阳主力转移到锦州，伺机转用于华北、华东战场；但是又顾虑放弃东北，将会在政治上、军事上产生严重后果，因而，是撤是守举棋不定。在蒋介石对东北抉择犹豫不决的时候，毛泽东从有利于全国战局的发展，有利于东北早日解放着眼，做出了东北野战军主力南下北宁路，把作战重心放在锦州，置长春、沈阳两地于不顾，并准备在打锦州时，歼灭由沈阳来援之敌的战略决策。并号召东北人民解放军，要树立打前所未有的大歼灭战的决心，即在沈阳敌军全军来援时敢于同他作战，将其就地歼灭。

1948 年 9 月 12 日，东北野战军对锦州至山海关段铁路发起攻击，至 10 月 1 日，攻克锦州北面屏障义县和锦州南面的高桥、塔山、兴城，孤立锦州。蒋介石经过精心谋划，决定集中 22 个师，组成东西两兵团，分别从锦西、沈阳出动，东西对进，夹击围攻锦州的东北野战军。东北野战军司令员林彪获悉国民党军增兵锦州后，致电中央军委，提议回师打长春。

但过了不多时，他又报告中央，决心仍然打锦州，并调整了兵力部署。毛泽东收到林彪的报告后，立即复电，重申必须集中兵力迅速打下锦州，"对此计划不应再改"，并且指出，"回头打长春那更是绝大的错误想法，因为你们很快就放弃了，故在事实上未生影响。"

按照新的部署，东北野战军从 10 月 9 日开始，从北、南、东三个方向对锦州发起攻击，扫清外围后，于 10 月 14 日 10 时发动总攻，经过 31 小时激战，攻克锦州，全歼守敌 10 万人，俘虏范汉杰。在攻击锦州的同时，东北野战军担任阻击任务的部队，分别在彰武、新立屯和塔山地区，进行了防御作战，尤其是塔山阻击战，激战 6 昼夜，击退"东进兵团"数十次猛烈进攻，坚守住了阵地，为攻克锦州赢得了时间。

1948 年 10 月 14 日，人民解放军东北野战军对锦州发动总攻。

锦州解放后，东北战局急转直下。在人民解放军的争取下，国民党第 60 军军长曾泽生率所部于 10 月 17 日起义，19 日新七军投降，东北"剿匪"总指挥郑洞国被迫于 21 日凌晨走出指挥部中央银行大楼向解放军投诚。长春和平解放。与此同时，"西进兵团"司令官廖耀湘企图在"东进兵团"配合下，重占锦州，掩护沈阳国民党军沿铁路线撤入关内。10 月 21 日对黑山、大虎山发动攻击，遭遇解放军的顽强抵抗。

黑山、大虎山阻击战鏖战正急之时，东北野战军攻锦州得胜之师迅速回头，从南北两翼钳击合围廖耀湘兵团。廖耀湘进攻黑山、大虎山受阻后，乃改变计划向营口方向撤退，企图从海上逃走，但途中又遇解放军的拦截，不得已分成两股向沈阳方向突围。由于指挥错乱，部队来往调动，陷入一片混乱。这时坐在北平指挥的蒋介石眼睁睁看着自己的嫡系部队被围歼而无可奈何。

从 10 月 26 日 4 时起，东北野战军在绕阳河以西、大虎山以东、无梁殿以南、魏家窝棚以北约 120 平方公里区域内，展开了中国人民解放军战史上空前大规模的围歼战，至 28 日 5 时，歼灭廖耀湘兵团 5 个军 12 个师 10 万余人，其中包括蒋介石"五大主力"中的新编第一、第六两军，俘虏廖耀湘，取得了辽沈战役的决定性胜利。锦西、葫芦岛地区的国民党军，在廖耀湘兵团被围歼时，未敢北进增援。沈阳解放后，于 11 月 8 日乘船从海上逃走。至此，东北全境解放。

辽沈战役，东北人民解放军以伤亡近 7 万人的代价，歼灭国民党军 47 万人，取得震惊中外的胜利。从此，东北野战军成为人民解放军一支强大的战略预备力量。辽沈战役，加上当时其他战场上的胜利，使中国军事形势发生了重大变化，人民解放军不但在质量上早已占有优势，而且在数量上现在也已经占有优势。据此，毛泽东指出，原来预计从 1946 年 7 月算起，大约需要 5 年左右时间从根本上打倒国民党反动政府，现在看来，只需从 1948 年 11

月起，再有 1 年左右的时间，就能够实现了。

1948 年 11 月 6 日至 1949 年 1 月 10 日，中原和华东人民解放军在东起海州，西至商丘，北起临城，南达淮河的辽阔地区进行了淮海战役。

集结在以徐州为中心的陇海铁路郑州至连云港段，津浦铁路薛城至蚌埠段的国民党军徐州"剿匪"总司令刘峙集团，是蒋介石的最大、最强的战略集团，担负着拱卫首都南京的重任。蒋介石在徐蚌地区集中的兵力，连同战役中调来的，为 7 个兵团、2 个绥靖区、34 个军、82 个师，总兵力达 80 万人。

1948 年 11 月 6 日，淮海战役开始。华东野战军按照预定计划，向新安镇地区的黄伯韬兵团发起攻击，至 11 日，黄伯韬兵团 4 个军被包围在以碾庄圩为中心的 18 平方公里的区域内，另一个军在运河窑湾被歼灭。黄伯韬依托工事顽强抵抗。华东野战军适时采取"先打弱敌，后打强敌，攻其首脑，乱其部署"的战法，于 11 月 16 日开始发起总攻，激战至 22 日，全歼黄伯韬兵团，兵团司令官黄伯韬自杀身亡。在围歼黄伯韬兵团的同时，中原野战军在徐州以西、以南发动攻势。11 月 16 日凌晨攻克徐蚌间战略枢纽宿县，隔断徐蚌两敌的联系，使徐州对峙集团陷于完全孤立。

黄伯韬兵团被歼，徐蚌交通被截断后，蒋介石为改变这种不利局面，决定以徐州的邱清泉、孙元良两兵团，沿津浦路向南，以李延年、刘汝明两兵团由蚌埠向北，以黄维兵团由蒙城向宿县方向进攻。三路会师宿县，打通津浦路徐蚌段。

黄维兵团约 12 万人，是蒋介石的嫡系部队，装备好，战斗力强，其中的第十八军为国民党军"五大主力"之一，是蒋介石用来解徐州之围的生力军。淮海前线总前委常委刘伯承、陈毅、邓小平认为歼击黄维兵团的时机很好，决心先打黄维兵团。11 月 25 日至 12 月 15 日。中原野战军全部和华东野战军一部，将黄维兵团包围歼灭以双堆集为中心的地区内，俘虏黄维。

当黄维兵团陷入重围，蒋介石精心策划的三路会师宿县计划破产后，11 月 30 日蒋介石把徐州"剿匪"副总司令杜聿明召到南京，经过密商，决定放弃徐州，由杜聿明指挥丘清泉、李弥、孙元良三个兵团，绕经萧县、永城大路南下，接出双堆地区的黄维兵团，退守淮河以南。但是，杜聿明集团 30 万人一出徐州，就乱成一团，争相逃命。华东野战军立即展开围追堵截。12 月 4 日将其合围于永城东北的陈官庄、青龙集、李石林地区。杜聿明集团陷入内缺粮弹，外无援军的绝境。1 月 6 日 16 时，华东野战军集中 10 个纵队，编成东、北、南三个突击集团同时对敌发起总攻。至 10 日 16 时，全歼杜聿明集团，击毙兵团司令官邱清泉，俘虏杜聿明，李弥乘天黑化装潜逃。

淮海战役历时 66 天，人民解放军总兵力少于国民党军的情况下，自己伤亡 13 万余人，取得歼敌 55.5 万余人的伟大胜利。淮海战役的胜利，使长江中下游以北地区获得解放，使国民党政府的统治中心南京、上海，完全置于人民解放军的炮火之下，使蒋介石的精锐兵团丧失殆尽，从而大大加速了解放战争胜利进程。

1948 年 12 月，在辽沈战役和淮海战役的震撼下，华北战场上的国民党军 60 万人已成惊弓之鸟，陷于退守两难的境地，龟缩于北平（今北京）、天津、塘沽、张家口一线。遵照中共中央军委的指示，华北野战军的两个兵团和东北野战军的先遣兵团包围了部署在北平、张家口的傅作义部队，切断了他们向绥远西逃的通路，"围而不打"，拖住敌人。然后，东北野战军主力插入北平、天津、塘沽、唐山之间，"隔而不围"，切断敌军各据点之间的联系，使华北从张家口到塘沽 800 里战线上的敌军处于欲战无力，欲守无能，欲退无路的被动局面。

12 月 5 日，平津战役开始。12 月 22 日到 24 日，解放军占领了新保安和张家口。1949 年 1 月 14 日，解放军向天津守敌发起总攻，歼灭守敌 13 万多人，活捉指挥官陈长捷，解放了天津。这时，百万解放大军云集北平地区，北平 20 余万守敌已成了瓮中之鳖。北平国民党军在傅作义的率领下，接受了解放军的和平改编。1 月 31 日，北平宣告和平解放。

北平的和平解放，创造了将国民党军和平改编为人民解放军的"北平方式"，成为执行毛泽东提出的以"八项条件"解决国民党军的第一个榜样。争取了大批国民党军高级将领和建制部队站到人民方面来，是中共中央战略指导的一大成功。

平津战役历时 64 天，东北野战军和华北军区部队成功地将国民党军傅作义集团抑留于华北地区，进行战略包围和战役分割，予以各个歼灭，并以军事压力与政治争取相结合，实现了对北平守军的和平改编。共计歼灭和改编国民党军华北"剿匪"总司令部及 3 个兵团部、1 个警备司令部、13 个军部、51 个师（包括战役中新建和重建的军、师），连同非正规军总计 52.1 万人。人民解放军伤亡 3.9 万人。

这三次大的战略决战结束后，蒋介石国民党集团赖以维护其反动统治的主要精锐部队基本消灭殆尽，国民党反动集团从此陷入土崩瓦解之中，中国革命已处于胜利的前夜。三大战役的胜利是毛泽东军事思想的伟大胜利，是人民战争的伟大胜利。

# 中华人民共和国成立

## ——中国人民站起来了

中国曾经是世界上最伟大的国家之一，具有悠久的历史、辉煌的文明、辈出的人才，在世界历史上具有重要的地位，但是从鸦片战争以后，中国开始品尝落后的苦果，在列强的侵略之下，中国逐渐沦为一个半殖民地半封建国家，国际地位一落千丈，从天朝上国沦落为东亚病夫。从鸦片战争一直到中华人民共和国成立，这 100 多年里，中国的有志之士不断奋斗，最终迎来了民族复兴的希望：中国从来没有像新中国成立这个时刻更接近于走向复兴之路。

抗日战争胜利后，国际形势发生了重大变化，中国政局也出现了一些新特点。一方面是人民力量有了很大的发展；另一方面是美蒋勾结抢夺抗战胜利果实，内战成为国内的主要危险。国共两党重庆谈判尽管签订了《双十协定》，并依协定举行了政治协商会议，通过了一系列决议案。但事实表明，国民党毫无诚意来结束其一党独裁，无意与中共及其他民主力量携手共建新中国。蒋介石企图以武力来解决问题，大规模内战的危险，威胁着中国的和平、民主和团结的前景。

民众的呼声及新闻舆论虽然给国民党集团以巨大的压力，但迷信武力解决一切的蒋介石国民党却一意孤行。1946 年 6 月，中国内战再一次爆发。抗战胜利后中国民众对胜利的欢呼和对和平的祈祷，瞬间化为乌有。然而，"多行不义，必自毙"，历史的警言再一次从国民党逆民意、悖民心的所作所为中得到了有力的证实。自恃在军事上与经济上占有绝对优势的蒋介石，不仅没有从全面进攻和重点进攻中达到既定的目标，相反，经过一年的作战，已有的优势沦为劣势。南京国民政府的军事、经济、政治都出现了空前的大危机。国民党政权陷入了全民的包围之中。

1948 年下半年，中国战局已进入战略决战阶段。国民党已被迫由"全面防御"转为"重点防御"。国民党统治区的政治、经济危机日益严重，国民党政权已经摇摇欲坠。战局的发展表明，人民解放军进行战略决战的时机已经成熟。中国现代史上最著名的辽沈、淮海和平津三大战役的发展是历史发展的必然结果。三大战役的胜利，为人民解放军南渡长江解放全中国的作战奠定了胜利的基础。

经过三大战役，国民党反动统治面临崩溃的局面。就在国民党拒绝签订和平协定的第二天，即 1949 年 4 月 21 日，中国人民革命军事委员会主席毛泽东和中国人民解放军总司令朱德发出了《向全国进军的命令》，规模巨大的渡江战役由此开始。国民党苦心经营的长江防线一天之内即宣告崩溃，划江而治的构想被彻底粉碎。到 1949 年底，解放军全部歼灭了中国大陆上的国民党军队，解放了除西藏以外的全部中国大陆。中国人民解放战争在全国范围内取得了胜利。

在全国革命即将胜利之际，1949 年 3 月 5 日至 13 日，中国共产党在河北省平山县西柏坡村召开了七届二中全会。出席会议的中央委员有 34 人，候补中央委员 19 人。毛泽东主持了会议并做了报告。报告提出了促进革命迅速取得全国胜利和组织这个胜利的各项方针；说明从此以后，党的工作重心必须由乡村转移到城市；规定了党在全国胜利以后，在政治、经济、外交方面应当采取的基本政策，以及中国由农业国转变为工业国，由新民主主义社会转变为社会主义社会的总的任务和主要途径；着重分析了当时中国各种经济成分的状况和党所必须采取的正确政策。报告对革命胜利后国内外阶级斗争的新形势做了估计。号召全党必须警惕骄傲自满情绪，必须警惕资产阶级"糖衣炮弹"的进攻，继续保持谦虚、谨慎、不骄、不躁和艰苦奋斗的作风。会议还做出了不祝寿、不送礼、不以领导人名字命名地名等项重要规定。这次会议讨论了毛泽东的报告，并做出了相应的路线、方针和政策，在思想上和政治上为中国共产党在全国的胜利作好了充分准备。

七届二中全会之后，中国人民政治协商会议第一届全国委员会在北平召开。大会决定新中国名字是中华人民共和国，定都北京。在会议上，选举了毛泽东为中央人民政府主席，刘少奇、朱德、宋庆龄、张澜、李济深、高岗等六人为副主席。经过毛泽东提名，周恩来任政务院总理。并且决定了政务院各个部委的部长，为开国大典提供了准备。

1949 年 9 月 21 日至 30 日，中国人民政治协商会议第一次全体会议在北平举行。图为大会现场。

1949 年 9 月 21 日至 30 日，中国人民政治协商会议第一届会议召开，会议决定了成立中华人民共和国的各项事宜，选举了中央人民政府委员会，选举毛泽东为中央人民政府主席。

1949 年 10 月 1 日下午 2 时，中央人民政府委员会在北京中南海勤政殿举行第一次会议，宣告中华人民共和国中央人民政府成立。会议一致决议，接受中国人民政治协商会议共同纲领为政府的施政方针。会议选举林伯渠为中央人民政府委员会秘书长。任命周恩来为中央人民政府政务院总理兼外交部长，毛泽东为中央人民政府革命军事委员会主席，朱德为中国人民解放军总司令，沈钧儒为中央人民政府最高法院院长，罗荣桓为中央人民政府最高检察署检察长。

同日下午 2 时 55 分，毛泽东、朱德、刘少奇、宋庆龄、李济深、张澜、周恩来等党和国家领导人及中央人民政府委员经新华门来到天安门，从西头马道登上天安门城楼。在金水桥之南大约 50 米处的以华北军区军乐队为主组成的联合军乐队奏响了《东方红》乐曲，广场上人群欢声雷动。

3 时整，盛大而隆重的开国大典开始。参加这个典礼的有中国人民政治协商会议全体代表，有首都各工厂、各大专院校、各机关的代表，有市民、近郊农民和城防部队等，共约 30 万人。

中央人民政府秘书长林伯渠宣布典礼开始。中央人民政府主席、副主席、委员就位。军乐队高奏国歌。毛泽东主席向全世界宣布：中华人民共和国中央人民政府已于今天成立了。当林伯渠宣布"请毛主席升国旗"时，毛泽东神情庄重，用力按动了通往电动旗杆的电钮……第一面耀眼夺目的五星红旗顺着旗杆，冉冉升起。与此同时，54 门礼炮齐鸣 28 响。这54 门礼炮象征着参加中国人民政治协商会议第一届全体会议代表中的 54 个民族，28 响标志着中国共产党领导人民英勇奋斗的 28 个春秋。参加大会的 30 万人肃立致敬，指挥员行举手礼，注视着中华人民共和国庄严而美丽的五星红旗徐徐上升。毛泽东用响亮的声音宣读了

《中华人民共和国中央人民政府公告》，向 4.75 亿中国人民，向全世界庄严宣布：中华人民共和国成立了！中国人民从此站起来了！中华人民共和国中央人民政府是代表全中国人民的惟一合法政府。凡愿遵守平等、互利及互相尊重领土主权等项原

开国大典　油画　董希文

则的任何外国政府，本政府均愿与之建立外交关系。

接着，阅兵式开始。阅兵司令员、中国人民解放军总司令朱德乘坐敞篷轿车，在《三大纪律、八项注意》等军乐的奏鸣中，由阅兵总指挥、华北军区司令员兼京津卫戍区司令员聂荣臻陪同，出东三座门，沿着东长安街、东单广场，直到外国领使馆聚集的东交民巷，顺序检阅肃立严整的三军部队。朱德总司令检阅完部队驱车回到天安门城楼后，宣读了《中国人民解放军总部命令》：中国人民解放军全体指战员，坚决执行中央人民政府和中央人民革命军事委员会主席毛泽东的一切命令，迅速肃清国民党反动军队的残余，解放一切尚未解放的国土，同时肃清土匪及其他一切反革命匪徒，镇压他们的一切反抗和捣乱行为。

在阅兵分列式上，受阅部队以海军两个排为前导，接着是步兵师、炮兵师、战车师、骑兵师，共 1.64 万人，由东向西行进。中国人民海军、空军部队第一次公开列队出现在世人面前。空军 17 架飞机从天安门上空飞行受阅，都是缴获敌人的螺旋桨飞机。为防备敌机的突然袭击，其中有 4 架是携弹飞行。阅兵式持续了约 3 个小时。

接下来是群众游行。1 万支礼花陆续射入天空。走在游行队伍最前面的是工人，京郊农民紧随其后，后面是机关干部、青年学生的游行队伍。当群众游行队伍经过主席台时，"人民共和国万岁！""毛主席万岁！"的口号声响彻云霄。毛泽东主席在扩音机前大声回答："同志们万岁！"。

晚上 9 时 25 分，无数彩色的礼花向广场四周发射出来。首都军民载歌载舞，尽情地欢度这中华人民共和国的第一个夜晚。

## 简　评

中华人民共和国的成立，揭开了中国历史的新篇章，标志着一百多年来殖民主义、帝国主义同封建统治者勾结起来奴役、压迫中国人民的历史和内外战乱频仍、国家四分五裂的历史从此结束。中国人民从此站起来了，中华民族再也不受欺侮了。人民企盼已久的一个独立、统一、民主的新中国诞生了。中国历史由此开辟了一个新纪元。由于中国的崛起，世界的面貌也发生了重要的变化，中国的强盛，在过去几十年，以及在以后的世界历史中，都将是一个重要的主题，这已经是不争的事实。

# 抗美援朝战争

## ——对美帝国主义的有力回击

　　抗美援朝战争是中华人民共和国政府应朝鲜民主主义人民共和国的请求，为粉碎以美国为首的"联合国军"对朝鲜民主主义人民共和国的侵犯，保卫中国安全，派出志愿军于1950年6月至1953年7月赴朝进行的战争。

　　新中国成立后，美国继续在军事上援助蒋介石，同时扶持朝鲜、越南等国的反动势力，建立针对中国的包围圈。1950年6月25日，朝鲜内战爆发。美国即采取武装干涉政策。6月27日，美国总统杜鲁门声明，宣布出兵朝鲜，并命令美国海军第七舰队侵入台湾海峡。同日，联合国安理会在美、英等国的操纵下通过决议，联合国会员国要派兵随从美国军队入朝。6月28日，毛泽东发表讲话，号召"全国和全世界的人民团结起来，进行充分的准备，打败美帝国主义的任何挑衅。"同日，周恩来代表中国政府发表声明，强烈谴责美国侵略朝鲜、台湾及干涉亚洲事务的罪行。号召"全世界一切爱好和平正义和自由的人类，尤其是东方各被压迫民族和人民，一致奋起，制止美国帝国主义在东方的新侵略。"

彭德怀与朝鲜劳动党委员长金日成商讨作战部署

　　1950年7月10日，中国人民反对美国侵略台湾朝鲜运动委员会在北京成立，并在14日发出《关于举行"反对美国侵略台湾朝鲜运动周"的通知》。抗美援朝运动开始播及全国，形成第一个高潮。

　　1950年9月15日，以美国为首的"联合国军"75000人在朝鲜西海岸的仁川港登陆。此后，朝鲜人民军腹背受敌，损失严重，转入战略退却。10月1日，美伪军越过三八线，随后侵占平壤，并继续向中朝边境的鸭绿江进犯。

　　10月1日，毛泽东收到了金日成的电报。电报说："如果敌人继续进攻三八线以北地区，只靠我们自己的力量是难以克服危机的。"因此，"我们不得不请求您给予我们以特别的援助，即在敌人进攻三八线以北地区的情况下，急盼中国人民解放军直接出动援助我军作战。"毛泽东在收到金日成来电的次日，即10月2日，致电斯大林："我们决定用志愿军名义派一部分军队至朝鲜境内和美国及其走狗李承晚的军队作战，援助朝鲜同志。"

　　10月4日，中央政府派飞机去西安，接回彭德怀，讨论出兵援朝问题。10月8日，毛泽东发布命令，将东北边防军组成中国人民志愿军，任命彭德怀担任中国人民志愿军总司令兼政治委员。当天，彭德怀就飞往沈阳，并宣布10天内做好出国作战的一切准备。

　　10月19日，中国人民志愿军跨过鸭绿江，开赴朝鲜战场，与朝鲜人民军并肩作战。

　　1950年10月下旬至1951年1月，中国人民志愿军经过3次战役，把敌人赶过"三八线"，并占领了汉城，打到了北纬37度线附近，迫使敌人从总攻击变成总退却，由战略进攻转入战略防御，从而改变了朝鲜战争的局势。

从1951年12月26日开始，美军第八集团军由李奇微指挥。李到任后，便着手整顿部队，改变战术。他采用节节后撤的办法，将美军撤至"三八线"附近地区，并很快组织了于1952年1月15日开始的进攻。这时，美军统一了朝鲜战场的指挥，原在东海岸直接由远在日本的麦克阿瑟遥控的美军第十军，加入了第八集团军序列，统由李奇微指挥。

李奇微经过与志愿军的多次交锋后，摸到了我军进攻的规律。由于我军运输线受到敌军破坏，用于每次进攻的粮、弹，主要是靠部队随身携带的那一点，因而只能维持一个星期左右。李奇微因此而称我们的进攻为"礼拜攻势"。待我进攻一个星期左右后转移时，他就乘机大举反攻，并钉紧不放。李奇微将它的这种战术称之为"磁性战术"。

自5月27日起，我全线8个军展开阻击。6月10日，敌人转入防御。第五次战役遂告结束。从此，敌我双方转入阵地对峙作战状态。到6月10日这一天为止，中国人民志愿军五战五捷，共歼敌23万人，把战线稳定在"三八线"附近。

中国人民志愿军雄赳赳，气昂昂，跨过鸭绿江。

这时，即使美军比前一阶段有了些转机，美国政府也深感因绝大部分兵力陷于朝鲜而使其战略重心欧洲甚为空虚。因此。杜鲁门要想从朝鲜脱身，就不得不寻求停战谈判。

1951年7月10日，朝鲜停战谈判在开城开始了。朝、中方面，由朝鲜人民军代表南日担任首席代表，中国人民志愿军派出邓华和解方参加谈判。联合国军方面的首席代表，是美国远东海军司令乔埃。谈判期间，美国和南朝鲜的李承晚集团方面不断寻找借口，制造事端。

在谈判中首先引起争执的，是双方军事分界线的问题。朝、中方面提出，以三八线为军事分界线。还提出，双方军队都向后撤10公里。而美方却提出，朝、中方面向后撤38公里至68公里，让出12000平方公里土地，以此作为对他们海空军优势的"部分补偿"。美国的要求被朝、中方面拒绝。为此，美方提出："让炸弹、大炮和机关枪去辩论吧！"企图用空中绞杀、海岸进攻等军事压力迫使中朝方面在谈判中屈服。

1951年8月18日，美军又在战场上发起了进攻。即使我一个排或一个连的阵地，他们也要发射1万至3万发以上的炮弹。由于我军以顽强的斗志与敌逐山争夺，展开肉搏战。终于粉碎了敌人的这两次攻势。与此同时，他们利用空中优势发动了摧毁我军交通运输线和后方设施的所谓"绞杀战"。我百万军民在空军和高射炮部队配合下，建立了一条炸不烂打不垮的钢铁运输线。

10月25日，双方又回到谈判桌前来了。这次，我方建议把会场地址移至板门店。经过

## 历史大事全知道

激烈舌战后，美方虽然放弃了 12000 平方公里土地的要求，却提出了我方应退出开城地区 1500 平方公里土地的要求。我方提出就地停战。美方虽然不愿接受，但又不好拒绝。因此，他们不愿划定具体地界，有意拖延谈判。

1953 年 7 月 27 日，朝鲜战争停战协定在板门店正式签字。

配合谈判，我方再次发起军事进攻，并占据了一系列岛屿。11 月 27 日，谈判双方终于在地图上划定了军事分界线。停战谈判谈谈打打，断断续续进行了 2 年之久。在这个过程中，中国人民志愿军与朝鲜人民军利用地形，构筑坑道，以阵地防御与运动反击相结合的作战方法，积小胜为大胜，大量消灭敌人有生力量。这样，迫使敌人不得不在停战协定上签字。

1953 年 7 月 27 日，朝鲜停战协定在板门店签字。联合国军总司令克拉克上将在停战协定上签字后不无悲哀地说："我执行政府指示，我获得了一个不值得羡慕的名声：我是美国历史上第一个在没有取得胜利的停战协定上签字的司令官。"

朝鲜战争是冷战时代第一次国际性的地域冲突与局部热战。美国为遏制苏联与共产主义对亚洲的"威胁"，在战后首次大规模地派兵介入一个国家的内战。在历时 3 年的战争中，美军损失 54000 人，伤 103284 人，是美国自独立战争以来所遭受的一次最惨重的损失。

在朝鲜战争中，美军三易统帅。马歇尔将军认为朝鲜战争是美国"所进行的一次代价最大，流血最多"，而又旷日持久难以解决的战争。美国参谋长联席会议主席布莱德将军在国会作证时称美国是在"错误的时间，错误的地点，同错误的敌人进行错误的战争"。

朝鲜停战后，中国人民志愿军又帮助朝鲜人民为战后的恢复和建设作了大量的工作。1958 年 10 月，中国人民志愿军全部撤离朝鲜，返回祖国。

简　评

抗美援朝战争的胜利，具有重大历史意义。中国人民志愿军同朝鲜人民军一起保卫了朝鲜民主主义人民共和国，保卫了中华人民共和国的安全，为维护世界和平、促进世界人民反帝斗争做出了重要贡献。中国人民志愿军打出了军威、国威，提高了新中国的国际威望。同时，这场战争极大地激发了中国人民的爱国主义、国际主义精神，增强了民族自信心和自豪感，有力地促进了国民经济的恢复和发展。中国人民志愿军不仅圆满地完成了祖国人民赋予的光荣使命，而且在战争中学习战争，取得了以劣势装备战胜优势装备之敌的宝贵经验，丰富和发展了毛泽东军事思想，促进了中国国防和军队的现代化建设。

# 中国第一颗原子弹爆炸成功

## ——打破国际核垄断

自 50 年代中期开始，我国依据积极防御的战略方针，在战争准备问题上，着眼于既准备打常规战争，又准备应付可能爆发的原子战争。现代战争和科学技术的发展，使党中央、中央军委充分认识到，要赢得未来战争的胜利，粉碎帝国主义的侵略和战争威胁，必须要拥有现代化的作战兵器。特别是在朝鲜战争和台湾海峡危机中，美国挥舞手中的核武器大棒，多次叫嚣要对中国发动核攻击。面对帝国主义进行的核威胁、核讹诈，毛泽东指出：要反对核战争，打破核垄断，就要拥有核武器。为此，毛泽东和党中央、中央军委果断地做出了发展核武器的重大决策。

中国发展核武器走什么样的道路，是指导进行国防现代化建设的重要问题。中共中央、中央军委认识到，拥有几百万军队的中国，在关系到国家安危的重大问题上，完全依靠别国的援助来实现国防现代化、发展核事业，必然受制于人，这是国家根本利益所不允许的。因此，中共中央、中央军委在制定发展核武器的方针时，强调坚持"自力更生"。

1956 年 10 月，毛泽东和中共中央、中央军委批准了聂荣臻提出的"自力更生，力争外援和利用资本主义国家已有的科学成果，发展我国的核武器、导弹事业"的方针。在这一方针指导下，中国在发展核武器技术中，一方面努力争取得到苏联的帮助，引进技术，少走弯路，一方面强调做好"消化、吸收"工作，从培养人才、建立工业基础设施等方面扎扎实实起步。在中苏科技人员的合作下，1958 年，我国建成了第一座实验性原子弹反应堆，原子弹研制工作进展顺利。然而，就在中国研制原子弹进入关键时候，中苏两党关于意识形态方面的分歧引起两国关系的破裂。1959 年 6 月，苏联与美国、英国举行部分禁止核武器会谈为由，单方面撕毁中苏合作发展核武器的协定。并于次年 8 月，撤走全部专家，带走了重要图纸资料，停止供应设备材料，给正在进行中的中国核弹研制工作造成了巨大损失和严重困难。此时，我国正值 3 年经济困难时期，几亿人连饭都吃不饱，苏联又卡我们的脖子，耗资巨大的尖端武器研制还搞不搞？国际上有人幸灾乐祸地断言中国"二十年也搞不成原子弹"。在我们内部，也有人认为研制原子弹困难太大，花钱太多，主张应集中力量发展飞机和其他常规武器。

在这紧要关头，中共中央毅然决定：自己动手，从头摸起，准备用 8 年时间，把原子弹研制出来。毛泽东明确指出："要下决心搞尖端技术。赫鲁晓夫不给我们尖端技术，极好！如果给了，这个账是很难还的"。（转引自《当代中国的国防科技事业》（上），第 1 版第 45 页，当代中国出版社，1992 年。）表达了中国人民不信邪，不怕压，勇于战胜困难的决心和意志。

保护自己，是任何一个主权国家不可剥夺的权利。保卫世界和平，是一切爱好和平国家的共同职责。面临着日益增长的帝国主义国家的核威慑，中国不能坐视不动。中国进行核试验，发展核武器是被迫而为之。发展核武器首先要选定核试验基地。对于核试验的地点，一开始是选定在甘肃敦煌西北约一百六十公里的戈壁地带，但是，由于敦煌地区的高空风向不理想，为了保证当地居民的安全，党中央派出万毅、张蕴钰、张志善、史国华等率人对新疆的戈壁沙漠地区进行了空中勘察和现场勘察。经过认真的勘察和筛选，报经中央军委批准，决定将核武器试验基地定点在新疆罗布泊地区。

面积达十多万平方公里的罗布泊，是著名的古代楼兰国的属地，曾是两千年前丝绸之路的必经之地。楼兰国由于战乱和环境的恶化，最终由盛而衰，变成了一片渺无人烟的荒漠。中央军委决定将这块古国之地作为核试验基地，使这块土地再现生机。

1960年春天，中央军委令陈士榘将军率领中国的第一批特别工程部队进入罗布泊，开始了中国第一个核试验基地的工程建设。同时，中共中央在七、八月召开工作会议，讨论克服面临的严重困难，发展国防科学技术特别是尖端技术的问题，提出要"埋头苦干，发愤图强，自力更生，奋勇前进"，并采取了一系列重大措施：一是加强领导，组织全国科研、生产部门协作攻关。1962年11月，成立了以周恩来任主任、罗瑞卿任办公室主任、国务院几位副总理及中央军委有关部门领导参加的专门委员会。二是遵照"缩短战线，任务排队，确保重点"的原则；对其他一些尖端武器发展项目，除保留一定的骨干力量继续攻关外，暂缓进行，以集中力量研制原子弹。三是选调技术骨干100名，大中专毕业生6000名，培养充实原子弹研制队伍。中央专委在周恩来领导下，组织各方面的力量大力协同，及时在人力、物力、财力等方面进行调度，卓有成效地组织了全国大协作，解决了研制原子弹中遇到的100多个重大问题，安排了原子弹所需的特殊材料、部件和配套产品2万余项的研制生产，大大加快了原子弹研制的步伐。广大科技工作者在科研和生活条件十分艰苦的环境下，凭着为祖国争光的勇气，克服重重困难，发挥聪明才智，攻克了一道道难关，经过反复试验论证，于1963年3月，提出了研制中国第一颗原子弹理论设计方案。

同时，西北核武器试验场和研制基地建成，为全面突破原子弹技术创造了条件，于是，党中央集中北京的国防科研人员陆续迁往大西北，开始进入研制原子弹的总攻阶段。

在中国研制核武器胜利在望时，少数大国为了保持核垄断的地位，不愿看到中国拥有核武器，想方设法进行阻挠和破坏。1963年7月，在苏联莫斯科，美、英、苏三方举行了核裁军首脑会谈。苏联方面的赫鲁晓夫、葛罗米柯、查拉普金和特鲁索夫，与美英方面的哈里曼、黑尔什姆、科勒、杜维联等人参加了会谈。会谈中，阻止中国拥有核武器是会议的主题之一。8月，三国签订了部分禁止核试验条约，企图阻止中国的核试验，污蔑中国要发动核战争，是"战争贩子"。

三国部分禁止核试验条约的签订，激起了以毛泽东为首的党和国家领导人的强烈反对。周恩来代表中国政府对三国签订的部分禁止核武器试验条约进行了强烈的谴责，周恩来指出："三国条约就是要束缚社会主义国家的手足，束缚民族独立国家的手足，而允许美国试验和扩散。"

在美英苏三国联合遏制中国进行核试验的大背景下，中国的科技家们努力工作，发愤图强，在核武器的研究方面取得了一系列重大的突破。彭桓武、邓稼先、周光召、胡思得、周毓麟、孙清河、李德元、朱建士、秦元勋等科技理论家完成了理论的设计；王淦昌、吴世法、陈能宽、林传骝等进行了爆炸物理试验研究；钱三强、何泽慧、王方定等人进行了中子物理试验研究；惠祝国、祝国梁等进行了引爆控制研究；郭永怀、龙文光等进行了结构设计方面的研究。到1964年夏天，我国终于全面突破了原子弹技术难关，取得了原子弹研究方面的巨大成果。

中国坚定地走自己的路，以实际行动回击少数大国的阴谋。经过广大科技人员奋发图强，进行了千百次试验，1964年6月6日，经过爆轰模拟试验，胜利实现了预先的设想。

在完成了试验的必要研究和准备工作后，下一步就是进入核爆炸的最后阶段——完成安装，进行实弹爆炸的试验。10月14日，中国的第一颗原子弹被小心翼翼地安装在早已修建好的高达102米的试验铁塔上，塔的顶端有一个纯金属的小屋，中国的第一颗原子弹就被安放在里面。

一切事情都按预定的计划有条不紊地进行。作为现场试验最高指挥员张爱萍将军和基地的副总指挥刘西尧还是放心不下，他们又亲自检查了铁塔，一切正常。还剩下两项准备工作有待完成了，一个是核定计算结果，一个就是最后确定爆炸的时间。由于担心进行核试验当中出现各种问题，张爱萍要求第二机械工业部对爆炸的数据进行最后一次核算，以确保试爆的成功率在99%以上。于是，二机部在部长刘杰的率领下，由周光召和一些科学家参加，重新对爆炸数据进行了核算。

第二天早晨爆炸的数据被计算出来，周光召和几位科学家都签上了自己的姓名，确实证明了爆炸成功率在99%以上。

15日，中共中央下达了代号"投篮"的命令，这个命令代号是根据基地篮球运动员的建议而取的，命令的内容是要把铀和雷管与原子弹的其他部分装配起来。

这些原子弹的关键部件都存放在基地的装备车间，根据命令只有5人进入车间，完成最后的装备任务。到15日午夜，整个原子弹完全装备完毕。为了确保起爆前的绝对完全，安全保卫部门要求基地在装备完成的同时和之后，不准开动任何电力，实行严格控制，不准进行其他任何炸药的安装。

原子弹的爆炸进入了最后的倒计时。铁塔小组撤离了基地的现场，前往23公里外的试验现场控制室。在控制室，第九研究院院长李觉将军将铁塔控制室的钥匙交给了张震寰。14时30分，主操作员韩云梯有力地按下了牵动人心的最后一个按钮。在一段短暂的寂静之后，突然，铁塔那里迸发出强烈的耀眼的闪光，接着升腾起一个巨大的太阳般的火球，冲击波如同飓风般席卷开来，随后，传来了惊天动地的爆炸声。渐渐地，火球与地面冲起的尘柱连成一体，形成了一朵极为壮观的蘑菇云……在我国西北核试验基地首次进行原子弹爆炸试验获得了圆满成功。

 简　评

中国核试验成功，向世界宣告，中国独立自主地掌握了核技术，它意味着中国不仅树立了国防尖端科技的丰碑，更铸就了国家安全和大国地位的基石，是中国人民加强国防、保卫祖国的重大成就，也是中国人民对于保卫世界和平事业的重大贡献。

# 尼克松访华

## ——中美关系的复苏

在 20 世纪下半叶的国际关系中，中美关系的突破无疑是要载入史册的。1972 年 2 月 21 日美国总统尼克松对中国的访问"改变了世界"。

中华人民共和国成立后，美国曾长期对中国实行不承认和敌视政策。进入 70 年代，随着国际形势的变化，打开中美关系大门的呼声日益高涨。早在 1969 年，毛泽东委托叶剑英、陈毅、聂荣臻、徐向前四位元帅纵论国际形势时，陈毅元帅就曾感叹：中美 20 年长期交恶，真是慨乎言之，美国人可以上月球，就是接近不了中国，接近中国难道比登天还难？为了对抗苏联咄咄逼人的攻势，中美有充分的理由联合起来。

就在这个时候，美国为扭转同苏联争霸的不利局面，在谋求从越南战争脱身的同时，转而同中国接近。尼克松当选总统后，更是通过多种渠道一再表示要同中国和好。中国也开始向美国发出信号：1970 年 10 月 1 日，中国人民的老朋友、美国人斯诺引人注目地同毛泽东一起出现在天安门城楼上，检阅国庆游行队伍。第二天，这张照片被醒目地发表在《人民日报》上。这种不寻常的姿态意在向美国表明：中美关系已引起中国领导人的高度重视。

1971 年 3 月，第三十一届世界乒乓球锦标赛在日本举行。参赛的美国乒乓球队主动和中国乒乓球队接触，表示愿意访华。正当这项计划难以得到中国方面的批准而即将破产的时候，毛泽东主席一锤定音。4 月 7 日，中国正式向美国乒乓球队发出邀请。4 月 14 日，周恩来总理亲自在人民大会堂东大厅欢迎美国乒乓球代表团，并发表了热情洋溢的讲话。"小球推动了大球"，打开中美关系大门的"乒乓外交"成为两国关系史上的一段佳话。

两个多月后，美国总统特使基辛格博士秘密访华。双方随后发表的震惊世界的公告宣布：尼克松总统将访问中国。

1972 年 2 月 21 日，北京时间 11 时 30 分，飞机平稳地停在候机楼前。机舱门打开了，穿着大衣的尼克松总统与夫人帕特两人走出舱门。尼克松看到，周恩来总理站在舷梯前，在寒风中没有戴帽子。旁边站着叶剑英副主席、李先念副总理、郭沫若副委员长、姬鹏飞外长等。

当尼克松走到舷梯快一半的地方时，周恩来带头开始鼓掌。尼克松略停一下，也按中国的习惯鼓掌相还。待离地面还有三四级台阶时，尼克松已经微笑着伸出他的手，周恩来那只手也迎上去，两双手紧紧地握在一起，足足有一分多钟。此时，尼克松感到，一个时代结束了，另一个时代开始了。

尼克松显得很激动，说道："总理先生，我感到很荣幸，终于来到了你们伟大的国家。"

周恩来说："总统先生，非常欢迎你到我们的国家访问。"

电视镜头一直对着这个历史性场面，并通过卫星将这一实况传到全世界。

由于当时中美尚未建交，所以机场的欢迎仪式非常简单。没有欢迎的群众，没有令人兴奋的鲜花彩带，没有迎接国家元首的红地毯，没有轰隆作响的礼炮，只有一面美国国旗和一面五星红旗并排在机场上空飘扬。作为第一个来华访问的美国总统，尼克松多少有点失望，不过，在军乐队高奏起《星条旗歌》和《义勇军进行曲》，客人在主人的陪同下检阅350人组成的陆海空三军仪仗队时，尼克松感受到元首级礼宾的气氛，并显得特别激动。

接着，周恩来和尼克松一同进入一辆挂着帘子的防弹高级红旗轿车。在离开机场时，周恩来说："总统先生，你把手伸过了世界最辽阔的海洋来和我握手。25年没有交往了呵！"

当天下午4时，随访的美国记者在人民大会堂门前苦等参加会谈的尼克松而未果。尼克松一向守时。他的"迟到"引起种种猜疑。直到5点55分，"谜底"方才揭晓。白宫发言人齐格勒突然向记者宣布：在到达北京3小时后，尼克松总统与毛泽东主席举行了会谈。

这次会谈，毛主席上来就说："昨天你在飞机上给我们出了一个难题，说是我们几个要谈的问题限于哲学方面。"尼克松回答说："我之所以这样说，是因为读了主席的诗词和讲话。我知道主席是一位思想深刻的哲学家。"

**尼克松访华会谈**

1972年，毛泽东主席（左三）与尼克松总统（左四）在中南海举行会谈。左一为周恩来总理，右一为基辛格博士。

年近80高龄，又是大病初愈，毅力非凡的毛泽东在笑谈声中和尼克松交谈了70多分钟。毛泽东牢牢抓住了谈话的主题：中美关系中的"哲学"方面，即中美关系中的长远性、原则性、宏观性、战略性问题。对这次谈话，基辛格后来写道："毛泽东是用一种故意显得很随便的方式来发表他的主要意见的。"

下午6时整，周恩来与尼克松举行第一次会谈。会谈持续了一个小时。晚7时，周恩来为尼克松举行的欢迎宴会在人民大会堂举行。经过一天紧张的活动，中美双方把这场正式的活动几乎变成了高潮迭起的联欢会。周恩来首先代表毛主席和中国政府向美国客人表示欢迎。他在祝酒辞中说："美国人民是伟大的人民。中国人民是伟大的人民。我们两国人民一向是友好的。由于大家都知道的原因，两国人民之间的来往中断了20多年。现在，经过中美双方的努力，友好往来的大门终于打开了。"尼克松也发表了长篇讲话。他特意引用了毛泽东的诗词："多少事，从来急；天地转，光阴迫。一万年太久，只争朝夕。"他说："现在就是只争朝夕的时候了，是我们两国人民攀登那种可以缔造一个新的、更美好的世界的伟大境界的高峰的时候了。"

中国乐团演奏的美国乐曲以及宴席上的茅台酒和中国菜都得到美国客人的赞赏。宴会的气氛非常轻松。美国媒体对此评论说，"这种情景简直像是个梦境！""宴会结束时，他（尼克松）几乎要流泪了。他走到演奏《山上的家》和《美丽的阿美丽加》的中国乐队前向他们表示感谢。"

1972年2月26日，周恩来总理陪同尼克松总统飞赴杭州。访问杭州后，尼克松一行飞往上海。1972年2月28日，双方在上海签署《中美联合公报》（又称《上海公报》）。在公报中，双方声明：

中美两国的社会制度和对外政策有着本质的区别。但是，双方同意，各国不论社会制度如何，都应根据尊重各国主权和领土完整、不侵犯别国、不干涉别国内政、平等互利、和平共处的原则来处理国与国之间的关系。国际争端应在此基础上予以解决，而不诉诸武力和武力威胁。美国和中华人民共和国准备在他们的相互关系中实行这些原则。

考虑到国际关系的上述这些原则，双方声明：

中美两国关系走向正常化是符合所有国家的利益的；

双方都希望减少国际军事冲突的危险；

任何一方都不应该在亚洲——太平洋地区谋求霸权。双方都反对任何其他国家或国家集团建立这种霸权的努力；

任何一方都不准代表任何第三方进行谈判，也不准同对方达成针对其他国家的协议或谅解。

双方都认为，任何大国与另一大国进行勾结反对其他国家，或者大国在世界上划分利益范围，那都是违背世界各国人民利益的。

双方回顾了中美两国之间长期存在的严重争端。中国方面重申自己的立场：台湾问题是阻碍中美两国关系正常化的关键问题；中华人民共和国政府是中国的惟一合法政府；台湾是中国的一个省，早已归还中国；解放台湾是中国内政，别国无权干涉；全部美国武装力量和军事设施必须从台湾撤走。中国政府坚决反对任何旨在制造"一中一台"、"一个中国、两个政府"、"两个中国"、"台湾独立"和鼓吹"台湾地位未定"的活动。

美国方面声明：美国认识到，在台湾海峡两边的所有中国人都认为只有一个中国，台湾是中国的一部分。美国政府对这一立场不提出异议。它重申它对由中国人自己和平解决台湾问题的关心。考虑到这一前景，它确认从台湾撤出全部美国武装力量和军事设施的最终目标。在此期间，它将随着这个地区紧张局势的缓和逐步减少它在台湾的武装力量和军事设施。

《人民日报》1972 年对尼克松总统访华的报道

双方同意，扩大两国人民之间的了解是可取的。为此目的，他们就科学、技术、文化、体育和新闻等方面的具体领域进行了讨论，在这些领域中进行人民之间的联系和交流将会是互相有利的。双方各自承诺对进一步发展这种联系和交流提供便利。

双方把双边贸易看做是另一个可以带来互利的领域，并一致认为平等互利的经济关系是符合两国人民的利益的。他们同意为逐步发展两国间的贸易提供便利。

双方同意，他们将通过不同渠道保持接触，包括不定期地派遣美国高级代表前来北京，就促进两国关系正常化进行具体磋商并继续就共同关心的问题交换意见。

双方希望，这次访问的成果将为两国关系开辟新的前景。双方相信，两国关系正常化不仅符合中美两国人民的利益，而且会对缓和亚洲及世界紧张局势作出贡献。

《中美联合公报》是中美两国签署的第一个指导双

边关系的文件。它的发表，标志着中美隔绝状态的结束和关系正常化进程的开始。1979 年 1 月 1 日，中美正式建立外交关系。

  简　评

　　随着中美关系的改善，美中苏三角外交的态势开始形成，在很长一段时间里成为决定国际形势发展的重要因素之一。美中和解使苏联不得不加紧同美国和西欧实行缓和，迫使日本急切地要求同中国建立外交关系，并终于推动日中两国于 1972 年 9 月实现了中日邦交正常化。正如尼克松在离开中国前夕的宴会上祝酒时说的，他对中国的 7 天访问是"改变世界的一周"。

# 新中国恢复联合国合法席位

## ——大国地位的确认

中华人民共和国作为联合国安理会五大常任理事国之一，在处理国际事务、维护世界和平方面发挥了积极的作用。然而中国恢复在联合国的合法席位却有着一段曲折的历史。

1949年10月1日，中华人民共和国诞生的第一天，毛泽东主席向全世界庄严宣告：中华人民共和国中央人民政府为代表全中国人民的惟一合法政府。1949年11月15日，周恩来总理致电联合国秘书长赖伊，要求立即取消"'中国国民政府代表团'继续代表中国人民参加联合国的一切权利"。两个月后，周总理又通知当时的联大主席、菲律宾外长罗慕洛：中国政府已任命如下人员为中国驻联合国各机构的代表：由中共中央政治局委员张闻天任安理会代表；中国人民解放军第十九兵团第一副司令员兼参谋长耿飚将军任军事代表团团长；冀朝鼎任经社理事会代表；伍云甫任联合国国际紧急救济基金会代表；孟用潜任联合国托管理事会代表。1950年8月26日，周总理致赖伊秘书长的函中又加了李一氓和周士第。但是，由于美国的长期阻挠，这个代表团一直未能成行。尽管如此，中国政府始终没有停止恢复自己在联合国合法权益的斗争。

中国国旗在纽约联合国总部大楼前升起

1950年美国在侵略朝鲜的同时，公然于6月27日宣布占领中国领土台湾。中国提出抗议，并向联合国安理会提出控诉美国侵略台湾案。8月31日安理会将中国控诉案列入议程，但把议题改为笼统的"控诉武装侵略福摩萨案"。9月19日，周恩来总理兼外长向联合国提出，在联合国讨论这一议程时，必须有中华人民共和国代表参加。9月29日安理会接受了中国的要求。11月24日联大第一委员会也决定邀请中国派代表出席。10月23日周恩来总理任命曾任东北军区参谋长、时任外交部苏欧司司长的伍修权为大使级特别代表，任命国际问题专家、国际新闻局局长乔冠华为顾问，率领中国代表团赴纽约出席安理会会议，讨论美国侵略中国的控诉案。

在安理会会议上，伍修权在两个多小时的发言中，揭露和控诉了美国侵略台湾的罪行，抗议联合国在美国操纵下，直至今日还容留中国国民党反动残余集团的"代表"，冒充代表中国人民坐在这里开会。说这番话时，伍修权犀利的目光扫了台湾国民党"代表"蒋廷黻一眼。伍修权最后向安理会提出三项建议：一、谴责和制裁美国侵略台湾及干涉朝鲜的罪行；二、美国军队撤出台湾；三、美国和其他一切外国军队撤出朝鲜。

针对美国代表奥斯汀的诬蔑、诡辩和恐吓，伍修权行使答辩权。他质问奥斯汀："自8月27日到11月25日，侵略朝鲜的美国武装力量侵犯我国领空，据初步统计，已达200次，共出动飞机1000架次以上，毁坏中国财产，杀伤我中国人民。我要问奥斯汀先生，这是不是侵略？自从6月27日以来，美国第七舰队即侵入我国台湾领海，以阻止我中华人民共和国中央人民政府对台湾行使主权，我要问奥斯汀先生，这是不是侵略？自从第二次世界大战结束以来，美国政府花费 60 多亿美元帮助中国国民党集团发动内战，美国武器杀伤了数百万中国人民，我要问奥斯汀先生，这是不是干涉内政?!"铁证如山，事实俱在，全场鸦雀无声，不少代表的目光冷对奥斯汀。奥斯汀紧张窘迫，理屈词穷，在真理的威慑下，再也不敢张口发言。

伍修权在联合国安理会的这次发言，轰动了美国和西方世界。

为恢复中国在联合国的合法席位，中国政府进行了不屈不挠的斗争，毛主席、周总理亲自对许多亚、非、拉国家领导人做工作，指出终有一天中国在联合国的合法权益会得到恢复。

阿尔及利亚、坦桑尼亚、赞比亚、阿尔巴尼亚等发展中国家从 60 年代末起，每年均向联合国大会提出恢复中国在联合国合法席位的提案，但均被美国玩弄此系"重要问题"，需大会三分之二的多数票通

11 月 9 日，周恩来、叶剑英等党政领导人及首都群众前往机场欢送出席联合国大会第 26 届会议的代表团前往纽约。

过的恶劣手法所扼杀。一些发展中国家始终为此奋斗不息，直到 1971 年 10 月 25 日第 26 届联大召开时再次慷慨陈词，严正指出中国合法席位不容再拖延不决，美国玩弄"重要问题"的伎俩实系对联合国宪章原则的违犯和蔑视。美国等一些西方大国仍然进行无理反驳。这时，年近六旬的沙特阿拉伯代表巴鲁迪要求发言，引起代表们的注意。美国代表喜在心头，认为这位盟友的发言定会符合美国的意图。孰料巴鲁迪大声提出根据程序此问题不应予以讨论，要求进行表决。殊不知，此次表决失利，当即被同样熟悉联合国程序的阿尔及利亚、阿尔巴尼亚、坦桑尼亚等五国的代表抓住时机，利用巴鲁迪的技术性错误和失败，乘胜追击，连续进行多次表决，于是形势突变。大会进行最后表决，一举通过了恢复中华人民共和国在联合国以及一切机构的合法席位的提案。大会主席一宣布结果，会场上顿时爆发出暴风雨般的掌声。当时不少发展中国家的代表起立欢呼，有些代表甚至当即跳到会议桌上欢呼舞蹈。会议大厅被炽热的欢乐气氛所笼罩。美国等一些西方国家代表则颓坐在代表席位上一言不发。巴鲁迪这时也弄得不知所措，低着头在走廊上踯躅。事后，美国代表团指责这位一向与美国合作颇为默契的巴鲁迪为"无定向导弹"。

联合国大会通过决议后，联大主席当即要求联合国秘书长吴丹致函中国外长姬鹏飞，邀请中国派代表团出席第 26 届联合国大会。

当天下午，周总理在人民大会堂召集外交部有关人员开会，讨论是否派代表团出席联合国大会。会后，周总理驱车中南海，向毛主席报告讨论情况。毛主席指出："马上就组团去，这是非洲黑人兄弟把我们抬进去的，不去就脱离群众了。"毛主席还具体指示："派一个代表团去联大，让'乔老爷'（指乔冠华）当团长。"

11 月 8 日，毛主席接见了中国出席联大的代表团主要领导及成员。毛主席谈到中国代

表团的方针时说："要不卑不亢，不要怕说错，当然要搞调查研究，但不能什么都调查好再说。"毛主席还具体指示"送代表团的规模要扩大，规格要提高。"，"以后乔冠华去联合国，都要派专机。"

代表团出发前夕，日理万机的周总理接见了代表团全体成员。在接见中，周总理讲了一番语重心长的话：由于广大亚非拉国家大力支持，这次终于挫败了美国仍想阻挡恢复中国在联合国合法席位的阴谋，使决议得以通过。所以我们一定要去，去是对他们表示感谢，也是对他们表示支持。去了之后，你们要同广大亚非拉国家站在一起，支持他们的正义要求。

1971年11月15日，乔冠华登上第26届联合国大会讲坛，代表中国政府发表演讲，这是一段令人难忘的时刻。

当代表团团员步入会场时，会场气氛顿时活跃起来。乔冠华和代表团成员沉稳地走到中国代表席位上入座，从而宣告了一个伟大历史时刻的到来。

这时，大会主席宣布请中国代表团团长乔冠华先生讲话，会场顿时响起了经久不息的热烈掌声。身着灰黑色中山装的乔冠华健步走上讲坛，全场静了下来。乔冠华开始了近40分钟的讲演，他入情入理地分析国际形势，表达对亚非拉国家的敬意，同时批评两个超级大国的霸权主义行径。演讲完毕，大厅里爆发出更为热烈的掌声。

这时，主席宣布暂停大会一般辩论，由各国代表致词，欢迎中国代表团的到来。亚非拉国家代表的致词热烈感人，他们都称赞伟大中国重返联合国具有不可估量的意义，就连几个长期阻挠恢复中国联合国合法席位的西方国家代表也不得不上台祝贺一番。

几十个国家的代表在大会厅内排起长队，纷纷向乔冠华团长表示祝贺。这种祝贺仪式持续了几个钟头，加之各国代表上台祝贺，前后约两天左右。历史已经把这一时刻永远记录在联合国的档案里。用路透社记者的一句话来说："乔冠华的发言成了联合国的最强音。"

 简 评

中国恢复了在联合国的合法席位，走上更广阔的国际舞台，国际地位和国际影响得到进一步提高和扩大。自通过恢复中国在联合国的合法席位决议之日起至1972年底，在短短的一年多时间里，就有27个国家与中国建交、复交或将代办级外交关系升格为大使级外交关系，形成了又一个建交高潮。联合国第2758号决议明确承认中华人民共和国的代表是中国在联合国组织的惟一合法代表，并决定立即把国民党集团的代表从联合国组织及其所属一切机构中驱逐出去，这就从法律上、政治上、道义上宣告了"两个中国"、"一中一台"等谬论的彻底破产。

# 文化大革命

## ——十年浩劫

　　"文化大革命"指 1966 年 5 月至 1976 年 10 月在中国由毛泽东发动和领导的政治运动。其发展过程分为三个阶段。

　　第一阶段：1966 年 5 月"文化大革命"的发动到 1969 年 4 月中国共产党第九次全国代表大会的召开。

　　1966 年 5 月中央政治局扩大会议和同年 8 月八届十一中全会的召开是"文化大革命"全面发动的标志。两次会议相继通过了《五·一六通知》和《关于无产阶级文化革命的决定》，对所谓"彭真、罗瑞卿、陆定一、杨尚昆"反党集团和"刘少奇、邓小平司令部"进行了错误的批判。根据《五·一六通知》，5 月 28 日中共中央发出通知：设立中央文化革命小组，由陈伯达任组长、康生等任顾问，江青、张春桥等任副组长，并规定"中央文革小组""隶属于政治局常委之下"，以后，文革小组逐步取代中央政治局和中央书记处，成为"文化大革命"的实际指挥机构。

　　八届十一中全会后，全国掀起批判"资产阶级反动路线"的狂潮，矛头直指刘少奇、邓小平。红卫兵突起，并在全国范围内进行"大串联"，他们把中央文革的旨意带到各地，带动了各地的动乱，使地方党组织陷于瘫痪。1966 年 10 月 5 日，中共中央转发中央军委、总政治部的紧急指示，宣布取消"军队院校的文化大革命运动在撤出工作组后由院校党委领导的规定"。从此，全国掀起了"踢开党委闹革命"的浪潮，除野战部队外，各级党委陷入瘫痪，基层党组织停止活动。接着，毛泽东主持召开以批判"资产阶级反动路线"为主题的工作会议，点名批判刘少奇、邓小平，强调让群众自己教育自己，自己解放自己。会后，全国掀起批判资产阶级反动路线的高潮。同年 12 月，中共中央发出《关于抓革命、促生产的十条规定》（草案）和《关于农村无产阶级文化大革命的指示》（草案），规定业余时间由群众安排搞文化大革命，其方法也是采用"四大"（大鸣、大放、大字报、大辩论）。全国大动乱局面开始形成。

　　1967 年 1 月 6 日，以王洪文为首的"上海工人革命造反总司令部"等造反组织在江青、陈伯达、张春桥等策动下召开"打倒上海市委大会"，夺了上海市委的权，这就是"一月风暴"。1 月 8 日，毛泽东表示支持并号召夺权，全国内乱由此加剧。

　　1967 年 1 月至 2 月间，在中央召开的不同会议上，老一辈无产阶级革命家对"文化大革命"的错误作法表示强烈不满，对林彪、江青一伙诬陷迫害老干部、乱党、乱军的罪恶活动

1966 年 5 月，中共中央政治局扩大会议通过了《五·一六通知》，至此"文化大革命"全面发动。

进行斗争。康生一伙向毛泽东作了片面汇报。毛泽东批评了参与斗争的老同志，二月抗争被诬之为"二月逆流"。

二月抗争被否定后，全面内战，打倒一切的风潮愈演愈烈，在林彪、江青、康生一伙的操纵下，还掀起了所谓揪叛徒运动、"革命大批判"运动、清理阶级队伍等，制造了刘少奇、陶铸、彭德怀、贺龙等无数冤案。到 1968 年 9 月 5 日，全国 29 个省、市、自治区先后建立了革命委员会，实现了所谓"全国一片红"。

1968 年 10 月，中共八届扩大的十二中全会对"文化大革命"的理论和实践作了完全的肯定。全会决定把刘少奇永远开除出党。全会通过的《中国共产党章程（草案）》规定"林彪是毛泽东同志的亲密战友和接班人"。

1969 年 4 月，中国共产党第九次全国代表大会召开。林彪在会上作了"无产阶级专政下继续革命理论"的政治报告，林彪、江青一伙的骨干分子进入中央政治局，大大加强了他们在党中央的势力。

第二阶段：从 1969 年 4 月中共九大的召开到 1973 年 8 月中共十大的召开。这一阶段的主要内容，是林彪反革命集团阴谋夺取最高权力，策动反革命政变被粉碎。这一事件客观上宣告了"文化大革命"的失败。此后，周恩来主持中央日常工作，使各项工作有了转机。

党的九大以后，全国进入"斗、批、改"阶段。这一阶段的中心是要彻底否定所谓"修正主义路线"，贯彻九大方针，把全国各方面工作纳入"文化大革命"的轨道。这一阶段继续开展"革命大批判"；继续"清队"（清理阶级队伍），进行"一打三反"（打击反革命破坏活动，反对贪污盗窃，反对投机倒把，反对铺张浪费），清查"五·一六"分子，使清队工作扩大化。而精简机构、下放干部，走所谓"五·七"道路，使大批干部、知识分子受到迫害。"教育革命"又造成了教育质量普遍下降和教学秩序的混乱。1971 年，江青炮制的《全国教育工作会议纪要》，严重压抑了广大知识分子的积极性。

1971 年 9 月，林彪集团的反革命政变被粉碎后，周恩来在毛泽东支持下主持中央日常工作，在政治、经济、外交等方面采取了许多措施，使各方面的工作有了转机。但遭到江青一伙的攻击。毛泽东也认为当时的任务仍然是反对"极右"，从而使批"左"的正确意见被否定，"左"倾错误继续发展。

1973 年 8 月，中国共产党第十次全国代表大会在北京召开。大会继承了九大的"左"倾错误和指导方针，王洪文当了党中央副主席。江青、张春桥、姚文元、王洪文在中央政治局内结成了"四人帮"，使江青反革命集团的势力又得到了加强。

第三阶段：从 1973 年 8 月中共十大召开到 1976 年 10 月"四人帮"被粉碎。

1973 年 7 月，毛泽东提倡批林批孔，以维护"文化大革命"。1974 年 1 月初，江青、王洪文提出开展"批林批孔"运动，得到毛泽东的批准。江青一伙借机把矛头指向周恩来，以实现其篡党夺权的阴谋。毛泽东及时发现江青等人的阴谋，对他们作了严厉批评，宣布他们是"四人帮"，并指出江青有当党中央主席和"组阁"的野心，使其阴谋受挫。

1975 年初，四届人大确定了以周恩来为总理，邓小平等为副总理的国务院人选。会后，周恩来病重，邓小平在毛泽东、周恩来支持下主持中央日常工作。他先后召开了军委扩大会议和解决工业、农业、交通、科技等方面的一系列会议，着手对许多方面的工作进行整顿，使形势有了明显好转。但是，毛泽东不能容忍邓小平系统地纠正"文化大革命"的错误，先是号召学习"无产阶级专政理论"，继而发动了"批邓、反击右倾翻案风"运动。

1976 年 1 月 8 日，周恩来逝世，全国人民以各种方式进行悼念活动，"四人帮"却竭力压制，加上"批邓、反击右倾翻案风"运动的继续，激起了民愤。北京、南京、太原等地群众自发地发动了悼念周总理、反对"四人帮"的声势浩大的群众运动。中央政治局和毛泽东对天安门事件的性质作了错误判断，将其定为"反革命事件"，并错误地处理了邓小平。

红卫兵小将在街头宣传

1976 年 9 月 9 日，毛泽东逝世，"四人帮"加快了反革命步伐。王洪文企图取代党中央的领导。同时向上海民兵分发武器，为叛乱做准备。10 月 4 日，《光明日报》登载"四人帮"炮制的文章《永远按毛主席的既定方针办》，伪造所谓"按既定方针办"的毛主席临终嘱咐，图谋执掌党和国家的最高领导权。以华国锋、叶剑英、李先念等为核心的中央政治局，粉碎了江青反革命集团，从根本上挽救了党、挽救了革命，结束了"文化大革命"这场灾难。1977 年 8 月，在中国共产党第十一次全国代表大会上，党中央正式宣布"文化大革命"结束。

1981 年 6 月中共十一届六中全会通过的《关于建国以来党的若干历史问题的决议》指出："1966 年 5 月至 1976 年 10 月的'文化大革命'，使党、国家和人民遭到建国以来最严重的挫折和损失。""'文化大革命'的历史，证明毛泽东同志发动'文化大革命'的主要论点既不符合马克思列宁主义，也不符合中国实际。""实践证明，'文化大革命'不是也不可能是任何意义上的革命或社会进步。"它"是一场由领导者错误发动，被反革命集团利用，给党、国家和各族人民带来严重灾难的内乱。"

简 评

在"文化大革命"中，党和人民同"左"倾错误，特别是同林彪、江青集团进行了艰难曲折、英勇顽强的斗争。正是由于这种斗争，使"文化大革命"的破坏受到了一定的限制。在此期间，国民经济虽然遭受巨大损失，仍然取得了进展。在国家动乱的情况下，人民解放军仍然英勇地保卫着祖国的安全。对外工作也打开了新的局面。党内以老一辈无产阶级革命家为骨干的健康力量不断发展壮大，最终粉碎了林彪、江青两个反革命集团。党、人民政权、人民军队和整个社会的性质都没有改变。历史再一次表明，我们的人民是伟大的人民，我们的党和社会主义制度具有伟大而顽强的生命力。

# 中共十一届三中全会

## ——建国后的伟大转折

开启中国改革开放局面的，无疑是中国共产党的十一届三中全会，在这次会议以后，一改以前的"左"的路线方针政策，实行了一套务实有效的路线方针政策，为中国迎来了一个长达数十年快速发展的时期，现在看来，这个时期仍然会延续下去。可以说，十一届三中全会为中国的复兴准备了重要的思想基础，在政策上提供了指导。

1976 年 10 月粉碎"四人帮"以后，广大干部和群众迫切要求彻底清查和摧毁"四人帮"的反革命帮派体系，拨乱反正，平反冤假错案，热切期望邓小平和陈云尽快参加中央的领导工作。

（左起）陈云、邓小平、华国锋、叶剑英、李先念、汪东兴在中共十一届三中全会主席台上。

"文革"结束后，整个国家急需彻底清除"文革"遗毒和"左"的路线影响，实现拨乱反正的历史任务。但"两个凡是"的错误，使得党和国家的各项工作处于徘徊状态。此时，整个民族、整个国家需要一个伟大的思想解放来清洗头脑、振奋精神，推动历史向前发展。

此刻，邓小平在 1977 年 4 月 10 日给党中央的信中指出，必须用准确的完整的毛泽东思想来指导全党和全国人民前进。同年 7 月，他在党的十届三中全会上又对这个原则作了进一步的阐明。1978 年 5 月 11 日，《光明日报》发表了《实践是检验真理的惟一标准》一文。拉开了大讨论的序幕。当天，新华社转发了这篇文章。12 日，《人民日报》、《解放军报》同时转载，以后全国绝大多数省、市、自治区的报纸都进行了转载。这篇文章论述了马克思主义的实践第一的观点，正确地指出任何理论都要接受实践的考验。"圣经上载了的才是对的"是错误的倾向，是"四人帮"强加在人们身上的精神枷锁，必须坚决打破。文章的发表引发了全国范围内的关于真理标准问题的大讨论。党内外绝大多数人支持和拥护文章的观点。这一讨论也得到党中央主要负责同志邓小平、叶剑英、李先念、陈云等多数同志的积极支持，使得讨论逐步形成全国规模。

实践是检验真理的惟一标准问题的讨论，是一个关系到党和国家的前途和命运的问题。它对于深入揭批林彪、"四人帮"，拨乱反正，起了巨大的推动作用，它极大地解放了人们的思想，引导人们完整地准确地掌握马列主义毛泽东思想体系。它为党的十一届三中全会的召开，马克思主义思想路线的重新确立和党的工作重点的转移，奠定了思想基础。

1978年12月18日至22日。中共十一届三中全会在北京举行。出席会议的中央委员169人，候补中央委员112人，各地方和中央各有关部门负责人列席了会议。在这以前，11月10日至12月15日，中共中央召开了工作会议，为这次会议做准备。邓小平在这次中央工作会议闭幕会上作的《解放思想，实事求是，团结一致向前看》的总结讲话中提出。解放思想是当前的一个重大政治问题。民主是解放思想的重要条件。处理遗留问题为的是向前看。要研究新情况，解决新问题。如果现在再不实行改革，我们的现代化事业和社会主义事业就会被葬送。要允许一部分地区、一部分企业、一部分工人农民，由于辛勤努力成绩大而收入先多一些，生活先好起来。这是一个大政策。邓小平这个讲话实际上是十一届三中全会的主题报告。

中国共产党十一届三中全会重新确定了党的马克思主义的思想路线、政治路线，批判了"两个凡是"的错误方针，确定了解放思想，开动脑筋，实事求是，团结一致向前看的指导方针，果断地决定停止使用"以阶级斗争为纲"的口号。全会还认真、全面地纠正了"文化大革命"和以前的"左"的错误，结束了1976年粉碎"四人帮"以来徘徊不前的局面。

全会讨论了党的政治路线问题。全会果断地停止使用"以阶级斗争为纲"这个不适用于社会主义社会的口号，否定了"无产阶级专政下继续革命"的错误理论，重申了毛泽东1957年作出的中国"大规模的急风暴雨式的群众阶级斗争已经基本结束"的正确论断，做出了把全党工作的着重点和全国人民的注意力转移到社会主义现代化建设上来的战略决策。这是党第一次明确解决了从1957年以来一直未能解决好的工作重点转移问题，标志着党开始全面地、认真地纠正"文化大革命"中和以前的"左"倾错误，是党在政治路线上最根本的拨乱反正。同时，全会指出，实现四个现代化，要求大幅度地提高生产力，也就必须要求多方面地改变同生产力发展不相适应的生产关系和上层建筑，改革一切不适应的管理方法、活动方式和思想方式，因而是一场广泛、深刻的革命。对于社会主义社会的阶级斗争，应该按照严格区别和正确处理两类不同性质的矛盾的方针去解决，按照宪法和法律规定的程序去解决，决不允许混淆两类不同性质矛盾的界限，决不允许损害社会主义现代化建设所需要的安定团结的政治局面。全会指出党的新时期政治路线的基本内容是：全党、全军和全国人民同心同德，进一步发扬安定团结的政治局面，动员起来，鼓足干劲，群策群力，为在本世纪内把我国建设成为社会主义现代化强国而进行新的长征。

全会讨论了党的组织路线问题，强调了实事求是的原则和民主集中制的原则。全会总结了党的历史的经验教训，认真讨论了"文化大革命"中发生的一些重大政治事件，实事求是地审查和解决了党的历史上一批重大冤假错案和一些重要领导人的功过是非问题，决定撤销中央发出的有关"反击右倾翻案风"运动和天安门事件的错误文件，纠正过去对彭德怀、陶铸、薄一波、杨尚昆等所作的错误结论，肯定了他们对党对人民的贡献。会议认为，过去那种脱离党和群众监督，设立专案机构审查干部的方式，弊病极大，必须永远废止。全会决定健全党的民主集中制和党规党法，严肃党纪。并选举产生了以陈云为首的由一百人组成的中央纪律检查委员会。这是保障党的政治路线的贯彻执行的一个重要措施。另外，会议同意华国锋的提议：全国报刊宣传和文艺作品要多歌颂工农兵群众，多歌颂党和老一辈革命家，少宣传个人，认为这是党内民主生活健全化的重要标志。全会强调了党中央和各级党委的集体领导，着重提出发扬社会主义民主和加强社会主义法制的任务。

全会还讨论了经济建设问题。全会指出，在经济建设问题上，从纠正急于求成的错误倾向和全党要注意解决好国民经济重大比例严重失调等问题出发，必须采取一系列新的重大

1978 年 12 月，邓小平在中国共产党中央委员会第十一届三中全会上。这次会议重新确立了解放思想、实事求是的指导思想，开始了系统清理重大历史是非的拨乱反正工作。

措施，对陷于失调的国民经济比例关系进行调整，并且对权力过分集中的经济管理体制着手认真的改革，在自力更生的基础上积极发展同世界各国平等互利的经济合作，努力采用世界先进技术和先进设备，并大力加强实现现代化所必须的科学和教育工作。这些思想，是党确立对外开放、对内搞活经济的重要方针的开端。

全会从调动几亿农民的社会主义积极性，在经济上充分关心他们的物质利益，在政治上切实保障他们的民主权利的指导思想出发，制定了发展农业生产的一系列政策和措施，决心首先集中主要精力把农业搞上去。全会原则同意 1979、1980 两年的国民经济计划安排，同意将《中共中央关于加快农业发展若干问题的决定（草案)》和《农村人民公社工作条例（试行草案)》下发到各省、市、自治区讨论和试行。

另外，十一届三中全会的另一重大成果就是邓小平上台执政。

作为一位国家领导人，邓小平取得了两大成就，一是使中国走上了经济迅速发展的道路；二是把中国引入国际生活的主流。在经济发展方面，他的主要贡献是把经济工作列为全党工作的重点，并打开了中国的大门。他还第一个提出"对外开放"政策，对经济特区的发展也给予了很大的关注，并且使经济特区成为开放政策的最有力的证明。

邓小平提倡和推动的改革，所取得的成就是令人瞩目的。从 1980 年到 1992 年的 13 年间，中国的国民生产总值每年递增 8%，这一发展速度同亚洲"四小龙"相当，并远远超过了欧洲国家的发展速度。从 1980 年到 1990 年，中国的对外贸易额从 380 亿美元增加到 1150 亿美元，中国从一个外贸活动很少的国家，进步到以外贸作为经济发展的动力。与此同时，中国所吸引的外资超过了其他发展中国家。到 1990 年，外国资本已在中国兴建或扩建了 3 万多家企业，总投资超过了 20 亿美元。人民的生活条件也已有了改善。

从 1950 年到 1972 年尼克松访华之前，中国一直与世界隔绝。世界对于中国的了解越来越少，中国对于世界的认识，也同样越来越狭隘。邓小平改变了这一切。在他的指引下，中国引进了外国的资本、技术和工商业技巧，以满足迅速实现现代化的需要。与此同时，他让中国在处理国际与地区争端问题时，发挥与中国国力相当的影响；他改变了中国对一些问题的看法，不再强调革命和战争。中国一直致力于消除世界的紧张局势，设法使一些"热点"地区降温。中国还加入了许多国际性组织，如国际货币基金会、国际刑警等。

1978 年 3 月 18 日，全国科学大会在北京开幕，邓小平发表重要讲话。提出"科学正在成为越来越重要的生产力"，强调要尊重知识，尊重人才。他指出："在 20 世纪内，全面实现农业、工业、国防和科学技术的现代化，把我们的国家建设成为社会主义的现代化强国，是我国人民肩负的伟大历史使命。""四个现代化,关键是科学技术的现代化,没有现代科学技术,就不可能建设现代农业、现代工业、现代国防。"全国科学大会的召开,吹响了向四个现代化进军的号角,标志着中国科学技术事业和社会主义现代化事业进入了一个崭新的发展时期。

 简 评

十一届三中全会所作出的具有重大意义的转变,标志着中国共产党从根本上冲破了长期"左"倾错误的束缚,端正了党的指导思想,使广大党员、干部和群众从过去盛行的个人崇拜和教条主义束缚中解放出来,在思想上、政治上、组织上全面恢复和确立了马克思主义的正确路线,结束了1976年10月以来党的工作在徘徊中前进的局面,将党领导的社会主义事业引向健康发展的道路。党的十一届三中全会揭开了党和国家历史的新篇章,是建国以来我党历史上具有深远意义的伟大转折。

# 香港、澳门回归祖国

## ——祖国统一大业的初步实现

历史上最为丧权辱国的，莫过于失土。领土被别人侵占，始终是一种难以言传的痛苦。然而，在中国近现代历史上，这样的痛苦屡屡发生。其中，最为中国人心痛的，莫过于香港和澳门的丧失。实现祖国统一，提高中国的国际地位，这两个地方就一定要收复。

香港是中国进出南海门户，远东自由港，亚洲和太平洋地区贸易、航运中心和国际金融中心之一。位于珠江口东侧深圳市之南，距广州市约130公里。地居世界航道要冲，扼华南门户。包括香港岛、九龙和"新界"3部分；陆地面积1071.8平方公里。其中香港岛75.6平方公里，九龙11.1平方公里，"新界"（包括大屿山岛等周围230多座岛屿）975.1平方公里，另新填土地9.2平方公里。市区面积166平方公里，占总面积的15.6%，人口678.5万（2000年）。地少人多，80%的人口集中于背山面海的狭长地带，人口密度极高。98%居民为中国同胞，尤以广东籍居多。

香港自古以来就是我国的神圣领土。清政府统治时期，香港归广东省新安县（今深圳市）管辖。十八世纪下半叶，以英国人为主的外国商人通过香港逐年向中国贩运鸦片，并于1840年发动了闻名世界的鸦片战争。腐败无能的清政府，被迫于1842年8月29日与英国签订了第一个不平等条约，即《南京条约》。该条约第三款规定："将香港一岛给予英国君主及嗣后世袭主位者长远据守主掌，任便立法治理"。1856年11月，英国又制造借口，纠集法国组成联军，发动了第二次鸦片战争。清军在这场战争中连连败北。英法迫使清政府再次于1860年10月24日签订《北京条约》，割去九龙半岛界限街以南的领土与英国。1894年，清政府在中日甲午战争中战败，英国又以和法国势力相平衡为借口，1898年6月9日强迫清政府签订《展拓香港界址专条》，规定将九龙半岛界限街以北、深圳河以南以及周围230多个岛屿的领土租给英国，这一片土地称为"新界"，期限99年，到1997年期满。至此，英国通过三个不平等条约占去整个香港地区。

清朝被推翻以后，中国的历届政府均不承认英国对香港的永久主权，在不同程度上都为香港回归祖国做过努力。150年以来，中国人民一直渴望收复香港地区，但是由于历史条件的限制，以前的政府都没有完成这一使命。

《中华人民共和国香港
特别行政区基本法》

澳门位于中国南部海岸、珠江三角洲和西江三角洲的南端，珠江喇叭口的西侧，原属广东省香山县（今中山市）。它北与内地的珠海拱北接壤，南临浩瀚的南海，东隔伶仃洋与香港、深圳相望，西可远眺广东斗门县的湾仔。由澳门半岛和氹仔、路环两个岛屿组成。总面积约23平方公里，其中澳门半岛6平方公里。

澳门自古以来就是中国的领土。1553年葡萄牙人通过贿赂广东地方官吏得以在澳门码头停靠船舶进行贸易。1557年葡萄牙人侵入并开始聚居澳门。1840年鸦片战争后，葡人趁清政府战败，宣布澳门为自由港，赶走清政府官员，占领澳门。1887年，葡萄牙政府迫使清政府先后签订了《中葡会议草约》和《中葡北京条约》，其中规定"葡国永驻管理澳门以及属澳之地，与葡国治理他处无异"，以后葡一直占领澳门并划为其领土。

邓小平执政以后，决心解决香港和澳门问题。香港和澳门问题的核心是香港问题，只要香港问题得到解决，澳门问题就会迎刃而解了。1982年9月22日，素有铁娘子之称的撒切尔夫人访问中国，来与邓小平谈判香港问题。英国刚刚打赢了马岛之战，重新占领了马尔维纳斯群岛，因此，她一下飞机，就显出一副踌躇满志的样子。

9月24日，中英正式会谈开始。铁娘子气宇轩昂地走进了人民大会堂。首先迎接她的是邓颖超。与邓颖超晤谈片刻，女首相就前往邻近的福建厅与邓小平会谈。铁娘子走了一半，只见福建厅大门仍然紧闭着，她很诧异，略感难堪，怎么邓小平不出来迎接呢？当她走到离开大门十几米时，大门忽然打开，邓小平笑着走出来，走近几步与女首相握手。也许是刚才略感难堪之故，铁娘子第一句话就出言有意："我作为现任首相访华，看到你很高兴。"首相之前加"现任"二字完全没有必要，只怕是有意为之，是想提醒邓小平：你可急慢不得。邓小平反应奇快，立即回答："是呀，英国的首相我认识好几个，但我认识的现在都下台了。欢迎你来呀！"

铁娘子来华前就曾经声明："有关香港的三个条约仍然有效。"她的意思是说，按照这三个条约，香港岛和九龙半岛是割让给英国的，不能动，中国只能在1977年收回租借给英国的新界。因此，会谈正题一开始，铁娘子就坚持"三个条约有效论"。谁都知道，这三个条约是英国用武力强加给满清政府的不平等条约，新中国成立之后早就宣布不予承认。所以邓小平理直气壮地回答："主权问题不是一个可以讨论的问题。""中国在这个问题上没有回旋的余地。"他还强调：到了1997年，"中国要收回的不仅是新界，而且包括香港岛、九龙"。

邓小平提出了谈判的时间期限："我们可以再等一二年宣布收回香港，但肯定不会拖延更长的时间。如果中英谈判达不成协议，中国将不得不重新考虑收回香港的时间和方式。"

第一次中英会谈虽然没有谈拢，但铁娘子领教了邓小平的厉害，她那"三个条约有效论"被邓小平从根本上动摇了。会谈完毕，撒切尔夫人从人民大会堂出来，下到大门前倒数第二级石阶时，不慎跌了一跤。堂堂首相，竟然跌倒在异国的门阶之下，而且又是刚刚谈判结束之后，这一大煞风景的小事，不免引起世界各国记者们的猜测和渲染。总而言之，铁娘子这一次是挟马岛战争胜利的余威余勇而来，却落了个扫兴而归。

邓小平钢铁般的意志和原则，促使铁娘子改弦更张，1983年3月，她写信给中国总理，做出了准备向国会建议使整个香港主权回归中国的保证。于是第二次会谈就有了基础。

1983年7月13日，撒切尔夫人再次访毕。中方提出：为了使香港平稳过渡，建议成立一个"中英联合联络小组"，以便协商处理与回归有关的各种具体问题。联合小组于1988年7月1日起进驻香港，2000年1月1日撤销。1984年9月中英发表联合声明，确认中国从1997年7月1日起对香港恢复行使主权，设立中华人民共和国香港特别行政区。

1997年7月1日，中国人民终于迎来了企盼已久的时刻。中英两国政府在香港如期举行政权交接仪式。香港升起了中华人民共和国的五星红旗和香港特别行政区区旗。江泽民在交接仪式上庄严宣告："中国对香港恢复行使主权。中华人民共和国香港特别行政区正式成立。"历经百年沧桑的香港终于回到祖国怀抱，香港同胞从此成为这块土地上的真正主人。香港的发展从此进入一个崭新的时代。

香港问题解决提供的范例，为解决澳门问题铺平了道路。1987年4月13日，中国和葡

# 历史大事全知道

1997 年 6 月 30 日午夜至 7 月 1 日凌晨，在香港会议展览中心中英两国政府举行香港政权交接仪式。

萄牙两国政府在北京签署了关于澳门问题的联合声明，宣布中华人民共和国将于 1999 年 12 月 20 日对澳门恢复行使主权。随后，我国政府开始组织起草澳门特别行政区基本法，并于 1993 年 3 月八届全国人大一次会议通过了这项法律，确定了澳门特别行政区的区旗、区徽。

　　1999 年 12 月 20 日，中国和葡萄牙两国政府如期在澳门举行了政权交接仪式。在鲜艳的五星红旗下，江泽民庄严宣告中国政府对澳门恢复行使主权，中华人民共和国澳门特别行政区正式成立。澳门的回归标志着在中国的国土上彻底结束了外国的殖民统治。这是旧中国的政府所不能也不敢解决的问题，是中国共产党对于中华民族的历史性贡献。

 简　评

　　香港和澳门的回归，是中国历史进程中的一件大事，是中国统一大业迈出的重要一步，也是中华民族实现伟大复兴的重要一步。这极大地提高了中国在国际上的地位，标志着一个旧时代的结束和一个新时代的来临，标志着中国人再也不是以前那样可以任由别人欺负的了。

# 中国加入 WTO

## ——对外开放的新阶段

　　中国从明清时代就开始闭关锁国，这种趋势由于种种原因，一直延续到了 20 世纪，但是从改革开放以后，中国人的思想发生了巨大的变化，认识到只有和世界各种文明交流，取长补短，才是实现祖国振兴的根本之路，于是开始积极与外界沟通，这其中重要的一个步骤就是加入世界贸易组织。

　　世界贸易组织（World Trade Organization。简称 WTO），成立于 1995 年 1 月 1 日。总部设在日内瓦。到 1999 年 10 月底，该组织共有成员国 134 个，现任总干事是新西兰的迈克尔·肯尼思·穆尔。WTO 的前身为 1947 年创立的《关税及贸易总协定》（General Agreement On Tariffs and Trade，简称 GATT）。

　　世贸组织是一个独立于联合国的永久性国际组织。该组织的基本原则和宗旨是通过实施市场开放、非歧视和公平贸易等原则，来达到推动实现世界贸易自由化的目标。1995 年 1 月 1 日正式开始运作，负责管理世界经济和贸易秩序，总部设在日内瓦莱蒙湖畔的关贸总协定总部大楼内。1996 年 1 月 1 日，它正式取代关贸总协定临时机构。

　　世贸组织的目标是建立一个完整的、更有活力的和持久的多边贸易体系，以包括关税与关贸总协定、以往贸易自由

1999 年 11 月 15 日，中国外经贸部部长石广生和美国贸易代表巴尔舍夫斯基在北京签署中美关于中国加入世界贸易组织的双边协议，为中国加入世贸组织迈出突破性的一步。图为石广生和巴尔舍夫斯基等在协议签署后举杯祝贺。

化努力的成果和乌拉圭回合多边贸易谈判的所有成果，保持该多边贸易体制的基本原则和加强体制的目标。

　　与关贸总协定相比，世贸组织管辖的范围除传统的和乌拉圭回合新确定的货物贸易外，还包括长期游离于关贸总协定外的知识产权、投资措施和非货物贸易（服务贸易）等领域，而 GATT 只适用于商品货物贸易。世贸组织具有法人地位，它在调解成员争端方面具有更高的权威性和有效性。

　　该组织作为正式的国际贸易组织在法律上与联合国等国际组织处于平等地位。它的职责范围除了关贸总协定原有的组织实施多边贸易协议以及提供多边贸易谈判场所和作为一个论坛外，还负责定期审议其成员的贸易政策和统一处理成员之间产生的贸易争端，并负责

加强同国际货币基金组织和世界银行的合作，以实现全球经济决策的一致性。

世贸组织的最高决策权力机构是部长会议，至少每两年召开一次会议。下设总理事会和秘书处，负责世贸组织日常会议和工作。总理事会设有货物贸易、非货物贸易（服务贸易）、知识产权三个理事会和贸易与发展、预算两个委员会。总理事会还下设贸易政策核查机构，它监督着各个委员会并负责起草国家政策评估报告。对美国、欧盟、日本、加拿大每两年起草一份政策评估报告，对最发达的 16 个国家每 4 年一次，对发展中国家每 6 年一次。上诉法庭负责对成员间发生的分歧进行仲裁。

世贸组织成员资格分为两种，即创始成员和新加入成员。创始成员必须是关贸总协定的缔约方，世贸组织在接纳新成员时，须在部长级大会上由三分之二多数成员投票表决通过。

中国加入世界贸易组织经过了漫长的过程：

1947 年，中国签署了联合国贸易与就业大会的最后文件，该会议创建了 GATT。1948 年 4 月 21 日，中国签订了 GATT 临时性适用议定书。1982 年 9 月，中国申请在 GATT 中的观察员地位。1986 年 7 月 11 日，中国正式照会 GATT 秘书长，要求恢复其 GATT 成员国席位。1988 年 2 月，中国工作组举行首次会议。1995 年 1 月 1 日，世贸组织正式成立，有 134 个成员。它取代关贸总协定，负责管理乌拉圭回合一揽子协议的实施，负责管理世界经济和贸易秩序。

1997 年 12 月 5 日，世界贸易组织中的发展中国家成员在日内瓦发表声明，一致支持中国尽早加入世贸组织。1998 年 4 月 8 日，世界贸易组织中国工作组第七次会议 4 月 8 日在日内瓦结束。工作组主席发表的声明说，中国提出的一揽子降低关税的方案得到工作组成员的普遍欢迎，它标志谈判取得了有意义的进展。1999 年 4 月 10 日，中国对外贸易经济合作部部长石广生和美国贸易代表巴尔舍夫斯基在华盛顿分别代表两围政府签署了《中美农业合作协议》，此举被认为是中国加入 WTO 的前奏。2001 年 7 月 3 日，外经贸部副部长、中国入世谈判首席谈判代表龙永图表示，中国入世的所有重大问题都已解决。

2001 年 11 月 11 日 19 时 35 分，中国外经贸部部长石广生向外界宣布：受国务院总理朱镕基的委托，石广生代表中华人民共和国就中国加入 WTO 议定书的签字已完成。随即他将 GATT 秘书处递交由中华人民共和国国家主席江泽民签署的对中国加入世界贸易组织的批准书，至此，中华人民共和国加入世贸组织的法律程序已完全履行完毕。中国代表团在"入世"所有法律文件上的签字标志着世界最大的发展中国家在世界贸易体系中获得了"正席"。如果以 15 年的全程计算，一方面是艰苦卓绝的谈判，另一方面则是国内由封闭体系向开放市场体系的转变，它表明中国人已经有了加入世界贸易组织后从内对外双向开放较为充分的准备。

一个月后，根据 WTO 的规定，中国成为世界贸易组织的正式成员。中国加入世界贸易组织漫漫 15 年的谈判长路，终于在新世纪到来的欢呼声中耸立起了一座里程碑。

加入世界贸易组织从总体上和长远来看，对我国是有利的，也为我国经济在 21 世纪的发展奠定了更为稳定的基础。

首先，我国加入世贸后，再不必在最惠国待遇问题上每年一次遭到美国非难，我国一年一度同美国关于延长最惠国待遇的争论将告结束。我国还可以享受多边的、永久性的最惠国待遇。

其次，加入世界贸易组织有利于我国积极参与世界经济，使我国在平等的条件下参与国际竞争，有利于我国社会主义市场经济的发展，提高我国企业的管理水平和技术水平，增加我国经济的活力，实现资源的合理配置。我国加入 WTO 后，部分耐用消费品和服务的价格会进一步降低，给广大消费者带来实惠。我国加入 WTO 后，投资环境会变得更好，外商可享受国民待遇，有利于引进外资。

再次，加入世界贸易组织后，除了能够享受平等贸易待遇外，更重要的是我国作为 WTO 的正式成员将直接参与国际贸易的决策过程，摆脱别人制订规

2000 年 5 月 19 日，中国和欧盟签署关于中国加入世界贸易组织双边协议。图为石广生同欧盟贸易委员帕斯卡尔·拉米在协议签署后握手。

则，我国被动参赛，处于不利地位的情况。在经济全球化条件下，我国面临着防止工业发达国家通过制订新规则扼杀我国经济活力的艰巨任务。加入世界贸易组织，获得参与制订规则的权利，可使我国的合法利益得到必要的反映。同时，可把国际贸易争端交到世界贸易组织的仲裁机关去处理，免受不公正处罚。

另外，参加世界贸易组织，使主要贸易大国将不得不取消对我国实行的不同程度的贸易歧视措施。目前主要贸易大国都在不同程度上对我国实行一些歧视性的贸易措施。它们都以中国不是世界贸易组织成员，不能享受世界贸易组织成员待遇为借口对我国出口商品进行限制。例如，纺织品进口的发达国家，已于 1995 年开始实施逐步取消纺织品进口配额的协议，但对我国一直在增加纺织品配额限制，并要求我国继续签订配额协议，减少了我国纺织品出口。加入世界贸易组织后，因世界贸易组织规定，在 2005 年之前分阶段取消纺织品配额，美国及其他发达国家限制中国纺织品出口的歧视性配额很快将被取消。纺织品、服装和鞋帽是我国传统的出口商品，约占我国对外出口总量的 20%。我国的纺织业和服装业将获得稳定的贸易环境，将使纺织和服装生产企业获益。除纺织服装业外，加入世界贸易组织，对我国部分化工产品及部分钢铁产品也是有利的。对已具规模和技术成熟的彩电、洗衣机、电风扇、自行车、玩具、制笔业、文教用品、食品罐头行业和部分机电产品也是有利的。

 简 评

加入世贸组织标志着中国对外开放进入新的阶段。这不仅是中国扩大对外开放，参与全球化的新的起点，也是中国深化改革、完善社会主义市场经济体制的新的起点，中国将继续坚持改革开放的方针政策，进一步加强与各国和地区的经济技术交流与合作，共同促进世界经济的繁荣和发展。

# 让世界重新认识中国

## ——北京成功举办 2008 年奥运会

2001 年 7 月 13 日，是一个令中国人兴奋、激动和扬眉吐气的时刻。这一天，莫斯科当地时间 18 时 15 分（北京时间 22 时 15 分），国际奥委会主席萨马兰奇在世界贸易中心会场庄重宣布：2008 年奥运会主办城市——北京。

北京获得 2008 年奥运会主办权，终于圆了中国人民及海外华人华侨一个世纪的奥运梦。

中国的奥林匹克之路经过了艰难曲折的历程。当 1894 年兴起的现代奥林匹克运动在西方不断发展时候，正值中国贫穷战乱之际，那时的中国人被视为"东亚病夫"。中国人最初主要通过国外举办的奥运会来认识奥林匹克运动的，现在查到的最初资料就是 1904 年，有些中国报刊曾报道过第 3 届奥运会的消息，但是，没有在社会产生什么反响。1907 年以后，一些基督教青年和教会学校人士，开始在社会上宣传奥林匹克思想。同年 10 月 24 日，著名教育家，体育家张伯苓先生在天津青年第 5 届学校运动会演说中指出："虽然许多欧洲国家获奖机会甚微，但仍然派出选手参加奥运会，中国应加紧准备，争取早日参加奥运会。"他是明确提出中国要参加奥运会的第一人。

中国传统体育的主要功能是健身和娱乐。20 世纪的初期传入和渐次发展的西方现代竞技运动，为中国竞技制度的初步确立提供了条件。1908 年，当时的《天津青年》登载一篇题为《竞技运动》的文章，其中提出了中国何时举办奥运会的问题，同年成立的中华基督教青年组织在"争取早日参加奥运会"和"争取早日在中国举办奥运会"口号的鼓舞下，于 1910 年 10 月 18 日至 22 日，在南京组织了一次规模较大的运动会，并将其定名为"全国学校区分队第一次体育同盟会"，简称是"全国学界运动会"。这是中国历史上第一次全国运动会。此后该组织不断在社会推广奥运会竞赛项目，促使我国体育运动从传统走向现代。1924 年 8 月，中华全国体育协进会成立。该组织作为正式的全国性体育组织和中国的奥林匹克组织，负责推动在中国的奥林匹克运动的开展（1931 年，该组织得到了国际奥委会的承认）。

1932 年第十届奥运会在美国的洛杉矶举行，半封建半殖民地的旧中国体育落后，当时只有短跑运动员刘长春参赛，在 100 米预赛中即被淘汰。

1945 年 9 月，"全国学界运动会"在重庆召开的常务理事会上，理事长张伯苓、常务理事王正延等人提出第 15 届奥运会（1952 年）在我国举行的方案。这是中国人首次正式提出在中国举办奥运的方案，但当时这个方案不可能实现。

中华人民共和国的成立，为奥运在中国发展提供了机遇。1952 年中国代表团参加了在芬兰首都赫尔基举行的第 15 届奥运会，这是新中国成立以来第一次运动员参加的奥运会。遗憾的是，当时因争议"两个中国"问题，使中国代表团在闭幕前一天才与会。1954 年国际奥委会在雅典举行第 49 次会议上，正式承认中华全国体育总会为中国国家奥委会。但后来，由于国际奥委会中的某些人，坚持在国际奥林匹克运动中要制造两个中国的错误立场，致使中国中华全国体育总会和有关单项体育运动协会，于 1958 年 8 月发表声明，中断与国际奥委会的一切联系。此后，从 1959 年到 1979 年这 20 年，中国和国际奥委会基本没有联系。虽然中国大陆运动员在一些项目上，多次打破或者超过世界纪录，并在世界性比赛中，夺得几十个世界冠军，但中国奥委会没能派出运动员参加任何一届奥运会。

1971 年由于我国政府和主持正义的广大亚非拉国家的努力，我国在联合国的合法席位得到恢复。在国际奥委会中一些正义人士的努力下，根据中国的提议，同年 11 月 26 日经过奥委会名古屋会议解决了我国在奥委会中的合法权利问题，允许台湾作为中国的一个地方性组织在国际体育组织中的席位。这就是著名的"奥运模式"。国际奥委会总部就此发表谈话时指出："对国际体育界来说，这是一项重大的成就，体育运动将因此得到进一步发展。"萨马兰奇先生回忆说："国际奥委会找到了台湾参加奥运会解决办法，这项成果是无先例的。""奥运模式"促使我国竞技体育走向世界。

在国际体坛上，特别是 1979 年改革开放以后，中国奥运健儿连续参加了第 23、24、25、26、27 届夏季奥运会，参加了第 13 届到 19 届的冬季奥运会。其中，在 1984 年举行的第 23 届美国洛杉矶奥运会上，中国体育健儿一举夺得 15 枚金牌，打破了中国在奥运会历史上金牌"零的纪录"。从洛杉矶到 2000 年的悉尼奥运会，中国运动员连续参加五届奥运会，共获得 80 枚金牌。短短半个世纪，中国已经跻身于世界体育大国之列。

随着中国经济的快速发展和政治社会的稳定，以及在奥运会上取得的骄人战绩，说明我国具备了承办重大国际比赛和奥运会的能力。20 世纪 80 年代以来，奥运会影响空前扩大，参与奥运会竞争，成为大多数国家和地区的选择。适应我国体育及奥林匹克运动的发展，自 1984 年以来，国家体委逐步确定了中国奥运战略，把奥运会作为中国竞技体育最高层次的活动，实行举国体制，认真组织好参加奥运会的工作，1990 年由中国承办第 11 届亚运会，这是新中国成立后第一次承办的大型洲际运动会。同年 9 月 22 日在第 11 届亚运会的开幕式上，中国国家主席杨尚昆向国际奥委会主席萨马兰奇正式表达了中国要申办奥运会的愿望。

北京奥运会开幕式盛况

## 历史大事全知道

1991 年 2 月 22 日北京市向中国奥运会递交了承办 2000 年第 27 届奥运会的申请书。同年 12 月 4 日，在中国政府和中国奥委会的支持下，北京市副市长张百发代表北京市奥申委，去国际奥委会所在地瑞士洛桑，向萨马兰奇主席递交了承办 2000 年奥运会的申请。

在 1993 年 9 月 23 日蒙特卡罗国际奥委会第 101 次会议上，北京虽以两票之差，没能获得举办权，但表明中国有较强的竞争力。中国并没有就此气馁，而是认真总结经验教训，终于于 2001 年 7 月 13 日申办成功，圆了中国人一个世纪的奥运梦。

2008 年 8 月 8 日晚 8 时，第二十九届奥林匹克运动会开幕式在北京国家体育场隆重举行，80 多个国家和地区的领导人和贵宾聚首北京奥运会，204 个国家和地区的 1 万多名运动员参加本届奥运会。

本届奥运会的口号是"同一个世界，同一个梦想"。此次奥运设置了三大理念：绿色奥运、科技奥运、人文奥运。有 2 万多名运动员、教练员和官员参加北京奥运会。举行了 28 个大项，38 个分项的比赛，产生 302 枚金牌。除大部分比赛在北京举行外，帆船比赛在青岛举行，马术比赛在香港举行，部分足球预赛在天津、上海、沈阳和秦皇岛举行。

中国体育代表团在此次奥运会上，获得 51 金、21 银、28 铜共 100 枚奖牌，首次名列奥运会金牌榜首位，创造了中国体育代表团参加奥运会以来的最好成绩。

国际奥委会主席罗格称，这是一届真正的无与伦比的奥运会。

奥运会是沟通中国与世界的平台和窗口，通过奥运会这个窗口，中国将向世界展示光辉灿烂的文化底蕴，让全世界都来了解中国，都来关注中国，都来聆听中国和平崛起的心声。中国的崛起是大势所趋，人心所向，而中国的崛起只能是和平崛起。中国将与世界各国和平共处，互惠互利，共同发展，不会给任何国家带来不利因素，也绝不会有任何威胁。通过奥运会这个窗口，中国将携手世界所有爱好和平的国家共同构建和谐世界，共谱人类新篇章。

司徒博文◎编著

全面揭示历史事件的来龙去脉 下

# 历史大事全知道

当代世界出版社

# 下 篇

---

## 世界部分

# 汉谟拉比法典的颁布

## ——现存的最早法典

　　人类文明是脆弱的，没有强有力的法治做保障，我们的文明能否持久是可虑的。法是社会的柱石；法律的缘起，就是社会需要一种有保障的秩序，从而人们可以遵从一套法则从事社会活动。人类最早的一部法典是产生于 3800 年前的《汉谟拉比法典》，它完成于古巴比伦第六代国王汉谟拉比之手。

### 古巴比伦的崛起

　　由幼发拉底河和底格里斯河冲积而成的美索不达米亚平原（大致在今天伊拉克境内），史书称为"肥沃的新月地带"，是人类古文明的发祥地之一。美索不达米亚的原意是"两河之间的土地"，美索不达米亚文明即为两河所赐。大约在公元前 6000 年，来自中亚深山的苏美尔人侵入这片沃土，在这里他们学会了开沟渠、筑堤坝、修水库、种小麦，还发明了象形文字，并在历史上第一个学会使用了轮子。在公元前 3200 年，苏美尔人开始采用泥版刻字，即将文字刻在湿润状态的粘土制成的板状物上，然后用火或者阳光烤干。苏美尔人留在泥板上的文字，由于笔画像楔子，所以称为"楔形文字"。公元前 3000 年左右，苏美尔人已在两河流域建立了 12 个以城市为中心的奴隶制城邦。各城邦为了争雄称霸，相互征战不休，并为此付出了昂贵的代价——他们臣服于从地中海迁来的闪米特人。这个闪米特著名领袖的真实姓名已无从知晓，我们知道他被冠以"萨尔贡"（真正的国王）的头衔。他以流域地区中部的阿卡德为基地，首先征服

**汉谟拉比头像**

公元前第二个千年间在位的伟大的古巴比伦国王，曾将整个美索不达米亚都置于他的统治之下。

了整个苏美尔，然后向远地进犯，最后建立起一个从波斯湾到地中海的庞大帝国。

　　阿卡德帝国在当时是一个幅员广大的国家，但它的寿命短暂。来自伊朗的新入侵者库提人打败了萨尔贡一世的孙子，摧毁了只有 140 年历史的阿卡德帝国。于是，苏美尔人的奴隶制城邦又一个个重新出现，并于公元前 2113 年建立起一个纯粹的苏美尔人的帝国——乌尔第三王朝。但这次复辟显然不过是段小插曲而已，因为此时周边的异族已开始向美索不达米亚渗透，在这些部落中成就最高的无疑是阿摩利人（闪米特人的一支）。

　　公元前 1894 年，阿摩利人在苏姆阿布门的带领下来到了美索不达米亚。由于他们把幼发拉底河中游的巴比伦城定为首都，因此他们往往被称为巴比伦人。

　　古巴比伦王国的真正缔造者是第六代国王汉谟拉比。公元前 18 世纪，汉谟拉比成为古巴比伦国王，他即位后，致力于巩固内部，发展经济，积蓄力量，并开始向外扩张。他采取

# 历史大事全知道

远交近攻的策略，先后征服打败了周围诸多的城邦小国，结束了小国林立、纷争不已的战乱局面，兵锋直抵地中海东南岸的腓尼基和叙利亚。他在铭文中称自己是"强大的王，巴比伦之王，阿穆鲁之王，苏美尔和阿卡德之王，世界四方之王"。他采用君主专制的统治方式，其法典的制定就是加强统治的手段之一。

## 汉谟拉比法典

两河流域地区一向有制定法典的传统。不算苏美尔时代拉格什的国王乌鲁卡基那（前2378—前2371年）的改革铭文，最早的法典当数乌尔第三王朝的建立者乌尔纳姆（前2113年—前2096年）制定的法典。该法典除序言外，共二十九条，这部法典是迄今所知的历史上第一部成文法典，无论是从内容上，还是在形式上都超过了两河流域以往各小国的立法水平，这些创新对《汉谟拉比法典》也产生了影响，但可惜的是它只留下了一些片段。

汉谟拉比让臣下把过去的一些法律条文收集起来，再加上社会上已经形成的习惯，编成一部法典刻在石柱上，竖立在巴比伦马都克大神殿里，以显示出法典是神授的，不可违背的。

这部法典一共有282条，刻在圆柱上共有52栏4000行，约8000字。圆柱挖掘出来的时候，正面7栏（35条）已经损坏，其余的基本完整。好在后来从亚述国王亚述巴尼帕尔的王家图书馆发现了法典的副本，对残缺的部分进行了补正。因此，现在的汉谟拉比法典内容保存是相当完整的。

汉谟拉比法典分为序言，正文和结语三部分，正文282条主要包括诉讼手续，盗窃处理，租佣、雇佣，商业高利贷和债务、婚姻、遗产继承，奴隶地位等条文。汉谟拉比法典比较全面地反映了当时的社会情况。

法典注意调整统治阶级内部和国内各阶层的阶级关系。处理的原则就是"以牙抵牙，以眼还眼"。比如，两个自由民打架，一个人被打瞎了一只眼睛，对方就要同样被打瞎一只眼睛作补偿；被人打断了腿，也要把对方的腿打断；被人打掉牙齿，就要敲掉对方牙齿。甚至有这样的规定：如果房屋倒塌，压死了房主的儿子，那么，建造这所房屋的人要以自己的儿子抵命。

但是法典反映的实质问题是保护奴隶主阶级利益的。它对奴隶主、自由民、奴隶有着不同的规定：如果奴隶主把一个自由民的眼睛弄瞎了，只要拿出一定数量的银子就可以了事。如果被弄瞎眼睛的是奴隶，就不用任何赔偿。奴隶如果不承认他的主人，只要主人拿出他是自己奴隶的证明，这个奴隶就要被割去双耳。法典甚至规定奴隶打了自由民的嘴巴也要处以割耳的处罚。属于自由民的医生给奴隶主治病，也是心惊胆战的。因为，如果奴隶主在开刀的时候死了，医生要被剁掉双手。

为了巩固奴隶主的统治，法典还规定了一些更严厉的条款：逃避兵役的人一律处死；破坏桥梁水利的人将受到严厉处罚直到处死；帮助奴隶逃跑或藏匿奴隶的，都要被处死。如果违法的人在酒店里进行密谋，店主如果不把这些人捉起来，卖酒的人也要被处死。这充分说明法典维护了奴隶主对奴隶的人身占有权。

要想使国家安定和拥有充足的兵源，必须在一定程度上保护小私有者的利益。在法典中有些条文禁止大奴隶主肆无忌惮地掠夺小私有者，规定债务奴隶劳动3年可以恢复自由。但这仅仅是给自由农民的一点小恩小惠。奴隶主逼迫还不起债的自由民成为债务奴隶，反过来又用这种规定笼络他们。

强大的军队是汉谟拉比统治的主要支柱。法典中有 16 条涉及士兵份地及其他物质利益问题。汉谟拉比从国有土地中授予每个士兵份地，少者一布耳，一般为二布耳，有时还要加上房屋、园圃和牲畜。这种财产不允许出卖、转让、抵债，也不能由妻子和女儿继承。法典详细规定了保证士兵拥有土地和生活资料的办法，同样严格规定士兵必须应征服役。

法典反映出古巴比伦社会和婚姻家庭关系，基本特征是家长制的明显存在。父亲有权将子女用以抵债，乃至抵命。

对于发展与国计民生息息相关的商业，法典也给予了极大的注意，国家拥有庞大的专门从事商业的人员。

法典除了正文 282 条之外还有引言和结束语。

前言大致包括三个方面的内容：第一，神化王权，宣扬其权力来自于神授和使命。第二，炫耀他自己的文治武功，伟大业绩。第三，表明他的立法目的，即"发扬正义于世"；"使我公道与正义流传国境，并为人民造福"。

借助于神权和法典，汉谟拉比建立并巩固了庞大的奴隶制国家。但是他不可能真正调整奴隶和奴隶主两大对立阶级间的矛盾，不可能真正调整征服者和被征服者的矛盾。统治阶级内部的斗争也从来未停止过，汉谟拉比死后，帝国日渐衰落，以后外族的入侵又中断了古巴比伦历史的发展。公元前 12 世纪，埃兰人攻占了巴比伦之后，将汉谟拉比法典作为战利品带回到苏萨。埃兰王国后来被波斯

**汉谟拉比法典**

石柱顶部浮雕图为国王站在太阳神（正义之神）沙马什面前听授法典，正文用楔形文字书写

所灭，公元前 6 世纪时，波斯帝国国王大流士上台后，又把首都定在苏萨，这个石柱法典又落到波斯人手中。

汉谟拉比法典是迄今世界历史上现存最早的一部成文法典，它对人们研究两河流域地区奴隶制政治、经济、法律、社会生活提供了丰富的史料，堪称东方文明之宝。

那么，这部法典是怎么被今人发现的呢？

1901 年 12 月，一支有伊朗人参加的法国考古队，在伊朗西部一个名叫苏萨的古代遗址上进行发掘工作，挖出了一根黑色玄武石的大石柱。这根石柱已经断成三截，但拼起来还是完整的。石柱高 2.5 米，底部圆周 1.9 米，顶部周围 1.65 米。在石碑上半段那幅精致的浮雕中，古巴比伦人崇拜的太阳神沙马什，端坐在宝座上，古巴比伦王国国王汉谟拉比，恭谨地站在它的面前。沙马什正在将一把象征着帝王权力的权杖，授予汉谟拉比。

石柱的下部，刻有许许多多像钉头或箭头那样的文字。后来经过考证，才知道它不是伊朗的古代文字——波斯文，而是早在五六千年以前由苏美尔人创造，以后为巴比伦人广泛使

用的楔形文字。显然，这是古代波斯人征服巴比伦之后，作为战利品，千里迢迢地把这根巨大的石柱带回伊朗的。

这个石碑的发现轰动了世界。现在，这件珍贵的文物被珍藏在巴黎的卢浮宫，它是辉煌的古巴比伦文明的见证。

《汉谟拉比法典》体现出崇高的正义精神和伦理精神，开创了人类法制管理的先河，奠定了人类文明与法制生活的第一块基石。雅典最早的成文法也是模仿古巴比伦而刻石公布的。汉谟拉比以"能被普遍接受"和"具有永久性"为原则，整理发布了这部法典。不可否认，汉谟拉比的这些原则成为后来诸多法律的基本出发点。

# 古埃及文明的兴衰

## ——悠远而神秘的文明

尼罗河发源于非洲中部高原，全长 6670 公里，这条世界著名的大河，给埃及带来了充沛的水源和肥沃的土地，也带来了生命和繁荣。

尼罗河的中下游沿岸狭长地带，一直延伸到入海口的三角洲地区，是古埃及文明的摇篮。大约在公元前五六千年，古埃及人在这里定居下来。最初，他们过着原始生活，用简单的工具，清除两岸的荆棘和草莽，开渠筑坝，在河水灌溉的土地上种植大麦、小麦等农作物。尼罗河年年给古埃及带来丰收，这个国度被称作地中海粮仓。

大约在六千年以前，古埃及尼罗河附近逐渐出现了许多奴隶制小国。其实，一个小国只不过是一座城池加上周围的农村地区而已，人口是很少的。这些小国各有各的军队、各有各的信仰，相互之间征战不断。经过长期的兼并，把狭长的尼罗河谷地分成北部和南部两个独立王国。南部叫上埃及王国，国王戴白冠，以神鹰为保护神，以白色百合花为国徽。北部叫下埃及国，国王戴红冠，以蛇神为保护神，以蜜蜂为国徽。

### 美尼斯统一埃及

到了公元前 3100 年左右，上埃及逐渐强盛起来，国王美尼斯决心统一上下埃及，成为霸主。于是，美尼斯亲自率领大军长驱直入，开始北征下埃及。

激战在尼罗河三角洲一带展开。当时还没有使用金属，将士们把木头和石块绑在一起，当作武器。美尼斯头戴白冠，冠上装饰着一只神鹰，亲自在阵前督战。在阵阵呐喊声中，双方厮杀得难解难分。经过三天三夜的恶战，下埃及军队被击溃。下埃及国王只好脱下红色王冠，跪倒在地，双手把王冠献给美尼斯。古埃及初次实现了统一。

美尼斯为了巩固对北方的统治，在河谷和三角洲交界的地方建立了一个要塞城市"白城"。白城也就是后世的希腊人所称的孟斐斯，这个城市从此就成了古埃及王国的首都，直到公元 7 世纪才毁灭。

统一是当时埃及政治、经济和文化发展的要求和必然结果。统一使尼罗河成为加强埃及南北交流的纽带，也有利于在更大的规模上利用尼罗河，发展灌溉农业，促进埃及经济、文化的发展。

随着国家的统一和阶级矛盾的加剧，原来小国寡民的国家机器过于薄弱，统治者需要更加强大的专制力量，王权开始加强，国王自然就成为至高无上的统治者。后来，人们不能再称国王的名字，而要尊称为"法老"。大臣们见法老时，都必须说出一番溢美之词，并匍匐在地，以上胸贴地，吻着法老脚前的土地。

从公元前 3100 年美尼斯统一埃及，直到公元前 1100 年的两千多年里，埃及经历了古王国、中王国、新王国三个时期，共 31 个王朝。此后埃及逐渐衰落，先后遭到利比亚、亚述等国的入侵。公元前 7 世纪中叶重获独立。以后又被波斯帝国、希腊、马其顿所征服。

公元前 30 年，古埃及并入古罗马帝国的版图。

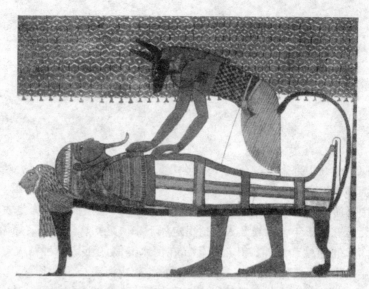

在埃及的信仰中，冥神是人身豺首的形象，因此在制作法
老的木乃伊时，要由专门的人员装扮成冥神的样子来进行。

## 金字塔的来历

金字塔是古代埃及法老的一种陵墓建筑，距今已有 4000 多年的历史。古埃及人对神的虔诚信仰，使其形成了根深蒂固的"来世观念"。古埃及人认为，人死后灵魂可以附着在木乃伊上得到复活，在另一个世界永久存在。因而，埃及人把冥世看作是尘世生活的延续，活着的时候就虔诚地为死后做准备，以期住进永久享受的世界。因此，制作木乃伊，修建金字塔的风气在统治者中盛行。

在古代埃及文中，金字塔是梯形分层的，因此又称作层级金字塔。这是一种高大坚固的角锥体建筑物，底座四方形，每个侧面是三角形，样子就像汉字的"金"字，所以我们叫它"金字塔"。

古埃及陵墓建筑有一个发展过程。最早的墓葬形式是在地上挖一个坑，再堆成一个沙堆。后来墓穴越挖越深，成为地下室，并在地面沙堆周围砌成石墙，就是官僚贵族所建的马斯塔巴式坟墓。金字塔也就是由它发展来的。"马斯塔巴"是阿拉伯文，意为石凳。这种坟墓多用石头建造，呈梯形六面体。分地下墓穴和地上奠堂两部分。

金字塔始建于古王国时期，从古代埃及第三王朝开始，中央集权的君主专制制度基本形成。法老独揽全国的政治、经济、军事、司法和宗教大权。金字塔的修建，就反映了法老至高无上的权力。每个法老在登基之初便着手安排自己的后事，修建金字塔。他们改变过去用泥砖建造马斯塔巴式陵寝的传统，开始利用石材建造"永久的宫殿"。第一个国王内布卡修建的平顶式陵墓建筑，据说是由年轻的建筑设计师伊姆荷太普发明的。他用小型石块在萨卡拉建造了古王国时期第一座金字塔，并用石灰岩包裹起来。第四王朝斯尼弗鲁王统治时期在达赫苏尔建造了两座高度分别为 100 米和 99 米的金字塔。

古埃及所有金字塔中最大的一座，是斯尼弗鲁的儿子胡夫的金字塔，它位于首都孟斐斯 20 公里外，今天的开罗附近，是胡夫让他的兄弟海米昂设计建造的。

这座金字塔原高 146.59 米，经过几千年来的风吹雨打，顶端已经剥蚀了将近 10 米。但在 1889 年巴黎建筑起埃菲尔铁塔之前，它一直是世界上最高的建筑物。这座金字塔的底面呈正方形，每边长 230 多米，绕金字塔一周，差不多有一公里的路程。这座占地面积 52906 平方米的金塔，由大约 230 万块巨石砌成，每块巨石重达 2.5 吨左右。塔身的石块之间，没有任何水泥之类的粘着物，而是一块石头叠在另一块石头上面的。每块石头都磨得很平，至今人们也很难用一把锋利的刀刃插入石块之间的缝隙，砌工之精确，不能不说是建筑史上的奇迹。

金字塔内有胡夫的地下墓室，其入口在城北距地面 18 米处。入口处还有一条下行通道通往地下室；东部为一正殿，内有巨大的国王雕像。距入口 20 米处，又分出一条上行通道；再向前又分为两支：一支通往后室寝殿，另一支通往斜廊。斜廊的尽头是国王葬室。葬室约 6 米高，平的顶盖用 400 吨重的大石板建造而成。王棺为红色花岗岩石制造。金字塔内部结构之复杂，令人赞叹不已。

据希腊历史学家希罗多德估计，这项浩大的工程以 10 万人为一大群，采取轮换制劳动，每一大群人劳动 3 个月。古埃及奴隶是借助畜力和滚木，把巨石运到建筑地点，他们又将场地四周天然的沙土堆成斜坡，把巨石沿着斜坡拉上金字塔。就这样堆一层坡，砌一层石，逐渐加高金字塔。建造胡夫金字塔花了整整 30 年的时间。

对于希罗多德的说法，后人提出了许多疑问。但是直到今天，仍然没有人能给出完美答案。本世纪以来，随着飞碟观察和研究活动越来越广泛，有人甚至把神秘的金字塔同变幻莫测的飞碟上的外星人联系起来。他们认为，在几千年前，人类不可能有建造金字塔这样的能力，只有外星人才能有。他们经过计算还发现，通过开罗近郊胡夫金字塔的经线把地球分成东西两个半球，它们的陆地面积是相等的。这种"巧合"大概是外星人选择金字塔建造地点的用意。法国化学家戴维·杜维斯，提出了一个关于金字塔的全新见解，他认为，建造金字塔的巨石不是天然的，而是人工浇筑的。尽管考古证明，人类在几千年前就已掌握混凝土制作技术，但这些贝壳石灰石浇筑得如此坚如磐石，以至很难将它们与花岗岩区别开来，实在难以相信。

无论如何，修建金字塔，一定是集中了当时古代埃及人的所有聪明才智，因为它需要解决的难题肯定很多。但是，这些问题都解决了，金字塔修起来了，而且屹立了 4000 多年，这本身就是一个奇迹。不可置疑，金字塔是古代埃及智慧的结晶，是古代埃及文明的象征。

### 商博良破译埃及文字

我们再来说说古老而神秘的埃及文字吧。

公元前 525 年埃及被波斯人征服，被迫使用波斯文字来记载历史。尽管古埃及人遗留不少图画语言史料，由于文字的读法早已失传，后人无法解读。因此，古埃及的历史成了待解之谜。

1799 年，拿破仑·波拿巴带领法国远征军到了非洲东部，准备攻击英属印度殖民地。拿破仑没有越过尼罗河，他的出征失败了。但很意外，法国的那次远征，却偶然解决了古埃及人图画语言的问题。

事情是这样的。一天，拿破仑手下一名叫布夏尔的青年军官带领士兵在尼罗河口的罗塞达城附近修筑防御工事时，发现了一块令他感兴趣的石碑。这块别致的黑色玄武岩上，像其他许多埃及古迹一样，雕满了各种小像。但不同的是，碑上用两种文字三种字体刻着同一篇碑文。最上面用的是古埃及的象形文字，中间是古埃及的草书体象形文字，下面是希腊文字。这就是后来被世人称之为"罗塞达碑"的著名石碑，现收藏于伦敦的大英博物馆。

## 历史大事全知道

罗塞达石碑的发现引起学术界的重视，许多学者都想抓住这个契机，一举破译古埃及象形文字，从而真正了解古代埃及的文化和历史。碑上的希腊文很快就被读通了，碑中间的那段文字也很快被确认是古埃及的民书体文字，并且借助碑上的希腊文，领悟到象形文字和民书文字的含义，却依然没有解开古埃及的象形文字之迷。

时光一晃就是20年，古埃及文的破译工作几乎毫无进展。就在这时，法国一位叫商博良的年轻学者，通过不懈努力，竟完成了解读象形字的历史重任。

**法国学者商博良像**

1822年破译古埃及象形文字，被称为古埃及语言学之父。右上角的象形文字意为"永恒"。

商博良生于1790年12月23日，父亲是法国南方小城中的书商。在书堆里长大的孩子，对书有着特殊的爱好，尤其着迷语言文字本身。小商博良4岁学会读写法文，年仅9岁便掌握了古希腊文和拉丁文。10岁时，商博良与22岁的兄长让同住在格勒诺布尔市，结识了著名物理学家与数学家傅立叶。傅立叶收藏了一些用古埃及文写成的纸草文献，他得悉兄弟二人是古埃及迷，就请让和小商博良参观他的收藏品。纸草是古埃及人发明的书写材料。在尼罗河三角洲生长着一种近似芦苇的水生植物纸草，古埃及人割下纸草，取出草骨，切成小薄条，在木板上一块块贴起来，压平晒干后即成黄色纸卷。笔管则用纸草茎，墨水由纸草炭化加水配制。由于古埃及干燥少雨，许多古代纸草文献完好无损地保留下来，傅立叶借工作之便收集到的正是这种古文献。

当傅立叶遗憾地告诉兴致正浓的商博良，纸草上的象形文字还无人可解时，11岁的商博良决心解开古埃及象形文字。从此，他开始了艰苦的准备工作。具有语言天才能力的商博良不仅掌握了希腊文、拉丁文、希伯来文，还学会了阿拉伯文、古印度的梵文；以及公元3世纪以来埃及人用的科普特文。掌握了语言武器，他便能随意阅读各种原始著作，而不必借助翻译作品了。商博良14岁时就开始写作三卷本的《法老统治下的埃及史》，这就为他解读象形文准备了最基本的条件。1821年，商博良定居巴黎，得到一份字迹清晰的罗塞达碑文抄本，于是全力以赴进行破译工作。

商博良丰富的外语知识有了用武之地，人类破译象形文的梦想在他手里实现了。商博良发现，古埃及人写国王名字时，都要加上方框，或者在名字下面划上粗线。"罗塞达碑"上也有用线条框起来的文字，是不是国王的名字呢？经过不断探索，商博良终于对照着希腊文，读通了埃及国王和王后奥帕特拉这两个象形文字，它们可以从右到左，也可以从左到右，或者从上到下拼读出来。商博良由此确信，象形文字中的图形符号，总的来说，代表的是发音的辅音符号。1822年9月27日，商博良在皇家科学院宣读了关于象形文字释读的学术报告，这标志着一门人类知识的新学科——埃及学的诞生。古埃及5000年历史的宝库向人类敞开了大门，而这位天才的埃及学之父当年才32岁。两年后，商博良发表了关于象形文读写法的专著。

原来，罗塞达碑上的碑文是公元前196年埃及孟斐斯城的僧侣们，给当时的国王歌功颂德而刻写的。小小的罗塞达城，由于有了这块借以解开埃及象形文字之谜的石碑而举世闻名。

埃及的象形文字产生于公元前4000年左右。它同苏美尔文、古印度文以及中国的甲骨文一样，都是独立地从原始社会最简单的图画和花纹产生的，但这种文字最初仅仅是一种图画文字，后来才发展成象形文字。

象形文字是由表意、表音和部首三种符号组成。表意符号是用图画来表示一些事物的概念及定义。但是表意、符号都不能表示字的发音，因此古埃及人又发明了表音符号。表音符号也是一些图形，它共有24个子音，在这一基础上，又构成了大批的双子音和三子音。如口为单子音，发"Y"的音，燕子为双子音，发"WY"音，甲虫为双子音和三子音。如口为单子音，发"HPr"的音等，但这些发音都不止表达一种意思。为了区分不同范畴的符号，古代埃及人又发明了类似于汉字中的部首偏旁的部首符号。绝大多数的埃及文字都有部首符号。

埃及的象形文字，在古代埃及历史的不同阶段，随着社会生活的需要出现过多次变化。中王国时期出现过祭司体，后期埃及时出现过民间体，在罗马统治时期又出现了科普特文字。由于种种历史原因，古代埃及文字没能发展成字母文字。但是，古代埃及文字却对腓尼基字母的形成有着重要的影响。腓尼基拼音字母，为世界各地拼音字母之始。

古代埃及历史，从公元前3500年左右城邦的出现开始，到公元前525年被波斯所征服为止，除有过希克索斯人入侵外，基本上保持了埃及文化的单一发展过程。但由于古代埃及象形文字的繁难，随着古埃及的灭亡，这种文字逐渐变成死文字，完全被人们遗忘。正是由于罗塞达石碑的发现和商博良对埃及象形文字解读的成功，才使古埃及历史全部展现在我们面前。

 简 评

在克里特岛上的米诺斯人于诺萨斯建造宫殿之前的一千年，在以色列人追随摩西摆脱奴隶身份之前的几百年，当中国还处在没有文字记载的史前时代的时候，埃及已经是一个大国了。古埃及人创造了极其辉煌的人类文明，这是人类历史上所知的最早和最辉煌的文明。诸如农业的改良，文字的发明，医学的进步，以及完美的建筑、雕塑，精美的手工艺品等。这笔丰富的文化遗产，直到今天，在世界上仍然可以见到它的影响。

# 特洛伊战争

## ——富有神话色彩的一段历史

早在公元前 2000 年左右，爱琴海地区就已产生了辉煌的文明，史称爱琴文明。它发祥于克里特岛，后来又以迈锡尼为中心，历时约 800 年，出现过一些奴隶制城邦，有的盛极一时。但是不知什么原因，城邦被毁，爱琴远古文明没落了。

公元前 12 世纪末叶，希腊迈锡尼文明的阿卡亚人远征小亚，兵围特洛伊城 10 年而不能下，最后却以一"木马计"而获胜，夺取并毁灭了特洛伊城，结束了此次战争。著名的《荷马史诗》即是记述此次战争的最后阶段及战争胜利后希腊人返回故国途中的经历。

### 希腊人的木马计

希腊人为什么要远涉重洋去远征小亚特洛伊呢？据希腊神话说，是因为在一次众神的宴会上，不和女神埃里斯因未被邀请而生气，便不请自来，并带来一个金苹果，宣称只有世界上最美的女人才能得到它。当时在场的三位女神都声言有此资格，她们是：众神之父宙斯之妻、天后赫拉，自宙斯头脑中生出来的雅典娜，从海水泡沫中生出来的爱神阿芙洛蒂德。三人争执不下，请来特洛伊王子帕里斯评判。赫拉许诺给帕里斯以"统治大地上最富有的王国"；智慧女神雅典娜许诺使他"以人类中最智慧和最刚毅者出名"；爱神阿芙洛蒂德则答应"将世界上最美的女人"给他做妻子。结果，帕里斯把光荣给了阿芙洛蒂德，从而引起赫拉和雅典娜的愤怒，她们扬言要对帕里斯的父亲、特洛伊国王普里阿摩斯及所有特洛伊人进行报复。后来，阿芙洛蒂德实践诺言，让帕里斯抢走斯巴达国王墨涅拉俄斯之妻海伦，由此引起希腊人的愤怒。因而，希腊迈锡尼文明诸国组成以阿伽门农为统帅的远征大军，出征特洛伊，要抢回海伦，并征服特洛伊。在战争中，众神也分成两派，分别支持希腊人和特洛伊人。赫拉和雅典娜自然是站在希腊人一边的；阿芙洛蒂德和太阳神阿波罗则支持特洛伊人。战争进行得异常激烈而残酷，10 年不见分晓。

但战争的真实原因却并非如此，而是在于特洛伊的富庶及其位置的重要。特洛伊位于希腊通往黑海的交通要道上，而黑海对于希腊十分重要，是其商品市场及粮食和原料来源地；同时，特洛伊有"富有黄金和青铜的城市"之美誉，也为希腊人所垂涎；它又是一个重要的商业贸易中心，爱琴海及其邻近的商人常常云集于此。而迈锡尼各邦此时却正处于盛极而衰之际，各邦内部矛盾尖锐，各邦之间时有战争。因此，他们企图借攻打特洛伊来摆脱内部危机，并夺取财富。

为进行战争，迈锡尼各邦几乎倾巢出动。《荷马史诗》说："关于一般的军众，我就不能一一提名，不，即使我有十条舌、有十张嘴也不成，即使我有不会嘶哑的声音和铜制的心，就是奥林匹亚的缪斯，带盾的宙斯之女，也不能使我记得伊利翁城（即特洛伊城）下所有的人。"特洛伊也是个强敌，足以与希腊人匹敌。故以阿伽门农为首的希腊联军不得不放弃速胜战略，而采取长期围困战略。但一围便是 10 年，双方均损失惨重。迈锡尼诸邦更是欲胜不能，却罢亦不能。史诗说："那时，革瑞尼亚的骑士涅斯托尔答道：朋友，你既然使我记起当时在那国土我们顽强不屈的阿卡亚人所受的痛苦；有时领着战舰在浓雾迷离的海上漂泊，听从阿喀琉斯指挥，去追寻战利品；有时围着普里阿摩斯的城垣来作战。那儿呀，我们最勇敢的战士都已牺牲；那儿呀，死了善战的埃阿斯、阿喀琉斯、帕特洛克罗斯，他们忠言善谏可与神比美；又死了安提洛科斯，健步如飞的第一流战士；唉，除了这些死伤，我们还受尽苦难。试问哪个凡间人能把这一切细说一番。"

　　战争久不能决，希腊人想到了用智取，于是奥得修斯想出一条妙计。他说，让我们造一个巨大的木马，在马腹中尽可能多地装满阿尔哥斯最勇敢的英雄。其余的人则乘船撤到忒涅多斯岛去。但在航海出发以前，必须焚毁军营中的一切，使特洛伊人能从碉堡上看见烟火，不怀戒备，并蜂拥出城。同时让我们中之一人冒充逃难者，到特洛伊城去，告诉他们说阿卡亚人正拟将他杀死祭神，祈求归途平安，但他却设法逃脱；并说阿卡亚人造了一只巨大的木马献给特洛伊人的敌人雅典娜，他自己就是藏在木马下面，直到阿尔哥斯人的舰船出发后才偷偷爬出。这个人必须能对特洛伊人重述这个故事，回答他们将要提出的一切问题，并显得很真实，使其不致怀疑，还会同情这个外乡人，将其带进城去。他还应设法让特洛伊人将木马拖进城里，当敌人熟睡后，就给木马腹中的希腊人一个信号。这时木马腹中的希腊人从马腹中涌出，燃起火把召唤忒涅多斯岛的队伍，然后用火和利剑毁灭特洛伊城。这就是著名的木马计。希腊人中虽有个别人反对此计，认为应光明正大地取胜，而不应用诡计。但绝大多数人都表示赞同此计，并惊叹其构思之巧妙。

　　建造木马的任务交由一个名叫埃帕俄斯的人去执行。据说雅典娜曾托梦给他，答应助他成功。所有希腊人也都去帮助完成这项任务：有的人上山去砍伐造船所需的树木，有的人剪去树枝，还有的人则用锯锯木头。而埃帕俄斯则自己建造木马。他先削制马蹄和马脚，然后在上面制作马腹，在马腹上面装置拱形的马背，接着又安装胸部和脖子、马头、马鬃和马的两耳、两眼。整个工作仅用3天工夫即告完成。他造成的这匹木马就好像是活的并可走动：马的鬃毛如此精致，似乎可以迎风飘动；马的两耳竖立，两眼奕奕有神。

　　木马造好之后，希腊人开始实施其计谋。他们选出一部分勇敢者藏身于马腹之中，又选了一个名叫西农的人担任告知特洛伊人有关木马之事。其他人则放火烧毁了军营中的一切，然后乘船离开特洛伊去忒涅多斯岛。

　　此时，特洛伊人还静静地守卫着自己的城市。当他们看到海岸上的烟雾和大火，发现希腊人乘船离开海岸远去时，便蜂拥到海边来。初时他们还怀有戒心，警惕地注视着一切，不敢脱下身上的铠甲。他们在先前敌人扎营之地看见了木马，惊奇地看着这个庞然大物，议论着如何处置它。有人主张将它拖进城去，放置在卫城上作为胜利的纪念品；另一些人则不相信敌人所留下的这个奇怪的礼物，主张将它推下大海或用火烧掉。藏在木马腹中的希

荷马吟诗图

腊人个个心惊胆战。这时，特洛伊城的阿波罗神祭司拉奥孔从人丛中走出来，对人们喊道："这是多么愚蠢，多么荒谬呀！你们相信敌人真的航海去了么？你们怎能够相信敌人所留下的东西而没有诡计？你们是知道奥得修斯的呀！或者有某种危险藏在木马里面，或者它是一种作战机器，隐藏在附近的敌人会用以攻击我们。总之，不能相信这木马！"说着，他就从站在身边的战士手里取过一支长枪，将它插入木马的肚子。长枪卡在了木马的肚子上摇曳着，发出的声音就像是来自空穴的回声。

有几个走近木马观看的人发现了西农。他们将他拖了出来，并带去见国王普里阿摩斯。西农向特洛伊人讲述了早已编造的谎言，从而取得了信任，他被带进城去。特洛伊人在城门上开了一个很大的洞，以便能将木马拖进城去。

当晚，特洛伊人因举行欢宴和庆祝而疲惫不堪。西农趁机偷偷溜出城门，燃起火把，给退至忒涅多斯岛的希腊人报了信；又爬到木马下面，给在木马中的希腊人发出了可以出来的信号。从木马中出来的希腊战士挥动长矛，拔出利剑，分散到城中各处，对特洛伊人进行了可怕的屠杀，并纵火焚烧其住宅。从忒涅多斯岛赶来的希腊战士也加入了他们的行列。特洛伊城中到处充满了哭喊和悲号。城市被占领，帕里斯及其父亲被杀。大火和屠杀经历了很长时间，特洛伊城变成了一片废墟。

特洛伊木马计作为军事上的一种战术不仅在这次战争中被采用，在其他国家也采用过，其发明权大概并不属于希腊人。因为，在此之前约300年，埃及新王国时期的大征服者图特摩斯三世的一员大将在征服叙利亚巴勒斯坦时，就采用过这种计策，一篇题为《攻占尤巴城》的故事中记述了这种计谋。中国的军事家也会这种战术，所谓孙行者钻进铁扇公主肚子的故事就反映了这种战术。

### 爱琴远古文明重见天日

当爱琴远古文明终结后，又经历了荷马时代这一段曲折的过程，希腊人才又重新建立起自己的国家。然而，随着岁月风蚀了人们对远古的记忆，人们对曾经光彩夺目的爱琴远古文明似乎遗忘殆尽，茫然无知了。而那些曾发生过的激动人心的故事，只在民间传说或神话中得到一些模糊不清的认识。长期以来，人们不知道爱琴海域曾经有过古老而光辉的文明存在。

在有关爱琴海区域的神话传说中，最有影响的可数克里特文化中的米诺斯王及其迷宫和《荷马史诗》中的特洛伊战争的故事。但是，这些传说都被当成神话，很少有人去思考或相信它的真实性。

到了19世纪70年代，这种局面被一位叫亨利希·谢里曼的德国考古学家打破了。

谢里曼从小生长在一个贫苦的牧师家庭，他的父亲对于古代历史怀有狂热，在谢里曼很小时就对他讲有关荷马史诗中的围攻特洛伊和奥德修斯在海上漂流的故事。当小谢里曼听到特洛伊城被完全毁灭而不留一丝痕迹时，感到悲哀，并发誓："等我长大了，一定要找到特洛伊古城。"10岁的时候，他向父亲提交了一篇特洛伊战争的拉丁文论文。14岁时，因家境贫寒他不得不提前踏入社会，到了一个杂货店当学徒。19岁时他从汉堡出发，在一艘开往南美洲的轮船上当侍从。

25岁时，他独立经商。但是在繁忙的经商之余，他每到一地便学习当地的语言，并用该种语言写日记。利用这种方法，他学会了英文、法文、荷文、西班牙文、葡萄牙文、意大利文、俄文、瑞典文、波兰文和阿拉伯文。他自学的希腊文，其阅读的速度和他阅读母语德文的速度差不多。在商业繁忙之际，他从来没有忘记特洛伊，没有忘记他向父亲所许下的寻找特洛伊城的诺言。终于在他46岁那年，已成为百万富翁的谢里曼决定退出商界，去实现他的特洛伊之梦。

谢里曼不顾学者们的嘲讽和指责，来到小亚细亚的西北角的沿地中海地区，得到土耳其政府允许，进行了发掘工作。他雇了80个工人与他一起开始工作，因为他的怪癖而爱上他的希腊籍太太也从早到晚与他在一起工作。整个冬天，来自北方的凛冽寒风将风沙吹入他们的双眼，茅屋在寒风中瑟瑟发抖，连灯也无法点着。屋子里虽然有炉火，水还是都结成了冰。但是对发现特洛伊城的热诚，激励他坚持不懈地进行发掘工作。

木马计——这是特洛伊战争中希腊取胜的关键。

他的努力终于有了回报，他们在地下不仅发掘出大量的武器、陶器及各种装饰品，并且出人意料地发现了几座古代城市。现在的问题已不是特洛伊城是否存在，而是在发现的好几座古城中，哪一座是真正的特洛伊城。1873年6月15日，谢里曼在一处断墙残垣底层奇迹般地发现了一批宝藏，有金光灿灿的王冠、金手镯、金项链等稀世珍宝。他将这批宝藏运到欧洲，向人们宣布他找到了荷马史诗中的特洛伊城。这一消息轰动了欧洲文化界。但是出于偏见和嫉妒，一些人批评他，说这是一个阴谋，是预先将这批东西放到他从事挖掘的地方。但是谎言终究是谎言。各国学者、专家齐集到现场参观考查，证实了谢里曼的发掘成果，有的留下来参加了共同的发掘工作。

在发掘取得重大进展的喜悦激励下，谢里曼又回到欧洲，在希腊的伯罗奔尼撒半岛东部的迈锡尼打了34个竖坑，进行进一步发掘工作，又有了新的发现。工人们掘出了骨骼、陶器、珠宝、金质面具。接着又陆续发掘出一座座王陵、一具具古代君王尸骨、一顶顶金王冠、一件件金制用品。这些考古成就，向世人展示出希腊史前文明的轨迹。

考古学没有在谢里曼的成就上止步，希腊人自己也在探索本民族远古文化的考古学领域中取得进展。希腊考古学者卡洛凯里洛斯在克里特发现了古希腊神话传说中的米诺斯迷宫，即克诺索斯王宫遗址，揭开了欧洲文明源头上新的一页。英国学者伊文思对米诺斯王宫进行大规模发掘，终于使淹没数千年的爱琴远古文明重见天日。

从公元前2000年克里特岛最早的奴隶制国家的产生到公元前12世纪迈锡尼文明灭亡，爱琴远古文明如盛开的玫瑰绽放在地中海800年。爱琴远古文明的重见天日，使人们对西方文明史可以追溯到更加久远的年代。爱琴远古文明是世界著名的文明之一。

简　评

希腊人虽然在历时10年的特洛伊战争中获胜了，但自己损失也十分惨重，迈锡尼文明被严重地削弱了。80多年之后，多利亚人侵入了希腊，灭掉了迈锡尼文明，希腊历史倒退到原始社会晚期的军事民主制时代。

特洛伊战争中的"木马计"流传甚广，现在已经成为一个成语，用来指通过掩护手段、打入敌人内部的计策。

# 摩西出埃及

## ——古代犹太民族的苦难历程

在世界历史上，犹太民族是一个多灾多难的民族，他们曾到处迁徙，过着漂泊不定的生活；还曾屡受外族统治，甚至被驱逐而流亡异国他乡，最后被迫离开故土，四散至世界各地，受到歧视和迫害，遭排挤和打击。其中，旧约《圣经》所记以色列人的先知摩西率领他们走出埃及，就是其苦难历史中的一页。

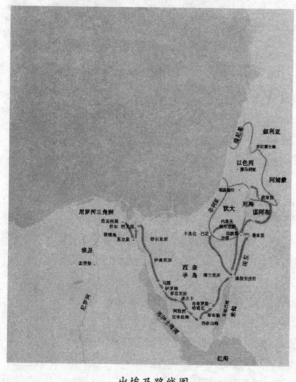

出埃及路线图

犹太民族的祖先以色列人（我国古代称为希伯来人），属塞姆人的一支。据《圣经》记载，他们原住两河流域南部的乌尔，后他拉带着亚伯拉罕及其全家离开乌尔前往迦南。到哈兰时，他拉死了，亚伯拉罕又带着全家离开哈兰继续前往迦南。由于在迦南遇到饥荒，他们一家又继续南下，前往埃及，从埃及带回许多金、银、牲畜到迦南。以后，亚伯拉罕的孙子雅各又率领以色列人离开迦南，穿过沙漠，迁移到富饶的尼罗河畔的歌珊。雅各有12个儿子，这便是以色列人的12个列祖，列祖下面形成一个支派，共12个支派。他们以歌珊为基地，逐渐向埃及蔓延，人口越来越多。雅各之子约瑟在埃及时曾为埃及国王效力，得到信任。大约在公元前13世纪，埃及法老见以色列人多，感受到威胁，便对以色列人进行迫害，强迫他们做苦工，并杀害其婴儿中的男孩，使以色列人在埃及待不下去了。因此，先知摩西受耶和华（即上帝）的启示，带领以色列人走出埃及，前往耶和华给他们指定的地方——迦南。

摩西，据《圣经》说，他出生于以色列人的利未家，母亲生下他后，见他长得俊美，不忍让埃及人杀了，便将他藏了3个月，后又用蒲草箱抹上石油和石漆，将孩子放在里头，把箱子搁在河边的芦荻中。幸遇埃及公主救回养大，并取名叫摩西，意思是说"因我把他从水里拉出来"。后来摩西长大，因杀了埃及人被发觉，便逃往米甸，在那里娶妻生子。正是在这里他受到耶和华的启示，要他带以色列人离开埃及。而迫使以色列人离开埃及的，大概还有宗教、习俗方面的原因。埃及人"不允许同希伯来人一起进餐，因为这对埃及人来说是件令人厌烦的事"。因此，在埃及的以色列人经常怀念迦南，并加强了同北方以色列人的联系。

　　摩西和哥哥亚伦一起去见埃及法老，要求法老允许以色列人离开埃及前往迦南，但暴戾无道的法老（有学者认为是埃及新王国时期第 19 王朝的拉美西斯二世）说什么也不答应，并加重了对以色列人的压迫和迫害。当以色列人离开尼罗河三角洲时，埃及法老并不情愿，因此，当他们出发后，法老便派兵去追赶他们。以色列人来到西奈山（或何烈山），从那里，他们前往加地斯绿洲，大概是准备从这里直接到迦南去。可是，"海上民族"的一支腓力斯丁人这时已占领了从埃及去迦南的最近的通路，使以色列人通过这里的尝试受阻，只得返回沙漠地带，沿着一个个绿洲行进。

　　《圣经》说，摩西率领的以色列人达 120 万人，其中男丁 60 万。现代学者认为这个数字显然是夸大了，最多不过只有 1.5 万人。他们沿途历尽艰险。《圣经》说，在离开埃及 3 个月后的一天，在西奈山，摩西接受了上帝耶和华给以色列人的十诫，其内容是：

　　一、除了上帝之外，不可信仰别的神。

　　二、不可雕刻、跪拜和侍奉任何偶像；凡恨上帝者，由父及子，罪究三代；凡爱上帝守诫命者，必得上帝慈爱，直至千代。

　　三、不可妄称耶和华上帝的名，妄称者，罪责难逃。

　　四、第七日为圣安息日，无论在家或旅行，均不可做工。六日做工，一日休息。因为上帝在六日之内造天地海及其中万物，第七日便安息，所以上帝赐福安息日，定为圣日。

　　五、孝敬父母者，福寿绵长。

　　六、不可杀人。

　　七、不可奸淫。

　　八、不可偷盗。

　　九、不可作假见证陷害他人。

　　十、不可贪恋别人的妻女和财物。

　　这十条诫命就是上帝与摩西和以色列人所立的约。此外，据说上帝还宣布了诸多律例，具体规定各种刑罚的细则，其内容如下：

摩西雕塑

　　你们无论何人，都不可向上帝以外的神明烧香献祭，违犯者一律处死。

　　不可制造偶像。也不可竖立人像、石柱，或雕刻石头作为崇拜的象。

　　不可诽谤上帝。无论是谁诅咒了上帝，都必须付出生命的代价。

　　每周工作六天，第七天不可工作，以便让人畜休养生息。

　　凡殴打父母的，都必须处死。凡咒骂父母的，都必须处死。

　　杀人偿命。倘属误杀，可以逃跑避难。预谋杀人者，必须处死。

　　如果有人跟有夫之妇通奸，被当场捉住，男女双方都要被处死。

　　如果有人在城里奸淫别人的未婚妻，被当场捉住，那就要把男女双方带到城外，用石头砸死。女的该死，因为她不呼救；男的该死，因为他奸污了别人的未婚妻。

　　如果有人在野外强奸了别人的未婚妻，则只把男的处死，女的无罪。因为是在野外，她喊叫也没有用。

# 历史大事全知道

如果有人偷了一头牛或者一只羊,无论宰了还是卖了,他都必须拿5牛赔1牛,拿4羊赔1羊。如他一无所有,那就把他卖为奴隶,用来抵偿。如果被偷的牲口还活着就被发现了,那他也得加倍赔偿。

如果发现窃贼夜入民宅,格杀勿论。如果白天杀贼,那就犯了谋杀罪。

不可散布流言蜚语,不可作伪证袒护罪人。不可随声附和多数人作恶或者颠倒是非。

不可在法庭上冤枉穷人。不可诬告和杀死无辜者。杀害无辜者罪责难逃。不可收受贿赂,因为贿赂能蒙住人的眼睛,使人分不清是非,贻害无辜。

不可虐待寡妇和孤儿。虐待寡妇孤儿者,必然引起上主震怒,使其死于刀下,其妇必孀,其子必孤。

这些律例显然具有解释十诫命的性质。十诫及律例显然具有化解以色列人内部矛盾,保证内部团结,以克服各种困难,战胜敌人,从而起到保证以色列人走出埃及、返回迦南的作用。摩西还根据岳父叶忒罗的建议,成立宗教法庭,建立审判制度,以处理民事纠纷。不过,当时以色列人还处于氏族部落阶段,这种宗教法庭和审判制度大概都还处于萌芽状态。

摩西率以色列人至巴兰时,命令12支派各选一名族长去了解迦南的情况。他们返回后,大多畏惧旅途艰险,只有约书亚和迦勒力陈迦南肥美。沿途,摩西遭到越来越多人的抱怨,说不该离开肥沃的尼罗河;而且还遭到途中各族反对。最后,以色列人终于返回了巴勒斯坦(迦南),但摩西本人却死在了约旦河以东的尼波山,他选定约书亚做他的接班人。

此后,在巴勒斯坦的以色列人,在同腓力斯丁人的斗争中形成了国家,第一个国王是扫罗。后来,以色列人在大卫时代曾形成为一个强大的统一国家,但不久即分裂为北方的以色列和南方的犹太两个国家。公元前1000年,以色列民族先后遭到亚述、新巴比伦王国、波斯帝国、亚历山大帝国、塞琉古王国和罗马帝国的入侵和统治,其民族的苦难难以述说。其中新巴比伦王国时期,国王尼布甲尼撒将许多犹太人作为俘虏从耶路撒冷迁至巴比伦尼亚,人称"巴比伦之囚",在犹太人的历史上留下了难忘的记忆。后来罗马人的统治和屠杀,更使犹太人难以在此居留,被迫离乡背井,散居到世界各地,受到种种迫害。

但是,以色列犹太民族有摩西率领他们走出埃及的艰难历程的经验,以后又有犹太教作精神支柱,他们虽散居在世界各地,仍保持了自己的民族特性,战胜了各种艰难困苦走到了今天,并建立起了现代以色列国。

## 简 评

犹太民族在遭到亡国之耻后,再也没有重新建立一个独立的国家,他们四处流浪,成了没有祖国和土地的地球孤儿。也正是因为如此,犹太人在政治上不再追求什么,而着重追求经济的利益。他们学习商业贸易,成为世界上最善于经商的民族。由于没有政治上的保证,他们特别注意把钱财变成现金,随时准备逃命,所以犹太商人特别懂得聚敛财富。正是由于如此,犹太人成了贪婪的代名词。有人认为是犹太人夺取了他们的财富。当这成为一些政治家煽动民众、获取权力的借口时,犹太人就成了可怜的牺牲品,希特勒和法西斯党对犹太人的迫害就是例证。

也正是由于犹太人的苦难,使他们特别注意后代的教育,所以犹太民族成了世界上最为聪明的民族之一。在人数有限的犹太人中,诞生了许许多多鼎鼎大名的世界伟人,他们中间有马克思、爱因斯坦、弗洛伊德……他们为人类文明做出了杰出的贡献。

# 佛教的创立

## ——影响深远的东方宗教

他曾经是一个王子，但他放弃了王位。他曾经有过娇妻爱子，但他却离开了家庭。他一直在苦苦思索摆脱人世各种痛苦的方法，心里牵挂的是人类的终极关怀，而不是他个人的幸福。有一天，他终于感悟，创建了佛教。今天世界上有两亿多人信奉着佛教。他就是乔达摩·悉达多，也就是人们常说的释迦牟尼。

"释迦牟尼"的意思是什么？"释迦"是王族名，意思为"能仁"，"牟尼"意为"寂默"，合起来意为"能仁寂默"，就是释迦族的寂默贤人。他本来姓乔达摩，名悉达多，是南亚次大陆北部迦毗罗卫城（在今天的尼泊尔境内）国王净饭王的儿子，属于刹帝利种姓。

按照佛教和传说，他的母亲摩耶夫人在45岁时才怀胎，而且做了一个梦，梦见一头长有六根象牙的白象走进了她的肚子。她醒来后感到很奇怪，就告诉了国王，国王也不知道这是什么意思，就请教了一个能释梦的智者。智者说："白象象征着和平，这个梦是好梦，王后要生王子了。将来，这个王子会出家，为人类谋求幸福。"国王听了很高兴。按照印度的风俗，妇女要回娘家分娩，王后在半途中的兰毗尼，生下了释迦牟尼。那天是印度的吠舍佉月十五日（中国农历四月八日）。

释迦牟尼的母亲在他出生后的第七天便去世了，他由姨母抚养长大。净饭王非常疼爱小王子，给小王子取名"悉达多"，意思是"一切都圆满成功"。净饭王的惟一希望是儿子能够继承王位，血脉相承，但是想到以前释梦的智者所说的话，又半信半疑。他想只要让儿子高高兴兴地生活，让他远离世间一切可以导致他摈弃世上繁华与乐趣的东西，他就不会出家了。

于是王子的生活极尽荣华富贵，也受到宫廷里的良好教育。到了16岁时，他和拘利城如花似玉的公主结婚，家庭生活也十分幸福美满。

有一天，悉达多出城游玩，只见沿途清澈的河水泛着粼粼的波光，田野里稻浪滚滚，花香扑鼻，蝴蝶在空中飞舞，自然而清新的空气令王子神往，陶醉其间。

但是不久，他见到了一位老人，这位老人头发已经花白，拄着一根拐杖，艰难地移动着步伐，随时都有跌倒的危险。一会儿，又见到一个脸色蜡黄的病人躺在路边，不时地大声呻吟，发出阵阵哀伤而无奈的哭声。王子的心情顿时黯淡下来，没有玩的情趣了，于是往回走。可巧，他又见到一群乌鸦在啄食一具尸体。

王子回到宫中，默默无语，静坐思考着，人为什么要生老病死？

王子决定还要到外面了解他所不知道的情况。这么多年来，拥有青春、美貌，享尽荣华富贵，在宫廷中过着与世隔绝的生活，他渴望了解王宫外的世界。

第二天，王子出了城门，碰到一个信奉古婆罗门教的出家修行的人。那人衣冠不整，手里捧着一个瓦钵，却是一种轻松自在的样子。王子问随从："这是什么人？"随从说："这是出家修道的人。"悉达多急忙下车向修行者行礼，并问他为什么这样快乐。修道者说："世事无常，只有出家人可以解脱。"

印度绘画：悉达多降生人间

回宫后，王子思考：人生皆苦，怎么能摆脱这些痛苦呢？他从那位出家人那里找到了答案，决定出家修道，他临行前惟一的希望是有个儿子。就在他出家那天，他的妻子临产了，生下了一个儿子。这样，他决意斩断尘缘，在婆罗门教的几个僧侣陪伴下，来到一座庙里闭门修行。

婆罗门教徒说，通过祈祷，奉献贡品和举行宗教仪式，灵魂可以得救。悉达多认为这样并不能超出生死，永远摆脱轮回。于是他到尼连禅河畔中的森林中苦修，去寻找通往尽善尽美的道路。在这六年的修行中，他经受了种种磨难，历尽了千辛万苦，不吃、不睡，几乎要死了，但是仍然一无所得。他下决心采取更加明智的方法来获得解脱。于是，他来到尼连禅河边，用河水洗净了身上多年的积垢，后来又接受一位牧女的乳粥供养，身体和精神慢慢地得到了恢复。

悉达多离开尼连禅河后继续前行，看见了一棵菩提树，他就在树下跏趺打坐，发誓要从中寻找解脱苦难的办法。经过49天的冥思苦想，终于彻悟了，创立了佛教的基本教义。

佛教的教义核心是"四谛"，意为四条真理。"苦谛"：即人从出生到死，人生皆苦。"集谛"：指人受苦的原因，是因为有各种各样的欲望。"灭谛"：就是彻悟产生苦的原因，消除各种欲望，达到一种"涅槃"的境地。"道谛"：认为要达到"涅槃"境地，就要修道。

悉达多还为教徒制定"戒律"。无论出家或不出家的都必须遵守"五戒"。不杀生，不偷盗，不邪淫，不妄语，不饮酒。出家的教徒男的叫僧（和尚），女的叫尼（尼姑）。他们必须剃光头，穿僧袍，完全脱离家庭生活。出家的信徒组成社团，社团称为僧伽。参加社团的人不得拥有家产，而靠布施生活。社团并订有戒律，其中成员有游方传教的任务。

悉达多彻悟之后，开始了长达45年的传教生活，他不分贵贱贫富，广收信徒。弟子们称他为"释迦牟尼"，后来信徒们又称他为佛祖，他创立的新宗教称佛教，"佛"即大彻大悟之意。

佛教之所以能迅速兴起，后来又被定为印度国教，是因为它顺应了当时印度社会发展的需要。它在社会问题上，反对种姓制度，主张"众生平等"，这对维护婆罗门、刹帝利的统治的种姓制度是一个批判，对处于吠舍和首陀罗地位的人民无疑是一个精神安慰。但是它又主张通过修行达到来世的众生平等，这只是一个虚幻的理想，并不反对现存的社会制度和不平等的等级制度，不主张用暴力改变这种不平等现象，而主张以修行、五戒来达到"涅槃"境界，这又有利于维护统治阶级的统治，引导人民放弃、逃避现实的阶级斗争，客观上充当了统治阶级麻醉人民的精神鸦片。所以，统治阶级也不反对佛教，甚至将佛教作为国教。

公元前486年，释迦牟尼在传道的途中因病逝世。逝世前，他侧身而卧，枕着右手，对弟子们说："我老了，马上就要死了，我死之后，你们要大力弘扬佛法，拯救世人。"说完，他就死了。以

开凿于孔雀王朝时代的阿旃陀石窟（局部），是古印度佛教徒的神殿和僧房。

后，人们为了怀念他对弟子的苦心教导，就在寺庙里塑造了释迦牟尼的卧像，把佛祖诞生的那天（中国农历四月八日）称"浴佛节"，把他修道的那天（中国农历十二月八日）称"腊八节"。释迦牟尼的遗体火化后，骨灰结成许多五光十色的颗粒，佛教把这种颗粒叫做"舍利"，并分散在世界各地的佛教寺塔里珍藏。

佛祖释迦牟尼圆寂后，他的众多弟子都秉承佛的嘱托，云游各地，专心传法。但是由于佛陀的指示都是由弟子口传，很难断定那一段论述是否原话。于是后世的弟子聚在一起进行"结集"，就是将释迦牟尼的种种教化、理论、思想，整理成书，便于流传。这样的"结集"共进行了三次。

佛教在众位弟子的努力下，得到了广泛地传播。南亚次大陆上，越来越多的人信仰佛教，古印度孔雀王朝的阿育王也皈依了佛教，并使佛教得到了空前发展，很快由印度次大陆向周边地区传播，逐步影响到今天南亚、中亚细亚地区。同时，佛教也在中国传播，并且传播的时间、途径互不相同：一条从古印度向北，穿过帕米尔高原，经大月氏，进入今天的新疆地区，沿著名的"丝绸之路"传入中国内地；一条从古印度向南，今天的斯里兰卡、缅甸、老挝、泰国、柬埔寨等国家传入中国的云南傣族等少数民族地区；还有一条从古印度经今天的尼泊尔，翻越喜马拉雅山脉进入中国的西藏地区。这三条传播途径，最终形成了北传佛教、南传佛教和藏传佛教三大体系，全面继承了佛教信仰和经典。

 简 评

佛教对世界历史发展有着重要的影响，现在，佛教在泰国、缅甸以及中国的西藏等地，还有着非常大的影响力。在世界历史中，它与政治相结合，诞生了很多的佛教国家，它的流传也带动了世界文明之间的交流。佛教于两汉之际传来中国，由于中华民族人文优秀，加上儒、道二教之广博基础，使它在唐、宋间大放异彩。天台宗、禅宗、唯识宗、净土宗、密宗等八个大乘佛教宗派，使释迦牟尼开创的佛教在中国发扬光大。佛教现已在世界各地弘扬，与基督教、伊斯兰教一起，成为世界三大宗教之一。

# 希腊开创民主制

## ——西方民主制度的先河

梭伦、庇西特拉图、克里斯提尼，是雅典奴隶主阶级民主政治的奠基人。他们首创的"公民"、"公民权"、"公民大会"等政治规定，至今还影响着人类社会的发展。

雅典民主政治是指以公民大会形式行使职权的政治制度，其开始于公元前594年，正式确立于公元前506年、结束于公元前4世纪。

公元前6世纪初。雅典已分裂为很多派别，相互斗争激烈。经济上广大贫民被贵族的高利贷、土地兼并、债务奴隶制逼得走投无路。被迫起来与贵族展开了经济斗争，同时，受贵族剥削较轻的上层平民——工商业奴隶主也参加了斗争。政治上贵族长期独揽大权，广大贫民受着非人的迫害。连富裕的工商业奴隶主也没有权利，所有的平民都被压得喘不过气来，于是又与贵族展开了激烈的政治斗争。正是在这种水深火热、斗争激烈的情况下，广大下层平民于公元前594年前夕准备好了暴力改革。贵族们见此吓得魂飞魄散，不得不勉强同意平民支持的梭伦出任首席执政官。梭伦任职后，立即进行了重大改革、从而使雅典民主政治得以开始。

梭伦出身于贵族，后来破落经商。他富有智慧，具有杰出的才能，集商人、诗人、哲人、军事家、改革家、卫国英雄于一身，深受平民的欢迎和拥护；他的政治观点与工商业奴隶主的一样，反对贵族的独断统治，要求改革，是新兴工商业奴隶主的重要代表。

梭伦在公元前594年任执政官时进行了重大政治改革，是世界史上著名的一次改革，史称"梭伦改革"。它给雅典带来了空前未有的民主光辉。

梭伦改革虽然实质上是一次重大的政治改革，但是，它是建立在经济改革这一根本基础之上的。其中经济改革的内容主要是：首先，颁布实行了最重要、最有名的"解负令"，规定平民所欠的公私债务一律取消，所有债契全部作废，释放因欠债而卖身为奴的平民，赎回被卖到国外做奴隶的平民，永远禁止人身奴役和买卖奴隶。"解负令"像一颗耀眼的明珠，驱走了贵族经济上残酷统治的黑暗，给广大平民带来了光明，特别是废除了平民最痛恨的债务与债务奴隶制，使广大下层平民的经济状况一下子有了改善。当然，从中获得最大好处的是工商业奴隶主，他们的经济得到了迅速发展。其次，梭伦又采取了一系列有利于工商业、对外贸易发展的重大措施。例如，规定父亲必须教会儿子一门手艺，否则儿子可拒绝赡养父亲；大力鼓励外籍技工迁居雅典；改革度量衡、币制。这些措施都有力地保证了工商业技术水平的不断提高，使工商业的发展有了很强的技术保障，大大地加快了对外贸易的发展。

梭伦的政治改革的主要内容有：

雅典政治家梭伦像

废除贵族政治上的世袭特权。雅典公民按财产资格划分四个等级，不同的等级享有不同的政治权利。第一等级是每年收入达500麦斗者（每一麦斗约5253升），称"五百斗级"，任执政、司库及其他一切官职；第二等级是收入达300麦斗者，称"骑士级"，除不得任司库外，其他政治权利都可享有；第三等级是收入达200麦斗者，称"牛扼级"（有牛耕田者），任低级官职；第四等级是收入小到200麦斗者，称"日佣级"，无权担任官职，只享有其他等级都享有的充当陪审法庭陪审员的权利。这一改革内容结束了氏族贵族的寡头政治统治，使工商业奴隶主阶级得以扬眉吐气，挤进了统治阶层，扩大了统治阶级的基础，同时也使广大下层平民获得了一定的政治解放。

梭伦又规定军事义务也按等级享有。第一、二等级充当骑兵，自备战马，战船也由自己出资建造并任船长，后来主要由国家出资造船；第三等级充当重装兵；第四等级任轻装步兵和战船上的水兵桨手。这一改革逼使富裕阶级也出一定的人力、物力，从而减轻了国家的军事负担，减轻了对广大贫民的经济剥削，国家的军事力量也得到了增强。来自第二等级的重装兵是陆军主力，来自第四等级的水兵随着海军的发展也变得日趋重要，这样，第三、四等级的成员就成了雅典民主政治的主要动力，从而为雅典民主政治的发展、正式确立提供了强大的军事后盾。

梭伦恢复了公民大会，规定它仍拥有国家最高立法权，又赋予它决定战争、和平等国家大事、选举各级官吏的权力。这有力地限制了贵族对国家大事决定权、官吏选举权的垄断，从而使工商业奴隶主也享有以上权力，广大下层平民也获得了一点权利。

梭伦设立了新的政府机关——四百人会议，作为国家最高权力机关。除第四等级外，大多数公民都可参选、成为遏制贵族垄断大权的得力工具。

梭伦还制定了新法，规定除杀人罪外，其他犯罪都不能处以死刑；任何公民都有权对损害自身或他人的人提出控告；禁止买卖婚姻，保障妇孺孤寡；等等。这一法律有力地限制了贵族滥杀无辜的丑恶行径，使人们的人身安全、自由有了一点保障。

梭伦还建立了陪审法庭，审理公民投诉或上诉的案件，每个公民都有上诉权。这有力地打破了贵族对司法的垄断，加快了司法的民主化。

雅典民主政治开始后，走着坎坷的道路。梭伦改革虽然意义重大，但是它与贵族之间有着很大的妥协，根本没有动摇贵族的统治地位，贵族仍然压迫着广大平民，尤其是下层平民仍被残酷地剥削着、压迫着，贵族只不过是不再垄断统治大权罢了。因此，平民与贵族仍然继续斗争，并且斗争不断地升级，致使雅典政局又大加动荡。面对这种情况，梭伦也无能为力，最后引退出国。

此时，山地派领袖庇西特拉图乘机大显身手。他积极做好夺权准备，于公元前541年做了僭主，实行了僭主统治。雅典政治又进入了独裁的状况，民主政治的发展受到了挫折。但因庇西特拉图的僭主统治较为开明，所以，挫折中的雅典民主政治并没有倒退、断流，不仅如此，还得到了发展。

庇西特拉图属于农民组成的山地派，因此对农民比较关心，对其他平民的统治也较为宽厚。经济上，他帮助农民发展生产；促进工商业进一步的发展；与相邻的城邦、国家、地区关系比较友好，便利了对外贸易的发展。他积极推动建筑业的发展，使雅典成了希腊建筑和雕刻艺术的中心。在政治上，他继续执行梭伦规定的公民大会、执政官选举、法律；把司法集中于城邦政府的同时，又设立了乡村巡回法庭，就地解决纷争，削弱贵族对地方司法的干扰。他还经常四处视察，解决僻远山区农民提出的问题。这一些都受到了平民的称赞，因此，虽然庇西特拉图搞了私人卫队，建了豪华宫廷，但平民对他的统治仍有口皆碑。亚里士多德曾经说过："庇西特拉图处理国政是温和的，是宪法形式，而不是僭主的；他每事仁慈温厚，对待犯法的人尤其宽大……在他统治时期，从不与大众为难，总是致力和平，保持安靖。"因此人们说庇西特拉图的僭政有如黄金时代。

庇西特拉图的统治促进了雅典民主政治的发展，为它的确立提供了有利条件。但是僭主政治再开明也是与民主政治相背而行的，因此，其统治时间一长，雅典政局又混乱起来。此时，庇西特拉图的儿子乘机抢夺了僭主地位。

希拉斯没有继承其父的仁政，奢侈腐败到极点，极其残酷地统治人民，广大人民不断地起来反抗，公元前520年把他赶出了城邦，他叛逃到波斯。贵族在这时又乘机嚣张起来，实行了黑暗的统治。致使雅典民主政治大大倒退。面对这种情况，贵族出身的革新政治家克利斯提尼挺身而出，领导平民与贵族展开了英勇的斗争。公元前508年，他在公民大会上又提出全面改革政治体制的主要纲领，得到了批准。贵族们不甘心失败，于公元前507年，联合斯巴达军逼走了克利斯提尼，继续残酷地迫害平民。广大平民又奋起反抗，贵族又被打了下去。公元前506年，广大平民又选举克利斯提尼为首席执政官。

雅典公民投票时使用的陶片

克利斯提尼一上台，立即着手改革。他首先废除了传统的按血缘关系组织的血缘部落，建立了十个按地域原则组织的地区部落，其负责人由区内雅典公民组成的公民大会选举，一年一任，负责区内诸事。这一项改革，消除了城邦组织中的氏族残余，使公民之间的关系不再单纯是血缘关系，而变成经济、政治、宗教等多方面关系。其次，他又从10个部落中分别选出50人，组成五百人会议，取代梭伦的四百人会议。五百人会议有着很大的权力：它为公民大会准备议案，所有议题均先经其讨论；主持召开公民大会；在公民大会闭会期间负责处理国家的大部分日常政务；它是国家的行政机构，规定把议员分成10个50人的主席团，每一个主席团一年当政1/10的时间，每团抽签选出一名执行主席，行使五百人会议的所有大权，时间是一天一夜。五百人会议使每个公民都享有了参选权，充分发挥了每个议员的执政才能，防止了终身制和滥用职权，可见五百人会议的民主化程度大大超过了梭伦的四百人会议。再次，随着十个地区部落的设置，又改变了召集军队的办法，建立了十将军委员会。规定军队不再按血缘氏族部落征集，而是按地区部落组建，每个地区部落提供一队重装兵、轻装步兵、骑兵、桨手各若干名，再从这个地区部落中选出一名将军统领，就这样建起了十将军委员会，主席由军事执政官充任。还规定将军只有军事才能杰出且家产丰厚的才能连选连任；将军的职位是很重要的，以后又给其增添了负责公民大会的权力。这一改革增强了军队的实力，提高了军队的领导水平，消除了士兵之间的血缘关系，增强了他们之间的军事关系，为雅典民主政治的确立、兴旺发展提供了坚实的军事后盾。最后，为防止重新出现僭主统治，制定了陶片流放法：规定五百人会议每年提请公民大会讨论一次是否该用陶片流放法，若公民大会决定该用，就召开一次全体公民大会，投票决定应该对哪位公民实行政治放逐。投票者把定罪人的名字写在陶片上，参加人数超 6000 人就可生效，票数最多者流放国外 10 年，但不动其财产。这一改革有力地保护了无辜公民的人身安全，废除了氏族贵族肆意害人且株连九族的残酷做法。

克利斯提尼的改革，是雅典民主政治发展道路上的重要里程碑，它使公民大会、五百人会议、陪审法庭、十将军委员会等重要的权力、行政机关得以健全完善，便雅典政治空前民主化、法律化、制度化，最终使雅典的民主政治确立了起来。

雅典民主政治的确立，使雅典的经济、政治、军事、文化发生了巨大的变化。经济上为工商业奴隶主经济的发展扫清了障碍，为其提供了强大的政治保障，雅典成了地中海地区最大的工商业中心，贸易遍及欧亚非三大洲，整个雅典经济居于希腊榜首。政治上，使雅典政治的民主化程度得到了极大的提高，民主范围大为扩大，贵族专权已不复存在，工商业奴隶主阶级掌握了一切大权，取得公民权的人数大大增加，公民有了一定的言论和行动自由，广大贫民的政治状况也有了一定的改善；公民之间的关系不再是单一、狭隘的血缘关系，而是广泛的政治、经济、文化关系。这一切都为雅典民主政治以后的发展奠定了坚实的基础。

文化上，雅典先进的民主政治调动了人们创造文化的积极性，吸引了国外大批学者、科学家、艺术家纷纷前来雅典，从而有力地推动了雅典文化的繁荣发展，使雅典一下子跃为希腊最大的文化中心。

 简　评

希腊的民主制度和自由之风，是西方民主思想的重要来源，开了西方民主制度的先河。它对后来的封建主义国家、资本主义国家的政治都产生了很大的影响。尤其是对资本主义国家的政治产生的积极影响巨大。

# 古希腊哲学的诞生

## ——西方哲学的奠基

　　古代希腊是世界文明史上的一个重要时代，在这个时期，诞生了影响后世的伟大思想家，至今我们还生活在他们的思想里。这些思想家中，最重要的就是苏格拉底、柏拉图和亚里士多德。对西方文明影响最大的哲学家，可以说就是这三位哲学家了。

　　苏格拉底（前469—前399年）是古希腊著名的唯心主义哲学家。他出生于雅典，父亲是位雕刻艺人，母亲是个助产士。少年时期他跟父亲学习雕刻，后来雅典卫城上的不少石雕据说就是出自苏格拉底之手。后来苏格拉底弃了这个职业，在一个叫吉多的富人的资助下学习哲学，并有了较深的造诣。30多岁时苏格拉底做了一名不取报酬也不设馆的社会道德教师。他曾三次参战，当过重装步兵，救援过柏拉图及另一政治家亚尔西巴德，因此受到褒奖。苏格拉底的妻子珊妮珀是个有名的悍妇，常常借故寻衅，无事生非，邻人无不嫌恶，苏格拉底却耐心处之，以之作为衡量自己修养涵性的尺度。40岁左右，他成了雅典远近闻名的人物。

苏格拉底像

　　苏格拉底一生困顿拮据，无论酷暑严寒，他都穿着一件普通的单衣，经常不穿鞋，对吃饭也不讲究，然而他学问渊博，性格乐观豪爽，不拘细节，与其往来者甚多。苏格拉底的一生大部分是在室外度过的。他喜欢在市场、运动场、街头等公众场合与各方面的人谈论各种各样的问题，如战争、政治、友谊、艺术、伦理道德等等。正是运用这种相互答问、争辩的"问答法"，他不仅启发了学生自己去寻找正确的答案，同时也向听众和交谈者宣传了自己的观点；诱导交谈者从自己的暗示中得出他认为是正确的答案。亚里士多德称他为归纳法之父。现代教育学上所称述的启发式谈话法或问答法便是从苏格拉底的这一方法发展而来。

　　在哲学方面，苏格拉底根本改变了以前哲学关于万物形态的本原观，把事物的真正原因理解为个别背后的一般、具体事物的共同本性。这样，他就把人类对万物统一性的认识提高到了一般与个别、本质与现象的内涵上，反映了人类古代认识史上的一次飞跃。

　　在政治上，苏格拉底主张专家治国论，他认为各行各业，乃至国家政权都应该让经过训练，有知识才干的人来管理，而反对以抽签选举法实行的民主。他说：管理者不是那些握有权柄、以势欺人的人，不是那些由民众选举的人，而应该是那些懂得怎样管理的人。

　　公元前404年，雅典在伯罗奔尼撒战争中失败，"三十僭主"的统治取代了民主政体。"三十僭主"的头目克利提阿斯是苏格拉底的学生。后来，"三十僭主"的统治被推翻，民主派重掌政权。有人控告苏格拉底与克利提阿斯关系密切，反对民主政治，用邪说毒害青年。结果，公元前399年6月他被判了死刑。

苏格拉底无论是生前还是死后，都有一大批狂热的崇拜者和一大批激烈的反对者。他一生没留下任何著作，但他的影响却是巨大的。哲学史家往往把他作为古希腊哲学发展史的分水岭，将他之前的哲学称为前苏格拉底哲学。作为一个伟大的哲学家，苏格拉底对后世的西方哲学产生了极大的影响。

柏拉图（前427—前347年），是苏格拉底的学生，也是古希腊最著名的唯心论哲学家和思想家，是西方哲学史上第一个使唯心论哲学体系化的人。他的著作和思想对后世有着十分重要的影响。

柏拉图认为：世间有许多类的事物，当你判断它是否为美时，心中必然已有了一个美的原型，这心目中美的原型又来源理念世界中存在的那个绝对的美。任何美的事物都无法与美的原型相比，前者不过是对后者的一种模仿，美的事物有千千万，而美的原型或理念的美却只有一个。

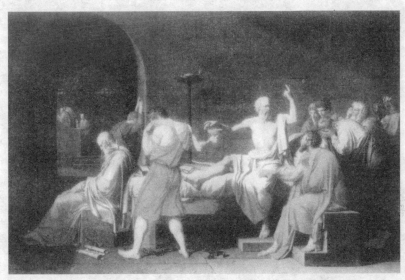

苏格拉底之死　1787年　雅克－路易·达维特　法国

柏拉图认为人的知识（理念的知识）是先天固有的，并不需要从实践中获得。他认为，人的灵魂是不朽的，它可以不断投生。人在降生以前，他的灵魂在理念世界是自由而有知的。一旦转世为人，灵魂进入了肉体，便同时失去了自由，把本来知道的东西也遗忘了。要想重新获得知识就得回忆。因此，认识的过程就是回忆的过程，真知即是回忆，是不朽的灵魂对理念世界的回忆，这就是柏拉图认识的公式。他还认为，这种回忆的本领并非所有的人都具备，只有少数有天赋的人即哲学家才具备。因此，他肯定地说：除非由哲学家当统治者，或者让统治者具有哲学家的智慧和精神，否则国家是难以治理好的。这种所谓"哲学王"的思想即是他理想国的支柱。

《理想国》作为柏拉图的代表作，内容涉及他的思想体系的各个方面，包括哲学、伦理、教育、文艺、政治等，但主要是探讨理想国家的问题。柏拉图认为，国家就是放大了的个人，个人就是缩小了的国家。人有三种品德：智慧、勇敢和节制。国家也应有三等人：一是有智慧之德的统治者；二是有勇敢之德的卫国者；三是有节制之德的供养者。前两个等级拥有权力但不可拥有私产，第三等级有私产但不可有权力。他认为这三个等级就如同人体中的上中下三个部分，协调一致而无矛盾，只有各就其位，各谋其事，在上者治国有方，在下者不犯上作乱，就达到了正义，就犹如在一首完美的乐曲中达到了高度和谐。

柏拉图死后，他所创业的学园由门徒主持，代代相传，继续存在了数世纪之久。但学园派对后世影响最大的，仍是柏拉图这位开山鼻祖。

集大成的亚里士多德（前384—前322年）是柏拉图的学生，他的父亲是马其顿王国的宫廷医生。亚里士多德18岁时，就被父亲送到当时著名的柏拉图学园，在那里他学习了20年。由于他勤奋刻苦，涉猎广泛，很受老师柏拉图看重。可是，柏拉图又说："要给亚里士多德戴上缰绳。"意思说，亚里士多德非常聪明，思想敏捷，不同于一般人；不加以管教，就不能成为柏拉图期望的人。亚里士多德很尊敬他的老师，但是，在很多问题上，他又有着自己独立的思考和见解。他曾说过这样一句话："吾爱吾师，但吾更爱真理。"在学园里，

雅典学院　1510年－1511年　拉斐尔　意大利

亚里士多德经常和柏拉图争论，有时候，会把老师问得答不上来。他不同意柏拉图把真实存在看成是"人的理念"的唯心观点。他提出这样的问题：树就是树，由种子长成，结出果实。离开实实在在的树，仅仅是头脑中的树的概念又有什么意义呢？后来，亚里士多德终于抛弃了柏拉图的许多唯心论观点。他认为，客观存在的物质世界是永恒的，不是靠什么观念产生的。是先有了现实生活中的各种三角形状的东西，然后在人们头脑中才有三角形的观念。代数和几何的定律是从自然现象中抽象出来的。他还认为，生命和世界都在运动，没有运动就没有时间、空间和物质。这些都具有一定的辩证法观点。但是，当亚里士多德碰到一些解释不了的现象时，就把老师的一些唯心论的观点搬出来帮忙，因此常常被弄得自相矛盾，在唯物论和唯心论这两种观点中摇来摆去。

柏拉图死后，亚里士多德离开学园。从公元前342年起，他给当时的马其顿王国王太子亚历山大当老师。亚历山大继承王位后，亚里士多德来到雅典创办了吕克昂学园。

在教育方面，他首先提出了对青年学生必须进行"智育、德育、体育"三方面的教育，并且提出了划分年级的学制。他主张，对于7岁到14岁的儿童，国家应该为他们办小学，让他们学习体操、语文、算术、图画和唱歌。对于14岁到21岁的青少年，国家应该为他们

办中学，教他们历史、数学和哲学。体育是为培养强健的体魄，德育是为了培养自尊心和勇敢豪放的品格。这个学校是古希腊科学发展的主要中心之一。亚历山大国王十分支持亚里士多德办学，据说先后提供了 800 金塔兰（每塔兰约合黄金 60 磅）的经费。亚里士多德在学园里建立了欧洲第一个图书馆，里面珍藏了许多自然科学和法律方面的书籍。

公元前 323 年，亚历山大死后，雅典人激烈地反对马其顿的统治。有人告发亚里士多德曾做过亚历山大的老师，当局准备将他逮捕。亚里士多德的学生及时得到消息，帮助他们的老师逃出雅典；来到亚里士多德的故乡优卑斯亚岛的卡尔喀斯城避难。第二年夏天，这位伟大的思想家、哲学家，在凄凉的境遇中死去。

在亚里士多德之前，科学还处于胚胎时期，亚里士多德孕育了这一胎儿并使它降生。希腊人之前的文化都是用超自然的力量来解释自然界的每种神秘变化的，到处都是神的作用。亚里士多德的光辉成就之一就是能以宽广的胸怀和勇气把科学组织成一个有条不紊的庞大机体。

## 简　评

从苏格拉底到柏拉图，再到亚里士多德，是西方文明中思想界、哲学界发展的第一个高峰期。苏格拉底、柏拉图以及亚里士多德的思想，成为影响西方的最重要的理念。不管是政治方面、道德方面、思想方面等等，后人都从他们的想法里获取指导，为自己的行为寻找理论的借口。他们对于西方文明的地位，就像是孔子、老子和韩非子对于中国文明一样，具有不可忽视的影响力。

到了文艺复兴和启蒙运动时期，他们的哲学思想又被后人拿出来，用作向封建势力进攻的武器。文艺复兴的含义，就是要回到苏格拉底、柏拉图和亚里士多德的时代。这三位哲学家，在西方哲学传统中具有源头的地位。

# 希波战争

## ——东西方并立格局由此开端

上古时代，欧洲希腊半岛上兴起了许多城邦国家。公元前8世纪以后，这里的奴隶制逐渐发展，对外商业贸易十分活跃，于是，这些各自独立的希腊城邦开始向外广泛移民和扩张。

特洛伊战争之后，有许多希腊人来到了小亚细亚，并在西部沿海一带定居下来。他们在这里繁衍生息，经过世世代代的辛勤劳动，建立了许多新的城邦。由于这些城邦都处在欧、亚、非三大洲的交通要道上，且均临海洋或邻近河流，土地肥沃，盛产粮食，而希腊本土却因山岭众多、地形起伏、气候干燥、雨量稀少，农业不很发达，所以小亚细亚西岸一带，自公元6世纪以后，逐渐成为希腊的粮食供给地，双方贸易活动十分频繁。

这时，在今西亚伊朗高原的西南部，兴起了强大的波斯帝国。这个赫赫有名的帝国的创立者是波斯贵族居鲁士。公元前6世纪中叶，居鲁士第一次把波斯各个部落统一起来，并乘当时西亚各国因对外战争和内部今争而逐渐衰落之际，发动了一系列兼并战争，逐渐扩张，到大流士统治时期，波斯已征取了米底王国、吕底亚王国、小亚细亚西岸的希腊城邦以及巴比伦、埃及等地。

波斯国王大流士一世（前521—485）是个有作为的君主，在政治、经济、军事等方面进行了一系列重大改革，卓有成效，客观上促进了波斯的经济发展，加强了君主集权统治，使波斯成为当时世界上最强大的奴隶制帝国，其疆域北起高加索山脉，南临印度洋，东濒印度河，西至爱琴海，大流士一世也因此得意地自称为"全部大陆的君主"。

波斯帝国不断向西扩张，占领了小亚细亚西部沿海及爱琴海东部的一些岛屿，并控制了赫勒斯滂海峡（今达达尼尔海峡）。这便阻碍了希腊同小亚细亚西岸及黑海一带的海上贸易，引起了雅典、斯巴达等城邦的关注。欧亚两大势力在同一地区的扩张，必然要产生尖锐的矛盾和冲突，导致严重的后果。

### 温泉关之战

从公元前492年开始，波斯国王大流士一世两次派兵进攻希腊，不但没有成功，反而损失了几百条战舰和数万大军，不禁恼羞成怒，决心御驾亲征，扫平希腊。但在公元前485年，大流士突然患病而死，他的儿子薛西斯继承了王位。

公元前480年，薛西斯征集了50万大军和上千艘战船，决心踏平希腊。参加远征的士兵来自46个国家，100

希波温泉关战役图

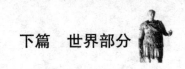

多个民族。

在强敌压境之际，整个希腊都动员起来了。本来有不少相互为敌的城邦抛弃前嫌，联合一致抗敌。男人们一个个武装集合训练，妇孺们留在家中为前线的军人准备物品。

从陆路攻向希腊本土的波斯大军由薛西斯亲自率领，渡海来到德莫庇利山前。这座山十分凶险，只有一个隘口可容人进出。那隘口有两道温泉，长年不断地流着，因此得名"温泉关"。它只有一二百尺宽，仅能通过一辆战车，是从希腊北部南下的惟一通道。温泉关山的两侧全是人兽无法攀登的悬崖峭壁，大有一夫当关，万夫莫开之势。波斯军队只有打开这条路，才能直扑希腊本土。

任希腊盟军陆军总指挥的是斯巴达国王李奥尼达斯，他亲自负责扼守战略要冲温泉关。根据希腊盟邦会议的战略决策，为了阻止波斯人侵入希腊中部，在海上和陆上同时布防，相互策应，相互支援。由于温泉关地形险要，易守难攻，所以被选为重点防守关隘。

李奥尼达斯来到关口，首先指挥修复年久失修的壁垒，接着对兵力进行部署。

面对杀气腾腾的数万波斯军队，李奥尼达斯毫无惧色，指挥若定。他一面鼓励士兵作好迎战准备，一面火速派人向有关城邦求援。

再说薛西斯率波斯大军在温泉关不远的平原扎下大营以后，薛西斯首先展开了心理攻势。他派人捎信给希腊守军，说波斯兵多得数不清，光是射击的箭矢就能把太阳遮住。勇敢的斯巴达人不可能被吓住，他们嘲笑着说："那太好了，我们可以在荫凉里杀个痛快。"

又过了两天，薛西斯又派人打听希腊人的动静，回报说希腊人都很坦然，有的做操，有的在梳头。薛西斯对此大惑不解，询问知情者方知，战前梳头是斯巴达人的习惯，准备决一死战时，他们总要梳理自己的头发。

连日的大风使波斯舰队蒙受了巨大的损失，不便出击。采用水陆并进策略的薛西斯决定发动进攻。狭窄的山路不利于波斯人施展兵力。严阵以待的守军凭借着有利地形，击退了敌人一次又一次的进攻。薛西斯不得不动用他的精锐部队"不死队"投入战斗，但除了抛下大量尸体之外，还是毫无进展。由于正面进攻迟迟不能得手，薛西斯开始另寻计策。

按照传说，一个名叫埃菲阿尔特斯的希腊叛徒因贪图重赏而不惜卖国。他把一条可以迂回到温泉关背后的小路告诉了薛西斯。薛西斯大喜过望，立即率"不死队"沿着荆棘丛生的小道直插后山。他们穿峡谷、渡溪流、攀山崖，接近了山顶，负责守卫的1000名佛基斯人迅速败退。波斯人也不追赶，直向温泉关背后插了下去。

面对已陷入重围的危险局势，李奥尼达斯命令部队后撤，只留下他带来的300名士兵迎战。因为按照斯巴达的传统，士兵永远不能放弃自己的阵地。此外还有400名忒拜人和700名特斯皮亚人坚守不撤以掩护希腊舰队和陆军的撤退。

前后夹攻的波斯人狂叫着扑向关口，腹背受敌的斯巴达人英勇迎战。长矛断了用剑砍，短剑钝了用拳头和牙齿与敌人格斗，直到300名斯巴达勇士和他们的国王李奥尼达斯全部壮烈牺牲。

温泉关战役结束了，但是波斯军队付出了2万士兵的代价。

由于温泉关勇士的殊死抵抗，希腊主力尚存，希腊舰队开到萨拉米斯湾附近，为萨拉米斯湾战役的胜利创造了良好的条件。

### 萨拉米斯湾海战

波斯大军攻陷温泉关之后，长驱直入直扑雅典城。然而，雅典已经是一座空城。薛西斯

希腊人在海战中使用的战船

十分恼怒，下令放火烧毁了希腊这座最大、最富庶的城市。

雅典人在海军统帅特米斯托克劝导下，将妇女儿童和财富转移到附近的岛上去，把成年男子征召入伍，随时投入保卫国家的战斗。为了保存力量和寻找战机，希腊军队撤到萨拉米斯湾。

不久，波斯舰队 1200 余艘进入了萨拉米斯湾，而希腊海军仅有 300 艘三层桨座战船，且指挥不一，大多数的海军将领都反对冒险作战，认为敌我悬殊太大，凭这么少的兵力能打败波斯大军吗？有的城邦的人打算把船驶离海湾，去保卫自己的家乡。

在这军心涣散之际，特米斯托克力排众议，召开军事会议，商谈退敌大计。在会上，特米斯托克说道："必须把战船集中到萨拉米斯湾和波斯海军决战才能克敌制胜。"他又说波斯战舰虽多，但是船体笨重，因此港窄、水浅的萨拉米斯海湾能充分限制其优势。而且波斯水手远道而来，不熟悉海湾水情和航路。而希腊人恰恰相反，战船体积小，机动灵活，适合在狭窄的浅水湾中作战，加上水兵们在本国作战，占有天时地利之宜。特米斯托克又断言：只要我们在窄海中作战，就可以以少胜多。如果撤出萨拉米斯湾，在开阔的水面作战，希腊将会失败。

他的话仍然使很多希腊人半信半疑，难以下定决心是撤退，还是留在萨拉米斯湾。为了不丧失战机，必须要求当机立断。

特米斯托克选择自己贴身卫士，交给他一封密信，让他假装告密，说希腊海军人心浮动，不敢交战，想逃出海湾。薛西斯见到密信立即封锁了萨拉米斯湾所有能逃遁的出路，迫使希腊人应战。

就在希腊人为战还是退的问题争吵不休时，一位将领从门外闯进大喊，停止辩论吧，赶快投入战斗！波斯人已经把我们全部封锁了。希腊将领们急忙到外观察，只见：海湾西口，200 艘埃及战舰按时到达指定位置，堵住了希腊舰队的退路；海湾东口，800 多艘波斯战舰排成三列，将海面封锁得严严实实。薛西斯则坐在一个山丘上，目睹这场大战。

希腊人被断了退路，只有背水一战，才能杀出一条生路。在这生死存亡的关头，特米斯托克沉着指挥雅典海军的优势兵力反扑波斯舰队，他们纷纷从侧面撞击波斯船只。也许是天遂人意，本来波斯舰有 1200 余艘，但是在这之前，波斯舰队两次遇到飓风，600 艘战舰已被飓风撕碎，战斗力损失了过半。

战斗开始后，双方战舰展开海上肉搏战，雅典的新式三层战舰体积小，速度快，机动性强，吃水浅。而波斯老式挂帆战船，体积大速度慢，回旋困难，机动性差，吃水深。希腊海军充分发挥舰船的优势用镶有铜套的舰首狠狠冲撞波斯战舰的腹部。霎时间，整个海湾杀声震天，浓烟滚滚。经过一番激战之后，波斯前锋舰队抵挡不住，被迫后撤。而正在从后面增援的波斯战舰则笛鼓齐鸣，一个劲地往前冲。正好与后撤的前锋舰只迎头相撞，乱成一团。有的撞碎，有的触礁，有的搁浅，有的被击沉。战斗从早晨持续到晚上，波斯舰队几乎全军覆没。

薛西斯目睹这场海战的经过，当他看到自己的战舰被毁后，气得脸都变形了，不断地扯着自己的头发和胡子，痛悔莫及。

这场战斗结束后，波斯300艘战舰被击沉，希腊军队只损失40艘。而且希腊人善于游泳，就是在船只沉没后，亦可游泳到海岸，所以希腊人死亡的很少。波斯军队的残余逃到达达尼尔海峡。

面对失败的现实，薛西斯决定放弃远征希腊的计划，只留下一小部兵力在希腊中部继续作战，自己率领残余部队回到小亚细亚。

此后，希腊转守为攻，不断收复失地，使整个希腊世界摆脱波斯统治。公元前449年，波斯同意缔结和约，波斯承认小亚各希腊城邦的独立，并承诺不再派军舰进入爱琴海，希波战争遂正式结束。

希波战争以希腊的胜利而告终，在世界历史上影响深远。此后，世界文明发展的格局便逐渐形成东西方并立共存之势，一直延续至今。希腊的胜利不仅使希腊各邦得以继续发展，尤其使希腊达到空前的繁荣，遂为日后的西方文明奠定基础。希波战争中波斯虽败，对整个帝国来说仍只是局部的边境事件，希腊人还无力越过小亚进入东方，因此波斯帝国仍在继续发展，它所继承的古代东方文明的传统后来又经安息、萨珊波斯和伊斯兰文明而持续不绝，这就是世界文明分为东西方的大格局，而它的最初的分水岭可以说就是希波战争。

# 亚历山大东征

## ——伟大的希腊化时代

公元前336年夏季的一天，在马其顿首都帕拉的宫殿里，人群川流不息，热闹非凡，马其顿国王腓力二世正在这里为自己的女儿举行盛大的婚宴。马其顿的文官武将，王室成员，和来自希腊各城邦的贵客出席了这个宴会。宾主频频举杯，腓力二世兴致勃勃地接受客人们的祝贺，一杯杯地喝下他们的祝酒。

此刻，腓力二世政治生涯正处于顶峰。就在两年前，他亲率马其顿军队，在喀罗尼亚彻底击败希腊城邦联军，迫使它们承认马其顿在希腊世界的领导地位；一年前，他又召集希腊各城邦在科林斯开会，希腊世界正式组成以马其顿为盟主的联盟，并授权腓力二世率领马其顿和希腊联军远征亚洲。

婚宴仍在进行，腓力二世渐露醉态，这时一名名叫保塞尼亚的武将走过来，要向腓力二世敬酒。腓力二世微笑着正要接过保塞尼亚的酒杯，突然，保塞尼亚拔出暗藏的利刃，刺入腓力二世的胸口。腓力二世倒在血泊中，很快死去。

腓力二世的遇刺身亡后，他的年仅20岁的儿子亚历山大登上马其顿王位。

公元前356年，亚历山大出生在马其顿宫中，他自幼受过良好的教育。13岁时，父亲将他的朋友、希腊世界最博学的学者亚里士多德请来，作为亚历山大的老师。亚历山大和亚里士多德共同度过了4年岁月。从亚里士多德这里，亚历山大获得了希腊文明众多领域的宝贵知识，大大开阔了眼界。所以说，希腊文明为亚历山大重塑了灵魂，并培养了他对知识的渴望与追求的精神。希腊传记家普鲁塔克称："他有强烈的求知欲望，……他爱好一切读物，一切知识。"亚历山大对亚里士多德充满感激之情，将他看作是自己精神上的父亲。

亚历山大还是位俊美的青年。他有着浓密的褐发，长着一双可以"熔化人的蓝眼睛"，五官极富表情，身材均匀，是雕塑家理想的模特。他喜爱运动，精通希腊人所从事的赛跑、马术、击剑等运动项目。他还喜爱诗歌、音乐，擅于弹奏竖琴。

在腓力二世在世时，亚历山大已显示出非凡的勇敢和军事才华。在公元前338年的喀罗尼亚战役中，亚历山大率马其顿的骑兵，杀入希腊人的队伍，为马其顿立下了大功。腓力二世极其欣赏自己的儿子，他曾对亚历山大说："马其顿对于你来说是太小了，到外面去发展一个较能适合

亚历山大大帝

你的身分和地位的大帝国吧！"亚历山大一直把父亲的这句话记在心间。

亚历山大即位时，马其顿正处于困难的局面，国内存在一个强大的阴谋集团，腓力二世的死就是这个集团策划的；在希腊世界中，马其顿的霸主地位远未巩固，那些反马其顿的政治势力仍计划采取新的行动。面对这一切，亚历山大毫无怯懦，他勇敢地迎接挑战。他首先借助军队的支持，粉碎了国内的阴谋集团，处死了杀死父亲的凶手。之后，他亲率一支大军，南下希腊半岛，几天内就抵达底比斯，迫使希腊各城邦表示对马其顿的忠诚。公元前335年，他再次召集希腊各城邦在科林斯举行同盟会议，确立马其顿盟主地位。同年，他率军北进，挺进多瑙河，进入亚得里海海岸，击败反叛的部落，将伊利里亚人赶入山区。当他回国后，听说底比斯再次反叛，他马不停蹄，率大军在几天内攻陷底比斯，将这座城市夷为平地，以警示其他希腊城邦。

亚历山大知道，他的真正任务是东征，夺取东方广袤的土地和巨大的财富，这样才能化解希腊世界内部的矛盾。公元前334年，亚历山大率3万多步兵和5000名骑兵，开始了东征。在许多人看来，亚历山大东征的举动近似于疯狂，仅仅波斯帝国就拥有百万大军，亚历山大以区区几万人来东侵，无异于以卵击石。但是，亚历山大却认为，他就是荷马史诗中那位无人可敌的英雄阿喀琉斯的后人，他领导的东征是希腊人与特洛伊人战争的继续，他要完成当年希腊英雄们未完成的事业。

亚历山大的军队渡过了达达尼尔海峡，进入亚洲，沿着相传特洛伊战争时希腊联军的进军路线，并寻到了那位希腊英雄阿喀琉斯的坟墓。亚历山大为阿喀琉斯献上花圈，花圈象征着王冠，以表示对这位英雄的崇敬。

在小亚细亚的地中海海岸，马其顿—希腊军与波斯人在格勒拉克斯河相遇，双方进行激战。亚历山大持剑冲在前面，一名波斯人手拿一支长矛，绕到亚历山大身后，正要刺去时，被亚历山大的部将克莱图斯发现，他眼疾手快，挥剑劈去，砍断了那个波斯人的手臂，救了亚历山大一命。亚历山大首战告捷，大败波斯军。随后，他率军进入伊奥尼亚地区，当地的希腊移民城市纷纷打开城门，欢迎马其顿人帮助他们摆脱波斯人的统治。

亚历山大继续进军，他在高地亚的一个小村庄听说那里有一驾战车，车轭上打着一个无法解开的绳结，据说谁能解开这个结，谁就是亚洲的霸主。亚历山大来到车前，这个用奇特办法拧成的绳结，谁也看不出绳子的头和尾，亚历山大也想不出什么办法打开绳结，然而他灵机一动，拔出利剑，一剑劈开绳结，同时大叫："我解开绳结了！"这个传说坚定了马其顿人追随亚历山大的决心。

亚历山大军队在伊苏遇到了波斯国王大流士三世率领的60万大军，双方进行了一场恶战。波斯军队虽然人数众多，但面对马其顿步兵密集的方阵，也似乎无能为力。亚历山大率骑兵发起猛烈攻击。波斯人再次大

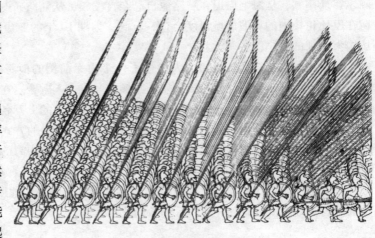

战无不胜的马其顿方阵

败，大流士三世仓皇出逃，将数万的波斯人，包括他自己的妻子、母亲和女儿丢给马其顿人。亚历山大在部将的簇拥下，走进大流士三世的营帐，他也不禁为波斯王的奢侈而震惊，感叹道："这样才像个国王。"

公元前332年，亚历山大率军进入叙利亚，之后进军埃及，拜谒埃及人的阿蒙神庙，自称为阿蒙神之子，取得了埃及人的信任。他深深为尼罗河三角洲的富庶所吸引，下令在那里建一座新城，以作为马其顿的新都。这座新城便以他的名字命名，这就是著名的亚历山大港。

随后，他又转回亚洲。公元前331年，他的军队在两河流域的高加米拉与波斯军决战，波斯军队再次在马其顿人的方阵前败下阵来，几乎全军覆灭。大流士逃到米底，在那里被他的部将所杀。亚历山大乘势夺取两河流域、苏萨、波斯波利斯，占领了整个波斯帝国。

在征服波斯的过程中，亚历山大采用软硬兼施的两手。在攻取泰尔城时，这个城市的人民奋起抵抗，给马其顿人造成极大困难。在攻占泰尔后，他下令屠城，杀害了8000居民，其余12000人被卖为奴隶。他进入苏萨城时，该城居民不仅没有抵抗，还开城门来迎接他。亚历山大不仅下令不得对苏萨任何居民进行伤害，还将掠取的大流士三世的金钱送给他们一部分。在波克哈拉，他的士兵抓住了杀死大流士三世的波斯将领比苏斯，亚历山大声称要为大流士三世复仇，下令鞭笞比苏斯，并割去他的耳和鼻，最后将遍体鳞伤的比苏斯的手脚捆在用绳索拉在一起的两棵树上，当执刑者砍断绳索后，比苏斯的身体顿时被扯裂。亚历山大之所以严惩这个叛徒，是想缓和波斯人的不满情绪。之后，他以波斯阿里门尼斯王朝的"合法继承人"自居。

在征服波斯后，亚历山大不顾将士们的反对，执意率军于公元前327年进军印度。在印度西北部，他击败印度王公的联军，并计划继续向恒河流域进军。他的将士在经历连年征战后已十分疲惫，早已归心似箭。他们认为，从波斯、埃及、巴比伦和印度的印度河流域所夺取的财富他们一辈子也享受不了，为什么亚历山大还要向东进军？亚历山大深信自己是阿喀琉斯的后代，必须完成征服东方的使命。但是，亚历山大发现，现在他的将士再也不听他的命令，尽管他威胁、恐吓、恳求，但这一切都无济于事，他们死也不愿继续前进。亚历山大感到愤怒、沮丧和无可奈何，一连三天，他一个人躲在帐篷中不见任何人。最终他做出了撤退的决定，仅留一部分人驻守在战略要地。亚历山大的军队分两路撤退：一路由海军将领涅阿尔霍斯率领，从海上撤退；一路他自己亲自率领，从陆路撤退。公元前324年初，两路军队在巴比伦境内的奥波斯城再度会合。至此，为期10年的亚历山大东征结束，当年追随亚历山大东征的大军已所剩无几。

经过大规模的东征，亚历山大建立了一个史无前例的横跨欧、亚、非三大洲的巨大帝国。为了维护这个帝国，他积极促使马其顿人与东方人融合。在苏萨，他举行了一个规模巨大的婚礼，他本人娶了大流士三世的女儿斯塔提拉，他的1万名将士也同时娶了波斯人或其他亚洲人的姑娘。同时，他征募了3万波斯青年，以希腊的方式来教育他们，将他们培养成自己的战士。亚历山大仍在策划下一步的远征，目标是地中海的西部和南部，包括北非、西班牙和意大利。

公元前323年6月13日，亚历山大因患疟疾突然病逝，他所建立的庞大帝国迅速解体，他的部将们经过混战，建立起一系列希腊化国家。

簡　评

　　亚历山大的东征，促进了东西方文化的交流，开拓了人们的眼界。东方的城市出现了优美的希腊式雕塑和建筑，东方的天文学和数学知识也传入西方，丰富了西方的知识宝库。亚历山大的东征，还开辟了东西方贸易的通路。他在东方建立的几十座城市，都逐渐发展成为商业中心，如埃及的亚历山大港至今仍是埃及著名的大海港。亚历山大被称为世界上最伟大的征服者之一，为后代那些雄心勃勃的统治者所效仿。

# 布匿战争

## ——双雄争夺地中海霸权

布匿战争是古代罗马与迦太基两个奴隶制国家之间为争夺地中海西部统治权而进行的一场著名战争。这场战争前后进行了三次。因为罗马人称迦太基为布匿人，所以他们之间的战争被称为布匿战争。

罗马发祥于意大利半岛，从公元前3世纪早期，统一了意大利半岛，成为地中海的一个强国，其后，罗马便把扩张的矛头转向了西地中海的迦太基，抢夺美丽富饶的西西里。而迦太基位于今天北非的突尼斯，由腓尼基移民而建成，占有北非西部沿海、西班牙南部沿海、西西里的大部、科西嘉、撒丁、巴利阿里群岛等地，成为罗马向海外扩张的劲敌。

布匿战争的导火线是墨西拿事件。公元前264年墨西拿城邦由于雇佣兵起义，分别向迦太基和罗马两方求救，迦太基和罗马先后派兵前来干预，双方为了各自在这一地区的利益互不相让，终于导致布匿战争的爆发。

### 第一次布匿战争

在第一次布匿战争中，罗马人在陆战中不断取得胜利，阿根里图战役是第一次布匿战争的转折点，罗马军队历时半年，攻下了这座被迦太基人作为据点的城市，控制了西西里东部和东南部的广大地区。从此罗马人毫不掩饰他们的对外扩张政策，并确定了新的战争目标，即征服整个西西里。

然而迦太基人素以经商和航海著名，拥有当时一流的海军舰队。当时罗马只有一些小型的船只，要想在海战中战胜迦太基就必须兴建海军。在希腊人的指导下，罗马人迅速地组建了一支强大的舰队。聪明的罗马人采用了一项新的技术装备，在每艘战舰的头部都装上叫做"乌鸦"的小吊桥，上面装有栏杆，末端有形如乌鸦嘴的尖钩。这些吊桥垂直地装在罗马战船的头部，系在桅杆上，前进时竖起，可以阻挡敌方投掷武器的进攻，靠近敌舰时就迅速放下，吊桥前端的钩子就钩住敌舰的甲板，步兵就可以发挥优势，如履平地一般从吊桥上冲上敌舰，与敌人展开短兵相接的厮杀。依靠这种新型的舰队，年轻的罗马舰队初试牛刀，在西西里岛北面的米雷海峡同号称"无敌舰队"的迦太基海军展开了一场大海战，结果罗马海军取得了胜利，迦太基海军受到了重创。为了庆祝这次海战的胜利，罗马广场修筑了一座大理石纪念柱，上面用俘获的迦太基舰首作装饰。米雷海战使罗马取得了对西西里水域的制海权。此后罗马舰队又取得了几次海战的胜利。至公元前241年，内外交困的迦太基被迫求和，而罗马政府也深感财匮力乏，便与迦太基签订了和约，第一次布匿战争以罗马的胜利告终，西西里成了罗马的第一个行省。

### 军事天才汉尼拔

第一次布匿战争结束后，罗马人一直没有停止它的扩张活动。他们先后占领了科西嘉岛、撒丁岛、波河流域以及隔着亚得里亚海的伊利里亚和希腊西岸。迦太基也养精蓄锐，重整旗鼓，把势力伸向西班牙，经营着反罗马的基地。

公元前219年，年仅25岁的迦太基主将汉尼拔以挑战性的行动摧毁了罗马在西班牙的同盟萨根敦城，把那里能服兵役的居民全部杀掉，此举激怒了罗马人，第二次布匿战争爆发了。

一开始，罗马人根本未把汉尼拔放在眼里，他们派出两支远征军，一支扑向西班牙，想捣毁汉尼拔设在那儿的军事基地，一支进军迦太基的本土，妄想一举捣毁汉尼拔的老家。但是他们失算了。罗马人怎么也没有想到汉尼拔竟从陆路一下子攻到了意大利。汉尼拔深知，经过第一次布匿战争，海上优势掌握在罗马人手中，因此根本没有作渡海作战的准备，但他也没有坐守在军营中等罗马人来攻，而是率领九万步兵、一万二千骑兵和三十七头战象，翻越白雪皑皑、山势险峻的阿尔卑斯山，突然出现在意大利北部，就像是神兵从天而降。罗马人真是做梦都没有想到迦太基人会这么快地来到自己的家门口，他们一下子简直不知道该怎么对付才好了。

罗马当时是个奴隶制共和国，由两名公选出的执政官掌管军事及其他政治事务。迦太基人攻来后，执政官西庇阿的军队距汉尼拔最近。他匆匆带领两个军团赶到波河流域，迎战汉尼拔的大军。刚一交战，西庇阿就身负重伤，逃入军营。另一位执政官森普罗尼亚闻讯后也匆忙赶来决战。罗马人以步兵为中军，骑兵部署在两翼。汉尼拔以为数不多的战象配置在罗马骑兵阵前，自己的骑兵则跟在大象后面，步兵亦部署在中间。

求胜心切的森普罗尼亚首先指挥两翼骑兵猛冲过去。汉尼拔则指挥巨大的战象迎着罗马骑兵而上。罗马人的战马见到陌生、庞大、凶猛的大象惊恐不已，四处逃窜，一下子乱了阵脚。这时，汉尼拔指挥骑兵、伏兵、步兵发起冲锋，罗马人被打得溃不成军。这一仗，罗马人损失了三万多兵马，而迦太基军队仅损失四百多人。

罗马战船上的吊桥

波河一役打开了深入罗马腹地的大门。汉尼拔马不停蹄，迅速绕过罗马军设防的阵地，出其不意地来到了罗马城附近。新的罗马执政官弗拉米尼也是个庸将。他带兵尾随在迦太基大军之后，紧追不舍。汉尼拔在特拉西米诺湖谷地布下埋伏，轻而易举地就使三万多罗马军几乎全军覆没，弗拉米尼自己也成了刀下鬼。

一连击败了三名罗马执政官统率的大军，汉尼拔名声大振，罗马人听到他的名字就吓得发抖。而这在汉尼拔还只是小试牛刀，初露锋芒，他的军事才干大显异彩的时光还在后头呢。

高傲的罗马人在一连串惊人的败仗中感到无比耻辱，他们急于挽回败局，就推选积极主战的瓦罗为执政官。公元前216年夏，瓦罗在坎尼这地方投入了八万步兵，六千骑兵。而汉尼拔投入的兵力是四万步兵，一万四千骑兵。力量对比，罗马步兵占绝对优势，而汉尼拔的骑兵也占明显优势。双方在坎尼这个地方展开了气势磅礴的决战。

罗马军的布阵是：强大的步兵居中，骑兵分置两翼。汉尼拔则把主力骑兵和重步兵置于自己左翼，右翼也配置相当实力的骑兵和步兵，由一名能将指挥，中央部突出，兵力最弱，整体阵势呈"凸"字形。汉尼拔又挑选了五百名手持长矛，身怀短剑的精兵，准备开战后让他们假投降，混入罗马军中。汉尼拔在战前还仔细地观察了战场的地势和气候，他留意到这一地区中午常刮东风，于是他就埋下一支伏兵，让他们背对风向，准备在东风刮起来时顺风出击敌人。为此，汉尼拔还有意拖至中午快刮风时才开战。

著名的坎尼大战就这么开始了。罗马军主帅见汉尼拔大军的中央部位力量薄弱，便临时调整兵力部署，加强自己中央部位的力量，想集中绝对优势兵力，一举击垮汉尼拔的中央方阵。瓦罗自以为高明的这一计策，恰好中了汉尼拔的圈套。待罗马军中央主力发起猛攻后，迦太基军的中央部位的步兵就开始慢慢收缩，两翼精兵则向罗马军两侧包抄过去，"凸"字形阵势慢慢变成了"凹"字形阵势。瓦罗还以为这是敌军在开始败退，不禁暗自得意。这时，五百名迦太基的轻装步兵装出溃败的样子向罗马军"投降"来了，瓦罗命令部下收缴了"降兵"手中的长矛，将他们安置到自己的阵后。瓦罗想敌军又败退又投降，应该可以决战了，于是一声令下，把预备队全部投入，向汉尼拔发起了全面进攻。

汉尼拔一直注视着战局朝自己预计的方向发展，这时见时机成熟，就命令两翼骑兵出击。实力雄厚的左翼骑兵迅速击溃罗马军的右翼，并迂回到罗马军左翼的侧后面。罗马军仅剩的这一路骑兵遭前后夹击，顷刻瓦解。随后迦太基骑兵配合步兵围歼敌步兵。这时天空中刮起了强劲的东风，汉尼拔预先背风埋伏的士兵和假投降到罗马军阵后的士兵又一齐出击，罗马步兵正对着强东风，被风沙吹得两眼流泪，根本无法观察敌方行动，只有任人宰割。至此，罗马军残余的骑兵和步兵挤成一团，攻无力，退无路，死伤七万余人，被俘一万，而迦太基方面仅损失六千人。

这场战役成了世界军事史上的著名战例，汉尼拔的军事业绩也由此达到了顶峰。然而，他仅仅只是个出色的将师，缺乏帝王般的雄才大略。在坎尼战役取得了辉煌的胜利后竟没有乘胜一举攻下孤城罗马城，而是游移不定，东一枪，西一刀，打了一些没有意义的小胜仗。宝贵的战机就此流失。罗马残军在固守罗马城的同时，迅速重建了二十五万大军，由绝对劣势又转为绝对优势，并为了不使本土再遭战火洗劫，而设法把战争引向意大利境外。

汉尼拔在远离自己家乡的异地作战，天长日久，军火、兵员、粮草都接济不上。这时候，罗马人派兵直扑迦太基本土，汉尼拔只好回兵支援，由于师劳力竭，吃了败仗。这一仗后，他再也没有机会反败为胜了，因为迦太基的元老和执政官们立即投降了，与罗马人签了和约。和约规定：放弃除非洲以外的全部领土，并向罗马献出巨额赔款。从此罗马控制了地中海西部。

后来汉尼拔逃亡叙利亚，六十五岁时客死异乡。

### 迦太基被彻底摧毁

第二次布匿战争后，迦太基城凭借商业优势迅速复苏并繁荣起来，这引起了罗马人的嫉妒和政治家的警觉，一些罗马奴隶主元老鼓吹："必须毁灭迦太基！"在这种情感的支配下，公元前149年，罗马挑起了第三次布匿战争。由于双方实力过于悬殊，迦太基不得不答应罗马人提出的苛刻条件，同意交出全部武器和300名儿童作为人质，表示和平的诚意。而罗马则步步紧逼，要求迦太基毁掉城市，移居离海15公里以外的内地，遭到迦太基拒绝。第三

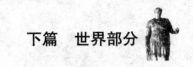

次布匿战争爆发。

　　迦太基人民同仇敌忾，英勇抗击罗马的入侵者。所有的圣地、神庙和每块宽敞的场地都变成了制作武器的工场，男女老幼日夜劳作，铸造兵器。由于没有纤维，妇女们剪下自己的头发作为弯曲弩炮用的绳索。在保家卫国的强烈热情之下，迦太基人最初在军事上取得许多胜利。但双方力量对比悬殊，迦太基经过三年的艰苦抗战后，最终城池失守。许多迦太基人同庙宇同归于尽，战死者达 8 万多人，幸存者被掠卖为奴隶，迦太基城被毁灭了，罗马人在迦太基的废墟上建立了"阿非利加省"。

　　持续 118 年的布匿战争，以罗马人的最终胜利而告结束。

　　布匿战争持续时间之长，规模之大，两国人民所受的灾难之深重都是空前的。布匿战争为罗马打开了通向称霸地中海的大门。布匿战争中的许多战例都是世界军事史上的光辉杰作，对欧洲的陆战和海战都产生了深远的影响。

# 屋大维开创元首制

## ——罗马进入帝国时代

西方有句谚语："罗马不是一日建成的"。事实的确如此。历史上被称为是"永恒之城"的罗马城，当然不可能是在一日之间建成的，而雄踞古代西方世界的罗马帝国之强盛，更不可能是一朝一夕之功。罗马从意大利中部台伯河畔的一个弹丸之地，最后发展成为地跨欧、亚、非三大洲的世界帝国，是一个长期的历史过程。综观古代罗马历史的发展，它大概可分为如下几个阶段：

第一阶段：王政时代。时间从传说中的罗马建城开始，到公元前509年。这是罗马从原始氏族社会向国家过渡的时期。这里的"王"实际上是部落首领，相当于我国古代的尧、舜、禹，由选举产生，起初并非真正意义上的国王。传统认为罗马的王政时代共经历了七个王，分别是：罗慕路斯、努玛·庞皮留、图鲁·霍斯梯留、安库·马尔修，老塔克文、塞维·图里乌、小塔克文，其中后面的三个王都是伊达拉里亚人。

据说，罗马王政时代的最后国王小塔克文统治异常残暴，引起了人民的不满，结果被驱逐。之后，罗马人为了防止再次出现像小塔克文那样的戕害人民的国王，便决定从此不再设立国王，而是每年选举出两名执政官来治理国家。罗马于是进入了一个新的历史时期，即共和国时期。

第二阶段：共和国时期，时间从公元前509年到公元前30年。在这一时期内，罗马人内部通过平民与贵族之间的斗争，形成了被古代史学家誉为"世界上最好的政体"的政治制度。外部则通过维爱战争（对伊达拉里亚人的战争）、萨莫奈战争、皮鲁士战争等一系列战争，先统一了除北部波河流域以外的整个意大利半岛；再通过布匿战争、马其顿战争、叙利亚战争以及在西班牙的用兵等一系列军事行动，逐一征服了迦太基、马其顿、希腊半岛和西班牙的大部分地区。此时的叙利亚虽然还没有完全被兼并，但实际上已沦为罗马的附庸。原先强国林立的东部地中海世界，现在就只剩下了一个托勒密王朝统治下的埃及。作为世界霸国的罗马，其大致轮廓至此已初步形成。

罗马大规模的对外扩张，引起了社会内部的巨大变化，尤其是造就出了一些手握重兵的军事巨头。他们先是相互勾结，实行联合独裁；接下来便为个人的独尊而倾力厮杀。结果就有了庞培、克拉苏、恺撒的"前三头同盟"，以及庞培与恺撒的角逐争雄；有了安东尼、雷必达、屋大维的"后三头同盟"，和安东尼与屋大维的最后较量。正是在这些巨头们的相互搏杀中，罗马共和国走向了自己的尽头。

恺撒像

第三阶段：罗马帝国时代。时间从公元前30年起，到公元476年西罗马帝国的灭亡为止。屋大维在战胜了安东尼，确立了自己在罗马世界的独尊地位后，并不称孤道寡，以"帝王"自居，而是声称恢复了"共和国"，他个人不过是共和国的"第一公民"即"元首"。这期间，原来的共和体制的确全部保留了下来，但这只是表面文章，因为实际大权完全为屋大维个人所控制。因此，所谓的元首政治，是披着共和外衣的君主统治，屋大维实际正式确立了罗马帝国。

　　屋大维是恺撒的外甥，又被恺撒收养为养子，指定他为继承人，并决定将四分之三的遗产传给他。恺撒被杀时，罗马的执政官是安东尼，他是恺撒的心腹大将，自命为恺撒的继承人。当屋大维从国外赶回罗马时，安东尼以蔑视的态度对待屋大维。他傲慢地说："青年人，除了恺撒的名字外，你还想要得到什么吗？钱，我已经没有了，难道你还要恺撒的政权吗？"屋大维听了这番话转身离开，他想只有凭借实力、智慧与安东尼争夺权力了。

　　恺撒死后，罗马城里拥护恺撒的人和元老院贵族们都想借恺撒的死巩固自己的势力，屋大维决定参加这场较量。他的母亲和朋友们都为他担心，他还是一个19岁的大孩子，怎么能跟那些政治老手们较量呢？但屋大维充满了自信。因为他懂得怎样在各派政治势力之间周旋，在这些方面，他甚至超过了恺撒。

　　他的出现首先得到恺撒老兵和普通民众的欢迎，这是他意料之中的。他说过，他所拥有的安全盾牌和锐利的武器，就是他养父恺撒的名字。由于这个名字，全意大利都有成群结队的公民和士兵向他聚拢。他们把屋大维看成是继承恺撒事业，跟贵族做斗争的新的领袖。后来，他正是靠着这些人的支持，很快建立起自己的军队。

　　屋大维对元老院"祖国之父"的西塞罗大献殷勤，称他为"父亲"，谦逊地向他请求忠告，竟迷惑了这位元老院的最高首领。他宣布屋大维为"保卫祖国的战士"，支持他招募军队。

　　公元前43年7月，当安东尼出兵在外时，屋大维率兵进入罗马，威逼元老院任命他为执政官。元老院的人正想利用屋大维控制安东尼，于是屋大维与安东尼势均力敌了。当时有一位实权派的人物叫雷必达，曾是恺撒的骑兵长官，罗马西部很多省的人投靠了他。屋大维、安东尼、雷必达三人都有不少的权力，但谁也不能单独建立独裁政权。

　　为了互相牵制和利用，三人于公元前43年结成了"后三头"的政治结盟，共同执政。三人商定，在五年内，由三人集体享有无限权力并三分行省：安东尼占据高卢，屋大维控制阿非利加，撒丁尼亚和西西里，雷必达拥有西班牙。随后三人联合起来向罗马进军，迫使公民大会批准了这一决议。

**屋大维立像**
屋大维不仅被描绘成一位凯旋的将军，而且被描绘成神——他双脚赤裸象征了他的神性，而脚旁骑着海豚的是爱神丘比特，象征屋大维出生于维纳斯。

　　后三头大权在握后，便对罗马实行恐怖统治，对贵族派实行公敌宣告（在公敌的名单上有杀害恺撒的凶手，也有三巨头的私人仇敌，其中第一名是西塞罗），大肆搜杀，把没收的财产和土地分给士兵，并奖励政敌家内的奴隶告发。在白色恐怖中，有300个元老，2000

名骑士遭到处决。他们中间头一个丧命的就是西塞罗。这个坚定的共和派分子，罗马最出色的雄辩家，一生倾其全力维护共和制，最终成了这个制度的殉葬品。他与安东尼结怨最深，所以在西塞罗死后，安东尼高兴极了。他把西塞罗的头和手割下来挂在公民大会讲台的前面——这里是西塞罗生前经常发表演说的地方。据说，每到吃饭时，安东尼就把西塞罗的头放到餐桌上，直到自己看腻为止。

公元前 42 年，后三头结盟消灭了他们共同的敌人元老院贵族后，三巨头之间展开了争斗，屋大维逐渐剥夺了雷必达的军权。三巨头变成屋大维和安东尼两巨头并立的局面。

此后，安东尼出任罗马东部行省总督，到了埃及，他被美艳绝伦的埃及女王所征服，俩人相爱，并生了一对可爱的双胞胎。安东尼为了讨女王的欢心，奉女王为"众王之王"，把他管辖下的东方行省赠与女王的孩子们。安东尼这种破坏罗马领土完整的行为激起了罗马人强烈不满。屋大维见时机已到，发动政变，带领大批武装随从来到元老院，驱逐了 400 名拥护安东尼的元老，还违反古代习俗，迫使供奉神庙的贞女交出安东尼的遗嘱。原来，安东尼的遗嘱中说，要把自己安葬在亚历山大城，并批准了对埃及女王的赠予。当屋大维公布这一遗嘱时，民愤极大，公民大会宣布剥夺安东尼的权力，并向安东尼和埃及女王宣战。

屋大维终于找到一个代表人民的机会向安东尼宣战。公元前 31 年 9 月，罗马讨伐军的舰队和安东尼、埃及女王的舰队在希腊西北部的海面会战，双方势均力敌，战斗不分胜负，但是在战斗最激烈的时候，女王忽然退出战斗，逃回了埃及。安东尼无心再战，也弃军跟随到埃及，屋大维几乎不战而赢得了战争的胜利。

第二年夏天，屋大维进军埃及，安东尼在败局已定的情况下，提出要与屋大维决斗，屋大维拒绝了，说："没有必要，你要想死的话，办法有很多。"安东尼无可奈何，再加上他听说女王已死，失去所爱，遂伏剑自杀。埃及女王也在王宫里让毒蛇把自己咬死了。她死后，地中海的最后一个东方国家也并入了罗马的版图。罗马自扩张以来，领土达到了极限。

当屋大维回到罗马时，他已经成为同恺撒一样伟大的人物，长期陷于内战和分裂的罗马又重新统一起来了。从屋大维开始，罗马维持了 200 多年的和平局面。

屋大维机智谨慎，惟恐重陷恺撒的覆辙，尽量把自己的政权用合法的外衣掩盖起来，因而在国家制度上还保留着共和的外壳。但同时，他又假装俯就元老院和人民的要求，接受了与共和制完全相违背的权力。他不仅接受了奥古斯都这一神圣庄严的封号，而且把自己所创立的国家制度称为元首制，自己称元首，即国家第一人，第一公民。元首这一词，从此也就在世界上通用，当时屋大维年仅 36 岁。

奥古斯都生活在罗马奴隶制社会急剧变化和动荡不安的时代。当时，共和政体已经不能适应奴隶主阶级加强统治的需要，已经不适应罗马、意大利和各行省社会经济发展的形势。因此，必须建立独裁政权。奥古斯都在这种情况下，经过长期斗争战胜了所有的竞争者，统一了罗马，稳定了局势，并以元首制代替了共和制，创建了帝国，这符合了当时形势的发展。

 简　评

屋大维是罗马一位杰出的政治家，军事家，在罗马从共和到帝制转变过程中推动了历史前进，起了进步作用。屋大维继恺撒之遗业，终于建立起罗马大帝国。罗马帝国北起多瑙河，南到非洲（包括埃及在内的北非一带），西起比利牛斯半岛，东到两河流域和小亚细亚半岛，形成了古代史上一个最庞大的帝国，地中海都成了罗马帝国的内湖。

# 北匈奴西侵与日耳曼人大迁徙

## ——西罗马帝国灭亡的肇因

　　古代罗马的一位历史学家曾经这样描写一段史实："他们是我们不知道的一种人，突然出现，好像从天而降，他们像一阵旋风，所到之地寸土不留。"这位历史学家所指的就是北匈奴人。欧洲人称他们是"野蛮的民族"。

　　公元 5 世纪中叶，匈奴帝国国王阿提拉率 50 万大军入侵欧洲，所到之处令欧洲人闻风丧胆。许多人把匈奴人对欧洲的践踏，看作是上帝对违背誓言的基督徒和异教徒的惩罚。称施以惩罚的阿提拉为"上帝之鞭"。这自然是一种荒唐的、无可奈何的解释。

　　提起匈奴人，中华民族是非常了解的。汉人称之为胡人。战国时期活跃于燕、赵、秦以北地区。秦汉之际，冒顿单于统一各部，势力强盛起来，统辖了大漠南北的广大地区。汉初不断南下攻扰，汉朝基本上采取防御政策，汉武帝改变了对匈奴的政策，发动了三次大规模的进攻，使其受到很大打击。

　　公元 48 年，匈奴分裂为两部，南下归汉的称为南匈奴，北匈奴为东汉和南匈奴击败后，部分西迁。北匈奴经中亚细亚辗转迁移，至 4 世纪到达东欧，5 世纪上半叶侵入中欧，以班诺尼亚（今匈牙利西部）为中心，建立起强大的匈奴帝国，进行一系列大规模的军事活动。到阿提拉统治的时期，势力所及东起里海，西至莱茵河，南抵阿尔卑斯山，北到波罗的海，为匈奴帝国的鼎盛时期。

　　公元 395 年，罗马帝国分裂成东罗马帝国和西罗马帝国。为了继续扩大疆域，掠夺更多的财富。阿提拉利用罗马分裂的机会，首先发动了对东罗马的进攻。阿提拉智勇双全，匈奴骑兵骠悍善战，公元 435 年，一举击溃东罗马。东罗马被迫向匈奴称臣，每年纳贡黄金 700 多磅。443 年，匈奴再败东罗马，掠夺黄金 6000 磅，又逼东罗马将岁贡增至每年 2100 磅。447 年，匈奴人趁东罗马首都君士坦丁堡和色雷斯地区发生地震，再度攻入东罗马，兵临君士坦丁堡。东罗马不得不将多瑙河以南、羊吉杜那木（今南斯拉夫贝尔格莱德）以东 300 英里、南北 100 英里的土地割让给匈奴。

　　正当阿提拉踌躇满志，把进攻的矛头指向西罗马时，一桩艳福成了阿提拉进攻西罗马最好的借口。

　　原来，西罗马皇帝伐伦铁年三世有一个小妹妹，名叫荷诺丽亚。荷诺丽亚公主自幼便是一个风流女郎，16 岁时便与宫中的一个侍从官有染，沸沸扬扬的丑闻被皇兄发现后，便将其监禁起来。这个水性杨花的妙龄女郎自然不甘寂寞，便心生一个浪漫的憧憬。她听说匈奴王阿提拉盖世无双，以为他一定是个体魄雄壮、器宇轩昂的英雄人物，美女配英雄这个时髦她非赶不可。其实，阿提拉身矮体胖，头大肩宽，胡子稀疏，长着一双小眼睛，鼻子又扁又

**阿提拉头像**

　　素有"上帝之鞭"之称的匈奴王阿提拉率军横扫欧洲，给罗马人以沉重打击。

## 历史大事全知道

平，是一个其貌不扬的人。但这些对荷诺丽亚都是个未知数。在芳心的躁动之下，她设法将一枚戒指差心腹之人转送给阿提拉，表示自己愿做他的妻子。

阿提拉喜出望外，立即派人出使西罗马，向荷诺丽亚求婚，并要求西罗马皇帝用一半的领土做嫁妆。伐伦铁年三世再惧怕匈奴帝国，也难以答应如此苛刻无理的要求。

公元451年，阿提拉便以西罗马拒绝许嫁荷诺丽亚为名，率领50万大军侵入西欧。罗马城危在旦夕，伐伦铁年三世请罗马教皇出面从中调停。罗马教皇使出浑身的解数，向阿提拉乞和。特别是恳求他不要破坏罗马城这座古老而美丽的城市。并答应许嫁荷诺丽亚。阿提拉被教皇动听的言词所打动，才放弃了攻打罗马城。大军越过莱茵河，掠取高卢，准备一举征服西欧。

西罗马获得了喘息之机，联合日耳曼哥特人准备与匈奴决一死战。被匈奴人驱赶进入西罗马境内的日耳曼人，吸收了先进的罗马文化，建立了一个强大的国家，逐渐成了欧洲一股举足轻重的力量。他们积极支援屈辱的西罗马帝国抵御匈奴人。

公元451年7月，西罗马统帅埃齐乌斯联合在这一带定居的日耳曼族的西哥特人、法兰克人、勃艮第人，他们在自己的生存遭到严重威胁的情况下，与西罗马团结一致，共同对敌。双方在卡塔隆尼平原（约在今法国东北马恩河畔沙隆与特鲁瓦城之间）展开决战。结果阿提拉战败，匈奴势衰。

卡塔隆尼之战在某种意义上决定了欧洲的命运，它一方面使西欧免遭了匈奴的蹂躏，更重要的是阿提拉从此再也没有能力组织强有力的军队进攻西欧了。第二年，阿提拉为报西罗马之仇，娶得意中的情人荷诺丽亚，又率军越过阿尔卑斯山进攻意大利，虽已打到罗马城下，但遭到西罗马顽强的反击，恰在此时，他的军中又发生了瘟疫，士卒伤亡严重，粮草又接续不上，东罗马援军也赶来助战。阿提位只好掠夺一些财物后，返回老窝。公元453年，在行军途中，阿提拉暴病身亡，他活了47岁。

哥特战士画像

阿提拉死后，他的儿子们为瓜分帝国领地自相残杀，匈奴再也找不出一个像他那样精明强悍、能够主宰这个大帝国的继承人了。北匈奴人陷入群龙无首的境地，他们就在多瑙河流域定居下来，不想再流动作战抢夺别人的财物了

匈奴人西迁对欧洲的发展产生了很大的影响。匈奴人引起了欧洲各民族的恐惧，使日耳曼诸部落（因为它们的文化落后于罗马帝国，被称为蛮族）离开原有居住地方，进入罗马帝国，以避开匈奴人的兵锋。

蛮族中的西哥特人曾恳请罗马皇帝收留他们，表示愿意遵守秩序，遇到战争时，还愿出兵协战。听到这个消息，有些惯于谄佞之徒向皇帝道贺，说是由于他的洪福，使蛮族归顺，充实了罗马的兵源，节省各省征兵的负担和费用。出于这些原因，罗马皇帝准许这些哥特人享有在色雷斯各地居住下来的特权，并拨给粮食解决他们的燃眉之急，而且划出一些田地供他们耕种。然而西哥特人南渡多瑙河进入帝国境内后，罗马政府言而无信，不仅不供应粮食，反而进行勒索，拐卖人口为奴，促使了西哥特人的反抗。

哥特人的部落开始了他们毁灭罗马的军事行动。这时，领导哥特人的是一位骁勇善战的首领阿拉里克，他于公元401年突入意大利北部，准备从这里挥师南下，直捣西罗马帝国的统治中心。沿途阿拉里克攻城略地，抢夺了大量的胜利品。他向妻子许愿，一旦打进罗马，就把城里的贵妇人给她做奴婢，把她们的财宝作为礼物送给她。哥特人的进攻吓坏了贵族们，他们纷纷收拾财物准备逃离罗马城，但是司令官斯底里哥组织了有效抵抗，打败了阿拉里克的进攻。为了庆祝这难得的胜利，罗马举行了盛大的凯旋式，大圆形竞技场进行了角斗士的竞技，这是罗马城最后一次庆祝自己的胜利。

聪明而有军事才能的斯底里哥知道，哥特人虽被打败了，但是帝国已经大伤元气。因此，他决定和阿拉里克结盟，以阻挡来自伏尔加河东匈奴人的入侵。罗马一些权贵们慑于斯底里哥的声望，在皇帝面前极尽谗言，使昏庸的皇帝听信谗言，杀死了斯底里哥。士兵被激怒了，他们纷纷倒戈，投奔阿拉里克。阿拉里克很快将罗马城包围起来，罗马城内闹起粮荒，元老院只好派出使臣求和。阿拉里克稳操胜券，提出极为苛刻条件，要求罗马交出全部财产。使臣问："您打算把什么留给罗马呢？"

"生命！"阿拉里克轻蔑地回答。"不过城里还有许多人，士兵们每天都在操练，他们都将进行殊死的抵抗。"使臣试探性地说，看着阿拉里克的表情。阿拉里克哈哈大笑："行呀，草长得越密，割起来就越省力。"罗马使臣妥协了，最终以罗马交出5千磅黄金，3万磅白银，3千磅胡椒以及大量丝绸、皮货之后，哥特人才撤离罗马。

西哥特人虽离开罗马，却未离开帝国，他们挥师北上，包围当时罗马帝国政府所在地拉温郡，要求罗马政府割让威西尼亚、伊斯特尼亚、诺立克和达尔马提亚，但被拒绝。阿拉里克卷土重来，他要攻占罗马了。

罗马城内的奴隶早就恨透了罗马奴隶主贵族的贪婪、狠毒，纷纷打开城门，像迎接自己的部队一样为入侵者打开城门。哥特人冲进城内，将罗马城洗劫一空，那些从帝国初期就建设得精美绝伦的美丽建筑在顷刻之间化为废墟，这座永恒之城遭到了灭顶之灾，千年古城随风而逝。

随着西罗马帝国的最后一位皇帝的被废黜，这个曾称霸地中海，历时12个世纪的奴隶制大帝国终于由于自身的腐朽，在奴隶和蛮族的双重打击下，走到了末日，西欧历史从此揭开了新的一页。

简 评

匈奴人从亚洲蒙古高原西迁到欧洲，建立了一个庞大的帝国，在欧洲的社会历史上产生了深远的影响。首先，匈奴攻击的主要对象是腐朽没落的东、西罗马帝国。它的掠夺和破坏，不但加速了东罗马的衰落和西罗马的灭亡，并且在客观上有促进欧洲古典奴隶制瓦解的作用。其次，匈奴侵入欧洲，推动日耳曼族的大迁徙运动，打破了原有的政治格局，现代欧洲各民族的地理分布状况即在此次社会大变动中形成。

# 耶稣的诞生
## ——基督教的兴起和传播

### 耶稣的传说

传说耶稣是基督教的创始人，也是基督教徒所信奉的救世主。关于他的出生，有这样的传说。耶稣的母亲玛丽亚年轻时和一个叫约瑟的年轻人订了婚，但还没有结婚，就怀孕了。这给约瑟带来极大的苦恼，他想解除这个婚约。一天晚上，他在梦中见一位天神飘然而至，对他说："约瑟，你放心娶玛丽亚吧，是圣神授给她怀孕的。他怀的是上帝的儿子，叫耶稣。他会把人类从罪恶的痛苦中解脱出来，让他拯救世界。"

约瑟醒来后，遵照天神旨意，娶了玛丽亚。在公元元年，约瑟和玛丽亚来到耶路撒冷城。当时天又黑又冷，他们找不到合适的住地，就住在马棚里。夜半时分，从破旧的马棚里传来清脆的婴儿啼哭声，一个可爱的小男婴降生了。据说就在男婴出生的那天晚上，天上有颗明亮的星星落到耶路撒冷，有几位东方的博士看到后，高兴地说："救世主基督降生到人间来了。"

早期流行的一幅圣诞图画面上，圣母玛丽亚在分娩时毫无痛苦，在她的身旁，婴儿身裹褓褓卧于马槽内，晦暗矮小的马棚里除了牛、羊之外，还有几个犹太牧人和来自东方的博

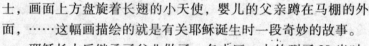

士，画面上方盘旋着长翅的小天使，婴儿的父亲蹲在马棚的外面，……这幅画描绘的就是有关耶稣诞生时一段奇妙的故事。

耶稣长大后继承了父业做了一名术匠。大约到了30岁时，命运发生了改变。一天，他走到了约旦河边，有一名叫约翰的教士，一面口诵经文，一面把耶稣浸入水中，行了洗礼。耶稣在受洗礼时热诚地向神祈祷。而就在这时，天为他开了，圣灵降临在他身上。天上有声音说："你是我的爱子，我喜悦你。"受洗之后，他立即被圣灵引导到旷野受魔鬼的试探。他在这里禁食了40昼夜，然后魔鬼近前来对他说："你若是神的儿子，可以吩咐这些石头变成食物。"耶稣回答说："人活着不是单靠食物，乃是靠上帝口里所出的一切话。"魔鬼带他进了圣城，叫他站在殿顶上，对他说："你若是神的儿子，可以跳下去。"耶稣对他说："不可试探主。"于是魔鬼又带他上了一座最高的山，将世上的万国与万国的荣华都指给他看，对他说："你若伏拜我，我就把这一切都赐给你。"耶稣说："经上记着当拜主，单要事奉他。"在这次答复后，魔鬼就离开了耶稣，有天使来侍候他。从这以后，耶稣开始向群众宣传神的福音。据说耶稣出外传教时，创造了许多奇迹。他用手一摸能使盲者光明，跛者行走，病人康复，甚至死者复生。有一次他去航海，海上

耶稣像

刮起大风，眼看风浪要吞没船只。耶稣一面安慰众人，一面痛斥大海，海水立即平静下来。还有一次，他用手掰了7个饼子，就能使4000人吃饱。

耶稣的传教，使越来越多的人跟随着他，人们崇拜他，信仰他。他从信仰者中招了几位门徒，经常讲天国的道理。"你们听着：凡是虚心的人都是幸福的，天国将属于他们；凡是和睦的人都是幸福的，他们将被称为上帝的儿子；凡是被人辱骂，被人欺凌的人都是幸福的，他们死后将在天上得到赏赐；凡是仇恨别人的人，一定要受到上帝的审判。""你们要听着，要爱自己的仇敌，不要同恶人作对。有人打你的右脸，你就再把左脸送给他打；有人抢你的外衣，你就把内衣送给他……"有一次，一个富人请教耶稣，如何才能得到永生？耶稣劝告他说，把财产卖掉以周济穷人，富人听后面露难色，只好默默地走开了。耶稣便对周围的弟子们说："富人要进天国，比骆驼穿过针眼还难呢！"

耶稣的救苦救难的善行，却遭到了官吏和祭司们的嫉恨，他们串通一气，用30块银币买通了耶稣的门徒——犹大。耶稣被捕时，他的门徒伯多禄拔剑削掉一个打手的耳朵，耶稣责怪地说："收刀入鞘吧，凡动刀的人，必死于刀下！"这位门徒只好放下刀子，耶稣被抓走了。耶稣被捕之后，受尽了打骂和侮辱，钉死在十字架上。这一年耶稣刚33岁。但是三天后，耶稣复活了。人们都赶来朝拜他。耶稣对人们说："只要你们按照我的吩咐去做，我是永远会和你们在一起的。"据说耶稣复活后一天，是在春分月亮圆了之后的第一个星期日。这天就是基督教的"复活节"。之后，又把耶稣的生日12月25日作为"圣诞节"。

"基督"即"救世主"的意思，传说耶稣复活后不久又升天，他的信徒们前赴后继，以无畏的精神去传播基督教，使基督教的影响越来越大。到公元4世纪，罗马统治者认为基督教教义中爱护仇敌，反对同邪恶做斗争的说法对他们的统治有利，就把基督教定为国教，从此以后，基督教以更快的速度传遍了全世界，并成为世界上三大宗教之一。

耶稣虽然是传说中的人物，但是他出生的那一年被看作为计算历史年代的第一年，叫基督纪元，也即"公元"，是现在世界各国通行的公元纪年法。记载耶稣生平、教训、及他的门徒言行的书是《新约》，而犹太教的经典是《旧约》。《新约》和《旧约》合称《新旧约全书》这就是基督教的正式经典《圣经》。

### 基督教教义

原罪说：基督教认为，人类从始祖亚当夏娃开始就犯了"罪"。上帝命令亚当夏娃在伊甸园里享乐，但他们却受到蛇的引诱违背上帝的禁令偷吃了"知善恶树"上的"禁果"而"犯了罪"，被逐出了伊甸园。基督教认为，亚当夏娃的"罪"传给了后代子孙，使得人人生来都有"罪"，在"罪中受苦"。这是世人苦难的根源之所在。

赎罪说：虽然世人都是有罪的，但上帝差遣自己的儿子作了赎罪祭。耶稣基督虽然没有罪，却担当了人们犯罪的刑罚，死在十字架上；从而免去了人们灭亡的结局。基督徒既然得到基督的救赎，就从神领受圣灵，成为神的儿女，得到圣灵的引导，战胜罪恶的辖制，行各样的善事。耶稣基督为接受他作为救主的人，设立洗礼，表示愿意接受他的救赎。洗礼也表示从前罪恶的旧我死去，重新获得新的生命，现在的受洗者不再作罪的奴仆，就像基督死而复活一样。

三位一体：基督教认为，上帝只有一个，这就是"一体"，但上帝又具有三个位格，这就是"三位"。也就是说，上帝是由圣父、圣子、圣灵组成的。第一位是所谓圣父，是天地万物的创造者、主宰者，也是救赎计划的设计者，天主教译为"天主"，称"天主圣父"，新教译为"上帝",称"耶和华上帝",又叫"天父";第二位是所谓圣子,即耶稣基督,天主教称为"天主圣子";第三位是圣灵,在《圣经》里,圣灵被称作上帝的基督的灵,圣灵来到人间,将人们从罪恶的生变过来,成为有神的生。他向人们显明上帝的旨意,引导人们。圣灵只要祈求得到,天主教称为"天主圣灵"。

一神论:基督教确信,世只有一种神存在,这就是上帝。《圣经》说:"我是耶和华,在我以外并没有神,我造光又造暗,我施平安,又降灾祸,造作这一切的是我耶和华。"上帝是"无所不知,无所不能,无所不在,全善,全智,全爱。"是万能的。除了惟我独尊的上帝外,没有其他任何神在,所以只要"赞美耶和华,敬畏耶和华主,那么这人便有福"。

 简 评

人类毕竟是虚弱的,在一筹莫展的时候,需要能从自己臆想的事物寻求慰藉与力量,因此这也就是基督教诞生的原因。希望,即使被降格为幻想,在一无所有人的心中,仍然有着巨大的力量。所以即使在基督教产生后2000多年的今天,在科学技术已高度发达的21世纪,其影响仍然不减以往。基督教的威力,由此可见一斑。

# 拜占庭帝国的崛起

## ——灿烂的欧洲古典文化

　　罗马帝国东西两个地区的经济文化发展并不平衡。东部更为稳定繁荣，而且文化水平也高于西部。公元 3 世纪，罗马帝国陷入深重的社会危机，帝国的经济、政治中心逐渐东移。330 年 5 月，罗马皇帝君士坦丁正式宣布迁都，决定新都建在拜占庭。拜占庭位于博斯普鲁斯海峡的欧洲一侧，原为希腊城邦麦加拉和希腊其他地区的人建立的殖民城市。君士坦丁决定迁都后，在此大兴土木，把拜占庭修建成为一个富丽堂皇、闻名世界的大都市，并更名为君士坦丁堡。395 年，罗马皇帝提奥多西死，他的两个儿子各领东西两部。于是罗马帝国正式一分为二：西罗马以罗马为都城，东罗马以君士坦丁堡为都城。历史上把东罗马帝国通常称作拜占庭帝国。

## 盛极一时的拜占庭帝国

　　拜占庭帝国的版图跨欧、亚、非三洲，包括巴尔干半岛、小亚细亚、叙利亚、巴勒斯坦、两河流域和埃及等地。这些地区多为古代东方文明的发祥地，在社会经济制度和文化方面有自身悠久的传统和特点，而且这种传统和特点并没有因罗马的征服而彻底改变。所以拜占庭帝国没有像西罗马那样陷入深重的社会危机。4、5 世纪时，拜占庭也遭受游牧民族的反复侵扰。匈奴人、东哥特人曾大举进攻，帝国政府采取了重金贿赂和"以蛮制蛮"的策略，把矛头转向了西方。476 年西罗马帝国灭亡，拜占庭帝国继续保持了稳定和繁荣，成为地中海区域的一个强大的国家。

　　拜占庭帝国之所以能够在"民族大迁徙"的浪潮中避免西罗马的命运，转危为安，深

查士丁尼大帝及廷臣

　　这是拜占庭时期最著名的镶嵌画之一，描绘的是查士丁尼大帝在大主教的陪伴下主持教堂奉献礼的情景。

## 历史大事全知道

层的原因在于它经济繁荣，国力强盛。拜占庭的农业素来发达，埃及、小亚和色雷斯都是农业发达地区。这些地区不仅谷物产量丰富，而且还广泛种植亚麻、甘蔗，用以制造纸草的芦苇等经济作物。发达的农业为工商业提供了坚实的基础。帝国的纺织业十分兴盛，麻、毛纺织是国家的传统手工行业，后来又学习了中国的丝织技术，生产的锦缎颇负盛名。另外，金属加工、玻璃制造、采矿、纸草和武器生产等也均是当时重要的手工行业。君士坦丁堡是帝国最大的工商业中心，它扼黑海出海口，是连结欧亚的桥梁，因而成为中世纪东西方的交通要道。来自北欧和东方的各种商品源源不断运到君士坦丁堡，再从这里转运到西欧各地。君士坦丁堡会集了当时东西方各地的商人，商业发达，人口稠密，成为一个繁华富庶的大都市。

在古代欧洲人的观念中，只有一个罗马帝国。罗马帝国分裂后，大一统的帝国虽已不再是现实，但仍是统治者的最高理想。西罗马灭亡后，拜占庭帝国自然以罗马帝国的正统继承者自居，以复辟旧罗马帝国为己任。在西罗马亡后逃到君士坦丁堡的一些罗马元老也企图借拜占庭的力量恢复故土。基督教会则希望消除不同教派，统一基督教世界，所以同样积极支持收复西部的活动。查士丁尼的活动集中体现了上述这些要求。

527 年，查士丁尼继其叔父登上拜占庭的帝位。他一生都在努力把重振大一统罗马帝国雄风的政治理想变为现实。同时，作为强硬的正统的基督教徒，他的活动又带有宗教狂热的色彩。中世纪初期，许多日耳曼人信奉基督教异端阿利乌斯派。该派认为基督不能与上帝同语，因为基督是上帝创造的人而不是神，同时也反对教会占有地产。这些思想都是查士丁尼所不能接受的，因此他要"替天行道"，扫除异端。政治理想与宗教狂热在查士丁尼身上合二为一。

查士丁尼的对外政策是稳固东部，向西征讨。532 年，他用重金向威胁帝国东部的萨珊波斯求得和平，以集中兵力进攻西部。533 年，他派手下大将贝利撒留出征北非的汪达尔王国。贝利撒留是帝国的著名将领，以骁勇善战著称，在查士丁尼对西部发动的一系列战争中都出任主要的指挥官。534 年，汪达尔被占领。535 年，查士丁尼又令其进攻意大利的东哥特王国。双方几经较量，553 年东哥特最终灭亡。554 年，拜占庭军队又攻入西哥特王国，占领了西班牙南部。地中海再次成了罗马帝国的内湖。

### 查士丁尼法典

查士丁尼最为卓越的政绩是编纂《查士丁尼法典》（又称《国法大全》）。这部法典是东罗马帝国立法创造性的杰作，世界上的任何法律都没有像《查士丁尼法典》那样受到普遍重视，也许世界上再也没有别的法典具有如此不朽的影响。

查士丁尼即位之初，由于他忙于战争和行政事务，无暇顾及法典的编纂事宜，就成立了以著名法学家特立波尼安为首的委员会，着手整理和编纂罗马法。529 年，根据历代罗马皇帝颁布的法令，编成《查士丁尼法典》10 卷；533 年，汇集历代罗马法学家的论文，编成《法学汇集》50 卷，另编成《法理概要》（又称《法学阶梯》）4 卷，作为学习罗马法的教材；最后，把 534 年以后查士丁尼颁布的法令汇集成册，称《新律》。上述 4 部书，统称《查士丁尼法典》（又称《国法大全》）。这是欧洲历史上第一部系统完备的法典。

为了巩固奴隶主阶级的政治统治，法典鼓吹皇命受于天，权力无限，第一次明确提出君权神授的思想。奴隶和隶农只有无条件服从自己的命运，甘心于自己受压迫、受剥削的处境。法典的颁布和实施，在一定程度上稳固了查士丁尼的统治。

为了保证大地主有充足的劳动力，法典强调隶农必须固定在土地上。同时，由于奴隶劳动已经不能获得丰厚的利润，法典允许释放奴隶。

法典中以罗马法的制定最完备，影响也最大。罗马法分为公法和私法（民法）两部分，但是人们通常所说的罗马法往往专指私法。罗马法竭了力维护私有制，是"以私有制为基础的法律的最完备的形式"。罗马法对买卖、借贷、债务、契约以及继承涉及简单商品所有者的一切法律关系，都做出了明确的规定，是"简单商品生产即资本主义前的商品生产的完善的法，但是它也包含着资本主义时期的大多数法权关系"。西欧各国的立法，除英国外，大多都受到罗马法的深刻影响。19世纪初颁布的《拿破仑法典》，就是在罗马法的基础上制定的。

《查士丁尼法典》成为罗马法的权威解释，影响了东罗马帝国，影响了中世纪以后的欧洲，成为法律学习、训练和论述的基础。

《查士丁尼法典》是世界上第一部完备的奴隶制成文法，它系统地搜集和整理了自罗马共和时期至查士丁尼为止所有的法律和法学著作，卷帙浩繁，内容丰富。它标志着罗马法本身已发展到极其发达、完备的阶段，对以后欧洲各国的法学和法律的发展有着较大的影响。

**圣索菲亚大教堂外观**

这座教堂建于公元6世纪，是拜占庭帝国的主教堂，也是东正教的宗教中心，
但经过土耳其在1453年改建后，使它变成了一座典型的清真寺的模样。

另外，法典的内容和立法技术远比其他奴隶制法更为详尽。它所确定的概念和原则具有措词严格、确切和结论明晰的特点，尤其是它所提出的自由民在"私法"范围内的形式上平等、契约以当事人同意为生效的主要条件和财产无限制私有等重要原则，为后世法律奠定了基础。

## 历史大事全知道

### 帝国的衰亡

查士丁尼对内实行暴政，对外实行军事扩张，他的政治理想似乎在腥风血雨中变成了现实。但旷日持久的残酷战争不仅使意大利更加残破不堪，处于奄奄一息的境地，也使拜占庭国库空虚、民穷财尽。因此查士丁尼已很难维持这个庞大的帝国。他在西部占领区倒行逆施，要求归还原罗马奴隶主的土地，强迫奴隶和隶农归顺原主，企图靠法令复辟已经灭亡了的奴隶制。但法令并不能使奴隶制复活，相反，由于查士丁尼长期的穷兵黩武，致使军队势力大减，濒于瓦解，占领的西部又陆续丢失。6世纪后期起，拜占庭自身就面临着强敌压境的局面。7世纪时，斯拉夫人占据了巴尔干，帝国仅能控制地中海沿海地区及一些岛屿。阿拉伯国家兴起后，又从拜占庭手中夺去了两河流域、叙利亚、巴勒斯坦和北非，帝国走向崩溃。7世纪中叶以后，拜占庭已不再是一个"帝国"，而变成了一个仅占据小亚和巴尔干部分地区的君主国。以后这个国家又多次遭受外族入侵，但仍存在了很长时间。1453年，土耳其人攻陷君士坦丁堡。1461年，全部领土被土耳其人征服，拜占庭最终灭亡。

拜占庭留给后人的最重要的遗产，是拜占庭文化。在1000多年的时间里，拜占庭文化绵延不断、成就突出、风格独特、影响深远。5—6世纪，拜占庭是欧洲的文化圣地。9—11世纪前半期和13世纪后半期至15世纪，也是拜占庭文化的繁荣阶段。科技、哲学、史学、文学以及建筑艺术等方面的成就都远远超出了同时期西欧的水平，在世界文化史中放射出夺目的光辉。希腊罗马时代的古典文化在这里从未中断。拜占庭是一个讲希腊语的国家，古典文化为其所直接继承。同时，它又是一个信奉基督教的国家，因而基督教文化也成为拜占庭文化的一部分。再者，北非和西亚这些古代东方文明的发祥地都曾归属拜占庭，古老的东方文化自然又给拜占庭文化多染了一层色彩。于是拜占庭文化成为世界文化宝库中的独特一宗。当欧洲大部分地区在战乱中进入中世纪以后，拜占庭成为欧洲惟一的富有知识和文化的国度，成为欧洲各国的学者和艺术家所向往的地方。东欧和俄罗斯从拜占庭那里接受了基督教以及建筑风格、文学艺术、学术传统，成为拜占庭文化的直接受惠者。文艺复兴运动，在一定程度上得助于拜占庭对古典文化的保存和传播，许多人文主义者正是从这里获得了珍贵的古典书籍，受到古典学术传统的熏陶。

# 伊斯兰教的创立
## ——伊斯兰世界的起源及形成

　　伊斯兰教的创始人是穆罕默德。公元570年，穆罕默德出生在阿拉伯半岛麦加的古莱什部落一个没落的贵族家庭。父亲在他出生前亡故，母亲在他6岁时去世。他从小跟随祖父和叔父长大。童年的穆罕默德做过牧童，牧羊生活使他酷爱思索和琢磨。他年轻时跟随叔父的商队，到过埃及、叙利亚、也门等地，积累了丰富的社会知识和自然知识，对于犹太教、基督教和部落宗教都很熟悉。25岁那年与麦加富商40多岁的寡妇赫蒂杰结婚。

**耶路撒冷的岩顶清真寺**

耶路撒冷的这座清真寺是世界上最古老的伊斯兰教建筑之一。该寺矗立在老城东边，是耶路撒冷的最高建筑。

　　伊斯兰教产生前，阿拉伯人有其原始而蒙昧的宗教，他们敬畏膜拜那些不可知的日月星辰及地层深处的精灵，多为原始的自然崇拜，也有信仰犹太教和基督教的。麦加城的古莱什部落信奉原始的多神教，麦加城中心有座方形克尔白神庙（天房），供奉一块黑陨石和一些部落神。阿拉伯人认为黑陨石是天降神物，它的每个凹痕都是上帝写的圣字。麦加城的阿拉伯人都来朝圣。朝圣期间，禁止武装冲突，故称麦加为"禁地"。由于信仰的神各种各样，部落之间经常发生战争。穆罕默德内心非常痛苦，希望找到一种解脱的办法。

　　当时阿拉伯人有一种习惯：他们的思想家们每年都要远离世人，自己隐居一段时间，用斋戒和祈祷向上帝祈福和乞求真理。在穆罕默德40岁那年（610年），他来到麦加北面希拉山顶峰的一个山洞隐居祈祷。一天夜里，穆罕默德正在洞里睡觉，一位天使手捧经卷来到他的面前，天使对他说："你宣读吧。"穆罕默德惊诧地说："我不会。"这时他感到天使好像在掐住他的喉咙，然后又松开，并对他说话。他一直往前走，直到山腰，听到一阵好似来自天空的声音对他说："穆罕默德啊，你是安拉神的信使，我是伽百利。"这是穆罕默德受到的第一个"默示"。从此他宣称宇宙间只有一个真神安拉，自己是安拉的使者，信徒的先知，接受神谕，要将阿拉伯民族带入一种新的道德观及一神教的信仰境界。一种崭新的宗教——伊斯兰教就这样诞生了。

穆罕默德在被问及什么是伊斯兰时回答道："伊斯兰即是信仰安拉神及先知，背诵祈祷文，给予布施，遵守伊斯兰历第九月的斋戒，并且向麦加朝圣。"而祈祷、布施、斋戒及朝圣是回教徒的"四大义务"，再加上信仰安拉神及先知，合称为"伊斯兰教的五大信念"。穆罕默德每次开始传教，他总是讲同一句话："除独一的安拉以外，别无主宰；穆罕默德是安拉的使者"，"安拉为你们创造大地上的一切"，"天地万物，皆属安拉"。伊斯兰教徒叫做"穆斯林"，意即信仰安拉、服从先知的人。穆罕默德要求定期赈济穷苦人；每天举行祈祷，星期五为假日，举行公众祈祷；伊斯兰历九月（即公历二月底到三月初）为每年的斋月，昼夜斋戒禁食。麦加的下层居民狂热地听穆罕默德传教。他告诉听众：凡信仰安拉，在现实生活中有善行的人来世进天堂；不信仰安拉，在现实生活中有恶行的人来世下火狱。

穆罕默德一开始是秘密传教，信徒很少，主要是他的亲属。初期伊斯兰教徒不敢在麦加城内祈祷，如果他们想做礼拜，就到麦加周围山间小路上去做，这种情况一直持续了三年。后来对麦加贵族不满的人逐渐皈依伊斯兰教，信徒有所增加。因为伊斯兰教除安拉以外不承认任何部落神，麦加逐渐失去其宗教中心的地位，还直接威胁麦加贵族的利益，因此，穆罕默德的传教活动引起麦加贵族的仇恨和迫害。他们起初以威逼利诱的手段企图迫使穆罕默德放弃自己的观点，后来则想方设法加害穆罕默德。622年9月20日深夜，穆罕默德和他的一个忠实信徒从屋顶爬出，跳出古莱什人的重重包围，离开麦加，直奔雅特里布。伊斯兰教徒把这一事件称为"徙志"，作为伊斯兰教历的纪元。雅特里布改称"麦地那"，意为先知之城。穆罕默德以麦地那为中心继续传教，受到热烈欢迎，并很快建立了一个政教合一的国家，掌握了麦地那的政治、经济、军事大权。

630年，穆罕默德组织一万大军向麦加进军，麦加城的贵族在寡不敌众的情况下只好投降。穆罕默德不愿人们在相互仇恨中生活，安拉使他战胜了他的敌人，但他宽恕了他们。他不记旧仇，不图报复，他以此为整个世界、为子孙后代做出了不朽的榜样。

穆罕默德和麦加贵族达成协议：麦加贵族承认穆罕默德是他们的宗教领袖，而穆罕默德也承认麦加城那座"天房"里的陨石是伊斯兰教的圣物。穆罕默德骑着骆驼绕着"天房"走了七圈，并把"天房"改为伊斯兰教清真寺，作为伊斯兰教徒朝圣和礼拜的场所，其他部落神全被清除。

穆罕默德在征服麦加城后，又陆续征服了其他一些地区。在他的宗教宣传和武力征服下，阿拉伯半岛上的各部落纷纷改信伊斯兰教。632年6月8日，穆罕默德在麦地那病逝，他的弟子把他的言论和陆续颁布的经文编成伊斯兰教经典《古兰经》。所谓"古兰"，阿拉伯语意为"读本"，为伊斯兰教徒必读的课本，必须遵守的基本准则。

穆罕默德逝世后没有给自己的亲人们留下什么遗产，但他给广大穆斯林留下了珍贵的宗教信仰，他为伊斯兰文明奠定了基础，这个新文明的基础体现在他的格言中："知识是我的资本，理智是我的信仰，友爱是我的根本，渴望是我的交通工具，感念安拉是我的安慰，信心是我的宝藏，忧虑是我的伴侣，学习是我的武器，忍耐是我的衣服，知足是我的战利品，清贫是我的荣誉，修身是我的职守，确信是我的力量，诚实是我的护身之宝，服从是我的功勋，勤奋是我的秉性，礼拜是我的喜悦。"而此时的阿拉伯半岛也已基本统一。

穆罕默德的继任者称哈里发，集军、政、教大权于一身。第一任哈里发阿布伯克是穆罕默德的岳父，他在位期间，平息了各地的分裂势力，最终完全统一了阿拉伯半岛。在此基础上，随后的几任哈里发高举伊斯兰教旗帜，带领阿拉伯人，在"前面就是天堂，后面就是地狱"的"圣战"口号下，走上了对外扩张的道路。

他们先后打败了东罗马、波斯，征服了埃及、北非、西班牙。到 8 世纪中叶，帝国版图东起印度和中国边境，西抵大西洋沿岸，南达阿拉伯半岛和北非，北至咸海、黑海、比利牛斯山，成为一个横跨欧、亚、非三洲的大帝国，我国史书上称之为"大食帝国"。

阿拉伯帝国是由阿拉伯人通过武力扩张建立起来的，整个帝国缺乏统一的经济基础，随着帝国内部各种矛盾的发展，到 8 世纪后期，帝国逐步走向解体：以巴格达为中心形成黑衣大食，帝国的欧洲部分和北非部分则分别出现白衣大食和绿衣大食。

13 世纪，在西征的蒙古人的铁蹄下，阿拉伯帝国寿终正寝。

简　评

　　伊斯兰教是社会大变革在意识形态上的反映。它强调单纯的信仰，教义和仪式都比较简单，任何人只要在众人面前朗诵一次信仰的信条，即可被承认为穆斯林；它强调平等，认为信仰真主的人都是兄弟，彼此平等，礼拜时不分贫富，比肩而立；它承认私有财产，承认奴隶制，承认一夫多妻制，反对高利贷剥削。

　　正因为伊斯兰教适应了社会发展的需要，随着阿拉伯帝国的扩张，伊斯兰教发展为世界性宗教。

# 日本大化革新

## ——日本进入封建社会

公元 645 年（日本皇极天皇四年）6 月 12 日，日本飞鸟板盖宫太极殿。这一天日本朝廷正在接见"三韩"的使者，举行"受贡"仪式。随着"嘎吱吱"的一阵响声，宫门全部关闭，中大兄皇子突然拔剑刺杀了大贵族苏我入鹿，在场的许多贵族大惊失色。原来这是中大兄皇子联合中臣镰足等人为改革而发动的政变。

日本是由几个大岛和若干小岛组成的国家。在古代，这种岛国的特点之一是内部矛盾必须自己来解决，外部势力很难加以干涉，大海在那时还是人们与外界交往的最大障碍，所以自身的改革极其必要。

公元 3 世纪以后，日本本州地区出现了一个较大的政权——大和国家。大和国家原来局限于本州中部的大和地区。在不断的扩张中，大和国家逐渐占领邻近地区，领土越来越大。5 世纪时，这个国家已经统一了现在日本的大部分地区，今天的日本国就是在此基础上发展起来的。大和国家的最高统治者是天皇。

大和国家在扩张过程中，不断占有周围的土地和土地上的人民，并将其分配给皇室成员和大贵族。大和国家把土地分为屯仓和田庄两部分，前者属于皇室，后者属于贵族。同时劳动人民也被分成两部分，一小部分是奴隶，主要用于家内劳动，另一部分是部民，主要用于生产劳动。部民是日本国家形成过程中的特殊现象。在大和国家向外征服的过程中，一些归顺的部落和被征服的部落被集体安置下来，保留了原来的部落组织，在原有土地上继续生活，有许多仍保留着原来的原始血缘关系；此外还有一些专门从事专业生产的部，其劳动者也称作部民。

按照分类，从事农业生产的称作田部、米部，在手工业或其他行业从事生产的总称作品部，在品部内又按照行业的不同分为衣缝部、锻冶部等。在大贵族田庄从事特殊劳动的部民是以其主人的氏命名的。部民有自己的家庭和生产工具，可以有少量的家庭财产。主人不得随意杀害或买卖部民，但可以像对待奴隶一样把他们作为礼物送给他人。所以部民和奴隶区别不大。在当时，部民和奴隶大约占日本人口的一半以上。在贵族和部民之间是大批平民，他们的地位由于财产的变化也在变化，时刻有沦为部民的危险。大和国家在基本上统一了全国之后，失去了继续向外扩张的地理环境，内部开始了争夺。一些较大的贵族极力想独自控制中央政权，从中获得更大的利益。

6 世纪之前，比较强大的物部氏控制朝政。后来新兴的苏我氏强大起来，打败了物部氏，夺得了中央的控制权，扶植有利于自己的天皇。苏我氏家族不可一世，下面的中小贵族也在疯狂地兼并土地，残酷地剥削部民，许多平民的土地也被剥夺，土地和财富不断集中，社会矛盾空前尖锐。在这种情况下，奴隶、部民和平民纷纷起来造反，抗税逃亡。公元 6 世纪，整个社会已处于混乱状态。统治阶级不得不考虑如何找出更好的统治方法，以取代过时的部民制。于是在日本出现了向中国学习的改革。

改革是从上层开始的。苏我稻目（？—570 年）是改革的代表人物。他曾任两朝天皇的大臣，在朝廷中掌管财政。他本人与中国的来日人员交往很多，与大陆的移民有着良好的关系。当时，与日本一海之隔的中国社会发展程度较高，向中国学习是一些上层贵族青年的时尚。

早在公元5世纪，日本就与中国南朝的刘宋和朝鲜的百济交往密切，亚洲大陆上先进的文化和科学技术不断进入日本。苏我稻目于555年在吉备五郡设立过屯仓，但部民逃跑的很多。后来他试用了编制户籍的办法，取得了良好效果，部民很少逃跑。这种作法得到了天皇的奖赏。采用建立户籍的办法，使过去以部为单位受奴役的田部民，变成以户为单位的小生产者。这些小生产者直接向国家交纳年贡，实际上成了自由的国家农民。但是改革的主张遭到了朝廷中顽固势力的反对。

物部氏的物部尾舆是掌管军事的大贵族，他极力维护旧有的统治方式。引起双方直接冲突的事件是佛教信仰问题。522年，百济王献给日本佛

圣德太子像，旁边是两位王子。

像和佛经。在朝廷上，钦明天皇询问群臣可否崇拜佛教。稻目主张崇拜佛教，以佛教来统一全国的思想，尾舆坚决反对，认为佛教会给日本带来灾难，不如仍然崇拜原来各个氏族的神。

半个世纪之后，两个对立的势力再次交锋。587年，用明天皇死，因皇位继承问题，稻目之子苏我马子和尾舆之子物部守屋进行了决战。在衣折战役中，物部氏被打败。

苏我马子控制了朝廷，他先是立泊濑天皇，后又在592年拥立自己的外甥女为推古天皇。593年，推古天皇立用明天皇的遗子厩户为太子，临朝摄政，即圣德太子（574—622年）。圣德太子对中国文化极为了解，欣赏中国的大一统国家体制，极力主张加强皇权，并积极准备改革。603—604年，进行了"推古改革"，先后制定了冠位十二阶和宪法十七条。冠位十二阶按才能和功绩授予个人，是非世袭的官位，排挤了那些世袭的贵族，使天皇的权力增大，同时使国家的政府官僚体制有了雏形。

宪法十七条，用以中国儒家三纲五常为主的思想规定了日本臣民的行为守则。其中明确规定，"国非二君，民无两主，率土兆民，以王为主"。宪法中还主张以和为贵，减少阶级对立。594年，由天皇下诏，提倡佛教，为了提高日本的国际地位，圣德太子在与中国加强来往的同时，不再以臣相称，而是采取了对等的称呼。他还向中国派遣大批留学生。但是圣德太子的改革只是一个准备，并没大力推广开来，顽固势力还相当强大。622年，在圣德太子死后，苏我氏害怕进一步的改革损害苏我氏独揽朝政，于是杀死了圣德太子的儿子山背大兄皇子，使刚刚开始的改革夭折。

但是改革的思想已经深入人心。苏我氏的专权遭到朝野反对。645年6月12日，中大兄皇子联合中臣镰足等人在接见三韩使者的仪式中，突然发动袭击，刺杀了苏我氏的代表人物苏我人鹿，接着立即在奈良组织军队，严加防卫。13日，苏我人鹿的父亲走投无路，被迫自杀。14日，革新派人物组成了以中大兄皇子、中臣镰足为核心的集团，废黜了苏我氏拥

立的天皇，拥立中大兄的舅舅轻王子继位，称孝德天皇，并效仿中国的作法，建年号"大化"，迁都难波（今大阪）。

646年正月元日，新政权颁布了《改新诏书》，并全力向全国贯彻。为了使改革顺利进行，新政权在全国各地登记人口和检查田产。701年又发布了《大宝律令》，使改革以法律的形式固定了下来。

大化革新是个逐步的过程，大约经历了半个世纪，改革的纲领在实施中也不断完善和修改。大化革新之后，日本在经济方面废除了部民制，建立起封建土地国有制。在政治方面，废除了贵族的世袭特权，建立以皇权为中心的中央集权国家。在军事上，实行征兵制，在京师设立了五卫府，在地方设军团，所有军队一律归中央统一指挥。

大化革新部分地解放了生产力，完善了日本的统治制度，奠定了日本的国家发展方向。从此，日本开始进入封建社会。

简　评

大化改新是以中大兄为首的改新派在遣唐留学生的影响和支持下，以"法制完备"的唐代集权制国家为典范，为建立天皇中心主义的律令制国家而进行的政治体制改革。这次改革把广大部民从氏族贵族的占有下解放了出来，使他们的地位有所改善，提高了生产的积极性。削弱了贵族的特权，加强了中央集权，为经济和文化的发展创造了比较稳定的社会环境。此后日本更加积极地汲取中国文化，多次向中国派遣遣唐使，促进了中日文化的交流。

# 查理大帝由教皇加冕
## ——教俗双重统治的建立

公元 800 年圣诞节，罗马圣彼得堡大教堂灯火辉煌，一位身躯高大、面容端庄、气度非凡的国王正在作弥撒。突然，教皇立奥三世把一顶金色皇冠戴在他的头上，并大声说："上帝为查理皇帝加冕，保佑这位伟大的罗马人皇帝万寿无疆，战无不胜！"在场的人齐声欢呼。

这位查理是谁？教皇为什么要给他加冕呢？

742 年，查理出生在法兰克的名门贵族家庭，曾祖父赫里斯塔尔·丕平是法兰克王国独揽大权的世袭宫相，祖父查理·马特以巩固国家统一和战败阿拉伯人而驰名，父亲矮子丕平在罗马教皇的支持下，废掉了长期徒有虚名的墨洛温王朝末代君主，成为加洛林王朝第一代国王。关于矮子丕平，我们有必要多说几句。为了回报教皇的支持，丕平两度出兵攻打威胁教皇的伦巴底人，并把征服来的从拉文那至罗马的土地送给教皇，史称"丕平献土"这奠定了后来教皇国的基础。

作为王子，查理从小在父亲身边受到军事和政治上的锤炼，精于武艺，骠悍善战。768 年，丕平去世，查理和弟弟卡罗曼按照父亲的遗嘱平分了法兰克王国，实行共治。卡罗曼死后，查理成为法兰克王国惟一的国王。查理在位 46 年，共进行了 50 多次战争，使加洛林王朝达到鼎盛。

查理当政后的第一次亲征是进攻意大利北部的伦巴底王国。伦巴底人曾多次进犯教皇驻地罗马，查理应教皇要求，派军进攻伦巴底。伦巴底人战败，俯首称臣，国王还把自己的女儿许配给查理为妻。但伦巴底国王的女儿体弱多病，不能生儿育女，很快被查理遗弃。伦巴底国王得知消息，暴跳如雷，发誓与查理誓不两立。查理先发制人，774 年冬，查理率领大军翻过白雪皑皑的阿尔卑斯山，采取分兵袭击、围困迫降的战术，攻占了伦巴底的全部国土。接着进军罗马，实践了其父的诺言，把意大利中部奉献给罗马教皇，教皇授予他"罗马人长老"的称号。从此，意大利的北部与中部便处于查理的控制之下。

查理一生中进行的最长战争，是对北方萨克森人的征服。从 772 年开始，查理亲率大军发动对萨克森人的战争，他残酷镇压萨克森人的反抗，残忍地将 4500 名萨克森人质全部处死，所有萨克森儿童都要用刀剑量过，凡超过规定高度者，一律砍

查理曼大帝像

头。然而查理的残暴并没有吓倒萨克森人，爱好自由的萨克森人顽强不屈，英勇抗争，与查理展开了不屈不挠的持久战。双方战争持续了33年，查理在萨克森地区建立了大批教堂，强迫所有萨克森人信仰基督教，不守教规、保留异教习惯者均被处死。各地居民都必须给教会提供土地、房屋、劳役和交纳什一税。这样法兰克王国的国境线推到了易北河一带。

在与萨克森人作战的同时，查理还征集了一支庞大的军队去进攻西班牙。778年，查理的军队越过比利牛斯山，攻打当地的阿拉伯人。回师途中，当后卫部队经过比利牛斯山隘口的时候，突然，山顶上喊杀声四起，两侧的树林里冲出密密麻麻的人群，原来这些人是当地的巴斯克人，因反对查理侵入自己的家园，特地在森林茂密的山顶上布置了伏兵。在夜色的掩护下，巴斯克人把查理的后卫官兵杀得片甲不留，查理的部将罗兰英勇战死。这一事迹后来被文学家加工成法兰西最早的民族史诗《罗兰之歌》，诗中赞美罗兰是中古骑士的楷模，查理为封建君主的典范。23年后，查理又一次远征西班牙，吞并山南广大地区，建立了西班牙边防区。

查理占领伦巴底国，触怒了伦巴底国王的女婿巴伐利亚公爵塔西洛。他决定向查理挑战，替岳父报仇。787年，查理出兵巴伐利亚，废黜了巴伐利亚公爵，把这个地区置于自己的直接统治之下。

法兰西查理大帝加冕式

查理在对外侵略扩张的过程中，与罗马教皇保持着相互勾结和利用的关系。教皇与法兰克人的勾结引起了罗马大贵族的不满。795年圣诞节，教皇阿德连一世去世，新任教皇立奥三世继位没多久，贵族们就罗织罪名把立奥三世逮捕入狱，并扬言要挖掉他的眼睛，割掉他的舌头。立奥三世秘密派人向查理求救，查理立即率兵前往罗马，将罗马贵族或处以死刑，或禁锢终身。

第二年又亲自送立奥三世回罗马复位，立奥三世感激涕零，于800年封查理为"罗马人皇帝"，查理成为古罗马帝国的合法继承人和基督教世界的保护者。从此，查理国王变成了"查理大帝"，法兰克王国成为"查理曼帝国"。

查理的才能和业绩并不仅限于军事征服。他在行政、司法与军事制度、经济生产管理体制、教会组织规章、文化教育等各方面都推行了一系列措施，在很大程度上奠定了西欧封建社会的发展模式。

在行政方面，查理把帝国划分为许多辖区，分别由公爵、侯爵、伯爵等统辖，他们最初由国王任免，后来发展为终身制以至世袭。同时，大主教、主教、修道院院长也有类似的地方行政权力。帝国内部也存在大量封赐给军事与教会贵族的采邑，其中一些拥有独立的行政司法和财政税收的权力。

在军事方面，为确保兵员供应，查理做出了严格的规定，要求拥有一定数额土地的人自备武器、粮食和衣物等，不足规定土地数额者则由几个人合力提供兵役。教会贵族接受采邑后也必须提供相应的兵役。

在司法方面，查理要求法官必须具有法律知识，依法进行审判，并确定了审判过程中的陪审作证制度，成为中世纪普通法发展的开端。

为了加强中央政府对帝国的控制，查理加强国家官员及机构的建制。他把传统的"五月校场"民众大会演变为国王和全国贵族、官员与教士商讨决定重大事务的会议。他还经常派出巡视团，监督和检查敕令的执行情况以及官员是否称职、教士是否守规等。

查理还大力倡导文化教育。他率先垂范，学习并掌握了古法语、拉丁语、古德语等多种语言。他建立学校培养贵族子弟、培训教会人员，还下令教会和修道院学习和传授文化，他令人抄写了大量古典和早期基督教的著作并加以保存，因而这些典籍得以流传至今，这些成就后来被称为"加洛林文艺复兴"。

查理帝国辉煌一时，但并不长久，查理死后不久，他的三个孙子在843年三分帝国，分别成为后来法兰西、德意志和意大利的前身。

简　评

查理是欧洲中世纪历史中的一个重要人物。查理建立了强大的法兰克王国，而且他与罗马教皇合作，最终接受了罗马教皇的加冕，成为名义上继承罗马帝国的皇帝。这一切，对于中世纪基督教势力与世俗势力特别是王权的结合有着重要的意义，可以说是一个政权和教权的典范。从此，整个中世纪，基督教的力量成了欧洲的重要统治力量。

# 诺曼人征服英格兰

## ——大不列颠岛上的民族融合

### 诺曼人到来之前的不列颠

远古时，不列颠岛曾附着在欧洲大陆的边缘上，并不是被海洋包围的岛屿。岛上的泰晤士河，那时也属于欧洲大陆上的莱茵河水系，两河水脉相通，本为一体。后来，地壳变迁，海水上涨，不列颠与大陆分离，自成一岛。

在公元前4000年代，欧洲大陆西南部的伊比利亚人从遥远的地中海来到了大不列颠岛。他们在岛上开始了极艰苦的创业，用大而笨的石器种粮食、打猎。

此后，岛上先后来过高特尔人、克尔特人、比格尔人，经过民族大融合，征服者与被征服者形成了统一的民族——不列颠人。

不列颠人从公元前53年起，就遭到了罗马人的侵略。罗马人对大不列颠岛的统治大约有四百多年。但罗马帝国由于离大不列颠岛太远，所以进行的干涉并不太多。不列颠人幸运地保留了自己的传统。

在罗马结束对大不列颠岛的统治后，日耳曼人来了。进入大不列颠岛的日耳曼人主要是盎格鲁、撒克森和朱特三个部落。但习惯上还是将他们统一称为盎格鲁人。盎格鲁人早就盯着大不列颠岛，但一直苦于无理由动手。直到一个不列颠部落与其他部落打仗，请盎格鲁人前来帮忙，盎格鲁人求之不得，他们利用这个机会，对不列颠人大开杀戒，一举夺得了不列颠人世代生存的东南沿海、内地地区，成了大不列颠岛的新主人。

退到西部山区的不列颠人始终都没有放下手中的武器，他们团结奋战，不向盎格鲁人屈服。盎格鲁人对他们也没有办法。这些不列颠人被盎格鲁人称为威尔士人，他们的地区也就被称作威尔士。

进入大不列颠岛的盎格鲁人内部有着众多的矛盾，互相征战不休。在6世纪末到7世纪初，他们才达成平衡，分成了七个小国。英国人称这个时间段为"七国时代"。829年，威塞克斯王国兼并了其他六国，建立了统一的英格兰王国。但它无力阻止诺曼人的入侵。

### 诺曼人的殖民与"诺曼征服"

公元866年，丹麦人踏上英格兰，处决了英王爱德蒙。

诺曼人包括丹麦人、瑞典人和挪威人，他们属居住在易北河口以北的日耳曼人。虽然4、5世纪以来有大批日耳曼人进入西欧各地定居，并在那里接受基督教，但这些诺曼人仍远居北欧，过部落生活，信仰自己的部落神。

9世纪时，可能一方面由于人口的压力，另一方面原始社会末期社会矛盾、斗争加深，诺曼人开始从北欧四出侵掠。他们就是人们常说的"北欧海盗"，他们结成团伙，乘船出海远航。诺曼人造尖底无甲板的木船，每船能载40—60人，用帆或桨行驶，速度很快，吃水很浅。因此便于从海口沿河上溯，深入内陆。而西欧各地又有许多条这种通向大海水流平缓的河流，成为诺曼人侵略的便利之途。丹麦人主要袭击英格兰和法国，挪威人则进攻苏格兰、爱尔兰等地，而瑞典人则向东欧发展，就是俄国历史上所说的瓦里亚格人。

大约8世纪末，诺曼人开始入侵英格兰东海岸，并逐渐在这里建立了定居点。10世纪初，又侵占法国部分领土。911年，法兰西国王查理三世和诺曼人的首领罗洛立约，封他为公爵，将塞纳河口一带地方划归他统治，以后这里有大批诺曼人前来定居，形成诺曼底公国。

现在我们要说说诺曼底人征服英格兰的事情了。1016年，丹麦人征服英格兰全境。丹麦王卡纽特拥有一个包括丹麦、挪威、瑞典和英格兰的庞大国家。1035年，卡纽特死，国家解体，英格兰乃得复国。1042年，威塞克斯王朝的后裔爱德华登上英格兰王位。爱德华曾流亡诺曼底，他的母亲是诺曼底公爵罗伯特的女儿。他虽然娶英格兰大贵族戈德温之女为妻，但在朝中却重用诺曼人，为诺曼征服铺平了道路。

1066年，爱德华国王逝世，没有留下土位继承人。按照英国的法律，如果死去的国王没有留下王位继承人，那王位继承问题应该由英国政治机构的核心"贤人会议"来决定。

正当"贤人会议"的成员在热烈讨论王位的继承人选时，诺曼底公爵威廉派来使者，声称当年爱德华国王流亡诺曼底时，曾许诺公爵，若有朝一日当上国王，定将王位传给公爵。

这时挪威国王也觊觎英格兰的王位，声称挪威王是卡纽特大帝之后，昔日英格兰曾归卡纽特大帝统治，现在要求恢复对英国的统治。

"贤人会议"经过反复讨论之后，决定推选英国本土戈德温家族的哈罗德为新国王。

当哈罗德在威斯敏斯特教堂加冕称王的消息传到诺曼底时，威廉公爵大怒，立即开始了军事行动。为了解除后顾之忧，他与东部的弗兰德尔人结盟，并征服西面的不列塔尼和南部的缅因。为了创造一个有利的外部环境，他游说罗马教皇亚历山大二世和神圣罗马帝国皇帝亨利四世，向他们控告哈罗德背信弃义的行为。教皇支持威廉的行动，还赐给他一面"圣旗"，亨利四世也表示要帮助威廉夺回王位。这一切为他入侵不列颠创造了有利条件。

哈罗德在继承王位后，也立即展开了紧张的军事准备工作。英格兰首先迎来的侵略者是挪威军队。原来哈罗德国王的弟弟托斯蒂格，因不满自己的领地被剥夺，怀恨在心，于是勾结挪威国王引狼入室，挪威军队在英格兰北部登陆。哈罗德下令迅速集合部队，连夜启程北上。

双方军队在英格兰北部重镇约克城下遭遇，挪威军队首先向英格兰的西线军队发起进攻，英军居高临下，一次又一次打退了敌人的进攻。挪威军队又改向东线进攻，就在挪威军快要接近英军阵地时，英军突然万箭齐发，挪威军死伤无数，一支利箭朝挪威国王飞来，国王躲闪不及，正中他的咽喉，当场倒地身亡。群龙无首，挪威军心涣散，伤亡惨重，余部投降。

英军虽然取得了重大胜利，但是哈罗德的军队也打得精疲力尽，正待休整，又传来一个

## 历史大事全知道

地毯画：黑斯廷斯战役

英格兰在这场战役中实现了"诺曼征服"，建立了诺曼王朝。

更坏的消息，诺曼底公爵威廉的军队在不列颠的南部登陆。

1066 年 9 月 28 日，威廉的军队未遇任何抵抗便在伯文西湾登陆。10 月 14 日，威廉的大军赶到黑斯廷斯，与英军遭遇，一场决战就这样开始了。英军作战英勇，多次打退威威廉的军队，不幸的是，哈罗德在混战中中箭，倒地身亡。

国王战死，英军士气低落，全线溃败，黑斯廷斯战役以威廉的胜利而告终。威廉乘胜追击，攻占伦敦，不久就征服了整个英格兰，当年圣诞节，威廉在威斯敏斯特教堂举行加冕典礼，是为威廉一世，史称"征服者威廉"。

### 简　评

威廉在征服英格兰之后，采取各种措施以巩固其统治。他镇压各地的反抗，实行分封制，把自由民变为依附于封建领主的农奴，促进了英国封建社会的最后形成。

威廉的征服对于英国城市和工商业的发展也产生了影响。当时全国约有5%的人口居住于城市，伦敦、多佛、坎特伯雷、诺里支、诺丁汉等大城市的市民，在经济上比较富裕。由于大多数城市都位于国王领地之上，国王就是领主，这种情况使得城市难于摆脱国王的控制；但威廉实行有利于城市的政策，受到市民的拥护。威廉从城市得到的财政收入，源源不断，国库十分富裕。

由于英格兰与诺曼底的联合，促使英国城市与大陆的商业贸易日益发展，它们与大陆的联系日益密切，尤其是经济发达的弗兰德尔，需要英国输入大量的羊毛。英国商人享受国王特别的保护、伦敦商人尤为得利。威廉在位初年，就曾下令承认伦敦市民的特权和自由。这个城市成为英国同大陆贸易的中心。较早地得到国王保护的英国城市，也给予国王以积极支持，两者结为联盟，这为英国王权的加强和此后中央集权的建立准备了条件。

总之，"诺曼征服"在政治、经济、军事、文化方面改变了英国的面貌，促进了英国封建社会的发展。

# 十字军东侵

## ——打着圣战旗号的侵略

　　神秘的耶路撒冷，被犹太教、基督教和伊斯兰教奉为各自的圣地后，由此产生了一幕幕争夺圣地的悲剧。"耶路撒冷"一词取自希伯来语，意为"和平之城"，但它却经常被战争的阴云所笼罩。

　　罗马教廷和西欧封建主借宗教理想，打着圣战的旗号，对东部地中海各国进行了持续两个世纪的侵略战争（1096—1291年），历史上称为"十字军东侵"。

### 教皇煽动的战争

　　公元11世纪，来自西亚的征服者塞尔柱土耳其人入侵巴格达，强大的阿拉伯帝国开始解体。战乱使不少基督教会、修道院遭到破坏，许多富人逃到东欧，朝圣者只能从地中海乘船去耶路撒冷。罗马教廷风闻这些消息后，借机煽动欧洲人的宗教仇恨情绪。恰在这时，拜占庭帝国（即东罗马帝国）皇帝亚历克塞一世遭到突厥人的进攻，向罗马求救。罗马教皇喜出望外，他们早已图谋重新统一教会，进而使穆斯林改信基督教。

　　1095年的秋天，罗马教皇乌尔班二世在法国南部克勒芒召开的宗教大会上发表蛊惑人心的演说："上帝的孩子们啊，我们东方的圣地耶路撒冷给异教徒占领了。这是何等的奇耻大辱啊。上帝要你们赶快去夺回我们的圣地。要知道，东方国家遍地都是蜜和乳，简直是第二天堂，你们还不赶快响应上帝的号召吗？"

1095年教皇乌尔班二世在法国克勒芒召开宗教会议，号召夺回圣地，由此引发了长达将近两个世纪的"十字军东征。"

## 历史大事全知道

　　乌尔班二世宣称，去东方将获得大量战利品，参加者可以延期偿还债务。教会还欺骗农奴说，参加东征可以获得人身自由，还答应饶恕他们的一切罪过，并且保证每一个战死的人，他的灵魂都可以直接上天国。于是2万名农奴，在一个叫彼得的教士率领下，浩浩荡荡地向圣城出发了。稍后，贵族们在安置好他们的家产后，也组织了一批较具传统性的正规军队加入东征的行列。东征的参加者，都在衣服上缝上十字作为标记，因而称为十字军。这样，由罗马教皇和西欧封建主发动的、前后共8次、历时两个世纪之久的十字军东征便正式拉开了序幕。

　　这场"十字架反对新月"的战争，除了收复圣地外，尚有其他的动机。贵族、王室，尤其是年轻人则希望在东征中获得新的领地。或者说，他们参加十字军的目的和平民一样，在于渴望获得现有的社会中所无法追求到的利益与机会。

　　11世纪，西欧国家城市兴起，国内外贸易迅速发展。商人们把东方的贵重丝织品、精致香料和甘醇的葡萄酒大量地运回欧洲，极大地刺激了封建贵族对东方的贪欲。而一批批朝圣者到东方后，为那里繁荣的经济、宏伟壮观的庙宇、宫殿和悠久灿烂的文化所吸引。于是，东方富庶的神话在西欧到处流传。

　　农奴渴望在那里获得土地和自由，骑士们梦想在东方发财致富、大小封建主希望扩展自己的领地，商人们热衷于夺取东方的港口和市场，独霸东西方贸易。现实的物质利益使社会各阶层都紧急行动起来了。他们汇聚在一起，像浪涛一样涌向东方。

第一次十字军东征时的骑士，他们的装备比以前有了更完善的改进，头盔及铠甲牢牢地护住全身，把伤害降低到最小。

　　1096年春天，法国北部、中部和德国西部穷苦农民组成的十字军，首先分别从本乡出发，踏上了征途。他们衣衫褴褛，有的还拖家带口，幻想着到富饶的圣地去安家乐业。然而，这批乌合之众的"穷人十字军"，历尽艰辛到达小亚细亚草原时，他们遇到的是塞尔柱土耳其人装备精良的铁骑。一场恶战之后，"穷人十字军"大部分被歼灭，只有一些人侥幸逃回，他们带回的不是金银财宝，而是悲伤与惨痛的记忆。秋天时，由骑士组成的十字军，开始从法国、意大利和德国西部出征。他们由封建领主率领，武器准备精良，组织也比较严密，总数约四万人。经过小亚细亚半岛，向耶路撒冷挺进。

　　这时的小亚细亚和巴勒斯坦等地处在塞尔柱土耳其人的统治下，实际上已经分裂成一些各自独立的小国。面对这支强悍的十字军，这些小国难以组成统一的反抗力量。十字军一路得以胜利进军。终于在1099年7月，攻陷了耶路撒冷。疯狂的十字军士兵，开始了大规模的抢劫和屠杀。十字军在宫殿、寺院和民居四处搜掠着金银财宝。他们居然订下这样一条规矩：谁先闯进某家宅院，谁就是这座宅院的主人。整座城市被洗劫一空，十字军将士人人都发了大财，一夜之间变成了富翁。

　　十字军在他们占领的地区建立起了几十个十字军国家，最大的是耶路撒冷王国，此外还有安条克公国、的黎

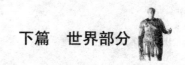

波里伯国等。

然而，这些国家并不稳固。到1187年，东方人民在能征善战的领袖萨拉丁领导下，最后消灭了十字军主力，收复了耶路撒冷。德国皇帝、英国和法国的国王又组织了第二次和第三次十字军东侵，也都以失败告终。

### 萨拉丁——阿拉伯民族的英雄

1138年，萨拉丁出生在今伊拉克北部泰克里特城一个库尔德人家庭。9岁时随父母来到叙利亚的大马士革。少年时代的萨拉丁善于骑射，勇武过人，而且是一位虔诚的伊斯兰教徒。

萨拉丁生活在一个战火纷飞、动荡不定的时代。当时，地中海东岸尽入十字军之手，阿拉伯人世代居住的地区面临严重的威胁。萨拉丁的父亲阿尤布和叔叔希尔库均是阿拉伯努尔丁王国的将领，由于努尔丁王国与十字军王国接壤，不时受到十字军的威胁。年轻的萨拉丁很早就立下了将十字军赶出耶路撒冷和阿拉伯领土的雄心壮志。

1164年，耶路撒冷王国的十字军入侵埃及，努尔丁派希尔库出征埃及，迎战十字军。萨拉丁随同前往，并担任先锋官。他身先士卒，奋勇杀敌，取得一连串的重大胜利。萨拉丁受命为亚历山大长官后，在敌强我弱和粮食匮乏的情况下，坚守75天，赢得了战斗的胜利，显露出杰出的军事才能。

1169年，埃及法蒂玛王朝哈里发任命希尔库为首相，3个月后，希尔库去世，萨拉丁继承了叔父的首相职位，时年32岁。1171年，萨拉丁乘法蒂玛王朝哈里发病危之机，通过宫廷政变建立了新的阿尤布王朝，成为埃及真正的统治者。

萨拉丁在建立新王朝之后，立即把消灭在地中海东岸立足的十字军的任务提上了日程。要实现这个伟大任务，谈何容易。首先西亚地区各国为保全自己的势力勾心斗角，甚至勾结十字军。其次，萨拉丁面临的敌人不只是四个拉丁小国，还有强大的欧洲封建主和罗马教会。为此，萨拉丁采取了一系列果断而又周密的措施。

他决定首先统一分散的伊斯兰力

萨拉丁的穆斯林军队，他们在十字军第一次东征时击败了对方。

量，以增强对付十字军的实力。于是他先后出兵占领了利比亚、突尼斯东部、也门和苏丹北部。1174年，努尔丁去世，萨拉丁不战而进入大马士革，接着包围努尔丁王国的都城，迫使王国继承人努尔丁的儿子承认阿尤布王朝对叙利亚的统治。经过10多年的不懈努力，萨拉丁不仅牢牢控制了埃及、苏丹，而且把势力扩张到整个叙利亚、阿拉伯半岛和伊拉克的一部分。把原来四分五裂的小国统一为一个强大的伊斯兰帝国，完成了从东、西、北三面包围十字军的战略部署。

对外，萨拉丁与拜占庭帝国建立了友好关系，拆散了它与欧洲封建国家之间的结盟，从而解除了十字军从海上进攻埃及的威胁。

当时，十字军首领中最不讲信用的是卡拉克城堡的莎提翁。这个家伙曾做过萨拉丁的俘虏，获释后，继续进行侵略活动，他强征过境税，劫掠过境商队。他还企图从海上进攻伊斯兰教圣地麦加和麦地那，袭击朝圣队伍，控制东西方贸易。莎提翁背信弃义的行为成了萨拉丁对十字军发动"圣战"的导火索。

1187 年，萨拉丁利用安条克公国和耶路撒冷王国发生龃龉的机会，从各地调集 2 万军队，组成阿拉伯联军，揭开了圣战的序幕。7 月 4 日，阿拉伯联军和十字军主力在巴勒斯坦太巴列湖附近的赫淀高地相遇。十字军骑士在耶路撒冷国王律西安和好战的莎提翁的率领下，一窝蜂地冲了过去。萨拉丁镇定自若，先命弓箭手一排排地放箭，射得骑士们纷纷落马。随后，阿拉伯骑兵高呼"为真主而战，把法兰克人赶出去"的口号大举出击，把十字军团团包围。包括律西安和莎提翁在内的几千名十字军骑士成了萨拉丁的俘虏。莎提翁因屡次背信弃义而被处死，律西安及其他骑士在交纳赎金后被释放。

赫淀大捷后，萨拉丁乘胜追击，于 10 月 2 日收复了耶路撒冷。被十字军侵占达 88 年之久的圣城又重新回到穆斯林的手中。

耶路撒冷的陷落使西欧封建主大为震惊。在教皇的号召下，英国"狮子王"理查一世、德皇"红胡子"腓特烈一世和法王腓力二世联合出兵，发动了第三次十字军东征，企图恢复十字军王国。但十字军出师不利，德皇"红胡子"在小亚细亚过河时溺水身亡，德国人打道回府。法王腓力二世与英王存在矛盾，几乎一枪未发，借口生病返回法国，惟有英王理查一世率领十字军攻战阿卡，围攻耶路撒冷。在雅法会战中，理查一世中箭落马，萨拉丁非但不加伤害反而赠马令其再战，表现了罕见的骑士风度。

理查见取胜无望，加上本国政局不稳，又恐法王腓力二世发动对英战争，被迫于 1192 年与萨拉丁订立和约，承认阿拉伯人对耶路撒冷的控制，萨拉丁则宽容地同意基督徒可以自由前往朝圣。萨拉丁不仅赢得了阿拉伯人的深深景仰，甚至连他的敌人也不得不被他的高尚品德所折服。

萨拉丁以毕生的精力统一了长期分裂的阿拉伯国家，为阿拉伯民族的独立做出了巨大的贡献。他是阿拉伯的民族英雄，他是阿拉伯民族的骄傲，他是阿拉伯人民心中一座永远不倒的精神丰碑。

### 十字军运动的衰落

13 世纪初组织的第四次十字军远征，计划是乘坐威尼斯船只去进攻埃及。而在威尼斯商人的怂恿利诱下，十字军的进攻矛头指向了东罗马帝国。这批欧洲骑士，毫不留情地进攻和抢劫了信奉同一个"十字"的国家，早已忘记了收复"圣地"的圣谕，暴露出了他们所谓的征讨异教徒不过是侵略的借口。拜占庭帝国近千年的文化艺术珍品遭到彻底的抢劫和破坏。

十字军远征共进行了 8 次，历时近 200 年。到 1291 年，十字军占领的最后一个陆上据点阿克城被穆斯林攻克，至此，十字军东征告终。

在十字军东征中，欧洲的骑士、封建领主和教会大发横财，却没有给劳动人民带来任何好处。许多农民被编入十字军后，一路上受冻、挨饿、生病、阵亡，还有不少人被抓去卖为奴隶，成千上万的农民就这样惨死他乡。

　　而最悲惨的还是"儿童十字军"。那是在 1212 年，在教皇和封建主的哄骗、煽动下，3万多名儿童参军。他们大多是农家孩子，年龄不超过 12 岁。在法国马赛集合后，被送上木船渡海"东征"，结果，有的船遇风暴，沉入大海；有的船到埃及，船上儿童全被船主卖为奴隶。在德国，也有 2 万儿童受骗参军。他们好容易翻越阿尔卑斯山，就饿死了一大半，剩下几千人到了意大利，又被拐卖不少。"儿童十字军"坑害了五六万天真无辜的孩子。

　　历时近 200 年的十字军东征，不仅给东地中海地区的人民带来深重的灾难，也使西欧人民做出了重大牺牲。但是客观上，它又起到了促进东方文化和商业交流的作用。

　　十字军东侵给西亚、埃及和拜占庭人民带来了灾难，严重阻碍这些地区社会经济的发展，而西欧教俗封建主向东方扩张的目的也最后落空。西欧的人力、物力大量消耗，十字军税和其他杂税加重了人民的负担。从十字军东侵中取得直接利益的是少数意大利城市，如威尼斯和热那亚。它们取代了拜占庭和阿拉伯商人在东部地中海的商业霸权，扩大了西欧在东方的贸易市场。

　　十字军东侵对西欧社会的发展起了促进作用。东西方之间的商业活动日益频繁，近东地区的贸易成为西欧经济的有机组成部分，促进了造船技术的发展。生产水平较低的西欧，通过各种渠道从先进的东方学到了布匹和绸缎的精织、印染技术以及较高的金属加工技术，同时学会了种植水稻、荞麦、西瓜、柠檬、甘蔗等农业生产技术。封建主和市民的生活方式也受到东方的影响，如讲究沐浴、理发等。更重要的是开阔了眼界，从而对后来欧洲文化思想的变化产生了长远影响。

# 自由大宪章的订立

## ——诸侯对王权斗争的胜利

在整个封建社会里，集权还是分权，始终是政治斗争的重大课题。在中国，秦始皇废封建行郡县是进步的，而在英国的一个时期，限制王权则起了历史的进步作用。由此而订立助《自由大宪章》，至今还存在着影响。

1215 年 6 月、英国金雀花王朝国王约翰被迫接受诸侯的要求，在诸侯所拟订的封建性的政治文件上署印。这就是著名的宪章的订立。

公元 1154 年，英国亨利一世的外孙安茹伯爵亨利二世即位，开始了金雀花王朝的统治时期。亨利二世利用广大领地的收入，依靠骑士和市民的支持，与封建主进行斗争，结束了亨利一世死后无嗣，国王位继承纠纷而引起的长达 19 年之久的封建混战。他登位后，着手整顿封建秩序，拆除了在内乱时期封建主建立起来的 300 多座城堡，更换了大批属于大封建主阶层的郡守，代替他们的是自己的亲信。这样，把曾经因内讧而削弱了的王权又重新巩固了起来。金雀花王朝在法国拥有大片领地，几乎有二分之一的法国疆土并入了英国版图，形成了疆域辽阔的"安茹帝国"。

为了削弱封建势力，亨利二世进行了一系列的司法改革。骑士、市民和自由民有权越过领主法庭，直接向国王法庭申诉。国王法庭以"誓证法"取代落后的"神命裁判法"。国王的巡回法官在地方审理案件时，让当地居民参加陪审，出庭作证。陪审人一般为 12 人，从骑士和富裕自由农民中速选，在提供证词之前，必须宣誓不作伪证。司法改革使国王法庭的权力扩大，削弱了各地方封建法庭的作用。骑士、市民和富裕农民因为摆脱了领主司法权力的约束，所以更加支持王权。

亨利二世在军事方面也进行了改革，以前的传统是封建附庸每年为国王服军役 40 天，这造成了王室对封建丰军乡力量的依赖，而且也不适合于长期作战。因此，亨利二世免除了部分骑士的军役，规定他们缴纳投金，叫做"盾牌钱"，用这笔钱作为召募常年服役的军队费用。盾牌钱制度的实施，加强了国王的军事力量。

亨利二世的一系列改革加强了王权，但封建诸侯的势力依然强大。英格兰北部和西部的封建主，还保持着相对的独立。法兰西各领的封臣也时常反抗。法王腓力二世多方破坏亨利的权力，怂恿亨利的儿子背叛。到了亨利晚年，封建势力又重新抬头，亨利在与反叛诸侯的斗争中忧愤而死，王权发生动摇。

亨利之子理查一世继位后（1189—1199 年），长期在外作战，很少过问朝政，不断筹措对外战争和冒险行动的经费。他在第三次十字军远征的归途中，被奥地利公爵俘获后转交德皇为此英国征集了 10 万元英镑，才将理查赎回。理查一世统治时期，国家财政拮据，税收不断加重，引起了社会的普遍不满。

1199 年亨利二世的幼子约翰即英国王位。约翰统治时期（1199—1216 年），社会上的不满情绪更加强烈，阶级关系日趋紧张。约翰的对内政策，严重地损害了社会各阶层的利益。在英国，所省的封建主在原则上都是国王的附庸，需要对国王宣誓效肤，但国王和附庸都必须信守各自的权利和义务。当时的剥削阶级要求王权继续巩固封建的权利义务关系，保持既成的秩序。然而约翰却任意践踏一切习惯和成例，破坏一切现存权利义务的准则。他以封建秩序所不允许的方式，任意没收附庸的土地，增加额外的税捐，干涉封建法庭的权利，这就严重地损害了各社会阶层的既得利益。他为了筹集对法作战的资金，巧取豪夺，横征暴敛，激起了各阶层群众的愤怒。就连一向支持国王的骑士和市民，也站到了反对国王的诸侯一边。曾经支持过王权的教会，也因国王对教会选举的干涉和赋税增加而转向支持诸侯。这时，约翰在与大封建主的斗争中陷入完全孤立的境地。约翰的对外政策接连失败，更激化了国内矛盾。

英法两国因领土问题长期结怨，法王腓力二世为统一法国，借口约翰不履行作为法国封臣的义务，于1202年宣布剥夺他在法国的全部领地。1205年，约翰又因坎特伯雷大主教的人选问题与教皇英诺森三世发生了激烈的争执。英国坎特伯雷大主教去世以后，英国神职人员推选了一名继任大主教，而约翰为控制教会，强迫神职人员重选一名他所中意的人任职。两个当选人前往罗马请教皇任命时，英诺森三世宣布两人的当选均属无效，改派英国神甫斯蒂芬·朗顿充任坎特伯雷大主教。约翰拒绝承认朗顿为新任大主教，教皇便下令禁止英国的宗教活动，后来，又对约翰施以处罚，于1212年宣布废黜他的王位，把王位转授给法王腓力二世。约翰试图采取种种手段报复教皇，如没收教会财产等，都因得不到支持而告失败。由于国内政策不得人心，臣民的怨恨不断增加，诸侯伺机反叛，约翰陷于孤立境地，最后不得不向教皇让步。1213年他不但承认朗顿为坎特伯雷大主教，而且承认自己为教皇的臣属，答应每年向教皇缴纳1000英镑作为岁贡。

约翰虽然向罗马教廷作了让步，但他妄图恢复安茹帝国版图的雄心并没有丧失。他又筹划与德皇奥托、弗兰德尔伯爵结成同盟，共同出兵与法国交战，1214年7月法国彻底击败了英国及其盟军，约翰收复失地重振帝国的企图化为泡影。

约翰从法国战场战败而归，国内的不满情绪空前高涨，反对王权过于强大的贵族诸侯乘机而动，联合对国王不满的教士、骑士和城市市民，开始了反国王的斗争。诸侯们与坎特伯雷大主教朗顿一起议定，要求约翰遵守前代国王，特别是亨利一世的法律，尊重臣民的自由，如果国王不肯接受，就将诉诸武力。1215年初，诸侯们全副武装去见约翰，提出要求，遭到约翰拒绝。约翰此举引起了全国的愤慨，诸侯们组成"上帝和神圣教会军"进军伦敦，伦敦市民为其敞开大门，同时得到了其它各地的支持，约翰向雇佣军发出征召，又向教皇呼吁求援，但都无济于事。他所面对的是手执武器的整个民族，而立于他背后的，在一段时间里只有7名骑士。在众叛亲离的情况下，约翰被迫答应同诸侯谈判。谈判于1215年6月15日在泰晤士河畔的兰尼米德草地举行。约翰在武装反叛的胁迫下，接受诸侯的要求，在诸侯拟订的大宪章上署印。

大宪章全文共63条，其主要内容是限制国王的权力，保证教俗贵族的经济、司法和政治特权不受侵犯。

大宪章的第一条规定，英国教会当享有自由，其权利将不受干扰，其自由将不受侵犯，特别是自由选举教职的权利。

大宪章的第二条规定，国王直接封臣的后嗣享有封土继承权，国王只可按照旧日规定数额向他们征收继承税。伯爵、男爵继承人缴纳100镑后，骑士继承人最多缴纳100先令后，就可以享受全部伯爵、男爵或骑士的封地。其他均应按照采地旧有习惯，应少交者须少交。

大宪章的第3—5条，是对未成年继承人监护的规定。第二条中的继承人如未达成年由国王委托监护人妥善管理封土遗产，不允许滥肆征用人力物力，待继承人到成年后，将全部遗产交付继承人，不得收取任何继承税或产业转移税。这项内容，保证了封建的封土继承权。

大宪章的第 12 条和 14 条，规定了国王征收税金只有三项，即国王被俘的赎金、国王长子受封为骑士时和长女出嫁时的费用，但以一次为限。已为此三项目征收的税金务求适当。关于伦敦城的税金，按同样规定办理。除此之外，不经全国会议同意，同王不得另行征收任何税金与免役税。如欲征收上述范围外的税金，国王应把加盖印信的诏书，送给各大主教、主教、住持、伯爵与显贵男爵，指明召开会议的时间、地点，以期获得全国公意。通知诏书至少要在开会前 40 天送到，并说明召集的缘由。这些规定限制了国王的任意征敛，以保障封建主阶级的经济利益。

大宪章的 21 条和 22 条是司法方面的规定，指出：伯爵与男爵非经同级贵族陪审，并按照罪行程度处理外，不得课以罚金。教士犯罪时，也照此办理。第 52 条进一步规定，任何人凡未经同级贵族合法裁决而被国王夺去土地、城堡、特许权或合法权利的，国王应立即归还。亨利二世和理查一世所非法没收的财产，现仍在国王手中的也应照此办理。实际上，这就完全推翻了以往国王法庭对贵族案件的审判处理。

大宪章的第 34 条对司法审判权做出了规定：自此以后，不得再行颁布强制转移土地争执案件至国王法庭审讯的敕令，以免自由人（即拥有司法权的封建贵族）丧失司法权。这项规定使曾被削弱了的封建领主的司法权力得到了恢复。

大宪章第 15 条规定：除了三项固定的税金以外，国王不得准许任何人向自由人征收贡金。第 39 条规定：除根据同等级者的合法裁决和国家的法律，不得对自由人加以逮捕、监禁、剥夺财产、剥夺法律保护、流放或使其受任何其他损害。第 16 条规定：不得强迫拥有领地的骑士服额外军役。第 13 条规定确认伦敦和其他城市已享有的自由。第 35 条规定在全国统一度量衡等。上述条文涉及了保障自由人的利益，使教俗贵族以外的享有自由人身分的阶层如骑士、市民、自由农民等从中得到了一定的好处。而大宪章没有给广大农奴任何好处。

为了保证大宪章的执行，第 61 条规定，由大封建主 25 人组成委员会，负责监督大宪章的执行，一旦发现国王有破坏宪章条款的行为，便要求国王立即改正。如在 40 天之内没有改正的表示，25 人委员会便可采取一切手段向国王施加压力，包括夺取国王的城堡、没收土地和财产等，直到破坏宪章的行为被纠正为止。除此之外，大宪章还有许多条文涉及了对王权的限制。就这样，亨利二世加强王权的一系列改革成果几乎全部被废除，只是在宪章的个别条文中还保留了它的痕迹。

大宪章签署后不久，约翰一方面谋求罗马教廷的政治支持，另一方面又纠集力量与贵族军队开战，君臣之间的内战一直打到他死后才停止。1216 年亨利三世继位。

大宪章是封建诸侯与王权斗争的产物，其结果是将诸侯的封建特权以法律形式肯定下来，而王权则受到法律条文的限制。大宪章是一个封建性的政治文件，其主要内容是保障封建主的权利。尽管如此，它仍然具有积极的历史意义。它保障城市市民的若干权利，初次把市民阶层作为一种必须考虑的政治力量。它也给予自由农民以某些法律保障，日后农奴摆脱人身依附关系的人数增多，这种保障就具有较广泛的意义了。

在亨利三世执政期间，大宪章的原则逐渐被承认为法律的基础。后来的几代国王，都曾郑重地重新确认大宪章。

## 简　评

　　到了 17 世纪，革命的资产阶级对大宪章的内容赋予新的、符合资产阶级要求的解释，并把它作为建立资产阶级法制的依据。直到今天，大宪章仍然是英国宪法的重要组成部分。

　　《大宪章》涵盖了一些重要的理念。虽然它维护的是封建地主、贵族的利益，但是更深一层所体现的，是对"自由"的维护，尤其是第 39 条。这成为英国"权利请愿书"（1628 年）和"人身保护法"（1679 年）的根据。它也提出了法律独立的概念。这一精神后来在美国也发生影响。在美国宪法和各州宪法中都可以看到《大宪章》强调人类天赋权利的精神，美国宪法也表现了重视正当诉讼程序的观念。

　　在 21 世纪，议会制度早已为多个国家采用，尤其是英国前殖民地，而这与《大宪章》也很有关系。

# 大学的创设

## ——中世纪欧洲社会文明的发展

在中世纪初期，西欧的文化教育非常落后。普通老百姓通常是不识字的，就是贵族大臣们也都很无知。政府文告、外交书信都是用拉丁文写的，这种文字当时只有少数教士才能掌握。文化教育全被教会所垄断。后来，随着城市的发展和工商业的日益繁荣，逐渐出现了城市的学校。这些学校，就是后来中世纪大学的基础。

西方现代大学多是从中世纪大学发展而来的。最初的大学不是由教育部门批准建立的，而是自发形成的。中古初期，教会、修道院学校掌握着教育，具有明显的宗教色彩。中世纪的世俗大学是市民阶级的产物，它们在城市与行会组织获得发展的条件下形成。

**巴黎大学的索邦神学院教堂**

索邦教堂是巴黎大学里最古老的建筑之一，建于 1635 - 1642 年，教堂正面为典型的巴洛克风格。

"大学"一词来源于拉丁文"UniverSitas"，指综合性的研究场所，或指有权决定学校事务的学生或教师会（联合会）。就是说，教师和学生为保障自己的权益，组织一种特殊的行会，负责训练教师，准许教师授课颁发文凭。

在西欧古老的大学中，最著名而又典型的，要数法国的巴黎大学了。早在 12 世纪前半期，巴黎大学就开始形成。1200 年，法兰西国王腓力二世颁发诏书，批准了这个大学制定的法规，于是巴黎大学正式诞生。巴黎大学很快成为欧洲各地前来求学学生的集中地。据说有个时期，巴黎大学的学生达 5 万人之多。大学吸引着这么多青年，是因为他们结业后，总是被归入神职人员一类，可以享受许多特权：不受国家约束，不纳税，只在教会法庭上受审等。巴黎大学和西方其他大学一样，一律使用拉丁语进行教学，所以它能接纳欧洲各国通晓拉丁语的学生。

巴黎大学是学生和教师联合

组成的。此外，为它服务的人，如书贩、信差、药商、抄写人甚至旅店老板等，都算是大学的成员。教师们按照他们自己的才能，也就是能教某种学科的能力，分别结合成不同的团体。现代大学中的"系"，就是从拉丁语的"才能"这个词转化而来的；而从中选出的"首席"或"执事"，就是后来所称的"系主任"。

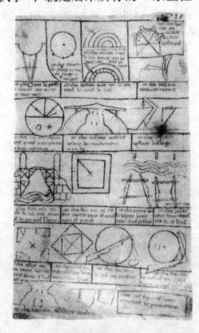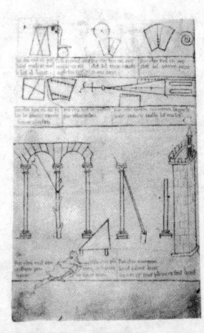

剑桥大学建筑学院学生的几何图　公元 13 世纪

当时全校共设有四个学科：文艺、医学、法律和神学。文艺学科属于普通科，学习"七艺"：语法（包括拉丁语和文学），辩证法（即逻辑学），修辞（包括散文、诗的习作和法律知识），几何（包括地理和自然历史），算术，音乐，以及天文学（包括物理学和化学）。这个学科的人数最多，修完后可以得到学士学位。其他三个学科是高级科，只有普通科毕业的学生才能升入，修完后可以获得硕士学位。取得了学位后，才有在大学当教师的权利。不过能取得学位的人并不多：获学士学位的不过 1/3，而获硕士学位的仅占 1/16。

在学生中，也按照他们出生的地区分成各个团体，称为"学馆"。每个"学馆"都有自己的宿舍、食堂、小教堂以及舍监和导师。这种"学馆"，后来发展成为"学院"，它的名称一直沿用到现代。每天清晨，学生们到教堂做完弥撒，就去教室上课。学习的方式，主要是听讲、记笔记。教材大都是古代传下来的一些名著。教师一边读，一边解释，不允许学生怀疑它，也极少实验。即使是医学教学，也几乎不采取活体解剖的必要实验，因为中世纪时是绝对禁止作人体解剖的。某些解剖学的知识，还是从阿拉伯的医书上引用来的。

最使教师、学生感兴趣的，是参加辩论会。要想获取学位的学生，都必须经过公开的答辩。在平时，巴黎大学也经常组织辩论会。这种辩论会主要是本校教师参加，有时还邀请其他大学的教师来辩论。有一次，英国牛津大学出身的一位硕士，来巴黎大学参加辩论会。他听取了 200 条反对的意见，竟能全部当场记住，并且立即依次加以反驳。在辩论中气氛非常热烈，有时双方情绪十分激动，甚至互相扭打起来。

基督教教会十分嫉视不受它管辖的巴黎大学，千方百计运用宗教权力来控制它，并迫害那些违背基督教教义的教师。到 13 世纪中叶，巴黎大学已经完全被教会所操纵。学校中许

# 历史大事全知道

多具有自由思想的教师，不是遭到残酷的迫害，就是被教会下令驱逐出去，学校里的神学课程，都交给了天主教的教士讲解。他们所论证的命题，大都是从圣经中引来的，并不是真正的知识；他们完全轻视经验，崇奉教会权威，压制自由思想。这就是所谓"经院哲学"。

除了巴黎大学以外，欧洲最古老的大学还有意大利的波伦亚大学，英国的牛津大学和剑桥大学，西班牙的萨拉曼加大学等等。这些大学都是在 12 世纪到 14 世纪创立的。到 15 世纪末，欧洲已有 40 多所大学了。

 简　评

中世纪大学的产生，是世界历史上的一件大事。这是从黑暗愚昧的中世纪走出的重要一步。大学诞生以后，成为社会的思想和技术中心，为社会走向科学和民主做出了重要的贡献。直到现在，大学仍然发挥着社会思想库和科技发展中心的作用。

# 蒙古帝国的扩张

## ——促进东方文明的西传

13 世纪蒙古帝国的兴起以及成吉思汗及其子孙们的西征，曾经引起世界性的震动，中亚和欧洲人一提起此事就心有余悸，称这次历史事件为"亚细亚的风暴"和"黄祸"。

在我国东北边疆黑龙江的上游，有一条河流叫额尔古纳河。该河南岸、呼伦湖的周围是幽深的密林和丰满的水草。这里是蒙古民族的祖先最早生息、繁衍和劳动的地方。

到了公元 7 世纪时，蒙古部落在首领字儿帖赤那（成吉思汗的祖先）率领下，渡过呼伦湖西迁，来到今天蒙古高原的克鲁伦河和鄂尔浑河流域驻牧。随着岁月的推移，蒙古各部落人口逐渐增加，到了 12 世纪时，在蒙古高原上分布了大约 100 个左右的蒙古部落。

公元 1189 年，有一个叫铁木真的人被一部分蒙古尼伦部落的奴隶主们拥立为汗，1201 年铁木真击败了以札木合为首的部落联军。1202 年铁木真又发动了对塔塔儿残部的战争，全歼塔塔儿人。此时，东部蒙古各部落已被铁木真征服。

接着，铁木真采取突袭的战法消灭了西部强大的克烈部落。1204 年夏，铁木真率大军征服了西部最强大的乃蛮部落。1206 年全蒙古的奴隶主贵族们在鄂嫩河畔举行了忽里勒台（蒙古语"聚会"、"会议"的意思），一致推举 44 岁的铁木真为全蒙古的大汗，并上尊号为成吉思汗。从此蒙古族的历史进入了新的阶段。

成吉思汗及其后继者为了使自己的统治范围进一步扩大，决定继续向外进行军事扩张。这种军事扩张大致可以划分为几个方面的内容和步骤：

### 统一"林木中百姓"、畏兀儿和西辽

在辽阔的西伯利亚地区的无边无际的森林中。居住着许多依靠狩猎为生的蒙古部落和属于突厥语系的乞儿吉思人。这些人被称为"林木中百姓"。1207 年，成吉思汗派其长子术赤出兵征服了"林木中百姓"。

畏兀儿是突厥语系中文化比较发达的古老民族，其中一支生活在今新疆吐鲁番盆地一带。公元 10 世纪末期，建立了高昌回鹘政权，其都城在高昌，即今吐鲁番东。1209 年，畏兀儿首领巴而术阿而忒的斤因不满西辽的控制，杀死西辽驻畏兀儿的少监，并于 1210 年遣使投顺了成吉思汗。

西辽是契丹贵族耶律大石建立的。地点在我国新疆西部及中亚一带，其都城在虎思斡耳朵。1218 年，成吉思汗命哲别率两万人进军西辽，蒙古军很快占领了西辽都城，西辽宣告灭亡。

成吉思汗像

### 灭亡西夏和金朝

蒙古国的南方，有两个政权：一个是党项族建立的西夏，另一个是女真族建立的金朝。

西夏国地处今天的甘肃、宁夏、陕西北部地区，物产丰富，稻麦五谷、手工业产品特别是铁器相当著名。1209 年，成吉思汗派兵进入西夏，击败了西夏的军队，包围了西夏京城中兴府。西夏王李全纳女请和，双方达成协议，规定西夏每年向蒙古纳贡。

蒙古灭金的战争前后经过三个阶段：1211 年至 1217 年为成吉思汗攻金时间；1217 年至 1223 年为木华黎攻金时期；1229 年至 1234 年是窝阔台灭金时期。

1211 年 3 月，成吉思汗率领他的 4 个儿子（术赤、察合台、窝阔台、拖雷）和哲别、速不台、木华黎等将领发兵进攻金朝。蒙古军队首先进入今河北省境内。金将纥石烈·胡沙虎率 30 万金军于浍河堡拒战。金军大败，主力部队几乎全部被歼。1212 年，蒙古军队攻破宣德、兴德诸要塞。1213 年，蒙金激战于怀来，金军大败，蒙军乘胜攻破紫荆关，夺长城、占南口和居庸关，进而围攻金中都，即今北京。1214 年，金宣宗派宰相完颜襄为使，向成吉思汗求和。金朝将公主嫁给成吉思汗，并献上大量金帛、马匹、童男女，蒙古军队满载战利品，离开中都回归本土。

1226 年，成吉思汗率兵进攻西夏。1227 年六月，西夏投降，国亡。八月，成吉思汗病死于清水县。

成吉思汗第三子窝阔台继承汗位后，执行成吉思汗灭金遗愿。1231 年 4 月，窝阔台分军三道，大举灭金。1232 年二月，蒙古军包围汴京，年底城中绝粮，金哀宗弃城逃奔归德。

1233 年四月，南宋派孟洪进攻金朝唐、邓二州。五月，金哀宗逃奔蔡州，蒙古军围攻蔡州。1234 年正月，宋蒙联合攻破蔡州，金哀宗自杀，金亡。

### 进攻南宋和统一吐蕃、大理

1235 年初，窝阔台大举进攻南宋。蒙古军兵分三路：西路由窝阔台次子阔端率领攻取四川；中路由窝阔台三子阔出率领，进犯汉水流域和长江中下游；东路由宗王口温不花率领入侵江淮。

1241 年，窝阔台战死，蒙宋战争暂时休止。

1251 年，蒙哥即大汗位。开始作进攻南宋的新部署。蒙古军采取绕道吐蕃，进攻云南大理，然后南北合兵进攻南京的战略。1253 年秋，蒙哥弟忽必烈率兵取道吐蕃进攻大理。吐蕃臣服蒙古。12 月，忽必烈攻占大理城。忽必烈留兀良哈台继续平定大理国境，自己返回蒙古。

1258 年初，蒙哥再次发动二路大军进攻南宋。1259 年春，蒙宋会战于四川合州，7 月，蒙哥战死，蒙古军撤退。

1260 年 3 月，忽必烈宣告继承汗位。1267 年，忽必烈再次大规模发兵进攻南宋。1271 年正月，忽必烈公开废弃"蒙古"国号，改国号为"大元"。1273 年正月，元军攻陷樊城。

1274 年，忽必烈命左远相伯颜率师南下。1276 年元军进入南宋都城临安，宋帝投降，南宋灭亡。

### 攻入欧亚各国

1219 年秋，成吉思汗率大军 20 万西征。一路由察合台、窝阔台率领围攻花剌子模国的讹答剌城。一路由术赤率领进攻锡尔河下游的各城镇。一路由阿剌黑率领进攻别纳客忒和忽毡。成吉思汗率主力进攻不花剌。

1220年2月，成吉思汗的主力军占领不花剌。接着又攻占花剌子模的新都撒麻耳干。1221年4月，攻占玉龙赤城。与此同时，成吉思汗四子拖雷的军队攻占了马鲁。大将哲别和速不台率兵追逐花剌子模国王摩诃末，一直追到今里海西岸。然后又攻破今阿塞拜疆共和国各地。

1222年初，蒙古军攻入今格鲁吉亚地区，逾越今高加索岭，侵入今波罗夫赤草原，迫使钦察人迁至今伏尔加河和第聂伯河之间。1223年，蒙古军在今乌克兰境内，战败以推乞瓦大公罗曼诺赤为盟主的六国联军。冬季，蒙古军回归本土。

1235年，窝阔台决定派遣成吉思汗4个儿子的长子、长孙率领军队西征。史称"长子西征"。

1236年春，蒙古军队抵达亦的勒河中游，击败不里阿耳人。1237年春，蒙古军队进入俄罗斯的也烈赞公国。也烈赞全境被屠。1238年初，蒙古军大败兀剌的迷儿公国军队，继续征服高加索岭以北的薛儿客速、马里木等部，再破钦察部的军队。1238年冬，蒙占军攻陷阿速部人的蔑怯思城。1238年春，蒙古军再入南俄罗斯境内。1239年秋，贵由、蒙哥奉命返回蒙古。1241年11月，窝阔台逝世。

1241年，攻入东欧的蒙古军队分成两支：一支进入波兰境内，摧毁了波兰守军，击溃了波兰和德军的联军。另一支进入匈牙利境内，攻陷佩斯城，匈牙利全境遭蹂躏。后来，蒙古军队又进入奥地利及亚得里亚海东岸。

蒙古军队征服俄罗斯，攻入奥匈，大大震动了西欧各国。他们惊呼"黄祸"来了。西欧许多城市修筑工事，罗马教皇也发出号召准备组织十字军。

蒙古是一个骑在马背上的民族，雄壮的战马给他们增加了无穷的战斗力。

1242年四月，窝阔台去世的消息传到蒙古军营，统帅拔都率军东撤。1243年，拔都在亦的勒河下游的东岸，建筑了萨莱城，并以此为都城来统治他占领的地域。拔都的统治区叫钦察汗国，也叫金帐汗国。

1251年，拖雷的儿子蒙哥继承了汗位。1252年，蒙哥派其弟旭烈兀发动一次新的西征。1256年，蒙古军攻陷了木剌夷国，木剌夷国地处里海之南。1257年，蒙古军开始进攻今伊拉克的巴格达。1258年初，巴格达城陷。

蒙古军继续西征，攻入美索不达米亚地区，攻入叙利亚，逼近埃及。1260年，蒙古军攻陷阿勒颇和大马士革。但埃及马穆鲁克苏丹的军队在大马士革以南大败蒙古军队，因而阻止了蒙古军向埃及和非洲的扩张。

## 历史大事全知道

1260 年，忽必烈即大汗位，封旭烈兀于波斯，旭烈兀在自己的封地内建立了伊利汗国。

### 进攻高丽

成吉思汗时，高丽王称臣，并纳贡给蒙古。1224 年，由于蒙古使节被高丽人所杀，两国关系恶化。窝阔台时期，蒙古军多次进攻高丽，都未能征服高丽人民。贵由、蒙哥统治时期，也曾四次派兵进攻高丽。直到忽必烈称汗之后，两国关系方有好转。蒙古以高丽"水为东藩"，令其每岁入贡。两国使节和商旅往来频繁。

蒙古大帝国的建立和成吉思汗及其继承者的对外扩张，所造成的世界历史影响和当时的国际社会震动是史无前例的。在蒙古军队的西征、南征和东征过程中，杀戮人民，掠民为奴，毁灭城镇，破坏农田，给中亚、西亚、东亚和欧洲不少国家的人民带来了巨大的灾难，造成这些地区的经济和文化的严重破坏。蒙古统治者的对外扩张并没有给蒙古人民带来利益。战争造成蒙古本土的劳动力丧失，社会生产力停滞不前。随军远征的蒙古人往往葬身于异国他乡，而留在漠北的蒙古人民则过着贫困落后的生活。

然而，一切事物总是具有两面性。蒙古铁骑冲破了亚欧原来各国的疆界，在欧亚大陆上建立了一个帝国、四个汗国，即元帝国、钦察汗国、伊利汗国、察合台汗国、窝阔台汗国。从而促进了东西方交通的联系和文化交流的繁荣。

蒙古帝国的扩张具有深远的意义，因为他们促进了欧亚大陆间的相互影响。众所周知，在技术领域里，蒙古统治下的和平导致了中国发明的大量传播，其中包括火药、丝绸、机械、印刷术和炼铁高炉等。例如波斯因所处的地理位置，受到了来自东方和西方的影响。据了解，中国炮兵曾去过波斯，在蒙古军队中服役；另外一位名叫傅梦之的人提出了中国的天文学原理；中国医生曾在伊利汗朝廷里工作；中国艺术家曾对波斯的微型绘画产生了不可磨灭的影响。另一方面，欧洲的影响主要表现在贸易和外交领域中。在伊利汗国首都大不里士，聚居着大批意大利商人；伊利汗国从他们中间征募了一些使者和翻译，让他们肩负着各种使命，前往欧洲。其中当然有马可·波罗，他在护送一位蒙古公主从中国到波斯、同伊利汗国的大汗结婚以后，继续向威尼斯航行。

最后，由这种相互影响提供的机会，又被正在欧洲形成的新文明所充分利用，使之得到了东方先进文明的引领，终于冲破了中世纪的黑暗，看到了新世纪的曙光。

# 黑死病横扫欧洲

## ——人类历史上最严重的一次瘟疫

在社会的重大的变革中，自然界发生的事有时会起到重大的作用，黑死病就是其一，它与发生在此后的宗教改革和地理大发现同样是人类历史上一件大事。发生在1348—1451年间的欧洲大瘟疫夺取了无数人的生命。这场传染疾病肆虐整个欧洲。它首先发难于地中海沿岸，1347年发现于西西里，立即传播到北非、整个意大利和西班牙，接着于次年传到法国。1349年传播到奥地利、瑞士、德意志和尼德兰；1350年传播到北欧斯堪的纳维亚和波罗的海沿岸诸国，此间各地受害的轻重不同，后来在1361—1363年，1369—1371年、1374—1375、1390年、1400年有些地方发生多次，在城市中死亡率较大。历史研究证明，这些地区的人口死亡近三分之一，整个欧洲有2500万人死于黑死病。死亡人数之多超过了历史上任何一种流行病。

黑死病是一种恶性传染病，当时人们还不可能准确知道导致黑死病的原因，这种病的特征是传染速度快、死亡率高，普遍的症状是患者的身上迅速出现紫黑色的斑点，全身虚脱，神志不清，发高烧，并在剧烈的疼痛中惨死。实际上这就是淋巴腺鼠疫，其主要的传染途径可能是通过老鼠。鼠疫还可能引起并发症，如梅毒、伤寒等。当时的欧洲人认为这种病来自遥远的印度。但现代研究证明，这种疾病很可能来自遥远的中国。1343年，中国的江淮一带发生特大水灾，加上灾荒，于是疾病泛滥，形成较大的瘟疫，死亡人数达500万之多。这种疾病于是很快沿着商路先是传播到中东和埃及，1348年已经传播到整个意大利的重要城市，然后越过阿尔卑斯山进入整个欧洲。

意大利作家薄伽丘所写的著名小说《十日谈》对此进行了一些形象的描写，特别是那种十室九空的可怕的景象。在1348年3月到10月7个月间，佛罗伦萨共死亡4万人，尸体无人掩埋，市民们非常恐慌，不知躲在哪里，整个城市就像一座大坟墓。有人在论述佛罗伦萨的衰落时指出：黑死病、战争和贸易纠纷导致了人民的暴乱，佛罗伦萨再也不能恢复它以往的优越地位了。

在法国，有关其严重性也有记载。当时的教皇克力门六世的医生伊·德肖利阿克在回忆录中写道："在阿维尼翁，黑死病的传染如此严重，以至于不仅与病人在一起，即使看他们

死亡的胜利

一眼似乎也会被感染。死亡的人如此之多，以至于死者无人料理，埋葬时找不到祭司在他们的坟前祷告。父子之间不相往来，博爱之情消失了。死亡率如此之高，幸存者几乎不到四分之一。甚至医生也怕感染而不敢对患者进行治疗。至于我，为了不背上恶名，不敢不到场，但仍然始终处于恐惧之中。"当时的教皇住在阿维尼翁，在那里，墓地很快被占满，大多尸体被抛入罗纳河中以防止腐烂。教皇为了满足需要，只好开辟另一块墓地，但也是把尸体放在又深又宽的沟里，重重叠叠地堆积着。

在英国，1349年1月，英国国王爱德华三世（1327—1377）鉴于黑死病的蔓延，决定把国会推迟到4月27日；接着又在3月发出通知，宣布由于黑死病，会议无限期推迟。由于黑死病造成了人力奇缺，为了对付黑死病带来的慌乱，爱德华时期还制定了英国著名的劳工法案。法案的序言中写道，"鉴于大部分人民，主要是工人和雇工死于黑死病，并且某些人趁主人需要和缺乏雇工之机，要求主人付给他们极高的工资，否则不愿为主人劳动；而另一些人游手好闲，宁愿乞讨度日，而不愿为主人劳动"，"根据我们的高级教士和贵族及其他有技能者之建议，特规定：王国境内凡身强力壮之男子和女人，年龄在60岁以下者，无论自由或非自由的，若非靠做活为生，或无钱以维持生计……若需要为别人工作，其工资须按朕继位后第20年的惯例支付"。但是，这项法令的后果是强迫人们劳动，而不增加工资，于是发生了英国历史上最重要的一次农民大起义，即瓦特·泰勒起义。据载，在伦敦，沃尔特·曼尼爵士出于慈悲为伦敦市民所购置的墓地里，埋葬了5万具尸体，这个地点后来建起了沃尔特修道院作为标志。

当时人对于这种疾病并没有认识，大多数人认为这是上帝的惩罚，特别是在意大利，那里的城市生活比较发达，人们生活放荡，饮食无度，城市缺乏卫生措施。黑死病开始蔓延时，人们拼命地祈祷，期望上帝能解除他们的苦痛，然而病魔仍迅速蔓延。于是，人们开始对教会失去了信心，一些主教和祭司也不顾死者的要求而放弃神职。在这种情况下，少数人开始做各种形式的黑弥撒，崇尚恶魔，还有一些教徒认为主教和祭司没有侍奉好天主，遂对旧教信仰发生动摇。由于人们对这种疾病缺乏认识，所以在德国曾有关于预防这种疾病的可笑办法：病人不可白天睡觉，须饮用淡酒，食新鲜水果，避免食用凉物，肥胖者应坐在室外沐浴阳光。总之，大多数人认为，预防的最好的办法是清心寡欲。就黑死病本身而言，它是来自自然，但它也有其社会的原因。在黑死病到达欧洲之前，欧洲曾发生20多年的大饥荒，降低了人们的身体素质和抵抗疾病的能力，而且英法两个大国这时恰好进行着百年战争，法国的北部国土遭到严重的破坏。

黑死病的影响不亚于一场横扫欧洲的战争，现代医学家、社会学家认为它影响于人类相当于核武器的毁灭力量。它造成了欧洲社会的重大变化，经济紊乱、社会动荡、物价上涨和风俗败坏。因为人口的大量减少，一些人突然间由于继承了别人的财产而变富，他们继承了死者的土地、房屋、家具、农产品、畜禽。同时物价突然暴跌，在个别地方牛羊在地里成了无主物。例如，以前一匹马40多先令，黑死病过后只有6先令，"即使这样的价格也难找到买主，黑死病在英国持续两年多。当蒙上帝赐福，瘟疫停止时，劳动力缺乏，妇女甚至儿童不得不耕地拉车"。物价的降低和财富获得的容易，加之人们恐怕再次经历黑死病，所以大肆挥霍。但是整个欧洲的生产力显著下降，当需要恢复生产时，欧洲的物价开始迅速回升，人民的生活开始恶化，造成很多人流离失所。

黑死病带来的另一个社会变化是经济形式的变形。当时的欧洲生产力已经有了很大的发展，黑死病破坏了传统的地租形式，使商品式的经济得到促进，特别是由实物地租向货币

**鞭笞教的游行**

黑死病的肆行使有些人认为是上帝惩罚的结果，于是诞生了以惩罚自己以求上帝饶恕的鞭笞教派。

地租方面的转换。因为许多市民得到了土地，而一些农民进入了城市，人员的流动进一步加大，有利于人们获得自由和解放。此外，由于人们对神的保佑缺乏了信心，或者开始迷信，如巫术等开始流行，或者丧失了对基督教的信仰。

黑死病肆虐于14—15世纪，其后逐渐销声匿迹，然而在1664—1665年间鼠疫卷土重来，再度入侵英国，半年内由伦敦的西区扩及东区。从1665年5月至9月，伦敦死亡人数由43人迅速发展到31159人，增加了724倍。1834—1835年，鼠疫袭击了埃及，其后1900年在澳洲的悉尼和1901年在好望角，1910年在中国的东北地区也有发生。1944年非洲北部鼠疫流行，法国作家亚伯尔·加缪写了一部《鼠疫》名著，使人们对谈鼠色变更有形象的了解。

20世纪以来，随着医学的发展和认识的加深，对鼠疫的严重性和病症也越来越清晰，黑鼠和白鼠都是黑死病的传播媒介，在鼠疫病患者中除了腺鼠疫患者，还有肺鼠疫患者、鼠疫败血症等，后者在6天内能使患者丧生。然而医学的发展也使预防鼠疫的流行取得了重大成就，鼠疫的流行得到控制，鼠疫的死亡率也有下降。但是根绝鼠疫的发生仍是一项不容忽视的事。1994年9月，在印度的马哈拉施特拉邦和邻近的拥有150万人口的大城市苏拉特突然爆发"黑死病"瘟疫流行，整个城市立即失去生机。每天有成千上万的惊慌失措者蒙面拥向车站，逃离这可怕的地区，引起印度政府和世界卫生组织的密切关注。

**简　评**

中世纪的黑死病，其影响不亚于一场战争，它造成了欧洲社会的重大变化，人口减少，经济紊乱，社会动荡，物价上涨，风俗败坏。近代以来，国际上把对鼠疫等传染病的防治称为"第一次卫生革命"。在18世纪前后，欧洲各国积极加强基础卫生设施的建设，如上下水道的改进，并且开始重视对垃圾的处理，加上普遍进行杀虫和消毒，使鼠疫等一度严重危害人类生命的传染疾病得到了有效的控制。现在，鼠疫等传染疾病在发达国家已基本消失，只是在非洲贫困地区还时有发生，可以说第一次卫生革命已经取得了胜利。

# 奥斯曼土耳其帝国的兴起

## ——伊斯兰文明的空前强盛

奥斯曼土耳其的祖先是突厥族，很早就居住在天山和阿尔泰山一带。唐朝时，突厥族西迁，其中一支迁到小亚细亚，建立了罗姆苏丹国；留在中亚细亚的另一支突厥族，随着蒙古族不断向外扩张，在他们首领埃尔托格鲁尔的带领下，被迫向西迁移，直到小亚细亚，并从罗姆苏丹手中得到一块不大的封地，暂时定居下来。

1282年，部落酋长埃尔托格鲁尔死后，他的儿子奥斯曼继位。1300年，奥斯曼自称苏丹，宣布他的部落独立，并以伊斯兰教为国教，后人称之为奥斯曼土耳其帝国。

谁也不曾想到，就这样的一个小国，在其后不长的时间内，东征西讨，南征北战，竟建立了一个横跨亚、欧、非三洲的大帝国，版图囊括以前的阿拉伯和拜占庭两个帝国的大部分地区，称雄一时。

那么，原先的弹丸小国是如何变成一个超级巨无霸的呢？

奥斯曼土耳其扩张的主要方向是向西，这样，与它毗邻的拜占庭帝国便成为它扩张的主要目标。1301年，奥斯曼土耳其侵占了富庶的卑斯尼亚平原，为以后的扩张奠定了坚实的物质基础。1326年，奥斯曼夺取了拜占庭在小亚细亚的重镇布鲁萨，并把首都迁到布鲁萨，这样，奥斯曼就控制了马尔马拉海峡，为进一步向西扩张打下了基础。

迁都不久，奥斯曼由于长期征战，得不到很好的休养，竟一病不起，没过几天就病逝了，他的儿子乌尔汗继位。乌尔汗当上皇帝后，为了进一步扩张，建立了正规的常备军。他的常备军分为两种：一种是由得到采邑的封建主提供的军队；另一种是新建立的军队，也被称为新军。凡参加新军者，须终生服役，不得建立家庭，但在军中待遇优厚，享有各种特权，故吸引了大批青年参加到新军中来。新军的规模不断扩大，建立初期只有1万人，到16世纪中期发展到4万人，而在17世纪初，竟有9万人之众，成为乌尔汗对外扩张的主要依靠力量。依靠这支装备精良、训练严格的队伍，乌尔汗首先占据了原来罗姆苏丹的大片地区，并以此为基础，开始大规模地向欧洲扩张。1331年，乌尔汗打败拜占庭军队，攻占尼西亚城。1337年，攻占克米底亚，把拜占庭势力完全赶出了小亚细亚，这样，君士坦丁堡就直接面对奥斯曼帝国。1354年，乌尔汗又渡过达达尼尔海峡，占领了加里波利半岛，进攻的矛头径直指向巴尔干半岛。拜占庭帝国危机四伏，临头大祸已经不远了。

1359年，在进攻巴尔干半岛的前夕，乌尔汗去世了，他的儿子穆拉德继位，历史上称为穆拉德一世。他与乌尔汗一样，把攻下君士坦丁堡作为自己的目标。1362年，他出兵攻占了亚得里亚堡。这样一来，君士坦丁堡与巴尔干半岛其他部分的联系被完全切断了，变成了一座孤城。面对奥斯曼帝国的疯狂扩张，欧洲各国君主均感大祸将至，如不联合，必被各个击破；与其坐以待毙，不如拼死一搏，或许还有一线生机。于是，他们组成了一支欧洲联军，于1389年同奥斯曼军队在科索沃展开决战。虽然穆拉德一世在战斗中被击毙，但仗着优势兵力，奥斯曼军队击败了欧洲联军，把塞尔维亚和保加利亚先后变成了自己的附庸国。

为了拯救拜占庭帝国，1396 年，欧洲各国又组成联军在多瑙河畔的尼科堡与奥斯曼军队展开决战，结果近 1 万联军战士被俘，除其中 300 名贵族骑士被巨款赎回外，其余全部被处死。从此，连上帝也无法改变拜占庭帝国的命运了。

没曾想，上帝真的来了。就在奥斯曼帝国攻占君士坦丁堡前夕，中亚的帖木儿帝国强大起来，并向小亚细亚扩张，与奥斯曼帝国产生了强烈的摩擦，两国终于在 1402 年爆发了一场战争，结果帖木儿军大败奥斯曼军，连奥斯曼的皇帝也成了俘虏，这一事件使拜占庭帝国又苟延残喘了近半个世纪之久。

擅长骑射的土耳其人

此后不久，奥斯曼帝国的地方割据势力重新抬头，被征服的地区也爆发多次反抗运动，奥斯曼帝国处在严重的危机之中。直到苏德拉二世时，帝国内部的纷争才逐渐停息下来，此后又开始了对欧洲的扩张。1430 年，苏德拉二世率军占领帖撒罗尼加，对拜占庭帝国完成了包围之势。接替他的穆罕默德二世最终完成了灭亡拜占庭帝国的历史使命。

穆罕默德二世于 1453 年亲率 20 万大军和 300 艘战舰，从大陆和海上发动对君士坦丁堡的猛烈进攻。而当时城内的守军不足 1 万人，双方兵力相差悬殊，但由于有坚固的防御工事，君士坦丁堡的军民进行了顽强的抵抗，并给奥斯曼军队以重创。在这种情况下，穆罕默德决定把金角湾作为攻城的突破口，但金角湾的入口处已被敌方用粗铁链封死，土耳其船只根本进不去。在热那亚商人的帮助下，奥斯曼土耳其人把木板涂上油，作为滑道，硬是把 70 艘战舰从陆地上拖进了金角湾，然后用这些船只搭浮桥，从侧面攻城。经过 53 天的顽强抵抗之后，1453 年 5 月 29 日，君士坦丁堡最终被攻陷，奥斯曼皇帝君士坦丁十三世阵亡。土耳其人入城后，大肆劫掠，到处纵火，很多建筑物在烈火中变成一堆废墟，大量珍贵的文物和价值连城的艺术品更是在火光中化成灰烬，一座历史文化名城满目疮痍，惨遭破坏。穆罕默德二世下令迁都于此，并把君士坦丁堡改名为伊斯坦布尔，而著名的圣·索菲亚大教堂也变成了土耳其人的清真寺。

攻下君士坦丁堡后，土耳其人继续西进，占领了整个东欧。后来又挥师南下，侵占了阿拉伯半岛。

到苏莱曼一世（1520—1560 年在位）时，帝国达到全盛时期。他首先西进，一直打到现在的奥地利和匈牙利，接着又大举进攻阿拉伯半岛和北非，相继吞并和占据了两河流域和北非的的黎波里和阿尔及利亚。到他统治的后期，奥斯曼土耳其帝国已经成为一个横跨欧、亚、非三大洲的大帝国，面积约有 600 多万平方公里，而信奉伊斯兰教的奥斯曼帝国也成了伊斯兰世界的中心。

1571 年，奥斯曼帝国在勒班多战役中被西班牙和威尼斯的联合舰队打败，失去了对地中海的控制。从此，奥斯曼帝国开始走下坡路。

# 历史大事全知道

    奥斯曼帝国攻占君士坦丁堡，结束了东罗马帝国的千年统治，标志着伊斯兰势力的空前强盛，在世界史上具有划时代的意义。伊斯兰势力深入欧洲，使巴尔干半岛进入自己的势力范围，使这里成为一个东西方碰撞的敏感地区。直到现在，伊斯兰势力和基督教势力的争斗还影响着世界格局。

# 百年战争

## ——英、法王权的巩固

从 1337—1453 年，英国统治集团发动了侵略法国的长期战争，史称英法"百年战争"。

11 世纪，诺曼人威廉征服了英国，夺得了英国的王权，但仍然是法国国王的附庸和封臣，占领着法国的大部分土地。英国国王为保住这些领地与法国国王进行着长期的斗争。

但就战争的原因而言不只是领地，还为了争夺法国境内工商业繁盛的佛兰德尔地区。佛兰德尔毛纺织业发达，而其原料主要依赖英国进口，法国在 1328 年占领该地后，英王爱德华三世下令禁止向该地出口羊毛。为了保证原料来源，佛兰德尔地区转而支持英国的反法政策，承认爱德华三世为法国国王和佛兰德尔的最高领主，使英法两国矛盾进一步加深。

战争爆发的导火线则为争夺法国的王位。1314 年，法国的卡佩王朝国王腓力四世去世，他没有留下可以继承王位的后代。法国贵族推举查理的侄子腓力继位，即国王腓力六世。英国国王爱德华三世以腓力四世外孙的资格要求继承卡佩王朝的王位，反对腓力六世为王。1337 年，爱德华称王法兰西，腓力六世则宣布收回英国在法国境内的全部领土，英法战争由此开始。

战争刚开始的时候，双方行动都极为缓慢。1340 年，爱德华三世以强大的海军袭击法国舰队，取得海上优势。1346 年，经过充分准备的英国陆军登上法兰西的土地，公然对法国进行挑衅。法王腓力六世调集全部兵力，要与英军决一死战，双方军队在克勒西遭遇。当法国军队赶到时，预先埋伏的英军弓箭手以逸待劳，弓箭像雨点一样飞落到法军头上、身上，打得法军狼狈不堪、四处溃逃。英军乘胜追击，占领海岸要塞加莱港。但在当时发生了横扫欧洲的黑死病，使战争暂时停止下来。

10 年后，战火再次燃起。在 1356 年法国西部的普瓦提埃战役中，在英军的强攻猛击下，法军再次惨败，法王约翰和大部分军队都成了俘虏，大批战利品运往英国。国王被俘后，太子查理监国，为了筹集国王赎金和战争经费，实行新的徭役制，并增加税收。军事的失败和苛捐杂税使城乡人民增加了对统治者的愤怒，法国在 1358 年爆发了扎克雷起义，起义虽被镇压下去，但法国已经无力再战，法国被迫于 1360 年在布勒丁尼签订和约，和约条款极为苛刻，法国不仅要交纳巨额的国王赎金，还要割让许多领地给英国。

**贞德像**

1431 年 5 月，贞德以女巫和异教徒的罪名被判处死刑。1456 年，查理七世为贞德平反，恢复了她的名誉。

为了夺回英国占领区，法王查理五世整顿内政，改革军事，组织雇佣军，建立炮兵部队和新的舰队。法军主动挑起战争，采用突袭和游击战术，迫使英军放弃一些被占土地，退到沿海一带。为了保住在法国的沿海据点，1396 年，英国被迫与法国议和。

法王查理五世死后，王位由他 12 岁的儿子查理六世继承。在他执政期间，形成两大贵族势力，即法国北部的勃艮第公爵和南部奥尔良公爵两大集团。双方争权夺利，互相残杀，造成国家的衰微，加重了人民的痛苦。勃艮第公爵在争斗中失败，于是勾结英国，答应英王亨利五世可以继承法国王位。法国统治阶级的内讧，导致了国家的衰弱，便利了英军的再度入侵。

1415 年，英王亨利五世再度进攻法国，英军在阿金库尔战役中击败法军，并在勃艮第公爵的援助下占领法国的北部，从而迫使法国于 1420 年在特鲁瓦签订丧权辱国的和约。和约规定，法国成为英法联合王国的一部分，查理六世的儿子正式放弃王位，亨利五世与查理六世的女儿结婚，有权在法王查理六世死后继承法国王位。但是 1422 年查理六世和亨利五世先后死去，英国国王由亨利五世的儿子亨利六世继承，同时英方擅自宣布不满周岁的亨利六世兼领法国国王，继承法国王位。但法王查理六世的儿子不甘心放弃父亲的王位，在南部大贵族的扶持下自称法国国王，是为查理七世，这样在法国有了两个国王，法国被分割成南北两个部分，法国北部和西北部是英国统治下的法国，查理七世则控制着卢瓦尔河流域及其以南狭小的地方。

爱德华三世的长子——"黑太子"的镀金铜像，全身铠甲，仰卧在坎特伯雷大教堂他的棺材上。他在 1356 年著名的普瓦提埃及战役中俘获法国国王，被誉为骑士精神的化身。

1428 年，英军大举围攻通往法国南部的要塞奥尔良，并开始长期的围攻。英军的屡次进犯，使法国遭到空前的洗劫和瓜分，法国处境十分困难。在民族危难之时，人民群众空前广泛地参加保卫独立的战争。南部的人民用金钱和物资支援军队抗战。在英占区，尤其是诺曼底，由农民和城市贫民组成的游击队十分活跃，到处打击敌人。农村女青年贞德是无数人民英雄中的一个典型。

贞德是法国北部的一个农家少女，她憎恨英军的入侵，她憎恨勃艮第的卖国，她决心献身保卫祖国的斗争。1429 年 4 月，她受王太子之命，率领军队向奥尔良进发。贞德向围困奥尔良达半年之久的英军发动猛烈进攻，英军难以招架，四散溃逃。贞德所向披靡，被困209 天的奥尔良终于被解了围。奥尔良战役的胜利，使整个战争朝着有利于法国的方向发展。人们亲切地称呼贞德为"奥尔良姑娘"。贞德在国家危难之际挺身而出，献身祖国的爱国主义精神极大地鼓舞了法国人民的爱国斗志。

法国人民经过长期艰苦卓绝的斗争，不断取得胜利，勃艮第公爵被迫解除和英国的同盟。法军相继攻占巴黎、诺曼底、波尔多等地，至 1453 年，法国收复了除加莱港以外的所有领土，英法两国长达一个世纪的封建战争至此结束。

英法百年战争是欧洲历史上一件大事。这场战争，使得两国的封建势力受到了沉重的打击，从前以领地为基础的集团关系受到了破坏。无论是在英国或法国，由于战争中显示的是一个国家的整体力量，所以国家的观念开始形成。特别是法国，以巴黎为中心的市场开始形成。新的法国国王路易十一（1461—1483）继续打击强大的勃艮第势力，并完全兼并了这块处于分裂的领地。他的继承人查理八世（1483—1498）合并了大领地不列塔尼，最终完成了国家的统一。领地的观念被国土的观念所取代。在英国，百年战争的失败和一无所获，造成了大贵族的不满，赋税负担的加重使得广大人民群众极为愤恨。在这种情况下，新兴的约克家族与原来的兰加斯特家族发生了长达30年的战争，史称"玫瑰战争"。这场战争的结果使两大贵族几乎同归于尽，为新生的资产阶级兴起创造了条件。

# 文艺复兴

## ——欧洲人的黎明

文艺复兴运动是唤醒黑暗之中的欧洲人的伟大运动，它对整个世界的文化发展产生了巨大影响。

在欧洲从中世纪向近代转变的过程中，文艺复兴运动既是中世纪长期发展的产物，也是结束中世纪的文化变革。它使欧洲人从黑暗和愚昧中解放出来，带着新的观念和新的行为进入新的时代。恩格斯在评述这一历史事件时指出："这是一次人类从来没有经历过的最伟大的、进步的变革，是一个需要巨人而且产生了巨人——在思维能力、热情和性格方面，在多才多艺和学识渊博方面的巨人时代。"因而，社会学界一般把文艺复兴看成中世纪与近代历史的分界线。

**达·芬奇的《蒙娜丽莎》**

几个世纪以来，画中主人公神秘的微笑曾吸引了无数的参观者，在这幅画中，达·芬奇创造了理想中完美女性的典范。

欧洲历史的阶段性发展是比较明显的，人们常把欧洲古代文明历史划分为两个主要发展阶段，并常常以其繁荣为标志，即以希腊、罗马文明为主的古典时代，以意大利为代表的文艺复兴时代，而后者又被认为是前者的继续，所以称作"文艺复兴"，但在时间和性质上有很大不同，尽管他们在一些方面有其相同的作用。之所以这样称呼，主要的根据是后者继承了前者的文化，即复活了古代优秀文化遗产。文艺复兴在当时就受到了当代人的重视。一些当代先进人物为了宣扬新思想和反抗封建思想，以复兴古代文化为口号，大力宣扬古代的文化，搜罗古代遗产，研究古代人物和艺术，涌现出卓越的人物，创造出灿烂的文化作品。

然而，这一伟大的历史事件也不是凭空出现的，它是在当时的历史条件下产生的。一般来讲，文艺复兴运动是以14、15和16世纪为历史时段的，并以意大利为其发源地。在罗马帝国灭亡之后，欧洲长期陷入混乱之中，民族大迁徙使得整个欧洲文明的地理范围得到了扩张，但也使整个社会遭到了一次空前的大动荡，对古代的千年文明进行了一次巨大的破坏，因而造成了欧洲社会的近千年相对愚昧时期，社会处于黑暗之中。以农业为主的封建社会的生产非常落后，古代罗马时期发达的经济、政治和文化被一扫而光，代之而起的是极端信奉上帝的基督教，人们的思想和行动都被教堂的阴影所笼罩，失去了理性和自由。然而，经过千年的发展，特别是经济的振兴，欧洲的经济有了显著的发展，特别是在原来罗马帝国的中心意大利，城市首先大批兴起，形成许多城市共和国国家，如佛罗伦萨、威尼斯、热那亚等等。这些城市形成了初期的城市资产者阶级，如大商人、工厂主和银行家。他们首先从封建束缚中解放出来，为了更有效地发展经济、对外竞争和战争，建立起了比较宽松的共和制统治机构，有利于产生新的思想和冲破传统思想的束缚。但是，脆弱的新生力量并不敢以独创的招牌出现。在他们的政治统治下，为了维护他们的新型制度，甚至有意地网罗和培养了一些有文化有技艺的当世突出人物，为他们服务和歌功颂德，形成了为新政治和经济服务的新文化。这种情况在欧洲的其他地方也不同程度地的存在，因而也出现了杰出的文化先驱，并且在他们的影响下出现了各个方面的杰出人物，他们共同构成了文艺复兴运动的代表人物。

在这种社会发展的有利情况下，以意大利为中心产生了一大批的杰出人物，如文艺复兴的先驱但丁，诗圣彼得拉克，人文主义作家薄伽丘，建筑家布鲁涅列斯奇，艺术家米开朗琪罗，绘画大师拉斐尔，政治历史学家马基雅维利，多才奇人达·芬奇，天文学家哥白尼、布鲁诺和伽利略，美好社会的设计者康伯内拉和莫尔，实验科学的奠基者培根，戏剧作家莎士比亚，哲学家笛卡儿和斯宾诺莎，文学家塞万提斯和拉伯雷，世界共同法律的创立者格老秀斯，血液循环的发现者哈维等等。为了既不触犯基督教界的教规和戒律，也容易被人接受，他们并不直接反对基督教，文人则以复兴古代文化为口号掀起新文化运动，科学家则打破传统的认识和戒律，建立新的理论和科学。

同任何新事物一样，能够得到社会的认可必须选择恰当的途径和使出浑身的力量，他们的贡献和杰作为后来社会的发展起了巨大的作用。文艺复兴运动的主流是在意大利，一般把文艺复兴划分为两个发展阶段。

早期的文艺复兴大约是在14世纪到15世纪中期。这一时期的重要代表人物有但丁·阿利格里（1265—1321）和薄伽丘（1313—1375）。但丁的代表作《神曲》通过描写作者在梦中由罗马诗人维吉尔及恋人碧雅特丽思引导幻游地狱、炼狱和天堂的故事，反映了作者表达的人可以经过艰苦历程达到希望境界的愿望，同时也暗喻着现实社会的各种现象。书中给他反对的教皇在地狱中留了个位置。薄伽丘的代表作《十日谈》则是通过他人之口讲述了100个故事，通过讽刺和写实的手法描述了教会神职人员的虚伪和淫荡，提倡人的享受和自由。

意大利后期文艺复兴主要代表人物是艺术家达·芬奇（1452—1519）、米开朗琪罗（1475—1564）和拉斐尔（1483—1520），这三个人的艺术作品代表着文艺复兴的最高水平。达·芬奇的绘画代表作品是《最后的晚餐》和《蒙娜丽莎》。作者在《最后的晚餐》画中形象地刻画出耶稣在最后的晚餐上的情景，当耶稣对他的十二个门徒说"你们当中有人出卖了我"时，众门徒表现出各自的内心反应，画中突出了各个人物在那一特殊环境中的瞬间表现：怀疑、惊讶、感慨、愤慨或表白，惟妙惟肖，在画法和用色上达到极高水平。《蒙娜丽莎》是作者以一个银行家的妻子为模特，描绘出一个表情丰富的少妇的典型形象，其微笑的动态含义成为后来人多方猜测的不解之谜。米开朗琪罗的雕塑代表作品是《大卫像》和《摩西像》，塑造出顽强有力的人物形象。米开朗琪罗的壁画代表作品《创世纪》和《末日审判》，虽然以《圣经》故事为题材，却带上浓厚的人文主义色彩。拉斐尔

文艺复兴时期"文学三杰"之一，文艺复兴第一位诗人——但丁

除了画有很多圣母像之外，其代表作品是梵蒂冈宫壁画《雅典学院》，壁画中带有表彰性地生动地再现了众多的古代希腊哲学家的伟大形象。

表现当时意大利各国纷争社会现实的作品是政治理论家马基雅维利（1469—1572）的《君主论》，书中认为结束意大利内争不已、外患重重的办法是建立统一的意大利国家，摆脱教会的束缚，实行强有力的君主统治。君主为了能够有效地统治可以不择手段，比狮子更凶猛，比狐狸更狡猾。

欧洲其他地区也出现了一些比较有代表性的作品：在德国有伊拉斯莫（1467—1536）的《愚人颂》，书中以愚昧的说教讽刺了封建社会末期上层社会的各种愚昧现象，主要是嘲笑教皇及其以下各级教职人员；在英国有莫尔的《乌托邦》，书中结合当时的羊吃人的社会现象：通过一个航海家的海外见闻，设计了一个美好合理的社会及其社会制度，没有私有和剥削，按需分配。英国的大剧作家莎士比亚（1564—1616）写了许多反映人间百态的剧作；法国作家拉伯雷的《巨人传》，树立了一个新时代的人物的形象，身体健康，学问渊博，理性极强；西班牙塞万提斯（1547—1616）的《堂吉诃德》，描述了一个游侠骑士坎坷的经历，反映了西班牙社会贵族的专横、残暴、虚伪。

文艺复兴运动的核心是人文主义。文艺复兴时期的作品反映出的是新兴资产阶级的政治思想，他们以人为中心，人至高无上，反对基督教以神为中心；提倡知识和理性，反对愚昧和盲目崇拜，探索自然，享受当世，欣赏艺术。正是文艺复兴运动使欧洲人解放了思想，大胆探险，大胆探索，大胆创造，使欧洲社会一走出愚昧的时代，就站在世界发展的前列。

简　评

文艺复兴是欧洲从中世纪封建社会向近代资本主义社会转变时期的反封建、反教会神权的一场伟大的思想解放运动，代表欧洲近代资本主义文明的最初发展阶段，是"人类从来没有经历过的最伟大的、进步的变革"，其光彩夺目的成果影响深远。文艺复兴意义不仅在于天才辈出，灿若群星，出现大量美不胜收的各类著作，更因为它是一次思想大解放，从根本上改变了人的价值观念，改变了人们对生活的态度，它促使欧洲人从以神为中心过渡到以人为中心，唤醒了人们积极进取的精神、创造精神以及科学实验的精神，从而在精神方面为资本主义胜利开辟了道路。

# 新航路的开辟

## ——欧洲人的地理大发现

15 世纪末到 16 世纪初，欧洲人开辟了横渡大西洋到达美洲、绕道非洲南端到达印度的新航线，第一次环球航行也取得了成功，这在历史上被习惯地称为"地理大发现"。

15 世纪，由于商品经济的发展和资本主义的萌芽，欧洲各国对货币的需求大大增加。欧洲人狂热地追求货币，渴望获得制造货币的黄金。自从《马可·波罗游记》在欧洲流传以来，欧洲人一直把东方、特别是中国看成是遍地黄金的人间天堂，所以希望到东方去实现黄金梦的人比比皆是。

此前，西方通往东方的重要商路有三条：一条在北部，经小亚细亚、黑海、里海至中亚细亚；一条在中部，从地中海东岸经两河流域至波斯湾，再从海路到达东方各地；还有一条在南部，经埃及的亚历山大港到红海，再从海路到东方。北部的一条被土耳其人占据着，另外两条被阿拉伯人控制着。长期以来，欧洲的贵族和商人迫切希望开辟一条绕过地中海东岸，直接到达中国和印度的新航路。

### 达·伽马开辟通往印度新航路

早在 1488 年，葡萄牙航海家巴尔托洛摩·迪亚士曾率领一支探险队到达并绕过了非洲南端的好望角，可惜没抵达印度群岛便中途返航了。葡萄牙人达·伽马十分羡慕迪亚士。他对朋友们说，他平生最大的愿望就是能指挥着一支庞大的船队，在海上浩浩荡荡地航行。1497 年，葡萄牙国王要组织一支航海探险队，继续寻找通往印度群岛的道路。国王早就耳闻达·伽马的冒险精神，因而在物色探险队队长的时候，自然而然地就想到了他。

达·伽马接到任命后立即开始了筹备工作。他参照意大利人和阿拉伯人的老地图，绘制了新地图；他收集航海用的工具，还亲自督造新式海船，用四角帆代替斜帆，增强了船的稳定性；他命令造船师们在船舷四周设了防御栏，在船首、船尾建造堡垒似的建筑，以便对付海盗与敌国舰船的袭击；他还在船上配备了发射铁制和石制炮弹的白炮……

达·伽马选择了坚固的、排水量为 100 吨的"圣哈布莱尔号"作为旗舰，这是葡萄牙当时建造的最大船只。达·伽马指定经验丰富的水手阿瓦利什为旗舰舰长，并让自己的兄弟保罗·达·伽马为"圣拉菲尔号"舰长。"圣密圭尔号"是一艘吨位较小的旧的轻快帆船，由凯尔奥担任舰长。另外一艘是专门储藏食物的货船，船长是隆耶什。航行中的主要领港人是达伦克尔。

目光敏锐的达·伽马精心地选出了舰队的领导核心，同时，他也深知船员素质的好坏决定着这次远航的成败。他挑选的船员都是有经验的炮手、帆匠、木匠、绳索匠、兵器工、铜匠、厨师水手实习生和士兵，其中大多数人曾经参加过迪亚士的远航。

1497 年的 6 月 8 日，葡萄牙的里斯本港热闹非凡。只见一支由四艘大小船只组成的舰队，一字儿排列在德古斯河右岸，五光十色的旗帜在船樯上迎风飘扬。河岸和舰队周围的小船上聚集着很多人，他们穿着节日的盛装和耀眼的甲胄，像是在欢庆盛大的节日。舰队士兵

## 历史大事全知道

在甲板上排成队形，像是临战前在接受检阅。

"启锚！"这支小舰队的统帅达·伽马发出了命令。当锚链缓缓拉起，锦帆迎风而张时，整个港湾反而显得格外宁静。一些妇女在暗暗流泪，一些老人在默默祈祷，他们不知道这次远航会带来什么后果，他们的亲人能否平安归来，舰队列成纵队朝着河口前进。一次伟大的航程就此开始了。

1497年9月22日船队绕过了好望角，接着又沿非洲东海岸北航。1498年5月20日，也就是船队离开葡萄牙约十个月之后，达·伽马到达了印度南方最重要的贸易中心卡利卡特。

三个月后，达·伽马载着满船的香料返回了里斯本。那一天，里斯本的港口上人山人海，人们像欢迎凯旋的英雄一样，欢迎着达·伽马的归来，国王也亲自赶到码头上迎接这位勇士。国王望着那满船的香料，欣喜万分。1502年国王又派达·伽马率领二十艘帆船的舰队前往卡利卡特。

达·伽马刚一驶抵印度海岸，就截获了一支路过的阿拉伯航船。他下令把货物抢劫一空后，点火将人和船一块儿烧掉。船上有上百名阿拉伯人，包括一些妇女和儿童，全未幸免。在卡利卡特，达·伽马的船队掠夺了大量的布匹、黄金、银子和很多妇女，并且把卡里卡特变成了葡萄牙的殖民地。

在归来的途中，达·伽马又在东非为国王建立了一些殖民地。达·伽马的两次印度远航，在葡萄牙引起了强烈的震动，人们把他当作英雄来顶礼膜拜，国王重赏了达·伽马，赠给他各种头衔。1524年，达·伽马还被新上任的国王任命为印度总督。然而，他就职不久就卧病不起，当年12月便离开了人世。1539年他的遗骸被运回葡萄牙安葬。

### 新大陆的发现者——哥伦布

500年前的世界版图还非常狭小，欧洲人只知道邻近的非洲和遥远的亚洲。一个探险家的一次历史性航行，揭开了世界地理发现史上崭新的一页。他的航行导致了"新大陆"——美洲大陆的发现。从此，许多探险者沿着由他开辟的新航线，发现了一个又一个新的陆地和岛屿，世界版图越来越大。他，就是名垂史册的著名探险家哥伦布。

哥伦布像

哥伦布于1451年8月出生在意大利的热那亚。他在少年时代，因家境贫寒迫于生计去当水手，并从此迷恋于航海。哥伦布曾到过英国、几内亚。大西洋东部海域的长期航行，使他熟悉了这一地区的航路，并且成为一个很有经验的水手。一个偶然的机会，哥伦布读到了马可·波罗的游记，从此，就一直想到东方去寻找财富。

哥伦布对当时欧洲最著名的地理学权威托斯堪内里提出的地圆学说极感兴趣，相信从欧洲直接向西航行同样可以到达印度。于是，他开始筹划一次这样的远航，以便去东方寻找黄金，发财致富。

但是，远航计划需要雄厚的经济实力为前提，哥伦布最初寄希望于葡萄牙国王的支持，而葡萄牙当时正热衷于绕过非洲去印度的航行，拒绝了他的求助，哥伦布不得不转而向西班牙宫廷兜售他的远航探险计划。经过长达6年的游说，1492年4月，西班牙女王终于同意支持这次远航，答应资助船只、船员和大部分费用，授予哥伦布海军大将的军衔，还预先封他为新发现土地上的世袭总督，准许他取得这块土地上的一份收入。条件是哥伦布必须将探险所得的大部分财富分给西班牙宫廷，并宣布西班牙国王是新发现土地的统治者。

1492 年 8 月 3 日，西班牙的巴罗斯小港异常热闹。太阳还没出山，小港就聚满了人。看大家那兴高采烈的样子，好像是在过什么节日。原来，这一天是哥伦布起锚远航的日子。人们听说后，纷纷来看热闹，并为这位勇士送行。

此次航行只有一大两小三艘帆船，帆船上彩旗飘扬。最大的那艘叫“圣玛利亚”号，是哥伦布的指挥船；另外两艘小船分别为“平塔”号和“宁雅”号，为哥伦布统领的船只。哥伦布站在“圣玛利亚”号的甲板上，俨然是一位指挥着千万艘战舰的指挥官。

这些帆船用现代眼光来看是又小又简陋，最大的“圣玛利亚”号也不过载重 109 吨，另两艘才 60 吨左右。就凭着这样的三艘小船，哥伦布以他那高超绝伦的航海技术，做出了首次横渡大西洋、发现美洲“新大陆”的壮举。

哥伦布率船队开始了他的第一次远航。船队一直向西航行。水手们站在甲板上，迎着海风，凝视着那辽阔的洋面，时起时伏的海浪以及那展翅翱翔的海鸥，个个都非常激动。不过他们还是怀疑：这个意大利人果真能把我们带到东方印度去吗？

一个多月过去了，大家能看到的，除了大海以外，还是大海。水手们虽然都是哥伦布用重金从西班牙各港口招募来的优秀海员，富有航海经验，但这时也不免开始失望起来，有的还产生了恐惧情绪，生怕越往西航行，就离开家乡越远，再也不能返回大陆了。长期不见陆地的漂流，水手们几乎开始暴动，但哥伦布却执著地向西航行。

一天傍晚，船员们懒洋洋地躺在甲板上休息，突然有人激动地喊起来：“快瞧，陆地！”

一听说陆地，大家全拥到了前甲板，眯起眼睛观看，果然看到前方有一条黛灰色的影子，船员们欣喜若狂。可是当船驶近后才发现这根本不是陆地，而是繁殖着大量马尾藻的海面，这一下大家沮丧极了。现在不仅不能登陆，而且船也被马尾藻缠得不能行驶了，哥伦布指挥水手们奋力排除，经过十几天的努力，船队才冲出这片马尾藻的包围，然而眼前仍然是茫茫的大海。船员们害怕了，他们围住哥伦布又喊又嚷，要求返航。

面对水手们的一片怨言，哥伦布毫不动摇，他平静地对大家说：“请大家相信我，三天之内我们一定能看见陆地。”哥伦布说得那么自信并不是没有根据的，因为他发现了许多接近陆地的迹象：在蓝蓝的天空中出现了一群群的海鸟，在流动的海面上漂着一根带花朵的树枝、一段甘蔗，这一切都表明陆地已经临近了。

1492 年 10 月 12 日凌晨 2 时许，“平塔”号上的一名水手在高高的桅杆顶上首先发现了陆地，他高兴地狂喊：“陆地！陆地！”船上的人都惊醒了，“轰隆”、“轰隆”的炮声划破长空，喜讯传遍了整个船队，三艘帆船很快靠拢，船员们兴奋异常，哥伦布这位硬汉子也忍不住热泪盈眶。当黎明来到的时候，船队靠上了巴哈马群岛的一个岛屿。这座岛屿名叫华特林岛，哥伦布在宣布占领这个岛屿后，给这个小岛取一个基督教的名称“圣萨尔瓦多”。哥伦布以为他已经来到了印度，因此把当地的居民称为印度人（Indians，译为印第安人）。直到如今，整个美洲的土著居民仍然被叫作印第安人，这个历史的误会已无法更正了。

接着，哥伦布又发现了古巴、海地等地。但是，使他感到奇怪的是他没有发现马可·波罗所描写的东方景物，也找不到遍地的黄金和香料，所见到的是那些新奇的植物，听到的是一些奇怪的语言，但他仍坚信他已来到了东方。

1493 年 3 月，哥伦布回到了西班牙的巴罗斯港。巴罗斯港的人们用礼炮欢迎他的归来，城里鼓声缭绕，举城欢腾。这个昔日的无名小卒，现在骑着高头大马，身穿绛红色的军服，带着掳获的印第安人和抢劫搜刮来的黄金，在众人的欢迎声中去朝见国王，哥伦布成了英雄。哥伦布的发现震动了西班牙，也震动了全欧洲。

后来，哥伦布又三次远航美洲，发现了加勒比海的所有重要岛屿以及中美洲地峡和南美洲大陆，并开始了殖民活动。

与西班牙宫廷原来的希望相反，哥伦布组织的几次远航并未马上给他们带来巨额的黄金和财富。在懊丧之余，西班牙宫廷于 1499 年取消了哥伦布对新发现土地的垄断权；1500年 8 月又派波巴底里亚为西印度群岛一带的总督，撤销了原来对哥伦布的委任，还取消了他应得的收入。哥伦布与其弟弟巴塞罗那被逮捕解送回国，但不久即获释。冤屈、挫折和焦虑，使哥伦布的身心受到了严重的打击。他的健康每况愈下。哥伦布从此身心交瘁，又染上重病，1506 年 5 月 20 日，这位伟大的航海家在西班牙的巴利亚多利德城抑郁而死，时年55 岁。

就在哥伦布去世后不久，另一个意大利航海家亚美利加在南美大陆经过多方勘查，最后确认哥伦布所发现的并不是亚洲，而是欧洲人从未到达过的一片新大陆，他的这一观点后来逐渐被人们所理解和接受，世人遂以他的名字将新大陆命名为亚美利加洲，简称美洲。

## 麦哲伦的首次环球航行

麦哲伦像

麦哲伦 1480 年生于葡萄牙北部波尔图的一个没落骑士家庭。10 岁的时候，他被父亲送进王宫服役，后来被选为王后的侍从。大约在 1496 年，他被编入国家航海事务厅。那时，哥伦布已经发现了美洲新大陆，达·伽马也开辟了通往印度的新航道，年轻的麦哲伦对此非常向往。1505 年麦哲伦参加了葡萄牙第一任驻印度总督阿尔梅达的远征队，对非洲发动殖民战争。麦哲伦在远征队服役 8 年，先后到东部非洲、印度和马六甲等地进行探险和殖民活动。在东方这段漫长经历中，麦哲伦积累了丰富的航海经验。

当时，"地球是圆形的"还不为太多人接受。哥伦布"向西航行，到达东方"的理论尚未被航海实践证实。麦哲伦同哥伦布一样深信，向西航行也能到达"大南海"（今太平洋地区）的香料之国。因此，他决心做一次史无前例的环球航行。

1513 年，麦哲伦返回里斯本，向葡萄牙国王提出了自己的设想，希望得到支持。但是，他的请求遭到了葡萄牙国王的一再拒绝。因为，葡萄牙已经控制了东方的贸易，不想再花钱去寻找新的航道了。

1517 年，麦哲伦毅然放弃葡萄牙国籍，移居西班牙的塞维利亚城。在那里，他向西班牙国王查理一世提出环球航行的请求，并向查理一世呈献了绘制得十分详尽的彩色地球仪，上面标明了拟订的航线。查理一世立即批准了他的航海计划，指令他着手组织一支船队出航。

1519 年 9 月 20 日，麦哲伦率领一支由 5 条海船、265 名水手组成的远洋船队，从西班牙塞维利亚城的外港圣卢卡港扬帆出航。这支船队每条船都装满了各种各样的商品，并配备了火枪和火炮。

这样的大事怎么能瞒得过葡萄牙国王呢？他非常害怕西班牙的势力超过葡萄牙。于是，他派了一些奸细打进麦哲伦的船队，准备伺机破坏，挑拨船员关系，甚至暗杀麦哲伦。西班牙统治集团内部也是派系斗争激烈，他们也各自插了一些亲信。所以，船队在起航时，外表看来浩浩荡荡，内部却隐伏着种种危机。

船队在烟波浩茫的大西洋中航行，一直向西走了整整70天，11月29日到达巴西海岸。然后他们沿巴西海岸向南行驶，以寻找通往"大南海"的海峡。第二年的1月10日，船队来到了一个无边无际的大海湾（今乌拉圭首都附近的拉普拉塔河出口处），"海峡找到了！""海峡找到了！"海员们高兴得欢呼起来，以为已经到了美洲的尽头，可以顺利地进入新的大洋了。可是，经过实地调查，原来是一个河口。船队继续往南行驶。一阵阵凛冽的风，像一把把用冰做成的尖刀直向船队刺来，令人发抖。伴随着寒风的是大片大片的雪花，整个船体外面都结了冰。

1520年3月21日，他们到达圣胡利安港（今阿根廷境内），船员已是疲惫不堪。这时已入冬季，由于纬度关系，白昼很短，且风雪交加，气候十分恶劣，麦哲伦决定在这人迹罕至之地抛锚过冬，等来年春天再继续前行。

离开温暖的西班牙足足有半年多了，船员们已经十分劳累。停泊期间，因找不到海峡通道使他们十分沮丧，又面对这荒无人烟的新大陆，天气寒冷，大家的情绪更为颓丧、低沉。就在这个节骨眼上，船队内部发生了叛乱，三个船长联合起来反对麦哲伦，用武装人员控制了这三条船，坚决不服从麦哲伦的指挥，并且责令麦哲伦去谈判。

麦哲伦胸有成竹，就派人送去一封同意谈判的信。当一个船长正在看信的时候，送信人拔出刀，刺进了他的喉头。与此同时，15人组成的武装小组立即接管了这三条船。一场叛乱很快就被平定下来。

圣胡利安港有大量的海鸟和鱼类，又有淡水，可以不愁饮食。船员们就在这里度过漫长的冬天。由于住得久了，逐渐发现附近还有居民——土人，麦哲伦称他们为"大脚人"。他们想把这些土人当作"标本"带回西班牙献给国王，就用欺骗的手段捕捉了两个"大脚人"，给他们戴上脚镣手铐，关在船舱里。

南半球的气候与北半球不同，到了8月，春暖花开，麦哲伦的船队开航了。但是，这时他们只剩下四条船了。航行了两个月，船队来到了一个广阔的海口。"这到底是河口还是海

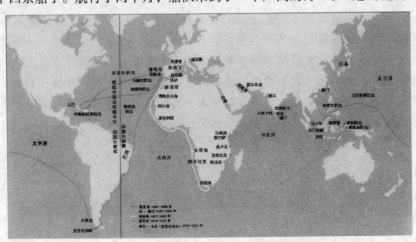

地理大发现期间重要的航海路线图

峡呢?"麦哲伦发现这里的水是咸水,这才确信是海峡。

这条海峡很窄,而且曲曲弯弯,有时,又突然变宽,四面都是港汊。整整航行了28天,船队才到了海峡的出口,一片浩瀚的大海呈现在他们面前,船员们欢呼起来。

向来以沉着、坚定而著称的麦哲伦,这时正在用手绢抹着眼泪。正是他,为人们开辟了一条环绕地球的航线。人们为了纪念他的功绩,把这个海峡命名为"麦哲伦海峡",它就在现在南美洲的智利南部,南纬52°的地方。

船队在大海洋里航行110天,一直没有遭到过狂风巨浪,太平无事,所以,他们把这个大海洋命名为"太平洋",一直沿用至今。

然而,等待他们的却是更艰苦的航行。他们的粮食很快吃完了,淡水也已经用光。人们身上的皮带、船舱里的老鼠和木屑,都被用来充饥。许多船员因长期吃不到新鲜蔬菜而患上了坏血病,其中有19人被夺走了生命。麦哲伦义无反顾地表示:"即使船上的牛皮都吃光了,我们还是要前进!"

1521年4月7日,麦哲伦率领的环球船队历经千辛万苦,穿过了浩瀚的太平洋,终于到达菲律宾群岛。他们首先到达的地方是菲律宾群岛的宿务岛。当时水手们异常激动,一上岸便迫不及待地将一个十字架插在地上,宣称该岛属于西班牙国王。随后他们设法强迫当地土著人头领皈依了基督教,接着又试图强迫宿务岛周围几个岛屿上的土著人屈服,但遭到拒绝。麦哲伦遂决定派兵攻打反抗非常强烈的马克坦岛,以显示征服者的"威风"。

可是,当地土著居民顽强抵抗,他们用标枪和弓箭进行反击。混战中,麦哲伦中箭身亡,终年41岁。他去世后,环球航行的最后历程由其同伴继续完成。

1522年9月6日,当麦哲伦的环球船队中仅剩的一条"维多利亚"号返回西班牙塞维尔港时,整个欧洲为之轰动,这是人类首次完成环球航行。但是作为这一壮举的策划者和领导者,麦哲伦却没有看到这一天。航海探险成就了他的英名,殖民征服注定了他的可悲结局,但麦哲伦的环球航行,以确凿的事实证明了地球是圆形的,这在航海史上,乃至科学史上,都是永远不可磨灭的功勋。

 简 评

新航路的开辟产生了重大的影响。首先,它引发了商业革命。欧洲同非洲、亚洲之间的贸易扩大,同美洲开始有了联系,各地区的商品逐渐在欧洲市场上出现,开始形成世界市场;主要商路从地中海转移到大西洋沿岸,意大利的商业地位逐渐被西班牙、葡萄牙以及英国、尼德兰所代替。其次,它引起了价格革命。由于大量贵金属源源不断流入欧洲,金银价值下降,物价猛涨。新兴的工商业资产阶级获得了暴利,封建主逐渐衰落,劳动人民日益贫困。价格革命加速了西欧封建制度的解体和资本主义的发展。第三,欧洲开始了大规模的殖民掠夺活动,非洲、亚洲和美洲许多国家和地区,逐渐沦为殖民地、半殖民地,成为西方掠夺的对象。

# 拉美玛雅文明的消失

## ——追寻失落的文明

　　美洲，是印第安人的故乡。"印第安人"一词，本意为"印度的居民"。人们为什么把美洲的原始居民称之为"印第安人"呢？这是因为，15 世纪末，当欧洲的探险家哥伦布踏上美洲土地的时候，误以为所到之处就是自己向往已久的印度，所以把当地居民误称为"印第安人"。从此，这一错误的称呼就成为美洲原始居民的名称，一直沿用下来。

　　印第安人，从北到南广布于美洲大陆。在与亚欧大陆隔绝的条件下，他们凭借自身的勤劳和智慧，创造了独特的古代文明——印第安文明。拉丁美洲是印第安人文明程度最高的地区，这里有三大文明中心：玛雅文明、阿兹特克文明和印加文明。因此，也有人把拉丁美洲地区视作人类古代文明的发祥地之一。在前述三大文明中，玛雅文明创立最早，是印第安文明的摇篮。

　　大约在公元前 1000 年代初期，有一支印第安人部落已生活在今天墨西哥东南部的尤卡坦半岛和危地马拉、洪都拉斯、萨尔瓦多一带。历史上这个地区曾建立过一个在印第安文明中占有重要地位的城邦——玛雅班，故这个地区得名"玛雅"，生活在这里的居民也就被称为玛雅人。

　　历史上的玛雅地区自然条件复杂多变。它的东、南两边分别濒临加勒比海和太平洋，西、北两边则邻接墨西哥中部和墨西哥湾，占地约 32.5 万平方公里。从地势上说，玛雅地区的南部属高原地区；中部地势平缓，森林密布，为热带雨林地区；北部是尤卡坦半岛，地势较低。

　　玛雅人是人类古代文明地区中较早创立文字的居民。公元初期，他们已开始使用象形文字。这些文字有些刻在石碑上或其他一些建筑物上，也有的写在树皮纸上。现在人们已经知道的玛雅象形文字符号约有 800 个，每个文字符号又分成两部分，一部分是表意的"意符"，一部分是表音的"音符"。能够掌握和使用这种文字的玛雅人是专门负责记录玛雅人的历史、神话传说、天文历法、祭祀大典等一些大事的高级祭司。这些记录是后人研究玛雅文明的珍贵资料，如果它们被较完整地保留下来，玛雅文明则有可能借助这些文字向世人充分再现其昔日的光辉。但遗憾的是，现存的玛雅古代典籍极少。16 世纪西班牙人入侵玛雅地区，殖民者不仅用暴力彻底摧毁了玛雅文明，而且还把玛雅人的大量珍贵文献付之一炬，甚至把能够使用象形文字的玛雅祭司也都处死。结果玛雅古代典籍现仅存 4 部，学者们根据这些典籍的收藏地点或发现者的名字，分别将其命名为《德累斯顿手稿》、《巴黎手稿》、《马德里手稿》和《格罗里耶手稿》。这些手稿至今还不能完全释读。

　　根据现存玛雅古代典籍认识玛雅文明困难重重，但考古学家的实地考察、考古发掘，以及保留在欧洲一些编年史家著述中的有关玛雅文明的记载，还是为人们了解玛雅文明提供了条件和依据。人们也正是根据这些材料逐渐再现了玛雅文明的昔日风采。

　　关于玛雅文明的历史分期，目前有两种观点：一是"二分法"：把 9 世纪末以前的玛雅文明划为"旧国时期"，把 10 世纪托尔特克人（另一支印第安人）的入侵至 16 世纪西班牙

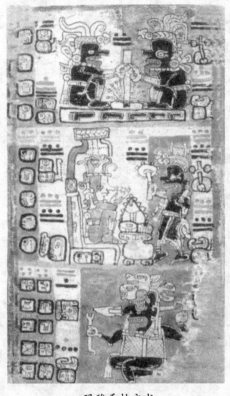

**玛雅手抄文书**

材料为树皮，其中左右两边方中带圆的符号即为玛雅人的象形文字。

殖民者的征服这个时期划为玛雅文明的"新国时期"。二是"四分法"：把玛雅文明划分成"形成时期"（公元前1000年代至公元3世纪）、"古典时期"（4—9世纪）、后古典时期（10—16世纪初）和"西班牙征服时期"（16世纪）这样4大阶段。

公元3世纪以前，玛雅人处于原始社会渐趋解体的阶段。那时，他们已经进入定居的农业生活，开始在其居住地周围建造一些平顶金字塔、祭坛和刻有浮雕的石碑。这些建筑物形成了玛雅人早期的祭祀中心。4—9世纪是玛雅文明的鼎盛期。早期的那些祭祀中心发展成为城邦国家，现已知这一时期玛雅地区的城邦多达100多个。每一个城邦都是一个建筑群，规模宏大，气势雄伟。玛雅的城邦有一种特殊的习俗，即每隔一定时间（一般为20年，也有的5年或10年）都要立碑记事，石碑上一般刻有立碑年代、立碑城邦的名称以及当时城邦发生的一些重大事件。石碑为圆柱形，一般高3米，也有的高达9米。现已发现几百块石碑，年代最早的是292年提卡尔城所立的石碑。最晚的是889年乌沙克通城邦所立的石碑。石碑的中断说明那些城邦被突然废弃，这是玛雅历史发展过程中的一次突变。对于这一突变的原因，学者们提出了各种解释。有人认为是自然条件的改变导致这些城邦丧失了基本的生存条件；也有人认为这些城邦曾遭受入侵，城内居民被迫出逃，结果导致城邦的废弃；还有人则用农民暴动来解释，认为祭司强迫农民建造庙宇，劳民伤财，农民在走投无路的情况下奋起反抗，捣毁了庙宇。考古发掘也证明，在城邦的各种建筑物中，毁坏最严重的就是庙宇。

10世纪以后，玛雅文明的发展进入后古典时期。此时，托尔特克人从墨西哥南下进入玛雅地区，攻占了玛雅人在五六世纪之交在尤卡坦北部建立的城邦奇陈—伊查，并统治该城达200年之久。随后玛雅人与托尔特克人相互融合，共同创造了后古典时期的玛雅文明。奇陈—伊查成为12世纪末以前玛雅文明的中心。12—15世纪中叶，位于奇陈—伊查北部的玛雅班逐渐发展成为玛雅地区最强大的城邦。1194年，玛雅班攻占奇陈—伊查，不久又战胜了另一个对手乌斯马尔城邦，一时成为玛雅地区的霸主。考古发掘证明，玛雅班城气魄宏大，城内大小建筑物有3500多个。这些建筑物除了庙宇、祭坛之外，还有装饰华丽的大厅及住宅，城周围建有坚实的城墙，有6个城门。这些建筑表明玛雅班已不再只是一个宗教中心，还是政治中心。15世纪中叶，城内发生了大规模的暴动，城被焚毁。从此各城邦间长期混战，玛雅文明走向衰落。1485年，玛雅班发生大瘟疫，城内居民纷纷逃亡，玛雅班被彻底废弃。当16世纪西班牙殖民者进入玛雅地区时，玛雅文明的盛期已告结束。

从1519年开始，西班牙殖民者便不断侵略玛雅地区，受到玛雅人的顽强抵抗。1597年，玛雅人的最后一个据点被殖民者占领，玛雅文明彻底消亡。但有许多学者认为，殖民者的征服，还不能完全解释玛雅文明消失的原因。

**提卡尔一号神庙**

金字塔神庙是玛雅最基本的建筑形式之一，层层叠起的金字型石堆只是一种建筑底座，在顶部的平台上，耸立着供奉神灵的庙宇。

玛雅人是以农为本的居民，他们的生产工具还相当原始。10 世纪以前使用的工具是石斧和木棍。10 世纪以后托尔特克人的到来使玛雅人掌握了一定的制铜技术，但铜器极少。玛雅人始终不会炼铁，所以完全不知道铁器。玛雅人的主要农作物是玉米，玉米种植是玛雅文明的物质基础。一般认为他们是世界上最早培育玉米的民族。另外，他们还种植土豆、棉花、番茄、南瓜，等等。玛雅人饲养的主要动物是狗和火鸡，还养蜂，但还不会饲养牛、马等大牲畜。他们的主要工艺品是用粘土、木材和石头制造的各种器皿、首饰、雕像等。玛雅社会也有一定的商品交换。城邦是集市贸易的中心，设有市场，定期交易。金砂和可可豆是交换的主要媒介。

玛雅人的物质生产水平不高，但在天文历法、数学、建筑等方面却有着辉煌的成就。

他们的太阳历已非常精确。它把一年分成 18 个月，一月 20 天，再加上 5 天"忌日"，一年共计 365 天，每 4 年加一闰日。他们还能准确地预测日蚀，精确算出金星运行周期为 583.92 日，这已非常接近今天的科学观测结果。因此许多学者肯定玛雅人的天文历法知识高出中世纪的欧洲人。数学方面，玛雅人采用 20 进位法，并且运用了"零"的符号。

玛雅人的主要建筑都与宗教、祭祀有关，最有特色的则是金字塔坛庙。它是城内的中心建筑物，一般是用泥土堆成巨大的山坡，表层以石块砌成。这种金字塔与埃及金字塔不同，后者是尖顶，用作帝王的陵寝。而前者则是平顶，塔顶建有庙宇。虽然有的也用作统治者的陵寝，但一般是作为玛雅神庙的基座。

简　评

在古代世界文明史上，玛雅文明似乎是从天而降，又戛然而止。在哥伦布发现美洲大陆之前，玛雅文明就早已集体失踪，异常璀璨的文化也突然中断，给世界留下了巨大的困惑。

# 路德的宗教改革

## ——一次思想解放运动

16 世纪初期，德国爆发了广泛的反封建革命运动，这个运动的斗争锋芒，首先指向封建制度的强有力支柱——教会。德国宗教改革便是伟大的反封建革命斗争的开始，马丁·路德是宗教改革的倡导者。

中世纪的西欧，天主教会是最有势力的封建营垒，它拥有天主教世界地产的 1/3，是封建制度的国际政治中心，并垄断着意识形态和文化教育。所以，一切反封建的斗争都采取神学异端的形式，首先发动对天主教会的进攻。早在 13 世纪，西欧就产生了新教的萌芽，有人曾提出改革教会建立廉价教会的主张。14 世纪，约翰·威克里夫提出简化宗教仪式，用英语做礼拜和建立不受教皇控制的英国教会的倡议。

15 世纪，扬·胡斯领导改革运动，在西方创立了第一个摆脱罗马控制的民族教会。16 世纪初，马丁·路德提出了只有靠信仰才能被救和建立廉价教会的系统理论，在德国和西欧掀起了一场轰轰烈烈的宗教改革运动。德国宗教改革运动的产生，是有其深刻的社会根源的。

### 宗教改革社会根源

从 15 世纪以来到 16 世纪初，德国仍然是封建经济占统治地位，但它的工业、农业和商业进步很快，有些部门达到或者超过了当时西欧先进国家的水平。随着生产力水平的提高和商品经济的发展，出现了资本主义生产，产生了最初的资产阶级。资产阶级在社会上和政治上的作用日益增长起来。

马丁·路德像

德国商业相当繁荣。从意大利到北欧的商道要通过德国，商道附近城市密布，在波罗的海南岸和多瑙河、莱茵河沿岸城市就有 2300 个到 3000 个左右，其中有 20 多个是大中城市。科伦、律伯克、莱茵河畔法兰克福、莱比锡和奥得河畔法兰克福是有名的贸易中心。德国南方城市更是一片繁荣，特别是纽伦堡和奥格斯堡是许多国家商品的集散中心。手中积累了大量货币的德国富商，如佛格尔家族，拥有 470 万古尔登的巨额资本，一旦机会合适就投资矿山，组织资本主义方式的生产。他们经营提罗尔银矿、匈牙利铜矿，并借款给查理五世，支持他贿选神圣罗马帝国的帝位。

德国的采矿、冶金、纺织和印刷等工业部门中的资本主义生产发展最快，出现了分散型甚至集中型的手工工场，其中银矿开采和冶炼技术的进步尤其突出。德国的农业也有了一定的发展，广泛地实行分成制，这是一种从封建地租向资本主义地租的过渡形式。资本主义的发展，为德国的宗教改革提供了重要的经济前提。

在政治上，德国保持着从中古以来所形成的政治割据局面。它由7大选侯（即有权选举皇帝的诸侯），十几个大诸侯，200多个小诸侯，上千个骑士和100多个自由城市统治着。它没有统一的军队、法庭和货币，甚至没有明确的疆界。诸侯对皇帝实行分权，在领地内实行集权。帝国城市和骑士往往各自结成联盟，他们时而相互对垒，时而和诸侯或皇帝对抗。皇权微弱，其地位和诸侯相差无几，始终不能实行集权统治。政治上的分裂，又转过来妨碍经济的发展，国内关卡林立，仅美因斯到科伦就有13处关卡。币制繁杂，达千种以上。皇帝、诸侯、骑士以及城市之间的冲突和战争频繁出现，骑士们经常抢劫，严重影响了生产的发展资本主义经济的进一步发展，迫切要求结束封建割据的局面。

随着资本主义经济因素的增长，德国社会各阶级之间的矛盾尖锐复杂。在统治阶级中，最有实力的是诸侯，他们是德国分裂割据的祸首，是革命的对象。诸侯在自己的领地内，享有收税、铸币、司法特权，并且拥有常备军，可以自行宣战靖和。他们对上要求分权，对严实行集权，迫使城市和骑士服从其统治。他们生活奢侈，宫廷耗费和常备军、政府支出所需金钱，都来自不断增加的赋税，这样使被残酷剥削的农民，处于水深火热之中。

路德派教徒正在与罗马天主教教皇讨论一些有争议的论点，这是1530年神圣罗马帝国皇帝试图与改革者和解的最后尝试。

在错综复杂的阶级矛盾中，罗马天主教会是最有势力的大地主。教士中的特权阶层，如大主教、主教、僧正以及其他高级僧侣，他们拥有大片土地，剥削人民，有的本身就是帝国的诸侯。他们利用宗教权力，售卖赎罪券，制造圣像和圣徒遗物，以开除教籍或停止宗教仪式来威胁反抗的人民。由于德国政治分裂，所以罗马教会势力特别大。它每年从德国搜刮和劫走大量财富。人称德国是"教皇的乳牛"，这更是各阶层最为痛恨的现象。连皇帝马克西米连一世也感慨地说：教皇在德国的收入比皇帝多100倍。在德国，反对罗马教会的斗争和争取国家统一的斗争密切相关，它激发了民族意识、终于爆发了资产阶级反对封建制度的第一次决战。而16世纪德国资产阶级的革命首先是以宗教改革的形式出现的。这是因为，中世纪只知道一种意识形态——宗教和神学。所以，当时任何社会运动和政治运动都不得不采取神学的形式。对于完全受宗教影响的群众感情来说，要掀起巨大的风暴就必须让群众的切身利益披上宗教的外衣。

## 向罗马教廷宣战

德国宗教改革的最先发难者是维滕堡大学教授马丁·路德（1483—1546）。他出身于富裕市民家庭，18 岁进入爱尔福特大学，后又在维滕堡大学学习、深受人文主义和难名论思想影响，1511 年去罗马旅行，亲眼见到罗马教廷的腐败。在人民群众斗争的推动下，路德决心从事宗教改革。他从 1512 年起任维滕堡大学神学教授，专讲圣经。他认为，宗教信仰是个人的事情，教士不应监督相干预。他以圣经为根据，说明人的得救，只能依靠自己的信仰。他说，诚实的人是依靠信仰而生的，圣礼根本没有必要。他主张建立没有教阶制度，没有繁琐礼拜仪式的廉俭教会。他的宗教观点反映了德国新兴资产阶级突破教会统治的要求。

1517 年 10 月，教皇立奥十世借口修缮罗马大教堂，出卖赎罪券。美因斯大主教阿尔伯特受命在德国包销，教皇的特使特兹尔则到德国兜售。特兹尔宣称，只要购买赎罪券的钱一敲响钱柜，罪人的灵魂立刻就可从炼狱跳上天堂。这种无耻的买卖，使本来已经痛恨罗马教廷的德国人民终于怒吼起来。10 月 30 日，路德写出《关于赎罪券效能的辩论》，即 95 条论纲。第二天贴在维滕堡教堂门口，要求公开辩论赎罪券问题。路德指出，当钱投入钱柜丁当作响时，增加的只是贪婪爱财的欲望，而不是灵魂升天。

路德的结论是：出卖赎罪券是"欺骗"和"捏造"，是"犯了错误"，是宣传"与基督教不符的道理"。他大胆地宣称：信徒得救一不靠教皇（教皇无权赦罪，只能肯定上帝对罪的赦免），二不靠圣礼（否定告解礼），只有靠终生"悔改"，即信仰上帝，与上帝直接交往，才是基督教的正道。这种说法与天主教的传统说法截然相反，是对教皇和天主教会的一个沉重打击，是思想上的一次解放。

95 条论纲中包含的只有靠信仰才能得救的思想，提出了创立新教的基本原则，它成了大家的共同纲领，被群众由拉丁文译成人人都懂的德文，争相传抄，不胫而走。两星期内传遍全国，一个月传遍基督教世界。

1519 年 7 月，在莱比锡教皇的代表同路德及其支持者举行了辩论会，在辩论中路德直截了当地指出，教皇的权力不是神授的，而是人为的。教皇不是上帝的代表，不是教皇，而是耶稣奠定了教会的基础，信徒不服从教皇仍然可以得救；宗教会议是人为的，其决议不一定都正确，康士坦茨宗教会议宣布胡司为异端就是错误的，因为胡司的主张中有许多是基督教的真理。路德公开为胡司翻案，公开否定教皇和宗教会议的无上权威，这一勇敢行动，使他走上了和罗马教皇决裂的道路。

1520 年 2 月路德发出号召，运用百般武器来讨伐教皇和红衣主教等蛇蝎之群，要用他们的血来洗我们的手。同年 6 月，路德发表战斗檄文《罗马教皇权》，发出了把罗马教会势力驱逐出德国的吼声。路德的坚定立场，赢得了广泛的拥护。教皇感到德国形势严重，他们在德国的特使在报告中指出，十分之九的德国人高喊："路德！"剩下十分之一少数高喊："罗马教廷该死！"1520 年路德先后发表了《致德意志民族的基督教贵族书》、《基督徒自由》和《教会被掳于巴比伦》三篇文章，后两篇文章表达了他的宗教纲领。其主要内容是，人只靠信仰得救，并且以《圣经》为根据，即只有信仰，有效地运用《圣经》才能得救。天主教复杂的七个圣礼被否定五个，剩下的两个是洗礼和圣餐。什么是信仰呢？路德对此作了灵活的解释，他没有把信仰说成理性，但也不排斥更激进的思想。他甚至主张信仰自由，思想自由。前一篇《致德意志民族的基督教贵族书》，则是他的政治纲领，是德意志的独立宣言。书中指出，教皇须交还我们的自由、权利、财产、荣誉、身体和灵魂，教皇须让皇权成为名副其实的皇权。要求停止向罗马缴纳教会税，结束罗马任命德国主教的权力，除加冕礼外教皇没有凌驾于皇帝之上的权力，取消皇帝吻教皇的脚和为他扶缰引马的规定，减少节日，允许神甫结婚，反对奇装艳服等。路德的悲剧在于停留在独立上，对消灭诸侯割据实现统一讳莫如深。同时，路德渐渐抛弃运动中的下层人民，倾向贵族和诸侯一边。

1520年6月，教皇宣布路德的学说为"异端"，罗织了41条罪状，并要求他在限期内承认错误。路德采取了焚烧教说的革命行动，他在同年12月10日在维族堡当众把教皇的命令投入火中，说："像你折磨基督上帝一样，永恒之火将折磨和烧毁你。"

神圣罗马帝国皇帝查理五世为了与法国进行意大利战争，需要教皇的支持，所以竭力反对宗教改革。1521年1月，他在沃姆斯召开帝国会议，要路德到会辩护，或公开表示悔改。

路德依靠一些世俗诸侯的支持，高唱充满胜利信心的赞美诗赴会。在会上他仍然坚持自己的观点，没有对皇帝的压力让步。

会后，皇帝下令逮捕路德，萨克森选侯把他藏在自己领地内的瓦德堡中。这一期间，路德把《圣经》从希伯来文和希腊文译成德文，于1522年9月德文新约正式出版。路德翻译的《圣经》对德语的统一

路德教与罗马天主教的重要区别在于所谓的圣礼仪式中，如图所示，天主教认为洗礼只有教士才能实行，而路德派则让一个俗人给一个孩子洗礼，以此向这一观念挑战。

做出了贡献，同时也使德国农民和平民群众能直接利用《圣经》中的语句，作为他们社会要求的根据。

沃姆斯会议后，革命运动进一步深入。首先，闵采尔站在下层人民一边，批判路德，并提出自己的革命主张。其次，1522年至1523年爆发了骑士暴动。路德的宗教改革从一开始就得到了骑士的支持。但沃姆斯会议以后，路德却更深入地投入到诸侯的怀抱，骑士便单独举行暴动，但由于他们没有得到市民和农民的支持，最后以失效告终。

革命深入以后，路德一再讲道和撰文攻击闵采尔和起义群众。1521年12月，他发表了《劝基督徒毋从事叛乱书》，说什么不要乱说、乱想、乱动，上帝禁止暴动。他不指名攻击闵采尔"草率从事"、"违反福音"。1522年3月，路德来到维滕堡，接连8次讲道，攻击群众"太过火了"，"太激烈"了。1523年3月，路德发表《论俗世的权力》，此文是路德堕落的耻辱柱。在文章中，他公开维护当时的政治制度，号召"尊敬长官"、"服事政府"，说如果暴动，世界将毁灭。

1524年8月，路德已沦为可耻的叛徒。他写信给缪尔豪森市政当月告密，攻击闵采尔"杀人、暴动和流血"，请求镇压。1525年，大规模农民起义爆发时，路德发表了《反对杀人越货的农民暴徒》，号召要像打疯狗那样，把起义农民戳碎、扼死、刺杀。此时，他对革命的仇恨达到了疯狂的程度。

路德叛变以后，他从事的宗教改革也半途而废，虽然他没有抛弃只有靠信仰才能得救的

主张，但不再讲思想自由和信仰自由了，并起劲地攻击自由意志，说信仰不是自由意志而是神的化身。此外，他还极力污蔑农民，美化诸侯，甚至力争与天主教会重归于好。1530 年 6 月 15 日，路德把他亲自审定的《奥格斯堡告白》提交议会宣读，系统阐述路德宗教的理论。告白号召基督教各派"宽容、温和与平心静气地"协商，因为"我们大家都是基督的臣民和战士"。至此，路德的宗教改革已蜕变为"庸俗市民阶级性质"的"官方的"宗教改革。

路德教简化宗教仪式，废除圣像、圣物和十字架，牧师可以结婚，用地方语言他礼拜，实行廉价的教会。路德教会的首脑是诸侯，不受教皇控制。由于德国的分裂割据，没有统一的路德教会。德国的北部和东北部的诸侯改宗路德教，南部和西南部的诸侯多宗天主教。1555 年路德教取得合法地位。今天，路德教是新教中最大的一派，在德国、美国和北欧各国有很大势力，约有信徒 7 千万人。

 简　评

宗教改革打破了天主教会的垄断地位，天主教会的大量土地和财产被没收。英国、荷兰、瑞士、北欧诸国和部分德意志邦国，纷纷成立不受罗马控制的新教组织；摧毁了天主教会的精神独裁，有力地削弱了封建统治，从而有利于资产阶级的活动。新教成为早期资产阶级革命的旗帜，并对后来资产阶级革命产生了重大影响。到了 16 世纪中叶以后，新教渐渐成为西、北欧和英国以及美国的主要宗教信仰，并助长了欧洲现代民族主义的形成，现代民族主义国家也应运而生。

# 尼德兰革命

## ——第一次成功的资产阶级革命

　　尼德兰是指莱茵河、缪司河、些耳德河下游及北海沿岸一带，相当于今天的荷兰、比利时、卢森堡和法国东北的一部分。1566—1609 年在尼德兰爆发了资产阶级革命。这次革命不仅是反对封建制度的斗争，也是反对西班牙殖民主义统治的民族解放战争。尼德兰革命的产生是有其深刻根源的。

　　首先是尼德兰资本主义经济的发展。莱茵河和些耳德河下游地区，物产丰富，又处水陆交通的要冲。早在 13、14 世纪，农牧业和工商业就相当发达。到了 16 世纪，尼德兰的资本主义关系已经有了相当的发展。在它的 17 个省区中，约有 300 多个城市，因此被人称为多城市的国家。

　　尼德兰北部的各省，尤其是荷兰和西兰两省的工商业最为发达。毛麻纺织业和造船业极负盛名，航海业和渔业也达到相当高的水平。16 世纪时，阿姆斯特丹、密得尔堡、符利辛根等城市都出现了大规模的资本主义手工工场。阿姆斯特丹是北方最大的城市，航运业和渔业发达，同英国、俄国、波罗的海沿岸各国有密切的贸易往来。农村中资本主义关系的发展也比较快，出现了官商和资本家经营的农场、牧场。也有的贵族把土地租给资本家经营，变成了和资产阶级利益接近的新贵族。

尼德兰起义军领袖、荷兰共和国第一任领导人——奥兰治·威廉。

　　南方的弗兰德尔和不拉奔是著名的工商业区。毛纺织业、印刷、冶金等行业比较发达，手工工场广泛兴起。南方最大城市安特卫普是当时世界上最重要的商业中心之一，弗兰德尔和不拉奔的工业产品都要通过安特卫普运往西班牙及其他国外市场。在安特卫普的商业中，有很大一部分是中介商业，城内有上千所欧洲各国的商行和代理店，每日往来的外国商人达五六千人之多，港内同时可停泊 2000 多艘大小船只，每年出入口货物的总值非常巨大。

　　阻止尼德兰资本主义继续发展的主要障碍来自西班牙的反动统治。16 世纪中叶，西班牙国王查理一世已经统治着德国、尼德兰、北非和美洲广大殖民地。查理一世派总督统治尼德兰，横征暴敛。西班牙国库年收入约为 500 万佛罗林，其中半数来自尼德兰。查理一世退位后，其子腓力二世继承西班牙王位，并统治尼德兰。腓力二世一上台就宣布破产，拒付国债，使尼德兰银行家损失巨大；又提高西班牙羊毛的出口税，使输往尼德兰的羊毛减少40%；同时取消尼德兰商人直接同西班牙殖民地进行贸易的权利，中断尼德兰同英国的贸易往来。上述措施极大地损害了尼德兰资产阶级的利益，致使许多工场和银行倒闭，成千上万的工人失业，民族经济面临破产的威胁。

## 历史大事全知道

西班牙对尼德兰的专制统治是以天主教会为主要支柱的。查理一世在尼德兰设立的宗教裁判所，残酷迫害新教徒，他于 1550 年 9 月 25 日公布法令，规定严厉惩治异端。凡被指控为"异端"的人，没收其财产，男子杀头，女的活埋或烧死，包庇异端者，与其同罪。这个法令以"血腥诏令"著称。腓力二世上台后重申严格执行 1550 年的"血腥诏令"。他还任命其姐帕尔马公爵玛格丽特为尼德兰总督，由宠臣红衣主教格兰维尔等人辅政，利用天主教会残酷迫害革命者和一切对西班牙统治不满的人。

尼德兰资本主义生产的发展以及西班牙的专制统治引起了阶级关系的变化。北方荷兰、西兰和弗里斯兰的贵族阶级逐渐与资产阶级接近，变为新贵族。旧贵族力图保持封建土地所有制和各种特权，他们多数倾向于路德派和卡尔文派。新旧贵族都主张维护民族独立，反对西班牙统治。资产阶级正在形成中，其中手工业工场主和一般商人比较激进，他们要求推翻封建专制统治，建立资本主义制度。这些人以卡尔文教为旗帜，在反西班牙统治的革命中，起着领导作用。一些大商人，特别是经济上和西班牙密切联系的南方富商，虽然对西班牙的反动统治不满，但却采取妥协态度，是资产阶级的右翼，市民阶级处于两极分化之中，行会的上层与城市贵族残余势力会合，成为封建反动力量的支柱，而破了产的行会手工业者则沦为帮工或手工工场的雇佣工人。工人工资微薄，生活困苦。农民既受封建贵族和天主教会的压榨，又受资产阶级的剥削，许多人丧失了生产资料成为流浪者。他们在血腥立法下经常遭受鞭笞、烙印和服苦役等刑罚。广大的农民、雇佣工人和城市贫民参加了革命的再浸礼派或卡尔文派，是革命的主要力量。随着封建主义关系的瓦解，资产阶级关系的发展以及西班牙专制统治的加强，使尼德兰阶级矛盾和民族矛盾日趋激化，一场革命正处于酝酿之中。

当时，人民群众反对封建专制的斗争，主要表现为宗教改革。

16 世纪初，人文主义和路德的宗教改革思潮在尼德兰传播。50 年代，卡尔文教教会普遍兴起。卡尔文教士在旷野露天传教，吸引了广大群众。这种传教在失业的劳动者中间和较贫困的地方特别成功。对此，反动政府十分恐惧，他们变本加厉地迫害新教徒，而群众反迫害的斗争也不断发生。1561 年，瓦朗西安当局正要对新教徒施行火刑时，愤怒的群众向宪兵投石块，拆除火刑柱，救出新教徒。此后，弗兰德尔、不拉奔也发生过类似的事件，卡尔文教徒劫狱，甚至袭击修道院。在安特卫普、瓦伦西思等工业中心先后发生了多次暴动，反对西班牙的反动统治。

1565 年，在人民群众革命情绪不断高涨的形势下，与资产阶级利害相关的贵族组成了"贵族同盟"。次年 4 月，奥兰治亲王威廉、埃格蒙特伯爵、荷恩大将等向玛格丽特呈递请愿书，要求废除"血腥诏令"，召开三级会议，撤退西班牙驻军，免除格兰维尔职务，同时对腓力二世表示效忠。贵族希望腓力二世用让步来防止即将来临的革命风暴。西班牙统治者拒绝了他们的请愿。当贵族同盟和加尔文派资产阶级领袖商讨对策，同时向德国路德派诸侯和法国雨格诺派贵族寻求援助的时候，一场声势浩大的人民起义像火山一样爆发了。

1566 年 8 月 11 日，弗兰德尔一些城市首先发动起义，其斗争锋芒直指天主教会。起义者手持棍棒、锤子和绳索，冲进教堂和寺院，把那些骗人的圣像、圣骨之类的"圣物"全部捣毁。这次起义在历史上被称为"破坏圣像运动"。10 月，起义席卷不拉奔、荷兰、弗里斯兰等 12 个省区，参加者有数万人。他们捣毁教堂和寺院约 5500 余所，焚毁债券和地契，没收教会的财产。风起云涌的革命运动吓坏了西班牙反动当局。1566 年 8 月 23 口，总督玛格丽特发表宣言，佯装答应停止宗教裁判所的活动，允许卡尔文教派在城外指定地点做礼拜，并赦免贵族同盟的成员。

随着起义范围的广泛和斗争的日趋激烈，起义队伍内部出现了分化，其中一部分贵族和资产阶级开始动摇，很快他们就向政府妥协了，反动贵族则协助政府镇压起义者。卡尔文派的资产阶级领袖纷纷退出运动，号召人民"安静下来停止暴动"。只有人民群众仍继续战斗。安特卫普和瓦朗西安两个起义中心，直到 1567 年春才平静下来。

翌年春，西班牙统治者卷土重来，玛格丽特宣布 1566 年 8 月 23 日宣言不再生效，开始对起义者进行残酷迫害。1567 年 8 月腓力二世任命阿尔发公爵率领 18 万士兵来到布鲁塞尔，他派遣西班牙军队进驻尼德兰所有城市和要塞，并设立了名为"除暴委员会"的特别法庭。全国布满了绞架和断头台，火刑柱的浓烟弥漫大地，被杀害的起义者约有 8000 人。贵族温和派首领埃格蒙特伯爵和荷恩大将都被处死。资产阶级首领安特卫普市长凡·斯特拉连也被送上了绞刑架。1571 年，阿尔发推行新的税制，即一切动产和不动产均抽税 1%，土地买卖抽税 5%，一切贸易抽税 10%。并且扬言，宁把一个贫穷的尼德兰留给上帝，不把一个富庶的尼德兰留给魔鬼。阿尔发的恐怖统治和掠夺政策，使得许多工商业纷纷倒闭，失业和饥饿笼罩着整个尼德兰，有些贵族、商人和手工业者纷纷逃往国外，革命暂时处于低潮。

尼德兰的人民没有被反动派的嚣张气焰所吓倒，大批工人、手工业者、农民和一部分资产阶级分子转入弗兰德尔和海诺特的密林中，组成"森林乞丐"游击队；北方的水手、渔夫及码头工人在荷兰、西兰和弗里斯兰附近的海上组成"海上乞丐"，出其不意地袭击敌人。小股的敌军或运输船，经常遭到游击队的袭击。农民积极支援游击队，供给粮食，担任向导，报告敌人行踪，掩护游击队撤退等等。人民群众的反抗斗争，为革命高潮的到来做好了准备。

1572 年 4 月 1 日，一支海上游击队攻占了西兰岛上的布里尔，不久又打退了阿尔发的军队。这次斗争的胜利，不仅使海上游击队在尼德兰本土建立了根据地，而且成为北方总起

荷兰风景画家雷斯达尔在这幅优美的油画中表达了对祖国的
热爱，风车磨房俯临静静的大河，帆船与客船在水道上穿梭往来，
把大小城镇连接在一起，新兴的荷兰共和国正散发出勃勃生机。

义的信号，推动了革命新高潮的到来。海上游击队进一步袭击其他城市，许多城市一个接一个地举行起义，驱逐西班牙人。荷兰、西兰两省几乎全部解放。流亡者纷纷回到尼德兰，资产阶级组织革命军队，掌握城市政权，镇压亲西班牙的神甫、间谍和叛徒。农民群众揭毁教堂、寺院和贵族庄园，停止缴纳什一税，拒绝履行封建义务。到 1573 年底，北方各省如乌特勒支、弗里斯兰、上伊塞尔、格尔德兰等先后宣布独立。奥兰治亲王威廉于 1572 年 7 月在北方各省会议上被推为总督。事实上，北方各省已成为一个独立的国家。

1572 年底，西班牙调集重兵疯狂镇压北方起义。阿尔发在荷兰和西兰之间发动楔形攻势，妄图隔离两省之后再各个击破。西班牙军队先后攻陷苏特芬和那顿城，包围哈连姆和来登。哈连姆曾被围困 7 个月，该城居民在弹尽粮绝的情况下，还英勇抵抗。1573 年 10 月以后的一年里，敌军两次包围来登，在城内严重缺粮的情况下，敌人乘机劝降，来登人民绝不屈服，坚定地回答：只要能听见城里还有猫狗的叫声，就能守住城；为了自由，必要时每个人会吃掉左手来保卫右手，决不投降。由于来登低于海平面之下，离海只有 6 英里，所以在 1574 年 8 月，奥兰治·威廉亲自指挥掘开海堤 16 处，使来登郊区淹没在大水之中，敌人遭到惨重失败，被迫撤退。

北方的胜利推动南方革命的高涨。1576 年 9 月 4 日，布鲁塞尔爆发了起义，起义军占领政务会议大厦，逮捕政务会议的成员，推翻了西班牙在尼德兰的统治。从此，革命的中心转到南方。后来，奥兰治·威廉来到布鲁塞尔，并在安持卫普建立总部。10 月尼德兰南北 17 省的代表在根特集会。在会议进行期间，西班牙士兵冲入安特卫普，杀死了约 8000 人，劫走约值 500 万杜卡特的财物，西班牙的暴行加速了南北协议的达成，于 11 月 8 日，会议通过了"根特协定"。协定废除阿尔发颁布的一切法令，重申各省原有的权利。

缔结根特协议以后，新总督唐·约翰企图分化南北的统一，但其阴谋未能得逞。1577 年秋，布鲁塞尔、根持、伊普尔、安特卫普、弗兰德尔和不拉奔的许多城市都爆发了起义。许多城市都推翻了反动的统治，并建立了革命委员会。与此同时，弗兰德尔、不拉奔、德伦特、格罗宁根等省的农民运动风起云涌，起义的农民抗交封建租税，摧毁贵族城堡，夺取贵族和教会的土地，大部分西班牙雇佣兵被他们消灭掉。

农民运动的深入发展，引起了反动贵族和天主教会的恐惧，他们发动叛乱，同西班牙妥协。1579 年 1 月，他们成立"阿拉斯联盟"，宣布效忠腓力二世。十几天以后，北方的盖尔德兰、荷兰、西兰、乌特勒支、弗里斯兰以及苏特芬和南方的安特卫普、布鲁塞尔和根特等城市的代表在乌特勒支集会，组成"乌特勒支同盟"，宣布永不分裂。由各省代表组成的三级会议是同盟的最高权力机关，制定统一的币制和对外政策。乌特勒支同盟奠定了荷兰共和国的基础，1581 年三级会议宣布废黜腓力二世，成立联省共和国。奥兰治·威廉任新国家首任执政。

新总督法内塞尔和阿拉斯联盟首先在南方运用分化手段，笼络城市的保守阶层，向革命力量进行反扑，占领伊普尔、根特、布鲁日等城。1585 年又攻陷了布鲁塞尔和安特卫普，恢复西班牙在南方的统治，南北分裂大局已定。1588 年，西班牙的"无敌舰队"在海上被英国击溃，1589—1598 年对法国胡格诺战争的干涉又以失败告终。至此，西班牙已无力扑灭尼德兰革命。1609 年，腓力二世终于和联省共和国缔结 12 年休战协定，在事实上承认荷兰独立。尼德兰革命在北方获得了完全的胜利。1648 年的威斯特发里亚和约，正式确认荷兰独立。尼德兰南方后来形成比利时和卢森堡国家。

## 简 评

　　尼德兰革命是历史上第一次成功的资产阶级革命，它以卡尔文派为旗帜，以城市平民为斗争的主力，推翻了西班牙在尼德兰的专制统治，在欧洲建立了第一个资产阶级共和国。它为资本主义在尼德兰北部的发展开辟了道路。在革命过程中，资产阶级和新贵族的联盟起了领导作用。而广大人民群众、尤其是城市平民积极投身到斗争中去，保证了革命的胜利。由于以国外贸易和手工工场为基础的资产阶级发展还不成熟，新贵族和封建制度还有千丝万缕的联系，所以，他们之中的一部分在斗争中软弱动摇，缺乏革命的彻底性，有的甚至投降叛变。这就决定了尼德兰反封建的斗争是很不彻底的，封建土地所有制没有废除，天主教势力未能被完全打倒。反西班牙统治的斗争只在北部地区获得成功，而政权掌握在大资产阶级和贵族手中，他们之间的矛盾非常尖锐，这些都严重地阻碍了资本主义的发展。

# 无敌舰队的覆灭

## ——英国开始成为"海上霸主"

近代历史上，1588年西班牙"无敌舰队"的覆灭是一件大事。它标志着西班牙海上霸权的终结，英国海军从此登上霸主地位。当时仍然堪称强大的西班牙"无敌舰队"，在名不见经传的英国海军面前不堪一击，这种"强者败、弱者胜"的结局，一直是历史学家及军事研究者津津乐道的话题。

西班牙是欧洲的老牌殖民国家。16世纪中叶时，它拥有约1000万人口，殖民势力范围扩及欧、美、非、亚四大洲，号称"日不落"帝国。凭借一支庞大的舰队，西班牙垄断了很多地区的贸易，干预欧洲乃至国际间的事务，俨然成为世界的霸主。

然而，西班牙殖民帝国终究不过是泥足巨人。随着英、法、荷等国的崛起，西班牙的优势地位受到了严重挑战，首先对西班牙霸权产生冲击的便是英国。英国在16世纪中叶后，随着商业革命的发展，对外贸易活动和殖民掠夺范围日渐扩大。而后起的英国扩大海外贸易和殖民活动，势必与当时的海上霸权国家西班牙产生冲突。伊丽莎白统治初期，英国囿于海军力量不够强大，尚不敢与西班牙公开较量，于是便利用德雷克等海盗扰乱西班牙航线，拦劫西班牙货船，乘机进行走私贸易，从侧面打击西班牙。

16世纪70至80年代，英西矛盾愈演愈烈。英国声援法国的胡格诺教徒反对西班牙支持下的法国天主教会，同时，英国允许尼德兰的海上游击队使用英国港口攻击西班牙。西班牙则支持爱尔兰的天主教徒和英国的分裂势力，力图颠覆伊丽莎白的统治，把苏格兰女王玛丽·斯图亚特扶上英国王位。1587年2月，英国女王处决玛丽·斯图亚特，此举震动了天主教会，教皇立即颁诏，号召天主教徒征讨英格兰。西班牙国王腓力二世率先响应，他立即组织了一支庞大的舰队，号称"无敌舰队"，远征英国。

英国女王伊丽莎白一世
（1533－1603）

当然，腓力二世这样做，也不是单纯为了替玛丽报仇。多年来，英国一直同西班牙争夺海上霸权。西班牙船队和西班牙在美洲的殖民地，经常遭到英国海盗的袭击和抢劫。为此，腓力二世多次向英国政府提出警告，伊丽莎白女王不但不制止海盗的抢劫，反而公开地加以包庇和鼓励，甚至帮助海盗窝藏财物。西班牙因此蒙受巨大损失。尼德兰爆发反西班牙统治的革命以后，英国支持尼德兰，允许尼德兰海上乞丐游击队出入英国港口，使西班牙无法平定那里的叛乱。腓力二世恨透了专跟他作对、不知天高地厚的伊丽莎白。当初，伊丽莎白刚刚即位，腓力二世想通过与女王联姻以控制英国，但遭到女王拒绝。腓力二世转而支持苏格兰女王玛丽·斯图亚特夺取英国王位，玛丽又被伊丽莎白处死。看来，除了诉诸武力，别无选择了。

为进攻英国，腓力二世组建了一支庞大的舰队，共拥有约130艘兵船和运输船，船员和水手7000人，步兵2万3千人，号称

"无敌舰队"。相形之下,英国军备显得很不充分。通过征集皇家、商人及海盗各类舰船,总共所得形状大小各异的舰船约140艘,作战人员累计不过9000人。然而,英国的这支舰队亦有它的优点,即船体小而狭长,快速轻便,没有船楼结构,除甲板上装有大炮外,舷窗上也装了炮,因此火力强而又机动灵活。相形之下,西班牙的战舰体大笨重,航行迟缓,高耸的船身又极易成为攻击的目标。

1588年7月中旬,由大贵族麦地纳·西多尼亚任司令的"无敌舰队"进抵英国南部海域,130多艘船首尾相接,旌旗漫卷,浩浩荡荡。舰队司令西多尼亚公爵登上了望台,观察英军动向。

西多尼亚见英舰体积小,产生了轻敌心理,命令舰队全速前进,炮轰英国舰,步兵做好登船准备。

英国战舰渐渐靠近,刚进入射程,无敌舰队便开炮轰击,炮声隆隆,水柱冲天。"无敌舰队"排成几路纵队,全速向英国战舰逼来。不料,英国战舰灵巧地躲开西班牙战舰,横过来发炮,弹无虚发。不一会儿,好几只西班牙战舰中炮起火。激烈的炮战持续了一整天。"无敌舰队"两艘旗舰中炮受伤,退出战斗。第七天,"无敌舰队"驶进多佛尔海峡。西多尼亚焦急地盼望援军相救。可是,他哪里知道,英国舰船已封锁了整个海面,援军根本无法到达。

第八天深夜,海面上刮起猛烈的西风,波涛汹涌。西班牙士兵经过几天的战斗,早已疲惫不堪。忽然,值勤士兵发现对面英军阵地发出几个火球,直朝本舰队冲来,他慌忙拉响警报。这一次,英国舰队采用的是火攻战。他们用几艘旧船,装满易燃物品,点燃后,风助火势,冲入西班牙舰队。顿时,火舌飞舞,浓烟滚滚,西班牙舰船一艘接着一艘燃烧起来,西多尼亚连忙下令:"砍断缆绳,马上启航!"于是,士兵们有的砍缆绳,有的抽水救火,有的跳海求生,舰船相互撞击,更是乱上添乱。

英国的海上舰队

原来,为了迎战西班牙舰队,英国海军将领霍金斯改建了舰船。英军舰船原来又高又大,表面上很威风,但行动上笨拙。这次建造的舰船,降低了船的高度,甲板和两旁舷窗都装置有大炮,这种大炮反冲力小,发射快,射程也更远。在战术上,英军改变传统的接舷法,也就是双方船只靠近,步兵跳上对方舰上展开肉搏战。他们尽量避免近战,不让西班牙战舰靠近,以自己轻便灵活的舰船,进行远距离炮击。西班牙战舰又高又大,成了英军战舰集中炮击的目标。7月20日至27日间,海军上将霍华德指挥的英国舰队采用灵活战术,避免与西班牙舰队正面遭遇,实施小股跟踪,攻其两翼,或个别交战,攻其不备,使西班牙舰队尚未正式交战即遭很大损失。

7月28日午夜,庞大的"无敌舰队"正在加来驻扎。英国舰队巧施火攻妙计,利用强劲西风,将6艘船身涂满柏油、舱内装满易燃品的旧商船点火后乘风驶往西班牙舰队。混乱中，西班牙的许多舰船葬身火海，一部分则因自相碰撞而沉没。翌日黎明，英国舰队采取远距离炮击，使"无敌舰队"中的步兵无法靠近船舷发挥优势。此役，西班牙舰队伤亡很大。战后，西班牙舰队感到登陆英伦无望，乃拟绕航苏格兰和爱尔兰折返西班牙。在苏格兰北部，西班牙的舰队遇上风暴，损兵折将，仓皇败逃中又有一些船只触礁或搁浅。到 1588 年 10 月西多尼亚带领残部回到西班牙时，庞大的"无敌舰队"仅残存 43 艘，近乎以全军覆没而告终。而英国舰队只损失 3100 人。

"无敌舰队"的覆灭，是西班牙霸权衰落的重要标志。从此以后，英国开始崛起，成为世界"海上霸主"。

 简　评

"无敌舰队"的覆灭是一次具有重大历史意义的事件。以后西班牙逐渐衰落下去，而英国则取得了海上霸主地位，使本来一个仅有数百万人口的孤岛小国一跃成为世界上头号殖民帝国，并在以后好几个世纪中保持着世界"第一强国"和"海上霸主"的地位。16 世纪末，英国几次派舰队去侵掠西印度群岛。接着，英国开始组织向北美的殖民活动。16 世纪后半期，英国国势空前强盛，生产力不断增长，经济走向繁荣，伦敦成为国际贸易和信贷的中心。1500 年，伦敦大约有 5 万人口，过了一个世纪，它的人口增加到原来的 5 倍左右，而且还在继续增长。

# 哥白尼创立日心说

## ——科学向神学的挑战

人们时常可见日出东方、日落西山的自然景观，久而久之，在古人的眼中，太阳被视为环绕地球而运转的天体，地球便成了宇宙的中心。这种陈腐的观念直到16世纪才被天文学革命的旗手哥白尼所打破。

哥白尼的日心说认为："地球是动的。……地球除了自己旋转外，还有某些运动，它在遨游，它其实是一颗行星。""太阳在所有的行星中间，……高居于王位上，统治着周围膝下的子女一般的众行星。"《天体运行论》一书的出版，否定了上帝是宇宙的主宰，也就动摇了教会对人世统治的思想基础，成为冲破黑暗的巨星。这本书曾震撼了整个欧洲。

### 献身科学，一生寂寥

1473年2月9日，尼古拉·哥白尼诞生于波兰西部维斯瓦河畔托伦城的一个商人家庭里，他幼年丧父，由舅父抚养长大。舅父路卡斯·瓦兹洛德（1447—1512）是埃尔门兰德地区的主教，但具有人文主义思想，反对经院哲学的束缚，提倡研究实际。他非常热心对外甥的培养，早在哥白尼上中学时，他就常带他参加一些人文主义者的聚会，经常给他找来一些天文学书籍。这使哥白尼从小受到了良好的教育，同时对这位天文学家的伟大事业起了很大的作用。

1491年，哥白尼进入克拉科夫大学，攻读天文学和数学。他老师波鲁泽夫斯基也是一位具有人文主义思想的著名数学家和天文学家，曾对古代托勒密的地球中心说提出过某些异议。在其影响和指导下，哥白尼开始思考地球的运转问题，认真研究托勒密的著作，发现了其中的科学方法与错误的结论之间的矛盾，于是立志探索出宇宙结构的新学说。

正当哥白尼努力钻研天文学时，希望他成为一名神职人员的舅舅要他去意大利留学。1499年，哥白尼被罗马大学聘为天文学教授，身披僧袍的哥白尼两度翻越白雪皑皑的阿尔卑斯山，来到文艺复兴运动的起源地。在那里，他有机会与很多杰出人物接触交流。虽然哥白尼学的是教会法和医学，并曾获教会学博士学位，但一直没有停止过对天文学的研究。他从古代希腊自然哲学家的著作中受到启迪，为自己创建宇宙新体系奠定了理论基础。哥白尼还与意大利天文学家多米尼克·玛丽亚一起进行了一次著名的月食观测，证明月食并非托勒密的所谓"月球体积的缩小"，从而打开了地心说的一个缺口。

哥白尼像

1502年，哥白尼辞去罗马大学教授的职位，回国担任神职牧师。他既当神父，主持教堂的宗教仪式，又当医生，照顾教区内的病人。他还当发明家，设计了一道水坝及一座磨坊，把水从二英里外的山下河流中引进村民的家里。

## 历史大事全知道

尽管要干这么多的事，但哥白尼还是挤出时间来研究他心爱的天文学。他经常和朋友们一起异地同时观测土星和木星的会合，其结果与哥白尼的推算相符，而与教会的说法不同，这给教会的权威以沉重打击。他又进一步总结以往的研究成果，在《试论天体运行的假设》中提出了日心说的雏形，但由于教会的阻挠，此著未能问世。

从1512年起，哥白尼在濒临波罗的海的小港弗隆堡定居下来。他住在教堂的塔楼顶层，这是间向前倾斜的房间，有三个窗口，可以从三个方向观测天象，可是哥白尼还嫌不够，干脆在屋顶上开几条缝隙。就在这间小小的屋子里，不管是严冬还是酷暑，哥白尼每天都用自己制作的仪器通宵达旦地观测，一点一滴地记下观察到的每一事物，计算着行星的运动，就这样他终于弄清了火星、金星、木星和土星的方位。

为了弄清大地的形状，哥白尼还做过一次有趣的试验。有一天，他来到海边，请求一艘帆船的主人在桅顶上绑上一个闪光的物体，然后他站在岸边看着帆船慢慢远去。随着帆船向远方驶去，哥白尼发现：先是船体慢慢下降、消失，然后那闪光的物体逐渐下降，最后完全淹没。"啊！这么说，连海面也是圆形的！"哥白尼惊喜地喊道："我要把它写下来。"

哥白尼兢兢业业从事天文观测达30年之久，并在那里了结了他的一生。他在教堂塔楼顶层设置的简易天台后来被称为"哥白尼塔"，自17世纪以来被人们作为天文学的圣地保存下来。

晚年的哥白尼，亲朋寥落，生活孤寂。公元1539年春，他热情地接待一位远道来访的青年，这便是哥白尼毕生惟一的高足弟子、德意志维登堡大学的数学教授雷提卡斯（公元1514～1576年）。这位26岁的青年学者是被哥白尼学说所吸引而专程前来求教的，他原来打算在哥白尼的住所逗留半个月，可是由于师徒相处投机，有共同语言，一住就是两年多。雷提卡斯悉心研读哥白尼的全部手稿，并与他讨论了自己还弄不明白的细节。这位热情的学者对哥白尼及其学说产生了由衷的敬仰。他特别欣赏哥白尼体系的简单和完善。他读到地球运动的时候赞叹说："既然看出这一切运动能解释无数现象，难道就不应该承认大自然的创造者上帝具有普通造钟匠的技巧吗？因为造钟人都很谨慎地避免在钟的机件里加进多余的轮子，或者只要稍微改变另一个轮子的位置，其机能就可以发挥得更好。"

雷提卡斯到弗隆堡不到三个月，就将《天体运行论》这部书的内容写了一个概要，征得哥白尼同意之后，于公元1540年以《初谈》作书名发表出来。雷提卡斯打算再出续篇，这时哥白尼终于决定委托这位弟子把在贮藏室里搁了"四个九年"之久的巨著全文发表。

在下决心发表《天体运行论》之前，哥白尼一度是胆怯的，正如他自己说的那样："我生怕我的学说新颖而不合时宜，会引起别人的轻蔑，因而几乎放弃了我的计划。"

那么为什么这时候哥白尼下决心冒险呢？哥白尼自己并没有说明原因。因此后人只好做一些合理的猜度：或许是他为雷提卡斯的热忱敦促和朋友们的鼓励所感动（这一点哥白尼在书的序言中说到了）；也可能是他感到自己已是古稀之年了，在世的岁月已是寥寥无几，不久便可以摆脱世俗的毁誉，为使自己毕生心血不致随着自己的消逝而淹没，所以做出这最后的抉择。

然而，哥白尼还是非常谨慎的，他想出了先发制人的巧妙计策，大胆地将他的著作献给了当时在位的教皇保罗三世，求他庇护。这篇献词（原序）用语委婉恳切，是哥白尼费尽苦心写出来的。

公元1543年，经过了一番周折之后，《天体运行论》终于在纽伦堡印刷完毕，公开发行了。当印刷好的著作送到哥白尼手边的时候，他已经睡在临终的病床上了。他的生前好友吉斯在给雷提卡斯的一封信中谈到哥白尼临终的状况时说："多日以前，他已经失掉了记忆力和思考能力，他在过世的那一天、快要断气那一小时，才看见他的印成的全部作品。"他只能欣慰地抚摸了一下封面，便溘然离开了人世。

尼古拉·哥白尼逝世的那一天是公元 1543 年 7 月 26 日。

### 《天体运行论》的内容

有关哥白尼"日心说"的描绘

在《天体运行论》这部划时代的科学杰作里，哥白尼说："太阳屹立在宇宙的中心，行星围绕着太阳运行。离太阳最近的是水星（80 天公转一周），其次是金星（9 个月公转一周），再其次是地球（1 年公转一周）。月亮绕着地球转圈子，是地球的卫星。比地球离太阳远的行星，挨次是火星（2 年公转一周）、木星（12 年公转一周）和土星（30 年公转一周）。行星离太阳越远，转的圈子就越大，所以转一圈的时间就越长。在行星的轨道外面，是布满恒星的恒星天。"至于宇宙是否有限的问题，他无法直接论证，便以谦逊和谨慎的态度，把它"留给自然哲学家去研究吧"。

《天体运行论》受到教会的严厉压制。1600 年，意大利哲学家布鲁诺因提倡地动说被教廷处以火刑。1633 年，伽利略也因为提倡地动说而受教廷处以软禁处分。后来在伽利略、开普勒及牛顿等科学家的证明下，地动说终成天体运行的主流学说。梵蒂冈的天主教廷直到二十世纪才承认地动说。

现在看来，哥白尼的说法还有很大的缺点，太阳并不是宇宙的中心。哥白尼的宇宙模式实际上是在望远镜发明以前，用肉眼可观测到的太阳系的一幅构造图。

跟哥白尼的功绩相比，这些缺点还是次要的。哥白尼不仅在天文学领域引起了一场革命性的变革，而且也为自然科学摆脱宗教神学的桎梏开辟了前进的道路，开创了一个理性文化发展的新时代，哥白尼也由此被誉为近代科学革命的创始人。

### 简　评

哥白尼是世界文化史上一位划时代的伟人。在当时，托勒密的地心说在天文学领域占据着统治地位，并成为基督教会的精神支柱，禁锢思想界已达 1400 多年。但哥白尼勇敢地向这一传统学说挑战，创建了科学的日心说。这不仅修正了千百年来一直为人们所接受的一些谬误，也对教会统治形成有力冲击。《天体运行论》是反对教权统治的战斗檄文，它不仅在天文学领域，也在意识形态领域里引起了巨大的反响，大大解放了人们的思想，具有伟大的科学和历史意义。

# 莎士比亚的戏剧创作

## ——难以企及的文学高峰

"他不属于一个时代，而属于所有的世纪。"这是人们对欧洲文艺复兴时期英国的大剧作家威廉·莎士比亚的一致评价。

莎士比亚的作品广泛地反映了英国当时的政治、经济、思想、文化、风俗、习惯，甚至可以作为这个时代的形象化历史，他的作品对世界戏剧艺术的发展做出了巨大贡献。

1564 年 4 月 23 日，莎士比亚出生在英国中部沃里克郡的斯特拉福镇。父亲是一个羊毛商人，家境富裕。7 岁那一年，他便被父母送到斯特拉福镇最好的学校去上学。莎士比亚是个好学的孩子，他把功课学完后，特别喜欢看课外书籍，诗歌和戏剧这方面的书他一拿起来就舍不得放下。在他的童年时代，伦敦城里一些著名的剧团每年都要从首都来到斯特拉福镇作巡回演出，给他留下了美好印象，唤起了幼年莎士比亚对于戏剧的爱好。

莎士比亚像

好景不长，莎士比亚的父亲破产了。为了帮助家里，他到一家屠宰场当了一名学徒。1585 年，他因得罪家乡的贵族，被迫去伦敦谋生。起初在一家剧院门口当马夫，侍候那些骑马到剧院看戏的富人。这也给他提供了观摩表演的便利，一有机会，他便溜进剧院看戏。

由于莎士比亚天资聪颖，肯动脑筋，善于向别人学习，很快就掌握了一些戏剧知识。有时演员不够，他就临时上台，跑跑龙套，后来竟当上了一名雇佣演员。这样，角色给了他接触各阶层人士的机会，增加了他的生活经验。当时伦敦有几家固定的剧院，经常变换节目，剧本的需求量比较大。这时剧院的老板发现莎士比亚机灵好学而且对戏剧充满了热情，便决定让他到后台去做提词的工作，这一来莎士比亚对剧本的内容熟悉起来。莎士比亚萌发了编写剧本的野心，他常常利用业余时间看书学习，埋头剧本创作。他利用业余时间完成了他的剧本《亨利六世》，老板看完剧本，大喜过望，立即组织排练。

1591 年 12 月，莎士比亚的《亨利六世》在剧院里上演并获得了成功。自此莎士比亚便一发不可收拾，连续写了一系列的历史剧、喜剧和悲剧。莎士比亚也成了剧团的股东。他又结识了一批青年新贵族和大学生，扩大了他的生活经验，并进一步接触到古代文化和意大利文艺复兴时期的人文思想。这些，为他创作杰出的剧作打下了基础。由于他戏剧创作的成功，他的收入日趋丰厚，后来还在故乡买地置产，并为他的家庭取得了世袭绅士的身分。

莎士比亚创作的初期正是英国伊丽莎白女王统治的极盛时期。在 1600 年之前，他主要从事喜剧和历史剧创作。莎士比亚的重要喜剧有《仲夏夜之梦》、《威尼斯商人》、《第十二夜》、《温莎的风流娘儿们》等。创作于1595年的《仲夏夜之梦》是一部充满幻想和浪漫色彩的抒情喜剧，剧情虽然发生在古希腊神话传说中威修斯统治雅典时期，实际上反映的却是当时英国的现实。该剧描写了青年男女之间相互恋爱的故事，他们反对家长的干涉，最后争取到婚姻自由的胜利。创作于1596年的《威尼斯商人》是莎士比亚喜剧中最富于社会讽刺意义的一部。它的主要情节是围绕威尼斯商人安东尼奥和犹太人高利贷者夏洛克之间因割一磅肉的诉讼而展开的激烈冲突。在这些喜剧中，充满了人类必将战胜黑暗势力的乐观主义情调，主张自由平等，赞扬个性解放，歌颂友谊和爱情，并讽刺和揭露了早期资产者的贪婪、自私和愚蠢。

莎士比亚创作的历史剧主要有《理查三世》、《理查二世》、《亨利四世》、《亨利五世》等。在这些历史剧中，莎士比亚通过丰富生动的情节、众多的人物和广阔的场面，再现出14、15世纪的英国历史和当时各种社会力量之间的冲突，包括国王与贵族、教会，市民与贵族以及贵族之间的尖锐斗争。表达出他赞成国家统一，反对封建割据的政治思想。

此外，著名的歌颂纯真爱情的悲剧《罗密欧与朱丽叶》亦在这一时期发表。这是莎士比亚早期创作的一部悲剧。叙述一对青年恋人罗密欧与朱丽叶分别属于两个世代为仇的封建家庭，由于他们的爱情受到阻挠，两人双双自杀而死。结果他们的死换来了两个家族的和解。别具一格的悲喜交集的故事，表现了莎士比亚对封建

《哈姆雷特》剧照

《哈姆雷特》代表莎士比亚戏剧的最高水平。故事主要讲述了丹麦王官以哈姆雷特为首的人文主义派与克劳迪为首的保守派之间的激烈冲突。

制度的痛恨，对新生活的向往，以及相信新思想终究会战胜旧制度的乐观精神。

1600年至1606年是莎士比亚的悲剧创作时期。他的四大悲剧均是这一时期所完成，它们是《哈姆莱特》、《奥赛罗》、《李尔王》和《麦克白》。人们一致认为，莎士比亚的悲剧代表了他的戏剧创作的最高成就。而《哈姆莱特》则是莎士比亚悲剧的经典之作。

莎士比亚曾认真地阅读过12世纪丹麦历史学家所著的《丹麦史》，在它的启发下，莎士比亚在1601年创作了《哈姆莱特》：

在德国威登堡大学读书的丹麦王子哈姆莱特，因父王突然死去，返回丹麦。他的教父克劳狄斯继承了王位，不久，母后同新王结了婚。但亡父的鬼魂告诉哈姆莱特，他是被克劳狄斯毒死的，哈姆莱特决定复仇。为了掩护自己，他开始装疯卖傻。经过一番波折，哈姆莱特终于将克劳狄斯杀死，报仇雪恨。

《哈姆莱特》写的虽是丹麦，但反映的却是莎士比亚生活时代的英国现实生活。莎士比亚将哈姆莱特塑造为一位具有伟大思想、坚定意志、身处逆境、内心充满矛盾的英雄人物，他与仇敌最后同归于尽的悲剧结局，给人以巨大的艺术震撼力和影响力，深刻体现了个人与社会矛盾的悲剧，反映了伊丽莎白时代末期英国社会内部的激烈斗争和冲突。

## 历史大事全知道

莎士比亚写《哈姆莱特》的目的，不仅只是为了让观众欣赏，而是要他们明白每个人的责任，他通过哈姆莱特的口，说出那句"我要负起重整乾坤的责任"的意思是：在一个颠倒混乱的时代里，每个英国人都有着扭转混乱局面，挽救濒临崩溃的国家的义务。哈姆莱特的死，是人文主义者的悲剧，也是对专制统治的道义上的胜利，给予观众的是人文主义奋斗的悲壮历程。《哈姆莱特》在世界文学史上的地位是崇高的，几百年来，它以那鲜明热烈的人文主义思想广传世界各地，它作为一部富有激情与思辨力的悲剧，感动着一代又一代读者。其实，莎士比亚的悲剧并不在于"悲"，而是通过悲的手段去激发人们积极认识社会，改造社会。

1600 年之后，莎士比亚还创作了一批传奇剧，主要有《伯里克利》、《辛伯林》、《冬天的故事》和《暴风雨》，它们充满神话般的幻想，均以喜剧告终。

1607 年，莎士比亚写成《雅典的泰门》。剧中的泰门面对黄金曾说过这样一段有名的独白：金子？黄黄的、闪光的、宝贵的金子？只要一点儿，就可使黑变白，丑变美，错变对，贱变贵，老变少，懦夫变勇士。

莎士比亚较早地对资本主义社会中金钱的作用作了深刻的揭露，马克思曾在《资本论》中引用过这段独白来说明货币的本质。

1612 年，莎士比亚离开伦敦，返回故乡，从此停止戏剧创作。1616 年 4 月 23 日他在家中病逝。他一生共完成叙事长诗两部，十四行诗 154 首，戏剧 37 部。如今已被译成各种文字，在世界各地的舞台上演，成为全人类的宝贵文化遗产。

## 简　评

莎士比亚的剧作是西方戏剧艺术史上难以企及的高峰。他的戏剧展开了如此广阔的生活画面：社会各个阶层的人物都在剧中婆娑起舞，而每个人又有各自的爱憎、伤悲与欢乐，每个人都有鲜明的个性特征。莎士比亚是无与伦比的戏剧结构大师。他不受严格的传统体裁划分的限制，从而展现出人物更饱满的人性和丰富的精神世界。

莎士比亚生前并未享受过多的荣誉，他在死后的两百多年里也并未得到普遍的肯定。到了 19 世纪中叶，人们重新发现了莎士比亚，并形成了一门新学科——莎学。

# 欧洲走向整体化的初始

## ——三十年战争

1618—1648 年，欧洲两个强国集团——哈布斯堡王朝与反哈布斯堡王朝集团为争夺欧洲霸权而展开了一次全欧国际性大混战。起初，战争是围绕德国新旧教矛盾进行的，但不久就演化为各国争夺权利和领土的混战，西欧、中欧及北欧主要国家几乎全部先后卷入。其结果使德国四分五裂，法国等迅速崛起，从而给西欧各国关系带来了重大影响。

16 世纪后期和 17 世纪初，欧洲社会的重大变化，各国政治经济矛盾冲突，封建王朝及诸侯的领土之争以及宗教派别的矛盾，构成三十年战争的复杂背景。德国和整个西欧经宗教改革后，教皇和皇帝权力有所削弱，路德教、加尔文教等新教势力迅速发展，新旧教势力几乎相等。

皇帝与诸侯之间矛盾重重。17 世纪初，德国皇帝卢道夫二世企图用武力限制新教诸侯的权力。于是，德国分裂为两个敌对的集团，即"新教同盟"和"天主教同盟"。教皇、皇帝、西班牙都支持天主教同盟；德国、荷兰和英国等支持新教同盟。欧洲各国之所以干涉德国，主要是想阻止它强大，并趁机获取好处。德国两大诸侯集团和西欧各国尖锐对立的形势，使战争终因以 1618 年捷克人民起义为导火线而爆发。

捷克 1526 年并入神圣罗马帝国的版图，德国皇帝兼为捷克国王，此时捷克人有宗教自决、政治自治等权。但到三世皇帝马提亚（1612—1619 年）时，他派遣耶稣会教士深入捷克，企图恢复天主教，并指定斐迪南为捷克国王，遭捷克人强烈反对，当国会向皇帝马提亚提出抗议时，遭马提亚拒绝，并宣布新教徒为暴徒。于是捷克人在 1618 年举行起义，冲进王宫，把国王的两个钦差从窗口投入壕沟。这个"掷出窗外事件"是捷克反对哈布斯堡王朝起义的开始，也是三十年战争的开端。战争开始时，捷克军队进展顺利，6 月进抵维也纳近郊。斐迪南求助于天主教同盟，并把巴拉丁选侯的爵位让予巴伐利亚公爵。天主教同盟立即出兵 2.5 万人，并供给皇帝大量金钱；西班牙也出兵进攻巴拉丁。1620 年 11 月，捷克和巴拉丁联军被天主教盟军击败，腓特烈逃往荷兰，巴拉丁被西班牙占领，捷克成为奥地利的一省，约有 3/4 的捷克封建主土地转入德国人之手。征服者还强迫捷克居民改奉天主教，焚毁捷克书籍，宣布德语为捷克国语。

皇帝和天主教同盟的胜利，直接威胁法国和荷兰的安全。

法国不能容忍查理五世帝国的复活；荷兰则已于 1621 年与西班牙处于战争状态。英王詹姆士一世关心自己的女婿巴拉丁选侯腓特烈的命运；垂涎北德领土的丹麦和瑞典，也不愿看到德皇对全国实现有效的统治。于是，这场战争很快转变为广泛的国际战争。1625 年，法国首相黎塞留倡议英国、荷兰、丹麦缔结反哈布斯堡联盟，英、荷两国则怂恿丹麦出兵，从此开始了战争的第二阶段。

1626 年，捷克贵族瓦伦斯坦和天主教同盟的军队打败丹麦和新教诸侯的联军。丹麦国王被迫于 1629 年 5 月在律贝克签订和约，保证以后不再干涉德国的内务。皇帝规定新教诸侯于 1552 年以后将所占教产全部归还原主。同时根据瓦伦斯坦的计划，德国将在波罗的海

## 历史大事全知道

上建立一支强大的舰队，瑞典害怕此计划影响它在波罗的海的优势地位，遂在法国大量金钱援助下，瑞典军于 1630 年 7 月在波美拉尼亚登陆，开始了战争的第三阶段。

瑞典军队由国王古斯塔夫率领，很快就占领波美拉尼亚，1632 年初，占领美因斯，4 月又攻陷奥格斯堡和慕尼黑。在列赫河战役中，天主教同盟军惨败。同时，捷克和德国本部有很多地方掀起农民和市民反对哈布斯堡家族和封建的起义。德皇在危急之中，重新起用瓦伦斯坦为统帅，11 月与瑞典军发生会战，瑞典获胜，但古斯塔夫阵亡。瑞典军取胜后军纪松弛，德皇乘机联合西班牙军，于 1634 年 9 月在诺德林根附近大败瑞典军，一直追到波罗的海沿岸。这对法国大为不利。在此之前，法国一直假手他国以削弱哈布斯堡的势力，当丹麦、瑞典以及德国新教诸侯连续失败后，法不得不直接出兵了，致使战争进入第四阶段——全欧混战阶段。

法国首相黎塞留先与瑞典议和，商定发动战争后任何一方不单独与哈布斯堡皇帝议和，然后于 1635 年 5 月对西班牙宣战。战场主要仍在德国境内，但战争同时也在西班牙、西属尼德兰、意大利等地进行。战争开始后，双方蹂躏所占领的对方地区，掠夺和杀戮居民。法军采取多点进攻和破袭交通等手段疲惫对方。1645 年孔代亲王协同 H·杜伦尼元帅在诺德林根（德境）打败德皇军队。法国和瑞典军队还取得其他几次战争的胜利，使哈布斯堡王朝集团无力再战。瑞典军的节节胜利，引起丹麦王的嫉妒和恐惧，乘瑞典军深入南德时期，丹麦对瑞典宣战。经 3 年（1643—1645 年）战争，瑞典从海陆两路围逼丹麦，丹麦被迫求和。从 1643 年起，交战双方在威斯特伐利亚开始谈判，一直到 1648 年 10 月才达成协议，缔结了《威斯特伐利亚和约》，至此战争结束。

三十年战争，结束了自中世纪以来"一个教皇、一个皇帝"统治欧洲的局面，德国分裂为近 300 个独立的大小不同的诸侯领地和 100 多个独立的骑士领土，皇帝企图在欧洲恢复天主教地位完全破灭，神圣罗马帝国在事实上已不复存在。

与此同时，由于德国是三十年战争的主战场，生产力遭到严重破坏，六分之五的乡村被毁灭；捷克和撒克逊的矿山全部被破坏；人口减少三分之一以上，捷克居民在战前有 300 万，战后只剩 78 万人；工商业急剧衰退。绝大多数城市都失去了原先的商业，而沦为诸侯的统治中心。

西班牙失去了一等强国的地位。战胜国法国从这一次战争中得到了德国大片领土，包括在 1552 年占领的梅斯、土尔、凡尔登等洛林土地得以承认，阿萨斯和下阿尔萨斯以及西南德意志的一些地区。法国因此成了欧洲霸主。

战胜国瑞典也得到了波罗的海沿岸的大片土地，据有德意志北部各重要河口。而且由于成了德意志的诸侯，可以随时干涉德意志的内部事务。此外，瑞典还得到一大笔赔款。瑞典因此成为北欧强国。

和约正式承认荷兰独立；正式承认瑞士脱离神圣罗马帝国，成为独立国。

在宗教方面，和约规定加尔文教徒享受与路德教徒同样的权利。教会财产的归属以 1624 年初持有的情况为准。新教得以承认，在帝国法庭中，天主教和新教的法官各占有相等的人数。

**简　评**

这次战争之后缔结的《威斯特伐里亚和约》，在欧洲历史上具有重大的历史意义。通过缔结这个和约，西班牙完全丧失了欧洲的霸权地位，法国成为欧洲大陆的新霸主，瑞典则称霸于北欧。和约大体划定了欧洲大陆各国的国界，奠定了近代欧洲的国际局面。

　　《威斯特伐里亚和约》的缔结，是继文艺复兴、宗教改革之后对罗马教皇权威的又一次沉重打击，其政治权威从此丧失殆尽。

　　和约还开创了由国际会议解决国际问题的先例，从而成为 18 世纪法国资产阶级革命前一切国际条约和协定的最初文献。从此，欧洲局部地区的问题往往成为全欧关注和讨论的焦点，欧洲走向整体化的帷幕已经拉开。

# 牛顿创立经典力学

## ——近代科学的理论基础

在伽利略逝世的那一年——1642 年的 12 月 25 日，当人们在欢庆圣诞节的时候，英国林肯郡乌尔斯绍普村的一所农舍里，一位面色苍白的妇女产下了一个只有 3 磅重的婴儿，为了确保已奄奄一息的新生儿的生命安全，家人从镇上请来医生。谁也没想到，这个早产的遗腹子，后来竟成了举世闻名的大科学家。他就是经典力学的奠基人，英国杰出的物理学家和数学家牛顿。

牛顿 2 岁的时候，母亲改嫁，他因此被放在外婆家养育。12 岁时，牛顿到镇上的公立中学去读书。在学校里，他腼腆怕羞，不爱说话，但学习十分认真，尤其喜欢数学和各种工艺。不久，他的继父也去世了，家境每况愈下，1658 年牛顿不得不辍学，回家当了农民。在田间劳动时，他经常是若有所思，呆呆地站着；要么就在随身携带的小本子上写写画画。牛顿的外祖母和母亲看到这种情景非常着急。后来在牛顿伯父的劝说和帮助下，贤良的母亲答应牛顿复学。牛顿欣喜若狂地重新进入学校，并以更大的热情，刻苦攻读。

1661 年 6 月，牛顿考入剑桥大学三一学院，享受免费生的待遇。在剑桥大学，学校设立了"鲁卡斯数学讲座"，一位名叫巴罗的学者担任教授。巴罗教授十分钟爱牛顿，他细心地教牛顿攻读阿基米德、开普勒和伽利略等人的著作。牛顿大学毕业时，在巴罗的举荐下，他又成为剑桥大学的带薪研究生。1665 年，伦敦瘟疫大流行，为避免传染，剑桥大学被迫停课，牛顿回到了家乡。

现代科学之父——牛顿

在故乡的两年中，牛顿把大学里学过的课程，进行了系统的整理和认真的思考。这两年是近代科学史上极其光辉的两年，因为牛顿后来的三大发现，都是在这两年萌生的。1667 年 3 月牛顿回到剑桥大学后，继续在巴罗教授指导下进行研究，不久获硕士学位。1669 年 10 月，27 岁的牛顿由巴罗教授推荐，继任"鲁卡斯数学讲座"教授。三年后，他被推选为伦敦皇家学会会员。从此以后，牛顿一直在剑桥从事教学和科研工作。他的辉煌的科学成就，都是在此取得的。他的三大发现分别是微积分法、白色光的组成和万有引力定律。

微积分，是微分和积分的合称。微分描述物体运动的局部，积分描述物质运动的整体性质。例如，在物质做直线运动时，由运动规律求其一瞬间的运动速度的方法，叫微分法，简称微分；由其一瞬间的运动速度求物体运动的全部路程的方法，叫做积分法，简称积分。牛顿把他的微积分论文送给了巴罗教授，巴罗看后大加赞赏。微积分的出现是变量数学的开端，可惜的是，这篇论文在巴罗的抽屉里压了 40 年之久，直到牛顿的著作《光学》出版，才得以在附录中出现。在此期间，德国数学家莱布尼兹宣布发现了微积分，因此后来发生了究竟谁先发明了微积分的争议。经过调查，微积分是牛顿和莱布尼兹各自单独在前人成就的基础上创立的。

牛顿在学生时代就对望远镜产生了浓厚的兴趣，他研制出了世界上第一架反射望远镜。牛顿在改进望远镜的实验过程中，发现了一个有趣的现象。一次，牛顿将一块三棱镜，放在一个很暗的房间里，把房间的窗户挖开一个小圆孔，让阳光从小孔中射进来。阳光穿过棱镜后，落到隔板上，形成的不是一个圆形的光点，而是一条光带，并且像天空的彩虹那样分为七种颜色，赤色最近，紫色最远。牛顿又在隔板上钻个孔，只取一种颜色的光束，使其通过棱镜照射到另外一块隔板上，这时光虽然发生了折射，但颜色却与前面相同，无法再分了。于是牛顿又在第一块棱镜的后面再放一块棱镜，中间不放置隔板，这样由第一棱镜分离出来的光经过第二块棱镜后又合成为原来的白光。

根据这一实验，牛顿得出：太阳的白光是由七种颜色的光合成的，各种光色无法再分；不同的光有不同的折射率，其中赤色最小，紫色最大。这就是著名的棱镜分光实验。

有一次，牛顿坐在苹果树下思考谜一般的引力问题。突然扑通一声，一个苹果落在了牛顿的脚下。苹果为什么垂直落地，而不是向着其他方向飞去呢？牛顿认为这一定是地球吸引它的缘故。牛顿又进行了联想：一个人站在山坡上，把一块石头轻轻放开，石头就会照直落到地上；如果用力把石头抛向远处，石头就会向前跑一段画出一个圆弧落到地上，力越大，石头就会落得越远；如果地球没有引力，这石头就会朝着它抛出的方向照直飞去。月球围绕地球转，无疑是地球的吸引力像一条看不见的绳索在拉着月球，同理，地球以及其他一切行星也肯定都被太阳吸引着。

那么能否认为，对于作用于任何两个物体、物质之间而言，这种引力具有普遍性呢？牛顿进行了精确的计算，证明吸引苹果的力和地球使月球围绕自己转动的力以及太阳使行星围绕自己转动的力，都是相同的。就这样，牛顿完成了人类认识自然的历史中的第一次理论大综合。由于牛顿引力定律证明：不论天上地下，任何两物体之间都具有这种引力，所以人们把它叫做万有引力。

1678年8月，英国天文学家哈雷来到剑桥大学拜访牛顿，才得知牛顿早已解决了万有引力定律问题。在哈雷在帮助下，牛顿才把自己这一伟大发现写成了整个科技史上的杰作——《自然哲学的数学原理》一书，公开发表。

所谓自然哲学，实际上就是物理学，这本书是牛顿一生中科学成就的顶峰。它是用当时西方学术界通行的拉丁文写的，共计25万字。全书由4个部分组成，阐述了4条力学定律，即第一定律惯性定律、第二定律落体定律、第三定律作用与反作用定律、第四定律万有引力定律，建立了完善的力学理论体系。在此后的200年中，再也没有人补充任何本质上的东西。直到20世纪量子论和相对论出现，才进一步扩大了力学范畴。牛顿力学体系的建立是科学史上的第一次大综合，它标志着人类科学

《数学原理》一书被评价为科学史上最伟大的著作，这本书为以后300年的力学研究打下了基础。

时代的开始，对于以后的科学研究的开花结果，起了典范的作用。

　　这本书出版后，轰动了整个世界。后来，不仅被译成了英文，而且几乎世界各国都有了它的译本，即使是衰败的旧中国，也出版了它的中译本。完成这部巨著后，牛顿结束了他的创造性活动，他完全钻入了神学研究之中，对此人们感到困惑和惋惜。从此以后，牛顿的名声日益扩大。1696 年，他就任英国造币局局长，从 1703 年开始一直担任英国皇家学会会长，直至 85 岁高龄去世。在牛顿逝世的前几天，他为后人留下了很有价值的临终遗言：

　　我不知道我在世人的眼里会是什么样子，不过就我自己来说，我似乎只是一个在海边嬉戏的孩子，时时转来转去寻找一个不平常的光滑的卵石或者美丽的贝壳，而真理的海洋却仍旧在我面前没有揭开。如果说我看到的比笛卡尔要远一点，那是因为我站在巨人肩上的缘故。

 简　评

　　牛顿创建的经典力学，为近代科学构筑了坚实的理论基础，对世界产生了更为深远的影响。古希腊的亚里士多德曾引导探究科学的人们去关注无法解释的"缘由"问题。在漫长的世纪中，亚里士多德关于世间万物都受内在理念驱动的观点导致后人做出了众多徒劳无益的猜测。牛顿并非首先对亚里士多德理论发难的挑战者，但他却是在广泛领域中最终驳倒该理论的第一人。他说服自然的研究者放弃了缘由说，而将注意力系统集中在事物"如何"变化上来。而且他为他们提供了找出答案的基本数学工具。因此，根据包括爱因斯坦在内的众多科学家的看法，牛顿对于现代科学的贡献超过了历史上任何其他一个人，他的研究成果对于整个人类文明都产生了决定性的影响。

# 英国资产阶级革命

## ——为资本主义发展扫清道路

1649 年 1 月 30 日，伦敦的天气阴沉寒冷，但成千上万的伦敦市民还是早早地围坐在白宫前面，等待着一个特别时刻的到来。

下午 1 时，昔日不可一世的国王查理一世在卫兵的押解下，走上了早已为他准备好的断头台，他身后站着伦敦主教和一位监斩的军官，两侧各有一名刽子手。在做完祈祷仪式后，查理一世跪下，将头放在行刑台的砧板上，只听"咔嚓"一声，他的头颅滚落在地，围观的群众顿时欢呼起来。这是英国资产阶级革命重要的一幕。为什么要处决查理一世呢？事情得从头说起。

### 国王成了人民公敌

查理一世是英国斯图亚特王朝的第二代国王。1600 年 11 月 19 日生于伦敦，是英王詹姆士一世的次子。1605 年被封为约克公爵。1612 年他的哥哥死去，年满 12 岁的他被定为王位继承人，此后又被封为威尔士亲王。1625 年 5 月，查理同法国国王路易十三的妹妹亨利·玛丽亚结婚。同年，詹姆士一世病故，查理一世继承了王位。

查理一世即位后，就发动了对西班牙和法国的战争。为了筹措军费，查理一世于 1625 年 5 月 18 日召开第一届国会。国会虽然同意拨款 14 万英镑，但议员们向国王的宠臣白金汉公爵发起了弹劾。查理一世拒绝了国会要求，并解散了国会。翌年，查理一世召开第二届国会，议员们反对白金汉公爵的情绪更加高涨。查理一世再次下令解散了国会。1628 年，他召开了第三届国会。国会中反对派提出了"权利请愿书"，国会内外革命情绪高涨，查理一世被迫在请愿书上签了字。1629 年 4 月，查理一世再次下令解散国会，并对国会里的反对派领袖进行迫害。在此后 10 多年中，他实行无国会的统治。

在无国会统治期间，查理一世独断专行，实行了一系列的反动措施。经济上他设立了造船税、吨税等新税，颁布各种罚款条例，扩大工商业专卖权，垄断市场，严重损害了资产阶级利益。政治上，他实施高压统治，镇压政治犯，恢复皇室法庭，极力迫害清教徒等等，造成了国内矛盾空前尖锐。

1640 年初，苏格兰人民爆发了起义，为了镇压起义，查理一世又一次被迫召集国会，要求拨款。国会反对派领袖皮姆等人乘机在会上提出平反冤案作为拨款条件。5 月，查理一世解散了国会。同年 11 月，查理一世又召集新国会。新国会仍坚持不合作态度，并以叛国罪弹劾和处死了国王的宠臣斯特拉福。1641 年，在国会的强大压力下，查理一世被迫取消专制法庭和废除未经国会同意的征税项目。11 月，国会通过"大抗议书"，谴责查理一世所犯的各种罪行。查理一世异常恼火，暗中招兵买马，准备与国会刀枪相见。

1642 年 8 月 22 日，一阵刺耳的军号声在英格兰北部的诺丁汉城响过之后，查理一世升起了国王的军旗，正式宣布讨伐国会，挑起了内战。1645 年 6 月在纳西比战役中，国会军彻底击溃了王军主力。查理一世连忙化妆成一个仆人，混过了国会军的哨卡，逃到苏格兰。

1649 年查理一世被处死，这幅画展现了刽子手拿着国王的头颅示众时，一位妇女当场昏厥的情景。

5000 多名王军士兵被生俘，更重要的是，国会军缴获了查理一世慌忙出逃时没来得及销毁的私通外国的许多信件，为最终让其叛国罪行暴露在光天化日之下提供了有力证据。1647 年 2 月，英格兰国会用 40 万英镑将查理一世从苏格兰买了回来，投进赫姆比城堡监狱。此后不久，查理一世又乘国会军内部发生冲突之机，在王党分子帮助下，从狱中逃出，并勾结苏格兰人发动了第二次内战。大敌当前，克伦威尔领导的新军团结一致，再次打败了王军，将查理一世再度捉拿归案。

1649 年 1 月 20 日，最高法庭第一次开庭审判查理一世。查理一世在法庭主席的命令声中被押上被告席。查理一世在法庭上态度十分傲慢，摆着一副国王的架子。当库克检察长开始宣读起诉书时，查理一世竟用手杖敲打着库克的肩膀，凶狠地喝令道："你给我住嘴！"库克只是用蔑视与厌恶的目光斜视他一眼，又继续宣读起诉书。起诉书控告查理一世实行暴政，两次挑起内战，破坏国家安宁，要求最高法庭将查理一世作为暴君、卖国贼判处死刑。查理一世听完后勃然大怒，暴跳如雷，咆哮着拒绝承认审讯的合法性和权威性。当他又要举杖打人时，引起了在场的军官士兵和旁听群众的愤怒，他们齐声高呼，要求严惩查理一世。

经过连续几轮的审讯，1 月 27 日，最后一次庭审开始。在法庭主席布拉德肖发表长篇讲话后，由法庭秘书宣读判决书：查理·斯图亚特作为暴君、叛徒、杀人犯和人民公敌，应当斩首。顿时，全场响起了热烈的掌声和欢呼声，最高法庭全体成员起立，一致表示赞同。查理一世脸色苍白，像一堆烂泥，瘫倒在被告席上，布拉德肖命令军官和士兵把查理一世拖下去，押进了马车。

1649 年 1 月 30 日的伦敦，阴冷而灰暗，天刚有了点亮色，人们便纷纷迎着寒风走出了家门，向王宫广场涌去。广场的中间特意设置了一个断头台，断头台旁站着一行威武雄壮的铁骑军。在万众注目下，全身黑装，面色惨白的查理一世被押上了断头台。最高法庭当众宣判：查理是暴君、叛徒、杀人犯和人民公敌，判处死刑，立即执行。查理一世直到此时还在监斩的汤姆森上校和杰克逊主教面前为自己辩解着。在履行完宗教仪式后，查理一世丧魂落魄，步履蹒跚地跪下，将头放在断头机的砧板上，一声令下，只听"咔嚓"一声，查理一世的头颅立即滚了下来。人们击掌相庆，把帽子抛向空中以示庆祝。

1649 年 5 月，英格兰宣布为共和国，英国资产阶级革命进入了一个新的阶段。

### 护国主克伦威尔

在推翻国王的这场革命中，出身农场主的克伦威尔组建了一支军队，在与王军的战斗中屡立奇功，最终他成为领袖人物。

共和国建立后，克伦威尔一面继续打击王党分子的复辟活动，巩固资产阶级和新贵族的联合专政。另一方面他又不允许人民群众享有政治和社会平等，掉过头来镇压民主革命运动。他逮捕了平等派领袖李尔本，又驱散了在圣乔治山上垦荒的代表革命中无地或少地农民利益的激进派——掘地派。

1649 年 3 月，克伦威尔被任命为爱尔兰总督和远征军总司令。8 月，他率领 12000 名士兵和 130 艘炮舰出征爱尔兰，残酷地镇压了爱尔兰人民起义。三分之二的爱尔兰土地被掠夺，获得土地的英国资产阶级和新贵族成了爱尔兰的大地主。1650 年，克伦威尔又被任命为远征苏格兰军队的总司令，克伦威尔又挥师北上苏格兰，第二年 9 月，彻底消灭了查理一世儿子的军队。同时，他掠走了爱丁堡的国徽，将苏格兰与英格兰合并，并将没收来的大贵族和王党的土地，赏赐给高级军官，或拍卖给英格兰和苏格兰的资产阶级。克伦威尔在苏格兰和爱尔兰的胜利，使他不但在英国，同时在欧洲大陆获得了"常胜将军"的称号，成为有产者的靠山。

克伦威尔像

他推翻了查理一世控制的国会及英国的封建王朝，成为英国护国公。

1653 年 4 月 20 日，克伦威尔得知国会中的长老派正在策划通过新的选举法，企图继续把持国会，阴谋复辟的消息后，立即带领一队士兵来到国会大厦，以武力解散了国会，打击了旧势力复辟的企图，为其建立军事独裁迈出了一大步。同年 12 月 16 日，在他一手策划下，就任英格兰、苏格兰、爱尔兰护国主，兼任海陆军总司令。共和国名存实亡。英国资产阶级革命从此进入护国主统治时期。名义上由国务会议和护国主共同掌权，实际是克伦威尔集立法、行政、军事及外交大权于一身，建立了军事独裁统治。

此后，克伦威尔继续推行符合资产阶级和新贵族利益的对外掠夺政策。他屡屡对海外用兵，1652 年发动英荷战争，迫使荷兰接受《航海条例》；1654 年，英国取得同葡萄牙殖民地通商的特权，从西班牙手中夺取奴隶贸易中心牙买加；1658 年，攻占敦刻尔克，在欧洲大陆上获得贸易据点。这一切为英国将来取代荷兰海上霸权奠定了基础。

1657 年 3 月，国会要求他接受王位，鉴于高级军官和民众的反对，他只得拒绝接受王位。但他将护国主改为克伦威尔家族世袭，成为没有国王头衔的国王。1658 年 9 月 3 日克伦威尔在白金汉宫病逝。11 月 23 日，灵柩葬于威斯敏斯特大教堂。

### 不流血的"光荣革命"

克伦威尔去世后，他的小儿子继任护国主，时年 32 岁。上任不到一年，面对王党复辟活动的猖獗，激进共和党人的不满，小克伦威尔拿不出有效对策，在军官集团的威逼下，他不得不辞去护国主职务。护国政府垮台后，英国政局出现了混乱局面。资产阶级和新贵族为了保护既得利益，急于与旧势力相妥协，以便维持秩序，这就为斯图亚特王朝复辟留下了祸根。

1660 年，主张君权的苏格兰驻军司令蒙克率兵回到伦敦，以武力控制了政府。他还搜

## 历史大事全知道

罗长老派和保王党分子组成新议会，并通过决议，要求流亡在国外的查理一世的大儿子查理二世迅速回国。4月初，查理二世在荷兰发表了《布雷达宣言》，声称他复位后将保障革命时期确立的土地、财产关系，允许信仰自由，保证赦免反对王朝的革命者。5月1日，英国国会正式宣布，查理二世为英国国王。5月25日，查理二世带领一群流亡的保王党人回到英国，恢复了斯图亚特王朝的统治。查理二世很快就背弃了《布雷达宣言》，他把参加审判查理一世的人称为"弑君者"，凡活着的，均处以死刑，对已故的也不放过。

1661年1月30日，复辟分子在伦敦威斯敏斯特寺院掘开墓穴，将克伦威尔及其女婿的尸体挖了出来，装上木架，拖拽游街后，再套上镣铐，吊在绞刑架上示众。查理二世恢复了天主教会，大肆迫害非国教徒。对外关系上实行亲法政策，将克伦威尔从西班牙手中夺来的敦刻尔克以20万英镑卖给了法国，这是英国在欧洲大陆上惟一的贸易根据地，英国从此就丧失了在大陆上的落脚点。

1685年，在人民的唾骂声中，查理二世死去。他的弟弟詹姆士二世继位。他一上台，便公开宣布信仰天主教，释放大批被监禁的天主教徒，由他们出任军职。后又颁布《信仰自由宣言》，企图将天主教变为国教。詹姆士二世的倒行逆施，不仅激起英国人民的反对，引发了农民和手工业者的大规模起义，同时也引起资产阶级和新贵族的强烈不满。但是，资产阶级和新贵族再也不敢依靠人民、采用革命手段来进行斗争了。于是他们酝酿了一个既可避免工农起义，又可革詹姆士二世复辟王朝"命"的方案。

资产阶级和新贵族打算等到年迈而又无子的詹姆士二世死后，即请他的长女、信奉新教的玛丽和她的丈夫——荷兰执政威廉前来英国当国王。可是到了1688年，出现了一个新情况，詹姆士二世的第二个妻子（天主教徒）生了个儿子，这就意味着英国将继续被天主教徒所统治。而英国的资产阶级和新贵族的父辈们，正是靠在宗教改革时期，剥夺天主教会的田产才上升为新贵族的，一旦天主教恢复为国教，他们将难以生存下去。

于是，英国资产阶级和新贵族决定立即向威廉发出呼吁，要求他以政变的形式推翻斯图亚特复辟王朝。1688年6月30日，按照双方达成的协议，他们向威廉正式发出邀请书，以保护人民的"自由"名义，请他速来英国。奥兰治亲王威廉于10月10日发表宣言，宣布他接受邀请，并声称他去英国的目的，主要是为了保护"新教、自由、财产及自由的议会"。荷兰国会对此也给予了大力支持。

詹姆士二世一见形势不妙，急忙召集几位老臣商量如何决策。有人主张血战，有人力主外逃，有人认为还是先保命要紧。还是外交大臣有所预见，他已和法国公使联系好，法国愿意接纳詹姆士二世，并愿意出兵，帮助他平定叛乱。詹姆士二世饥不择食，慌慌忙忙投奔法王路易十四去了，但他怎么也没有料到，这一走，就再也回不来了。

1688年12月18日，伦敦城热闹非凡。威廉一行举行了盛大的入城式。1689年2月13日，威廉和玛丽举行了隆重的加冕典礼，威廉为英国国王，玛丽为英国女王，两人以平等的权力作为联合君主，共同统治英国。

为了确保国家政权能够保障资产阶级的利益，同时，将无限的君主权力，限制在宪法范围之内，这一年英国国会通过了《权利法案》，规定：今后英国国王必须是国教徒；取消国王中止法律的权力；未经国会同意，国王无权征税；和平时期未经国会同意，国王无权招募和维持常备军；国会选举必须自由；议员在议会中的言论，在会外不受任何机关的弹劾；国王必须经常召开议会等。1701年，英国国会又进一步通过《王位继承法》，规定国王个人无权决定王位继承问题，对王位继承做出了一系列限制。

这实际上意味着，英国传统的君权至上受到根本削弱，国王只是礼仪上的元首，国家大事都须经议会决定，由内阁（政府）执行。资产阶级新贵族同封建贵族一起，成为英国的统治阶级，资产阶级新贵族们感到十分满意，把这场没有流血的革命称之为"光荣革命"，从此英国的君主立宪制度得以确立起来。

## 简　评

　　在英国资产阶级革命中，英国革命群众处死了查理一世。臣民们把自己的国王送上断头台，这在人类历史上还是头一次。这是英国产阶级革命的伟大成果，从此，欧洲的历史揭开了新的一页。光荣革命以后颁布的《权利法案》并不意味着英国已成为一个民主国家，这个目标直到19世纪后期确立起普选制时才实现。但是，1689年这一法案一劳永逸地确立了国会的最高权力，是最初保障人的人身权利的法案，标志着民主政治的确立。

# 法国启蒙运动

## ——一次波澜壮阔的思想解放浪潮

18 世纪法国产生了以反对封建专制制度及其精神支柱天主教反动势力为目标的思想解放运动，这就是启蒙运动。启蒙运动是法国大革命的前奏，在政治上、思想理论上为大革命作了充分准备，提供了精神武器，并在世界历史上产生深远影响。

启蒙运动产生于法国封建专制制度出现危机、资本主义关系已经产生发展的历史条件下。17 世纪法国仍然是一个典型的封建专制国家。法国专制制度从全盛走上衰落是在路易十四（1661—1715）、路易十五（1715—1774）和路易十六（1774—1791）统治时期。启蒙运动就是发生在这个时候。

伏尔泰（右一）与许多哲学家、艺术家与普鲁士国王腓特烈二世一块进餐。

启蒙运动的代表人物有伏尔泰、孟德斯鸠、卢梭、狄德罗、霍尔巴赫、爱尔维修和平民思想家梅利叶、摩莱里及马布利等人。他们犹如灿烂的群星，照耀在法国天空上，给法国人民带来了光明和希望。

启蒙运动的发难者是一位造反的天主教神父让·梅利叶（1664—1729）。他生前默默无闻，临终时留下三卷巨著《遗书》，公开了隐藏多年的真实思想。他坚决否定一切宗教和教会，尖锐批判天主教义和专制制度，为启蒙运动的方向开了路。他还预言一个没有剥削、没有压迫、没有私有财产的理想社会必将来临。

伏尔泰（1694—1778）从 18 世纪 20 年代起就投身于反封建的思想斗争，在启蒙运动中积极活动了约 60 年。他出身于巴黎一个富裕的资产阶级家庭。自幼在贵族学校读书时受到过歧视，种下了他反抗封建特权的种子。后因写讽刺专制制度的作品曾两次被关进巴士底狱，并于 1726 年被驱逐出境，大半生流亡在外。他是博学而著名的作家，高举着科学、民主两面旗帜，写出的作品有近百卷之多，代表作是 1734 年出版的《哲学通信》。他揭露封建专制制度的罪恶，抨击教会的欺骗说教。他说宗教本身就是弥天大谎，称天主教为"恶根"，教皇为"禽兽"。政治上他倡导建立"开明君主制"，实行英国式的君主立宪。由于高寿，伏尔泰几乎经历了法国启蒙运动的全过程。无论就奋斗时间之长和著作数量之丰，还是从斗争范围之广和思想影响之大来说，伏尔泰都是启蒙运动的无可争辩的领袖，是受到人们尊敬的启蒙泰斗。

孟德斯鸠（1689—1755）出身于贵族世家，还继承了男爵称号和波尔多省法院院长的世袭职务，但他是封建阶级的叛逆者。10年法院院长的阅历和长期社会考察使他更了解封建制度的黑暗，他通过《波斯人信札》、《罗马盛衰原因论》、《论法的精神》等著作，揭露专制制度罪恶，严厉抨击暴君政体，并探寻其必然灭亡的规律。他对启蒙运动的最大贡献，是具体规划了资产阶级国家的政治模式和基本制度，特别是他发展了英国洛克（1632—1704）的分权思想，建立了三权分立的政治学说，即立法、司法、行政三权必须分立，否则就会形成专制统治。他认为，不但三个权力不应结合在一起，就是两个权力也不应集中在一个机构手中。如立法权与行政权在一个机关手中，国家就会处于暴政之下。他强调三权应该互相牵制。三权分立学说是指向国王专制制度的，因此具有进步意义。这一学说奠定了资产阶级政权理论的基础。

法国启蒙运动中比较激进的是小资产阶级思想代表者卢梭（1712—1778）。他祖籍法国，出生于日内瓦一个钟表匠家庭。由于家境贫寒，当过学徒，也曾浪迹天涯，体察过封建专制的黑暗和人间不平。主要著作有《论人类不平等的起源和基础》、《社会契约论》、《爱弥儿》等。他指出，社会不平等的根源是私有制。私有制出现后有了贫富，社会出现不平等，一切道德风俗的败坏也随之而来，国家又用法律把这种不平等固定下来。他反对富人剥削压迫穷人，但不主张废除私有制，只主张均衡贫富，实现小私有制。他的主要贡献是提出"社会契约"、"主权在民"和建立民主共和国的学说。他认为，一个理想的国家应该是公民以契约形式结成的国家，公民是"主权者"，人人自由平等。人民的意志是国家权力的源泉，一切权力的表现和运用必须体现人民的意志。如果统治者违反了人民的意志，侵犯了人民的主权，人民就有权推翻它。他的这一思想成为第三等级中中下层群众的理论旗帜，并在法国大革命中一度成为居支配地位的革命思想，在《人权宣言》和雅各宾专政时期的政策中得到鲜明的反映。罗伯斯庇尔本人就是卢梭思想的狂热信徒。

与卢梭等人大约同时，有一批思想家——狄德罗（1713—1784）、霍尔巴赫（1723—1789）、爱尔维修（1715—1771）等，曾经共同编纂百科全书，因而得名为百科全书派。他们用唯物论为思想武器，与封建专制制度、天主教会及宗教迷信做斗争。在狄德罗主持下编纂的百科全书称《科学、艺术、技艺详解辞典》，全书35卷，编辑出版历时30年，参加撰稿近200人。绝大部分启蒙学者都汇集在百科全书的旗帜下，其中既有著名的启蒙学者伏尔泰、孟德斯鸠、卢梭，也包括自然科学家达朗贝和布封、哈勒，文学家博马舍以及重农学派经济学家魁奈和杜尔哥等人，其核心人物是以狄德罗为首的几位唯物主义哲学家，他们宣传的唯物论和无神论，为百科全书奠定了哲学基础。百科全书派的唯物主义观点是在18世纪自然科学较为发展的基础上形成起来的，它是法国大革命的理论旗帜，为《人权宣言》提供了底本。但他们的唯物论仍是机械唯物论，在解释社会和历史现象时又陷入了唯心主义。

在启蒙运动中反映下层人民利益的思想家，除前述梅利叶外，还有摩莱里（生卒年不详）和马布利（1709—1785）等人。他们不仅反对封建专制制度，

狄德罗像

他负责了百科全书的编撰，标志着理性时代的到来。

而且反对私有制，认为私有制是罪恶的根源。但他们都是带有平均主义色彩的空想共产主义者。

18世纪法国启蒙思想家对人类历史做出了伟大贡献。第一，他们高举理性的旗帜，把人们从长期的封建专制统治和天主教会统治形成的思想僵化中解放出来，以理性的尺度来衡量和批判专制制度、宗教迷信、特权等级制度，冲破一切禁锢人们思想的网罗，并在人们面前展示一幅美好未来的图景；第二，他们强调人的尊严，宣布人权神圣不可侵犯，一切人都有独立的人格，都有追求幸福的权利；第三，他们宣传了唯物主义思想，传播了科学知识；第四，少数思想家如卢梭等人还宣传了起义或革命的权利：当人民的权利和自由遭到蹂躏时，人民有权推翻压迫者，这种主张成为18世纪法国大革命的理论根据。

## 简　评

18世纪法国启蒙运动，成为整个欧洲启蒙运动的中心，并直接推动和影响了欧洲和北美的资产阶级民主革命。1776年美国的《独立宣言》宣布人人生而平等，这直接来自启蒙思想。德国的莱辛、歌德、席勒领导的文学革命和康德开启的哲学革命，俄国的普希金、拉吉舍夫和十二月党人，都直接受到法国启蒙思想的影响，他们都自称是18世纪法国启蒙思想家的信徒和学生。

法国启蒙运动所提出的口号、思想和原则，也在我国产生了历史的回响，19、20世纪之交，启蒙思想家的著作被介绍到中国，启发和鼓动过不止一代忧国忧民的仁人志士。康有为的维新变法，孙中山先生的思想和实践，辛亥革命的理想，"五四"新文化运动对科学和民主的赞颂，都体现了法国启蒙思想的深刻影响。

# 彼得一世改革
## ——促使俄国现代化的变革

现在的俄罗斯虽然已经没有苏联时期的强盛势头，但是却仍然是世界上强大的国家之一。而在 300 年前，俄罗斯还不过是欧洲人眼中的蛮夷之地，从一个蛮夷落后的国家成长为一个世界大国，这一变化，源于俄罗斯沙皇彼得一世的改革。18 世纪初彼得大帝推行的"欧化"政策，及对西欧先进文化的借鉴与吸收，引发了俄罗斯政治、经济、文化的变革与繁荣。

### 彼得大帝带来的变革

1698 年 8 月末，一个惊人的消息在俄罗斯传播开来："沙皇彼得一世已经亲自把几位领主、贵族的胡子剪掉了！"一时间，上至达官贵人，下至平民百姓，无不被这条消息所震撼。人们争相打听："沙皇陛下为什么要把几位贵族老爷的胡子剪掉？""以后还能不能再留胡子了？"

人们相互询问着、议论着、猜测着。有的人听到这则消息后兴高采烈，甚至举杯为俄罗斯光辉的未来而庆贺；有的人听说后默默无语，用手在胸前划着十字，唉声叹气；也有少数人则义愤填膺，手抚长须，发誓要与自己的胡子共存亡。剪掉过长的胡子当时为什么会在俄罗斯掀起如此大的风波呢？

原来 17 世纪末，西欧的经济文化已发展到了相当高的水平。而在遥远的俄国，人们仍生活在野蛮的农奴制之下，国家制度腐败，生产技术水平低下，社会文化生活充满了中世纪的愚昧气息。在西欧人的眼里，俄国仍是一个未开化的、落后的和微不足道的小公国。

1682 年，在复杂的宫廷政变中，年仅 10 岁的彼得和同父异母的兄弟伊凡同立为沙皇。但是，政府的皇权都操纵在两位年幼沙皇的姐姐索菲亚公主手中。1689 年 8 月，索菲亚企图杀害彼得，自立为沙皇。彼得在一部分贵族和军队的支持下，镇压了这次政变，开始亲自执掌政权。

彼得自幼同使馆的外国人过往甚密，深受西欧文化的熏陶。年轻的彼得更是胸怀大志，决心改变俄国落后的面貌。他顺应客观形势的需要，主张效法西方，实行改革。

1697 年，彼得一世组织了一个由 250 多人的高级使团，前往欧洲国家访问考察。他自己则化名为彼得·米哈依洛夫，以下士的身份随团出访。考察团先后考察了瑞典、普鲁士、荷兰、英国等国的政治制度、工业生产、军事技术以及科学文化、风俗习惯等，并进行了一系列的外交活动。彼得亲自出席旁听了英国议会开会，参观学校、博物馆，并到荷兰和英国的造船厂当过木工、做过学徒，学习造船技术。

这次出国考察，使年轻的彼得深切地感受到俄国的落后，他决心励精图治，迎头赶上。1698 年 7 月 15 日，正当彼得一世准备动身由维也纳去意大利的威尼斯继续考察时，忽然接到奏报：索菲亚公主在国内策动了几个射击军兵团发动了武装叛乱。于是，他不得不中断在国外的考察，带着一年多来在国外的收获，更怀着改革的决心，匆匆返回俄国。为了避开盛

## 历史大事全知道

图为彼得大帝剪须运动中的一个场面。由于公众对剪须存在抵触情绪，彼得大帝恩准付出高额税款的人可以不剪须。而那些做出这种选择的人要佩戴上题有"已付钱"字样的大纪念章。

大的欢迎仪式，彼得一世于8月25日悄悄地回到了莫斯科。

第二天一大早，得知沙皇回京的许多贵族、领主、王公大臣纷纷前去晋见彼得一世，并祝贺他平安归来。他们一见到彼得一世，连忙按照宫廷旧俗，一齐跪倒在地上。

彼得一世赶忙制止说："不必了，不必了，起来吧！"接着，彼得一世又说："下跪是一种旧的、落后的礼仪形式，在西方早就不时兴了。从今以后，我们也应取消这种仪式，而采用更文明的礼仪形式。"从此，在俄罗斯通行几百年的下跪仪式就这样被禁止了。

人们惊愕地从地上站起来，一边拍打着膝盖上的尘土，一边惊奇地望着已经有一年多未见的沙皇。一年多的国外考察，使彼得一世显得更为成熟。他的身材更显高大，微微有点儿胖，头发又浓又短，一双眼睛清澈明亮，只是眼眶略现黑晕，那是连日奔波的结果。

正当人们吃惊地望着沙皇时，彼得拿出了一把剪刀，慢慢地踱到一位的贵族的面前，笑着说："你的胡子该剪一剪了！"只听得"咔嚓"几声响，一缕缕胡须应声落下。在场的人一下子全都被这突如其来的变故惊呆了，人们简直不敢相信他们的沙皇会干出这种事来。就在人们目瞪口呆之时，其余的几位贵族的胡子也给彼得一世剪掉了。

然后，彼得一世面对众人大声地说："满脸大胡子看上去显得粗俗、野蛮，我们要提倡文明的举止和行为。今后，剪掉胡子应该成为全国所有臣民应尽的义务。"

原来，俄罗斯男子一向有留胡子的习惯。浓密、宽厚的胡须被认为是仪表威严、品德端庄的象征，许多人为拥有一副美髯而骄傲，把大量的时间花费在精心养护和梳理胡须上。但是，大胡须也带来了诸如不卫生和生活不便等诸多问题，而且也给人以粗野、邋遢的印象。此外，彼得一世也深知改掉人们长久以来所形成的习惯与思维方式的艰难。因此，他决心从改变人们的生活方式人手，从剪掉俄罗斯男人习惯保留的胡子开始，来一个大刀阔斧的改革。

于是，从领主、贵族和宫廷人员开始，一场剪胡子运动在全国各地迅速开展起来。剪掉胡子，改变俄国人的外观，本来是一件很小的事情，但是，彼得一世通过这件小事，显示了他要彻底改变俄国落后面貌的决心。

此后，彼得一世又下令禁止各级官员再穿长袍，一律改穿西服。

彼得一世花了很大力气进行军队改革。兴办兵工厂，造船、铸炮，改善军队的武器装备。同时，扩大征兵，建立了一支拥有130个兵团、20万士兵的强大陆军和一支拥有48艘战舰的海军。

为了改组国家管理体制，加强中央集权，1711年，彼得一世下令废除元老院，成立枢密院。同时把全国分成50个省，省长由政府直接任命。1721年，他罢黜了反对改革、干预皇权的大教长，把教会直接置于皇权之下。随后，他又颁布了"官秩表"，打破门第和资历限制，实行论功取仕、量才录用。这一改革，使一些出身低微的人在政府中升任要职。彼得的第一位总检察长雅古任斯基小时候放过猪，他的亲信大臣、陆军元帅缅西科夫曾经在莫斯科街头卖过肉包子。

彼得及其改革是俄罗斯历史上重大的改革，开始了俄罗斯向欧洲资本主义文明的迈进，并使俄罗斯跻身于欧洲强国行列的进程。彼得激烈、激进地改革，不仅改换了俄罗斯人的头脑，甚至改变了俄罗斯皇族的血缘。他严厉地镇压改革的反对派，不惜处死反对改革的亲生儿子阿列克塞。马克思曾说过："彼得大帝用野蛮制服了俄国的野蛮。"

### 靠对外战争谋求大国地位

改革之后，俄国富强了。彼得又开始为俄国寻取出海口，南方不行，就把眼光投向北方，首要的进攻目标就是瑞典。瑞典是北欧最强大的国家，也是欧洲强国之一，它拥有一支强大的军队。彼得要和瑞典争夺波罗的海是一个非常大胆的决定，是对俄国的一次严峻的考验。

1700 年秋天，彼得率 3 万大军包围了瑞典的城堡纳尔瓦。俄军一连猛攻了两个星期，瑞典军队顽强抵抗，纳尔瓦城堡又非常坚固，俄军的炮弹都快打完了，纳尔瓦依然还在瑞典人手里。这时，瑞典 18 岁的国王查理十二世正亲自率领 1 万多名瑞典军人，首先击败俄国的盟友波兰和丹麦，然后又以闪电般的速度来到纳尔瓦，增援被围的军队。

波尔塔瓦大捷

初冬的北欧已经十分寒冷了。俄军在纳尔瓦激战了将近一个月，疲惫不堪，后边的粮食又供应不上，俄军忍着饥饿伏在战壕里，怨天怨地。瑞典军队在凌晨时分突然发动了攻击，前锋悄悄摸到了俄军阵地上。俄军立即乱作一团，有的盲无目标地射击，有的看势头不好开始逃跑。

这一仗下来，俄军几乎全军覆没，伤亡 1 万多人，大炮和各种武器被瑞典人缴获，军官大多数死在了战场上，彼得侥幸逃脱。但是，他没有就此放弃。为了向国外购买武器装备，他把赋税提高了 4 倍，增加了各种新的税收。对于老百姓来说，几乎没有什么东西可以不缴税的，就连妇女的洗衣盆，死人的棺材，房子的烟囱，人脸上的胡子，都要缴税，甚至连人的眼珠如果不是蓝色而是黑色或灰色，也要缴税。

彼得又下令全国每 25 户农民出一名终身服役的士兵，于是一支拥有 20 万人的陆军很快建立起来。他高薪聘请外籍军官到俄国服务，让他们严格训练俄军士兵，提高部队的战斗力。他命令每三座教堂交出一口大钟，很快就铸造了300门大炮，比在纳尔瓦损失的大炮多3倍。他命令每1万个农民要缴纳一艘战舰的钱，然后又征集全国的工匠加紧建造船只，迅速地造了40多艘大船和200多只小船，建成了波罗的海舰队。

一年之后，彼得率领强大的俄国军队向波罗的海进军。俄国和瑞典在波尔塔瓦再次展开了规模空前的激战。彼得亲临前线指挥，他的帽子和马鞍都中了枪弹。最后，瑞典溃败，查理十二世逃到土耳其。后来俄军又多次在波罗的海打败瑞典。1721年，双方签订和约，俄国从瑞典手中夺得了芬兰湾、里加湾沿岸的土地，从而解决了北方出海口问题。

获胜后的彼得在涅瓦河口附近的科特林岛上修建要塞卡朗施塔特，在叶尼萨利岛上建立彼得·保罗要塞。彼得·保罗要塞地处大涅瓦河、小涅瓦河的汇合点，控制着通向波罗的海的水路。彼得选中这块地方作为未来的首都，使它成为真正的通向欧洲的窗口。1712年，彼得又在涅瓦河两岸的荒岛上建立了一座新城市，这就是后来的彼得堡，一座通向欧洲的海港城市诞生了。建造这座城市付出了巨大的代价，据说，当时贵族们被命令离开莫斯科到这里定居；数千名农奴命丧黄泉；除这里外，其他地方禁止将石头用于建筑；每位参观者必须要搬几块大石头以充当税钱。彼得一世从此可以实现自己的诺言了："我们在未来的几十年中都会需要欧洲，然后我们就可以转过身去，拿屁股对着它了！"

1721年10月，俄国枢密院尊称彼得为"全俄罗斯大帝"和"祖国之父"，俄国也正式改称"俄罗斯帝国"。

 简　评

彼得一世的改革巩固了专制统治，增强了俄国的经济、军事实力，使俄国一跃而为欧洲强国，为进一步对外扩张创造了条件。俄罗斯在彼得一世改革的基础上，最终从一个落后的内陆国家发展成为一个世界强国，甚至一度成为世界超级大国。这一切，大大改变了俄国和世界历史的面貌。

# 蒸汽机的发明和运用

## ——第一次科技革命的标志

从 18 世纪下半叶到 19 世纪上半叶，人类历史上经历了一次没有硝烟的革命，这使得"资产阶级在它的不到一百年的阶级统治中所创造的生产力，比过去一切时代创造的全部生产力还要多，还要大"（马克思语）。这就是与第一次科技革命紧密相连的产业革命。其中蒸汽机的发明使得工业生产的原动力发生了彻底的变革，从而引发了各个工业部门的技术革命。这是科学技术史上划时代的成就，它标志着科学技术发生了一场深刻的变革。

摆脱使用人力、畜力及自然力的限制，为生产的发展提供新的动力是人类多年的梦想。而随着 18 世纪 60 年代英国产业革命的开始，这一要求越来越迫切。产业革命从技术革命开始，生产工具的革新贯穿其全过程，这场技术上的重大革命从棉纺织业拉开了序幕。早在 1733 年，在竞争与需求的压力下，兰开夏的机械师约翰·凯伊发明飞梭，改进织布机，将织布功效提高了两倍，由此造成棉纱供不应求，出现"纱荒"。纺与织的矛盾推动了纺纱技术的革新。1764 年，织工哈格里夫斯发明一台同时可纺 8 根纱的手摇纺纱机——珍妮机。经过改进，珍妮机同时可纺的纱锭多达 80—130 个，这就使人力摇动很困难，迫切需要动力设备。1769 年阿克莱特制成水力纺纱机。1771 年他在曼彻斯特建立了棉纱厂，这是英国的第一个工厂。自此，英国纺织业开始了机器大工业代替工场手工业的进程。1779 年工人克隆普顿汲取已有纺纱机的优点，发明了性能更为优越的纺纱机"骡机"。1785 年，卡特莱特发明了水力织布机，把织布效率提高了 40 倍。纺织工业的机械化带动了相关工业部门的技术革命，而大机器的运转仅靠水力为动力无疑有很大的局限性，不仅工厂必须建立在远离城市和通大道的河流两岸，使工厂规模受到限制，而且生产还不可避免地受到量季节性丰枯的影响，迅速发展的大机器生产迫切要求有新的动力，发明一种适应性更广的动力机就成了这场技术革命的关键。蒸汽机正是应时代的要求登上了历史舞台。

从 17 世纪开始，欧洲工场手工业的迅速发展推动了采矿业的发展，为了解决从矿井中排水的问题，人们就开始试图制造以蒸汽为生产动力的装置。1690 年，法国发明家巴本创造性地设计了汽缸——活塞装置，但没有获得实用价值。1698 年，英国工程师塞维利改进巴本的设计，制造了一台实用的蒸汽抽水机，第一次真正将蒸汽变成了工业动力。但塞维利机效率极低，未能推广。1705 年锻工纽可门对塞维利机进行重大改进，制成了一种更加适用的大气活塞式蒸汽机。它被英、德、法等国的采矿业广泛应用。但它

1767 年制造的蒸汽机

这种最初的蒸汽机只能在原地使用，1774 年瓦特和博尔顿改进了蒸汽机的制作方法，使其可以装配到其他机器中。

仍可用于矿井抽水，同时该机效率也很低，耗煤量很大。蒸汽机真正在大机器工业中发挥其巨大作用，是在瓦特对它进行了根本性的改进之后。

詹姆斯·瓦特（1736—1819）自幼刻苦好学。1757年到格拉斯哥大学当了一名教学仪器修造工，这使他有幸接触到许多著名的科学家。他虚心求教，获得不少科学理论知识。当时，自然科学的发展已为蒸汽技术革命奠定了理论基础。17世纪的科学革命就提出"用火提水的发动机"原理，即通过蒸汽冷凝产生真空作动力。正是根据这一原理，前人制造出了蒸汽机原型。18世纪60年代格拉斯哥大学教授布莱克又提出了气体与液体转换时可大量吸收、放出热而温度不变的原理，即潜热原理，从而使根本改进纽可门蒸汽机成为可能。瓦特在大学修理纽可门蒸汽机的过程中，对该机进行了研究。他发现，纽可门机为了产生真空，每一冲程都要用冷水冷却汽缸，因而使热损失达80%，造成效率低下。这使瓦特产生了利用潜热原理把蒸汽的冷凝过程同汽缸分离的想法。经过反复试验，1765年，瓦特研究成功分离冷凝器，4年后他取得了这种新型蒸汽机的发明专利。1776年，在布鲁姆菲尔德煤矿第一台实用型蒸汽机投入使用。经瓦特改进的蒸汽机，每马力耗煤量从纽可门机的25公斤降为4.3公斤。之后，瓦特在英国实业家博尔顿的鼓励和支持下，进一步改进蒸汽机。首先，他将原来的单向式蒸汽机改进为活塞双向往复运动都由蒸汽来推动的双向式蒸汽机，并于1782年获此专利。1783年他又利用平行连杆机构制成了第一台旋转式蒸汽机，使它成为可以与任何工作机相连接的动力机。为了研究将原来只可往复运动的蒸汽机转变成可以旋转运动的蒸汽机，瓦特提出了著名的"行星齿轮机构"，它后来在工业中得到广泛应用。1787年，瓦特又在蒸汽机上安装了离心调速器和节气阀。1790年他又完成了汽缸示功器的发明，由于多方改进，到1800年蒸汽机已具备了现代化蒸汽机的基本特点，成为供整个机器大工业方便驱使的万能的钢驹铁马，人类多年的梦想终于变成了现实。

大约在1784年，蒸汽机的技术已趋成熟，开始进入实用阶段。蒸汽机是应技术革命的要求而问世的，它的问世又大大推动了各个工业部门从机器大工业代替工场手工业的进程，在全世界掀起了一场更广泛的技术革命。

英国一家纺织厂，女工们正在认真工作。

1783年第一台旋转式蒸汽机首先在威尔金森的制铁厂驱动蒸汽锤。1784年，英国建成第一家蒸汽纺纱厂。1790年，炼钢中使用了蒸汽作动力的鼓风机，同时它也被用于织布了。很快蒸汽机就被采矿、纺织、冶金、造纸、食品、建筑、机器制造等工业部门广泛采用。

1800 年英国约有 321 台蒸汽机，到 1825 年已增至 1.5 万台，总功率达 375000 马力，比 1800 年增长近 60 倍。

蒸汽机作为万能动力机，不仅成为工厂的动力，而且很快引起了交通运输业的技术革命。1807 年美国的富尔顿建造的"克勒蒙特"号蒸汽轮船，在纽约的哈德逊河成功地完成了它的 14.5 海里的处女航。英国人立即进行仿造。1812 年，"彗星"号汽船试航成功，汽船开始出现在不列颠的水道上。1819 年美国建造的长 100 英尺，使用 72 马力发动机的"萨温那"号汽船横渡大西洋成功。19 年后，英国的汽船定期航行于大西洋。1840 年英国正式建立轮船航运公司。像利用蒸汽机推动舰船一样，许多人也在设想将蒸汽机用于陆上交通。1814 年英国工程师史蒂文森建造了第一台实用蒸汽机车，可在铁轨上牵引 30 多吨货物。1825 年由史蒂文森负责勘测、修建的斯托克顿到达林顿的铁路建成通车，全长 37 英里，这是世界上第一条铁路。短短几十年，到 19 世纪末，欧洲的铁路网已形成。1829 年美国也制造出了自己的蒸汽机车，并且迅速发展了铁路。到 1850 年美国铁路总长度已达 1.45 万公里，居世界第一位。由蒸汽技术革命带动的交通运输业的革命，降低了运费，加快了货物周转速度，方便了劳动力的流动，为经济交往越来越频繁、范围越来越扩大提供了客观手段，使产业革命如虎添翼，推动了工业的进一步发展。至 19 世纪中叶，蒸汽机已成为新兴机器大工业中占绝对统治地位的动力来源。

蒸汽机的发明及其广泛运用，对于人类社会产生了革命性的影响，它开辟了一个崭新的时代——蒸汽时代。由于大工业获得了动力机，使产业革命得以完成；建立起了机器生产体系。所有大机器，包括火车、轮船都有蒸汽机的带动而飞速运转，彻底改变了整个工业生产的面貌。"蒸汽和新的工具机把工场手工业变成了现代的大工业，从而把资产阶级社会的整个基础革命化了。工场手工业时代的迟缓的发展进程变成了生产中的真正的狂飙时期。"（恩格斯语）以英国为例，1770—1840 年的 70 年中，英国工人的日劳动生产率平均提高了约 20 倍；棉花年加工量从 1100 万磅增至 45900 万磅，增长 40 余倍；生铁产量从 1740 年的 1700 多吨增至 1850 年的 225 万吨，增长 1300 多倍。蒸汽机的出现不仅使生产力发展到前人不可想象的高度，还引起了人类社会的巨大变化。蒸汽机的运用，使工厂制发展起来，从而形成了许多新兴工业城市，促进了城市化过程，城市人口猛增，形成了经济中心和各种工业基地。同时，蒸汽机的运用还大大提高了生产社会化的程度，加强了资本主义的经济基础，使资本主义的生产方式最终战胜了封建的生产方式。

 简　评

发明与制造蒸汽机的人们谁也不会想到，蒸汽机竟会对封建制度起到摧枯拉朽的作用，为资本主义制度的巩固奠定坚实的物质基础。它促进了生产力的飞跃发展，推动了科学技术的进步，加快了历史的进程，创造了新的世界文明，在人类发展史上留下了辉煌的一页。

# 亚当·斯密出版《国富论》

## ——现代经济学的奠基

亚当·斯密是英国古典政治经济学的代表人物，他于 1776 出版的《国富论》，奠定了现代经济学的基石。

1723 年 6 月 5 日，亚当·斯密出生于苏格兰法夫郡的卡柯尔迪。他的父亲是当地海关的审计员，在斯密出生前几个月就去世了。母亲是大地主的女儿，一直活到 90 岁，仅比斯密早死 6 年。斯密生前丧父，童年体弱多病，又无兄弟姐妹，一生未曾娶妻，同母亲相依为命 60 年。

1737 年，斯密以出色的成绩进入格拉斯哥大学学习。在该校的三年中，道德哲学教授哈奇森以渊博学识与高尚人格给斯密留下了深刻的印象。哈奇森也似乎注意到了他的天资，把 16 岁的斯密介绍给了当时正在写作《人性论》的哲学家大卫·休谟。1740 年，斯密作为斯内尔奖学金的获得者被推荐到牛津大学深造。在那里，他致力于钻研拉丁语和希腊语的古典著作，认真研究了《人性论》等当代和古代伟大思想家的作品，打下了坚实的哲学基础。

英国经济学家亚当·斯密（1723－1790）

1748 年秋，他从格拉斯哥大学毕业后，担任了爱丁堡大学讲师，1749 年他编写过一份经济学讲义，在 1750—1751 年的冬天，讲授过一学期经济学。1763 年 11 月，斯密受聘为英国财政大臣查尔斯·汤申德的养子——年轻的巴克勒公爵出国旅行的家庭教师，进行了为期近 3 年的欧洲大陆之行。在此期间，斯密在长期酝酿、构思的基础上，根据他已积累的资料，开始撰写他的经济学著作。1767 年 5 月，他回到了自己的出生地卡柯尔迪，直到 1773 年 4 月的 7 年间，他一直从事《国富论》的著述工作。

1773 年春，斯密携带已经完成的初稿前往伦敦，原来打算稍加修订和润饰便交给出版商出版，但是，他在伦敦看到了许多新的资料，包括 1774 年以后杜尔哥特地寄给他的被称为"稀世珍本"的《关于课税的备忘录》，同时，1773 年以后不断加剧的北美殖民地对英国殖民统治的反抗和 1775 年爆发的美国独立战争，引起了他对殖民地问题的极大关注。为此，他又用了 3 年时间阅读资料，继续研究有关问题，对初稿进行了广泛的修改和补充。1776 年 3 月 9 日，《国富论》这部经济学巨著得以问世。

《国富论》全称《国民财富的性质和原因的研究》，它的中心任务就是弄清楚国民财富的性质和原因，以达到富国裕民的目的。斯密认为国民财富就是一个国家所生产的商品总量，而政治经济学的目的正在于促进国民财富的增长，兼顾好个人和社会、生产者的利益，而避免牺牲掉某一方面的利益。围绕着这个主题，斯密系统地发挥了关于价值、市场、竞争、经济目标的分析、经济政治学、财政学等一系列观点，以高屋建瓴的气势建立起一座经济理论的大厦。

《国富论》一共两卷，以其严密的结构、深邃的结论、通俗生动的文字和精彩广博的例证让人们无可争议地去接受他所得出来的"在资本主义制度下，采取自由放任的政策，努力使个人经济和社会利益保持一致"的结论。

斯密认为增进国民财富的最大原因是提高劳动生产率，而提高劳动生产率就是要加强分工和增加劳动力。所以他的《国富论》从分工写起，引出了他的价值理论，引出他关于资本的划分……斯密庞大博杂的理论被后来的许多经济学家"各取所需"，创造出许多经济流派。他被认为是现代经济学的始祖。

"既没有打算，事前也不知道，我们对私人目的的追求，便促进了一个超过我们原有的更大的目的。看不见的手，于是成为作用于人类命运的一个最初的动力。"斯密创造了一个"看不见的手"的理论。这个前提，便是把人看作"经济人"。

"经济人互通有无，物物互换，互相交易，是人类本性的一个根本特征，每个人改善自身境况的一致性、经常性和不断的努力是国民财富赖以产生和增长的重大原因。"斯密从人性论出发分析人，认为作为"经济人"的人们从利己主义出发达到了利他的结果。在人类社会中存在一种内在秩序。经济生活就是按照这种秩序自发运动的，这种秩序就是自由发展政策。他极力主张限制国家干预经济的作用，认为国家的作用应仅限于维护国家安全和个人竞争，以及举办一些资本家无利可图的工程，国家的政权义务，是保障资产阶级有一个和平、安全地进行经济活动的环境，起到一个资产阶级"守夜人"的作用。

政府要开支，就必须有收入，收入的主要来源就是赋税，斯密提出税收应遵循的四原则：公平、稳定、便利、经济。这些原则，对以后的财政学一直作用很大。

1778 年 1 月，由于巴克勒公爵的举荐，亚当·斯密被诺思首相任命为苏格兰海关专员及苏格兰盐税专员。在任职的第一年，他就利用担任海关和盐税专员所获得的实际知识，增补、修订了《国富论》中有关论述公共事务的部分，出版了该书的第二版。

1784 年，斯密又根据从事海关专员所获得的确切资料，更详细地论述了苏格兰的渔业奖励制度、特许公司和非特许公司以及东印度公司等有关部分，出版了《国富论》第三版。

1786 年，亚当·斯密又为《国富论》增写了《绪论及全书设计》，出版了该书的第四版，这是斯密生前审订的最后一个《国富论》版本。

1790 年 7 月 17 日，斯密在爱丁堡与世长辞。

 简　评

可以说，亚当·斯密是英国古典政治经济学最伟大的代表，是工场手工业和产业革命前夕的集大成的经济学家，经济自由主义理论的主要创建者。《国富论》提出的经济自由主义理论，构成了市场经济的理论基础和商品经济运行的原则。《国富论》的内容极为丰富，包括的不仅是政治经济学、而且囊括了经济史、经济学说史和财政学。在该书里，斯密缔造了古典政治经济学的理论体系，概括了古典经济学在它的形成阶段的理论成就，最先系统地阐述了政治经济学的各个主要学说，对它的形成和发展起了极其重要的作用。以后的经济学家和经济政策的决策者，都不能跳过亚当·斯密这座高山。

# 美国独立战争

## ——美利坚合众国的诞生

　　1606 年圣诞节那一天，有个叫克里斯托弗·纽波特的英国人率领 3 艘帆船和 120 名移民，沿着当年哥伦布走过的航线向美洲进发。到 1607 年初，他们在詹姆士河口建立了第一个殖民地，取名弗吉尼亚。13 年后，一批流亡的英国清教徒为了逃避本国政府的迫害，搭乘一艘名叫"五月花号"的帆船，来到了北美。到 18 世纪 30 年代，北美大西洋沿岸已有了 13 个殖民地。大批欧洲人移居北美，此外还有不少被从非洲贩运来的黑奴。经过一百多年的发展，美利坚民族开始形成。

### 独立战争爆发

　　18 世纪后半期，北美殖民地经济发展迅速。英国为了把北美作为它的原料产地和商品市场，采取增加税收、控制出口权等方法，加重对殖民地人民的剥削和压榨，双方矛盾日益尖锐，殖民地人民抵制英货、赶走税吏甚至武装反抗等事件不断发生，"自由之子社"、"通讯委员会"等进行独立活动的秘密组织也在各地相继出现，他们组织了自己的民兵武装。

华盛顿像

　　1775 年 4 月 17 日，马萨诸塞州的英国总督盖奇获悉：在康科德镇发现"通讯委员会"一个秘密军火库。盖奇便派史密斯率领 800 名英军连夜前去搜查。次日凌晨他们来到离康科德镇 6 英里的小村庄列克星敦时，忽然发现村外已有几十个民兵手握长枪，严阵以待。史密斯下令开火，民兵们立刻还击。美国独立战争的第一枪就在这个小村庄打响了。不久，民兵因为人少，很快撤离了战场，有 8 位战士献出了生命。史密斯指挥英军进入村庄，大肆搜捕，却始终没有找到一个民兵。就在他下令返回时，忽然传来一阵枪声和喊杀声，附近各村镇的民兵巴从各处赶来，包围了正在撤退的英军。他们从篱笆后面、灌木丛中、房屋顶上，射出了一排排枪弹，打得英军难以招架。当英军举枪还击时，却找不到民兵的踪影。战斗一直持续到下午。最后从波士顿开来一支援军，才把史密斯的败兵救出了包围圈。这一仗，英军死伤 240 多人。

　　列克星敦的战斗震动了 13 个殖民地，人们纷纷拿起枪来。几天以后，波士顿就陷入了民兵的包围之中，纽约等地也成立了游击队。在 5 月份的第 2 届大陆会议上，代表们决定组织自己的军队，并任命乔治·华盛顿为大陆军总司令。在人民要求独立的呼声越来越高的情况下，大陆会议终于在 1776 年 7 月 4 日通过了由杰斐逊、富兰克林等人起草的《独立宣言》，宣告了一个新国家——美利坚合众国的诞生。

独立战争刚刚开始时，美军缺乏准备，军事物资奇缺，甚至几个人合用一条步枪，士兵们全凭满腔爱国热忱来抗击优势装备的英军，纽约、费城先后被英军攻占。1777年9月，华盛顿带领军队退到了离费城不远的福奇河谷，剩下的士兵不到5000人。这时，英军将领柏高英率领7000英军从加拿大南下，在纽约的英军也北上出击，企图两路夹攻，消灭美军，形势十分危急。

柏高英率领的英军于9月初进入新英格兰地区，新英格兰各州的两万民兵立即组织起来，抵抗英军，援助美军。9月19日，在弗里曼奇301农庄，英军遭到民兵的截击，损失600余人，补给线也被民兵切断，大队人马被困在弗里曼奇农庄，除了撤退别无出路。但是柏高英犹豫不决，失去了突围的机会。10月7日，英军再次战败，被迫退往萨拉托加，陷入了重重包围之中。英军失去了粮食和辎重，再加上连绵秋雨，使柏高英一筹莫展，军队中的印第安人和德国人成群开小差。10月17日，他只得率领剩下的5000人投降了。英军的攻势终于被阻止，此后的战事变得越来越有利于美军。

1778年春天，驻扎在费城的英军总部面临海陆两方面的包围。英军总司令柯宁顿害怕费城英军的海上通路被法国舰队切断，慌忙撤出费城，退守纽约。为了摆脱被动局面，英军集中优势兵力，在南方战线展开进攻。

但南线英军指挥官康华利低估了美军的战斗力，企图一举夺取弗吉尼亚和切萨皮可湾。1781年8月1日，他率领军队进驻军事要地约克敦，意欲从这里控制切萨皮可湾，同纽约的英军互相呼应。但这时，历史的潮流已不可逆转。华盛顿率领的美军在美国人民的支持下越战越强，并赢得了国际社会的同情和帮助。法国首先承认美国独立，并订立法美军事同盟，向英国宣战。不久，西班牙、荷兰等国也陆续对英宣战，极大地孤立了英国。欧洲各国大批志愿军远渡重洋，参加美国独立战争。1781年10月，美军在法军援助下，从水陆两路将康华利指挥的7000英军包围在约克敦。17日，美法联军发起总攻。康华利企图突围，但没有成功。两天以后，走投无路的康华利把佩带的宝剑双手呈给华盛顿，宣布投降。此后英军基本上失去了抵抗。

1783年9月，双方签订和约，英国正式承认美国独立，历时8年的美国独立战争至此胜利结束。

### 光耀后世的《独立宣言》

1776年6月11日，根据大陆会议的决议，组成了托马斯·杰斐逊、约翰·亚当斯、本杰明·富兰克林、罗杰·谢尔曼和罗伯特·利文斯顿5人起草宣言委员会。

由于富兰克林患中风而未能工作，谢尔曼和利文斯顿的文学修养不够，因此主要执笔人落到了约翰·亚当斯，特别是年仅33岁的杰斐逊的头上。杰斐逊搬进市场街拐角的一栋漂亮的楼房里，他在二楼宽敞明亮的客厅中的轻便书桌上从事起草工作，原稿经过了多次反复的修改。

1776年6月12日，弗吉尼亚议会通过了由乔治·梅森草拟的《弗吉尼亚权利法案》。它宣称："所有人都是生来同样自由与独立的，并享有某些天赋权利"，"享受生活与自由的权利，包括获取与拥有财产、追求和享有幸福与安全的手段。""所有的权力都属于人民，因而也来自人民。"社会的大多数人有权"改革、变换或废黜政府"。6月27日，弗吉尼亚州议会批准了州宪法，并把权利法案列为宪法序言。6月14—28日间，特拉华、康涅狄格、新罕布什尔、马里兰先后宣布成立独立的共和制政府。6月28日，杰斐逊将文件起草后，

1789 年在纽约举行的华盛顿总统授权仪式

由亚当斯和富兰克林略加修补；同日，宣言起草委员会将宣言草稿提交大陆会议讨论。草稿共有 26 处修改，其中 3 处是全新增加的段落，23 处只是措辞上的改动，这些改动有 2 处是亚当斯修改的，5 处是富兰克林修改的，16 处是杰斐逊自己修改的。在大陆会议讨论中，出席会议的 9 个殖民地的代表赞成，南卡罗来纳和宾夕法尼亚代表反对，特拉华的两名代表意见相左未果，纽约代表因未获指示而不准备投票。后来情况发生了变化：对独立持犹豫和反对态度的州改变了态度，纽约州不再表示反对，特拉华代表赞成独立。这样，7 月 2 日大陆会议代表就是否独立投了一致赞成票。接着两天，杰斐逊在会场上聆听着 65 位批评家对他执笔起草的宣言逐字逐句的审查和校正，原稿中激烈抨击英王乔治三世贩卖黑奴的段落被删除了。

7 月 4 日，大陆会议通过了《独立宣言》，并决定再提交各州全体代表会议审议，13 个殖民地的代表先后在宣言文本上签字。这 13 个殖民地的名称和 55 名代表数分别是：新罕布什尔（3 人）、马萨诸塞湾（4 人）、罗得岛（2 人）、康涅狄格（4 人）、纽约（4 人）、新泽西（5 人）、宾夕法尼亚（8 人）、特拉华（3 人）、马里兰（4 人）、弗吉尼亚（7 人）、北卡罗来纳（3 人）、南卡罗来纳（4 人）和佐治亚（3 人）及大陆会议主席约翰·汉考克。7 月 5—6 两日宣言文本发送各地，7 月 8 日在费城，7 月 9 日在纽约，都先后宣读了《独立宣言》。约翰·亚当斯回忆说："人民表示赞成的欢呼声响彻云霄，并且连呼了 3 次，军队也在公共场所游行……钟声当当，昼夜不停。"7 月 9 日，华盛顿还下令在部队全体将士中宣读宣言，并把它看作是"最鼓舞人心的措施"。7 月 19 日，大陆会议决定正式誊清这份庄严的宣言，由大家签名。大陆会议全体代表在誊清的羊皮纸上签名的日期是 8 月 2 日。由于当时宣言被认为是地道的叛逆文献，在其后的半年多时间里，签署者的名字一直是保密的。1777 年 1 月 19 日，大陆会议首次公布了《独立宣言》签署者的名单。至于杰斐逊作为执笔人这件事，隔了几年之后才为世人所知。1784 年，这件事才在报纸上公布。

《独立宣言》的全称为《美利坚合众国十三个州一致通过的独立宣言》。宣言一开始就宣称："当一个民族有必要解除一直把它与另一个民族连接起来的政治桎梏并在世界列国中确认由自然的法律和自然的上帝的法律所赋予他们的独立平等地位时，对人类公意的真诚尊重要求他们宣布迫使他们独立的理由。"宣言着重阐述了资产阶级民主自由哲学的天赋人权和社会契约的主张。"我们认为以下真理是不言而喻的：人人生而平等；人人都享有上帝赋予的某些不可转让的权利，其中包括生命权、自由权和追求幸福的权利。为了保障这些权利，人们建立其正当权力来自被统治者同意的政府。任何形式的政府，只要破坏上述目的，人民就有权利改变或废除它。"宣言历数 1763 年以来英王乔治三世压迫北美殖民地的专制和独裁罪状 20 多条，其中涉及殖民地立法权利的就有 19 条。宣言最后说，"我们这些在国会集会的美利坚合众国的代表们""庄严地公告和宣布：这些联合殖民地是而且按照法律应该是自由和独立的国家；它们解除了对英国王室的一切效忠，它们与英国王室之间的一切政治联系也从此予以而且应该予以解除；作为自由和独立的国家，它们有权宣战、媾和、结盟、经商和为独立国家应为之一切其他行为和事宜"。

《独立宣言》是美国资产阶级革命的纲领性文献，它充分地表达了北美新兴的资产阶级争取民主、自由、平等和民族独立的政治主张，体现了资产阶级的革命精神和独立战争的革命性质，不仅在当时成为讨英战争的檄文，而且是美国历史上的里程碑。美国国会把 7 月 4 日这一天定为独立日，《独立宣言》实际上被美国和世人看作为美利坚合众国独立的标志而永垂史册。

简　评

美国的正式独立震撼了全世界。它越过大西洋，点燃了法国大革命的烈火，并给整个欧洲资产阶级革命以重大的影响，从此开启了资产阶级民主革命的时代。《独立宣言》的影响也是巨大的。法国人民在草拟《人权宣言》时，曾吸收了《独立宣言》的若干内容。它还鼓舞了拉丁美洲西班牙殖民地人民反对西班牙封建专制统治的斗争，也对东方的革命运动和中国的革命产生影响。辛亥革命前的 1901—1912 年间，我国报刊 5 次译载了美国《独立宣言》全文。1904 年孙中山先生的《中国问题的真解决——向美国人民呼吁》论文就深受《独立宣言》的影响。今天，《独立宣言》被翻译成几十种文字的版本，人人生而平等，已为世界各国人民家喻户晓，它不仅是人民群众争取民主和平等的有力武器，也是反对霸权势力和强权政治的思想武器。

· 491 ·

# 法国大革命

## ——最彻底的资产阶级革命

"法国大革命"指的是1789年到1794年在法国发生的资产阶级革命。

1774年即位的国王路易十六，昏庸糜费，无以复加。法国的经济危机、财政危机、政治危机接踵而来，互相影响，最后汇成封建专制制度的全面危机。1789年春，法国爆发了300多次农民和城市平民起义；资产阶级感到自己的经济实力同政治、社会地位越来越不相称，一心想夺取政权。革命风暴即将来临。

1789年5月5日，路易十六被迫在凡尔赛宫召开三级代表会议，要第三等级出钱解决国家财政困难。这样的会议已有175年没有召开了，全国民情激愤。第三等级代表在人民群众高涨的革命情绪支持下，要求进行政治改革，先不研究财政问题，同特权等级发生了冲突。6月17日，第三等级代表退出三级会议，宣布自己代表全体国民，单独举行国民议会。他们不理国王的命令，在一个露天的网球场宣誓：不制定出一部宪法决不散会。不久国民大会改为制宪会议。路易十六阴谋用武力镇压，不断向巴黎、凡尔赛调集军队，巴黎市民则举行示威游行支持制宪会议，局势紧张。

7月12日傍晚，巴黎人民行动起来，和军队发生冲突。次日清晨，巴黎上空响起警钟，人民手拿短刀、斧头涌上街头，并从军火库和残废军人院夺得几万支枪，开始武装进攻。资产阶级利用这一形势，迫使巴黎市政府同他们共同组成新政府——常务委员会，并组织起资产阶级的民兵组织国民自卫军，以保卫资产阶级的利益和财产。

7月14日，巴黎的工人、手工业者和小资产阶级攻占象征封建统治的巴士底狱堡垒。

表现巴黎人民攻占巴士底狱的图画

占领巴士底狱的消息在农村获得广泛的响应。农民拒纳贡赋，焚毁封建契约，进攻贵族城堡，起义浪潮席卷全国。贵族开始大批逃往国外。农民的起义巩固了7月14日巴黎平民所取得的胜利，对封建制度的崩溃起了决定性的作用。

7月14日起义标志着法国大革命的开始，但是革命阵营的分野从这一天起也开始明朗。

7月14日以后，政权转到制宪会议的大资产阶级手中，其首领是米拉波和拉法叶等人。他们同王室有密切联系，君主立宪制是他们的政治纲领。他们只要求对旧制度做某些改革，不愿使革命走得太远。在人民革命斗争高涨的形势下，制宪会议也为革命做了一些事情，例如宣布废除农奴制、教会什一税和领主法庭；通过《人权宣言》，宣布了资产阶级的自由、平等和私有财产神圣不可侵犯的原则；废除行会制，取消内地关卡等。但是制宪会议只为资产阶级服务，农民的土地问题没有解决。1791年6月，制宪会议还通过一个反对工人的列沙白利哀法，禁止工人集会、结社和罢工。

制宪会议害怕人民，宁愿和国王妥协。1791年9月通过的宪法，规定法国是君主立宪制的国家，国王是行政首脑，军队总司令；立法权集中于立法议会，但国王有权暂停实施立法议会通过的议案。根据宪法新选出的立法议会中，约三分之二的席位被大资产阶级所占。路易十六利用这种形势，力图复辟。他逃亡国外的行动失败后，就暗中加紧勾结沙俄、普鲁士、奥地利的封建君主。普奥封建干涉联军出现在法德边境，公然扬言要"夷平巴黎"。国内王党分子立刻蠢动起来。巴黎人民义愤填膺，他们自动建立新的城市委员会——巴黎公社，和资产阶级中的激进派——雅各宾派一起，共同号召法国人民起义。1792年8月9日夜，天空响起警钟，两万起义群众包围王宫，10日，逮捕并监禁了国王。8月10日的起义摧毁了君主政体，结束了君主立宪派的统治，立法议会宣布废除1791年宪法，由人民选举的国民公会代替立法议会。

9月20日，法国人民组织的义勇军，在瓦尔米大捷，打退了入侵的外国军队。次日，国民公会在巴黎开幕，立即宣布废黜国王。9月22日又宣布成立共和国，即法兰西第一共和国，实行法国共和历。1793年1月21日，在人民的压力下，国王路易十六被推上了断头台。但是新上台的吉伦特派只考虑自己发财致富，忽视人民的切身利益；虽然废除一些封建义务，但并不想解决农民的土地问题。它的社会经济措施使农业减产，物价腾贵，人民生活不断恶化；它对欧洲反法联盟的封建干涉作战不力，干涉军又出现在法国边境；法国西部旺代郡的王党分子发动武装暴乱，公开要求恢复王室。在这种情况下，法国出现了反映贫苦劳动者利益的政治团体忿激派，其领袖是札克·卢。忿激派要求实行商品最高限价，严厉制裁投机商，用革命的恐怖打击反革命分子，而且要求平分土地。吉伦特派拒绝这些要求，成立"十二人委员会"，打击巴黎的革命组织。到1793年5月，吉伦特派已完全失去人民的支持，实际上成了反对革命的工具。忿激派倡导组织起义委员会，雅各宾派参加了这个委员会。1793年5月31日，武装人民包围了国民公会，要大会交出吉伦特派领袖；6月2日，把炮口对准国民公会，国民公会屈服了，29名吉伦特派领袖被逮捕。雅各宾派取得了政权。法国大革命升到了最高阶段。

雅各宾派上台的时刻，共和国的形势十分危急，国内83个郡中有60个郡发生反革命叛乱；外国干涉军从北面、东面、南面几路入侵；反革命猖獗。马拉被女贵族科尔黛用短刀暗杀，整个革命的巴黎都在为"人民之友"哭泣。敌人预言雅各宾政权很快就将完蛋。

1793年6月到7月，雅各宾政权先后通过三个土地法令，规定将逃亡贵族的土地分成小块，用分20年付款的办法卖给农民；公地归还农民；无条件废除一切封建义务；烧毁全部封建地契和文据。雅各宾派的土地政策符合大多数农民的利益，基本上解决了农民的土地问题。农民土地问题比较彻底的解决，加强了反击国内外敌人的群众基础，基本上由农民组成的法国革命军队，英勇果敢地打败了王党反动势力和外国干涉军的入侵。

1793年6月24日，国民公会通过了共和国新宪法，新宪法除保证资产阶级自由、平等、财产权利以外，还规定公民有起义权和受教育权。虽然由于当时处在非常时期，这部宪法暂缓实施，但宪法反映了雅各宾专政的资产阶级民主主义性质。

雅各宾派刻不容缓地加强革命专政，健全专政机构，采用革命钓恐怖，镇压国内的反革

命叛乱。雅各宾派政权还实施全面限价政策。对反革命、窝藏粮食、抬高物价的人只规定一个惩治办法：死刑。

雅各宾派的努力产生了重大效果。到1793年年底，国内叛乱基本上被荡平。短期内组成的42万革命军队，把外国干涉军逐出国境。雅各宾专政完成了资产阶级革命的任务，这是法国革命人民创造的奇迹。

路易十六送上断头台，把法国大革命推向高潮，也为拿破仑的上台提供了历史机遇。

就在这样一个胜利的时刻，革命阵营内部发生分裂。雅各宾专政，虽然表现得很激进，但它依然是资产阶级专政，它把财产的私有作为神圣不可侵犯的东西，任何越过这条界线的言行，它都不能容忍。当忿激派要求革命继续前进的时候，雅各宾派就认为忿激派是私有财产和资产阶级秩序的破坏者，加以镇压。与忿激派有密切联系的、以巴黎市府为基地的阿贝尔派，密谋起义，反对罗伯斯比尔政府，结果也被镇压，领袖被送上断头台。雅各宾派本身也发生分裂。以丹敦为代表的右翼，这时已成为大资产阶级的代言人，反对罗伯斯比尔的恐怖政策和最高限价政策；以肖梅特为代表的左翼，代表巴黎平民阶层利益，支持阿贝尔派的某些主张。执掌政权的罗伯斯比尔派这时成了中派。中派既反对丹敦的倒退要求，又反对肖梅特派的前进要求。罗伯斯比尔把丹敦和肖梅特都送上了断头台。这样一来，罗伯斯比尔既割断了同群众的联系，失去了群众的支持，又使所有资产阶级反对派联合起来反对雅各宾专政。

1794年7月27日，反对革命政府的阴谋集团在国民公会发动政变，逮捕罗伯斯比尔、古东、圣·鞠斯特和奥古斯旦·罗伯斯比尔等人，次日，他们被送上了断头台，雅各宾专政被颠覆，法国大革命的上升线被打断了。

雅各宾专政的被颠覆，标志着法国大革命的结束。

简　评

法国大革命是世界历史上最大的、也是最为彻底的一次资产阶级革命。它第一次真正把斗争进行到底，直到交战的一方即贵族被消灭，而另一方即资产阶级获得完全的胜利。它不仅推翻了法国封建专制制度，确立了资本主义制度，而且震撼了整个欧洲的封建制度，有力地推动了欧洲和拉丁美洲的革命斗争。法国资产阶级革命的胜利，最终促成世界资本主义体系的形成和资本主义在世界范围内的胜利。

# 拿破仑对外战争

## ——统一欧洲的伟大构想

　　法国大革命风起云涌，当时政治、经济十分混乱。在这种形势下，建立强有力的政权，已经成为稳定局势的当务之急。因此握有重兵的拿破仑·波拿巴于 1799 年 11 月 9 日发动雾月政变，夺取了政权，并且在短短的几年里，使法国重新走向稳定和繁荣。1804 年，元老院正式宣布法国为帝国，拿破仑称帝，即拿破仑一世。

　　拿破仑帝国始终伴随着对外战争。这场战争首先是因欧洲封建君主干涉法国大革命而挑起来的，因此，拿破仑对外战争最初具有保卫法国革命果实、反对封建复辟的性质。但也应该指出：拿破仑的军事行动，也反映了法国资产阶级对外侵略掠夺及建立法国在欧洲的霸权的要求。因而拿破仑战争一开始就有了极其错综复杂的性质。

### 拿破仑军队在欧洲的胜利进军

　　拿破仑的对外战争，在他上台后不久——1800 年春就开始了。拿破仑亲率大军越过阿尔卑斯山进入意大利。6 月 14 日在马伦哥附近与奥地利军队血战一天，拿破仑军队以少胜多，大破奥军。结果，奥军仓皇退出北意大利。法军乘胜追击，一直打进奥地利境内。1801年 2 月 9 日，奥地利被迫与法军缔结"留尼维尔和约"，退出了反法同盟。由于失去奥地利这个重要帮手，英国最后也不得不与法国讲和，1802 年 3 月 25 日，英法订立"亚眠和约"。

　　但是，英法间的和平只是暂时的，到 1805年 4 月，英国又组成第三次反法同盟，加入同盟的仍是俄国、奥地利及那不勒斯。西班牙在法国的压力下，成为法国的同盟者。这次拿破仑决心征服英国，因为他看到英国是法国的主要对手。他在法国北部的布伦港口集结 16 万大军，又在英吉利海峡的法国港口集结舰队及 5 万兵力，准备和西班牙的海军配合起来在英国登陆。但是，法、西联合舰队在 1805 年 10 月 21 日在特拉法加的海上被英国海军大将纳尔逊的舰队击溃，因而登陆英国及征服英国的计划化为泡影。

　　不过，法军在欧洲大陆上的军事行动非常顺利。1805 年法军长驱直入奥地利，11 月 13 日攻下维也纳。接着在 12 月 2 日拿破仑又集中优势兵力在维也纳以北的奥斯特利兹击溃了沙皇和奥皇亲自指挥的俄、奥联军。在这个战役中，俄、奥军死伤及被俘 35000 人，俄国近卫军全部

《拿破仑翻越阿尔卑斯山》油画

被歼。奥国被迫求和，于 12 月 26 日缔结"普列斯堡和约"，奥国付出 4000 万法郎的赔款，并且割让大量土地给法国。1806 年 8 月 6 日，奥国皇帝在拿破仑的压力下，正式取消他的神圣罗马皇帝的称号。为了巩固自己在德意志的统治，拿破仑在 1806 年建立了所谓"莱茵同盟"，参加者有 16 个德意志国家，后来又有五个德意志国家加入。拿破仑宣布自己为"莱茵同盟"的保护人。

1806 年，法军在意大利南部又征服了那不勒斯。于是第三次反法同盟也土崩瓦解。

1806 年 9 月，英、俄、普参加的第四次反法同盟组成。10 月，战争又起。10 月 14 日发生两个决定性战役——在耶拿和奥尔施塔特，普军遭到惨败，伤亡 22，000 人，被俘 18，000 人。10 月 27 日，法军几乎兵不血刃地进入柏林。法军继续东进，1807 年 2 月 8 日在普鲁士的艾劳附近与俄军展开了激烈的战斗，双方都蒙受惨重的损失：各丧失 22000 人。同年 6 月 14 日在弗里德兰的战斗中，俄军终于惨败。7 月 7 日，法、俄两国首脑在提尔西特安排了法、俄、普三国的和平谈判。根据"提尔西特和约"，俄国答应退出反法同盟，和英国断交，并且与法国结成同盟共同排斥英货。拿破仑同意俄国在东欧和北欧自由行动。"提尔西特和约"的条件对于普鲁士极为苛刻：它必须割让易北河以西的全部土地，它的军队必须减到 4 万人，并且付出 1 亿法郎的战争赔款。普鲁士还被迫让出过去它瓜分波兰得来的土地，由拿破仑在上面建立"华沙大公国"，并且把"华沙大公国"置于法国的驯服的盟国萨克森王国的统治下。

但是，拿破仑一直没有放弃征服英国的野心。特拉法加海战大败后，法国海军一蹶不振，用武力征服英国已经不可能了。于是拿破仑着手从经济上征服英国的计划。在他看来，英国是工业大国，如果切断英国对外贸易特别是禁止英国商品进入欧洲，会置英国于死地。1806 年 11 月 21 日，拿破仑在柏林发出一项命令，宣布封锁"不列颠诸岛"，严禁欧洲大陆诸国与英国通商，并且表示要没收一切英国商品及英国商船。为了报复，英国宣布从海上封锁大陆特别是封锁法国港口，并且派军舰在海上截击法国及一切中立国商船。拿破仑又在 1807 年 11 月 23 日和 12 月 17 日颁布米兰法令，法令规定："一切商船，不管是哪一种，不管是装什么货，假如它来自英国港口，或者来自英国殖民地，或者来自英国军队所占领的国家，或者开往这些地区，一概没收。"

拿破仑严厉执行这些法令，他派两万名关税人员分布在欧洲大陆的边境，并且派军队与警察去协助他们，以便与英国货物的走私做斗争。但是，英国想尽一切办法把商品运进欧洲大陆。为了防止英国商品从伊比利亚半岛渗进大陆，1807 年 11 月，法军占领了葡萄牙，翌年又侵入西班牙。

1809 年，英国又组织了第五次反法同盟，参加这个同盟的只有英、奥两国。英国之所以如此积极反法，是因为当时英、法矛盾发展到极其尖锐的地步：第一，当时法国已一跃而成为欧洲大陆上的霸主，从而破坏了欧洲大陆的均势，这是英国无法容忍的。因为英国的传统政策就是维持欧洲大陆的均势，以便由英国控制欧洲。第二，拿破仑征服了欧洲许多国家，因而法国独占了欧洲市场，而拿破仑的封锁"不列颠诸岛"的政策，更加剧了英法两国在商业上的矛盾。第三，拿破仑的法国与当时的英国都想争夺中东：埃及和叙利亚（均为土耳其所辖）。而且法国也想恢复法国过去在印度所经营的贸易基地。

反法同盟组成后，法、奥重新开仗。最初双方互有胜负，但是最后在瓦格拉姆战役中，拿破仑的军队取得了对奥军的决定性胜利。1809 年 10 月 14 日奥国又一次被迫在维也纳订立和约。依据和约，奥地利拿出赔款 8500 万法郎，丧失了有 350 万人口的领土。

综观 1800 年到 1809 年的战争，拿破仑军队在欧洲大陆上一直是所向无敌，几次反法同盟都在拿破仑军队的铁蹄践踏下一个接一个地解体了。法国军队接二连三地击溃了在数量上与法军相比占很大优势的俄、普、奥等国的军队，迫使这些国家的封建君主先后俯首求和。到 1809 年为止，德意志、意大利、西班牙、葡萄牙、荷兰、比利时、波兰及瑞典诸国都直接间接落到法兰西帝国的统治下，拿破仑成了欧洲的主宰者了。

### 拿破仑帝国的崩溃

到 1811 年，拿破仑帝国已经包括 130 个省，人口有 7500 万，占当时全欧洲人口的一半，三倍于革命前的法国。帝国还被许许多多的附属国及同盟国环绕着，法国驻军遍布于安特卫普、但泽、北德意志和巴尔干。但是这个帝国实际上外强中干，危机四伏。

以国外来说，欧洲各国反法的民族运动及民族解放战争沉重地打击了法国的力量。以法国国内来说，拿破仑政权的阶级基础愈益缩小，最后几乎达到众叛亲离的地步。首先，原来拥护拿破仑的农民，现在也越来越不满。原因很明显：由于连年对外战争，农民的赋税负担加重了，生活每况愈下；不断地向农民抽丁去打仗，弄得家家出现孤儿寡妇。拿破仑的统治简直成了农民灾难的根源。其次，在帝国初期支持拿破仑的大资产阶级，现在也和他离心离德了，这是因为拿破仑进行的无休无止的战争加重了大资产阶级的困难。拿破仑封锁英国的政策，引起了英国的反封锁，英国凭借其强大的海军力量，使法国在这场对英的经济斗争中处于劣势。法国

1815 年 3 月 1 日，从流放地回来的拿破仑受到追随者的欢迎。

商船无法在海上自由航行，以致法国与海外殖民地之间的贸易联系中断。对外贸易的衰落，不仅造成法国港口的萧条，而且也造成法国原料不足。结果在 1810 年到 1811 年爆发了经济危机，工厂倒闭者甚多，使资本家蒙受严重的损失。而且战争频仍也增加了资产阶级的赋税负担，这也是他们无法忍受的。至于工人阶级，他们本来就不满拿破仑政权，到帝国末期，工人失业增多了，所以工人不满也愈甚了。一言以蔽之，被年复一年的对外战争弄得疲惫不堪的法国人民，普遍怀有反战情绪及对拿破仑的反感。这是帝国的致命弱点。

正是在帝国处于内外交困的情况下，拿破仑发动了侵俄战争。战争之所以爆发，是因为沙皇俄国与拿破仑的法国，在一系列问题上发生无法调和的矛盾。从法国方面来讲，拿破仑一心一意想建立以法国为中心的世界帝国，而在欧洲惟有英国与俄国未被征服，这是他心有所不甘的。因此他决定先征服俄国，然后再收拾英国。从俄国方面看，沙皇对于拿破仑之支配整个西欧及中欧，感到异常不安，并且认为拿破仑建立一个在法国影响下的"华沙大公国"是对俄国的一个威胁，因而对法国存有很大的戒心。而且，法国

的封锁政策，割断了俄国对英国的贸易联系，使俄国国民经济陷入困境。因此，俄国亦准备与法国兵戎相见。

从 1810 年起，拿破仑就开始准备侵俄战争。到 1812 年 2 月他强迫普鲁士加入反俄军事联盟，3 月又与奥国缔结同样的联盟。俄国也积极备战，由库图佐夫指挥的、训练有素的 40 万大军严阵以待。

1812 年 6 月 24 日，拿破仑不宣战亲率大军渡过尼门河，于是法俄战争揭幕。参加侵俄战争的大军一共有 61.1 万人，其中法国人 30 万，从莱茵同盟征来的德意志人 18 万（其中包括 3 万奥地利人及 2 万普鲁士人），波兰人和立陶宛人 9 万，瑞士人 9000，意大利人、伊利里亚人、西班牙人和葡萄牙人 3.2 万。可见半数以上是从被征服国家强拉来的。

法皇本来预计在军事行动开始后不久就在一次大的战役中一举击溃俄军主力，然后迫使俄国求和。但是，俄国选择了诱敌深入的战略，因而法军进入俄境后，俄军步步向内地后撤，法军全然无机会和敌军打一次大战役，于是只好沿着俄军撤退的道路向前追击。法军虽然攻下斯摩棱斯克，但是却未能粉碎对方的主力，因为俄军退得颇为神速。在这个情况下，拿破仑决定直趋莫斯科。9 月 7 日，库图佐夫布置大军在博罗迪诺迎战，结果重创法军，使其丧失 58500 名士兵和 49 名将军。俄方损失为 38500 人。在结束这个战役后，库图佐夫下令俄军继续后撤，并且为了保存俄军主力，决定不战而放弃莫斯科，同时下令毁掉市内全部粮食及军事物资。拿破仑于 9 月 13 日率军进入莫斯科时，发现这已经是一座空城了，不但不见一兵一卒，连居民也逃光了。入城后的第二天莫斯科发生大火（至少一部分火是俄军将领下令放的），风力猛烈，大火延烧全城，一共烧了五个昼夜才熄灭。全城四分之三的建筑物化为一片瓦砾。

此时，库图佐夫积极蓄积力量，他在莫斯科外围集中的兵力很快地达到 12 万人。10 月 18 日，俄军转入攻势。拿破仑不得不急忙率领 11 万人在 10 月 19 日逃出莫斯科。在逃亡途中，饥寒交迫的法军又不断地遭到俄国人民的游击队伍的袭击。因此，在 12 月 13 日重渡尼门河时，拿破仑手下只剩 5 万人了。有 50 多万人在俄国战场上丧了命。

侵俄战争的失败，使拿破仑受到沉重的打击。

滑铁卢战役使拿破仑军队彻底失败

拿破仑从俄国逃回巴黎后，积极重整旗鼓，在短期内又从法国及附庸国搜刮到大批人丁、粮食、军事物资及金钱，并且重新建立了一支30万人的大军。但是这已经是"强弩之末"了，与他对立的是在人力、物力、财力以及人心向背上都占优势的第六次反法同盟——兵力达100万以上。

即将开始的战争，对于欧洲各国人民来说，是一场争取民族解放的正义战争，尽管各国君主怀着反动的目的——瓜分欧洲及世界领土和恢复以法国为首的欧洲诸国被推翻的封建王朝。

战争于1813年10月16日开始，19日结束，这便是有名的莱比锡大战。这是军事史上少见的惊心动魄的一场鏖战。在战斗开始的那一天，拿破仑军队有15.5万人参加战斗，参战的普、奥军为22万人。但是到第二天，俄、瑞（典）军队11万人也投入了战斗。在第三天的战斗中，法军中的萨克森军团哗变，并且转到反法同盟方面。拿破仑得知后，慌忙指挥法军后退。反法联军乘势追击，法军全面溃败。12月初，拿破仑的败兵残将渡过莱茵河，狼狈逃回法国。

经过这次沉重打击，拿破仑的军队已经陷于瓦解状态。1814年初，反法联军以破竹之势打进法国境内。3月31日，由沙皇亚历山大一世与普王腓特烈·威廉三世率领的反法联军以胜利者的姿态进入巴黎。以普洛旺斯伯爵为首的法国波旁王朝一家偕同一群流亡贵族，在沙皇骑兵刺刀的保护下回到巴黎。普洛旺斯伯爵即位，是为路易十八。拿破仑被迫退位，被流放到地中海上的厄尔巴岛。

法国人民尽管对拿破仑深感不满，但是他们更加痛恨复辟的波旁王朝。这些情况为拿破仑所知，他便在1815年2月26日从厄尔巴岛逃出，带领一千多人于3月1日在法国登陆。登陆后，拿破仑把自己伪装成革命者，不但使用了大革命时期的语言，而且还做出一些许诺，表示要实行自由主义改革。这欺骗了不少人，他们踊跃参加了拿破仑的队伍。还有一些旧部下率兵投到拿破仑麾下。3月20日拿破仑重返巴黎，路易十八慌忙逃走，拿破仑重登帝位。由是开始了"百日天下"。

为了履行自己的诺言，拿破仑在回巴黎后就颁布了一个《帝国宪法补充条例》，恢复了普选权及代议制。

拿破仑的卷土重来，震惊了欧洲各国的统治者，他们赶忙成立第七次反法同盟，以便再一次协力对付拿破仑。1815年6月18日在比利时境内的滑铁卢发生一次决定性的战役，在这次战役中，拿破仑军队一败涂地。于是，拿破仑不得不第二次退位。法兰西第一帝国覆灭了。路易十八再度复辟，开始了王朝复辟时期。

拿破仑这次退位后，被流放到大西洋上一个荒岛圣赫勒那岛，最终死在那里。一个伟大的时代结束了。

 简 评

拿破仑的对外战争首先是欧洲封建君主为了干涉法国大革命而挑起来的，因此这场战争最初具有保卫法国革命果实、反对封建复辟的性质。但也应该看到它的侵略性质，尤其是到战争后期越来越明显。拿破仑在对外战争中所追求的目的是掠夺欧洲的财富，吞并欧洲土地，夺取新的市场和建立法国的军事、政治和工商业的霸权。

从客观上说，拿破仑战争有力打击了欧洲反法同盟复辟波旁王朝的阴谋，而且动摇了欧洲的封建制度。拿破仑大军所到之处，欧洲的王冠纷纷落地。西班牙国王斐迪南七世在

1808 年被拿破仑抓去当了俘虏。葡萄牙的摄政王子在 1807 年法军入侵后逃往南美的巴西。1806 年，法军占领那不勒斯王国后，国王斐迪南在英国海军的保护下逃到西西里岛去了。1809 年罗马教皇国被合并到法国，于是教皇庇护七世被押解到法国。

总之，在拿破仑战争的影响下，中欧、西欧及南欧的封建秩序从根本上发生动摇，而这种情况反过来，又给法国资产阶级社会在欧洲大陆上创造一个符合时代要求的适当环境。因此，拿破仑战争对于欧洲起了进步的作用。

# 拉美各国独立战争

## ——殖民地人民的觉醒

　　拉丁美洲是指从墨西哥湾格兰德河以南，一直到南美最南端的合恩角的广大地区。面积有2100万平方公里。这一地区长期处于拉丁语系国家西班牙、葡萄牙和法国的殖民统治下，独立后又以拉丁语系的语言为官方语言，并在宗教、风俗文化上带有浓厚的拉丁语系国家的色彩，所以被称为拉丁美洲。

　　欧洲殖民者入侵之前，拉丁美洲原来的主人印第安人世代生活在这里，并创造了美洲的古代文明，形成了墨西哥地区、玛雅地区和印加地区三个古代文化中心。1492年新大陆的"发现"，西班牙人、葡萄牙人相继侵入，除巴西被葡萄牙占领外，其余几乎全被西班牙所占。后来英国人、法国人和荷兰人也来抢占了加勒比海一些岛屿及圭亚那等少部分地区。当时西班牙、葡萄牙都是欧洲封建专制国家，他们对拉丁美洲实行残酷的封建专制统治。殖民者霸占了印第安人的土地，建立起大庄园和种植园奴隶制；种植单一作物如甘蔗、棉花、可可等。还强迫印第安人和黑人奴隶开采金银矿藏。18世纪拉丁美洲金银产量占世界总产量十分之九。矿场劳动条件极其恶劣，加上殖民者残酷虐待，劳动者死亡率极高。西班牙殖民统治300年间，从拉丁美洲掠夺黄金250万公斤，白银1亿公斤。殖民者利用天主教作为实行统治和奴役的精神武器，教会拥有殖民地全部土地的三分之一，教堂遍布各地。

　　18世纪末，殖民地经济已有明显发展，与宗主国的矛盾日益尖锐。当时拉丁美洲全部居民近2000万，其中西属殖民地约1600万人。社会最上层是约30万直接来自西班牙的大官吏、高级僧侣、大商人和大地主，他们被称为"半岛人"（因西班牙位于比利牛斯半岛，故有此称），是殖民地社会的统治者。其次是约300万土生白人，又称"克列奥人"，是西班牙移民后裔，大部分成为当地地主，他们中出现了"独立派"，作为"美洲人"的民族意识逐渐增强，成为后来独立战争中的领导力量。再次是混血人，他们虽被视为自由人，但受种族歧视，人数约500万。印第安人和黑人占人口半数，是社会的最底层。

玻利瓦尔像

　　18世纪欧洲启蒙运动和美国、法国资产阶级革命对拉丁美洲有很大影响。一些到过欧洲或受到革命影响的知识分子，开始在殖民地宣传资产阶级革命的思想，进行争取独立的准备和秘密活动。而拿破仑战争期间，西班牙、葡萄牙参加欧洲"大陆封锁"，英国隔断了他们与美洲殖民地的联系，使拉美殖民地更容易摆脱宗主国的统治。

　　海地首先吹响争取独立的号角。它原为西班牙殖民地，1697年被法国割占。到18世纪末，统治海地的法国殖民者约4万人，而占海地人口十分之九的黑人奴隶有48万人，全无人身自由，处境悲惨。还有约 3 万人的自由有色人种，包括混血人和自由黑人。1789 年法国大革命给海地人民以极大鼓舞，促进了海地革命爆发。1790 年发生自由有色人种的武装起义被镇压。1791 年又发生大规模武装暴动，大批黑人奴隶参加进来，起义领导人是杰出的黑人领袖杜桑·卢维杜尔（1743—1803）。他原是一个种植场的奴隶和马车夫，自己钻研过启蒙思想家著作，向往自由。他率领起义黑奴打败了 1 万多名法国远征军，接着又打败了接踵而来的西班牙、英国殖民军。1801 年宣布海地独立，颁布了宪法，废除了奴隶制。拿破仑派遣自己的妹夫勒克莱尔于 1801 年率领 54 艘战舰和近 3 万名军队在海地登陆。但遭起义者痛击后，1802 年以"和平谈判"为名把杜桑骗去，逮捕后送往法国，1803 年杜桑死于法国监狱。海地人民展开了更加英勇的斗争，1803 年 10 月，法军终于被迫投降。拿破仑先后派去侵略军 4.3 万人死亡了 3.5 万人，勒克莱尔本人也死于传染病。法国舰队最后载着 8000 名老弱残兵离岛回国时，途中又被英国海军俘去。1803 年 11 月 29 日海地人民发表《独立宣言》，1804 年 1 月 1 日海地正式独立。海地革命有力地推动了拉丁美洲独立战争。

海地独立后，在西班牙殖民地爆发了更大规模的民族独立运动。1808 年，法国拿破仑军队入侵西班牙，国王全家被囚禁。1810 年法军占领西班牙全境，这一消息成了西属美洲殖民地独立的信号。西属美洲殖民地独立战争主要有 3 个战场：以委内瑞拉为中心的南美北部战场；以拉普拉塔为中心的南美南部战场；以墨西哥为中心的中美战场。

独立战争前，委内瑞拉人米兰达（1750—1816）曾在美国组织一支远征队，1806 年企图在委内瑞拉登陆，后失败。1810 年法军占领西班牙的消息传到委内瑞拉，4 月 19 日加拉加斯爆发起义，成立革命政府，得到各地响应。1810 年米兰达回到委内瑞拉，1811 年召开国民议会，7 月通过《独立宣言》，委内瑞拉正式宣布独立，成立了以米兰达为首的共和国政府。但新政府站立未稳，1812 年被殖民军扼杀，米兰达本人被捕，后死于西班牙狱中。第一共和国虽然夭折，但其另一领导人西蒙·波利瓦尔（1783—1830）继续领导人民进行斗争。波利瓦尔出身于土生白人地主家庭，曾留学欧洲，受法国大革命影响；第一共和国失败后，他历尽艰险，重组队伍，打回加拉加斯。1814 年 4 月，宣布成立第二委内瑞拉共和国，但不久又被镇压，波利瓦尔流亡海地。他积蓄力量，1816 年又回到委内瑞拉，1818 年 10 月宣布成立第三委内瑞拉共和国。1819 年，他率军远征，翻越险峻的安第斯山，解放了哥伦比亚地区。1819 年 12 月，成立了包括委内瑞拉在内的"哥伦比亚共和国"。1822 年占领厄瓜多尔首都基多后，又成立了统一的"大哥伦比亚共和国"。波利瓦尔当选为共和国总统。至此，南美北部的独立战争取得完全胜利。

南美南部拉普拉塔地区，从 1810 年起也展开争取独立的斗争。布宜诺斯艾利斯土生白人推翻了西班牙总督，成立了临时政府。1814 年临时政府任命圣·马丁担任北方军总司令，负责解放上秘鲁地区。圣·马丁出身于阿根廷土生白人船主家庭，留学西班牙期间参加秘密革命团体，1812 年回国参加革命斗争。他有丰富的指挥经验和军事才能。他认为要保障拉普拉塔联合省的独立，必须摧毁西班牙在南美洲的顽固堡垒秘鲁；而解放秘鲁，不能取道上秘鲁，必须先解放智利，由海路北上。为此，他在阿根廷的门多萨城做了 3 年多的准备工作。1817 年春，圣·马丁率一支 5000 人的远征军，翻越终年积雪的安第斯山进入智利，1818 年 2 月智利宣布独立。1820 年 9 月他亲率舰队向秘鲁进军，1821 年攻下秘鲁首都利马，秘鲁宣布独立，圣·马丁被授予共和国"保护者"称号。1822 年 7 月，圣·马丁在厄瓜多尔的瓜亚基尔与波利瓦尔举行了秘密会谈，商讨军事问题。圣·马丁回到利马后不久，辞去了秘鲁政府首脑职位离开秘鲁。波利瓦尔及其战友完成了最后解放秘鲁的任务。1825 年 1

西班牙人留下的建筑物，在新成立的智利共和国首都圣地亚哥的独立
广场上耸立着，西班牙仍然深深影响着它先前的殖民地。

月，上秘鲁解放，宣布独立，为纪念波利瓦尔的功勋，新共和国命名为玻利维亚。1826 年 1 月，西班牙残军最后投降。

1810 年墨西哥地区在伊达尔哥领导下爆发人民起义。伊达尔哥（1753—1811 年）是多洛雷斯镇的牧师，熟悉启蒙学者著作，积极宣传法国革命的"自由"和"人权"思想。1810 年 9 月 16 日晨，他敲响教堂的钟，召集群众，号召争取自由，群众高呼"独立万岁"，这就是著名的"多洛霄斯呼声"。这一天后来被墨西哥定为独立节。起义席卷西北部地区并逼近墨西哥城，队伍扩大到 8 万人。但因起义领导人缺乏军事经验，丧失了歼敌的战机。1811 年在转移中遭伏击，伊达尔哥和几名主要领导人被俘牺牲。他的学生和战友莫瑞洛斯（1765—1815 年）继续指挥战斗。1813 年 11 月宣布墨西哥独立。1814 年再次遭到失败，1815 年莫瑞洛斯被捕后壮烈牺牲。1820 年西班牙本土爆发资产阶级革命后，墨西哥反动军官伊都维德篡夺政权，1822 年建立墨西哥帝国，不久被人民推翻。1824 年通过新宪法，确定墨西哥为联邦共和国。

在墨西哥独立运动影响下，中美洲地区于 1821 年宣布独立并加入墨西哥，1823 年又脱离墨西哥建立联邦共和国（中美洲联合省）。1838 年又分成危地马拉、萨尔瓦多、尼加拉瓜、洪都拉斯、哥斯达黎加 5 个国家。

18 世纪末至 19 世纪初在葡属巴西也展开了争取独立的运动。因起义和斗争比较分散，没能最终推翻葡萄牙统治。1807 年底，拿破仑军队侵入比利牛斯半岛，葡萄牙王室逃到了巴西，使巴西一时成了葡萄牙王国的政治中心。1820 年葡萄牙本土爆发资产阶级革命，在新议会的要求下，葡王约翰六世于 1821 年回国，他把儿子彼得罗留下统治巴西。当时巴西局势动荡，要求独立呼声很高。葡议会要求彼得罗也回国，被他拒绝。1822 年，彼得罗自立为帝，宣布巴西脱离葡萄牙独立。1823 年 7 月，最后一批葡萄牙殖民军被迫从巴西撤走。

简 评

拉丁美洲独立战争就其性质来说是一次资产阶级革命。它摧毁了西班牙、葡萄牙等国的殖民统治，建立了 17 个独立国家，绝大部分建成为地主资产阶级共和国（只有巴西保存帝制到 1889 年），推动了拉丁美洲社会的发展。但由于领导权掌握在土生白人地主手中，大地产制被保留下来，影响了后来的发展。拉美各国的独立也奠定了现在南美大陆的政治格局。

# 马克思主义的诞生
## ——社会主义运动蓬勃发展

卡尔·马克思是无产阶级革命的导师，科学社会主义的创始人。他的思想引起了全世界范围的社会主义运动，对人类社会产生了巨大的影响。

1815 年 5 月 5 日，卡尔·马克思出生于德国一个风景如画的小城特里尔。他的父亲是犹太人，一个非常有名的律师，这对于马克思丰富的思维、严密的逻辑和雄辩的演说才能影响很大。在马克思的家里，有较为富裕的条件和充满文化气氛的环境。他的母亲是荷兰人，贤淑善良，善于持家，对马克思父亲的工作帮助很大。

马克思在少年时就胸怀大志。1835 年夏天，他即将中学毕业时，曾写了一篇题为"青年在选择职业时的考虑"的作文，文中这样写道："如果人只是为了自己而劳动，他也许能成为有名的学者、绝顶聪明的人、出色的诗人，但他决不能成为真正的完人和伟人。""如果我们选择了最能为人类福利而劳动的职业，我们就不会为它的重负所压倒，因为这是为全人类所做的牺牲。那时，我们感到的将不是一点点自私而可怜的欢乐，我们的幸福将属于千千万万人，我们的事业并不会显赫一时，但将永远存在。"

1836 年，马克思转入柏林大学学习，在那里加入了"青年黑格尔派"，积极参加他们的活动，加强了对世界的认识，为以后的思想发展和理论建树奠定了基础。大学毕业后，马克思被聘用为《莱茵报》主编。他借助《莱茵报》来宣传革命思想，这份报纸成了马克思毕业后进行革命工作的第一步。

1843 年秋，马克思离开了德国，来到了法国巴黎。为了更好地宣传自己的理论，马克思不断地加强与工人的联系，以便了解工人阶级的愿望，把自己的理论思想与工人阶级的实际思想结合起来。这时候他越来越清晰地认识到，要使工人阶级翻身解放，成为社会的主人，就必须消灭私有制，全面提高全人类的思想觉悟和文化水平，进而建立一种更完善、更理想、人人平等、没有剥削、没有压迫的新型社会——共产主义社会。

随着工业革命的深入，资本主义迅速发展，资本主义制度的各种弊端也日益暴露。一方面，自 1825 年英国爆发第一次资本主义经济危机以后，差不多每隔 10 年左右，资本主义国家就发生一次经济危机，使经济遭到严重破坏。这是生产社会化和生产资料私人占有之间的矛盾造成的结果，资本主义制度无法克服这一矛盾。另一方面，广大工人对恶劣的劳动条件和生活状况越来越不满。为了改善自身的处境，他们同资本家展开了各种形式的斗争，工人运动逐渐兴起，并日趋成熟。

马克思像

工人运动的早期形式主要表现为自发的捣毁工厂机器，如英国的"卢德运动"。后来，广大工人在争取改善经济待遇的同时，也开始要求提高自己的政治地位，并逐渐组织起来，同资本家进行斗争。

19世纪30—40年代，欧洲爆发了三次大规模的工人运动：1831年和1834年的法国里昂工人起义、1836年开始的英国宪章运动和1844年的德意志西里西亚织工起义。这三次工人运动虽然最后都失败了，但是，它们表明，无产阶级已经觉醒，并作为一支独立的力量登上了政治舞台。工人运动的实践使越来越多的人感到无产阶级革命迫切需要科学理论的指导，同时也为科学理论的创立提供了充分条件。

在长期的革命实践和理论研究中，马克思、恩格斯一方面深入工人群体，揭露并分析资本主义制度弊端；另一方面，他们广泛汲取人类优秀文化成果，特别是对当时出现的德意志古典哲学，英国古典政治经济学，英、法的空想社会主义学说加以批判继承，创立了马克思主义理论。

德意志古典哲学的主要代表是黑格尔和费尔巴哈。黑格尔的主要贡献是辩证法。他认为，世界处于不断运动、变化和发展之中，矛盾是发展的内在根源。但是，在黑格尔看来，辩证运动的主体不是客观存在的物质，而是"绝对精神"，从而陷入了唯心主义。费尔巴哈发展了唯物主义，但他的唯物主义非常机械，而且仅仅局限于解释自然现象，在说明社会历史问题时，他又成为唯心论者。马克思、恩格斯批判地吸收了黑格尔的辩证法思想和费尔巴哈唯物主义思想的合理部分，建立了辩证唯物主义和历史唯物主义。

恩格斯像

英国古典政治经济学的代表人物有亚当·斯密和大卫·李嘉图等，他们的主要贡献是奠定了劳动价值论的基础。马克思、恩格斯在继承其劳动创造财富思想的基础上，批判了他们关于资本家和工人共同创造财富的观点，提出了剩余价值学说，确立了马克思主义政治经济学。同时，马克思和恩格斯还借鉴了圣西门、傅立叶、欧文等空想社会主义者对资本主义社会的批判和对社会发展方面的一些天才设想，创立于科学社会主义。

在创立科学理论的同时，马克思、恩格斯还积极指导无产阶级政党的组建工作。1846年，他们在布鲁塞尔建立共产主义通讯委员会，宣传马克思主义理论，筹备建党。1847年底，他们出席在伦敦举行的共产主义者代表大会，并受大会委托起草同盟纲领，这就是1848年2月发表的《共产党宣言》。《共产党宣言》运用生产力决定生产关系这一唯物史观的原理，剖析了资本主义生产方式的产生、发展的历史过程，揭示了资本主义必然灭亡、共产主义必然胜利的客观规律；对资本主义社会各阶级的历史地位和无产阶级的特性作了科学的分析，论证了无产阶级作为资本主义的掘墓人和共产主义建设者的伟大历史使命；总结了人类历史上阶级斗争的经验，特别是总结了无产阶级反对资产阶级的斗争经验，论证了无产阶级革命和无产阶级专政是无产阶级获得解放的根本道路。

《共产党宣言》的结尾，马克思、恩格斯豪迈地宣称：让统治阶级在共产主义革命面前

## 历史大事全知道

发抖吧！无产者在这个革命中失去的只是锁链，他们得到的将是整个世界！最后，以"全世界无产者，联合起来！"作为《宣言》庄严的结语。

《共产党宣言》的发表，标志着马克思主义的诞生。从此，无产阶级进行斗争有了科学理论的指导，社会主义运动迅速得到蓬勃发展。

 **简　评**

　　马克思无疑是世界历史上最伟大的革命理论家和思想家，正如达尔文发现生物界的发展规律一样，马克思发现了人类历史的发展规律，而且不止于此，马克思还发现了现代资本主义生产方式，以及由它所产生的资产阶级社会的特殊运动规律。可以说，马克思、恩格斯完成了社会主义学说的第一次飞跃。马克思创立的科学社会主义学说，成为全世界无产阶级革命的圣经，马克思去世以后，一场无与伦比的无产阶级革命运动就揭开了序幕。

# 欧洲的 1848 年革命

## ——反专制暴政，反民族压迫

　　1848 年，革命浪潮席卷欧洲大地，从巴勒摩到巴黎，从柏林到维也纳，从布拉格到布达佩斯，都爆发了革命。

　　1848 年欧洲革命是工业革命在欧洲胜利发展的情况下产生的。反对封建专制，实现民主、民族革命是主要任务，但不同国家和地区具体任务是不同的。在德意志和意大利，主要任务是实现国家的统一；而多民族的奥地利帝国统治下的各被压迫民族，则是实现民族独立。与早期资产阶级革命不同的是，这时无产阶级已经形成并走向政治舞台，资产阶级在同封建势力做斗争时，又和无产阶级进行斗争，这就决定了他们反封建的软弱性和妥协性。因此 1848 年革命在许多地方以失败告终。但革命对欧洲反动势力进行了一次声势浩大的有力的冲击和打击。革命失败后，许多革命志士逃亡美国，给美国的社会改革和政治生活增加了强劲活力。

　　1848 年欧洲革命最初是从意大利西西里岛的巴勒摩开始的（1 月 12 日），巴勒摩起义带动了整个意大利。当时意大利分裂为 8 个封建专制小王国，他们都直接或间接受奥地利控制。意大利革命的任务是推翻外族压迫，实现民族独立，消灭各邦封建专制统治，完成国家统一。1809 年建立的秘密团体"烧炭党"，1831 年马志尼（1805—1872）建立的"青年意大利党"，都曾为完成这一革命而斗争。巴勒摩起义开始后，教皇领地、托斯卡纳和撒丁王国一个接一个地卷入了革命运动。撒丁国王和托斯卡纳大公还被迫宣布实行宪法。巴勒摩起义是意大利资产阶级革命的开始，同时也是欧洲 1848 年革命的序曲。1848 年意大利革命被封建君主勾结法国和奥地利的军队联合镇压下去了。意大利统一直到 1871 年才实现。

　　1848 年 2 月法国巴黎爆发了革命。从 1830 年起，统治法国的是"七月王朝"。七月王朝是金融贵族的王朝，大资产阶级掌握政权。工业资产阶级、小资产阶级及广大工人、农民不满七月王朝的反动统治是革命爆发的根本原因。革命的任务是推翻金融贵族的统治，建立共和国，实现资产阶级民主，使政权适应资本主义的进一步发展。

德皇威廉谋求军方支持，妄图将扑面而来的民主浪潮拒于门外。

　　1848 年 2 月 22 日，巴黎人民举行示威游行，遭军警镇压。各街区工人及劳动群众迅速筑起街垒，发动了起义。国王路易·菲利浦匆忙逃往英国，七月王朝被推翻。24 日晚，资产阶级临时政府宣告成立，由 11 人组成。其中 5 人为资产阶级共和派，2 人为原王朝反对派，2 人为小资产阶级民主派，2 人为工人代表，重要职位都由资产阶级掌握。在武装起来的工人及劳动群众要求下，临时政府于 25 日宣布了普选制和建立共和国，这就是法兰西第二共和国。广大工人将它理解为"社会共和国",即能解除资本压迫的共和国。这样不同的理解便产生了分歧。1848年6月23日,巴黎工人举行起义被镇压。1万多起义者被屠杀,2.5万人被捕,其中大部分被流放海外。镇压巴黎工人起义有功的将军卡芬雅克被制宪会议(5月成立)选为国家元首。1848年11月4日,制宪会议通过了一部宪法,确认了普选制,接着进行总统选举。12月10日,路易·波拿巴当选为总统。路易·波拿巴(1808—1873)是拿破仑一世的侄儿,他才能平庸,野心很大,他想学习他伯父在法国建立一个新的帝国,因此曾两次试图夺取法国政权但遭失败(1836年和1840年)。这次竞选中,他向各个阶层许下许多诺言,并打扮成他伯父拿破仑一世的继承人。这次当选,还特别得到了农民的支持,农民希望波拿巴上台能保护他们的小块土地所有制。波拿巴就任总统后,便着手恢复帝制。他逐一打败政敌,大权独揽。1851年12月1日夜,他调集军队,逮捕议员,解散国民议会,这就是路易·波拿巴的"雾月18日"政变。1852年1月14日,他把总统任期延长为10年。12月2日宣布法国为帝国,路易·波拿巴即皇帝位,称拿破仑三世。这便是法国历史上的第二帝国。

1848年德国革命是从同法国靠近的南德各邦开始的。受法国2月革命影响,巴登、巴伐利亚等邦人民于3月初先后开始革命。德国革命中心是普鲁士首都柏林。3月13日柏林群众举行声势浩大的示威游行,16日和军警发生流血冲突,150多名群众被打死打伤。3月18日,群众队伍包围王宫。国王威廉四世下令镇压,群众筑起街垒,双方发生了激战。国王被迫下令把军队撤出柏林,并召开国民会议制定宪法,改组政府。3月29日任命莱茵区大地主康普豪森和大资本家汉塞曼组阁,5月22日召开国民会议。资产阶级靠工人起义取得了政权。但是他们在窃取政权后做了一系列蠢事,导致最后垮台。他们害怕工人斗争的发展,保留旧国家机构,调回军队,不支持农民的反封建斗争等。国王却在背地里积蓄力量。10月,重新指定新内阁,11月16日调军队强制解散了国民会议。

三月革命开始后不久,全德各地都要求召开全德国会,领导德国统一运动。1848年5月18日全德国会在法兰克福开幕。在573名议员中,绝大多数是拥护君主立宪制的资产阶级自由派和贵族的代表。在统一德国问题上,他们分为两派,即"大德意志派"和"小德意志派"。前者主张建立一个包括奥地利并由它领导的统一的德意志帝国;后者主张排除奥地利,由普鲁士领导统一德国。1849年3月28日,法兰克福议会通过了《德意志帝国宪法》。这部宪法具有很大妥协性,确定德意志为联邦帝国,保留各邦君主的统治地位,中央只设一个皇帝和一个帝国议会。但它宣布一切人在法律面前平等,保障言论、集会、结社自由,在当时是有进步意义的。但是这部宪法遭到各邦君主拒绝。法兰克福议会推选普鲁士国王为帝国皇帝,并派代表把皇冠送去,普王却以嘲笑的态度拒绝接受,他说:"这不是皇冠,而是奴隶所戴的铁项圈,一戴上它,国王就会变成革命的农奴。"各邦君主拒绝宪法,激起人民愤慨,各地发动武装起义,保卫帝国宪法。马克思和恩格斯积极支持起义,恩格斯还亲自参加了埃北菲尔武装起义的战斗。德意志各邦君主连忙调军队镇压,到1849年6月,维护帝国宪法运动失败。1848—1849年德意志革命结束。

哈布斯堡王朝统治下的奥地利帝国,19世纪中叶仍是一个庞大的、多民族的封建专制国家。除奥地利本土以外,它还统治着捷克人、匈牙利人、罗马尼亚人、意大利人、波兰人等。奥地利革命的主要任务是推翻封建君主制和解放哈布斯堡王朝统治下的各被压迫民族。

巴黎二月革命和柏林三月革命的消息很快传到奥地利,3月13日,首都维也纳群众举行示威,并很快发展为起义。首相梅特涅被迫辞职,化装逃亡英国。皇帝被迫改组内阁,同

这是自由主义改革家们的宣传单上的插图：1848 年，普鲁士首都柏林，挥动着警棍的警察驱散了人们的一次游行示威。

意成立国民自卫军。4 月 25 日颁布了"钦定宪法"，确定立法机关为两院制，皇帝对立法有否决权。维也纳革命群众为反对政府派军镇压匈牙利革命，10 月 6 日发动起义，攻下了武器库，10 万群众武装了起来。皇帝逃出首都，政权转到市议会手中。但市议会领导没有采取积极措施去巩固胜利，逃出首都的皇帝却调集了 7 万大军包围并炮击维也纳城，11 月 1 日维也纳陷落，起义被镇压。1849 年 3 月 4 日，制宪国民会议被解散，恢复了封建专制统治。

奥地利帝国统治下的捷克王国和匈牙利王国，1848 年也爆发了争取民族解放的起义和革命。捷克在 19 世纪中期是奥地利帝国资本主义最发达的地区，为争取民族独立，1848 年 6 月 12 日，布拉格爆发起义，被军队镇压。匈牙利在 1848 年爆发了一次轰轰烈烈的革命。3 月 15 日，佩斯举行起义，领导人是匈牙利杰出的革命诗人山多尔·裴多菲。起义者发表了自己的政治纲领《十二条》，成立了领导机关公安委员会。奥皇被迫作了一些让步，同意成立匈牙利责任内阁等。同时调动军队准备镇压。1848 年 9 月 4 日任命耶拉契希为镇压匈牙利革命的总司令，11 日耶拉契希率军向匈牙利大举进犯。匈牙利议会成立了以科苏特为主席的国防委员会，组织人民军队抗击并两次打败奥军。奥皇又增派大军反攻，1849 年 1 月 5 日佩斯陷落。但迁出佩斯的匈牙利议会于 1849 年 4 月 14 日宣布匈牙利独立，科苏特为国家元首，5 月 21 日，首都佩斯光复。奥皇请求"欧洲宪兵"沙皇尼古拉一世出兵援助。1849 年 5 月 27 日，俄军派出 15 万人分两路入侵匈牙利。匈牙利革命军腹背受敌，虽于 8 月中旬失败，但匈牙利革命在匈牙利和欧洲历史上写下了光辉的一页。

 简 评

1848 年的欧洲革命范围广泛，遍及除俄国以外的欧洲大陆大部分地区。这是一场资产阶级性质的民族、民主革命，它沉重地打击了欧洲的封建势力，彻底瓦解了维也纳体系，有利于资本主义的进一步发展。在这场革命中，无产阶级发挥了重要的作用

虽然革命暂时被扑灭，但是 1848 年革命的效果还是明显的，在此以后不久，欧洲原来的封建势力逐渐削弱，一些民族独立国家建立起来。无产阶级的力量壮大起来，为马克思科学社会主义的理论形成提供了条件。

# 达尔文提出进化论

## ——影响深远的社会思潮

　　1859 年 11 月 24 日，英国伦敦的一家书店正在发售一本绿色封面的书，争购的人将书店围得水泄不通。不一会儿初版的 1250 本就被一抢而空。很快又发行了第二版，结果又脱销了。

　　这本畅销书是一种什么样的书？它的作者又是谁呢？原来，引起轰动的书名叫《物种起源》，作者是英国近代伟大的生物学家、进化论的奠基人——达尔文。

　　1809 年 2 月，达尔文生在英国西部希鲁兹伯里市的一个家道殷实的医生家里。在幼年的达尔文身上，看不出有什么特殊的天分。他先攻读医学，在学校里，达尔文却把主要精力放在博物学、矿物学等不相干的学问上，他甚至不能忍受别人给儿童做无麻醉的手术。学医未成他又被父亲送进剑桥大学改学神学，希望达尔文能成为一个尊贵的牧师。在剑桥，达尔文继续把大量时间用在阅读自然科学书籍、采集动植物标本、听取自然科学讲座等方面。为此，他的父亲对他极为不满，认为他使达尔文家族蒙受了耻辱。后来，达尔文又结识了植物学家亨斯罗，共同的爱好使他们很快成为朋友。从此，达尔文对植物学产生了浓厚的兴趣。

达尔文像

　　1831 年，达尔文从剑桥毕业。五年的大学生活，使达尔文更加热爱自然科学，特别是生物学和矿物学。由于他长期注重实践、坚持自学、虚心求教，因此，不仅掌握了比较坚实的科学基础知识，而且具备了一定的独立从事科学研究和分析问题的能力。

　　他从事的第一件科学工作是参加塞奇威克教授率领的一次地质研究性的野外考察。塞奇威克很赏识这个年轻人的天赋和才华，但在以后的年代里，他又为达尔文的进化论大感沮丧和震惊。

　　英国完成工业革命后，为了进行殖民掠夺，英国政府曾组织大规模的"探险队"，进行了所谓的"环球考察"。1831 年 12 月，年仅 22 岁的达尔文以自然科学家的身分，参加了"贝格尔"号巡洋舰的环球航行。这次航行历时 5 年，行程 25000 海里，没有薪水，只是免费提供食宿。

　　达尔文忍受着晕船的极大痛苦，健康状况每况愈下。在旅途中，他常常感到心悸、疲劳，还常常呕吐。但他坚持完成了这次旅行，大大丰富了有关生物学的实际知识，从而产生了对"神创论"的怀疑。这次旅行正是由于达尔文的缘故，成为生物学史上一次最重要的旅行。

　　在这次考察前，达尔文已经清楚地认识到地球是古老的，生命的发展是经历了漫长岁月的。当"贝格尔"号沿着南美洲的海岸下行时，达尔文明显觉察到了物种是怎样一点一点地发生着变化的。

在巴西海岸，达尔文从岩礁里捉到了几只章鱼，经过观察发现：它们在深水里呈紫褐色，浅水中是黄绿色，还会变成灰色。原来，这是章鱼为适应环境而形成的保护色。

在查塔姆岛上，达尔文还考察了一种重达几百磅的大龟。这种大龟能在每年雨量极少的干旱地区生存下来。原来，它善于长途爬行，能到很远的地方找到水源，不仅把肚子喝饱，还能把水贮存在膀胱和心包里。这个典型例子使达尔文感到，动物和自然界之间存在着一种密切的关系。

在东太平洋的加拉帕戈斯群岛考察了一个多月，达尔文采制了大批动植物标本。群岛上约有 225 种植物，他亲手采集到的就有 193 种，经过精心研究，他发现岛上的生物与南美洲的既相似又不同。达尔文还特别注意到岛上一群极为相似的燕雀，大约可被划分为 14 个不同的种类。在邻近的大陆上没有这种燕雀，在世界上其他地方也没有它们的踪迹。但是造物主为什么会在这个小小的群岛上创造这 14 种不同但又相似的物种呢？

达尔文发现，邻近大陆上的燕雀种——同岛上居住的燕雀有近似之处，在很久以前一定也在岛上居住过，那时，它们是同一种燕雀，这第一批燕雀的后代逐渐进化为不同类型的燕雀。有些变得只吃某一种籽粒，有些吃另一种，还有的只吃昆虫。然而，究竟是什么控制着这些变异呢？马尔萨斯的《人口论》给了达尔文有益的启迪。马尔萨斯认为：人口永远比食物的供应增加得快，最终人口必须通过饥饿、瘟疫或战争的手段来淘汰。达尔文立刻想到这也一定适用于其他的生命形式。

达尔文乘坐的贝格尔巡洋舰　1839 年

加拉帕戈斯群岛上最早的燕雀，在开始时一定曾经未受抑制地繁衍滋生，它们赖以生存的籽食难以供应。一些弱小的或不善于觅食的就先饿死了；那些能够改食较大的籽粒，较硬的籽粒或改食籽粒为昆虫的燕雀，境遇就会改善。不能实现转变的就只能被饿死；而能够实现转变的，就会发现一个未被采掘过的食物来源，于是，它们就能迅速滋生繁衍，直到它们的食物供应也开始紧张起来。达尔文进而认识到：自然界就是这样选择某一群而淘汰另一群生物的，通过这种"自然选择"，生命就会扩增出无限的品种，在各个特定的小生态环境中，适者取代劣者。

1836 年 10 月 2 日，"贝格尔"舰终于在英国靠岸，达尔文也满载而归。他谢绝了担任待遇丰厚的英国地质学会秘书的邀请，用了两年的时间，埋头整理他的考察日记和各种标本。1839 年至 1846 年，他的《航海日记》、《贝格尔舰航行中的动物学》、《火山岛的地质考

# 历史大事全知道

讽刺《物种起源》的漫画，1874 年

察》、《南美洲的地质考察》等著作相继出版。1859 年，他出版了《物种起源》（全名《论通过自然选择的物种起源，或生存斗争中最适者生存》）。在这本书中，达尔文提出了一个大胆而新颖的学说——自然选择学说。

"自然选择"理论认为：某个物种只要条件比其他物种优越，哪怕是略见优越，也会有更多的机会生存下来，并且繁殖后代。生物间的生存斗争，生物与环境的斗争，最终的结果一定是

强者和适应者或继续生存，这叫做"适者生存"。它是"自然选择"理论的精髓。由于自然选择就是适者生存，因此，凡是能够生存下来的生物就具有适应的型状。如有生物具有保护色而利于躲避天敌。自然选择是长期的、缓慢的过程。在一定的环境条件下，变异总是朝着一定的方向发展，通过长期多代的自然选择，有利的变异逐渐积累，出现显著的变异，形成与原种有所区别的变种。变种再进一步发展，便产生了新种，即新的生物类型。由于生物居住的环境多种多样，生物适应环境的方式也同样多种多样，因此就形成了生物的多样性，成为今天如此缤纷的生物世界。

《物种起源》从根本上否定了"神创论"、"物种不变"的说教，把生物学第一次从神学束缚下解脱出来，将它建立在科学的基础上。达尔文的进化论，是 19 世纪自然科学的最重大发现之一。《物种起源》一书问世，标志着达尔文进化论的确立。

《物种起源》像一颗重型炮弹炸在欧洲神学阵地上。上至英国首相，下至御用文人，都群起而攻之，甚至一些昔日的朋友和老师也因观点分歧变成仇敌。但以赫胥黎为首的进步学者则坚定地支持达尔文。

1860 年 6 月 30 日在牛津图书馆里，爆发了一场激烈的大辩论。牛津大主教跳上讲坛，严厉斥责达尔文的进化论，并以谩骂的口吻质问道："赫胥黎先生，你相信猴子是人类祖先，那么请问你，你自己是由你祖父的还是你祖母的猴群中变来的？"说完后，在助威者的哄笑声中回到座位。赫胥黎从容走上讲台，有力地回击了大主教的挑衅："我再强调一遍，人类没有理由因为他祖先是类似猴子那样的动物而感到羞耻。我感到羞耻的倒是这样一种人，他惯于信口开河，他不但满足于自己事业中的那些令人怀疑的成就，而且还要干涉他一无所知的科学问题。"在欧美到处都出现了这样的辩论和论战。

随后，达尔文又发表了《动物和植物在家养下的变异》、《人类起源及性的选择》等书，对人工选择作了系统论述，并提出性选择及人类起源的理论，进一步充实了进化学说的内容。到 19 世纪 70 年代，达尔文的进化论已经普遍被学术界所接受。

达尔文晚年体弱多病，但他献身科学的热情丝毫未衰，又出版了《人类和动物的表情》、《食虫植物》、《植物的白花受精和开花受精》等著作，直至逝世前一年，他还出版了《蚯蚓对土壤形成的作用》。1882 年 4 月 19 日达尔文因心脏病发作逝世。为纪念这位科学伟人，他被葬于威斯敏斯特教堂的牛顿墓旁。

## 简　评

《物种起源》的出版是自然科学史上一个最重大的事件，它对人们的世界观产生了根本的影响。除了挑战"上帝"以外，达尔文的物竞天择理论被引用到了社会学科，形成了社会达尔文主义。这种理论对世界的影响是相当大的；当时世界上各个国家互相竞争，特别是那些处于被侵略地位的民族，往往拿达尔文的进化论来激励自己。比如中国严复将达尔文进化论介绍进入中国，对中国社会产生了重要的影响。那时候人人都在讲物竞天择，讲适者生存。比如著名学者胡适的名字，就是受了进化论的影响而取的。

# 美国南北战争

## ——为国家的统一而战

18 世纪独立战争后，美国建立了联邦制，由资产阶级和与种植园奴隶主联合执政。不过南北两地依旧各行其道，美国南方在种植园经济的基础上发展着黑奴制，而北方则发展了资本主义的自由雇佣制。到 19 世纪中叶，这两种对立的经济制度之间的矛盾发展到了不可调和的地步，于是南北双方爆发了内战，史称"南北战争"。

### 南北战争的社会根源

美国原为英属北美殖民地，1775 年爆发了反英斗争，并于第二年宣布脱离英国而独立。这样一个年轻国家，在独立尚不足一百年的时间便发生内战，原因固然很多，有政治的，经济的，思想文化的，但归根结底，在于南北双方不同经济制度之间的差异，以及由此而引起的社会矛盾和政治冲突。

早在美国独立之前，英属北美殖民地经济中，便含有资本主义和奴隶制两种互相对立的成份，只是因为资本主义经济还处在幼年时期，与奴隶制的矛盾被同英国的民族矛盾所掩盖，表现得不那么尖锐。独立战争后，建立起了资产阶级与奴隶种植园主联合掌权的政府。原先资本主义经济成分比较发达的东北部地区逐步确立了资本主义生产关系，西部新开发地区也建成以资本主义方式经营的农场，南部地区则保持了奴隶种植园经济体制，从而使美国经济沿着两个不同的方向同时发展。

一个年老的奴隶被控谋杀了一名妇女，被一群拥护南部同盟的人殴打。

进入 19 世纪后，随着美国领土的不断扩张，资本主义经济的不断发展，资产阶级与奴隶主的矛盾变得日渐尖锐，这主要表现在对新领地的争夺方面。

奴隶种植园经济的特点之一，就是对土地的掠夺经营，使肥田沃土在不长的时间之内便成为贫瘠不毛之地。为了维持和扩大奴隶制经济，奴隶主需要不断扩张他们的土地。1803 年，美国政府以购买方式，获得了法属路易斯安那地区。这片东起密西西比河，西迄落基山，南自墨西哥湾，北抵加拿大的广阔土地，成了资产阶级和奴隶主争夺的对象。1819 年，密苏里地区申请加入联邦，引起了美国国会的内部争论。资产阶级代表要求它实行资本主义制度，而奴隶主代表则希望在那里推行奴隶制。双方于 1820 年达成妥协：密苏里作为蓄奴州加入联邦，同时，从马萨诸塞州划出一块地方成立一个新州，即现在的缅因州，作为自由州加入联邦，北纬36°30′以北永远禁止奴隶制。这便是历史上有名的"密苏里妥协案"的主要内容。由于它在实际上扩充了实行奴隶制的地域，而在政治上又使资产阶级在国会内保持了与奴隶主势力的平衡，因此矛盾暂时得到缓和。

1846—1848年，美国通过侵略战争，从墨西哥掠夺了54万多平方英里的土地。1853年，它又以购买的方式，从墨西哥取得了44641平方英里的土地。现在的加利福尼亚、内华达、犹他、亚利桑那州的全部和怀俄明、科罗拉多及新墨西哥州的一部份，就建立在这两次取得的土地之上。新土地的获取又引起了资产阶级和奴隶主之间的斗争。还在侵略墨西哥战争初期，美国国会讨论战争拨款法案时，民主党人威尔莫特曾提出不得在从墨西哥获得的土地上实行奴隶制的附加条款，当即遭到奴隶主代表强烈反对，奴隶主代表提出在这一地区实行奴隶制的主张也被资产阶级代表坚决拒绝。后来虽然产生了一个妥协的方案，但双方的根本矛盾并未解决。

在经济方面，资产阶级为保护本国经济的发展，加强对欧洲商品的竞争能力，主张实行高关税；奴隶主则希望获得廉价的工业品，因而要求对工业品进口实行低关税。双方曾围绕关税问题进行斗争，结果是奴隶主势力逐步占据优势，进口税率由1828年的44%，降低到1858年的20%，次年又降至19%。

同关税问题紧密相连的另一问题是市场问题。北部的工业资本家为了同欧洲产品争夺市场，在主张保护关税的同时，希望尽力保持和开辟国内市场。而奴隶种植园经济把消费压到最低限度，妨碍了国内市场的统一和扩大。

同时，资本主义经济和奴隶种植园经济的并存，引起了广泛的社会矛盾。种植园使用奴隶进行生产，奴隶全是黑人或黑白混血儿，他们不但受着残酷的经济剥削，而且受着沉重的政治压迫，没有人身自由和任何政治权利。奴隶主可以随意处罚或杀死奴隶而不受法律制裁。奴隶作为主人的财产，可以买卖。英国著名作家狄更斯于1842年到美国游历，曾从当时报纸上抄录一些追捕逃奴的广告，现仅举其中几例：

"在逃黑人男童1名，约12岁。项上带有链式狗项圈，上刻'德·兰蒲'字样。"

"在逃黑妇1名，名拉吉。两脚除大趾外，它趾尽失。"

"在逃黑人1名，名奈德。有3个手指因受刀伤而紧拳掌上，不能伸开。后颈有刀伤，几尽全颈的一半。"

"在押黑人1名，自称名约书亚。背上鞭伤痕很多。大腿和腰部有烙印三四处，如下状（JM）。右耳耳轮已咬掉或割掉。"

这不过是为数众多的逃奴中的一部分。不难看出，奴隶主对奴隶是何等残暴。也不难看出，奴隶为求自由而进行的不屈不挠的斗争。不堪忍受的奴隶，曾以各种方式进行反抗，发生过多次武装起义，如1822年的维西起义，1831年的纳特·特纳起义等，

林肯坐像

给了南部奴隶主极大震动。为了防止奴隶起义再度发生，南部各州普遍实行了宵禁制度，夜间禁止黑人聚会和走动，各主要路口都派有专人巡逻，奴隶主随身携带武器。南部各州笼罩在军事恐怖之中。虽然如此，奴隶的反抗斗争并没有停止，比较普遍的方式为逃亡，有集体逃跑，也有只身逃跑，而只身逃跑成效更为显著，随着奴隶制度的发展，反奴隶制的思想也适时高涨起来，终于形成一种废除奴隶制的思潮，掀起了废奴运动。1833 年"美国反奴隶制协会"成立，它的反对奴隶制度的宣传，使更多的人直接投入反对奴隶制度的斗争。著名的废奴主义者加里森便公开宣称："我将为我们的奴隶居民立即获得公民权而奋力斗争。"

为了帮助黑人奴隶逃脱奴隶主的魔掌，白人普通劳动者、自由黑人和资产阶级进步人士，联合组成了秘密运送逃亡奴隶的"地下铁道"，帮助奴隶逃到北部或加拿大以获得自由。据估计，1830—1860 年，30 年间，经地下铁道获得自由的奴隶有 6 万多名。原为奴隶，1849 年逃到北方的塔布曼，是一位积极活跃在地下铁道上的人物，8 年间她 19 次只身南下，引导 300 名奴隶奔向自由，因此被黑人奴隶誉为"摩西"——救星。

### 南北战争的爆发

1860 年 11 月，以呼吁维护联邦统一、反对奴隶制扩张而著称的共和党人林肯当选为美国第 16 届总统。林肯的当选引起了南方奴隶主极大的恐慌，他们决定在林肯正式就职前制造分裂，发动叛乱，以战争来维护奴隶制度。

1860 年 12 月，南卡罗来纳州首先发难，退出联邦，接着密西西比、乔治亚、阿拉巴马、佛罗里达、路易斯安那、得克萨斯等 6 个蓄奴州也相继脱离联邦。1861 年 2 月，退出联邦的 7 个州的代表在阿拉巴马州的蒙哥马利城召开了代表大会，宣布成立"美利坚诸州同盟"，即"南部同盟"，选举大种植园奴隶主戴维斯为总统。此后，弗吉尼亚、阿肯色、北卡罗来纳和田纳西等蓄奴州也先后退出联邦，"南部同盟"达到了 11 个州，并以弗吉尼亚的里士满为首都。种植园奴隶主公开打起叛乱的旗帜。

一开始，林肯试图与种植园奴隶主谋求和解。在 1861 年 3 月 4 日的就职演说中，林肯一方面强调绝不允许分裂联邦，另一方面向南北保证，他的政府不会采取行政手段直接干预现存的奴隶制度。但是，南方叛乱者不愿作任何妥协，决心用战争巩固并扩大奴隶制。

1861 年 4 月 12 日，"南部同盟"首先炮击并占领了查尔斯顿港口的萨姆特要塞，公开挑起了国内战争。4 月 15 日，林肯被迫宣布南方各州为叛乱州，下令征召 75000 名志愿军，号召人民为恢复联邦的统一而战。人民群众纷纷响应，各地工会积极动员工人参加反对南部奴隶主的斗争。费城工会通过决议，誓与南部奴隶主斗争到底，他们立即组织了自己的工人连队，奔赴前线。联邦军队迅速组织了 30 多万人的队伍。

当时就南北双方力量对比来看，北部占有绝对优势。北部 22 州拥有人口 2200 万；南部 11 州人口仅 900 万，其中黑人奴隶就有 383 万。在经济方面，北部占全国生产总值的四分之三，全国铁路的 70%，这是北部取得内战胜利的物质基础。优势虽在北部，但内战第一阶段的军事主动权却掌握在南部手里。

1861 年 7 月，南北双方军队在距首都华盛顿 40 公里的马那萨斯城展开了内战开始以来的第一次大会战，联邦军队 3 万人由麦克莱伦将军指挥迎战南部同盟军，联邦军大败，同盟军乘势向华盛顿杀去。造成这种形势的原因，一是北部没有战争准备，而南部早已做了精心准备；二是内战爆发后，林肯把恢复联邦统一作为内战惟一目的，不触及现存奴隶制，甚至在军队中拒绝征集和组织黑人团队。

　　1862 年 1 月，林肯发布了对南部进攻的第一号作战命令。在西线，格兰特将军率领一路联邦军沿密西西比河向南推进；巴特勒将军率另一路联邦军从海上进攻密西西比河口的新奥尔良。5 月，两路军队在新奥尔良会师。但在东线，6 月 26 日—7 月 2 日，里士满城下之役，联邦军队的麦克莱伦将军和南部名将罗伯特·李苦战 7 天，北方军队遭到惨败，联邦军不得不退守华盛顿，新奥尔良再落叛军之手。

　　联邦军屡遭失败激起了人民群众的强烈不满，北方陷入了风暴之中，人们纷纷指责林肯与北方联邦政府。前线失利和群众运动的高涨，推动林肯政府放弃了不谈黑人奴隶解放的政策。

　　1862 年 9 月 24 日，林肯终于发表了《解放黑人奴隶宣言》，庄严宣告：南方叛乱诸州的奴隶从现在起永远获得自由。与此同时，林肯还采取了一系列的措施，以求击败叛乱分子：

　　一是实行《宅地法》。规定所有忠于联邦的美国成年公民只需交纳 10 美元的登记费，就可以在西部领取 160 英亩的土地，耕种 5 年之后，这块土地就成为他的私产。

　　二是武装黑人。黑人奴隶可以自由参加联邦军队。从北方到南方的黑人顿时欢呼雀跃，大批大批地拥进了联邦军队。

反映 1862 年北方军队攻克新奥尔良时的海战场面的绘画

　　三是实行《征兵法》。规定凡 20—45 岁之间的男子都有当兵的义务。这样一来，北方军队迅速扩大到了上百万人。此外，林肯还将各军区的分散指挥变成全国统一指挥，任命格兰特将军为"全军大将军"，统一指挥全国所有军队。

　　林肯政府的革命措施，大大激发了人民战胜南方叛军的热情。北方有 60 万工人参加了军队，18 万黑人奴隶直接参军作战，25 万黑人担任后勤服务；南方还有 50 多万黑人逃离种植园，在敌人后方展开游击战。北方势力大长，迅速扭转了颓势。

　　1863 年夏，联邦军队转入反攻。7 月 1 日至 3 日，在东线战场，米德指挥的 12 万北方大军与罗伯特·李的 9 万南方大军在葛底斯堡展开大战，联邦军取得大捷，歼灭同盟军 36000 人。7 月 4 日，在西线战场格兰特将军指挥的联邦军队攻陷了密西西比河下游的维克斯堡，南方同盟军 29000 人投降，从而摧毁了同盟军的进攻力量，扭转了战局。

　　1864 年春，联邦军队采取新的战略计划，格兰特将军命令巴特勒将军率部在东线牵制

### 历史大事全知道

敌人，自己则亲自指挥部队从北线向南部同盟首都里士满发动进攻。9月，格兰特又命令英勇善战的谢尔曼将军率部攻入南方腹地，占领乔治亚首府亚特兰大，随后向海岸进军。12月21日，谢尔曼将军占领萨凡纳港，切断了敌人粮食运输线，使南部陷于瘫痪状态。

1865年4日，联邦军队在格兰特将军指挥下，势如破竹，捷报频传，而叛军则节节败退，溃不成军。4月2日深夜，南方同盟的"总统"戴维斯逃离里士满。4月3日，联邦军队占领了叛军大本营里士满。4月9日，同盟军总司令罗伯特·李率其残部28000人在弗吉尼亚州的阿坡马托克向格兰特将军投降。不久，各地南方军队相继放下武器，历时四年之久的南北战争以北方的胜利而宣告结束。

 简　评

南北战争虽然只是一次内战，但它的规模巨大，整个战争中，南北双方总共动员了将近400万军队，伤亡近200万，军费消耗超过250亿美元。战争结束了美国资产阶级和奴隶主联合掌权的局面，资产阶级单独控制了美国政权。从此，美国完全确立了资本主义制度的统治地位。南北战争所完成的是独立战争未能完成的使命，从这个意义上讲，南北战争是美国历史上的第二次资产阶级革命，它彻底打垮了一个罪恶的黑人奴隶制度，为美国资本主义的发展扫清了道路。美国资本主义经济以前所未有的速度发展起来，以致在其后的30多年的时间里，美国工业生产总值由1860年的世界第四一跃而成为世界第一，成为头号资本主义强国。

# 美国两党制的形成

## ——西方民主制度的典型

美国两党制的产生是资产阶级内部不同利益集团长期矛盾斗争、妥协的产物。从政党的出现到两党制的最终确立，前后经历了半个多世纪。

美国政党萌芽于 1775 年前的殖民地时期。那时，在北美大西洋沿岸有 13 块英国的殖民地。大量英国移民纷纷来到此地安家立业。其中大部分人是憎恨王权，向往自由的贫苦农民、手工业者和白人契约工。后来，一部分人逐渐发展成为新兴资产阶级。1619 年弗吉尼亚居民选举代表率先创建议会，制定了自己的法律。18 世纪 30 年代，各殖民地普遍建立了资产阶级代议制。移民中还有许多拥护斯图亚特王朝的王党分子、世袭贵族和受封的业主。这些人代表王室实际控制着议会权力，后来成为北美的新贵族和大种植园主。围绕着争夺本地议会的控制权，以及殖民地和宗主国之间的矛盾，这些不同利益集团组成了各自的政治小党派，相互角逐。这就是美国政党的最初表现形式。

从 18 世纪 60 年代开始，北美殖民地同宗主国英国之间的矛盾突然激化。英国统治者对殖民地的种种暴政早已引起殖民地人民的强烈不满。1763 年，为期 7 年之久的英法战争一结束，战胜国英国就颁布一系列法令，强行向殖民地人民征税、榨取民脂民膏以弥补殖民战争的巨大损失。并派驻军队准备用武力强制推行殖民法令，从而使北美殖民地人民同英国殖民当局的矛盾白热化，于 1775 年，爆发了独立革命。在新的形势下，旧有的政治小党派开始分化，依照宗英或抗英的态度重新组合成所谓辉格党和托利党。辉格党（亦称爱国党、独立党）由新兴资产阶级联合农民、工人、城市贫民以及渴望向西部投资的种植园主组成。该党力主发展民族经济，是抗英的中坚力量，为日后民主党成立的群众望础。托利党主要由世袭贵族、受封业主、高级官员、特权商人及一部分种植园主组成，他们站在殖民者一边，帮助英国，反对独立革命。殖民地时期的地方性小党派和独立战争时期的资格党、托利党虽还不是有纲领、有章程、有组织和明确领袖的政党，但其直接影响着日后有组织的全国性大党的形成。

美国有组织的全国性政党是在 1789—1791 年批准和解释宪法过程中产生的。独立战争胜利后，美国建立了由资产阶级和种植园主的联合专政。1781 年，临时政府大陆会议制定的《联邦条例》生效，组成联邦国会。在它行使权力的 7 年间，各州仍然自行其是，同时，广大农民、手工业者和工人为反抗剥削、压迫纷纷举行起义。其中规模最大的是 1786 年谢司领导的农民起义。美国统治阶级为巩固自己的统治，强化国家机器，于 1787 年修改《联邦条例》，制定了新宪法。围绕批准宪法及如何解释和适用宪法问题，统治阶级内部发生分歧，出现了派别之争。以汉密尔顿为首，包括詹姆斯·麦迪逊、约翰·杰伊自称联邦派，赞成宪法，捍卫联邦，于是"联邦党"出现了，并在东北部几个州就推动宪法批准起了重要作用。1789 年，新宪法正式生效，成立联邦政府，华盛顿就任第一任美国总统，他名为反对政党，实际支持联邦党。汉密尔顿任财政部长但握有实权，遂使联邦党控制了政府。为适应 1792 年的州长竞选，联邦党又建立了一些县级党的委员会，遂发展成全国性的有组织的政党。

联邦党主要代表东北部工商业资产阶级、大地主和南部部分农场主的利益，政治上主张扩大联邦政府权力，从宽解释宪法。经济上主张建立国家银行，统一铸造硬币取代各州发行纸币的权力，保护关税等。对外则奉行亲英政策。

在华盛顿政府中担任国务卿的杰斐逊（《独立宣言》的起草者）是资产阶级民主主义者。他看到联邦势力日益崛起，同麦迪逊等人一起于1792年建立了共和党，后又改称民主共和党。民主共和党代表北部各州中小资产阶级、某些种植园主和广大农民利益。政治上要建立以农业为基础的资产阶级民主共和国。主张从严解释宪法，限制联邦政府权力，给各州以较多自主权。因他们担心政府的经济政策会损害农业资产阶级的利益。同时，反对亲英的对外政策。

民主共和党产生以后，两大政党时而斗争，时而妥协。1796年，华盛顿谢绝连任第三届总统，两大政党首次以党派身分竞争总统职位、两党政治初步形成。竞选结果，联邦党人亚当斯当选总统，联邦党继续控制政府，并于1798年夏天违背宪法颁布四项法令，打击民主共和党。民主共和党进行了争取民主权利的斗争，在各地群众的支持下，迅速发展壮大起来。1800年总统选举结果，民主共和党领袖杰弗逊当选为总统。民主共和党成为执政党后，为巩固自身的统治地位，内部阶级成分发生变化，新兴工业资本家涌入党内，国家政策也发生重大转变。转而赞成中央政府的强大，并迎合工商业者的利益，提倡保护关税等。此后，民主共和党一直保持了较强的政治影响，连续24年占据了总统职位。国家政权转入民主共和党手中后，联邦党在国会中失去优势，从此日渐衰落。1812—1814年美国第二次反英战争胜利后，由于其亲英的对外政策，更丧失人心，1816年总统竞选，最后被民主共和党所击败。从此，联邦党作为一个全国性政党便不复存在。

反对党的消失，使美国历史上一度出现了民主共和党一党统治的政治局面。围绕争夺总统职位的矛盾斗争，民主共和党内部开始四分五裂。1824年大选，该党形成五派。竞选中，以众议院议长克莱和约翰，昆西、亚当斯为首的两派联合，使亚当斯当选总统，他们按事先的交易，任命克莱为国务卿。克莱—亚当斯集团单独形成政党，初称为青年共和党，后又改为国民共和党。他们代表北部和中部工厂主的利益，提出创建第二个国家银行，以政府投资施行各种内部改良，保护关税等主张。其他三派都反对国民共和党的主张，也联合起来，以杰克逊为领袖组成政党，沿用了民主共和党的名称。该党在1828年进行改组称民主党。这便是今日美国民主党的前身。民主党主要代表西部和南部种植园主和小农的利益，不赞成建立国家银行，反对保护关税，主张在西、南部进行领土扩张。两大政党具有泾渭分明的政治纲领和目标，而且有意识地利用政党系统组织竞选，在竞选过程中都进一步建立健全了政党组织机构，两大政党势力分布在不同的地区，形成了相互对峙的政治格局，标志着两党制的正式形成。

1828年，民主党杰克逊在大选中获胜当上总统。并竞选连任。但杰克逊在执政时期，任用本党亲信，扩大总统权力，并直接参与立法，使政策向种植园主和西部农民倾斜。民主党总统的这些专断行为引起国民共和党的不满。他们联合其他一些反杰克逊势力，将国民共和党改组为辉格党。反对杰克逊政府逐步降低关税的法案，主张保护关税，限制向西部移民。反映了北部工业资产阶级和一些种植园主的要求。但实际上，不论是辉格党还是民主党，其内部都有工业资产阶级和种植园主阶级的代表。从辉格党产生到1854年，和民主党对峙20年。其间，两党各有4位总统交替上台，但民主党执政时间较长，占据优势。辉格党因无远大明确的政治纲领，在对待奴隶制问题上内部分歧又较严重，1848 年，部分主张禁止奴隶制的党员联合其他力量另组自由土地党。1852 年，辉格党在总统竞选失败后，趋于瓦解。

从 19 世纪 40 年代开始，维护还是废除奴隶制度成为两党斗争的焦点。1846—1848 年，民主党政府发动侵略墨西哥的战争，从墨西哥夺得大片土地。因种植园经济是建立在残酷和野蛮剥削奴隶劳动力的基础上的，所以，南方种植园主主张在新领土上扩大蓄奴制。而资本主义经济的发展则需要大批雇佣劳动力，北部工业资产阶级则主张禁止奴隶制度。民主党和辉格党中本来就存在着南北两大派别，随着两大阶级矛盾日益激化，终于使两党内部都公开分化。1854 年 2 月，代表北部资本家的辉格党人、自由土地党人和反对奴隶制者联合组成了共和党，即今日美国共和党的雏形。辉格党中拥护奴隶制者开始向分裂后的民主党靠拢，此时的民主党已蜕化变质，完全成为南部奴隶制种植园主阶级的代表。共和党因主张自由宅地政策，保护关税，限制奴隶制度，得到了北部城市工人和广大小农的拥护。

1860 年，共和党在总统竞选中获胜、林肯当选总统。标志着美国两党制的确立。南部民主党人因林肯当选而大为恐慌。南部 11 个州相继宣布脱离联邦，并决定进行武装叛乱，这种利益矛盾终使美国爆发了为期 4 年的南北战争。林肯政府领导了这场维护联邦统一的国内战争。并在人民群众和进步势力的推动下，签署了宅地法，颁布了解放奴隶的宣言。战争以工业资产阶级的胜利而告终。随着战争的胜利，奴隶制被废除。共和党因其代表社会先进势力以及在战争中的表现，得到人民群众的拥护和支持，出现了连续执政 24 年的政治局面。

内战以后，随着南部种植园经济逐渐转变成资本主义农业经济，以及美国工业革命在全国范围内基本完成，民主党的性质也随时代潮流发生了改变。1884 年竞选，民主党人克利夫兰当选总统，继承了共和党人的基本政策。民主党和共和党在实质上已无多大区别，两党所代表的阶级利益基本上也是一致的，只是在垄断财团之间的分赃和争夺肥缺等问题上时有冲突而已。因此，共和党和民主党得以长期共存，轮流执政，直至今日。由于民主党的党徽是头驴，共和党的党徽是头象。所以人们戏称美国是老驴和老象轮流执政。

美国两党制的形成在历史上起了一定的进步作用。首先，在美国独立战争期间，代表新兴资产阶级和抗英势力的辉格党在斗争中发挥了积极的领导作用，与广大下层群众一起坚决同殖民当局及亲英势力进行斗争，取得独立战争的胜利，使世界版图上又出现一个主权国家。独立战争的胜利也是新兴资产阶级对封建王权的胜利，从而使资本主义在北美大陆不断发展壮大。其次，美国南北战争时期，以林肯为代表的共和党政府领导了维护国家统一的国内战争，打败了南方奴隶主阶级，废除了奴隶制，使工业资产阶级在经济上，政治上都占据了统治地位。不仅维护了国家的统一，而且清除了资本主义发展的障碍。再次，两党斗争的每一个回合，都不同程度地促进了美国资本主义经济的发展。特别是美国第二次反英斗争和内战胜利后，资本主义工业都有了较快的发展。美国两党制的形成对世界民主进程也产生了一定的影响。在资本主义民主中，两党制成为一种比较典型的模式。

# 意大利的统一

## ——结束分裂割据的局面

意大利是古罗马帝国的中心，文艺复兴运动的发源地，欧洲资本主义的摇篮。但是自从中世纪以来，意大利就形成了众多邦国并存的局面。从16世纪起，西班牙、奥地利和法国先后入侵意大利。意大利的大多数地区被外国势力控制。随着工业革命的展开和资本主义的发展，意大利要求民族独立和国家统一的运动日益高涨。到了19世纪，要求统一的呼声达到了高峰。

### 民族解放与统一的两条道路

在1848年革命失败后，意大利仍然是分崩离析的局面，而且外国的奴役更变本加厉了。不但伦巴底和威尼斯照旧处在奥地利帝国的统治下，而且还增添了新的外国势力：奥地利军队驻扎在托斯坎纳等国，干涉这些国家的内政；在罗马教皇国，有在1848年革命中帮助教皇镇压革命的法国军队赖在罗马不肯撤走。外国势力竭力阻止意大利的统一，因为意大利的分裂局面有利于他们的宰割和奴役。在革命失败后，大多数国家又恢复了专制制度的统治。除撒丁尼亚王国以外，其他国家均废除了革命期间颁布的宪法。在受外国奴役及本国反动派统治的意大利环境中，惟有撒丁尼亚王国是个独立的、君主立宪的国家。它保存了1848年颁布的自由主义宪法，这部宪法限制了王权，采取了两院制的国会制度，并且保障了资产阶级自由。而且，地主资产阶级自由派在撒丁尼亚王国掌握了政权。

从1852年起领导撒丁尼亚自由派内阁的是卡米洛·本佐·加富尔（1810—1861年）。加富尔出身于富豪家庭，年轻时供职于宫廷，后来在军中服役。22岁时他到英国及法国游历，在英国研究英国宪法，醉心于英国式的君主立宪制度。自由派内阁在加富尔的领导下，采取了一系列鼓励工商业发展的政策，使撒丁尼亚成为意大利半岛上最先进的资本主义强国。撒丁尼亚发展资本主义的政策及成绩，使得这个国家成为意大利各邦自由主义贵族及大资产阶级向往的中心，他们把实现国家统一及驱逐外国势力的希望寄托在撒丁尼亚王国身上。

另外，加富尔还在撒丁尼亚实行一定程度的自由主义政策。他允许报章杂志刊载反奥的文章，同意意大利其他邦的革命人士到国内避难。仅伦巴底—威尼西亚的意大利人到撒丁尼亚避难者就有两万家。加富尔的这种政策提高了撒丁尼亚在意大利的声望，不但得到意大利各邦的资产阶级自由贵族的支持，而且也赢得许多民主派的好感。马志尼领导下的青年意大利党中有好些人开始把祖国统一的希望寄托在撒丁尼亚王国身上，如曼宁、加里波第等人。1857年加富尔创立了"意大利民族协会"，让曼宁当主席，加里波第为副主席，从而把相当大的一部分民主派分子集中到他的间接领导之下。

与撒丁尼亚相比，意大利其他诸邦的经济则是另一种情况。在伦巴底、威尼西亚地区及托斯坎纳等国，由于奥地利的掠夺性政策，经济陷于停顿状态。在教皇国和波旁王朝统治下的两西西里王国，在封建专制主义的束缚下，资本主义的发展相当缓慢。在这里，农民苦于无地，只能按照苛刻的条件租种大地主的土地，以致过着非常贫苦的生活。

因此，意大利革命的任务便是通过驱逐外国势力完成国家统一，并且消灭封建残余。

但是在如何实现这个重大历史任务的问题上，自由派和民主派持有不同的主张。

以加富尔为代表的自由派反映了意大利自由主义贵族及大资产阶级的要求，他们要求通过"自上而下"的道路实现民族解放和国家统一。他们主张由撒丁尼亚王国政府用王朝战争的手段，驱逐奥地利势力，完成统一。为了达到自己的目的，自由派采取了灵活的策略：争取法国的援助；在必要时利用民主派及人民力量。

以马志尼为首的民主派代表中、小资产阶级和先进知识分子的利益，他们主张通过"自下而上"的革命道路完成民族解放及统一大业，并且力图建立民主的意大利共和国。但是，民主派的弱点是：没有提出反映广大农民要求的土地改革纲领，没有提出没收地主土地并且把土地分配给农民的革命要求，从而未能把统一和民族解放运动与土地革命联系起来。民主派也不愿发动农民群众，只想依靠少数先进分子的革命行动。当时，意大利工人阶级人数很少，力量薄弱，远远没有发展到威胁资产阶级的程度。因此，意大利的资产阶级还是一个生气勃勃的革命阶级。马志尼领导下的资产阶级民主派之所以能够坚持人民革命战争的道路，其原因亦在此。

1860 年加里波第率"千人红衫军"远征西西里岛

### 北部意大利的统一

撒丁尼亚几年来就积极地准备反奥战争。1858 年 7 月，加富尔与法皇拿破仑三世会晤于普隆比埃，双方商定：法国以武力援助撒丁尼亚，把伦巴底—威尼西亚从奥国统治下解放出来，建立一个以撒丁尼亚为首的、包括伦巴底—威尼西亚以及教皇国一部分领地罗曼纳在内的北意大利王国；另一方面撒丁尼亚必须把萨伏依及尼斯两省让给法国。此外，还要在中意大利建立一个包括帕尔马、摩登纳、托斯坎纳及教皇国的一部分土地在内的中意大利王国。实际上就是要在意大利中部建立法国势力范围。

1859 年 4 月，对奥战争开始了。除撒丁尼亚正规军外，在加富尔的号召下，加里波第率领志愿军也参加了战斗。6 月 4 日，法、撒联军在马进塔一役大破奥军，6 月 22 日，把奥军逐出伦巴底。

反奥战争在中意大利各地激起了革命高潮。4 月 27 日托斯坎纳发生了民主派领导的起义，大公利奥波德逃走了。5月，帕尔马人民起义了，6月初女公爵逃走。6月，摩登纳也爆发起义，统治者被赶走了。接着，在教皇国的罗曼纳人民用起义回答了教皇政权的压迫。起义的各邦都成立了自由派的临时政府，并且都要求与撒丁尼亚合并。但是由于害怕法国反对，加富尔不得不拒绝了合并的要求。

中部意大利诸邦的革命运动吓坏了拿破仑三世，他眼看建立中意大利王国的计划成为泡影。于是他决定退出反奥战争，以图阻止意大利革命的发展。7月11日，他单独与奥地利签订维拉弗朗卡和约，和约规定：威尼西亚继续归奥地利统治，仅仅将伦巴底让给撒丁尼亚；萨伏依及尼斯合并于法国；恢复中意各邦的君主统治。对此，加富尔非常气愤，他要求撒丁尼亚同奥地利作战到底。国王不同意，因此他引咎辞职。是年11月10日，撒丁尼亚政府与奥地利签订和约，承认了维拉弗朗卡和约的条款。丧权辱国的和约引起了意大利人民的义愤。中部意大利诸邦的人民普遍成立了自己的武装队伍，以保卫革命政权和抵制君主政权的恢复。这时，自由派政府仍旧坚持要求与撒丁尼亚合并。

法国虽然仍是合并的障碍，但是国际形势发生了有利于合并的变化。当时，英国希望出现一个强大的意大利以对抗法国，同意中意大利诸邦合并于撒丁尼亚。1860年1月15日，在英国压力下，法国不得不与英国达成协议：外国不得干涉意大利的内部事务，意大利中部诸邦应由公民投票决定自己的归属。

在这个形势下，加富尔重新担任了首相。1860年3月，在加富尔的操纵下，中部各邦举行了公民投票，正式合并于撒丁尼亚。

这样，到1860年春，撒丁尼亚统治阶级利用了人民革命斗争完成了意大利的局部统一。

这时，民主派为了完成整个意大利的统一，主张组织爱国武装力量向罗马教皇国及南意大利进军。但是，撒丁尼亚的统治阶级既不愿得罪拿破仑三世，又害怕进军胜利会使民主派得势，于自己不利，所以拒绝了民主派的这个建议，并且压制了民主派的活动。

## 加里波第的远征军

1860年4月4日，西西里岛的巴勒摩爆发了起义，起义的主力是贫农和手工业者。起义虽然遭到了血腥的镇压，但是不屈的起义者展开了游击战，与政府军进行顽强的战斗。除了巴勒摩外，西西里岛的其他城市也发生起义。城市人民的斗争与农民游击战互相呼应。到4月底，革命席卷了西西里全岛。

西西里起义的消息传到北意大利后，人民英雄加里波第立即组织了"千人远征军"，于5月5日从热那亚出发，渡海前来援助西西里起义者。"千人远征军"是一支志愿队伍，参加者有工人、手工业者、渔民、大学生、律师和新闻记者。他们中间大部分人是民主派。不过，加里波第本人从50年代起在政治态度上发生了一些变化：一方面他继续和马志尼民主派及人民群众保持密切联系，并且仍旧坚持主张发动人民通过革命战争方法来完成统一，但是另一方面他开始拥戴撒丁尼亚的萨伏依王朝，希望全意大利都统一在萨伏依王朝下面。在这次远征出发前他曾写信给西西里起义领袖皮洛道："要记住，纲领是：意大利和埃马努伊尔（撒丁尼亚国王）。"加里波第的这种政治态度决定了他后来在南意大利的行动。

1860年5月11日，"千人远征军"在西西里岛的一个小港口马尔萨拉登陆。游击队从四面八方来欢迎"千人远征军"，在一个月内有5000名游击队员参加了加里波第队伍。5月27日，在起义人民的支持下攻下了巴勒摩。接着革命队伍以秋风扫落叶之势肃清了波旁王朝的军队，到6月底解放西西里全岛。

1860 年 8 月，加里波第挥师北上，在那不勒斯的卡拉布里亚登陆。实际上在他到来之前，这里许多地方已经发生了人民起义，所以加里波第的队伍得到当地起义人民的有力支持，到 10 月 1 日就把整个那不勒斯解放了。国王及其宫廷人员逃之夭夭。临时政府成立了，加里波第在人民的拥戴下成为两西西里的元首。

1860 年 9 月 11 日，约四万人的撒丁尼亚军队攻进教皇国，9 月 29 日占领了马尔撒和安布里亚之后，便进入那不勒斯境内。这时，加富尔向加里波第建议在南意大利举行公民投票，对南意大利并入撒丁尼亚一事进行表决。10 月末举行公民投票后，南意大利正式并入撒丁尼亚。

1861 年 3 月，意大利王国正式宣布成立，撒丁尼亚的国王登上了意大利王国的王位。

### 意大利统一的完成

1861 年意大利王国成立后，威尼西亚和教皇辖地尚在外国控制下，因此最后统一尚待完成。

在如何完成最后统一的问题上，继续进行两条道路的斗争：意大利王国政府力图通过外交途径解决这个问题，而民主派和加里波第主张用人民革命战争的手段去赶走外国势力。

1862 年加里波第又组织了志愿军向罗马进军，想从法国占领军及教皇政权下解放罗马。但是当时意大利王国的统治集团对法国采取奴颜婢膝的态度，所以特意派军挡住了加里波第部队的去路，加里波第本人在冲突中负了伤。

1865 年马志尼领导下的民主派建立了起义委员会，预定在 1866 年举行起义赶跑奥地利统治者。但是意大利王国政府却把解放威尼西亚的希望寄托在普鲁士身上。1866 年 6 月普、奥战争爆发，意大利加入普鲁士一方作战。战争在短期内以普鲁士胜利而结束。根据维也纳和约，威尼西亚归还给意大利。

剩下的只是在法军占领下的教皇国了。教皇又征募了一支 1 万人的雇佣军，妄图抗拒意大利统一运动。1867 年加里波第又率志愿军进攻罗马，但以失败而终。由是，教皇更加嚣张起来，他高唱"教皇无谬论"，声称他的权力凌驾于世俗君主之上。

1870 年普法战争爆发，拿破仑三世不得不调回驻罗马的法军，以便加强法国的防线。9 月初法军大败，拿破仑三世也当了普军的俘虏。于是意大利军队和加里波第的志愿军进入教皇国，9 月 20 日占领了罗马。10 月举行公民投票，根据投票的结果，罗马教皇国被合并于意大利王国，教皇世俗权力被取消了。不过，意大利王国政府同意教皇避居梵蒂冈，每年拨款 12.9 万英镑作为教皇的经费。到这里，意大利统一终于完成。

### 简　评

1859—1870 年意大利统一及民族解放运动在本质上是一次资产阶级革命。这次革命的胜利，是意大利进步力量反对本国反动派及外国奴役者的长期而顽强斗争的结果，是广大劳动人民不屈不挠斗争的结果。

意大利革命的特点是：它始终贯串着"自下而上"及"自上而下"两条道路的斗争，最后以"自上而下"道路的胜利而结束。也正因为如此，在统一后的意大利保存了大量的封建残余——君主制及农村半封建制度。

虽然如此，意大利统一还是一个进步的历史事件，因为统一的完成为意大利资本主义的发展扫清了道路。

# 俾斯麦统一德意志

## ——一个军事帝国的产生

1862 年 9 月的一天，阳光灿烂，秋意正浓，人们正在享受着丰收的喜悦。在普鲁士国民议会的大厅里，此刻讨论正进行得热火朝天，气氛十分紧张。议会预算委员会和内阁成员在面红耳赤地辩论着一个重大问题：是否批准内阁提交的增加军事预算的要求。正当人们各执一词辩论得难解难分的时候，一个前额很高、蓄着八字胡的中年男子突然站起来，表情严肃、字字铿锵有力地说：

"诸位，德意志的未来在于它的强权和实力。当前各种重大问题的解决，不是靠演讲和众多的决议，而是靠铁和血！"

全场的人们不禁为之一愣。大家一看，原来这个中年人是刚被国王任命为首相兼外交大臣的俾斯麦。一位议员冷冷地说："首相阁下，您就职刚刚一个星期，我希望您能够尊重议会的权力。如果政府方面再次增加军事预算，议会仍将再度否决！如果您一意孤行，那么议会有权罢免您！"

俾斯麦冷笑道："议员先生，您错了，我们这里不是英国。我们这些大臣是国王的奴仆，而不是你们的奴仆，我将坚决奉行铁血政策，并将不顾议会的决议而进行军事改革！"

俾斯麦因为发表了以上这篇充满暴力色彩的讲话，从此被人们称为"铁血宰相"。

当时德国的资本主义经济得到迅速发展，工业革命阔步前进，德国已经从一个落后的农业国开始转变成为初具规模的近代工业国家。然而政治仍处于四分五裂状态之中：根据维也纳会议，德意志的 34 个君主国和 4 个自由市共同组成德意志联邦。但是这个组织既没有中央集权，又没有统一武装，在内政、外交和军事上都是各自为政。政治上的分裂严重阻碍了德国经济的发展，同时经济的发展也把统一提上了历史日程。俾斯麦开始走上政治舞台时，正是德国处在以上这一急剧变化的关头，这使得俾斯麦可以充分地展示自己的政治才能。

为了实现武力统一，在军事上打败奥国是俾斯麦的首要目的。在发动对奥战争之前，正值在德意志与丹麦之间发生领土纠纷，俾斯麦便决定先打败丹麦，然后再收拾奥国。

原来德意志北部的石勒苏益格和荷尔斯泰因两个公国，是德意志邦联的成员，同时也是丹麦国王的个人领地，不过并没有与丹麦合并。两公国的居民多数是德意志人，1848 年革命时要求脱离丹麦国王的管辖而同德意志合并，但是在沙俄的反对下，这个要求没有实现。丹麦统治阶级早就有意正式把两公国合并到丹麦版图之内，1863 年年底丹麦正式宣布合并，这在德意志引起了许多人的反对。俾斯麦便利用德意志的民族情绪，乘机发动了对丹麦的战争。

俾斯麦之决定发动这一场战争，是有复杂的动机的：第一，使普鲁士在全德人民心中成为德意志权利的保卫者，从而可以提高普鲁士的威信，以便为普鲁士领导统一扫清障碍。第二，他想在对丹战争后制造普、奥之间的领土纠纷，以便使对奥战争有所借口。第三，以对丹战争作为未来对奥战争的演习。

1864 年，对丹麦的战争爆发了。奥地利在普鲁士的邀请下也参加了战争。结果，丹麦惨败，不得不把荷尔斯泰因让给奥地利，而把石勒苏益格让给普鲁士。

　　作为对奥战争的准备，俾斯麦展开了积极的外交活动，以图达到孤立奥地利的目的。1863 年波兰起义，普鲁士充当了沙俄镇压波兰起义的帮凶，因而得到了俄国在普奥战争中守中立的保证。为了确保法国的中立，俾斯麦在 1865 年 9 月会晤拿破仑三世时，表示普鲁士不反对把卢森堡划入法国版图，作为对法国在普奥战争中守中立的报答。鉴于意大利与奥地利之间有矛盾（当时奥地利仍占领威尼斯），1866 年 4 月 8 日普鲁士与意大利王国签订攻守同盟条约，双方约定：如果普鲁士在三个月内对奥开战，意大利应立即对奥宣战；只有在奥地利把威尼斯归还给意大利后，双方才能同意与奥地利讲和。

　　这样，在普奥战争前，俾斯麦已经安排好了有利于普鲁士的国际环境。

　　不过，在丹麦战争结束后，德意志许多地方出现人民群众反对普鲁士的强权政治的运动。为了缓和人民对普鲁士的不满，俾斯麦向德意志邦联议会提出一项法案，这项法案规定召集一个根据普选权和直接选举制产生的全德国会，并且由全德国会实行全德改革，改革的内容是建立铁道、邮政和电报电话事业的全德管理机关，德意志公民在全德境内享有自由居住权，实行全德统一的关税立法和商业立法，实行统一的外交政策，建立全德的统一的军队等等。俾斯麦提出的这个法案虽然没有得到邦联议会的答复，但是的确起了迷惑人心的作用。

　　在一切准备就绪后，俾斯麦便制造理由要求奥地利把荷尔斯泰因让给普鲁士，奥国拒绝，这就成为战争的导火线。1866 年 6 月 14 日，普、奥战争爆发了。

铁血宰相俾斯麦像

　　在战争中，德意志大多数邦站到奥地利方面对普鲁士作战，这是因为这些邦的君主们都害怕普鲁士统一德国会使自己丧失原来的统治地位。当时只有德意志北部几个小邦支持普鲁士。意大利也参战，反对奥地利。7 月 3 日在萨多瓦进行决战，有 23.8 万奥军与 29.1 万普军对抗。普军不但在人数上胜过奥军，而且其装备及武器也都比奥军好。普鲁士军队在战斗中用后膛的撞针发射枪，而奥军却仍在使用老式枪，因而普军的火力高出奥军火力好几倍。此外，普军指挥比奥军更为坚决果敢。决战中，普军取得大捷。7 月 14 日普军逼近奥国首都。由于法国出面调停，7 月 20 日普奥之间达成了停战协定。8 月 23 日在布拉格缔结和约，根据和约，奥地利同意美因河以北诸邦在普鲁士领导下成立北德意志联邦；普鲁士获得荷尔斯泰因，也吞并了汉诺威、黑森、拿骚、黑森—洪堡及法兰克福自由市。同时，普鲁士也承认南德意志各邦的独立，并且只要求奥地利付出一笔很小的赔款。对奥地利的这种宽大表明了俾斯麦的手腕的灵活性，因为俾斯麦为了最后统一德国，还要准备对法战争，他希望那时能够争取奥地利的中立。普奥战争结束后，拿破仑三世企图获得卢森堡作为守中立的报酬，但是遭到俾斯麦的严词拒绝。

　　1867 年，在普鲁士领导下，北德意志联邦诞生了，有 21 个邦及三个自由市（汉堡、卢卑克和不来梅）参加。根据 1866 年 12 月批准的联邦宪法，北德意志联邦的主席由普鲁士国王兼任，而且是世袭的，他掌握联邦的全部行政及军事大权。俾斯麦也兼任北德意志联邦的总理，总理对主席负责，而不对议会负责，议会也不能罢免他。联邦的立法机关是帝国议会、联邦议会。帝国议会议员是由各邦根据普遍、直接和秘密的选举法选出。联邦议会由各邦任命的代表组成，共有 43 名代表，普鲁士的代表有 17 人。帝国议会的决议只有经过联邦议会批准才获得法律上的效力。总之，宪法保证了普鲁士对于全联邦的控制，以普鲁士国王为首的普鲁士地主阶级成了全德的统治集团。至于宪法规定普选制，是俾斯麦笼络人心的狡狯手段，特别是麻痹工人阶级的手段，想借此缓和工人阶级的革命情绪，并且使其不反对普鲁士领导的统一。

　　成立北德意志联邦是德国统一道路上的决定性步骤。在联邦内部已经没有任何交通限制及商品流通的阻碍了，统一的货币及统一的度量衡也建立起来了。联邦的对外政策及对外贸易也都由联邦政府统一确定，对于最重要的经济问题也实行了统一的措施。过去多少年来一直使资产阶级感到苦恼的各种不利于工商业的限制，现在都一扫而光。因此，北德意志联邦的建立，无疑地为全德资本主义的发展创造了良好的条件。

　　这一切，都是与俾斯麦的努力分不开的，因此，在北德意志联邦成立后，俾斯麦在德意志资产阶级中的威望大大提高。过去在"宪法纠纷"中反对俾斯麦独断独行的普鲁士资产阶级进步党现在也愿意和俾斯麦和解，因为在资产阶级看来，统一所带来的经济上的好处，要比自己的政治统治重要得多。普鲁士议会以压倒的多数追认了自"宪法纠纷"以来俾斯麦政府的一切财政支出。俾斯麦也表示了和解的态度，他公开宣称过去内阁不得议会的同意而征税是非法的。议会欢迎俾斯麦的态度。进步党发生分裂，其中大多数人脱离该党另外组成民族自由党，这个新政党除了坚持进步党关于内政的原来主张外，还表示支持俾斯麦的对外政策及统一德国的方针。在"宪法纠纷"的年月里和俾斯麦共事的官僚中有好几个人被允许退休，其官职为同情民族自由党的人接替。

1871 年德国统一时所占据的疆域

　　不过，1867 年北德意志联邦之成立，并不意味着统一运动之大功告成，因为南德诸邦尚置身于联邦之外。

　　南德诸邦——巴伐利亚、符腾堡、巴登、黑森—达姆斯塔得——之所以留在北德意志联邦之外，主要是拿破仑三世横加阻挠的结果。拿破仑三世害怕德国完成统一会妨碍法国在欧洲称霸，所以他反对德国统一。他主张南德另成立联邦。当时法国掌握着斯特拉斯堡这个重要的要塞，法国军队随时可以长驱直入南德诸邦，所以南德诸邦在法国的威胁下，不敢公然和北德联邦合并。在这个情况下，南德诸邦只能与北德联邦结成秘密的军事同盟。

1870年普法战争爆发了，法国一败涂地，9月2日的色当战役，拿破仑三世当了俘虏，法国投降。于是南德诸邦才与北德联邦合并，组成德意志帝国。到此，德国统一大业才臻于完成。

**简　评**

德国的统一是历史发展的必然趋势。它结束了长期的分裂状态，形成了统一的国内市场，为德国资本主义的迅速发展创造了有利的条件。统一后的德国成为欧洲和世界的强国，导致国际政治格局发生重大变化。但是，受铁血政策的影响，德国逐渐成为世界战争的策源地，先后挑起了两次世界大战，给世界人民带来了巨大的灾难和痛苦。

# 巴黎公社起义

## ——第一个无产阶级政权

### 巴黎工人阶级的壮举

普法战争爆发后，法国所面临的民族矛盾和阶级矛盾更加尖锐。1870 年 8 月底，普鲁士军队长驱直入，侵占了法国三分之一以上的领土，野蛮屠杀法国人民，当普鲁士军队逼近并包围巴黎时，巴黎人民纷纷起来，组成了 194 个营的国民自卫军，共 30 万人。

与巴黎工人阶级英勇抗敌形成鲜明对照，"国防政府"却加紧了它的投降叛国活动。1871 年 1 月 28 日，"国防"政府向德军公开投降，签订停战协定。正规军被解除了武装，但国民自卫军牢牢地保持着自己的枪械和大炮。接着，资产阶级的反动政客、工人阶级和社会主义的死敌梯也尔，被捧上了政府首脑的职位。梯也尔上台后加快了卖国投降的步伐，很快同德国订立了屈辱的和约草案，割让阿尔萨斯全省、洛林省一部分，赔款 50 亿法郎，然后对付武装的巴黎工人。2 月中旬，工人武装又选出了自己的领导机关——国民自卫军中央委员会。

3 月 15 日，国民自卫军中央委员会正式成立，瓦尔兰、阿西等第一国际的委员也当选为中央委员会委员。国民自卫军中央委员会实际上成为巴黎革命的政治领导者。

1871 年 3 月 18 日凌晨 3 时，梯也尔的反动军队鬼鬼祟祟地向巴黎工人居住区出动。巴黎卫戍司令维努亚亲自率领一大队市警和几个常备军团，向国民自卫军的战略要地蒙马特尔高地进发。将近 5 时，这队人马到达蒙马特尔，杀害了守卫在那里的几名国民自卫军战士。当他们正从高地上往下拖曳大炮时，被警觉的蒙马特尔妇女发现了，她们敲起警钟，工人和居民立即涌向街头。拖曳大炮的敌军受到国民自卫军的阻截。妇女包围了梯也尔的士兵，勒住了马缰，小孩抓住大炮的车轮，不让敌人将大炮拖走。他们一起谴责反动军官，向士兵愤怒质问："是不是想把大炮送到柏林去？是不是要向你们的弟兄、我们的丈夫、孩子开枪？"士兵们被问得无话可说，抬不起头来，最后终于将枪口朝下，拒绝射击。反动军官勒康特一连四次下令士兵开枪，觉悟过来的士兵非但不执行命令，而且把他逮捕起来。最后，勒康特和另一名血债累累的反动军官托马被自己的士兵所枪决。敌军瓦解了，大炮被放回原来的位置，梯也尔的阴谋破产了。

既然梯也尔用夜袭蒙马特尔发动了内战，巴黎工人阶级便决定以武装起义来回击。一场无产阶级和资产阶级之间的生死搏斗开始了。上午 11 点钟，根据国民自卫军中央委员会的命令，瓦尔兰率领部队开入蒙马特尔。在许多区，国民自卫军的营队迅速占领了区公所、兵营和政府机关，并着手建筑街垒。

人民武装很快向市中心推进。下午 2 时半，国民自卫军中央委员会举行临时会议，决定领导已开始的巷战，并立即下令占领陆军部、市政厅和其他政府大厦。反动军队被打得人仰马翻，溃不成军。那些资产阶级官老爷眼看自己快要完蛋了，争先恐后地逃往法国的旧王宫——凡尔赛。卫戍司令维努亚和他的参谋部丢下三个步兵团、六个炮兵连以及大批枪弹、辎

1871 年 5 月 28 日，巴黎公社社员在拉雪兹公墓英勇就义。

重，狼狈逃跑。外交部长法夫尔在"我们被大家抛弃了，谁也不支持我们"的哀叹声中逃之夭夭。梯也尔如同丧家之犬，连自己家里都没来得及告诉，就从市政厅侧面的楼梯溜出去，跳上一辆马车，向凡尔赛急驰而去。一路上他不时地把头伸出车窗外，生怕国民自卫军追来抓他，用他那沙哑的嗓子喊道，"快点跑！快点！快点！"昔日作威作福的达官权贵、巨亨富商，个个丧魂落魄，夹着尾巴溜出巴黎城。

　　晚上 8 点钟，国民自卫军占领了市政厅。一面鲜艳的红旗从市政厅的屋顶上冉冉升起。顿时，起义工人和人民群众的欢呼声响彻云天，震撼整个巴黎城。巴黎工人的武装起义胜利了。实际上成为临时革命政府的国民自卫军中央委员会，在起义的当天发出宣言，庄严宣告："巴黎的无产者，目睹统治阶级的失职和叛变行为，已经了解到，由他们自己亲手掌握公共事务的领导以挽救时局的时刻已经到来……他们已经了解到：夺取政府权力以掌握自己的命运是他们必须立即履行的职责和绝对的权利。"并宣布即将通过选举成立公社，在选出公社后，把政权移交给它。

　　3 月 26 日，举行了巴黎公社的选举。巴黎劳动人民第一次行使自己的神圣权利，选举产生一个真正代表人民利益的无产阶级政权。男女公民像庆祝节日一样涌向自己的选区，踊跃参加投票。公社是由巴黎各区普选产生的城市代表组成的。共选出 86 名公社委员。资产阶级选区选出的 21 名资产阶级分子不久即退出。缺席当选的老革命家布朗基，在 3 月 18 日革命前就在外省被梯也尔反动政府逮捕，关在凡尔赛狱中。公社委员最初只有 64 人。其中有工人 27 人，如装订工瓦尔兰，翻砂工杜瓦尔，首饰工弗兰克尔都是公社著名的领导人，此外，有职员 8 人，新闻记者、医生等自由职业者 29 人。革命诗人、后来的《国际歌》歌词的作者欧仁·鲍狄埃也是公社委员。从政治派别看，在全部公社委员中，以布朗基派人数最多，其次是蒲鲁东派，还有一些小资产阶级民主派。布朗基派和小资产阶级民主派合起来被称为是"多数派"，蒲鲁东派被称为是"少数派"。公社委员会是由工人和被公认为可以代表工人的人组成的。

　　3 月 28 日，隆重举行了巴黎公社的成立大会。市政厅大楼前面搭起了一个很大的主席台，几十万巴黎人民从四面八方聚集到广场上，欢呼这次革命的伟大胜利。国民自卫军荷枪实弹，刀光闪闪，在雄壮的乐曲声中高举红旗列队进入会场。男子把帽子扔向天空，妇女挥

## 历史大事全知道

舞头巾，巴黎人民从来没有这样兴奋过。下午4时，当主席台上宣布当选的公社委员名单，宣告公社正式成立时，"公社万岁！"的呼声响彻云霄，礼炮齐鸣，欢声雷动。

### 巴黎公社制定的政策

公社建立之初，宣布了一系列粉碎资产阶级国家机器的法令。公社的第一道法令就是废除旧军队而代之以国民自卫军，规定国民自卫军由一切能服兵役的公民组成；公社解散了旧的警察，封闭了资产阶级法庭，同时实行教会同国家分离。巴黎公社还采取了非常果敢的手段，依靠工人和革命知识分子，建立新的国家机构。设立了相当于政府各部的10个委员会，即执行、军事、粮食、财政、司法、公安、劳动工业和交换、社会服务、对外联络、教育委员会。执行委员会具体地代表公社，执行公社的法令和其他委员会的决定。

在经济方面，公社发挥了巨大的创造性，进行许多社会改造工作。公社没收逃亡资本家的工厂，把它交给工人合作社管理，并成立一个专门委员会对铁路运输和军需生产实行监督。这两项措施已经触及了资本主义私有制，具有明显的无产阶级性质。它规定公社职员的薪金最高不得超过工人的最高工资即年薪6000法郎；下令免除从1870年10月到1871年4月的房租，颁布法令，禁止任何机构收取罚金和任意克扣工人工资，凡是3月18日以后的罚款和扣款一律退还本人；取消了盘剥工人的借贷处；关闭了由帝国警察局设立的"职业介绍所"。公社还禁止当铺拍卖过期的典当品，凡在20法郎以下的物品，一律无条件退还原主。公社废除了面包工人的夜工，设立了救济贫民的专门机构。

**梯也尔像**

梯也尔政府声明要与普鲁士军队抗战到底，可实际上成了向普军乞和投降的卖国政府。

在文化教育方面，公社对资产阶级旧制度进行了改革。政教分离的法令把教士逐出学校，教师的薪金提高，男女教师同等待遇，宣布了免费的义务教育的原则；开办了职业学校，给劳动人民子女提供了受教育的机会。所有这些措施都充分表明，无产阶级政权把维护劳动人民的利益提到了极其重要的地位。

公社摧毁了象征拿破仑军国主义的旺多姆广场上的凯旋柱，并把旺多姆广场改名为国际广场。公社还把许多外国革命家团结在一起，并肩作战。

巴黎公社从资产阶级手中夺取了政权，推翻了资产阶级的旧秩序，这是破天荒的大事。但是资产阶级不甘心退出历史舞台，4月2日梯也尔反动政府的军队从巴黎西面对公社发动了进攻。从那时起到5月20日，战斗在巴黎西南城和南城外进行。巴黎人民万众一心，奋起保卫自己的政权。4月6日，梯也尔任命曾在色当城下当过普军俘虏的麦克马洪元帅为总司令，当时他只有军队几万人，无力大规模进犯巴黎。梯也尔乞求普鲁士释放第二帝国的俘虏，加强凡尔赛的反革命力量。5月中旬，反动政府军队增加到13万人。

随着反革命武装的扩大，梯也尔加强了对巴黎的进攻，开始炮击巴黎市区。公社社员奋勇反抗，但是由于缺乏统一的指挥，军事上日益不利，一些炮台陷落了。在巴黎西南，反革命武装日益接近城区。5月10日，凡尔赛同普鲁士签订了屈辱的和约，换得了10万法军战俘和普鲁士军队的暗中支持。5月21日通过奸细的指引，反动政府的军队从西南方的圣克鲁门窜入了巴黎城，对公社战士进行血腥大屠杀，历史上著名的"五月流血周"开始了。

巴黎人民积极挺身投入保卫公社的战斗，在城内交通要道夜以继日地修筑街垒，每一条街、每一座建筑物、每一间房，都成了打击敌人的场所。男子、妇女以及儿童都参加了这场阶级大搏斗。5 月 23 日，一支反动军队得到普鲁士军队的默许，通过普军防线，突然从城北进攻蒙马特尔高地，使公社战士陷于腹背受敌的困境。中午，蒙马特尔高地陷落。第二天反动军队占领了巴黎市中心的市政厅。接着，公社的军事首脑德勒克吕兹也在战斗中献出了生命。公社委员、第一国际会员欧仁·瓦尔兰在保卫公社的巷战中被俘，慷慨就义。5 月 27 日，凡尔赛匪徒 5000 人围攻贝尔—拉雪兹公墓，守在那里的公社战士不到 200 人，他们同凡尔赛的豺狼们英勇战斗到深夜。最后英雄的公社战士们在墓地的一堵墙边高呼"公社万岁"的口号，全部壮烈牺牲。

5 月 28 日，存在了 72 天的巴黎公社，被梯也尔反动政府扼杀在血泊中。但是，巴黎公社将永远作为世界无产阶级第一个政权而名垂史册。

 简　评

巴黎公社起义是一个划时代的伟大革命，是无产阶级推翻资产阶级统治，建立无产阶级国家政权的第一次总演习，为无产阶级国际共产主义运动提供了丰富而宝贵的经验。公社战士高昂的革命斗志永远激励着世界无产阶级起来进行斗争。它的经验教训更是世界无产阶级革命的宝贵财富。

# 日本明治维新

## ——"脱亚入欧"近代化转型

在一年一度的西方七国首脑会议上，我们总能看到一个亚洲国家首脑的身影，他就是日本首相。为什么在这样一个西方大国的峰会上，会出现惟一的东方国家呢？原来，19 世纪 70 年代，发生在欧洲和美洲的资产阶级革命，终于影响到了亚洲。1867 年，日本发生了群众性的倒幕运动，并最终取得了胜利。1869 年以后，在明治天皇的直接领导下，日本发布了一系列的改革政令，从而实现了脱亚入欧，成为亚洲第一个资本主义国家。

### 倒幕运动——日本走上强国之路的前奏

明治维新前的几百年来，日本天皇只是名义上的国家元首，实权掌握在幕府将军的手里。幕府原来是指将军带兵出征时处理军务的营帐，后来，将军掌握了大权，幕府也就成了将军统治全国的最高政权机构。自 1603 年德川家康入主幕府以来，幕府将军的职位一直由德川家族世代相传。将军下面有 200 多个藩国，由大名统治，大名必须效忠于将军，负担军事方面的义务。大名下面还有武士。武士是职业军人，为领主讨伐征战，镇压农民反抗。就这样，将军、大名、武士以及天皇，构成了日本封建社会的统治阶级。

尽管当时幕府多方限制商品经济的发展，但是到 18 世纪中叶以后，在日本的一些生产部门中还是陆续出现了资本主义性质的手工工场。到 19 世纪中叶，全国雇工 10 人以上的手工工场有好几百家，较大的手工工场雇工甚至达到 100 多人。在农村，商业性农业及从事商品生产的家庭手工业也迅速发展起来。随之，日本社会内部的阶级关系也发生了深刻的变化，出现了资产阶级化的新地主。他们不满幕府的封建统治，要求实行改革。其中西南部的萨摩、土佐、长州、肥前四藩中的下层武士，迅速扩充实力，成为日本资产阶级和新地主的主要政治代表。

明治天皇像

正当此时，日本又面临着深重的民族危机。1853 年，美国人首先打开了日本的大门。1854 年，美国强迫日本签订了不平等的《日美亲善条约》，1858 年又签订了《日美友好通商条约》。美国在日本取得了开辟通商口岸、享有治外法权和协定关税等特权。此后，英、法、荷、俄等西方列强也接踵而至，把一个又一个不平等条约强加给日本。

1867 年 10 月的一个秋雨绵绵的夜晚，在京都天皇宫中的一间书房里灯火通明，由改革派首领大久保利通、西乡隆盛召集的会议正在进行。大久保利通先扫视了一遍与会的人，然后说："现在德川家茂已死，刚继位的德川庆喜没什么威信，而天皇又是站在我们这一边，形势对我们很有利。"西乡隆盛接着说："我们要趁机打垮德川幕府，何不让天皇下令讨伐他们呢？"他的意见很快得到大家的同意。他们商量好后，就去向天皇睦仁报告。

此时，老天皇刚刚亡故，即位的睦仁天皇年仅15岁，但他很有雄心壮志。面对西方国家的步步侵略，年轻气盛的他不甘心眼睁睁地看着自己的国家重蹈邻国中国的覆辙，决心发奋图强。不久，睦仁天皇签署了《讨幕密诏》。就这样，一场轰轰烈烈的倒幕运动已处于兵戎相见、短兵相接的前夜。

就在倒幕派满心欢喜，积极准备讨伐幕府之际，突然有消息说：德川幕府主动上表，请求辞去将军的职位，还要"还政于天皇"。原来，德川庆喜已感到形势对自己不利，而自己又一时无法应付，于是决定先发制人，主动辞职。企图以此分化瓦解倒幕派，等待时机，以便卷土重来。

德川庆喜的这一缓兵之计果然起到了作用，倒幕派内部很快发生了分歧。倒幕派中的妥协派对德川庆喜奉还大政于天皇信以为真，遂挟持天皇予以接受，并下令收回《讨幕密诏》。幕府也趁机在大阪附近集结军队，依靠武力继续保持政权。

眼看着形势急转直下，武力倒幕派决心抢先行动。1868年1月3日，他们发动了宫廷政变，解除幕府派驻皇宫警卫队的武装，同时废除幕府，恢复天皇为国家首脑、亲掌政权的统治形式。西南强藩的倒幕派武士木户孝允、大久保利通和西乡隆盛掌握了新政府的实权。德川庆喜眼看大势已去，仍作最后的挣扎。1月6日晚，德川庆喜潜回大阪，集结军队，准备反扑，一场内战爆发了。

1868年1月底，以萨摩、长州两藩为主的政府军队约5000人，在京都附近的伏见、鸟羽两地迎击幕府军。双方很快展开了激烈的厮杀。当时幕府军队虽然人多势众，有15000多人，但士兵们不愿打仗，一上战场，便成群地溃逃。而倒幕军却斗志昂扬，越战越勇。倒幕派又及时提出了"减免租税"、"四民平等"的口号，把广大农民和商人也争取到自己的一边。很快，幕府军伤亡惨重，大败而逃。

德川庆喜逃回江户后，看到自己的军队实际上已经瓦解，江户的民众又不拥护自己，再战也只有死路一条。于是，1868年4月，他宣布谢罪归隐，不再过问政事，希望倒幕军不要杀他。天皇答应了他的这一请求。10月23日，天皇睦仁定年号为"明治"。随后，改江户为东京，定为国都。

幕府彻底倒台以后，明治天皇按照改革派的愿望，实行了一系列的改革，吸收西方先进的文化知识，促进了资本主义发展的改革，历史上称做是"明治维新"。

**明治维新的主要内容**

1868年3月，明治天皇宣布了新政府的施政纲领——《五条誓文》。它规定：（一）广兴会议，万事决于公论。反映了把公卿、大名及藩士团结在明治政府周围，以加强中央集权统治的愿望，同时也反映出在新政权改革时期中的某种民主气氛。（二）上下一心，盛行经纶。即政府和民众共同过问国事。（三）上自宫廷贵族，封建武士，下至平民百姓，各守本分，履行自己的职责。（四）破除封建的旧制度、实行改革，务求公道。（五）求知识于世界，大振皇国之基础。《五条誓文》表达了地主资产阶级在政治、经济、文化、外交等方面的要求，表明了近代化的意向。

1868年4月，明治政府颁布了关于国家制度、机构的法令——《政体书》。它仿效近代

# 历史大事全知道

欧美资本主义国家立法、行政、司法三权分立的原则，明文规定：太政官掌管全权，下设行政、议政和司法三个部门；在地方设置府或县，受中央政府——太政官统一领导。虽然自明治政府成立后，官制经常变更，但以天皇为中心的中央集权却逐步加强，倒幕派领导人如大久保利通、木户孝允等人的实权和地位不断加强，成为明治政府实力派官僚阶层。

"富国强兵"是明治维新的最终目的，为达到"强兵"的目的，在军事方面，明治政府建立起常备军和警察。1871 年，明治政府把各藩舰队合并统编为国家舰队，以后逐步扩大，并由萨摩、长州、土佐三藩向中央提供最新式的步、骑、炮兵三队，计 8000 人，组成天皇近卫军。1872 年 11 月，太政官发布征兵法令，向全国人民征兵，建立现役和预备的常备军。为培植陆军骨干，1873 年，设立陆军大学。天皇政府从一开始就具有浓厚的军国主义色彩。日本地主资产阶级羽毛尚未丰满，就依靠这支常备军，开始对中国台湾和朝鲜进行侵略。1874 年，明治政府又设立了内务省直接统辖下的警察系统，即东京警视厅和全国府县警察网。

明治政府为了废除封建领主制度，加强以天皇为中心的中央集权制，1869 年和 1871 年，先后实行了"奉还版籍"和"废藩置县"，取消了各大名对本藩的统治权，把领地和户籍奉还给天皇，由中央政府直接统治全国的土地和人民。废藩后全国划分为三府七十二县，由中央指派知事治理，旧藩主移住东京，由政府发给相当于过去领地收入的俸禄。这一措施大大加强了国家的统一和中央集权。同时，新政府作为地主资产阶级的国家机器，严禁农民结党聚众和相率逃亡。

1872 年，明治政府宣布废除旧的等级身分制，实行"四民平等"。除被宣扬为具有神性的天皇外，大名公卿改称华族，一般武士改称士族，农、工、商和贱民皆称平民。禁止武士佩刀制度，各等级间可以通婚，平民也具有职业和迁移的自由。取消对农、工、商的限制，承认土地私有权，允许自由买卖土地和种植作物。这些措施意味着农民摆脱了对封建主的人身依附关系，为日本资本家提供了大量的自由劳动力，从而为资本主义发展提供了有利的条件。

1876 年，明治政府又实行"秩禄处分"。根据这项规定，大名和部分武士的终身年俸被取消，改由国家发给一半现款、一半公债予以了结。在政府的鼓励下，领得大量现款和公债的部分大名和武士，把钱投资于银行、工商业或购买土地，成为新兴资产阶级和地主。这种赎买政策实际上使封建私有财产制变成为资本主义私有财产制。

改革地税是日本实现资本原始积累的一个重要方面。1873 年明治政府颁布了地税改革条例。地税为法定地价的 3%，不管丰歉如何，地税不变；地税一律以货币缴纳。这丝毫没有减轻农民负担，政府始终站在地主方面，保护地主对佃农的剥削，许多小生产者破产，变成失去生产手段和出卖劳动力的雇佣工人。这项改革使政府的财政收入得到保证，使政府有足够财力供养军队和补贴近代军事工业。

为了迅速改变日本的落后面貌，建设一个富强的资本主义国家，明治政府决心学习西方，并积极引进外国先进技术。1871 年，派遣以右大臣岩仓具视为首的 48 人代表团赴欧美考察，历时 1 年零 10 个月，先后走访了英、法、美、德等 12 个国家，充分体现了明治开国政治家励精图治的精神，推动了日本近代社会的发展。担任使团副使的大藏卿大久保利通回国后，于 1874 年提出《殖产兴业建议书》，制定并实行了一系列直接培植和发展资本主义近代工业的措施，例如：废除各藩设立的关系；统一全国币制和邮政；建立示范企业，传授技术；向资本家发放无息贷款，扶植和补助私人企业；聘请外国技师，积极引进先进技术等等，为资本主义在全国发展扫清了不少阻碍。为了军事上的需要，政府特别重视和大力发展军事工业，把一些厂矿企业廉价转让给三井、三麦、安田、住友等财阀，促使日本垄断资本急剧形成。

为巩固明治政权和加强各项资本主义改革，明治政府还制定和推行了一系列律令和法典。先是改定律令，引进欧洲刑事法，后又聘用法国人编制民法草案，由德国法学家编制商法草案。1889 年 2 月，以天皇名义颁布了《大日本帝国宪法》。该宪法用法律形式确认了天皇、议会、内阁、军队等国家统治机构，标志着日本资产阶级君主立宪制的确立。

明治政府在外交方面的努力，主要表现在修改 19 世纪 50 年代后半期列强逼迫幕府政权签订的不平等条约上。1871 年明治政府派使团到欧美各国进行关于修改不平等条约的谈判，但遭到拒绝。70 年代，政府先后收回了租借地及铁路修筑权、采矿权、驻军权等。90 年代末，日本成功地修改了不平等条约，获得了与欧美各国基本上平等的地位。

简 评

明治政府的资产阶级改革经过了 20 多年，使日本"脱亚入欧"，成为亚洲的一个资本主义强国。它是日本历史上的一个转折点，也是日本避免沦为欧美殖民地的转折点，日本成为亚洲第一个走上近代化发展道路的国家。但是，由于明治维新是一次不彻底的自上而下的改革，保存了大量封建残余，因此，日本的资本主义发展一开始就带有鲜明的军事特征和军国主义倾向，使得日本在以后的发展过程中，很快走上了军国主义道路。

# 维多利亚时代

## ——"日不落帝国"强权的象征

亚历山德里娜·维多利亚（1819—1901）是英国历史上在位时间最长的一个国王。1837年，仅18岁的她开始了女王生涯，直到1901年谢世。她在位期间，也是英国近代史上的黄金时代。前半期，英国的自由资本主义勃兴而空前繁荣；19世纪70年代以后，英国处在由自由资本主义向殖民帝国主义过渡时期。1837—1901年，英国完成了工业革命。1851年在伦敦成功地举行了博览会，标志着英国成为世界工厂。1856年与法国结盟又打败了俄罗斯，与此同时，在东方的印度也建立了殖民统治。在东北非、南非、西非、东非、太平洋岛屿及南亚、西亚到处都有她的殖民地，加拿大、澳大利亚等自治领也扩大了英联邦的范围，英国真正地成了"日不落帝国"。从这个意义上说，维多利亚女王就成了英帝国世界强权的象征。不仅如此，维多利亚女王尽力去争取王权，与内阁进行政治斗争，后来终于成为代表资产阶级利益的最高政治人物，特别是英国殖民帝国狂热拥护者的代言人。

1851年5月，英国伦敦世界博览会召开时的景象。

维多利亚的父亲是乔治三世的第4个儿子爱德华·肯特公爵，也即威廉四世的兄长，其政治上倾向于辉格党。维多利亚的母亲是日耳曼人、德意志科堡公国某大公的女儿，她也接近辉格党。维多利亚自小受到家庭和环境的影响，性格勇敢而坚定，对辉格党人情有独钟。1837年6月20日威廉四世亡故，维多利亚继承王位。当时辉格党人由于代表工业资产阶级利益，而资本主义经济当时正迅速发展，政治经济地位日益上升，执政的内阁首相也是辉格党人梅尔本，因而女王与内阁关系甚是密切。梅尔本作为一个深谙世故的资产阶级政客，经常向女王讲述各种有关英国历史的、英属海外领地的、法律的知识。女王受到了许多教育，"为人君"的权势欲有所膨胀。由于托利党人的攻击，国内形势日益变坏，内阁遇到了危机。1839年5月梅尔本提出辞职，女王不得已任命了托利党人罗伯特·比尔。但很快，女王就收回成命，其自由主义观点和对托利党的带有政治偏见的敌意，使其又重新任命梅尔本主持内阁。然而，女王刚刚满意了两年，1841年的议会选举就改变了形势，内外交困的辉格党内阁遭到惨败，维多利亚不得不重新任命比尔组阁，而且在女侍问题上也听从了新首相的意见（即更换原来的辉格党人派到王室的女侍）。女王对新首相的斗争失败了，毕竟资产阶级的议会制度已经在英国发展了近两个世纪，君主立宪制的君主已经不太有权力了。

但是，女王并没有就此停止维护其权力，甘心做一个名义上的国家元首。1846 年辉格党人约翰·罗素组阁，几乎不间断地使辉格党人享有 20 年的执政权力，至 1874 年这段时期被称为维多利亚中兴的全盛时期。1851 年大型工业展览会在伦敦开幕，女王到场剪彩揭幕，为国王博取荣誉。展览会上到处是对英国霸权和对中产阶级财富的夸耀，当时杰出的桂冠诗人坦尼森给展览会写下一首颂歌：瞧！辛勤的历程呈现在大厅，瞧！模型和图案展现在宽敞的走廊，它炫耀着英国的富足和繁荣。

　　在政治上，维多利亚女王与外交大臣帕麦斯顿的矛盾日益加深。帕麦斯顿从来不把女王放在眼里，发出的外交公文不给她过目，重要的外交活动也不向她报告，女王对此越来越不能忍受。1851 年底，首相罢免了帕麦斯顿的职务，女王暂时取得胜利。但是紧随而至的克里木战争又使她重新任用了帕麦斯顿，并授命组阁，也保证了克里木战争的胜利。

在印度仆从侍奉下办公的女皇

　　1861 年女王的丈夫亚尔伯特亲王去世，维多利亚曾一度居丧简出，60 年代末才又重新过问政事。多年的政治经验使她认识到，争取王权是不大可能的，与内阁作斗争并不会取得胜利，她逐渐开始改变政治态度。英国著名历史学家屈威廉曾这样说："她坚决地要求知道国家大事的进行，她从她过去丰富的经验中找出实例来加以比较，如果她不能同意，她会抗议；如果她的大臣们仍坚持己见，则她会放弃。"此后的她开始着重于英帝国，提高自己的王室在英帝国乃至整个英联邦的声誉。她与著名的殖民帝国主义者迪斯累利结成了朋友。迪斯累利任首相期间，女王甚为满意，尽管迪斯累利是托利党即保守党人。1875 年迪斯累利把苏伊士运河的股票从挥霍无度的埃及国王手里购买过来，从而控制了苏伊士运河这条东西方交通的命脉，维多利亚女王对此大加赞许。1876 年 5 月英国议会决定加封维多利亚为印度女皇，1877 年女皇在印度即位，这也是迪斯累利送给女王的礼物。

　　19 世纪 70 年代以后，英国经济增长速度缓慢下来，国民生产总值的年增长率为 2.1%，居资本主义世界第三位。新兴的美国、德国发展极为迅速，成为英国的劲敌，但英国的殖民地却是任何国家也比不上的。在 19 世纪末争夺新殖民地重新瓜分世界的狂潮中，英国也不甘落后，并成为最大的获得者。在东北非，英国把持了苏伊士运河，并且占有了苏丹，又伙同法、意瓜分了索马里；在西非，英国占有了冈比亚、塞拉利昂、黄金海岸和尼日利亚；在

# 历史大事全知道

南非，英国与布尔人进行着争夺南非的斗争；在东非，肯尼亚、乌干达也在英国势力范围之内；在太平洋岛屿和东亚、南亚、西亚，英国也在伸着触角，印尼、马来西亚、泰国、中国、塞浦路斯等地也都有其势力范围。到 1899 年，英国殖民地面积达 930 万平方英里，人口达 3.09 亿。英帝国达到了极盛。此时的维多利亚女王已不单是英国国王、印度女皇，而成为整个英帝国的女王。而此时的英帝国的内涵，已经复杂多了，包括自治领，如加拿大、澳大利亚；自治殖民地（是自治领的初级形式）；直辖殖民地；保护领，如东非保护领，尼日利亚保护领；保护国，如马来联邦、文莱苏丹国。

维多利亚女王努力利用资产阶级对她的崇敬来发挥自己的号召力，以提高王室地位。1886 年女王和其长子威尔士亲王亲自主办了印度殖民地博览会。1887 年维多利亚女王登基 50 周年，帝国各部分代表都来到伦敦为女王举行庆典，女王成为全世界瞩目的人物，与此同时，殖民地会议也首次召开。1897 年女王在位 60 周年，英国资产阶级又举行隆重庆典，以抬高女王的声誉，又一次召开了殖民地会议。这两次隆重庆典，使女王再次享受到作为英帝国君主的荣耀，向全世界炫耀了英帝国的强盛，同时也加强了英帝国内部各部分之间的联系。

维多利亚女王晚年真正成了狂热的帝国拥护者。1900 年已是 81 岁高龄的她还渡海到爱尔兰的都柏林，在那里度过 3 个星期，为的只是表示鼓励爱尔兰支援英布战争，而实质上的英布战争是英国人和布尔人两个殖民者争夺南非殖民权的帝国主义战争，而且耗资巨大，达 2.2 亿镑，派去军队 44.8 万人，造成 2.1 万人的死亡。

1901 年 1 月 22 日，维多利亚女王去世。作为英国极盛时代的象征也随她而去。英国虽然仍是世界大国，但与当初的气势却不可同日而语了。

 简　评

维多利亚女王在位 60 余年，她虽然不是强盛的英帝国的开创者，但她的统治使英帝国达到强盛顶峰，她在法律上是英帝国的元首，也是英帝国统一的象征。虽然她与内阁的斗争失败了，最终仍服从于内阁，却也使以后的国王认识到如何行使立宪君主的权力，发挥作为立宪君主的作用。因而她是不列颠王国世界强权顶峰的象征。

# 美西战争爆发

## ——美国开始向外侵略的标志

　　1898 年，新兴的美国和老朽的殖民国家西班牙之间发生了一场战争。

　　美国悍然发动美西战争不是偶然的。19 世纪末，美国的经济实力一跃而占世界第一位。急剧膨胀的经济，推动本来就富侵略性的美国更加疯狂地向外扩张，寻求新的原料产地、商品销售市场和投资场所，以榨取更多的高额垄断利润。

　　此时，西班牙在加勒比海的殖民地古巴和波多黎各，位于美国家门口，具有重要的战略价值，自然资源丰富，美国对它们，特别是古巴，觊觎良久。早在 1805 年，美国总统杰弗逊就赤裸裸地表示，一旦同西班牙作战，美国就将占领古巴。19 世纪，美国多次企图收买或用武力夺取古巴。美国政府特别仇视古巴革命运动。1825 年美国国务卿阿当姆斯宣称："鼓励和支持古巴革命运动不是美国的政策和观点"。历届美国政府都遵循上述原则，拒绝向古巴革命提供任何援助。1895 年古巴独立战争爆发后，美国政府也采取同样的立场。然而，1898 年初，形势突变，古巴革命军眼看就要彻底消灭西班牙殖民统治，于是美国匆忙以"帮助古巴革命"为幌子，向西班牙宣战。

　　美国发动美西战争也是为了保护美国在古巴的利益。美国和古巴的贸易额，仅 1895 年一年就达 1 亿美元。美国人在古巴种植园、矿场和铁路的投资，达 5000 万美元。1897 年底，由于古巴革命，美国资本损失 1600 万美元。同时，美古贸易的损失达 3 亿美元。显然，美国对西班牙宣战，绝不是为了"保护"古巴人民，而是为了保护美国资本家的钱包！

　　美国对西班牙在太平洋的殖民地菲律宾，也早就垂涎欲滴。美国想侵占菲律宾，作为侵略中国和亚洲的桥头堡。

　　美西战争的直接导火线是"缅因号"战舰爆炸事件。1898 年 1 月 24 日，美国借口保护自己在古巴的利益和侨民安全，派遣"缅因号"战舰进驻哈瓦那港。2 月 15 日，"缅因号"突然爆炸沉没。该舰爆炸的原因，至今仍然是一个谜。非常可能是美国为了煽动国内舆论反对西班牙和制造宣战借口而自行炸毁的。美国利用这个事件大做文章，向西班牙施加强大压力。4 月 20 日，美国提出最后通牒，逼迫西班牙撤出古巴。西班牙表示拒绝。4 月 25 日，美国正式向西班牙宣战。第一次帝国主义重新瓜分世界的战争就这样开始了。

　　美西战争有两个战场。第一个战场在古巴。美西战争爆发时，古巴革命军节节胜利，战果辉煌，西班

美国总统威廉·麦金利所奉行的"帝国主义政策"，使美国迅速膨胀为世界级的强国。

表现美西战争中美国军队登陆古
巴的绘画

牙的败局已定。在革命烈火中诞生的古巴共和政府多次声明，古巴人民完全有能力自己解放自己，"并不需要美国人的军队在古巴登陆"。但是，一贯仇视古巴革命的美国政府，惟恐古巴取得独立，急忙打着"帮助古巴独立"的旗号进行干涉。6 月 22 日至 25 日，美军强行在古巴登陆。

这时，加西亚将军领导的古巴革命军已扫清圣地亚哥城外围的西班牙军队，美军遂乘机于 7 月 1 日占领了具有重要战略地位的圣胡安高地。加西亚将军继续打击西班牙军队，最后控制了整个圣地亚哥湾地区。7 月 3 日，美国在圣地亚哥海战中歼灭了西班牙舰队后，继续派兵到古巴。7 月 11 日，美军开始炮击圣地亚哥。16 日，西班牙军队 2400 人全部投降。在受降仪式上，美军拒不承认战功显赫的古巴为对西班牙作战的一方，拒不承认古巴的独立主权。美国的狰狞面目暴露无遗。

第二个战场在菲律宾。5 月 1 日，杜威指挥的美国亚洲舰队在马尼拉湾歼灭了西班牙舰队，接着封锁了马尼拉湾。同时，美国也打着"援助菲律宾独立"的旗号，诱骗以阿奎那多为首的菲律宾资产阶级同美国合作，共同对西班牙作战。当美国援军源源开抵马尼拉后，美国立即撕下"朋友"的假面具，强迫菲律宾革命军退出马尼拉外围阵地，以便让美军占领马尼拉。美军与西班牙殖民军司令部秘密谈判，双方达成协议：西班牙军队向美军投降，但事先由美军对马尼拉实行一次佯攻。可见，8 月 13 日所谓"马尼拉战役"完全是一场骗局，其目的是掩饰美帝国主义窃取菲律宾人民胜利果实的罪恶。

美西战争以 1898 年 12 月 10 日美西两国签订《巴黎和约》宣告结束。和约规定：一、西班牙放弃对古巴的统治；二、西班牙将波多黎各、西印度群岛的其他岛屿和关岛割让给美国；三、西班牙将菲律宾群岛割让给美国，美国付给西班牙 2000 万美元作为"补偿"。

美西战争结束后，美国完全背弃自己的诺言，残暴地镇压古巴和菲律宾革命，取代西班牙，重新奴役古巴、菲律宾和波多黎各人民，使这些国家出现了"前门拒狼，后门进虎"的局面。

美西战争是新兴的美国向老牌殖民国家西班牙的挑战，它是美国逐渐开始露出侵略和霸权面目的开始。美西战争加强了美国在太平洋地区的势力，进一步加强了美国对拉丁美洲和亚洲的扩张。

# 第二次科技革命

## ——人类跨入电力新时代

　　1879 年 10 月 21 日，托马斯·爱迪生用了两年时间，经过 1300 多次实验，试用过包括我国的湘竹丝在内的 1600 多种材料，终于点亮世界上第一只实用白炽灯即碳丝电灯。这一事件象征着人类终于开始跨入了电力照明的新时代，告别漫长的黑夜，为快速迈向现代社会创造了重要的前提。1880 年 1 月 3 日美国《哈泼尔周刊》登载了一篇《白炽灯之印象》的报道："此事似难置信……竟可发生电光……为最明洁而纯粹之光，如一团球状之太阳光，毫无毒害我人之任何气体或蒸汽，不受气候或风雨之影响，不需火柴引燃，亦不放烟气，具有均匀稳定之光亮。一如晴天时之太阳光，但其所费价格，则又较最便宜之油灯为低。"灯光照明经历了油灯、汽油灯、电光照明的过程。在 1859 年，摩西·格里什已经制成了白炽灯，其后查尔斯·布什、汤姆生、豪斯顿、豪查斯特等人都曾试制照明用发电机或弧光灯，不过真正实用的则为爱迪生的白炽灯。

　　爱迪生一生虽只读过 3 个月的书，但他勤于钻研，富于奇想，自学成才，酷好发明。他 16 岁在火车站任电报收发员时就发明了简易自动发报机。1869 年在西联电报公司任职时，他发明了交易所自动计票机，这是他一生以他名义正式登记 1328 项发明中的第一件。1870—1875 年间，他主要从事改良电报的研究，1876 年改进了贝尔发明的电话，提高了音响度。同年他在新泽西的门罗帕克建立了世界上第一个工业研究实验室，次年他发明了留声机。接着，他着手改进照明系统，1879—1880 年他改良了新式的发电机，1880 年他与斯蒂芬·菲尔德试制成了电力托引车辆，同年爱迪生还制成了小型电动机行驶的拖车。1882 年 9 月 4 日，爱迪生的第一个商业用电站在纽约市的珍珠街正式发电，不久美国各地出现了 150 多个小电站。紧接而来的是输电、配电、直流变交流、高压变低压等一系列技术与设备的发明和改进。1883 年，在真空灯泡试验中，爱迪生意外地发现了冷热电极之间有电流通过，后人称这一发现为"爱迪生效应"。1887 年爱迪生创办了爱迪生实验室，在这里他又发明了留声机用的蜡纸唱片、碱性蓄电池、电影放映机和摄影机等。

爱迪生发明的螺口式灯泡

　　爱迪生的直流供电法电压低，输送距离有限，这方面的缺陷由另一位电力发明家乔治·威斯汀豪斯解决了。1886 年威斯汀豪斯成立了西屋电机公司，在马萨诸塞州的大巴林顿设立了一家实验工厂开始发电。其后又在纽约州的布法罗成立了第一家商业用交流电灯厂。为解决输电、直流变交流、高压变低压等一系列电气应用技术问题，一批西屋电机公司工程师发挥了重要的作用。如威廉·斯坦利对变压器的改进，奥列夫·沙伦伯格发明交流感应电表，尼古拉·特拉斯发明感应电动机（1889 年）并取得多项电动机的专利，本杰明·兰门改进了鼠笼式感应电动机以及第一辆实用电车电动机，变交流为直流的转动变换器。1892 年西屋

　　爱迪生发明电灯时，花了好几个月的时间进行反复试验，先后用 1600 种材料当灯丝，从棉丝到日本竹丝，直到现代的碘钨灯，电灯的功效得到进一步完善。

## 历史大事全知道

公司在芝加哥博览会上装置了当时最大发电能力为 1000 匹马力的发电机。1894—1895 年，又在尼亚加拉大瀑布地区利用水力装置了 3 部水轮发电机，发电能力分别为 5000 匹马力。1892 年，在查尔斯·科芬的力促下，爱迪生通用电力公司和汤姆生·豪斯顿公司合并成立了通用电气公司。伊莱休·汤姆森发明了瓦特计和电焊之电阻法。

电工技术的发展还表现在 1871 年安德鲁·哈利迪发明了电缆有轨电车，1873 年在旧金山得到应用。1874 年史蒂芬·菲德尔发明了有轨电车，在纽约市运行。1885 年 8 月 10 日，巴尔的摩的一条三英里长的美国第一条电车轨道建成。1889 年胜家制造公司发明了电动缝纫机，1882 年斯凯勒·惠勒发明了电风扇，同年亨利·西利申请电熨斗专利获准，1896 年威廉·哈达韦申请电炉专利获准，1886 年伊莱休·汤姆森取得了电焊机的专利，1904 年哈维·哈贝尔申请可分离的电插销专利获准，1907 年赫林机器公司还发明了自动电器洗衣机等。

19 世纪末期的纽约已渐露世界大都市的风采

电力革命带动了通讯手段的现代化，亚历山大·贝尔等人发明的电话以及无线电通讯的推广，具有划时代的影响。还在 1854 年，法国人查尔斯·布尔索伊尔发表了有关电传声的论文，意大利人安东尼奥·穆塞西制成了金属线传话机械，1860 年德国人菲立普·赖斯试验用电传声机械成功，但它只能传导单音并不能通话。1875 年 6 月 3 日，贝尔制成了世界上第一部电话机，1876 年 2 月 14 日，在贝尔向专利局递交专利申请后几小时，伊莱沙·格雷也送交了专利申请，声称最近将发明一种借电以传话的机器，此外宾夕法尼亚米尔顿的丹尼尔·德雷的亦宣称他在 1876 年前就发明了电话机，另一位发明家阿莫斯·多比尔亦在争夺发明权。法院最后判定贝尔为电话发明人。1876 年 3 月 10 日，贝尔同他的助手托马斯·华生首次通话试验成功。那天有一点硫酸洒在贝尔的身上，贝尔焦急地对着电话机喊道："华生先生，请快来，我需要你的帮助！"1877 年 5 月，波士顿的 E. 霍姆斯制成了第一部电话交换机，同年，第一份电话新闻稿送交了《波士顿世界报》。1879 年 3 月，全国贝尔电话公司成立，1880 年又成立了美国贝尔电话公司，承继贝尔专利权，经营美国电话事业。1880 年，贝尔电话机生产了 47900 部，1890 年有 227900 部，1900 年猛增到 855900 部，1902 年纽约到纽瓦克之间初步建立了长途地下电缆电话。

无线电技术发明的先驱是法国的爱德华·布兰莱、英国的奥列夫·洛奇、俄国的波波夫等。不过无线电通讯的最早成功者当推意大利的吉利莫·马科尼。1896 年他的成功实验轰动世界，1899 年他为美国海军部的战舰间建立了无线电通讯设备。1901 年 12 月 12 日，他成功地在纽芬兰的圣约翰城无线电台接收了英国康沃尔的波尔多电台发出的电讯，两地相距 1800 海里。同年起，一批美国学者研究改进无线电通讯技术取得了进展。如 1907 年德福雷斯特发明 3 极真空管；1913 年美国阿姆斯特朗发明了再生接收机；1915 年朗缪尔制成了高真空管；同年，美国用 300 个电子管做成了较大功率的发射机，实现了横渡大西洋的军用无线电通讯；1916年德福雷斯特在纽约州的海布里奇电台用真空管广播实验成功；罗纳德·费森登发明外差接收线和等幅波发送器；沃尔特·梅西建立船舶通讯电台；1921年威斯汀豪斯公司通过电台正式进行无线电广播；1922年美国电话公司做了越过大西洋的无线电话试验；1923年伦敦到纽约的无线电话正式接通，很快无线电台广播和无线电话普及欧美。1925年美籍苏联人兹渥里金发明了光电显像管。1926年英国人巴豆制成了高敏度的实用显像管。1929年美国人伊夫斯发明了彩色电视。1932年德国和美国之间首次交换了传真电报。

1883年恩格斯曾深刻地谈到电力工业技术革命："实际上是一次巨大的革命。蒸汽机教我们把热变成机械运动，而电的利用将为我们开辟一条道路，使一切形式的能、热、机械运动、磁、光互相转化，并在工业中加以利用、循环完成了。德普勒的最新发现，在于能够把高压电流在能量损失较小的情况下通过普通电线输送到迄今连想也不敢想的远距离，并在那一端加以利用——这件事只是处于萌芽状态——这一发现使工业几乎彻底摆脱了地方条件所规定的一切界限，并且使极遥远的水力的利用成为可能。如果在最初，它只是对城市有利，那么到最后它终将成为消除城乡对立的最强有力的杠杆。"电力技术的应用和推广对于社会经济和生活的现代化具有革命性的影响。也使城市生活面貌大变，使世界经济的联系空前加强。20世纪初最能代表技术和工业发展成就的就是电力技术，它在美国和德国最为发达，和早期英法通过蒸汽机革命率先发展工业形成了鲜明的对照。电机和电气用具制造成了20世纪20年代美国经济繁荣的3大支柱之一。1914年有88.8万匹马力，到1929年增加到3515万匹马力，工厂设备的电气化1914年只占30%，到1929年达70%。电冰箱在1921年还是新产品，仅生产4000台，到1929年猛增到90万台，电熨斗、洗衣机、吸尘器等家用电器迅速增加，收音机在1921年的售量价值为1000万美元，而1928年高达8.42亿美元。目前，全世界的人们都实际感受到了电力技术对现代生活的影响。

## 简 评

第二次科技革命是科学与技术相结合的产物，科学成为推动生产力发展的重要因素。这次革命对社会经济和生活的现代化产生重大影响，比如电灯和电话的发明使城市生活面貌大变，使世界经济的联系空前加强。它还在工业生产领域内部、生产的管理方面引起一系列的变革，极大地推动了生产力的发展，为资本主义向较为成熟的阶段即垄断阶段过渡准备了条件。

# 弗洛伊德创立精神分析学

## ——人类认识自我的一次革命

1892 年，维也纳一家私人诊所里，36 岁的弗洛伊德开始尝试使用长沙发来给病人治疗。他让病人躺在他办公室的长沙发上，而他坐在病人旁边的椅子上，用手揿压病人的前额，以促使病人集中注意力于他的问题。在后来的年代里，他的长沙发，连同他的雪茄，一起成了精神分析的象征。

弗洛伊德于 1856 年出生在一个贫困的犹太人家庭，他是他母亲的长子，是她的"金色的西蒙"。他父母认识到他很优秀，给他的条件比别的姊妹优越，让他自己一个人用一间房间，让他安安静静地学习。他没有使他的父母失望，他在学校成绩优异，令人瞩目。1873年弗洛伊德进维也纳大学攻读医学，1881 年获得博士学位。在此期间，他曾在这所大学的动物研究所和生理研究所进行过科研，得到了恩斯特·布吕克教授的指导。学成之后，由于经济及其他原因，他接受了布吕克的劝告，放弃了科学研究，决定做一名私人开业医生。为此，他从 1882 年起先到维也纳综合医院工作了 3 年。其中有 5 个月在神经治疗科看病。

他的毕生抱负是建立科学的心理学，用可以计量的动力和斥力来解释所有的心理活动。1885 年弗洛伊德得到了维也纳大学提萨的一笔奖学金，随后去法国巴黎在著名的神经病学专家让·马丁·沙可指导下学习了 6 个月。他从沙可用催眠术对歇斯底里症进行治疗和研究中得到了许多重要启发，开始把注意力从对大脑生理解剖的研究，转向了对人的心理与精神的研究。

1886 年春他学习结束后就开始挂牌行医，专治精神病。同年他与订婚已四年多的玛莎·伯奈斯结婚。从此以后，弗洛伊德一边给人看病，一边坚持研究和著书立说。1893 年他

弗洛伊德像

与人合作出版了《歇斯底里研究》一书。这本书标志着精神分析学说的诞生。

1900 年，经过长期的观察、实验和治疗实践，弗洛伊德终于在世纪的转折点上，出版了心理学史上一部划时代的著作《梦的解释》，完成了精神分析学由雏形变为完整体的过渡。

在这本书和他以后的著作中，弗洛伊德的精神分析学说把人的精神活动分为本我、自我与超我三部分。本我代表欲望和冲动的本能，是人的精神活动中起决定作用的潜意识部分。而其中性本能又是一切本能的根本，是人的心理的基本动力，是摆布个人命运、决定社会发展的永恒力量，因此弗洛伊德的精神分析学又被称为性心理学。超我则与本我相对立，代表制约人的本能欲望的理性、社会伦理、道德观念等因素，是人的精神活动中的意识部分，

处于边缘地位。自我则居于本我和超我之间的中间地带。

弗洛伊德还认为，人的享乐欲望受到现实和理性的压制后，只能存在于潜意识之中。如果这种压抑超过极限，就会精神失常。梦正是超我的制约放松之后的产物，本我在梦中可以自由舒展地活动。

然而，这本书的出版并没有立即给弗洛伊德带来好运。出版18个月之后，没有一本科学性期刊提到这本书。只有少数非学术性杂志提到它。并且全部的发行量只有600本，却花了8年才卖完。前两个星期只卖了100多本。弗洛伊德一共只收到约200多美元的稿费。

在那段时间里，弗洛伊德忍受了最恶毒的攻击。有人把他的理论与瑜伽术、基督教义一视同仁，还有的将它同"招魂术、通灵术"相提并论。最使弗洛伊德气愤的是，许多根本不懂心理学，甚至也没有读过弗洛伊德的书的人，也污蔑弗洛伊德及其理论。弗洛伊德说："任何一个不懂物理学的人都不敢妄加评价爱因斯坦的相对论，但是所有的男女老少都敢评判我的理论，不管他们是否懂得心理学。"

精神分析实验

弗洛伊德从孤立的状态中挣扎出来，大约经历了6—10年的时间。在这段时间内，他连续发表了《日常生活的心理分析》、《少年杜拉的故事》和《性学三论》三部重要的著作，使他的学说逐步在世界各地的学术界发生影响。

前来拜访弗洛伊德，向他求教的人越来越多。后来成为新弗洛伊德主义的主要代表人物的阿德勒和荣格等人也先后来到弗洛伊德的身边。他们经常在一起聚会、讨论问题。他们的合作及所取得的成果，吸引了愈来愈多的追随者和拥护者。弗洛伊德的学说渐渐被国际医学和心理学界的许多学者所接受。特别是在英语语系的国家里，更是被广为传播。

第二次世界大战结束后，更多的赞誉接踵而来。弗洛伊德已为世界各地数百万计的人所熟悉。心理学风靡一时，生活的每一侧面无不受其影响。文学、艺术、宗教、社会风尚、道德、教育、社会科学——全都受到了弗洛伊德心理学的冲击。人们如此广泛地对心理有所分析，交谈中竞相使用潜意识。人们如此广泛地对心理分析学感兴趣，就在于它跟"性"的问题密切相关。

在精神分析学上，弗洛伊德是一位先驱，但站在客观的角度来看问题，他未能透视到人性的深层面。对于弗洛伊德对人性的解释也须重新探讨，因为人类的行为并非完全是"性"意识所支配的，还受其他意识所支配。因此，许多精神科医生承认弗洛伊德揭开了精神分析学的大门，但在具体医疗时却不完全用他的方法。

然而弗洛伊德在世界上的影响是举世公认的，他的发现仍是现代心理学治疗学的根源。潜意识的发现提供了治疗精神病的线索。其他方面，他的著作也发生巨大的影响。在某种程度上，现代精神学、人类学和社会学，都找得到受弗洛伊德影响的痕迹，而且同时代的作家和艺术家们，也因弗洛伊德派的心理学而得到收获和解放。自 1950 年以来，在超现实主义和抽象表现主义艺术家的绘画的雕塑作品中，即一直努力想逸出意识感觉限度之外。

1939 年，弗洛伊德在伦敦逝世，他留下的理论使西方世界的意识发生了变化，终于为理解人类的新方法奠定了基础。

 简　评

虽然弗洛伊德最初只是一位精神病学家和心理学家，但他因为创立了精神分析学派，使其影响远远超出了专业学术领域，而成为了 20 世纪为数不多的具有世界性知名度的人物之一：有人将弗洛伊德与爱因斯坦并列为 20 世纪最有影响力的人物，有人以弗洛伊德的出现为标志将人类的认识历史划分为前后两个时期，有人称弗洛伊德是"人类伟大的人物和领路人之一"。的确，弗洛伊德以其对人类精神和行为所作出的惊世骇俗的发现，不仅对心理学、哲学、历史学、人类学、社会学、伦理学、政治学、美学等几乎所有的人文学科和精神领域，而且也对当代人们对自我和世界的认识、了解以及对日常的生活方式和价值观都产生了划时代的影响。在 20 世纪人类文化的地形图上，弗洛伊德毫无疑问地占据着一个显赫的位置。

# 顾拜旦倡导现代奥运会

## ——奥林匹克精神的复兴

每隔四年举行一次的奥林匹克运动会总是那么隆重而热烈，它吸引了全世界几乎所有人的目光。它会让人们为之欢欣鼓舞，赞不绝口；也可能使人为之扼腕叹息，遗憾不已。但它的更高、更快、更强的宗旨和目标，使得奥运会已经超越了其作为一场体育盛会的意义，更多地预示着和平、友谊和团结。发起现代奥林匹克运动的就是法国著名教育家顾拜旦。

顾拜旦出生于巴黎的一个贵族家庭，从小喜欢修辞学，读过古希腊的许多作品，对希腊历史有着浓厚的兴趣，由此他与奥林匹克运动结下了不解之缘。少年的顾拜旦常常沉浸在对几千年前的遐想：庄严而壮观的场面，竞技者对理想与胜利的追求，优胜者匀称而健美的英姿，和平与友谊的欢乐！

由于普法战争中法国的失败，顾拜旦希望将来能以军人的身份报效国家，中学毕业后他即入陆军士官学校学习。后来，他逐渐感觉到法国教育与体育的落后是法国不能强大的主要原因。于是他改变志愿，转入巴黎大学学习。1883年毕业后，赴英国研究教育，他深深地为英国蓬勃发展的学校体育所吸引。他决心要为改变法兰西人的体质做不懈的努力，提出了"用体育运动唤醒法国"的口号。

回国后，顾拜旦在巴黎中学任教。他积极提倡体育运动，并以青年人的朝气和创新精神，写了大量的宣传社会改革、呼吁改变落后教育制度的文章，引起了人们的关注。

1888年，他就任"法国学校体育训练筹备委员会"秘书长，并受法国政府的委托调查、研究大学及其预备学校的体育工作。为此，他向全世界许多国家发出有关体育状况的调查表。但遗憾的是，当时国际上各国的体育组织之间，甚至国内各体育俱乐部之间也充满了矛盾和混乱。1890年，他代表法国参加了在美国波士顿举行的体育训练会议，并借此考察了美国新兴的体育运动，特别是学校体育。这一年他还参加了在巴黎举行的国际博览会中的国际体育竞技会。这一切都使得顾拜旦坚信，体育运动不仅是一个国家应该实施的国策，而且可以通过国际体育交流，使健康的青少年为世界和平作出贡献。因此他又提出了"体育运动国际化"的口号。

19世纪末，欧洲各帝国主义国家之间争夺愈演愈烈，人们怀着不同的企图为古代奥运会的复兴而奔走。其中刚刚崛起的德国希望通过对奥运会的复兴，以扩大其霸权政策，因此威廉一世不惜耗巨资对古奥运会遗址进行了长达六年的发掘。作为德国近邻的法国人，在德国的战争政策面前，也特别希望恢复象征和平、友谊、团结的奥运会。顾拜旦曾写道："德国人挖掘了奥林匹克遗址，法兰西为什么不能着手恢复奥运会的光荣历史呢？"

从美国考察回来后，顾拜旦即着手改革法国教育制度，并创办《体育评论》杂志，宣传自己的主张，同时着手准备创办现代奥运会。他于1891年邀请了美国选手访问法国，点燃他所企望的国际体育交流的导火线，次年又邀请伦敦的罗奥英古俱乐部来法国举行国际竞技赛会。

1892年11月25日，在巴黎召开的由顾拜旦创办的"法国体育运动协会联合会"成立

## 历史大事全知道

三周年庆祝大会上，他第一次公开和正式提出了要创办现代奥林匹克运动会的倡议。顾拜旦在会上大声疾呼："我们应该支持与时代真正的自由贸易相伴而来的各种友谊竞技。在欧洲，一旦这种友谊竞技形成一种固定的节日活动时，和平努力就将得到新的更有力的支持!"他还指出：现代奥运会应继承古代奥运会的和平、友谊和团结的宗旨，但应该有所发展与创新。它可以不受国家、地域、民族和宗教限制，可以在任何一个国家举行。在他的倡议下，现代奥林匹克运动会一开始就具有国际性的特点。

此后，为了复兴奥林匹克运动，将自己的理想变成现实，他走遍了法国各地，又访问了欧美许多国家。他用自己真挚的感情和演说家的口才，向各国领导人和体育界人士宣传奥林匹克，鼓舞人们的参与热情。为此，他几乎耗尽了贵族家庭给自己留下的全部财产。

1894年6月16日，由顾拜旦发起的"国际体育教育代表大会"在巴黎召开。来自13个国家的79名代表积极讨论了开展学校体育的问题，他们一致同意顾拜旦提出的创办现代奥运会的意见，并决定于1896年在雅典举办第一届现代奥运会，以后每隔四年在各国轮流召开一次。并且成立了一个由来自12个国家的15名成员组成的国际奥林匹克委员会来管理国际奥林匹克运动事业。并把6月23日这一天定为"奥林匹克日"。

顾拜旦的理想终于为国际社会所接受。此后，他亲自参加了第一届奥运会的筹备工作。在他与希腊王储康斯坦的努力下，第一届奥运会终于如期举行。

1896年4月6日，第一届奥林匹克运动在希腊首都雅典隆重举行，这次奥运会距古罗马皇帝狄奥多西下令禁止举行古代奥运会整整1503年。有13个国家的285名运动员参加了这次国际奥运会。它的规模虽然不大，成绩也不惊人，可它却开创了人类体育运动史的新纪元。

由于顾拜旦为现代奥运会的诞生所做出的特殊贡献，在第一届奥运会结束后，他当选为国际奥委会主席，并且任这一职务长达30年之久。在他任职期间，国际奥委会成员国由12个发展到45个，同时，在他的支持下，先后成立了20多个国际专项运动委员会，奥运会规模也越来越大。

在多年的实践中，他深入思考，提出了"奥运思想"，起草国际奥委会章程。他深刻地论述了奥林匹克运动的意义和哲学、美学、教育学的功能，为奥运会的发展指明了方向。他还指出：奥运会不受任何政治势力左右，不接受任何组织的津贴。这就使得奥运会的意义已远远超出了体育本身，而变成了加强各国友谊，维护和平的重要手段。他为后人留下了宝贵的思想遗产，因此他被人们尊称为"现代奥林匹克运动之父"。

1937年9月，在国际奥委会所在地——瑞士的洛桑，顾拜旦与世长辞。人们根据他的遗愿，把他安葬在希腊的奥林匹克村，使他能在其终身神往的奥林匹克圣地安息。

 简　评

如今，奥运会已经成为全世界瞩目的体育盛会。比赛项目更多，参赛的选手更多。每隔4年，来自世界各国的运动员们汇集在运动场上，向着"更高、更快、更强"的目标竞争拼搏，传递着人类大家庭的和平和友谊。奥运会的意义绝不仅仅在于体育盛会，它更是人类和平友谊的盛会，是世界各国人民加强交流和理解的途径。

# 萨拉热窝事件

## ——第一次世界大战的导火索

　　第一次世界大战是帝国主义两大军事集团——同盟国（德、奥、意）和协约国（英、法、俄），为了重新瓜分殖民地、争夺世界霸权、摆脱国内政治经济危机、巩固垄断资本的统治而发动的非正义的帝国主义战争。战争历时 4 年零 3 个月，战火席卷欧、亚、非三大洲，波及 38 个国家，受牵连人口达 15 亿以上，占当时世界人口的 75%。战场上的士兵伤亡达 2000 多万人，平民伤亡也在千万以上。战争造成的直接经济损失达 2700 亿美元。这场战争是人类历史上一次空前浩劫。

　　第一次世界大战的导火索是萨拉热窝事件。

### 萨拉热窝的枪声

　　1914 年 6 月 28 日清晨，波斯尼亚—黑塞哥维那首府萨拉热窝的狭窄街道上挤满了人群。这是一个古朴、宁静的巴尔干小城，城内混居着穆斯林、东正教徒、天主教徒和犹太教徒，主要居民是塞尔维亚族。东正教堂和清真寺到处可见，大部分建筑物破旧、矮小，很少现代化的气息。这一天是星期天，天气晴朗、温暖，之前萨拉热窝市政府已通知居民，奥匈帝国皇储斐迪南大公夫妇将来这里访问，要求人们出来欢迎。人们怀着不同的心态，走出家门，来到大公预期行进路线的两侧街道。一些人纯属好奇；一些人则对大公心怀怨恨，认为他是奥地利压迫的象征；还有几个人则抱着必死的信念，执行刺杀大公的使命。只有他们知道，这一天将震撼世界。

　　波斯尼亚—黑塞哥维那自 14 世纪之后就一直处于土耳其人的统治之下。1877 年，俄土战争爆发，波斯尼亚—黑塞哥维那的塞尔维亚人举行起义，策应俄军对土耳其的进攻。奥匈帝国利用这个机会，出兵占领了这块地区。1878 年，欧洲召开柏林会议，讨论对土耳其的处置。在德国首相俾斯麦支持下，奥匈帝国获得波黑的委任统治权，引起俄罗斯人的强烈不满。同时，波黑的塞尔维亚人也感到愤怒：如果他们有权选择的话，他们宁愿让同为斯拉夫民族，同样信奉东正教的俄罗斯人来统治；但是他们心中真正希望的是，与 1878 年获得独立地位的塞尔维亚王国共同组成一个新国家。由于这一原因，奥匈帝国统治者将塞尔维亚王国视为眼中钉，认为它是帝国南部地区一切不安定因素的根源。

巴尔干半岛地图

　　1909 年，在奥匈帝国压力下，土耳其被

## 历史大事全知道

迫签订协议，正式放弃对波斯尼亚—黑塞哥维那名义上的主权，哈布斯堡家族将波黑纳入奥匈帝国的版图。俄罗斯获悉后，立即表示强烈反对，它要求将波黑部分地区划给塞尔维亚以补偿，塞尔维亚政府也向维也纳提出强烈抗议。德国再次站出来为自己的盟友撑腰，对俄国发出威胁。此时，俄国刚刚在日俄战争中败北，又遭到1905年革命重创，无力与强大的德国抗衡，只得屈服。塞尔维亚也随后屈服。奥匈帝国对波黑地区的强行吞并，在塞尔维亚和波斯尼亚—黑塞哥维那已经播下仇恨的种子，一些塞尔维亚青年决心以一切手段对那个可憎的帝国进行报复。1911年，这些青年在贝尔格莱德结成"黑手社"。它的社章上刻有一个骷髅，一把匕首，一颗炸弹和一瓶毒药，图上题有"不统一，毋宁死"的口号，其宗旨是建立一个大塞尔维亚国家。这是一个严格对外保密的恐怖组织，它的纲领明确宣布"宁愿采取恐怖行动也不愿进行理论宣传"。黑手社成立后，许多波黑塞尔维亚青年加入了这个组织。为了打击波黑境内的反奥力量和向塞尔维亚炫耀武力，奥地利决定1914年6月28日在波斯尼亚—黑塞哥维那与塞尔维亚接壤地带举行大规模军事演习。斐迪南大公决定在这一天访问萨拉热窝。对于大公来说，6月28日这一天具有特殊意义，这是他与索菲结婚14周年纪念日；然而6月28日对塞尔维亚更有刻骨铭心的记忆，1389年的这一天，塞尔维亚王国在科索沃战役中失败，从此丧失了独立，成为奥斯曼土耳其帝国的一个省。斐迪南大公选择这一天访问萨拉热窝，在塞尔维亚人看来无疑是双重侮辱，更加坚定了他们要对此报复的信念。

在这个阳光灿烂的星期天早晨，斐迪南大公兴致勃勃地偕夫人乘火车抵达萨拉热窝。大公将这次访问看作是一次惬意的郊游，丝毫没有觉察到危险。在萨拉热窝车站，奥匈帝国在当地的驻军司令和萨拉热窝市长已在站台上恭候大公。当大公夫妇走下车厢时，军乐队奏响了欢快的欢迎曲。宾主寒暄之后，他们分乘6辆敞篷汽车，前往市区。大公夫妇乘坐的是第二辆汽车，他们并不知道，行刺者们已在那里等候。

上午10时，大公一行的车队来到市中心米利亚茨卡河上的楚穆尔亚桥，两名行刺者已在桥上等候。当大公的车队驶近他们身旁时，他们中间的一个人身旁正好站有警察，无法动手；另一人则看准了大公的车辆，将一颗炸弹猛掷过去。大公的司机见势不妙，立即加速，炸弹落在折叠的帆布车篷上，弹回地上，在第三辆车驶近时爆炸。扔炸弹的青年行刺后立即从桥上跳入河中，很快被一伙警察抓住，拖上岸。他迅速吞服了毒药，但药物失效没有死。这是一位出生在萨拉热窝的印刷工人。他在警察的殴打下紧闭双唇，拒绝吐露任何秘密。楚穆尔亚桥上的袭击仅仅使索菲的女侍和几名旁观者受了轻伤。在送走了受伤的女侍之后，车队继续前进，不一会儿，车队驶入市政厅。

按照事前计划，萨拉热窝市政当局在这里举行欢迎仪式，市里的权贵和显要人物都出席了欢迎会。市长刚要致欢迎辞，就被大公粗暴地打断，他叫嚷道："我到这里是来访问的，却被你们以炸弹相待，真是岂有此理！"索菲劝住了大公，欢迎仪式重新进行，但已无任何喜庆气氛。欢迎会草草结束后，固执的大公拒绝改变计划，继续访问市区，首站是国家博物馆。当大公的车队来到弗朗西斯·约瑟夫大街时，19岁的塞尔维亚青年普林西波正站在那里，他掏出左轮手枪，

斐迪南皇储是奥匈帝国的王位继承人，在他被刺不久，刺客普林西波被捕。

对近在咫尺的斐迪南大公连发数枪，大公夫妇双双倒在血泊中，几分钟后死去。普林西波开枪后，立即被警察所包围。他举起手枪，对准自己的头准备开枪，但立即被警察夺下手枪。他一面挣扎，一面吞下事先准备的氰化物，但他只是剧烈地痉挛、恶心和呕吐，显然，毒药并没有奏效。

几天后，奥匈当局在萨拉热窝审讯普林西波，试图追查他的组织和幕后指使人。普林西波拒绝回答一切问题，他面无惧色，向法庭陈述了他的信念和动机：

"我毫不后悔，因为我坚信我消灭了一个给我们带来灾难的人，做了一件好事。……他是德意志人，是斯拉夫民族的敌人，……他作为奥匈帝国的未来君主，将会阻止我们联合，实行某些显然违背我们利益的改革。"

萨拉热窝的枪声，成为一颗火星，点燃了巴尔干这个欧洲火药桶，它的爆炸将震撼全世界。

### 第一次世界大战全面爆发

1914 年 6 月 28 日，萨拉热窝的枪杀惊醒了沉睡的欧洲，斐迪南大公的死为欧洲动荡不安的局势增添了爆炸性的因素，人们担心战争随时可能爆发，默默地在心中为和平祈祷。他们谁都不知道，战神已飞临欧罗巴大地，这里将尸横遍野，血流成河。

20 世纪初，欧洲已形成以英法俄为首的协约国和以德奥为首的同盟国两大军事集团。双方矛盾日趋激化，冲突一触即发。作为同盟国重要成员的奥匈帝国，塞尔维亚一直是它的眼中钉，同时也是哈布斯堡家族扩张帝国的首选目标。奥国皇帝弗兰西斯·约瑟夫认为，萨拉热窝事件为这一目标的实现提供了合适的借口。

大公遇刺次日，奥军总参谋长康拉德与外交大臣贝赫托尔德就帝国下一步对策进行讨论。康拉德建议，立即开始军队动员，因为解决塞尔维亚的时机已经成熟。贝赫托尔德虽同意对塞开战，但他提醒康拉德："别忘了，在塞尔维亚身后有俄国人，我们必须考虑俄国人可能干涉。"之后，两人认定，只有取得盟友德国人的坚定和明确的支持，才能考虑下一步措施。

对于德国人支持的担心，奥地利人是多虑了。6 月 30 日，德国驻奥大使在报告中分析奥匈帝国下一步的动向，称维也纳希望"与塞尔维亚人来一个一劳永逸的彻底清算"。德皇威廉二世读了这份电报，信手在这行字边写道："要么现在就清算，要么永远不算。"

7 月 5 日，奥国使节在柏林晋见威廉二世，转交约瑟夫皇帝的信。奥皇在信中表示，奥地利决心惩罚塞尔维亚，俄国很可能站在塞尔维亚一边。威廉二世明确地告诉奥国使节："即使与俄国人开战，我们也坚决支持奥地利。"随后，德皇召集首相、外交大臣、陆海军首脑参与的御前会议。威廉二世告诉他的大臣，俄国和法国并没有做好战争准备，它们可能不会介入战争，只要德国采取坚定立场，即使俄法参战，德国也有力量对付。对于英国，德皇认为一贯对大陆冲突持隔岸观火政策的英国人，不会使自己从一开始就卷入冲突的旋涡。

德国的无条件支持，鼓舞了奥地利人。7 月 19 日，奥地利政府经过反复斟酌，并征求了德国人的意见之后，起草了对塞尔维亚的最后通牒。7 月 23 日下午 6 时，奥国大使向塞尔维亚政府递交了最后通牒，其内容有：取缔塞尔维亚境内一切反奥组织，严惩各种反奥宣传；根据奥地利提供的名单开除塞军中反奥军官；惩办边防军中与刺杀大公有关的人员；由奥地利派代表赴塞，直接参与对大公遇刺事件的调查。通牒要求塞尔维亚政府必须在 48 小时内作出答复，如在此期限奥地利未接到令人满意的答复，将断绝与塞尔维亚的外交关系。

## 历史大事全知道

　　塞尔维亚政府收到最后通牒后，立即与彼得堡协商。俄国外交大臣萨宗诺夫看了奥地利的最后通牒文本，惊愕地大叫："这就是大战了！"7月24日，他召见奥地利大使，怒气冲冲地指责奥地利试图对塞尔维亚开战，要把欧洲推入战火。萨宗诺夫扬言，俄国决不会对塞尔维亚撒手不管。当天，俄军发布秘密命令，开始局部动员，并规定如果德国站在奥地利一边，就实行总动员。

　　就在奥地利递交最后通牒之时，法国总统彭加勒正乘着专列行驶在从彼得堡到巴黎的漫长铁路线上。7月19日至23日，彭加勒率法国代表团对俄国进行了访问，与沙皇尼古拉二世举行多轮会谈。法国总统在欧洲局势如此敏感的时刻访俄，引起人们众多猜测。毫无疑问，这次访问协调了俄法两国在欧洲危机面前的立场。就在俄国外交大臣萨宗诺夫约见奥国大使之后不久，他又会见了法国大使，询问法国对危机的看法。法国大使明确表示："法国不仅在外交上坚定地支持俄国，而且在必要时将履行自己的盟国义务。"

坦克在一战中首次被英军使用，图为德国人把缴获的坦克为己所用。

　　虽然获得俄法的支持，塞尔维亚仍小心从事。它一面疏散居民，开始军事准备，25日下午宣布总动员；一面试图妥协，以让步化解危机。25日下午5时50分，在离最后通牒限期只有10分钟之际，塞尔维亚首相帕希奇召见奥国公使，将对最后通牒的复文交给公使。在复文中塞尔维亚除少数条款外，几乎完全接受最后通牒，它并表示，如果奥地利不满意，它同意由海牙国际法庭或大国进行仲裁。奥国公使傲慢地拒绝塞尔维亚政府的复文，他声称："由于在最后通牒规定的限期内没有接到塞尔维亚令奥国满意的答复，从现在起，奥地利与塞尔维亚断交。"随后，奥国外交人员从贝尔格莱德撤退。当天晚上，奥军开始行动。德国一面赞赏奥地利人的行动，一面又对奥地利人迟迟不采取军事行动感到恼火。它警告俄国："如果俄军在俄德边界动员，德国将被迫进行动员。"

　　1914年7月28日，奥匈帝国向塞尔维亚宣战。7月30日，俄国不顾德国警告，宣布实行总动员。翌日，奥地利开始总动员。31日，德国政府分别向俄法发出最后通牒，它要求俄国立即取消总动员，并在12小时内对此做出答复；要求法国保证保持中立，在18小时内作出答复。俄国没有答复，法国则表示它将保持行动自由。8月1日，法德分别宣布总动员。当天晚上，德国对俄宣战，8月3日德国对法宣战。

在危机发展的过程中，英国狡猾地采取模棱两可的模糊政策。7月23日，英国外交大臣格雷在接见德国大使时，仍称，"这是你们四大国的战争"，显然将自己置身局外。这给了德国人一个错觉，认为英国人在战争中将持中立立场。然而，当7月28日奥地利对塞尔维亚宣战时，格雷再次接见德国大使，声称如果冲突仅限于俄奥之间，英国将不予干预，但是如果法德都参与战争，英国将重新予以考虑。德国大使试探地问："如果德国保证战后不再割占法国领土，英国是否可以保持中立？"英国拒绝了这一建议。英国立场的变化使柏林感到困惑和措手不及。奇怪的是英国又于8月1日向法国人建议，德国如不首先进攻法国，法国应保持中立。法国人予以断然拒绝。

8月2日，德国照会中立小国比利时，要求准许德军入境取道进攻法国。3日，比利时拒绝德国要求，并向英国求援。4日凌晨，德军入侵比利时，英国随即向德国宣战。

意大利是个反复无常的国家，早在1882年，它就正式加入了同盟国，但1915年8月的战火燃起后，意大利却宣布中立。协约国积极拉拢意大利，并开出优惠条件，除了许诺将意大利所觊觎的奥地利统治下的达尔马提亚、的里雅斯特等地区交给意大利，意大利还将获得土耳其的一些省份及北非一些地区，英国并同意，给意大利5000万英镑贷款，为它的参战费用，作为加入协约国的"见面礼"。

意大利看到自己的要求全部得到满足，十分得意，于1915年4月26日与英法俄签订《伦敦秘密条约》，正式脱离同盟国，加入协约国。5月23日，意大利对奥匈帝国宣战。一年之后，对德国宣战。

一场囊括38个国家，受牵连人口达15亿的战争就是这样爆发的。

## 简　评

第一次世界大战造成巨大的破坏，对世界历史的发展产生了深远的影响。战后，帝国主义各国的力量对比发生变化。德国战败，割地赔款；奥匈帝国彻底瓦解；俄国无产阶级革命胜利，建立了苏维埃政权；英、法虽获胜利，但在战争中被削弱；美国从战争中获取暴利，成为世界经济强国。战争没有消除帝国主义各国之间的矛盾。在欧洲，德、法矛盾尖锐。在远东，日、美矛盾加剧。这就为第二次世界大战的爆发播下了火种。

# 俄国十月革命

## ——第一个社会主义国家诞生

20 世纪初，俄国已经是一个帝国主义国家，但经济发展仍较落后，存在着浓厚的封建农奴制残余。在对外关系方面，俄国帝国主义既富于侵略性，又对西方帝国主义存在依赖性。因此，俄国社会的各种矛盾错综复杂地交织在一起。俄国成为帝国主义各种矛盾的焦点，并已形成了用革命方法解决这些矛盾的现实社会力量。俄国无产阶级身受几重压迫，具有强烈的反抗性，是革命的领导阶级。占全国人口多数的劳动农民是无产阶级可靠的同盟军。俄国无产阶级有了自己的革命政党——布尔什维克党。这个党以马克思列宁主义为指导，积累了丰富的革命经验。列宁通过分析资本主义经济政治发展不平衡的规律，提出社会主义可能在少数甚至单独一个资本主义国家首先获得胜利的理论，鼓舞了俄国无产阶级向资本主义展开进攻。

1917 年 3 月（俄历 2 月），俄国爆发第二次资产阶级民主革命，推翻了沙皇专制制度，形成既有工人、士兵代表苏维埃又有资产阶级临时政府两个政权并存的局面。

1917 年 4 月 16 日，列宁从国外回到彼得格勒。第二天，他作了《论无产阶级在这次革命中的任务》的报告。报告的提纲公布在《真理报》上，这就是著名的《四月提纲》。提纲给党和无产阶级规定了从资产阶级民主革命向社会主义革命转变的明确路线和方针策略。由于阶级力量对比有利于无产阶级，武器掌握在人民手中，列宁认为当时革命有可能和平发展。他提出"全部政权归苏维埃"的口号，目的是将地主和资产阶级的代表驱逐出政权机关，结束两个政权并存的局面，进而扩大和增加布尔什维克党在苏维埃中的影响，剥夺孟什维克和社会革命党所窃取的权力，从而把苏维埃变成无产阶级专政的机关。在 5 月召开的布尔什维克党第七次全国代表会议上，列宁的主张得到代表们的热烈拥护。在《四月提纲》和党的四月代表会议决议的基础上，布尔什维克党进行大量工作来争取、教育和组织群众，为新的革命做准备。

1917 年 5 月 1 日，临时政府外交部长米留科夫向协约国发出照会，声称临时政府"将充分遵守对我协约各国所承担的义务"，"把世界战争进行到彻底胜利"。5 月 3 日，照会公布，激起人民群众愤怒。连续两天，彼得格勒 10 万工人和士兵举行示威游行，反对帝国主义战争，要求全部政权转归苏维埃。在群众的压力下，临时政府被迫撤销米留科夫等人的职务。接着，成立了一个有孟什维克和社会革命党人参加的联合政府。这次彼得格勒工人、士兵大示威意味着临时政府危机的开始。

1917 年 7 月 1 日，彼得格勒 50 万群众又掀起声势浩大的示威游行。孟什维克和社会革命党人本来企图使这次示威在"信任临时政府"的口号下进行，但结果绝大多数示威群众打出的标语却是"全部政权归苏维埃"、"打倒 10 个资本家部长"。

临时政府不顾人民死活，于 7 月 1 日在西南前线发动对同盟国的大规模进攻，但这次军事冒险遭到惨败。消息传到首都，群情激愤。7 月 16 日，彼得格勒军区第一机枪团率先集会决议，准备武装起义。其他部分团队和工人也准备行动。但布尔什维克党考虑到武装夺取政权的时机尚未成熟，决定引导群众进行和平示威。7月17日，首都50万群众举行声势浩大的示威游行，临时政府悍然出动军队屠杀示威群众。随后又实行大逮捕，强行解除工人武装，捣毁《真理报》编辑部和印刷厂，并下令通缉列宁。布尔什维克党被迫重新转入秘密状态。

七月事件标志着两个政权并存局面的结束，政权完全集中到反革命的临时政府手中，被孟什维克和社会革命党人控制的苏维埃成了临时政府的附属物，俄国革命和平发展的可能性消失了。从此，革命运动进入武装夺取政权的新阶段。

俄国国内政治形势的急剧变化，要求布尔什维克党制定新的方针和策略。1917年8月8日至16日，布尔什维克党在彼得格勒召开了第六次代表大会。列宁由于受到通缉未能出席，但被大会推举为名誉主席，并在事实上领导了这次代表大会。大会对七月事件后的形势和党今后的方针进行了讨论，确定了武装起义的方针，决定用"政权转归无产阶级和贫苦农民"的口号取代"全部政权归苏维埃"的口号。大会号召工人、农民和士兵站在布尔什维克党的旗帜下，准备同资产阶级进行决战。

资产阶级临时政府为了寻求巩固其单一政权的新支柱，并动员反革命力量彻底镇压革命，于8月25日至28日在莫斯科召开"国务会议"，临时政府总理克伦斯基宣称要用"铁和血"的手段确立秩序。会议结束后，俄军最高总司令科尔尼洛夫回到莫吉廖夫大本营积极策划军事政变，企图建立军事独裁统治。他先令前线俄军放弃里加，为德军进入彼得格勒敞开大门。随后以保卫首都为借口，调哥萨克第三骑兵团和由高加索山民组成的"野蛮师"于9月7日向彼得格勒进军，同时向克伦斯基政府发出最后通牒，要求政府辞职，把全部权力交给最高总司令。在这危急关头，布尔什维克党迅速动员和组织了6万多名工人赤卫队和士兵严阵以待，并派出大批宣传员到叛乱部队中进行宣传解释工作。受骗的士兵了解事情真相后，拒绝进攻首都，并纷纷掉转枪口对准反动军官，科尔尼洛夫也成了阶下囚。

粉碎科尔尼洛夫叛乱的斗争大大提高了布尔什维克党的威信，在彼得格勒、莫斯科和其他许多城市及工业中心的苏维埃选举中，布尔什维克均获得多数。苏维埃获得新生。在农村，俄国欧洲部分90%以上的县都爆发了农民夺地抢粮的斗争。在许多部队中，士兵纷纷赶走军官，成立士兵委员会。靠近彼得格勒和莫斯科的西方战线和北方战线的士兵、波罗的海舰队水兵，以及后方卫戍部队大都接受布尔什维克党的主张。在国际上，各国帝国主义正忙于彼此厮杀，无暇向俄国革命发动进攻，武装起义的时机成熟了。布尔什维克党重新提出"全部政权归苏维埃"的口号，并积极准备武装起义。

1917年4月，列宁在一个群众集会上发表演说。

9月25—27日，列宁从芬兰给布尔什维克党中央写了两封信——《布尔什维克应当夺取政权》与《马克思主义和起义》，指示中央要把武装起义提上日程，并说："如果我们现在不夺取政权，历史是不会饶恕我们的。"10月20日，列宁秘密回到彼得格勒，直接领导武装起义。10月23日，在布尔什维克党中央委员会会议上通过了发动武装起义的历史性决议，为了对起义进行政治领导，会上成立了由列宁、托洛茨基、季诺维也夫、加米

## 历史大事全知道

涅夫、斯大林、索柯里尼柯夫和布勃诺夫等7人组成的政治局。10月25日，托洛茨基领导的彼得格勒苏维埃成立军事革命委员会，这是以后武装起义的公开司令部。10月29日，布尔什维克党中央召开扩大会议，重申发动武装起义的决议，成立由斯维尔德洛夫、斯大林等5人组成的领导起义的革命军事总部。

**冬宫前的广场及凯旋门**
十月革命前，俄国临时政府的驻地即在冬宫。

正当全党积极准备武装起义的时候，10月31日《新生活报》刊载了《尤·加米涅夫谈"起义"》的访问记。加米涅夫以他本人和季诺维也夫的名义，声明不赞成党中央关于起义的决议，从而泄露了党的机密。临时政府闻讯后，立即调动军队，采取破坏起义的措施。但是，这时革命的战斗队伍已经充分动员和组织起来了，临时政府的任何措施都不能阻挡滚滚向前的革命洪流。11月6日，彼得格勒武装起义爆发了。到11月7日清晨，除冬宫等少数据点外，几乎整个首都都已被起义者所控制。克伦斯基乘坐美国大使馆的汽车仓皇逃出彼得格勒。晚9点45分，停泊在尼古拉耶夫桥边的"阿芙乐尔"号巡洋舰发出攻打冬宫的信炮，赤卫队员和革命士兵开始了对冬宫的总攻击。次日凌晨2时，起义队伍攻下冬宫，逮捕了正在开会的临时政府的部长们。

11月7日，全俄工人、士兵苏维埃第二次代表大会在斯莫尔尼宫开幕。大会通过《告工人、士兵和农民书》，宣布临时政府已被推翻，全部政权转归苏维埃手中。会上成立了第一届苏维埃政府——人民委员会，列宁当选为人民委员会主席。

彼得格勒武装起义的胜利有力地推动了革命在全国的展开。从1917年11月至1918年2月至3月，从城市到农村，苏维埃政权在全国各地建立起来。

十月革命的胜利冲破了世界帝国主义阵线，创建了世界上第一个社会主义国家，开始了从资本主义向社会主义过渡的世界历史进程。

### 简　评

列宁把马克思理论转化为实践，领导布尔什维克在俄国夺取了政权，建立了世界上第一个共产主义政权，这是一次伟大的创举。从1917年到1989年，共产主义力量在世界继续发展，地球上几乎1/3的人，生活在共产主义的旗帜下。

十月革命打破了资本主义一统天下的局面，向全世界宣告一种新的社会制度由理想变为现实。从此世界历史进入了一个由资本主义向社会主义过渡的新时期。

十月革命的胜利对全世界人民产生了深刻的影响。十月革命后，各国无产阶级、被压迫民族争取解放的斗争蓬勃高涨。德国、奥地利、匈牙利、土耳其、埃及等殖民地、半殖民地人民掀起了民族解放运动的新浪潮。

# 巴黎和会的召开

## ——世界列强的分赃会议

1918 年 11 月 11 日晨，协约国联军总司令福煦元帅与德国外交大臣埃尔茨伯格为团长的求和代表团，在巴黎东北 45 公里的贡比涅森林雷通车站福煦元帅乘坐的列车上，签署了停战协定，历时 4 年零 3 个月的第一次世界大战以同盟国的失败而告终。

战争使帝国主义各大国的力量对比和组合发生巨大变化。美国大发战争财，经济实力迅速增强，争霸世界的野心急剧膨胀。1918 年 1 月 8 日，美国参战刚 9 个月，威尔逊总统就在国会演说中正式提出了试图安排有利于美国争霸的战后秩序的"寻求世界和平的计划"，即"十四点"原则。它主要包括：废除秘密外交，公海航行自由，消除一切经济壁垒，裁减军备，"公正"地调整殖民地，协助苏俄"自由发展"，恢复法国、比利时的领土，奥匈帝国和土耳其统治下的各民族自治以及建立国际联合机构等等。为宣传这一计划，美国印刷了6000 万本小册子向世界各地散发，舆论工具把威尔逊描绘成西方的救世主，宣称"十四点"是"人类自由宣言"、"第二个解放宣言"。美国政府迫使交战国以"十四点"作为结束战争的谈判基础。为了实现这一计划，威尔逊亲自率领一支由 1300 多人组成的庞大代表团，远涉重洋，来到巴黎参加战胜的协约国集团于 1919 年 1 月 18 日在凡尔赛宫召开的分赃会议。

各帝国主义大国也都带着各自不同的争霸计划和掠夺要求而来，它们根本不理会威尔逊"理想主义"的宣言。法国总理克里孟梭讽刺说："上帝满足于十诫，威尔逊这位仁兄却给了我们十四点。"英国首相劳合·乔治挖苦说："威尔逊没有指出达到理想的实际方法，而我们却提出了实际计划。"在分赃会议上，法国力图确立它在欧洲大陆的霸主地位，主张支解德国，最大限度地削弱这个竞争对手，限制德国的武装力量，向它勒索巨额赔款。而英国力图维护其殖民大国地位，根据其传统的"大陆均势"政策，反对支解或过分削弱德国，制止法国在欧洲称霸；同时，英国想借助日本在远

凡尔赛宫外景

东和太平洋地区与美国抗衡。意大利意欲独霸亚得里亚海，把过去属于奥匈帝国的一部分领土和它参战前与英法等国签订的《伦敦密约》许诺给它的领土并入自己的版图，并且还要进占巴尔干，夺取久已垂涎的阜姆港。而日本力图巩固在战争期间趁列强无暇东顾之机攫得的利益，并进一步独霸中国，建立在远东和太平洋地区的霸权。5 个多月的巴黎分赃会议始终处于勾心斗角的争吵之中。

首先是关于建立国际联盟问题。会议的第一天，威尔逊要求首先讨论建立国际联盟问

题，而英、法则竭力主张先讨论瓜分殖民地与领土问题。大会议而未决，后经英、法、美、意、日5大国首脑和外长组成的"十人会议"进行了长达4天的讨论，决定国联问题与其他问题同时平行讨论，并由威尔逊为首的特别委员会起草《国联盟约》。

列强在关于萨尔的归属和关于海上自由是否应列入《国联盟约》等问题上争执激烈，相持不下。法国要求取得原德国领土萨尔，以补偿战争损失。美国害怕法国取得萨尔丰富的煤矿之后，会在欧洲变得过于强大。英国反对在《国联盟约》中列入海上自由条款，以维护自己的海军优势和贸易地位。美国则力图以海上自由为名，向海外扩张。后来，为了摆脱国内反对派否决盟约的窘境，威尔逊要求在《国联盟约》中加上关于门罗主义与"国际联盟"不相抵触的一条说明。英法立即以此作为谈判的筹码，迫使美国同意把萨尔交与法国委任统治，同时，美国保证放弃海上军备竞争，以换取英国在《国联盟约》和萨尔问题上对自己的支持。

列强在如何处置德国问题上发生了最为激烈的争斗。关于德国的疆界问题，法国为了自身的安全，不仅要求收回阿尔萨斯和洛林，夺取萨尔矿区，而且要求以莱茵河确定法德边界，在其左岸建立一个依附于法国的莱茵共和国；还要求建立一个包括波兹南、但泽在内的大波兰，以确保法国的欧洲霸主地位。英美害怕法国过于强大，坚决反对。3月25日，劳合·乔治提出一个备忘录，即著名的《枫丹白露文件》，建议莱茵区仍归德国，但要非军事化；阿尔萨斯和洛林归还法国；法国对萨尔煤矿享有10年开采权；波兰获得但泽走廊。同时英美共同向法国提供军事保证，以防止德国进攻。美国基本接受英国的主张。面临着美英联合压力，法国不得不妥协。

关于德国的赔款问题，专门委员会拟定的赔款总额为4800亿金马克，但法国要求6000亿至8000亿金马克。英国认为法国提出的数字是"疯狂的幻想"。美国也反对过分削弱德国，提出赔款总额为2280亿金马克。关于赔款的分配，英国提出法国得50%，英国得30%，其他国家20%。但法国认为它遭受的战争损失比盟国大，应取得大部分赔款，坚持要得58%，英国得25%。最后，美国建议暂不确定赔款数字，把问题交赔款委员会去研究。

关于阜姆问题。意大利根据1915年参战时与协约国签订的伦敦密约，要求得到许给意大利的土地，并要求得到处于亚得里亚海枢纽地位的阜姆港。美国代表认为这与威尔逊"十四点"不符，英法也不同意。为此，意大利代表团一度退出会议。

关于中国山东问题。日本代表要求把德国在中国山东的"权益"全部交给日本，中国代表予以坚决驳斥。英法因与日本曾有密约都支持日本的无理要求。美国最初为了贯彻其门户开放政策，反对日本独霸中国，建议将德国在山东的权益交和会接收，由"国际共管"。日本以拒绝加入国联和签署和约相威胁，迫使威尔逊让步。4月29日，英法美同意日本的要求，并把这些掠夺条款写入《凡尔赛和约》。

关于俄罗斯问题。巴黎和会多次讨论了武装干涉俄国问题，批准了对苏俄的经济封锁，并决定由波罗的海沿岸国家组成"防疫地带"来抑制俄国革命影响的扩展。这样，巴黎和会成了策划武装干涉新生的苏维埃共和国的司令部。

经过几个月的激烈争吵，6月28日，协约国在凡尔赛宫的镜厅签订了极为苛刻的对德和约。德国政府只是到6月24日休战期限届满前15分钟才勉为其难地答应签字。和约的主要内容有：（一）重定德国的疆界。德国归还法国阿尔萨斯和洛林；萨尔煤矿归法国开采15年，期满后由公民投票决定归属；莱茵河左岸由协约国占领15年，右岸50公里以内不得设防；欧本和马尔梅迪归比利时，石勒苏益格—荷尔斯泰因地区部分归丹麦；波兹南、西普鲁土大部和西里西亚一部分交给波兰；但泽作为自由市；西里西亚南部归捷克。这样，德国丧失了原有领土的八分之一和人口的十分之一。（二）瓜分德国的殖民地。德国交出全部殖民地，并按委任统治原则交给有关国家：东非的坦噶尼喀归英国；多哥和喀麦隆由英法瓜分；卢旺达和布隆迪归比利时；德属西南非洲归南非联邦；德属太平洋岛屿赤道以北的马绍尔群岛、加罗林群岛、马里亚纳群岛归日本；赤道以南的新几内亚归澳大利亚；萨摩亚归新西兰。（三）限制德国军备。德国应解散总参谋部，废除普遍义务兵役制，德国陆军不超过10万人，禁止德国拥有重炮、坦克、

描绘三巨头试图操纵世界的漫画

潜艇、军用飞机等，德国海军只能拥有36艘轻型舰只。（四）关于赔款问题。和约规定德国及其同盟国赔偿协约国因战争所受的一切损失。协约国赔偿委员会应在1924年5月1日前确定赔款总额；在此之前，德国应先支付200亿金马克。此外，还规定了德国应交付的船只、机器、牲口等实物。

对德的"凡尔赛和约"签订之后，战胜国还相继与德国的盟国签订了一系列和约：1919年9月10日对奥地利的《圣日耳曼和约》；1919年11月27日对保加利亚的《纳伊和约》；1920年6月4日对匈牙利的《特里亚农和约》；1920年8月10日对土耳其的《色佛尔条约》。这些条约与《国联盟约》和《凡尔赛和约》一起，构成了战后欧洲国际关系的新秩序。

简　评

凡尔赛体系是帝国主义战胜国根据新的力量对比在斗争与妥协的基础上确立起来的。它只是暂时缓和了帝国主义之间的矛盾，而不可能从根本上消除帝国主义的矛盾，相反，必然加剧战胜国与战败国之间的矛盾、战胜国之间的矛盾、帝国主义与殖民地被压迫民族的矛盾以及帝国主义和社会主义苏俄之间的矛盾。因此，凡尔赛体系只是一个"建立在火山上的"极不稳固的暂时秩序。各种矛盾演变的必然结果只能造成新的战争。法国总理克里孟梭指出："这个和约，正如任何其他和约一样，只不过是战争的继续而已。"

# 普朗克提出量子论
## ——人类对微观世界的新认识

19 世纪末一切迹象似乎都在表明经典物理学已臻完美。下面的真实故事是可以说明当时人们心目中对经典物理学的认识：德国著名的物理学家普朗克年轻时曾向老师表示要献身于理论物理学事业，老师却劝他说："年轻人，物理学是一门已经完成了的科学，不会再有多大的发展了。将一生献给这门学科，太可惜了。"

然而，大量新现象与似乎已成完美体系的经典理论之间的矛盾却变得日益尖锐，酿成了深刻的危机。正是这种危机导致了 20 世纪开头的 30 年间名副其实地成为了物理学的大革命时代。而在这条革命道路上迈出第一步的，并不是像爱因斯坦那样勇往直前的青年人，而是一个老成持重的中年人——他就是前面提到过的普朗克。1900 年普朗克在柏林举行的物理学会会议上提出关于量子的观念。

普朗克像

量子论出现的导火索倒不是什么新鲜事物，而是一个经典热力学的难题即黑体辐射。黑体是物理学家研究问题时假设的一种特殊物体，指的是一种能完全吸收电磁辐射而完全没有反射和透射的理想物体，是用来研究热辐射的。黑体辐射的特点是：各种漫长的辐射能量的分布形式只取决于黑体的温度，而与组成黑体的物质成分无关。1893 年，德国物理学家维恩发现黑体的温度同所发射能量最大的波长成反比。1896 年，他找到一个可用来描述能量分布曲线的辐射定律。这个定律，在短波部分同实验很符合，但在长波部分却偏离很大。1900 年 6 月，英国物理学家瑞利根据统计力学和电磁理论，推导出另一个辐射定律，这一定律与维恩定律恰恰相反，它在长波部分渐近于实验曲线，但在短波附近却有天壤之别。这些在经典物理理论的基础上得出的定律的失败，被称为"紫外灾难"。

普朗克主要从事热力学的研究，1894 年才开始把注意力转向黑体辐射问题。为了寻找新的辐射定律，使它在短波部分渐近于维恩定律，在长波部分接近于瑞利定律；为了寻找辐射公式的理论根据，普朗克提出大胆的假说：物体在发射辐射和吸收辐射时，能量不是连续变化的，而是跳跃式地变化。这就是量子论的诞生。

量子假说与物理学界几百年来信奉的"自然界无跳跃"理论直接矛盾。因此量子论出现之后，许多物理学家不予接受。普朗克本人也非常动摇，后悔自己的大胆举动，甚至放弃了量子论，继续用能量的连续变化理论来解决辐射问题。但是，历史已经将量子论研究推上了物理学新纪元的开路先锋的位置，量子论理论的发展已是锐不可当。

第一个意识到量子论普遍意义并将其运用于其他问题的是爱因斯坦。他创立了光量子论以解释光电效应中出现的新现象。光量子论的提出使学术界对光的本性的历史争论进入了一个新的阶段。自牛顿以来,光的微粒说和波动说此消彼长,争执不休。爱因斯坦的理论重新肯定了微粒说和波动说对于描述光的行为的意义,反映了光的本质的一个侧面:光有时表现出波动性,有时表现出粒子性;但它既非经典的粒子也非经典的波,这就是光的波粒二象性。由于爱因斯坦的不懈努力和坚持工作,使量子论在提出之后最初的 10 年中得以进一步地发展。

量子力学描述的是已知存在的最小物质单位——即量子以及诸如电子、质子和夸克之类的亚原子粒子——是如何相互作用的。此图显示了一个原子的结构以及构成它的亚原子粒子

在那场激动人心的革命岁月里,许多古老的、表面看来是确定不移的科学信念却相继被推翻了,使得科学家们开始怀疑在科学上有没有确定无疑的真理存在。普朗克表达了他的信念——促使自己对科学充满热情的原因是:我们思想的规律同外部世界的规律性是一致的。外部世界是独立于我们存在的,是绝对的,而去探索符合于这一绝对的那些规律则是一个科学家终身工作中的一个最令人满意的任务。

继普朗克、爱因斯坦之后,丹麦的物理学家玻尔、法国的物理学家德布罗意、奥地利物理学家薛定谔和英国的年轻物理学家狄拉克,分别在自己的研究领域为量子理论的确立和发展做出了巨大贡献。

到 1913 年玻尔创立的原子结构学说,量子论便基本形成了。

 简 评

量子理论的建立,根本动摇了牛顿经典物理学的权威,极大地开拓了现代物理学研究的领域和思维。它与爱因斯坦的相对论一起,构成了 20 世纪物理学的两大支柱。而在另一个领域,量子论在化学领域的运用还导致了量子化学的诞生——它的发展,则使人类对物质性质与变化的认识,产生了革命性的影响,在现代生物化学、材料科学等领域中具有重要意义。

# 爱因斯坦的相对论

## ——改变人类宇宙观的理论

1911 年的一天，在著名的布拉格大学校园里的草地上，一群大学生围坐在一位年轻学者的身旁，正进行着激烈的讨论。"请您通俗地解释一下，什么叫相对论？"一名学生微笑着向青年学者发问。

年轻学者环视一下周围的男女学生，微笑着答道："如果你在一个漂亮的姑娘旁边坐了两个小时，就会觉得只过了一分钟；而你若在一个火炉旁边坐着，即使只坐一分钟，也会感觉到已过了两个小时，这就是相对论。"大学生们大笑起来。

这位年轻学者，就是伟大的科学家、相对论的创始人——爱因斯坦。

爱因斯坦 1879 年 3 月 14 日出生在德国的一个犹太人家庭。父亲是一个电器作坊的小业主，当爱因斯坦 15 岁时，父亲因企业倒闭带领全家迁往意大利谋生。

爱因斯坦像

1896 年秋天，爱因斯坦就读于瑞士联邦高等工业学校。在学校里，除了数学课以外，他对其他讲得枯燥无味的课程都不感兴趣。他热衷于探索自然界的奥秘，对此他产生了浓厚的兴趣，利用课外时间阅读大量有关哲学和自然科学的书籍。

1900 年，爱因斯坦从瑞士联邦高等工业学校毕业后，加入了瑞士国籍，但长期找不到工作。两年后，他才在瑞士联邦专利局找到一份同科学研究无关的工作。但在专利局供职期间，他不顾工资低微的清贫生活，坚持不懈地利用业余时间进行科学研究，并不断取得成果。1905 年，爱因斯坦在物理学方面的研究，取得突破性进展，创立了狭义相对论。这时他刚刚 26 岁。

相对论是爱因斯坦在自己题为《论动体的电动力学》这篇论文中提出的。在此之前，传说物理学的时空观是静止的、机械的、绝对的，空间、时间、物质和物质运动相互独立，彼此没有什么内在联系。爱因斯坦以极大的毅力和胆识，突破了传统物理学的束缚，猛烈地冲击形而上学的自然观。他认为，空间、时间、物质和物质运动，彼此不可分割，它们之间紧密相连。作为物质存在形式的空间和时间，在本质上是统一的，随着物质的运动而变化。狭义相对论的最重要的结论之一，是关于质量和能量的关系（$E = mc^2$）。它告诉我们，物质的质量是不固定的，运动的速度增加，质量也随着增加；一定质量的转化必定伴随着一定能量的转化，反之亦然。这个著名的公式成为原子弹、氢弹以及各种原子能应用的理论基础，由此而打开了原子时代的大门。

狭义相对论的问世，震动了物理学界，也使这位年轻学者的名字，马上传遍了整个欧洲，给他带来了极高的声誉。德国著名的理论物理学家普朗克，向布拉格大学推荐爱因斯坦时说："要对爱因斯坦理论做出中肯评价的话，那么可以把他比作20世纪的哥白尼。这也正是我所期望的评价。"

爱因斯坦经过三年的刻苦钻研，终于取得了包括创立狭义相对论在内的一批突出的科学研究成果。其中另一项成果，后来获得了1931年的诺贝尔物理奖金。

1911年，年仅32岁的爱因斯坦，被布拉格大学聘为教授，爱因斯坦在布拉格大学工作了两年以后，又获得了新的荣誉：1913年7月10日，他当选为普鲁士皇家科学院正式院士。

选举前，推荐人普朗克宣读了以他为首的几位著名科学家签署的推荐书。他说：

"签名人十分明白，他们为这么年轻的学者呈请科学院正式院士的任职，是异乎寻常的。然而他们认为，由于他本人的非凡成就，足以证明他符合院士条件。从科学院本身的利益出发，也要求尽可能为这样的特殊人物提供应选机会。推荐人坚信，对于爱因斯坦进入科学院，整个物理学界将会认为，这是科学院的一项特别重大的收益。"

选举结果，爱因斯坦以44票对3票当选。1913年，他重新回到德国，担任威廉大帝物理研究所所长兼柏林大学教授。不到四个月，第一次世界大战爆发了。

在大资产阶级"爱国主义"和民族仇恨的盲目煽动下，德国93位著名科学家发表宣言，为德军的侵略行径辩解，甚至把手舞屠刀的德国皇帝吹捧为"世界和平的卫士"。

爱因斯坦却没有在这份宣言上签字。他从幼年开始就憎恶战争，青少年时代又为反对军国主义教育而离开德国。他同一位哲学家共同起草了《告欧洲人民书》，呼吁欧洲科学家应竭尽全力，尽快结束这场人类大屠杀。然而，却没有什么著名人士响应。在这段岁月里，爱因斯坦满腹愁肠，闭门不出，深入进行自己的科学研究。

在研究中，他发现狭义相对论的理论体系还不完善，它只解释了等速直线运动，而不能解释加速运动和万有引力的问题。因此，爱因斯坦又花了整整10年时间，于1915年又创立了广义相对论。

广义相对论的重要结论是，加速运动与引力场的运动是等价的，要区别是由惯性力或者引力所产生的运动是不可能的。对此，爱因斯坦作了一个形象的比喻。他设想有一个人乘摩天楼的电梯自由降落，人不会感到自己在下降，因为这时电梯和人都依照重力加速度定律在下降，仿佛在电梯里不存在地球引力。反之，如果电梯以不变的加速度上升，那么人在电梯里将觉得双脚紧贴在地板上，好像站在地球表面一样。这个等价原理是广义相对论的基础，它显示了等速运动的一些基本原理可以应用到加速度运动中，把狭义相对论推广到更为普通的情况。

爱因斯坦认为，光在引力场中不是沿着直线，而是沿着曲线传播。还指出，当从一个遥远的星球上发出的光在到达地球的途中经过太阳的时候，应当由于太阳的引力而弯曲。因此，而使这个星球看起来的位置与天际不符。其偏斜的弧度，据爱因斯坦计算，应当是1.7秒。因此建议，在下一次日全蚀时，通过天文观测来验证这个理论预见。

1919年5月29日，这一天恰逢日全食，英国派出两个观察小组前往西非的普林西和巴西索布腊尔两处最佳观测点，观测这次日全食，以验证爱因斯坦的理论。其中在普林西观测日食时，英国天文学家爱丁顿拍摄了16张照片，经过验证计算，得到光线偏转的角度为1.64秒，与爱因斯坦计算的数字非常接近。这下使牛顿的引力学说失去了普遍的意义。

这个消息公布后，全世界为之轰动，爱因斯坦的名字在社会上广为流传，几乎家喻户晓，科学家们公认他是继伽利略、哥白尼以来最伟大的物理学家之一，是"20世纪的牛顿"。

1933年，德国法西斯头子希特勒上台，加紧了对犹太人的迫害。爱因斯坦被迫迁居美国，任普林斯顿高级学术研究院教授。1940年，他取得美国国籍。

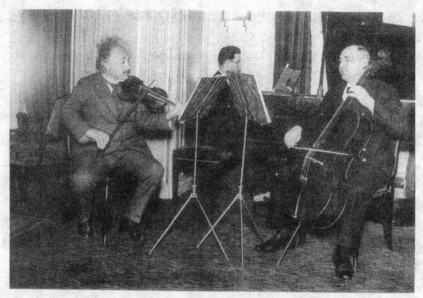

爱因斯坦酷爱小提琴演奏，或许是他的音乐天赋更加催进了自身在科学上的成就。

爱因斯坦虽然被人们誉为"20世纪的牛顿"，但他一直钦佩牛顿，并且认为，如果没有牛顿的古典力学，就不会有他的相对论。一种正确的理论，是永远不会死亡的。直到晚年，他还这样说："牛顿啊，你所发现的道路，在你那个时代，是惟一的道路。"

1955年4月，爱因斯坦病逝于普林斯顿。这位有着世界声誉的科学家生前立有遗嘱，要求去世后不发讣告，不建坟墓，不立纪念碑，免除花卉布置和音乐典礼，并把他的骨灰撒在不为人知的地方；追悼会上只有他的亲属和少数挚友火化时在场。他的遗嘱执行人在结束仪式时，念了德国伟大诗人歌德悼念亡友席勒的诗：

我们全都获益不浅，

全世界都感谢他的教诲；

那专属他个人的东西，

早已传遍广大人群，

他像行将陨灭的彗星，光华四射，

把无限的光芒同他的光芒永相结合。

量子力学与相对论同为近代物理两大支柱，不过前者为集体创作，后者却几乎是爱因斯坦一人的心血。单凭这一点，若要挑选本世纪最具代表性的物理大师，爱因斯坦就当之无愧。

爱因斯坦在科学思想上的贡献，在历史上也许只有牛顿和达尔文可以媲美。相对论原理的建立是人类对自然界认识过程中的一次飞跃。相对论圆满地把传统物理学包括在自身的理论体系之中。广义相对论开阔了人类的视野，使科学研究的范围从无限小的微观世界直至无限大的宏观世界。今天，相对论已成为原子能科学、宇宙航行和天文学的理论基础，被广泛运用于理论科学和实用科学之中。爱因斯坦的伟大成就——相对论，是自然科学发展史上划时代的里程碑。

# 经济大危机横扫世界

## ——自由资本主义的终结

1929 年至 1933 年席卷整个资本主义世界的经济大危机，是迄今为止资本主义经济发展史上持续时间最长、波及范围最广、经济损失最重、影响程度最深的一次经济危机。时至今日，西方资产阶级提起"30 年代大危机"，依然谈虎色变。

### 危机前的世界经济形势

第一次世界大战后，资本主义国家经历了 1919—1920 年的经济危机。为了摆脱危机，同时也为了弥补战时的严重损耗，各国相继在生产中广泛地采用新技术，使得汽车、电气、化学、人造纤维等一系列新兴的工业部门得到较快发展。一些国家，特别是美国和德国，大力推行"产业合理化"，提高工人劳动强度和生产效率。因此，从 1924 年起，各主要资本主义国家的经济开始进入相对稳定时期。

而昔日号称"日不落帝国"的英国经济一直处于不景气状况。一战后，英国的煤、铁、造船、纺织等重工业部门的产量都比战前不同程度地下降了。虽然汽车、化学、电器、有色金属等新兴工业部门由于暂时未遇竞争或政府采取关税保护措施而有较大发展，但并未改变经济萧条的总趋势。1929年，英国工业总产量仅比 1913 年高 5.7%。同期，英国工业在资本主义世界工业生产中所占的比重从14% 下降到 9%，而美国则从 38% 上升到 48%。此时的世界金融中心从伦敦转移到纽约。大英帝国终于无可挽回地衰落了。

在英国衰落的同时，美国的经济实力及其在资本主义世界经济中所占的比重却不断上升。从 1923年起，美国经济出现了一次前所未有的高潮。美国在战时通过资本和商品输出赚取了大量利润。战后，固定资本大规模更新，投资达数十亿美元。对新建住房的巨量需求使建筑业迅猛发展。新兴工业部门的蓬勃发展是造成 20 年代繁荣的主要因素之

危机来临，许多美国人只能靠领养救济金为生。

一，其中特别是汽车制造业，到 1929 年产值竟占全国工业总产值的 8% 左右，产量达到535.8 万辆。石油达到 13700 万吨。到 1929 年，美国国民生产总值第一次突破千亿美元大关，对外贸易在世界贸易中所占的份额达到 14%（英国为 13.2%），第一次夺得了资本主义世界贸易中的首位。英国的衰落和美国成为资本主义世界经济和金融中心是 20 年代资本主义世界经济发展史上最重要的事实之一。

这种繁荣使得美国的经济学家们忘乎所以，有的甚至相信美国从此进入了一个永远根除贫困的新时代。

然而，在这种繁荣的背后，却潜伏着危机的因素。首先，由于生产资料的私人所有制，经济的繁荣并未带来共同的富裕，相反却加剧了贫富的差别。据统计，1929 年，占人口 5%的富人的收入几乎占了全部个人收入的 1/3，而全年收入低于 2000 美元的贫困家庭占家庭总数的 60%。南卡罗来纳州的农民人均年收入只有 125 美元左右。广大贫穷阶层的存在大大限制了社会购买力，使得美国的经济严重依赖于富有阶级的个人消费和投资。社会购买力跟不上生产的发展必然会导致生产过剩的危机。

其次，在繁荣时期，即使是在景气的工业部门中，开工也严重不足。一般的开工率在70—80% 之间。开工不足使得大批工人失业，而资本家为了提高劳动效率开展的 "合理化运动" 使一部分人劳累过度，而另一部分人又无事可干，更扩大了失业工人队伍。据美国官方统计，1926—1929 年，全国的失业者平均每年都在 220 万人以上。失业的大量存在必然会降低社会购买力，也就为未来的危机准备了一定的条件。

第三，产业结构发展不平衡。在 20 年代的经济景气中，许多工业部门是不景气的。比如烟煤开采、纺织、制鞋、铁路运输和航运等部门即是如此。由于电力部门的竞争，美国的烟煤产量 1929 年比 1923 年减产一亿吨左右。到 1929 年末，约有 1355 个煤矿停业。毛纺织业受到人造丝和天然丝纺织业的打击，增长缓慢。农业在整个 20 年代一直处于慢性危机之中。由于机械化的发展和农药、化肥的使用，农业劳动生产率在 20 年代提高 26% 左右，农产品产量有了一定提高，但是国外市场的缩减和国内城市居民饮食习惯的改变，使得小麦、马铃薯、猪肉等主要农副产品的价格下跌，农民的收入比战前减少。

伴随着 20 年代的繁荣出现的地产和股票的投机狂热，特别是后一种投机活动，使得股票市场价格狂涨，增加了金融市场的不稳定性。1928 年 8 月底美国股票市场的平均价格相当于五年前的四倍。这种空前猖獗的金融投机活动为货币和信贷系统的崩溃准备了条件。

在资本主义经济相对稳定时期，法国、德国、日本等主要资本主义国家的经济也都有不同程度的发展。总之，资本主义各国经济上的繁荣是一种建立在不稳定基础上的繁荣。繁荣的背后，潜藏着各种危机的因素，一旦有了适当的条件，这座繁荣之塔必然会倒塌。

### 危机的到来及发展

1929 年 10 月 24 日，像往常一样，纽约证券交易所人头攒动，交易大厅挤满了投资者和经纪人。人们满怀信心地来到这里，他们希望 20 年代中期开始的美国经济繁荣所带来的股票上涨永不停步，许多人深信，纽约证券交易所就如那只传说中会下金蛋的鹅，将给他们每个人带来取之不尽的财富。

上午 9 时，交易大厅一声锣响，新的一天的疯狂交易又开始了。人们突然发现，今天很少有人购进股票，一些人在不计成本地抛售。恐慌的情绪立即传染给在场的每一个人，现在他们考虑的只有一件事，卖掉手中的股票。这一天华尔街股市暴跌，成交量达创纪录的1300 万股，所有的上市公司都遭受重创。这一天是星期四，故被称为 "黑色星期四"。

大资本家摩根担心美国证券市场会因此崩溃，邀请了一些大财团领袖召开紧急会议，讨论对策。他们决定，筹集数十亿美元来挽救股市。然而，这笔资金对于股市来说不过是杯水车薪。

10 月 29 日，更为猛烈的股票抛售风潮横扫华尔街股市，这一天成交量高达 1640 万股，再创纽约证券交易所历史纪录，50 种主要股票价格平均下降 40 档。在这次打击下，美国股市再也无法恢复元气，转入漫漫熊途。

美国股票市场的崩溃是美国经济内部的深刻矛盾促成的，它转而进一步加剧美国的内部矛盾。美国经济进入经济大危机时期。

到胡佛总统下台时，华尔街工业类股票价值跌去 83%，公用事业类股票跌去 83%，铁路股票跌去 85%，750 亿美元资金从股市中消失得无影无踪，相当于 1932 年美国国民生产总值的一倍半。无数小股东血本无归，他们痛不欲生，悲叹一生积蓄化为泡影。数以万计的大中型公司破产，许多资本家因无法偿还贷款被判入狱，一些人选择了自杀。

经济大危机令德国货币贬值，图为儿童拿贬值的货币堆积木玩。

从 1929 年到 1932 年，美国国民生产总值下降 46%，商业交易下降 48%，农业收入减少 57%，进出口贸易减少 72%。惟一上升的是失业率，从 2.5% 猛升至 40%，失业人口高达 1700 万。美国经济遭到史无前例的重创，发展水平退回到 20 世纪初的水平。

美国是资本主义世界经济的中心和支柱，它所发生的经济危机迅速越过大西洋，横扫欧洲资本主义各国。德国首当其冲，依赖美国资金的德国企业立即陷入困境，数以千计的企业倒闭，数百万工人失业。在这场大危机中，德国遭受的损失仅次于美国，国民总产值下降达 40%。惶恐不安的德国人失去了对生活的最后一点信心。英国、法国、意大利、荷兰及所有西欧国家，无一能在凶猛的经济危机打击下幸免，经济大幅度下降，千百万人民失业等问题困扰着这些国家的政府。

在美国西海岸的对面，岛国日本也在危机中苦苦挣扎。过去，日本工业产品严重地依赖欧美市场，现在，日本人发现，欧美市场的大门对他们关闭了，日本产品无人问津，进出口贸易锐减。日本迅速进入经济危机时期，无数小企业倒闭，三菱、三井、安田、住友等大公司也损失惨重。

在大危机中，亚洲、非洲和拉丁美洲的广大殖民地、半殖民地及欠发达国家也深受其害。欧美乘机向这些国家和地区倾销过剩商品，毁灭它们脆弱的民族工业。在国际市场上，欧美操纵的农产品与原料价格暴跌，更使这些国家和地区的经济雪上加霜。

在 1929—1933 年的经济大危机期间，资本主义各国的劳动人民无疑是最大受害者，富兰克林·罗斯福形象地称他们为"被遗忘的人"。失业和半失业造成了可怕的普遍贫困，人们无法付清房租，被赶出住宅，沦为流民。许多人在城郊搭起以纸箱、木板或旧汽车为材料的"小屋"，在美国，被人们称为"胡佛小屋"。

### 罗斯福新政

1932 年，罗斯福当选为美国第 32 任总统，他大力推行干预经济的新政策，增加税收，推行福利政策，积极创造就业，史称"罗斯福新政"。罗斯福新政从一定程度上缓和了激化的阶级矛盾，从某种程度上损害了一些大资本家的眼前利益，他们气愤地骂他是"红色资本家"，是"白宫中的苏联特务"，说他每天都在吃"烤百万富翁"。

## 历史大事全知道

两名妇女展示她们的社会保险卡，罗斯福为保障美国公民的社会福利，引入了养老保险，失业保险和事故保险。

在罗斯福当选总统时，正是美国历史上最大的经济危机的最严重时期，面对艰难局势，罗斯福并没有被困难吓倒。他以一种乐观而又自信的态度迎接挑战，他的自信和乐观影响了美国人。在这样一种精神的鼓舞下，美国开始进入了以罗斯福新政为标志的这样一段时期。

罗斯福新政分为两个阶段：第一段从1933年3月到1935年初，尤其是在从1933年3月9日到6月16日的"百日"期间，新政采取了一系列的国家干预和调节经济的措施。

在第一阶段，罗斯福指使国会通过大量的法令，对银行、工业、农业等各个领域进行了大规模的改革以图复兴美国。这些法令的实施取得了一定的成效；失业人数从1933年的1500万人降到1936年的900万人；农场净收入从1933年的30亿美元增加到1935年的58.5亿美元；制造业的薪金和工资总额由1933年的62.5亿增加到1937年的130亿美元。

虽然新政取得了一些成绩，但却招来了一些大资本家的怨恨。美国的一些右翼势力猛烈地抨击新政，甚至把罗斯福的一些法令称为"希特勒—墨索里尼方法"。1935年5月27日，最高法院宣布《全国工业复兴法》违宪，1936年1月，他们又宣布《农业调整法》违宪，而这两条法律在新政过程中都起到了极为重要的作用。罗斯福新政受到挫折。

面对来自各方面的不满和批评，罗斯福没有退却，反而进一步深化新政的改革，将新政推进到纵深发展的第二阶段。

在第二阶段中，罗斯福进一步扩大公共工程的建设规模以刺激经济发展，取得了一定的效果。在这一阶段中，罗斯福从长远出发，通过了像《全国劳工关系法》、《社会保障法》等法律，进一步改善劳资关系，增加人民福利，缓和了激化的阶级矛盾。

罗斯福新政在很大程度上缓解了1929年经济危机的打击，为美国经济的复兴做出贡献。但是，罗斯福新政只是在资本主义的范围内对资本主义的某些弊病加以改革，它并不能从根本上消除经济危机。

### 简 评

1929年经济大危机造成了社会矛盾空前尖锐，罢工、游行、集会和示威在资本主义各国此起彼伏，对资本主义统治秩序形成猛烈冲击。

右翼法西斯势力在大危机中应运而起。德国进入危机后，希特勒在一家报纸上公然声称："我一生之中从来没有像现在这些日子这么舒坦，内心感到这么满意过。"纳粹党借大危机上台，德国走上法西斯主义道路，开始扩军备战，对外侵略，成为欧洲战争策源地。在远东的日本，资产阶级为了摆脱危机，纵容军国主义势力。1931年9月18日，日本发动对中国东北的进攻，继而又将战火燃向华东、华北，妄图侵占整个中国。

经济大危机改变了20世纪历史的进程，改变了各主要资本主义国家的实力对比关系，为第二次世界大战创造了条件。

# 希特勒在德国上台

## ——法西斯主义的兴起

德国在第一次世界大战中失败，受到了战胜国的压制，丧失了大片的领土，还要付出沉重的赔款；在军事方面，还有苛刻的限制。这给德国法西斯的上台提供了借口。希特勒就是在这种情况下登上德国统治者的宝座。

### 啤酒馆政变

1923年，命中多舛的德国又遭到新的不幸。这一年年初，法国以德国不履行赔款义务为由，出兵占领德国鲁尔地区，给德国脆弱的经济致命一击。德国出现了疯狂的通货膨胀，到这一年年底，美元与马克的比价已从战后初期的1∶4变成1∶4200。德国经济已经崩溃。

鲁尔危机严重损害了德国政府的地位，给德国各种反政府势力带来了机会。德国政治暗流涌动，各种阴谋层出不穷。一个名叫德国国家社会主义工人党的右翼小党迅速登上德国政治舞台，开始引起人们注意。

这个党的前身是1919年初建立的德国工人党。同年，希特勒加入了这个党，并凭借他的如簧巧舌，很快成为领袖。他将党名改为国家社会主义工人党，"纳粹"这个词是它的德文缩写的音译。希特勒并为纳粹制订了法西斯主义的"25点纲领"。不久，他又网罗一批退伍军人，将他们组成纠察队，1921年10月正式定名为冲锋队。冲锋队身穿褐色制服，佩有轻型武器，为纳粹党的打手组织。希特勒还选择了神秘的卐字符号，作为纳粹的标记。

纳粹党建立后，在希特勒的蛊惑和煽动宣传下，有了迅速发展，但在鲁尔危机发生时，仍是一个无足轻重的小党。1922年10月，墨索里尼组织了法西斯向罗马进军，这更使希特勒心急如焚，他不愿再继续等待，急于掌握权力。鲁尔危机后，德国政治、经济、社会形势全面恶化，希特勒认为他的时机来了。

1923年11月6日晚，巴伐利亚地区阴云低垂，寒气逼人，许多人早早就入睡了，但在慕尼黑市区的纳粹党要人里希特的家中，却灯火通明，希特勒、戈林、赫斯等纳粹党的要员正在这里讨论一项重大计划。翌日凌晨，他们最终决定，在11月11日这一天，将冲锋队开入市区，占领战略要地，宣布全国革命开始，接管巴伐利亚州政权。

可是这一计划几小时后就被改变了。第二天上午，希特勒从报上看到一则公告，称巴伐利亚州长卡尔、州国防军司令洛索夫将军、州警察局长赛塞尔上校等名流将出席在慕尼黑贝

充满狂热气氛的纳粹党集会

格勒劳凯勒啤酒馆举行的聚会。他立即有了一个新的主意，他感到这是上天赐予纳粹的良机，利用这个机会，派冲锋队包围这家啤酒馆，扣留巴伐利亚三巨头，胁迫他们参与政变。希特勒知道，如果没有三巨头的支持，纳粹的力量是不可能控制局势的。至于三巨头是否愿意与纳粹合作，只有上天知道。

这天晚上，纳粹党魁们再次云集里希特的家，讨论希特勒的新计划，在几个小时的辩论后，希特勒的计划为众人所接受。

11月8日傍晚，卡尔、洛索夫、赛塞尔等巴伐利亚要人乘坐豪华黑色轿车，来到位于市内伊撒河畔的贝格勃劳凯勒啤酒馆。为了确保安全，赛塞尔调来了125名警察担任警卫，洛索夫也派来一队骑兵。

在这家啤酒馆的主厅里，放置了许多结实的圆木桌，围绕这些木桌，共约坐了3000名来宾，他们是慕尼黑各界的名流。

晚上8时5分，一辆红色的"梅塞德斯"轿车和一辆黑色轿车在啤酒馆门前停下，从车中走出了希特勒和他的助手。希特勒推开拥挤的人群，走入大厅。之后，他靠在一根柱子上，一边喝着啤酒，一边注意着厅里的人群。

8时15分左右，卡尔登上讲台，开始讲演，他谴责马克思主义，攻击德国左翼政治力量，号召人们为德国复兴而奋斗。他的讲演缺乏激情，音调平淡，许多人在打哈欠，更多的人在饮啤酒，丝毫不关心卡尔在说什么。

约8时45分，一名纳粹党员悄悄走到希特勒身边，告诉他，冲锋队已经赶到，控制了门外的局势。希特勒顿时兴奋起来，将啤酒瓶丢在一边，拔出勃朗宁手枪，在党羽们簇拥下，拨开人群，向前方走去。

场内开始混乱，希特勒跳到一张桌子上，一边挥舞着手枪，一边大叫："安静！"并对着天花板开了一枪。场内顿时一片寂静。他又歇斯底里地喊道："全国革命已经开始了，大厅被包围了，谁也不准溜走。"

接着，希特勒和党羽们把卡尔、洛索夫、赛塞尔带到一间里屋。希特勒要求他们支持这场"革命"，并表示在新政权建立后，将任命卡尔为巴伐利亚摄政，洛索夫为帝国陆军部长，赛塞尔任帝国警察部长。

三人不为所动，拒绝与希特勒合作，在他们看来，追随这个疯疯癫癫的巴伐利亚下士无异于政治上自杀。希特勒虽反复劝说，但仍如对牛弹琴，于是他拔出手枪，喊道："我枪里有4颗子弹，如果你们不肯合作，3颗留给你们，最后一颗留给我自己。"三人还是拒绝合作，希特勒黔驴技穷。

此时，外面秩序已经大乱，失去控制。希特勒忽生一计，他走出房间，穿过人群，登上讲台，大声喊道，三巨头已同意与他一起组成一个新的全国政府，巴伐利亚已下令撤销柏林政府，总理已被罢免，在新政府组成前，"由我接管全国政府的政策指导工作"。

三巨头无法，只好走出来，相继对集会人群发表讲话，宣布他们支持"革命"。希特勒十分高兴，准许他们离开这家啤酒馆。

卡尔等人回去后，立即发布公告，称他们在"枪口威胁之下被迫发表的声明一概无效"。洛索夫并调来城外驻军，在市内重要机关附近布置了警戒线。

11月9日上午11时，希特勒率领3000名冲锋队员，向慕尼黑市中心进发。在这支队伍前面，举着一面巨大的卍字旗，后面跟着一辆卡车，上面架着机枪。冲锋队员们也手持步枪，有的枪上还上了刺刀。

当这支队伍来到州陆军部附近时，遭到了警察和军队的镇压。

随后，巴伐利亚开始戒严，警察和军队四处搜捕叛乱者，许多冲锋队员被缴械，包括希特勒在内的多数纳粹党头目被捕。

直到1924年4月1日，法庭才做出宣判，叛乱主谋希特勒仅被判处5年徒刑。在狱中，他写了《我的奋斗》，全面阐述法西斯理论。仅仅8个月后，希特勒就被释放，他领导纳粹党又开始了新的罪恶活动。

### 血腥的第三帝国

1933年1月30日，从柏林传出了一个令世界震惊的消息，年迈体衰的兴登堡总统已经任命纳粹首领阿道夫·希特勒为德国新总理，就在3天之前，他还信誓旦旦地表示："我决不会任命这位奥地利下士为德国的总理。"几天后，他收到老朋友、第一次世界大战中德军总参谋长鲁登道夫的来信，这封信代表许多德国人的心声，他严厉谴责兴登堡的轻率决定：

您通过任命希特勒为总理，把我们神圣的德意志祖国交给了历史上最大的煽动家，我庄严地向您预言，这个招灾惹祸的人将把我的祖国推进深渊，给我们民族带来难以想象的苦难，后代将会因为您的这一举动在您身后还要诅咒您！

历史验证了鲁登道夫这一预言的惊人准确。

希特勒被任命总理，标志着德国进入纳粹时代，这在纳粹党上层和党内引起了歇斯底里的狂喜。当晚，纳粹党的二号人物赫尔曼·戈

希特勒走上纳粹德国的最高统治宝座

林在柏林组织了数十万人的庆祝集会，之后举行火炬游行。20多万纳粹党徒排列成整齐的队伍，迈着整齐划一的步伐，从动物园出发，经勃兰登堡的凯旋门，进入威廉大街，他们的长统马靴所踏出的沉重脚步声，使临街建筑物的玻璃窗都发出震颤声。从高处望去，长达数十公里的火龙横贯柏林市区，极为壮观。当游行结束时，已是午夜3时了，兴高采烈的纳粹理论家戈培尔在日记上写道："新帝国诞生了。"

希特勒常把他统治的纳粹德国称为第三帝国。在德国历史上，第一帝国是指962年德意志国王奥托一世所建的神圣罗马帝国。1806年，拿破仑在奥斯特里茨战役中击败奥地利，迫使奥地利皇帝弗兰茨二世放弃神圣罗马帝国的称号。

1871年1月，普鲁士国王威廉一世在法国凡尔赛宫宣布成立德意志帝国，被称为第二帝国。希特勒宣称他的政权直接继承神圣罗马帝国和德意志帝国的传统，为第三帝国，这个帝国将千年不衰，将德国的真正历史过程进行下去。

希特勒上台后，立即着手巩固和强化纳粹法西斯专制主义政权，采取了一系列令人发指的恐怖手段，使德国淹没在血泊之中。

纳粹政权建立之初，在内阁和国会中都处于少数地位。希特勒知道，对这个政权构成最大威胁的是共产党和民主力量。2月27日，纳粹指使党徒纵火烧毁国会大厦，然后贼喊捉

贼，将纵火罪名加于德国共产党人。希特勒利用这一事件，宣布在全国实行紧急状态，取消宪法中保护人民基本权利条款，大肆搜捕共产党人和左翼民主人士。不久，纳粹宣布取缔共产党和社会民主党。1933 年 12 月，纳粹政权制订法律，宣称纳粹党与德意志国家不可分割地联结在一起，它是德国国家利益和政治意志的惟一代表。根据这一法律，希特勒下令解散除纳粹党之外的一切政党，其中包括曾支持纳粹上台的中央党。现在，纳粹成为德国惟一合法政党，开始统治着德国社会生活的各个方面。

1943 年，华沙犹太人聚集区。搜身前，犹太人被迫高举双手伏在墙上。

1934 年夏，兴登堡总统病死，政府宣布，由希特勒接任总统，并把总理职位与总统职位合并，不再单设总统职位。从此，希特勒名正言顺地成为第三帝国的元首。

第三帝国的统治，建立在赤裸裸的恐怖基础上。纳粹政权粗暴地践踏法律，设立"人民法庭"，审理政治案件，纳粹党徒把持下的这个法庭，撇开一切正常法律程序，肆意对共产党人和反法西斯人士定罪。纳粹在德国各地广建集中营，大量关押和残酷迫害政治犯，并建立由冲锋队、党卫军和盖世太保（音译，即秘密警察）组成的恐怖网，严密监视德国人民的日常言行，防止反纳粹政治力量的形成。

纳粹政权将迫害和清除犹太人作为第三帝国的另一项主要任务。1935 年 9 月，纳粹政权颁布了臭名昭著的"纽伦堡法"，剥夺犹太人的公民权，禁止犹太人与日耳曼人通婚，不准犹太人担任任何公职。犹太人被强迫戴上标有醒目的、羞辱性的黄色六角星臂章，使人们看一眼就知道他是犹太人。犹太人被从政府、各个专业职业和文化生活中彻底清除出去，即使像爱因斯坦这样的大科学家也不能幸免。许多犹太人不得不放弃他们在德国的产业，丢弃自己的事业，两手空空地逃往美国和其他欧洲国家。1938 年 11 月，一名犹太少年奋起反抗，杀了一名德国外交官，这立即引起一场更为可怕的疯狂迫害犹太人的浪潮。在短短几天内，纳粹党徒和他们的打手就给犹太人造成巨大的灾难：

无数犹太人的商店被抢劫，橱窗被砸毁；几乎所有犹太教堂都被焚毁，91 名犹太人被杀，26000 名犹太人被关进集中营。此时，德国的犹太人并不知道，他们的灾难才刚刚开始。第二次世界大战爆发后，纳粹制订了代号为"最后解决"的灭绝犹太人计划，将犹太人赶入集中营的毒气室，成批地屠杀他们。仅在波兰的奥斯威辛集中营，就屠杀了 400 万犹太人，成为人类历史上最血腥的一页。

纳粹政权对自己的同伙也毫不心慈手软。1934 年初，纳粹的准军事组织冲锋队与德国军方的矛盾开始激化，桀骜不驯的冲锋队领导人引起了希特勒等纳粹领导人的不满。1934 年 6 月 30 日夜，希姆莱奉希特勒之命，率党卫军对冲锋队头目发起突然袭击，杀死包括冲锋队最高领导人罗姆在内的二百多名冲锋队骨干，彻底摧毁了这个组织。事后，希特勒决定以党卫军取代冲锋队。就在这一天夜里，党卫军还袭击了对纳粹不满的一些军队高级将领，包括前总理施莱彻尔将军在内的数十人被杀。这个恐怖之夜被称为"长刀之夜"。

　　仅仅是德国人民的鲜血还不能满足统治第三帝国的恶魔们的胃口，这个嗜血成性的政权需要更多的鲜血来维持它罪恶的生命，第三帝国的最终目标是征服欧洲和世界。为了这个目标，它必须首先做的一件事就是彻底摆脱凡尔赛条约的束缚，重新武装德国。

　　1935 年春，第三帝国发布系列命令：建立空军；恢复义务兵役制，大规模扩充陆军；建造潜艇和大型水面舰只。之后，它出兵莱茵非军事区，吞并奥地利，占领苏台德地区，肢解捷克斯洛伐克，并与日本、意大利结成轴心国侵略集团。1939 年 9 月 1 日，第三帝国最终发动了对波兰的战争，挑起第二次世界大战，将欧洲和世界淹没在血泊之中，同时也为自己的末日敲响了丧钟。

## 简　评

　　希特勒上台以后，实行法西斯专政，开始了德军无休止的扩军行动。仅用两年时间，就将军队从 10 万扩编为 50 万之多，并且彻底违反了《凡尔赛和约》。但当时的英法为了达到"祸水东引"的目的，不惜姑息德国。而英国更是和德国海军秘密签订了《英德海军协定》，虽然德国承诺将德国海军限制于英国海军 35% 的实力内，但实际上已宣告英国承认了德国可以进行扩军备战，大大助长了德军备战的气焰。

　　更为重要的是，在这一时期德军在军事思想上较世界各国先行了一步，陆军有了闪电战的观念，海军比较重视潜艇作战，空军也较为强大。同时，希特勒通过建立党卫军等形式，完全控制了军队，军队不再是德国人民的军队，而是纳粹的军队。

　　一切预示着：第二次世界大战即将来临了。

# 日本二·二六事件

## ——日本走上军国主义道路

1936 年 2 月 26 日凌晨 4 时，日本东京阴云密布，寒风凛冽，飘了数日的鹅毛大雪将整个城市裹在厚厚的积雪之中。此时，天色未明，在昏暗的街灯下，东京的各条街道罕见人迹，许多东京居民还在睡梦之中，人们不知道一场震惊国内外的血腥政变已经开始实施，其主谋者是日本陆军的皇道派军人。

日本此刻正处于它发展的十字路口。1931 年日本军阀发动"九一八"事变，占领中国东北全境，之后又将战火燃向华北、华东。日本的侵略行径遭到中国人民的激烈反抗和国际社会的严厉谴责，日本统治集团陷入进退维谷的窘境。在北一辉等法西斯理论家的鼓动下，30 年代初日本陆军出现了一批信奉法西斯主义的青年军官，他们认为在现体制下日本没有出路，强烈主张在日本建立天皇亲政的国家社会主义法西斯体制，对外与德、意建立紧密的同盟关系，全面扩大侵略战争，向英美的世界霸权挑战，他们被称为皇道派。与他们对立的是统制派，统制派主要是高级将领，控制着日本军队，主张维持现体制，在现体制下实行法西斯专政和对外扩张。两派矛盾日趋激化。

30 年代初为日本政坛的多事之秋，在法西斯组织和皇道派的煽动和策划下，针对政界、军界、财界巨头的暗杀恐怖事件屡屡发生。1931 年 3 月，三井财团总裁被杀。5 月，首相犬养毅死于非命。1935 年 8 月，一名中佐在众目睽睽之下闯入陆军省，用剑刺死军务局长永田铁山将军。这一系列事件预示着一场更大规模、更加血腥、更为狂野的政治阴谋正在酝酿之中。

在东京皇宫外侧一端的第 1 师团的兵营中，驻扎着 1400 多名士兵。2 月 26 日拂晓之前，香田清真、村中孝次、矶部浅一等皇道派青年军官将士兵们一一唤醒，命令他们立即荷枪实弹去执行一项重大任务。士官们迷惘地望着长官，不知道究竟执行什么任务，但长官的命令必须服从，不能有丝毫违抗。几分钟后，一切准备就绪，士兵们被分为 6 个小组，由军官们率领，奔向各自预定的攻击目标。他们出了营房，悄无声息地迅速消失在街道的尽头。

首相冈田启介的官邸，是这次袭击的主要目标。栗原中尉率一队士兵来到首相官邸门前，出其不意地解除了守卫官邸的警察部队武装，并用重机枪击退闻讯赶来增援的警察。快5 点时，冈田首相被警卫唤醒，两名警官告诉他发生叛乱的消息，在

日军发动"九·一八"事变，进攻沈阳。

叛军进入官邸内院之前，他们将冈田藏入一间贮藏室。叛军进入首相官邸的内院，发现冈田的妹夫松尾正在院中。松尾与冈田十分相像，叛军以为他就是冈田，立即举枪射击，松尾当场毙命，鲜血染红了积雪。叛军以为大功告成，又去搜寻其他目标。

香田清真大尉率领一队士兵攻占陆军省，闯入陆军大臣川岛义之的官邸，士兵们将川岛从卧室里带到香田面前。香田并不打算杀死川岛，而是向他递交一份声明，要求实行维新，充实国防，重用皇道派，惩处统制派。叛军要求陆军省立即下令在全城实行戒严，并要川岛立即去皇宫，向天皇陈述叛军的要求。突如其来的叛乱，使得川岛等一批陆军省将领吓得面无血色，他们拒绝参与叛乱，但又不敢激怒叛军，只好以缓兵之计与叛军拖延周旋。

与此同时，一伙叛军闯入天皇侍从长、前海军大将铃木贯太郎的官邸，20多名叛军将铃木团团围住。铃木平静地问叛军："你们这样做肯定是有原因的，请谁告诉我是什么原因！"谁也没有回答。铃木又问一遍，仍没有人回答。当铃木第三遍问起这个问题时，叛军的一个头目咆哮道："别废话了，没时间了，我们要开枪了。"说着，叛军开始开枪。铃木身中数弹，其中一枪击中下腹，一枪打入胸口。他倒下之后，几个叛军还给他补了几枪。神奇的是，这位年迈的前海军大将居然没有被击中要害，死里逃生。

其他几组叛军的目标是攻占警事厅、大藏省和教育总监大楼，击杀亲美派牧野和元老西园寺公爵。黎明之前，叛军控制了警事厅大楼，并闯入藏相和总监的官邸，枪杀高桥藏相和渡边教育总监。牧野闻讯逃脱，而派去击杀西园寺公爵的叛军慑于公爵威望，没有动手。

从2月26日到2月27日，日本东京事实上处于权力真空状态。日本政府大权旁落，叛军占领着陆军省、首相官邸、警事厅、大藏省等要害部门。日本陆军一方面害怕事态进一步扩大，迅速调来援军，包围了叛军所控制的地点，一方面还幻想与叛军妥协。陆军省向叛军发出一封"劝诫书"，甚至将这次叛乱称为起义，"承认诸位行动之动机出于真诚谋求显现国体"，并表示军方"一致同意努力实现上述目标"，但必须由天皇旨意裁定。更可笑的是还发布一道紧急防卫命令，命令叛军守卫自己占领的地区。陆军的态度引起裕仁天皇的愤怒。年轻的裕仁在皇宫召见陆相等军方首脑，他对军方迟迟不采取强制手段平息叛乱表示不满，直率地对惶恐不安的陆军首脑说："如果陆军不能镇压叛军，我将亲自劝阻他们。"

天皇的发怒迫使军方迅速行动。2月28日拂晓，陆军当局发布以天皇名义发出的敕令，命令叛军次日上午8时之前撤离所占领的据点，返回营房，否则军队将对他们开火。与此同时，更多的援军开入东京，一批坦克驶上街头，将炮口对准叛军控制的据点，坦克两侧挂着醒目的标语"勿抗敕令"。海军派来了联合舰队的战舰，停泊东京湾，海军陆战队做好作战准备。数架满载炸弹的轰炸机在东京上空盘旋，扔下无数《告下士官兵》传单，上面写着几行大字：

1. 速回原部队，为时未晚。

2. 抗拒者为叛匪，将予枪杀。

3. 汝等父母兄弟皆因各位成为国贼而哭泣。

与此同时，当局在叛军据点四周建筑物上架设高音喇叭，一刻不停地发出"回头是岸，为时不晚"的警告。

29日上午10时，叛军营垒开始分化，30多名叛军士兵首先走出据点，向政府投降。到中午时，除占领首相官邸和山王旅馆的几伙叛军外，其他叛军官兵已返回营地。下午2时，占领首相官邸的叛军投降。3时，日本广播电台播出一条新闻，称叛乱已经完全结束，军方未发一枪一弹。在随后的几个月中，日本政府对二·二六叛乱的策划指挥者进行了漫长的秘密审讯。7 月 12 日前后做出判决，13 名叛军首领和包括北一辉在内的 4 名文官被处以死刑，更多的人被判刑，3000 多名军官被解职或调离岗位，皇道派遭到全面清洗，统制派继续大权在握。

二·二六事件后不久，冈田启介内阁辞职，具有法西斯背景的广田弘毅出任首相。

### 广田内阁及军部法西斯独裁的确立

二·二六事件后，军部最初曾企图最大限度地利用政变的结果，来成立一个军事独裁内阁，由于种种因素使其未能得逞。但表现在政变上面军部的压力已非常明显，各政党，不待说对于继任内阁人选问题已完全丧失了发言权，元老、重臣和宫廷势力也不得不在考虑军部意图的前提下进行决定继任内阁人选的工作。也就是说，作为继任首相的首要条件，必须是军部所同意的人物。广田弘毅正是在这种形势下，经过军部同意被推出组阁的。军部对组阁进行了露骨的干涉，在它的控制下，寺内寿一大将被任命为陆相。广田内阁一开始就接受了军部提出的"庶政一新"和"广义国防"的要求，开始推行准战时体制。

1936 年 3 月 17 日，广田内阁发表政纲，提出了所谓"全面革新政治"的任务。这是以军部提出的加强国防、明征国体、安定国民生活（农村政策）和刷新外交四条大纲为中心的。其实质是要建立用天皇权威来统制一切。以军部为轴心，大力加强军事和国防的准战时体制，为在亚洲的侵略扩张铺平道路。至于陆军提出的充实军备、调整税制、加强国防、明征国体、统制经济机构、振兴民间航空事业、加强情报宣传等项"改革"要求，广田内阁也一一予以接受，从而开辟了军部操纵政府干预政治的道路。

二·二六事件后的广田弘毅内阁，标志着日本军都法西斯独裁政权的确立。这一独裁政权，从一开始就为夺取亚洲和太平洋地区的霸权，建立"大东亚共荣圈"，加紧制定对外扩张的根本国策。

1936 年 8 月 7 日，广田弘毅首相召开了有陆相寺内寿一、海相永野修身、外相由（广田兼任）、藏相马场瑛一等参加的五相会议，决定在新形势下实行国策的大转变。五相会议以军部提出的《国防国策大纲》为基础，通过了一个决定日本国策的纲领性文件——《国策基准》。

《国策基准》提出了四项原则性纲要，分别规定了大陆政策和海洋政策的基本方针。大陆政策的基本方针在于："谋求满洲国的健全发展，巩固日满国防，消除北方苏联的威胁，并防范英美，实现日满华三国的紧密合作"。海洋政策的基本方针在于："向南洋，特别是向外南洋方面，谋求我国民族的经济发展，力图避免刺激其他国家，逐步以和平手段扩张我国势力"。

1932 年，日本为征服东亚做准备，图为日本天皇视察形状奇异的高射炮式的高音喇叭。

《国策基准》不折不扣地采纳了陆军的"北进"和海军的"南进"计划。是法西斯军人依靠和利用天皇制，推行国家法西斯化的必然产物，它充分暴露了日本帝国主义称霸远东进而向太平洋扩张的狂妄野心。

　　五相会议标志着日本帝国主义已经走上了国家战争总动员的道路。

　　五相会议所确定的基本国策，也使日本军事法西斯主义集团向国际法西斯主义集团靠近了一大步。五相会议后不久，在国际上深感孤立的广田弘毅内阁，为摆脱孤立地位，并在未来的世界大战中实现它的称霸野心，于 1936 年 11 月 25 日，同在欧洲和苏、英、法、美对立的希特勒德国缔结了《日德反共产国际协定》。一个月后，日本和欧洲另一个法西斯国家意大利缔结了承认意大利占有埃塞俄比亚，意大利承认伪满洲国的协定。1937 年 11 月 6 日，意大利正式加入《反共产国际协定》。这样，日、德、意三个法西斯国家公开结成政治同盟，从而加剧了世界大战的危险。

 简　评

　　二·二六事件是日本军部法西斯力量的重新组合和调整，是他逐步上台执政的起点，是日本走向大规模侵略扩张法西斯战争道路的开端。二·二六事件虽然以失败而告终，但皇道派军官们所要求的，由军部掌握国家大权的天皇制法西斯专政政权，却由统制派法西斯军阀建立起来了。

# 第二次世界大战爆发

## ——绥靖政策的破产

法西斯势力在德国攫取政权后，迅速走上了对内专制独裁对外侵略扩张的道路，1937年11月，德、意、日三国签订了反共产国际协定，法西斯轴心国集团得以建立。但是，英、法等国的当权者却采取了绥靖政策，他们幻想以牺牲弱小国家和社会主义国家苏联的办法，以土地换和平，来满足法西斯主义者贪婪的胃口。但是他们的怯懦心理被希特勒摸透了。

### 流产的莫斯科谈判

1939年春，欧洲国际格局面临重组，纳粹德国的扩张肆无忌惮，欧洲和平面临严峻考验。3月14日，德国肢解捷克斯洛伐克。3月21日德国外长里宾特洛甫接见波兰驻德大使，狂妄地要求波兰将但泽地区交还德国。不久，波兰明确表示，绝不放弃对但泽的主权。

希特勒见弱小的波兰不肯向德国的恐吓低头，怒火中烧。根据希特勒的命令，里宾特洛甫再次召见波兰大使，恶狠狠地扬言，波兰在但泽问题上不肯满足德国的要求，可能导致德波之间发生战争。

尽管波兰只有一些陈旧的第一次世界大战时代的武器，但它已从捷克斯洛伐克的灭亡中吸取了教训，对德国的任何退让妥协无异于自杀。波兰外长随后也召见德国驻波大使，强硬地表示，德国任何改变但泽现状的企图或行动，都将被认为是战争行动。

德国大使气得半晌说不出话来，他大声嚷道："你们是想用刺刀逼着谈判！"其实，这位大使应该知道，纳粹德国一直是以这种方式推行外交政策的。

希特勒现在知道，单用恐吓和威胁已不可能使波兰人让步。4月3日，他下达以武力征服波兰的"白色方案"。

纳粹德国贪得无厌的扩张，使英国首相张伯伦陷入尴尬境地，张伯伦向英国人民许下的《慕尼黑协定》将带来欧洲一代人的和平的承诺，成为对自己无情的嘲讽。他明白，希特勒即使得到但泽也不可能就此止步，欧洲战争已不可避免。张伯伦清楚地知道，英法的力量并不足以抗衡德国，必须借助苏联的力量。3月21日，英国建议，英、法、苏、波4国进行协商，采取共同步骤和行动。

张伯伦的提议得到苏联的响应，法国也表示支持，但是波兰坚持所谓"等距离外交"，拒绝加入这个对付德国扩张的共同阵线，害怕由此给德国提供侵略口实。

4月15日，英、法、苏开始在莫斯科就缔结对付德国的联合阵线举行谈判。

莫斯科谈判刚刚拉开序幕，因意识形态、国家利益的对立所产生的互不信任就开始为谈判设置障碍。英法要求苏联对英法保证的波兰、罗马尼亚、希腊、土耳其、比利时承担援助义务。苏联同意英法的要求，但它要求英法同样对苏联邻国芬兰、爱沙尼亚、拉脱维亚和立陶宛承担援助义务，这一建议被英法拒绝。英法不肯为波罗的海沿岸国家提供安全保证，引起苏联不满。双方发生激烈争执。

更为严重的是，波兰和罗马尼亚在接受英法保证的同时，却由于历史和政治的原因，拒绝接受苏联的安全保证，不肯放弃反苏立场。波罗的海的芬兰、拉脱维亚、爱沙尼亚和立陶宛，因为害怕德国的报复，拒绝英法苏三大国的安全保证。芬兰和爱沙尼亚甚至扬言，如果三大国在没有取得它们同意的情况下就对它们提供保证，将被视为对它们的侵略。6月7日，爱沙尼亚、拉脱维亚与德国签订互不侵犯条约。这一切都为三大国在莫斯科的谈判设下了难以逾越的障碍。

1939 年 8 月苏德在莫斯科签订《互不侵犯条约》，图为斯大林（右二）与德国外长冯·里宾特洛浦（右三）在条约签订仪式上。

由于莫斯科谈判受挫，英国开始与德国进行秘密接触，苏联则一直与德国进行"商业贸易"谈判。

为了打破僵局，苏联建议将政治谈判先搁置一边，进行更重要的军事谈判。

英法虽接受苏联的建议，但并没有真正改变对谈判的消极态度。英国派退役海军上将德拉克斯为首席军事代表。法国派一位名叫杜明克的兵团司令作为首席代表。苏联派出的代表却是国防人民委员伏罗希洛夫。斯大林看到英法只派出一些二三流角色，十分恼怒，认定英法并不真正想与苏联结盟。

更为恼人的是，英国代表团并没有乘飞机去莫斯科，而是乘一条海轮，在航行了半个月之后于 8 月 11 日才抵达莫斯科。这个代表团甚至没有携带英国政府颁发的全权证书。这进一步加剧了苏联的不满与怀疑。

8 月 12 日，莫斯科谈判转入军事谈判。伏罗希洛夫首先陈述了苏联的抗德计划。他表示，苏联将在西线部署 136 个师的兵力，一旦英法遭到德国入侵，苏联将以相当于英法抗德兵力的 70% 的军队投入战场；如果德国入侵波兰和罗马尼亚，英法必须向德国宣战，苏联将投入与英法对德作战的同等兵力；如果德国入侵波兰，英法必须投入相当于苏联投入作战兵力的 70% 的军队，共同对德作战。

对于苏联的建议，英法代表保持沉默，不置可否。伏罗希洛夫不愿等待，他直率地问德拉克斯："一旦战争爆发，英国可以派多少部队赴欧洲作战？"

德拉克斯迟疑了一会，才回答说："目前只可以派出 5 个步兵师和 1 个摩托化师。"

听了德拉克斯的回答，伏罗希洛夫从内心感到失望。

翌日，谈判继续进行。这一次伏罗希洛夫又提出更令英法头痛的问题。他声称，苏联并不与德国接壤，一旦投入对德作战，必须穿越波兰和罗马尼亚领土。他要求英法运用自己的政治影响力，说服波兰和罗马尼亚同意苏军入境。

英法代表声称，他们没有资格来回答这样的政治问题，过境问题是苏联与波兰、罗马尼亚的事，应由这两国自己来回答。

苏联拒绝接受这样的回答，明显地表示不满。8 月 15 日，法国政府正面向波兰政府提出允许苏军过境的问题。波兰政府立即断然加以拒绝，它认为，苏军在波兰领土上作战并不会给波兰带来安全利益。

由于法国直接面对德国侵略，它不希望谈判破裂。因此，法国向英国建议，不管波兰采取什么态度，它们"同意"苏军进入波兰作战。英国拒绝了法国这一建议。

莫斯科军事谈判同样陷入死胡同。

斯大林认为，英法不肯与苏联结成平等的盟友，苏联不能继续等待，必须采取行动捍卫自己的安全利益。他选择了与德国缔约。

8月23日，苏德正式签订《苏德互不侵犯条约》和附加议定书。

翌日，英法代表要求会见伏罗希洛夫，希望了解现在苏联是否还继续进行谈判。

8月25日下午1时，伏罗希洛夫最后一次会见英法代表，直截了当地说："鉴于政治形势业已改变，继续谈判已经没有什么用处了。"

莫斯科谈判曲终人散，正式关上大门。世界人民期望看到的国际反法西斯联盟在萌芽阶段就夭折了，希特勒发动世界大战的时机成熟了。

## 德国闪击波兰

1939年8月31日夜，位于德波边界的德国小镇格莱维茨突然响起一阵枪声，一伙身穿波兰陆军军服的武装人员占领了镇上的广播电台，并在这家电台上发表了煽动性的反德演说。演说者用波兰语叫嚷道："波兰民族反对德国的战争已经开始了。"事后，这伙人在电台门前丢下几具尸体，作为电台伤亡的工作人员。

希特勒检阅攻破华沙的纳粹士兵

这场拙劣的闹剧的导演是希姆莱，他是德国党卫军的总头目，奉希特勒的命令行事。在他的命令下，一小队党卫军换上波军制服，伪装为波军士兵，制造了这起袭击事件。死者则是事前准备好的集中营囚犯。这场闹剧为德国入侵波兰提供了急需的借口。

9月1日上午10时，阿道夫·希特勒驱车来到国会大厦，发表了一篇用谎言堆砌的讲演。他声嘶力竭地叫道："昨天夜里，波兰正规军已经向我们的领土发动了第一次进攻，我们已于清晨5时45分起开始还击。从现在起，我们将以炸弹回敬炸弹。"

就是在希特勒所提到的那个时刻，德国开始了对波兰的大规模入侵。数千架标有卐字徽号的纳粹德国的轰炸机肆无忌惮地闯入波兰领空，将成千上万吨炸弹倾泻在波兰的机场、码头、交通枢纽、军事设施和军事基地上。顷刻之间，一队队整齐排列在机场上的波兰战机变成一堆废铁。德国人轻而易举地夺取了波兰战场的制空权。在德国空军的猛烈轰炸下，波兰的桥梁、码头、车站、道路、铁路等交通设施遭到严重破坏，通讯设施也被摧毁。

与此同时，几千辆德国坦克越过德波边界，直插波兰纵深地带，将守卫在边界地区的100多万波兰军队分割包围。数百架斯图卡式轰炸机进行低空俯冲轰炸，发出刺耳凄厉的声音，给守卫阵地的波军造成了严重伤亡。150万纳粹大军在摩托化重炮的伴随下，乘坐机动车辆，在错综复杂的电报、电话等现代通讯系统的统一调度下，奔驰在坎坷不平的波兰道路上，歼灭被围的波兰军队，迅速占领波兰的西部城市和乡村。这是波兰，也是世界，第一次领教纳粹德国的闪击战。

顽强的波兰人拼死进行抵抗，但这一切根本无济于事。仅仅一周之内，驻扎西部边界的波军的35个师就被德军击溃或消灭。面对滚滚前进的德国装甲铁流，绝望的波兰人用骑兵向德军坦克发起冲锋，这使人们联想起西班牙作家塞万提斯描述的堂吉诃德与风车的决斗。英勇的波兰士兵的鲜血染红了波兰的土地，但却不能阻止德军的前进。9 月 6 日，位于波兰南部的第二大城克拉科夫沦陷。9 月 8 日，德军来到华沙城下。波兰政府迁出华沙，华沙的军民开始了英勇的华沙保卫战。

9 月 1 日晚 9 时，英国驻德大使汉德逊代表英国政府，向德国发出最后通牒，要求德国立即停止对波兰的进攻，从波兰撤军，否则英国将履行援助波兰的义务。1 小时后，法国驻德大使考仑德雷代表法国政府，向德国发出了同样内容的照会。然而，希特勒对英法的威胁竟不理会，继续猛攻波兰。9 月 3 日，英法先后向德国宣战，战争扩大为世界大战。

波兰政府原以为，英法宣战后会履行过去曾对自己许下的诺言，对德国西部边界发起大规模进攻，从而减轻自己所面临的德国巨大军事压力。然而，波兰人很快就失望地发现，英法无意向德国西线坚固的齐格菲防线发起攻击，他们所指望的对德第二条战线始终没有出现，英法对德国进行的是宣而不战的"假战争"。

对于波兰人更为不幸的是，9 月 17 日苏联宣布出兵波兰，其理由是为了保护波兰境内的乌克兰和白俄罗斯同胞的生命财产安全。苏军越过苏波边界，迅速占领了波兰东部。退守波兰东部的数十万波军完全没有防备俄国人的进攻，成为苏军俘虏。两天后，侵入波兰的苏军与侵波德军在布列斯特—里托夫斯克会师。之后，苏联外交人民委员莫洛托夫与纳粹德国外交部长里宾特洛甫代表两国政府正式签订协议，以那累夫河、维斯瓦河和散河一线为界，确定各自在波兰的势力范围。波兰又一次遭到他的东西两大强国的瓜分。

苏军的入侵，给波兰人致命一击，但此时华沙还在抵抗。尽管波兰政府已撤至国外，但守卫华沙的军民仍在坚持战斗。在华沙城内，人们在建筑物之间垒起沙袋，砌上水泥，圈起铁丝网，将建筑物变成一座座要塞。华沙的主要街道被挖出一条条又深又宽的壕沟，以阻止德军坦克的突进。每个路口都设有用无轨电车、沙包、石块堆成的街垒。每个成年男子都拿起武器，决心以生命和鲜血保卫这座伟大的城市。

从 9 月 10 日，华沙就一直遭到德军的飞机、重炮、坦克的轮番轰炸，整座城市遭到彻底的破坏，成为一片废墟，没有一座建筑物可以幸免。城市的水、电、煤气供应被完全切断。在整个华沙保卫战中，有 2 万名华沙人牺牲，4 万人负伤。

9 月 27 日，华沙城内的抵抗枪声终于停止了，伤痕遍体的华沙终于沦陷。华沙的沦陷标志着波兰战役的结束。

德国闪击波兰，标志着第二次世界大战的全面爆发。

简　评

二战对人类历史产生了深远的影响。战争带来的血腥杀戮，造成的巨大破坏，长久的反映在战后人类社会生活的各个方面。战争的结果使得法西斯这一人类社会的毒瘤被铲除。战后世界的政治、经济格局很大程度上是战争结果所带来的。

在这场血腥的战争中，无辜平民的伤亡是历史上最惨重的，其中包括纳粹德国针对犹太人和其他东欧人种的大屠杀、日本对无数中国与朝鲜平民的屠杀以及战争末期盟军针对德国与日本境内民用目标的轰炸。第二次世界大战总共导致了全球 5000 万人死亡，超过历史上任何一次战争。

# 日本偷袭珍珠港

## ——导致美国加入二战的事件

第二次世界大战爆发后，作为世界上实力最强大的美国，虽然在物资上给了反法西斯国家很大支持，但是却迟迟没有参战。在这种情况下，反法西斯势力非常吃力，战争处于胶着状态。这种状况很快就发生了改变，那就是因为日军偷袭珍珠港事件的发生。美国在这个事件以后开始参战。美国的参战，基本上决定了战争的胜负，实际上从长远上决定了历史的发展方向。

### 日军破釜沉舟

1940 年春的一天，西太平洋某处海域，日本联合舰队正举行一场大规模军事演习，以航空母舰为主力的一支舰队对抗以传统巨舰为主力的另一支舰队。结果，航母舰队大获全胜，重创"敌"方舰队。演习结束后，联合舰队司令山本五十六和他的参谋长乘旗舰"长门"号返回基地。归途中，两人站在甲板上继续讨论刚刚结束的那场激动人心的演习。突然，一直在眺望前方的山本转过身来，双眼闪闪发光，右手一挥，斩钉截铁地对他的参谋长说："空军训练很成功，我想进攻夏威夷是可能的。"正是这时，偷袭珍珠港的军事计划已在山本心中形成。

自从 1937 年卢沟桥事变后，日本对中国的全面侵略遭受严重挫折，日本无法摧毁中国人民的抵抗，数百万侵华日军陷入中国战场的泥潭无法自拔。日本法西斯决定扩大侵略战争以摆脱在中国的困境，但在选择侵略方向上，它的内部陷入分歧，形成主张进攻苏联远东地区的北进派和主张向太平洋方向扩张的南进派。

偷袭珍珠港的日本海军敢死队飞行员

1938 年和 1939 年，日本关东军连续向苏联远东军寻衅，遭受重创，北进派遭到决定性失败。而德国在 1940 年春在西欧的胜利，沉重打击了在东南亚拥有广大殖民地的英法，削弱了日本南进的两个主要对手。南进派遂占据上风。1940 年 7 月，日本决定南进。

日本人明白，向南洋地区扩张，真正的对手是美国，美国在这一地区拥有殖民地菲律宾，并支持中国的抗战，它决不允许日本称霸太平洋地区。由于美国是世界上经济实力和军事潜力最大的国家，在日美对抗中日本难以取胜。如何对美国进行战争？如何在战争之初就给予美国决定性的重创？这些问题一直困扰着包括山本在内的日本法西斯领导人，正是在这一背景下，偷袭珍珠港的计划应运而生。

经过反复考虑，1941 年 2 月，山本将偷袭珍珠港正式列为作战方案。他指示参谋人员论证偷袭成功的可能性，并制订具体方案。经反复论证，山本最为信赖的几位优秀的参谋军官指出，这项计划是困难的和危险的，因为并不能保证美国太平洋舰队主力在袭击时正好停泊在珍珠港，而且，日本攻击舰队在从日本列岛到夏威夷的漫长航行几乎不可能不被美国发现。尽管如此，他们还是认为偷袭"有取得成功的相当希望"。

这一结论使山本受到鼓舞。山本生性喜爱冒险、赌博，他早年留学哈佛，后任日本驻美使馆海军武官，多年旅美的经历使他对美国强大的工业实力抱有一种敬畏的情绪。他知道与这样的敌手作战，只能以冒险的方式进行突然袭击，要么大获全胜，要么满盘皆输，否则决无任何胜利机会。

1941年春，代号为Z作战计划的偷袭珍珠港计划交给了海军当局。海军许多高级将领强烈反对这项计划，认为具有极大风险，可能在对美开战之初就彻底葬送日本海军的精锐。山本不为所动，他扬言，如不接受作战计划，他就要辞职。海军当局最终批准了Z作战计划。

山本知道如果偷袭成功，还必须对航空母舰飞行员进行严格的针对性飞行与投弹训练。他选择了日本列岛最南端九州岛的鹿儿岛市作为训练基地，它的地形地貌与珍珠港相似。1941年夏，来自6艘日本航空母舰的飞行员在这里不分昼夜地进行超低空飞行训练，飞机紧贴着水面上的渔船、岛上的建筑物和烟囱飞行，吓得在附近捕鱼的渔民魂飞魄散。飞行员还对海上飘浮的木筏进行俯冲轰炸，命中率高达80%。

在训练中山本的参谋人员发现，日本舰载机投掷的鱼雷只能在较深水域使用，而夏威夷珍珠港内的海水较浅，只有10多米深。为此，他想出一个办法，为偷袭珍珠港设计了一批特制鱼雷，在机械鱼雷上安装一个木制的像鳍翅一样的稳定尾翼，使鱼雷能在10米深的海水中前进，不致插入海底。

1941年9月，联合舰队完成偷袭珍珠港的技术和物资准备。9月5日，山本和他的参谋人员在巨大的沙盘上进行袭击珍珠港的模拟演习。结果，袭击遭到失败，4艘进攻的航母"损失"了两艘，进攻的飞机有三分之一被"击落"。这一结果使踌躇满志的山本十分尴尬，但他并没有改变主意，相反他增加了赌注，将用于偷袭珍珠港的航空母舰从4艘增至6艘。

自1941年春开始，日美在华盛顿举行秘密谈判，日本试图以外交手段来消除美国对它南进的反对。然而，华盛顿谈判毫无进展。7月，日军占领印度支那南部，表明它决意南进。随后，美国、英国、荷兰联合对日本实行包括石油禁运在内的制裁，日本陷入困境。9月6日，裕仁天皇召集御前会议讨论对策。

会议决定，如果到10月初华盛顿谈判仍无进展，就要对美开战。11月5日，这一期限又推延到11月25日。

11月26日，美国国务卿赫尔拒绝日本大使野村所提出的最后方案。同日，袭击珍珠港的日本特遣舰队驶出千岛群岛的择捉岛单冠湾，向雾气笼罩、波涛汹涌的北太平洋进发。这支舰队集中了日本海军的全部精锐：6艘航空母舰、2艘战列舰、3艘油船。海军中将南云忠一被任命为舰队司令，航母"赤城"号为他的旗舰。

为了避免被美国发现，舰队选择了很少船只经过的高纬度航线。舰队实行严格的保密措施，更换密码，实行灯火和无线电管制，舰上所有的垃圾被储存在桶中，不准倾入大海。

12月2日下午，南云收到山本司令官的密电，电文是"攀登新高山1208"。南云知道，它的含义是"按原计划于12月8日发动进攻"。在舰队出发时，日本法西斯仍幻想美国会让步，所以指示舰队，一旦华盛顿谈判取得突破，就立即返回基地，停止执行Z作战计划。

## 虎！虎！虎！

12月6日（夏威夷时间，下同），特遣舰队驶至夏威夷附近海域。此时，南云从密电中获悉，美国太平洋舰队的3艘航空母舰已离开珍珠港，但包括8艘战列舰在内的大多数舰只仍停泊在港湾。听到这个消息，南云多少有些沮丧。他很快振奋起来，下令升起Z字旗，以激励士气。1905年在对马海战中，日本舰队统帅东乡曾升起Z字旗，其含义是帝国命运赖此一役，每一将士都须尽力。南云希望东乡在天之灵能保佑日本此役成功。

珍珠港内浓烟翻滚

12月7日清晨6时，第一批攻击的机群从特遣舰队的6艘航母上升空，共计183架飞机，列队飞向珍珠港。在此之前，5艘日本袖珍潜艇已来到瓦胡岛附近，伺机潜入珍珠港，配合发起进攻。

6时30分，一艘美国驱逐舰在珍珠港入口处发现一艘来历不明的小潜艇，立即投下深水炸弹，并将情况报告给海军当局。海军上将布洛克并不相信日本潜艇敢在珍珠港附近活动，他下令让这艘驱逐舰进一步核实情况，而没有立即发出警报。

7时，瓦胡岛上美军雷达的操作士兵洛卡特从荧光屏上发现大群飞机从东北方向飞来，立即向上司报告。恰巧，美国军方安排一批B—17飞机前往瓦胡岛，因此洛卡特发现的机群被误认为是自美国西海岸飞来的B—17飞机。美国错过了挫败日本偷袭的最后机会。

7时48分，率领第一波攻击飞机的渊田中佐从座舱里清楚地看到瓦胡岛珍珠港内排列整齐的美国军舰，没有一架美机升空对他的机群进行拦截，没有一门高射炮向他的飞机射击，不禁心头一阵狂喜。5分钟后，他向南云发报："虎！虎！虎！"这是约定的暗号，代表"我们奇袭成功"。随后，渊田和他的机群开始对美国战舰及岛上目标进行轰炸。

第一波攻击结束后，8时55分，南云派出第二波次进攻的飞机，共计170架，再次对珍珠港进行打击。

9时45分，空袭结束，珍珠港内一片狼藉，美国太平洋舰队遭到灭顶之灾。8艘战列舰被击沉或重创，11艘其他战舰被击沉，188架飞机被炸毁，美军官兵伤亡达4500人。日本仅损失29架飞机和5艘袖珍潜艇。

10时，担任第二波次袭击的飞机返回航空母舰。渊田并不满足于已取得战果，他建议南云再次发动新的攻击，摧毁瓦胡岛上的美军油库和港口。谨慎的南云拒绝了这一建议，他担心那3艘不知去向的航空母舰可能随时返回，发动对他的舰队的致命打击，决定立即撤退。

偷袭珍珠港成功的消息传到日本后，日本出现歇斯底里的狂欢，日本广播电台反复播送海军军歌《跨过大海》，大街小巷的人们兴高采烈地传阅刊登战报的"号外"。直到深夜，举着灯笼，拿着小国旗的人们仍在街上欢庆。日本人并不知道，这一胜利的后果是什么。

12月8日（东京时间）上午11时，裕仁天皇在《宣战诏书》上盖上御玺，正式向美国宣战。

翌日，在大洋彼岸的美国，罗斯福总统来到国会，发表演说："昨天，1941年12月7日，永远是耻辱的日子，这一天，美利坚合众国遭到日本帝国海军和空军的袭击！"总统激昂的声音在国会大厅里久久回荡。根据总统的建议，国会迅速通过决议，美国对日本宣战。美国正式加入第二次世界大战。

**简　评**

日本偷袭珍珠港，宣告了太平洋战争全面爆发。同一天，美国总统罗斯福要求国会宣布，对日本宣战。美国电台向全国广播："珍珠港遭到卑鄙的偷袭！"罗斯福总统说："必须记住这个奇耻大辱的日子！"接着，澳大利亚、荷兰等20多个国家也对日宣战。中国国民政府在中日战争已进行了4年后，在12月9日才跟着对日宣战。随后，德、意对美宣战。第二次世界大战范围更加扩大。同时，世界大战的天平开始向盟国倾斜。

# 世界反法西斯联盟的形成

## ——世界和平初露曙光

1941 年 8 月 9 日晨，美国巡洋舰"奥古斯塔"号缓缓驶入北大西洋纽芬兰的普拉森夏湾，抛锚停泊。在"奥古斯塔"号的主甲板上，罗斯福总统坐在轮椅上，焦急地望着前方，他不时举起单筒望远镜，遥望海湾出口处的海面，时而回过头，与身边的助手说几句话。

"嗨，军舰！"一名年轻水手大声喊道，一只手指向前方。众人顺着这位水兵所指的方向望去，远方一艘巨型军舰正劈波斩浪驶来。金海军上将来到罗斯福身旁，轻声说："这是皇家海军的新式战列舰'威尔士亲王'号。"

11 时整，英国首相丘吉尔离开"威尔士亲王"号战舰，乘坐汽艇向"奥古斯塔"号驶来。罗斯福在军舰舷梯入口处等待首相的到来。丘吉尔坚定有力地登上舷梯，总统立即迎上前去。

"终于见到您了，总统先生。"丘吉尔爽朗地笑着，伸出右手，与总统紧紧握手。

"能与您在大海上会面，我很高兴，丘吉尔先生。"罗斯福微笑着说。

这是两位伟人的首次会见，标志着大西洋会议的开始。

3 天后，两位领袖在英国战列舰"威尔士亲王"号上签署了《美国总统和英国首相的联合宣言》。这就是著名的《大西洋宪章》。在宣言中，两国领袖阐述了一系列民主的原则，表示反对法西斯国家的侵略和扩张。他们宣布：在最终摧毁纳粹暴政以后，两国希望见到这样一种和平，以使一切国家的人民得以在自己的国境以内安居乐业，保证一切地方的所有居民可以终身无所恐惧、不虞匮乏的生活。

8 月 14 日，"威尔士亲王"号乘风破浪向冰岛进发，丘吉尔倚在首相舱室的硕大沙发上，聆听英国 BBC 广播公司播送《大西洋宪章》。当男播音员以雄浑、高亢的声音读到"在最终摧毁纳粹暴政之后"这一段时，丘吉尔的眼睛湿润了。他十分清楚，这句话表明罗斯福已彻底放弃了中立政策，英美之间的联盟已不可动摇。为此，英国已走过漫长的艰苦道路。

当 1940 年 6 月纳粹大军横扫西欧时，英国被迫退守孤岛。铺天盖地的德国飞机持续轰炸，德国潜艇不断袭击在公海上航行的英国商船，与此同时，意大利开始大举进攻英国在北非的殖民地。在英国处境最艰难的时刻，1940 年 9 月 2 日，美国与英国达

罗斯福总统于珍珠港事件翌日，宣布对日作战。

成协议，美国将 50 艘超龄驱逐舰转让给英国皇家海军，以加强它的海上护航力量，英国则把大西洋上的 8 个海空军基地租给美国使用，为期 99 年。这项协议鼓舞了英国士气，迈出了美英战时合作的第一步。

以后，更多的美国飞机、坦克、大炮和军舰经大西洋抵达英国，交给英国的战士，与德意军队作战。到 1940 年底，英国又面临新的问题，购买美国的武器耗尽了他的黄金、外汇储备。英国再次陷入山穷水尽的境地。

12 月 8 日，丘吉尔首相给罗斯福写了一封长信，坦陈英国的困难，要求罗斯福考虑以新的方式来援助英国。

罗斯福知道，一旦德国征服英国，它的庞大的战争机器很快就会转而对付美国。他想出了租借援助的方式。为了说服美国人民支持这个办法，12 月 17 日他接见了美国记者，作了一个形象的比喻：

假如我的邻居失火，而我家里有一个浇花用的水龙带，要是让邻居拿去接上水龙头，我就可能帮他把火灭掉，我怎么办呢？我不会在救火之前对他说："老兄，这条管子我花了 15 元，你得照价付钱。"那么我怎么办呢？我不要 15 元，我要他在灭火之后还我水龙带，就是这样。

经过罗斯福的努力，1941 年 3 月美国国会通过《租借法案》，英国、中国等反法西斯国家成为第一批得到租借物资援助的国家。随后，美国又在大西洋上为来往北美和英国之间的船只进行护航，阻止德国潜艇的袭击。事实上，美国与德国已经不宣而战。9 月，美国驱逐舰与德国潜艇首次交火。

美英之间合作的全面展开为国际反法西斯大联盟的建立铺平了道路。而 1941 年 6 月 22 日德国入侵苏联，苏联参加对德作战，为国际反法西斯大联盟奠定了坚实的基础，为美英苏三大国的合作创造了前提。

对于丘吉尔和英国来说，苏联参战是极大的支持和鼓舞。在孤军奋战一年后，英国现在有了并肩作战的盟友。丘吉尔当即向世界宣布："我们将要对俄国和俄国人民进行我们能够给予的一切援助。"

1941 年 7 月 12 日，英苏两国在莫斯科签署《关于在对德作战采取联合行动之协定》。规定两国尽一切可能在对德作战中相互提供援助和支持，决不与德国单独媾和。英苏同盟形成。

美国也表示支持苏联。在苏德战争爆发的第三天，罗斯福宣布，美国将援助苏联。美国国务院也认为："任何反希特勒主义的斗争，任何反希特勒主义的力量的团结，不论其由来如何，都会加速当今德国统治者必然败亡的进程，从而促成我们的国防安全。"

然而，一些美国人对苏联能否抵抗纳粹大军的疯狂进攻表示怀疑，他们认为俄国战场难以维持 3 个月。这样，罗斯福难以下决心向苏联提供大规模援助。7 月 21 日，他派遣他的顾问霍普金斯访问苏联，以了解那里的真实情况。

斯大林敏锐地抓住了这个机会，多次与霍普金斯进行坦率的长谈。斯大林首次透露了苏联军队的真实情况，称苏联

丘吉尔在战争最惨烈的时期，曾以自己特有的不屈精神鼓舞了英国人和所有反战人士的士气。

# 历史大事全知道

现在拥有 2.4 万辆坦克，约 60 个坦克师；各类飞机约 2 万架，并且能以每个月 1800 架的速度生产新式飞机；苏军现有 260 个师，其中前线部署了 240 个师，估计可以动员 350 个师。之后霍普金斯在给罗斯福的报告中称："斯大林所透露的有关苏军实力的这些数字，大大高于我们的估计，希特勒也未必掌握这些情况，否则，他就会在入侵俄国之前三思而行了。"

在会谈中，霍普金斯向斯大林问道："苏联目前最需要的军事物资是什么？"他原以为斯大林会说飞机或坦克，但斯大林却说："我们所需要的第一是高射炮，第二是用于制造飞机的铝，……只要给我们高射炮和铝，我们就能打三四年。"之后他又坚定地说："德国人今年拿不下莫斯科。"

霍普金斯在报告中评论说："我相信他的话，如果斯大林担心失败迫在眉睫，他决不可能在要求援助的清单上把铝放在这么重要的位置。我对这条战线深深信赖，这里的士气特别旺盛，对胜利充满了信心。"

在大西洋会议上，罗斯福、丘吉尔听取了霍普金斯的访苏报告。之后，他们认为，现在是向俄国提供大规模援助的时候了。

10 月 1 日，美英苏三国代表在莫斯科签订《对俄国供应第一号议定书》。议定书规定：美英从 1941 年 10 月 2 日至 1942 年 6 月 30 日内每月向苏联提供 400 架飞机、500 辆坦克和其他军用物资，并承担其运输义务。三大国的合作由此正式建立。

1941 年 12 月 8 日，珍珠港事件爆发，美国参战。12 月 22 日，丘吉尔一行来到华盛顿，商讨进一步加强英美战略合作，与罗斯福总统第二次会面。他们共同拟定了《联合国家宣言》，并征求了中国新任外交部长宋子文、中国驻美大使胡适和苏联驻美大使李维诺夫的意见。

1942 年 1 月 1 日清晨，罗斯福坐在轮椅上来到丘吉尔住的房间，将宣言最后文本交给丘吉尔阅览。丘吉尔一看，文本的标题赫然写着《联合国家宣言》几个大字，无比欣慰，立即表示赞同。

之后，丘吉尔亲自推着罗斯福总统的轮椅，一起前往罗斯福的书房。他们看到李维诺夫大使、中国外长宋子文已在那里等候。几分钟后，罗斯福、丘吉尔、李维诺夫、宋子文分别代表各自政府在《联合国家宣言》上签字。宣言规定，各国保证用其全部的军事和经济的资源对轴心国作战，决不单独与敌媾和。

签字完毕后，罗斯福从酒柜中拿出一瓶法国香槟，为每位客人斟了一杯。众人为联合国家的团结、为战争的胜利干杯。之后，丘吉尔意味深长地说："我们靠宣言并不能打赢这场战争，但是它说明了我们是怎样的人，以及我们的作战目标。"

翌日，另外 22 个国家的大使来到美国国务院，以英文字母为序分别在宣言上签字。

国际反法西斯的大联盟从此诞生了。

## 简 评

反法西斯联盟在人口、资源、生产能力、人心向背和团结互助方面，都比德、意、日集团占明显的优势，为以后战胜法西斯奠定了坚实的基础。在联盟内部，各国的社会制度和意识形态并不一致，作战目的也不尽相同，虽然不时产生各种矛盾和斗争，但摧毁法西斯是他们的共同目标。正是这种根本利益使它们团结起来，互相配合支援，直到战争取得最后胜利。

反法西斯联盟的建立使战争的形势发生变化，是二战取得最后胜利的决定性因素之一，并为"联合国"的成立奠定了基础。

# 决战中途岛

## ——太平洋战场的转折点

1942 年 5 月 20 日，美国夏威夷瓦胡岛。美国太平洋舰队司令尼米兹海军上将在他的司令部里召开紧急会议，他平静地告诉与会的海军将领们，情报部门刚刚截获日本的一份重要电报，进一步证实日本海军大将山本五十六将率领他的联合舰队在近期对美国在太平洋上某个重要目标，发动一次大规模的进攻。

尼米兹强调说，这将是美日海军的一次决战，其结果将决定太平洋战争的前途。他要求全体官兵必须高度戒备，充分准备，夺取这场决战的胜利。

尽管尼米兹掌握了日本即将发起大规模进攻的情况，但是他并不知道日本攻击的确切目标，狡猾的日本人在电文中以"AF"作为攻击目标的代号。尼米兹的情报人员确信，"AF"只能是中途岛，但华盛顿的情报总部却认为"AF"可能是瓦胡岛。

尼米兹相信自己的情报人员的判断力，为了证实自己的判断，他下令中途岛的守军用明码给司令部发来一份电报，电文称岛上的海水淡化器发生了故障。不久，他的情报人员又截获日本的一份密电，称"AF"缺乏淡水。现在，华盛顿也确信，AF 就是中途岛。

中途岛位于中太平洋，是一个环状珊瑚岛，位于夏威夷以西约 1500 公里，东京以东约 4000 公里。山本认为，中途岛不仅是美国太平洋防线的中枢，而且也是未来美国在太平洋上反攻的跳板，战略地位极为重要。另外，1942 年 4 月 18 日，美国派杜立德航空队空袭日本本土，轰炸了东京、大阪、名古屋等城市，引起日本皇室和政府的恐慌，海军遭到各方面的指责。面对巨大的压力，山本急于寻求与在珍珠港事件中遭受重创的美国太平洋舰队决战，一举全歼这支舰队。1942 年 5 月初，日美海军在澳大利亚以北的珊瑚海上进行了人类海战史中的首次航空母舰遭遇战，美国损失了"列克星敦"号航空母舰，"约克敦"号航空母舰也受到重创。山本误以为"约克敦"号也被击沉，这样，美国太平洋舰队仅剩下 2 艘航空母舰，日本海军占有绝对的优势，因此他下令发动中途岛战役。

山本是位经验丰富，十分狡诈的海军将领。为了确保胜利，他集中了联合舰队的全部主力进行这次战役，共计 11 艘战列舰、22 艘巡洋舰、8 艘航空母舰、2 艘水上飞机母舰、55 艘驱逐舰和 21 艘潜艇，连同辅助舰只总计 200 余艘。为了迷惑和分散美国太平洋舰队，山本有意抽调部分舰只北上佯攻阿留申群岛。

他任命在偷袭珍珠港中立下赫赫战功的南云海军中将，率领以 4 艘航空母舰为核心的突击舰队，于 5 月 27 日从濑户内海率先出发，自己率主力舰队在两天后出发。

在太平洋战场上，美日疯狂争夺海上霸权。

此外，装载 5000 名登陆士兵的运输队和掩护舰队也同时出发。

尼米兹手中只有 2 艘航空母舰、3 艘巡洋舰和 10 艘驱逐舰，但他决心在中途岛迎击山本的庞大舰队。5 月 27 日，在珊瑚海遭受重创的"约克敦"号摇摇晃晃地驶回珍珠港，在尼米兹的严令下进行了夜以继日的抢修，仅仅 4 天就使它又恢复了战斗力。

尼米兹力排众议，任命原本指挥巡洋舰和驱逐舰的斯普鲁恩斯来指挥航空母舰作战。他们商定，将航空母舰埋伏在中途岛以北 200 海里的海面上，伏击南云的航空母舰舰队。

6 月 4 日凌晨 4 时 30 分，南云的航空母舰舰队已抵达中途岛西北 240 海里的海面。他派出 5 架侦察飞机，搜寻美国航空母舰的下落，并派出 180 架战机对中途岛进行首轮轰炸。日机的轰炸给中途岛的军事设施造成了严重破坏，但遭到美军高射炮火和岛上战斗机的顽强阻击。

当日机对中途岛进行狂轰滥炸之时，从岛上起飞的 10 架美国鱼雷轰炸机在没有战斗机掩护的条件下，对南云的航空母舰发起了拼死的进攻。有 7 架飞机被击落，但突破防线的 3 架美机还是向南云的旗舰"赤城"号投下了鱼雷。"赤城"号急忙转舵，躲过了鱼雷的攻击。

南云立即意识到，中途岛上的美机同样可以对他的航空母舰构成致命威胁，同时派出的侦察飞机仍没有发现美国航空母舰的踪影。他决定向中途岛派出第二批攻击飞机。命令发出后，"赤城"号和"加贺"号航空母舰的飞行员和军械师忙作一团，拆去飞机上已装载的攻击航空母舰的鱼雷，装上轰炸中途岛的高爆炸弹。

当这些飞机刚刚装上高爆炸弹时，一架日本侦察机发来了一条令人不安的电报，在中途岛以北 200 海里处发现 10 艘敌舰，但类型不详。南云担心它们中有美国的航空母舰，于是立即改变命令，下令立即拆除高爆炸弹，重新换上攻击鱼雷。南云出尔反尔的命令使他的航空母舰出现一片混乱。

正在这时，从中途岛飞来的 16 架美国俯冲轰炸机已飞临南云舰队的上空，开始发动攻击。但是它们缺乏攻击行进中的敌舰的经验，大部分在接近日舰之前就被击落，没有给南云造成任何损失。当日本人惊魂未定时，天边又出现 15 架美国的空中堡垒，但它们的投弹同样没有击中目标。

然而，南云的舰队所面临的危险现在才刚刚开始。8 时 20 分，派出的日本侦察机发来电报，称"发现敌舰队，后方似随有航空母舰"。10 分钟后，它又报告说，敌舰队中至少有一艘航空母舰。此时，日本的第一批攻击战机已经返回舰队上空，急待降落和补充燃料、弹药；第二批攻击飞机还未能起飞；奉命保护舰队的战斗机群滞空时间已久，燃料即将耗尽。南云在无奈之下只得下令，暂缓第二批飞机起飞，腾出甲板，让第一批攻击飞机降落。日本的航空母舰上再次忙成一团，甲板上堆满了刚刚卸下的炸弹，来不及转移到甲板下的弹药库中。

此时，斯普鲁恩斯早已通过雷达和侦察机确定南云舰队的位置，他精明地决定，待轰炸中途岛的日机返舰加油时发起攻击。9 时 30 分左右，从"大黄蜂"号航空母舰上起飞的 15 架美国鱼雷轰炸机开始了第一轮攻击，但它们遭到日本战斗机的拦截，全部被击落。接着，从"企业"号航空母舰飞来的 14 架美国鱼雷轰炸机发动的攻击也被日本人避开，它们被击落了 10 架。日本的航空母舰似乎有神灵保护，美国的多次攻击居然没有使它们遭受任何损伤。

然而，日本人的好运已经走到了尽头。10 时 15 分，从"企业"号上起飞的 37 架俯冲轰炸机悄然在南云舰队的西南方上空出现。它们看到下面是堆满刚接收飞机的日本航空母舰"赤城"号和"加贺"号，立即俯冲而下，投下重磅炸弹。"加贺"号首先中弹，并引爆了甲板上堆放的燃料、鱼雷和炸弹，引起连锁大爆炸。"加贺"号迅速沉没。几乎同时，"赤城"号也被击中，迅速被烈火吞没，南云只得下令弃舰。

几分钟后，从"约克敦"号上起飞的17架美国俯冲轰炸机出现在日本航空母舰"苍龙"号的上空。它们立即猛扑过去，将炸弹投向这艘日舰。"苍龙"号被击中，燃起熊熊大火，发出猛烈的爆炸声，缓缓沉入大海。

美国国旗升起在硫磺岛上，这幅照片成为关于太平洋战争的最动人注解。

在几分钟内，南云所率领的突击舰队仅剩下"飞龙"号一艘航空母舰。"飞龙"号狡猾地躲在一边，并派出飞机尾随攻击成功后返航的美国战机，发现了行进中的美国航空母舰"约克敦"号，向它投下炸弹。"约克敦"号燃起大火，舰长不得不下令弃舰。然而，"飞龙"号很快也被美机发现，4枚重磅炸弹击中了它，全舰淹没在火海中。

4艘主力航空母舰在顷刻之间被击沉，而且是一个实力弱得多的对手所致，这使日本人感到莫大的耻辱，并急于复仇。当夜幕开始降落时，山本命令舰队佯装后撤，以引诱美国人追击，这样他就可以用他的18英寸的巨炮来摧毁追击的美舰。但是，美国人没有上当，老谋深算的斯普鲁恩斯将他的小舰队向东驶去，等待黎明的到来。

次日黎明，山本恢复了理智，他十分清楚，没有航空母舰的掩护，他的庞大舰队对于美国人来说，不过是海上浮动的一群靶子，他下令撤退。斯普鲁恩斯不愿就此放过日本人，派出战机追击，击沉和重创日本巡洋舰各一艘。

日本海军在中途岛一败涂地。

这次海战的特点是双方海上战斗编队在舰炮射程之外，以舰载航空兵实施突击。日军失败的原因：其一是过高估计己方航空母舰的战斗力，同时在两个战役方向作战，兵力分散；其二是情况判断错误，认为美国航空母舰来不及向战区集结；其三是通信技术落后，缺乏周密的海上侦察，直至关键时刻也未查明美航空母舰的位置；其四是战场指挥不当，命令多变。美军获胜的原因，第一是掌握日军进攻企图，及时集结兵力待机；第二是在鱼雷机大部分损失的情况下，轰炸机仍然连续俯冲轰炸，导致日军鱼雷机连机带雷爆炸，航空母舰被彻底摧毁。

中途岛海战是太平洋战场的重要转折点。这场战役改变了太平洋地区日美航空母舰实力对比。日军仅剩重型航空母舰1艘、轻型航空母舰4艘，并损失了大量训练有素的飞行员。美国的这次胜利不仅重创了日本海军，遏制了日本的进攻，巩固了中太平洋防线，而且开始扭转日美双方在太平洋上的实力对比。在这次失败后，日本在太平洋战场上失去了制空权，迅速走向更大失败。

# 斯大林格勒战役

## ——第二次世界大战的伟大转折点

斯大林格勒位于宽阔美丽的伏尔加河西岸，是苏联南方重要的铁路交通枢纽和工业中心，也是苏联内河航运干线即伏尔加河上的重要港口。在它以西和以南，是辽阔富饶的顿河和伏尔加河冲积平原，这里是苏联的粮食、石油和煤炭等多种工农业原料的主要产地，战略位置十分重要。这座城市原名察里津，十月革命后不久，斯大林曾率领红军坚守这座城市，击退白军的一次次围攻，此后更名为斯大林格勒。第二次世界大战中著名的斯大林格勒保卫战就发生在这里。

### 举世瞩目的大会战

1942 年 5 月 8 日，在苏联黑海之滨的克里米亚半岛，响起德军进攻的隆隆炮声，德国开始了 1942 年夏季攻势。经过近两个月血战，苏军防御的最后要塞塞瓦斯托波尔失守，德军占领了整个克里米亚半岛。

随后，德国密集的坦克集群迅猛穿过尘土飞扬的俄罗斯南方草原，冲过顿涅茨盆地，涌入顿河的巨大河曲地带。7 月 22 日，德军占领了进入北高加索的门户——罗斯托夫。

20 世纪 30 年代初的斯大林

对于 1942 年的夏季攻势，早在战役策划初期希特勒就决定将进攻兵力集中于南线，目标是夺取高加索油田，占领伏尔加河流域的小麦产区，拿下斯大林格勒。希特勒认为，一旦实现上述目标，俄国将失去它的石油和粮食供应，与南部地区的联系将被切断，而德国则可以获得源源不断的石油和粮食等紧缺资源，这样，德国就可以轻易赢得这场战争的胜利。

7 月 23 日，希特勒下令，南线德军兵分两路，一路南下高加索，占领俄国的高加索油田，由霍特的装甲部队和第十七军团承担这一任务；一路东进攻打斯大林格勒，这个任务交给了保罗斯的第六军团。

7 月 11 日，保罗斯率领德军第六军团进入斯大林格勒州界。17 日，他的先头部队在顿河大河曲的奇尔河和齐姆拉河一线与苏军相遇，双方进行激烈的交火。斯大林格勒战役开始了。

对于希特勒来说，征服这座以他的死敌的名字命名的城市，具有极大诱惑力，他认为这将在心理上给俄国人沉重打击，为此他命令必须全力夺取斯大林格勒。

苏联最高统帅部在德军夏季攻势开始之际，曾以为德军主攻方向仍是中路，目标是夺取莫斯科。直到 7 月初，斯大林才意识到德军真正目标是斯大林格勒和高加索油田。7 月 12 日，他下令成立斯大林格勒方面军。

7 月 22 日，德军在突破苏军阻截后继续前进，抵达离斯大林格勒仅有 120 公里的苏军外围防御体系的前沿。双方在这里进行激烈的战斗。直到 8 月 9 日德军才突破苏军防线。苏军的顽强阻击为苏联统帅部加强斯大林格勒的防御争取了宝贵时间。

希特勒急于拿下斯大林格勒，将霍特的第 4 装甲兵团和第 4 航空队调往斯大林格勒前线，加强保罗斯的第六军团的进攻实力。

苏联人决心坚守斯大林格勒。斯大林冒着极大风险，下令将战略预备队从莫斯科地区调往斯大林格勒。斯大林格勒数以千计的工人被组建成民兵师，参加保卫城市的战斗；城中居民，不分男女老幼，夜以继日地在城郊和市区修筑防御工事。斯大林格勒的拖拉机厂改为坦克装配厂。这些坦克一经装好，就立即从装配线上驶往前线，加入战斗的行列。

8 月 19 日，保罗斯发动了对斯大林格勒的第一轮大规模攻势。22 日，德国坦克突破苏军防线，攻入斯大林格勒北郊，抵达伏尔加河畔。

23 日，德军出动几百架飞机，开始对斯大林格勒城区进行不分昼夜的狂轰滥炸。在德机的轰炸中，斯大林格勒城区烈焰翻腾、浓烟滚滚、瓦砾横飞，许多建筑物、工厂、学校和居民房屋变成一处处废墟，居民伤亡惨重。

与此同时，德军在坦克、装甲车的掩护下，对斯大林格勒发起正面攻击。8 月 31 日，苏军中央防线被突破，苏军被迫撤入内围防线。

9 月 1 日，德军开始进攻斯大林格勒城区。保罗斯集中了 3 个装甲师和 8 个步兵师向城北与城南的苏军防御工事发起潮水般的进攻。在苏军密集的弹雨中，德军士兵尸横遍野，但仍不顾一切地向前推进。到 26 日，德军占领了包括南区在内的大半个市区。

苏军背后是伏尔加河，已无路可退。他们誓死守卫这座城市。苏军士兵和工人民兵，利用每一层楼房、每一道街垒、每一处废墟和每一堵墙为掩体，用自动步枪、手榴弹、刺刀与突入的德国步兵进行血战。在被德军炮火炸成废墟的"红十月"和"街垒"等大型工厂厂区，战斗尤为激烈。

德军试图用坦克来摧毁苏军的火力点，但是在断壁残垣和厚厚的瓦砾中，坦克行进缓慢，苏军战士跃出掩体，用手雷、燃烧瓶给德军坦克以重创。在苏军顽强阻击下，德军无法占领整个城区，无法消灭在各个废弃建筑中的苏军火力点。

德军和苏军在斯大林格勒废墟中的混战持续了两个月。战斗异常残酷，在许多破碎已成废墟的建筑物中，常常是双方各占据一半，或是德军占据下层，苏军控制上层；或是苏军占据下层，德军控制了上层。保罗斯不断向前线增派援兵，但仍不能取得决定性胜利。

在对斯大林格勒的持续进攻中，德国第六军团耗尽了力气。到 10 月底，斯大林格勒的德军终于精疲力尽，不得不停止攻势，转入防御。

### 苏军的有力反击

在斯大林格勒战役的最困难时刻，苏联统帅部通过伏尔加河源源不断地向城中守军提供增援和补给，加强防御力量；同时做出战略性决策，在斯大林格勒展开大反攻，全歼保罗斯的第六军团。

苏联统帅部派朱可夫将军指挥这场事关重大的战略反攻。在很短时间里苏军在伏尔加河右岸集结了 50 万兵力，配备了威力强大的 T34 型坦克，115 门令德军闻风丧胆的卡秋莎火箭炮，为即将开始的反攻作了周密的准备。

11 月 19 日，在 2000 门大炮的怒吼声中，苏军开始了大反攻。精明的朱可夫将军，将在斯大林格勒战线两翼为德军担当掩护任务的罗马尼亚、意大利人的防线作为突破口。6 个军

## 历史大事全知道

母亲送别出征的儿子，苏联人民在二战中做出了巨大的牺牲。

团的苏军，以摧枯拉朽之势，迅速击破北翼的罗军防线，继续向南挺进。

20日，另一支苏军在斯大林格勒的南翼也发起凶猛的进攻。罗马尼亚和意大利人的防线顿时被撕开一个巨大缺口。苏军乘胜向西北方向挺进。

23日，从两翼突破的苏军在斯大林格勒西面的苏维埃斯基会师，一举切断保罗斯的第六军团的退路。希特勒闻讯后大惊失色，他命令保罗斯必须坚守阵地，不准撤退。同时他下令由曼斯坦因率一支装甲部队，为保罗斯解围。

12月初，曼斯坦因率精锐的装甲部队，发起解围攻势，沿北高加索至斯大林格勒铁路线开始进攻。12月17日，曼斯坦因的装甲部队离被围的第六军团仅有50公里。就在这时，苏军在曼斯坦因装甲部队的后方发起了一场更大规模的攻势，一举突破德军防线。现在，连曼斯坦因的解围部队也面临被切断归路的危险。希特勒惊恐万状，不得不下令曼斯坦因撤退。

曼斯坦因的撤退，不仅使保罗斯的第六军团陷入绝境，而且也使已深入南高加索的德军的退路同样面临危险。1943年1月初，高加索的德军不战自退，仓皇溃逃。这样，整个苏联战场的南方战局彻底改观。

希特勒不甘心失败，下令空军向被困的第六军团提供大规模空投补给。但这只是痴人说梦，第六军团每天所需物资最低限度为300吨，而德国空军每天只能空投70吨，以后又减少到40吨。

当1943年的第一缕金色的阳光照射在覆盖着斯大林格勒战场上的皑皑白雪时，保罗斯和他的部下已陷入弹尽粮绝、饥寒交迫、士气低落的悲惨境地。保罗斯知道，第六军团覆灭的命运已不可逆转。

1月10日，在7000门巨炮震耳欲聋的炮击声中，苏军向保罗斯的第六军团发起了最后的攻击。德军的防线迅速被压缩。

1月24日，保罗斯收到了希特勒的来电。电文称，他已被晋升为陆军元帅，并被授予勋章，其他117名军官也各升一级。保罗斯苦笑着读完这份电报，他知道希特勒此时晋升自己为元帅是要他战死疆场，决不能被苏军生俘，因为在德军历史上从未有元帅被敌人生俘。他默默将电报丢在一边，陷入沉思。

1月30日，苏军攻占了第六军团指挥部。保罗斯在最后一刻违背了元首的命令，选择了投降。两天后，整个斯大林格勒战场的枪炮声完全平息了。德国第六军团全军覆灭，包括24名将军在内的91000名德国官兵成为苏军俘虏。斯大林格勒保卫战胜利结束。

斯大林格勒会战是第二次世界大战中最大的会战之一。前后历时200天，德军（包括仆从军）总共损失150万人、3500辆坦克和强击炮、1、2万门大炮和迫击炮、3000架飞机和其他大量军需品和技术兵器。从此德国被迫转入战略防御，希特勒的好运结束了，纳粹德国迅速走向灭亡。

简　评

苏联在斯大林格勒会战取得的胜利具有重大的政治、军事意义。这次胜利，对争得苏联伟大卫国战争乃至整个第二次世界大战的胜利做出了决定性贡献。斯大林格勒会战的结果，使苏军从德军手中夺取了战略主动权，并一直保持到战争结束，同时它鼓舞了各国人民同法西斯占领者进行更加坚决的斗争。

这次战役以后，轴心国的失败已经指日可待了，盟国方面，英、美、苏三大国开始着手制定战争结束后的政治方针，描绘未来的世界格局。这就是以后雅尔塔等一系列会议的召开。

# 诺曼底登陆

## ——人类历史上规模最大的登陆行动

1944 年 6 月初，尽管纳粹德国在各个战场全面溃退，但战火仍远离德国的土地，希特勒仍牢牢地统治着这片土地。但是，这样的日子即将结束。

历史上规模最大的登陆进攻——诺曼底登陆

在 1943 年 11 月底召开的德黑兰会议上，罗斯福、丘吉尔和斯大林最后商定在 1944 年 5 月进攻法国，开辟第二战场。会议结束后不久，罗斯福挑选他的爱将艾森豪威尔将军担任盟军统帅，指挥登陆行动，并将登陆行动的代号命名为"霸王"。

1944 年 5 月，由于准备不足和气候原因，艾森豪威尔决定将登陆日推迟到 6 月初。艾森豪威尔知道，6 月初将是他在今年最后的机会，尤其是 6 月 5 日至 7 日 3 天，潮水和月色均有利于登陆。如果过了 6 月，那么在 1944 年余下的时间里将是英吉利海峡气候最恶劣的时期，根本无法进行登陆。如果这样的话，几百万盟军将整整一年在英国无所事事地呆着，这几乎不可想象。

6 月 4 日晚，英国南部风雨交加，在朴茨茅斯的索斯威克别墅的宽敞餐厅里，聚集着大群盟国高级将领，他们中有艾森豪威尔将军和英国的蒙哥马利将军。在餐厅的一侧墙上，悬挂着一幅巨大的英国南部和法国诺曼底地区的地图，旁边是一张宽大的餐桌。

艾森豪威尔站在窗前，注视着窗外的狂风暴雨，眉头紧锁，来回踱步。其他军官们坐在椅子上，彼此交谈着，每个人都露出忧虑的神情。

晚上 9 时 30 分，气象专家斯泰格上校走进餐厅，立即吸引了每个人的注意。他来到艾森豪威尔身边，微笑着说："将军，我想我们有了希望，天气出现了转机。"他继续说，暴雨将在 3 小时内停止，之后有 36 小时的好转天气，适合横渡英吉利海峡。他的报告结束后，军官们接二连三地向他提问。艾森豪威尔坐在沙发上，什么也没说。当提问结束后，餐厅里突然一片寂静，人们将目光盯着艾森豪威尔。过了片刻，他站起身来，将手一挥，高声说道："好！我们出发！"

随后，他以最高统帅的名义，正式向所有登陆部队发布"进军令"。

6 月 5 日午夜，英吉利海峡地区的暴雨已经停止，但风力仍未减弱。在英国南部的 20 多个军用机场上，整齐排列着 1100 多架运输机。美军第 82、第 101 空降师和英国第 6 空降师的数万名官兵集结在这些机场，整装待发。随着指挥员一声命令，他们迅速登上各自的飞机。几分钟后，一架架飞机依次起飞，轰鸣声响彻夜空。根据艾森豪威尔的命令，这些空降部队的职责是抢占滩头阵地，配合大军的海上登陆。

在运输机起飞后不久，风力开始减弱，在牵引机的带动下，数十架滑翔机也飞上夜空。机上运载的是精锐的突击部队，他们携带了包括反坦克炮在内的各类轻型武器，任务是袭扰德军防线后方的交通线，破坏桥梁、道路，阻止德军增援登陆地区。

6月6日拂晓到来之前，英国皇家空军的1136架夜间重型轰炸机开始出动，对诺曼底地区的德军炮兵阵地进行密集轰炸。拂晓时，美军第8陆军航空队也派遣了1083架轰炸机，继续猛烈轰炸德军阵地。

当盟国的伞兵部队和滑翔机突击部队在德军后方降落时，人类历史上规模最大的登陆行动开始了。6月6日凌晨，在英吉利海峡上出现一支空前庞大的舰队。在7艘战列舰、27艘巡洋舰、164艘驱逐舰和86艘其他战舰组成的强大舰队护卫下，载有几十万首批登陆士兵的4000多艘运输舰乘风破浪，直奔法国诺曼底海岸。在接近海岸时，所有的战舰开始向海滩上的德军阵地猛烈炮击，海滩完全被浓烟笼罩。

横亘在法国与英国之间的海峡，总长560公里。诺曼底一带的海峡西端，宽约220公里，称英吉利海峡；东端加莱地区的海峡，最窄处只有33公里，称多佛尔海峡或加莱海峡。盟国为了掩饰真正的登陆地点，有意在多佛尔海峡的英国东南部部署疑兵，美军最骁勇善战的巴顿将军有意在那里频频露面。由于加莱离德国本土更近，加上加莱海岸分布了许多良港，易于登陆，因此，德国将加莱一带作为防御盟国登陆的主要地区，将精锐的装甲师驻扎在那里。希特勒确信，盟军将在加莱登陆。

6月6日凌晨，德国统帅部接到诺曼底地区德军关于与盟国空降部队交火和发现盟国大群登陆舰船的报告。希特勒陷入迷惘之中，他怀疑盟军在诺曼底的进攻仅仅是一场佯攻，拒绝将部署在加莱一带的两个精锐的党卫军装甲师调往诺曼底地区。

6月6日上午，希特勒又收到诺曼底地区的报告，称盟军的入侵已经失败。这更使希特勒趾高气扬，不把盟军在诺曼底的登陆放在心上。下午，他接见德军高

盟军在诺曼底登陆的场面

级将领时狂妄地说："消息再好不过了，他们要是呆在英国，我们还打不着他们，现在我们把他们弄到我们能消灭他们的地方了。"

希特勒的愚蠢的乐观情绪也感染了其他纳粹领导人。戈林信誓旦旦地表示，他的空军可以对付入侵的盟军。可是，在6月6日这一天，德国空军仅仅对诺曼底的登陆地点派遣了319架次飞机进行轰炸，而盟军在这一天出动飞机10585架次。盟军牢牢地掌握着制空权，戈林的大话很快落空。

希特勒还将希望寄托在他信赖的海军统帅邓尼茨身上，这位潜艇战的专家、"狼群战术"的发明者曾在大西洋上以潜艇战重创英国海军和商船队。但是，邓尼茨发现，庞大的盟军登陆舰队在强大的护航舰队的严密保护下，他的潜艇根本无法接近敌人的舰只。

# 历史大事全知道

6月6日清晨6时30分，首批英军登陆部队登上塞纳湾海岸。一小时后，首批美军登陆部队也踏上法国的土地，在英军的右翼也占领一块滩头阵地。数百艘盟军的战列舰、巡洋舰、驱逐舰和护卫舰以猛烈的炮火给予德军防御工事毁灭性的打击，支援登陆行动。从运输舰上放下的一艘艘登陆艇满载着盟军士兵，一边开火，一边冲上海滩。数百辆两栖坦克也同时登陆，以火力掩护登陆士兵。

到6月6日晚夜幕完全降临时，盟军已有5个师，共计132715名士兵成功地登上诺曼底海岸，牢牢地占领了几块滩头阵地。

次日，盟军在诺曼底登陆的行动仍在继续，盟军控制的滩头阵地迅速扩大，登陆部队勇猛地攻克了位于英美滩头阵地之间的德军阵地，将盟军的滩头阵地连成一片。

在牢牢地控制滩头阵地之后，盟军开始将人造港的庞大部件拖过海峡，在控制海岸上组装。人工港的建立，大大加快了登陆的进展，无数战士、坦克、大炮从人工港上进入诺曼底地区。

在6月10日以后，希特勒开始意识到诺曼底地区才是盟军真正的登陆地点，急忙派遣党卫军装甲师去增援诺曼底地区，但为时已晚。到7月初，盟军已有25个师、100万兵力在诺曼底登陆。随后，强大的盟军横扫盘踞在布列塔尼半岛上的德军。至7月24日，盟军胜利结束在诺曼底的登陆行动，跃出布列塔尼半岛，向着巴黎进军。

 简　评

诺曼底的登陆是人类历史上最大规模的一次登陆行动。诺曼底登陆的胜利，宣告了盟军在欧洲大陆第二战场的开辟，意味着纳粹德国陷入两面作战、腹背受敌的困境，彻底粉碎了德军企图以西线部队挫败美英登陆后再抽出50个师转用于苏联战场的如意算盘。到1944年8月，德国的最后失败已不可避免。

‌

# 雅尔塔会议的召开

## ——决定二战后国际格局的会议

1945 年 2 月 3 日中午 12 时 10 分，一架名为"圣牛"号的美军 C—54 型大型运输机，载着罗斯福总统和他的顾问们，在 6 架 P—38 型战斗机的护航下，越过浩瀚的黑海，降落在苏联克里米亚萨基机场上。几分钟后，苏联外交人民委员莫洛托夫一行登上"圣牛"号，迎接罗斯福总统。20 分钟后，英国首相丘吉尔的专机"空中霸王"号也在机场上降落。罗斯福和丘吉尔此次前来克里米亚，是出席三巨头去年计划的三国首脑会议，地点为克里米亚半岛的雅尔塔。

战后主宰世界格局的三巨头：丘吉尔、罗斯福、斯大林（左起），在雅尔塔会议上留下了这张难得的照片。

在机场上，俄国人为两位西方领袖准备了盛大的欢迎仪式。机场的一侧，红军仪仗队排列着整齐的队形，等候着罗斯福、丘吉尔的检阅。士兵们身材高大，体格健壮，身穿深蓝色军服，脚蹬乌黑发亮的皮靴，手戴白手套，左手放在胸前，右手紧握上了刺刀的来复枪。罗斯福乘坐吉普车、丘吉尔在车后步行，检阅了这支队伍，他们对这群精神抖擞的红军战士产生了很好的印象。

欢迎仪式后，他们乘上俄国人准备的轿车，前往 90 英里之外的雅尔塔。车队最先抵达利瓦吉亚宫，这曾是沙皇的一座行宫，罗斯福总统被安置在这里。最后车队到达沃隆佐夫宫，这是丘吉尔下榻的地方。

在罗斯福、丘吉尔到达不久，斯大林也乘专列来到雅尔塔，住进约索波夫王子宫。

2 月 4 日下午 5 时，在罗斯福下榻的利瓦吉亚宫举行三巨头的第一次正式会议。会上，苏军总参谋长安东诺夫将军对苏军在东线攻势的情况作了汇报，美国陆军参谋长马歇尔将军则报告了西线的形势。三位领袖初步讨论了进一步加强盟国之间的军事合作问题。之后，根据丘吉尔的建议，由他们的参谋长们具体落实。

第二天下午，三巨头第二次正式会议继续在利瓦吉亚宫进行。根据罗斯福的提议，德国问题成为这次会议主题。

三巨头首先讨论了分割德国问题。斯大林表示希望能在雅尔塔解决分割德国的方案与措施，罗斯福则表现得模棱两可。丘吉尔立即表示强烈反对，他嚷道：

"我认为我们在几天之内无法对分割德国作出一致决定，我们面对的是 8000 万人民，为了决定他们的命运，需要更多的时间。"

之后，罗斯福建议，先由三国外长来研究这个问题，并提出具体方案。斯大林和丘吉尔都表示同意。

会议继续进行。罗斯福与丘吉尔相继提出了法国参加对德占领问题。为了排除意料之中的苏联的反对，丘吉尔表示："我们建议从英国占领区，如果可能的话，也从美国占领区分出一些区域给法国人。这个占领区在任何情况下都不会影响苏联占领区。"

斯大林知道，丘吉尔之所以如此慷慨，是为了战后与法国联合起来，遏制俄国势力向西欧扩张。但他并没有将话挑明。斯大林表示他担心给法国一个占领区是否会给其他国家开一个先例，并明确反对法国参与对德管制。

为了缓和斯大林的反对，罗斯福表示，美国虽同意给法国一个占领区，但它也反对法国参加对德管制。这样，斯大林才表示同意。

接下来他们讨论了德国赔偿问题。斯大林的助手梅斯基向会议陈述了苏联的计划。根据这个计划，德国将以实物支付赔偿，三国对德国经济进行严格监督，以确保赔偿进行。将根据对战胜德国的贡献大小和直接物质损失大小来确定赔偿的先后次序。苏联应获得不少于 100 亿美元的赔偿；三国在莫斯科设立专门的赔偿委员会。

丘吉尔表示，苏联有权获得最大份额的德国赔偿，但他又强调，英国和其他西欧国家也遭德国的严重破坏，如果由德国来赔偿这一切，"德国将会怎样呢？一个有 8000 万人口的饥饿的德国的灵魂浮现在我面前，想起它我就不寒而栗。谁来养活德国人呢？谁来支付这笔钱呢？到时候还不是要由盟国自己来掏腰包。因此，我认为要想骑马，就得喂草料。"

丘吉尔的话引起斯大林的强烈不满，他尖锐地驳斥："可是马不应该踢我们。"

罗斯福赞成丘吉尔的观点，但为了缓和气氛，委婉地说："我非常希望苏联遭到的一切破坏都能得到恢复，但仅靠赔偿不可能补偿一切的。应该给德国人留一些工业，使德国人不至于饿死。"

由于三巨头无法迅速达成一致，他们再次将这个难题交给自己的助手，由外长们继续讨论德国赔偿的具体方案。

在第三天的正式会议上，三位领袖讨论了联合国问题。在去年的敦巴顿橡树园会议上，苏联提出它的所有 16 个加盟共和国应分别加入联合国，成为联合国的单独会员国。它还主张常任理事国在安理会的否决权不应加任何限制。在这天的会议上，罗斯福与斯大林交换了意见，达成妥协：美国同意乌克兰、白俄罗斯可以单独加入联合国，苏联也同意对常任理事国的否决权加某种限制。它在确定会议程序的表决中不享有否决权，但对安理会通过的任何非程序决议，仍享有否决权。这一协议的达成，为联合国制宪会议的召开扫清了最后障碍。

从 2 月 6 日到 2 月 8 日，三巨头花了大量时间来讨论令他们十分头痛的波兰问题。此时，波兰共产党领导的卢布林委员会已经控制了波兰全境，并被苏联视为波兰合法政府。但美英继续支持和承认设在伦敦的波兰流亡政府。

会上，三巨头进行激烈的争论，最后达成妥协。关于战后波兰政府的组成问题，他们商定，建立由华沙现政府中人士及波兰国内外民主人士组成的临时民族统一政府，让它来保证立宪会议选举，再由立宪会议选出永久性波兰政府。

战后波兰的疆界划定也是一桩困难的事。三巨头最后决定，波兰东部边界以1941年6月22日苏德战争爆发时苏联西部边界为准。这意味着英美承认1939年9月苏联对波兰东部地区的占有。他们还决定，战后将德国包括东普鲁士、上西里西亚在内的地区划给波兰，作为补偿。

2月8日下午3时，斯大林、莫洛托夫前往利瓦吉亚宫，拜会罗斯福，讨论对日作战问题。会谈一开始，斯大林直截了当地提出苏联参加对日作战的条件，其中涉及苏联在中国东北的权益问题。

2月11日，在最后一天会议上，三巨头签署了《三大国关于远东问题的协定》，条款如下：

苏美英三大国领袖兹决定，于德国投降及欧洲战争结束后两个月或三个月内，苏联将参加盟国方面对日作战，其条件为：

1. 外蒙古之现状应予维持。

2. 由日本于1904年背信弃义进攻所破坏之俄国昔日权益应予恢复，即：

a. 库页岛南部及该岛附近之一切岛屿应交还苏联；

b. 大连商港须国际化，苏联在该港的优越权益须予保证，苏联之租用旅顺港为海军基地须予恢复；

c. 对担任通往大连之出路的中东铁路和南满铁路应设立一苏中合办的公司以共同经营之；经谅解，苏联的优越权益须予保证，而中国须保持在满洲的全部主权；

3. 千岛群岛须交予苏联。

罗斯福在与斯大林达成这笔政治交易时，并没有征求中国政府同意，也没有与丘吉尔商量，甚至连美国国务卿斯退丁纽斯也被蒙在鼓里。

在2月10日的正式会议上，三国领袖开始讨论美国草拟的《关于被解放的欧洲的宣言》，宣言本身并没有争议。然而，罗斯福却提出了法国参加了盟国对德管制机构问题。他说："我经过再三考虑，已得到结论，如果法国人参加对德管制机构，那么戴高乐有可能对实现这个宣言予以协作。我过去反对法国参加对德管制委员会，但现在赞成法国参加。"

斯大林说："既然是总统经过考虑的决定，那我就接受总统的意见。"

纽约的时代广场上，一个刚从战场归来的海军士兵在亲吻一个护士，以此庆祝第二次世界大战胜利结束。

　　这一结果使丘吉尔大喜过望，立即说："这一点应在公报上公布。"斯大林和罗斯福表示同意。

　　三国领袖还讨论了德国赔偿问题。三国外长们并没有就德国赔偿数字达成协议，这个问题又回到三巨头这里。经罗斯福提议，整个赔偿问题交给设在莫斯科的赔偿委员会去解决。

　　2月11日中午，三巨头在利瓦吉亚宫举行最后一次会晤，同时共进午餐。与此同时，他们的助手和工作人员仍在紧张地工作，拟定雅尔塔会议所达成的各项协议。

　　当各种正式文件和官方公报准备完毕后，工作人员立即把它们送给正在用餐的首脑们。三国首脑推开餐碟，最后审议各项文件和公报。

　　审议文件结束后，罗斯福说："我提议让斯大林元帅率先签名，因为他是位非常出色的主人。"

　　丘吉尔以开玩笑的口吻说："如果按年龄或按字母次序，我的名字应放在前面。"

　　斯大林慷慨地说："我同意首相的提议，如果我名列第一，人们就会说我在左右总统和首相。"

　　随后，他们便以丘吉尔、罗斯福、斯大林的顺序在公报和议定书上签字。签字结束后，罗斯福尽管面带倦容，但仍兴致勃勃地举起斟满香槟的高脚玻璃杯，向斯大林和丘吉尔提议，为三大国的团结与合作、为三位领袖的友谊和为这次会议的圆满成功干杯。

　　2月12日莫斯科时间23点30分，莫斯科、伦敦和华盛顿的电台同时向全世界宣布三国首脑在雅尔塔会晤的消息，并全文播送了会议公报。此刻，三位领袖正在不同的场所收听这条新闻。也许，他们并没有意识到，这次会议将是20世纪最重要的一次国际会议。他们在雅尔塔的争辩、妥协和签署的一系列协定、文件和公报将对20世纪世界的政治、经济、文化和国际关系产生久远的深刻影响。

## 简　评

　　雅尔塔会议反映出苏、美、英特别是苏美两国在战后世界安排问题上的不同意图和矛盾，对战后国际格局有着重大影响。第二次世界大战严重削弱了英法，它们沦为二等国家，使以欧洲为中心的国际关系舞台成为历史，逐渐取而代之的是美苏两极格局。

　　二战后，苏美两国由于国家利益的冲突和意识形态的差异，由战时的盟友变为对手，其对峙经历了"冷战"和"争霸"两个阶段。直到20世纪80年代末90年代初，随着东欧剧变和苏联解体，两极格局才最终瓦解，国际关系出现多极化趋势。

# 原子弹的研制和使用

## ——结束二战却开启了核战争

第二次世界大战期间，美国为了军事上的利益，集中了美国和西欧最优秀的科学家，动员了十万人员和庞大的工业及经济资源，耗资 20 亿美元，在绝对保密的条件下，用两年多的时间制造了世界上第一批原子弹。这一武器的研制成功是科学技术史上的伟大成就，也是世界现代史上的重大事件之一，它标志着人类利用原子能时代的开始。1945 年 8 月 6 日和 9 日，美国在广岛和长崎第一次使用了原子弹，这对加速日本帝国主义的投降和二次大战的结束起了一定作用。但这一毁灭性武器却使日本人民遭受巨大灾难，并导致了战后美苏两国的核军备竞赛。

### 美国研制原子弹问题的提出

第一颗原子弹的研制与其他重大发明一样，是许多科学家共同劳动的结晶。1895 年，德国科学家威廉·伦琴发现了阴电荷"爱克斯射线"。1902 年，法国科学家居里夫妇发现放射性元素镭。1905 年，科学巨人爱因斯坦发现关于物质和能是同一体的原理，英国物理学家卢瑟福发现了放射性物体的活动规律，揭示了原子的"真面目"。科学上的这些重大发现为研制原子弹创造了有利条件。

特别引人注目的是，1938 年 3 月，德国物理学家奥托·哈恩和弗里茨·斯特拉斯曼在柏林威廉皇帝研究所实验室里成功地进行了用中子轰击铀原子核的实验，终于出现了物理学界期待已久的裂变反应。1938 年 12 月 22 日，哈恩把关于发现核裂变的报告寄到《自然科学》杂志。在此之前，他把实验情况写信告诉犹太女物理学家莉泽·迈特纳。1939 年 1 月迈特纳在哥本哈根实验证实，每裂变一个原子可以放出大约两亿电子伏的能量。如能把铀控制利用，在理论上其爆炸力会等于 TNT 炸药的二千万倍。1938 年 12 月，意大利科学家恩里科·费米，因用中子的撞击产生新辐射物质的试验中发现了核裂变反应而获得诺贝尔奖金。1939 年 1 月 25 日，在费米的指导下，美国哥伦比亚大学实验室用回旋加速器进行的铀裂变试验，证实了迈特纳的实验结果。

铀裂变的发现震惊了美国科学界。原子裂变在理论上已成为可能的，现在哪一国能够首先把它转为实用，就有可能制造一种威力无比的新型炸弹。严重的危险是，裂变反应正好是在第二次世界大战的导火线已经点燃的时候试验成功的。那些亲身遭受希特勒的迫害而从

1945 年 8 月 9 日，日本长崎上空的原子弹蘑菇云。

欧洲移居美国的科学家，首先对原子能在军事上应用的可能性及其对世界政治力量对比的影响最为敏感。他们相信，希特勒正在研制原子弹，而且，有种种迹象证明已经远远走在前面。他们担心，如果纳粹德国首先拥有这种新型炸弹，希特勒就有可能统治世界或者毁灭世界。

1939 年夏天，传闻德国科学家正在柏林秘密开会，讨论利用原子科学的成果制造新式武器。移居美国的匈牙利物理学家西拉德等人获悉这些坏消息后，非常担忧德国法西斯抢先造出原子弹来。他们开始讨论怎样促使美国政府注意德国可能研制成原子弹的问题。西拉德和刚逃到美国的意大利核物理学家费米亲自到华盛顿奔走游说，向政府和军方报告关于核裂变的研究情况。然而，他们都遭到冷遇。军方代表认为现在制造原子弹是异想天开。国务院把他们称为"怪人"。于是，这批侨居美国的客人只得把希望寄托在名震一时的爱因斯坦身上。

1939 年 7 月，西拉德到长岛拜访爱因斯坦，向他讲明了铀核裂变产生链式反应可能引起的严重后果。爱因斯坦马上表示愿意帮助西拉德，必要时情愿"伸出脖子冒个险"。九天之内，西拉德又拜访了罗斯福总统的好朋友和私人顾问、经济学家亚历山大·萨克斯。此人久已注视原子能发展的可能性。他认为政府应该对原子能的发展给予积极的支持，直接向白宫提出建议是个好主意。

1939 年 10 月 1I 日，在白宫的椭圆形办公室里，萨克斯正在把爱因斯坦的信念给罗斯幅总统听。爱因斯坦在信中写道："先生：我认为铀在最近有可能被转变为新的重要的能源……这一新的现象有可能导向炸弹的制造，可以想象一旦不能肯定———一种新型的极场强大的炸弹会被制造出来。"

罗斯福举棋不定，认为此时政府干预，未免为时过早。等待罗斯福做出决断的萨克斯焦灼不安，夜不能眠。他绞尽脑汁，想用生动的方式来劝说罗斯福。次日，萨克斯到白宫和罗斯幅总统共进早餐时，他讲了一个发人深省的历史故事，大意是当年美国发明家罗伯特·富尔顿发明汽船之后去见拿破仑。拿破仑说他的设计没有实用价值，因而错过了用汽船装备法国海军横渡英吉利海峡击败英国的机会。要是拿破仑采纳富尔顿制造汽船的建议，本来是可能获胜的。罗斯福总统为萨克所的论证所打动，决定采纳爱因斯坦的建议，支持研究原子弹的工作，并下令成立一个铀顾问委员会。从此，这一问题引起了美国政府的注意。

三米长的原子弹——"小男孩"美国就是用它的"惊世一爆"结束了二战。

### 曼哈顿计划

1941 年 12 月，太平洋战争爆发，美国被迫卷入第二次世界大战。直到那时美国政府才决定大量拨款利用一切必要的资源，加快研制原子弹的步伐。1942 年 8 月，美国制订了研制原子弹的"曼哈顿计划"。9 月 17 日，美国陆军工程兵团建筑部副主任莱斯利·格罗夫斯将军被任命为执行该计划的总负责人。他负责这个计划的所有方面，包括科学、技术和制造过程的研究工作、生产、安全和敌人活动的情报，以及使用原子弹的计划等。他本人受过高等教育，是一位工程师，又在陆军工程兵团负责过美国国内和海上基地许多重大军事工程。他有组织大规模工程的丰富经验，是一位非常能干的科研工作组织者。

遵照美国政府为"曼哈顿计划"确立的两条原则：一、造出能够结束战争的原子弹供给美国军队；二、赶在德国人前头造出原子弹。他们集中了美国和西欧最优秀的科学家，联合起来同德国竞争。英国物理学家、1935年度诺贝尔物理学奖金获得者查德威克，意大利物理学家、1938年度诺贝尔物理学奖金获得者费米，丹麦物理学家、1922度诺贝尔奖金获得者玻尔、匈牙利著名物理学家特勒和西拉德等都被吸收参加制造原子弹的行列。

德国完全不了解美国研制原子弹的情况，没有紧迫感。1942年6月23日，德国军需部长施佩尔把制造原子弹的可能性告诉希特勒，希特勒对此态度冷淡。在原子能研究方面，德国没有全面的指导和统一的目标，各单位之间缺乏协作。教育部，陆军部、邮政部各搞一套，你争我夺。特别是希特勒的排犹主义，把德国物理学界一些出类拔萃的人物逐出国外。直到1944年底，德国在原子能研究方面仍停留在实验室阶段，比之美国整整落后两年。美国某些人士认为，假如当时希特勒象罗斯福那样，让他的科学家们放手大干，欧洲的地图，甚至西半球的版图，也许会大不一样。这话虽说有点夸大，但也不无一点道理。

### 美国对日使用原子弹

早在1944年12月30日，格罗夫斯就已向马歇尔将军报告说，他估计第一颗原子弹大约在1945年8月1日准备就绪。1945年春，罗斯福总统动身去雅尔塔之前，他通知格罗夫斯说，如果欧洲战争在美国第一批原子弹出世之前还不结束，"我们就要作好把它们投到德国去的准备"。

随着德国即将彻底溃败，美国的军事力量逐渐集中到太平洋。当时日本帝国主义正在负隅顽抗。硫磺岛和冲绳岛的血战，美军伤亡惨重。美国陆军参谋部估计，日本国内外尚有总兵力约五百万人，如果美军一直打到日本本土，迫使日本投降，恐怕要付出伤亡一百万人的代价。有人认为，如果原子弹成功地制造出来并付诸运用，既可迅速结束对日战争，减少美军伤亡。因此为了彻底击溃日本，是否要使用原子弹，如何使用原子弹，在参加曼哈顿计划的高级军官和科学家中间出现了两种不同的意见。

以格罗夫斯少将为代表的一派，极力主张原子弹一旦制成，就立即在日本投掷。理由是美国政府把大量的金钱和人力投入曼哈顿计划就是为了用它来尽快地结束战争。

另一派以爱因斯坦和西拉德为代表。这些科学家是为了逃避希特勒的种族迫害而到美国的。1939年他们上书罗斯福要求制造原子弹，是为了避免希特勒首先掌握它。现在世界形势已大为改观。希特勒不仅没有原子弹而且即将彻底垮台。剩下的日本不可能拥有原子弹。因此他们认为美国绝不能单方面使用这种杀伤力极大的武器。正当他们把自己的想法写信告诉罗斯福时，却传来了罗斯福突然逝世的消息。他俩的信和意见书则留在华盛顿总统办公桌上。罗斯福生前对此并未做出决定。

1945年4月25日，杜鲁门总统在白宫第一次听取了陆军部长史汀生和格罗夫斯关于曼哈顿计划的全面汇报。史汀生满怀信心地说，预期在四个月内，原子弹的试制很可能获得成功。他认为一旦使用这种炸弹，完全有可能结束战争。杜鲁门完全赞同他们的建议。他斩钉截铁地说："我认为原子弹是一种战争武器，从来没有人怀疑过可以应用它。""我们必须用原子弹来袭击敌人"至于何时何地去投原子弹，"则由我作最后决定"。

1945年7月16日，杜鲁门抵达波茨坦。第二天，他获悉原子弹试验成功的消息后欣喜若狂，认为美国拥有这种战争武器，"它不但能彻底扭转整个战局而且能调转历史和文明的方向"。17日，史汀生专程飞到波茨坦，向总统汇报爆炸试验的全部详情。此后几天之内，杜鲁门同美国代表团高级官员研究了对日使用原子弹的细节和策略。

## 历史大事全知道

　　7 月 24 日，杜鲁门有意识地对斯大林进行了一次试探。他装着漫不经心的神态向斯大林提到"我们拥有一种破坏力特别巨大的新武器"。斯大林并没有表示异乎寻常的兴趣，只是回答说，他听到这个消息很高兴，希望美国人"好好地运用它来对付日本"。当时仅离杜鲁门五码远、极其注意斯大林面部表情的丘吉尔却对此大失所望。这是美国第一次利用原子弹进行政治讹诈。其实，关于美国制造原子弹一事，斯大林比杜鲁门知道得还早。参加"曼哈顿计划"的德国科学家克劳斯·富克斯早已把原子弹的秘密告诉了苏联。斯大林回到住所后对莫洛托夫指示，加快苏联研制原子弹的进度。

　　1945 年 7 月 24 日，杜鲁门总统决定在日本投掷原子弹。8 月 6 日凌晨 1 时 45 分，三架气象飞机首先起飞，以判定当天的天气。2 时 45 分，一架运载原子弹的 B—29 型超级空中堡垒埃诺拉·盖伊号，由两架观察机护航，从太平洋的提尼安岛起飞。它以每小时 285 英里的速度在 32000 英尺的高空飞行。当天太空万里无云，蔚蓝一片，没有发现敌机。9 时 15 分，埃诺拉·盖伊号顺利飞临广岛上空，投下第一颗用于战争的原子弹。这个原子弹重 9 千磅，高 10 英尺，周长 28 英寸，当量 2 万吨梯恩梯。它在离地面 660 码的空中爆炸。一道闪光骤然出现在天空中，它比一千个太阳还要明亮。随即一团巨大的蘑菇云升腾，爆炸中心达到摄氏 30 万度的高温。周围一千码以内，一切都化为灰烬。只有几秒钟的功夫，冲击波形成的狂风使所到之处都沦为废墟。这时广岛人口估计为 343000 人。当日死者为 78150 人，负伤和失踪者为 51408 人。

广岛和平纪念碑，又名原子弹爆炸圆顶屋。

　　同一天，从华盛顿发出关于原子弹的新闻公报和杜鲁门总统关于原子弹的声明，并警告日本人，"如果他们现在还不接受我们的条件，他们的毁灭将自空而降……"。日本政府仍然拒绝投降。8 月 7 日和 8 日，美国从马里亚纳群岛和冲绳每昼夜出动数百架轰炸机对日本本土轮番进行轰炸，撒下数以百万计的传单。8 月 8 日苏联对日宣战。9 日凌晨，苏军从中国东北地区向日本关东军发起总攻击。上午 11 时零 1 分，美国在长崎投下第二颗原子弹。当时长崎人口约 27 万。当日死者为 23753 人，伤者为 43020 人。

　　苏联参加对日作战和原子弹的第二次示威使日本统治集团惊惶失措。8 月 15 日中午，日本天皇向全国广播了接受波茨坦公告、实行无条件投降诏书。9 月 2 日，日本投降仪式在停泊于东京湾的美国战舰"密苏里号"上举行。第二次世界大战正式结束。

### 对美使用原子弹的不同反应

　　美国对日使用原子弹的决定迄今仍是世界军事史上作出的最有争议的决定。美国政府官员反复强调，虽然广岛和长崎原子弹的投掷给日本人民带来大规模的伤亡和破坏，却减少了美军和日军更大的伤亡。曼哈顿计划的负责人格罗夫斯将军认为，杜鲁门费了不少脑筋作出的对日使用原子弹的最后决策"将永远被认为是无比勇敢和聪明的行动。"在对日战争胜利两周年的纪念会上，有人问杜鲁门，他是否由于当初下令毁灭了广岛而心里感到遗憾。他若有所思地回答道："没有。……做这桩事固然我也感到害怕，但是我肯定救了五十万条生

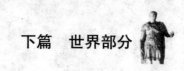

命。这是不得已而为的。"

然而，有些美国军事领导人对杜鲁门使用原子弹的决定纷纷提出异议。道格拉斯·麦克阿瑟将军在战后一再认为，从军事角度看，为了迫使日本投降而使用这种核弹是"完全不必要的"，因为在那时，日本无疑已到了彻底崩溃的边缘。艾森豪威尔将军、李海军上将、金海军上将、阿诺德空军上将和英国前首相丘吉尔也持同样看法。战后美国战略轰炸调查处的报告更为明确："即使不投原子弹，即使俄国不参战，即使不制订进攻的计划，日本也是会投降的。"

另外一些科学家和外交家则侧重从政治上着眼来考虑使用原子弹的问题。英国著名物理学家布莱克特指控说，美国政府抢在苏联参战之前匆忙对日使用原子弹，"与其说是第二次世界大战的最后一次军事行动，不如说是现在正在进行的对苏外交冷战的最初一次大规模作战。"国务卿贝尔纳斯明确地声明说，亮出原子弹是为了使俄国在欧洲更加驯服。苏联官方学者甚至认为，"无论从战略上或战术上看，都没有任何必要使用原子弹。所以说，使用原子弹基本上只带有政治色彩，是美帝国主义企图显示其原子威力，以便在解决远东问题上削弱苏联的地位，并把战后的日本变成它在亚洲的重要基地，而建立美国的世界霸权，这是使用原子武器的更大的政治目的。"

杜鲁门作出在日本投掷原子弹的决定与其说是军事上的迫切需要，不如说主要是出于政治考虑，既是为了夺取战胜日本的主要果实，亦是为了占有战后与苏联争霸的有利地位。投掷原子弹导致日本几十万无辜人民死亡的悲剧，并为战后冷战时期的核讹诈政策开创了先例。

 简 评

自原子弹以后，氢弹也在不久以后被发明出来。1952 年 11 月 1 日，美国在马绍尔群岛进行了代号为"迈克"的首次氢弹试验。当氢弹在钢架上起爆后，整个小岛连同巨大的钢架都在惊天动地的爆炸声中沉入太平洋深处，爆炸力比投掷在广岛的"小男孩"原子弹大750 倍以上，冲击力使环礁炸成了一个深 50 米、直径两千米的巨坑。

现在，核武器的杀伤力，已经成千上万倍地获得了提高，毁灭一个城市，甚至毁灭一个国家都已经不是一件开玩笑的事了。而且现在掌握核武器的国家越来越多，如果一旦爆发核战争，人类的命运不堪想象。要知道，现在世界上储存的原子弹，足可以把世界毁灭几十次！

# 联合国诞生

## ——战后国际合作的新格局

1945 年 4 月 25 日，反法西斯联盟各国的人民听到一个振奋人心的消息：巴顿所率领的美军先头部队和朱可夫指挥的苏军士兵在德国易北河畔的托尔高胜利会师了。从此，纳粹德国被盟军分割为南北两块，它离灭亡的日子已经不远了。

同一天，在地球的另一边，又传来一个更为重要的消息。46 个反法西斯国家的代表聚集在美国西海岸的旧金山，举行联合国制宪会议。当人们欢庆联合国即将诞生之时，很少有人知道，为了这一天的来到，美国、英国、苏联和中国已付出艰辛的努力，走过了漫长的道路。

1939 年 9 月 1 日，第二次世界大战爆发的隆隆炮声，宣告了国际联盟的寿终正寝。国联的解体引起了反法西斯国家领袖和人民的深刻反思，他们日益感到，在未来的国际社会中，必须建立一个全新的国际组织，来维护世界和平，捍卫国际正义，促进国际合作。

1941 年 8 月 12 日，在波涛汹涌的北大西洋上，罗斯福总统坐在轮椅上，在助手们的陪同下，登上威武的英国新型战列舰"威尔士亲王"号，满脸笑容地与前来迎接的丘吉尔握手。随后，两人在一份重要文件上庄严地签上自己的名字。这份文件就是著名的《大西洋宪章》。在宣言中，两位领导人向世界表明了战后将建立更为广泛、更为持久的普遍安全体系的意向，这意味着美英两国已开始考虑以新的世界组织来取代国际联盟。

《大西洋宪章》公布不久，苏联、中国等反法西斯国家纷纷发表声明，赞成宪章中所阐述的原则。

1941 年 12 月 8 日，珍珠港事件爆发，美国成为反法西斯参战国。12 月 22 日，丘吉尔率领一个庞大的代表团赴华盛顿访问，讨论双方的战略合作。会谈期间，美国国务院拟定了一个反法西斯国家的共同宣言，双方迅速就宣言文本达成一致。但是，这个反法西斯国际联盟叫什么名称，令罗斯福和丘吉尔十分头痛。他们最初打算用"协约国"的名称，但这个词容易使人们联想到第一次世界大战中的英法俄同盟，这引起许多美国人的反感和反对。12 月 29 日晚上，罗斯福正在书房中读书，突然，一个念头从脑海中闪过："这个联盟可以叫'联合国家'，对，它就叫联合国家。"罗斯福为自己的这个设想感到兴奋，立即告诉了国务卿赫尔等人，他们也表示赞许。

联合国大会现场

1942 年 1 月 1 日，丘吉尔结束了加拿大之行，返回华盛顿与美国人继续谈判。丘吉尔在旅馆中，脱下行装，泡在温暖的浴池中正在洗浴，听到有人进了客厅，原来是罗斯福来了。他来不及擦干身体，立即披上浴巾，将罗斯福引入书房。容光焕发的丘吉尔听到罗斯福为联盟起的新名称时，精神为之一振，告诉总统，这是一个很好的名称，他完全赞成。说着，他从书架上拿出拜伦的《恰尔德·哈罗德游记》这本书，翻开其中一页，大声吟诵：这里，联合国拔出刀来的所在。我们的同胞们那天在战斗！这是许多将永垂不朽的事——而且一切都将永垂不朽。

同日，26个反法西斯国家的代表齐聚华盛顿，签署《联合国家宣言》。从此，反法西斯国际联盟有了自己的正式名称——联合国家。这个名称也成为战争结束时建立的新国际组织的名称。在签字中，美、英、苏、中4国代表依次签字。然后，其余22国按国名英文字母次序分别签字。这个过程也暗示在未来的国际机构中这四个大国的独特地位。

1942年整整一年，联合国家始终面临轴心国的巨大军事压力，无暇认真考虑和设计战后建立新国际组织事务。1943年初，第二次世界大战的形势发生根本转变。3月和5月，丘吉尔和罗斯福就战后建立新国际组织问题多次交换意见。在双方讨论过程中，罗斯福日益坚定了一个信念：战后将建立一个单一的世界性国际组织，美、英、苏、中将在这个组织中具有优势的发言权。他并说服了丘吉尔接受这一方案。

同年10月19日，在莫斯科克里姆林宫，美国国务卿赫尔、英国外相艾登、苏联外交人民委员莫洛托夫举行三国外长会议，为即将在德黑兰举行的三大国领袖会晤做准备。3位外长也讨论了战后建立新的世界组织的有关事宜。会后，3位外长和中国驻苏大使在《四国宣言》上签字。四国在宣言中承诺：

"有必要在尽早可行的日期，根据一切爱好和平的国家主权平等的原则，建立一个普遍性的国际组织。所有这些国家无论大小，均得加入为会员国，以维护国际和平与安全。"

《四国宣言》发表后，四国的外交官们开始紧张地忙碌起来，为建立战后新的世界组织设计各自的方案。

1944年8月21日至10月9日，四大国的代表来到美国华盛顿附近的敦巴顿橡树园，就提出四大国共同的新的世界组织宪章临时草案进行讨论。由于苏联的坚持，中国代表仅出席会议的最后阶段，会上起决定作用的是美英苏的代表。

经过一个多月的讨论，会议决定这个新的国际组织的名称就叫联合国。联合国由4个主要机构组成：联合国大会，为联合国最高权力机构，由所有会员国的代表组成；安全理事会承担维护和平的主要责任，四大国享有常任理事国席位，并享有否决权，另由大会选举一些小国参加；秘书处，由秘书长领导，负责联合国日常事务；国际法院。他们还决定，将会上未解决的一些问题留给他们的领袖直接解决。

1945年2月，美英苏在克里米亚半岛的雅尔塔举行最高级会议。会上，罗斯福与斯大林就安理会的表决程序和乌克兰、白俄罗斯独立加入联合国问题达成协议，他们也同意丘吉尔的建议，法国将以常任理事国的身份加入安理会，享有与四大国同等权利。

4月25日，联合国制宪会议在旧金山举行。出席会议的各国代表就四大国所拟的联合国宪章草案进行广泛、深入的讨论。中小国的代表们对大国在联合国中的特权地位表示不满，尤其对它们的否决权地位提出质疑。会议还对吸收波兰、阿根廷等新成员问题出现意见分歧。最终，会议仍基本通过了四大国的敦巴顿橡树园建议案，并以此为基础制订了《联合国宪章》。6月21日，旧金山会议通过《联合国宪章》。

6月28日，出席旧金山会议的各国代表相继在《联合国宪章》上签字，这些国家成为

联合国会徽

座落在纽约第 42 街到第 47 街之间的联合国总部景色，这些建筑包括
联合国秘书处大楼，大会大楼和会议大楼。

联合国的创始会员国。旧金山会议在完成联合国宪章制订工作之后宣告结束。

1945 年 10 月 24 日，苏联最高苏维埃批准了《联合国宪章》。至此，包括所有常任理事国在内的大多数会员国已批准了《联合国宪章》。根据事前的约定，《联合国宪章》正式生效。从这一天开始，联合国登上战后世界的政治舞台。

简　评

联合国在维护国际和平与安全、促进国际合作方面作出的贡献已被国际社会所公认。联合国在非殖民化进程以及在反对种族歧视和种族隔离制度的斗争中发挥了重大作用。

几十年来，联合国系统主持制定了大量内容包括国际生活各个方面的国际协议和重申国际关系准则的重要宣言，反映了大多数会员国的共同要求，有不可忽视的道义力量。在推动建立国际经济新秩序的进程中，联合国通过的一系列宣言、纲领、宪章和决议，从根本上是符合世界经济发展总体利益的。特别是在冷战结束后，联合国实际上已成为变化无常的世界局势中的"一个不变的中心点"。联合国在当今世界的作用是无法被取代的。

# 以色列国的建立

## ——引起中东战云密布的重要因素

一个民族恢复了家园，另一个民族被赶出了家园。历史的民族纠葛加上现实利益的根本对立，必然引起旷日持久的动乱。超级大国将弱小民族玩弄于股掌之间，以实现它们的野心。

几十年来，中东一直是世界上最动荡不安的地区。阿以战争已经打了几个回合，其原因既在于历史上的民族纠葛，又由于帝国主义的插手。而以色列国的建立既是这双重因素作用的结果，也构成中东危机升级与战火频仍的原因。

以色列复国有深远的历史原因。早在公元前 3000 年，中东的巴勒斯坦地区就成为多民族杂居的地区。公元前 1000 年，希伯来人建立了自己的王国——希伯来王国。后来，它分裂为以色列国和犹太国。但最终所有希伯来人都统称为犹太人。公元前 64 年，罗马帝国入侵巴勒斯坦，先后三次残酷镇压犹太人的反抗，惨遭屠杀的犹太人达 100 多万。公元 132 年，罗马帝国荡平巴勒斯坦。从此，犹太民族便流落于世界各地，主要是欧美国家。由于许多犹太人经商办企业，逐渐在世界经济中占有一席之地，因此与当地资产阶级利益发生矛盾，导致各主要资本主义国家先后掀起排犹活动。正是在这种情况下，19 世纪末出现了犹太复国主义。

犹太复国主义的兴起也有其现实的政治背景。除了犹太民族本身希冀恢复祖国以安身立命之外，还由于英美资产阶级的扶植和利用。排犹与扶犹始终是西方资产阶级手中的一柄双刃剑，正是这柄剑搅得中东不得安宁。英国为保住自己的东方殖民地，需要控制通往东方的航道——苏伊士运河。而为此，就需要以巴勒斯坦为屏障。因此，英国特别重视巴勒斯坦，并将其势力伸向中东腹地，与法、俄开展了争霸中东的角逐。同时，英国还需要争霸的伙伴。犹太人要复

1948 年以色列建国，大批旅居欧洲的犹太人返回巴勒斯坦地区。

国，恰与英国控制巴勒斯坦的企图不谋而合，于是二者就在互相利用的基础上勾结起来了。

1897 年，在奥地利新闻记者赫尔茨领导下，在瑞士巴塞尔举行了首次犹太人复国主义者大会。大会通过了《世界犹太复国主义纲领》，宣布："犹太复国主义的目标是在巴勒斯坦为犹太民族建立一个由公共法律所保障的犹太人之家。"大会还建立了犹太复国主义组织，负责筹款、购地、促进移民等事宜。

1917 年，英国外交大臣贝尔福发表宣言（即《贝尔福宣言》），支持犹太人在巴勒斯坦建立"民族之家"，"并将尽最大努力促其实现"。在两次大战之间，英国操纵国际联盟批准了《贝尔福宣言》，并帮助犹太人移民，使其从 1917 年的 5 万人增加到 1939 年的 55 万人。

英国支持犹太复国主义霸占阿拉伯土地，驱赶巴勒斯坦人，从而在阿、以民族间播下了仇恨的种子。但是，犹太复国主义与英帝国主义之间也存在微妙关系。

由于英国迫于阿拉伯人民的反抗斗争，不得不于1939年修改了扶犹排阿政策，使英犹间产生裂隙。犹太复国主义转而开始寻求美国的支持。1942年5月，犹太复国主义组织召开大会，通过《毕尔莫纲领》，标志着犹太复国主义从此转轨，脱英投美。第二次世界大战后，已取代英国世界霸主地位的美国，急于向阿拉伯地区扩张，以遏制阿拉伯人民反帝斗争和民族解放的浪潮，因而与犹太复国主义一拍即合。从此，美国取代了英国在中东的位置，挑起了更大规模的阿以冲突。在美国操纵下，联合国大会于1947年11月29日通过了《巴勒斯坦将来治理（分治计划）问题的决议》，决定成立阿拉伯国和犹太国。阿拉伯国面积为1.1万多平方公里，阿拉伯人为72万，犹太人为1万。犹太国面积近1.5万平方公里，其中犹太人近60万，阿拉伯人近50万。分治决议对阿拉伯人采取了极不公正的处理，120多万阿拉伯人只占43%的土地，而且土地被分割成互不毗邻的大小碎块，大多是贫瘠的丘陵地带。而60万犹太人占57%的土地，而且大部分是肥沃的沿海地带。这个分治计划的实质是分裂巴勒斯坦，使犹太复国主义取得合法统治地位，因此被犹太人所接受而遭到阿拉伯人反对。1948年5月14日，犹太复国主义领导人本·古里安在巴勒斯坦的特拉维夫宣布建立以色列国。8分钟后，美国承认以色列国。

以色列国的建立是犹太复国主义的胜利。一方面，它为历史上饱受凌辱、近代惨遭屠戮的犹太民族开辟了栖身之地；但另一方而，它又给在这片土地上休养生息几千年的阿拉伯人民带来深重灾难。同时，它也成为阿以冲突不断升级，中东上空战云密布的肇端。

以色列国防部长摩西·达扬被视为"六日战争"胜利之父。

在美国支持下，以色列不断扩张侵略，先后与巴勒斯坦的阿拉伯人及周边阿拉伯国家进行过5次大规模战争，即"五次中东战争"。

第一次中东战争，即巴勒斯坦战争。以色列国成立后，周边阿拉伯国家军队开进由分治决议划归阿拉伯国的巴勒斯坦土地，反对建立以色列国。5月15日，爆发了以色列同埃及、伊拉克、黎巴嫩、叙利亚、约旦等国的战争。在美国支持下，以色列获胜。经过这次战争，巴勒斯坦被分解为两部分：以色列占领部分，其中包括分治决议中划归犹太国的部分，占巴勒斯坦总面积的78%。约旦管辖部分，占巴勒斯坦总面积的20.5%。埃及管辖的部分，占巴勒斯坦总面积的1.5%。近百万巴勒斯坦人民被逐出世代栖息的家园，开始了流离失所的难民生活。

第二次中东战争，即苏伊士运河战争。1956年7月，埃及政府宣布苏伊士运河收归国有。同年10月29日，以色列在英法帝国主义唆使下发动入侵埃及的战争。翌日，英法向埃及发出最后通牒，要求占领苏伊士运河的三个主要港口。埃及政府断然拒绝了这个无理要求。随即，英法入侵埃及。英、法、以三国发动的侵略战争，遭到埃及人民的英勇抗击，也受到全世界人民的强烈谴责。11月2日，联合国安理会做出紧急决议，要求有关方面立即停火，并组成紧急部队监督停火。以色列和英法被迫停火，战争以侵略者的失败而告终，但是以色列取得了通过蒂朗海峡的航行权。

第三次中东战争，即"六·五战争"，又称"六日战争"。1967年6月5日，以色列在美国支持下入侵埃及、叙利亚和约旦，占领了约旦河西岸、加沙地带、埃及的西奈半岛、叙利亚的戈兰高地和耶路撒冷城的约旦管辖区，使近50万阿拉伯人沦为无家可归的难民。联合国安理会在6月7日、8日两次通过"停火协议"，迫使埃及、叙利亚和约旦在丧失大片土地的情况下接受无条件停火。11月22日，安理会通过决议，要求以色列撤出"六·五"战争中占领的阿拉伯土地，以色列拒绝执行。同时、由于该决议将巴勒斯坦问题仅归结为难民问题，完全无视巴勒斯坦人民的领土主权和合法权利，因此巴勒斯坦人民和阿拉伯国家也拒绝这一决议。

第四次中东战争，即"十月战争"。1973年10月6日，埃及、叙利亚和巴勒斯坦游击队在其他阿拉伯国家的支持下，爆发了反击以色列侵略、收复失地的斗争。在这次战争中，阿拉伯国家首次以石油为武器打击了支持以色列侵略的西方国家，显示了阿拉伯民族团结战斗的力量。但是由于超级大国的插手、联合国的干预和各种其他复杂因素，战局急转直下，阿拉伯国家被迫停战。埃及仅收复西奈半岛5.5%的土地、叙利亚仅收复戈兰高地约37%的土地。

第五次中东战争，即黎巴嫩战争。1982年6月6日，以色列大举进攻黎巴嫩，直逼其首都贝鲁特，妄图一举消灭巴勒斯坦解放组织的武装力量。巴勒斯坦游击队和黎巴嫩人民奋起反抗，但终因以色列军事行动步步升级而严重受挫，贝鲁特西区被以色列围困。6月29日，以色列提出"五点要求"，要求巴解组织统统缴械并全部撤出贝鲁特。6月30日，美国提出"九点建议"，要求巴解组织成员及全部武装力量撤出黎巴嫩，并交出全部重型武器。根据各方达成的协议，巴勒斯坦解放组织及武装力量在12天之内分批撤往8个阿拉伯国家，巴解组织总部也转移到了突尼斯。但是，9月15日，以色列突然以黎巴嫩总统杰马耶勒被暗杀为由，悍然出兵占领了贝鲁特西区，并在以后的几天里血洗了巴勒斯坦难民营，致使两千多名无辜巴勒斯坦平民惨遭屠戮。这一惨绝人寰的大屠杀震惊了整个世界。在黎巴嫩总统萨尔斯基的要求下，由法、意、美组成的多国部队于9月30日进驻贝鲁特。从1982年12月28日至1983年5月15日，黎、以、美三方举行了33轮谈判，最后达成黎以协议。协议决定：以色列在黎巴嫩保持某些特权，同时在协议生效12周内撤回其全部军队。同时，美以签署了秘密协议，同意以色列撤军，以叙利亚和巴勒斯坦解放组织全部撤出黎巴嫩为先决条件。

以色列国建立后的几十年中，中东战火连绵不断、以上仅为规模较大的5次。阿以冲突使100万巴勒斯坦人颠沛流离，无家可归，也使周边阿拉伯国家遭受严重损失，同时也给以色列人民带来痛苦。为恢复家园和人民的基本权利，巴勒斯坦人民进行了长期艰苦的斗争。1964年6月巴勒斯坦人民成立了解放组织。巴解组织得到阿拉伯国家的一致承认，也受到中国等主持正义国家的支持，同时巴解组织也以常驻观察员的身份参加联合国大会和工作。

由于大国的插手，积怨甚深的阿以矛盾几十年间难以化解。但自从以色列工党拉宾政府上台后，形势发生了转机。1991年，阿以开始了马德里和会。1993年，以色列与巴勒斯坦解放组织（法塔赫）在挪威丛林中密谈8个月，终于各自做出让步，达成协议。以色列同意与巴解直接谈判、放弃部分领土；巴解同意暂不谈耶路撒冷归属和巴建国问题，先在加沙和杰里科实行有限自治。协议决定，以色列1994年4月13日前撤出自治地区；9个月内选举自治委员会，过渡期第二年开始巴最终地位谈判。1993年9月9日，巴解组织和以色列宣布互相承认。9月13日，正式签署了加沙—杰里科自治原则宣言。这是阿以冲突45年来的重大转折，是中东和谈的历史性突破。

　　国际社会普遍欢迎巴以和约，但是对中东和平仍不可过于乐观。因为巴以和谈只是迈出和平进程的第一步，巴建国、耶路撒冷归属等更为棘手的问题还在后面。而且尽管阿以矛盾的核心是巴以冲突，但以色列与其他阿拉伯国家如叙利亚、约旦、黎巴嫩也存在领土或其他问题，这些矛盾的解决还要假以时日。尽管如此，巴以协议毕竟加快了漫长曲折的中东和平进程。

 简　评

　　几十年来中东地区一直战火不断，至今也不得安宁。自古冤仇宜解不宜结，但是，复杂的民族矛盾、领土纠纷以及各个强权国家的介入，都使这一地区的和平显得遥遥无期。

# 印巴分治及克什米尔问题

—— 影响南亚和平的症结

1947年6月3日，印度总督蒙巴顿公布"印度独立法案"（又称"蒙巴顿方案"），法案规定：英国人将政权移交给印度人民；同时，按印度人民的宗教信仰，将印度分成印度和巴基斯坦两个国家，两国都获得自治领的地位。各土邦在政权移交后享有独立地位，可以自行决定加入哪一个国家，也可以选择继续保持同英国的殖民关系，但不能享有自治领的权力。

7月中旬，英国议会批准"蒙巴顿方案"。8月14日与8月15日，巴基斯坦和印度相继宣布独立。这样，原英国统治下的印度，被分割成三部分：主要由穆斯林组成的巴基斯坦，主要由印度教徒组成的印度联邦，数百个王公土邦。英国在印度190年的殖民统治结束了。

## 多民族多信仰的国度

早在18世纪中期，英国殖民者就进入印度，并很快征服印度，建立起殖民统治。印度人民为争取民族独立，进行了不屈不挠的斗争。第二次世界大战结束后，印度人民的反英斗争不断高涨，要求摆脱殖民统治的呼声越来越高。

从1945年下半年起，印度各地爆发了罢工运动，当年的罢工次数达到850起。1946年，罢工运动风起云涌，全国爆发了1600余次罢工，参加人数近200万。1946年2月，孟买的海军举行起义，2万名士兵参加了起义队伍，他们高呼"打倒英帝国主义"、"胜利属于印度"等口号。在农村，爆发了共产党领导的农民起义，并建立了政权，没收地主王公的土地。在孟加拉地区，佃农们开展了减租运动。

英国的殖民统治制度摇摇欲坠，英国人将印度描绘成"一艘舱中满载弹药而在大海中着了火的船"，时刻都有爆发革命的危险。而英国在战后国力一落千丈，经济遇到严重困难，已经难以驾驭印度局势。英国政府不得不采取新的对策，准备给予印度一定程度的独立。

1946年3月，英国政府派遣内阁成员组成的使团前往印度。使团与印度各政党进行接触，于5月提出一套方案。该方案规定，印度取得自治领的地位，独立后的印度是由各省和土邦组成的联邦，联邦中央政府只有管辖国防、外交和交通的权力，其余权力由各省和土邦政府管辖；召开制宪会议制定联邦宪法，制宪会议代表按印度教、伊斯兰教和锡克教三个宗教单位进行选举。但这一方案并没有明确印度独立的时间期限。

同时，印度总督魏菲尔提出印度临时政府组成方案，印度教徒、穆斯林、其他教派在政府中各占40%、40%和20%的席位。

英国统治下的印度居民有多种宗教信仰，其中以印度教徒和伊斯兰教徒人数最多。英国统治者为了方便地统治印度，采取"分而治之"的策略，有意在两个教派之间制造矛盾，使两派教徒经常发生流血冲突。代表印度教徒的国大党和代表伊斯兰教徒的穆斯林联盟，是印度两个最大的政党，两党对印度的未来也存在严重分歧。穆斯林联盟主张印度教徒和穆斯

巴基斯坦第一任总督穆罕默德·阿
里·真纳像

林是两个不同的民族，要求建立独立的伊斯兰国家"巴基斯坦"，而国大党则主张维护印度的统一。

国大党和穆斯林联盟对内阁使团的方案和临时政府方案，都不满意。穆斯林联盟表示既不参加临时政府，也不参加制宪会议，将为建立巴基斯坦而斗争。从8月份开始，印度许多地区都发生两派教徒之间的仇杀，在加尔各答、孟买、孟加拉、比哈尔省、联合省等地，印度教徒和穆斯林相互残杀，造成大量人员伤1946年末到1947年初，印度各地不断爆发罢工浪潮，教派冲突也不断发展，局势日益严峻，英国政府已无法维持正常的秩序。1947年2月20日，英国首相艾德礼宣布，最迟在1948年6月以前把权力移交到负责的印度人手中。3月，蒙巴顿取代魏菲尔担任印度总督。面对印度动荡不安的局势，蒙巴顿主张将移交权力的时间提前到1947年8月，并草拟了印、巴分治的方案。英国政府对他提出的方案作了一些修改，在6月3日予以公布。国大党和穆斯林联盟在英国的压力下，分别接受了"蒙巴顿方案"。

6月底，在蒙巴顿主持下，开始划分印、巴边界。孟加拉、旁遮普两地是既有印度教徒又有穆斯林居住的地方，根据"蒙巴顿方案"，要在这两处进行投票表决，以决定是否分治。投票过程中，两地的印度教徒和穆斯林又展开残杀，军队和英国人都加入了屠杀活动，仅旁遮普就有59万多人丧生。投票的结果是孟加拉、旁遮普实施分治，孟加拉西部、旁遮普东部归印度所有。

1947年8月14日，巴基斯坦自治领成立，伊斯兰领袖真纳担任总督；8月15日，印度自治领成立，蒙巴顿留任总督，国大党领导人尼赫鲁担任总理（1950年印度共和国成立，1956年巴基斯坦伊斯兰共和国成立，两国仍留在英联邦内）。

印度人和巴基斯坦人载歌载舞，庆祝国家独立。印度圣雄甘地却无比悲伤，没有参加庆祝活动，而是绝食一天。他一向主张印度教徒和穆斯林团结一致，维护印度统一。1948年1月，甘地被印度教狂热分子杀害。

英国人的分治策略，为印、巴留下许多隐患。在分治过程中，有一二百万人死于教派仇杀，种下了印、巴仇恨的种子，为后来两国发生武装冲突埋下祸根。分治引起大规模的难民迁移，原居住在印度境内的穆斯林、居住在巴基斯坦境内的印度教徒，为避免被仇杀的命运，纷纷逃离家园。双方的难民总数，约有1500万人。巴基斯坦被分为东西两块，两块之间没有陆地相连，最终造成巴基斯坦的分裂（1972年东巴基斯坦独立，成立孟加拉国）。

### 克什米尔问题

分治最大的隐患是克什米尔问题。"蒙巴顿方案"规定，各土邦可以自由选择加入印度或巴基斯坦。分治后，地理位置在印度境内的土邦都加入了印度。惟有克什米尔土邦（又称"查谟和克什米尔"）的归属，引起印、巴的长期争端。

克什米尔居民中，近80%是穆斯林，他们愿意加入巴基斯坦；但土邦的王公是印度教

克什米尔争端造成印度教徒和穆斯林大逃亡。

徒，想加入印度。印、巴分治之初，王公宣布保持独立。克什米尔的战略位置十分重要，又是尼赫鲁的故乡，印度坚决反对它加入巴基斯坦；巴基斯坦则认为克什米尔的居民中穆斯林居多，加入巴基斯坦是理所当然的事。

1947 年 9 月，克什米尔蓬奇地区的穆斯林发动起义，组成穆斯林政府，宣布加入巴基斯坦。穆斯林居民纷纷加入起义队伍，巴基斯坦境内的穆斯林也前来援助。王公急忙宣布加入印度，要求印度派兵支持。10 月 27 日，印度军队进入克什米尔，向穆斯林起义军进攻，攻占了不少重镇。巴基斯坦更加积极地支持克什米尔的穆斯林，不久也派军队进入克什米尔。

1948 年底，在联合国的调解下，印巴达成 1949 年 1 月 1 日停火的协议。1949 年 7 月，双方划定永久停火线，印度控制了克什米尔五分之三的土地，巴基斯坦控制了克什米尔五分之二的土地。

事实上，双方并没有在克什米尔永久停火，冲突一直不断。

简　评

克什米尔争端是印度和巴基斯坦两国长期交恶的核心所在，是南亚次大陆半个世纪战乱的根源。在国际社会推动下，印巴两国为解决这一难题，也曾进行艰辛的努力，但取得的实质性积极成果不多。1999 年春，两国共同努力，签订了缓和双方关系的《拉合尔宣言》。遗憾的是，《拉合尔宣言》签订不久，两国又在克什米尔控制线附近爆发了武装冲突。由于克什米尔问题实际上已成为国家主权、民族尊严和民族感情的象征，而且与两国国内的党派政治纠缠在一起，克什米尔问题差不多已经成为一个无法解开的"死结"。

# 杜鲁门主义与马歇尔计划

## ——两大阵营的冷战由此开始

经过第二次世界大战，美国和苏联成为世界上两个最强大的国家。战争结束不久，两国为了扩展自己的势力范围，发生了一系列冲突。苏联领导人认为，共产主义与资本主义的战争是不可避免的。美国政府也深信，美苏之间不可能调和。两个大国因利益冲突和意识形态的差异，开始了长达几十年的敌对状态。

### 杜鲁门主义的出台

二战后，应该采取什么样的对策对付苏联？美国国内有不同的主张。1946 年 2 月，美国驻苏联临时代办乔治·凯南向国务院建议，必须对苏联采取强硬立场。美国总统杜鲁门和一些政府官员，也竭力主张遏制苏联的扩张。但美国公众和部分官员反对与苏联对抗，希望保持与苏联在战争期间结成的友好合作关系。美国政府因而也就没有公开表态。

1946 年，美国与苏联在伊朗和土耳其进行了一番较量，结果美国成为赢家。这场角逐还促使美国政府提出"杜鲁门主义"。

美国总统杜鲁门像

二次大战期间，苏联和英国认为伊朗有亲德国的倾向，分别出兵占领了伊朗的北部和南部，美国军队随后也进驻伊朗。欧洲战事结束后，伊朗要求三国撤走军队。1945 年 9 月，三国决定在 1946 年 3 月 2 日前撤出驻军。当美英两国陆续撤军时，苏联却拒不撤军。苏联一方面想控制伊朗北部，以保护自己南部边界的安全，另一方面是想取得这一地区的石油开采权。

1946 年 1 月，美国指使伊朗向联合国控告苏联。伊朗代表于 1 月 19 日、3 月 19 日两次向安理会提出控告，指责苏联干涉内政。苏联不得不同伊朗进行谈判，最后苏联同意在 5 月初撤出全部驻军，伊朗则同意与苏联建立石油合股公司。苏、伊谈判期间，美国在一旁不断挑起事端，它一面支持伊朗将问题提交联合国，扩大事态；一面向苏联发出战争威胁，将战舰开进地中海示威。1947 年 10 月，伊朗议会否决苏伊建立石油合股公司的协议，美国乘机通过经济、军事援助等形式，控制了伊朗。

苏联与土耳其之间存在一些摩擦。二战期间，土耳其允许德国军舰进入黑海，袭击黑海沿岸的苏联城市。1945 年 3 月，苏联单方面宣布，1921 年签订的苏土友好条约，期满后失效。6 月，苏联向土耳其表示，愿意与土耳其订立新的友好条约，但土耳其应当将卡尔斯和阿尔达汉两个地区重新划归苏联（1878 年俄土战争中曾划归俄国，1921 年苏联放弃），允许苏联在黑海海峡地区建立军事基地。

1946 年 8 月 8 日，苏联照会土耳其，要求与土耳其共同组织黑海海峡的防御，防止其他国家利用该海峡敌视黑海国家。同时，苏联还在土耳其周边地区增加兵力，在黑海举行军事演习，向土耳其施加压力。

美国和英国反对苏联控制黑海海峡的要求。美国从 1945 年 9 月到 1946 年向土耳其提供了 1 亿美元的贷款，1946 年 8 月又将"罗斯福"号航空母舰及 7 艘军舰开进地中海。英国也派两艘驱逐舰访问伊斯坦布尔，并在黑海海峡地区建立军事基地。

美国与苏联在伊朗、土耳其较量的目的，是为了限制苏联向中东和地中海扩张，同时在这里建立美国的势力范围。

1946 年 3 月，土耳其的邻国希腊爆发内战。"民族解放阵线"发动反政府起义，并逐渐取得优势。希腊政府于 1946 年底向英国求援，要求英国提供武器弹药以及其他物资。

此时，英国经济困难，财政赤字大大超过预算，已经无力满足希腊政府的要求。1947 年 2 月 21 日，英国照会美国国务院，承认英国在 3 月 31 日以后无法继续援助希腊和土耳其，为避免希、土落入苏联之手，希望美国能接过援助希、土的担子。

其实，美国在这之前已经在向希、土提供援助。收到英国的照会后，美国政府无比高兴，认为历史的转折关头已经到来，美国可以"取代没落中的英国成为自由世界的领袖"。政府官员立即夜以继日地拟定具体援助方案。

1947 年 3 月 12 日，杜鲁门在国会两院联席会议上发表援助希、土的咨文。杜鲁门开篇就说："今日世界已面临严重局势，关系到美国的外交政策和国内安全。"接着他介绍希腊和土耳其所面临的困境，强调只有美国才是有能力提供援助的惟一国家。

杜鲁门说，美国外交政策的目标是创造条件，使美国和其他国家共同建立一种不受压迫的生活方式。无论是通过直接侵略还是间接侵略，将极权主义政权强加给自由人民，都破坏了国际和平和美国的安全。

在杜鲁门看来，世界上每个国家都只能在两种生活方式中进行选择，一种生活方式是基于多数人的意愿，具有自由制度、代议制政府、自由选举，保证个人自由、言论自由、宗教自由，不受政治压迫等特点；一种生活方式是建立在少数人意愿的基础上，依赖恐怖、压迫、新闻和广播限制、指定选举以及压制个人自由。杜鲁门说："我认为，美国的政策必须是支持自由人民，他们正在抵抗少数武装分子或外来压力的征服企图。我认为，我们必须帮助自由人民按照他们自己的方式规划自己的命运。我认为，我们的帮助首先应该是经济和财政上的援助，这种援助是促使经济稳定和政治有序所必需的。"

杜鲁门指出，一旦希腊落入少数武装分子之手，土耳其必将受到严重的直接影响，甚至可能引起中东的混乱，进一步会影响到欧洲各国。自由制度的崩溃，会危害全世界。

他要求国会批准在 1948 年 6 月 30 日之前，向希腊、土耳其提供 4 亿美元的贷款援助。

杜鲁门的咨文后来被称为"杜鲁门主义"，它公开将美国的安全利益扩展到全世界，使遏制共产主义成为美国的基本国策，是美苏冷战的标志。美国国会经过激烈的辩论，于 5 月 15 日通过"援助希腊、土耳其反对共产主义"的法案，同意拨款 4 亿美元，其中 1 亿美元援助土耳其，3 亿美元援助希腊。5 月 22 日，杜鲁门签署了这项法案。

从此，美国和苏联之间正式进入冷战时期。

### 复兴欧洲的马歇尔计划

备受第二次世界大战战火摧残的欧洲各国，经济一蹶不振。1946年冬季，西欧各国又遭受百年不遇的严寒，低温持续两个多月，低迷的经济更是雪上加霜，燃料、粮食严重匮乏，人民生活极度困难。法国居民每天的口粮仅为半磅面包，英国居民的粮食也开始定额供应。意大利和德国更为糟糕，物价飞涨，货币严重贬值。

经济的严重困难，引起人民的极大不满，带来社会的动荡不安。西欧各国共产党的力量，在这种经济和社会状况中，逐渐强大。法国共产党在大选中成为第一大党，意大利共产党在大选中成为第三大党。

面对西欧各国的困境，美国政府无比焦急，担心西欧各国的共产党会成为执政党，并最终倒向苏联的共产主义阵营，使美国与苏联在全球的力量对比不利于美国。另一方面，西欧各国经济不振，大大减少了美国产品的出口，对美国本身的经济发展非常不利。

美国政府认为，对希腊和土耳其的援助，仅仅是维持欧洲稳定问题的一个部分。1947年3月，美国政府组建两套班子，开始研究全面恢复欧洲经济的方案。

4月28日，国务卿马歇尔发表广播讲话，他说西欧这个"病人已经奄奄一息"，而美国这个"医生还在踌躇"，呼吁马上采取行动，援助欧洲。

5月8日，副国务卿艾奇逊受杜鲁门总统委托，在密西西比州发表演讲，强调美国必须紧急援助欧亚两洲，否则这些地区将"破产"。

5月23日，凯南领导的国务院政策设计委员会，向马歇尔递交报告，提出只有向西欧经济"输血"，才能控制西欧。

5月27日，助理国务卿克莱顿向马歇尔提交报告，建议3年内向欧洲提供60—70亿美元的援助。

国务院经过一番研究，确定了援助欧洲的方针。1947年6月5日，马歇尔借哈佛大学授予他荣誉学位的机会，发表了12分钟的演讲。他首先分析了欧洲的困境，指出欧洲经济结构处于崩溃的边缘，需要大量的外部帮助，否则就会在经济、社会、政治方面出现严重后果，会在世界范围内引起混乱、动乱，从而也会影响美国的经济发展。因此，马歇尔提出"美国应该尽其所能，帮助世界恢复正常的经济关系"。但是，马歇尔又提出，欧洲应该主动、积极地起草复兴计划，而且应该是得到大多数欧洲国家同意的联合计划，然后由美国提供支持。

马歇尔演讲提出的援助欧洲方案，后来被称为"马歇尔计划"、"欧洲复兴计划"。

在马歇尔发表演讲的前一天，副国务卿艾奇逊特意约见3名英国记者，告知马歇尔即将发表重要演讲的消息，希望他们在演讲发表后，立即将演讲内容全文发回英国，并务必尽快送到外交大臣贝文手中。6月5日夜间，英国外交大臣贝文收到报社送来的马歇尔演讲记录稿，他主张欧洲应该立即行动。法国获悉消息后，也表示要参加马歇尔计划。6月17日，英法两国外长在巴黎举行会谈，双方商定

美国国务卿马歇尔像

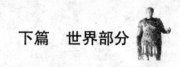

邀请苏联外长参加会谈，三方共同研究如何响应美国的倡议。

6月27日，英法苏三国外长汇聚巴黎。美国政府为了遏制共产主义，并不愿意援助苏联，但是为避免背上分裂欧洲的罪名，又不便公开表达自己的真实意图。英法两国邀请苏联参加会谈，也只是故作姿态。因此，三国外长会谈期间，英法有意设置障碍，以迫使苏联主动退出马歇尔计划。

会谈中，英法两国迎合美国提出的条件，主张制订欧洲统一的经济计划。苏联则予以反对，认为统一的经济计划是干涉别国经济和内政。英法外长态度强硬，并向外界散布苏联破坏会议的舆论。7月2日，苏联政府决定退出会议。

次日，英法筹划召开巴黎经济会议，邀请除德国和西班牙以外的所有欧洲国家参加，讨论向美国申请援助问题。东欧国家受苏联的影响，没有接受邀请。7月12日，英国、法国、意大利、奥地利、丹麦、挪威、瑞典、比利时、荷兰、卢森堡、冰岛、瑞士、爱尔兰、葡萄牙、希腊、土耳其等16个国家，在巴黎举行经济会议。

会议决定成立欧洲经济合作委员会，并向美国提出4年内提供224亿美元援助的计划。

1947年12月，杜鲁门向国会提出《美国支持欧洲复兴计划》咨文，要求国会在1948年到1952年共拨款170亿美元援助欧洲。1948年4月2日，国会通过《1948年对外援助法案》，批准政府的援助欧洲计划。美国政府随即成立经济合作署，负责马歇尔计划的实施。西欧16国也成立欧洲经济合作组织，执行马歇尔计划。到1952年6月，马歇尔计划实施完毕，美国向西欧共计提供131.5亿美元的援助。

马歇尔计划促进了西欧的经济复兴，推动了西欧的经济联合，马歇尔本人因此荣获1953年诺贝尔和平奖。

苏联对马歇尔计划迅速作出反应，1947年夏与东欧国家分别签订贸易协定，同年9月又成立"共产党和工人党情报局"，宣称世界上已经形成帝国主义反民主阵营和反帝民主阵营。

两大阵营的"冷战"格局就这样正式形成了。

  简　评

欧洲是美国全球战略的重点，因此在杜鲁门主义的招牌下，美国首先向欧洲扩张。马歇尔计划可以说是杜鲁门主义的第一次大规模运用。美国极力复兴欧洲，实质是对抗苏联，遏制共产主义，但在客观上也削减了西欧国家之间的关税壁垒，取消了一些贸易限制，有利于西欧经济的一体化。

# 朝鲜战争

## ——美国历史上第一次失败的对外战争

1950 年 6 月 25 日凌晨，朝鲜半岛的北纬 38 度线（简称"三八线"）附近，枪声大作，朝鲜内战爆发了。

"三八线"是南北朝鲜的分界线。1910 年，朝鲜被日本吞并，沦为日本的殖民地。第二次世界大战期间，盟国对战后朝鲜的地位做了一些安排。1943 年的开罗会议上，美国总统罗斯福又提出战后由大国托管朝鲜的设想。1945 年 8 月 8 日，苏联对日宣战，苏联红军出兵中国东北，并很快进入朝鲜半岛。美国不愿意看到朝鲜半岛完全被苏联占领，急忙提出美苏以"三八线"为界，该线以北由苏联占领，以南由美国占领。日本宣布投降后，美苏军队以"三八线"为界，分别接受了日军的投降。

1945 年底，美英苏三国外长达成协议，由美苏驻军司令部组成联合委员会，协助朝鲜建立统一的临时政府。但美苏双方在朝鲜统一的一些重大问题上存在分歧，始终未能达成协议。由于冷战的爆发，朝鲜统一谈判于 1947 年破裂。

1948 年 5 月，南朝鲜举行单独选举，成立"国民议会"。8 月 15 日，大韩民国正式成立，李承晚任总统，定都汉城。9 月 9 日，朝鲜北部成立朝鲜民主主义人民共和国，金日成任首相，定都平壤。朝鲜半岛分裂为两个国家。1948 年底，苏联军队全部撤离朝鲜，美国军队则在第二年 6 月撤出南朝鲜。

从 1949 年开始，朝鲜和韩国不断在"三八线"附近发生武装冲突，最终酿成全面内战。

彭德怀与朝鲜劳动党委员长金日成商讨作战部署

战争爆发后，朝鲜人民军越过"三八线"，势如破竹。韩国军队则不堪一击。当天下午，美国促使联合国通过谴责朝鲜的提案。6 月 26 日，杜鲁门总统命令美国驻远东海空军进入南朝鲜，协助韩国军队，直接插手朝鲜内战。但朝鲜人民军还是以锐不可当之势，于 6 月 28 日攻占汉城，继续向南推进。

1950 年 7 月 1 日，美军地面部队进入韩国。7 月 7 日，人民军在美国操纵下，联合国安理会授权组建"联合国军"，干预朝鲜内战。这支"联合国军"以美军为主，有 16 个国家派兵参加，由美国远东军司令麦克阿瑟担任司令官。

面对强大的对手，朝鲜人民军毫不畏惧，迅速将战线推进至北纬 37 度线附近。7 月 7 日，人民军向韩国临时首都大田地区发起攻击，7 月 20 日攻占大田。在这次战役中，消灭美军一个师，活捉其师长，使美国大为震惊。到 8 月中旬，朝鲜人民军已经控制南朝鲜 90% 的面积，将美韩军队压缩在釜山附近的狭小地区。但美军在火炮、坦克、空军方面占有

# 电子计算机的诞生与发展

## ——信息时代的到来

1946 年 2 月 15 日，世界上第一台电子计算机在美国宾夕法尼亚大学正式投入使用。它的正式名称叫"电子数字积分器和计算机"（ENIAC），是一个重达 30 吨的庞然大物，有两层楼高，占地 170 平方米，装有 1.8 万只电子管、7 万只电阻、1 万只电容，功率 150 千瓦。它每秒能进行 5000 次运算，比当时最好的继电器计算机要快 1000 倍。

ENIAC 的问世，是人类计算工具的一次重大革命。

人类一直在探索计算工具的改进，以便提高计算速度。古代中国人发明了算盘，19 世纪初西方人开始制造各式各样的计算机。

1942 年，宾夕法尼亚大学莫尔学院承担为陆军计算弹道数据的任务，每天要提供 6 张火力表。每张火力表都要计算几百条弹道，一个熟练的计算员用当时的台式计算机，计算一条弹道要花 20 个小时。为了提高计算效率和速度，莫尔学院的莫奇勒博士提出制造电子计算机的设想。1943 年 6 月，莫尔学院与陆军签订合同，正式研制电子计算机。1945 年底，ENIAC 诞生了。

虽然 ENIAC 是当时最先进的计算机，但它有许多缺陷，一是体积过大，耗电过多，贬低它的人开玩笑说，它熄灭了费城西部所有的灯。二是它的计算程序靠线路连接，每做一次计算都要重新连接线路，准备时间太长。三是没有内部存储器，它的寄存器只能存储运算过程中十位数以下的数字，存储量太小。四是电子管容易烧坏，常要停机维修。

ENIAC 的研制引起著名美籍匈牙利数学家冯·诺伊曼的兴趣。1944 年，正在参与原子弹研制的冯·诺伊曼参观了 ENIAC 研制现场。他针对 ENIAC 的不足，提出电子计算机新方案。冯·诺伊曼的新方案计算机叫作"离散变量自动电子计算机"（ED－VAC），它由五部分组成：运算器、控制器、存储器、输入和输出设备。计算机的内部运算采用二进制，而不是十进制。由于一个电子元件只有开或关两种状态，可以表示零或一，这就大大提高了运算速度（十进制有 0—9 十种状态，用电子元件来表示要复杂得多）；控制计算机运行的程序存放在存储器中，可以自动地从一个程序指令转入下一个程序指令。

冯·诺伊曼的思想是电子计算机发展史上的里程碑，当今计算机都是依据这一理论制造的，也被称为冯·诺伊曼结构计算机。1949 年，英国首先研制出这种结构的电子计算机。

ENIAC 问世后，美国《普通力学》杂志预言："未来的电脑将仅装备 1000 只电子管，它的重量也许不到 1.5 吨。"这在当时应该是非常"大胆"的预测了，但在 10 年后，电子计算机的发展很快打破了这一预言。

1955 年，计算机进入一个新时代，第二代电子计算机诞

"东方 1 号"苏联 1961 年苏联宇宙飞船"东方 1 号"升空，标志着一个旅行的新纪元从此开始。宇航员加加林在宇宙舱里绕地球飞行了 108 分钟，然后在 7000 米的高空从宇宙飞船上弹出降落。

生。新的计算机用晶体管取代电子管，重量变轻、体积变小，稳定性增强，运算速度达到每秒几十万次至几百万次。电子管计算机造价昂贵，主要局限在与军事有关的领域应用，而晶体管电子计算机造价降低，在工农业生产部门、商业部门得到大量应用。

1965年，电子计算机使用了集成电路技术，几百个晶体管、二极管和电阻器被集成在一块硅片上，机器的稳定性、可靠性大为提高，运算速度更快。计算机的体积进一步缩小，只相当于一个电冰箱的大小，成本也大幅度降低。

随着大规模和超大规模集成电路技术的发展，电子计算机从1971年开始微型化，一台计算机的大小仅相当于一台电视机。80年代到90年代，微型计算机逐渐在家庭推广应用。微型计算机出现后，计算机技术飞速发展，以INTEL公司为代表的微处理器生产商，不断推出速度更快、功能更强的芯片。使计算机的体积越来越小、速度越来越快、功能越来越强，而价格则越来越便宜，使更多的寻常百姓能够享受计算机带来的方便。

同时，巨型计算机也来到世上。1996年，美国商用机器公司（IBM）研制出第一台每秒运算亿万次的超级计算机。该公司研制的"深蓝2号"，在国际象棋比赛中，战胜了世界冠军卡斯帕罗夫。

电子计算机已经被广泛地应用于各个领域，在科学计算、数据处理、自动控制、工业设计、人工智能、办公等方面，发挥着越来越大的作用。

单个的计算机只能起到处理有关信息的作用，网络技术的出现，使计算机可以获得信息、传递信息。20世纪90年代，国际互联网（Internet）在全世界逐渐普及，单个计算机被连为一体，计算机进入网络时代。人们可以在任何地方，利用任意种类的计算机，通过网络搜集信息和传递信息，最大限度地发挥了计算机的作用，"网络就是计算机"的思想被大家公认。

网络化是电子计算机领域的又一场革命，它正日益深入地影响着人们的工作和生活。人们可以通过网络了解世界各地的新闻事件，浏览商业和文化信息，阅读各地图书馆的藏书。只要愿意，还可以将网上的信息下载到自己的计算机上保存。人们可以通过网络，给远在千里之外的亲友发送邮件（Email），如果给计算机装上摄像部件，还能通过网络相互看到对方的身影。你可以足不出户，通过网络订购所需要的商品，通过网络接受正规的学校教育。

电子计算机的广泛应用，促进了生产自动化、管理现代化、科技手段现代化、国防技术现代化，也推动了情报信息自动化。人们称之为"信息革命"。

### 一场新的科技革命

当今，人类面临新科技革命的挑战。这次跨世纪的科技革命，以信息科学、生命科学、材料科学为前沿，以电子计算机技术、遗传工程技术、激光技术、光导纤维技术、海洋和空间技术，以及新能源、新材料技术的广泛应用为特征，它将导致一系列知识、智力、技术密集型的新兴产业出现，把生产力推进到一个更高水平。

目前得到世界各国公认并将列入21世纪重点研究开发的高技术领域有信息技术、生物技术、新材料技术、新能源技术、航天技术和海洋技术等。

信息技术主要是指信息的获取、传递、处理等技术。它是高科技的前导。信息技术以微电子技术为基础，包括通讯技术、自动化技术、微电子技术、光电子技术、光导技术、计算机技术和人工智能技术等。在信息社会中，信息作为一种重要的资源和财富，影响着社会的运转。当今社会中，竞争的胜负在很大程度上取决于对信息的掌握。

生物技术也叫生物工程，它是一门造福人类的古老而又新兴的技术，是应用于有生命物质的技术。它包括基因工程、细胞工程、酶工程和发酵工程4个方面。它是21世纪高技术的核心，不仅直接关系到农业、医药卫生事业的发展，而且对环保、能源技术等都有很强的渗透力。

新材料技术是高技术的基础，它是人类文明大厦的基石。它包括对超导材料、高温材料、人工合成材料、陶瓷材料、非晶态材料、单晶材料、纤维材料、超微粒材料、高性能结构材料、特种功能材料等的开发利用。

**"苹果Ⅱ"型个人计算机**

这是第一台真正成功的个人计算机，是1978年由加利福尼亚人约布斯和沃兹尼亚克制造出来的。这种计算机成品，配有通用的键盘与彩色显示器。制造它时，因为缺少资金，沃兹尼亚克还卖掉了他的汽车。

新能源技术是高技术的支柱，包括核能技术、太阳能技术、燃煤、磁流体发电技术、地热能技术、海洋能技术等。其中核能技术与太阳能技术是新能源技术的主要标志。

激光技术在一些世界前沿科学技术的发展中起着极为重要的作用。

激光器是20世纪与原子能、半导体、计算机齐名的4项重大发明之一。激光技术是正在走向实用化的高技术，现已广泛应用到工农业生产、能源动力、通信及信息处理、医疗卫生、军事、文化艺术以及科学技术研究等各个领域，并取得了巨大的经济效益和良好的社会效益。

航天技术是探索、开发和利用太空以及地球以外的天体的综合性工程技术，包括对大型运载火箭、巨型卫星、宇宙飞船、航天飞机、永久空间站、空间资源、空间工业、空间运输及空间军事技术的研究与开发。我国从20世纪50年代末开始发展航天技术，经过30多年的努力，取得了举世瞩目的成就，已跻身于世界先进行列。

海洋技术又称海洋工程，包括深海挖掘、海水淡化以及对海洋中的生物资源、矿物资源、化学资源、动力资源等的开发利用。其中深海挖掘和海水淡化是海洋技术的主要标志。

综上所述，高科技及其产业的崛起和发展，是"科学技术是第一生产力"的重要体现。高科技的作用，从政治上来讲是影响力，从经济发展而论是生产力，从军事角度来看是威慑力，从社会发展来说是推动力。因此，高科技发展水平已成为一个国家综合国力的主要因素，成为衡量一个国家发达与否的重要标志。

## 简 评

电子计算机的出现不仅在数学和科学技术研究方面发挥了巨大的作用，而且开辟了一个信息化时代，对人类社会的政治、经济、法律、教育等领域都产生着重大的影响。它的广泛应用引起整个人类社会的产业结构、生产过程、工作方式和生活方式的巨大变革。

# 越南战争

## ——使美国遗臭万年的战争

朝鲜战争爆发后，美国开始积极支持法国在印度支那的殖民战争。美国向法国提供了大量军事援助，支持法国的侵略行径，从1950年到1953年，美国运送给驻越南法军的军事物资达40万吨以上，其中包括战车、飞机、舰艇、武器弹药等等。1954年向法军提供的援助，高达10亿美元，几乎占了法军侵越军费的80%。美国还派遣军事顾问人员赴越南，协助法军。

1954年7月，法国与越南在日内瓦会议上达成停火协定，参加会议的美国拒绝在协定上签字。9月8日，美国与英国、法国、澳大利亚、新西兰、菲律宾、泰国、巴基斯坦签署《东南亚集体防务条约》，把印度支那三国划为"保护地区"。

美国的所作所为，目的是在东南亚建立遏制中国和共产主义的屏障。

法国从越南撤军后，美国立即取代法国控制越南南部。1955年10月，美国扶植吴庭艳在西贡建立"越南共和国"。美国不惜重金，向南越提供大量援助，用先进武器武装南越军队，并在南越建立海空军基地，试图将南越建成其在东南亚的反共堡垒。到1960年，美国派到南越的军事顾问达到2000人。南越军队的团、营级都配备了美军顾问，参与作战计划的制定。

南越政权在美国的扶植下，对人民实行血腥的恐怖统治，四五年间就杀害了约8万群众，几十万人被逮捕迫害。吴庭艳还大量任用亲属、亲信，他的妻子、兄弟和其他家庭成员都在政府中位居要职，38个省的省长和各县县长都由他指派。

南越人民奋起反抗吴庭艳的反动统治，开展武装游击战，越南民主共和国（北越）也大力支持并领导南方人民的武装斗争。1960年上半年，南越西南部的游击区连成一片。12月，游击队成立统一的领导机构"越南南方民族解放阵线"，有20多个政党和团体参加了这个组织。南越人民的斗争进入有组织、有领导的阶段，武装斗争的规模不断扩大。

越南战争让美国陷入泥潭。图为一脸迷茫的美国大兵。

1961年，肯尼迪就任美国总统，美国开始更深地卷入越南内战。5月11日，美国副总统约翰逊访问西贡，他与吴庭艳共同签署了联合公报，决定采取措施扩充南越军队，加紧镇压南方人民的反抗。从这时起，美国在南越发动了一场"特种战争"。

这场"特种战争"的方式是，由美国装备、训练南越军队，并由美国的顾问指挥，实施"反游击战"。美国计划将南越军队扩充到50万人，在18个月内平定南方。为实现这一计划，吴庭艳大肆扩军，接连不断地向游击队发动"扫荡"和"清剿"。仅1962年，南越军队就杀害了3万人。

在"特种战争"中，美国还发明了"战略村"战术，将游击队活动频繁地区的居民，集中迁居到各个"战略村"。"战略村"周围建有壕沟、铁丝网、碉堡、瞭望塔，再布置上地雷，并派军队把守。居民走动和进出，都要凭通行证，没有丝毫自由。"战略村"实际上就是一种集中营，美国企图用这种手段困死游击队。

为了更好地进行"特种战争"，美国不断向越南派遣美国军队。1962年2月，美国在西贡设立"美国军事援助司令部"，指挥美军和南越军队，标志着美国开始直接介入越南战争。美国在本土的布雷格堡建立一所特种战争训练中心，训练美国军人在丛林和山地进行"反游击战"的技能；美国空军在佛罗里达也建立了一个训练中心，训练突击队员。这些特种兵和突击队员受训后，就被派往南越作战。到1963年11月，美国派到南越的军人达到16000人。

但"特种战争"并没有取得预想的战果，反而激起越南人民更加顽强的反抗，18个月内平定南越的计划破产。

吴庭艳是天主教徒，1963年5月他以政府名义禁止在顺化市升挂佛教旗帜，引起南越佛教徒的不满。南越大多数人信仰佛教，佛教徒纷纷举行游行示威，抗议政府的行为。南越警察向示威人群开枪，打死打伤数十人。当局还惨无人道地将十几名僧尼剥去衣服，裸体游街，愤怒的僧尼以自焚抗议，引起世界的震惊，也激起更大的民愤。美国为了平息南越人民的怒气，策动南越军人发动政变，杀死了吴庭艳。

到1964年底，南越人民武装已经解放三分之二的地区，"特种战争"遭到失败。

约翰逊继任美国总统后，进一步扩大越南战争。1964年8月1日，美国驱逐舰闯入北部湾北越领海，被北越鱼雷艇击退。美国政府连忙宣称，美国海军遭到挑衅。8月3日，约翰逊继续下令美国舰队到北部湾巡逻。第二天，美国又宣布美国海军遭到第二次袭击。8月5日，在国会的授权下，约翰逊派飞机对北越发动空袭，将战争扩大到越南北方。

1965年2月，约翰逊命令空军对北越实施持续轰炸，北越的交通道路、机场、军事设施、工厂、电站、城镇，都成了美国空军的轰炸目标。一时间，越南北方的无数村镇被夷为平地。

轰炸北方的同时，美国决定将在南越的战争升级为一场"局部战争"。1965年3月8日，美国3500名海军陆战队员在越南岘港登陆。此后美军地面部队源源不断开到南越，1965年底已达18万余人，1966年增加到38万，1967年超过了50万。

美国在越南的"南打北炸"，并没有吓倒越南人民。1968年1月中旬到2月初，南越人民武装发动新春攻势，同时对包括西贡在内的大小百余个城市以及30多个机场，进行袭击，歼灭美军和南越军队15万人。美军拼命展开反击，在美莱村，美军屠杀了500名手无寸铁的平民，其中包括妇女和儿童。

战争以来，美军已死伤10万余人，军队士气低落，士兵开小差不断，刺杀官长的事时有发生。庞大的军费开支，使美国经济出现危机，国际收支状况恶化。早在1965年，美国反战团体就组织了"全国争取越南停战委员会"。1967年4月，纽约的一次和平游行吸引了30万人参加。1968年，美国国内反战呼声更加高涨，美国人民对这场无法取胜的战争已经厌恶。

1968年3月，约翰逊宣布不再对北纬20度线以北地区进行轰炸。5月，美国同北越在巴黎开始谈判。10月底，约翰逊宣布无条件停止轰炸北越。次年1月，由美国、南越、越南南方民族解放阵线、北越四方参加的和谈，继续在巴黎举行。

1969年，尼克松入主白宫，他决定让美国从越南脱身，使越南战争"越南化"，用越南人打越南人。这时，南越五分之四的土地已被人民军队控制，并建立了各级人民政权。6

1972 年 6 月，美军一颗凝固汽油弹误投到南越壮庞村，场面惨不忍睹。

月，南越爱国力量宣布成立越南南方共和临时革命政府。尼克松也在 6 月宣布从南越撤军。从 1969 年 7 月到 1970 年，美国分批从越南撤出了近 20 万部队，驻越美军不断减少。

此后，美国在越南谈谈打打。1972 年 5 月，尼克松下令封锁北越领海，恢复对北越的轰炸，试图挽回美国的颜面，但一切都是徒劳了。

经过 4 年的较量，1973 年 1 月 27 日，美国政府不得不同北越在巴黎签署《关于结束越南战争、恢复和平的协定》。美国表示尊重越南的独立和主权，从越南撤出美国军队。同年 3 月底，美军全部撤出越南。

越南战争中，美国在越南共投下 800 多万吨炸药，造成越南 160 万人死亡。美军约死亡 5 万人，伤 30 余万，这是美国历次战争中最惨重的失败。这场战争还在美国人民心灵中留下挥之不去的阴影，一位美国历史学家称，越南战争是"使美国遗臭万年"的战争。

中国为越南人民抗美的胜利，做出了巨大贡献。中国的援助物资源源不断地运到越南，并派遣工程、防空、后勤保障部队 30 多万人赴越支援。美国正是惧怕中国的力量，始终没有向北越发动地面进攻。

1975 年春季，南越人民军队向南越政权发动最后的攻势，4 月 30 日解放西贡。次年 6 月，越南宣布南北统一，国名定为越南社会主义共和国。

越南战争是消耗美国财力的"无底洞"。从 1969 年开始，美国陷入了战后第五次经济危机，对外贸易也由盛转衰，国际收支状况恶化，美元危机频频发生，美元地位一落千丈。政治上，越南战争大大加深了美国国内的政治危机，反战运动空前高涨。有人评论说越南战争是美国"有史以来最花钱、最残酷却又最无价值的战争"。

自杜鲁门以来，美国历届政府过高估计美国实力，以共产主义威胁为借口，在世界各地到处伸手，妄图夺取世界霸权。越南战争击碎了美国人的美梦，美国全球扩张的外交政策遭到重创。越南战争改变了亚太地区的战略格局，美国逐渐在东南亚地区收缩力量，苏联则乘机南下扩张，改变了美苏两个超级大国在亚太地区的力量对比。而且越南战争后，美国又因遭经济危机的沉重打击，军事力量发展缓慢；苏联则大力发展军事力量，与美国平起平坐。

# 加加林首航太空

## ——人类进入太空时代

1961 年 4 月 12 日，一个不寻常的早晨。

巨大的发射架上，耸立着运载火箭，"东方一号"宇宙飞船此刻就在火箭的顶端，加加林身着宇航服静静地在舱内等待。时针慢慢地向前移动，苏联有关部委的要员、飞船设计师、研究小组成员、宇航员本人——所有在场的人，心情随着时针的走动越来越紧张。

"预备"命令下达后，加加林兴奋地报告："随时准备开始飞行。"

"点火！"莫斯科时间 9 时 7 分，在巨大的轰鸣声中，火箭底部喷出刺眼的火焰，拔地而起，转眼消失在空中。世界第一艘载人宇宙飞船，载着加加林飞向浩瀚的太空。加加林成为第一个遨游太空的地球人。

消息通过电波传遍全世界。莫斯科的人们纷纷停下手里的工作，静静地听着广播报道。苏共中央第一书记赫鲁晓夫在克里姆林宫，也怀着兴奋而又不安的心情等待飞船返航的消息。

早在 19 世纪末，俄国科学家齐奥尔科夫斯基就提出制造液体火箭的设想，他认为通过火箭人类可以冲出大气层，征服太空。第二次世界大战期间，以布劳恩为首的德国科学家成功研制出火箭，但它完全被用作战争武器，主要用来袭击英国。

二战结束后，美国和苏联在火箭技术方面展开激烈的竞争。结果，苏联一马当先，1957 年 10 月 4 日成功发射世界第一颗人造地球卫星。这颗卫星直径 58 厘米，重 83.6 公斤，内部没有任何复杂的仪器，仅有一块化学电池、一个大型温度计和一台无线电发报机。它在太空遨游了 3 个月，1958 年 1 月 4 日在返回地球途中烧毁。

这颗短命而又不起眼的小卫星，开创了人类征服太空的新时代。科学家们在想，人是否可以进入太空呢？与将卫星送入太空不同，人进入太空肯定要复杂得多。首先要培训在太空失重环境下工作的宇航员，其次一定要解决航天器的回收问题。而载人航天器的制造又比卫星复杂得多，必须解决各种复杂的技术问题，它的表面必须耐高温，内部必须有一整套生命保障系统。

1957 年 11 月 3 日，苏联又发射一颗卫星，这颗卫星载着一只狗飞上了太空。此后，苏联为将人类送入太空，进行了数十次试验。1960 年 5 月，苏联发射一颗重达 4.5 吨的宇宙飞行器，验证将人类送入太空的可能性。8 月，苏联的试验取得巨大进展，一艘载着狗的飞船进入地球轨道，并成功返回地球，在指定地区软着陆。这说明人类进入太空完全是可能的。12 月，苏联又重复了这一试验。主持试验的科学家科罗廖夫向赫鲁晓夫报告说，载人宇宙飞船已经是切实可行的了。

在试验的同时，选拔培训宇航员的工作也在紧张进行。1960 年，苏联航天培训中心的科学家，

前苏联空军少校尤里·加加林

## 历史大事全知道

从全国各地 3000 名候选人中，挑选 20 人作为培训对象。在对他们进行各种训练后，又从中选出 6 人作为首次进入太空的备选人员。

尤里·加加林出生于距莫斯科 100 公里的一个小镇，他先后进入技工学校、工业学院和苏联空军学院学习，1957 年进入空军服役。由于他知识丰富、技术过硬、体质优秀，被选为宇航员培训对象。

为了确保万无一失，1961 年 3 月苏联又连续两次做载狗飞船试验，飞船的重量增加到 6.5 吨，都成功回收。载人飞行指日可待了。4 月 8 日，加加林被确定为进入太空的第一人，季托夫为第二号，预备接替加加林。

1961 年 4 月 12 日 9 时 22 分，加加林向地面报告飞行正常，自我感觉良好；10 时 15 分，他又报告一切正常。10 分钟后，飞船升至离地面 180 多公里的高空，绕地球飞行。

环绕地球飞行一圈后，制动火箭启动，飞船开始返航。这是又一个紧张时刻，飞船降落过程中与大气摩擦，会产生高温，飞船能否安全着陆，就在于能不能闯过此关。紧张的等待之后，欢呼的时刻到来了。10 点 55 分，加加林安然着陆。

科罗廖夫在现场向赫鲁晓夫报告着陆的经过，由于疲劳和激动，他的声音有些嘶哑，他对话筒大声喊叫："降落伞打开了，正在着陆，飞船正常。"赫鲁晓夫一再问道："他活着吗？发信号了吗？活着吗？"赫鲁晓夫终于听到科罗廖夫的回答："他活着！"

航天飞机和发射平台

苏联欢腾了。千万莫斯科市民涌上街头，喜形于色地互相庆贺，他们欢呼："我们的人进入宇宙了！""加加林万岁！"

加加林是第一个在地球之外看地球的人，他说"地球是蓝色的"。加加林成了苏联的英雄。4 月 14 日，莫斯科为加加林举行盛大的欢迎仪式，赫鲁晓夫和政府官员亲往机场迎接加加林，然后陪同他乘敞篷汽车回到克里姆林宫。

加加林的太空之行，开创了载人航天的新纪元，英国《每日镜报》评论说，这是"我们生平中最伟大的奇迹，是本世纪最伟大的经历"。

苏联在空间技术上的领先，大大地刺激了美国，肯尼迪总统决定美国要加快登月的步伐。1961 年 5 月，肯尼迪在国会发表咨文，他说："我相信国会会同意，必须在 60 年代末将美国人送上月球，并保证安全返回"，"整个国家的威望在此一举"。国会通过了登月计划，肯尼迪任命副总统约翰逊担任国家太空委员会主席，开始全面实施登月计划，名为"阿波罗"计划。

1969 年 7 月 20 日，美国宇航员阿姆斯特朗成功登上月球。登月成功实现了人类的夙愿，开创了人类开发宇宙空间的新时代。

 简 评

继加加林首航太空和阿波罗登月之后，人类航天技术突飞猛进。1971 年 4 月，苏联发射了世界上第一艘可长期停留在太空的空间站。1981 年 4 月，美国成功发射并返回了世界上首架航天飞机"哥伦比亚"号。人类认识宇宙、开发宇宙的能力不断提高。

# 第三世界的兴起
## ——发展中国家的影响与日俱增

第三世界兴起于20世纪50年代中后期到70年代初期，由超越两大阵营的发展中国家组成，它成为一支影响世界政治经济发展的举足轻重的力量。

第二次世界大战后，在亚、非、拉出现了一系列新兴的独立国家。为了维护主权独立和发展经济，这些国家既需要国际合作，又不愿介入美苏争霸，它们采取不与任何大国结盟的外交政策。这一支独立的政治力量被称为"第三世界"。

### 万隆会议——亚非新兴国家的盛会

1955年4月18日至24日，在印度尼西亚素有"花城"之称的万隆市，29个亚洲和非洲国家的代表，会聚一堂，共商反对殖民主义、和平发展等话题。这就是著名的"亚非会议"，又称"万隆会议"。

第二次世界大战后，亚非国家的民族解放运动风起云涌，到万隆会议召开前，已经有30个亚非国家摆脱殖民统治获得独立。但殖民主义统治在亚非并没有结束，殖民主义者还在威胁亚非的和平。新独立的亚非国家迫切需要团结一致，共同反对殖民主义，维护民族独立的成果，发展民族经济。

1954年4月，锡兰邀请缅甸、印度、印度尼西亚和巴基斯坦四国总理到科伦坡开会，讨论印度支那形势和亚洲局势。印尼总理沙斯特罗阿米佐约在会上提出召开亚非国家会议的设想，并表示印尼将为亚非会议的召开作出努力。他的建议得到其他四国总理的赞同。

12月底，上述五国总理在印尼茂物举行会议，决定由5国联合发起召开亚非会议。五国总理还确定了亚非会议的四点目标：第一，促进亚非各国间的亲善和合作，建立和促进友好与睦邻关系；第二，讨论与会各国的社会、经济、文化问题和国家之间的关系；第三，讨论对亚非国家和人民具有利害关系的问题和种族主义及殖民主义问题；第四，讨论亚非国家和人民今后在世界上的地位，以及他们对于促进世界和平与合作所能作出的贡献。

五国总理在讨论邀请哪些国家与会时，对是否邀请中国产生争执。中国当时与一些亚非国家没有建立外交关系，而且还存在社会制度的差异；中国与美国的关系紧张，由于台湾问题两国的关系还在进一步恶化。因此，巴基斯坦总理主张不邀请中国，担心中国参加会影响会议的成功。但缅甸总理吴努、印度总理尼赫鲁坚持邀请中国，他们认为没有中国的参加，亚非会议不能算作成功的会议。最后，五国总理达成一致，决

万隆会议会址

定邀请中国。

被邀请的国家共有 25 个，分别是：阿富汗、尼泊尔、柬埔寨、老挝、越南民主共和国、南越、泰国、菲律宾、中国、日本、土耳其、伊朗、伊拉克、约旦、叙利亚、黎巴嫩、也门、沙特阿拉伯、埃及、埃塞俄比亚、中非联邦、黄金海岸、苏丹、利比里亚、利比亚。

美国试图阻止亚非会议的召开，它对中国被邀请参加会议非常恐慌，害怕中国与亚非国家建立友好关系，扩大在亚非国家中的影响。因此，竭力宣扬"共产党威胁"，挑拨中国与其他国家的关系。美国还以经济援助为诱饵，拉拢一些亚洲国家。

4 月 18 日上午，亚非会议冲破阻力，在万隆独立宫隆重召开，5 个发起国和 24 个受邀国参加了会议（中非联邦因故未参加）。这 29 个国家的面积占世界总面积的四分之一，人口占世界总数的三分之二。印尼总统苏加诺致开幕词，题为《让新亚洲和新非洲诞生吧》。苏加诺说："这是人类有史以来第一次的有色人种的洲际会议"，"亚非两洲各国人民的领袖能在他们自己的国家内聚集一堂，讨论和商议共同有关的事项，这是世界历史上的新起点。"大会通过本次会议的 5 项议题：文化合作、经济合作、人权和自决权、附属地人民问题、促进世界和平和合作。

周恩来总理抵达万隆时受到各界人士的热烈欢迎

接着，各代表团团长发表演说。大多数代表的发言都谴责了殖民主义，认为殖民主义是世界不稳定的根源，必须铲除。大家希望各国能在和平共处五项原则基础上，发展友好合作关系。但也有一些代表发出了不和谐音，有的发言把共产主义说成是"新式的殖民主义"，宣称殖民主义已经衰亡，应该反对的是共产主义；有的国家把矛头直指中国，指责中国对他国进行颠覆活动，威胁邻国的安全。

19 日下午，中国代表团团长周恩来发言，周恩来提出"求同存异"的思想，将会议引上正确的道路，为会议的成功做出了贡献。

从 20 日开始，会议转入专项议题讨论。24 日晚上，大会举行最后一次全体会议，与会代表一致通过《亚非会议最后公报》。

"公报"包括经济合作、文化合作、人权和自决、附属地人民问题、其他问题、促进世界和平和合作、关于促进世界和平和合作的宣言等 7 个部分。

"公报"提出了促进世界和平与合作的十项原则：1. 尊重基本人权，尊重联合国宪章的宗旨和原则；2. 尊重一切国家的主权和领土完整；3. 承认一切种族的平等，承认一切大小国家的平等；4. 不干预和不干涉他国内政；5. 尊重每一个国家按照联合国宪章单独地或集体地进行自卫的权利；6. 不使用集体防御的安排来为任何一个大国的特殊利益服务，任何国家不对其他国家施加压力；7. 不以侵略行为或侵略威胁或使用武力来侵犯任何国家的领土完整或政治独立；8. 按照联合国宪章，通过如谈判、调停、仲裁或司法解决等和平方法以及有关方面自己选择的任何其他和平方法，来解决一切国家的争端；9. 促进相互的利益和合作；10. 尊重正义和国际义务。

万隆会议是亚非人民民族解放运动的里程碑，不但促进了亚非国家的友谊和团结，也鼓舞了世界被压迫民族争取解放的斗争。会议决议提出的十项原则，为世界和平做出了贡献。

会议体现的反对殖民主义、争取和维护民族独立、加强亚非团结、促进世界和平的精神，被称为"万隆精神"。

### 不结盟运动的形成

不结盟运动是当代国际政治舞台上一支重要的力量，它形成于 20 世纪 60 年代。它坚持独立自主、非集团的原则，坚持和平、中立、不结盟的宗旨，坚持反帝、反殖的方向，在国际事务中发挥着重要的作用。

不结盟运动的兴起是国际形势发展的必然结果。第二次世界大战结束后，亚洲、非洲和拉丁美洲地区的民族解放运动蓬勃发展，出现了一系列新兴的民族独立国家。这些新兴国家大都选择了独立、自主、不结盟的发展道路。与此同时，美国、苏联两个超级大国为了争夺世界霸权，力图控制广大的亚、非、拉中间地带，对这些国家的独立、主权和安全构成越来越大的威胁。在这种形势下，一些国家的领袖，如铁托、尼赫鲁、纳赛尔、苏加诺、恩克鲁玛等逐渐形成了共同的国际意识，主张参与国际事务，推动新兴国家联合起来，反对新老殖民主义，反对大国干涉，维护世界和平。1956 年 7 月，铁托、纳赛尔、尼赫鲁发表《联合声明》，反对把"世界分成强有力的国家集团"，提出"应该建立世界规模的集体安全"，"应该继续并且鼓励奉行不同政策的各国领袖之间的接触和意见交换"。后来，在 1960 年第 15 届联合国大会期间，铁托、纳赛尔、尼赫鲁、恩克鲁玛和苏加诺协商召开不结盟会议事宜，这 5 个领导人被称为不结盟运动的创始人。

在铁托和纳赛尔的积极努力下，由埃及、南斯拉夫、印度、印度尼西亚、阿富汗 5 国（后来它们被称为"不结盟运动的发起国"）发起，1961 年 6 月在埃及首都开罗召开不结盟国家首脑会议的筹备会议，规定了参加不结盟国家首脑会议的 5 项标准：1. 必须执行以和平共处和不结盟为基础的独立政策，或者表现出与这一政策相一致的倾向；2. 必须一贯支援民族独立运动；3. 不得是参与两大阵营纠纷的军事同盟的成员；4. 不得是有大国参加的、卷入两大阵营纠纷的区域性防御条约或双边条约的成员；5. 不得赞成在其领土上为两大阵营之一的利益建立军事基地。筹备会议决定于 1961 年 9 月正式召开不结盟国家和政府首脑会议。

1961 年 9 月，第一次不结盟国家和政府首脑会议在南斯拉夫的贝尔格莱德举行。会议通过了《不结盟国家的国家和政府首脑宣言》。宣言指出："只有殖民主义、帝国主义和新殖民主义的各种表现形式都被消除之后，持久和平才能实现"；不结盟国家"决意协同做出努力来制止各种新殖民主义和帝国主义统治的一切形式和表现"。宣言宣布与会各国全力支持阿尔及利亚、安哥拉、突尼斯、古巴以及其他为争取和维护民族独立而斗争的各国人民。宣言要求各大国签订全面彻底的裁军条约，以缓和国际紧张形势；认为"现在的军事集团……不时引起国际关系恶化"，"不结盟国家应该参与有关世界和平与安全"的国际问题的解决。宣言要求消除殖民主义遗留下来的经济不平衡状态，废除国际贸易

南斯拉夫领导人铁托像

的不等价交换，稳定原料和初级产品价格。宣言还要求恢复中华人民共和国在联合国的合法权利。不结盟国家和政府首脑会议的举行，标志着不结盟运动正式开始，它推动了国际政治力量由美苏两极向多极化方向转化。不结盟运动所确立的不结盟、独立自主的原则和反帝、反殖的立场，受到越来越多的第三世界国家的承认和支持，从而促进了第三世界的壮大。

不结盟运动在反对帝国主义、殖民主义，促进亚、非、拉各国民族解放运动的深入发展，在反对霸权主义、强权政治，维护第三世界国家的独立、主权和平等地位；在反对超级大国的侵略和战争政策，保卫世界和平；在改革旧的国际经济关系，建立国际经济新秩序等方面，做出了不懈的努力。

不结盟运动开始后，其队伍不断扩大。到 1983 年，已有 119 个国家加入，占世界国家总数的 2/3；人口 20 多亿，占世界总人口的 1/3。不结盟运动作为第三世界最大的政治性国际组织，已成为当代国际社会中强大而充满生气的政治力量，在国际事务中的作用越来越显著。

 **简 评**

第三世界的兴起，冲击着战后国际关系中的两极格局。随着第三世界力量的日益壮大，它在国际政治和经济事务中发挥着愈来愈大的作用。中国一直重视与不结盟运动的关系，从 1992 年 9 月起，中国成为该运动的观察员国。

# 古巴导弹危机

## ——美苏间的一次核赌博

1962 年 10 月 14 清晨，古巴上空晴空万里。美国空军少校小鲁道夫·安德森，驾驶一架 U—2 高空侦察机，在古巴上空往返飞行，机上的摄像机不停地对地面进行着拍摄。安德森带着大量照片顺利返航，照片很快被送到判读中心。美国专家对每一个画面进行仔细研究，结果令美国人大吃一惊。他们认出了发射导弹的设施，一些导弹已经安装在发射架上，并且指向美国。专家估计，这些导弹包括射程达 1200 英里的中程弹道导弹，能够携带核弹头，可以打到华盛顿等美国重要城市。他们还从照片上发现，古巴正在建造射程为 2500 英里的导弹基地，这种导弹可以威胁美国的所有城市。照片显示，苏联的伊尔—28 型轰炸机也已运抵古巴，这是可以携带核弹头的战略轰炸机。

美国中央情报局在 8 月中旬就接到报告，得知古巴境内有了导弹，导弹基地正在建设，还来了 5000 名苏联军事人员。但美国认为，苏联在古巴部署的是地对空防空导弹，苏联不会在古巴安装中程导弹。不过，肯尼迪总统还是对苏联提出了警告。9 月 11 日，苏联政府正式发表声明，宣称苏联运往古巴的导弹纯粹是防御性质的，完全是为了保护古巴。9 月 13 日，肯尼迪总统在会见记者时表示，苏联运往古巴的武器，还没有对美国安全构成严重威胁，古巴一旦成为苏联进攻性军事基地，美国政府将采取必要措施，保护美国自身的安全。肯尼迪下令增加对古巴进行空中侦察的次数，要求空军派空中侦察机，对古巴进行仔细地拍摄。

专家们再次核实安德森少校拍回的照片，确认他们的判断是正确的，他们将情报迅速报告中央情报局。10 月 16 日早晨，总统国家安全事务助理邦迪来到肯尼迪总统卧室，向总统汇报了空中侦察的结果。身着睡衣正吃早餐的肯尼迪，闻讯恶狠狠地自言自语道："无论如何，俄国人的导弹必须从古巴撤走。"

当天上午，肯尼迪召集国防部、中央情报局、国务院、参谋长联席会议、司法部、财政部等部门的负责人，在白宫商讨对策。与会人员的观点各不相同，大体上形成两种方案。一部分人主张对古巴实施空中打击，用武力摧毁苏联的导弹基地。一部分人主张采取海上封锁的办法，迫使苏联撤出在古巴的导弹。会议断断续续地开到 20 天，多数人主张采用海上封锁的方案。

肯尼迪总统认为，海上封锁方案是上策，封锁可以避免战争，保持灵活性，可以使苏联体面地撤退。如果封锁不能产生效果，美国还可以再选择军事手段。因此，他最终选择了海上封锁古巴的策略，并决定于 22 日晚上 7 时整向全国发表广播和电视讲话。

与此同时，美国开始悄悄作封锁准备，海军准备调动 180 艘舰只进入加勒比海，空军命令 B—52 轰炸机装载核弹在空中轮流值勤，陆军则向东南部各州集结。

古巴与美国隔海相望，在 1959 年古巴革命之前，两国在政治、经济、军事上联系密切。美国是古巴最大的贸易伙伴，美国资本控制着古巴的公用事业、炼油业、制糖业、采矿业、银行业和旅游业。

## 历史大事全知道

1959年1月，古巴人民推翻独裁政权，建立共和国，卡斯特罗担任政府总理。从当年5月开始，古巴陆续推行一系列社会改革措施，如废除大庄园制，禁止外国人占有古巴土地，将电力、交通、电话等企业收归国有。这些措施触动了美国资本家在古巴的利益，引起美国政府的不满。

1960年，美国政府制定了颠覆古巴政权的计划。1961年4月17日，由美国中央情报局招募训练的1500名雇佣军，携带美国武器，由美国舰艇运送，在古巴猪湾海岸登陆，企图以武力推翻卡斯特罗政府。入侵者一上岸，就遭到卡斯特罗的迎头痛击。经过两天战斗，雇佣军全军覆没。

入侵事件发生后，卡斯特罗为了抵御美国的再次侵略，开始转向共产党国家阵营，加强与苏联的合作。

当时，苏美两个超级大国正在欧洲进行激烈争夺，双方的核军备竞赛日趋激烈。美国在核竞赛中处于优势地位，它的轰炸机和导弹，通过北约盟国的军事基地，包围了苏联。美国在土耳其、意大利、西德的导弹已经对准苏联，苏联的重要城市都处于核武器的威胁之下。相反，苏联的导弹基地距美国有一万多公里，难以攻击美国的重要城市。因此，苏联也希望在美洲建立针对美国的军事基地。

在猪湾事件中，苏联向美国发出外交照会，谴责对古巴的入侵，并表示要给古巴一切必要的援助。1962年5月，苏联领导人赫鲁晓夫想到了在古巴部署核导弹的主意。赫鲁晓夫认为，如果苏联秘密地部署导弹，如果在导弹已经装好之后才被美国发现，美国人要想摧毁这些导弹，势必要三思了。因为如果不能完全摧毁这些导弹，即使只有一二枚导弹能够幸存下来，苏联仍然可以击中纽约。赫鲁晓夫认为这个办法既可以保护古巴不受美国侵犯，又能使美苏之间的核力量对比达到均衡。赫鲁晓夫想到这里，不禁得意洋洋，他说："美国人用军事基地包围我国，用核武器威胁我们，而现在他们就会知道，当敌人的导弹对准着你的时候是什么滋味。……现在正是让美国人知道自己的国土和人民遭受威胁是什么滋味的时候了。"

赫鲁晓夫的想法得到苏联其他领导人的支持，他们决定在古巴设置中程导弹和发射设备，并向古巴供应伊尔—28型轰炸机。古巴也欢迎苏联的做法，1962年7月卡斯特罗派他的弟弟、国防部长劳尔·卡斯特罗访问莫斯科，双方就在古巴部署导弹的具体办法达成秘密

肯尼迪（左）与赫鲁晓夫在1961年6月维也纳首脑会议上似乎显得很友好，却在古巴导弹危机中剑拔弩张。

协议。苏联的中程核导弹和远程轰炸机，开始陆续秘密运进古巴。

可是，苏联人的举动被美军侦察机发现了。10月22日晚上7时整，肯尼迪准时坐在摄像机前，向全美国发表他的演说。肯尼迪在演说中公布了美国将要采取的行动，即从海上对古巴实行"隔离"，任何装载进攻性武器的船只不得进入古巴。肯尼迪呼吁美洲国家组织、联合国安理会立即召开会议，讨论苏联对世界和平的威胁。他还呼吁赫鲁晓夫停止对世界和平的挑衅行为，从古巴撤走导弹。

第二天，肯尼迪签署公告，从10月24日上午10时起，美国海军将在海上对古巴实施

"隔离"，所有驶往古巴的船只都要接受检查，禁止任何载有进攻性武器的船只进入古巴。

苏联对此做出强硬反应，赫鲁晓夫表示，苏联船只不会服从美国海军的停航检查命令。苏联国防部下令取消军人的一切休假，进入戒备状态。古巴军队也进入戒备状态。

24日上午10时，美国规定的封锁时间。美国侦查机发现有20多艘苏联船只和几艘潜艇正在驶向古巴，但离封锁线尚有一段距离。几分钟后，两艘苏联船只驶近美国封锁线，并有一艘苏联潜艇为它们护航。美国派出一艘驱逐舰进行拦截，为防止苏联潜艇的攻击，又加派航空母舰支援。双方形成对峙状态，美国准备向苏联潜艇投掷深水炸弹，以迫使其浮出水面。千钧一发之际，两艘苏联船只停止了航行，其余20多艘苏联船只也都停在了封锁线外，有的则掉头开走。

载有进攻性导弹的苏联舰艇从古巴返航。

10月26日，赫鲁晓夫致信肯尼迪，表示如果美国总统保证不入侵古巴并解除封锁，苏联将撤出古巴的导弹。

肯尼迪终于松了一口气，他说可以好好睡一觉了。不料，第二天风云突变。美国收到赫鲁晓夫的第二封信，信中说，苏联将从古巴撤走导弹，但美国也要从其盟国土耳其撤走导弹。肯尼迪拒绝了这一交换条件，表示不能在威胁面前低头。同一天，一架美国U—2侦察机在古巴上空被苏联导弹击落，驾驶员丧生。这一天，美国做出决定，最迟在30日要用空袭摧毁古巴的导弹和防空火箭。

核大战一触即发。肯尼迪下令军方做好空袭准备，但不得提前发动，他还要再试探一下苏联的真实态度。经过商议，肯尼迪有意回避了赫鲁晓夫的第二封信，而对他的第一封信进行了回复。肯尼迪在信中同意赫鲁晓夫10月26日的建议，即苏联从古巴撤走导弹，美国保证不入侵古巴，解除封锁。美国还向苏联大使口头许诺，待危机解除，美国将撤走在土耳其的导弹。

10月28日上午，莫斯科电台公开广播赫鲁晓夫致美国总统的复信，苏联同意从古巴撤走导弹和伊尔—28轰炸机。肯尼迪随即发表一份简短声明，欢迎赫鲁晓夫的决定，并说这是对和平的重要贡献。

## 历史大事全知道

　　古巴导弹危机最危险的时刻终于结束，加勒比海上空的战争乌云顷刻消散。11 月到 12 月，苏联如约撤走导弹和轰炸机，美国也解除了海上封锁。

 **简　评**

　　古巴导弹危机是美、苏两国之间的一次核赌博。这场危机不仅对美、苏关系，而且对整个国际关系产生了深远影响。在古巴导弹危机中，美、苏把世界推到核战争的边缘，最后又不得不妥协。但苏联在危机期间深受屈辱，决心全力发展核武器，导致两个超级大国新的激烈争夺。

　　美国在古巴导弹危机中占了上风，提高了自己的威望。但是西方国家，特别是法国和西德，对于美国事先未同北约协商就制造危机的行动，并和苏联搞"越顶外交"，感到不满和忧虑。因此，西方盟国感到必须加强独立，减少对美国的依赖。它们对美国的信任度下降，北约的作用受到削弱。后来法国更加积极地发展独立的核力量，倡导"欧洲人的欧洲"。1964 年 1 月法国与中国建交，表明它对美国的不信任。

# 石油输出国组织的成立

## ——同西方强国斗争的锐利武器

美国在 1959 年开始强行实施石油进口限额，从而进一步加剧了美国和一些独立石油公司与国际石油垄断公司、苏联之间的竞争。1960 年春天，原苏联以每桶低于 0.60 美元的价格把大批原油出售给意大利。印度政府在购买原苏联原油时，价格也大大地低于国际石油垄断公司的子公司从母公司进口的原油价格。国际石油卡特尔为了加强竞争地位，转嫁经济危机，又不与任何产油国政府和有关方面商量，擅自决定把中东石油的每桶标价降低 0.10 美元。

这完全是一种无视产油国主权和人民利益的行为。而且，这是一种一而再、再而三的损害产油国权益的行为。人们不由得想起，就在头一年，当国际石油垄断公司、原苏联以及美国的一些独立石油公司为了争夺世界石油市场，在拉丁美洲竞相投标。造成世界石油市场价格下跌。同样，为了把这种变化造成的损失转嫁到产油国人民身上，国际石油卡特尔也单方面决定强行把中东石油的每桶标价压低 0.18 美元，委内瑞拉原油的每桶标价也下降 0.15 美元。由于在 50 年代亚非拉地区已普遍实行利润对半分成的税收制度、而利润分配计算基础又是石油标价。所以，国际石油卡特尔的这一做法使产油国的石油收入蒙受巨大损失。当时，一些产油国的代表们云集开罗，共同商讨并通过了一系列重要决议，其中特别指明了稳定石油标价及西方公司未经与产油国协商不得变动石油标价的决定。可就在一年之后，国际石油垄断公司又这样干，这就等于是不把产油国政府和人民放在眼里。而且，这两次压价使产油国在原油收入上减少几十亿美元。

产油国的政府和人民再也不能甘心受宰割和凌辱了，他们再也不能听任国际石油卡特尔随心所欲地胡作非为了。他们要反击，要维护自己的合法权益。就在这个时候，伊拉克与国际石油公司正在进行的、关于收回未开采的租让地等问题的谈判，也陷入僵局。为了反击石油公司的单方面压价，并取得国际上的声援，以取得谈判的顺利进行，8 月 25 日，伊拉克石油部长特邀请沙特阿拉伯、科威特、伊朗和委内瑞拉的石油部长到巴格达聚会，以便针对石油公司单方面强行削减石油标价的行动采取一项共同的对策。

其实，石油国家团结起来，共同维护自己的利益，这是大家久已有之的一个愿望。早在一年前的开罗第一次阿拉伯石油会议上，一些产油国的代表们就已经私下商议，成立一个秘密的石油协商委员会，彼此保持定期联系。而且沙特阿拉伯代表塔里基和委内瑞拉代表阿方索还就成立石油输出国组织问题交换了意见，如今，产油国与国际石油卡特尔的共同冲突使大家更进一步形成了对自身利益的认同，也促进了彼此间的决心。正是在这一基础和条件下，1960 年 9 月 10 日至 14 日，伊朗、伊拉克、科威特、沙特阿拉伯和委内瑞拉五国的石油部长在巴格达开会。经过充分协商讨论，一致认为，为了反击国际石油垄断公司，维护产油国的石油收入，有必要成立一个永久性的国际机构。9 月 14 日，会议通过决议，正式宣布成立石油输出国组织。决议宣告：石油输出国组织成员国对于石油公司以往更改油价所采取的态度，再也不能熟视无睹；成员国应要求石油公司保持价格稳定，避免一切不必要的波动；成员国应尽一切办法使目前的油价恢复到削价前的水平；石油公司保证如果出现石油公司认为必须浮动油价的新情况。上述公司应与受影响的成员国进行协商，以便充分解释情况；为了注意生产国和消费国的利益，必须注意保证生产国的稳定收入，保证正常地向消费国供应石油，保证石油工业投资者的合理权益，成员国应研究和制订通过调节生产保障油价稳定的制度；如果由于执行这次会议通过的某项决议，有关公司对一个或几个成员国直接或间接地使用制裁手段，其他成员国不得接受上述有关公司为了企图阻碍实施会议通过的决定，而可能提供的增加石油出口或提高价格之类的优惠待遇。

总之，石油输出国组织的主要宗旨，就在于协商和统一各成员国的石油政策，确定最有效的手段，单独地、集体地维护成员国的利益。也正是在这面旗帜下，不少产油国纷纷加入了这一组织。到 1988 年，石油输出国组织的成员已达 13 个国家，成为第三世界规模最大的一个原料生产国组织。它们的原油日产量为 2687.8 万桶，占世界原油日产量的 45%，其原油日出口量为 2288.9 万桶，占世界原油日出口量的 74.8%。

石油输出国组织的成立无疑是世界的一件大事情。它标志着亚非拉产油国的石油斗争改变了过去那种分散的、自发的形式，而进入了有组织的联合斗争的新时期。它是第三世界最早建立的一个对抗国际卡特尔的原料生产国组织。它的诞生，促进了第三世界人民的团结，推动了第三世界的原料斗争。在它的影响下，第三世界的原料生产国纷纷仿效，组织联合，为捍卫民族利益，摆脱国际卡特尔的统治而斗争，先后涌现了一批原料生产国组织，而石油输出国组织与国际石油公司长期不懈的斗争，更是猛烈地冲击了建立在殖民主义、帝国主义和霸权主义基础上的国际经济旧秩序。

正是石油输出国组织，组织成员国投入到维护石油标价稳定，提高石油收入的斗争上去，并着手研究石油价格和外国石油公司的投资利润，以期得出一个公正的确定价格的公式。对此，国际石油公司不得不修改过去极不合理的分配方式。

正是石油输出国组织，通过采取配额生产制，使石油标价在 60 年代中保持在 1960 年 8 月的水平，粉碎了国际石油公司利用石油生产能力过剩，向产油国施加压力，以期达到分裂和破坏石油输出国组织的阴谋。而且，在 1971 年 2 月，经过顽强的斗争，迫使国际石油公司签署德黑兰协议。规定石油公司按利润的 55% 向海湾产油国交纳所得税，并把阿拉伯标准原油的每桶标价提高到 2.18 美元，从而结束了帝国主义单方面决定原油标价，压低税率的时代。

正是石油输出国组织，在 1973 年 10 月第四次中东战争爆发后，以石油为武器，通过缩减石油生产，对支持以色列的国家实行石油禁运，提高原油标价等措施，狠狠打击了犹太复国主义及其支持者。而且，石油输出国组织的成员国在夺回了原油标价决定权之后，在 70 年代中，先后两次大幅度提高油价，使该组织的石油收入从 1972 年的 143.74 亿美元增至 1980 年的 2788 亿美元。西方国家因此而爆发了两次石油危机，其经济受到巨大的损失。

也仍然是石油输出国组织，通过建立国营石油公司，进行参股斗争，开展石油国有化运动，维护了产油国的石油资源主权。由此，目前石油输出国组织成员国已全部或大部控制了本国的石油资源。

也还是石油输出国组织，利用石油收入向第三世界国家提供了大量的经济援助。自1973 年至 1980 年，该组织向第三世界国家提供了 395.07 亿美元的优惠援助，成为仅次于经济合作与发展组织的世界第二大援助集团，后发展为首位。这样，极大地帮助了第三世界国家发展民族经济，加强了彼此间的团结，提高了自己在国际舞台上的地位。

简　评

　　石油输出国组织利用石油对帝国主义施加压力，迫使西方工业国同意进行南北对话。1975年3月举行的第一届石油输出国首脑会议提出了召开一次发达国家和发展中国家的国际会议，以便进行对话和协调行动，解决世界重大经济问题。正是经过产油国的斗争，两年后巴黎举行的国际经济合作部长级会议上，做出了工业化国家提供10亿美元作为特别行动计划，援助低收入国家的紧急需要的决定，并重申官方发展援助金额要达到国民生产总值的0.7%的指标。显然，石油输出国组织通过加强南南合作，推动南北对话，为建立国际经济新秩序贡献了力量。

　　无论从什么意义上讲，石油输出国组织的建立都是一件极大地影响了人类世界历史的大事。

# 电影的诞生

## ——历史从此变得亲切而透明

电影诞生于 19 世纪末，它是现代科学技术的产物，是人类文明史上的一次革命。在此之前，人们尽管可以通过音乐、绘画来感知世界，但无法表现运动着的世界，而电影的诞生正弥补了这一不足，使人类获得了一种全新的感知世界的经验，获得了一种全新的影像思维的方式。

### 早期的电影

1823 年，法国人尼埃普斯拍出了第一张照片："餐桌"，当时拍摄需要 14 小时的曝光时间。1851 年，曝光时间缩短到只要几秒钟，照相这门新的手工艺受到人们的欢迎，成为很多人谋生的职业。

1872 年以后，英国人慕布里奇在旧金山第一次做了关于摄影的实验。加利福尼亚州一个靠商业和铁路起家的富翁——利兰德·斯坦福曾和人打赌，要按照法国学者马莱在 1868 年所描写的那样，把马跑的速度和动作姿态拍摄下来。这个怪人不惜拿出一笔财产让慕布里奇去设计像下面所说的那种特殊的设备。

沿着马跑的道路设置了 24 个小暗室，在这些暗室内有 24 位摄影师，他们只要听到一声笛响，就得赶快把 24 张底版立即准备妥当，因为这些底版如果干了的话，几分钟以后就会失去感光作用。在 24 架摄影机都装好了底版以后，就让马在跑道上奔驰，利用马蹄踢断跑道上的绳子的一刹那工夫，把马跑的姿态摄入镜头。这一试验整整费去好几年工夫（从 1872 年至 1878 年），而且中间还因为绳子太牢，马踢不断而发生过连暗室、摄影机、底版、摄影师都被拖倒的可笑事情。

从 1878 年以后，加利福尼亚拍摄的照片在各地公布。它们引起了科学研究者的热烈欢迎。生理学家马莱 20 年来一直用针尖在黑烟灰上划线的方法，来研究动物的动作速度。到 1882 年慕布里奇旅行欧洲以后，马莱受到启发，决定利用照片来进行实验。他的实验工作因当时市上已有一种涂胶质溴素的照相底版出售而得到了很多便利。从此以后，可以用配好的药品很容易地把快摄的底版冲洗出来，并且能够把底版保存好多年。

好莱坞明星大道

马莱创造了"摄影枪"———一种轮转

摄影机，其后他又对"固定底片连续摄影机"继续进行研究，其后又发明活动底片连续摄影机。1888年10月，马莱第一次把利用这种胶卷拍摄出来的照片献给法国科学院，将摄成的胶卷在实验室里成功地在银幕上映出。这时他已发明现代的摄影机和摄影术了。

1887年，爱迪生想把活动照片联系在一起来改进他的留声机。经过两三次无结果的试验以后，他转而采用了马莱的"连续摄影机"的方法。在爱迪生指导下进行研究的英国人狄克逊，在这方面做了一些改进，主要是在影片上凿孔和使用了柯达公司特制的长达50英尺的胶质软片。爱迪生拒绝公开在银幕上放映他的影片，他认为人们对无声片决不会产生兴趣的。由于他在研究有声电影上遭到了失败，不能把和真人一样大小的人物放映出来，所以在1894年，他决心把他的"电影视镜"公之于世。这种"电影视镜"形状像一只大钱柜，上面装有放大镜，可以容纳50英尺的凿孔影片。

这时，电影爱好者已有多人，他们自拍电影，向朋友放映。其中最著名的是卢米埃尔。他在里昂经营一个制造照相器材的大工厂。爱迪生的"电影视镜"刚刚输入法国的时候，他已经开始了电影机的研究工作。1895年12月28日在巴黎的一个咖啡馆里，卢米埃尔对所拍影片公开表演，画面是巴黎一家工厂上班的情景，涌动的人潮，升腾的蒸汽，迎面开来的火车，令所有观者大为惊叹。卢米埃尔获得了巨大的成功。

到了1896年底，电影已经完全脱离了实验阶段而与观众见面了。享有专利权的电影机器，为数达百余种之多，都已在电影企业中奠定了基础，每天晚上都有好几千观众拥挤在漆黑的电影院里了。

早期电影常用的一些主题有：跳跃的马、伶俐的狗、体操教师、跳绳女郎、芭蕾舞女、一对跳华尔兹的舞伴、走绳索的人、拳击家、摔跤者、决斗者、酒鬼、两个拿着唧筒的救火队员、一个患牙疼病人的滑稽面孔、锯木头的木匠、宪兵和小偷、打铁的铁匠、理发师、母鸡啄食、滑稽小丑等等。

雷诺的《更衣室旁》是当时最丰富、最复杂的一部作品。在这部可以连续演十五分钟的画片里，已经具备了现代动画片的一切特点，诸如：一定的放映时间、巧妙的剧情、典型的人物、噱头、特技摄影、紧凑生动的故事情节、美丽的布景，以及动人的色彩等等。

画片开始是用海水浴者的笑声来表达海边的气氛，而这种气氛又由于海鸥不断地来回飞翔而变得更为浓厚。鸟的飞翔是一个很新颖的场面，在戏剧里从未见过，因而成为吸引观众的原因之一。接着是一个简单的但却安排得很生动而幽默的情节：一对巴黎的夫妇来到海边；一个"风流客"对巴黎太太大献殷勤；因为偷看她在更衣室里脱衣服，结果屁股上被踢了一脚；巴黎夫妇在海里游泳；"风流客"被关在更衣室里。经过一段打架的场面以后，出现了一艘张帆的船，帆上写着"剧终"二字，故事由此而告结束。

### 电影的产业化与好莱坞的创立

电影作为一个新兴的行业，很快得到一些商人的重视，一些电影公司应运而生了。在美国，出现了爱迪生和比沃格拉夫的电影托拉斯，在欧洲，出现了百代和梅里爱等几个大制片公司。这些电影公司，虽然拍的多为一些幻灯片时的题材，但对摄影方法、脚本、故事情节开始了新的探索，建立了规模庞大的摄影场、服装车间和样片洗印厂等。1908年初，摄影师托马斯·伯森斯和导演弗兰西斯·鲍格斯为了拍摄影片《基督山伯爵》，到了洛杉矶市的郊外。他们在一个荒凉的小村建立了一所小小的摄影棚，这个小村被卖主起名为好莱坞，意即长青的橡树林，虽然这种树木在加利福尼亚州根本不能生长。

银幕上第一部搞笑片，传统喜剧《水浇园丁》（The Sprinkler Sprinkled），
一群入迷的观众正在津津有味地观赏。

好莱坞在成为国际上的强大势力以后，它摄制的题材也变成国际化了。在它最卖座的无声片中，以美国为背景的为数很少。在这些影片中，只有詹姆斯·克鲁兹导演的那部极著名的《篷车》直接取材于美国历史，这是一部歌颂西部拓荒者的史诗。这期间，很多电影取材于报纸的连载小说，比如 1915 年，法国人皮埃尔·德库塞勒在《晨报》上发表长篇小说《纽约的秘密》，把《宝莲历险记》及《捏紧的手》穿插在一起，写成 12 个插曲，拍成电影后受到极大欢迎。偶尔有人把文学名著改编成电影，如百代曾把一些成功的作品搬上舞台。系列影片在美国曾以"牛仔"故事或一些复杂的情节为题材，继续流行相当长久的时间。《拐骗妇女的人》、《深山之虎》以及被机器人追逐的《魔术师胡底尼》，就是这类影片的例子。

为了争取新的有才干的演员，好莱坞的启斯东公司以每周 150 美元的高额报酬，特地聘请了一位哑剧演员，他就是当时在美国各地做巡回演出的英国年轻演员查尔斯·卓别林。

卓别林在剧团学习跳舞、翻跟斗、杂技等，他除了学得无声艺术的一般手法之外，还学得一种使他所有的动作具有一种非常优美的感觉的技术。这些非常适合表演无声电影。卓别林给电影带来了兴旺和巨大的效益。

卓别林的第一部影片摄于 1914 年，名叫《谋生》。在这部影片里，卓别林打扮成一个英国绅士的模样：头戴一顶灰色丝绒礼帽，身穿燕尾服，嘴上留着浓浓的八字胡，鼻架单眼镜，脚上穿着一双漆皮鞋。他扮演一个狡猾凶恶的骗子。在剧中，卓别林即兴演出，轻松活泼，富有生气，表现出一种不易模仿的迷人力量。立即赢得了观众的瞩目。

卓别林的成功使资本家们发现了新的赚钱秘密。随之出现了《捏紧的手》、《笑面》不少非常叫座的影片。

电影刚问世时是无声的。人们只能通过演员动作和表情体会故事情节。1896 年，德国柏林的奥斯卡·麦斯脱制造了一些有声电影短片，他使用的音响系统是同步柏林牌留声机唱片。1906 年，英国的斯托克维尔和尤金·劳斯特第一次成功地把声音直接录在电影胶片上，并取得专利权。1924 年，英国的德福斯特风诺电影公司拍摄了第一部进行商业发行的有声故事片《爱情的甜歌》。美国的布罗斯于 1926 年使用盘式录音机与摄影同步，采用精制的放大器和扩音机，拍成第一部有声电影《朱安先生》。此后，一系列有声电影占据了电影市场。有声电影时代来临了！

随之，好莱坞成了世界电影的首都，一部部制作精良、故事情节曲折生动的电影，让世界影迷为之欢呼，为之发疯。再看看奥斯卡颁奖晚会，让多少人瞩目，让多少人心动。金棕榈奖、戛纳电影节、金熊奖、《飘》、《勇敢的心》、《爱情故事》《泰坦尼克号》……秀兰·邓波儿、费雯丽、斯皮尔伯格、玛丽莲·梦露……电影占据了世界多大的位置，占领了

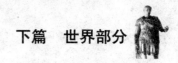

人们多少心理空间啊！真是一个电影的时代！

今天，电影的地位虽然受到了电视的冲击，但是电影的魅力依然吸引着亿万观众。因为，电影永远是一个充满无限魅力的魔幻世界。

  简 评

19世纪和20世纪的交接点是一条巨大断裂带。在这条断裂带前面，历史是一种充满神奇的迷雾，不可捉摸的、令人困惑的、无以名状的东西；而在这条断裂带之后，历史却是亲切而透明的、切实可见的、无可争辩的存在。这全是因为电影的诞生，使人类获得了一种记录历史的全新方式。

电影还是文化传播的重要载体，是教育民众、影响民众的有力工具。好莱坞的电影像一股旋风席卷全世界，把西方的生活方式和价值观念也传播向世界各地，这种影响是深远的，也是引人深思的。

# 日本的崛起和发展

## ——创造经济发展的奇迹

1945年8月15日，日本宣布无条件投降，第二次世界大战结束。战争期间，日本军国主义给亚洲人民带来了深重的灾难。同样，日本自身在战争中也遭受了惨重的损失。战争中，日本损失了260多万人口，长崎、广岛遭到美国原子弹的毁灭性打击，另有100多个城市遭到轰炸，230多万栋房屋被毁，900万人流离失所。

日本的经济面临全面崩溃。工业生产下降，粮食减产，通货膨胀严重，失业人口空前庞大。1946年，日本的国民生产总值只相当于战争前的62%。

在各种因素的作用下，日本经济在战后迅速恢复和发展，到1980年，日本已成为世界经济第二大国。

1970年日本大阪世界博览会上的太阳神塔，象征了日本的重新崛起。

日本投降后，美国占领日本。占领当局解散了日本军队和军事机构，逮捕了东条英机等一批战犯。1945年10月11日，盟军司令麦克阿瑟要求日本政府实行五项改革，包括给妇女以参政权、保障工人的权利、废除专制制度、实行教育自由化、促进经济制度民主化。同时，占领当局要求日本修改宪法。1946年11月新宪法获得通过，第二年5月正式实施。新宪法确立了议会民主制度，议会是国家的最高权力机关，由国民选举产生，天皇只是日本的象征，内阁只对国会负责。

这些政治民主化的改革，为后来日本的经济发展铺平了道路。

占领当局还推行了经济民主化改革。从1946年10月开始，日本实施了农地改革，不住在农村的地主的全部出租土地、在村地主超过一町步以上的出租地，都被征购，卖给农民。95%的农民因此获得了耕地。同时，占领当局又解散财阀、禁止垄断。日本的财阀具有浓厚的封建性，是特权商人与政权结合成的垄断集团，控制了日本经济。美国认为日本财阀是战争的祸根，1945年11月冻结了15家大财阀的资产，后又颁布禁止垄断的法律。

经济民主化的改革，也为经济发展提供了条件。

1946年8月，日本政府为了恢复经济，成立"经济安定本部"。12月，吉田茂内阁实施"倾斜生产方式"，将煤炭和钢铁生产作为经济恢复的重点。政府集中力量扶持和发展煤炭工业。生产出的煤炭重点供应钢铁企业。政府为此向煤钢工业发放大量贷款，到1948年，在煤钢工业的带动下，日本经济出现初步好转。

　　随着冷战的兴起，美国对日本的政策发生转变，试图将日本建成东亚的反共基地。1948年底，美国制定稳定日本经济的政策，并削减日本的战争赔偿，向日本提供物资和资金，这对日本经济的恢复起了重要作用。

　　1950年朝鲜战争爆发，为日本的经济恢复和发展提供了契机。美军从日本大量采购军火及物资，日本向朝鲜战场的美军提供的"特需订货"达13亿美元，向驻日美军及其辅助人员提供的商品和劳务达20多亿美元。朝鲜战争还刺激了日本的出口贸易，大量积压滞销的工业品销售一空。从战争爆发到1951年底，日本外贸额增长近3倍。1951年，日本的国民生产总值已恢复到二战前的水平。总之，朝鲜战争使日本经济走出困境。

　　1955年美军结束在日本的占领，日本经济已经全面恢复。从1956年到1973年，日本经济持续高速增长，从而使日本成为世界经济大国。

　　从1955年起，日本政府制订了多个国民经济发展计划。1955年，鸠山内阁制订《经济自立五年计划》，目标是实现经济自立和充分就业，提出实现年均5%的增长目标，后来实际增长超过9%。1957年，岸信介内阁制订《新长期经济计划》，提出年均6.5%的增长率。实际执行中，增长率大大高于计划。1960年，池田内阁又制订《国民收入倍增计划》，提出发展重工业和化学工业，重视人才培养，发展科学技术，大力发展对外贸易。"倍增计划"用了7年的时间就全面完成，并取得巨大的成就。

现代与传统在日本的完美交响

　　日本政府坚持高积累、高投资的经济政策，其投资规模在西方国家中居第一位，从而扩大了经济规模。

　　日本战败之初，就将发展对外贸易作为立国之本，积极开拓国际市场，扩大进出口贸易。1955年，日本的进出口贸易额只有45亿美元，到1960年增长了近一倍。1965年进出口额达到166亿美元，其中出口84亿多美元，出现了顺差。此后，贸易顺差不断增长，促进了国内生产的发展。

　　日本重视教育事业，五六十年代普及了高中教育，大学不断增加。从1950年到1972年，教育经费增长了25倍。政府财政中，教育经费占20%，使国民素质大大提高，为经济发展提供了人才保障。日本一方面大量从国外引进先进技术，从1950年到1975年，从国外引进了 2 万多项技术成果；另一方面，投入大量经费进行科学研究，使日本的技术力量显著增强。日本独创的新技术、新产品、新工艺日益增多，60 年代末，在电子计算机、彩色电视机、录像机、手表、照相机等领域，都处于世界领先水平。

从 1956 年到 1973 年，日本的经济增长率，年均超过 10%，从而超过英国、法国、西德等西欧国家。日本的汽车、机械、电子、家用电器等产品，行销世界各地。1973 年 10 月，第四次中东战争爆发，引发世界石油危机，石油价格上涨。由于日本经济主要依靠的能源是石油，使日本经济增长的速度有所减缓。

1987 年，日本经济实力超过苏联，成为仅次于美国的世界第二经济强国。

 简 评

随着经济实力的膨胀，日本力图在政治上有所作为。20 世纪 80 年代，日本开始了新的远航，提出了日本"国际化"的口号。1983 年，日本明确提出了要成为政治大国的主张。

为了加快走向政治大国，日本加强日美同盟关系，以同美国的合作与协调为外交基轴；立足亚洲，在美、日、欧三角中谋求亚洲代言人的角色；谋求建立"日元圈"；加强防务力量，向军事大国方向发展，国内逐渐出现了为军国主义势力的复活铺路的倾向；争当安理会常任理事国；谋求中国和其他亚太国家的理解和支持；力图扩大日本文化的世界性影响。

总之，日本的崛起已经并将继续对亚太地区乃至世界产生重大的影响。

# 东欧剧变

## ——政治钟摆从左向右

　　1989 年，东欧的社会主义国家波兰、匈牙利、德意志民主共和国、捷克斯洛伐克、保加利亚、罗马尼亚，在国内各种因素以及西方国家和平演变策略的相互作用下，先后发生激烈的政治动荡。结果，这些国家都实行了多党制和议会制，国家改变了社会主义性质。东欧各国的共产党像成串倒下的"多米诺骨牌"，一个接一个地失去政权，党组织本身也纷纷瓦解。

　　倒下的第一张"多米诺骨牌"是波兰。

　　波兰的动荡早在 1980 年就开始了。这一年 7 月，波兰政府为摆脱经济危机，将肉类销售价格提高 40%—60%，引起全国工人大罢工。罢工工人组成独立的工会组织"团结工会"，造船工人瓦文萨任主席。团结工会的会员迅速发展到 900 多万人，连波兰统一工人党（即共产党）三分之一的党员（100 万）都加入了该组织。

　　团结工会不承认波兰共产党的领导，主张政治多元化，并试图推翻政府。它从成立之后，就不断组织罢工，使波兰陷入混乱状态。1981 年 12 月 13 日，统一工人党总书记雅鲁泽尔斯基宣布波兰进入战时状态，成立"救国军事委员会"对全国实行军管。团结工会被取缔，瓦文萨以及大批骨干被拘捕。美国等西方国家对波兰政府的措施深为不满，立即对波兰实施经济制裁。

　　1983 年 7 月，波兰政府结束战时状态，团结工会又开展反政府活动，并得到西方国家的积极支持。1987 年美国向团结工会提供活动经费，美国副总统布什访问波兰时还专门会见了瓦文萨。

　　由于经济不景气，通货持续膨胀，1988 年波兰再起罢工风潮，统一工人党不得不考虑调整国内政策，在 1989 年 1 月决定实行政治多元化。

　　1989 年 2 月，统一工人党与各党派、团体、教会举行圆桌会议，最后达成实行政治改革、工会多元化、议会民主等协议，团结工会获得合法地位。

　　1989 年 6 月，波兰举行议会选举，团结工会大获全胜，统一工人党遭到惨败。雅鲁泽尔斯基在接下来的总统选举中，仅以一票的微弱优势当选。8 月，瓦文萨的首席顾问马佐维耶茨基出任总理，组成以团结工会为主的联合政府，在 23 名内阁成员中，统一工人党只占 4 席。年底，波兰议会修改宪法，将"波兰人民共和国"改名为"波兰共和国"，删除宪法中有关统一工人党领导地位以及实行社

罗马尼亚发生剧变，齐奥塞斯库夫妇被处决。

会主义制度的内容。1990 年初，统一工人党在召开最后一次代表大会后，宣布解散。

匈牙利的政治变革是由共产党内部的激进势力发起并轻松完成的。1989 年 2 月，匈牙利共产党"社会主义工人党"召开中央全会，经过激烈的交锋，做出实行政治多元化和多党制的决议。并且重新评价了 1956 年的"匈牙利事件"，认为那是一场真正的人民起义。

从 4 月到 6 月，社会主义工人党中央领导层全面改组，激进改革派取得党的领导权。新的中央领导层又为 1956 年事件中被处死的纳吉平反，并为他举行了隆重的安葬仪式。与此同时，社会主义工人党与其他党派、团体连续举行 3 个月的圆桌会议，就多党制问题进行磋商安排。

10 月 6 日，社会主义工人党举行第十四次代表大会，以压倒多数通过将党改组为社会党的决议，它的目标是建设"民主社会主义"，性质已完全改变。

10 月 18 日，匈牙利国会通过宪法修正案，将国名"匈牙利人民共和国"改为"匈牙利共和国"，取消马列主义政党领导地位和社会主义制度的条文。

1990 年 3 月和 4 月，匈牙利国会选举，社会党在 386 个席位中仅得 33 席，也没有能够进入新政府，丧失了执政党地位。

捷克斯洛伐克的政治动荡，直接起因是人民要求重新评价 1968 年的苏联入侵事件，为"布拉格之春"平反。

1977 年，捷克斯洛伐克的反对派就组织了"七七宪章"运动，要求对 1968 年苏联入侵重新评价。1988 年 8 月 21 日，苏联军队入侵 20 周年之际，反对派组织了大规模的示威游行。但捷共总书记雅克什拒绝群众的呼声，仍然认为苏军入侵是"国际主义援助"，从而埋下了动乱的祸根。

1989 年 1 月 16 日，是大学生帕拉赫为抗议苏军入侵自焚 20 周年纪念日，首都布拉格爆发万人大游行。当局逮捕了游行发起人、"七七宪章"运动发言人、剧作家哈维尔，引起各界抗议。但捷共领导人固执己见，表示不会向反对派妥协。8 月中旬，当年参与入侵捷克斯洛伐克的波兰、匈牙利两国，分别谴责了 1968 年入侵事件。这使捷克斯洛伐克的形势更加复杂。

8 月 21 日，布拉格群众举行游行示威，波兰、匈牙利的一些组织派人前来声援支持。11 月 17 日，布拉格爆发数万人的游行示威，要求捷共领导人下台，取消一党政治。当局出动军警镇压，逮捕了一百多人。示威浪潮不但没有消退，反而持续扩大，并蔓延到全国。11 月 19 日，"七七宪章"等十几个组织成立反政府联盟"公民论坛"，提出实行多党制的要求。

在"公民论坛"的组织下，示威规模进一步扩大，11 月 26 日以雅克什为首的中央领导集体辞职。新的中央表示愿意与反对派对话，并同"公民论坛"等组织举行两次会谈，最后达成修改宪法、改组政府等协议。

11 月 29 日，捷议院修改宪法，取消了共产党领导作用的条文。捷共中央随后也宣布，1968 年苏联出兵捷克斯洛伐克是错误的决定。12 月 3 日，政府进行改组，吸收 5 名非共产党人士入阁。"公民论坛"对改组不满，于次日组织 20 万人的示威，要求彻底改组政府。12 月 10 日，政府重新改组，21 名内阁成员中党外人士占了 11 名。不久，政府总理恰法尔和两名副总理退出共产党，共产党基本失去了政权。年底，议会选举"公民论坛"成员哈维尔为总统。

1990 年 3 月，捷议会将国名"捷克斯洛伐克社会主义共和国"改为"捷克斯洛伐克联邦共和国"。在 6 月的全国大选中，"公民论坛"
等反对派全面获胜，捷共在议会 300 个席位中
仅获 47 席。大选后组建的新政府中，彻底排除
了捷共。

东欧政局的剧变在 1989 年下半年影响到保
加利亚。1989 年 10 月 16 日至 11 月 3 日，有 35
国参加的欧洲环境保护会议在保加利亚首都索
非亚召开，保加利亚的反对派趁机组成"生态
公开性"、"支持工会"、"保卫人权协会"等组
织，举行集会和游行，向政府提出政治多元化
的要求。

11 月 10 日，连续执政 30 多年的保加利亚
共产党总书记日夫科夫辞职，保共中央领导班
子进行了大改组。十多个反对派组织也进行联
合，组成"民主力量联盟"，要求实行多党制和
议会制民主。在反对派的压力下，保共同意召
开圆桌会议。

1990 年 1 月，保加利亚议会决定取消宪法
中共产党领导地位的内容；保共十四大也修改
党章，放弃了党的马列主义原则。4 月 3 日，保
共决定改名为社会党。在 6 月份的大选中，社

随着东欧政局的剧变，苏联的军队开始
撤出这一地区。

会党虽然获胜，成为议会第一大党，但在 11 月份还是失去了政权。

民主德国、罗马尼亚都在 1989 年下半年发生了剧变。罗马尼亚总统齐奥塞斯库夫妇甚
至被处决。

东欧剧变的原因是多方面的。从内部讲，既有经济、政治的原因，也有历史、文化的影
响，既有共产党内部的原因，也有政治反对派的作用。从外部环境看，西方国家的和平演变
战略也起了作用。

## 简　评

东欧剧变后普遍出现了政治上反共、反社会主义、反马列主义浪潮和经济上私有化的转
变。然而资本主义要在东欧站稳脚跟绝不是轻而易举的事。人们痛定思痛，在对"西化"
和"苏化"作了短暂对比之后，又在思考把选票投向谁。同时东欧剧变使 20 世纪初的"火
药库"再度报警，带来了欧洲的新动荡。

东欧剧变是 20 世纪社会主义运动的最大曲折之一。它的教训经过仔细消化将激励东欧
人民进行新的探索，寻找适合自己国情的发展道路。

# 南斯拉夫解体与波黑冲突

## ——巴尔干火药桶再冒烟

1991 年 3 月 31 日，南斯拉夫克罗地亚共和国境内的普利特维采湖畔，突然响起激烈的枪声，克罗地亚共和国特种部队与当地塞尔维亚族警察发生交火。从此，南斯拉夫失去了平静。

6 月 25 日，克罗地亚共和国、斯洛文尼亚共和国的电台、电视台同时宣布两国脱离南斯拉夫。当晚，两国分别举行庆祝活动，欢呼独立。南斯拉夫走上分裂和内战之路。

南斯拉夫联邦位于巴尔干半岛南部，地处欧亚非三大洲的交通要道，战略地位十分重要，素有"火药桶"之称。

1918 年第一次世界大战结束后，克罗地亚人、斯洛文尼亚人、塞尔维亚人宣布组成一个南部斯拉夫人的统一国家，即"塞尔维亚—克罗地亚—斯洛文尼亚王国"，后改称"南斯拉夫王国"。由于塞尔维亚统治者推行大民族主义政策，欺压弱小民族，国内民族矛盾尖锐，尤其是克、塞两族的矛盾突出。

第二次世界大战中，南斯拉夫被德国和意大利瓜分，德国还扶植了傀儡政权"克罗地亚独立国"。南斯拉夫人民在铁托领导下，进行了不屈不挠的斗争，最终取得反法西斯战争的胜利，在第二次世界大战结束后建立"南斯拉夫联邦人民共和国"（后改称"南斯拉夫社会主义联邦共和国"），由塞尔维亚、克罗地亚、斯洛文尼亚、波黑、马其顿和黑山 6 个共和国组成。

米洛舍维奇像

南斯拉夫联邦共有 24 个民族，其中 6 个主体民族（塞尔维亚、克罗地亚、斯洛文尼亚、黑山、马其顿和穆斯林）占全国人口总数的 80%。塞尔维亚族人口最多，但任何一个民族都不占绝对多数。虽然 6 个共和国大体上是按民族划分，民族混居现象仍然突出，如塞尔维亚共和国境内约生活着 20 万克族人，克罗地亚共和国境内生活着约 60 万塞族人。不同的民族信仰不同的宗教，南斯拉夫国内共有东正教、天主教、新教、伊斯兰教 4 种宗教信仰。

各共和国的经济发展水平也有很大差别，斯洛文尼亚、克罗地亚和塞尔维亚比较发达，而其他 3 个共和国则较为落后。这一切造成南斯拉夫民族关系十分复杂。

铁托执政期间，推行民族平等和民族团结政策，使南斯拉夫各族维持了 40 年的相安无事。铁托本人为克罗地亚族，他对塞尔维亚族的大民族主义始终保持警惕，将塞尔维亚共和国的部分领土划归克罗地亚，扩大塞尔维亚境内科索沃和伏伊伏丁那两个自治省的权力，使塞族人极为不满。

在联邦体制上，联邦主席由 6 个共和国和 2 个自治省推举各自的代表，轮流担任。联邦重大事务必须由各共和国协商一致才能作出决议。各共和国拥有否决权，只要某一个共和国不同意，就不能做出任何决议。各共和国常常从本民族的利益出发，在许多问题上无法达成一致，各共和国也就各自为政。这样反而助长了地方民族主义势力。

1980 年铁托逝世，南斯拉夫潜在的民族矛盾逐渐表面化。1989 年随着东欧各国的剧变，南斯拉夫走上了分裂道路。

1990 年 1 月，南斯拉夫共产主义者联盟召开第 14 次代表大会，各共和国代表对党和国家的前途提出不同看法，争论激烈。斯洛文尼亚代表中途宣布退出大会，随后又宣布斯洛文尼亚共产党脱离南共联盟独立。此后，各共和国共产党纷纷改名为"社会党"或"社会民主党"，南斯拉夫共产党瓦解了。

同年，6 个共和国相继举行多党制选举，结果除塞尔维亚和黑山为社会党赢得大选外，其余 4 个共和国均为反对党获胜。

斯洛文尼亚 1990 年 4 月举行大选后，新政府提出将南斯拉夫联邦建成松散的主权国家联合体，议会还通过决议，删除国名中的"社会主义"。12 月举行全民公决，86% 的投票人同意斯洛文尼亚独立。

克罗地亚 1990 年 5 月大选后，恢复二战时期的"克罗地亚独立国"国旗和国徽。同年年底，议会通过新宪法，宣布克罗地亚是主权国家，有权决定是否从南斯拉夫分离出去。1991 年 5 月 19 日，克罗地亚举行全民公决，94% 的投票人主张独立。5 月 29 日，克罗地亚总统图季曼宣布克罗地亚不再属于南斯拉夫联邦。同时，克罗地亚建立了自己的军队。

在做好独立的各项必要准备工作后，1991 年 6 月 25 日，斯洛文尼亚和克罗地亚同时宣布脱离南斯拉夫独立。

6 月 27 日，南斯拉夫人民军与斯洛文尼亚武装部队发生冲突，战斗持续了 10 余天，并不断升级。在欧共体的多次调停下，双方达成停火协议。

当克罗地亚宣布自己是主权国家时，境内的 60 万塞尔维亚族人纷纷要求脱离克罗地亚，与塞尔维亚共和国合并。塞尔维亚共和国也表示，克罗地亚境内的塞尔维亚族聚居区必须留在南斯拉夫。

塞尔维亚族聚居区占克罗地亚领土的三分之一，克罗地亚当然不能允许其分离出去。1991 年 3 月，克罗地亚境内克、塞两族发生冲突，7 月下旬引发全面内战，南斯拉夫人民军也卷入战斗。硝烟在克罗地亚四处弥漫，许多城镇被夷为平地，人员和财产损失惨重。11 月 23 日，才在联合国斡旋下达成停火协定。

1991 年 11 月，马其顿共和国宣布独立。12 月，德国率先承认斯洛文尼亚和克罗地亚。1992 年 1 月，欧共体宣布承认克、塞两国独立。3 月，波黑共和国宣布独立。4 月，塞尔维亚和黑山共和国宣布组成"南斯拉夫联盟共和国"。

南斯拉夫一分为五，统一的南斯拉夫在世界地图上消失了，随之而来的是更大规模的民族冲突。

波黑共和国境内，穆斯林约占 44%、塞尔维亚族占 32%、克罗地亚族占 17%。穆族、克族赞

历史遗留的民族问题在前南凸显

## 历史大事全知道

成波黑独立，塞族则反对独立。塞族人表示如果波黑独立，塞族将退出波黑，与塞尔维亚共和国合并。

1992 年 3 月 1 日，一对塞族新人欢欢喜喜地在萨拉热窝的教堂举行婚礼，突然遭到枪击，新郎的父亲和一些亲友被杀害。与此同时，波黑在塞族人抵制参加的全民公决中，大部分投票人同意波黑独立。波黑的局势骤然恶化。

3 月 3 日，波黑政府宣布独立。当天，塞族民兵便与警察发生冲突，造成人员伤亡。4 月 6 日，欧共体承认波黑独立，波黑塞族愤而宣布成立塞尔维亚共和国，并留在南斯拉夫联邦内。第二天，塞族武装开始在波黑全境抢夺重要城镇，波黑内战全面爆发。

波黑塞族得到南联盟的支持，克族得到克罗地亚共和国的支持，穆族则得到国际伊斯兰世界的支持。以塞族为一方，克、穆族为一方，三个民族在波黑 5 万平方公里的土地上展开血腥厮杀，持续近 4 年之久。

战争之初，塞族军队取得优势，很快控制波黑 70% 的土地。国际社会不断进行调解，但波黑三族从各自利益出发，对国际社会提出的版图划分方案始终不能认同。1993 年，欧美大国双管齐下，一方面采取政治孤立、经济封锁等手段，对南联盟施压，逼迫塞族在和平方案上签字。另一方面，北约军队开始实施军事干涉。但波黑塞族不为所动，各方冲突愈演愈烈，不时发生骇人听闻的种族屠杀事件。

1995 年，北约加大军事干预力度，不断空袭波黑塞族阵地。8 月 30 日，北约对塞族目标进行了为期 15 天的空中打击，塞族丧师失地，实力大为削弱。10 月，波黑三方达成全面停火协议。

1995 年 11 月 1 日，南联盟、克罗地亚、波黑三国的领导人，在美国代顿进行谈判。11 月 21 日，三方草签了波黑和平协议。12 月 14 日，三国领导人在法国巴黎正式签署《波黑和平协议》，波黑内战正式结束。

简　评

波黑内战是二战之后欧洲最大的一场战争，造成波黑 25 万人死亡，200 万人流离失所。波黑的交通、通讯、水电等基础设施完全毁坏，大量的村镇被摧毁，直接经济损失超过 1000 亿美元。它发生在历史上被称为火药桶的巴尔干地区，不能不引起世人的关注。德、英、法、美、俄等国大都或多或少介入其中，使这里本来就不单纯的利害冲突，更加复杂和不好控制了。如果真的失控，火药桶从冒烟到爆炸，那对欧洲乃至世界的影响就只能是灾难性的。

# 德国统一

## ——"柏林墙"倒塌改写欧洲史

1990年10月3日零时整,柏林帝国大厦前的广场上,德国人举行盛大的升旗仪式。随着60平方米的红、黄、蓝三色联邦德国国旗升上40米高的旗杆,两个德国正式统一。原民主德国各地悬挂的民主德国国旗,同时换成联邦德国国旗。第二次世界大战后德国分裂的历史,宣告结束。

1945年5月德国战败后,美、苏、英、法四国共同占领德国。1946年,"冷战"开始,以美国为首的西方国家与苏联逐渐形成对立的两大政治集团,德国也开始了分裂的命运。1946年底,美英占领区合并。1948年美英法在其占领区内发行新货币,并决定成立西德政府,苏联随即也在其占领区内发行新货币。

1949年9月20日,德意志联邦共和国(西德)成立。10月7日,苏占区成立德意志民主共和国(东德)。德国一分为二。

两个德国形成后,西德的经济状况好于东德,东德居民不断逃往西德,而西德政府也采取各种吸引东德公民的措施,加剧了东德公民外逃现象。逃往西德的东德人中,许多是受过良好教育的技术人员,影响了东德经济发展。为阻止公民外逃,东德政府在1961年修建"柏林墙",将东西柏林隔离,同时在两国边界拉起铁丝网。此后,东德公民外逃现象得到遏制。

到了1989年,由于波兰和匈牙利的政局发生变化,东德受到冲击,公民外逃现象再次出现。

1989年5月,匈牙利拆除它与奥地利边界上的铁丝网,开放匈奥边界。东德与匈牙利、波兰、捷克斯洛伐克等国是同属苏联阵营的华沙条约国家,这些国家的公民可以方便地到对方国家旅游。匈牙利开放匈奥边界,为东德公民绕道匈牙利、奥地利逃往西德提供了方便,大量东德公民通过这一途径出走。8月份,出走人数急剧上升。9月到10月初,外逃的公民达到43000人。与此同时,还有大量东德公民到西德驻波兰、匈牙利、捷克斯洛伐克等国的使馆寻求避难。

德国总理科尔见证了两德的统一,这使他成为世界政坛举足轻重的人物,图为他与叶利钦、布什在一起。

10月7日,东德迎来40周年国庆,苏联领导人戈尔巴乔夫应邀参加庆典,他在讲话中呼吁东德尽快实行改革。东德群众在戈尔巴乔夫讲话的鼓动下,组织大规模的示威游行,要求政府进行改革、发扬民主。10月16日,莱比锡爆发有12万人参加的大示威。

在急剧恶化的局势下，东德执政党统一社会党内部发生分歧。10月18日，已经连续执政18年的统一社会党总书记昂纳克宣布辞去党内外职务，克伦茨当选为总书记。新的领导班子试图采取一些让步措施，以缓和紧张局势。但示威的浪潮有增无减，11月4日东柏林爆发50万人大游行，两天后莱比锡也爆发50万人大游行。

就在此时，捷克斯洛伐克开放了捷德边界。短短一周内，3万东德公民经捷德边界进入西德。在强大的压力面前，11月9日，东德政府宣布开放边界，公民无须特别理由即可获得旅游签证，经由边境站出国。午夜时分，数万群众汇聚"柏林墙"下，边防人员只得打开关卡，让成千上万的群众越过边界，进入西德。11月11日，出境人数达50万。由于出国的群众过多，通过"柏林墙"的关卡太慢，人们开始拆除柏林墙，矗立28年、象征两个阵营对立的大墙终于倒塌。

受社会动荡的冲击，东德政府和党也发生了剧烈的动荡。11月17日，东德组成联合政府，在26个政府成员中，非统一社会党占11位。12月1日，人民议院修改宪法，删去宪法中受"工人阶级及其马列主义政党领导"的内容。12月3日，以克伦茨为首的中央政治局集体辞职。12月中旬，统一社会党更名为"德国统一社会党—民主社会主义党"（次年2月又改名为"民主社会主义党"），并表示要放弃党的领导地位，实行多党制。

鉴于东德的政治形势，西德认为两德统一的时机已经到来。11月28日，西德总理科尔提出两德统一的十点计划，他把统一分为三个步骤，首先在两德之间建立"条约共同体"，双方在经济等领域建立联合委员会，扩大合作；接着建立两德的"邦联"关系，即在拥有一定主权的两个国家之间建立一个统一的政府联合委员会和议会机构；最后建立统一的中央政府，实现统一。科尔的统一计划受到西德民众的一致支持。

东德统一社会党和政府则拒绝科尔的计划，认为统一还为时过早，但赞同建立两个主权国家之间的"邦联"。1990年1月，东德部长会议主席莫德罗访问苏联，戈尔巴乔夫表示不反对德国统一。2月，莫德罗提出，德国的统一问题已被提上日程，他建议分四个阶段实现统一。他的统一方案与科尔的计划没有太大的差别。同时，科尔也为统一问题在美苏英法四大国之间奔走，他先后访问了苏联和美国，争取它们对德国统一的支持。两个德国和美苏英法的外长，于2月在加拿大渥太华制订德国统一的"二加四方案"，即先由两个德国商讨统一的内部问题，再由两个德国与四大国解决统一的外部问题。

柏林墙的拆除开创了德国统一的新时代

1990年3月，东德举行人民议院选举，20多个党派参加竞选。选举前，科尔六次到东德发表讲话，明确支持"德国联盟"（由基督教民主联盟、德国社会联盟、民主觉醒三党组成），表示只有德国联盟上台，西德政府才会大规模援助东德。在西德的支持下，德国联盟赢得大选。东德组成以基督教民主联盟主席德梅齐埃为首的新政府，原执政党民主社会主义党没能进入政府。

由于德国联盟在统一问题上的政治主张与西德政府完全相同，两个德国关于统一问题的谈判进展顺利。5 月 18 日，两国签署关于建立两德货币、经济和社会联盟的国家条约，决定自 7 月 1 日起实现两国货币正式统一，以西德马克为统一货币，废除东德马克。

从 5 月到 7 月，两德与美苏英法的外长先后在波恩、柏林和巴黎举行会谈，商讨德国统一的外部问题。两德与美英法坚持德国统一后留在北大西洋公约组织，苏联从自身的安全利益出发，反对德国留在北约。在西方国家许诺向苏联提供经济援助后，苏联改变了立场，同意统一的德国加入北约。德国统一的最大外部障碍解决了。

8 月 31 日，两国经过 2 个月的谈判，签署关于德国统一的条约，规定东德于 1990 年 10 月 3 日加入西德，自统一之日起东德境内实施西德的法律，统一后的德国使用西德的国名、国旗和国歌，首都定在柏林。

9 月 12 日，美苏英法和两德外长在莫斯科签署《关于最后解决德国问题的条约》，宣布四大国结束在德国的权力。

9 月 19 日、20 日，两个德国的议会分别批准统一条约。10 月 3 日，民主德国正式加入联邦德国，分裂 45 年的德国终于统一。

统一后的德国拥有 7810 万人口和 35.7 万平方公里的领土，经济上，国民生产总值仅次于美国、日本而居世界第三，在欧共体中的比例由 25% 上升到 30%，不久超过英、法国民生产总值的总和；政治上，摆脱了战败国地位，获得了全部主权，对欧洲和国际事务有举足轻重的影响。

两德统一打破了战后建立在德国分裂基础上的雅尔塔体制，结束了 40 多年来由美苏在欧洲分治的时代，欧洲会出现一个美、俄、德三足鼎立的局面。统一也有利于推进欧共体一体化建设，推动北约的战略和功能调整，促进欧洲裁军，寻求欧洲安全的新思路。当然，统一后的德国也面临许多困难。对内，西部如何从经济上彻底"消化"东部是最为棘手的问题；对外，统一的德国如何平衡与东欧、俄罗斯、西欧和美国的关系也是个难题。

两德统一，是对战后国际秩序和力量对比的一种改写。

# 8·19事件与苏联解体

## ——两极对抗格局的终结

1991年8月4日，苏联总统戈尔巴乔夫偕夫人、女儿、女婿来到克里米亚，开始他半个月的休假。这里气候宜人、风景秀丽，是苏联最高领导人的传统休假地。戈尔巴乔夫这次休假并不轻松，他要为新联盟条约的签订做最后的准备。

苏联由15个加盟共和国组成。自戈尔巴乔夫1985年任苏共中央总书记后，苏联潜伏已久的民族矛盾日渐激化。1989年8月，波罗的海地区的爱沙尼亚、拉脱维亚和立陶宛三个加盟共和国爆发百万人参加的示威，要求脱离苏联独立。1990年3月，立陶宛率先宣布独立，拉脱维亚和爱沙尼亚随后也宣布独立。3个月后，俄罗斯、白俄罗斯、乌克兰等加盟共和国纷纷发表主权宣言，宣称本国法律高于苏联宪法。苏联有一夕解体的趋势。

戈尔巴乔夫为阻止苏联解体，于1991年3月公布新联盟条约草案，并举行全民公决。结果，大多数参加投票的苏联人，赞成保留苏联。5月，戈尔巴乔夫和包括俄罗斯在内的9个共和国的领导人，就新联盟条约举行会谈。各方最终达成在8月20日正式签署新联盟条约的协议。

新联盟条约规定，将国名"苏维埃社会主义共和国联盟"改为"苏维埃主权国家联盟"，承认各加盟共和国的主权。新条约一旦签订，联盟中央的权力大大削减，并且至少有5个加盟共和国不再属于苏联。

1991年8月18日午餐后，戈尔巴乔夫在度假别墅内精心准备着签字仪式上的演讲稿，他已通知克里姆林宫，自己要在次日返回莫斯科。

这时，卫士长进来报告，有一群人要面见总统。戈尔巴乔夫非常诧异，自己并没有邀请什么人来访，也没有任何人预约来访。他拿起总统专用的各种线路电话，均没有任何声音，他明白电话线全部被切断了，一种不祥的预感向他心头袭来。

1991年的戈尔巴乔夫与叶利钦已是水火难容

来人有总统办公室主任、国防部副部长、克格勃保卫局局长等，他们通知戈尔巴乔夫，奉"国家紧急状态委员会"之命，戈尔巴乔夫要么签署国家紧急状态命令，要么将总统权力移交给副总统。戈尔巴乔夫严词拒绝了这两项要求，克格勃便派一个团的兵力封锁别墅，戈尔巴乔夫被软禁。

8月19日凌晨6时，苏联电台播发副总统亚纳耶夫的命令，宣布戈尔巴乔夫因健康原因已不能履行总统职务，由亚纳耶夫代行总统职权。半小时后，亚纳耶夫等发表《苏联领导的声明》，宣布成立由亚纳耶夫、总理巴夫洛夫、国防委员会第一副主席巴克拉诺夫、克格勃主席克留奇科夫、国防部长亚佐夫、内务部长普戈等8人组成的"国家紧急状态委员会"，在国内部分地区实施为期 6 个月的紧急状态。7 点，紧急状态委员会发表《告苏联人民书》，指出戈尔巴乔夫的政治改革走进了死胡同，苏联人从受人尊敬的体面的公民，变成了被蔑视的二等公民。呼吁全体人民支持紧急状态委员会，以使国家摆脱危机。

正在莫斯科郊外休假的俄罗斯总统叶利钦，急忙赶回市中心。中午，叶利钦在俄罗斯议会大厦举行记者招待会，指责紧急状态委员会发动非法政变，号召俄罗斯公民进行回击，举行无限期罢工。

数千莫斯科市民汇聚广场，反对国家紧急状态委员会。紧急状态委员会调集军队进驻莫斯科，包围俄罗斯议会大厦。示威者则设置路障，阻止军队的行动。

8 月 20 日，叶利钦继续进行抵抗活动，他宣布接管俄罗斯境内的武装力量，命令俄罗斯境内的苏联军队原地待命，离开驻地的部队立即返回原驻地。叶利钦还与美国总统和英国首相通话，寻求外部支持。5 万名叶利钦的支持者，聚集在俄罗斯议会大厦外，保卫大厦。而紧急状态委员会则毫无作为，一些军人开始倒戈，克格勃特种部队拒绝执行攻占俄罗斯议会大厦的命令，莫斯科周围的驻军也拒绝出动。

当天，哈萨克斯坦、摩尔多瓦、格鲁吉亚等加盟共和国的领导人发表声明，反对紧急状态委员会。形势越来越不利于紧急状态委员会。

8 月 21 日，紧急状态委员会再次调集军队，准备攻占俄罗斯议会大厦。部队与抗议人群发生冲突，几名叶利钦的支持者被打死。下午，部分军队倒戈，转向支持叶利钦。下午 4 点，苏联国防部宣布撤出莫斯科的军队。

紧急状态委员会已无法控制局势，急忙派人前往克里米亚会见戈尔巴乔夫。叶利钦也派遣俄罗斯副总统率数十名特种兵，前往克里米亚。21 日晚上 9 时许，戈尔巴乔夫发表声明，宣布他已完全控制了局势。

8 月 22 日凌晨，戈尔巴乔夫乘专机回到莫斯科。与此同时，紧急状态委员会的成员被一一逮捕，其中内务部长普戈自杀身亡。

"政变"在 3 天内就结束了，但苏联的厄运却加速来临。8 月 23 日，叶利钦签署命令，暂停苏联共产党和俄罗斯共产党在俄罗斯境内的活动，苏共中央大楼被查封。24 日，戈尔巴乔夫宣布辞去苏共中央总书记职务，建议苏共中央自行解散。叶利钦宣布苏共和俄共的全部财产，收归俄罗斯国家所有。8 月 29 日，苏联最高苏维埃决定，终止苏共在全国的活动。

一些加盟共和国纷纷宣布独立。8 月底，乌克兰、白俄罗斯、阿塞拜疆、乌兹别克、摩尔多瓦、吉尔吉斯先后宣布独立。9 月和 10 月，亚美尼亚和土库曼宣布独立。

试图保住苏联的戈尔巴乔夫呼吁各共和国签署新的联盟条约，但没有得到任何响应。

12 月 1 日，乌克兰举行全民公决，90% 的投票人赞同乌克兰独立，同时选举克拉夫丘克为首任乌克兰总统。12 月 5 日，乌克兰议会通过决议，废除 1922 年签订的《苏维埃联盟条约》，停止在乌境内实行苏联法律。

乌克兰是仅次于俄罗斯的苏联第二大加盟共和国，它的独立对苏联解体产生了决定性影响。

12 月 8 日，俄罗斯、乌克兰、白俄罗斯三国领导人共同签署协议，宣布三国组成独立国家联合体，停止苏联的存在。21 日，苏联 11 个加盟共和国（俄罗斯、乌克兰、白俄罗斯、乌兹别克、哈萨克、吉尔吉斯、土库曼、塔吉克、亚美尼亚、阿塞拜疆和摩尔多瓦）的领导人，在哈萨克首都阿拉木图会晤，通过《阿拉木图宣言》，正式宣布苏联停止存在，并通知戈尔巴乔夫已不存在苏联总统的职位。11 国以平等身分，组成"独立国家联合体"。

### 历史大事全知道

12 月 23 日，叶利钦与戈尔巴乔夫在克里姆林宫进行了 8 个小时的会谈。叶利钦要求戈尔巴乔夫交出武装力量的指挥权、发射核弹头的"核按钮"和克里姆林宫，他保证戈尔巴乔夫会享有优厚的待遇。

1991 年 12 月 25 日，戈尔巴乔夫签署最后一道总统令，辞去自己的武装力量最高统帅职务。晚上 7 点整，戈尔巴乔夫向全国发表电视讲话，他说："鉴于独立国家联合体成立后形成的局势，我停止作为苏联总统职务的活动。"讲话结束后，戈尔巴乔夫将一个黑色公文包通过"独联体"武装力量临时总司令，交给叶利钦，那里面装的是发射苏联 27000 颗核弹头的密码。

7 点 38 分，印有镰刀和锤子的苏联国旗从克里姆林宫上空缓缓降落，俄罗斯的红白蓝三色旗徐徐升上旗杆。一个超级大国的历史正式完结。这一天距苏联成立 69 周年还差 5 天。

苏联解体不是偶然的，它是由历史的和现实的、内部的和外部的多种因素作用的结果。这些因素主要有：30 年代形成的僵化的苏联模式在战后新的历史条件下没有得到根本改革，越来越成为苏联经济发展和政治进步的障碍；戈尔巴乔夫的改革一步步地偏离了马克思主义原则和社会主义方向，结果诱发了政治、经济、社会和联盟的全面危机，直接促成了苏共的瓦解和苏联的解体；苏联长期奉行军事优先原则，军费开支庞大，严重阻碍了本国经济的正常发展和人民生活水平的正常提高；苏联民族政策失误，使民族矛盾和民族冲突成为导致苏联解体的直接原因；西方国家推行的和平演变战略，对苏联的演变、解体起了催化、促进作用。

 简　评

苏联解体是 20 世纪人类历史上的重大事件。它使战后形成的两极对抗格局宣告终结，冷战时代结束了，美国成为世界上惟一的超级大国，而取代苏联地位的俄罗斯，只不过沦为二流的强国，世界也从此由两极世界进入多极世界，进入一个一超多强的时代。

苏联解体是国际共产主义运动的重大挫折，它的历史教训将成为共产党人的宝贵财富。

# 北约与华约势力的消长

## ——东西两大阵营的对抗

### 两大对立的阵营

二战结束之后不久，以美国为首的资本主义阵营和以苏联为首的社会主义阵营互为敌手，在政治、经济、军事及意识形态诸方面又展开了一场世界范围独具特色的战争——冷战。1947年3月12日，美国"杜鲁门主义"出笼，1947年6月5日，美国提出了"马歇尔计划"，1949年4月4日，美国、比利时、加拿大、丹麦、法国、冰岛、意大利、卢森堡、荷兰、挪威、葡萄牙和英国等12国外长云集华盛顿，在美国国务院会议大厅举行了北约签字仪式。8月24日，各缔约国陆续完成批准程序，公约正式开始生效。

北大西洋公约包括14个条款和一个序言。其中最重要的是第三、四、五条。第三条规定集体武装防卫。第四条规定协商行动。第五条规定协助受攻击缔约国的义务，"各缔约国同意，对于欧洲或北美之一个或数个缔约国之武装进攻应视为对缔约国全体之进攻，因此，缔约国应单独并会同其他缔约国，采取视为必要之行动，包括武力之使用，协助被攻击之一国或数国以恢复并维持北大西洋公约组织"。该条约并没有明确规定期限，第十三条规定，在本条约生效20年之后，任何缔约国在通知美国政府废止本条约的一年后，得停止为本条约之缔约国。

北约的组织机构是在北约签字后两年内陆续建立的。北约的最高权力机关——北约理事会，由各缔约国外长组成，每半年开会一次。常设委员会由各成员国驻布鲁塞尔大使组成，在北约理事会休会期间，处理日常事务。防务委员会由缔约国国防部长组成，制定统一的防务计划。防务委员会又下设由各成员国参谋长组成的军事委员会，负责处理军事问题。1949年11月18日，又成立了防务、财政和经济委员会。

北约各成员国的武装部队，划归3个司令部，即欧洲盟军司令部、大西洋盟军司令部和海峡司令部。3个司令部都直属于军事委员会，其中又以欧洲盟军司令部最为重要，总部设在比利时的卡斯托。欧洲盟军司令部下辖中欧、北欧和南欧3个地区司令部。

北约成立后，美国为完成其全面控制西欧，

北约海军在海上耀武扬威——以军事演习威慑东方阵营

遏制苏联的战略，不断地扩大北约成员国范围，把一些对美国全球战略有影响但并不在北大西洋地区的国家也极力拉入北约。希腊、土耳其于 1952 年 2 月，联邦德国于 1955 年，西班牙于 1982 年 5 月分别成为北约的成员国。1974—1980 年希腊一度退出，法国于 1966 年 7 月退出北约防务一体化机构。到 1982 年，北约共有成员国 16 个。

面对战后严峻的冷战形势，苏联也采取了一系列应对措施来加强与东欧各国的联系，适应新的国际政治斗争的需要。1947 年 9 月，欧洲 9 国共产党、工人党情报局在波兰成立。在成立大会上，苏联代表号召各国共产党和工人党团结起来，坚决迎接西方资本主义阵营的挑战。为加强经济技术合作，巩固社会主义阵地，1955 年 5 月 11—14 日，苏联和东欧 7 国政府首脑在波兰首都华沙开会，签订 8 国《友好合作互助条约》，通称《华沙条约》，建立了军事政治集团。

北约和华约的成立，正式形成了东西方两大阵营和两大军事集团对抗的态势。

参加华约组织的成员国有：保加利亚、匈牙利、捷克斯洛伐克、民主德国、波兰、罗马尼亚、阿尔巴尼亚和苏联等 8 国。其中阿尔巴尼亚于 1968 年 9 月 13 日宣布正式退出华约。1976 年以后，蒙古、越南、老挝也向华约派驻了观察员。

在华沙签订的《友好合作互助条约》的主要内容是：缔约国将致力于国际和平与安全，并以和平方式解决国际争端；当缔约国之一遇到任何国家和国家集团的武装进攻时，每一缔约国可以一切它认为必要的方式，包括使用武装部队，立即对遭受这种进攻的某一个国家给予援助；缔约国不参加与华约相反的任何联盟或同盟，不缔结与华约相反的任何协定；华约联合武装部队将根据联合防御的需要和这些国家的协议在缔约国领土上驻扎。华沙条约规定有效期为 20 年，如缔约国各方在期满前一年未提出宣布无效的声明，条约将自动延长 10 年。1975 年，条约自动延长

红色威严的莫斯科是华沙条约组织的总部所在地

10 年，从 1985 年起，条约再延长 20 年。

华约的各种组织机构主要有：政治协商委员会、外交部长委员会、联合武装部队司令部和国防部长委员会。

政治协商委员会是华约最高决策机构，最初两次会议由缔约国政府首脑参加的，1960 年以后改由缔约国党的第一书记或总书记参加。华约成员国的一切重大政治、军事、外交问题都要在此磋商或解决。

外交部长委员会和国防部长委员会是政治协商委员会两个重要的辅助机构。前者的职能是协调各缔约国的对外政策，后者负责加强各成员国军事力量问题和协调各成员国之间的军事行动。

联合武装部队司令部是华约的军事指挥机关，统帅根据缔约国各方协议拨归其指挥的各国武装部队。按规定，武装部队总司令可从缔约国任何一国军事首长中挑选。联合武装部队司令部还下设军事委员会、参谋部、技术委员会 3 个机构。

在所有华约的组织机构中，主要部门的主要领导职务皆由苏联人担任。联合武装部队总司令一直由苏联国防部第一副部长兼任，联合武装部队第一副总司令由苏军第一副总参谋长兼任，华约国防部长委员会主席始终由苏联国防部长兼任。苏联还在华约成员国中派驻大量军队。到 1968 年苏军入侵捷克斯洛伐克之后，苏联驻东欧的军队共达 31 个师，约 65 万人左右。苏军还和波、匈、捷、保、民主德国的一部分军队组成"一体化部队"，由苏联统一指挥，实际上是从军事上加紧了对华约各国的控制。

1985 年戈尔巴乔夫担任苏共总书记之后，不断调整对东欧的政策，改变了过去对东欧的严密控制。在此情况下，东欧局势发生了巨大变化，尤其是从 1989 年初开始，一场严重的社会政治动荡席卷了东欧社会主义国家，共产党全部或丧失了大部分权力，或国家政权性质发生了根本性变化，与此相适应，华约组织也发生了根本性转折。

华约各国纷纷对 30 多年的苏东关系进行深刻的反思，越来越强烈地反对在苏东关系中苏联表现出来的大国主义和强权政治，强调相互之间的平等地位。1989 年 12 月 4 日，苏、保、匈、波和民主德国 5 国领导人在莫斯科宣布：1968 年他们的国家出兵捷克斯洛伐克是对捷内政的干涉，应当受到谴责，从而为这次行动定了入侵的性质，华约威望在东欧各国人民心目中的地位一落千丈。东欧新上台的当权派对这个冷战时期的军事政治组织兴趣不大，他们表示其军队限于保卫本国主权和领土完整范围内，华约的基础即东欧国家的共同军事战略已为各国所摒弃。1990 年 6 月初举行的华约政治协商会议上，与会各国代表指出，由于"意识形态敌人的形象经过双方的彼此努力而消除"，需要"重新研究华约的性质、职能和活动"。1990 年 10 月 3 日，两个德国的统一，使华约联合武装部队失去了一支重要的力量。东欧各国政权易手后，捷、匈、波纷纷要求苏联从这些国家撤出全部军队，并收回对本国军队的指挥权，不再参加华约的联合军事演习。华约已名存实亡，走到了历史的尽头。

1991 年 2 月 25 日，华约政治协商委员会特别会议在布达佩斯召开。会上做出从 1991 年 4 月 1 日起解散华约军事机构的决定。7 月 1 日，在布拉格召开的华沙条约国政治协商委员会会议上，正式签署了宣告华约解散的议定书。

### 北约东扩

华约在 1991 年 7 月 1 日宣布解散，这样一来，北约好像一个独自挥拳的拳击手，没有了与之对抗的对手。很显然，北约组织是否有必要继续存在下去，成了其全体成员国所面临的问题。

在此局势下，北约组织的国防部长们在布鲁塞尔召开紧急会议，就北约组织的未来进行磋商，经过激烈辩论，终于取得共识，会议认为：欧洲和北约已经进入了一个新时代，但是苏联（几个月后苏联解体，其军事力量为俄罗斯所继承）保持的大量核武库和常规武器仍然是欧洲安全的威胁，同时巨变中东欧局势不稳，另外世界的其他地区也存在各种"危险"，因此北约不能解散，只能是调整策略，改变军事结构和部署。

北约最重要的策略调整就是进行东扩。

1995 年 9 月，北约正式公布东扩计划研究报告，1997 年北约东扩启动。北约秘书长索拉纳把 1997 年北约的发展总结为四个新词，即新成员、新伙伴、新任务和新结构。

新成员是 1997 年 12 月 16 日，北约 16 国外长在布鲁塞尔北约总部签署了接纳波兰、捷克和匈牙利三国入盟的协议书。按计划，1999 年波、捷、匈已经成为北约新成员。

北约的新伙伴，是指北约与俄罗斯、乌克兰、中东欧以及地中海地区发展关系。其中，

北约之船驶向东欧

以北约与俄罗斯的关系最为重要。1997年5月27日，北约与俄罗斯在巴黎正式签订了双边关系"基础文件"，7月又成立了常设联合理事会。北约还与27个北欧、中东欧和中亚国家成立了欧洲与大西洋伙伴关系理事会，北约的目的是通过这些组织影响与控制俄国及这些国家。

北约制定的新任务，即从军事防御扩大到维持和平，预防和制止区域冲突，加强人道主义援助和军事技术合作。上述任务的目的是确保西方利益，维持有利于西方的和平。否则北约将以维和为幌子，对任何地区进行"合法"干涉，这一招与冷战时期公开干涉相比，具有欺骗性。

北约还进行了机构改革，以建立新机构。其任务是将原有的65个司令部减少到20个，使指挥系统更加机动灵活。此项改革从1998年1月开始，到1999年北约首脑会议时完成。

毫无疑问，北约东扩，是美国与西欧在冷战结束后为进一步巩固西方利益，防止任何潜在的来自俄国与东欧的军事威胁采取的措施，其在东扩时标榜的"欧洲安全"，就足以说明问题。因为所谓"欧洲安全"，必须是符合美国、西欧利益的"安全"，否则它们就要"维持和平"，加以干涉。因此俄罗斯坚决反对北约东扩，俄罗斯清醒地认识到，北约是以美国为主导的军事集团，由于俄罗斯经济十分脆弱，在美国和西欧做出一定让步后，不得不同意目前的北约东扩。

美国做出的让步包括不在新成员国部署核武器，同意修改常规武器条约，根据俄方要求将《第二阶段削减战略武器条约》的生效时间推迟五年，接纳俄国参加七国集团、许诺向俄提供经济、财政援助等。但北约只是作让步，并不想与俄国建立真正伙伴关系，因此北约的矛头始终是指向俄国。

1997年11月底，美国总统发布命令，对美国的核战略进行16年来最重要的一次调整。这次调整，美国承认由于美国无法打赢核战争，因此美军将放弃"打赢一场将会毁灭全球的旷日持久的核战争"，"将核战略的重点由进行核战争转向阻止核战争"。但其真实目的是阻止俄国及他国发展核武器。美国一方面谋求与俄罗斯和中国建立面向21世纪的建设性战略伙伴关系，另一方面又坚持把俄罗斯和中国列入核打击目标，并把一些非核国家也列入核打击目标清单。

由此看出，美国的一切战略部署是以使俄罗斯、中国及其他一些坚持独立自主路线的国家服从美国西方利益，并通过所谓"伙伴关系"使它们进入西方轨道，否则美国将采取压倒优势和毁灭性的对策，即：首先使用核武器。

为此目的，虽然冷战已经结束，但美国仍在加速研究高精度武器，特别是反卫星武器。卫星对一个国家的安全极为重要，甚至能影响战争的胜负。要首先使用核武器，必须先摧毁对方卫星，否则卫星将侦察出对方一切军事准备情况。

美国陆军于1997年10月17日晚，成功地在新墨西哥州导弹实验场用中红外化学激光器向一颗在太空运行的卫星发射了两束激光束，先后击中了即将退役的美国空军气象卫星

（体积与电冰箱大小相同），其中一束持续不到一秒钟，而另一束则持续了 10 秒钟。

美国进行的激光攻击卫星的试验使俄罗斯大为震惊。俄罗斯总统叶利钦立即在给美国总统克林顿去信，建议美俄两国举行控制反卫星武器的新一轮会谈，他在信中强调"不应允许再研制破坏战略稳定的新武器系统"。在新闻发布会上，俄罗斯国防部国际军事合作总局局长伊瓦绍夫指出，俄罗斯对美国的实验深感忧虑。他说由于俄国经济面临诸多困难，无力与美国在发展高精度常规武器展开竞争，但并不排除俄罗斯在局势激化的情况下被迫卷入新的一轮军备竞赛。

近几年来，北约组织有恃无恐，耀武扬威，四处出击，在巴尔干危机激化后，不惜直接使用武力对南斯拉夫、波黑等联盟国家进行打击，使欧洲的局势和世界格局更加复杂。

 简　评

毋庸讳言，北约东扩的主要目的是把俄罗斯挤出传统势力范围，防范和遏制俄罗斯东山再起。中东欧历史上曾是西方列强与俄罗斯争夺的中间地带，无论对北约还是俄罗斯都具有重要的战略意义。

北约成员不断增加，现已增至 26 国，给北约今后的前途也增添了诸多不确定因素。北约中多数成员国是欧盟国家，欧盟也在紧锣密鼓地筹划扩大，随着实力的增强，摆脱美国控制的欲望越来越大，欧美矛盾与摩擦会日益增多。

# 海湾战争

## ——令人瞠目结舌的高科技战争

1990 年 8 月 2 日凌晨，海湾地区的人们正在甜美的梦乡中酣然熟睡，伊拉克的 10 万大军，悄然越过国界，侵入科威特领土。科威特疆域不足 1.8 万平方公里，人口不及 200 万，军队只有 2 万余人，根本不是伊拉克的对手。伊拉克军队没有遇到什么抵抗，长驱直入科威特城，中午攻占王宫。科威特埃米尔贾比尔乘直升机逃往邻国沙特阿拉伯，他的弟弟、亚洲奥林匹克运动理事会主席法赫德亲王在王宫丧生。下午 4 时，伊拉克军队占领科威特全境。

伊拉克一直主张科威特是它的领土，因为奥斯曼帝国统治时期，伊拉克是奥斯曼的一个省（巴士拉省），而科威特是这个省的一个县。19 世纪晚期，科威特成为英国的委任统治地。1961 年，科威特独立时，伊拉克不予承认。直到 1963 年，伊拉克才承认科威特的独立，但两国的边界并未正式划定。1988 年两伊战争结束后，伊拉克债台高筑，萨达姆总统对科威特的石油资源垂涎欲滴，借口科威特非法在伊拉克领土开采石油，要求科威特进行赔偿。在科威特拒绝其无理要求后，萨达姆发动了军事侵略。

1990 年 8 月 4 日，伊拉克宣布成立"自由科威特临时政府"，由萨达姆的女婿阿里上校担任总理。8 月 8 日，萨达姆宣布合并科威特。

伊拉克的侵略行径立即遭到国际社会的强烈谴责。事发当天，联合国安理会通过 660 号决议，要求伊拉克立即撤军。美国和它的西方盟国更为不安，因为海湾地区的石油是它们的经济命脉。美国在事发当天迅速作出反应，布什总统宣布要采取行动保卫在海湾"长期而重要的利益"，并下令冻结伊拉克和科威特在美国的财产。第二天，美国和苏联发表联合声明，要求伊拉克无条件撤军，并宣布对伊实施武器禁运。8 月 6 日，安理会通过 661 号决议，对伊拉克实施强制性经济制裁和禁运。100 多个国家响应了安理会的这一决议。

与此同时，美国积极筹划军事干预。8 月 4 日，美国参谋长联席会议和国防部制定代号为"沙漠盾牌"和"沙漠风暴"的行动方案，决定派遣军队进驻海湾地区，防止伊拉克将战争扩大。第一阶段先部署二十几万部队，第二阶段继续增兵，将伊拉克军队从科威特赶出。8 月 7 日，美国与沙特阿拉伯达成美军进驻协议。第二天，首批美国军队抵达沙特。10 月初，美国已在海湾地区集结了 20 多万兵力。11 月初，布什宣布将继续增派 20 万军队。

美国在国际上展开穿梭外交，协调与盟国的行动。美国向沙特派兵的次日，英国也向沙特派遣部队。此后，欧洲、美洲、亚洲和非洲的 30 多个国家都向海湾地区派遣了军队，就连埃及等阿拉伯国家也派遣了军队。到 1990 年底，海湾地区已部署 38 个国家的陆、海、空军近 70 万人（其中美军 43 万），3500 多辆坦克、3000 余架作战飞机和 250 多艘舰艇陈列在伊拉克周围。一时间，海湾的茫茫沙漠上，机器轰鸣，空中飞机如蝗，身着迷彩服的军人来来往往，伊拉克陷入多国部队的三面包围中。

美国通过游说，以责任分担为由，成功地从沙特、科威特、阿拉伯联合酋长国、日本、韩国和欧共体募集到数百亿美元的资金，解决了军费问题。

面对国际社会的强烈反对，伊拉克拒不撤军。8 月 9 日，安理会通过决议，宣布伊拉克吞并科威特无效。3 天后，萨达姆抛出撤军的 3 个条件：以色列撤出其占领的阿拉伯领土、叙利亚撤出黎巴嫩、美国及多国部队撤出沙特。国际社会拒绝了萨达姆的条件。

伊拉克一方面积极推进吞并科威特的各项措施，如宣布科威特为伊拉克的第 19 个省，下令科威特人改变国籍，取消科威特货币，迁移大批伊拉克人定居科威特；另一方面积极备战，扩充军队，实行全国总动员，在边境构筑防御工事。伊拉克还将滞留在伊拉克和科威特的西方国家公民扣为人质，并将人质集中到战略要地，企图以此阻止多国部队的进攻。伊拉克声言，如果美国进攻伊拉克，它将袭击以色列以及海湾的油田。

针对伊拉克的顽固立场，安理会于 11 月 29 日通过 678 号决议，限定伊拉克必须在 1991 年 1 月 15 日之前从科威特撤军，否则，联合国会员国可以采取一切必要手段，恢复海湾地区的和平和安全。这样，多国部队有了打击伊拉克的法律保障。而伊拉克继续拒绝接受安理会决议，这使它失去了解决危机的最后主动权，并为此付出了代价。

1991 年 1 月 9 日，美国还在作最后的和平努力，美伊外长在瑞士日内瓦举行会谈，但以失败告终。12 日，美国国会授权布什总统，如果在安理会规定的期限伊拉克仍不撤军，允许对其使用武力。

1 月 17 日凌晨，安理会规定的期限已过去一天多，伊拉克仍然没有撤军的迹象。当地时间 2 时 40 分，多国部队的战机群飞临伊拉克首都巴格达寂静的上空。顿时炸弹从天而降，巴格达的大地颤抖起来，爆炸声震耳欲聋，火光冲天。"沙漠风暴"行动开始了。

多国部队的战略意图是，首先通过空中打击摧毁伊拉克的雷达、防空阵地、空军基地、导弹基地以及指挥、通讯系统，使其防空体系完全瘫痪；然后在空军的支持下，发动地面进攻，消灭伊拉克的主力部队，迫使其撤出科威特。空袭开始后的 15 分钟内，多国部队就向伊拉克战略目标投掷了近 2 万吨

完成轰炸任务的 F−18 战斗机返回游弋在波斯湾上的美军航母

炸弹。在以后的 13 天中，多国部队的飞机不分昼夜，轮番轰炸，取得战区制空权。

伊拉克拥有 120 万军队，也装备有不少先进武器，萨达姆企图与多国部队进行长期周旋。但以美国为首的多国部队武器更加先进，各种高性能的飞机（B52 轰炸机、F15、F16 战机、F117A 隐形歼击机等）、巡航导弹、精确制导炸弹，加上电子干扰技术、卫星侦察技术，使伊拉克毫无还手之力。伊军的飞机刚一升空，马上就被击落。战争期间，伊拉克向沙特和以色列多次发射苏联制造的"飞毛腿"导弹，由于精确度差，无法准确击中目标，更多的"飞毛腿"导弹则被美国"爱国者"拦截导弹击落。

进入 2 月份，多国部队继续对伊拉克进行空中打击。空袭前后持续了 38 天，多国部队共出动飞机 10 万架次，投下 9 万吨炸药，发射近 300 枚巡航导弹。伊拉克的数百个目标成为废墟，其驻科威特军队损失一半，后方部队也损失了四分之一，元气大伤。

2 月 24 日凌晨，多国部队发动地面攻势，代号"沙漠军刀"。多国部队在 500 公里的战线上，全面出击，突入伊拉克南部和科威特境内。此时，伊军已不堪一击，他们或者不战自溃，或者成批投降。26 日，科威特全境解放，结束了伊拉克 7 个月的占领。27 日，伊拉克

的精锐部队共和国卫队也被打垮，伊拉克政府不得不宣布接受联合国决议。

鉴于作战目的已经完全达到，布什总统宣布 28 日实施停火。几小时后，伊拉克也宣布停火。多国部队通过 100 个小时的地面作战，彻底打败伊拉克。

在这场高科技的军事较量中，多国部队损失轻微，仅阵亡一百余人，而伊拉克军队则伤亡近 20 万人，并有大量士兵被俘。

战争结束后，美国和英国继续对伊拉克实施经济制裁，并在伊拉克南部和北部领空设置禁飞区。

 简　评

海湾战争是冷战结束后的第一场大规模局部战争。它深刻地反映了世界在向新格局过渡时各种矛盾的变化。同时这是一场高科技的战争，除了核武器，所有的先进武器均被运用。它体现了科学技术的发展所引起的战争特征的革命性变化，也展示了新的作战手段和作战思想运用于战争而产生的作战方式的诸多新特点。

# 南非废除种族隔离制度

## ——人类文明进程中的一件大事

1994 年 4 月 26 日，兴高采烈的南非黑人走向一个个投票站，参加南非历史上第一次不分种族的大选。这些首次拥有选举权的黑人们，庄严地投下自己神圣的一票。神采奕奕的非洲国民大会党主席曼德拉，在一所中学的投票点参加了投票，他激动地说道："我们几十年的希望和梦想终于变成了现实。"

南非位于非洲大陆的最南端，黄金蕴藏量居世界第一位。在欧洲白人到来之前，这片土地上早就生活着土著黑人科萨人和班图人。最早到南非定居的欧洲白人是荷兰人。1652 年 4 月，荷兰东印度公司一支 90 人的船队在南非登陆，他们在开普敦建立据点，任务是为过往的公司船只提供淡水、食品和草药等。随着白人移民的不断增加，白人也不断地侵占黑人的家园，他们只要向东印度公司支付 5 英镑，就可以得到 6000 到 1 万英亩的土地。荷兰移民的后裔，被称为布尔人。

1806 年，英国军队进占好望角，开普敦地区成为英国的殖民地，布尔人逐渐迁移到澳兰治和德兰士瓦地区。南非土著黑人的土地被进一步侵占。

1867 年，布尔人居住的地区被发现有丰富的钻石矿和金矿。英国殖民者与布尔人展开宝藏争夺，双方于 1899 年开始一场战争（史称"英布战争"），1902 年布尔人投降，南非完全成为英国人的殖民地。1910 年，英国议会批准成立白人统治政权"南非联邦"。

南非联邦成立后，白人在南非实行残酷的种族隔离政策，黑人没有丝毫政治权利。在南非联邦成立后的 70 多年里，白人政权制订了 350 多项法律，限制黑人的权利。1913 年，南非联邦颁布《土著人土地法》，划出 890 万公顷土地，作为黑人的保留地，禁止黑人以购买、租借及其他方式在保留地之外获得土地。当时全国有 400 万黑人，仅占有全国 8.5% 的土地；而 100 万白人却占有 90% 以上的土地。而且划给黑人的保留地全部是贫瘠的土地。

1959 年，白人当局制订《班图自治法》，将黑人的保留地划分为 10 个单位，称为"班图斯坦"或"黑人家园"。所有黑人按部落分属 10 个班图斯坦，每个班图斯坦分别建立自治政府。白人当局的根本意图是实施彻底的种族隔离，使黑人居住的土地成为独立的国家，剥夺占南非人口 75% 的黑人的南非国籍，建立一个完全属于白人的南非。

南非政权在城市也建立了种族隔离制度。1923 年通过《土著市区法》，规定在城市工作的黑人，只能居住在城郊的指定地区。1950 年又制订《集团居住法》，规定白人、黑人、有色人种都要分区居住，每个住区只能由规定的种族居住，其他种族必须从那里迁走；一种种族不得在其他种族的住区保留财产。几年后政府又规定，一个种族的人不能在其他种族的住区长时间停留，不得进入其他种族住区的任何公共娱乐场所。这一法律实施后，城市的中心区、繁华区以至城郊的好地，都划为白人住区，黑人被赶到距离市区遥远、没有任何基础设施的地区居住。

南非黑人在自己世代居住的土地上没有行动的自由。早在 19 世纪初，殖民者就规定黑人没有官方通行证不得自由行动。19 世纪 30 年代，城市黑人出行必须随身携带十几种通行证。1952 年，南非政权颁布《通行证法》，规定年满 16 岁的黑人必须携带身份证书，这种证书厚达 100 页。黑人必须随时随地接受警察检查，如果没有携带通行证，就会被罚款和监禁。无数黑人因违反通行证法而被罚款、监禁，这一法律是黑人最痛恨的立法之一。

南非政权还通过一系列法律，规定黑人不能从事技术性工作，只能从事笨重的体力劳动。黑人无权组织工会，也不能加入白人工会。法律为白人留下许多工作岗位，即使身无一技，白人也能找到不错的工作。法律有白人最低工资的规定，相反，法律不但没有黑人最低工资保障，反而有限制黑人最高工资的条款。白人的平均工资超出黑人 10 倍、20 倍，1990 年南非白人人均收入 6530 美元，黑人则只有 670 美元。

南非的种族隔离和种族歧视无处不在，深入社会的各个角落，公共汽车、商场、餐馆、邮局、医院、电影院、图书馆、公园、理发店、厕所、教堂等公共场所，都实行严格的种族隔离制度，黑白分开，黑人不能进入为白人提供服务的场所。

南非黑人为了捍卫自己的生存权利，进行了长期不屈不挠的斗争。1912 年，一批黑人律师、教师、牧师和部落酋长，组织成立南非第一个黑人民族主义组织——"南非土著人国民大会"。第二年，该组织就开展了反对《土著人土地法》的斗争。

1923 年，土著人国民大会改名为"非洲人国民大会"（简称"非国大"）。此后，非国大一直是南非最大的反种族主义组织，在反对种族主义的斗争中发挥了重大作用。

1950 年 6 月 26 日，非国大组织了首次全国性大罢工。1952 年非国大组织了规模更大的反种族隔离斗争——蔑视不公正法运动，非国大青年联盟主席曼德拉组织和领导了这场斗争，他走村串巷发动黑人。6 月 26 日，南非全国各地的黑人同时发动，他们进入专门供白人出入的场所，公开向种族隔离制度挑战。这场斗争持续了好几个月，当局抓捕了约 8500 人。非国大威信大增，会员人数从不到 1 万人猛增至 10 万；曼德拉受到群众拥戴，当选为非国大副主席。国际社会也开始关注南非，联合国开始讨论种族隔离问题。

1955 年非国大联合其他组织，发起召开"人民大会"，近 3000 名代表参加会议，其中有黑人、白人、有色人。大会通过《自由宪章》，要求各种族平等。

南非当局对黑人的反抗进行了残酷的镇压，1956 年 12 月逮捕了曼德拉等 156 名"人民大会"的组织者，指控他们犯有"叛国罪"，审判一直持续到 1961 年。1960 年 4 月，当局宣布取缔非国大和泛非主义者大会两个反种族主义组织。

非国大转入地下斗争，并积极筹划武装反抗。1961 年 12 月，非国大成立军事组织——民族之矛，发动反对种族主义者的武装斗争，曼德拉担任总司令。泛非主义者大会也建立了自己的武装。1962 年 8 月，曼德拉不幸再次被捕，两年后被判终身监禁。曼德拉开始了漫长的铁窗生涯。

南非当局加强了对黑人反抗运动的镇压，国内一片恐怖。

进入 20 世纪 80 年代，南非黑人的反抗再起高潮，要求释放曼德拉的呼声越来越高。国际社会尤其是西方大国，开始全面制裁南非。1985 年 9 月美国对南非实行经济制裁，1986 年欧洲共同体成员国、英联邦国家加入制裁南非的行列。许多大型跨国公司纷纷撤出资本，退出南非。

在国内外的压力下，1989 年担任总统的德克勒克开始进行政治改革。1990 年，政府无条件释放曼德拉，解除对非国大等反种族主义组织的禁令。

1990 年 5 月和 8 月，以曼德拉为首的非国大代表团与南非政府代表团举行两次政治会谈，曼德拉宣布非国大暂停武装斗争，政府承诺释放政治犯、修改国内安全法规。1991 年，南非议会取消 80 多项种族主义立法，100 多项法令中的种族主义内容被删除。南非种族隔离制度终于丧失了法律基础。

　　1991 年 12 月，南非 19 个政党和组织的代表举行"民主南非大会"，讨论南非新宪法的制订。1993 年 4 月，26 个政党和政府代表团举行制宪谈判，最后达成协议：1994 年 4 月 27 日举行不分种族、一人一票的全民大选。1993 年年底，南非议会通过南非历史上第一部非种族主义的临时宪法。种族隔离制度在法律上被彻底废除了。

　　1994 年 4 月 26 日到 29 日，南非大选如期举行，2000 多万选民（其中黑人 1600 万）参加投票，非国大获胜，非国大主席曼德位成为新南非第一任总统。

　　随着新南非的诞生，人类历史上臭名昭著的种族隔离制度终于被埋葬。

　　种族隔离制度的彻底废除，是人类文明进程中的一件大事。自从 15 世纪殖民主义者从事奴隶贸易以来，非洲土著居民遭受长达几个世纪的灾难。新南非的诞生和种族隔离制度的废除，是非洲人民斗争的结果。但非洲的经济，社会发展还任重道远。

# 欧盟的成立

## ——欧洲走向一体化

　　欧洲曾经是西方文明的发源地，孕育了在近代以来领导世界潮流的西方化，也就是现代化。但是欧洲除了在罗马帝国时期，从来没有统一过。欧洲是由众多的民族组成的，各自的文明也很发达，从这意义上讲，欧洲似乎不可能统一。但是，欧洲的地缘政治和各方面的条件，却实实在在地推动了欧洲一体化进程。

　　二战以后，欧洲各国越来越觉得自己说话声音的微弱。在国际上，美国和苏联成了两个超级大国，原来领导世界的西欧各国反而成了美国的附庸。在这种情况下，1950 年 5 月 9日，根据法国外长罗伯特·舒曼的提议，西欧大陆诸国同意逐渐建立一个欧洲共同体，目的是通过建立欧洲煤钢共同体来促进欧洲经济发展和欧洲统一，并想以此"套住德国"，防止德国重工业再度发展为战争工业。法国的倡议很快得到联邦德国、比利时、荷兰、卢森堡和意大利 5 国的响应和赞同，6 国于 1951 年 4 月 18 日在巴黎开会，签订了建立欧洲煤钢共同体的《欧洲煤钢联营条约》。1952 年 6 月，6 国议会批准了这个条约，欧洲煤钢共同体正式成立。

　　欧洲在共同利益的驱使下走到了一起。70 年代前期，有更多的国家加入欧洲共同体。

　　1955 年在西西里岛墨西拿会议上曾讨论过建立西欧共同市场的计划，最后于 1957 年 3月签订《罗马条约》，其宗旨是促进：①取消各成员国之间的贸易壁垒；②建立一个单一的对非成员国的商业政策；③最终协调成员国之间的运输系统、农业政策和一般经济政策；④取消私人和政府所采取的限制自由竞争的措施；⑤保证成员国之间劳动力、资本和工商企业家的流动性。共同体最初的成员国有法国、比利时、卢森堡、荷兰、意大利和西德。1958年 1 月 1 日欧洲经济共同体开始运作。欧洲经济共同体有 4 个主要的机构：委员会、部长理事会、法院和欧洲议会；后 2 个机构还要处理欧洲共同体其他 2 个分支部门——欧洲煤钢共同体和欧洲原子能共同体——的有关事务。

从一开始，欧洲经济共同体的主要目标之一就是要消除成员国对其他成员国出口所征收的关税和所实行的定额。因此，1959 年 1 月欧洲经济共同体便首次降低内部关税。这一举措证明在促进成员国之间的贸易方面卓有成效，以致到 1968 年 7 月所有共同体内部关税壁垒已取消。在 1958－1968 年期间，欧洲经济共同体成员国间的贸易额增至 4 倍。同时，欧洲经济共同体已采用共同的外部关税，其所有成员国从非成员国进口货物时征收统一的关税。

1962 年共同体确定了一项共同的农业政策，其中包含有共同担保价格的体制。这种体制可防止从共同体外部低廉市场进口农产品，对共同体内部农产品提供保护。鉴于价格支持花费甚大和农产品生产国颇有怨言，1979 年共同体同意逐渐消除农业补贴，代之以干预价格以防农产品价格降至固定水平以下。

1965 年 4 月 8 日，法国、联邦德国、意大利、荷兰、比利时和卢森堡六国签订了《布鲁塞尔条约》，决定将欧洲煤钢共同体、欧洲原子能共同体（1957 年成立）和欧洲经济共同体（1957 年成立）的机构合并，统称欧洲共同体（European Communities），但 3 个组织仍各自存在，以独立的名义活动。条约规定：加强彼此间的经济、社会和文化合作，当任何缔约国受到武装攻击时，其他缔约国应提供援助，建立咨询理事会作为条约执行机构。《布鲁塞尔条约》于 1967 年 7 月 1 日生效。英国、丹麦和爱尔兰于 1973 年加入，希腊于 1981 年加入，葡萄牙和西班牙于 1986 年加入。以前的东德作为统一的德国的一部分于 1990 年被接纳加入。

1991 年 12 月 11 日，欧共体马斯特里赫特首脑会议通过了建立欧洲经济货币联盟和欧洲政治联盟的《欧洲联盟条约》（通称《马斯特里赫特条约》，简称"马约"）。1992 年 2 月 7 日，各国外长正式签署"马约"。经欧共体各成员国批准，"马约"于 1993 年 11 月 1 日正式生效，欧共体开始向欧洲联盟（European Union）过渡。欧盟总部设在比利时首都布鲁塞尔法律大街 200 号一座十字形的大厦内。

根据"马约"，欧盟的宗旨是"通过建立无内部边界的空间，加强经济、社会的协调发展和建立最终实现统一货币的经济货币联盟，促进经济和社会的均衡、持久进步"，并"通过实行最终包括共同防务政策的共同外交和安全政策，在国际舞台上弘扬联盟的个性"。

1995 年奥地利、芬兰和瑞典参加了欧洲联盟，于是也加入了欧洲共同体。

1999 年 1 月 1 日欧元正式启用。除英国、希腊、瑞典和丹麦外的 11 个国家于 1998 年首批成为欧元国。2000 年 6 月，欧盟在葡萄牙北部城市费拉举行的首脑会议批准希腊加入欧元区。会议还决定在 2003 年以前组建一支 5000 人的联合警察部队，参与处理发生在欧洲的危机和冲突。

2000 年 12 月 7 日至 11 日，欧盟在法国尼斯举行首脑会议，会议通过了旨在改革欧盟机构、为欧盟东扩铺平道路的《尼斯条约》草案。会议还审议和批准了"欧洲安全与政治报告"等文件和一些决议。根据这些文件和决议，2000 年 5 月成立的欧盟政治与安全委员会、军事委员会和军事总参谋部 3 个临时政治军事机构被转为常设机构开始运转；欧盟快速反应部队的筹建方案将进入实施阶段；负责监管欧洲食品安全的欧盟食品安全署定于 2002 年初开始工作。

欧盟的主要机构有：1. 理事会：决策机构，分为欧洲理事会（即欧盟首脑会议）和欧盟理事会（即部长理事会）。前者负责确定大政方针，每半年举行一次例会，必要时召开特别首脑会议；后者负责日常决策，拥有欧盟立法权。理事会实行主席国轮值制，任期半年，对外实行"三驾马车"（即现任、下任主席国和欧盟共同外交与安全政策高级代表兼理事会秘书长）代表制。2. 欧盟委员会：常设执行机构，负责实施欧共体条约和理事会作出的决定，向理事会和欧洲议会提出报告和立法动议，处理欧盟日常事务，代表欧盟对外联系及负责经贸方面的谈判。3. 欧洲议会：监督、咨询机构，具有部分立法权。此外还有欧洲法院（仲裁机构）、欧洲审计院和经社委员会（咨询机构）等机构。

欧洲共同体宣传画

经过几十年的建设，欧盟已建立了关税同盟，实行共同外贸、农业和渔业政策，创立了欧洲货币体系，建立了总预算制度。1993 年 1 月统一大市场正式启动，基本实现了商品、人员、资本和服务的自由流通。1997 年 10 月，欧盟 15 国签署了《阿姆斯特丹条约》，在加强共同外交与安全政策及内政司法合作方面取得进展。1999 年 5 月 1 日，该条约正式生效。1999 年 1 月 1 日欧元已如期启动。首批欧元国为德国、法国、意大利、西班牙等 11 国。2002 年 1 月 1 日，欧元现钞开始流通。2002 年 7 月 1 日，欧元完全取代 11 国货币，成为欧元区统一货币。英国、丹麦、瑞典、希腊作为非欧元国也在积极向欧元区靠拢。1998 年 3 月，欧盟与波兰、匈牙利、捷克、斯洛文尼亚、爱沙尼亚和塞浦路斯 6 个首批候选国开始举行入盟谈判，争取于 2005 年实现首轮东扩。在 2002 年 12 月 12 日和 13 日哥本哈根首脑会上，欧盟 15 国领导人同波兰、匈牙利、斯洛伐克、立陶宛、拉脱维亚、塞浦路斯、马耳他、捷克、斯洛文尼亚和爱沙尼亚 10 个候选国达成全面协议，这 10 国于 2004 年 5 月 1 日正式成为欧盟成员国。

2007 年 1 月，罗马尼亚和保加利亚两国加入欧盟。欧盟经历了 6 次扩大，成为一个涵盖 27 个国家、总人口超过 5 亿、GDP14．5 万亿美元的当今世界上经济实力最强、一体化程度最高的国家联合体。

目前，欧盟 27 国分别是：英国、法国、德国、意大利、荷兰、比利时、卢森堡、丹麦、爱尔兰、希腊、葡萄牙、西班牙、奥地利、瑞典、芬兰、马耳他、塞浦路斯、波兰、匈牙利、捷克、斯洛伐克、斯洛文尼亚、爱沙尼亚、拉脱维亚、立陶宛、罗马尼亚、保加利亚。

简　评

欧洲一体化的进程，最终会使得欧洲各国越来越用一个声音说话，从而在世界上占有一极。从政治经济实力来看，欧洲各国的实力还在美国之上，在这种情况下，一个统一欧洲的出现，势必带来世界政治经济格局的变化，结束美国独霸天下的局面，使世界更加走向多极化，对世界历史的走向产生影响。

# 艾滋病的迅速蔓延

## ——现代社会的瘟疫

1981年6月5日,在美国乔治亚州亚特兰大市,由美国政府卫生统计机构疾病控制中心出版的《死亡与发病率周报》第一次报道了一种"可能是细胞免疫功能紊乱"的疾病,报道提供了这种疾病的最初5个病例:"在1980年10月至1981年5月间,5个搞同性恋的年轻男子在加利福尼亚州洛杉矶的3所医院里接受经活体检验被确定为'卡式肺囊虫性肺炎病症'的治疗。……他们似乎细胞免疫功能缺损,一般的接触便会使他们受到病毒感染。"这便是关于艾滋病的第一例报道。其实更早的一些病例在此之前已经在中非地区由乌干达、卢旺达、扎伊尔和坦桑尼亚构成的"艾滋病带"出现。20世纪70年代后期在金沙萨、80年代初期在乌干达和坦桑尼亚,一些致命的慢性肠道类病状的疾病迅速蔓延,在当地这种疾病被称作"衰弱病",它有与后来所知的艾滋病类似的临床特征。1983年1月,法国巴斯德研究所科学家吕克·蒙塔涅的研究小组首先发现艾滋病病毒,并将其命名为LAV病毒。同年5月在美国《科学》杂志上发表了关于这项发现的第一篇文章。1994年7月11日,美国卫生部在一场历时9年的艾滋病发现权之争后,正式承认了发现权归法国。许多科学家认为,导致艾滋病的病毒来自非洲的绿猴,但却无法断定第一例艾滋病或HIV感染发生在非洲的何时何地。德国医生沃尔夫·盖斯勒还提出了艾滋病起源于西方政府人为制造病毒以期消灭黑人家园的新论点。仅仅十余年时间,艾滋病即成燎原之势,迅速蔓延至世界各国,夺走了约1400万人的生命,发展成一种全球性的"世纪瘟疫"。

艾滋病(AIDS)全称"获得性免疫缺陷综合症",是一种死亡率极高的病毒引起的传染病。一种被称为HIV的病毒即"人类免疫缺陷病毒"进入人体血液后,慢慢吞噬保卫人体的白血球,破坏免疫系统。当几乎所有的白血球都被吞噬掉或改变以后,与艾滋病有关的"随机性感染"便随之而至。从感染上HIV病毒到艾滋病的发作时间间隔大约是8年,潜伏期较长。其主要病理是病毒破坏或抑制T细胞系统从而削弱了对感染和抗细胞癌变的免疫力。传染源为艾滋病患者及病毒携带者。在艾滋病病人或感染者的血液、精液、阴道分泌液、唾液、粪、尿、母乳和眼泪中可分离出这类病毒。艾滋病及HIV病毒只有4种传染途径:与一个患有艾滋病或染有HIV病毒的男人或女人的性交;使用已经感染的针头吸毒;输入感染的血浆或血浆制品;通过妊娠、生育,以及已经感染病毒的母亲的母乳喂养。最早的病例多发生在同性恋者中,但1985—1986年后,异性恋

绝望的艾滋病患者

中的发病率也升高了，一般男性传染给女性的机会多于女性传染给男性的机会。

当前，世界各地区已发现并证实的艾滋病患者最多的首推美洲，非洲次之。早在1982年，艾滋病在非洲的传染就增长得极其迅速。HIV的感染接着在北美出现，而且也上升得相当快。美国和欧洲的艾滋病高峰发生在20世纪80年代中期至末期，到90年代中期以后逐步下降。这一是由于高水平的教育和对艾滋病及其如何传播的知识的了解，二是由于成千上万个"高危"人物改变了性行为。然而在发展中国家，患者人数将继续大幅度增加。

世界卫生组织1994年7月1日在日内瓦宣布，全世界艾滋病患者在过去一年中增长了60%，达400万人，携带艾滋病病毒的人数估计已达1700万，包括100万名儿童，仅1993一年就有300万人感染了艾滋病病毒（平均每天约1万人感染此病），其中一半是妇女。按地区分，非洲占63.8%，亚洲14.2%，美国7.1%，拉美10.6%，欧洲3.5%。艾滋病感染已波及世界上187个国家和地区。据估计到20世纪末，全世界的艾滋病病毒携带者可能会达到3000万—4000万。艾滋病正在全世界疯狂蔓延。

根据世界卫生组织公布的最新资料，目前艾滋病的发展呈两个特点。一是非洲撒哈拉以南地区感染艾滋病的发病率依然很高。有的非洲大城市，三分之一的男人和女人已很可能被艾滋病毒感染。南非政府曾估计，在2010年他们400万人口中每3人中将有1人可能被艾滋病毒感染。二是南亚和东南亚地区感染艾滋病毒者的人数正在迅速增长。在1993一年中，这一地区的艾滋病患者人数增加了7倍，达25万人，而在1990—1991年这一地区尚未报告发现这种疾病。现在亚洲地区有250万人感染了艾滋病病毒，其中40%是妇女。照此速度发展下去，亚洲将可能成为新的艾滋病"重灾区"。艾滋病在亚洲特别是南亚和东南亚地区的迅速蔓延，主要与娼妓和吸毒密切相关。以泰国为例，该国卫生部对全国艾滋病传染的情况调查发现，仅在1994年5月份，艾滋病病毒感染者就增加了1400多人。泰国卫生部的一份报告认为："到本世纪（20世纪）末，艾滋病将是泰国最大的杀手。"泰国艾滋病专家德巴农透露，目前估计有60万泰国人染上了艾滋病，不仅有艾滋病Ⅰ型和Ⅱ型病毒，还有被称之为A型和B型的变种病毒，其中B型变种病毒与在非洲发现的病毒相似，是世界上"最具传染力"的一种变种病毒。印度艾滋病防治机构的创始者兼秘书长吉拉达表示担心印度的艾滋病毒携带者"将居世界之最"，他估计印度有200万艾滋病毒携带者。

艾滋病，这种较之14世纪流行欧洲的黑死病更为可怕的瘟疫，有着巨大的破坏力。它不仅仅是个医学问题，而且是社会问题。它首先造成了医疗保健经济费用的紧缺。在第三世界，仅验血一项就要花大约4美元，一台血样检测器的价格高达1.5万美元，这与许多国家人均不足5美元的年度卫生预算极不相称。即便在美国，也感到每年为HIV患者花费100亿美元的医疗费用是个沉重的负担。其次，在发展中国家，死于艾滋病的人主要处于养家糊口的年龄段，即20—40岁之间，这同其他很多造成儿童和老人大量死亡的疾病形成鲜明对照。一些国家正在丧失其最具生产力的人群，它将

华盛顿广场前举行的悼念艾滋病死者的活动

使一些国家的经济成果毁于一旦，并严重危及全球的稳定。目前，全世界的艾滋病患者及病毒感染者90%分布在发展中国家，这也将对发展中国家的外来投资造成重大影响，跨国公司及其他投资者不得不考虑诸如当地市场萎缩、艾滋病雇员的病假工资、高昂的医疗和人寿保险费等因素。再次，由于越来越多的母亲受到病毒感染，而她们又把 HIV 传染给胎儿，1992 年有 100 多万婴儿出生时就带有 HIV。同时艾滋病的传播使一些第三世界国家的中高等教育事业受到影响，许多学生染上了艾滋病。这些都将延缓整整一代人发展。

十多年来，世界每年投入数以亿计的资金来研究艾滋病，也研制出许多药物和预防疫苗，如叠氮脱氧胸腺嘧啶核苷（AZT）、双脱氧胞苷（DDC）、双脱氧肌苷（DDI）等，并提出了诸如传统的中草药、针刺法、心理分析和催眠术等治疗方法，并对副作用小、疗效显著的中草药寄以厚望。但是要在 20 世纪拿出能治愈艾滋病的药物和有效的预防疫苗是不可能的。科学家们认为，当务之急是重新思考我们对这种疾病的治疗方法。现在科学家已掌握了艾滋病毒的遗传结构，但发现这种病毒对药物和疫苗能产生抵抗性。目前，还不知道如何阻止这种病毒对免疫系统的继续性损害。

有鉴于此，根本出路在于积极做好宣传和预防工作，特别是要严肃对待毒品与性的问题。毒品与性是艾滋病的催发剂。此外，加强国际合作也是必要的。1988 年初在伦敦召开了全球预防艾滋病规划的部长级高级会议，会议提出把 1988 年定为全球防治艾滋病年，并把每年的 12 月 1 日定为世界向艾滋病斗争日。

艾滋病可能成为 21 世纪最大的流行病，从而使 1918 年那场流行性感冒的灾难黯然失色。那场灾难夺去了 2000 万人的生命，比第一次世界大战中战死的士兵人数还要多一倍多。"这一流行病具有前所未有的巨大规模"，美国艾滋病委员会的琼·奥斯鲍恩说："但是人类的应付手段却远远不及历史上的任何时期。"这正是人类的困顿之处。

艾滋病势将成为世界人民的头号敌人，预防和防治艾滋病，采取有效措施控制艾滋病的蔓延已成为全世界关注的问题。如果人类不采取措施，艾滋病将会困扰我们人类相当长的时期，给人类带来无穷的灾难，或许人类会遭到灭顶之灾，人类文明也会毁于一旦。这是对人类的一个巨大挑战。

# 比尔·盖茨建立微软"帝国"

## ——信息时代的神话

38 岁就成为世界首富，这听起来像是神话故事。

这是比尔·盖茨创造的奇迹。这位软件大王，凭着对电脑市场的天才直觉，在不到 20 年的时间里，建立起一个庞大的软件帝国，影响遍及全世界。

盖茨 1955 年出生于美国西雅图，父亲是一名律师。1967 年，盖茨进入湖滨中学读书，这所学校改变了盖茨的一生。

1968 年，湖滨中学购进一台电子计算机。盖茨一接触计算机，就立即被它深深地吸引。从此，盖茨有空就钻进计算机教室，摆弄那台神奇的机器，并对编写计算机程序产生兴趣。比盖茨高两班的保罗·艾伦，也是一个计算机迷，共同的爱好使两人成为亲密的朋友。他们联合几名有共同爱好的同学，组织了一个程序编制小组，试着编写各种计算机程序。盖茨搜集有关计算机程序的资料，如饥似渴地学习，程序知识不断长进。

由于财政的原因，学校开始限制计算机的使用时间。盖茨和艾伦来到学校附近的"计算机中心公司"，获准在公司下班后不受限制地使用计算机，条件是为该公司查找程序错误。两位少年如鱼得水，尽情地在计算机世界遨游，编程技术突飞猛进。

随着编程技术的提高，盖茨也开始了恶作剧。他设法破解了计算机中心公司和华盛顿大学计算机的密码，进入计算机数据库，修改数据。他为此受到严厉处罚：一年之内不得使用计算机。1970 年，盖茨没有碰过心爱的计算机。

1971 年初，程序编制小组得到为"信息科学公司"编制工资表程序的业务，盖茨又可以免费使用计算机。小组在这项业务中，获得约 1 万美元的报酬，这是盖茨首次用知识赚钱。第二年，盖茨和艾伦成立一家公司——交通数据公司，生产用于测量城市交通流量的交通管理系统软件。他们的产品被西雅图市应用，公司大约获得 2 万美元利润。盖茨初步显示了经商才能。

1973 年，盖茨遵从父亲的意愿，考进著名的哈佛大学，攻读法律专业。哈佛的教学比较灵活，盖茨除了学习法律的必修课外，还选修了数学、计算机等课程。哈佛的计算机比较多，也比盖茨以前接触的计算机先进，他一头扎进机房，研究程序编制，常常深更半夜才最后一个离开。艾伦常来哈佛与盖茨交流，他们有一个共同的愿望：开设一家计算机公司。

1974 年 12 月，艾伦拿着一本刚出版的《大众电子学》杂志，兴冲冲地来到盖茨的宿舍。杂志封面上登着一份广告，说罗伯兹的 MITS 公司生产出了第一台微型电子计算机"牛郎星（AL—TAIR）"。盖茨立即敏锐地看出微型机的市场前途，他说一个伟大的时代到来了。他们决定为牛郎星开发 BASIC 程序。

盖茨夜以继日地在哈佛机房编制他的 BASIC，1975 年 2 月终于完成，并在牛郎星上运行成功。这年 5 月，艾伦应聘到设在新墨西哥州阿尔伯克基的 MITS 公司，负责软件开发。盖茨的心也早已飞出校园，他想退学，与艾伦一道在软件领域大展宏图，但遭到父母亲的反对。

1975 年 7 月，盖茨还是离开了哈佛。他来到阿尔伯克基，与艾伦共同创办了自己的软件开发公司——微软公司（MI CROSOFT）。两人商定，盖茨占 60% 的股份，艾伦占 40% 的股份。微软公司授权 MITS 公司在其机器上安装 BASIC，每售出一台收取一定的费用。

1977 年，美国的微型计算机百花齐放，盖茨在这一年正式从哈佛退学。随着个人电脑的不断发展，微软相继推出 FOR—TRAN 语言、COBOL 语言。BASIC 逐渐成为计算机业的标准之一，销量不断增长。到 1978 年，微软公司的营业额已超过百万。1978 年底，盖茨和艾伦将微软公司迁到西雅图。

1980 年，电子计算机业的"蓝色巨人"IBM 公司（国际商用机器公司）决定进入个人电脑领域。IBM 选择微软公司作为合作伙伴，为其开发操作系统，11 月双方签订合同。不久，微软公司推出自己的操作系统 MSDOS，并被 IBM 接受。1981 年 8 月，IBM 的第一套个人电脑面世，此后 IBM 成为电脑硬件的行业标准。MSDOS 也随之广泛流行，成为电脑软件业的标准。微软进入高速发展时期。

1995 年，比尔·盖茨和他的操作系统 Windows 95。

微软也不失时机地研制应用软件，开发出电子表格、文字处理、绘图等软件产品。盖茨没有满足于在国内发展，他非常注重开发海外市场，1983 年先后在西德和法国设立分公司。1983 年底，微软的年销售额达 6900 万美元，员工近 400 人。

盖茨不断对他的软件进行改善，并着手研制"视窗"系统（Windows）。1984 年 7 月，获得授权使用 MSDOS 的电脑制造商已超过 200 家，微软成了电脑软件业的明星。

1985 年 5 月，视窗 1.0 版本问世，这是基于 DOS 系统的图形界面，但在当时没有形成多大影响。1990 年 5 月，微软推出视窗 3.0 版本。盖茨为此花费了 300 万美元进行宣传，并在产品发布当日举行盛大的仪式。由于视窗采用图形界面，提供了更好的内存存储技术，具有多任务管理功能，计算机使用起来更加方便，很快受到市场的青睐，到当年年底就发售了 100 万套，成为最畅销的软件。

1986 年 3 月，微软公司的股票就已在纽约交易所上市，第一天开盘价为每股 25.17 美元，一周后涨至 35.5 美元，盖茨的个人资产达到 3.5 亿美元。第二年，盖茨的个人资产已升值为 10 亿美元。随着视窗的成功，1992 年 1 月盖茨的个人资产升至 70 亿美元，成为世界首富。

1995 年 8 月 24 日，盖茨和微软再次成为世人瞩目的中心。这一天，微软要发布全新的操作系统——视窗 95（Windows95），这一系统完全脱离了 DOS，功能更加强大，使用更加简便。在此前的几个月中，各种媒体都在报道有关视窗 95 的消息，盖茨的照片出现在各种杂志的封面。盖茨在世界各地大约花费了 5 亿美元，为视窗 95 作宣传，使它还没有面世就已家喻户晓。视窗 95 发布的当天，在美国销售了 30 万套。4 天内，全球销量超过 100 万套。年底，微软推出近 30 种文字的视窗 95 版本，包括日文、韩文、泰文、中文等等，结果当年销售了 3000 万套。微软几乎统治了个人电脑的操作系统市场，1996 年微软占有 80% 的电脑软件市场。

在互联网（Internet）兴起后，盖茨凭借在操作系统上的垄断地位，推出网络浏览器（Ⅲ），随视窗95的发售赠送用户，在网络领域后来居上。结果引起其他网络软件商的不满，他们纷纷起诉微软采取不正当竞争手段。司法部也对微软展开反垄断调查，要求将微软一分为二，盖茨陷入一场长期的官司之中。

微软还在不断发展。1999年盖茨的个人资产升到1000亿美元，2000年Windows2000成功问世。

如今，微软已成为了业内的"帝国"，除了主宰PC操作系统和办公软件外，还插足个人财务软件、教育及游戏软件、网络操作系统、商用电子邮件、网络浏览器等。它给现代社会带来便利，但也形成了可怕的垄断。难怪有人说："除了反垄断法，它已天下无敌。"

# 绵羊"多利"的诞生

## ——生物克隆技术走向成熟

　　1997年2月，英国爱丁堡罗斯林研究所的维尔穆特教授宣布，他所领导的科研小组在7个月前，成功地运用一只6岁母羊的乳腺细胞，克隆出一只绵羊，这只取名"多利"的克隆羊生长状况良好。

　　消息一出，立即在全世界引起轰动，英国科学家、1995年诺贝尔和平奖获得者罗特布拉特将它与原子弹爆炸相提并论。

　　克隆（CLONE），就是"无性繁殖"的意思，是一种不经过精子与卵细胞的结合而繁殖后代的繁殖方式。自然界中，细菌就是通过简单的细胞分裂而繁殖的，许多植物（例如竹子）也是通过茎、根繁殖新的个体。春天，折一枝柳条插入土壤，它就会成长为一棵小柳树；果农将两种不同的果树嫁接在一起，能生长出新的果实，这都是简单的"克隆"技术。

　　但高等动物的自然繁殖，是由两性共同进行的，它的方式是：由分别来自于雌雄个体的卵细胞与精子相结合，形成受精卵；受精卵不断分裂，最后孕育出一个新的生命。有性繁殖孕育的后代，带有父体和母体的双重遗传因素，是一个独特的新的个体，不是父亲或母亲的简单"复制品"。

　　20世纪后半期，科学家发展了动物克隆技术，中国科学家克隆出山羊、老鼠、兔子等动物，美国科学家曾克隆出两只恒河猴，澳大利亚科学家克隆了牛。但这些克隆都是运用动物的胚胎细胞进行的，而胚胎细胞本身是有性繁殖的结果，因此它们还算不上真正的无性繁殖，在世界上并未产生太大的影响。

克隆羊与它的母体

　　"多利"的诞生就全然不同了，它的克隆过程分为4个步骤：科学家首先从一只6岁绵羊的乳腺中提取一个普通细胞，将细胞核分离出来；第二步，从第二只母绵羊体内取出未受精的卵细胞，除去其中的细胞核；第三步，将第一只绵羊的乳腺细胞核，植入第二只绵羊的卵细胞中，再将这个重组的卵细胞在实验室里繁殖成胚胎；最后，将胚胎移入第三只绵羊的子宫，经过正常的妊娠，产下"多利"。

　　"多利"是用成年绵羊的体细胞克隆出来的，它的遗传基因全部来自于那只6岁的绵羊（供体），它们体内的基因完全相同。"多利"看起来就像是那只6岁绵羊的复制品，它是世界上第一只真正无性繁殖的哺乳动物。

　　克隆技术的巨大突破，使世界为之一震。科学家们认为这是生物技术史上的历史性突破，是一件令人兴奋的事情。从技术的角度看，怎么估价也不算高。

　　不过人们也担心，克隆技术的广泛使用，会改变物种的多样性。动物界的自然繁殖，遵循优胜劣汰的原则，从而形成丰富多样的动物种群。物种的多样性是自然进化的结果，也是自然进化的动力。正是由于有性繁殖，才造成遗传基因的进化与变异，带来动物界的发展。如果采用克隆技术，对这一自然法则进行人为干预，克隆出的动物只有单一的遗传基因，势必降低动物的生存能力，一旦出现毁灭性的基因突变，就会影响这一物种的繁衍。如果大规模克隆某一种动物，毫无疑问会使自然界失去平衡。

人们更为担心的，还是克隆技术可能被用于人类本身。科学家宣称，只要他们愿意，就可以克隆人体，这在技术上是完全可行的。

一部分科学家强烈反对进行人体克隆试验。英国科学家罗特布拉特把克隆技术比作原子弹，认为克隆技术可能会造成比核武器更大的破坏，一旦被滥用，社会将陷入无穷的罪恶之中。美国科学家菲尔德鲍姆呼吁制止克隆人的任何研究，并希望政府立法禁止这类研究。医学伦理学家帕伦斯说："只有傻子才不会对此感到震惊，我们对这些科学家取得的这项成果感到惶恐不安。"

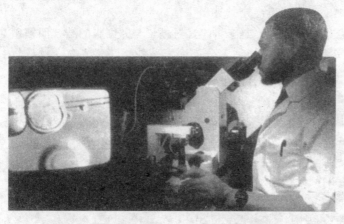

有许多方法可以使 DNA 从一个细胞遗传到另一个细胞。在多利的例子中，细胞被注入一个移去细胞核的卵中（如图所示），一束带有细小电量的电弧促使细胞与卵融合并促进细胞的生长。其他 DNA 遗传方法还有用细菌作为遗传因子携带者注入细胞体内。

普通大众对克隆技术也表示关注。根据美国广播公司的民意测验，87%的人主张禁止克隆人，82%的人认为克隆人有悖于伦理道德，93%的人表示他们本人不愿意被克隆，50%的人不赞成研究克隆技术，53%的人赞同用于医学研究的动物克隆，也有6%的人赞同克隆人。

世界各主要国家的政府都反对克隆人试验。一些国家已经通过立法，禁止克隆人。

人们普遍担心，克隆人体将会对人类产生难以估量的冲击，甚至带来灾难性的后果。

例如，克隆人体会对人类固有的生育模式产生影响，它不需要两性参与人的繁殖，会改变人类基本的性伦理关系；家庭变得可有可无，会淡化家庭成员的责任感和亲和感，还可能引起家庭观念的根本性改变。

人类的亲系是非常清楚的，子女是父母的后代，同一父母所生育的子女之间是兄弟姐妹关系。如果出现"克隆人"，这种亲系关系就会被打破。"克隆人"的遗传基因与他（她）的供体完全相同，他们之间不是传统意义的亲子关系。来源于同一个供体的多个"克隆人"之间，也不是传统意义上的同胞关系。

从"多利"的诞生过程我们看到，它有三个"母亲"。如果"克隆人"也通过同样的途径来到世上，到底谁该算他的生母呢？这会引起一系列权利与义务的法律问题。

克隆人类在那些有性别歧视的地方，会引起人口性别比例的失调。因为"克隆人"与他（她）的供体的遗传基因完全相同，供体是男性，克隆出的就是男性；供体是女性，克隆出的就是女性。克隆人的性别完全可以事先确定。

人们最为担心的，是害怕一些别有用心的人，利用克隆技术，做危害社会的勾当。

当然，克隆技术也能为人类造福。比如，利用这项技术可以拯救濒危物种，可以运用克

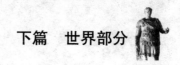

隆技术复制人体器官，供临床医疗之用，等等。

部分科学家认为不能因噎废食，不能因为克隆人体可能会带来各种弊端，而阻止克隆人试验。他们认为，人类有能力使克隆技术向有利于社会的方向发展。

意大利的一位医生准备冲破阻力，到公海上进行克隆人的试验。

克隆多利的成功，从理论上说明了高度分化的细胞，经过一定手段处理之后，也可回复到受精卵时期的合子功能；说明了在发育过程中，细胞质对异源的细胞核的发育有调控作用。它对生物遗传疾病的治疗、优良品种的培育和扩群等提供了重要途径，对物种的优化、对转基因动物的扩群均有一定作用。另外，利用克隆技术可以大量复制珍稀动物，挽救濒危物种，调节大自然的生态平衡，为人类造福。但是，由于克隆技术的进步，给人类提出了严峻的、从未有过的、关于人体本身的挑战。人类将面对许多如道德伦理等方面的巨大问题。

# "9.11事件"

## ——恐怖主义成为世界焦点

2001 年 9 月 11 日是美国政府及人民心中永远的痛。这天上午 10:30（北京时间22:30），随着一声巨响，纽约世界贸易中心北楼在爆炸中轰然倒塌。这标志着闻名世界的纽约世界贸易中心两座摩天大楼不复存在了。在两架飞机撞击纽约世贸大楼数分钟后，美国五角大楼也发生了一次巨大的爆炸，并引发了大火，据目击者称，这次爆炸也是由于飞机撞击而引起的。美国遇袭了！这是美国建国以来本土首次遭到大规模恐怖袭击。

### 震惊世界的一幕

纽约世界贸易中心大楼位于纽约曼哈顿闹市区的南部，也就是纽约海港的旁边，是美国纽约市最高、楼层最多的摩天大楼。五角大楼坐落在美国华盛顿附近波托马克河畔的阿灵顿镇，是美国国防部所在地。从空中俯瞰，这座建筑成五边形，故名"五角大楼"。1947 年 9 月，美国第 33 任总统杜鲁门建立的国防部开始在此办公。从此，五角大楼便成了美国国防部的代称。楼里除国防部机关外，还包括下属的参谋长联席会议和陆、海、空军三总部。1993 年 5 月 12 日美国内政部把五角大楼定为国家历史标志。

恐怖分子劫持的飞机撞击世贸大楼

五角大楼和世界贸易中心大楼，一个是美国的军事指挥核心，一个是美国繁荣的资本主义经济的象征，谁会想到：恐怖分子会把这两座建筑作为他们攻击的对象，而且他们采取的方式，就是好莱坞的大牌导演也不一定能够想得出来。

纽约的世贸中心 101 层的姊妹楼首先在 9 时前后分别遭恐怖分子劫持的两架飞机撞击，有超过 1000 人在恐怖袭击中伤亡：第一次袭击始于 8 点 48 分，一架由波士顿飞往洛杉矶的波音 767 型客机被恐怖分子劫持，以令人惊讶的低空飞行撞到了世贸中心南侧大楼，这幢大楼马上起火，并被撞去一角。有人受到惊吓。甚至从窗口直接跳出。

18 分钟以后，一架小型飞机以极快的速度撞击了世贸中心姊妹楼的另一幢。飞机从北侧大楼的玻璃窗冲了进去，并穿过大楼，撞上另一幢大楼。两座大楼爆炸声此起彼伏，引起了民众的极大恐慌。

被袭击后，滚滚浓烟从纽约最著名标志性建筑物之一的 110 层高的世贸中心姊妹塔不断涌向空中。建筑物碎片和烟尘弥漫在曼哈顿南部的大街小巷。当第二架客机撞击世贸中心时，玻璃钢筋结构的大楼上冒出一个巨大的火球，喷出股股浓烟；建筑物上露出一个巨大的空洞。

姊妹双塔在遭袭后一个半小时内双双倒塌。死伤人数难以估计。人们惊慌失措地冲下楼梯，逃离遭袭大楼。无数办公文件飘落到距世贸中心 3 公里远的布鲁克林。

世贸中心遭袭后，几条地铁立刻被关闭。华尔街股市交易中断。

在纽约的世贸中心遭到恐怖袭击大约 30 分钟后，位于美国首都华盛顿的两座标志性建筑，包括国防部五角大楼和美国国会山也分别发生大火。据悉，五角大楼也是遭恐怖分子劫持的飞机撞击爆炸所致。五角大楼发出了隆隆的爆炸声，从很远处就可以听到。同时国会山也冒起了滚滚浓烟。

为安全起见，美国总统官邸白宫立即撤空。此外，美国政府宣布全国处于紧急状态。美国所有的机场已经关闭，所有的飞机已经停飞。两亿多美国人民和全世界人民都处在空前的紧张之中。

美国总统布什确认这次系列流血事件是恐怖主义分子所为。"人类自由受到重创。"布什在新闻发布会上说。他承诺美国将不遗余力地找出真凶，并对他们进行严惩。美国国内军队和海外驻军已经进入全面战备状态；并下令国内所有的航空公司停飞，所有的机场关闭，指示所有从外国飞往美国本土的飞机折回后，在加拿大、墨西哥或其他国家降落，这在美国历史上绝无仅有。

### 美国损失惨重

这是建国 200 多年来美国大陆本土首次遭到的惨痛袭击。根据美联社对近 3000 名身份已经得到确认的事件中遇难和失踪者进行的分析，在 9·11 恐怖袭击中的遇难者中，四分之三是男性，他们的平均年龄为 40 岁，绝大多数人在 30 出头或者 40 出头，正好是为人父母的黄金时期。还有一些人刚刚当上父亲没几天，还有另外一些人则是妻子刚刚怀孕，正满怀希望和对幸福生活的憧憬等待着做父亲。

在世贸中心大楼遇难的人中，有 230 人是美国大型金融机构的副总裁。有 130 人是规模大小不一的证券公司的经纪人，而遇难和失踪者中还有一群特殊的人，他们是 343 位消防队员。纽约市消防局副局长汤姆·简森说："自从 9·11 以来，我整天不是上班就是参加葬礼。"同样的情况也出现在纽约的桑德拉奥尼尔证券经纪人公司，他们把参加遇难同事的葬礼的日程表用胶带贴在了办公室的一面墙壁上，以防工作太忙的时候忘记了。当然，遇难者和失踪者那么多，他们的身份五花八门是再正常不过了，他们中有推销员、物业管理人员、工程师、门卫，还有几十名厨师，有军队里的会计，有电工、秘书，还有旅行社的雇员。死难者中还有 8 个孩子，年龄最小的才 2 岁，这个不幸的小女孩名叫克里斯廷·汉森，家住麻省的格罗顿；出事的时候她是第一次前往迪斯尼乐园，当时她和她父母一起坐在一架从波士顿起飞的飞机上，他们登机的时候自然是不会知道飞机会被劫持而且还会撞向世贸大楼。遇难和失踪者中年龄大的为数不少，总共有 51 人的年龄在 65 岁以上，最大的是来自缅因州卢贝克的罗伯特·诺顿，82 岁的老人和妻子一起乘坐飞机前往加州参加一个婚礼。

在所有的美国城镇中，43 个州的近 800 个城镇有人在 9·11 事件中遇难。还有一些遇难者来自中国、圭亚那、澳大利亚等 14 个国家，有三分之二的遇难者居住在纽约和新泽西，其中纽约市的遇难者最多，有 929 人。位于世贸大楼顶端的世界之窗饭店也有 71 名雇员遇难，其中的许多人都是新移民，正在朝着安家立业的方向艰难地奋斗。

有专家认为恐怖分子至少在追求三种结果：

本·拉登

制造物质上的损失，造成象征性的震动和引起媒体的巨大冲击。恐怖袭击造成了来自 62 个国家和地区的 3225 人死亡和 2000 多亿美元的经济损失。"9·11"恐怖袭击对美国的打击和影响已超过了珍珠港事件。恐怖分子对美国本土的经济（世界贸易中心）、军事（五角大楼）和政治（白宫）象征性建筑进行袭击，直指美国的心脏。美国被恐怖分子在鼻梁上重重地揍了一拳，而美国的情报机构却对恐怖袭击事先毫无察觉。

### 两种文明的冲突

"9·11 事件"以极其残酷的手段和惨烈的结果震撼了美国，震撼了世界。它在 21 世纪初的出现具有强烈的象征意义，标志着新世纪人类社会面临的新的重大挑战的到来。恐怖主义虽然不是本世纪的专利，但是它在新的世纪却以前所未有的形式出现，使人类社会比以往任何时候都感觉到全球化背景下的全球性问题的突出存在。这一事件对新世纪的美国和世界的影响是深远的，对美国的全球战略也将产生重大而深远的影响。美国以此为借口铲除了令美国头疼的阿富汗塔利班势力和本·拉登的基地组织，并且日益把势力扩展到中亚地区。世界更不安宁了。

"9·11 事件"后，许多美国的穆斯林面临着巨大的心理压力和实际威胁：无辜的穆斯林遭到毒打、阿拉伯装束的人被无理地拒绝登机、清真寺遭到袭击和炸弹威胁，类似的事情不断发生。

一些信仰基督教的美国人认为这是因为伊斯兰文明对西方文明发起了挑战，美国及其所代表的西方文明应该对伊斯兰世界予以还击。

很长一段时间以来，美国把 7 个国家列为"流氓国家"，其中伊朗、伊拉克、叙利亚、利比亚、苏丹 5 国是伊斯兰国家。官方不断地指责这些国家"违法"、"反动"、"无赖"。而有学者认为，1979 年伊朗伊斯兰革命后，伊斯兰世界和西方就已经是处于"准战争"状态了，因为霍梅尼、卡扎菲以及本·拉登都宣称过对美国进行"圣战"。

西方也有人认为，冷战后，西方面临的问题根本就不是伊斯兰原教旨主义，而是一个不同的文明——伊斯兰文明，它的人民坚信自身文化的优越性，并担心自己的力量处于劣势。同样，伊斯兰世界面临的问题不是美国中央情报局和国防部，而是一个不同的文明——西方文明，它的人民确认自身文化的普遍性，他们有义务把他们的文化扩展到全世界。而这些正是造成伊斯兰和西方冲突的根本因素。

"9·11 事件"后，美国全力打击中东地区的恐怖主义，但这一行动是非常危险的。因为任何不慎的举动都有可能在整个伊斯兰世界里种下仇恨的种子。

目前一些国家的部分穆斯林对美国的仇视和愤怒已有所增强，更何况美国对以色列的袒护一直就让阿拉伯世界深为不满。这一切，很难说不会导致文明的冲突，从而改变世界的面貌。

 简　评

"9·11 事件"后，主要大国不同程度地调整了安全战略，导致国际反恐合作与传统军事竞争同步发展，国际安全形势中的不确定性因素明显增大。外交上，反恐成为现阶段国际关系特别是大国关系的重要粘合剂。但是，美国致力于反恐斗争的同时，不忘防范潜在的战略竞争对手。它力图谋求建立所谓新帝国，加剧了国际形势的紧张与不确定性。